ISBN 978-0-282-71926-5
PIBN 10463922

This book is a reproduction of an important historical work. Forgotten Books uses
state-of-the-art technology to digitally reconstruct the work, preserving the original format
whilst repairing imperfections present in the aged copy. In rare cases, an imperfection in
the original, such as a blemish or missing page, may be replicated in our edition. We do,
however, repair the vast majority of imperfections successfully; any imperfections that
remain are intentionally left to preserve the state of such historical works.

English
Français
Deutsche
Italiano
Español
Português

# www.forgottenbooks.com

**Mythology** Photography **Fiction**
Fishing Christianity **Art** Cooking
Essays Buddhism Freemasonry
Medicine **Biology** Music **Ancient**
**Egypt** Evolution Carpentry Physics
Dance Geology **Mathematics** Fitness
Shakespeare **Folklore** Yoga Marketing
**Confidence** Immortality Biographies
Poetry **Psychology** Witchcraft
Electronics Chemistry History **Law**
Accounting **Philosophy** Anthropology
Alchemy Drama Quantum Mechanics
Atheism Sexual Health **Ancient History**
**Entrepreneurship** Languages Sport
Paleontology Needlework Islam
**Metaphysics** Investment Archaeology
Parenting Statistics Criminology
**Motivational**

# GESCHICHTE

# DAVID'S

## UND DER KÖNIGSHERRSCHAFT

## IN ISRAEL.

VON

## HEINRICH EWALD.

ZWEITE AUSGABE.

GÖTTINGEN,

IN DER DIETERICHSCHEN BUCHHANDLUNG.

1853.

# Inhalt
## des dritten Bandes.

# Vorwort.

Dieser dritte Band faßt, nach den zum vorigen gegebenen Vorbemerkungen, das lezte Drittel des zweiten der
ersten Ausgabe mit der 1847 erschienenen ersten Hälfte des
früheren dritten zusammen. Und um mehr Einfachheit in
die dieser zweiten Ausgabe entsprechende Eintheilung zu
bringen, ist der vor anderthalb Jahren als zweite Hälfte eines dritten Bandes erschienene Schluss des ganzen Werkes
jezt auch äußerlich als vierter Band bezeichnet.

Zum zweiten Bande der ersten Ausgabe erschienen
1848 als Anhang die „Alterthümer": es sollten dort nur die
Alterthümer des Volkes erklärt werden welche in der ersten
der drei großen Wendungen dieser ganzen Geschichte ihre
dauernde Bedeutung empfingen; aber eben diese als in der
eigenthümlichsten und für alle Zukunft maßgebendsten Wendung dieser Geschichte entstanden sind ja zugleich die weit-
aus wichtigsten Theile aller Alterthümer Israels; und weitere
Blicke von da herab in die Art wie jene festesten Gestalten
und Handhaben des Volkslebens auch in den folgenden zwei
Wendungen sich erhielten, waren mit dieser Auseinander-
sezung vonselbst gegeben. Stets nämlich ist es mir sehr
verkehrt vorgekommen alles das seinem Geiste selbst nach
ganz verschiedenartige was man die „Alterthümer" eines
Volkes zweitausendjährigen Lebens nennen kann, bloss nach
äußerer Anordnung abzuhandeln und auch dadurch die enge
Verbindung zwischen Alterthümern und Geschichte zu lockern;
sicher werden vielmehr die in einem bestimmten Zeitraume
ausgebildeten Alterthümer auch in seiner Geschichte oderdoch

im engsten Anschlusse an diese am besten erklärt. Um nun
bei dieser neuen Ausgabe der Haupttheile des ganzen Werkes auch die übrigen etwas wichtigeren und eigenthümliche-
ren Stucke aller Alterthümer des Volkes zu erklären, ist in
diesem Bande an geeigneten Stellen alles berührt was sich
auf die königlichen Zustände bezieht.

Auch außerdem ist in der neuen Ausgabe dieses Bandes manches näher bestimmt ergänzt verbessert. Wenn dadurch der äußere Umfang des Werkes etwas gewachsen ist,
so bedauere ich das zwar auch insofern als ich nirgends
gern weitläufig werde: doch haben die Leser meiner kleinen Sachen auch wohl schon längst erkennen können dass
es nicht äußere Vortheile sind die ich durch irgendetwas
suche. Was ich aber sonst über die hier abgehandelten
Gegenstände im allgemeinern Sinne zu sagen hätte, will ich
lieber auch bei diesem Bande um seinen Umfang nicht noch
weiter zu vergrößern hier übergehen, um es vielleicht bald
anderswo auseinanderzusezen.

Im September 1853.

# Geschichte

des

# VOLKES ISRAEL

bis Christus.

---

Zweite Wendung:

## die Königs- und die Gottherrschaft.

---

O glückliches Volk welches wie aus den Tagen einer reinern Jugend genug innerer Kraft und freudigen Muthes bewahrt hat, um zur rechten Zeit, wenn der Himmel vonoben winkt, zu seinen frühern Lehensgütern ein neues sich zu erwerben das ihm unentbehrlich geworden ist um mit Macht und mit Ehre fortdauern zu können. Wohl wird von manchem Volke ein solches unentbehrlich gewordenes aber noch unergriffenes Gut in den Stunden wo es eben wie eine reine Himmelsgabe kommen sollte in dunkeln Bildern erschauet oderauch von einigen seiner Glieder mit verzehrend leidenschaftlicher Glut ersehnt, sowie jezt das deutsche Volk seit 30 Jahren was ihm fehle verworren zu ahnen angefangen hat [1]): aber ihm vergeht in diesem Schauen und Sehnen der Herbst, und umsonst sucht es unter den Stürmen der kommenden eisigen Tage ein Gut zu erlangen welches es zur Zeit der Reife zu gewinnen die Anstrengung scheuete. Welches Volk aber die Mühe nicht scheuet das klar als nothwendig erkannte Neue nicht etwa nur versuchsweise einmal auszuführen sondern vielmehr allen den Vorurtheilen zu entsagen welche dem Neuen entgegenstehen und allen den Opfern sich willig zu unterwerfen welche seine Durchführung erheischt: ein solches wird, ohne irgend ein wahrhaftes Gut aus seiner Vergangenheit zu verlieren, alle Wirrsale überwindend sich zu einer kräftigeren Gestalt verjüngen und die höchsten Aufgaben menschlichen Daseyns zu lösen einen frischen Athem in sich fühlen. Denn kein Volk stirbt wie der einzelne Mensch aus reinem Nachlasse der Kräfte nach einer menschlich bestimmbaren Frist von Jahren: wie es aber

---

1) ich lasse diese Worte mitsammt der Zeitbestimmung vom J. 1845: noch jezt trifft leider dasselbe zu!

1*

nur sittlich vergehen kann, so kann es umgekehrt, ist einmal die höhere Religion in ihm als vollendet gegeben und
läßt es diese nicht wieder von sich wegsterben, von ihr gesund erhalten sogar in unabsehbarer Reihe solche neue Gestalten durchleben und selbst theilnehmend an allen göttlich-
menschlichen Gütern ausdauern auf dieser Erde bis dahin
wo ihr das Endurtheil sprechen wird der sie geschaffen.

Das Volk Israel hat, bevor die vollendete Religion in
seiner Mitte erschien, aber während es selbst noch im gesunden und starken Streben zu ihr hin begriffen war und
eben durch dies Streben begünstigt, eine solche Neugestaltung glücklich erreicht, und dadurch nichtnur damals die
sichtbarsten Gefahren jähen Unterganges uberstanden sondernauch sich in verhältnißmäßig kurzer Frist zu einer wunderbaren Stufe höherer Entwickelung erhoben und eine Blüthe erreicht deren Frucht auch lange noch nachdem schon
ganz andere Mächte wieder zur Auflösung der Gemeinde
überwiegend thätig waren, zur festen Erhaltung und Mehrung
der einmal gewonnenen Güter diente und erst das Herrlichste
hervortrieb welches überhaupt während der Dauer der ganzen Entwickelung dieser Geschichte auf dem einmal gege-
nen Boden hervorkommen konnte.

1. Was damals fehlte und nicht länger entbehrt werden konnte, war die Einheit und Festigkeit menschlicher
Herrschaft mitten in der schon bestehenden Gemeinde Gottes. Um das Gefühl einer Unentbehrlichkeit dieser zu erregen, hatten allerdings die verschiedenen Unfälle der lezten
Jahrhunderte immer mächtiger und allgemeiner zusammengewirkt: vonuntenauf war jezt der rechte Augenblick gekommen um das Volk für diese Neuerung empfänglich zu
machen. Allein ob das Volk auch die neuen Lasten und
Pflichten welche die wirklich ausgeführte Festigkeit menschlicher Herrschaft forderte willig und dauernd übernehmen
wollte, oder ob es wohl versuchsweise einmal ein menschliches Königthum zu errichten und Schuz von ihm zu erwarten aber es auch wegen der neuen Anforderungen die
es an sie stellte oder weil es nicht sogleich alles gehoffte

leistete, ebenso leicht wieder sich auflösen und vergehen zu lassen entschlossen war, das mußte erst eben durch den Anfang der neuen Einrichtung sich offenbaren. Zu reizend ist doch das Gefühl größerer Unabhängigkeit und freierer Bewegung in einem weniger streng beherrschten Lande, zumal wo es eine tief gewurzelte Gewohnheit sowohl wie das bisher seit Jahrhunderten bestehende öffentliche Gesez für sich hat und man fortwährend auf dies nicht aufhebbare sondern höchstens zu ergänzende Gesez sich berufen kann. Und wenn leicht ein einzelner Stand des Reiches oder Theil des Landes dem neuen Geseze sich enger anschließen und darin sein Heil finden mag: aber werden alle Stände und Gebiete, auch die welche für den Augenblick durch die Veränderung vielleicht weniger zu gewinnen als zu leisten haben, sich sogleich mit höherer Einigkeit um die neue Reichsverfassung schaaren und bei jeder Gefahr die ihr drohet dem Anreize sie wieder zu verlassen wirksam widerstehen? Und wenn so vonuntenher das Volk als Menge der neuen Verfassung sich willig zuneigt oderdoch nicht starr ihr sich widersezt: so ist noch eine andere Frage ob auch die höhern Gewalten welche die bisherige Verfassung erzeugt und geschüzt haben, sich mit jener vertragen können ohne das beste in dieser zu vernichten; ja nochmehr, ob diese Gewalten, da doch ohne ihre thatige Mitwirkung nichts dauernd mit Glück und Erfolg sich ändern läßt, auch selbstthätig aus eigenem freien Antriebe in die Nothwendigkeit des Neuen einzugehen und es zum guten Ziele zu leiten oderauch es auf dem ebenen Wege zu erhalten willig seien. Diese höhern Gewalten waren damals (wie sie es eigentlich zu jeder Zeit sind) zwar die reinen Wahrheiten selbst welche einmal mit Macht klar geworden, jene also aus denen am Anfange dieser ganzen Geschichte Israels die Gemeinde gebildet und die Gottherrschaft gegründet war, welche in allen Gliedern der Gemeinde leben sollten um von allen geschüzt zu werden. Aber da solche überirdische Wahrheiten selten in der Menge lebendig genug sind und damals in Israel nichtmehr so unmittelbar lebendig waren wie an den Tagen Mose's und Josúa's:

so waren es mehr nur die Glieder solcher Stände im Volke
denen die Obhut jener Wahrheiten strenger anvertrauet war;
unter diesen jedoch weniger des in jenen Tagen schon etwas tiefer gesunkenen Priester- als vielmehr des neu aufstrebenden Prophetenstandes, so viele oder so wenige Glieder dieser zufällig umfassen mochte. Denken wir uns nun
diesen Prophetenstand wie er damals war nochso herrlichen
Geistes und willigen Herzens allen den äußeren Vorzügen
zu entsagen die ihm aus der bisherigen Verfassung zuflös-
sen: aberdoch konnte er, schon weil diese bisherige Verfassung das unendliche Vorbild einer reinen Gottherrschaft
erstrebte und soweit es ging verwirklichte, ein Bedenken
tragen daneben eine strenge und beständig fortdauernde
menschliche Herrschaft mit ihren möglichen Gefahren und
Verirrungen aufrichten zu helfen. Denn leicht konnte es
scheinen alsob so gerade das größte und das einzigste in
Israel dem Volke Gottes, sein Stolz und seine Auszeichnung
unter den Völkern, verloren ginge; und nichtnur scheinen
konnte es so, auch wirklich lag für die Gültigkeit und freie
Bewegung der alten Religion vielfach die größte Gefahr vor
wenn eine menschliche Königsgewalt errichtet werden sollte
welche die Religion Jahve's selbst anfangs absichtlich und
bestimmt von ihren Grenzen ausgeschlossen hatte [1]). Also
auch aus dem innersten Heiligthume der bestehenden Religion selbst konnte ein starr nichts als das Alte festhalten
wollender Sinn in die heftigste Empörung gegen die neu zu
errichtende alles fester zusammenschließende Gewalt ausbrechen, oder wenn er vielleicht eine kurze Zeit das Neue
wie einen bloßen Versuch ertragen hatte, dann bei jedem
wahren oder falschen Anstoße sich erbittert dagegen erheben um den frühern Zustand zurückzufuhren. Und so konnte
gerade von dieser vielwiegenden Seite her in gewissen heiligen Vorurtheilen ein größeres Hinderniss kommen als von jener.

---

1) was in dieser Hinsicht 1 Sam. 8, 4—22. 10, 18 f. 12, 7—20
gesagt wird, trifft (obwohl, wie unten zu beweisen, erst von den
spätern Erzählern der Königsgeschichten in dieser Weise ausgesprochen) vollkommen die gewichtige Wahrheit der Lage der Dinge.

Und wenn endlich auch alle solche vonaußenher kommende Hindernisse überwunden werden konnten: so entwickelte sich ein noch größeres in dem Neuen selbst welches als unentbehrlich geworden sich festsezen wollte. Denn ein solches Königthum wie es sonst im Alterthume bisdahin bestanden hatte, konnte oder sollte wenigstens auf dem gesezlichen Boden der alten Religion und Verfassung hier sich nicht ausbilden, weil diese Religion einem großen Theile nach gerade aus dem Gegensaze gegen alles was damals als menschliches Königthum galt in voller Lebendigkeit entsprungen war, also sich selbst vollkommen verläugnen und aufgeben mußte wenn sie ein solches hätte billigen wollen. Hier galt es also den Versuch, wie oder wiefern das unentbehrlich gewordene Königthum bei aller ihm zu einer beglückenden Wirksamkeit nothwendigen Kraft dennoch mit der jede menschliche Willkühr verbietenden höhern Religion sich ausgleichen konnte; und gerade zu Anfange da die neue alles Äußere entscheidende Macht erst errichtet und ausgebildet werden sollte, mußte dies alles am schärfsten aufgefaßt und auf beiden Seiten am nachdrücklichsten ausgestritten werden, wenn ein wirklich glückliches Zusammenwirken der neuen Macht mit den ältern Mächten des Volkes und der Gemeinde zustande kommen sollte. Schon ein nicht gründlich wiederaufgehobener unglücklicher Versuch hätte hier von der einen oder andern Seite bald wieder alles zerstören können.

2. Solcherlei waren also die Hindernisse welche dem fröhlichen Emporkommen jenes unentbehrlich gewordenen Neuen und damit der stärksten Umbildung der bisherigen Verfassung sich entgegenwerfen konnten. Und wurden auch nur einige dieser Hindernisse für etwas längere Zeit glücklich überwunden, so mußten die günstigen Wirkungen gross seyn und eine völlig neue Wendung der ganzen Geschichte der Gemeinde Jahve's damit entstehen. Die Herrschaft in dieser konnte zwar nichtmehr so einfach bleiben wie sie bisdahin gewesen: zu der Gottherrschaft trat die Königsherrschaft, nicht um jene aufzuheben oder allmälig zu verdrän-

gen, sondern um neben und mit ihr ihre Aufgabe zu voll-
führen und der Zeit zu leisten was ihr fehlte; da sie also
den tiefen Grund jener strenggenommen garnicht in Frage
stellen sondern vielmehr auf diesem Grunde mitbestehen und
mitwirken sollte, so mußte sie auch die nothwendigen lebendigen Werkzeuge dalassen durch welche jene damals wirkte,
vorzüglich also die Propheten.  Folglich bildete sich nun das
was wir gemischte Verfassung und Herrschaft nennen können, und aus der reinen Gottherrschaft wurde die Königs-
und Gottherrschaft (Basileo-Theokratie).  Allein eben die Ausbildung einer solchen Misch-Herrschaft war das beste welches damals entstehen konnte.  Denn überhaupt wird die
beste Verfassung in jeglicher Art von Gemeinde die seyn
wo keine Macht welche zu einem dem Ganzen wohlthätigen
Zwecke frei aus sich heraus wirken kann gehemmt odergar
ausgeschlossen ist, wo vielmehr alle möglichen guten Mächte,
wennauch zu Zeiten scheinbar oder wirklich gegen einander, doch durch die unüberschreitbare Grenze des insich
nothwendigen und daher guten Ganzen immer wieder zusammengehalten zum guten Zwecke so zusammenwirken, dass
die eine die Einseitigkeit der andern aufhebt und so das
möglich Beste entsteht.  Sofern nun die bisherige Gottherrschaft das menschliche Königthum ausschloss und damit etwas schwer entbehrliches verlor, mußte sie eine gewisse
Starrheit und Einseitigkeit im Verlaufe der Zeit annehmen
und ihre eigene Aufgabe minder vollkommen lösen, wie die
bisherige Geschichte gezeigt hat.  Der Eintritt der Königsherrschaft in diesen Kreis bewirkt also mit überraschendem
Erfolge bald eine ungleich größere Mannichfaltigkeit Beweglichkeit und Lebendigkeit; und während die beiden stärksten
Mächte des Reiches durch ihr bald feindliches bald freundliches Zusammenwirken in den obern Gebieten ein neues
Leben entzünden, dringt auch in die niedern bald ein só
frisches Treiben dass Israel nun in kurzer Zeit einholt was
es Jahrhunderte lang versäumt zu haben schien.  Wie in dem
bloss menschlichen Reiche (d. i. im Staate) nur durch ein
gegenseitiges Zusammenwirken von Volk und König alles

gute sprossen kann was überhaupt in ihm möglich ist: so
kann sogar ein rein göttliches Reich (eine Kirche), wenn es
unter Menschen bestehen soll, nicht ohne den ähnlichen Gegensaz des menschlichen und des göttlichen Königs sich freier
entfalten. Denn wie der König menschlichen Reiches als
solcher nur des Volkes Bestes wollen kann, aber doch mit
der Gesammtheit des Volkes sich verständigen muss um vor
möglichen Mißverständnissen und Hindernissen sicher es ausführen zu können: so wirkt zwar in dem was wir Gottherrschaft nennen eigentlich nichts als eine rein göttliche Wahrheit, die sich ihrem menschlichen Kreise mittheilen und die
Menschen zu sich ziehen will; aber damit dies erfolgreicher
möglich werde, muss sich eben das Menschliche hier desto
kräftiger und selbständiger gegen das Göttliche erheben können, um von diesem endlich desto völliger erfüllt und ihm
desto ähnlicher zu werden.

Gerade hier aber kann man zulezt deutlich sehen, welche ganz andere Anforderungen an einen König in dieser
Gemeinde ergingen als an einen irgend sonstwo unter den
Völkern des Alterthumes. Alle guten Mächte und Kräfte des
Reiches, ohne ihnen ihre gute Wirksamkeit zu nehmen, doch
in Einheit und Unterthänigkeit zu erhalten und keiner einen
schlechthinigen Befehl eigenen Willens d. i. einen gegenkö-
niglichen Befehl einzuräumen, liegt im Wesen der königlichen Macht als solcher; oder sollte sie anfangs auch ihrer
Wirksamkeit wahren Umfang und dessen Nothwendigkeit
nochnicht klar übersehen, so wird sie doch in ihrer Entwickelung bald vonselbst dieser ihrer Bestimmung sich bewußt werden. Auch der König Israels sollte und mußte
ächte königliche d. i. über alles im Reiche mit ausnahmslo-
sem Zwange und ohne Unterbrechung richtende und gebie-
tende Macht haben; er empfing so zum rechten Zeichen dafür den Stab (das Scepter) wie irgendein heidnischer, ward
gekrönt wie sie, und wenn früher andere Mächte in Israel
ähnliche Auszeichnungen hatten [1]), so erhält alles bei ihm

---

1) s. die *Alterthümer* S. 311 f.

seiner höheren Würde gemäss nun auch höhere Bedeutung;
aber indem er dazu die früher bloss hohepriesterliche Salbung [1]) empfing, ihm gereicht vom Hohepriester selbst oder
einem noch angeseheneren Propheten, kommen eben auf ihn
die Zeichen aller bisdahin in der Gemeinde bestehenden hohen
Würden zusammen, und alle Macht des Reiches und Volkes
gipfelt so in ihm allein.　Was aber noch wichtiger ist als
alle diese äußeren Zeichen: als „Erwählter Jahve's" schlechthin [2]) oder als „Gesalbter Jahve's" hat er eine Unantastbarkeit Heiligkeit und Hoheit wie durchaus kein andrer Mensch
dieser Gemeinde; und wenn in der Gemeinde des wahren
Gottes die Heiligkeit einen Begriff hat erhaben rein und
streng wie nirgends weiter im Alterthume, so wird sie mit
ihrem hehren Glanze nun vor allen andern sein Schuz und
Schirm, seine Hoheit und sein Stolz.　So wird dennauch das
Verbrechen der Verlezung der Hoheit (Majestät) welches in
der alten reinen Gottherrschaft nach II. S. 209 auf Jahve allein sich bezog nun zugleich auf ihn ausdehnbar: und er
wird der einzige Sterbliche im Reiche den eine Heiligkeit
umgeben soll welche bisdahin nur als dem Unsterblichen
selbst zukommend betrachtet wurde [3]).

　　Nun aber steht in dieser Gemeinde dem menschlichen
Könige die Gottherrschaft gegenüber als ein dennoch noch
höheres unantastbares Etwas, mit allen ihren längst bestehenden heiligen Gesezen und Einrichtungen, und noch damals stets aufs lebendigste sich äußernd durch Propheten
und deren als Gottesbefehl geltendes Wort.　So steht Befehl
gegen Befehl: und wenn beide Selbstmächte sich zuzeiten
leicht gegenseitig verstehen und friedlich neben einander

---

1) s. das nähere in den *Alterthümern* S. 290.　　　2) wie
schon Saúl in einfacher Rede heißt 2 Sam. 21, 6 vgl. 1 Sam. 10, 24;
David selbst hat nach 1 Sam. 16, 8—13 eigentlich keinen hoheren
Namen aus jener Zeit.　　　3) daher auch die ganz eigen-
thumliche Fassung des Begriffes jenes Verbrechens »Gotte und dem
Könige fluchen« worin sich recht zeigt wie sich jezt nur der alte
strengere Begriff erweitert, 1 Kon. 21, 10. 13; vgl. die *Alterthümer*
S. 227 f.

bleiben, so können sie zu andern Zeiten desto stärker sich gegen einander kehren. Will hier also die königliche Macht, ohne die innere Wahrheit der Gottherrschaft aufzuheben, sich wahrhaft vollenden, so muss sie zulezt nicht äußerlich neben der prophetischen odergar unter ihr bleiben, noch weniger aber sie bloss vernichten wollen, sondern sie muss was wahr oder nothwendig in ihr ist selbst in sich aufnehmen. Dann ist der Zwiespalt dieser Herrschaft gehoben, und der wahre menschliche König dieses Reiches gefunden. Wurde also innerhalb der Gottherrschaft das menschliche Königthum errichtet, so lag darin strenggenommen der Anspruch an éinen, alle Anforderungen dieser Herrschaft erfüllend der vollendete Mensch dieser Herrschaft zu werden um so der wahre König (oder Messias) der Gemeinde werden zu können. Ein König der Willkühr wie in den heidnischen Reichen (wo ihn höchstens das Volk oder ein sehr unvollkommnes Orakelwesen beschränkte), sollte dieser nicht werden: nun denn, wollte er wahrhaft voller König hier werden, so mußte er es dádurch werden dass er mehr als alle andere Menschen völlig in den Sinn und Geist Jahve's einging um von diesem aus der rechte Herrscher unter Menschen mitten in der Gottherrschaft zu werden. Wenn er in diesen Sinn vollkommen eingeht, so vollendet sich in ihm das höchste was unter Menschen möglich: ein so schwaches Geschöpf wie der Mensch ist, wird durch die göttliche Gnade die er am stärksten erfährt selbst das stärkste und würdigste Werkzeug göttlicher Zwecke [1]). Und wennauch diese wahre unendliche Aufgabe nicht sogleich klar erkannt und dann von vielen verkannt oder wenig erreicht wurde, ja wenn auch das äußere Reich Israels verging ehe sie erreicht wurde: doch mußte sie hier endlich zur rechten Zeit erkannt, endlich mit aller Macht erstrebt werden; hatten alle bisherigen Könige nicht erfüllt was gehofft wurde, doch mußte auf den rechten König (Messias) fürundfür gehofft werden, nachdem der Grund

---

1) wie dies beste was über das Königthum der wahren Gemeinde gesagt werden kann, in dem Spruche 1 Sam. 15, 17 ausgedrückt ist.

dieser Hoffnung einmal erkannt war. Von so unberechen-
barem Einflusse wird diese Wendung bis in die spätesten
Zeiten; und so gewiss ist dass das Reich in Israel, weil es
seit seiner Gründung unter Mose einen ganz andern Zweck
hatte als die übrigen der Erde, bei jeder neuen großen
Wendung seiner Geschichte von seinem wahren höhern
Zwecke nicht wieder abirren konnte.

3. Darum müssen wir denn einsehen dass diese große
Wendung der Geschichte, sobald sie ihr nächstes Ziel und
Bedürfniss erreicht hat, sogleich wieder über sich hinaus zu
einer neuen noch höhern hindrängt. Wie mit der ersten
Wendung dieser Geschichte unter Mose zwar eine unaustilg-
bare sich selbst durch jede Bewegung immer weiter bildende
Wahrheit gesezt war welche die Seele dieser ganzen Geschichte Israels wird, aber diese Wahrheit zugleich vorläufig
um sich nur überhaupt erst festzusezen sich in der Wirklichkeit in die starreste Gestaltung fügen mußte, welche eben
durch diese ihre Starrheit endlich die freiere Gestalt hervor-
rief welche wir hier in dieser zweiten großen Wendung der
ganzen Geschichte näher betrachten müssen: so schließt das
was in dieser als Anforderung und leztes Ziel verborgen
liegt, sobald sie ihren nähern mehr bloss zeitlichen und sinnlichen Zweck erreicht hat, sogleich wieder wie in einer neuen
Knospe eine andere noch größere Wendung in sich, in welcher eben dies jezt zum erstenmale geahnete lezte Ziel erreicht werden muss, die Messianische. Wir nähern uns daher hier der erhabenen Mitte und dem stärksten Getriebe der
ganzen Geschichte, wo ihre Fäden wie in éinen festen Knoten zusammenlaufen, wo man am deutlichsten den großen
Zusammenhang aller ihrer kleinern oder größern Wendungen erkennen kann, und wo inderthat das höchste erreicht
ist was sie von ihrem Anfange aus und innerhalb ihres eigenen Verlaufes durch die geistigste Mühe und unermüdetste
Anstrengung erreichen konnte.

Denn dás ist unbestreitbar dass, wenn das Königthum in
Israel jezt die Verklärung alles menschlichen Königthumes als
sein eignes höchstes Ziel nicht erreichte, sodass man in sei-

nem Verlaufe diese Verklärung nur in einem Künftigen zu
hoffen immer bestimmter lernte, die lezte Ursache davon in
einem noch ungehobenen Mangel der ganzen alten Religion
selbst zu suchen ist. Diese Religion ergänzte eben jezt
durch ihre Versöhnung mit dem menschlichen Königthume
den nächsten Mangel welcher ihr nach II. S. 154. 195 von
ihrem zeitlichen Anfange her anklebte: aber sowie sie von
diesem befreit ist, wird alsbald gerade durch den Eintritt
des Königthumes der zweite Mangel erst recht fühlbar welcher nach II. S. 67. 149 f. 564 ebenfalls vonvornean an ihr
haftet, dér der Gewaltsamkeit. Jede aus dem Orakel als
dem unmittelbaren göttlichen Worte und Befehle hervorge-
hende Religion .hat etwas gewaltsames, mit reiner Gewalt
ergreifendes zwingendes herrschendes: das Jahvethum desto
mehr, je reiner es aus der reinsten und höchsten Macht des
Prophetenthums hervorging und aus ihr noch jezt fortwährend sich .entwickelte; und das Prophetenthum war in dieser
Gemeinde bisjezt die einzige schlechthin befehlende und entscheidende Selbstmacht gewesen. Aber das Königthum neigt,
obwohl aus ganz anderer Quelle und in anderer Weise, nämlich weil es um eines Volkes und Reiches Einheit und Macht
scharf zusammenzuhalten selbst die höchste irdische Gewalt
ist, nicht minder zur Gewaltsamkeit, und muss dazu ansich
alle andern Gewalten und Mächte des Reiches auch die prophetische in Einheit und Unterwürfigkeit unter den Reichs-
zweck zu erhalten streben. Da also Gewaltsamkeit noch dem
Leben der ganzen alten Religion anklebte während diese sie
doch grundsäzlich auch in Beziehung auf das Rèich verwarf[1]
und schon durch ihre Forderung dass alle vor Jahve gleich
seyn und ihm allein dienen sollen allen menschlichen Eigen-
willen und alle einseitige Gewaltthat verdammte: so kam das
Königthum in Israel eben hier in seine gefährlichste Versuchung. Der prophetischen Gewaltsamkeit gegenüber sollte es
in keine Gewaltsamkeit fallen, obgleich selbst die höchste
äußere Gewalt, ausgestattet mit aller Macht zum Zwingen

---

1) s. z. B. 1 Sam. 2, 9c. 16, 7.

und Züchtigen: was soll also sein Leitstern seyn und wie
soll es sich selbst erhalten? Hier lag das unvermeidliche
Feld der schwersten und hartnäckigsten Kämpfe mit der prophetischen Macht vor, als welche nichtnur in dieser Gemeinde
die ursprünglich schöpferische war sondernauch auf dem hier
längst gelegten Grunde wahrer Religion das unauslöschlich
gewaltige Gefühl hatte dass menschliche Gewaltsamkeit komme
sie von irgendwem oder auch vom Könige selbst dem Jahvethume unversöhnlich widerstreite und nie gebilligt werden
könne. Hier also kann man erst ahnen warum das Königthum in Israel so wunderbar schwer sein wahres Ziel erreichte, und was seine tiefsten Versuchungen und Gefahren
Leiden und Schmerzen waren: aber eben hier wo dieser
Mangel der alten Religion sich an ihrer wichtigsten und empfindlichsten Stelle offenbarte, konnte er auch am ehesten
richtig erkannt und wodurch er zu heben sei endlich am
tiefsten geahnet werden.

Zwar offenbart sich der Fortschritt dieser großen Wendung der Geschichte gegen die vorige auch dárin dass die
Gewaltsamkeit welche vonanfangan dem Jahvethume anhaf-
tend auch in der ganzen Bewegung und Gestaltung des Volkslebens sich aufs vielfachste äußern mußte, in dieser zweiten
Wendung nach einer Hauptrichtung hin schon sich bedeutend mindert. Da in der ersten Wendung die gesezliche
große Freiheit des Volkes, eben weil sie menschlich noch so
ganz unbeschränkt war, immermehr in Zügellosigkeit Eigensinn und Vereinzelung der einzelnen Menschen Städte Stämme
entartete, so konnte sich der bessere Geist der ganzen wahren Gemeinde oft nur durch die gewaltsamsten Mittel behaupten; schärfste Züchtigung und Zerstörung widerspensti-
ger Städte und Stämme war etwas sehr gewöhnliches [1]); der
Geist und Wille Jahve's selbst schien sie aufs höchste zu
billigen, und meist wollte nur nach solchen gewaltsamsten
und empfindlichsten Streichen gegen einzelne große Glieder
eine etwas länger dauernde Ruhe und Scheu des Ganzen

---

1) s. die vielen Beispiele II. S. 458 f. 491 f. 505. 514.

wiederkehren. Diese Art von Gewaltsamkeit verschwindet nun unter dem Königthume desto mehr je reiner und höher sich dieses ausbildet; höhere Ruhe kehrt auf längere Zeiten in Israel ein, und unschädlicher werden die einzelnen inneren Streitigkeiten Widerspenstigkeiten und Aufstände. Alle äußere strafende Gewalt sammelt sich nun allein in dem Könige mit seiner stets gleichen und für alle Glieder stets lebendig wirksamen Hoheit und Furcht; und ebendies wird die Hauptsache des höheren Friedens und Glückes der folgenden Zeiten. Ja indem nun alle die einzelnen Vergehen und Übertretungen im Reiche nichtmehr so unmittelbar gegen den geheimnißvollen Unsichtbaren sondern zunächst nur gegen des Königs Willen gerichtet scheinen, kann auch im Strafen und Richten ein milderer Geist entstehen; und das starre Gesez selbst dessen lebendiger Bewahrer er wird, kann durch ihn menschlicher werden. Sein ist nun im Reiche alle Gewalt und alle Strafe: aber freilich wird so die alte Gewaltsamkeit desto leichter seine eigne höchste Versuchung; und an ihm als der zeitlich gewaltigsten Macht welche das Jahvethum wie irgendein Reich hervorbringen und ertragen konnte, mußte sich nun am schärfsten offenbaren ob sie noch in Israel walte und welche Früchte sie trage.

Gewaltsamkeit ist nun zwar der trübe Schatten den das Königthum überall wirft und in dem es sich so leicht verfängt und verirrt: aber in der bestimmten Geschichte kommt es auf den besondern Gegenstand an worauf sie mit der äußersten Entschiedenheit sich hinwenden und mit dem sie in den härtesten Zwiespalt kommen kann. Denn einer Überwachung und Untersuchung durch andre gute Gewalten kann und soll auch die höchste Gewalt im Reiche eben sofern sie zugleich eine menschliche ist sich nicht entziehen: will sie es aber, so macht das Königthum aus dem Eigensinne und der Gewaltsamkeit gar sein Gesez und Leben, wird das gerade Gegentheil von dém was es seyn soll, und zerstört sich dadurch nur desto bälder und desto allgemein schädlicher. Jede gute und zur Zeit nothwendige Gewalt wird daher ein Mittel es zu überwachen und sein gefährliches Ausschreiten

zu hemmen, sei es Wissenschaft oder Kirche oder das Volk
als berathendes Ganzes ihm gegenüber sich geordnet sammelnd, und sei es eine fremde oder eine inländische Gewalt:
und christliches Königthum welches schon auf den ewig vollendeten König und Herrn klar zurückblicken kann, sollte
endlich heute in jedem dem Namen nach christlichen Lande
gelernt haben keiner solchen Gewalt richtige Erkenntniss
und Untersuchung zu fürchten. Wissenschaft jedoch wurde,
wie unten erhellen wird, erst im Verlaufe der ruhigeren
Entwickelung welche das Königthum brachte zu einer größeren Gewalt in Israel; und die christliche Kirche war seit
Mose immer nur erst im Werden. Stände d. i. das zur Berathung und Beschlußnahme über alle die höchsten Angelegenheiten und Geseze des Reiches geordnet zusammentre-
tende Volk, bestanden in Israel zwar seit der Urzeit [1]), und
sollten durch das Königthum keineswegs aufgehoben werden: vielmehr dauerten sie während der ganzen königlichen
Zeit in Israel fort [2]), und wiesehr dort das öffentliche Wort
in der Reichsversammlung erschallte zeigen sogar viele er-
greifende Nachbildungen desselben in dichterischer Rede [3]).
Allein diese Stände blieben nach ihrer einfachsten Art stets
nur die durch Geburt oder Amt berechtigten Vertreter oder
die *Ältesten* des Volkes [4]), die daher als starr bleibende un-
veränderliche Mächte leicht gefährlich der Herrschaft gegenüberstanden und möglichst selten zusammentraten. Während
der Zeiten des mit frischen Kräften machtvoll aufgehenden
Königthumes traten sie vonselbst mehr zurück, und versam-

---

1) s. die *Alterthümer* S. 255 ff.        2) s. 1 Sam. 10, 17 ff.
11, 14 ff. 2 Sam. 2, 4. 5, 1—3. 1 Kön. 12, 1 ff. 2 Kön. 11, 13. 23, 1 ff.
Jer. 34, 8—10. Daneben hatte jede größere Stadt ihren Volksrath,
1 Kön. 20, 7 f. 21, 8. 2 Kön. 6, 32. 10, 1. Deut. 21, 3 ff.

3) Ps. 50 z. B. oder Ps. 82 spielen deutlich genug auf die Sitten
und Reden der hohen Reichstäge an, und hätten ohne sie von den
Dichtern nichteinmal ihre erste Anlage empfangen können.

4) dass sie auchnur theilweise jemals für einen einzelnen Reichs-
tag vom Volke gewählt wurden, dafür fehlt jeder Beweis.

melten sich wohl nur zu Anfange jeder neuen Herrschaft zur
Verhandlung mit dem neuen Könige und seiner Bestätigung:
erst gegen das Ende dieser ganzen königlichen Zeit scheinen sie aus unten zu erörternden Gründen mit dem ganzen
Volksleben freier sich entwickelt zu haben. Desto selbständiger aber und ausgebildeter, stand dem Königthume in Israel vonanfangan die prophetische Macht in einer Reinheit
und Stärke wie in keinem andern alten Reiche gegenüber,
jene Macht welche der tiefste Grund der Stiftung und des
ganzen Bestandes dieses Reiches vonvornan gewesen, die
jezt noch fähig genug war alle rein geistige Einsicht und
Gewalt in sich zusammenzufassen, ohne deren hingebendste
Mitwirkung das Königthum hier nichteinmal gut entstehen
und die doch nach seiner Entstehung keineswegs sich selbst
aufzugeben gesinnt seyn konnte. Wirkung und Gegenwir-
kung mußte unter diesen beiden Gewalten hier vonvornean
die mächtigste und entscheidendste seyn; und da auch dem
alten Prophetenthume nach II. S. 149 f. die Gefahr der Gewaltsamkeit nahe genug steht, so mußte hier Stoss und Ge-
genstoss der heftigste werden: allein nur die von beiden
wirkte heilsam welche rein das Ausschreiten der andern ohne
selbst in Gewaltsamkeit zu verfallen zu hemmen wußte; und
nur wenn beide in dem Höheren welches gleichmäßig über
ihnen steht sich verstanden und zusammenwirkten, konnte
das möglich höchste Heil und aller Segen dieser Zeiten sprossen. Aber freilich strebt das Königthum von sich selbst aus
nothwendig dahin jeder Zweiheit im Reiche Herr zu werden,
und konnte erstarkt über das Prophetenthum desto leichter
sich erheben je weniger dies mit äußern Waffen ihm obsie-
gen kann und jemehr es selbst noch der Gefahr in Gewaltsamkeit zu verfallen ausgesezt war: und sowie das Königthum hier dieser Versuchung erliegt, muss es mitten in seiner höchsten Blüthe und Macht sein reines Herz und seine
beste Kraft verlieren, schon weil ihm nun zum steten Überwachen keine hinreichende Gewalt mehr gegenüberstand und
eben Gewaltsamkeit ungehindert sein bleibendes Gesez werden konnte; welches doch dem innersten stummen Triebe

dieser Gemeinde und dieses Volkes Gottes unversöhnlich widerstrebte [1]).

4. Damit ist denn aberauch schon die besondre Entwickelung der Geschichte des Königthumes Israels imgroßen
gegeben. ' Denn bei der unabweisbaren Nothwendigkeit des
Königthumes in Israel womit die bisherige Geschichte schloss,
kommt es vorläufig im Beginne dieser neuen Wendung nur
dárauf an wie die zuvor beschriebenen Hindernisse welche
überhaupt seine Entstehung und Ausbildung jezt aufhalten
konnten, nun entweder vollkommen oderdoch sóweit überwunden wurden als es die tiefsten Grundlagen der alten Religion gestatteten. Der Überblick nun zeigt dass solche Hindernisse allerdings vorlagen und nicht ohne starke Kämpfe
beseitigt werden konnten, dass aberauch diese Kämpfe infolge
der in dieser Gemeinde noch sehr ungeschwächt ruhenden
edelsten Kräfte nichtnur bis zu einer hohen Stufe erfolgreich
sondernauch verhältnißmäßig von kurzer Dauer waren; die
Geschichte Saûl's und Davîd's füllt diesen ersten Schritt der
neuen großen Wendung der Geschichte Israels. Alsdann
sehen wir unter Salômo als reife Frucht dieser glücklich
überwundenen Kämpfe mit Macht das herrlichste schnell hervorsprossen welches diese Wendung und, was wenigstens
äußeren Glanz betrifft, überhaupt die ganze Geschichte des
Volkes Israel in ihrer erhabenen Mitte hervorbringen konnte.
Aber an dem hellen Tage dieser glücklichsten Zeiten kommen dann auch die tiefen Mängel zum Vorscheine, welche
trozdem in der neuen Gestaltung der Dinge vorzüglich dárum

---

1) worauf es bei einer allgemeinen Geschichte des Königthumes
in Israel vorzüglich ankomme, erhellet hieraus leicht. Aber eben dies
ist es auch was man in der »*History of the Hebrew monarchie* from
the administration of Samuel to the Babylonish captivity.· London
1847« vermißt, wiewohl der ungenannte Verfasser dieses übrigens
auch etwas zu kurzen Werkes eine in England jezt seltene ansich
sehr lobenswerthe Freimüthigkeit zeigt. Nur sollte diese Freimüthigkeit nie die geschichtliche Größe verkennen und jene Dinge in Israel
für kleiner halten als sie wirklich waren! — Einem niedrigen Geiste
entflossen ist *K. A. Menzel's* Staats- und Religionsgeschichte der Königreiche Israel und Juda. Berl. 1853.

weil eben die Vollendung wahrer Religion noch fehlte nochnicht gehoben werden konnten; und sowie diese wieder ungehemmter in das hohe Getriebe des ausgebildeten menschl-
lichen Königthums eingreifen und es, wennauch bei dem großen
Schaze schon für immer erworbener innern Guter langsamer,
dennoch mit sicherem Fortschritte wieder zerstören, so vollendet sich damit der dritte und lezte Schritt dieser Wendung, die Geschichte der beiden Reiche nach Zerspaltung
des Davîdischen bis zum Untergange beider. Dass diese drei
Zeiträume an Umfang sich sehr ungleich sind und der erste
kaum mehr als 60 der zweite nicht viel über 40 Jahre be-
trägt, kann neben der klaren Wahrheit der Sachen nicht in
Anschlag kommen: die ganze Entwickelung dieser etwa fünf
Jahrhunderte bewegt sich sichtbar in keinen andern als in
diesen drei Schritten fort, von denen der eine immer ebenso
mächtig ist als der andere: es sind die 3 Zeiträume des gesegnet und glücklich anfangenden, des hochblühenden, des
langsam absterbenden Königthumes in Israel.

.   Hieraus erhellet auch vonselbst dass die gesammte Geschichte des menschlichen Königthumes in Israel sich noch
um ganz andre Dinge drehe als die von welchen die Geschicke der andern Königreiche der Alten Welt abhingen.
Zwar waren diese übrigen Dinge auch für das Königthum in
Israel keineswegs gleichgültig: kein Königthum und kein
Herrscherhaus kann auf die Länge bestehen wenn es auchnur den niedern Bedingungen nicht genügt die es hervorrufen, wenn es die Einheit und Macht des Volkes nicht schüzen, mit den gebornen oder gewählten Vertretern des Volkes (den Ständen) sich nicht über die geltenden Geseze und
waltenden Grundsäze vertragen, nicht jede gute Arbeit und
Mühe einzelner Berufe und Geschäfte achten, nicht jede neu-
keimende oderauch alte ächte Einsicht und Wissenschaft auch
zu seinem eignen Vortheile verwenden und nicht über alle
die einzelnen Bestrebungen Vereine Religionen seines Gebietes unschädlich herrschen kann.   Und von alle dem hingen auch die Geschicke der vielen Könige Israels vielfach
ab, wie unten erhellen wird.   Aber das Königthum in Israel

hatte daneben noch ganz andre Aufgaben und Mühen: wie
das Königthum in der Gemeinde des wahren Gottes und im
Angesichte dieses selbst seyn solle, das war die Frage von
deren Gewichte es sich nie losmachen, konnte und deren
Spize auch die traf welche von ihr nichts wissen wollten.
Und ward auch keiner dieser Könige der vollkommne König
und Mensch welchen das Jahvethum in seinem tiefsten Wollen und. Streben eigentlich herbeisehnte, so entstanden auf
diesem Boden doch solche Könige welche schon viele Seiten
des vollkommneren königlichen und menschlichen Lebens dar-
stellten und deren gleiche man aus so frühen Zeiten vergeblich bei andern Völkern sucht.  Eine wahre Verklärung
des Königthumes ist im ganzen Alterthume nur dort beharrlich versucht: und wohl konnte dies Reich endlich äußerlich
untergehen, aber sein Königthum nur mit diesem Reiche
selbst durch Fremde vernichtet werden.

Wie nun die gesammte Geschichte Israels hier allmälig
zu jenem Gipfel emporsteigt wo sich erst ihre ewige Bedeutung für alle Zukunft völlig entscheidet und auch ihre wei-
ter· zurückliegenden Räume neu verklärt werden: so haben
sich auch verhältnißmäßig ammeisten Schriften und andre
Zeugnisse aus ihr erhalten; sodass wir ihre meisten wichtigeren Begebnisse schon weit vollständiger wiedererkennen
können als bei der vorigen Wendung.  Doch finden sich
auch hier noch manche uns jezt ziemlich dunkle Strecken,
ja sogar manche Namen einst gewiss sehr ausgezeichneter
Männer die wir jezt nichteinmal in den ganzen Verlauf der
Geschichte nach Jahrzehenden oder Jahrhunderten sicher genug eintragen können [1]).

---

1) wann lebte z. B. jener Chanán Sohn Jigdalja's den Jer. 35, 4
sogar mit dem höchst auszeichnenden Namen *Mann Gottes* ziert?
Von seinen Söhnen d. i. Jungern hatte ein Vorzimmer des Tempels
den Namen, welches diese also wohl gebauet oder wo er stets gelehrt hatte; er war also sicher einst ein großer Prophet in Jerusalem, wie Joel, und vielleicht ebenso alt oder noch älter als dieser:
aber wir wissen jezt über ihn nichts weiter.

# Erster Schritt:

*die feste Gründung des menschlichen Königthumes in Israel; die Zeiten Saûl's und Davîd's.*

---

## Saûl und sein Haus.

Von der Geschichte dieses königlichen Hauses in Israel wissen wir nach den erhaltenen Quellen freilich mehr als von der, so manches andern aus den Zeiten nach Salômo: doch dürfen wir uns nicht verhehlen dass, sovieles -auch von ihr sich erhalten hat, dies immer nur wenig ist gegen die Wichtigkeit des wennauch seinen Jahren nach nicht sehr belangreichen Zeitraumes dieser Geschichte. Wir wissen genug über den Ausgang dieser Geschichte; auch aus der Mitte ihres Verlaufes sehen wir viele hellleuchtende Züge hervorragen: ihr Anfang aber birgt sich, den vorliegenden Quellen zufolge, noch immer etwas in jenes geheimnißvolle Dunkel in welches die Ursprünge aller die Welt überraschenden Ereignisse zurückgehen, zumal so unendlich bedeutsamer Ereignisse wie die erste Entstehung des ächten und daherauch vom Himmel geweihten Königthumes in einem Urvolke ist.

### 1. Saûl's Königswahl.

Wie die Bibel uns sooft auch in der bloßen Geschichtserzählung reine Vorbilder ewiger Wahrheit aufstellt, indem sie das Vergängliche der gröbern irdischen Stoffe der Ereignisse mehrundmehr abstreifend nur ihre für die Religion ewig geltende Bedeutung festhält und in entsprechend schöner Gestalt klar vor die Augen legt: so thut sie es auch bei dém Theile der Geschichte Israels welcher einer der sowohl ansich als für die folgenden Zeiten bedeutsamsten ist. Was

ist menschliches Königthum überhaupt und was insbesondere
in der Gemeinde Jahve's? wie entsteht es und wie bildet es
sich, auf welchen Grundlagen und Bedingungen beruhet das
Unterpfand seiner göttlichen Nothwendigkeit und Weihe und
daher seiner ungetrübten Dauer auch für den einzelnen Mann
und das einzelne Haus welches in einer bestimmten Zeit und
vom Kreise eines bestimmten Volkes umschlossen seine Würde
wie seine Bürde trägt? Solche Fragen einfach zu beantwor-
ten dient am leichtesten die Erinnerung an das Emporkommen dés Königs welcher der erste die volle Herrlichkeit wahren Königthumes trug, und in dessen Geschichte, eben weil
er hier der erste war, alle solche Fragen inderthat am lebhaftesten sich regen mußten um nur überhaupt erst zu einiger Klarheit und Festigkeit zu gelangen.

Welcher Mensch nun von Geburt sowie von Leib und
Seele d. i. von Natur aus nochso fähig seyn mag das Königthum und damit die höchste Ehre und Macht unter Menschen
zu empfangen: doch hat er mit solchen freilich als unterste
Bedingung nothwendigen äußeren Vorzügen nochnicht die
göttliche Vorherbestimmung und Weihe als die zweite der
beiden unerläßlichen Bedingungen ohne deren Bund auch
nichteinmal der Keim des ächten Königthumes irgendwo sprossen kann. Die göttliche Möglichkeit und Zeitigkeit muss, wie
auch sogar in weit geringern Dingen, der menschlichen entgegenkommen: und treffen so bei diesem erhabensten aller
menschlichen Verhältnisse beide Möglichkeiten zusammen, so
kommt dem ansich so schwachen gebrechlichen Menschen
die göttliche Gnade und Vorherbestimmung mit ihrer vollen
Macht hülfreich zu diesem höchsten aller Berufe entgegen,
um ihn mit der erforderlichen göttlichen Kraft und heiligen
Geistesweihe zu dém zu erfüllen wozu er von Natur die Anlage in sich selbst hat. Niemand wird bei allen sonstigen
Vorzügen ein ächter König dem nicht zuvor einmal ein milder Sonnenblick vom Himmel das Herz getroffen und gerührt hat.

Alles das gibt zwar nur die zwei Grundbedingungen
ohne deren Zusammentreffen hier überhaupt nichts werden

kann: und wie nirgends sogleich auf das Daseyn der innern
Möglichkeiten auch deren Verwirklichung folgen muss, so
wird nicht jeder sogleich König in dem jene zwei Grundbedingungen dazu gegeben sind. Doch weil die Würde eines so
beschaffenen Menschen schon wie im Himmel da ist und von
dort aus nicht ohne alle Wirkung bleiben kann, so kommen
ihm noch bevor er äußerlich sie gewinnt eine Menge Spuren und Zeichen ihrer schon im verborgenen thätigen Kraft
entgegen, unwillkührlich zwar und nicht absichtlich von ihm
hervorgebracht vielmehr ihn selbst überraschend, und doch
nothwendig sich regend und durch ihre Offenbarung ihn zugleich erfreuend und stärkend, weil ihn deutlicher ahnen'
lassend wozu er bestimmt sei. Freilich war der Glaube an
Vorzeichen besonders auch bei so wichtigen Begebnissen wie
Königswahlen und neuen Herrschaften etwas allgemeines im
Alterthume; und wie leicht er entarten könne ist uns Späteren deutlich genug: aber nicht zu läugnen steht dass auf
einem schon sonst vorbereiteten Boden wie in unwillkührlich
hervorspringenden einzelnen Funken schon dieselbe geistige
Macht sich regen kann welche dann später plözlich in voller
Glut alles ergreifend hervorbricht, und dass dem wahrhaft
zum Herrscher bestimmten schon bevor er es äußerlich ist
die göttlichen Zeichen und Triebe davon zur rechten Zeit
entgegenkommen müssen [1]).

Und ist er nun nach solchen Grundlagen und nach solchen der verborgenen Zukunft froh voranhüpfenden gluck-
lichen Zeichen wirklich zur geeigneten Zeit auch äußerlich
des Volkes König geworden: doch hat er durch die bloße
äußere Anerkennung nochnicht viel; erst eigenes im rechten
Augenblicke ebenso kuhn unternommenes als fest ausgefuhr-
tes wahrhaft königliches Wirken zum Heile des Reiches schafft
ihm die höhere Achtung und das freiwillige freudige Zusammenwirken aller Unterthanen zum Reichszwecke ohne welche

---

1) wie in einem noch mehr die Höhe menschlicher Herrscher-
kraft zeigenden Verhältnisse schon dem Knaben Josef Träume seine
ganze kunftige Größe verkünden I. S. 532.

sein Königthum immer ein höchst schwaches und zweideutiges bleiben muss.

Aber hat er nun endlich so alles erreicht was er für sich wünschen ·kann und steht schon auf den Stufen des Tempels unsterblichen Ruhmes: dann ;kommt˙ es in ˙solcher schwindlichen Höhe für ihn desto nothwendiger dárauf an, des Anfanges nie zu vergessen von dem er ausgegangen, also stets in allem zu bedenken dass noch ein anderer König, der ewige nämlich, über ihm bleibe und dass jeder irdische König nur sofern er mit Gott und daher mit allen geistigen Wahrheiten zusammenwirke ein König nach dem Herzen des Königs aller Könige sei. Insbesondere darf er in dieser Gemeinde, der Gemeinde Jahve's von der er nur ein Glied ist wie jeder andere, nie vergessen dass ihm vonanfangan eine Schranke gezogen und ein Unüberschreitbares gesezt ist, welches dennoch zu überschreiten Selbstvernichtung wäre: dies ist die lezte wie die erste, also die größte und entscheidendste Wahrheit in dem ganzen Umfange der hieher gehörigen Erkenntnisse, eine Wahrheit welche kaum leise angedeutet und wie im geheimnißvollen Dunkel gehalten sich doch ewig vonselbst versteht und sich ewig selbst beweist.

In diesen vier Wahrheiten erschöpft sich alles was hieher gehört: nach ihnen ist wie jedes so besonders des ersten Königs Erscheinung zu messen; und ˙sollte einer auch nur in der lezten fehlen, so wurde sein königliches Leben als ein verfehltes zu betrachten seyn.

Es ist nun˙ der (um ihn kurz so zu nennen) prophetische Erzähler der Königsgeschichten, welcher Saûl's Leben in das engverschlungene Nez dieser höhern oder (wie man sie ebensowohl nennen kann) prophetischen Wahrheiten kleidet, offenbar weil es ihm diese Wahrheiten selbst in der Geschichte für ewige Zeiten gelehrt zu haben schien [1]). Wieviele er von den einzelnen Stücken der jezigen durch die Seele je-

---

1) wenn man also als 5ten Theil den Untergang Saûl's hinzunimmt, so hat man hier wieder ein vollkommnes Drama, wie II. S. 531. ·

ner Wahrheiten 'zusammenhangenden Erzählung schon in den
frühern zerstreutern Erzählungen vorfand, können wir beim
Fehlen älterer Quellen jezt nicht näher bestimmen:: soviel
aber erhellt deutlich, dass das reizende Kleid der Wahrheiten welches jezt alle die festeren Erzählungsstoffe eng zu-
sammenschließt noch sehr viele Stücke reiner Erinnerung
durchblicken läßt und dass dieser Erzähler der erste war
welcher ein solches 'durchsichtiges lichtes Strahlengewand
über das Ganze warf. Das irdisch-Menschliche ist unter der
leichten Hülle noch sehr greifbar; ja sogar die Züge des
Volkswizes der sich früh an die zwischen Erhabenem und
Niedrigem schwebende Geschichte dieses ersten Königs in
großer Fruchtbarkeit gehängt haben muss, sind noch wenig
verwischt: doch wird das Ganze erst durch den Athem der
höhern prophetischen Wahrheit belebt und zur schönen Gestalt umgeboren. In dieser prophetischen Neugestaltung ist
es denn auch sichtbar gekommen, dass Samûel nun schlechthin als Werkzeug des göttlichen Geistes in seinem Verhalten
zu menschlichen Königen erscheint. Wie Samûel nach dieser Darstellung alles Saûl'en betreffende weiss und leitet, so
wirkt eigentlich der göttliche Geist selbst in seiner reinen
Selbständigkeit vorherbestimmend stärkend und theilnehmend
aberauch warnend und ein unantastbares Höheres ahnen lassend auf den menschlichen König; Samûel dient also (wie wir
hier vorläufig sagen können) insofern in dieser Erzählung
nur noch zur leichten Darstellung des reinen Wirkens und
Sinnens des göttlichen Geistes selbst dem menschlichen Könige gegenüber. Hieraus folgt keineswegs dass nicht sehr
vieles von dem was Samûel nach dieser Darstellung thut auf
guter Erinnerung ruhe: aber die besondere Art und Farbe
der jezigen Darstellung ist erst aus jener höhern Auffassung
des Ganzen geflossen. — Wir müssen nun das einzelne sehen.

1. Saûl, ein Mann noch in voller Jugendkraft und Schönheit ja schöner als alle seines Alters und um Schulter und
Kopf über alles Volk hervorragend, dazu tapfer im Kampfe
wie einer, ist der Sohn eines freigebornen angesehenen Ben-

jaminäers *Qish* [1]). Damit hat er, was Geburt sowie Leib und
Seele betrifft, genug Fähigkeit zum Königthume: denn edel-
geboren waren damals in Israel noch alle freigebornen aus
gutem Hause, indem alle Vorzüge welche z. B. die Richter
oder deren Söhne genossen rein persönlich waren, nicht aus
einem bevorzugten erblichen Stande flossen. Sein Vater
wohnt in Gibea, einer Stadt des Stammes Benjamin wo der
Sohn später auch noch als König wohnen bleibt (s. unten);
sowie fast jeder Richter in seinem Geburtsorte auch seinen
festen Siz genommen hatte.

Aber des Königthumes fähig, geht er nicht darauf aus
es zu erwerben: denn ein höheres Gut durch das künstliche
Bestreben einseitig menschlichen Jagens und Haschens erreicht kann nie ein wahres werden. Es ist daher eine schöne
Darstellung [2]), wie Saûl von seinem Vater die verirrten Eselinnen des Hauses aufzusuchen ausgeschickt nach langem ver-
geblichem Umhersuchen [3]) am dritten Tage fast gegen seinen

---

1) über das Geschlecht Saûl's s. 1 Sam. 9, 1. 14, 50 f. Wenn
1 Chr. 9, 35—38 der Name der Stadt Gibeôn (II. S. 325) mit Gibea
und der Name des Vaters Qish'es יעיאל mit אביאל I Sam. 9, 1.
14, 51 verwechselt ist, so hätte dieser Großvater Saûl's einst den
Ehrennamen »Vater Gibea's« getragen und wäre als Vater von 10
ausgezeichneten Söhnen berühmt geworden. Zu diesen 10 gehören
Qish und Nêr, und lezterer erscheint 1 Sam. 14, 50 f. sehr ausdrücklich als Oheim Saûl's: es ist also vielleicht nur späteres Mißverständniss wenn Nêr an der Spize der 1 Chr. 8, 33. 9, 39 gegebenen
Nachricht über Saûl's Geschlecht als sein Großvater erscheint; man
müßte sonst denken das Glied Nêr sei in den ältesten Quellen ausgelassen.          2) 1 Sam. 9, 1—14 vgl. v. 20.

3) die Richtung dieser nach v. 20 bis in den dritten Tag durch-
suchten Wege wird nach »Landern« angegeben 1 Sam. 9, 4 f.: die
meisten hier angegebenen Namen sind uns zwar dunkel: wenn jedoch Saûl's Vaterstadt nach Jes. 10, 29. Jos. 18, 28 und Jos. J. K.
5: 2, 1 nur etwa anderthalb Stunden nördlich von Jerusalem (etwas
südlich von *haRâma*) lag, und wenn Samûel's Râmatáim oder kürzer Râma nach II. S. 550 das jezige Râm-alláh weiter nordostlich
davon ist: so zog Saûl etwa zuerst westlich übers Gebirge, dann
noch weiter westlich bis zum jezigen Sâris oder *Sârûs* (John Wilson
II. p. 266. Lynch's narrat. p. 435) wenn dieses der Landschaft Shâ-

Willen zu dem ihm wenig bekannten Samûel kommt, um
diesen wegen jener zu befragen und statt ihrer ein Königthum von ihm zu empfangen. — Denn dér welcher eben in
dieser Zeit das Königthum in Israel aufrichten will, hat ihn
schon erkiest bevor er es weiss: der mitleiderfüllte ächte
Geist Jahve's hat schon Samûel'n einen Tag vorher in's Ohr
geraunt, ein Benjaminäer sei zur Rettung des von übermächtigen Feinden besonders den Philistäern zuviel leidenden Volkes Jahve's zum Könige dieses Volkes zu salben; wie also
nun Saûl vor Samûel tritt, schüchtern geringes suchend als
kennte er nicht seine schlummernde Fähigkeit das Höchste
zu erstreben und zu gewinnen, und doch zu besserem ja
zum höchsten Streben tüchtig, da empfängt ihn der große
Seher ganz anders als er fürchten oder hoffen konnte. Eben
da sie sich begegnen ist der Seher aus seinem Hause getreten auf dem Wege [1]) nach der einsamen heiligen Höhe seiner Wohnstadt *Râma* (II. S. 550), wo er am Altare Jahve'n
opfert oderauch mit einigen engern Vertrauten ein h. Opfermahl zu génießen pflegt: dahin will er nun auch Saûl'en mit
sich nehmen, gleich voraus ihm bemerkend wie gering und
wie längst schon in Ordnung gebracht der eigentliche Gegenstand seiner Frage, wie er aber mit seinem ganzen Hause
für etwas ganz anderes und besseres in Israel bestimmt sei.
Und wiewohl der unbefangene und bescheidene Mann was
ihm dunkler angedeutet wird lieber von sich ablehnt (so wenig kennt er noch sein besseres Selbst): doch nimmt der ihn

---

lisha entspricht, endlich westlich bis zu dem II. S. 430 erwähnten
Sha'albim wenn daraus das שעלים 1 Sam. 9, 4 verkürzt ist; hierauf
wandte er sich wieder östlich in Benjaminisches Gebiet, endlich
nördlich in das Land Ssûf mit Samûel's Wohnstadt. Der Rückweg
vonda 10, 2—5 war dann kürzer weil gerader. — Übrigens haben
einige Hdschrr. der LXX bei Holmes wirklich Σαριαά. Wußte man
bestimmter wo שְׁעָרִים t Sam. 17, 52 lag, so könnte auch dieses
vielleicht einerlei mit שעלים seyn. Und *Shalisha* ist wohl einerlei
mit Baal-Sh. 2 Kön. 4, 42 vgl. das Onomast. der KVV. unter Bàth-S.

1) da Râma Samûel's Stadt gewiss nicht gross war, so ist »inmitten der Stadt« v. 14 nicht sehr verschieden von »inmitten des
Thores« v. 18.

besser kennende heilige Mann ihn mit sich zum schon bereiteten Opfermahle, ja weist ihm den Ehrenplaz im Kreise
der 30 früher eingeladenen Mahlgenossen an [1]) und läßt ihm
das wie für ihn aufgesparte beste Stück des Opferfleisches
reichen: denn noch etwas anderes und höheres ist ihm ähnlich vor allen andern Menschen längst vom Himmel aufbewahrt [2]). Und als er nun so durch Theilnahme am Tische
ja am Opfermahle des Sehers den ersten Schritt zur Theilnahme auch an seinem Sinne und Geiste gethan, weist der
Seher ihm Abends bei der Rückkehr in die Stadt nicht minder ehrenvoll das Dach als Ruheort an [3]): des andern Morgens aber früh ihm das Ehrengeleit gebend kann er beim
einsamen Abschiede nicht länger sich zurückhalten alles ihm
zu thun und zu sagen was ihm einmal zu thun und zu sagen ist: ihn feierlich salbend und zum Zeichen der Huldigung küssend, verkündet er ihm in aller Bestimmtheit und
Ausfuhrlichkeit drei Vorzeichen welche ihm bei der Rückkehr
nach Hause begegnen würden, läßt aber ganz zum Schlusse
in halbdunkeln Worten noch einen bedeutsamen Wink fallen
dass, wenn er durch die göttlichen Vorzeichen wirklich ihm
gebührender Herrschaft erhoben alles beliebige wie mit königlicher Vollmacht vollbringen könne, er doch éins zu thun
sich huten möge! [4])

2. O wer fühlte nicht ein anderes Herz in sich und
würde zu einem neuen Menschen umgeboren, wenn ihn,
schon von Geburt einer höhern Würde fahig, zugleich die
Huld und Herrlichkeit des göttlichen Geistes so erwärmt und
erhebt! Gott, fährt die Erzählung fort, wandelte Saûl'en ein

1) die Ähnlichkeit mit Gen. 43, 34 ist mehr in der Sache selbst
begrundet, nicht die eine Stelle der andern nachgeahmt.

2) v. 24 ist statt קָרָאתִי הָעָם לֵאמֹר zumtheil nach den LXX
zu lesen כִּי מְשָׁאָר הָעָם קָרָאת »zum Zeichen dass du vor dem
Reste des Volkes eingeladen bist« vgl. v. 22, oder noch näher den
LXX קָרָצָת »dass du von dem Reste des Volkes ausgeschieden bist«.

3) wie ein solches erst besonders einzurichtendes einsames Stub-
chen auf dem Dache auch 2 Kön. 4, 10 als Ehrenort des Hauses gilt.
Zu lesen ist v. 25 f. nach den LXX וַיִּרְבְּדוּ לְשָׁאוּל und so weiter.

4) i Sam. 9, 15—10, 8; zu 10, 7 vgl. 2 Sam. 3, 21.

anderes Herz: und sogleich beginnen jene 3 Vorzeichen der
Reihe nach ihm zu begegnen.

Diese drei Vorzeichen sind nun sichtbar mit schöner
Kunst gerade so gewählt und geordnet. Jedes von ihnen
trifft den werdenden König (wie der Seher ihm vorausgesagt
hatte) gerade an einem heiligen Orte: das ist so wenig zufällig wie der im Psalter sooft ausgesprochene Glaube dass
die Hülfe vom heil. Orte komme; und gerade das mittlere
Land, zwischen den Stämmen Benjamîn und Efráim, wo
Saul'en jezt seine Wege führen, ist an solchen h. Orten so
reich (I. S. 407 f.). Sodann ist unter den Vorzeichen selbst
eine ebenmäßige Steigerung, sodass die Überraschung und
Wirkung immer größer werden muss. Zuerst begegnen ihm
bei Rahel's Grabdenkmale [1] zwei Männer in großer Eile [2],
freudig meldend die Eselinnen seien gefunden und der Vater
sei nichtmehr um sie sondern um den Sohn besorgt. So
schwindet glücklich die Last fruherer Sorgen des niedern
Lebens, weil künftig wichtigeres zu bedenken und zu besor-
gen ist! — Alsdann weiter schreitend treffen ihn bei Tha-
bor's Terebinthe [3] drei zu dem großen Heiligthume zu Bä-

---

1) der Ursprung dieses wird in Jaqob's Geschichte erläutert Gen.
35, 16—20. 48, 7: und es leidet keinen Zweifel dass an beiden Stellen derselbe seit den Urzeiten heilige Ort gemeint sei. 1 Sam. 10, 2
wird hinzugefugt er liege »an der Grenze Benjamin's«: leider wird
nicht hinzugefugt von welcher Seite her diese Grenze zu verstehen
sei; denn das in *in meridie* der Vulg. für בצלצח ist gewiss nur gerathen. Wäre nun jenes Denkmal etwas nördlich von Bäthlehem
gemeint welches man unter diesem Namen seit dem Mittelalter zeigt
und welches in neuern Zeiten so vielfach genau beschrieben ist: so
wäre die ganze Reise Saúl's unverständlich. Allein wir können sowohl hier als in der Genesis sehr wohl die nördliche Grenze Benjamin's verstehen, wie sie etwas südöstlich von Râm-alláh anheben
mochte. 2) צֶלְצַח als Ortsname paßt nicht zum Zusammenhange; es bedeutet vielmehr nach den LXX etwa soviel als eilen, springen, vgl. סלד, صلت, زلط. 3) חבור ist gewiss
nur mundartig von *Debora* verschieden vgl. I. S. 390; fur אֵלֹּון ist
aber Gen. 35, 8 אַלּוֹן »Eiche« punctirt. Dieser Ort lag nach Richt.
4, 5. nördlich von ha-Ráma gerade dá wo Saúl vorbei kommen
konnte; und wenn er nach Gen. 35, 8 vgl. mit v. 16—20 nördlicher

thel reisende Männer, einer drei Böckchen, der andere drei
Laib Brod, der dritte einen Schlauch Wein, alle zusammen
also eine vollständige Opferzurüstung tragend: diese ihre Gaben sind nun zwar dem Heiligthume bestimmt, doch reichen
sie wie von, einer unsichtbaren Macht plözlich bewegt freundlich grüßend dem ihnen unbekannten Wanderer zwei der drei
Erstlingsbrode dar [1]).    So kann der nochnicht hervorgetre-
tene und doch innerlich schon ganz fertige König diese unverhoffte Gabe als Huldigung empfangen, wie schon dem
Kinde Jesus die drei Weisen aus Morgenlande Gaben darbringen.   Und dass dies überraschende Vorspiel aller künftigen Königsgaben gerade von Opferbroden genommen wird,
weist schon darauf hin dass künftig dem Könige einiges von
dén Gütern des Landes zugehen wird welche bisjezt unge-
theilt dem Heiligthume zukamen. — Endlich bei seiner eigenen Vaterstadt anlangend, gleichfalls einem heiligen Orte [2]),
begegnet ihm ein Haufen eben von der höher liegenden
Opferstätte und vom dargebrachten Opfer kommender Propheten, unter lautem Spiele von mancherlei Spielwerkzeugen
in die prophetischen Schwingungen vertieft.   Da wird er selbst

---

als Rahel's Grab zu liegen scheint, so ist zu bedenken dass Gen. 35,
1—8 aus dem B. der Bündnisse, dagegen v. 9—21 aus dem B. der
Urspp. stammt.        1) hinter לחם scheint nämlich nach den
LXX ein Wort wie בכורים ausgefallen zu seyn, da eine solche
Bezeichnung der Brode als Erstlings- d. i. Opferbrode hier sehr gut
paßt und man nicht sieht wie es ohne Veranlassung in den Text der
LXX kommen konnte.        2) wir wissen zwar nicht worauf
die geschichtliche Heiligkeit dieses Ortes beruhete: allein dass er eine
בָּמָה d. i. eine eigene Opferstätte hat und hier bestimmt גבעת
אלהים »Gibea Gottes« genannt wird, beweist genug für ihn als h.
Ort; dasselbe wird 2 Sam. 21, 6. 9 vorausgesezt, obwohl es schwerlich derselbe ist wo nach Jos. 24, 33 der alte Hohepriester Pinehâs
(II. S. 408) gelebt hatte.   Seit Saúl der es offenbar vergrößerte und
zum königlichen Size erhob, heißt es gewöhnlich, zum Unterschiede
von sovielen gleichnamigen Städten anderer Stämme, Gibea Saúl's.
Dagegen ist Gibea Benjamin's nach 1 Sam. 13, 15 f. wohl noch das
jezige G'eba' südlich von Mikhmash, und nur wenig nordöstlich von
jenem: dies war wohl sicher das nach II. S. 458 früher weit größere
und berühmtere.   Übrigens wechseln oft die Namen G'eba' und Gibea.

von deren Begeisterung so ergriffen dass er zum Erstaunen
aller seiner frühern Bekannten mit ihnen sich schwingt im
prophetischen Taumel [1]): auch vor der Welt Augen offenbar
tritt nun bei ihm die gänzliche Geistes-Umwandelung hervor
welche innerlich schon bei dem Abschiede von Samûel in
ihm angefangen hatte; und ist der ein schlichter Bürger war
nun an Geistes Größe und Kraft Propheten gleich geworden,
warum sollte sein Geist nicht auch des Königthumes würdig
seyn? (vgl. S. 10 f.) [2]).

Und doch, wiewohl den inwendigen König so auch von
außen alles in mancherlei unwillkührlichen Zeichen als König
begrüßen will und seine ganze Heimreise zu einem Blumen-
wege geworden ist, fühlt der bescheidne Mann sich sowenig auch vor der Leute Augen als wahren König, dass er
nach Hause gekommen dem liebsten seiner fragenden Vetter [3])
nichts von alle dem entdeckt was ihm Samûel über das Königthum gesagt hatte. So blöde ist er noch vonselbst, hat
aberauch wohl Ursache nochnicht vorlaut zu reden und sich
zu rühmen, da ihm bisjezt die öffentliche Weihe d. i. die
Anerkennung in feierlicher Volksversammlung fehlt, ohne
welche doch jede bloss innere oder geistige Weihe etwas
unvollständiges bleibt [4]).

3. Nun thut zwar die große Sache zu fördern Samûel
weiter was er kann. Er sagt eine Volksversammlung nach
Mißpah an, wohin er auch sonst solche Versammlungen be-
rief [5]). Hier wird Saûl als König ausgerufen: das heilige
Loos, wird erzählt, traf unter allen Stämmen Israels Benja-

---

1) vgl. um dies etwas näher zu verstehen II. S. 554 f.

2) v. 12 lies אֲבִיהוּ für אבידם nach den LXX, und dann ist
nach dem cod. Alex. הֲלֹוא קִישׁ »ist es (sein Vater) nicht Qîsh?«
einzuschalten; die verwunderten Leute müssen sich erst versichern
dass er wirklich Saûl und sein Vater Qish sei. V. 13 ist ebenso
nach den LXX für הבמה vielmehr הַגִּבְעָה zu lesen.

3) dieser דור wird wohl deshalb hier fragend eingeführt weil sein
Sohn Abnêr nachher die größte Rolle in Saul's Königthume führt:
denn nach 14, 50 f. muss man sich unter dem Oheime wohl den Nêr
denken.      4) 1 Sam. 10, 9—16.      5) 7, 5. 16 vgl. II. S. 539.

mîn, unter dessen Geschlechtern das Geschlecht.*Matri* [1]), in diesem Saûl den Sohn Qîsh'es. Wenn man den gewöhnlichen Gebrauch des heil. Looses in jenen Zeiten bedenkt [2]), so .wird man. finden dass damit in dem Zusammenhange dieser ganzen Darstellung nichts als die Wahrheit dargestellt wird zur vollen und segensreichen Anerkennung Saûl's des Königs habe nicht jenes geheimnißvolle Zusammentreffen des Sehers mit ihm genügt, sondernauch öffentlich in feierlicher Volksversammlung habe der Geist Jahve's ihn vor allen erkiesen und als den Mann Jahve's bezeichnen müssen: denn das ist erst das Zeichen des wahrhaft großen Propheten und etwas ganz anderes als was spätere Nachahmer des großen Sehers im Zehnstämmereiche thaten, wie unten in dessen Geschichte weiter erläutert werden wird. — Und auch hier noch (fährt die Erzählung ganz entsprechend fort), als er nun ganz öffentlich durch die heilige Stimme als König anerkannt worden, habe Saûl wie in banger Erwägung des ungeheuern Gewichtes der Folgen seines Hervortretens sich in·scheuer Zurückgezogenheit hinter den aufgehäuften Reisegeräthschaften des versammelten Volkes versteckt (so wenig drängt sich ein guter Mann zu einem Amte, zumal diesem höchsten aller Ämter); sodass es eines neuen Gottesspruches bedurft habe um den Ort seines Versteckes zu wissen und ihn ·hervorzuziehen. Doch wie er nun so. fast wider Willen hervorgezogen dem ungeduldig harrenden Volke nichtnur als der vón Jahve erwählte dargestellt wird sondernauch in seiner persönlichen Hoheit (um Schulter und Kopf höher als alle) sichtbar erscheint, da ist die ganze Volksversammlung befriedigt und ruft ihn einstimmig als König aus; und nun erst wird die neue Verfassung rechtlich verkündigt und urkundlich geschrieben aufbewahrt, während der neue König von solchen Braven umgeben welche eine göttliche Begeisterung für ihn in diesem Augenblicke ergriffen hatte nach Hause zieht [3]).

---

1) wenn nicht מטרי aus בְּכְרִי verdorben ist, vgl. die I. S. 474 über die Geschlechter Benjamin's angegebenen Stellen. ·

2) s. die *Alterthümer* S. 309 f.          3) 1 Sam. 10, 17. 20—26;

Doch was ist mit allen solchen Feierlichkeiten Reden Versprechungen und Hoffnungen gewonnen, wenn ihnen sodann kein Erfolg und kein Nachdruck, keine Bewährung und keine mit göttlicher Zuversicht unternommene kühne große That entspricht, wenn gerade das Nothwendigste nicht sobald als möglich mit demselben frohen göttlichen Muthe ausgefuhrt wird den die festlichen Tage entzündet haben sollen! Die bösen Leute, heißt es weiter, zweifelten verächtlich ob dieser König ihnen helfen werde, und brachten ihm keine Abgabe. — Aber kaum verging ein Monat [1]), so überzog der 'Ammonäer-König Nahash die nordöstliche Grenze des Reiches mit Krieg, zunächst die Stadt Jabesh in Gilead belagernd (II. S. 439); und stark von ihm bedrängt ja mit den schimpflich härtesten Strafen bedrohet wenn sie sich nicht sofort unbedingt ergeben wollen, senden derén Burger um schleunige Hülfe innerhalb einer Woche zu den Brüdern diesseit des Jordan's. Die Leute welche davon hören weinen aber helfen nicht; auch ein gewöhnlicher König würde wegen einer so fernen Gefahr an der Grenze des Landes und jenseit des Flusses sich nicht aus seiner Ruhe haben aufschrecken lassen. Aber sowie Saûl, eben wieder ganz friedlich und bürgerlich mit dem Pfluge in der Hand auf dem Acker beschäftigt, davon hört, ergreift ihn augenblicklich jener höhere Geist dessen Kommen und Weben er schon früher einmal erfahren hatte, mit nieerlebter Wundermacht, und in furchtbarer Entrüstung das Joch Stiere selbst welches er gerade unter Händen hat zerstückelt zum schreckenden Warnzeichen des Krieges machend und dieses durch das ganze Volk aller Stämme schickend [2]), entzündet er auch dieses zu gleich rascher That. Das Heer sodann in Bézeq [3]) am Jor-

---

über v. 18 f. welche vom spätern Bearbeiter eingeschaltet seyn müssen, vgl. unten. Für לחיל‎ v. 26 ist בְּנֵי הַחִיל‎ vgl. 9, 1 nach den LXX zu lesen.        1) für כְּמַחֲרִישׁ‎ v. 27 ist nach den LXX und Joseph. arch. 6: 5, 1 כְּמֵחֹדֶשׁ‎ zu lesen, da wie der ganze Zusammenhang leicht lehrt, die Zeitbestimmung hier am wenigsten fehlen kann.        2) über diese Sitte s. II. S. 443 nt.
3) einer Stadt am obern Jordan II. S. 371 nt.; merkwürdig sezt

dan sammelnd und vonda die Boten der bedrohten Stadt mit
trostreichem Versprechen zurücksendend, überfällt er den
nächsten Morgen mit kunstreich geordneten Heereshaufen die
Belagerer und erkämpft schnell (noch ehe der Tag heiss wird)
den vollständigsten Sieg. Samûel war mitthätig bei all diesem königlichen Handeln und Siegen.

Nun also hat den König sein Volk vollkommen kennen
gelernt; man will in der ersten Aufwallung des Glückes welches das Daseyn einer königlichen Macht stiften kann, die
Lästerer umbringen welche vorher gezweifelt hatten ob der
von Samûel ausersehene Saûl ein genügender König sei,
während er als der rechte König besonnen genug ist an einem solchen Tage göttlichen Sieges keine Bürger-Rache zu-
zugeben. Aber was zu fehlen schien und bei vielen schwachen Menschen auch wirklich nicht ganz grundlos gefehlt
hatte, wird nun zur rechten Stunde nachgeholt: auf den
Wunsch Samûels selbst versammelt sich die Gemeinde in
Gilgal (S. 40), um unter feierlichen Opfern das Königsgesez
zu Saûl's Gunsten einmüthiger und zahlreicher als das erste-
mal und darum aufs neue zu beschwören [1]; und gross war,
heißt es zum Schlusse, die allseitige Freude [2].

Damit erst ist nach diesem Erzähler das große Ereigniss der glücklichen Errichtung des Königthumes in Israel
vollendet, aber damit ist es auch ganz vollendet; und es bedarf keiner weitern Nachweisung wie schön dies alles durch
den éinen Grundgedanken gebunden aufeinander folge, ohne
zuviel oder zuwenig.

Allein der vorlezte Erzähler welcher nach I. S. 209 ff.
im 7ten Jahrh. die älteren Werke der Königsgeschichte um-

---

die LXX hinzn בַּבָּמָה welches wohl wie 9, 12 eine heilige Höhe
bei der Stadt bezeichnen soll; Jos. arch. 6: 5, 3 macht daraus ohne
Bezeq zu nennen ein *Bala*. Übrigens ist die Zahl der Krieger v. 8
bei den LXX und Fl. Jos. ganz unnöthig zu 600,000 (700,000) Mann
aus Israel und 70,000 Mann aus Juda erhöhet.          1) wie
ähnliches bei den deutschen Konigen und Kaisern im Mittelalter vorkommt; s. einen ähnlichen Fall 1 Chr. 29, 22 vgl. 23, 1.

2) 1 Sam. 10, 27 — 11, 15.

arbeitete, fand gerade bei diesem wichtigen Abschnitte vieles theils aus dem etwas späteren Erzähler (I. S. 202 f.) theils und nochmehr nach seinem eigenen Sinne hinzuzusezen. Ein Ereigniss so unendlich wichtiger Bedeutung wie die geszliche Errichtung des Königthumes in Israel enthält inderthat Stoff genug um erst durch die Darstellungen Meherer näher erschöpft zu werden; und wie genügend auch jene Darstellung des ältern Erzählers seyn mag um, was überhaupt ächtes Königthum in seinem Ursprunge sei, am Beispiele Saûl's zu lehren, doch ist nicht zu läugnen dass sie noch ganz in dieser nächsten Anschauung der Geschichte des Königthumes stehen bleibt und eben darin allein ihre ganze Schönheit hat. Dass dies Königthum in einer so ganz eigenthümlichen Gemeinde wie Israel und demnach unter ganz andern Verhältnissen als bei irgend einem andern Volke entstehe, wird dabei noch sehr wenig berücksichtigt. Gerade hierin war also den Spätern eine wichtige Lücke auszufüllen geblieben: und wir sehen nun das Fehlende von späteren Erzählern ergänzt. Wie die freiern und weitern Überblicke überhaupt den Spätern leichter sind als den Frühern, und wie was das Königthum in Israel in Verhältniss zu den ewigen Wahrheiten und Grundlagen dieser Gemeinde sei erst durch seine eigene längere Entwickelung einleuchtender werden konnte: so sehen wir diese Erzähler nun mehr mit einem großartigen Rückblicke auf die ganze Geschichte Israels als der Gemeinde Jahve's diese besondere Geschichte der Entstehung des Königthumes auffassen und in dém Lichte beschreiben welches dadurch auf sie fällt; mit welcher freiern Behandlung es auch zusammenhängt dass der vorlezte Erzähler zugleich die deuteronomischen Ermahnungen welche sich daraus ergaben leicht in unmittelbar lebendiger Darstellung Samûel'n als dem einmal anerkannten großen Propheten Jahve's in den Mund legt. Die Hauptwahrheit nun, welche hier zu ergänzen war, betrifft die Stellung der Gott- zu der Königherrschaft. Wäre jene zu jeder Zeit wahrhaft was sie ihrer Bestimmung nach seyn sollte und könnte, so würde der rein göttliche König dem alle Glieder der Gemeinde in allem dienten den mensch-

lichen überflüssig machen; der eigentliche Stolz Israels des
allein vom Unsichtbaren erlösten und beherrschten, sowie ein
Grundgesez seiner Stiftung und Verfassung scheint durch die
Neuerung verloren zu gehen: und ist das menschliche Königthum einmal errichtet, wie leicht kann es zur reinen Will-
kühr-Herrschaft entarten und statt des gehofften Segens den
schwersten Druck einem Volke bringen. Man sieht dass damals die verschiedenen Seiten des großen Gegenstandes längst
auf das schärfste betrachtet waren, dass das Königthum in
Israel bereits auch seinen Schattenseiten nach sich völlig entwickelt hatte und im Rückblicke auf die anfängliche Stiftung
der Gemeinde der weite Abstand zwischen dem Zustande des
Volkes unter seinen spätern Königen und dem Urzustande
unter Mose schmerzlich bemerkt war. Dass man dagegen
während der ersten Zeiten des Königthumes, froh es endlich
gewonnen zu haben, viel reiner seine großen Vorzüge erkannte, und dass es sich damals weniger um das Daseyn
menschlichen Königthumes als nur darum wer es bekleiden
solle handelte, werden wir im Verlaufe dieser Geschichte immer deutlicher einsehen; und ganz in diesem Sinne beschreibt
der ältere Erzähler hier seine Stiftung. Die Betrachtung welche der spätere hier einmischt hat also zwar in der Sache
einen gewissen Grund, gehört aber einer andern schon weit
entwickeltern Zeit an. — Und doch kann ein solcher Erzähler wiederum das menschliche Königthum nicht völlig von
Jahve verwerfen lassen, schon deswegen nicht weil er wußte
dass es so lange und dazu oft auch zum großen Heile des
Volkes z. B. unter Davîd bestanden habe; auch lag es ja im
höhern Begriffe des wahren Gottes, dass dieser durch keine
menschliche Veränderung ein anderer werden könne solange
die Gemeinde nicht vom tiefsten Grunde seiner Worte abweiche, jener göttlichen Worte die doch noch vieles andere
umfassen als die Art und Weise der Herrschaft. Darum gestaltet sich, was der vorlezte Erzähler den Worten der ältern
Darstellung geschickt einschaltet, auf folgende Weise.

Vom Volke allein geht das Begehren nach dem Könige
aus, weil Samûel's Söhne schlechte Richter sind [1]). Wiewohl

nun das lezte auf einer ganz treuen Erinnerung beruhen
kann (II. S. 560), so ist doch dass der erste König zunächst
bloss des Richtens wegen eingesezt sei [2]), eine von dem vorigen Erzähler ganz abweichende Vorstellung, da nach diesem die Rettung des Volkes von seinen äußern Feinden bei
Saûl überall als das nächste erscheint [3]). Ob der ältere Erzähler überhaupt etwas äußeres auf Samûel's Entschluss einen König zu sezen habe einwirken lassen, ist ungewiss, da
vor c. 9 ein großes Stück der ältern Schrift ausgefallen ist;
aber Samûel ist dem ältern Erzähler ein so reines Werkzeug des göttlichen Geistes und das Königthum ist ihm etwas
so schlechthin gutes, dass er nicht wohl etwas äußeres ihn
zu der Wahl bestimmen lassen konnte. — Das Begehren des
Volkes nun nimmt Samûel zwar übel auf und betet um Aufschluss zu Jahve: dieser jedoch weist ihn an, dem wennauch ansich einer verwerflichen Widerspenstigkeit entsprin-
genden Begehren nachzugeben [4]). So hält er dem Volke
denn zwar alle die schweren Leistungen die der König von
ihnen als ihm gebührend fordern werde, in warnender Rede
vor [5]), und wie sie künftig umsonst von diesem Joche befreit

1) 1 Sam. 8, 1 - 5.          2) wie es ausdrücklich heißt 8, 5. 6;
erst v. 20 wird nach dem Richten auchnoch des Ziehens in den Krieg
wie nachträglich und als unbedeutender erwähnt. Dass derselbe spätere Erzähler 12, 12 den Kriegszug der Ammonäer als nächste Ursache nennt, ist dort gewiss erst aus der eben vorangegangenen Erzählung c. 11 geflossen, und hebt nach v. 2 die andere Ursache nicht
auf.          3) 9, 16. 17 uud 10, 1 nach der vollständigern Lesart
der LXX; auch die ganze Erzählung c. 11 gehört dahin. Doch ist
der Ausdruck »Samûel habe *alle Tage seines Lebens* Israel gerichtet«
7, 15 nicht zu sklavisch zu fassen (vgl. die ähnlichen Fälle 7, 13.
1 Kön. 5, 5 neben 11, 25): da schon der Begriff dieses Richtens ein
sehr unbestimmter ist.          4) 8, 6—9.          5) es wäre ein
schlimmes Verwechseln wenn man das hier v. 11—17 genannte »Königsrecht« dem vom ältern Erzähler gemeinten »Reichsrechte« 10, 25
gleichstellen und aus jenen Worten den einzelnen Inhalt dieses schließen wollte; so schlimmes hat gewiss dieses nicht entfernt enthalten,
und jenes Königsrecht war sichtbar überhaupt nur ein in spätern
Zeiten durch Gewohnheit geltendes, kein geschriebenes. Leider aber
hat diese Verwechslung auch in christlichen Reichen viel geschadet.

zu werden wünschen würden: aber da sie dennoch von ih-
rem Begehren nicht ablassen wollen, verspricht er unter der
Zustimmung Jahve's, ihnen einen König wählen zu wollen [1]). —
Ähnlich berührt er auf jener Volksversammlung zu Mißpah
(S. 31) zwar wieder kurz den Undank des Volkes gegen
Jahve, schreitet indessen doch nach ihrem Willen zur Wahl [2]).
Zu Gilgal aber, wo alles was die Wahl betrifft erst völlig
zum Abschlusse kommt, verhandelt er feierlich über die ganze
entscheidende Wendung der Dinge mit dem Volke [3]). Zuerst
hält er seine eigene Abschiedsrede, in würdigster Haltung
sein bisheriges Amt niederlegend: nur ein Samûel kann so
vom Amte scheiden, alle getrost auffordernd ihn eines in
demselben begangenen Unrechtes zu zeihen, und durch seine
Niederlegung nicht geringer sondern größer werdend! [4]) So
nichtmehr Richter und Gewaltiger sondern einfacher Prophet,
hat er aber nun noch desto unbefangener über das jezt ein-
zuführende Königthum zu reden und damit einen weitern
Blick in die ganze Vergangenheit und Zukunft der Gemeinde
zu werfen: undankbar gegen Jahve als seinen wahren König hat das Volk zwar jezt gehandelt, das ist unläugbar; und
nur wenn beide, Volk und sein menschlicher König, künftig
desto reiner Jahve'n dienen, kann der verdiente Untergang
abgewandt werden [5]); ein vom Propheten erbetenes Zeichen
vom Himmel selbst, ein plözliches Donnerwetter in der Ernte-
zeit, bestätigt den Zorn Jahve's und wie ernst die Drohung
sei [6]). Doch da dadurch das Volk zur wahren Furcht kommt

---

1) 8, 10—22.          2) die beiden Verse 10, 18 f. sind ihrer
ganzen Farbe und Art nach vom Überarbeiter eingeschaltet: da aber
wenn man sie beide aus dem jezigen Zusammenhange sich wegdenkt,
eine Lücke in der Darstellung des ältern Erzählers entsteht die übrigens nicht sehr stark ist, so muss man annehmen der Überarbeiter
habe hier einige Worte der Urschrift ausgelassen.
3) c. 12.          4) 12, 1—5.          5) v. 6—15.
6) v. 16—18. Dies Zeichen wird hier ganz ebenso erzählt wie es
nach dem Vorbilde der großen Propheten des 9ten und 8ten Jahrh.
zu erwarten ist. Dass aber die Schriften dieser Propheten auf die
Darstellung des Erzählers mächtig einwirkten sehen wir außerdem
aus der ganzen Farbe und Haltung der prophetischen Reden. Man-

und die Fürbitte des Propheten wünscht, spricht er trostreiche
Worte ihm zu; denn nach den tiefsten sittlichen Grundlagen
der Gemeinde könne wohl auch diese Verfassung bestehen,
durch deren Verlezung aber werde Volk und König zugleich
untergehen [1]). Damit ist, nachdem die Geschichte selbst gegen das Ende der Königs- und der Gottherrschaft hin schon
vernehmlicher ihre Wahrheiten geoffenbart hatte, inderthat
das höchste ausgesprochen was innerhalb des A. Bs über
diese ganze unendlich wichtige Wendung der Dinge gesagt
werden konnte.

## 2. Saûl's prophetische Verwerfung.

1. „Zwar steht dir (lautete nach dem ältern Erzähler
Samûel's viertes und leztes Wort an Saûl bei seiner geheimnißvollen prophetischen Einweihung S. 28), als von Gott
erwähltem und bestätigtem sowie von Gottes Geiste erfülltem
Könige alles frei zu thun was deine Hand trifft (worauf dich
dein Handeln hinführt): aber steigst du *vor mir* nach Gilgal
hinab, so werde ich zu dir hinabkommen um Opfer aller Art
zu bringen: sieben Tage sollst zu warten bis ich zu dir
komme und dir verkünde was du thuest" [2]).

Wir sahen oben dass damit wesentlich nichts angedeutet
ist als dass eine unüberschreitbare Schranke auch der königlichen Allmacht im Reiche gesezt sei und immer gesezt bleiben müsse; dass es auch für den rechtmäßigsten gotterfüll-
testen und in aller Macht waltenden König immernoch etwas
nnantastbares gebe wonach er auch in Prüfung und Ungeduld, auch in schlimmen Tagen und scheinbarer Gefahr die
Hand nicht ausstrecken dürfe. Zwar ist diese allgemeine
Wahrheit hier in etwas ganz besonderes und scheinbar ge-
ringfügiges eingekleidet: aber so ist es ja uberall im Leben

---

ches erinnert auch an einen Einfluss der Darstellung Mose's in den
Urgeschichten, als wäre Samûel nun wie der Mose seiner Zeit betrachtet, vgl. z. B. 8, 21 f. mit Ex. 19, 8. — Dass dazu die ganze
Art der Sprache dieser wenigen eingeschalteten Stucke von der des
ältern Erzahlers stark abweiche, ist bei näherer Ansicht leicht zu
bemerken.        1) v. 18—25.        2) 1 Sam. 10, 7 f.

dass nur im Zusammenstoße geschichtlicher Gegensäze und besonderer oft scheinbar sehr unwichtiger Fragen jede auch die höchste allgemeine Wahrheit zur Entscheidung kommen und selbst fortschreiten kann. Damals, müßten wir demnach sagen, hing von der äußern Anzettelung gerade dieser innerlich widerstrebenden Richtungen und Bestrebungen Bestand und Fortschritt dieser ewigen Wahrheit ab: damals also kann auch was uns jezt vielleicht unbedeutender scheint, nicht ohne die gewichtigste Bedeutung und Folge gewesen seyn.

Gilgal am südwestlichen Jordanufer war damals nach allen Spuren einer der heiligsten Örter in Israel und der wahre Mittelfleck des ganzen Volkes: es hatte nach II. S. 317 ff. schon früher eine ähnliche Wichtigkeit, und galt damals gewiss deswegen nochmehr so, weil die Philistäer so weit nach Westen hin herrschten dass der Mittel- und Schwerpunkt des Reiches bis an das Jordanufer gerückt werden mußte. Dort mußte sich das Volk bei allgemeinen Reichsfragen versammeln, und von dort aus nach Opfer und Weihe gerüstet in den Krieg ziehen. Dass also besonders hier das gegenseitige Verhältniss der beiden im Reiche bestehenden Selbstgewalten zur Frage und zur Äußerung oderauch zu irgend einer nachhaltigen Entscheidung kommen könne, liegt im Wesen der Sache.

Nun hatte Saûl, wie eine solche Entscheidung nach diesem Erzähler sich vorbereitete, bereits zwei Jahre lang geherrscht [1]); er hat seine Stellung näher kennen gelernt und was besonders in Kriegsachen am besten zu thun sei bereits erfahren. Da bildet er sich, um der Übermacht der Philistäer nachdrucklicher als durch bloße Streifzüge mit einem wenig geübten zahlreichen Heerbanne entgegenzuwirken, eine ausgewählte wohlgeubte Macht von 3000 Kernkriegern (dem ersten Anfange eines aus dem eignen Volke ausgehobenen

---

1) die Worte 1 Sam. 13, 1 können in den LXX nur durch irgend eine Art von Verlegenheit fehlen, da sie gewiss zum ursprünglichen Zusammenhange gehören; vgl. darüber auch noch unten. Übrigens ist zwischen c. 13 und c. 11 gewiss einiges aus der ältern Schrift ausgefallen, da von v. 2 an Jonathan ganz unvorbereitet erscheint.

stehenden Heeres), wovon er selbst 2000 zu Mikhmâsh [1])
und nordwestlich vonda zu Bäthel, Jonathan die übrigen
1000 zu Gibea befehligt, und entläßt alles übrige Volk nach
Haus um ruhig den Acker zu bauen. Aber nach diesen
Maßnahmen weiser Vorsicht des Königs treibt den jungen
Königssohn Jonathan der Muth und die Scham um den fortdauernden Hohn den das Vaterland von den Philistäern leiden muss, den Beamten oder Rottenmeister zu erschlagen
welchen die Philistäer gewiss zur Eintreibung der nach frühern Verträgen schuldigen Abgabe in Gibea hielten [2]). Wir
wissen nichtmehr näher wie sich dieser einzelne Streit entzündet haben mag: aber Jonathan erscheint stets als das
ächteste Muster eines Kriegers wie er damals seyn mußte,
überall allen voran an Muth an Beweglichkeit und Raschheit,
dabei zierlichen schlanken Leibes, und wegen dieser Schönheit des Leibes und der Schnellheit im Laufe zum Angriffe
oder zeitigem Rückzuge unter den Kriegern allgemein „die
Gazelle" [3]) genannt, in alle dem ebenso wie in der Treue und
Geradheit seines Geistes ein ganz würdiger Königssohn. Allein da jezt welche Empörung unter den Philistäern entstehen müsse wenn jene That Jonathan's unter ihnen ruchbar
werde leicht vorauszusehen war, läßt Saûl unter Anmeldung
dieses Ereignisses und der von den Philistäern drohenden
Gefahr das ganze Volk aufbieten kriegerisch in Gilgal sich

---

1) diese jezt als Mukhmâs wiedergefundene Stadt erscheint überall als weiter nach Osten gelegen, und nach der Lesart der LXX
v. 5 vgl. 14, 23. 31 wird ihre Lage sudöstlich von Bâthâven bestimmt; Bâth-chôron dagegen der LXX liegt nach Robinson gerade
östlich von Mikhmâsh.    2) nichts anderes als dies kann נָצִיב
(ganz verschieden von נְצִיב *Saule*) bedeuten, wie aus der Vergleichung der Stellen 1 Sam. 10, 5 (wo נציב zu lesen) 13, 3 f. mit 2 Sam.
8, 6. 14. 1 Kòn. 4, 19 (vgl. v. 7) und aus der Sache selbst wie sie
hier beschrieben wird erhellt; die LXX konnten es daher als einen
Eigennamen Ναοίβ fassen 1 Sam. 13, 3 f., verstehen es aber 10, 5
nicht.    3) nämlich von der großen Art; das Deutsche Wort
paßt auch als weiblich nicht gut. Nur wenn Jonathan im Heere
schlechthin jenen Beinamen trug und dadurch genug deutlich bezeichnet wurde, erklärt sich der Anfang des Liedes 2 Sam. 1, 19.

zu versammeln. Wirklich erhebt sich unter den Philistäern
der gewaltigste Eifer gegen Israel: 30,000 zu Wagen und
6000 zu Rosse streitende [1]) mit vielem andern Kriegstrosse
ziehen von ihnen sich bei Mikhmâsh in einem festen Lager
zusammen, und überschwemmen vondaaus die Gebiete Israels;
sodass viele Israeläer wie einst unter Gideon II. S. 437 sich
in Höhlen Erdfälle Felsen Geklüfte [2]) und Brunnen verbergen, andere über den Jordan in die Länder Gâd und Gilead
flüchteten. Die irgend streitbaren Israeläer sammeln sich indess alle voll Schreckens unter Saûl's Führung zu Gilgal:
aber während der König es für hohe Zeit hält gegen die
Feinde auszurücken und bei der Zögerung die um ihn versammelten sich wieder zu zerstreuen anfangen, wartet er
sieben Tage lang vergeblich auf die Ankunft Samûel's, damit
dieser unter Opfern den ausziehenden Kriegern die Weihe
gebe. So von Ungeduld überwältigt, bringt er endlich am
siebenten Tage die Weihe-Opfer selbst: aber kaum hat er
sie gebracht, so kommt noch selbigen Tages [3]) Samûel richtig an; und vergeblich ist, nachdem der König so jene geheimnißvolle Warnung überhört und gegen das einzige gefehlt hat was ihm die höhere Stimme verboten, alles sein
freundliches Entgegenkommen und sein ängstliches Sichent-
schuldigen: dass was er in der Ungeduld befürchtete nicht
würde eingetroffen seyn hätte er die göttliche Stimme nicht

---

1) wennnicht, da an andern Stellen die Zahl der Wagenstreiten-
den stets der der Reuter nachsteht (2 Sam. 10, 18. 1 Kön. 10, 26.
2 Chr. 12, 3), die beiden Zahlen durch ein altes Versehen hier um-
gesezt oder vielmehr die erste vergrößert ist; ähnlich ist die Zahl
der Wagen 7000 1 Chr. 19, 18 aber bloss 700 2 Sam. 10, 18. Jos.
antiqq. 6: 6, 1 hat dann sogar 300,000 Fußgänger, 30,000 Wagen
und 60,000 Reiter.        2) צרחים LXX βόθροι ist meines Er-
achtens mit ܣܠܥܐ Fels zu vergleichen; dass es mit צְרִיחַ Richt. 9,
46—49 (welches vielmehr mit صرح und dem syr. ܡܣܝܢܬܐ Burg zu-
sammenzustellen ist) der Bedeutung nach nichts gemein habe, zeigt
der Zusammenhang. Für חותים vielleicht חוֹרִים zu lesen.
3) dies muss man sich nothwendig als den wahren Sinn der Erzählung denken.

überhört, weiss dieselbe Stimme die ihn einst so bestimmt
gewarnt hatte; und offenbaren muss ihm nun Samûel dass
er aus Thorheit seines Reiches Dauer vor Jahve verscherzt
habe und schon ein anderer Mann nach Jahve's Herzen von
Jahve zum Fürsten über sein Volk ausersehen sei. Und als
folgte der Strafe Anfang auch äußerlich auf dem Fuße nach,
sieht sich Saûl bei der Trennung von Samûel, statt dass er
durch sein selbstdargebrachtes Opfer das Volk wie er hoffte um
sich zusammengehalten hätte, sogleich fast von allen verlassen, indem ihm und seinen 1000 eingeübten Kriegern nach
Gibea nur etwa 600 kampflustige Mannen folgen [1]). Samûel
aber seinerseits kann nach einer so feierlichen Erklärung
nicht anders als für immer sich von diesem Könige trennen,
da sein prophetisches Herz und Auge schon einem andern
zugewandt ist.

So ist denn nach dem Sinne dieses Erzählers bereits
nach zwei bis drei Jahren das schöne Verhältniss gestört
welches sich kaum erst fest geschlossen hatte; der Bund der
beiden Selbstmächte welcher soviel Heil und Segen dem Volke
verkündete und wirklich schon zu bringen anfing, ist wieder
zerrissen; und gerade von der Seite aus zerrissen, welche
als die an Weisheit höher stehende ihn eben erst von ihrer
eigenen Zuvorkommenheit aus angeknüpft hatte. Aber je
geringfügiger der Grund dazu uns leicht zu seyn scheint,
desto gewisser können wir einsehen dass das einzelne welches hier erzählt wird seine wahre Bedeutung erst aus einem größern Zusammenhange von Erscheinungen empfangen
hatte deren Sinn nicht dunkel war. Der Machthaber welcher
aus bloßer Ungeduld voreilig in das eingreift wovon er seine
Hände entfernt haben sollte, verscherzt seine wahre Macht
und seinen besten Erfolg: sowie Saûl da er schon den 7ten
Tag abgelaufen glaubte und daher vorzeitig that was er nicht
sollte, noch an demselben 7ten Tage durch Samûel's Ankunft

---

1) 1 Sam. 13, 1—15; v. 15, jetzt im hebräischen Texte sehr verstümmelt, ist glücklicherweise in den LXX noch ganz vollständig er_
halten; die Worte *εἰς ἀπάντησιν* führen wohl nach dem Zusammen_
hange und 2 Sam. 17, 11 auf לַקְרָב »zum Kampfe«.

bitter sein voreiliges und ungesezliches Thun zu bereuen
hatte. Dies ist der Sinn der lezten jener vier Versuchungen
des wahren Königs, eben dér worin Saûl schlecht bestand;
und höchst sinnreich bei aller Kürze wie die Darstellungen
jener drei ersten angelegt sind, ist es auch noch die dieser
lezten. Auf welche besondere Erinnerung -auch sich diese
Darstellung stüzen mag (denn ohne allen Anlass einer solchen wäre sie nicht entstanden): deutlich hat sich in ihr wie
in einem klaren Bilde nur die allgemeine Vorstellung von
dem Wesen Saûl's ausgeprägt wodurch er seine Macht verscherzte: und als fühlte dieser Erzähler selbst wie dies allgemeine Wesen Saûl's als Königs bei seiner hohen tragischen
Wichtigkeit für ihn weiter auch nach andern Äußerungen
darzulegen sei, fährt er unmittelbar darauf fort nach der ältesten Quelle ein Ereigniss zu erzählen welches obwohl aus
der niedern Lebensseite entlehnt und uns tiefer in das bunte
Getriebe jener Zeit einführend doch wesentlich Saûl als denselben durch Übereilen sich und seiner eigenen Sache scha-
denden Herrscher erweist.

Es herrschte damals (fährt die Erzählung fort) in den
Verhältnissen Israels zu den Philistäern wohl der schmach-
vollste Zustand welcher möglich. Die Philistäer hatten nun
auch das feste Lager zu Mikhmâsh S. 41 erobert, und stellten vonda aus drei Heereshaufen von Kriegern auf welche nach drei Richtungen hin das Land plündernd durchzogen [1]), der eine nördlich nach 'Ofra hin, der andere westlich nach Bäth-chôrôn, der dritte südöstlich nach dem Thale
Zsebô'îm. Dazu hatten sie schon seit längerer Zeit (II. S. 559)
nicht geduldet dass Schmide im Lande wohneten, damit die
Hebräer nichteinmal die nothwendigsten Kriegswerkzeuge,
Schwerter und Speere, sich anschaffen könnten; daher alle
Israelaer in's Philistäerland hinabzogen um nur zur Noth ihre

---

1) המשחית 1 Sam. 13, 17. 14. 15 ist ganz das المُغِير, der Streif-
zügler welcher bloss auf Plünderung und Verheerung ausgeht, der
*Algâren* macht, wie man in muhammedanischen und spanischen Ländern sagt; und bildet so den Gegensaz zu הַמַּצָּב, dem festen Posten.

Ackerwerkzeuge sich schärfen zu lassen [1]). Demnach hatten in dem nun entzündeten Kriege [2]) viele Israeläer um Saûl und Jonathân weder Schwerter noch Speere: kaum dass für diese beiden Feldherrn selbst und (wie sich leicht versteht) für ihre nächsten Diener und Waffenträger genug Waffen sich fanden.[3]).

Als nun während dieser schmachvollsten Lage die Vorhut der Philistäer sogar noch über das Lager von Mikhmash hinausgeschoben wurde [4]), trieb Jonathán'en sein jugendlicher Unmuth und höherer Muth ganz allein mit seinem Waffenträger ohne Vorwissen seines Vaters oder anderer sich ihm zu nähern. Zwei steile Felsenriffe, die Spizen längerer Gebirgsketten, Séne südlich und Bôßeß nördlich laufend, trennten ihn von jenem Posten: aber weder dies noch der Hinblick auf die große Zahl der Feinde hemmten dén welcher ganz so wie einst Israel unter Mose von Jahve Sieg hofft in dem Gedanken „es ist Jahve'n kein Hinderniss mit vielem oder mit wenigem Sieg zu verleihen". In diesem Sinne findet er denn auch diesmal den Waffengefährten willig wie ein Freund dem Freunde überallhin zu folgen [5]). Doch nach dem Empfange eines himmlischen Zeichens sehnt er sich noch vor dem Beginne des Werkes selbst: den Feinden will er sich offen nähern und sie anreden, und wenn sie wie muth-

---

1) v. 20 ist für das lezte מחרשתו vielmehr חָרִצוֹ . und ebenso v. 21 für הציב vielmehr חָרִיץ zu lesen, wie theils aus den LXX (die es aber beidemale irrig verstanden) theils aus 2 Sam. 12, 31 erhellt; wenn dann noch v. 21 לפצירה gelesen wird, so ergibt sich der Sinn: »sie gingen zu schärfen jeder sein Grabscheit und seine Pflugschaar und Axt und seinen Dreschschlitten; sodass nach Noth (d. i. kaum) Schärfen hatten die Grabscheite und Pflugschaaren und Gabeln und Äxte und spizigen Dreschschlitten«.      2) v. 22 fehlt nach den LXX מכמש hinter מלחמת : »der Krieg von Mikhmâsh« wurde gewiss dieser besondere Krieg wegen des festen Lagers dort lange genannt.      3) 1 Sam. 13, 16 – 22.
4) v. 23 lies מֵעֵבֶר für מַעֲבַר·      5) er sagt »thue alles wozu dein Herz sich dir neigt; ich werde mit dir seyn, wie dein Herz ist meines«. So ist 14, 7 nach den LXX die Rede zu ergänzen, das ב von כלבבך zu streichen und נָטָה für נְטֵה zu lesen.

willig ihm zurufen „er möge nur heraufkommen, sie wollten
schon ein Wort mit ihm reden!" so will er dies ihr heraus-
forderndes Wort vielmehr als einen Wink von Jahve nehmen in göttlicher Zuversicht auf den Sieg wirklich sich ihnen getrost zu' nähern [1]). Wie nun dies Zeichen wirklich so
eintrifft, klimmt er vom Waffenträger gefolgt auf Händen und
Füßen den steilen Berg hinan: die Feinde über solche Kühnheit erstaunt sehen ihm wie gelähmt ins Angesicht, aber
kaum ist er an ihnen so schlägt er sie nieder indem sein
Gefährte hinter ihm her die niedergestreckten völlig tödtet[2]):
gleich zuanfang streckt er so aufeinmal 20 Mann nieder, und
noch steht er vor ihnen „alsob ein Joch Ackers mitten im
Pflügen wäre", welches sich wohl hüten soll der scharfen
Pflugschar mitten in ihrer Arbeit sich zu widersezen [3]). Da
entsteht ein Schrecken im Lager wie im Felde, unter den
Kriegern der Vorhut wie unter den verheerend herumstrei-
fenden; die Erde erschallt von einem Aufruhre als hätte ein
Gott sie erschreckt. Wie Saûl's Späher auf hoher Warte zu
Gibea diesen im Lager der Feinde hin und her tobenden
Lärm sehen, und auf Saûl's Nachfragen Jonathan mit seinem
Waffenträger vermißt wird, will der König zwar zuerst das
hohepriesterliche Orakel was zu thun sei befragen, muss es
aber da der Aufruhr augenblicklich furchtbar anwächst unterlassen, und rennt mit seinen Kriegern fort in das Handgemenge [4]). Da wurde Gemezel und Aufruhr noch größer;
auch die Hebräer welche gezwungen als Heerbann im Lager

---

. 1) dies gibt ein recht einleuchtendes Beispiel, wie solche Zeichen
im wirklichen Leben galten, wie sie gesucht und aufgenommen wurden.        2) 14, 13 ist nach den LXX zu lesen אֹתָם וַיִּרְפְּנוּ־רָנָיךְ,
wie der Zusammenhang lehrt.        3) 1 Sam. 13, 23 — 14, 14;
מַעֲנָה ist hier das Pflügen selbst, und die Redensart (welche freilich
schon die LXX nicht verstanden) gibt so das herrlichste malerische
Bild, wie die Darstellung dieses Erzählers überhaupt von einer Fulle
der schöpferischsten Anschaulichkeit überfließt.        4) v. 16 ist
nach v. 19 und zumtheil nach den LXX so herzustellen: הֶהָמוֹן
בַּמַּחֲנֶה וַיֵּלֶךְ הָלֹם וַהֲלֹם; ähnlich ist theilweise nach den LXX
v. 18 אֵפוֹד vor אֲרוֹן zweimal einzuschalten und בְּבְנֵי für ובני,
ferner v. 20 וַיַּעַל für ויזעק zu lesen.        .

der Philistäer und rings um es dienten (II. S. 559), schlugen sich zu Saûl und Jonathan [1]); die Hebräer außerdem welcho sich aus Furcht vor den Philistäern in Schlupfwinkeln der Erde versteckt hatten (S. 42), kamen auf das erste Gerücht von der Flucht der Philistäer hervor um sich den Verfolgern anzuschließen; und gross ward der Sieg über einen Feind der sich gewiss schon durch die zum Plündern ausgesandten Heereshaufen selbst geschwächt hatte [2]).

! Als nun das westwärts fliehende Heer der Philistäer schon durch Bäthâven gedrängt war, um Saûl sich gegen 10,000 Reisige versammelt hatten und der Krieg sich auf dem Gebirge Efráim von Stadt zu Stadt fortwälzte [3]), da brach Saûl, sehend wie das Volk sich dränge und die Verfolgung stocke, in den Schwur aus, niemand dürfe bei Todesstrafe vor dem Abend und der an des Königs Feinden vollständig genommenen Rache Speise zu sich nehmen. So ass niemand etwas; auch als man in einen Wald kam wo wilder Honig auf weiter Fläche ausgebreitet lag [4]), wagte niemand aus Furcht vor dem Königs-Schwure obwohl erschöpft seine Hand danach auszustrecken. Aber Jonathan, welcher von dem Schwure nichts gehört hatte, erfrischte sich durch etwas Honig aufgefangen an seinem im Vorübereilen in die Honigwaben ein-

---

1) v. 21 fehlt אֲשֶׁר hinter הָעִבְרִים, wie auch die LXX zeigen; לִהְיוֹת dient als Infinitiv zur Beschreibung der überraschenden That vgl. §. 338 c.   2) 1 Sam. 14, 15—23.   3) alles was von diesen Worten v. 23 fehlt, muss als wesentlich hieher gehörig aus den LXX ergänzt werden. Dagegen greifen die Worte der LXX v. 24 »und Saûl beging einen großen Irrthum« dem Fortgange der Erzählung unschön vor, während hier vielmehr angedeutet werden muss was den König zu seinem Schwure bewogen habe; daher wohl וַיַּרְא שָׁאוּל אֶת־אִישׁ יִשְׂרָאֵל נִגָּשׁ zu lesen ist.   4) יַעַר eig. Dickicht (Wald) kann zwar auch die Wabe oder die dichte Wachsscheibe worin der flüssige Honig ist bezeichnen und bedeutet so HL. 5, 1 den Bienenhonig im Gegensazé zu dem künstlichen, wie ähnlich auch hier v. 27 יערה: allein v. 25 f. steht es in ganz anderm Zusammenhange; die LXX hatten zwar hier ein verdorbenes Wortgefüge, verstanden das יער aber vom Walde, d. i. Schwarme von Bienen.

getauchten Stabe, und brach, als man ihn von der Sachlage
unterrichtete, in gerechte Klagen über die Unvorsichtigkeit
seines Vaters aus, die das erschöpfte Volk seinen Sieg nicht
só verfolgen lasse wie es seyn sollte. Und wirklich, als man
in der Verfolgung des Feindes ohne an jenem reinen Ho-
nige sich erquickt zu haben bis Ajjalon im Stamme Dân gekommen war, griff das zusehr erschöpfte Volk so gierig nach
erbeuteten Schlachtthieren, dass Saûl Mühe hatte durch einen
schnell aus einem großen Steine errichteten Altar worauf
diese nach heiligem Brauche geschlachtet werden sollten, sie
von einem gesezwidrigen Verzehren der blutenden Fleischstücke abzuhalten. Doch als der König nun noch dieselbe
Nacht zur weitern Züchtigung des Feindes mit Bereitwilligkeit des Volkes ausrucken will, fordert der Priester man solle
das Orakel fragen: und da dieses nicht günstig antwortet,
ahnet jener und ruft vor den versammelten Obersten laut
aus es müsse eine Schuld am Volke haften, und wenn Jonathan selbst der Schuldige sei könne er seines Lebens nicht
schonen. So dringt er, innerlich allerdings durch seinen
Schwur gebunden und Reinheit vor Gott höher haltend als
sein und der Seinigen Leben, aber unter dem unheimlichen
Stillschweigen des sich entsezenden Volkes, auf Entscheidung
durch das h. Loos [1]), will wirklich nachdem dieses seinen
Sohn getroffen ihn sofort dér Strafe übergeben welcher sich
auch der Sohn nicht entziehen mag, und wird nur durch die
bestimmteste Widersezlichkeit des das einfach Göttliche unbefangener durchschauenden Volkes davon abgehalten dén
Gotte zu opfern durch welchen Gott eben ein so großes
Heil dem Volke gegeben, und sogar noch entsezlicheres zu
thun als Jiftâh nach II. S. 515 einst wirklich vollbracht hatte.
Doch muss das Volk Jonathan'en loskaufen, sodass ein anderer für ihn stirbt [2]); und an eine kräftige Verfolgung des
Sieges ist unter solchen betrübenden Verhältnissen nicht zu

---

1) v. 41 lies תָּמִים für תָּמִים und ergänze das übrige aus den
LXX.      2) so ist dies nämlich gewiss zu denken. Eine ähnliche Dazwischenkunft des Volkes jedoch ohne solche Stellvertretung
ist die bei Liv. 8, 35.

denken [1]). So wenig versteht also Saûl bei aller sonstigen Vortrefflichkeit die höhere Umsicht Besonnenheit und Ruhe zu behaupten: das ergibt sich leicht aus dieser Erzählung; und wenn dies oben in dem viel gewichtigern Verhältnisse zu Samûel deutlich wurde, so zeigt sich nun dass der König nach seiner Trennung von diesem, durch die Gegenwart des Priesters Achija [2]) und dessen Orakels in seinem Lager eben nichts gewonnen hat.

2. Aber wie gewiss die Art der Trennung der zwei Reichsmächte, welche dieser ältere Erzähler darstellt, nur eine besondere Auffassung der entscheidenden Wendung im Leben Samûel's sei, ergibt sich weiter dáraus dass wir in c. 15 noch eine andere besondere Auffassung und Beschreibung derselben großen Lebenswendung vor uns haben. Dieses Stück nämlich ist zwar nicht erst von dem deuteronomischen Bearbeiter der Königsgeschichten (I. S. 209 ff.) geschrieben; seinem ganzen Wesen nach entstammt es dér Zeit als die prophetische Auffassung und Darstellung der ältern Geschichte gerade in ihrem höchsten Schwunge war und wo etwa auch der zweite prophetische Erzähler der Urgeschichten schrieb (I. S. 233 ff.); es ist älter als die deuteronomische Bearbeitung und jünger als jene ältere Schrift, ohne deshalb vom zweiten Haupterzähler zu seyn. Aber der deuteronomische Bearbeiter des ältern Werkes hat dies Stück gewiss aus einer andern Schrift absichtlich hier eingeschaltet, da es den großen Augenblick der Geschichte wo möglich in noch höherer und reinerer Wahrheit aufs lebendigste darstellt.

Der siegreiche Feldzug Saûl's gegen das Israeln von uralter Zeit her feindliche Volk 'Amaleq (I. S. 335) war in der zweiten ältern Schrift wenigstens kurz erwähnt und als eine der größten und verdienstlichsten Thaten dieses ersten Königs hervorgehoben [3]); er muss auch außerdem in einer ältern Schrift nach ausführlicher Erinnerung beschrieben gewesen seyn, da noch der jezige Erzähler von c. 15 mitten

---

1) 1 Sam. 14, 23—46.    2) 14, 3. 37.    3) v. 48.

in seine eigentlich schon rein prophetische Darstellung so
manche Reste solcher Erinnerung eingeflochten hat. Ein Zug
solcher ursprünglichen Erinnerung war nun gewiss ‚der welcher auch hier noch · mit sehr eigenthümlich alten Worten
hervorgehoben wird [1]), dass Saûl gegen die ältere heilige
Kriegssitte (II. S. 200 f.) vieles von der reichen Beute dieses
Feldzuges und besonders den gefangenen König selbst verschont habe; und dass diese eigenmächtige Neuerung ‑nicht
ohne Widerspruch von Seiten der Vertheidiger der alten Gerechtsame der Gottherrschaft geblieben, läßt sich vonselbst
denken; ja es hindert nichts · zu denken· dass damals auch
Samûel selbst widersprach, da was hier [2]) von seiner Thä-
tigkeit· bei diesem Ereignisse gemeldet wird die deutlichsten
Spuren alter Sprache und ursprünglicher Erinnerung trägt.
Aber von dieser einzelnen Erinnerung aus erhebt sich nun
nach dem · hier vorliegenden Stücke · eine hochprophetische
Auffassung des entscheidenden Augenblickes wo die zwei
Reichsmächte sich für immer trennen; und in der viel schär-
fern Entgegensezung von Gott- und Königsherrschaft sowie
in der höchst entschiedenen starken Farbe der Rede des Propheten gegen den König glaubt man den·auf seine äußerste
Höhe und Spannung getriebenen Gegensaz zwischen den beiden Mächten zu hören· wie er sich im Zehnstämme-Reiche
ausbildete. Die einzelne Darstellung gibt sich demnach folgendermaßen:

- Samûel befiehlt im besondern göttlichen Auftrage Saûl'en
als dem von Jahve durch ihn gesalbten Könige gegen 'Amaleq den heiligen Krieg vorzunehmen, wobei die Vernichtung
aller Beute sich vonselbst versteht. Saûl zieht demgemäss
den ganzen Heerbann zusammen, und mustert bei Telaîm [3])
auf der südlichen Grenze des Landes, wo das Heer als weit
nach Süden ziehend sich versammelt, eine Zahl von 200,000

---

1) 1 Sam. 14, 9.          2) v. 32.          3) der Ort scheint
derselbe mit טֶלֶם Jos. 15, 24; zwar lesen die LXX statt dessen
*Gilgal*, als wäre der Zug von dem heiligen Orte ausgegangen: aber
die bloße Musterung konnte eher auf der Sudgrenze seyn, da die
Krieger aus Juda schwerlich erst soweit nördlich nach Gilgal zogen.

Fußgängern und 10,000 Mann aus Juda [1]), rückt sicher bis
zur Hauptstadt des Feindes vor und indem er einen Theil
des Heeres in einen versteckten Hinterhalt im Thale legt ist
er zum Angriffe bereit, ruft jedoch zuvor die Qänäer aus
der Mitte der Feinde zu sich um ihrer zu schonen (II. S. 59).
Die Schlachtpläne gelingen dem tapfern Heerführer vollkommen: die Feinde werden in der ganzen Ausdehnung ihres
Landes von Chavîla im Osten bis Shûr westlich an der ägyptischen Grenze geschlagen, von der Beute aber werden nebst
dem Könige Agâg viele der kostbarsten Güter verschont:
besonders werden die besten Heerden und Speisevorräthe
nicht vernichtet, die blühenden Weinberge nicht zerstört [2]).
So zieht der siegreiche König mit reicher Beute und dem
am Leben gelassenen Könige Agág zurück nach der Stadt
Karmel im südlichen Juda wo er zu einem Siegesdenkmale
den Grund legt, wendet sich vonda nach kurzer Rast nordöstlich gen Gilgal und bringt in diesem geweiheten Mittelorte
des Reiches die Erstlingsopfer von der Beute dar [3]). — Da
überfällt Samûel'n im Traume die Stimme Jahve's, wie Saûl
nichtmehr der vor Gott bestehen könnende würdige König
sei; als Vorbild des ächten Propheten erschrickt er erst selbst
vor dieser bösen Vorstellung und ringt im Gebete die ganze
Nacht von der Vollziehung des darin für ihn verborgen liegenden Befehles befreit zu werden. Aber umsonst. Da er

---

1) nach den LXX sogar 400,000 und 30,000. — Mit den folgenden Worten werden die Schlachtpläne welche Saûl traf und ihre Aus-
fuhrung nur lückenhaft aus der ältern Quelle mitgetheilt, sodass es
nicht auffällt wenn spätere Leser besonders das וַיָּרֶב v. 5 schwerer
verstanden; man wird aber dabei an einen zuvor aufgestellten Hinterhalt zu denken haben, wie Richt. 20, 33 ff. -    2) v. 9 ist,
wie Wortstellung und Sazbau zeigt, nach den LXX מִשָּׁמַנִּים vgl.
Neh. 8, 10 für מִשְׁנַיִם und dann כְּרָמִים für כָרִים zu lesen, da die
Zerstörung der Weinberge allerdings zu der völligen Zerstörung der
besten Güter eines Volkes gerechnet werden kann, Jes. 16, 7—9.
Bei der Rede Saûl's v. 15 ist eine Aufzählung aller einzelnen Gegenstände außer den Heerden nicht zu erwarten.    3) 1 Sam.
15, 1—12; so ist der hebr. Text v. 12 nach den LXX zu ergänzen,
vgl. v. 15 und 21.

zu Saûl kommt und dieser ihn mit gebührender Ehre em-
pfangend den Auftrag Jahve's vollführt zu haben vorgibt,
verräth dem scharfen Ohre des Propheten schon das ferne
Blöken der noch übrigen Heerden was vorgegangen seyn
müsse; und da Saûl dies nicht läugnen kann, der Prophet
also Rechenschaft darüber fordert wie er, der menschlicher
Weise sich selbst so klein vorkommen müsse und doch von
Jahve so hoch erhoben sei (S. 11), aus bloßer Beutelust sich
so könne gegen Jahve's ausdrücklichen Befehl vergangen
haben, versucht der König umsonst sich damit zu entschuldigen alsob er habe auf des Volkes Willen die Opfer darbringen müssen [1]. So dringen denn wie in einem plözlichen
Sturme höherer Empfindung unaufhaltsam aus des Propheten
Munde die geflügelten Worte:

> Hat Jahve an Gaben und Opfern Gefallen
>> wie am Gehorsam gegen Jahve's Stimme?
> sieh, Gehorsam ist besser als Opfer,
>> zu folgen besser als das Fett von Widdern! —
> Denn des Heidenthums Sünde ist Ungehorsam,
>> Göze und Teufel ist Unglauben:
> weil dú verschmähetest Jahve's Wort,
>> verschmähte er dich als seinen König! [2]

Nun bittet zwar Saûl eifrig um Verzeihung, vorgebend er
habe nur aus Furcht vor dem Volke so gehandelt; ja er erfaßt, da Samûel diese (allerdings eitle) Entschuldigung nicht
annehmen zu können erklärt, den Zipfel des Prophetenklei-
des mit so verzweifelter Noth dass dieser reißt: aber gerade dies unerwartete wird, wie Samûel von der Höhe dieses Augenblickes weitergetragen sofort hinzufügen kann, ein

---

1) 1 Sam. 15, 10—21.        2) heidnischen Weisen folgen
Gözen (אָוֶן) und Teufeln (eig. Hausgöttern, Privatgöttern) dienen ist
zwar schlimm: doch es kann nicht schlimmer seyn als Widerspenstigkeit gegen die höhere ewige Wahrheit; sich im Unglauben gegen
diese sperren heißt eigentlich heidnisch seyn. So scharf ist einer
der höchsten prophetischen Gedanken hier bereits ausgebildet. —
Hinter ממלך v. 23 fehlt wahrscheinlich לו, da ein solches Wörtchen zum Sinne hier fast nothwendig ist, so absichtlich übrigens die
in diesen Versen herrschende zierliche Kürze ist. Die LXX ergänzen noch mehr.

bestätigendes Zeichen dass ebenso sein Reich von ihm gerissen und durch Jahve einem würdigern gegeben sei; und
nur um die Ehre des jezt herrschenden Königs vor Ältesten
und Volke aufrecht zu erhalten, kehrt Samûel im äußern
Frieden mit dem sich demüthigenden Saûl zurück [1]). — Aber
an dem 'Amaleqäer-Könige Agág will Samûel noch zuvor
selbst die Strafe vollziehen welche Saûl (als müßte unter Königen gleichsam der Ehre des Handwerkes wegen einer des
andern schonen) an ihm zu vollziehen unterlassen hatte; bereit am heiligen Orte als Schlachtopfer ihn eigenhändig zu
zerhauen, ruft er ihm zu:

> Sowie Weiber verwaist wurden durch dein Schwert,
> wird deine Mutter noch mehr seyn verwaist! [2])

und wie angenehm wirklich dem Altare dieses Opfer zur Versöhnung so vieler Unthaten seines Volkes war, zeigte sich
dárin dass der 'Amaleqäer-König nicht, wie man hätte fürchten können und wie wohl Saûl gefürchtet hatte, ungern und
widerstrebend, sondern vielmehr wie plözlich von einem höhern Sinne umgewandelt mit Lust und Freude zu ihm ging,
ausrufend „fürwahr verschwunden ist das Bittere des Todes!“ [3]).

3. So bleibt es denn unläugbar, dass jede dieser beiden
höheren Darstellungen nur ein besondres einzelnes Zeichen
der großen Wendung im Leben Saûl's als Königs hervorhebt
und daran die Versinnlichung der ganzen unendlich tiefen
Wahrheit knüpft. Die gegenseitige Stellung solcher Mächte
wie die prophetische und die königliche zu einander geht
überhaupt mehr in die Tiefe als auf die Oberfläche des Lebens, und ihre Freundschaft oder Feindschaft beruhet nicht
auf so einzelnen ansich mehr wie zufällig scheinenden Vor-

---

1) 1 Sam. 15, 22—31.            2) *noch mehr*, weil sie in ihrem
Sohne zugleich den König ihres Volkes und damit mehr verliert als
alle übrigen verwaisten Weiber desselben schon verloren haben.

3) v. 32—34. Bekannt ist dass das Alterthum es für ein böses
Vorzeichen hielt wenn das Opferthier dem Altare widerstrebte oder
ihm geraubt wurde (I. S. 430. 433). Und gerade dies Stück von Erzählung scheint sehr alt zu seyn.

·fällen der Geschichte; das einzelne was davon bemerkt und
vielleicht am meisten wiedererzählt wird, ist nur besondere
Äußerung einer längst im verborgenen starkgewordenen anhaltenden Stimmung der einen Macht gegen die andere.

Desto gewisser ist die entscheidende Thatsache selbst,
welche aus allen solchen vielerlei Auffassungen hervortritt
und die sich zugleich in der ganzen folgenden Entwickelung
der Geschichte nach ihren Folgen mächtig genug zu erkennen gibt. Die beiden Reichsmächte, welche soeben erst in
Eintracht zusammenwirkend das tiefgewurzelte Verderben der
Zeit zu bezwingen und das höchstnöthige neue Heil des Volkes zu gründen angefangen hatten, treten mit einander in
dauernden Zwiespalt; gerade die Macht welche als die ältere
die Nothwendigkeit der jüngeren anerkannt und sie zu ihrer
eigenen Höhe zu erheben beflissen gewesen, scheint sich
ohne ganz gewichtige Ursache von ihr zu trennen; und gerade der welcher voll edler Aufopferung eigener Macht diese
glückliche Wendung herbeigeführt hatte, scheint auf unerklärliche Weise das Gefäss wieder zu zerbrechen welches er
selbst auserwählt hatte.

Allein hier ammeisten zeigt die tiefere Untersuchung des
ganzen Zusammenhanges der Entwickelung von Jahrhunderten
und aller der großen geschichtlichen Wahrheiten, wie nothwendig eben seiner einzigen Größe zufolge der Prophet so
handelte, welcher in unsern neuern Zeiten vielen oberflächlicheren Lesern ein Räthsel geworden ist. Denn vorallem
müssen wir uns hüten, in jene Zeiten des Anfanges königlicher Macht in Israel den Begriff der vollkommen ausgebildeten alles im Reiche selbständig umfassenden und über alles gebietenden Königsmacht überzutragen, wie wir sie jezt
(und allerdings zu unserem besten Heile) in unsern Reichen
walten sehen. Ein solcher Begriff ist wenigstens in der Klarheit worin wir ihn jezt allgemein fassen können und daher
auch mit der nothwendigen Begrenzung und Einschränkung
worin er wenigstens innerhalb der bessern Reiche unserer
Tage verstanden sowohl als angewandt wird, jenen Urzeiten
nochnicht so leicht und so geläufig. Wie jene Urgeschichte

des ächten Königthumes uns zeigt, dass es nicht zur über-
flüssigen Pracht eines Reiches sondern aus den. tiefsten Nothwendigkeiten einer bestimmten Zeit - zum wahren Heile des
Volkes emporkomme, so offenbart sie. uns zugleich dass es
eben. als aus solchen Nothwendigkeiten im Drange bestimmter lZeiten und Verhältnisse entstehend zuerst nur ein be-
grenzteres Gebiet von Wirksamkeit 'vorfinde. und genug zu
schaffen habe um. auchnur diesem vorläufig ganz zu genügen. . Nun liegt es zwar ebensogewiss .in'seinem Wesen bei
einem so engen Gebiete nicht. stehen zu bleiben; und fruh
genug kann es den Trieb fühlen über die ihm zunächst vor-
gesteckte Grenze hinauszustreben zur völligen Entwickelung
seiner Machtvollkommenheit nach jeder Richtung hin: allein
solange: es seinem nächsten Zwecke nochnicht genügt hat
und dagegen' was es zu umfassen noch unfähig ist dennoch
sich unterwerfen will, wird es sogar den guten Anfang wieder verlieren den es bereits gewonnen.                       I
      Wir sahen oben dass gerade nach der ältesten Erzäh-
lung Saûl zunächst weniger des gewöhnlichen Richtens wegen d. i. um nach dem bestehenden Geseze oder in dessen
Mangel nach Gutdünken Entscheidungen zwischen Bürgern zu
geben, auchnicht der Religion wegen alsob er die Gebräuche
und Einrichtungen derselben eigenmächtig bestimmen dürfe,
sondern der strengeren Einheit und Macht des Reiches wegen ernannt wurde: um das Volk nachaußen stark und geachtet nachinnen einiger und geordneter zu machen und es
so zu erhalten, ist er mit Vollmacht bekleidet wie vordem
keiner in dieser Gemeinde; unddas nicht etwa vorübergehend
sondern fürimmer. Aller für diesen Zweck nothwendigen
Aufopferung früherer Freiheiten und Rechte will und muss
sich das Volk jezt unterwerfen: und Samûel war kein Mann
die königliche Vollmacht halb zu bewilligen. Will also' das
ganze Volk durch den König die heilsame strengere Einheit
und die Kraft nachaußen empfangen, so muss es ihm alle
dazu nöthigen Mittel gewähren, ja sofern es die Noth erfordert alle seine Kräfte ihm zu Gebote stellen: und mit dieser
königlichen Vollmacht sehen wir inderthat Saûl'en vonvornean

bekleidet. Er ist allein oberster Straf- und Kriegsherr, und
hat das Recht den Heerbann aufzubieten; für dauerndere
Zwecke aber des Krieges oder der Verwaltung oder auch des
eignen Dienstes kann er jeden Unterthanen den er will zu
seinem höhern oder niedern Diener nehmen [1]): die Anforderungen an persönliche Leistungen der Unterthanen mußten
desto größer und mannichfacher seyn je weniger damals die
sachlichen Hülfsleistungen oder die Abgaben in Geld schon
geordnet und gewöhnlich waren. Und weil er die Dienste
welche einzelne besonders verdiente oder befähigte dem Ge-
meinwohle leisten oder leisten können am besten schäzen
kann, so hat er auch das Recht einzelne von den gemeinen
Diensten der Unterthanen zu entbinden und insofern zu Frei-
herren zu ernennen: welche hohe Ehrenauszeichnung dann
gern ähnlich der königlichen als am ganzen Hause erblich
haftend und eine Mittelstufe zwischen König und einfachem
Unterthan bildend betrachtet wird [2]). Alle diese wesentlichsten Stücke königlicher Vollmacht besizt also Saûl vonselbst,
und wendet sie ganz frei an.

Auch weiss er für welchen Hauptzweck er König geworden anfangs sehr wohl; und in dieser Richtung wirkend
findet er bald sein Ansehen im Volke befestigt. Das Rich-
teramt bleibt also zunächst etwa so wie es gewesen: Samûel,
wird ausdrücklich gemeldet [3]), richtete das Volk alle Tage
seines Lebens; und die Religions-Einrichtungen bleiben zunächst wie sie sich geschichtlich ausgebildet hatten, Samûel
ist nach wie vor angesehener Prophet, die Priester betreiben
ihr Amt wie zuvor. Dass die Macht des Königs mit seinen
Siegen nachaußen auch nachinnen allmälig sich erweiterte
und so im stillen ruhigen Fortschritte zu ihrer eigenen vollen

---

1) was in dieser Hinsicht 1 Sam. 8, 11—17 im einzelnen weiter
ausgefuhrt wird, ist nur spätere einseitige Ausbildung und Entartung
des ursprunglichen guten Konigsrechtes, s. S. 37; vgl. 1 Sam. 14, 52.

2) חׇפְשִׁי in diesem Sinne 1 Sam. 17, 25; dagegen ist חֹר oder
חוֹר mehr bloss *edler*, *edelgeborner*, auch mehr späteren Gebrauches.

3) 1 Sam. 7, 15; wirklich steht Saûl's und Samûel's Name zusammen in einem Befehle an das Volk 11, 7.

Ausdehnung gelangen will, versteht sich dabei vonselbst: wir
lesen nicht dass Samûel unzufrieden geworden weil das Volk
sich eines lezten Schiedsgerichtes wegen an den König wendet; auch dass der König im Namen des ganzen Volkes Opfer
darbringt und damit an die Stelle des frühern Hohepriesters
tritt, ist wenigstens nach der Erzählung c. 15 keineswegs
dás was ihm von Samûel vorgeworfen wird, während die
Darbringung der Opfer welche Samûel nach dem älteren Erzähler [1]) sich unter bestimmten Verhältnissen und bloss in
Gilgal vorbehält im Sinne jenes Erzählers' nicht bedeuten soll
der König habe überhaupt dazu kein Recht. Hätte also Saûl
die Kunst verstanden im ruhigen Fortschritte der Zeit die
königliche Macht sich weiter entwickeln zu lassen, so würde
er unstreitig zu einer Zeit welche überhaupt für die Ausbildung dieser unentbehrlich gewordenen Macht so günstig war,
sie bis zu derselben hohen Stufe erreicht haben auf welcher
wir dann seinen großen Nachfolger Davîd sie zu seinem und
zugleich des Volkes großem Heile gewinnen sehen! . . '
    Allein Saûl ist nicht der ganze Mann dazu. Zwar seine
Tugenden sind unverkennbar gross: und wohl mochte unter
seinen gleichaltrigen Zeitgenossen keiner sich sosehr für die
königliche Würde eignen als er. Was bei ihm als Könige
jener Zeit die Hauptsache und das nächste Erforderniss seyn
mußte, kriegerische Tapferkeit und Gewandtheit, ungebro-
chener Muth stets nach allen Seiten hin zu siegen, reges
Ehrgefühl für das Wohl seines Volkes den vielfachen und
mächtigen Feinden desselben gegenüber, Eifer und Zähigkeit
im Verfolgen seiner Pläne: alles das besass er in hoher Stufe,
wie überallher aus den Spuren seines Lebens erhellt welche
wir nur irgendwo entdecken können. Dass er in jeder Hinsicht der fähigste zum Kriege war und sooft reiche Beute
aus ihm den siegfeiernden Weibern heimbrachte, ist zwar
fast das einzige aberauch das gerechte Lob welches Davîd
in seinem Trauerliede dem eben gefallenen Helden spendete [2]);
damit wurde damals gewiss nur das allgemeine Urtheil der

---

1) 1 Sam. 10, 8. 13, 8—12.        2) 2 Sam. 1, 21—24.

Zeitgenossen wiedergegeben. Wir können zwar seine Kriege
jezt wenig imeinzelnen näher verfolgen, da wir bloss von
denen mit den Philistäern und 'Amaleqäern einiges ausfuhr-
licher beschrieben finden: nach dem kurzen Abrisse seiner
königlichen Thaten, welchen ein älterer Erzähler gibt [1]), hatte
er sobald er das Königthum angenommen der Reihe nach
ringsum mit allen Nachbaren zu kämpfen, den Moabäern, Ammonäern oder Idumäern östlich, den Königen von Ssôba nordöstlich (s. unten bei Davîd), den Philistäern westlich und den
'Amaleqäern südlich; alsob die Nachbarn alle unter ihm desto
kühner sich geregt hätten, je leichter sie eine richtige Vor-
ahnung haben konnten dass, wenn einmal das neue Königthum in Israel erstarke, dann ihre eigene Macht zu Ende
gehen müsse. Aber dass er meist den Sieg davon trug,
folgt aus den kurzen Worten die jener Erzähler der Aufzählung der von ihm bekriegten Völker hinzusezt: „überall wohin er sich wandte siegte er“. Wir müssen uns hüten die
Herrlichkeit eines Helden zu verkennen dessen Geschichte
durch das stärkere Licht seines größern Nachfolgers in Schatten gestellt ward und unter dem sich dennoch sichtbar eine
wahre Heldenschule großer Krieger gebildet haben muss.
Und wennauch die nach II. S. 559 damals so überaus kräftigen Philistäer nie von ihm dauernd besiegt wurden und
gegen das Ende seiner Herrschaft, als alles im Reiche tiefer
sank, mit neuer Heftigkeit erfolgreich vordrangen: so war
sein Sieg über die 'Amaleqäer desto entscheidender, da diese
für lange Zeit aus der Geschichte fast verschwinden; wie
nachhaltig er den Einwohnern von Jabesh nach S. 33 geholfen hatte, zeigte sich noch nach seinem Tode, da dankbare
Bürger von dort über den Jordan kamen um seine und sei-

---

1) 1 Sam. 14, 47 f., wo für ירשיע (welches durch die später rein
ungünstige Meinung über Saúl in den Text gekommen zu seyn scheint,
wie die obern Puncte Gen. 33, 4) יַרְשִׁעַ zu lesen ist. — Vgl. auch
II. S. 423. — Ammeisten haben noch die Araber im Islâm ihn geehrt, da schon Muhammed selbst Sur. 2, 247—257 ihn unter dem
ähnlich gebildeten Namen Tâlût (vgl. auch ebendort Tâghût) mit Gâ-
lût d. i. Goliath als seinem wahren Gegner zusammengestellt hatte.

ner Söhne entstellte Leichen vom Schlachtfelde heimlich zu
holen und ehrenvoll bei sich zu bestatten [1]); und wie sehr
er noch bis zum Tode wenigstens das Land jenseit des Jordan's gut beschüzt habe, zeigt auch die Geschichte seines
Sohnes und Nachfolgers der dort einige Jahre lang seinen
Herrschersiz nahm. — Dazu hebt ein edler Eifer für die
Aufrechthaltung der Gebräuche der alten Religion seine Seele;
und obwohl er nicht selbst Geweiheter (Naziräer) oder Prophet ist, sondern nach den bekannten Erzählungen nur vor-
übergehend vom prophetischen Hauche angewehet wird (II.
S. 555), so ist er doch anfangs sichtbar von dem starken
Zuge strengerer Religion und kühnerer Begeisterung für
Jahve's Sache nicht wenig ergriffen, welcher nach II. S. 510
überhaupt das Leben und die Größe dieser Zeit ist. Wie
eifrig er mitten in der eiligen Verfolgung eines Feindes ein
Vergehen gegen die Religionsgeseze wie das Essen blutiger
Fleischstücke verhindert, ist S. 48 beschrieben; und die strenge
Vertreibung aller Arten von Zauberern aus dem Lande [2]) sowie die vielen Altäre mit gesezlichen Opfern welche er Jahve'n bauete [3]) zeigen wie er die von Kriegen freie Zeit auch
im Innern des Landes zur kräftigen Wiederherstellung der
Reinheit der alten Religion benuzte: — An Zügen ferner
wahrhaft königlicher Großmuth fehlt es zumal im Anfange
seiner Herrschaft nicht [4]): und wie sehr er während seiner
ganzen Herrschaft, auch nachdem er schon bedeutende Siege
erfochten und gewiss wenigstens zeitweise der lockenden
Ruhe des Friedens genoss, seinen ursprünglich häuslichen
Sitten in aller Einfachheit und Bescheidenheit des Lebens treu
blieb, erhellt auch daraus dass er nur éin Weib und éin
Kebsweib hatte [5]). Wie bereitwillig auch das Volk troz ein-

1) 1 Sam. 31, 11—13 vgl. 2 Sam. 21, 12.     2) 1 Sam. 28,
3. 9, eine ansich durchaus ächtgeschichtliche Nachricht.
  3) dies folgt nämlich aus der kurzen Bemerkung 1 Sam. 14, 35,
dass jener Altar der *erste* gewesen den er bauete: der Erzähler wollte
also auch die Entstehung der andern erklären, und wievieles aus seiner Schrift muss demnach verloren seyn!     4) 1 Sam. 11, 12 f.
  5) 1 Sam. 14, 49. 2 Sam. 3, 7. 21, 8—12.

zelner Fehler seine Verdienste imgroßen anerkannte und
welche Liebe er sich und seinem Hause zu erwerben wußte,
erhellt endlich sehr deutlich daraus, dass wir von einer Empörung gegen ihn oder allgemeinen Unzufriedenheit mit ihm
keine Spur finden, und es erst der entschiedenen Thorheit
seines Sohnes und Nachfolgers bedurfte um die Stämme Israels sämmtlich zum Abfalle von seinem Hause zu bewegen.
Wir müssen uns hüten wegen der Ereignisse dunklerer Farbe
die seine spätere Geschichte umhüllen die Größe eines Helden zu verkennen der dem Königthume in Israel zuerst Achtung und Würde erwarb und dessen Tugenden weit größer
waren als die so mancher spätern Könige welche im Schatten des einmal festgegründeten Königsstuhles ein weicheres
und oft nur zu weiches Lager hatten.   Den unendlichen Zauber welchen der Name des „Gesalbten Jahve's" nun Jahrhunderte lang an sich trug und der in jenen ersten Jahrhunderten am wunderbarsten ·wirkte, hat er zuerst verbreitet; ja er gewann sich daneben aus der schönsten Zeit seiner Herrschaft sogar im Munde des Volkes ·den noch höheren Beinamen des „Erwählten Jahve's" (S. 10).   Das wahrste
Zeugniss für diese Stimmung seiner Zeit über ihn gibt sein
eigener großer Gegner und jüngerer Zeitgenosse David, sofern er obwohl von ihm verfolgt doch stets in Wort und
That die zarteste Scheu vor dem „Gesalbten Jahve's" hegt
(s. unten); und schöner konnte, wie zwei obwohl verschiedene Wege einschlagende wahrhaft Großgeistige sich dennoch von der Kraft göttlicher Wahrheit ergriffen in freieren
Augenblicken freundlich begegnen, nicht ausgedrückt werden
als durch die Erzählung wie Saûl aus Großmuth die noch
höhere Großmuth seines Feindes David anzuerkennen unwillkührlich getrieben wird [1]).
       Allein bei allen diesen königlichen Tugenden entwickelt
sich allmälig in ihm eine eigenthümliche Geistesrichtung, welche wohl fähig ist einen großen Theil der besten Wirkungen
jener wieder zu vernichten.   Eine starke Heftigkeit in der

---

[1] 1 Sam. 26, 25 vgl. unten.

Verfolgung eines Unternehmens, wie sie in einem Zeitalter
der gewaltsamen Aufraffung und der übermächtigen Gewohnheit des Gelübdes bei lebendigern·Geistern leicht sich ausbildet, zeigt sein Verfahren bei dem Kriege von Mikhmash
(S. 47 f.): und wie damals diese Heftigkeit zu einer unbeson-
nenen Beschwörung des Volkes und zu andern traurigen
Folgen hinführte, so ward der erste König Israels gewiss
nicht selten im Drange der Ereignisse zu Übereilungen verleitet. Die bittern Früchte solcher Übereilungen rufen aber
bei einem Manne der sich imgrunde seines anfänglichen guten Willens bewußt ist, leicht Eifersucht hervor, eine Giftluft
welche nirgends so nahe aberauch für den Leidenden und
alle seine Umgebungen so verderblich wehet als auf dér erhabenen Stufe wo sie mit der stärksten äußern Macht stets
in einen Bund treten und so ihre finstern Eingebungen leicht
ausführen kann. Unstreitig hatte Saûl, um als König wirken
zu können, Hindernisse zu überwinden und Wege zu bahnen
nen um welche keiner seiner Nachfolger ebensosehr besorgt
zu seyn brauchte; wir begreifen nach mehschlicher Weise
wie er, je stärkere Widersezlichkeit er oft gegen seinen guten Willen finden mochte, desto tiefer in die Neze einer stets
wachsenden Eifersucht gegen alles ihn umgebende versinken
konnte. Und ferner ist allerdings unläugbar, dass gerade·in
einer Gemeinde wie die Israels war, wo auch dem höchst-
stehenden im Volke immer noch etwas höher stehendes als
unantastbares Heiligthum und seliges Leben klar gegenüberstand, der König leichter in ein unbehagliches und niederdrückendes Leben gerathen konnte wenn er dem gegenüber-
stehenden Leben sich nicht stets desto vollkommener näherte
und immer desto kühner im rechten Glauben und Thun das
dunkle Gewölk zertheilte welches ihn von jenem zu trennen
schien. Allein dass der große Held in der Gemeinde Gottes dieser menschlichen Leidenschaft und Verfinsterung immer gänzlicher anheimfiel ohne von ihrer Gewalt sich wieder befreien zu können, das ist eben die verhängnißvolle
Wendung seines Lebens, wo menschliche Entschuldigung und
göttliche Schuld zusammenliegen. Wir können nichtmehr das

erste Keimen und Wachsen der Leidenschaft bei Saûl verfolgen: sie erscheint in der Erinnerung an ihn fast sogleich
in ihrer ausgebildeten Größe. Der böse Geist welcher nach
der Sage ihn immermehr quälte, ist nichts als diese königliche Eifersucht, wie sie immer gewaltiger und verderblicher
hervortrat, wohl sich zeitweise noch stillen liess aber einmal erstarkt immer neuen Stoff fand und immer stärker wiederkehrte. Vor ihr verschwindet also zuletzt auch das folge-
richtige Handeln sowie der maßhaltende weise Befehl: räth
sie ihm heute aus irgend einem Grunde (und wäre es auch
nur um königliche Machtvollkommenheit zu zeigen) von der
Beute mehr zu verschonen als das bisherige heilige Herkommen erlaubt (S. 50), so treibt sie ihn morgen schonungsloser
als das Herkommen wollte die Gibeonäer zu behandeln [1]);
odergar wegen bloßen Verdachtes eine ganze Priesterstadt
zu zerstören [2]). Und vor ihr haben alle Menschen gleichmäßig zu leiden, Freund wie Feind, Diener und Sohn, Priester und Prophet; wie er aber in David seinen nichtbloss
tapfersten sondernauch treuesten Unterthanen vertreibt, wird
unten erörtert werden.

Hierin liegt also auch der wahre Grund der Spaltung
zwischen Samûel und Saûl. Denn dass Saûl nicht etwa die
prophetische Stimme als solche verachtet habe oder sich von
ihr habe ganz unabhängig machen wollen, versteht sich nach
der ganzen Geschichte jener Zeiten vonselbst: kein König
jener Zeiten wollte oder konnte das; Saûl frägt nach dem
ältern Erzähler, sobald Samûel von ihm gewichen, einen Hohepriester um Rath (S. 48 f.); nach einem spätern Erzähler be-
gehrt er sogar von dem schon gestorbenen Samûel Trost [3]).
Aber kein wahrer Prophet konnte billigen dass der König
zum Spielhalle einer Leidenschaft geworden auch das Unantastbare antastete; und am wenigsten konnte es damals Samûel billigen. War also Samûel früher als Prophet Richter
und Stifter des Königthumes gross gewesen, so ward er es

---

1) 2 Sam. 21, 1—6; s. weiter unten.        2) 1 Sam. 22, 9—23.
3) 28, 3—25 s. unten.

jezt gegen die Neige seines Lebens nochmehr dádürch dass
er, sowie jene Richtung in Saûl unwidersprechbar deutlich
hervortrat, mit derselben Entschiedenheit von ihm sich ab-
wandte mit der er ihn zuerst emporgehoben hatte, wie ein
Vater seines eigenen geliebten und unter Mühe und Hoffnung großgezogenen Kindes nicht achtend wenn das ver-
derbliche dadurch befördert würde. Denn hätte er dieses
seines geistigen Kindes geschont als seiner zu schonen gegen das Grundgesez der Gottherrschaft selbst war, so wäre
mit diesem ersten Könige der schlimmste Vorgang für alle
Zukunft gegeben worden: aber dázu hatte er das Königthum
nicht gestiftet dass die Gottherrschaft ein Reich menschlicher
Laune und Willkühr würde. Gerade also was ihn bewogen
die neue Einrichtung troz aller Bedenken als etwas nothwendiges zu stiften, mußte ihn ebenso stark bewegen die
nothwendige und schon gegebene Stiftung vor möglicher Entartung sogleich bei ihrer ersten weitern Entfaltung mit aller
Kraft zu bewahren.

Und hiezu ist seine einzige Waffe die Abkehr von Saûl,
in der Unmöglichkeit mit ihm zusammenzuwirken für die wahren Zwecke seines Lebens: dass er schlimmere Waffen gegen ihn angewandt, läßt sich mit nichts beweisen, wie noch
weiter unten erhellen wird. Damit aber that er nur was zu
thun seine Schuldigkeit war: und zu einer Waffe wurde dies
Thun eigentlich ohne seinen Willen. Auch sich trennend
vom Könige ist er noch gross genug, und hat noch genug
bedeutendes zu thun: nach Râma seiner Vaterstadt und seinem alten Prophetensize zieht er sich zurück um dort der
Bildung jüngerer Propheten und Bürger nur noch ausschließ-
licher sich zu widmen und den wahren geistigen Grund des
Volksheiles nur noch unzerstörbarer für alle Zukunft zu legen [1]). Und da er dadurch still und allmälig aber am Ende
unwiderstehlich auf Volk und König wirken kann, so wird
das seine zweite, eigentlich noch viel gefährlichere und doch
ganz schuldlose Waffe.

---

[1) 1 Sam. 19, 19—24 vgl. 13, 15 (LXX). 15, 34. 25, 1. 28, 3.

Wollte aber hier jemand sagen, wenn dás zulezt geschehen sollte, so hätte ja Samûel besser gethan das zu verwer-
fende Werkzeug vonanfangan garnicht auszuwählen: so würde
der mit solchem Fürwize klüger seyn wollen als die Geschichte
und die Bibel selbst. .Die Bibel findet kein Bedenken zu erzählen dass der Geist Gottes Saûl'en durch Samûel wählte
und verwarf: damit läßt sie der menschlichen Freiheit ihren
Spielraum, da die Verwerfung nicht ohne die wirkliche Schuld
Saûl's eintriſſt, gibt aberauch zu verstehen dass über Wahl
und Verwerfung noch ein Höheres stehe als der große Prophet selbst ist. Denn, meinen dass Samûel den Saûl gewählt
hätte wenn er dessen Verirrung wie sie eintraf vorausgese-
hen, heißt ihn zu einem schlechten Menschen machen was
er nicht war; und dass er (wie Neuere aberwizten) den König gar absichtlich aus Benjamin als dem damals schwächsten
Stamme Israels ausgewählt habe um ihn leichter zu beherrschen, ist nichts als elende Vermuthung, welche bloss zeigt
wie die Menschen welche auf dies alberne gekommen etwa
selbst handeln würden wenn sie wie Samûel zu handeln berufen wären. Es ist genug, zu denken dass der Stamm Benjamin nach II. S. 369 der kriegerischste aller war, dass Saûl's
Vaterstadt Gibea nicht weit von Samûel's Wohnsize entfernt
lag, und dass dies Gibea ein h. Ort war, wo Propheten wohnten und ein Heldenjüngling leicht von einem ähnlichen Zuge
höheren Lebens angewehet werden konnte (S. 30 f.); vorzüglich dass nach obigem der Stamm Efráim oder statt seiner
der ihm engverbundene Mitstamm Benjamin seit den Urzeiten ein Anrecht auf die Würde eines Vorstammes und daher
auch auf das Königthum besass, welches nicht zu übersehen
eben auch Samûel's Sache war.

### 3.   Saûl's und seines Hauses Untergang.

1. Dass Saûl der königliche Held seiner Zeit durch die
in seinem Geiste wie eine den gesunden Stamm einengende
Schlingpflanze wuchernde Eifersucht sich und seinem Reiche
immer mehr schaden mußte, sahen wir: in welchem Fortschritte dies Unglück sich immer weiter entwickelt und ge-

gen andere geäußert habe, können wir imeinzelnen und zumal der Zeit nach nichtmehr genau verfolgen. Die jezigen
Erzählungen begnügen sich diesen Fortschritt nur an éinem
Beispiele aufzuzeigen, welches freilich wegen der großen
Folgen für alle Zukunft das bedeutsamste und sprechendste
geworden ist, das Davîd's: doch von ihm ist besser im Leben dieses jüngern Helden selbst die Rede.

Dass aber diese Eifersucht auch gegen Samûel noch nach
dessen Trennung sich geäußert habe, wird nicht erzählt: und
auch der Sache selbst nach haben wir alle Ursache zu meinen Saûl habe es nie gewagt gegen den greisen Propheten
zu wüthen der ihn einst zur königlichen Würde emporgehoben und nun schweigend sich fern von ihm hielt. Denn ein
Held wie Saûl ist auch noch im Sinken gross und begeht
lieber eine Unfolgerichtigkeit im Handeln als dass er des
Grundes ganz vergäße dem er seine erste Erhebung aus
dem Niedern und seine schönsten Erinnerungen aus bessern
Jahren verdankt. Wie Samûel schweigend sich trennt, ebenso
schweigt Saûl nun gegen ihn: die beiden großen Reichsmächte welche nur durch die höhere Wahrheit in Freundschaft vereint zum Heile des Ganzen wirken können, sind
durch eine über ihnen stehende Macht getrennt, bekämpfen
sich aber nicht wechselseitig durch solche Waffen wie die
pfiffigen Päpste des Mittelalters unsere besten Kaiser zu schwächen und zu vernichten beflissen waren.

Aber da Saûl doch seines Ursprunges als König nie vergessen kann, so ist schon dies schweigende Sichzurückzie-
hen des großen Propheten, sobald es entschieden hervortritt
und als unheilbar sich offenbart, völlig hinreichend ihn auf
das empfindlichste zu treffen. Er glaubte wohl eine Zeit lang
auf der stolzen königlichen Höhe seiner zur rechten Frist
warnenden und mäßigenden Gottesstimme entrathen zu können, und handelte wenigstens so alsob er dies wirklich glaube:
aber sowie er nun zu dém Ziele gekommen ist dás wirklich zu
entbehren was er entbehren zu können wähnte, da zeigt sich
erst recht deutlich wie wenig er es entbehren konnte; und
zurück sinkt er immer tiefer in einen Abgrund von Verwor-

renheit und Schwäche. Denn weder hat er die Kraft auf die
rechte Weise und ohne seiner königlichen Wurde etwas zu
vergeben sich wieder zu jener sonnigen Höhe zu erheben
welcher er früher schon einmal so nahe gewesen und deren
Wärme ihn selbst einst zu dem Bessern belebt halte: noch
auch ist er so entartet um jene prophetische Höhe wirklich
zu vernichten, selbst wenn er es einmal in einem Augenblicke
der Übereilung gewollt hätte. Einst (lautet die schöne und
nur zu wahre Erzählung) ward ihm gemeldet, der gefürchtete Davîd sei in der bei Râma erbaueten Schule [1]), und er
sandte Boten ab ihn dort zu fangen: die aber sahen kaum
den Kreis der Propheten eben unter Samûel als ihrem Lehrer mitten in ihren heiligen Übungen beschäftigt, als sie sich
von demselben Geiste ergriffen fühlten und zu gleichen Übungen in den Kreis traten; zweiten, ja dritten Boten ging es
ebenso. So brach er denn selbst zornerfüllt auf nach Râma,
erkundigte sich bei dem Brunnen der Tenne des naheliegen-
den Hügels wo die (neugebauete) Schule sei, ward aber schon
auf dem Wege dahin, als er von dem Hügel herab die Schule
sah und die daraus laut hervorschallenden Gesänge hörte,
von dem göttlichen Geiste ergriffen und versank, endlich angelangt, noch viel tiefer und dauernder in den Zustand der
höhern Begeisterung als alle seine vorher abgesandten Boten.

So konnte der Held also doch im innersten Herzen von
dém nicht lassen was er einmal in fruheren Zeiten als sein
eigenes besseres Selbst erkannt hatte. Aber sich zeitig noch

---

1) 1 Sam. 19, 19—24, vom zweiten Erzähler. Für נוית welches
von 19, 18 bis 20, 1 zusammen 6mal steht, will zwar das *Q'rî* ebensoviel mal נָיוֹת lesen als bedeute es = נָאֹת *Wohnungen:* allein diese
allgemeine Bedeutung ist hier völlig unpassend, und נָוִית kann vielmehr ein ganz anders gebildetes Wort im *sg.* seyn; es bedeutete
dann wohl soviel als *Schule* eig. *Studium,* wie نَبَى die auf etwas
nachdrucklich gerichtete Kraft des Geistes bezeichnet: und ist das
Studium etwas anderes? Dass die Schule nicht in Râma selbst lag,
ergibt der Sinn der ganzen Erzählung. V. 22 ist nach den LXX
הַגֹּרֶן für הגדול und שֶׁפִּי fur שְׂכוּ zu lesen oderdoch lezteres als
»Aussicht d. i. Höhe« zu deuten.

einmal in voller Thatkraft zu ihm zu erheben, war er zu
schwach: also rächte sich das von ihm verschmähte und ihm
dennoch im Innersten unentbehrliche ja heimlich wenigstens
und dunkel stets ersehnte Bessere an ihm dadurch dass er
zwar wirklich noch einmal sich ihm zuwandte, aber erst als
es zu spät war, in den krampfhaften lezten Augenblicken
seines Lebens. Hier erst ist das wahre Ende seines Verhängnisses, der höchste tragische Schmerz dem der große
Held seiner Zeit erliegt. — Und von dieser vollendeten höhern Wahrheit aus faßt die lezten Augenblicke des Lebens
Saûl's der Erzähler auf welcher auch den entscheidenden Augenblick in der Mitte seines königlichen Lebens, die Trennung der beiden Reichsmächte, mit den höchsten Farben der
Rede dargestellt hatte (c. 15, S. 49 ff.). Dass mit dem Schatten Samûel's noch lange nach seinem Tode von Todtenbe-
schwörern Spuk getrieben wurde, indem diese verschmizten
Leute die ganze Sprache und Art des einstigen großen Propheten für solche die seine Stimme noch immer zu hören
begierig waren künstlich nachahmten, ist möglich und glaublich, da solche Schwarzkünste in Kanáan ebenso wie in Ägypten ihren alten Siz hatten und gewiss die meisten Befrager
immer solche Todte hören wollten die auch im Leben das
beste Orakel gegeben. Als daher Saûl, wird erzählt [1]), an-
gesichts der lezten Schlacht worin er fallen sollte in die
höchste Furcht gerathen vergeblich durch Träume [2]) Priester-
orakel und Propheten die Stimme Jahve's zu vernehmen gesucht hatte, liess derselbe Mann welcher einst in früheren
besseren Tagen alle Zauberer verbannt hatte [3]) sich verklei-

---

1) 1 Sam. 28, 3—25.　　　　　2) d. i. durch Incubationen an
einem heiligen Orte (vgl. I. S. 429), wobei merkwürdig ist dass auch
sie auf Jahve znrückgefuhrt werden.　　3) durch diesen Zusaz
v. 3. 9 wird also zwar gleich zumvoraus die ganze That Saûl's als
der Religion Jahve's zuwiderlaufend vom Erzähler verurtheilt: doch
dass er wirklich Samûel's erzürnte Geisterstimme und nicht etwa
bloss betrügerische Worte der Hexe gehört, ist ebenso sicher der
Sinn dieses Erzählers. Er verurtheilt also diese Art des Orakel-
suchens als eine ungöttliche, läugnet aber nicht dass die Todten oder

det zu einer berühmten Todtenbeschwörerin in 'Aendôr führen, beschwichtigt ihre Furcht vor Entdeckung und fordert
von ihr Samûel'n heraufzubeschwören. Aber kaum erblickt
sie den Schatten dieses großen Todten heraufkommen, so
fährt sie mit lautem Schrecken auf (weil sie nämlich den
Todten nicht wie sonst mild und ruhig sondern mit só furchtbar drohenden Gebärden heraufkommen sieht, wie er sie nur
gegen seinen Todfeind d. i. Saûl haben kann), erkennt also
daran dass Saûl der fragende seyn müsse und ruft warum
er sie durch die Verkleidung betrogen habe. Doch dieser
ist zufrieden sobald er nur erfährt dass Samûel wirklich dasei, knieet huldigend nieder, muss aber von dem erzürnten
Geiste des heraufbeschworenen gerechten Tadel und die trübe
Voraussage seines nahen lezten Verhängnisses vernehmen;
sodass er statt Trost zu empfangen in höchstem Erschrecken
zu Boden sinkt und kaum sich ermuntern läßt wiederaufzu-
stehen und nach einiger leiblichen Stärkung seines Weges
zu gehen.

2. Allein so tief auch der Held von seinem ursprünglichen Ausgange abgeirrt ist, dennoch stirbt er noch zulezt
nach der hellen Seite seiner Lebensgeschichte eines seiner
Tugenden würdigen Todes. Er fällt nicht durch innere Feinde
oder durch Verräther: er kämpft noch tapfer in der schwersten Schlacht seines Lebens gegen die Philistäer, mag aber,
immer an Sieg gewöhnt, die schon offenbare Niederlage nicht
überleben; so fällt er, um sogleich von seinem eigenen großen Gegner das gerechte Lob seiner Tugenden zu empfangen und in dessen unsterblichem Liede nach seinem bessern
Selbst unter Menschen ewig fortzuleben [1].

Der Fall des ersten Gründers eines neuen Reiches und
Herrscherhauses zieht, wenn das Reich bei seinem Tode
schlecht bestellt ist, leicht den Sturz des ganzen Hauses nach
sich. Es ist daher das Zeichen einer uugewöhnlichen An-

---

dass wenigstens ein Geist wie der Samûel's nach dem Tode reden
könne. — Über R. Tanchûm's Erklärung s. das in den Tüb. theol.
Jahrbb. 1845 S. 574 bemerkte.      1) 2 Sam. 1, 19—27; sonst
s. unten.

hänglichkeit des Volkes an diesen seinen ersten König, dass
alle Stämme außer Juda unter den ungünstigsten Lagen dennoch seinen einzig überlebenden Sohn Ishbóshet zur Macht
erheben, obgleich dieser allen Spuren zufolge sich bis zur
Ergreifung der Herrschaft nicht sehr ausgezeichnet hatte. Und
hätte dieser dann wenigstens als König sich seines Vaters
würdiger gezeigt, so würde er wohl nie oderdoch viel schwerer vor Davîd's aufsteigender Herrschermacht erlegen seyn.
Aber seine eigene Thorheit richtete ihn nach wenigen Jahren
zugrunde, und mit ihm sank Saûl's Haus, von dem außerdem
nur noch sehr kümmerliche Sprossen dagewesen seyn können, für immer vom Herrschersize. Doch wird dies alles,
da es mit Davîd's Geschichte zu eng zusammenhängt, besser
unten weiter erläutert.

3. Nicht ohne Einfluss auf die Vorstellung über den
Sturz dieses Hauses ist endlich die Dauer der ganzen Herrschaft Saûl's. Darüber finden wir in den jezigen BB. Sam.
keine Nachricht: allein es leidet keinen Zweifel dass eine
solche in dem Werke des ältern Erzählers stand [1]); sie kann
also nur durch die spätere Umarbeitung dieses Werkes von
Seiten des deuteronomischen Erzählers verloren gegangen
seyn, zu einer Zeit als man auf solche äußere Zeitbestimmungen im Gebiete dieser Geschichte nichtmehr großen Werth

---

1) ohne zu erinnern dass dieser Erzähler andere Zeiträume sogar
der Geschichte vor Saûl bestimmt, so reicht zum Beweise hin dass
er bei der Geschichte Saûl's sogar viel kleinere Zeiträume bestimmt;
es sind dies die Stellen 10, 27 nach den LXX vgl. oben S. 33, und
13, 1 wo er zwei Zeitangaben über Saûl zugleich gibt. An dieser
Stelle muss nämlich hinter בן die Zahl der Jahre des Alters Saûl's
als er König wurde ausgefallen seyn: vielleicht schon bei der Umarbeitung des Werkes, gewiss wenigstens sehr früh, da schon die
LXX den Vers wohl als einen unübersezbaren ausließen. Wie wir
aus den Hexapla sehen, hatte ein alter griechischer Leser hier das
Jahr 30, aber gewiss nur nach seiner eigenen Vermuthung, ergänzt;
und so wird es uns wohl unmöglich bleiben diese Lücke auszuful-
len. Wie lächerlich Eusebios die verdorbene Stelle zu deuten sucht,
liest man besten bei ihm selbst nach, chr. arm. I. p. 170; ebenso
lächerlich sind die Erklärungen der Rabbinen, s. Tanchûm z. St.

legte. — Neuere Gelehrte nun haben, auf Ap.Gesch. 13, 21 sich stüzend, sehr allgemein 40 Jahre als Dauer der Herrschaft Saûl's angenommen: ohne zu bedenken welche arge Widersprüche sich daraus ergeben würden. Denn nach S. 40 hat Saûl erst zwei Jahre geherrscht als er auserlesene Scharen von Kriegern bildet und seinen Sohn Jonathan über eine solche sezt: folglich muss er beim Antritte der Herrschaft schon einen etwa zwanzigjährigen Sohn gehabt haben, wie es denn nicht anders zu erwarten ist als dass man zum ersten Könige Israels unter den schwierigsten Verhältnissen des Landes keinen zu jungen Mann gewählt haben wird. Stand also Saûl als er König wurde bereits im kräftigsten Mannesalter und hatte einen 20jährigen Sohn, so müßte er nach jener Annahme von 40 Jahren seiner Herrschaft als ein völliger und Jonathan ähnlich als ein werdender Greis in der beide fortraffenden Schlacht gefallen seyn: und wer wird das den übrigen Spuren der Geschichte gegenüber annehmen wollen? Wirklich aber ist ja diese Zahl 40 nur nach II. S. 480 ff. entstanden und hat insofern allerdings Sinn; Fl. Josephus aber sagt keineswegs schlechthin, er habe 40 Jahre geherrscht: sondern 18 Jahre habe er geherrscht bis zu Samûel's Tode also noch wie mit diesem zugleich, und 22 nach dessen Tode; statt der Zahl 22 findet sich aber als verschiedene Lesart die Zahl 2, und wir haben alle Ursache diese Lesart für die richtigere zu halten [1]). Wir gewinnen so einen zu allen übrigen Merkmalen stimmenden Zeitraum von 20 Jahren für Saûl's Herrschaft; und dass Samûel erst etwa 2 Jahr vor dem Ende von Saûl's eigenem Leben starb, ist der Sinn aller Erzählungen uber sein Verhältniss zu David

---

1) schon weil ihm arch. 10: 8, 4 überhaupt nur 20 Jahre gegeben werden. Dass Saûl mit Samûel zusammenherrschte und dieser 2 Jahre vor jenem starb, sagt auch Clem. Alex. strom. t, 21: er gibt diesem 27, jenem 20 Jahre; man sieht aber dass 27 ein Fehler ist fur 37 oder 38. Eupolemos bei Eus. praep. ev. 9, 30 schreibt Saûl'en 21 Jahre zu, und in der Chronik zieht Eusebios die 40 Jahre fur beide zusammen; während G. Synkellos falsch Samûel'n 20 Saûl'en 40 Jahre gibt. — Vgl. II. S. 484.

und Saûl; auch ist die Nachricht von seinem Tode noch in dem jezigen Werke soweit zurückgedrängt [1]), dass er offenbar danach erst als kurze Zeit vor Saûl's Tode und David's Königthume gestorben angenommen wird. Woher Fl. Josephus diese beiden Zeitbestimmungen habe, wissen wir freilich jezt nichtmehr näher anzugeben: doch leiden sie so wenig an Widersprüchen, dass man geneigt wird ânzunehmen sie seien aus ältern Quellen erhalten.

Hatte demnach Saûl nur etwa 20 Jahre als König geherrscht, so erklärt sich noch näher wie sein Reich noch wènig festbegründet war und sein Haus nach seinem Tode leicht die Herrschaft verlieren konnte. Ja auch, wie ein solcher des Königthumes in so vieler Hinsicht würdiger Held zulezt von den Nezen keimender Eifersucht immermehr umstrickt werden konnte, erklärt sich menschlich leichter, wenn er erst im reifen Mannesalter zu der neuen und in Israel ganz ungewohnten Würde erhoben ward: denn wenn es sogar dém welcher als Fürst geboren wird ohne (wie Davîd) früh durch die strenge Schule des Lebens zu königlichen Gesinnungen erzogen zu seyn oft schwer wird vor Eifersucht sich zu bewahren und im reinen Gottvertrauen auch den besten Menschen zu vertrauen, wievielmehr dém welcher erst als reifer Mann zu einer Würde gelangt die dem Volke wie ihm selbst ungewohnt ist! Darum bleibt zwar die Schuld Saûl's dieselbe: aber wir sollen erkennen wie schwer es sei die sittliche Herrlichkeit zu behaupten, wenn sogar ein solcher Held von der reinen Höhe des Lebens immer tiefer herabsank.

## D a v î d.

Wie heilsam aber das gesammte Wirken Samûel's, sowohl sein strenges gegen Mißbildung als sein mildes für Ausbildung der gemischten Herrschaft war, offenbart sich erst

---

1) 1 Sam. 25, 1. 28, 3 vgl. besonders mit 27, 7 und was darüber noch weiter unten erklärt werden wird; dass Samûel etwa 2 Jahre vor Saûl starb, folgt sicher aus diesen Stellen.

recht an den nun folgenden sonnigen Tagen der Herrschaft
David's, jenen großen Zeiten in welchen das Volk dieser
Geschichte mit wunderbar schneller Entwickelung die höchste
Stufe von Macht und Glanz erreicht welche es auf den Grundlagen seines Reiches und seiner Religion erreichen konnte.
Zwar ist was sich jezt zur Spize emporhebt durch die ganze
neue Schwingung des Geistes dieses Volkes bedingt, welche
wie wir sahen nun schon lange im Steigen begriffen ist und
wovon Samûel selbst gehoben ward.   Als die höhere Religion oder mit anderem Worte die Gottherrschaft, nachdem
sie kaum auf Erden gegründet war, eine feste Stätte zu ihrer freiern Ausbildung wieder zu verlieren schien, da raffte
sie sich durch eine krampfhafte Bewegung aus diesen drohenden Gefahren empor; das Volk ermannte sich gegen seine
Feinde, erst in einzelnen Helden der gewaltigen That, dann
in immer weiterer Ausbreitung, als wollte es nichts als eine
Schule von Helden werden;   der Geist der Religion kehrte
mit größerer Innigkeit und Anstrengung zu seiner eigenen
Tiefe ein,  um sich vonda in der kräftiger und reiner auf-
wachenden Prophetie desto entschiedener nach außen zu richten; und die starke Änderung in der Grundverfassung welche ohne großen Schaden nicht länger vermeidbar war, das
menschliche Königthum neben dem göttlichen, ist durch edle
Selbstverläugnung und Aufopferung wirklich schon unzerstör-
bar fest eingeführt.   Kam nun ein König welcher den nächsten Zweck dieser Stiftung, Einheit im Innern und Sicherheit
nachaußen, vollkommener ausführte, so war die Spize zu der
die ganze Zeit seitlangem emporstrebte allerdings schon erreicht, wäre es bloss auf den Gewinn der äußern Vortheile,
z. B. die völlige Unterjochung der heidnischen Völker innerhalb des Landes und an seinen Grenzen, abgesehen gewesen.   Aber dass nun diese Spize nichtbloss mit dem Gewinne
solcher äußern Vortheile des Lebens, sondernauch der höhern Religion gemäss mit dem Erwerben neuer geistiger
Kräfte und dem Anfange zur hundertfachen Blüthe eines
schöpferischen höhern Lebens erreicht wurde,  ist das Verdienst des erhabenen Geistes Samûel's, welcher, obwohl er

selbst schon einige Zeit vor David's Herrschaft stirbt, doch der eigentliche Bildner dieser Zeiten ist und jezt erst in seinen schönsten Wirkungen sich verklärt.

Es ist das Verdienst seiner Strenge, insbesondere auch dér gegen Saûl welche wir oben sahen: denn ohne diese Zucht würde das Königthum etwa so geblieben seyn wie wir es zuerst sahen, sein eigentliches Ziel vor Eifersucht und Willkühr aus dem Auge verlierend, ohne wahre Sammlung und Erhebung, ja ohne das Unendliche zu ahnen zu dem es zulezt bestimmt ist. Das Königthum darf sich nicht ohne eigenen Schaden von der Gottherrschaft und (ist es noch zu schwach um diese unmittelbar zu verstehen) von deren reinsten Werkzeugen den Propheten trennen: dies ist die große Lehre des ersten Schrittes der Geschichte dieser ganzen Zeitwendung. Darum wende es sich näher und freundlicher zur Gottherrschaft hin, schaue ihr mit muthigerer Zuversicht ins Antliz, und versöhne sich wie es kann mit ihr; das ist aber nur möglich durch ein Eingehen in ihre Wahrheiten und durch ein lebendiges Theilnehmen an diesen. Je mehr also und je selbständiger es an ihnen theilnimmt, desto besser für das Ganze.

Es ist aber nochmehr das Verdienst jener Milde womit Samûel als Lehrer der Jugend zu wirken und durch die friedlichen Musenkünste den wilden Geist zu bändigen bis in sein höchstes Alter nie ermüdete. Denn wie in Samûel so die beiden Gegensäze, Strenge und Milde, aus éiner Quelle fließend und zu éinem höhern Ziele gerichtet zusammenwirkten, weil die höhere Religion deren Strenge er schüzte doch zugleich das sanfteste Herz fordert und die Freude an allen friedlichen Musenkünsten in sich schließt: so wirken in den immer mächtigeren Bestrebungen des nun folgenden Zeitalters der höchsten Erhebung des Volkes diese zwei dem ersten Blicke nach unvereinbaren Grundtriebe dennoch miteinander zu éinem Ziele zusammen und bilden so erst die wahre Größe dieser Zeiten. Die Anfänge aller Künste liegen bei vielen Völkern längst vor solchen Zeiten volksthümlicher Erhebung bereits vór, und die Rückwirkung neuerrungener

Macht nachaußen auf die innern Kräfte bringt solche Keime
dann leicht zu schneller Bluthe, wenn eben zu solcher Zeit
ein frischer Trieb danach lebhaft erregt ist und wenn eine
lautere Religion in allem Mass zu halten und nicht die einseitige Macht nachaußen als das höchste zu verfolgen gebietet. In Israel nun erregte den Trieb dazu zur günstigen
Zeit vorzüglich auch Samûel; und die von ihm aufrecht erhaltene Strenge wahrer Religion schüzte eben im Taumel der
glänzendsten Siege über andere Völker vor der Gefahr einseitiger Verfolgung der kriegerischen Macht. Und so kam
denn ein Zeitalter der Verherrlichung Israeläischer Volksmacht empor, welches uns weitmehr an die ersten schönen
Tage der Griechen nach den Perserkriegen als an die Zeiten
der an die Welteroberung denkenden Römer erinnert, obgleich aus ihm, wenn man die Kraft der jezt ausgebildeten
Königsgewalt und Volkseinheit bedenkt, weiteher ein römi-
sches Weltreich als ein Feld des griechischen Wetteifers in
den friedlichen Künsten hätte entstehen können.

In David liegt alles aufs glücklichste beisammen, was
ihn zu dem rechten Träger des außerordentlichen Strebens
dieser Zeit bilden und ihm dadurch einen glänzenden Namen
welchen kein anderer König Israels, als Könige aber eben
in dieser Gemeinde des wahren Gottes den Heiligenschim-
mer eines Königsruhmes erwarb den kein König unter einem andern alten Volke gewinnen konnte. Zu diesem größten Erfolge wirkte allerdings die Zeit selbst in welche er
gesezt ward mächtig mit, ihn sowohl fördernd und antrei-
bend, alsauch wieder mäßigend und zurückhaltend, und das
alles während eben alle ihre edelsten Kräfte an einer wirklichen Überwindung alter Mängel und Gründung eines bessern Zustandes arbeiteten, der einzelne also schon durch den
allgemeinen Wetteifer entzündet wurde. Aberdoch ist es nicht
die Zeit allein welche David'en zu dém machte was er geschichtlich wurde: wir müssen auch die ursprüngliche Herrlichkeit einer schöpferischen Geisteskraft in ihm anerkennen
wie sie selten in einem Volke erscheint, und die wir um so
gewisser in ihm annehmen je sicherer wir noch die spre-

chendsten Äußerungen dieses hohen Geistes in seinen eigenen Liedern wiederfinden können. · ı

Denn wir besizen zwar auch in den Geschichtswerken
so vielfache und reiche Erinnerungen aus seinem Leben und
seiner Zeit, wie aus keiner frühern ja auch beinahe aus keiner spätern Zeit. Wie die Davîdische Zeit mit denen welche sich zunächst um· sie lagern nach eigener Herrlichkeit
aus einem weiten Gebiete flacherer Zeiten gleich einem Rie-
sengebirge hervorragt, und wie sie bald nachher auch von
dem Volke als eine solche einzig herrliche Zeit des Königthumes erkannt wurde: so hat sich ihr Andenken auch in
der Geschichtserzählung am fröhlichsten ausgebreitet und am
vollständigsten· erhalten. Wir sehen mit irrem Blicke in die
halbdunkeln Schichte des entferntern Alterthumes, und schauen
hier plözlich ein starkes Licht weithin verbreitet, alles noch
fast ganz im ursprünglichen Leben und vollen Regen, und
um den Haupthelden eine Menge anderer· mit in das große
Schauspiel verflochtener auf welche noch genug heller Schimmer von seiner Sonne herabfällt; ja auch was sonst· minder
bedeutsam wäre wird hier durch die ragende Höhe des größten Königs Israels wichtig. So zeigt es sich noch ,in den
uns erhaltenen Bruchstücken dieser Erzählungen, obgleich
auch in sie schon einige Züge der spätern vergeistigenden
und verallgemeinernden Auffassung der Geschichte gedrungen sind. — Allein so schäzbar diese hier zumerstenmale
voller fließenden Quellen von Geschichte sind, doch gehen
noch über sie die eigenen Äußerungen welche ihr großer
Held in seinen Liedern hinterlassen hat; hier blicken wir
unverhüllt in sein Innerstes, und können so mit dem was
ihn im Innersten bewegte die Thaten und Wirkungen vergleichen welche von ihm ausgingen. · Den ganzen oderauch
nur den halben Psalter wird zwar heutzutage kein Sachkundiger im groben geschichtlichen Sinne ihm zuschreiben: aber
desto· sicherer gehören ihm solche Lieder und Lieder-Bruch-
stücke aus dem Psalter und 2ten B. Sam. an, welche sich bei
jeder nähern Untersuchung wieder als nur von ihm abstammen könnend bewähren; und deren sind noch in genug gro-

ßer Anzahl vorhanden um nach ihnen die wahre innere Herrlichkeit sowie die künstlerische Größe dieses Helden zu erkennen [1]).

Fassen wir nun das aus allen diesen geschichtlichen
Zeugnissen sich ergebende ganze Bild David's in seinen allgemeinsten Kennzeichen auf: so ergibt sich als tiefster Grund
bei ihm neben einem einzig festen unerschütterlichen Vertrauen auf Jahve und dem heitersten seelenvollen Blicke in
die Natur eine stets empfindsame zarte Scheu vor dem Heiligen in Israel, ein einfach lauteres Streben ihm nie untreu
zu werden, und das stärkste Ringen nach Irrthum und Vergehen zu ihm desto ungetrübter umzukehren. Er ist kein
Prophet und maßt sich nichts priesterliches an: aber aufrichtiger und theilnehmender freudiger und gläubiger als er konnte
kein Laie damals in der höhern Religion leben; und während
sein Mund überall vom tiefempfundenen Preise Jahve's überfließt und sein Handeln überall den Adel der lebendigen
ächten Furcht Jahve's athmet (denn die Verirrungen wovon
er hingerissen wird stechen eben nur ihrer Seltenheit wegen
so stark hervor), wird er auf der Höhe drängender Gedanken oft unwillkührlich zum Propheten [2]), und fühlt er am
Ende seiner langen Laufbahn sich in einem Zustande göttlicher Klarheit und Voraussicht wie ihn kein Prophet leicht

---

1) ich mag hierüber nicht wiederholen was in den *Dichtern des
A. Bs* Bd. 2, besonders in dessen zweiter Ausgabe vom J. 1840, ausgeführt ist. — Dagegen haben wir über David keine unabhängige
Nachricht außer der Bibel: denn was Eupolemos bei Eus. praep. ev.
9, 30 gibt, enthält in dem was über die biblischen Nachrichten hin-
ausgeht fast nichts als einige Übertragungen von Ereignissen in Salômo's Leben auf David's Leben; und über Nikolaos von Damask bei
Jos. arch. 7: 5, 2 s. unten. Auch was im Islâm von ihm erzählt
wird (wie Sur. 21, 78 f. G'alâl-eldin Geschichte Jerusalem's translated by Reynolds. Lond. 1836. p. 287 f.), geht auf ganz späte Quellen zurück. — Sam. Chandler's *life of David*, übersezt von Diede-
richs (1777. 80) ist nur weil es aus Classikern manche Ähnlichkeiten
fleißig beibringt ein nüzliches, sonst ein sehr ungenügendes Werk,
da der bloße gute Wille hier nicht viel helfen kann.

2) wie Ps. 32, 8. 4, 4—6.

mächtiger erfährt [1]); während sein Leben mit Überwindung
einzelner Verirrungen stets heiliger wird, wie nur irgend
eines Priesters Leben, legt ihm schon ein prophetischer Zeitgenosse die höhere Würde eines Priesterkönigs bei d. i. eines Königs der vor Gott ebenso heilig gelte wie irgend ein
geborner. oder geweiheter Priester [2]). So gibt er am hellen
Tage der ältern Geschichte Israels das leuchtendste Beispiel,
wie herrlich die noch ungebrochene einfach starke alte Religion den ihr sich ganz ergebenden erhebt, und wie mächtig ein von ihr ganz erfüllter wieder andern zum Lichte und
zum Antriebe wird. Welche Fortschritte dabei die alte Religion während der lezten Zeiten zur Vertiefung und Gesittung gemacht habe, zeigt nichts deutlicher als die Vergleichung der Krieg und wilde Rache so stark athmenden Lieder Debora's (II. S. 492) mit den zwar auch noch ganz kriegerisch beseelten aber zugleich die Tiefen aller Sittlichkeit
kräftig berührenden und eine reiche Fülle schöpferischer Na-
tur-Ansichten offenbarenden Liedern Davîd's.

Weist ferner schon die eben berührte sittliche Zartheit
welche sich wie in den Liedern so in den Thaten David's
überall offenbart, auf eine eigenthümliche höhere Sittlichkeit
und Milde hin, wie sie damals aus der neuerwachten Prophetie in Israel hervorgehen konnte: so sehen wir ihn auch
an den Musenkünsten theilnehmen welche in den damaligen
Schulen der Propheten geübt werden mochten. Zufällig kann
dies Zusammentreffen des in Sitten und Künsten sich aus-
prägenden schönen Thuns und Redens bei Davîd und bei
Samûel's Prophetenschule nicht seyn: dies würde die Sache
selbst lehren, auchwenn khine nähere geschichtliche Spuren
darauf hinführten, wie wir bald sehen werden. Von der
mächtigen Einwirkung dieses neuerwachten prophetischen
Geistes wurde nun zwar auch Saûl ergriffen: aber während
dér nur wie auf Augenblicke von diesem Geiste wie von
einer übermächtigen aber wunderbaren und ihm selbst immer

---

1) in den »lezten Worten« David's 2 Sam. 23, 1—7.
2) Ps. 110, vgl. weiter unten.

etwas fremdbleibenden Gewalt ergriffen wird, trifft in David
der verwandte Geist den nichtnur ihm innerlich verwandten
und völlig ebenbürtigen sondernauch den mit schöpferischer
Ursprünglichkeit in diesen Gebieten wirkenden Geist, und
entzündet daher in ihm nur desto rascher die angeborne
künstlerische Herrlichkeit. Als Liederdichter steht David bereits auf einem Gipfel Hebräischer Dichtung, welcher später
nie übertroffen wurde. Denn wenn einige seiner Lieder
welche wie. bloße Skizzen geblieben den Gedanken wenig
ausgeführt hinwerfen, noch etwas von der alterthümlichen
Spröde und Schwere an sich tragen [1]), so zeigen die meisten
derselben neben kräftigster Fulle und schöpferischer Wahrheit der Gedanken (welche auch den ältern Liedern wie Ex.
15. Richt. c. 5 nicht fehlt) eine leichte Biegsamkeit und sanfte
Beweglichkeit des Redeflusses welche erst vonjeztan ein Eigenthum der hebräischen Dichtung wird; und indem so zu
der höchsten Kraft der Gedanken auch die schönste Bildung
(Form) hinzutritt, vollendet sich in David die ganze älteste
Dichtung d. i. die Lyrik dieses Volkes. Später geht daher
die Dichtung von der Liederart zu neuen Kunstarten über;
und was noch von Liedern nach David gedichtet wird, über-
trifft ˙die Davîdischen höchstens nach einzelnen Richtungen
hin welche keinen wesentlichen Fortschritt bezeichnen. Ferner aber stand die Dichtung bei David gewiss nicht so vereinzelt da, wie sie wohl in spätern Zeiten und meistens bei
uns erscheint: dass er ebenso gross als Spieler der den Gesang begleitenden Musik gewesen, beweisen nichtnur die Erzählungen wie er allein die Kunst verstand mit der Harfe
den bösen Geist Saûl's zu besänftigen, sondernauch die große
Verbreitung der Musik welche wir seitdem in Israel heimisch
finden, sosehr dass sie zu Amos Zeit d. i. etwa zwei Jahrhunderte nach David in Tempel und Palast sogar schon bis

---

1) wie 2 Sam. 3, 23 f. 23, 1—7: jenes als kurzes Trauerwort über
einen Todten welcher wie wurdig -auch dochnicht ein so kunstvol-
les Trauerlied verdiente wie Saûl und Jonathan 2 Sam. c. 1; dieses
schon als das »lezte Lied« des greisen Dichters mehr in prophetischer Kürze gehalten, nicht vollkommener dichterisch ausgeführt.

zum Übermass viel getrieben wurde und über ein eitles
Schönthun mit ihr und Nachahmen David's geklagt werden
konnte [1]). Wie aber Musik und Lied einen Tanz der Laute
und Gedanken geben, und gewiss ursprünglich mit dem wirklichen Tanze aufs engste zusammenhingen: so sehen wir David'en sogar noch als machtvollen König in Jerusalem einst
bei feierlicher Veranlassung vor dem ganzen Volke verschiedene Tänze aufführen, obgleich sein Weib Mîkhal als Königstochter deshalb spöttisch auf ihn herabblickt [2]); so mächtig drang in ihm auch diese dritte Musenkunst hervor. Und
wie so alle die Musenkünste in ihm vom frühesten bis zum
spätesten Lebensalter mit schöpferischster Kraft und wie mit
unhemmbarer Gewalt hervordringen, so zeigt sich auch sein
ganzes Handeln fast ununterbrochen wie von einem himmlischen Spiele aller Mächte der sonstigen guten Lebenskünste
getrieben. Dass er z. B. beredt war wie wenige, sehen wir
nichtbloss aus seinem Leben, es wird auch ausdrücklich gemeldet [3]).

Scheint nun ein Mann dieser beiden Eigenschaften etwa
zu einem ausgezeichneten Propheten oder Musiker bestimmt
zu seyn: so tritt bei Davîd endlich eine dritte Eigenthümlichkeit hinzu, welche noch viel mächtiger wirken konnte.
Noch mehr als zu etwas anderem menschlichen ist er zum
Herrscher über Menschen wie geboren: vorallem (denn in
diesen Zeiten ist das noch von großer Bedeutung) durch einen wie zum Kriege geschaffenen sehnigten Leib gedrun-
genster und unermüdlichster Stärke [4]); sodann durch die un-
erschöpfliche Kraft festen Vertrauens auf Gott und höheren

---

1) Amos 6, 5 vgl. mit 5, 24. 8, 3. 10.        2) 2 Sam. 6, 14—22.
Da v. 16 bei der genauern Beschreibung zwei sonst nicht vorkommende Verba den Tanz beschreiben während v. 14 der Kürze wegen nur eins gesezt ist, so sieht man darin am besten zwei verschiedene Tauzarten, deren Wesen freilich späterhin so unklar geworden war dass 1 Chr. 15, 29 dafür zwei ganz gewöhnliche Verba
gesezt werden.        3) 1 Sam. 16, 18.        4) man vgl. wie
Davîd selbst in seinem großen Siegesliede diesen seinen Vorzug unter Danke gegen Jahve hervorhebt, Ps. 18, 33—35.

Muthes unter allen Gefahren, durch die seltene Kunst alle Menschen mit Huld und Milde an sich zu fesseln, durch die weise Umsicht in den menschlichen und scheue Gewissenhaftigkeit in den göttlichen Verhältnissen, und daher durch die wunderbare Gabe ohne der eigenen Würde und Hoheit etwas zu vergeben doch immer zur rechten Zeit der göttlichen Leitung sich zu unterwerfen. Der König war in ihm geboren: und gerade die schwersten Kämpfe und Gefahren seiner frühern Jugend konnten, wohl überwunden, die eingeborne königliche Herrlichkeit nur noch kräftiger in ihm erregen. An Macht im Kriege zu kämpfen und zu siegen kam er jedem Heldenkönige jener Zeit gleich: aber um wievieles übertraf er den gewöhnlichen Heldenkönig! Fiel also seine Jugend in eine Zeit wo der rechte König weniger schon gefunden als vielmehr noch gesucht wurde, so konnte leicht diese seine angeborne Fähigkeit der rechte Herrscher eines ganzen großen Volkes zu werden so stark in den Vordergrund treten, dass die ihm nichtminder angebornen Musenkünste nur noch dem Herrscher, nicht der mögliche Herrscher ihnen diente; und bewahrte er, wie zuvor gezeigt, soviel Selbstverläugnung und ächten Glauben um auch als mächtig gewordener und seine Würde eifrig schüzender König doch nie dauernd die Wahrheit der Gottherrschaft zu überhören, so war der rechte König gerade für die Gemeinde Jahve's in ihm gegeben welcher damals kommen konnte.

Und wenn endlich dér erst wahrhaft großer König ist dem seine Zeitgenossen freiwillig mit voller Bewunderung und Liebe entgegenkommen und welcher mächtig über sie herrscht mitten im Scheine als herrsche er über sie nicht: so konnte es auch in dieser Hinsicht keinen größern König damals geben als David war. Noch war Israel nicht recht gewöhnt an den stärkern Zwang sowie an den Zauber königlicher Herrschaft, und das bestehende Königthum galt ihm nochnicht viel als äußere Einrichtung: und doch erhielt sich die hohe Begeisterung welche Davîd als Jüngling bei allen ihm näherstehenden entzündete, ungeschwächt bis in sein hohes Alter [1]); wie man ihn fürchtete als einen Geist vor dem

nichts verborgen bleibe [2]), so billigte man nochvielmehr alles
was er anordnete nicht aus Knechtssinne sondern weil man
fühlte dass er immer das richtige treffe [5]); und selbst die
Fehler von denen er zuzeiten übereilt ward, konnten ihm
die willige Zuneigung des ganzen Volkes auf die Dauer nie
rauben, da er sie zeitig und richtig in sich aufzuheben genug Selbstverläugnung und Kraft hatte. Was konnte ein
solcher König mit jenem damals noch so unverdorbenen und
ihm ganz ergebenen Volke nicht ausrichten!

Wir dürfen allerdings deswegen nicht die Fehler verkennen welche ihm anklebten und die zwar nichtmehr von
der Chronik aber noch von den ältern Schriften unbedenklich
angedeutet werden. Zwar eine uns gross scheinende Härte
in der Bestrafung besiegter Volksfeinde und Schuldiger im
Volke selbst dürfen wir weniger hieher rechnen: allen Zeichen nach war Davîd auch als König nicht grausamen Sinnes, und er that im Strafen nur was Herkommen und Sitte
forderte. Die Zeiten waren im Laufe der lezten Jahrhunderte,
während Israel bis aufs Blut um sein Daseyn als Volk Jahve's kämpfen mußte, immer kriegerischer, die Verwickelungen Israels mit andern Völkern immer vielfacher geworden;
und als ein sprechendes Unterscheidungszeichen dieser Zeiten
ist nun der neue Name des wahren Gottes „Jahve der Heere
(der Herr Zebaoth bei Luther)" plözlich herrschend geworden, in welchem der ganze auch die höhere Religion ergrei-
fende kriegerische Geist dieser Zeiten seinen kürzesten Ausdruck findet [4]). Wenn also die krampfhafte Erhebung Israels

---

1) vgl. 1 Sam. 18, 3. 16 mit 2 Sam. 21, 17.
2) 2 Sam. 18, 13.　　　　3) 2 Sam. 3, 36; der Hass einiger
mit Saûl verwandten Benjaminäer und der Absalomische Aufstand
können beide dagegen nicht viel beweisen.　　　4) vgl. I. S. 176 nt.
Eine Entstehung dieses Namens wird nirgends im A. B. angedeutet
dass er aber zu Davîd's Zeit noch von sehr frischer Lebendigkeit
war, folgt deutlich aus Ps. 24, 10, wo er als der überraschendste und
höchste Name Jahve's erscheint. Da er nun sichtbar sehr abgekürzt
ist, so ist sein Ursinn inderthat für uns schwer bestimmbar: indess
ist soviel einleuchtend dass der rein himmlische Sinn »Gott der Heere
des Himmels d. i. der Sterne« zwar in der späten Stelle B. Jes. 40,

gegen seine Feinde welche erst jezt ihr Ziel findet, noch unter Davîd in eine gewisse Härte gegen diese fremden Völker
umschlug, so ist das menschlich erklärbar: wiewohl wir später sehen werden wie auch diese Härte sich .in folgenden
Zeiten strafte. — Auch.die große Schlauheit welche bei Davîd unverkennbar ist und.worin der große Herrscher keinem
Odysseus nachsteht [1]), .ist ansich nicht zu tadeln: in Zeiten
vielfachen Druckes wie jene waren, konnte auch ein sonst
sehr aufrichtiger Mann schwerer ohne .sie. durchkommen.
Was aber aus der Noth jener Jahrhunderte entsprossen so
wahrhaft schädlich bei David wirkte wie es überall wirken
muss, ist die Nothlüge: es ist wahr, diese besondere Art von
Schlauheit konnte sich leicht bilden wenn ein Volk wie Israel, so eigenthümlichen Geistes und so stark geistig höher-
strebend, doch mit sovielen ungünstigen Verhältnissen zu
kämpfen und soviel Druck von allen Seiten her zu fürchten
hatte; und dass sie in dem alten Volke mit List und Ver-
stellungskunst verbunden früh auch allgemeiner weit verbreitet war und nicht für durchaus entehrend gehalten wurde,

---

26 angedeutet wird, aber zu dem kriegerischen Zeitalter des Volkes
in welchem er offenbar entstand nicht passet. Wiederum ist es zu
nüchtern bloss die »Heere Israels« zu verstehen, welche das B. der
Urspp. die »Heere Jahve's« nennt Ex. 7, 4. 12, 41 vgl. 1 Sam. 17, 45
mit v. 26. 36: denn der Name hat sichtbar einen höhern Sinn. Man
wird also am richtigsten annehmen, der Name sei entstanden als einst
Israels Heere in einer großen Schlacht wie durch Jahve's vom Himmel herabkommende Heere selbst mächtig gekräftigt die Feinde in
die Flucht schlugen: denn so spielt Jes. 31, 4 auf den Sinn des Namens an und alte Bilder wie Richt. 5, 20 zeugen für dasselbe. Der
Name bezeichnet demnach Jahve'n als mit allen seinen himmlischen
Heeren Israels Heeren zu Hülfe kommend: und hörte der kriegerische Sinn des Volkes auf, so konnte er leicht auch auf Gott als den
bloßen Ordner der. Himmelsheere eder Sterne bezogen werden. Ist
aber die Pallas $\Phi o\beta \varepsilon \sigma \iota \sigma \tau \rho \alpha \tau \eta$ Aristoph. Ritter v. 1173 oder der $Z \varepsilon \upsilon \varsigma$
$\sigma \tau \rho \alpha \tau \iota o \varsigma$ der Karen (vgl. Ael. ThG. 12, 30) dem Namen nach derselbe
und etwa auch auf ähnliche Veranlassung entstanden: so empfängt
der Israelitische Name doch eben aus dem besondern Begriffe Jahve's in diesem Volke noch eine ganz andre Bedeutung.

1) vgl. 1 Sam. 21, 14 f. 23, 22. 27, 8—12.

zeigt sich schon dáraus dass man sie wenig verhüllt sogar
den erhabenen Vorbildern des Volkes, den Erzvätern zuschrieb [1]): allein die dunkelsten Theile der sonst so heitern
Geschichte Davîd's, der Mord der Priester Nôb's durch Saûl,
das schwarze Verhängniss Uria's und was damit zusammenhängt, sind eben mit durch sie herbeigeführt; und nirgends
sehen wir sonst so klar als hier, wievieles doch auch so
großen Helden des A. Bs wie David noch fehlte.

; Doch da dies Gebrechen wie gesagt mehr eins des ganzen Alterthumes dieses Volkes ist, so fand nichtsdestoweniger
jene Zeit allgemeiner geistiger Erhebung endlich in David
ihren wahren Herrscher, der von ihr gehoben sie selbst
wiederum hebt und verherrlicht, und der auf diesem Gipfel
der ganzen Geschichte des Volkes stehend und allen ihren
Glanz in sich vereinigend als Einzelner der Mann des höchsten Ruhmes mitten im Verlaufe der Geschichte wird. Und
wie alles hier in seltener Weise vollendet erscheint, so gehört auch dás wesentlich zu der Herrlichkeit dieser Zeit und
ihres Herrschers dass er aus ihrem Schoße nicht, wie sonst
gewöhnlich ist beim Antritte eines neuen Herrscherhauses,
unter Verschwörung Verrath und ehrgeizigem Kampfe, sondern rein durch eigene Hoheit und fast wider Willen aber
dennoch mit höherer Nothwendigkeit zum Könige hervorgeht,
nicht vertilgend oder verbannend das frühere Herrscherhaus
sondern seine übriggebliebenen Glieder zu erhalten bemühet.
Aber wie dies möglich war, ergibt sich näher nur aus der
Geschichte David's schon bevor er nach dem Sturze des
Hauses Saûl's König aller Stämme wurde; und eben diese
Geschichte müssen wir jezt erst nachholen.

Dieser frühere Theil der Geschichte David's ist zwar in
seinem in die große Reichsgeschichte Israels einmündenden
Ausgange und noch weiter zurück bereits hell genug nach
einer Fülle von einzelnen ächtgeschichtlichen Zügen zu erkennen. Weniger aber konnte zu dér Zeit da man die Lebensgeschichte des Königs zuerst vollkommener zu übersehen

1) Gen. 12, 11—13. 20, 2. 26, 7.

und so weit als möglich zurückzuverfolgen anfing, der Zusammenhang seiner frühesten Erlebnisse noch völlig deutlich
seyn, da er, lange bevor sein Leben in die große Reichsgeschichte verflochten ward, bereits die vielfachsten und verwickeltsten Geschicke durchlebt hatte, deren geschichtlichen
Zusammenhang damals sogleich genau zu beachten von niemanden für wichtig genug gehalten werden konnte. Der ältere Erzähler empfing daher zwar auch über die Ereignisse
des frühern Lebens Davîd's noch eine Menge sehr durchsich-
tiger und ausführlicher Erinnerungen: aber doch fügt er das
ganze, um einen festen und würdigen Anfang zu gewinnen,
schon von der Übersicht eines höhern Standortes aus zusammen. Wozu Davîd nach der rein göttlichen Seite der in
seiner Geschichte wirkenden Mächte vonanfangan bestimmt
scheinen mußte, war aus dem völligen Verlaufe und Ende
dieser Geschichte dem klaren Überblicke deutlich geworden;
dass er also statt Saûl's der wahre menschliche König im
Reiche Jahve's zu werden von Gott und daher vonanfangan
die höhere Bestimmung und Weihe empfangen habe und sein
Stern daher immer mächtiger aufglänzte während dér Saûl's
tiefer und tiefer sank, war die Lehre welche innerlich zur
Seele und äußerlich zum Verbande der zerstreuten Erinnerungen aus seinem frühesten Leben wurde; und dadurch
mußte es auch kommen dass Saûl's Geschichte, sobald Davîd
wirkend auftritt, nur noch als Gegenbild zu dér Davîd's Bedeutung haben und insofern beide wie die zwei Grundgegen-
säze eines Drama's aufs engste in einander verschlungen
werden konnten. Doch ist dabei sehr lehrreich zu bemerken dass der ältere Erzähler nur die ganz frühe Geschichte
David's bis zu seiner gezwungenen Flucht vor Saûl von diesem höhern Standorte und von diesem Gegensaze aus neu
belebt und auch bei ihr nur an der Spize eine alles von der
rein göttlichen Wahrheit aus einleitende Darstellung gibt;
während die spätern Erzähler in beiden weiter gehen und
größere Freiheit in die Darstellung einführen.

Wir müssen also hier zunächst die höhere Darstellung
betrachten welche die ganze Geschichte einleitet. Schon dem

ältern Erzähler ist Samûel nach S. 25 in Hinsicht auf das Königthum in Israel nichts als das reine Werkzeug der höhern
Wahrheit, oder vielmehr diese Wahrheit selbst sofern sie sich
äußern muss. Vor ihr nun ist Davîd, sobald Saûl verworfen
wird, der allein rechte König, der daher auch bevor er die
äußere Weihe empfängt schon der wahren göttlichen als des
nothwendigen Grundes jener theilhaftig werden muss. So
erzählt er denn hier, wie Samûel nach der göttlichen Verwerfung Saûl's vom Geiste getrieben den jungen Davîd gesalbt und mit hohen prophetischen Worten für seine ganze
bevorstehende schwere Laufbahn gestärkt habe: ähnlich wie
er bei Saûl die höhere Weihe und göttliche Salbung (ohne
deren Daseyn ja inderthat jede äußerliche vergeblich ist) der
äußern hatte vorhergehen lassen S. 27. Damit war diesem
Erzähler zugleich die rechte Anknüpfung zu der ganzen
menschlichen Geschichte Davîd's gegeben: denn da er mit
der göttlichen Salbung und Stärkung den Geist Gottes auf
den werdenden König übergehen läßt [1]), so folgte hier dass
mit derselben dieser Geist sofort auf Davîd gekommen, von
Saûl aber gewichen sei, dieser also vom bösen Geiste gequält jenen habe ersehnen und aufsuchen müssen; und angeknüpft war so die Darstellung eines geschichtlichen Verhältnisses zwischen dem sichtbaren aber untergehenden un-
wahren und dem noch unsichtbaren aber aufgehenden wahren Könige. So beruhet denn diese ganze höhere Schilderung auf der höheren Wahrheit dass es in dem ächten Reiche
Gottes nie an dem wahren Könige fehle und dieser, auch
wenn er äußerlich zu fehlen scheine, doch innerlich d. i.
nach der göttlichen Bestimmung schon immer dasei, um zur
rechten Zeit auch äußerlich hervorzutreten.

Dér spätere Erzähler von welchem die zweite Darstellung der Verwerfung Saûl's S. 49 abstammt, hat indessen statt
der wahrscheinlich kürzer gehaltenen ältern Erzählung über
Saûl's Salbung eine andere hier eingesezt [2]), in welcher noch

---

1) dies folgt aus 1 Sam. 16, 13 vgl. mit 10, 6. 10; es ist wesentlich dieselbe Vorstellung wie nach dem N. T. der Geist Gottes auf
jeden kommt dem die Apostel die Hände aufgelegt . . 2) dass

das besondere Verhältniss Davîd's als des jüngsten unter 8
Brüdern desselben Vaters seiner höhern Bedeutung nach hervorgehoben wird.  Als Samûel (wird also erzählt) lange ein
fast zu tiefes Leid über die einmal unabänderlich geschehene
göttliche Verwerfung Saûl's empfand, fordert ihn Jahve áuf
endlich die zu große Trauer darüber aufzugeben und in Ishai's
Haus nach Bäthléhem sich zu begeben unter dessen Söhnen
einer zum Könige ersehen sei.  Auf die Äußerung seiner
Furcht Saûl möge ihn wenn er es erführe deshalb tödten,
befiehlt ihm Jahve mit einem Opferthiere sich hinzubegeben
und während des Opfers der höhern Eingebung zu folgen.
So geht er hin nicht wenig überraschend die Einwohner Bäthléhem's, rüstet in Ishai's Hause das Opfer zu und läßt die
Söhne dazu herberufen.  Aber wie er den Erstgebornen sieht
und meint der sei doch gewiss von Jahve zum Gesalbten bestimmt, belehrt ihn Jahve vom Gegentheile, denn nicht nach
der äußern Größe und Stärke sei der Mensch vor Gott zu
schäzen; ebenso geht es mit den folgenden 6 Brüdern; der
jüngste ist als Hirt auf dem Felde, muss aber geholt werden
da das Opferessen nicht vorher beginnen kann: und wie er
nun kommt, ein Knabe röthlicher Haare und Haut schöner
Augen und lieblicher Gestalt, da treibt die Stimme Jahve's
Samûel'n ihn als den Gottgewählten zu salben, und vonstundan
kommt über ihn der göttliche Geist [1]).
    Wäre der Sinn dieser Erzählung Davîd sei hier ganz
öffentlich mit seinem und seiner Verwandten Mitwissen zum
Könige gesalbt, so verstände man freilich nicht wie er oder

---

hier eine Erzählung über Davîd's Weihe durch Samûel vom ältern
Erzähler sich fand, folgt aus ˹13, 14 wo er schon vorläufig darauf
hinweist, und aus 25, 30 wo er darauf zurückweist; ferner auch besonders aus der Unmöglichkeit die folgende Darstellung über das
Weichen des Geistes Gottes von Saûl 16, 14 ff. (welche unstreitig von
diesem ältern Erzähler kommt) ohne eine solche vorhergegangene zu
verstehen.  Inderthat aber leuchtet schon von 16, 8 an die Farbe des
ältern Erzählers wieder durch; nur die Darstellung 15, 35—16, 7 ist
ganz von dem spätern, wie aus dem Gebrauche des מָאַס, מֶלֶךְ und
ihrer ganzen Art und Weise erhellt.      1) 1 Sam. 15, 35—16, 13.

wie seine Verwandten nachher so ganz unbefangen bleiben und wie er mit gutem Gewissen an Saûl's Hof gehen konnte. Aber nach ihrem wahren Sinne salbt ihn zwar Samûel mit seinem Geiste und weiss was dies vor Gott zu bedeuten habe, wie sich auch die Folge davon im heil. Geiste sogleich zeigt: aber äußerlich nimmt er ihn nur zum nächsten Mitopferer und Freunde an [1]) und sagt nicht laut vor allen dass die Salbung noch sonst etwas bedeute; errathen aber einige andere das richtige je weiter sich die Geschichte selbst entwickelt, wie Jonathan [2]) oder Abigáil [3]), so ist es desto besser. Jener Auftritt höheren Lebens welcher die ganze Geschichte einleitet schwebt also nur lose mit dem folgenden zusammenhangend an der Spize, indem das folgende sich zwar ihm gemäss entwickelt aber nicht só alswenn der junge Held selbst oder irgendein anderer zumvoraus alles wüßte und dadurch befangen wäre. Die Entwickelung der folgenden Geschichte schreitet daher, auch abgesehen von dieser so vorauseröffneten göttlichen Bestimmung des großen Helden, ansich verständlich fort [4]); und wenn es auch nach der strengern Geschichtsauffassung unläugbar ist dass Samûel aufs gewaltigste auf Davîd eingewirkt hat, wie die jezigen Berichte eines ältern Erzählers wenigstens noch von einem Besuche Davîd's bei Samûel auf seiner Flucht vor Saûl wissen [5]), und dass Davîd'en längst ehe er König über ganz Israel wurde prophetische Weissagungen über seine einstige Größe vorangingen [6]), so ist doch ebenso einleuchtend dass die vorliegende Erzählung über die Salbung David's von Samûel nichts als eine höhere Einleitung zu der ganzen Geschichte geben soll und nur nach der reinen göttlichen Wahrheit selbst und also nach der aus der ganzen Geschichte klar gewordenen Lehre welche sie darstellt richtig geschäzt werden kann.

---

1) vgl. 9, 22 s. oben S. 28.       2) 20, 13. 23, 17.

3) 25, 30.       4) ähnlich wie im B. Ijob der Fortgang der menschlichen Geschichte auch ohne die himmlische Einleitung ansich verständlich seyn würde.       5) 1 Sam. 19, 18—20, 1.

6) vgl. 2 Sam. 3, 18. 5, 2; Propheten wie Gâd waren früh bei ihm 1 Sam. 22, 5.

*Die Jugendgeschichte David's*

selbst bis zum Anfange seines selbständigen Wirkens können
wir nun, ihrem nach dem ältern Erzähler den bloßen Sachen
nach sehr durchsichtigen Fortgange folgend, ganz treffend in
vier Wendungen eintheilen:

1. Soweit David's Jugendgeschichte sich zurück verfolgen läßt, weiss die Erinnerung an ihn von den zwei Fähigkeiten zu erzählen durch welche er überhaupt so ungewöhnlich ausgezeichnet ist: von seinen milden Musenkünsten und
von seinem im wilden Kampfe unerschrockenen Muthe, Fähigkeiten die sich zu widersprechen scheinen und in den
meisten Menschen sich nicht vereinigt finden, die aber in ihm
vonanfangan beide mit größter Stärke zusammen erscheinen.
In beiden übte er sich schon als Knabe auf der stillen Flur
seiner Heimath: und der Hirtenstand ist es, der sie beide
fruh zur Anwendung hervorlockt. Das Geflöte bei den Heerden, unter Heiden in dem jungen Apollon und Krishna verherrlicht, ist wohl das älteste Musengeschäft dem nicht Weiber sondern Männer und nicht einzelne Männer sondern ein
ganzer Stand sich widmet [1]); aber derselbe Hirtenknabe Davîd welcher früh solche Künste übt, hat auch mit dem Löwen
zu kämpfen: wenn dieser sammt dem Bären ein Stück von
der Heerde raubt, läuft er ihm nach schlägt ihn und entreißt
seinem Maule den Raub; hebt der sich dann desto wüthen-
der gegen ihn, faßt er ihn bei der Kehle schlägt und tödtet
ihn mit dem Bären zugleich [2]). Dies die wilden wie die
milden Vorspiele der wunderbaren Doppelkraft des künftigen
Helden.

Doch der ältere Erzähler beginnt die menschliche Geschichte David's erst mit seinem öffentlichen Auftreten bei
Saûl, und läßt nur Rückblicke vonda in sein früheres Leben

---

1) das עֲדָרִים שִׁרְקוֹת in Debora's Liedern v. 16, wo es deutlich
genug beschrieben wird; und es leidet keinen Zweifel dass das griech.
σύριγξ mit diesem שׁרק zusammenhängt, wie soviele der ältesten
Kunste und Kunstworter von den Semiten zu den Griechen kamen.

2) 1 Sam. 17, 34—36, wo das וְאֵת הַדּוֹב nach §. 329a vgl. mit
§. 296 pag. 571 zu fassen ist.

werfen. Aber auch schon in der Beschreibung der Art wie
er an Saûl's Hof kam, zeigt sich nach diesem Erzähler offen
die Wechselseitigkeit seiner beiden wunderbaren Fähigkeiten:
sowohl durch die eine als durch die andre mußte er in Saûl's
Kenntniss und wie zu seiner Ergänzung zu ihm kommen, in
solchem Sinne faßt schon dieser Erzähler den Anfang aller
irdischen Geschichte David's zusammen.

Als ein böser Geist von Jahve Saûl'en überfiel (wird also
erzählt), suchten seine Diener mit seiner Einwilligung einen
Harfner dessen Spiel jenen in den Augenblicken der Wuth
verscheuchte. Da findet sich ein guter Spieler, der zugleich
ein thatkräftiger und kampfkundiger, ein beredter und ein
von Gestalt schöner, ein von Jahve's Geist erfüllter Jüngling
ist, es ist Davîd in Bäthléhem: und da ihn sein Vater dem
Könige zu dessen Dienste nicht versagen kann, gibt er ihn
an den Hof, wo er bald solche Huld und Gnade vor Saûl
findet dass dieser ihn von seinem Vater sich zum beständigen Begleiter erbittet, und die Absicht seiner Berufung sich
vollkommen erfüllt [1]).

Aber es ist nicht immer Zeit am Hofe die sanften Laute
der Cither zu hören und von allen Musenkünsten seinen Sinn
mildern zu lassen: die Philistäer haben einen neuen Einfall
in das Land gewagt, sind diesmal in südlicher Richtung weit
vorgedrungen, und haben ein festes Lager am Abhange eines Berges Efesdammim zwischen Sôkho und ʿAzeqa [2]) im
westlichern Juda aufgeschlagen. Ihnen gegenüber lagert sich
Israel unter Saûl's Anführung am Abhange eines andern Ber-

---

1) 1 Sam. 16, 14—23: dass nämlich dies Stück vom ältern Erzähler sei, erhellt aus der ganzen Art seiner Schilderung und seiner
Gedanken; auch hatte dieser Erzähler 14, 52 schon vorläufig dárauf
hingewiesen dass Saûl das Vorrecht jeden kriegerischen oder sonst
tüchtigen Mann in sein Gefolge zu berufen besass und ausübte; sowie jener Ausspruch 14, 52 zugleich auf die Fortbeschreibung der
philistäischen Kriege hinweist welche nun folgt 17, 1 ff.

2) dass ʿAzeqa westlich von Sôkho lag, folgt aus der ganzen Beschreibung 17, 1. Sôkho nun glaubt Robinson in *Suwaikheh* südlich
von Jarmûth gefunden zu haben, II. S. 422.

ges an einem Orte namens Terebinthenthal; und ein tieferes
enges Thal liegt zwischen den beiden Lagern, wie zu einem
Übungsplaze für die Krieger beider Theile bestimmt. Da tritt
aus dem philistäischen Lager ein Zweikämpfer hervor, Goliath
von Gath, 6 Ellen 1 Spanne hoch, mit ehernem Helme und
einem Schuppenpanzer 5000 Pfund Erz schwer, ehernen Bein-
schienen, cinem ehernen Wurfspiess an den Schultern han-
gend und einem Speere dessen Schaft wie ein Weberbaum
und dessen Spize 600 Pfund Eisen wiegt [1]), ihm voran der
Schildträger: der fordert höhnend einen aus Israel zum Zweikampfe hervor, ohne dass einer mit ihm zu streiten erscheint.
Während er nun 40 Tage lang so jeden Morgen und Abend
unter dem Entsezen des erschreckten Volkes sich umsonst
hören läßt, erbietet sich endlich David (der mit Saûl in den
Krieg gezogen war) zum Zweikampfe mit ihm, ungeduldig
Israel und seinen Gott länger von ihm so arg verhöhnen zu
hören; so geht er hin erlegt ihn im Kampfe und rettet so
nichtnur Israel von dem Schimpfe sondern führt auch das
Volk unmittelbar zu einem großen Siege. Dadurch verschaffte
er sich zuerst die Liebe Jonathan's, des kriegerischen Kö-
nigssohnes dem (wahrscheinlich) der König und das Volk
diesen Zweikampf zu ubernehmen nicht erlaubt hatte: und
zwischen beiden knüpft sich jezt der engste Freundschaftsbund, sodass sie beide zum Zeichen davon ihre Kleider und
Waffen gegenseitig austauschen [2]). Aber auch Saûl gebraucht
ihn nun zu weiteren kriegerischen Aufträgen und macht ihn
zu einem Obersten: und alles was ihm aufgetragen wird
führt er só weise aus dass er sich sowohl des ganzen Vol-

---

1) auffallend fehlt hier Erwähnung und Beschreibung des Schwertes, welches doch andern Spuren zufolge gerade bei dem ältern Erzähler eine wichtige Rolle gespielt haben muss, vgl. 17, 45. 21, 10.
22, 10. Auch hieraus folgt dass wir hier nichtmehr die ursprüngliche Darstellung des ältern Erzählers besizen und diese Beschreibung der ungeheuern Waffen erst von einem spätern dritten abstammt; vgl. was den Griechen als das höchste hierin galt in Plut-
arch's Démétrios c. 21. Die Pfunde sind selbstverständlich viel kleiner als bei uns.          2) wie Homerische Helden, Il. 6, 230—36.

kes als Saûl's und aller seiner nächsten Diener Achtung erwirbt [1]).

Nun ist zwar unbestreitbar dass Davîd durch eine solche außerordentliche Kriegsthat Saûl'en zuerst als ein im Kriege brauchbarer Held bekannt geworden seyn muss; und welche Folgen für die Wendung eines ganzen Krieges in jenen Zeiten sich an einen feierlichen Zweikampf von Helden beider Heere knüpfen konnten, ist aus der Geschichte mancher alten Völker gewiss (II. S. 440). Allein ebenso einleuchtend ist aus vielen deutlichen Spuren dass diese erste kriegerische That Davîd's als des größten Helden jener Heldenzeit früh als Zeichen der ganzen Größe jener Zeit eine höhere Bedeutung empfangen und daher unendlich oft und gern wiedererzählt allmälig eine immer mannichfaltigere und umfangreichere Gestalt angenommen hat.

Von der Darstellung des ältern Erzählers haben wir jezt, wie gesagt, nur noch einzelne Überbleibsel; und es ist nicht unwahrscheinlich dass schon in sie der Name des philistaischen Riesen anderswoher eingedrungen. Denn wir wissen noch aus einer der ältesten Aufzeichnungen [2]), dass der Riese

---

1) wir nehmen danach an dass schon der ältere Erzähler den Zweikampf David's mit Goliath erwähnte: die Stellen 18, 6. 19, 5. 21, 10 lassen darüber keinen Zweifel; auch die Worte welche den lezten Ausgang der That schildern 18, 1. 3—5 sind ihrer Farbe nach vom ältern Erzähler; ja sogar die Beschreibung des Lagers 17, 1—3 vgl. 14, 4 f. weist auf die Hand desselben Verfassers zurück. Möglich ist auch dass noch der ganze Vers 17, 45 von ihm abstammt.

2) 2 Sam. 21, 19, mit v. 21 das wahre alte Vorbild für die weit ausgeführteren Darstellungen t Sam. 17; vgl. über das ganze Stück I. S. 181. Für יערי ist nach 1 Chr. 20, 5 יעיר zu lesen und das folgende ארגים zu streichen; wenn aber das demnächst folgende Wort בית in der Chronik in את verändert ist, so kann das anfangs aus bloßem Versehen im Schreiben geschehen seyn; nachdem man aber die Worte so verstand »er erschlug den *Lachmi*«, als wäre Lachmi der Name des Riesen, lag es freilich weiter sehr nahe für das folgende את vielmehr אחי zu lesen »den Bruder Goliath's«, als wäre dieser Lachmi nicht Goliath sondern nur sein Bruder gewesen. Vom Erschlagen Goliath's würde also dann hier keine Rede seyn;

Goliath aus Gath „dessen Lanzenschaft wie ein Weberbaum“, eigentlich von einem Elchanan Sohne Ja'ir's aus Bäthléhem erschlagen wurde; und zwar wäre dies demzufolge erst während David schon König geworden geschehen. Da wir nun nicht zweifeln können dass der so beschriebene Riese derselbe sei der jezt in David's Jugendgeschichte genannt wird, so werden wir annehmen müssen dass sein Name auf den von David erschlagenen Philistäer (der übrigens meist nur schlechthin „der Philistäer“ heißt) übergetragen wurde, nachdem der nähere Name dieses verloren gegangen war; welches um so leichter geschehen konnte da dieser Elchanan wie David aus Bäthléhem war.

Der zweite Erzähler brachte sodann die erste große Kriegsthat David's in einen etwas andern Zusammenhang, indem er als die einzige Art wie David Saûl'en bekannt geworden sei diese überraschende Kriegsthat sezt. Demnach wird David von seinem bejahrten Vater aus Bäthléhem mit Mundvorrath und einem Geschenke für den Kriegsobersten unter dem die drei ältern Brüder zu Felde liegen zum Heere gesandt, um sich nach dem Befinden derselben zu erkundigen und ein Unterpfand von ihnen als Zeichen ihres Nochlebens dem alten Vater zu bringen. So bei dem Heere anlangend, hört David die Schmähworte Goliath's, erfährt dass der König dem welcher den Zweikampf anzunehmen wage für den Fall des Sieges großen Reichthum seine eigene Tochter zur Ehe und Erhebung seines Hauses in den Freiherrnstand (S. 56) versprochen habe, geht sofort im Vertrauen auf den wahren Gott und auf seine auf der Flur in Löwenkämpfen bewährte Siegerkraft hin und besiegt den Riesen; und so wenig er beim Anfange des Zweikampfes im Heere bekannt ist sodass Saûl sogar seinen Feldherrn Abnêr vergeblich nach seiner Abkunft frägt, ebenso herrlich wird er dann sogleich nach dem Siege dem Könige, dem er Goliath's Kopf bringt, und den ubrigen Großen des Heeres bekannt, sodass

---

allein es ist zu einleuchtend dass wir hier nur eine verdorbene Lesart vor uns haben.

Saûl ihn nicht wieder von sich läßt. Dieses unvermuthete aber überraschend großartige plözliche Bekanntwerden des fremdartigen jungen Helden und dass Saûl selbst so unvermuthet ihn· kennen· lernt, ist nach ·dieser Darstellung ein Hauptzug des Ereignisses und der eigentliche Schluss desselben [1]).

Noch war eine· andere Seite ausführlicher zu beschreiben übrig: da David einmal als Hirtenknabe galt, so konnte das Mißverhältniss der Waffen eines solchen im Kriege ganz ungeübten [2]) schlichten Jünglings und eines Riesen wie Goliath stärker hervorgehoben, und demnach erzählt werden wie Saûl zwar, als David ihm seinen festen Entschluss mit Goliath zu kämpfen erklärt hat, aus Vorsicht ihm seine eigne schwere Rüstung übergibt, David aber der umsonst versucht sich darin zu bewegen, sie wieder von sich legt, nichts als seinen Hirtenstab seine Hirtentasche und Schleuder und für diese fünf glatte Steinchen aus dem nahen Flußbette (vier als Rückhalt in die Hirtentasche legend) ergreift, und damit dem Riesen sich nähert welcher anfangs erzürnt über ·das lächerliche Beginnen des ungerüsteten kleinen Knaben kaum den Kampf eingehen mag. Diese freieste ·Behandlung und Beschreibung des Ereignisses stammt erst von einem· dritten Erzähler, während ein folgender die Darstellungen aller vorigen zu dér sehr ausführlichen Beschreibung des Ganzen verschmilzt welche wir jezt lesen [3]). Die Verfolgung des

---

1) es erhellt hieraus, welche Stücke der Erzählung in c. 17 wohl ursprünglich von diesem Erzähler seyn können; unverändert ist von ihm besonders 17, 55—58. 18, 2 erhalten. Fl. Josephus läßt daher in seiner sonst sehr sklavischen Wiedererzählung doch· diesen Zug wohlweise aus. 2) hingegen nach dem ältern Erzähler 16, 18 war David schon bevor er zu Saûl kam als kriegsgeübter Jüngling bekannt. 3) 17, 1—18, 5. Wir können also jezt nur hieundda die dem ersten und zweiten Erzähler eigenthümlichen Worte und Beschreibungen wiederfinden; wie z. B. בֵּית הַלַּחְמִי 17, 58 vgl. 16, 1 auf den zweiten, das fast gleichbedeutende אֶפְרָתִי 17, 12 vgl. 1, 1 auf den ersten, רָאִי oder מַרְאֶה 16, 12.·17, 42 auf jenen, תֹּאַר 16, 18 auf diesen Erzähler hinweist. Da indessen die verschiedenen Bestandtheile der früheren Erzähler welche der jüngste hier zusam-

fliehenden Feindes ging' (wahrscheinlich zumtheil. nach dem
ältern, zumtheil 'nach dem lezten Erzähler) unter Verlust vieler Gefallenen auf dem Wege von Shaaráim.[1]) bis Gath und
bis 'Eqron; von ·der Verfolgung umkehrend ·plündert, dann
Israel das Lager der Philistäer, Davîd aber..bringt den Kopf
Goliath's nach Jerusalem (offenbar that er das erst später als
König) und legt seine eroberten Waffen im eigenen Zelte
nieder [2]).

Doch wie, vielfach und verschieden –auch diese erste
große Kriegsthat Davîd's in den nächsten Jahrhunderten nach
ihr erzählt seyn mag: ihre eigenthümliche, Größe leidet dadurch
durch nicht, und in dem Gefühle ihrer hohen Bedeutung
stimmen alle die, vielen Erzählungen deren Spuren wir verfolgen können überein.  Schon wenn das Gefühl womit man
in Israel solche gegen philistäische Riesen ausgeführte Thaten hundertfach erzählte und pries nur. dasselbe gewesen
wäre in dem die Römer sich ähnlicher Thaten gegen galli-
sche Riesen oder die Griechen sich der Thaten Odysseus'
gegen Polyphémos rühmten, wäre es achtbar und zeugte von
einem höhern geistigen Streben.  Denn wie der Held kleinen Leibes aber sehnigten Armes, festen Muthes und höherer Kunstfertigkeit gegen den schrecklichen aber ungeschlach-
ten und ungelenken Riesen siegreich kämpft; so kämpfen

menstellt doch nicht völlig zerschmolzen sind und daher in einem
gewissen Widerspruche zu einander bleiben wenn man sie genauer
vergleicht, so mögen schon alte Leser deswegen die Stücke 17, 12—
31. 55—18, 5 lieber ausgelassen haben: denn sonst findet sich kein
wahrscheinlicher Grund für ihr Fehlen in den meisten Hdschbr. der
LXX. Vgl. jezt auch R. Tanchûm's Vermuthungen d ·∵ hier, vieles
versezt sei.        1) diese Stadt im Stamme Juda kann man sich
nach ihrer Zusammenstellung mit Sôkho und 'Azeqa Jos. 15, 53 f.
sehr wohl denken als gerade westlich von diesen gelegen, sodass die
Verfolgung nach Philistäa hin über sie gehen mußte; s. auch S. 27.
Schon die LXX verstanden die Worte nicht.        2) dagegen
muss der ältere Erzähler berührt haben wie Goliath's Schwert dem
Hohepriester von Davîd geschenkt wurde und sich später bei ihm
befand, 21, 10. 22, 10. Man sieht also auch hieraus, dass viele
Worte des ältern Erzählers verloren gegangen sind..., ⋮ ⁙ , ⋯

imgrunde die kleineren aber geistig regsamen und durch
Kunst gebildeten Völker gegen die stärkeren aber roheren
Völker; und im Siege eines David's gegen Goliath freuet sich
eigentlich das ganze wohl zu Zeiten unglückliche aber dennoch nicht entmuthigte Volk seiner geistigen Überlegenheit
über mächtigere und doch zulezt immer wieder zu besiegende Feinde. So sind dies Vorkämpfe künftiger noch weit
größerer und ausgebreiteterer Siege, Zeichen des ersten glücklichen Sichversuchens eines überhaupt höher strebenden Geistes; und es kehrt so noch zulezt bei Davîd wieder was wir
bei Simson sahen II. S. 524 f. Aber bei Davîd springt darin,
seinem ganzen Wesen gemäss, mehr als bei Heiden ja auch
mehr als bei Simson die eigenthümliche Größe eines zugleich
von der höhern Religion getragenen Muthes hervor, und dieser menschliche Kampf wird zugleich zum offenbaren Kampfe zweier Religionen: der Philistäer flucht dem unscheinbaren äußerlich schuzlos scheinenden Jünglinge bei seinem
ebenso unscheinbaren ja unsichtbaren Gotte, dieser aber verläßt sich, obwohl im Kriege nicht ungeschickt, doch mehr als
auf alles andere auf den Namen Jahve's der Heere des Gottes der Schlachtordnungen Israels (17, 43. 45), und der gibt
ihm Muth und Sieg. Also tritt schon hier die Doppelgröße
Davîd's und seiner ganzen Zeit hervor: der durch die neu-
erwachte Lebendigkeit wahrer Religion gehobene kühne aber
besonnene Muth, welcher siegreich sich aller auch der stärksten und drohendsten Feinde erledigt.

2. So ist Davîd in Saûl's Nähe gekommen, ja er ist
ihm in Künsten und im Kriege sogleich fast unentbehrlich
geworden. Es hängt also nun von ihm ab, wie er die Dienste
dieses seines fähigsten Unterthanen benuzen wolle. Aber als
das Heer Israels von jenem Feldzuge gegen die Philistäer
heimkehrt in welchem Davîd unstreitig das größte gethan,
und die das Siegesfest feiernden Weiber in ihrer Unbefan-
genheit singen:

> Saûl schlug seine Tausende nieder,
> aber Davîd seine Zehntausende! [1]

---

1) dass der ältere Erzähler, welcher hier wieder ganz allein her-

überfällt den König sein schlimmes Übel die Eifersucht auch
in Hinsicht auf David, und während dieser ihm nicht die geringste Ursache zu Befürchtungen gibt, quält ihn schon der
Gedanke' nun fehle dem gepriesenen Helden nichts mehr als
das Königthum! Gerade in Zeiten' der Ruhe gräbt der Stachel des Neides durch solche unbeherrschte Gedanken sich
immer tiefer in die Seele; so überwältigt ihn während David
eben wieder ruhig zu seiner Seite spielt um ihm die böse
Laune zu vertreiben, umgekehrt die Wuth des bösen Geistes
auf eine ganz neue Weise só, dass er den ihm als Scepter
zur Seite stehenden Speer gegen die Wand schwingt wo Davîd sizt um diesen zu durchbohren [1]); der Sänger beugt sein
Haupt vor dem Stoße zurück, aber wieder ergreift er den
Speer und nur ein zweites schnellbesonnenes Ausweichen
schüzt den unschuldigen vor der rasenden Wuth [2]). — So
wunderbar vor des Rasenden Wuth gerettet, erregt der Jüngling nur noch mehr Saûl's heimliche Furcht; und da der wegen der bekannten Wuth des kranken Königs von seiner Umgebung leichter zu entschuldigende offene Angriff mißlungen
ist, sinnt er auf listige Mittel den Jüngling oder vielmehr das
gefürchtete Göttliche in ihm zu vernichten.

Er übergibt ihm als freihandelndem Kriegsobersten eine
eigene kleine Schaar von 1000 Mann, gegen die Feinde zu
kämpfen, hoffend er werde so im unaufhörlichen Kampfe bald
fallen: aber da der gute Geist Jahve's von David nicht weicht,
bleibt dieser nichtnur unversehrt in allen diesen Kämpfen,

vortritt und vonhieran vorherrschend allein bleibt, diesen Vers wirklich aus einem alten Volksliede nahm, erhellt aus der großen Bedeutung in welcher dieser Vers überall wiederkehrt vgl. 21, 12. 29,
5, sowie auch dáraus dass dieser Erzähler überhaupt nicht die Weise
hat Verse einzuschalten die er nicht aus der alten Sage oder sonst
aus geschichtlicher Quelle empfangen. Vgl. jedoch unten.
1) ähnlich wie sogar eine Syrische Königin Kleopatra ihren eignen Sohn aus Eifersucht niederschoss, wie Appianos Syr. c. 69 vgl.
mit Liv. epit. 60. Just. 39, 1 bestimmt erzählt.        2) 1 Sam.
18, 6—11; dass es aber damals ebenso wie 20, 33 bei dem bloßen
Schwingen des Speeres blieb, folgt aus der ganz anders lautenden
Beschreibung 19, 10.

sondern erwirbt sich, an der Spize seiner kleinen Schaar
selbständiger seine Fähigkeiten entwickelnd; nur desto mehr
die Liebe des ganzen Volkes [1]).·

Er beschließt, um seinen Muth ferner stärker zu wilden
Kriegen und zu den äußersten Wagnissen anzuspornen, ihn
an Ehre und Auszeichnung noch höher zu heben, und ·will
ihn zu seinem eigenen Eidam machen unter der Bedingung
dass er mit noch größerm Nachdrucke die heiligen Kriege
gegen die Volksfeinde führe. Doch will ·er ihm zugleich nur
seine älteste Tochter Merab geben welche schon an einen
andern, 'Adriel aus Mechola, verheirathet ist und diesem deshalb genommen werden soll [2]); David weigert sich zuerst,
sagend „wer · bin ich und wer sind meine Verwandten [3]),
das Geschlecht meines Vaters in Israel, dass ich Eidam des
Königs würde!": aber er muss sich wohl des Königs gnä-
digem Willen fügen wollen. Allein als eben die Heirath vor
sich gehen soll, erklärt die noch ledige zweite Tochter Saûl's
Mikhal ihre Liebe für Davîd; und obgleich Saûl sich gegen
den um sie freienden Davîd eine Zeitlang so stellt als wolle
er auf diese zweite Bitte schwerer eingehen, hat er doch in
seinem Herzen sogleich auch von dieser Wendung der Dinge
den besten Vortheil für seinen Zweck zu ziehen beschlossen
und befiehlt heimlich seinen Hofleuten ihm anzudeuten ,wie
er ohne irgend ein schweres Kaufgeld für die Jungfrau dem
königlichen Vater zu bezahlen schon allein durch die Ein-
lieferung von 100 Vorhäuten der Philistäer den Vater für
sich geneigt machen könne. Da nun die Frist bis zur Heirath mit der ältern Tochter nochnicht abgelaufen ist, geht

---

1) 1 Sam. 18, 12 – 16.        2) dies ist so· wenig auffallend
wie dass Mikhal später· auf David's Befehl dém Manne wieder ab-
genommen wird dem sie ihr Vater nach David's Flucht offenbar wider ihren Willen zur Heirath gegeben hatte, 1 Sam. 25, 44. 2 Sam.
3, 14—16. Über solche leichtere Behandlung der Ehesachen s. unten.        2) חַיַּי 18, 18 muss nach einem alten Sprachgebrauche
soviel seyn als »meine Verwandten«, wie es das Folgende erklärt,
also soviel als sonst das ebenfalls alterthümliche *fem. sg.* חַיָּה Ps. 68,
11 nach §. 179 c.

David wirklich sogleich ins Feld, erschlägt mit seinem kleinen Gefolge [1]) 200 Philistäer und läßt deren Vorhäute Saûl'en
einhändigen [2]). So muss Saûl, ohne dass sein Zweck ihn
durch die Kriegsgefahren aufgerieben zu sehen erreicht ist,
David'en vielmehr die schöne Jungfrau Mikhal geben und hat
dazu noch den Ärger ihn von Mikhal ebenso wie vom ganzen Volke geliebt zu sehen; damit steigert sich sein Groll
und seine Furcht vor ihm immer höher [3]). Doch ziemte es
sich des äußern Anstandes wegen für den König, seinem
Eidam nun auch ein Ehrenamt im Reiche zu geben: Waffenträger d. i. Knappe, wie er zuvor war, konnte er wenigstens
jezt nicht bleiben. In dieser Zeit also, wenn nicht früher
(denn die Quellen sind in dieser Hinsichi nichtmehr vollständig erhalten) scheint er neben Abner welcher die Feldherrnwürde d. i. die oberste Würde an Saûl's Hofe seit langer
Zeit [4]) bekleidete, die zweite Stelle am Hofe empfangen zu
haben, die eines Obersten der Leibwache des Königs. Denn
dass er diese bekleidete erhellt noch sicher aus zerstreuten
Spuren [5]).

---

1) »er und seine Leute« v. 27 d. i. er mit seinen 2 oder 3 Knappen wie Joab 10 Waffenträger hat 2 Sam. 18, 15; denn an die 1000
Mann deren Oberster er war kann um so weniger gedacht werden,
da es damals der Jahrszeit nach keinen Krieg gab, und da 1000
Mann gegen 100 oder 200 keine schwere Unternehmung haben würden. Vielmehr ist hier Simson's That zu vergleichen, II. S. 528.

2) Fl. Josephus macht überall daraus 600 *Köpfe*.

3) 18, 17—29; da auf diese Art alles hier von 18, 6 an sehr
wohl zusammenhängt und sich überall der ältere Erzähler zeigt, so
können die vielen Auslassungen der LXX Vat. nur einen willkührlichen Grund haben.        4) nicht vonanfangan, weil im Kriege
von Mikhmâsh (S. 45) nicht er sondern aus Mangel eines solchen
noch Jonathan als solcher erscheint.        5) dass David die zweite
Hofwürde neben Abner bekleidete, folgt aus 1 Sam. 20, 24—27. Dass
diese Würde aber die eines Obersten der Trabanten war, folgt aus
22, 14, wo סַר LXX ἄρχων = שַׂר *Fürst* fur סַר zu lesen (vgl. ebenso
1 Kön. 20, 39) und אֶל als mit עַל verwechselt zu fassen ist: *Fürst*
d. i. Oberster *über deinen Gehorsam* d. i. deine Trabanten, welche auf
jeden Wink gehorchend stets den König umringen, wie bei uns *eine
Ordonnance* ein dem Officier besonders beigegebener Soldat ist. Dies

Da aber Davîd während der Feldzüge der folgenden paar
Jahre immer ebenso glücklich die Philistäer bekämpft und
sein Name dem ganzen Volke stets theurer wird, so kann
sich Saûl nicht länger enthalten alle seine Hofleute und seinen Sohn Jonathan ganz · offen aufzufordern bei der ersten
Gelegenheit jenen umzubringen. Aber gerade hier bewährt
sich zumerstenmale das wahre Wesen einer Freundschaft,
welche als das ewige Musterbild einer solchen auch noch
immer für Christen gelten muss und · derengleichen man unter allen Homerischen Helden vergeblich· sucht. Die wahre
Freundschaft ist etwas weit reineres und göttlicheres als die
Geschlechtsliebe, weil sie, wenn sie die ächte seyn will, auch
dás sinnliche noch ausschließt welches bei dieser sich findet;
wie· Davîd selbst im Trauerliede auf Jonathan beim Rückblicke
auf sein ganzes nun geendigtes Verhältniss zu ihm. im richtigsten Gefühle ausruft „wunderbarer war mir deine Liebe
als Frauenliebe" [1]. · Nur ein höheres Bedürfniss das über
beiden steht und das immer tiefer zu befriedigen der eine
ebenso brennt wie der andere, das ist aber das Bedürfniss
das rein göttliche welches ·man in sich' fühlt auch· im andern
und wo möglich noch mehr im andern zu finden und zu
lieben und so gegenseitig darin zu leben, kann zwei Freunde
wahrhaft binden und die ächte Freundschaft unter Menschen
schaffen; was sonst Freundschaft genannt wird, ist dieses
Namens unwürdig und vielmehr eitle Heuchelei bei der der
eine oder der andere nur sein eigenes Wohl sucht und um
dies zu erlangen wenn es seyn muss den Freund sogar hin-
tergeht und verräth. In einer Zeit also welche überhaupt
von einem reinen Bestreben nach Erringung edler Güter ergriffen wird, findet sich auch das Gut solcher ächten Freund-

---

bedeutet hier מִשְׁמַעַת, wie außerdem aus 2 Sam. 23, 23 (1 Chr. 11,
25) 1 Kön. 4, 6 LXX (s. unten) vgl. mit 2 Sam. 8, 18. 20, 23 erhellt.
Etwa dasselbe drückt aus die Redensart »Hüter des Hauptes (Lebens)
des Königs« 1 Sam. 28, 2; und nach der alten Nachricht 1 Chr. 12,
29 bestand die Leib- oder Hauswache Saûl's aus einer bedeutenden
Zahl von Benjaminäern. 1) 2 Sam. 1, 26.

schaft [2]) am leichtesten einmal . vollkommener verwirklicht;
und so hat jene Zeit in der Geschichte Israels bei der wir
jezt stehen, unter so vielen andern herrlichen Erscheinungen
auch die einer Freundschaft hervorbracht welche für alle Zeiten leuchtet als ewiges Muster. Ist in dem niedriger stehenden Davîd mehr usrprüngliche starke schöpferische Liebe
zum Göttlichen, hervortretend in entsprechend großer und
schöner That, so ist in dem höher stehenden Jonathan eine
nicht minder reine Liebe dazu, wenn sie auch mehr erst an
den hellen Strahlen jener sich entzündet; und darum ist denn
auch die Frucht dieser Freundschaft, wie sich im Verlaufe
der Geschichte zeigen wird, die möglich herrlichste und se-
gensreichste.

Im vorliegenden Falle nun mag Jonathan weder (was
sich vonselbst versteht) David'en verrathen obgleich sein Vater es ihm befiehlt, noch seinem Vater zum Unsegen handeln
welches geschähe wenn er David'en bloss zur Flucht riethe
und damit seinen Vater der besten Stüze seines Reiches beraubte. Also räth er David'en sich des nächsten Tages auf
demselben Felde in einem Winkel zu verbergen, wo er zur
Seite seines Vaters gehen werde: er wolle dann über ihn
mit seinem Vater reden und ihm Nachricht geben, damit er
wenn sein Vater wirklich so schlimmes gegen ihn fest beschlossen habe, sogleich vom freien Felde aus fliehen könne.
Wie er nun nächsten Tages seinem Vater im freien Felde
alle die Tugenden David's und die großen Verdienste vor-
hält welche sich dieser schon um ihn erworben habe, ihn
beschwörend kein unschuldiges Blut zu vergießen: da kann
Saûl der Wahrheit solcher Vorstellungen nicht widerstehen
und schwört feierlich ihm nichts zu Leide thun zu wollen; so
fuhrt ihm Jonathan denn seinen Freund wieder zu, und Davîd versieht wieder bei Saûl ebenso wie früher seine Geschäfte [2]).

Aber kaum hat David in einem neuen Feldzuge gegen

---

1) beruhend auf einem »Bunde Jahve's« d. i. einem heil. Schwure
zwischen beiden 1 Sam. 20, 8.          2) 18, 30 — 19, 7.

die Philistäer neue große Siege errungen, als bei seiner Rückkehr Eifersucht und Neid aufsneue den König befallen und
er in einem neuen Anfalle der Wuth eines Abends den neben ihm spielenden Davîd mit dem Speere durchbohren will.
Auch jezt weicht Davîd dem Stoße glücklich aus: aber es ist
ihm nicht zu verdenken dass er nun endlich Saûl's Wohnung
verläßt und in seine eigene (die wahrscheinlich in der Unterstadt lag) sich zurückzieht. Als aber Saûl auch dahin Boten sendet um zu erfahren ob er dort sei, redet ihm sein
eignes Weib Saûl's Tochter Mikhal zú seine Sicherheit im
weiten Felde zu suchen, und trifft Anstalten ihm diese Flucht
zu erleichtern. Während ihr Haus erst bloss bewacht wird
um die Flucht Davîd's in der ¡Nacht zu verhüten und am
nächsten Morgen ihn mit gehöriger Mannschaft abholen zu
lassen, läßt sie ihn nachts heimlich durch's Fenster und legt
das menschenähnliche Bild ihres Hausgottes mit dem Laken
zugedeckt in sein Bette sammt einem aus Ziegenhaaren gemachten Fliegenneze zu seinen Häupten, um dadurch das
Bild wenigstens für den ersten Anblick unkennbar zu machen
und den‍Glauben zu erregen alsob ihr Mann sich selbst mit
einem Fliegenneze das Gesicht verhüllt habe [1]. Wie nun
des andern Morgens wirklich hinreichende Mannschaft anlangt
um ihn gefangen zu nehmen, gibt sie vor er sei krank zu
Bette; wie aber Saûl aufsneue schickt ihn sammt dem Bette
zu sich hinauf zu holen, kann sie zwar nichts mehr verhehlen und schüzt in der Angst vor sie habe ihn wohl fliehen
lassen müssen da er im Weigerungsfalle sie selbst zu tödten
gedrohet habe: aber der Entflohene hat während dessen Zeit

---

1) dies scheint die leichteste Art zu seyn sich das כְּבִיר עִזִּים
zu denken; dass man in heißen Ländern das Gesicht im Bette mit
Fliegennezen bedeckt, ist ebenso bekannt wie dass Ziegenhaare dort
viel zu Vorhängen Mänteln und Zelten gebraucht werden vergl.
طِيْلَسَان, Layard's Nineve I. p. 57. Lynch's narrative p. 206—8; es
war also das kostbare κωνωπεῖον womit Holophernes schlafend sein
Haupt gegen Fliegen schüzte und womit Judith sein gestohlenes
Haupt bedeckte Jud. 10, 21. 13, 9. 15. 16, 19.

genug gehabt sich ins Weite zu begeben und Saûl sieht seine Absicht vereitelt [1]).

3. Was soll er nun thun, da er kaum sein Leben durch die Flucht vor dem Könige gerettet hat? Die meisten jezigen Christen würden glauben, nun sei alle Geduld eines Unterthanen, zumal eines schon so hochgestellten, erschöpft und übrig sei nichts als entweder völlig ein so undankbares Land zu verlassen und in fremden Ländern sein Heil zu versuchen, oder lieber Krieg gegen den König anzufangen und Rache zu suchen. Anders David, welcher wohl gerade in dieser Zeit den Ps. 11 sang. Ohne einen Schuzherrn sich zu suchen der ihn im Nothfalle gegen den König vertrete, kann er freilich nichtmehr im Reiche bleiben: so geht er dem zweiten Erzähler zufolge [2]) jezt nach Râma zu Samûel und meldet diesem was ihm Saûl gethan; und dér nimmt ihn mit sich in die bei der Stadt gelegene Prophetenschule, wo er bleibt und an ihren Übungen theilnimmt, er ein Held der nicht weniger gross in den friedlichen Künsten der Musik als im Kriege ist und daher alles Ungemach der Zeit leicht durch jene vergißt. Aber sobald Saûl davon erfährt, ruhet er nicht bis Davîd auch aus dieser friedlichen Zuflucht fliehen muss [3]).

Dem ersten Erzähler nach bleibt ihm schon jezt im ganzen Lande nichts mehr zu versuchen übrig als was er etwa durch die schon einmal bewährte Freundschaft Jonathan's erreichen könne; denn vielleicht gelingt es ihm (muss er den-

---

1) 19, 8—17.        2) die Erzählung 19, 18 — 20, 1 ist zwar vom lezten Verfasser eng in diesen Zusammenhang verwebt: doch ist es unwahrscheinlich dass Davîd von Samûel noch einmal nach Gibea zurück zu Jonathan flieht; und da die Darstellung doch eine andere ist als die des ersten Erzählers 10, 10—12, so wird man hier den zweiten Erzähler sehen müssen. Die etwas dürrere und kürzergefaßte Darstellung dieses zweiten, dem Zeitalter und der geschichtlichen Anschaulichkeit nach nicht weit hinter dem ersten zurückstehenden Erzählers findet sich auch sonst zerstreut in c. 21—23; und der lezte Verfasser scheint hier aus ihm den Namen Achimélekh fur Achija II. S. 541 aufgenommen zu haben.        3) 19, 18—20, 1 vgl. S. 66.

ken) noch einmal so wie früher durch Jonathan Saûl's Zorn
zu besänftigen. Zu ihm also als Gastfreunde und Schuzherrn
begibt er sich und frägt ihn in aller Aufrichtigkeit was er
denn eigentlich verbrochen habe um den Tod von Saûl's
Hand zu verdienen; Jonathan will ihn beruhigen mit der
Meinung sein Vater würde ihm wenn er wirklich so schlimmes im Sinne führe dies nicht verhehlt haben, aber David
entgegnet richtig dies sei bloss um ihm eine Angst zu sparen unterlassen, er fühle nur zu gut dass ihn nur ein Schritt
vom Tode trenne, und wünsche daher durch ihn jezt ein
zuverlässiges Zeichen von der wahren Gesinnung Saûl's gegen ihn zu empfangen. Dieses weiter zu verabreden, gehen
die beiden Freunde aus der Stadt auf das Feld; und im ernsten Andenken an das was folgen könne, schwört Jonathan
dem Freunde, sobald er in den zwei nächsten Tagen etwas
sicheres über Saûl's Gesinnung erfahre, laute es gut für ihn
oder schlimm, ihm dieses getreu melden zu wollen; laute es
schlimm, so möge David an sein eignes Heil denken und als
der wahre Nachfolger Saûl's seine eigne Herrschaft beginnen
ebenso glücklich als dieser einst war; doch bei der großen
Liebe womit er ihn wie sich selbst liebe hoffe er David werde
einst als Sieger im Reiche, sollte er selbst dann noch am
Leben seyn, nach göttlicher Gnade mit ihm verfahren, und
wenn er sterbe doch nie seinem Hause seine Gunst entziehen; wenn Gott alle Feinde David's einst von der Erde vertilgen werde, möge doch Jonathan's Haus bei David's Hause
ruhig bestehen, strafen aber möge Gott die wirklichen Feinde
David's![1] Mit solchen und ähnlichen Worten beschwört der
herrliche Königssohn den innig geliebten Freund in dieser
ahnungsvollen Stunde naher großer Entscheidung aller Dinge
welche nach gemeiner Ansicht nicht ihn sondern bloss David'en angehen würden und die er sich doch als wahrer

---

1) das וְלֹא v. 14 ist das erste und zweitemal und v. 15 das
zweitemal nach §. 345b zu verstehen und dann zumtheil nach den
LXX welche noch einen meist bessern Text hier hatten, וְאִם אָמוּת
fur 'א וְלֹא, v. 16 וְלֹא יִכּוֹן בֵּית für וַיִּכְרֹת zu lesen. Ebenso ist
v. 19 תִּפָּקֵר für תֵּרֵד zu lesen. — Sonst vgl. 2 Sam. 9, 3.

Freund nur destomehr zu Herzen nimmt. Was aber das zu
verabredende Zeichen betrifft, so will er nach David's Wunsche an den nächsten zwei Tagen als an einem festlich zu
feiernden Neumonde, wo der König die Ersten seines Hofes
bei sich zum Mahle hat, dárauf achten ob Saûl ihn bei sich
vermisse (denn dass er bei Jonathan sei konnte. Saûl vermuthen und also erwarten dass Jonathan zum Hofe kommend
ihn mitbringen würde); David selbst solle derweile auf dem
Felde an demselben Orte wo er schon früher einmal [1]) aus
ähnlicher Veranlassung sich verborgen gehalten neben einem
öden Steinhaufen sich verstecken, in dessen Nähe wolle er
dann kommen und drei Pfeile dahin wie an das Ziel wirklich
aber entweder darüber hinaus oder nicht bis dahin werfen [2]);
rufe er dann seinem bis an das Ziel laufenden Knappen zu
die Pfeile lägen weiter diesseits, so möge David getrost her-
ankommen, denn es sei das Zeichen der möglichen Versöhnung mit Saûl; rufe er ihm aber zu sie lägen jenseits, so
möge David gehen wohin ihn Gott senden wolle [3]).

Dieser Verabredung gemäss versteckt sich also David im
Felde; Saûl aber nimmt am Neumondfeste seinen gewöhnlichen Ehrensiz am Tische hinten an der Wand der Thüre
gegenüber ein, Jonathan sezt sich vornhin [4]), Abner zur éinen Seite Saûl's und leer bleibt auf der andern Seite der
Siz für David als den vierten Mann auf den am Tische gerechnet war: doch fällt seine Abwesenheit Saûl'en nicht auf,

---

1) nämlich als David mit dem Speere nach ihm geworfen 19,
1—7; jener Tag wird hier von Jonathan aus einer Art von kind-
licher Schaam bloss »der Tag der That« genannt, um diese That
nicht mit dem rechten Namen zu belegen.    2) dass dies der
Sinn sei v. 20 f., ergibt sich noch etwas deutlicher aus v. 36—38;
לְשַׁלַּח לִי לְמַטָּרָה v. 20 bedeutet also »ihn (den bezeichneten Steinhaufen) mir als Ziel lassend« nicht als Ziel gebrauchend, sondern
diesseits oder jenseits von ihm werfend, sowie לְהַעֲבִרוֹ v. 36 »über
ihn (den Steinhaufen) hinauswerfend §. 280 d. Für הָאֶבֶן v. 19 oder
wenigstens für הנגב v. 41 ist nach den LXX הָאַרְגָּב »Steinhaufen«
zu lesen, denn אבן könnte etwa ebensoviel seyn; und für הָאָזֵל
v. 19 הָאָזֵל »der einsame oder öde«, vgl. عزل.    3) 20, 1—23.
4) fur ויקם v. 25 ist nach LXX וַיְקַדֵּם zu lesen.

da er meint er werde wohl zufällig wegen einer leiblichen
Unreinheit [1]) fehlen. Den zweiten Festtag aber frägt er Jonathan'en warum „der Sohn Jishaï's" auch heute fehle: dieser antwortet der geheimen Verabredung gemäss, er habe
sich von ihm Urlaub nach Bâthléhem erbeten, weil seine
Verwandten dort das jährliche Hausopfer feierten, und sein
ältester Bruder selbst habe es so gewünscht. Da aber bricht
Saûl unter den empfindlichsten Schmähungen auf Jonathan [2])
in Zorn aus, er wisse wohl dass sein eigener Erstgeborner
mit Davîd'en verbündet sei obgleich doch seine eigene Aussicht auf Reich und Leben solange Davîd lebe unsicher bleibe;
er solle ihn sogleich bringen um ihn zu tödten: und kaum
versucht Jonathan ein weiteres Wort für Davîd, als er seinen Vater den Speer schwingen sieht ihn selbst zu durchbohren und in Aufregung den Tisch verläßt ohne den ganzen Tag aus tiefem Schmerze über Davîd's nun völlig erklärte Verwerfung vor Saûl etwas zu genießen. So geht er
den nächsten Morgen ins Feld zur verabredeten Zusammen-
kunft mit Davîd, und die über das bewußte Ziel hinausge-
schleuderten Pfeile geben dem lauernden Freunde bald genug zu erkennen dass das Unglück unabwendbar sei; nachdem er den Knappen mit den Waffen zur Stadt zurückge-
schickt, kommt in tiefster Bewegung der Seele David hervor,
und beide Freunde weinen lange miteinander, Davîd aber
mehr als Jonathan, welcher die mögliche Gefahr worin sie
hier stehen nicht vergessend den Freund selbst zur eiligen
Flucht treibt, noch zulezt ihn an das eidliche Versprechen
erinnernd welches sie sich gegenseitig für alle Zukunft gegeben [3]).

---

1) nach den *Alterthümern* S. 215 f.     2) die Worte בֶּן
נעות המרדות, welche keinen sichern Sinn geben, sind nach LXX
und Vulg. am wahrscheinlichsten בֶּן־נַעֲרוֹת הַמְרְדוֹף zu lesen: »du
Sohn der Dirnen des Nachlaufens« d. i. der gemeinsten Dirnen, welche dem Manne nachlaufen. Dass ein solches stärkstes Schmahwort
sich hier finde, leidet nach dem ganzen Zusammenhange keinen Zweifel, und das folgende ערות אמך sagt imgrunde dasselbe aus.
      3) 20, 24 — 21, 1.

Hier ist der Gipfel des wechselseitigen Verhältnisses dér beiden Freunde, welche das ewige Vorbild vollendeter edler Freundschaft geben: aber in diesen lezten Stunden vor ihrer Trennung werden auch im geheimen alle die Fäden ihrer folgenden so verschiedenartigen Schicksale angeknüpft. Darum blizt denn auch hier schon die klarste Ahnung der ganzen spätern Geschichte durch: wie Jonathan hier ahnet, erlangt Davîd später das Reich; wie er hier den Freund beschwört, verschont nachher Davîd als mächtiger König aus dankbarer Erinnerung an den geliebten Freund stets die Nachkommen Jonathan's und thut ihnen wie er kann wohl. Ist nun die Farbe der Rede hier in der Bitte und Beschwörung Jonathan's gewiss kunstvoll so gewählt um desto überraschender späterhin den ganz entsprechenden Erfolg zu zeigen und hier schon auf jenen vorzubereiten: so kann man sich doch sehr wohl denken dass Davîd später, als er Jonathan's Nachkommen an seinen Hof zog, selbst diese lezten Ereignisse vor ihrer Trennung (wovon außer den beiden niemand wissen konnte) vielfach erzählte und dass die gegenwärtige Erzählung darin ihre lezte Quelle hat.

4. Endlich also muss David den König für immer meiden; der treueste und schuldloseste Unterthan muss vor dém Fürsten aus dem Lande fliehen, welcher an ihm die kräftigste ja die fast unentbehrliche Stüze seines Reiches haben würde; und der augenblickliche Tod würde seiner warten wenn er je wieder vor den Augen oder in der Nähe seines Schwiegervaters erscheinen wollte. — Aber feindselig deswegen gegen Saûl „den Gesalbten Jahve's“ zu handeln, Krieg mit ihm anzufangen oder auchnur seine Feinde zu unterstüzen, kann ihm nicht einfallen; dazu lebt zuviel ächte Scheu vor Gott und den göttlichen Geboten in ihm, welche unter anderem fordern nie das geringste gegen das eigene Volk, wievielweniger gegen die Gemeinde Jahve's und deren rechtmäßiges irdisches Oberhaupt zu unternehmen. — Darum geräth er denn zwar jezt nochmehr als vorher in eine unabsehbare Reihe der gefährlichsten Lebenslagen und der tiefsten Entbehrungen; und immer tiefer scheint sein Glück auf

Erden unrettbar zu sinken. Aber inderthat stählt sich unter
diesen ärgsten Leiden erst vollkommen seine innerste Kraft;
und mitten in der äußersten Verlegenheit wird er endlich
wider Willen zum Haupte eines selbständigen Gemeinwesens,
und lernt im kleinen und im schweren zu herrschen um es
dann im großen desto leichter zu können. Darum wird denn
gerade diese Zeit seiner tiefsten Leiden zu dém entscheidenden Wendeorte seiner ganzen Geschichte, wo sie ihren wahren Lauf nachoben beginnt um vondaan immer höher zu steigen, indem hier zum erstenmale seine wahre Lebensbestim-
mung, die zum Herrscher, nichtbloss geahnet wird sondern
auch bereits anfängt wennauch nur im kleinsten Gebiete; und
dass sie ohne sein absichtliches Streben danach anfängt, ist
eben der reinste Beweis für die Wahrheit dieser seiner Le-
bens-Bestimmung.

David muss jezt aus dem ganzen Gebiete der Herrschaft
Saûl's fliehen; er ist dazu heimlich ohne alle Lebensmittel und
Waffen aus Gibea entwichen. Da ergreift ihn die Sehnsucht
ehe er ganz das Land verlasse, noch einmal dén ehrwürdigen Priester in Nôb zu sehen von dem er auch schon in
fruhern Zeiten oft geistige Stärkung empfangen hatte, sein
Orakel zu befragen über die dunkle Zukunft seines Lebens
und wo möglich einen frohen Zuspruch von ihm zu empfangen [1]); vielleicht auch daneben einige der dringendsten leiblichen Bedürfnisse zu befriedigen; da man sogern bei dem
Heiligthume Erleichterung jeglicher Art von Noth suchte. So
wendet er sich in Nôb, einer etwas südlich von Gibea und
nördlich von Jerusalem gelegenen Priesterstadt, an den Priester Achimélekh [2]) auch mit der Bitte ihm einige Lebensmittel und Waffen soviel er könne mitzutheilen; und leider glaubt

---

1) dass dies alles so zu denken sei, ersehen wir freilich ganz bestimmt erst nachträglich bei der Beschreibung der weiteren Folgen
dieser Nothbat 1 Sam. 22, 9—15.        2) s. über ihn II. S. 541.
Mit seinem Sohne Abjathar oder Ebjathar wird er vermischt Mark.
2, 26: aber die Vermischung beider Namen ist auch sonst in späteren Schriften nicht selten, s. unten. Hingegen Abimelekh ist 1 Chr.
18, 16 (s. unten) und in den LXX Ps. 52, 2 bloßer Schreibfehler.

er sich eines erdichteten Vorwandes bedienen zu müssen um
das Erstaunen des Priesters über seine Ankunft ohne Gefolge
und Waffen zu beschwichtigen. 'Der Priester erwidert, er
habe zufällig jezt nur geweihetes Brod, gemeines sei nicht
unter seine Hand gefallen; und um jenes zu genießen müßte
keiner vom Gefolge (welches Davîd in einem geheimen Auftrage des Königs an einem gewissen Orte zurückgelassen zu
haben vorgibt) in der lezten Nacht ein Weib berührt haben.
Nachdem Davîd dies Bedenken gehoben [1]), gibt ihm der Priester heiliges Brod vom Altare; von Waffen jedoch weiss er
ihm nichts zu geben als das außerordentliche Schwert Goliath's selbst welches Davîd einst dem Heiligthume geweihet
habe und welches jezt hier an einem Nagel hing vorsichtig
in ein Gewand eingewickelt und dazu noch von dem an denselben Nagel gehängten Orakelschmucke des Priesters bedeckt.
Damit geht Davîd ab: es war aber damals in diesem Heiligthume zu Nôb ein Mann als Augenzeuge gegenwärtig, welcher später diesen ziemlich harmlosen Vorgang arg entstellte,
der wahrscheinlich in Saûl's Kriege mit Edóm (S. 58) zu ihm
übergegangene Idumäer Doëg, welchen Saûl zu seinem Heer-
den-Oberaufscher gemacht hatte und der zur Jahve-Religion
übergetreten damals etwa eines Gelübdes wegen bei dem
Heiligthume verweilen mochte [2]).

Um über die Grenze zu kommen, begibt sich Davîd nun
zu dem Philistäischen Könige Akhîsh [3]) von Gath, da dieser
gewiss immer mit Saûl in Fehde lebte und ein Flüchtling vor

---

1) er sagt v. 6 »Weiber sind uns seit vorgestern unzugänglich
gewesen; als ich von Hause zog, da waren die Leiber der Knappen
rein obwohl es ein gemeines Geschäft war (kein Kirchengang, wozu
wir auszogen): wievielmehr werden sie heute am Leibe rein seyn!«
So sind diese Worte gegen die Accente zu verbinden und zu verstehen, nur muss man dann יְקְדְשׁוּ für יְקְדַשׁ lesen, welches freilich
schon die LXX hatten. כְּלִי kann, da von Reinheit oder Unreinheit
des Leibes die Rede ist, nichts bedeuten als eben das Gefäss des
Menschen selbst, also seinen Leib, wie auch σκεῖος dies bedeuten
kann.        2) 21, 2—10.        3) die LXX sprechen diesen
Namen überall Ἀγχοῦς aus, wohl weil es noch damals ein bekannter
Philistäischer Name war.

Saûl also bei ihm am sichersten Zuflucht erwarten konnte.
Auch wird er von ihm gut aufgenommen: doch durch irgend
eine Veranlassung (vielleicht verrieth ihn nach dem ursprünglichen Sinne der Sage das Goliathschwert) erfahren die Hofleute dass er kein anderer als der berühmte Davîd selbst sei
und melden das dem Könige. Da nun Davîd mitrecht be-
fürchtet der König könne dadurch versucht werden ihn zeitlebens gefangen zu sezen [1]) oder ihn gar als den ehemaligen Besieger so vieler Philistäer aus Rachsucht hinzurichten,
so weiss er in der Verlegenheit kein anderes Mittel dem Könige seinen Verdacht zu nehmen als dieses dass er sich ganz
offen wahnsinnig stellt, mit den Fäusten auf die Thorflügel
der Stadt schlägt als seien sie Pauken [2]), seinen Geifer über
seinen Bart fließen läßt u. a. der Art. So hielt ihn zulezt
der König wirklich für schwachsinnig und also für ungefähr-
lich aberauch ihm unnüz, und liess ihn verdrießlich über den
Anblick solcher Tollheiten forttreiben [3]).

### Anfänge des selbständigen Herrschens David's

#### 1. als Freibeuter an den Grenzen Juda's.

Nun ist es also deutlich geworden dass Davîd auch unter den Feinden des Volkes Israel seines Lebens nicht sicher

1) die Überschrift zu Ps. 56, deren Verfasser diese Geschichte
gewiss noch etwas vollständiger vorfand, nimmt auch inderthat an
dass Davîd damals gefangen genommen wurde. — Dass der Philistäische König auch ihn bei Gelegenheit an Saûl auszuliefern beschlossen haben würde, ist nach der damaligen Treuherzigkeit dieses
Volkes unwahrscheinlich.        2) תִּוָּה v. 14 muss einerlei seyn
mit חֵפָּה von חָתַף nach §. 121 a; vielleicht war das Gefängniss bei
diesen Stadtthoren.        3) 21, 11—16; vgl. ähnliche Beispiele
dieser List bei Odysseus sogut wie unter Arabern (Hamása S. 322,
21); auch Journ. as. 1844 II. p. 181. — Dass Davîd später mit demselben Könige wieder in freundschaftliche Beruhrung kommt t Sam.
27—29, begründet keinen Einwand gegen die Geschichtlichkeit dieser Erzählung, weil mehere Jahre dazwischen liegen und Davîd dann
ganz anders an der Spize von 600 Mann und als vermeintlicher Nebenbuhler Saûl's auftritt. Möglich ist freilich dass der' unten vorkommende Akîsh ein Nachfolger dieses wäre; wirklich wird der hie-

ist, will er nicht etwa mit ihnen sich gegen sein eigenes
Volk verbünden, was er doch nach seiner Gottesfurcht nicht
mag. Allerdings hätte er in dieser äußersten Lebensnoth
noch bei andern Reichen, Moab z. B., eine Zuflucht suchen
können: doch der Ausgang wäre derselbe oder noch schlimmer gewesen. Um dieselbe Zeit aber muss er gehört haben dass viele über seine Verfolgung empört oder sonst mit
Saûl unzufrieden schon-in Juda auf ihn als Heerführer war-
teten um sich unter seine Fahne zu stellen. So beschließt
er ein zweiter Jiftah (II. S. 511 ff.) fürjezt zu werden und
wieder in sein Stammland Juda sich zu flüchten, aber nicht
um Krieg mit Saûl anzufangen. Er begibt sich also in eine
Höhle des wüsten Landes von Juda östlich von dem das
Land dieses Stammes von Norden nach Süden zerschneiden-
den Gebirgszuge; und unstreitig war ihm gerade diese höh-
lenreiche Gegend von seinem frühern Leben her wohlbe-
kannt. Da kommen auf das Gerücht seiner Anwesenheit im
Lande nichtnur alle seine Verwandten von dem nahen Bäthléhem zu ihm um ihn zu sehen oderauch zu unterstüzen,
sondern bald versammeln sich auch um ihn vonselbst eine
Menge anderer Flüchtlinge und Mißvergnügter, einige freilich auch bloss weil „die Noth des Lebens“ sie drückte oder
weil sie „wegen Schulden“ von Gläubigern verfolgt wurden,
andere aberauch weil „Bitterkeit“ oder Kummer der Seele
über den unter Saûl immer trauriger werdenden Zustand des
Reiches sie einem Führer zutrieb von dem sie für die Zukunft besseres hoffen konnten [1]). Wenn nun David solche
Männer nicht von sich wies, sodass er bald als anerkannter
Heerführer (oder „Fürst“) gegen 400 von ihnen um sich versammelt sah: so that er es sichtbar keineswegs in dér Ah-
sicht um mit ihnen gegen Saûl Krieg anzufangen, sondern
aus eingebornem Triebe der Führer und Leiter anderer besonders auch in ihrer Noth und im Kriege zu seyn; denn

---

her gehörende König Ps. 34, 1 vielmehr Abimélekh genannt, wenn
dem Verfasser jener Psalmenüberschrift dieser Name nicht etwa bloss
aus Gen. 20, 2 ff. 21, 22. 32. 26, 8 ff. vorschwebte.

1) 1 Sam. 22, 2.

dass er als Führer einer solchen Schaar ohne dem Könige
zu schaden dennoch sehr viel nüzliches für das Volk ausrichten, die südlichen Grenzen des Reiches gegen die Einfälle und Räubereien der umliegenden Völker schüzen und
so wennauch nicht in der erwünschtesten Art sogar dem
Könige selbst in die Hände arbeiten könne, mußte er leicht
voraussehen und bewährte sich dannauch bald in der Entwickelung der Geschichte selbst.

. Soviel können wir von diesem Zeitraume des Lebens
David's imallgemeinen sicher erkennen.. Die einzelnen Ereignisse aber welche in ihn fallen würden und deren gewiss
weit mehere waren als die welche jezt erzählt werden, sind
für uns schwerer in ihrer Aufeinanderfolge erkennbar. Der
Rückhalt des Heeres David's blieben während der ganzen Zeit
beständig die theils gebirgigten wald- und höhlenreichen theils
in weite' öde Wüsten auslaufenden Gegenden des östlichen
Juda von der Höhle 'Adullam im Norden welche weiter südlich von Bäthléhem lag [1]) bis zu dem noch seiner heutigen
Lage nach wohlbekannten Ma'ôn im Süden, ein Strich Landes mehere Meilen breit und lang, und durch seine ganze
Beschaffenheit zum Schuze von Flüchtlingen und kleineren
Heeren vortrefflich geeignet; vonda konnte das kleine Heer
leicht die umliegenden Gegenden weit nach Süden hin beherrschen oder westlich über den Gebirgskamm steigend in
die *Sheféla* oder große Niederung Juda's vordringen um den
hier immer einfallenden Philistäern entgegenzuwirken. Allein
innerhalb dieses Raumes muss vielen Spuren nach das kleine
Heer sehr viel seinen Standort gewechselt haben, wie es
Bequemlichkeit oder die vielfache Noth oder der Hülferuf von

1) der Meinung Robinson's (Reise II. S. 399) dass diese Höhle
westlich vom Gebirgskamme Juda's lag, scheint uns die ganze Geschichte dieser Lebensjahre David's zu widerstreiten; und sie läßt
sich keineswegs durch Jos. 15, 35 stüzen da das nach dieser Stelle
in der Niederung Juda's liegende 'Adullam keine Höhle sondern eine
Stadt war vgl. 2 Macc. 12, 38. Solange man also nichts sichereres
weiss, mag man sich immerhin an die Überlieferung halten dass sie
mit dem jezigen *Vâdi khureitun* südlich von Bäthléhem einerlei sei;
vgl. jedoch *Jahrbb. der B. w.* III. S. 193.

Unterdrückten forderte; es lagerte auf Berghöhen, im Walddickicht, auf Hügeln, in der Wüste, wie es der Zufall wollte [1]),
nie lange in einer Stadt zumal einer. befestigten wo es hätte
belagert und gefangen genommen werden können [2]), bei jeder Gefahr sich auf leicht zu vertheidigende steile Höhen
zurückziehend.    Wir besizen noch außer der zusammenhangenden Erzählung ein offenbar aus sehr alten Quellen geflossenes Verzeichniss der Städte Juda's, deren Ältesten Davîd in dieser Zeit durch Dienstleistungen und gute Nachbarschaft bekannt geworden war und deren freundschaftliches
Andenken er auch später von Ssîçelag aus sich zu erhalten
suchte [3]): die Zahl dieser Städte ist bedeutend. — Mehere
Jahre ferner muss dies Leben gewiss gedauert haben: aber
Zeitangaben fehlen auch bei diesem Abschnitte noch gänzlich; dazu kommt dass wir jezt die Darstellung der ältern
Erzähler nicht ohne viele Lücken vor uns haben.    Was sich
nach alle dem vom Verlaufe dieser Zeit imeinzelnen noch
sicherer erkennen läßt, ist folgendes.

---

1) dies bedeuten die Worte 1 Sam. 23, 14. 19.

2) vgl. 2 Sam. 23, 7.        3) in der Stelle 1 Sam. 30, 26—31,
wo der ältere Erzähler sich ausführlicher an die ältesten Quellen
hält, Die Städte sind 1) בֵּית צוּר wie nach den LXX für בית אל
zu lesen ist, bekannt aus der Geschichte der Makkabäer; 2) Râmoth
im Süden; 3) Jattîr; 4) 'Aro'er vgl. Robinson III. S. 181 ff. Ritter's
Erdkunde XIV S. 123 f.; 5) 'Αμμαδὶ nach den LXX, vielleicht das
1 Sam. 24, 1 genannte עֵין גדי; 6) שפמות bisjezt nicht weiter bekannt, jedoch nach einem altKanáanàischen Namen 1 Chr. 27, 27.
Num. 34, 10 f.; 7) Eshtemó'a jezt wiedergefunden als Samúa; 8) LXX
*Gat*, wohl verkürzt aus מורשת גת Mikha 1, 14; 9) LXX Κιμάϑ,
vielleicht einerlei mit קינה Jos. 15, 22; 10) LXX Σαφὶκ, vielleicht
verdorben aus אָפֵק Jos. 15, 53; 11) LXX Θημάϑ, unsicher, wennnicht einerlei mit דומה Jos. 15, 52; 12) *Carmel* wie für כרכל zu
lesen, s. oben S. 51; 13) die Städte der Jerachmeeläer 1 Chr. 2, 25 f. 42
und Qänäer; 14) Chorma II. S. 245, fehlt in LXX; 15) LXX Ιερμουϑ
Jos. 15, 35; 16) כור עָשָׁן vgl. Jos. 15, 42; 17) עתך oder vielmehr
עֶתֶר Jos. 15, 42. 19, 7 fehlen beide in LXX; 18) LXX Beersába;
19) LXX Νομβὶ, aber nicht einerlei mit Bait-Nûbah oder Nobe bei
Hieronymus epitaph. Paulae p. 673. Epist. 86; 20) Hebron. Die LXX
haben hier im ganzen einen vollständigern Text.

Zur Höhle 'Adullam wohin sich Davîd zuerst begibt, kommen bald soviele welche bei ihm Schuz suchen, dass er mit den etwa 400 Mann welche seiner Führung sich untergeben die nächste Berghöhe besezt und sich hier verschanzt [1]. Da er aber fürchten muss dass Saûl, sobald er von diesen Dingen höre, wennnicht sogleich an ihm doch an seinen in Bäthléhem wohnenden Eltern Rache suchen werde, so geleitet er diese jenseit des todten Meeres nach einer Festung im Lande Moab und empfiehlt sie der Treue des dortigen Königs, „bis er erfahre was Gott mit ihm thun werde". Wollte er sie außerhalb der Gewalt Saûl's in einem fremden Lande in Sicherheit bringen, so lag ihm, da er den Philistäern nach seiner lezten Erfahrung S. 109 jezt nicht trauen mochte, Moab schon der Ortsentfernung nach am nächsten; wozu noch die alte Stammes-Verwandtschaft zwischen Moab und zwischen Israel und insbesondere David's Hause (nach dem B. Ruth) hinzukam [2].

Diese Lage der Dinge scheint ziemlich lange gedauert zu haben. Wir wissen auch noch näher aus sehr alter Quelle [3], dass als Davîd auf dieser Berghöhe festen Fuss gefaßt hatte, ihm aus allen Stämmen Israels tapfere Männer zuströmten welche seiner Führung sich anzuvertrauen für das zeitgemäßeste hielten. Vom Stamme Gâd jenseit des Jordans fielen ihm dieser Nachricht zufolge 11 namentlich angeführte vorzügliche Helden zu, welche die Kriegskunst vollkommen verstanden, mit Schild und Speer gerüstet, wie Löwen anzusehen und wieder wie Gazellen flüchtigen Fußes über die Berge eilend [4]; von denen der kleinere sovielwie

---

1) dass Davîd sich dahin begab, muss man nämlich nach dem Zusammenhange der Worte 22, 1—5 nothwendig voraussezen: es muss also eine dahin bezügliche Angabe hinter v. 2 ausgefallen seyn. Dass die Lücke hier aber weit bedeutender ist, kann man aus der plözlichen Erwähnung des Propheten Gâd v. 5 schließen, dessen Ankunft nothwendig hinter v. 2 weiter beschrieben gewesen seyn muss. 2) 22, 1—4.        3) 1 Chr. 12, 8  18 vgl. I. S. 181 f. 4) erinnert ganz an ähnliche Bilder welche unstreitig aus jener Zeit abstammen, 2 Sam. 1, 23. 2, 18. Ps. 18, 33—40.

hundert und der größere wie tausend galt [1]). Sie gingen
einst (vielleicht zur Zeit ihres Abfalles zu Davîd selbst) im
Frühlingsmonate, während dessen der Jordan von stärkern
Regengüssen und geschmolzenem Schnee stark anschwillt,
über dessen hochflutende Ufer und jugen noch dazu ihre
östlich und westlich in den Jordanebenen versammelten Ver-
folger in die Flucht. Ferner kamen Benjaminäer und Judäer
ebendahin zu Davîd: ihre Namen sind jezt in der Chronik
ausgelassen, erzählt wird aber von ihnen folgendes. Als sie
anlangten, trat Davîd feierlich vor sie und redete sie an
„seien sie freundlich ihm zu helfen gekommen, so wolle er
éin Herz und éine Seele mit ihnen haben; seien sie aber
gekommen ihn später gelegentlich seinen Feinden zu verrathen, obwohl er kein Unrecht gethan, so rufe er den Gott
der Väter um Strafe für sie an!" Da rief ihr Haupt 'Ama-
sai [2]) von ächter Begeisterung plözlich ergriffen aus: „dein
sind wir Davîd und mit dir du Sohn Jishaï's: Heil Heil dir
und Heil deinen Helfern, da dein Gott dir hilft!" So nahm
er sie freundlich auf und machte sie zu Obersten. — Solche
Worte ungewöhnlicher Vorsicht von Seiten Davîd's scheinen
zugleich dárauf hinzudeuten dass Davîd schon damals auch
schlimme Beispiele von Betrug und Treulosigkeit solcher
Überläufer, namentlich aus dem Stamme Benjamín, zu eigenem Schaden erfahren hatte. Inderthat haben wir alle Ursache anzunehmen dass es bis zum Tode Saûl's genug Männer in Israel gab welche von jenem angereizt David'en offen

---

1) diese Worte v. 14 lauten dagegen ganz wie ein Zusaz von der
eigenen Hand des Chronikers.        2) dieser עמשי scheint
nicht verschieden zu seyn von dem עֲמָשָׂא welcher im Kriege Absalom's eine so bedeutende Rolle spielt, vgl. unten: wenigstens war
dieser nach 2 Sam. 17, 25. 1 Chr. 2, 16 f. ein Judäer und zugleich
ein Neffe David's; seine Mutter Abigáil aber war nach 2 Sam. 17, 25
gewiss ebenso wie ihre Schwester Sserúja Joab's Mutter, nicht von
David's Vater Jishái sondern nur von seiner Mutter vermittelst eines
frühern Mannes von ihr namens Nachas. Sein Vater war ein Is-
maeläer, also eigentlich ein Ausländer namens Jithra 2 Sam. 17, 25
oder kürzer Jéther 1 Kön. 2, 5. 32. 1 Chr. 2, 17.

oder geheim zu schaden suchten; das Beispiel der Zîfäer
wird unten ausführlich erzählt vorkommen; und der Benjaminäer Kûsh, über dessen höchst gefährliche Verrätherei Davîd in dem schönen Ps. 7 so heftig klagt, spielte vielleicht
gerade in dieser Zeit seine Rolle, da dieses Lied seiner
Redefarbe nach in die Zeit gehört wo Davîd bereits eigener
Heerführer geworden war.

Ein andermal kamen drei der größten Helden zu Davîd
während er auf dieser Bergfeste seinen Siz hatte, die Philistäer aber ihn wie Saûl bekämpfend zwar im Thale Refaîm
südwestlich von Jerusalem ihr Hauptlager, einen weiter südlich vorgeschobenen Stand (Posten) aber in Bäthléhem hatten.
Sie zu bekämpfen kam auch David von seiner Bergfeste
herab, fühlte sich aber in der Arbeit des Kampfes só erschöpft dass er über alles gern einen Trunk reinen Wassers
aus dem Brunnen am Thore Bäthléhem's gehabt hätte. Wie
die drei das hörten, brachen sie freiwillig auf, drangen in
das Standlager der Philistäer am Thore zu Bäthléhem, holten
das Wasser und brachten es Davîd'en: der aber wollte es
nicht trinken sondern goss es als Dankopfer für Gott zur
Erde und sagte: „behüte mich Gott dies zu thun! soll ich
das Blut der Männer trinken welche mit ihrer Seele Gefahr
hingingen"? [1])

Der zweite ältere Erzähler von dem allein wir hier eine
etwas zusammenhangende Geschichte Davîd's besizen, nimmt
freilich auf solche einzelne Vorfälle und Persönlichkeiten schon
weniger Rücksicht: doch deutet er den allmäligen Zuwachs
des Heeres Davîd's dádurch an dass er vonjeztan nicht mehr
400 sondern etwa 600 Mann als das ihn begleitende Heer
angibt [2]); eine wichtige Zahl worüber unten weiter zu reden
ist. — Es hatte sich aber zu Davîd bereits auch ein Pro-

---

1) aus der sehr alten Quelle 2 Sam. 23, 13.—17, wo קָצִיר v. 13
nach 1 Chr. 11, 15—19 zu verbessern ist. Ähnliches ist auch von
spätern Feldherren wie von Alexander bisweilen erzählt: wir haben
aber hier ein Urbild dessen Geschichtlichkeit man nicht bestreiten
kann. Sehr ausführlich und mit einigen Seltsamkeiten schildert diés
Bild 4 Macc. 3, 6—16.        2) 1 Sam. 23, 13 vgl. 22, 2.        !

phet begeben namens Gâd, unstreitig derselbe welcher noch
in seinem spätern Alter bei ihm zu Jerusalem erscheint [1]);
er mochte also wohl David'en gleichaltrig seyn und vonselbst
drängt sich so die Vermuthung auf, beide hätten sich schon
früher in Samûel's Prophetenschule näher gekannt und daher
sei ihm Gâd in die Einöden des Landes gefolgt. Einen Propheten und in ihm irgend ein Orakel bei sich zu haben, ist
nach dem Wesen jener Zeiten kein geringes Glück, zumal
für ein so kleines von andern Hülfsmitteln verlassenes Heer:
und bald zeigt sich die höhere Ermunterung und Leitung
welche von ihm ausgeht. Der Prophet fordert im Namen
Jahve's (wir wissen das nähere davon nicht), das Heer möge
die Berghöhe verlassen und sich tiefer in das Land (Juda)
hinabbegeben: so zieht sich David nach einem Walde hin
welcher tiefer lag [2]). Und als später die Nachricht einlief
die Philistäer belagerten die westlich vom Gebirgskamme in
der Niederung gelegene Stadt Qe'îla [3]) und plünderten auf
dem platten Lande ringsumher die Tennen welche eben zur
Herbstzeit von Getreide erfüllt waren: ermuntert das von
David befragte Orakel dieses Propheten zu einem Kriegszuge
dorthin um die plündernden Philistäer zu vertreiben und die
bedrängte Stadt zu retten. Das Heer zwar theilt nicht diesen auf David's Befragen angeregten höhern Muth; es fühle
sich schon an seinem jezigen Orte nicht ohne Besorgniss und
Gefahr, wievielweniger könne es einen Kampf mit den wohl-

---

1) 2 Sam. 24, 11; dagegen scheint er nach 1 Kön. 1 f. bei der
Stuhlbesteigung Salomo's schon gestorben gewesen zu seyn; der andere große Prophet im Leben David's, Nathan, war also wie es
scheint jünger als er und wenigstens nach der Andeutung 1 Kön. 4,
5 priesterlichen Stammes.        2) »der Wald Cháret« 22, 5 ist
sonst unbekannt, und das πόλις Σαρία der LXX ist uns nicht deutlicher; vielleicht ist aber חֹרֶשׁ für חרת zu lesen nach 23, 15. 18 f.
Joseph. arch. 6: 12, 4 liest Σαρίς, welches aber John Wilson II.
p. 266 nicht richtig mit dem S. 26 bemerkten Sârûs zusammenstellt.
3) da sie nach Jos. 15, 44 zwischen den Städten Neßib und Ma-
résha lag, diese aber nach Robinson's Reise II. S. 673 f. 692 f. östlich und südlich von Eleutheropolis lagen, so kann man danach die
Lage jener Stadt ziemlich genau sich vorstellen.

geordneten Schlachtreihen der Philistäer wagen! . Da aber
das zum zweitenmale befragte Orakel die zuverlässigste Versicherung einer Niederlage der Philistäer ertheilt, bricht David mit dem Heere dahin auf, jagt den Philistäern ihre Heerden ab, besiegt sie in einer großen Schlacht, und rettet die
Stadt in welcher er sich nun selbst mit dem Heere nieder-
läßt [1]).

Während lezteres geschah, war indess an Saûl's Hofe
ohne Davîd's Vorwissen bereits eine schwarze That königlichen Argwohnes vollbracht, welche nicht ohne bittere Früchte
für jenen bleiben konnte und auch auf dieses fernere Geschichte nicht ohne Einfluss blieb. Als Saûl sichere Nachricht empfangen hatte dass Davîd mit seinem Anhange sich
in den schwerzugänglichen südlichen Landesgegenden festgesezt · habe, hielt er auf einem freien Plaze an der Höhe
seiner Hauptstadt Gibea, unter einer ehrwürdigen Tamariske
sizend [2]) einen feierlichen Königstag, wo auch Gericht su-
chende vor ihm erscheinen konnten; hier, umringt von den
meist aus Benjaminäern genommenen Großen seines Reiches,
erwähnt er auch die Sache Davîd's mit stechendem Unmuthe:
„gewiss werde der Sohn Jishaï's auch sie alle mit Ehrenge-
schenken und Ämtern überhäufen, da sie alle sich gegen ihn
verschworen hätten, niemand von ihnen ihm die Wahrheit
mittheile während sein Erstgeborner schon mit Davîd sich
verbündet habe, niemand seinen tiefen Schmerz dárüber theile
dass sein Sohn seinen eigenen Unterthan nun zum Auflaue-
rer wider ihn aufgestellt habe“! Da steht aus der Mitte der
den Königsstuhl umringenden jener S. 108 genannte Idumäer
Doég auf [3]) um zu sagen wie er den Hohepriester Achimélekh zu Nob Davîd'en Orakel Zehrung auf den Weg und das
Goliathsschwert habe geben sehen: worauf sogleich der Kö-

---

1) 1 Sam. 22, 5. 23, 1—5.　　　2) wie die ältesten deutschen
Könige.　　　3) sein Amt welches ihn befähigte hier zugegen zu
seyn und das Wort zu nehmen, wird 22, 9 angegeben, nachdem es
schon 21, 8 etwas allgemeiner bestimmt war; nur ist dort für עבדי
nach den LXX פָרְדִי zu lesen: er war Oberaufseher über die Maulthiere des Königs d. i. wie wir sagen würden kön. Oberstallmeister.

nig ·diesen Priester mit den übrigen männlichen Gliedern seines ganzen Hauses von Nob nach Gibea kommen läßt und
des Hochverraths beschuldigt. Zwar entgegnet dieser nun
völlig mitrecht, er habe von David'en nichts gewußt als dass
er als Schwiegersohn des Königs und Vorsteher der kön.
Leibwache (S. 98) der vertrauteste und geachtetste Mann am
kön. Hofe sei; Orakel aber habe er ihm ja auch früher stets
auf sein Begehren ertheilt; der König möge also ihm und
seinem Hause kein Verbrechen zuschreiben von dem er nicht
einmal etwas habe wissen können. Aber Saûl, von dem unsinnigen Wahne umstrickt dieser Priester müsse mit David
verschworen gewesen seyn, beschließt ohne weiteres seinen
und aller seiner Anverwandten Tod, ·ja als die Leibwache
diesen Befehl aus Ehrfurcht vor dem Priesterstande zu vollziehen sich weigert, richtet auf sein Geheiss Doëg selbst alle
die Unschuldigen der Zahl nach 85 [1]) hin und tödtet dann
nochdazu in der Priesterstadt Nob alles lebende, Weiber und
Kinder Menschen und Thiere. Wieviel von seiner Achtung
im Volke Saûl dadurch verscherzt habe, braucht die Erzählung nicht weiter zu berühren [2]).

Nur ein einziger Sohn jenes Priesters namens Ebjathar
fand ein Mittel diesem Blutbade zu entkommen: es verstand
sich vonselbst dass er sich zu David begab, sobald er konnte;
und dieser nahm ihn desto gerührter bei sich auf da er sich
nun erinnerte den Idumäer Doëg damals bei seinem Vater
Achimélekh gesehen zu haben unddas nicht ohne eine Ahnung dieser werde alles Saûl'en verrathen, und da er sich
daher selbst als die lezte Ursache so großen Unglückes eines Priesterhauses betrachten konnte. Denn wiewohl niemand leicht vorausahnen konnte dass Saûl auch nur an éinen Priester wegen des einem schuldlosen Flüchtlinge ge-
spendeten geistlichen Trostes und leiblichen Brodes seine
Hand legen würde, so zieht doch ein so zartsinniger Mann
wie David es sich mitrecht sehr zu Herzen auch nur mittel-

---

1) bei den **LXX** vielmehr 305, bei Fl. Josephus 385.
2) 1 Sam. 22, 6—19.

bar die Ursache so großen Elendes geworden zu seyn; und
so wollte er jezt wenigstens den einzigen von dem Priesterhause geretteten wie ein kostbares ihm anvertrautes Pfand heilig halten und sein Leben wie sein eigenes schäzen. — Aber
in diesem Flüchlinge welcher damals bereits Orakel geben-
der Priester war und das h. Orakel-Werkzeug mit sich führte,
hatte er so zugleich einen befreundeten Mann erworben, dessen Priester-Orakel nach damaligen Zeitbegriffen dem Volke
viel höher gelten mußte als das rein prophetische Orakel
Gâd's, und der deshalb vonjezt eine nicht unbedeutende Rolle
in seiner Geschichte spielt. Dies zeigt sich jezt sogleich.
Er hatte sich zu Davîd geflüchtet als dieser bereits in dem
eroberten Qe'îla sich befand [1]). Da nun Saûl erfuhr dass
David sich in dieser „Stadt von Thor und Riegel" aufhalte,
und in ihr ihn mit seinem ganzen Heere gefangen zu nehmen Krieg rüstete und den Heerbann aufbot: so wandte sich
Davîd, sobald er davon hörte, nicht an Gâd's sondern an
dieses Priester-Orakel mit den zwei Anfragen ob Saûl nach
Qe'îla hinabkommen und ob dessen Einwohner ihn selbst und
seine Leute sogleich Saûl'en wenn er mit seinem Heere er-
schiene ausliefern würden? Auf beides antwortet dies Orakel mit ja: und so zieht sich Davîd mit seinen etwa 600
Mann aus der Stadt noch só zeitig in seine frühern Schlupfwinkel zurück, dass Saûl auf die Nachricht davon seinen
Feldzug unterläßt [2]).

---

- 1) dies ist der deutliche Sinn der Worte 23, 6; und da wir auch
sonst keine Ursache haben an diesem zeitlichen Zusammenhange der
Ereignisse zu zweifeln, so müssen wir annehmen dass das 23, 2—4
gemeinte Orakel nicht das dieses Priesters sondern das des 22, 5
genannten Gâd war. Wirklich aber deutet dies der Erzähler auch
noch dadurch aufs vernehmlichste ao, dass er v. 9 f. vgl. 30, 7 f. die
Art wie das Priester-Orakel gefördert und gegeben wurde ganz anders beschreibt als die Art jenes vorhergegangenen Orakels v. 2—4.
Freilich haben dies alles schon ältere Leser verwechselt und danach
die Lesart v. 6 verändert, wie die LXX zeigt: allein erst dann wird
es unerklärlich wie die Darstellung so ordnungs- und grundsazlos
werden konnte.        · 2) 22, 20—23. 23, 6—13.

Dass aber Saûl damit seine leidenschaftliche Wuth David'en zu vernichten verloren hätte, ist nicht zu erwarten: und wirklich sehen ,wir aus vielen deutlichen Spuren dass er wiederholt sich bemühete Davîd'en in seine Gewalt zu bekommen. Die ältern Erzähler deuten diese während einer langen Zeit fortgesezten Feindseligkeiten Saûl's nur mit kurzen Worten an [1]): doch heben sie aus der Geschichte jener trübselig verworrenen und durch ein göttliches Geschick immer vereitelten Bestrebungen vorzüglich zwei Züge hervor.

Einst verfiel Davîd, als er innerhalb der südöstlich von Hebron liegenden Wüste Zîf [2]) in einem Walddickichte sich aufhielt, bei dem Heranziehen Saûl's in eine stärkere Furcht: wir wissen nichtmehr die näheren Umstände welche gewiss die große Besorgniss des Helden genug rechtfertigten. Da gerade kam Jonathan, wie von Gott getrieben, zu David in jenes Walddickicht und tröstete ihn wie mit Worten und Verheißungen von Gott selbst: in Saûl's Gewalt werde er sówenig' fallen dass er vielmehr einst als König Israel beherrschen werde und er selbst nur der nächste Mann im Reiche nach ihm also sein erster Unterthan zu seyn wünsche; so habe er auch zu Saûl gesprochen und werde nicht müde in gleicher Weise auf seinen Vater zu wirken. Auf diese Versicherungen schwören beide aufsneue sich Freundschaft zu, und verlassen sich in solcher Stimmung [3]). — Nun ist freilich nicht zu verkennen dass mit diesem freien Triebe reinster und aufopferndster Freundschaft der ältere Erzähler absichtlich d. i. schon im Überblicke der ganzen folgenden Ge-

---

1) 23, 14.    2) über die Lage von Zîf s. Robinson II. S. 416 ff.    3) dies der Sinn der Erzählung 23, 15—18, welchen man nicht richtig auffassen kann solange man v. 15 die Lesart וַיַּרְא welcher freilich schon die LXX folgt beibehält: denn wie der Umstand dass Davîd die Gefahr *sah*, mit der Ankunft Jonathan's zusammenhange, sieht man nicht ab. Da nun aber sonst v. 15 sichtbar mit v. 16—18 zusammenhängt und einen verstümmelten Text hier anzunehmen kein Grund vorliegt, so wird man וַיִּרָא lesen müssen, welches einzig zum Verfolge der ganzen Erzählung paßt. Dann aber scheint hinter v. 18 die Angabe zu fehlen was Saûl zulezt verhindert habe damals David zu fangen.    .

schichte die Darstellung des Verhältnisses der beiden Helden
schließt: dies ist das leztemal dass der eine den andern sieht,
und gerade hier ist der Gipfel dieses heiligen Freundschaftsbundes. Aber dass Jonathan den gefährdeten Freund auch
mitten in seiner Einöde einmal besucht habe, leidet geschichtlich sich zu denken keine Schwierigkeit.

Ein andermal [1]) gingen einige der wilden Bewohner der
Wüste Zîf selbst hin zu Saûl um ihre Bemühung im Einfan-
gen Davîd's dem Könige anzubieten; und indem dieser ihren
Eifer für ihn höchlich belobt, fordert er sie áuf sich genau
zu versichern an welchem der vielen Schlupfwinkel wo des
schlauen Davîd's flüchtiger Fuss verweile dieser wirklich sich
befinde, damit er von ihnen benachrichtigt dann mit ihnen
gehen und ihn, sei es auch in welchem Gaue Juda's es wolle,
auffangen könne [2]). Demnach zogen diese Zîfäer vor Saûl
her nach der Wüste Zîf: Davîd freilich war schon weiter
südlich bis in die noch unfruchtbarere Wüste von Maʿôn gezogen; aber da sein Aufenthalt Saûl'en verrathen wurde und
Davîd erfuhr dass dieser im Anzuge gegen ihn begriffen sei,
liess er sich (um nicht durch ein großes Heer eingeschlossen
und ausgehungert zu werden) von dem steilen Berge herab
worauf sein Heer sich gelagert hatte [3]) und blieb in der ebenen Wüste um sobald es nöthig weiter zu fliehen. Allein
Saûl, durch Späher vom allem gut unterrichtet, kam ihm zuvor: schon trennte die beiderseitigen Heere nichts weiter als
der Berg den Davîd verlassen hatte, und während Davîd von
der éinen Seite desselben sich wiederholt anschickte mit
größter Eile dem Könige gewandt zu entschlüpfen, suchte
dieser mit seinen Leuten jenen von allen Seiten immer vollständiger zu umstellen um ihm nirgends einen möglichen
Ausweg zu lassen. Hier lag schon für Davîd und sein gan-

---

1) I Sam. 23, 19—28.        2) הֵכִין v. 22 ist »vergewissern«,
wie aus נָכוֹן »das Gewisse, Zuverlässige« v. 23 erhellt.

3) יָרַד הַסֶּלַע v. 25 ist »den Felsen hinabsteigen«, also von ihm
hinab, wie man bestimmter sagen konnte; aber schon die LXX hat
unrichtig εἰς τὴν πέτραν, welches in den Zusammenhang der Erzählung garnicht paßt.

zes Heer die höchste Gefahr vor gefangen genommen zu
werden: als eben noch zur rechten Zeit Saûl durch' einen
Eilboten abgerufen wurde um die tief in das Land einge-
drungenen, wahrscheinlich nordwärts überall siegreichen Philistäer aufzuhalten [1]. So gross wie hier war die Gefahr für
David und sein Heer noch nirgends gewesen: es ist also
nicht auffallend, dass der Felsen selbst wo das Geschick sich
noch zulezt so wunderbar entschieden hatte, lange Zeit der
Schicksalsfelsen genannt wurde [2].

David selbst zog sich nun zwar weiter östlich in die
Berghöhen von 'Aengadî am Ufer des Todten Meeres zurück: aber als Saûl nach jenem Feldzuge gegen die Philistäer davon erfuhr, machte er sich aufsneue auf mit 3000
auserlesenen Kriegern David'en und seine Leute auf den
„Felsenriffen der Gemsen" aufzusuchen.   Wir wissen nichtmehr von der Hand desselben ältern Erzählers, wie auch
dieses Unternehmen des unversöhnlich hassenden Königs ohne
seinen eigentlichen Zweck zu erreichen fehlschlug: aber dass
David (wie dieser Erzähler weiter sagt) endlich die Unmöglichkeit einsah sich in diesen öden Gegenden Juda's und
überhaupt irgendwo im Gebiete des Reiches Saûl's ferner zu
halten, ist nicht anders zu erwarten.   So endete also nach
der Darstellung des ältern Erzählers dieser ganze Abschnitt
des Lebens David's [3].

---

1) dass die Philistäer damals durch den Kriegszug Saûl's gegen
David zu ihrem eigenen unerwarteten und also außer der gewohn-
lichen Jahrszeit unternommenen bewogen wurden, ist möglich und
wahrscheinlich: durch nichts aber ist zu beweisen dass David sie
herbeigerufen habe.       2) da nämlich הַמַּחְלְקוֹת v. 28 in seiner sonstigen Bedeutung nicht zutrifft (man müßte es sonst verstehen »Fels der Heeresabtheilungen« d. i. der Heere, welches doch
zu wenigsagend wäre), so scheint nichts übrig zu seyn als es wie
das einfache חֵלֶק von Schicksalsloosen zu verstehen.  Da der Name
gewiss rein geschichtlich ist, so fallt seine eigenthümliche Wortbil-
dung nicht auf.       3) dass der ältere Erzähler einen solchen
Zusammenhang der ganzen Geschichte in seinem Sinne hatte, folgt
deutlich aus 27, 1 f. (denn umgekehrt hatte David nach dem Schlusse
der jezigen Erzählungen c. 24 und 26 gar keinen Grund aus Furcht

Aber gerade in diesen Schluss des wechselseitigen Verhältnisses zwischen Davîd und Saûl haben die spätern Erzähler einen höhern Gedanken verflochten welcher nur an
dieser Stelle leicht stark hervortreten konnte. Dass David
gegen Feinde großmüthig war, dass er den durch Unfall in
seine Hände gerathenden Gegner statt die Gelegenheit zur
Kühlung seiner Rache zu benuzen vielmehr ehrenvoll frei-
liess, liegt ganz in seinem Wesen und wird in dem Liede
Ps. 7, 5 von ihm selbst berührt; dass er Saûl'en selbst, auch
wenn er ihm empfindlich zu schaden die günstigste Gelegenheit gehabt hätte, kein leibliches Leid zufügen konnte, folgt
schon aus dem reinen Begriffe des „Gesalbten Gottes" welcher seine Seele erfüllte.    Und gewiss erzählte auch jener
ältere Erzähler, dessen Stücke hier lückenhaft geworden, an
dieser Stelle etwas der Art, wie Davîd Saûl'en als dieser sich
zu tief in eine Gefahr begeben das Leben gerettet habe:
denn ohne die Annahme einer solchen Urerzählung sind sogar die jezigen Darstellungen unerklärlich.    Ferner ist leicht
einsehbar, dass auch in der bloßen Volkssage gerade dieser
ausgezeichnete Zug des Edelmuthes Davîd's fast ebenso beliebt war und daher ebenso viel und am Ende so mannich-
faltig erzählt wurde wie sonst sein Jünglingskampf gegen
Goliath.    Wie der ächte Diener Jahve's den „Gesalbten Jahve's" ehren und dessen Wohl auf Unkosten seines eigenen
suchen, an ihn aber gar die Hand zu legen für die höchste
Sünde halten müsse, konnte nun aus der Geschichte déssen
aufs lebendigste veranschaulicht werden welcher selbst später das Vorbild eines solchen Gesalbten wird, dies aber
schwerlich geworden wäre hätte er es nicht früher in seinem
eigenen Geiste getragen und im Leben nie dagegen gefehlt.
Allein handelt hier Davîd aufs höchste gegen den „Gesalbten Jahve's" aus dem wahren Begriffe desselben, so vollen-

---

vor Saûl aus dem Lande zu weichen); und von 24, 1 bis v. 4 sind
auch sichtbar noch Worte des ältern Erzählers, sowohl ihrer Redefarbe nach als weil v. 4 die Angabe der »Schafhurden am Wege«
ebenso geschichtlich als im jezigen Zusammenhange unverständlich
und überflussig klingt.

dete sich der höhere Sinn welcher nun immermehr in solche Darstellungen kam erst dádurch ganz dass nun auch Saûl
selbst wie gerührt von dem unvergleichlichen Großmuthe Davîd's als ein rechter „Gesalbter Jahve's" gegen seinen ver-
meintlichen Feind handelnd gedacht wurde; als habe er nichtnur Davîd'en seine Lebensrettung zu verdanken gehabt während er dessen Leben suchte, sondernauch in dem Augenblicke von der unwiderstehlichwahren Empfindung der erhabeneren Größe Davîd's hingerissen diesem selbst die künftige Herrschaft über Israel als ihm gebührend zuerkannt und
daraufhin einen Freundschaftsbund mit ihm geschlossen. Inderthat entstanden so die in diesem Gebiete denkbar höchsten Darstellungen reiner Wahrheiten: denn dér ist erst der
wahre Held welcher wie Davîd auch seinen ärgsten Feind
wider Willen zu seiner Anerkennung und Freundschaft hin-
ŗeißt; und dér ist ein Gesalbter Gottes in welchem wie nach
dieser Darstellung in Saûl, auch wenn schon düstere Nacht
seine Stirn umzieht, doch noch unerwartet zur rechten Zeit der
reinen Wahrheit Bliz durchschlägt alles finstere zerstreuend.
Aber nach dem ältern Erzähler ist Saûl nur in einer frühern
Zeit noch solcher plözlichen Lichtblicke gegen David fähig
(S. 99 ff.): und was der ältere Erzähler sichtbar auf Jonathan
beschränkt, die Voraussicht und Billigung der künftigen Herrschaft Davîd's von Seiten des Hauses Saûl's selbst und die
zugleich darin liegende künstlerische Vorbereitung der ganzen folgenden Geschichtsentwickelung, das würde nun viel-
.mehr auf Saûl übergetragen. Das aber ist ebenso deutlich
bloße Fortbildung der Urerzählung, wobei der reine Gedanke
zulezt ganz vorherrscht.

Von dieser Art nun sind in das jezige Buch zwei Erzählungen aufgenommen, beide sich gleich in der zerfließenden mehr die Größe des Gedankens als die einfache That
hervorhebenden Darstellungsweise, doch jede den Spuren der
Sprache nach wieder von einem besondern Erzähler; gerade
wie wir oben bei der überhaupt entsprechenden Goliath-Ge-
schichte S. 91 ff. drei Erzähler unterscheiden mußten. In
beiden wird als die Gelegenheit wobei David an Saûl hätte

Rache nehmen können, ein tiefer Schlaf genannt worin dieser auf seinem ·Feldzuge·gegen jenen in einer Höhle ¹) gefallen sei, welches also gewiss ein Zug der Urerzählung·ist ²):
aber die Erzählung c. 24 (welche vom frühern dieser zwei
Erzähler abstammt) knüpft das Ereigniss an den Aufenthalt
·Davîd's bei ʿAengadî, die andere c. 26 (welche sich strenger
an viele Worte des ältern Erzählers anschließt und allen
Spuren nach von einem noch spätern Erzähler ist) verlegt es
nach der Wüste Zîf und den in dieser liegenden Hügel Cha-
khîla ³). Nach beiden wird David von seinen Leuten aufgefordert die Gelegenheit zur Rache an Saûl zu benuzen: aber
nur in der spätesten Erzählung c. 26 wird Abishái der Bru-
·der Joâb's als dér genannt mit welchem Davîd sich Saûl'en
genähert ⁴), und Abner als dér den Davîd wegen seiner übeln
Wachsamkeit für Saûl wie billig verhöhnt habe. Nach beiden nimmt Davîd dem schlafenden Könige ein Zeichen seines Dagewesenseyns ab, um dieses dann dem erwachenden
mit zürnend liebenden Worten vorweisen zu können: aber
nach c. 24 schneidet er ihm den Zipfel seines Königsgewan-
des ab; erschrickt aber nachher selbst etwas über diese zu

---

. 1) für אֶל־נָכוֹן 26, 4 wofür die LXX wenigstens noch אל נכון
קעילה las, ist vielmehr אֶל־נֶכֶר מְעָרָה zu lesen »in die Spalte einer Höhle«, oder sogleich נִקֵר wenn נְּכֵר nicht ebensoviel bedeutete.
    2) ·das אֶת־רַגְלָיו הֵסַךְ 24, 4 faßt man gewöhnlich als »seine
Nothdurft verrichten«, dies paßt aber in keiner Weise zu dieser·Er-
zählung, 'da man aus vielen kaum der Aufzählung werthen Gründen
nicht begreift wie Davîd mit seinen Freunden irgend bei einer solchen Sache thun konnte was· er that; auch Richt. 3, 24 ist es für
die beschriebene Zeit zu kurzdauernd. Bedeutet aber die Redensart
eig. bedecken seine Füße d. i. niederkauern, so kann sie vielleicht
auch jenes, aber ebensogut das Schlafen aus bloßer Ermüdung bei
hellem Tage ohne Bettdecke bedeuten.     3) 26, 1—3 nach 23, 19.
    4) die Schilderung bei Abishái 26, 6 ist wie aus einer ältern Stelle
2 Sam. 23, 15 genommen. Der hier zugleich mit Abishái erwähnte
aber als hinter diesem an Kühnheit zurückbleibend beschriebene Achimélekh (LXX Ἀβιμέλεχ) der Chittäer findet sich in den jezigen Quellen sonst nicht, wurde aber vom Erzähler gewiss in einer ältern
Quelle vorgefunden.

kühne That [1]) und dämpft die Begier seiner Leute mit dem
strengen Befehle sich nicht an Saûl zu machen; nach c. 26
nimmt er ihm den Speer und das Wasserbecken. Der Ausgang ist bei beiden etwa derselbe: in der überhaupt wort-
reichern spätesten Erzählung c. 26 ist besonders auffallend
wie Davîd den König ermahnt „wenn Jahve ihn (durch einen bösen Geist) zur Verfolgung der Unschuld verführt habe,
so möge dieser Opfer riechen d. i. genügende Sühnopfer von
ihm dargebracht empfangen; aber wenn Menschen ihn dazu
verleitet hätten, so seien diese zu verwünschen weil sie ihn
zwängen das h. Land zu verlassen und (in den fremden Ländern) fremden Göttern zu dienen, während er nichts mehr
wünsche als nur nicht fern vom h. Orte (dem Tempel) zu
fallen“. Hier ist's als hörte man die bittere Klage so vieler
durchschallen welche gegen den Anfang der großen Volks-
zerstreuung etwa im 7ten Jahrh. von ungerechten Königen
wie Manasse in die Verbannung gestoßen wurden.

Wie Davîd in diesen öden Gegenden sonst gelebt habe
abgesehen von seinen Verhältnissen zu Saûl, darüber gibt uns
eine sehr ausführliche Erzählung des ältern Verfassers [2]) ein
sehr deutliches Bild, zwar nur an ein einzelnes seiner Erlebnisse geknüpft, aber an eines der durch seine Folgen be-
deutenderen. Als Davîd nach Sámûel's Tode (d. i. nach S.
70 ff. gegen das Ende dieses ganzen Abschnittes seines Lebens) von jenen östlichen Felsenriffen bei 'Aengadî, wir wissen nichtmehr näher aus welcher besondern Ursache, mit allen
seinen Leuten in die südöstliche Wüste bei der Stadt *Ma'ôn* [3])
hinabzog, vernahm er dass in der Nähe ein großes ländliches
Fest gehalten werde: ein sehr reicher Kalibäer (II. S. 372 f.),
zu Ma'ôn wohnhaft und auf dem etwas nördlicher gelegenen
Berge Karmel die Wirthschaft eines ungewöhnlich großen
Kleinviehstandes betreibend, hielt eben das jährliche Schaf-

---

1) vgl. 2 Sam. 24, 10 woraus gewiss diese Redensart 1 Sam. 24, 6
entlehnt ist.        2) 1 Sam. c. 25.        3) so scheint man
1 Sam. 25, 1 nach LXX Vat. für פארן מ lesen zu mussen, da die aus
der Mosaischen Geschichte bekannte Wuste Phârân II. S. 244 zu
südlich liegt als dass sie hieher gehören könnte.

schur-Fest in einem Landhause am Karmel. Da die Einwohner dieser südlichen Gegenden, wie wir schon S. 116 bei der Stadt Qeʻîla sahen, mit ihren Besizthümern von Saûl wenig oder garnicht beschüzt wurden und also, hätte sich nicht Davîd mit seinem Streifheere ihrer Sicherheit angenommen, beständig der Raubsucht der südlich von Juda wohnenden Wüstenvölker ausgesezt gewesen wären: so lag nichts unbilliges in dem hier bei Davîd entstehenden Wunsche auch für seine damals nothleidenden Leute einen kleinen Antheil von dem Überflusse jenes Festes zu erhalten. Feste Auflagen erhob er gewiss während jener Zeiten nirgends in diesen Gegenden: ohne eine gewisse Theilnahme am Überflusse der beschüzten Einwohner hätte er aber mit seinem Heere nicht bestehen können; wie dies überall so seyn wird in ähnlichen Lagen. So entsendet er denn zehn seiner Leute mit Glückwünschen und mit Andeutung der billigen Bitte ihres Herrn an den reichen Kalibäer. Dieser aber ist leider ein harter durch Unbesonnenheit leicht zu bösen Thaten sich fortreißen lassender Mann, sodass man sagen konnte er selbst sei wie sein Name *Nabal* d. i. Thor, sinnloses denkend und daher zuzeiten auch wohl zu gottlosen Gedanken und Thaten hingerissen. So weist er die Gesandtschaft ab, unddas nicht ruhig sondern zugleich spottend über Davîd den Mann niedriger Abkunft den Empörer wider seinen rechtmäßigen Herrn: und dieser beschließt nach der Rückkehr der Gesandtschaft den ihm offen angethanen Schimpf zu rächen, zieht mit zwei Dritteln seines ganzen 600 Mann betragenden Heeres gezückten Schwertes aus um in der nächsten Nacht durch Überfall alles zu vernichten, und läßt die ubrigen zum Schuze der Geräthe zurück. Zumglück aber wird die kluge und schöne Hausfrau Abigáil zeitig von einem der Sachen kundigen und daher mitrecht Schlimmes ahnenden Diener von allem unterrichtet: und während ihr Mann sich gegen Abend der unsinnigsten Schwelgerei und Sorglosigkeit überläßt, bringt sie ohne Vorwissen desselben rasch ein geziemendes Geschenk von allerlei Lebensmitteln [1]) zusammen,

---

1) wie nüchtern diese damals waren, erhellt aus ihrer Aufzählung

läßt dies auf Eseln dem anrückenden Heere entgegentreiben
und folgt ihm selbst; schon bei dem Abhange (dem „Schirme")
des Berges trifft sie auf den gerade ihr gegenüber von dem
südlicheren Berge hinabziehenden David und bittet diesen
unter den demüthigsten Worten aberauch unter den am tiefsten zum sittlichen Herzen redenden Vorstellungen dies Geschenk anzunehmen: „er sei nun gewiss durch Gott selbst
abgehalten mit Mord zu kommen und Selbstrache zu nehmen;
da er Kriege Jahve's (I. S. 88) führe und nie Böses gethan,
so werde ihm Gott gewiss einst ein glückliches Haus bereiten; und wenn Gott ihm die längst beschiedene Herrschaft
über Israel gebe, so würde es ihm dann im Herzen nicht
zum bittern Vorwurfe gereichen Blut vergossen und Selbstrache genommen zu haben". Wirklich nimmt auch David
mit frohem Danke gegen Gott ihn zeitig vor weitern Schritten bewahrt zu haben das Geschenk an und kehrt um. Abigáil aber kann nach Hause kommend ihrem im trunkenen
Muthe die Nacht zubringenden Manne von alle dem nichts
mittheilen: und als sie es ihm am nächsten Morgen mittheilt,
fällt er vor unmenschlicher Wuth über die ihm nun doppelt
unangenehme Sache augenblicklich in eine Erstarrung und
stirbt am zehnten Tage darauf vom Schlage getroffen: worin
nicht ohne Grund eine göttliche Strafe erblickt wurde.

Dies Ereigniss stellt der Erzähler sichtbar auch deswegen so ausführlich dar, weil er daran zum Schlusse dieses
ganzen Abschnittes bequem eine Übersicht der häuslichen
Verhältnisse David's in jener Zeit anknüpfen konnte. Nach
Verfluss der Trauerzeit hielt David um die Hand dieser reichen wie es scheint kinderlosen Witwe Abigáil an und empfing ihre Einwilligung; schon früher[1]) hatte er die Achi-

---

v. 18: 200 Brode, 2 Schläuche Wein, 5 zubereitete Schafe, 500 kleine
Maße Graupen, 100 solcher Maße Rosinen und 200 trockener Fei-
gen. Hinter חמש scheint מאוש ausgefallen, weil ein Seah Getreide
nach Gen. 18, 6 nicht viel mehr als für ein paar Menschen enthält,
und ein Epha welches die LXX dafür hat, auch noch zu gering seyn
wurde. Vgl. auch 1 Sam. 30, 11 f. 1 Chr. 12, 40.

1) dass es früher geschehen war, liegt in der Stellung der Worte

nóam aus dem nicht weit von dieser Gegend liegenden Städtchen Jizre'el ¹) zum Weibe genommen, wir wissen nicht unter welchen Verhältnissen. Zu diesen Heirathen war er aber
desto·mehr berechtigt, da Saûl inzwischen die Mikhal unstreitig absichtlich ihm genommen und an einen andern Mann,
den er an sein Haus zu fesseln suchte,. verheirathet hatte ²).

### 2. als Philistäischer Lehnsträger.von Ssiqelag.

Als Davîd nach S. 122 endlich das ganze Gebiet Israels
seiner und der Seinigen Sicherheit wegen verlassen zu müssen glaubte, wandte er seine Blicke zu demselben philistäischen Könige Akhîsh von Gat zurück, bei dessen Hofe er
nach S. 110 f. vor meheren Jahren.nach der ersten Flucht vor
Saûl Zuflucht gefunden hatte, zu dem er aber jezt als selbständiger und· bewährter Anführer einer Schaar von 600
Kriegern ganz anders als damals·sich stellen.konnte. Freilich durfte er nichts andres hoffen als gegen bestimmte Leistungen die er dem Könige versprach, von ·ihm Sicherheit
und Lebensunterhalt für sich und seine Anhänger zu erhalten; diese .Leistungen waren einmal bestimmte ·Antheile an
der auf eigenen Kriegszügen gemachten Beute ³), wobei still-
schweigend vorausgesezt wurde dass diese Züge meist gegen Unterthanen Saûl's gerichtet seien; und zweitens Kriegsdienst im Heere der Philistäer selbst sobald · der König ihn
verlange ⁴). Er trat also zunächst als eigener Heerführer (ein
Italischer Condottiere im Mittelalter) in .des Königs Dienste:
und das schlimme dabei war, dass er so gegen Saûl und Israel
zu fechten gezwungen werden konnte, welches doch ursprünglich allen seinen Gefühlen so stark widerstrebte. Allein nichtnur war es nicht seine Schuld, wenn er nun ,endlich .einmal
unter fremder Anführung auch gegen dén fechten sollte welcher ihn mit grundloser Wuth unaufhörlich verfolgte: er besass auch genug schlaue Klugheit um die Freiheit seiner
Stellung mehr zum Vortheile als zum Schaden seines Volkes

---

25, 43. 27, 3. 30, 5. 2 Sam. 2, 2.   1) nach·Jos. 15, 55˙f.
· 2) 1 Sam. 25, 39—44. ·   3) folgt aus 1 Sam. 27, 9, wenn
man die Worte richtig faßt.   4) folgt aus 28, 1 f.

zu benuzen; und dass das schlimmste, der Zwang gegen Israel
mitten unter Philistäern zu fechten, ohne bittere Folgen vor-
überginge, dazu konnte er wenigstens im Herzen den inni-
gen Wunsch fassen und im Falle der Noth den Versuch wagen. Als ganz selbständiger Fürst konnte er noch nirgends
sich behaupten: also mußte er, wo er auch mit seinen Angehörigen Schuz suchte, doch immer erwarten einmal gegen
Saûl gebraucht zu werden. Die Entwickelung' dieses Knotens kommt am Ende rasch und befriedigend genug, doch
noch weit mehr als durch des Helden menschliche Klugheit
durch das Walten eines höheren Geschickes.

1. Einen wichtigen Schritt zur Erlangung größerer Unabhängigkeit that freilich David selbst bald nach dem Über-
zuge. Anfangs liess er sich der Verabredung gemäss in der
Hauptstadt Gat selbst und also in der nächsten Nähe des Königs nieder: er brachte aber nichtbloss die 600 Krieger mit
sich, sondern ein ganzes kleines Volk, da fast jeder dieser
Krieger ein Haus mit Weib und Kindern hatte [1]). Schon dies
konnte ihm die Veranlassung geben den König, dessen volles Vertrauen er sich sogleich erwarb, um Einräumung einer
Landstadt in seinem Gebiete zu ersuchen, wo er mit seinen
Leuten wohnen könnte. Indem ihm nun der König zu dem
Zwecke die Stadt Ssîqelag einräumte, ward er Lehnsfürst darüber und legte mit ihr den Grund zu einer Hausbesizung
(Domäne): sodass diese Stadt auch späterhin nach der Spaltung des Davîdischen Reiches als zu Davîd's Hause und daher zum Reiche Juda gehörend betrachtet wurde [2]). Ein

---

1) folgt aus 27, 3 vgl. 2 Sam. 2, 3.        2) 1 Sam. 27, 6 vgl.
darüber weiter unten bei Rehabeam. Die Lage des Ortes ist bisjezt
von keinem neuern Reisenden ausgemittelt. Er gehörte ursprünglich
zum Stamme Simeon Jos. 19, 5, wurde aberauch nach II. S. 376 zu
Juda gerechnet Jos. 15, 31. Dass er sehr weit nach Suden lag, folgt
ebenso aus der Erzählung in Davîd's Leben als aus den übrigen nach
Jos. 15, 30 ff. 19, 4 f. zu seinem Gaue gehörigen Örtern, zunächst
dem II. S. 245 f. erwähnten Chorma. Ganz grundlos ist von Neueren vermuthet es sei einerlei mit el-Sukkarieh südwestlich von Bait-
G'ibrîn; eher könnte man, da צִקְלַג Enge bedeuten würde, an das
jezige elLuqieh bei Robinson I. 345 denken.

Heerführer wie Davîd damals war ist auch unter andern Völkern nicht selten so mit einem kleinen Gebiete belehnt, und möglicherweise wird dies der Grund zu einem immer selbständiger und größer werdenden Reiche: für Davîd ist diese Stadt inderthat der Grund seines ganzen Reiches geworden. Hier konnte er schon mit größerer Unabhängigkeit und Selbstheit herrschen, Flüchtlinge oder Überläufer in immer größerer Zahl an sich ziehen, Botschaften wie ein Fürst senden wie empfangen [1]), und im kleinen als Herrscher über Krieger und über ansässige Bürger dieselben Künste üben durch welche er nachher sein großes Reich erwarb und behauptete [2]).

Wir besizen noch eine sehr alte genaue Nachricht [3]) über die berühmten Kriegshelden welche zu David nach Ssîqelag kamen, sobald er sich hier als Lehnsfürst niedergelassen hatte. Es waren Benjaminäer und sogar einige von Saûl's eigenen Anverwandten, welche also nur aus großem Mißvergnügen über die Wendung der Dinge unter Saûl zu Davîd übergegangen seyn können, Männer wie alle Benjaminäer (II. S. 397) geschickt sowohl mit der linken als mit der rechten Hand zu schleudern und zu schießen; ferner mehere aus Juda [4]), alle namentlich aufgeführt, nur dass der Chroniker hier wie sonst sooft die Angabe der Namen welche er in den alten Urkunden fand sehr ins kurze zusammengezogen hat. Wenn aber der ältere Erzähler das Heer Davîd's noch immer wie früher S. 115 nur als 600 Mann fassend angibt [5]): so sehen wir hier deutlich dass diese Zahl mehr als eine runde und feststehende gilt; und werden unten gelegentlich weiter untersuchen wie dieser Gebrauch der Zahl entstanden sei.

---

1) vgl. 1 Sam. 30, 26—31.          2) 1 Sam. 27, 1—6.
3) 1 Chr. 12, 1—7 vgl. I. S. 181 f. und oben S. 113 ff.
. 4) auf Juda führen die Örter Gedéra v. 4 welches nach Jos. 15, 36 nicht sehr weit von Zsiqelag lag, und Gedôr v. 7 vgl. Jos. 15, 58; die Qorachäer v. 6 waren wohl nicht welche von den bekannten Leviten, sondern nach 1 Chr. 2, 43 ebenfalls vom Stamme Juda. Ungewisser ist die Ableitung des Geschlechtsnamens חרופי oder חריפי Q'ri v. 5.          5) 1 Sam. 30, 9—24 ebenso wie 23, 13. 25, 13. 27, 2.

Kriegszüge von Ssîqelag aus zu unternehmen, am besten
bloße Überfälle um reiche Beute hieundda zu machen, · war
nach obigem für David und seine Leute damals eine Nothwendigkeit. Unternahm er aber· solche·Überfälle, so zog er
immer ins Feld gegen· die Geshûräer· [1]) und ʿAmaleqäer welche als ʿdie Ureinwohner dieser Länder· zumtheil· nördlich
doch meist südlich vom Gebiete dieses·philistäischen Königs
bis nach Ägypten hin mehr nomadisch wohnten, nahm ihnen
Heerden Kamele und Gewänder ab, brachte dann den verabredeten Antheil der Beute nach Gat zum Könige Akhîsh,
gab aber (wie erzählt wird) wenn dieser ihn über die Richtung ·seiner Überfälle fragte immer vor er sei gegen den
Süden Juda's, insbesondere gegen die Jerachmeélischen und
Qänäischen Siedler [2]) gezogen, und liess aus gleicher Ursache
keine gefangenen Menschen am Leben, damit der König nicht
von seinem Antheile· an der Beute dieser erführe· wohin er
eigentlich ziehe und wie er handle. So erreichte er zwar
den Zweck den König in einer guten Meinung von sich zu
erhalten und doch das geliebte Vaterland zu verschonen: aber
auch hier ist es zu bedauern dass er nur in solcher· Ver-
heimlichung und unrichtigem Vorgeben die Mittel fand ʿsich
aus einer so verwickelten Lage der Dinge zu ziehen und es
allen recht zu machen deren Zufriedenheit sich zu erhalten
ihm unentbehrlich schien [3]).

2.  Nachdem Davîd aber auf solche Weise etwa ein Jahr
und 4 Monate zugebracht hatte [4]), entzündete sich ein allgemeiner philistäischer Krieg gegen Saûl, an dem er als philistäischer Lehnsfürst nothwendig theilnehmen mußte. Hier
also kann der große Zwiespalt ausbrechen, in welchen· seine
Lehnspflicht mit seinem Volksgefühle geräth. Als König Akhîsh

---

1) oder *Gaziräer* nach II. S. 427 ff.        2) diese nannte er
offenbar nur deshalb besonders, weil sie wie wir ʿnach II. S. 375 von
den Qänäern ʿbestimmt wissen, mehr nomadisch lebten.
3) 1 Sam. 27, 7—12. ʿ        4) diese Zeitfrist folgt aus 1 Sam.
27, 7 und 29, 3: nur dass an lezterem Orte der lebendigen Rede
wegen ·die Zeitbestimmung ·etwas allgemeiner lautet: »dieses Jahr
oder diese Jahre«.

ihm anzeigt er werde mit ihm ins Feld gegen Israel ziehen,
kann er sich auch inderthat nicht weigern Folge zu leisten,
antwortet jedoch nur „der König werde schon erkennen was
er thun werde"; und da dér diese imgrunde sehr zweideu-
tige Antwort einfach in günstigem Sinne auffaßt, erwidert er
die Bereitwilligkeit seines Lehnträgers mit dem Gegenver-
sprechen, er werde ihn zum Obersten seiner Leibwache ernennen d. i. nach S. 98 ihn nächst dem Feldherrn zum obersten Manne im Reiche erheben [1].

.  Der allgemeine Krieg aller philistäischen Fürsten gegen
Israel, welcher jezt beginnen sollte, hatte aber seinen Haupt-
schauplaz diesmal im nördlicheren Lande Israels: während
nach dem ältern Erzähler das Lager Israels bei 'Ain im Gebiete von Jizre'el d. i. im südlichen Theile des später Galiläa
genannten Landstriches ist, steht das der Philistäer westlich
davon bei Aféq oder nach dem andern Erzähler bei Shunem [2].
Das mittlere Land, worin Saûl's Herrschersiz Gibea lag, scheint
also damals von den Philistäern entweder schon stark besezt
oder soweit zerstört gewesen zu seyn, um nun auch den
Krieg in das äußerst fruchtbare nördliche Land überzutragen
und so bald ganz Israel zu unterjochen: denn wären sie nicht
damals im Süden und in der Mitte schon ziemlich sicher gewesen, so hätten sie bei der Leichtigkeit von hieraus ihre
Reiche zu überfallen nicht wagen können den Krieg so weit
nach Norden zu verlegen.  Also hat Davîd mit seinem Heere
von Ssîqelag aus einen ziemlich weiten Weg nach jenem Lager hin, und muss mehere Tage ihn zurückzulegen brauchen;
er bildet mit Akhîsh den Nachtrab des nach Hunderten und

---

1) 1 Sam. 28, 1 f.        2) wenn *Shunem* 28, 3 einerlei ist
mit dem jezigen *Sôlam,* wie die neuesten Untersuchungen auch Robinson's annehmen, und *Afeq* 29, 1 also wahrscheinlich dem etwas
westlicher liegenden 'Afule entspricht (wenigstens ist Afeq sonst noch
nicht wiedergefunden): so wird '*Ain* 29, 1 wohl nicht aus 'Aendôr
28, 7 verkürzt seyn können, weil dies durch den ganzen kleinen
Hermon von jenem getrennt wäre; es ist also wohl eher mit Robinson III. S. 394 ff. als aus dem jezigen Ain G'âlûd verkürzt anzunehmen, da dies auf dem Gebirge Gilbóa liegt 28, 4. 31, 1 ff. 2 Sam. 1, 21.

Tausenden in Schlachtordnung aufziehenden großen Heeres der Philistäer. Allein die übrigen Fürsten schöpfen Verdacht die Hebräer möchten im entscheidenden Augenblicke der Schlacht nicht treu seyn, und vielleicht wolle der gefürchtete Davîd sich bei seinem alten Herrn Saûl auf Kosten der Köpfe der Philistäer wieder beliebt machen. Wirklich ist dies nur derselbe Verdacht wegen dessen Davîd vor vielen Jahren bei Akhîsh verfolgt und endlich zur Flucht genöthigt gewesen war S. 108 f.: und wiewohl nun Akhîsh jezt nichts weniger als einen solchen Verdacht hegt, ihn vielmehr seinen Mitfürsten unter Belobung der ihm längst bewährten Treue seines Lehnträgers auszureden sucht, so sieht er sich doch durch sie genöthigt in aller Güte Davîd'en zur Rückkehr nach Ssîqelag aufzufordern, welches dieser dann auch unter lebhafter Gegenverwahrung und Versicherung seiner Treue thut. So wird er, noch bevor der lezte entscheidende Augenblick nahet, aus der quälenden Verlegenheit unerwartet erlöst: was er in dem entscheidenden Augenblicke wirklich gethan haben würde, bleibt nach jener zweifelhaften Antwortstellung ungewiss; doch läßt sich von dém der bis dahin stets seinem Volke zu schaden und gegen es zu streiten aufs schlaueste zu vermeiden gewußt hatte, nichts anderes erwarten als dass er auch jezt nicht die Absicht haben konnte das Wohl der Philistäer über das seines Volkes zu sezen [1]).

Aber auch noch aus einer andern Ursache kam dieser Urlaub Davîd'en sehr zur rechten Zeit [2]). Von da wo er von Akhîsh mit seinem Heere entlassen wurde bis nach Ssîqelag hatte er über zwei Tagereisen zurückzulegen: als er nun am dritten Tage nach Ssîqelag zurückkam, fand er dies in dem erschrecklichsten Zustande. Ein starker Haufe 'Amaleqäer aus den südlichen Wüsten hatte (wahrscheinlich auf die Nachricht hin dass die streitbarsten Männer der Philistäer und Israeläer nach Norden gezogen) einen glücklichen Raubzug gegen die südlichen Städte Philistäa's und Juda's unter-

---

1) 1 Sam. c. 29.        2) c. 30.

nommen, war dann auch am lezten Tage (gewiss auf die
Nachricht hin dass der gefürchtete Davîd abgezogen sei) nach
Ssîqelag gekommen und hatte hier nichtbloss (wie sich vonselbst versteht) die Güter der schlechten Widerstand leisten-
den Ureinwohner geplündert, sondernauch unter anderer Beute
alle Weiber und Kinder David's sowie seiner Krieger gefangen fortgeführt und die Stadt in Brand gesteckt [1]). Auf den
ersten herben Schreck aller von dem Zuge mit Akhîsh zurückkehrenden folgte bald die schlimmste Entrüstung der Krieger gegen David als ihren Führer: man drohete ihn zu steinigen; wie es denn inderthat eine Unvorsichtigkeit gewesen
war, nachdem man die 'Amaleqäer durch frühere Beutezüge
viel gereizt hatte, nun die Stadt bloss dem schwachen Widerstande ihrer Ureinwohner zu überlassen. Aber er suchte
(wie der Erzähler hier einmal ausdrücklich hinzufügt) in Jahve
seinem Gotte schnelle Fassung, fragte das Priester-Orakel ob
Verfolgung des Feindes rathsam sei, und fing auf die be-
jahende Antwort darüber sogleich mit allen seinen 600 Mann
die Verfolgung an. Als sie an den Bach Besôr [2]) kommen,
gehen nur 400 Mann hinüber, die übrigen bleiben aus zu
großer Ermüdung vor ihm zurück: Davîd aber läßt sich dadurch an der weitern raschen Verfolgung nicht aufhalten,
erhält an einem unterwegs gefundenen ägyptischen Sklaven
eines der 'Amaleqäer, den sein Herr vor 3 Tagen auf dem
Hinzuge nach Ssiqelag Krankheîts halber hatte liegen lassen
und der nur mit Mühe wieder ins Leben gebracht wurde,
einen Wegweiser zum Lager der Feinde und trifft diese

---

1) wäre lezteres nicht erzäblt, so könnte man gar vermuthen sie
seien von den Ureinwohnern herbeigerufen: gut unterrichtet wenigstens durch die mit ihnen verwandten Ureinwohnern müssen sie gewesen seyn, da sie die rechte Zeit so genau wußten.

2) dessen Lage ist bisjezt nicht wiedergefunden, sowenig als die
Ssîqelag's selbst, obgleich ihn einige Neuere furwizig schon auf die
Charte gesezt haben. — Vor והנותרים v. 9 sind, wie der ganze
Zusammenhang lehrt, einige Worte ausgefallen, etwa וַיַּעֲבְרוּ אַרְבַּע
מֵאוֹת אִישׁ: dass sie schon bei den LXX fehlten, beweist nichts
gegen ihre Ursprünglichkeit.

abends eben in voller Auflösung ʼund Sorglosigkeit schwelgend und feiernd auf dem Boden zerstreuet. So überfällt er
sie den nächsten Morgen und schlägt sie bis zum ʼAbende
so vollkommen ʼdass sich nur 400 Gemeine auf Kamelen retten, nimmt ihnen nichtnur die Weiber und Kinder aus Ssîqelag welche sie des gehofften hohen Lösegeldes wegen
zumglück sämmtlich am Leben erhalten hatten; sondernauch
ihre ganze übrige große Beute ab, und kehrt damit zurück.
Am Bache Besôr angelangt, wollen die Sieger den 200 hier
zurückgebliebenen keinen Antheil an der Beute verstatten,
lassen sich jedoch endlich durch die auf die höhere Gerechtigkeit [1]) hinweisende Beredsamkeit David's dazu bewegen;
sodass es seitdem in Israel stehende Sitte wurde sowohl den
in den Kampf gegangenen als den bei dem Gepäcke zurück-
bleibenden gleiche Antheile an der Beute zuzuerkennen [2]).
Und da er noch niemals eine so reiche Beute gemacht, versäumt er nicht allen ihm befreundeten Ältesten der Städte
Juda's mit denen er früher in Berührung gekommen war,
reiche Antheile davon als Geschenke zuzusenden (S. 112).
So verlief dieser Unfall sogar mit der Erringung neuer Vortheile: und zu keiner Zeit konnte das freundliche Verhalten
zu den Ältesten Juda's von wichtigeren Folgen werden als jezt.

3.   Denn während dies alles im Süden des Landes sich
ereignet, entrollt sich dort im Norden das angeknüpfte große
Schauspiel mit einem Ausgange der für Israels nächste Geschicke nicht trauriger seyn konnte und nothwendig David'en
wiederum aus seiner jezigen Stellung bringen mußte.   In
jener Schlacht bei Jizreʼel drangen die Philistäer aus der

---

1) diese besteht 1) in Hinsicht auf Gott, der diesen unerwarteten
Sieg gegeben, sodass es nicht der Mensch fursich ist der sich der
erworbenen Güter rühmen könnte, v. 23 (wo אֶת־אֲשֶׁר als Ausruf
nach §. 294 a zu fassen ist: denket an das was . . . .); 2) in Hinsicht
auf die Menschen, da sie menschlich nicht verlangen können dass
man ihnen in diesem Verlangen willfahre, v. 24.          2) wie
wichtig dies einfache alte Zeugniss über die Enstehung dieser Sitte
in Rücksicht auf eine entsprechende Bestimmung des B. der Urspp.
sei, ist schon in den Alterthümern S. 318 hervorgehoben.

Ebene wo sie zuerst standen siegreich südostwärts bis auf
das Gebirge Gilbóaʿ vor, und indem auf diesem Saûl mit seinen Getreuen ihnen verzweifelten Widerstand leistete, fielen
die Tapfersten derselben in so großer Anzahl, dass jene
nichtnur nach völligem Siege das Lager Israels eroberten
sondernauch dies ganze Landesgebiet bis zum Jordan in
Besiz nahmen und damit ʿalles erreichten was sie nur wünschen konnten.  In derselben mörderischen Schlacht fielen
nichtnur von den Philistäern scharf verfolgt die drei Söhne
Saûl's Jonathan Abinadab und Malkhishûaʿ, sondernauch er
selbst: über die genaueren Vorfälle aber bei seinem Tode
waren bald etwas abweichende Berichte in Umlauf, wie das
bei einem so unglücklichen Ausgange des Ganzen leicht geschehen konnte.  Nach dem einen Berichte [1]) wurde ihm von
einigen Bogenschüzen só hizig zugesezt [2]) dass er schon von
Wunden bedeckt und die Unmöglichkeit eines Entkommens
einsehend seinen Waffenträger bat ihn zu durchbohren damit die Feinde nicht unter Hohn und Spotte dasselbe thäten:
da dieser sich aus Furcht weigerte das zu thun, stürzte er
sich in sein eigenes Schwert, worauf auch der Waffenträger
in der Verzweiflung dasselbe that und mit ihm starb.  Nach
dem andern [3]) traf der Sohn eines ʿAmaleqäischen Hörigen
zufällig am Gilbóa auf Saûl, während dieser von Wagen und
Rossen hizig verfolgt niedersank und sein Haupt vor Mattig-
keit an seinen noch in der einen Hand gehaltenen Speer
stüzte [4]): ängstlich hinter sich blickend sah ihn der König

<hr>

1) 1 Sam. c. 31, nach allen Spuren vom zweiten Erzähler.
2) וַיָּחֶל v. 3 oder dafür וַיָּחַל leitet man nach dem Zusammenhange am richtigsten von חָלַל »verwundet seyn, leiden« Ps. 109, 22
ab und die LXX hat insofern richtig ἐτραυματίσθη, nur dass sie das
folgende nicht sicher durch εἰς τὰ ὑποχόνδρια übersezt.
3) 2 Sam. 1, 1—16 vom ältern Erzähler. Dass der ʿAmaleqäer
bloss vorgebe den König ermordet zu haben ist gegen den Sinn dieser Erzählung, und hätte den Überbringer von Krone und Armband
bei David nicht mehr empfehlen können als er schon hiedurch sich
empfohlen glauben konnte.      4) der Speer Saûl's, den dieser
Erzähler überall soviel hervorhebt, spielt also bei ihm noch hier
eine Rolle.

und forderte ihn áuf ihn vollends zu tödten, da ihn der
Starrkrampf ergriffen habe obwohl er noch ganz athme; er
that das in der Meinung der König könne doch nach seinem
Niedersinken niemehr gesunden, nahm ihm die Krone vom
Haupte und das goldene Band vom rechten Arme ab und
brachte diese eiligen Laufes mit der Todesbotschaft zu Davîd.  Beide Berichte sind offenbar alt, nur dass der eine
den treuen und gewissenhaften Waffenträger, der andere einen leichtsinnigern und rohern Nichthebräer bei den lezten
Athemzügen des sinkenden Helden zugegen seyn läßt; als
wäre jenes der Bericht der wohl, dieser dér der übel auf
Saûl redenden gewesen.

Eben dieser 'Amaleqäer (berichtet der ältere Erzähler)
brachte nun am dritten Tage nachdem Davîd wieder in Ssîqelag war, im Anzuge eines Trauernden diese Botschaft über
Saûl und Jonathan und über seine eigene That zu David,
gewiss eines guten Lohnes von diesem gewärtig.  Aber dieser brach vielmehr mit seinen Leuten in die tiefste Klage
und Trauer über den Fall der beiden und sovieler andrer
Helden sowie über das Unglück des ganzen Volkes aus, und
liess am nächsten Tage den 'Amaleqäer hinrichten als einen
der frevelhaft seine Hand an den „Gesalbten Jahve's“ gelegt
habe.  So wenig Freude hatte er also am Untergange dieses
seines unversöhnlichen Feindes; und so wollte er von allen
ohne Unterschied auch die sinkende Hoheit des wahren Königthums geachtet wissen! Inderthat aber konnte er auch
nach dem strengen Rechte nicht anders handeln, da der fal-
lende König doch möglicherweise noch länger hätte leben
können. — Und welche tiefe Trauer er um Saûl und nochmehr um Jonathan im Herzen trug, wie er die wahre Tu-
gend auch des Feindes anerkannte und welche ganz unver-
gleichlich zarte Liebe er gegen Jonathan empfand, das alles
spricht sich sodann in seinem Trauerliede auf beide unübertrefflich rührend aus.  Und da ein solches Trauerlied alles
rühmliche was sich von dem Todten sagen läßt in edler
Sprache zusammengedrangt enthält, so trug er dabei die besondere Sorgfalt es von den jüngern Israeliten z. B. im Heere

genau auswendig lernen zu lassen, damit es so für immer
erhalten würde und noch die Spätesten den Ruhm der beiden Helden priesen [1]).

Aber was sollte er bei dieser großen Entscheidung der
Dinge weiter thun? Jonathan, zwischen welchem und ihm
ein edler Wetteifer in der Selbstverläugnung jezt sich hätte
bilden können, war gefallen; ein anderer Sohn Saûl's Ishbóshet [2]) war zwar noch am Leben, und alt genug um die Herrschaft sogleich anzutreten, aber wäre er ihm auch persönlich verbunden gewesen, welches zumal da eine Erbfolge im
Königthume damals gesezlich nochnicht eingeführt war keineswegs der Fall seyn konnte, so hätte es nicht viel geholfen
diesen als König anzuerkennen, weil (wie wir sogleich sehen
werden) fast das ganze Reich Saûl's damals in der äußersten
Auflösung und diesseits des Jordan's alles mittlere und nördliche Land von den Philistäern besezt war. Zwar sich gegen
Saûl's Haus zu erklären und sogleich nach der Herrschaft von
ganz Israel zu streben konnte einem edeln Herzen wie dem
Davîd's nicht einfallen: aber seinen eignen Stamm Juda, in
dessen Gebiete er in frühern Jahren schon als beschüzen-
der Heerfuhrer sich aufgehalten und wo er sich schon so
viele Städte zur Dankbarkeit verpflichtet hatte, vor den Einfällen der Philistäer und andrer jezt kühn gemachter Feinde
zu bewahren, konnte er (da kein Besserer sich dazu fand)
für Pflicht halten, die weitere Entwickelung der Dinge Gott
überlassend.

Wir wissen außerdem aus einer sehr alten Quelle [3]),

---

1) 2 Sam. 1, 17—27 vgl. die *Dichter des A. Bs.* Bd. I. S. 108 f.
und oben Bd. I. S. 24 *nt.*        2) die vier Söhne Saûl's werden
am deutlichsten genannt 1 Chr. 8, 33. 9, 39: danach ist Jonathan·
der älteste, Ishbóshet der jüngste; lezterer aber heißt hier Eshbáal
nach II. S. 495 *nt.*; die LXX und Fl. Josephus haben Ιεβοσθι, aber
gewiss nur verschrieben für Ιοβ. Den hier genannten Namen entsprechen die bei dem zweiten Erzähler 1 Sam. 31, 2: aber 14, 49
bei dem ältern fehlt Abinadab und יִשְׁוִי müßte eine andre Bildung
des Namens Ishbóshet seyn, wenn es kein Schreibfehler ist; die
LXX las ישוי.        3) 1 Chr. 12, 19—22.

dass sogleich nach dem großen Unfalle Saûl's und als er noch in Ssîqelag sich aufhielt, von freien Stücken eine Menge der tapfersten Krieger zu ihm übergingen und von' seiner Führung Heil für Israel ᵧerwarteten: sieben Gauenhäupter (Gaugrafen) vom Stamme Manasse werden namentlich aufgeführt, und solche Hauptleute kamen gewiss immer mit dem größten Theile ihrer Leute; außerdem langten täglich bei ihm neue Krieger an um : ihm zu helfen oder bei ihm ihr Glück zu versuchen, „sodass sein Lager gross wurde wie ein Lager Gottes".

Hier konnte er also nicht länger unthätig warten oder allein' in seinem frühern Verhältnisse zu Akhîsh bleiben. Er fragte (sagt der ältere Erzähler) das Orakel ob er in eine Stadt Juda's ziehen solle, und dies bejahte es; er fragte weiter in welche? und es erwiderte nach Hebron, der alten Stadt Juda's. Dahin zog er denn, und seine Leute ließen sich mit ihren Häusern in den kleinen Städten rings um die Hauptstadt nieder. Den Ältesten des ganzen Stammes konnte gewiss nichts lieber seyn unter den gegenwärtigen Verhältnissen! so versammelten sie sich zu Hebron und salbten ihn zum Könige über Juda ¹).

### 3. als König von Juda.

Über Juda herrschte Davîd zu Hebron 7 Jahre und 6 Monate: Ishbóshet aber Saûl's Sohn herrschte während dessen über ganz Israel (nämlich außer Juda) 2 Jahre lang. Auf den ersten Blick versteht man diese ganz abweichenden Zahlen nicht, da doch Davîd nach seines Nebenkönigs ²) Tode gewiss sogleich Herrscher über ganz Israel wurde und nicht erst 5 ½ Jahre dazwischen vergingen. Es ist freilich wahr dass wir über diesen Zeitraum des Lebens David's imganzen

---

1) 2 Sam. 2, 1—4.        2) strenger aber betrachtet der ältere Erzähler den Ishbóshet als den eigentlichen, David als den Nebenkönig: dies erhellt nämlich daraus dass er 2 Sam. 2, 10 f. jenen und zwar mit der Angabe seines Alters bei der Stuhlbesteigung vor David nennt, während er erst als David König von ganz Israel wird auch sein Alter bei der Stuhlbesteigung bestimmt 5, 4 f.

.nicht viel wissen: nehmen wir' jedoch alles was sich erhalten hat lebendiger zusammen, so-bildet sich daraus folgende Vorstellung:

1. -Nach Saûi's Tode konnte außer Juda wo David eine Herrschaft aufrecht erhielt, eigentlich nirgends sogleich ein neues Reich Israel errichtet werden: so zerstörend waren die Folgen jenes großen Sieges der Philistäer gewesen. Die Philistäer welche schon das mittlere Land erobert gehabt haben müssen, besezten nun auch das nördliche, indem die Einwohner aus den Städten der großen Ebene Jizre'el und am Jordan sich über den Jordan flüchteten, wie sehr bestimmt erzählt wird [1]). Den Jordan überschritten zwár die Philistäer allen Spuren zufolge nicht: aber die dortigen' Städte waren nach II. S. 448 seit alten Zeiten so wenig zu einer festen Einheit verbunden, dass sie einem Reiche keine rechte Stüze gewähren konnten. Wäre freilich sogleich ein ausgezeichneter Nachfolger Saûl's dagewesen;' so hätte der sich leichter ein neues Reich unter den Trümmern des väterlichen gründen können: aber Ishbóshet zeigt sich wie wir ihn kennen nur als Schwächling. ·' Wollte man von der strengen Erbfolge abgehen, 'so hätte sich zwar schon in Saûl's näherer oder entfernterer Verwandtschaft mancher tüchtigere Held als dieser sein jezt einzig übergebliebener rechtmäßiger Erbe finden lassen: allein wiewohl über die königliche Erbfolge damals noch kein bestimmteres Gesez vorgelegen zu haben scheint, so zeugt es doch von einem noch sehr gesunden Sinne des Volkes dass diese Erbfolge ganz nach dem uralten Geseze aller Hauserbfolge betrachtet wurde. · Denn nur dadurch wird die Erbfolge im Reiche so ruhig und ·friedlich wie sie seyn soll: während die Mängel auch eines weniger fähigen königlichen Erbfolgers zu ergänzen und zu heben vielmehr Sache des Volkes ist.

, Unter diesen Umständen hätte denn vielmehr David, sobald er sich in Hebron als anerkannter König von Juda fest-

---

1) 1 Sam. 31, 7: ähnlich wie einst unter Josúa die Kanáanäer vor Israel geflohen waren Jes. 17, 9.   · ⁻ í  ʻ,

gesezt hatte, die nächsten Aussichten gehabt jezt sogleich
von allen Stämmen als Beschüzer und Herrscher gesucht zu
werden: und gewiss würde er sich nicht geweigert haben
schon jezt dasselbe zu thun was er 7 Jahre später wirklich
that. Dass er selbst die Möglichkeit davon ahnete und genug großsichtig alle Verhältnisse überblickte, darüber haben
wir wenigstens éinen Beweis an einer auch sonst merkwürdigen That. Die Philistäer fanden nach jenem Siege beim
Ausziehen und Berauben der Leichen des Schlachtfeldes auch
Saûl's und seiner Söhne Leichen: sie schnitten Saûl's Leibe
den Kopf ab, zogen ihm die Waffen aus, ließen rings in ihrem ganzen Vaterlande in den Gözentempeln und auf den
Märkten die Siege verkünden, und verwahrten dann seine
Waffen im Haupttempel der Astarte und seinen Schädel im
Dagon-Tempel; den Rumpf aber von ihm und seiner Söhne
Leichen steckten sie hoch an der Mauer [1]) der östlich vom
Gilbóa am Jordan liegenden Stadt Bäth-shân (später Skythopolis) auf, wie zum Hohn für die jenseit des Jordan's wohnenden Hebräer. Aber die Bürger der nach S. 33 f. einst
von Saûl geretteten Stadt Jabesh jenseit des Jordan's [2]), empört über solchen Anblick und solche Behandlung der Leiche
ihres dankbar verehrten Königs, gingen eine ganze Nacht
durch, holten alle diese Leichen und begruben sie ehrenvoll
unter der Tamariske d. i. auf ihrem Gemeindeplaze. Sobald
dies David in Hebron hörte, schickte er zuvorkommend eine
feierliche Gesandschaft an sie, um ihnen unter vielen herzlichen Wünschen für die dem Könige erwiesene Liebe zu
danken, sie zu fernerer Tüchtigkeit in diesen schwierigen
Zeiten zu ermahnen, und ihnen kundzuthun dass der Stamm
Juda ihn zum Könige gesalbt habe [3]). Hier ist keine Rede

---

1) so der zweite Erzähler: der ältere aber nannte hier nach
2 Sam. 21, 12 bestimmter den am Thore liegenden Marktplaz.
    2) die Lage der Stadt in dem jezt noch gleichlautenden Vâdi ist
näher von Robinson untersucht auf seiner zweiten Reise, s. Ztschr.
der DMG. 1853 S. 59 f.        3) 1 Sam. 31, 8—13. 2 Sam. 2,
4—7. Bei 1 Sam. 31, 10 ist hinter בֵּית עַשְׁתָּרוֹת nach 1 Chr. 10, 10
einzuschalten בֵּית דָּגוֹן אֶת־גֻּלְגָּלְתּוֹ וְ vgl. 1 Sam. 5, 2, obgleich

von einem Sohne Saûl's als ihrem nunmehrigen Könige; und
hätten die Herren von Jabesh sich weiter mit ihm einlassen
wollen, so würde er gewiss gern ihre Bitte um seinen Schuz
und damit um seine Herrschaft erfüllt haben. Wollten sie
das aber auch nicht, so mußte schon die Sorgfalt Davîd's um
die Ehre des gefallenen Königs und seiner thätigen Freunde
ihm überall guten Ruf bereiten.

Aber es zeigte sich eben jezt dass der Boden für Davîd's Thätigkeit im Großen nochnicht genug vorbereitet war.
War auch seine Kriegstüchtigkeit längst überall bekannt, so
mochte doch seine jüngste Verbindung mit den Philistäern
manche stuzig machen; und wenn wir bedenken dass Davîd
während er in Hebron herrschte von den Philistäern in Ruhe
gelassen wurde sobald er aber König von ganz Israel wurde
die heftigsten Kämpfe gegen sie zu bestehen hat, so ist es
troz des Stillschweigens unserer Quellen nur zu wahrscheinlich dass er während jener Jahre den Philistäern Abgabe
entrichtete und deshalb so ruhig herrschen konnte. Dazu
gab es nach S. 68 f. noch zuviele Männer welche aus wahrer
Gewissenhaftigkeit nicht von Saûl's Hause als dem rechtmäßigen abfallen wollten; andere endlich strebten auch wohl
durch den Versuch einer Wiederherstellung der 'Trümmer
des Reiches Saûl's ihr eigenes künftiges Wohlseyn zu gründen. Zu leztern mußten der Sache nach am meisten viele
Benjaminäer gehören, obwohl manche von ihnen nach S. 107
schon vor Saûl's Tode zu Davîd übergegangen waren. Insbesondere war es éin Benjaminäer der jezt noch einmal das
äußerste für das Haus Saûl's versuchte und dessen Geschichte
für diese Jahre in den Vordergrund tritt, Abnér. Dieser war
nach S. 26. 31 ein Sohn Nêr's des Bruders von Saûl's Vater, und erscheint zwar nochnicht in dem ersten großen Philistäischen Kriege welchen Saûl führte S. 41, wohl aber später beständig als der Feldherr d. i. als der erste Mann im
Reiche Saûl's und Stellvertreter des Königs. Dass dieser

---

diese Worte schon im Texte der LXX fehlten. Sonst ist freilich
der Text in der Chronik imallgemeinen weniger ursprunglich.

tapferste und angesehenste Mann die lezte mörderische Schlacht
Saûl's überlebte, war bei allem Unglücke des Hauses Saûl's
ein Glück wodurch dieses leicht hätte seine ganze vorige
Macht wiedergewinnen können. Er war wie durch sein Amt
so durch seine Verwandtschaft zum eigentlichen Beschüzer
seines Neffen Ishbóshet als des einzigen nochlebenden Sohnes Saûl's berufen: und er that alles was ihm durch diese
seine doppelte Stellung als Pflicht geboten scheinen konnte.
Aber das ganze Reich lag ja damals in Trümmern, und diesseit des Jordan's konnte oder wollte schwerlich auch nur
éine Stadt die Herrschaft des Hauses Saûl's anerkennen, während auch jenseits wohl einzelne Städte wie Jabesh schwerlich aber das ganze Land sogleich einem Könige wie Ishbóshet sich zu unterwerfen willig war. Also blieb dem tapfern
Abnér vorläufig nichts übrig als der Versuch die gänzlich
zerfallenden oder eroberten und von den Philistäern besezten
Länder allmälig neu zu ordnen und zurückzuerobern: wobei
David'en solange dieser auf Juda sich beschränkte vorläufig
in Ruhe zu lassen die Klugheit gebot. Dass diese Aufgabe
sehr schwierig war und ihre endliche glückliche Lösung Abner'n alle Ehre machte, versteht sich leicht. Zuerst scheint
er nun das jenseitige Land wieder unter seinem Schuze. vereinigt und aus ihm Kräfte zur Vollbringung des weitern
Werkes gesammelt zu haben: dies liegt schon im Ganzen
jener Verhältnisse, und wird bezeugt einmal dádurch dass
Ishbóshet seinen Siz nicht wie sein Vater zu Gibea oder
überhaupt in Benjamîn, sondern jenseit des Jordan's in Machanáim nahm einer Stadt wie es scheint uralter Größe und
Heiligkeit welche gewiss damals sehr bedeutend war [1]) und
noch lange späterhin ihre Heiligkeit behielt [2]). Und zwei-

---

1) auch David nimmt dort seinen Siz als er über den Jordan
fliehen muss 2 Sam. 17, 24 ff. 1 Kön. 2, 8. — Ein Ort *Mahneh* mit
Trümmern ist jezt etwa in gleicher Breite mit Skythopolis aber weit
östlich vom Jordan wiedergefunden: sollte aber der Jabboq nach II.
S. 565 mit dem Griechischen Hieromax derselbe seyn, so müßte das
alte Machanáim nach Gen. 32, 2 nördlich von diesem gelegen haben.

2) folgt aus HL. 7, 1 vgl. mit Gen. 32, 2 f., wie ich schon 1826
erklärte.

tens beweist es sich aus der Art wie die Zahl der am Ende
von Ishbóshet beherrschten Länder aufgeführt wird: „Abner
(sagt der ältere Erzähler) nahm den Ishbóshet, brachte ihn
hinüber nach Machanáim und machte ihn zum König über
Gilead, das Geshuräische Land, Jizre'el, Efráim Benjamin und
ganz Israel (außer Juda)" [1]): in dieser Reihenfolge der Länder diesseit des Jordan's mag zugleich die Ordnung beschrieben seyn in welcher Abner die von den Philistäern besezten
Ländern zurückeroberte. Dass nun während dieser Bemü-
hungen Abner's etwa 5 Jahre verflossen und Ishbóshet erst
nach dieser Zeit zum Könige über Israel feierlich gesalbt
werden konnte, liegt durchaus im Wesen der Sache: denn
nicht so leichten Kaufes werden die Philistäer ihre Eroberungen, in denen sie sich schon festgesezt hatten, wieder
aufgegeben haben.

2. Nachdem nun aber dieser große Zweck von Abner
erreicht war, mußte ihn die Folgerichtigkeit allerdings bestimmen auch den Versuch zu wagen Juda wieder mit dem
Reiche des Hauses Saûl's zu vereinigen: dass David aber
jezt nach 5 Jahren von dessen Herrschaft nicht freiwillig
abtreten würde, war vorauszusehen; und so entspann sich
zunächst aus Neckereien zwischen den Kriegern beider Seiten ein Krieg zwischen beiden Häusern welcher gewiss den
größten Theil jener zwei Jahre der Herrschaft Ishbóshet's
ausfüllte. Abnér mit seinen Kriegern, eben über die Philistäer siegreich und stolz auf den von ihm gehaltenen König,
fing sichtbar den Hader mit den Leuten David's an: was
diese in jenen 5 Jahren gemacht, wissen wir zwar nicht
näher imeinzelnen, aber gewiss hatten die Kriege gegen die
südlichen und westlichen Völker mit Ausnahme der Philistäer

---

1) 2 Sam. 2, 8 f. Für אשורי las die LXX תשורי oder תשירי;
wahrscheinlicher ist die Lesart anderer alten Übersezer גשורי, da
dies nach II. S. 395 auch sonst als ein weit nach Nordosten gele-
genes Land vorkommt, dessen Hauptstadt גּשׁוּר übrigens damals
noch immer einen eigenen König hatte 2 Sam. 3, 3. 13, 37. 14, 23
vgl. mit 15, 8 wonach dies kleine Land Aramäische Einwohner hatte.
Jizre'el als Name für das Thal von Galiläa findet sich auch Jos. 17, 16.

(S. 143) damals unter ihnen nicht geruhet, und gewiss waren
sie nichtnur von dem Geiste der höhern Heiterkeit und Zuversicht Davîd's selbst erfüllt, sondernauch durch fortwährende
Übung in allen Kriegskünsten gestärkt. Eine Menge wunderbar kräftiger und mutherfüllter Krieger muss damals schon
um David sich gebildet haben, der Kern des Heeres derselben Helden mit dem er später den Grund zu einer Weltherrschaft legte, eine seit den Tagen Josúa's neue Erscheinung in Israel, wovon auch Abner keine rechte Vorstellung
gehabt haben mag als er auf die Überzahl seiner eigenen
Krieger stolz mit den nur an Zahl schwächern Kriegern Davîd Streit suchte. Insbesondere waren damals in Davîd's
Heere schon die drei heldenmüthigen Söhne seiner Schwester Zserûja [1]), welche daher gewöhnlich nicht nach ihrem
Vater sondern nach dieser ihrer berühmtern Mutter genannt
werden, Joab David's Feldherr, Abishái und 'Asaël.

Abner (sagt der ältere Erzähler [2]), welcher überhaupt
vonjeztan wieder vorherrscht) zog mit Ishbóshet's Unterge-
benen zum Kampfe gerüstet nach Gibeon im Stamme Benjamîn (II. S. 325 f.): aber Joab nicht faul kam ihm ebenda
mit David's Mannen entgegen: am Teiche bei der Stadt lagerten sich beide Heere einander gegenüber und verhielten
sich lange ruhig gegen einander. Da forderte Abner wie
zur scherzendernsten Unterhaltung beider Heere einen Zweikampf, Joah willigte ein, und hervortraten von Seiten Ishbóshet's 12 Benjamináische Kämpfer als sollten diese 12 alle
Stämme Israels darstellen, aber entgegen traten ihnen 12
von Seiten David's. Diese fingen den Kampf an mit Schwertern bewaffnet: aber statt ehrlichen Schwertfechtens ergriff
von den Benjaminäern, seitalters nach II. S. 369 berühmt als
links und rechts ebensogut kämpfend, jeder listig zugleich
mit der Linken das Haupt seines Gegners und stiess mit der
Rechten das Schwert in seine Seite [3]): allein von den Judäern that jeder ebenso listig und gewandt dasselbe mit sei-

---

1) 1 Chr. 2, 16.    2) 2 Sam. 2, 12 — 3, 1.
3) v. 16 fehlt nach אִישׁ das Wörtchen יָדוֹ, welches noch die
LXX hatte.

nem Gegner, und so fielen sie alle- zusammt; den Ort nannte man seitdem „das Feld der Tückischen" [1]). Dadurch entzündete sich aber nur ein allgemeiner Kampf, in welchem Abner's Leute vielen Verlust erlitten. Unter den Helden David's zeichnete sich besonders aus der jüngste Bruder Joab's 'Asaël; schnell an Füßen „wie eine Gazelle auf den Bergen" hatte er sich keinen geringern als Abner'n selbst zum Gegner ausersehen und verfolgte ihn ohne Ausweichen; dieser der ihn kannte, wandte sich endlich um und bat ihn sich einen Gemeinen auszusuchen und dem die Rüstung abzuziehen; aber 'Asaël liess nicht ab, noch einmal bat ihn Abner abzulassen, er wolle ihn ja nicht gern zu Boden strecken, schon aus Achtung vor seinem Bruder Joab dem er dann nichtmehr ins Angesicht werde sehen können; aber er wollte nicht zurückweichen, und so stiess ihm denn Abner mit dem bloßen zugespizten Hintertheile seines Speeres in den Wanst bis durch den Rücken, sodass er todt niedersank. Dieser Unfall hemmte zuerst die Verfolgung der flüchtigen Israeläer, indem alle welche an diese Stelle kamen bei der Leiche anhielten.  Joab zwar und Abishái verfolgten jezt Abner'n desto heftiger [2]), während die Sonne schon untergegangen war: aber nun schlossen auch die Benjaminäer, die große Gefahr ihres Führers erkennend, auf einem schnell besezten Hügel einen dichten Kreis um ihn.  Da rief Abner Joab'en zu, nicht ferner so blutgierig die Brüder zu -yerfolgen und zu bedensen dass das Ende bitter werden könne: und dieser gab nach, versichernd die Verfolgung würde bis zum nächsten

---

1) הַצַּדִּים, wie die LXX τῶν ἐπιβούλων noch las für הַצֻּרִים; wollte man dieses הַצֻּרִים »Feld der Widersacher« aussprechen, so würde in einem so allgemeinen Namen keine Hindeutung auf die eigenthümliche Kampfweise liegen. In obiger Darstellung ist nur das in den Worten kurz angedeutete etwas weiter verdeutlicht.

2) die genaue Beschreibung des Zieles bis wohin sie kamen v. 24 ist bisjezt unklar, da Robinson II. S. 352 ff. zwar von der Wasserquelle bei Gibeon spricht, aber unsere Stelle nicht näher beruckichtigt hat.  Auch die Beschreibung des Weges jenseit des Jordan's *(durch den ganzen Bitron)* v. 29 ist uns bisjezt unverständlich; der Bitron scheint ein langes Thal oder ein Bergrücken gewesen zu seyn.

Morgen gedauert haben wenn Abner nicht das Wort ergriffen hätte. Beide Theile trennten sich: Abner's Leute, nach
einem Verluste von 360 Mann, gingen noch in derselben
Nacht nach Machanáim, Joab's Leute welche mit 'Asaël 20
verloren hatten begruben diesen noch in derselben Nacht
unterwegs in seinem Hausbegräbnisse zu Bäthléhem und langten am Morgen früh zu Hebron an.

Dieses Treffen ist freilich auch 'Asaël's und der weitern
Folgen seines Todes wegen so ausführlich beschrieben: aber
zugleich ist aus diesem Anfange des 2jährigen Krieges deutlich, wie es kam dass in seinem weiteren Verlaufe David's
Heer immer siegreich blieb und seine Macht immer höher
stieg. Mit dem Glücke nachaußen mehrten sich auch, wie
dies bei Fürsten jener Gegenden noch heute leicht der Fall,
seine häuslichen Verbindungen, indem entweder er durch
Heirathen eine Stütze bei mächtigeren Häusern die er sich
so verpflichtete, oder solche Häuser vonselbst dadurch seine
Freundschaft suchten. So empfing er zu Hebron während
jener 7 bis 8 Jahre 6 Söhne von 6 Weibern, unter ihnen
den Absalom von einer Tochter des Königs von Geshûr
S. 145 nt. [1]).

3. Doch die Hand zum Sturze Ishbóshet's reichte zunächst er selbst, ein nichts böses wollender aber schwacher
und furchtsamer Mann [2]). Während noch jener Krieg dauerte,
hatte Abner Saûl's Kebsweib Rißpa geheirathet: dies konnte
nach der Gewohnheit der Königshöfe jener Gegenden und
Zeiten allerdings so gedeutet werden alsob er nach der Herrschaft strebe, da es viele als ein Zeichen der Besiznahme
des innern Hauses (Harem's) eines vorigen Königs ansahen [3]):
aber nothwendig war diese Deutung doch nicht wenn Abner
weiter keine Lust nach der Oberherrschaft zeigte, und gewiss hätte er wenn er diese Lust gehabt hätte sie auf an-

---

1) 2 Sam. 3, 2—5 vgl. mit 1 Chr. 3, 1—3.    2) 2 Sam.
3, 6 — 5, 3 vgl. besonders über Ishbóshet's Gemüth 4, 11.
3) vgl. 2 Sam. 16, 21. 20, 3. 1 Kön. 2, 13—25; ebenso war es
am Ägyptischen Hofe s. die Geschichte Armais' nach Manethon in
Jos. g. Ap. 1, 15, und am Persischen Herod. 3, 68.

dere Weise gezeigt, da es ihm als dem mächtigsten Manne
im Reiche leicht gewesen wäre den König offen zu verdrängen. Allein Ishbóshet schöpfte Verdacht und stellte wegen
der That Abner'n zur Rede: dieser sich heftig erzürnend [1])
hält jenem seinen Undank vor und schwört die Herrschaft
an Davîd kommen zu lassen dem ja das Orakel längst die
Herrschaft über ganz Israel verheißen habe. Man sieht dass
hier nur zufällig ein Funken auf längst vorbereiteten dürren
Boden gefallen war: der Sinn dass Davîd allein würdig ganz
Israel zu beherrschen und dass die jezigen Bürgerzwiste bei-
zulegen besser sei, muss damals längst schon die Menge des
ganzen Volkes durchdrungen haben und auch geheim durch
Abner's Seele gegangen seyn, sodass es bei ihm nur einer
unwillkührlichen Veranlassung bedurfte um den Gedanken zu
fassen und laut zu äußern. Wirklich findet Ishbóshet sich
nun aus Furcht vor dem Zorne des mächtigen Mannes schweigend in alles; Abner sendet aufderstelle an Davîd Unterhändler über den Gegenstand, und dieser will sich zu dem
Zwecke mit ihm aussöhnen, jedoch unter der Bedingung dass
er zuvor die Herausgabe seiner ersten Gattin Mikhal der
Tochter Saûl's befördere. Mußte ihm nämlich überhaupt daran
liegen wo möglich verschwägert mit Saûl's Hause zu bleiben
und auch dadurch einen gewissen Anspruch auf die Nachfolge zu erhalten, und hatte er ein Recht die ihm wider-
rechtlich genommene Mikhal (S. 129) bei gänzlich veränderten Umständen wiederzufordern: so forderte er sie offenbar
jezt zugleich aus Vorsicht, um an ihr ein Unterpfand gegen
mögliche Wortbrüchigkeit Abner's zu besizen. Indem nun
Abner die an Ishbóshet gestellte Forderung Davîd's unterstüzt, gibt dieser Befehl sie ihrem damaligen Gatten Paltiel
zu nehmen, obwohl dieser sie gehen zu lassen den höchsten
Schmerz empfand [2]). Abner aber, nachdem er die Ältesten

---

1) der Ausruf des Zorns v. 8: »bin ich ein judäischer Hunds-
kopf«? läßt sehen wie man sich am Hofe zu Machanáim bisweilen
ausdrückte um etwas recht Verächtliches zu bezeichnen.

2) er folgte ihr (heißt es) thränend bis Bachurim, wo Abner ihn
zurückgehen hiess; da dies Städtchen welches Josephus arch. 7: 9,7

aller Stämme, zulezt auch Benjamîns, für Davîd günstig gestimmt oder vielmehr der schon bei den meisten vorhandenen günstigen Stimmung beredsam entgegengekommen war,
ging nun selbst mit 20 Mann Bedeckung zu Davîd nach Hebron, ward ehrenvoll von ihm empfangen und verabredete
mit ihm die Bedingungen unter denen die Vereinigung des
ganzen Reiches zustande kommen sollte; so ward er entlassen unter dem Versprechen an der Spize aller Ältesten
Israels wiederzukommen; was aus Ishbóshet werden sollte
wird nicht erzählt, gewiss aber hatte man eine ehrenvolle
Zurückgezogenheit für ihn verabredet. — Wahrscheinlich nun
hatte Abner absichtlich zu dieser Verabredung eine Zeit gewählt wo er wußte dass Joab mit dem Heere auf einem
Beutezuge abwesend war.   Allein dieser kam, als Abner
kaum aus Hebron fortwar, von der entgegengesezten Seite
her zurück, machte das geschehene erfahrend Davîd'en die
stärksten Vorwürfe einen so verdächtigen Mann friedlich entlassen zu haben, und sandte ohne Davîd's Vorwissen ihm
Boten nach um ihn zu einer heimlichen Besprechung zurückzurufen, drängte aber den zurückkehrenden von seinem Bruder Abishái unterstüzt listig mitten in das finstere Thorge-
bäude der Stadt und erstach ihn da um, wie er vorgeben
konnte, Rache für seinen bei Gibeon gefallenen Bruder 'Asaël
zu nehmen [1]).
  Die heftige Empörung welche Davîd darüber zeigte sodass er im ersten Aufwallen des Zornes die stärksten Ver-

zwar noch als zu seiner Zeit daseiend zu kennen scheint aber nicht
genauer nach seiner Lage beschreibt, nach 2 Sam. 16, 5 auf dem
geraden Wege von Jerusalem nach dem Norden lag, so scheint es
damals auf dem Wege nach Hebron an der Grenze des Stammes
Benjamîn gelegen zu haben: und man begreift warum Abner hier
Halt gebot.         1) v. 30 ist nach der LXX אָרְבוּ für הרגו
zu lesen. Für Blutrache konnte der Mord allerdings insofern gelten, als es gewiss im alten Israel ebensowohl wie nach *Saxo Gram-*
*maticus* unter den alten Deutschen fur unehrlich galt dass ein im
kräftigsten Mannesalter stehender wie Abner einen zarten Jüngling
wie 'Asael niederstiess; daher jener ja auch ursprünglich diesen nie-
derzustoßen wegen Joab's ein schweres Bedenken trug.

wünschungen über Joab. ausstiess [1]), der Befehl an Joab und
alle andere feierlich über den Tod des fürstlichen Helden zu
trauern, die eigene Theilnahme an seinem Begräbnisse und
das kurze aber tiefergreifende Trauerlied [2]) welches er dabei dichtete und welches die fließenden Thränen aller noch
voller strömen liess, die Weigerung den ganzen Tag Speise
zu sich zu nehmen — alles das war. gewiss ganz aufrichtig
von ihm gemeint, und verfehlte nicht auf alle andere, welche vielleicht er sei im Einverständnisse mit Joab gewesen
vermuthen konnten, den besten Eindruck zu machen. Es
war ein Tag von jenen wo auch der wohlmeinendste und
kräftigste König die Schwachheit alles Menschlichen und die
Schranken menschlicher Obergewalt · zu eigenem tiefsten.
Schmerze empfindet; denn wievieles muss ein solcher ungestraft dulden was er, wäre er nicht ein menschlicher schwacher König, nicht so hingehen lassen würde. „Heute“, rief
er zulezt aus, „ist ein großer Fürst in Israel gefallen! wohl,
lebe ich jezt in Palasten [3]) und bin zum Könige geṣalbt, und
doch sind diese Sserûja's Söhne mir zu unerreichbar; vergelte Gott dem Bösesthuenden was er verdient!“ So mußte
er obwohl mit schwerem Herzen die Strafe Joab's Gott überlassen, da er seiner nicht leicht entbehren konnte und die
schwarze That sich wirklich durch das uralte Recht der Blutrache entschuldigen liess. Innerlich war dazu Joab gewiss
auch von Neid getrieben, da er vermuthete oder vielleicht
schon erfahren hatte dass Abner die erste Stelle im Reiche
Davîd's erhalten solle: dies folgt wenigstens mit Wahrscheinlichkeit aus dem ähnlichen Vorfalle mit 'Amasa [4]).

Die Nachricht vom Tode Ahner's benahm dem schwachen Ishbóshet allen Muth, und brachte das ganze nördliche

1) aber só dass damit mehr nur die Nachkommen Joab's gemeint
sind: diese sollen mit allen Arten von Aussaz behaftet, lahm, gemordet, hungrig werden! v. 28 f. Damit knüpft der Erzähler einen
der lezten Knoten, dessen Entwickelung die weitere Geschichte zei—
gen sollte (vgl. I. S. 190 f.); vgl. 1 Kòn. 2, 28 ff., wo freilich erst der
Anfang der Erfullung erzählt wird.     2) s. die *Dichter des A.
Bs* Bd. I. S. 99‹.     3) das etwa bedeutet רֵד in diesem Zusammenhange, vgl. Jes. 47, 1. Deut. 28, 54—56.     4) 2 Sam. c. 20.

Reich Israel in Bestürzung: man fühlte dass in ihm die einzige Stüze des kaum wiedererrichteten Reiches gesunken sei. Zugleich war aber die Bewegung für David in diesem Reiche schon zu stark geworden als dass sie sich durch Abner's Tod hätte stillen lassen: und da sie einer guten Leitung nun beraubt war, so entartete sie (wie dann leicht geschieht) zu einer gewaltsamen. Zwei Heeresoberste Ishbóshet's, sogar selbst Benjaminäer, Ba'ana und Rekab aus Beeroth [1]), noch besonders durch eine alte Blutschuld gegen Saûl's Kinder empört, drangen bald darauf eines Mittags in das Haus Ishbóshet's: die Thürsteherin bei dem Innern des Hauses war eben bei dem Reinigen von Waizen eingeschlafen [2]), so schlüpften sie in [die Kammer wo er eben auf dem Lager schlief, hieben ihm den Kopf ab und brachten diesen eilig die ganze Nacht durchgehend zu David nach Hebron, glaubend ihm mit der Auslieferung seines Feindes einen Gefallen zu thun; der aber schwört bei dem „der seine Seele aus aller Noth errettet", dass er sie noch weniger als einst den Mörder Saûl's verschonen könne, läßt sie hinrichten und an Händen und Füßen verstümmelt zur Warnung am Teiche bei der Stadt aufhängen [3]).

Übrig war nun von der unmittelbaren Verwandtschaft

---

1) die eingeschalteten Worte 4, 2 f.: »auch Beeroth ward zu Benjamin gerechnet; die Beerothäer flohen aber nach der nicht weit davon liegenden (Neh. 11, 33) Stadt Gittáim und hielten sich dort als Schüzlinge bis heute auf« müssen ihrem Zwecke nach offenbar in einiger Verbindung mit der Erzählung selbst stehen, weil sie sonst nicht eingeschaltet wären. Nun aber zeigt der Zusammenhang dass sie den Grund angeben sollen wie diese zwei obwohl Beerothäer und also Benjaminäer so etwas thun konnten: es folgt also, dass sie damals nicht mehr in Beeroth wohnten; und die wahrscheinliche Ursache dieser Flucht sowie ihrer Unthat wird unten erklärt werden. 2) 4, 6 ist nach LXX zu lesen: וְהִנֵּה אֲשֶׁר עַל תּוֹךְ הַבַּיִת, dann וְרֵכָב u. s. w. wenn נִפְלַט auch סֹקְלַת חִטִּים וַתָּנָם וַתִּישָׁן, sovielals *hineinschlupfen* seyn kann. 3) die Örtlichkeit des Teiches sowie des Brunnens *has-Sîra* vonwo Abner nach 3, 26 zurück nach Hebron kam, meinen Einige jezt wiedergefunden zu haben, John Wilson's Lands of the Bible I. p. 368 f. 385.

des Hauses Saûl's nur noch ein Sohn Jonathàn's Meribóshet [1]);
der aber war lahm weil ihn funf Jahre alt seine Amme bei
der Schreckensnachricht von Saûl's und Jonathan's Tode in
wilder Flucht hatte aus dem Arme fallen lassen. So blieb
denn in keiner Weise etwas anderes übrig als dass die Ältesten aller Stämme nach Hebron sich begaben und dém
„Landsmanne" das Reich antrugen „der sie schon vor Saûl's
Tode stets zu Sieg geführt und dem nach göttlicher Vorherbestimmung längst die Herrschaft über ganz Israel ge-
bührte". Es war ein großes Freudenfest in Israel, als diese
Ältesten aller Stämme sämmtlich mit ihren zahlreichen Ge-
folgen wohlgerüstet zu der Volksversammlung bei Hebron
zusammentraten und drei Tage dort blieben, mit reichen Zu-
fuhren von Lebensmitteln vom ganzen Lande aus versehen [2]):
sie kehrten heim nachdem die neuen Reichsgeseze mit Davîd verhandelt und festgesezt waren. Davîd war damals
etwa 37 Jahre alt.

### Davîd als König Israels.

Selten wohl ist ein König so wie Davîd zur Herrschaft
eines bedeutenden Reiches gelangt, nicht durch Erbschaft
zum Herren berufen und doch ohne alle Verschwörung oder
sonstige feindselige List gegen das bisherige Herrscherhaus
immer höher emporkommend, nicht in einem erklärten Wahl-
reiche durch Stimmenmehrheit auserkoren (wiewohl allerdings
das damalige Erbrecht des Fürstenthums noch nicht so ausgebildet war wie heute) und doch endlich vom ganzen Volke
freiwillig als der allein fähige Mann mit begeisterter Liebe
anerkannt und zur Herrschaft berufen, nicht durch den Zufall einer plözlichen Umwälzung und daher vielleicht als ein
bloßes Glückskind unreif und innerlich untüchtig emporgehoben sondern nach dem Durchlaufen aller äußern Stufen

---

1) 4, 4. c. 9; 16, 1. 19, 25 f., nach der LXX *Μεμφιβοσθί.* Der
Name war im Hause Saûl's auch sonst üblich 2 Sam. 21, 8; vgl. über
den Namen II. S. 495 *nt.*          2) so ist es umständlich beschrieben 1 Chr. 12, 23—40: gewiss aus sehr alter Quelle, obwohl der
Chroniker hie und da einige Worte seiner eigenen Art hinzufügt.

von Macht und Ehre und aller innern Prüfungen schwerer
Leiden und vielfacher Kämpfe endlich zur rechten Zeit gerade in der vollesten Kraft des Leibes und, Geistes die ihm
dargebotene Herrschaft ergreifend. Aber wie er, obwohl der
würdigste Erringer dieses Preises und der beiweitem größte
Mann seiner Zeit, dennoch der Wahrheit der Sache sowohl
wie seinem eigenen Bewußtseyn nach nur unter der Heilig-
haltung des einmal in der Gemeinde Israel bestehenden Heiligen zu dieser Höhe gelangt war, im Gegensaze zu Saûl
der durch dessen Verachtung gefallen war: so ist er freilich
schon durch diese starken Vorgänge darauf angewiesen nur
in dem treuen Festhalten an dem „Felsen Israels" und seinem „hellen Lichte" [1] auch fernerhin auf dem „Stuhle Israels"
das wahre Heil zu suchen; und kann so einer immer herrlicheren Entwickelung der neuen Zeit seines Königthumes
entgegensehen. · Denn freilich · mußte seine Stuhlbesteigung
nur der Anfang zu neuen Arbeiten und Kämpfen werden,
wennauch von anderer Art: das zerfallene und zerrüttete
Reich mußte neu geordnet, · ein festerer Grund zur königlichen Herrschaft gelegt, manche alte Schuld abgetragen und
schädliche Mängel gehoben werden; und da die Nachbaren
einer so selbständigen und kräftigen Erhebung des Volkes
nicht ruhig zusehen wollten, waren fernere und immer weiter sich ausdehnende Kriege unvermeidlich; wieviele neue
Arbeiten und Aufgaben, ebensoviele neue Erwerbungen an
Macht und Ehre lagen nun auf dieser Bahn vor des neuen
Königs Füßen. Aber hatte er jenem Heiligen treu durch
Weisheit und Anstrengung die äußerste Stufe dieser vor ihm
bereit liegenden Macht und Ehre errungen, eine Stufe schwin-
delnder Höhe welche nie vor ihm ein Glied dieses Volkes
erklimmt hatte: dann erst mußte sich entscheiden ob er auch
auf dieser Höhe als König noch von demselben Geiste Jahve's, der ihn bisdahin gehoben, sich leiten lassen oder auf
die errungene Macht, hie gekannter Höhe stolz vertrauend
sich ihm entfremden wollte; und erst wie er diese nur bei
ihm allein mögliche höchste Versuchung bestand, danach

---

1) um hier eigene Ausdrücke David's zu gebrauchen, Ps. 18, 29-31.

richtete sich sein Lebensausgang und sein bleibender Werth
für die Geschichte der Zukunft.

Wir haben zwar zu bedauern dass die Nachrichten über
diese 33 Jahre des Lebens Davîd's aus dem I. S. 196 erklärten Grunde mehr nach den Sachen als nach den Zeiten
geordnet uns zugekommen sind, und dass wir nach den uns
vorliegenden Quellen nicht imstande sind hier eine zusammenhangende Zeitrechnung herzustellen. Auch wir sind dadurch gezwungen die Übersicht mehr bloss nach den verschiedenen Gegenständen zu geben. Doch erhellt aus der
näheren Untersuchung, dass die Hauptrichtung der Thaten
und Schicksale Davîd's nach den Zeiten selbst sich vielfach
ändern mußte.

### 1.  Die neue Ordnung im Innern des Reiches.

Die erste bedeutendere Unternehmung des neuen Königs
war gewiss die Eroberung Jerusalem's [1]), welches nach II.
S. 430 seit Jahrhunderten noch immer die Jebusäer innehatten.
Die Stadt hiess unter den Kanáanäern gewiss Jebûs [2]): und da
dieser Name einen *trockenen* Berg bedeuten kann, also denselben den man in anderer Weise mit gleichem Sinne auch
Ssîjôn nennen konnte [3]), so mag man auch hieraus folgern
was nach allen Umständen sich ergibt, dass der ganze Anbau der Stadt von dem dürren aber breiten Berge im Süden
ausging welcher leicht eine starke Festung bildete und von
dem sich die übrige Stadt allmälig immer weiter nach Norden und Osten ausdehnte. Der Name Jerusalem [4]) ist eben-

---

1) 2 Sam. 5, 6‒12 vgl. 1 Chr. 11. 4—9. 14, 1 f.        2) nach
Richt. 19, 10 f., und weil die Kanáanäischen Einwohner sich selbst
danach nannten I. S. 315. Über Jebusäer auf Kypros s. die acta
App. apocrr. ed. Tischendorf p. 72 f.        3) gebildet wie חֶבְרוֹן
und eine Menge ähnlicher alter Städtenamen im Lande, vgl. צִיָּה;
daher die Syrer (und ihnen folgend die Araber) in ihrer Sprache
verständlicher ܨܗܝܘܢ schreiben. Ein gleichlautendes صهيون liegt bei
Laodikea im nördlichen Syrien (s. Bahâ‒eldin's Leben Saladin's p. 82
und Kemâl‒eldin p. 125, 15), dessen Geschichte jedoch noch dunkel
ist.        4) über diesen Namen ist mir noch immer das Kr. Gr.

falls allen Spuren nach nicht von Israel ausgegangen, kann
vielmehr uralt seyn und noch von den Ureinwohnern abstammen, da dieser Berg seiner bequemen Lage wegen gewiss zu allen Zeiten bewohnt war [1]).

Da die Stadt fast mitten im Lande lag und eine sehr
starke Festung war, so konnte inderthat kaum eine geordnete Herrschaft über ganz Israel eine solche feindselige Stadt
mitten zwischen den nördlichern und südlichern Stämmen in
ihrer Unabhängigkeit dulden. Jedoch die Einwohner, noch
damals stolz auf ihre feste Lage und jahrhundertelange Freiheit, gaben zuerst David'en, als er sie zur Übergabe aufforderte, die schnöde Antwort: „du wirst nicht hieher kommen,
sondern die Blinden und die Lahmen werden dich fortjagen!"
als brauchten sie nichteinmal mit Kriegern und mit Gesunden gegen ihn zu kämpfen, sondern alsob schon die Blinden
und Lahmen der Stadt hinreichend wären ihn bei dem Versuche einer Eroberung zu vertreiben [2]). Aber er rief diese
ihre Worte umdrehend seinen eigenen Kriegern zu:

---

S. 332 gesagte wahrscheinlich dass er aus שָׁלֵם יָרוּשׁ ebenso wie
מְרִיבְשֶׁת II. S. 495 nt. zusammengezogen ist; er bedeutet demnach
*Salem's Erbe* oder *Wohnung*, oder wenn das zweite Wort kein Eigenname war *friedliche Stadt*. Das verkürzte שָׁלֵם kommt nirgends
in Prosa vor (I. S. 410), dichterisch nur Ps. 76, 3: nachdem aber
die Hellenisten in den Anfangslauten dieses wie sovieler andern
Ortsnamen Palästina's ein ἱερο- gefunden hatten, konnten sie leicht
meinen die Stadt habe ursprünglich nur *Solyma* geheißen und sie
nennen sie oft so in Prosa; ja man stellte nun wohl auch die So-
lymer bei Homer mit Jerusalem zusammen (welches schon Bochart
widerlegte) Jos. b. j. 6, 10. arch. 7: 3, 2. Tac. hist. 5, 2.
1) man könnte daher die Erwähnung Jerusalem's bei Manethon
schon zur Zeit der Hyksôs und Mose's für geschichtlich halten, wenn
er nicht zugleich den Tempel erwähnte; woraus man sieht dass Manethon hier spätere Namen und Begriffe in die Urzeiten verlegt. —
In sehr späten Zeiten suchten manche eine Kunst darin auf die altheilige Stadt soviele Namen als möglich zu häufen: s. einige selt-
same Beispiele davon in G'elâl-eldîn Geschichte Jerusalem's (transl.
by Reynolds. Lond. 1836) p. 4.     2) Bilder welche im spätern Jerusalem Propheten von den Israeliten selbst gebrauchen, Jes.
33, 23 f.

Jeglicher der Jebusäer besiegt, der stürz' in den Abgrund
sowohl die Lahmen als Blinden, die David's Seele verhaßt sind [1]).
und nahm die Stadt stürmend ein; wobei denn leicht zu ermessen, dass es den Einwohnern nun wirklich so ging wie
er ihnen hier gedroht, nämlich dass wenigstens ihre Krieger von dem eroberten Felsen in den Abgrung gestürzt [2])
oder sonstwie vernichtet wurden. Dieser dichterische Spruch
David's wurde nie vergessen: und als Jerusalem zu einem
heiligen Orte geworden war, leitete man aus ihm auch wohl
dén Saz ab dass kein Blinder oder Lahmer in den Tempel
kommen dürfe.

1. Diese eroberte Stadt beschloss nun Davîd zum Size
seines Reiches zu wählen. Sie war durch die Eroberung
*seine* Stadt, mehr als bisjezt irgend eine andere im Lande;
sie lag dazu im Stamme Benjamîn, nicht in Juda wo ihn
seinen Siz nehmen zu sehen gewiss den übrigen Stämmen
unangenehm gewesen wäre, und doch nicht weit von dem
Geburtsstamme des Königs; dazu konnte ihm etwas daran
liegen auf dem Gebiete des alten Vorstammes Benjamîn-Jo-
sef (S. 64) seinen dauernden Siz zu nehmen; auch dass sie
durch ihre Lage leicht stark befestigt werden konnte, 'gab
sichtbar bei ihrer Wahl einen Ausschlag. Welchen Glanz
diese Eroberung ihm gab und dass seine Macht von ihr an

---

·· . 1) dies ist der wahrscheinliche Sinn eines Verses den man unter
dieser Erklärung nicht für einen bloss abgerissenen mit unvollende-
tem Sinne zu halten braucht. Es ist dann nur וְיִגַּע in Hif. zu verbessern; dies Wort als Nachsaz gefaßt §. 335. צִנּוֹר ist sonst, wo
vom Wasser die Rede ist, ein Katarrhakt; aber eben dieses griechische Wort bedeutet doch ursprünglich bloss einen Niedersturz
(daher auch eine Fallthüre); und so kann auch das hebr. Wort den
jähen Abfall eines Felsens bedeuten. ‑ Was die Chronik an die Stelle
dieser alterthümlich dunkeln Ausdrücke sezt, ist hier offenbar nicht
ursprünglich: sie erzählt Davîd habe gesagt jeder der zuerst die Stadt
besiege solle Feldherr werden, und das sei Joab geworden; allein
der war es schon früher. — Aus der grundlos angenommenen Bedeutung *Wasserleitung* für צִנּוֹר leitet sonderbare Folgerungen ab der
Consul Schultz in seinem Jerusalem S. 78. · 2) wozu der
Tarpejische Fels in Rom diente.

beständig stieg, deutet noch die jezige kurze Erzählung an:
er erkannte (heißt es) selbst, dass Jahve ihn zum Könige
über Israel bestimmt und sein Reich wegen seines Volkes
Israel erhoben habe [1]. So fing also durch den Erfolg sein
königliches Bewußtseyn sich stets höher zu heben an: und
was kann alles glücklich versucht und erreicht werden, wenn
dieses Bewußtseyn einmal so wie bei David auf die rechte
Weise belebt ist!

Die Stadt bestand nach allem was wir jezt wissen können schon damals aus zwei größeren Theilen. Der nach
Süden sich erstreckende lange und breite Bergrücken, auch
die Oberstadt genannt [2], war damals allein die eigentliche
Bergfeste, und ihm haftete ursprünglich der alte Name Ssîjôn an [3]; ihm gegenüber dehnte sich eine Unterstadt aus.
Jener schon ansich leicht feste und gewiss seit uralter Zeit
auch durch Kunst vielfach befestigte Bergrücken war (um
hier die alten Namen zu nennen) südlich von dem tiefen
Thale Ben-hinnom's oder kürzer Hinnom's [4] (sicher eines
alten Fürsten oder sonstigen Besizers), westlich vom Thale
Gichon (s. unten), östlich und wahrscheinlich damit zusammenhangend auch nördlich von einer Schlucht umgeben die
man zu Flav. Josephus' Zeit die der Käsemacher (Tyropöôn)
nannte [5]; weiter östlich jenseit des späteren Tempelberges
floss von Nordwesten her der dann der Jordanebene zu-
strömende Bach Qidrôn. Dieser ganze weitausgedehnte Bergrücken, dessen südlichere Hälfte bei dem jezigen Jerusalem
außerhalb der Stadtmauern gelassen ist, war damals gewiss
völlig von starken Mauern und Thürmen eingeschlossen wel-

---

1) 2 Sam. 5, 10. 12. Also doch zulezt nur *wegen* seines Volkes!
2) die Griechisch ausgedrückten Namen Ober- und Unterstadt s.
bei Jos. J. K. 5: 4, 1. arch. 7: 3, 2.     3) diese wichtige
Nachricht findet sich jezt nur 2 Sam. 5, 7. 9. 17 vgl. 1 Chr. 11, 5.
Der dem hebr. מְצוּדָה entsprechende Name ἄκρα bezeichnet diesen
Berg sowohl in der Beschreibung bei Jos. arch. 7: 3, 2 alsauch noch
im 1 Maccabäerbuche 3, 45. 4, 2. 13, 49 f. vgl. 1, 33.
4) der kürzere Name neben dem ursprünglichen findet sich schon
im B. der Urspp. Jos. 15, 8. 18, 16. 5) J. K. 5: 4, 1.

che Davîd nach der Eroberung nurnoch kräftiger wiederherstellte; und da er sich als Eroberer auch als den eigentlichen Besizer dieser zur festesten Burg des Reichcs und
des Königthumes in Israel zu erhebenden Schuzwehr betrachten konnte, so richtete er in Übereinkunft mit Joab als
seinem Heeresobersten sie auch ganz nach seinem Gutbe-
finden ein. Er legte daher in dieser weiten Festung ein
großes Gebäude zum Unterkommen seiner unten näher zu
beschreibenden 600 Kernkrieger an, wahrscheinlich an der
südwestlichen Seite des Berges [1]), sowie ein Zeughaus südlich [2]); für seinen eignen Hof dagegen liess er wahrscheinlich nordöstlich hin durch Tyrische Kunstverständige aller
Art einen Königsbau von Stein und Cedernholz errichten [3]);
und dazu empfing (wie bald weiter zu erörtern ist) damals
auch die h. Bundeslade ihre Stätte auf diesem wohlgeschüz-
ten Raume. Aber auch einen Haupttheil der nördlichen Bo-
denfläche des Berges bauete er zu verschiedenen Zwecken
neu auf, während Joab den übrigen Raum etwa zum Ver-
miethen der Häuser an Fremde ausbauete [4]). So erneuete
und verschönerte sich während Davîd's Herrschaft gerade
dieser Haupttheil der alten Stadt sósehr dass es nicht auffällt wenn er mit dem neuen Namen *Davîdsstadt* ausgezeichnet wurde: dieser Name von ihm erhielt sich zwar sehr
lange [5]), doch ist er sicher nicht vor den lezten Tagen der
Herrschaft Davîd's oder den ersten dér Salômo's entstanden.
Und als er in gemeiner Sprache sich recht festsezte, da war
der alte Name Ssîjôn durch die ersten großen Zeiten der
Herrschaft Davîd's wenigstens in Liedern und in sonstiger
höherer Sprache bereits so vielfach verherrlicht worden dass

---

1) nach der Beschreibung Neh. 3, -16.	2) nach der An-
deutung Neh. 3, 19.	3) nach 2 Sam. 5, 11; die Lage dieses
»Davîdshauses« kann man nur aus ihrer einmaligen Erwähnung Neh.
12, 37 schließen.	4) 2 Sam. 5, 9; die Worte über Joab fin-
den sich jezt freilich nur 1 Chr. 11, 8, sind aber gewiss ursprünglich
und 2 Sam. nur aus Versehen ausgefallen.	5) man findet
ihn oft in den Geschichtsbüchern, außerdem Jes. 22, 9 und noch
1 Macc. 1, 33.

er in gemeiner Rede zwar immermehr verschwand, in der
höheren aber der eigentliche Ausdruck auch für ganz Jerusalem wurde [1]. — Die Unterstadt, damals wohl das *Thal*
genannt [2], hatte sich dieser eigentlichen Festung angeschlossen: in welcher Ausdehnung zu jener Zeit, wissen wir nicht
genau; vorzüglich wohl ammeisten nach Osten und Norden,
wohin sich die ganze Stadt auch später allmälig weiter ausdehnte.   Das große Getümmel der Stadt bewegte sich vorzüglich in ihr; in ihr wohnten die meisten Handwerke und
Handel treibenden [3] ebensosehr wie Propheten [4] und Künstler. — Diese beiden Hälften bildeten also das was man später die Altstadt nennen konnte [5]: und es wird unten erhellen wie weit die Marken Jerusalems von Salômo an allmälig
erweitert wurden.

2.   Wo aber eine geordnete und weise Herrschaft sich
erhebt, wird diese auch immer die bestehende und irgend
erträgliche Religion gern anerkennen und schüzen, zu ihren
menschlichen Werkzeugen, den Priestern, sich in ein freundliches Verhalten sezen, übrigens aber sie ebenso wie ihre
andern Unterthanen behandeln, ohne sich wie leider soviele
ältere und wiederum neuere Deutsche Fürsten, durch Pfaf-
fenthum trozen zu lassen.   So sehen wir Davîd verfahren,
nachdem schon Gideon mit der weltlichen auch eine geistige
Herrschaft zu verbinden versucht hatte (II. S. 506).   Die Priesterschaft hielt sich noch immer etwas fern: dies zeigt sich
wenigstens dárin dass das alte h. Zelt in Gibeon blieb (II.
S. 540), der Mittelfleck aller Priestermacht also nochnicht bei
dem Size der weltlichen Macht sich vereinigte, wie doch der

---

1) in so alten Stellen wie Ps. 110, 2. 2, 6 steht der Name sicher
noch in seiner ursprünglichen engsten Bedeutung; wenn aber im 1
Macc.B. sogar der Tempelberg im Unterschiede von der »Davidsstadt« Sion genannt wird, so ist das erst eine Folge des häufigen
Gebrauches des Psalters und ähnlicher höherer Schriften älterer Zeit.
2) aus dem künstlichen Namen Jes. 22, 1. 5 zu schließen, sowie
aus andern Zeichen.        3) nach der Andeutung Ssef. 1, 11.
4) nach Jes. 22, 6.        5) wie ein »Altthor« vorkommt Neh.
3, 6. B. Zach. 14, 10.

Reichsordnung wegen für diese zu wünschen ist. Sonst aber
that Davîd sowohl nach eigener ächter Scheu vor der alten
Religion als nach Reichsweisheit alles was er in dieser Hinsicht vermochte und wie es sich für ihn als den großen
Wiederhersteller des Reiches ziemte.

Das nächste war die Bundeslade von jenem Orte wo sie
damals nach II. S. 545 f. mehr vorübergehend aufgestellt war,
nach Jerusalem hinüberzuführen: und das ist gewiss ziemlich früh geschehen. Es wird darüber jezt ziemlich ausführlich nach den beiden ältern Erzählern berichtet[1]. Davîd
versammelte dazu wie zu dem größten Volksfeste alle kriegs-
rüstigen Männer in Israel[2], und zog so nach Qirjath-je'a-
rim[3] wo die Bundeslade nach II. S. 545 im Hause Abinadab's am Hügel stand. Sie ward auf einen neuen Wagen
gehoben[4] und von den beiden Söhnen Abinadab's 'Uzza[5]
und Achjo geleitet indem jener die Kühe führte dieser vor
dem Wagen herging, unter dem fröhlichsten Singen und
Spielen des ganzen Volkes und Davîd's selbst[6]. Allein dieser Aufzug nahm keinen erwünschten Verlauf: indem die
Kühe an einer Stelle etwas unruhig werdend die Lade schmis-
sen[7] als wollte sie herabfallen, reckte 'Uzza seine Hand
nach ihr aus und griff sie an, ohne Noth und aus menschlicher Voreiligkeit, denn sie fiel doch nicht herab; so er-

---

1) 2 Sam. c. 6: vorzüglich die Beschreibung der Hindernisse im
Zuge v. 3—12 ist vom zweiten, das übrige vom ersten Erzähler.
2) 30,000 nach der gewöhnlichen Lesart v. 1 (vgl. v. 15), aber
700,000 nach der LXX; 1 Chr. 13, 1—5 gibt ohne eine solche Zahl
zu nennen mehr eine Umschreibung die aber von einer Zahl wie
die bei der LXX ist ausgeht.        3) für מבעלי יהודה v. 2
ist besser היא בעלת יה zu lesen, da die Stadt auch Ba'ala oder
Qirjath-Baal hiess Jos. 15, 9 (11). 18, 14. Über die Lage der Stadt
s. II. S. 378 vgl. jezt mit dem von Williams (the Holy City p. 10—12)
gegen Robinson ausgeführten.        4) vgl. mit dem II. S. 544
gesagten noch Eckhel D. N. III. p. 369.        5) steht vielleicht
nach einer andern Quelle für El'azar 1 Sam. 7, 1 (wie עזריה neben
עזריהו).        6) v. 5 ist nach v. 14 und 1 Chr. 13, 8 zu verbessern.        7) ich wähle absichtlich diesen Ausdruck da er so
nahe als möglich das שמט vgl. שמד ausdrückt.

zürnte Gott und der voreilig das höchste Heiligthum anrührende starb aufderstelle. So erzählt der zweite Erzähler, welcher nach II. S. 543 f. solche höhere scharfe Darstellungen über das Heilige liebt: und allerdings muss an dieser Stelle ein Ereigniss vorgefallen seyn welches für ein böses Anzeichen galt und daher die ganze feierliche Handlung unterbrach: es geschah bei dem uns sonst unbekannten gewiss unbedeutenden Orte Góren-Nakhon [1], seit der Zeit Péreß 'Uzza (d. i. 'Uzza's Unfall) genannt; und da David ebenfalls erzürnt über den Unfall fürchtete Jahve möge nicht wollen dass die h. Lade zu ihm nach Jerusalem käme [2], liess er sie im Hause des hier wohnenden 'Ohed-Edóm aus Gat (wahrscheinlich Moréschet Gat S. 112) stehen. Erst als er nach 3 Monaten vernahm wie gesegnet das Haus dieses Mannes durch das Dortseyn der h. Lade war, dass also der Ort wohin er sie leite doch kein Unglücksort werde, beschloss er sie vollends nach Jerusalem überzusiedeln.

Wie dieser Zug war, beschreibt der ältere Erzähler näher. Die Lade wurde von den Leviten getragen [3], nicht gefahren: sowie diese aber 7 Schritte vorwärts gethan, wurde ein Rind und ein Fettschaf geopfert [4]; und David angekleidet wie ein Levit, nahm unter dem Jubel des ganzen den Tag wie ein großes Fest feiernden Volkes selbst alle Arten heiliger Tänze aufführend den lebendigsten Antheil. So bewegte sich der Zug fort nach Jerusalem: hier angelangt wurde die h. Lade sogleich in dem ihr daselbst schon auf-

---

1) die Lesart der LXX ἅλω Ναχωρ sowie die בידך 1 Chr. 13, 9 sind wohl nur Schreibfehler.          2) mit den Worten v. 9 wollte der Erzähler schwerlich auf die Worte des Liedes David's Ps. 101, 2 anspielen. — Dass 'Obed-Edóm ein Levit war, erhellt aus 1 Chr. 15, 18—24. 16, 5.          3) wie dieser Erzähler im Unterschiede von dem zweiten überall die Leviten als die Lade tragend darstellt vgl. 15, 24.          4) für ששה ist der heiligen Zahl wegen besser mit der LXX שבעה zu lesen. Ob aber dies Opfer bei je 7 Schritten wiederholt sei, sagen die Worte ihrer Redefarbe nach nicht deutlich, und ist nach §. 332b eher unwahrscheinlich; dazu war das Opfer gewiss ein Sühn- und Weiheopfer zur glücklichen Beendigung der bevorstehenden Fahrt, kein Dankopfer wie v. 17 f.

gerichteten neuen Zelte aufgestellt und dabei viele glänzende
Dankopfer dargebracht, währenddessen Davîd ganz wie ein
Priester. das versammelte Volk segnet. Dann liess er jedem
der versammelten Volksmenge ohne Unterschied, Mann und
Weib, einen Brodkuchen einen Braten [1]) und einen Rosinen-
kuchen austheilen, und nachdem das Volk auseinandergegan-
gen, sprach er aufsneue einen Segen über sein nun erst
durch die Nähe des Heiligthumes hochbeglücktes Haus. —
Als sein Weib Mikhal. zuvor ihn so tanzend und jubelnd an
der Spize des Volkes und insbesondere in der Mitte der nach
hebräischer Sitte bei dem Feste am meisten thätigen Tanz-
und Spielfrauen nach Jerusalem kommen sah, rümpfte diese
Tochter Saûl's, als solche sich mehr wissend als alle andern,
die Nase über einen solchen König sobald sie ihn durch ihr
Fenster erblickte, ging ihm dann entgegen und sagte „o wie
verherrlicht sich heute der König Israels, dass er jezt vor
den Augen der Mägde seiner Diener sich bloßgegeben hat [2])
wie nur irgend ein Tagdieb sich bloßgibt!" Er aber versezte ihr „wenn ich vor Jahve der mich deinem Vater und
dessen ganzem Hause vorgezogen um mich über das Volk
Jahve's über Israel zum Oberhaupte zu bestellen — wenn
ich vor Jahve spiele: so schäze ich mich noch zu gering
dafür und komme mir zu niedrig vor; und vor den Mägden
wovon du sagst — vor denen sollte ich meine Ehre suchen?" nein, das ist garnicht nöthig. Also vor Gott niedrig
zu. seyn ist hier wie sonst sein Ruhm und er weiss dass
er vielmehr noch zu unwürdig ist um vor ihm zu spielen

---

- 1) אשפר ist nach dem Zusammenhange am besten vom Fleische
zu verstehen und scheint von שָׁרַף = שפר »brennen« zu kommen.
(Das ‏ܐܣܦܪ‎ welches die Pesh. Dan. 14, 26 für μᾶζα sezt, ist wohl
nur aus σφαῖρα). 2) sich bloßgegeben d. i. sich erniedrigt
hat; auch trug er wenigstens etwas leichtere Kleider (wie das gewöhnliche Priestergewand war) statt des schweren königlichen Mantels bei diesem Tanze und Spiele. Da übrigens die redende den
ganzen Nachdruck zulezt auf dies sich bloßgeben legt. (wie sich nur
bloßgibt irgendein Tagedieb), so erklärt sich die seltene Verbindung
כְּהִגָּלוֹת נִגְלוֹת vollkommen aus §. 302 c u. 240 c.

und sich zu freuen ebenso wie der geringste Mensch: wievielweniger mag er in solcher Lage und mit solchem fröhen
Spiele vor den Menschen, auch den niedrigsten, denen er
damit sich nur wie billig gleichstellt, äußere Ehre suchen!
Gewiss die triftigste Antwort welche er der Königstochter
geben konnte, und ganz den Gesinnungen entsprechend die
uns auch seine Lieder offenbaren. Der Erzähler bemerkt
aber bei dieser Veranlassung nicht ohne Absicht, dass Mikhal bis zu ihrem Todestage keine Kinder hatte; als hätte
sich der Hochmuth von dem sie nach solchen deutlichen
Zeichen besessen war, auf die Weise an ihr gerächt dass
sie nie Mutterfreude empfand, troz des Neides den sie auf
andere glücklichere Weiber warf.

Wir besizen aber über diese festliche Zeit, welche unstreitig einen Hauptabschnitt im königlichen Leben David's
bildete, auch noch sprechendere Zeugnisse in einigen Liedern welche wir ohne Bedenken von ihm ableiten können.
Das kleine volksthümliche Lied welches offenbar bei dieser
Übersiedelung der Bundeslade während diese noch unterwegs war gesungen werden sollte, ist das Ps. 24, 7—10 [1]).
Das große Danklied welches dann nach der Vollendung der
heiligen Handlung öffentlich wie ein Siegsgesang vorgetragen seyn muss, ist uns zwar als Ganzes verloren: doch haben sich allen Spuren nach einige bedeutende Reste von ihm
in Ps. 68 erhalten, welcher wesentlich nichts ist als ein bei
der Einweihung des zweiten Tempels erneuerter alter Siegsgesang dieses Sinnes. Wie dieser nun geheiligte Ort von
Menschen mit Segen besucht werden müsse, erklärt dann
das kleine Lehrlied Ps. 24, 1—6. Aber in das Innerste alles Sinnens und Strebens des großen Königs führt uns Ps.
101, welcher wenigstens erst nach dieser Übersiedelung des
Heiligthumes, als Jerusalem schon seit etwas längerer Zeit
die „Stadt Jahvè's" geworden war, gedichtet seyn kann, seinem ganzen Inhalte nach aber wahrscheinlich doch noch in

---

1) ich halte es nicht für der Mühe werth nocheinmal zu zeigen
dass diese Verse ein Lied für sich ausmachen und mit v. 1—6 nicht
zusammenhangen.

diese ersten Jahre fällt. Hier ergießt sich einmal frei ein
himmlisch klarer Strom der reinsten königlichen Gesinnungen und Vorsäze; was längst in der heiligen Tiefe des Herzens als höchstes Streben ächter Fürstlichkeit sich geregt,
dringt hier mit der jeder reinen schöpferischen Wahrheit
eigenthümlichen wunderbaren Gewalt in Worten hervor; und
welchen Eindruck nach dem Sinne des höhern Alterthumes
die unmittelbare Nähe des h. Ortes auf den empfänglichen
Menschen und daher vorzüglich auf den ächten König mache,
wie David wenn er schon vorher ein dem wahren Gotte
treuer und gerechter König werden wollte es nun in der
„Stadt Jahve's" noch viel freudiger und entschiedener zu
werden entschlossen war, das besonders zeigt sich aufs
schönste aus den Worten dieses Liedes.

Die Übersiedelung der Bundeslade nach Jerusalem geschah allen Spuren nach bevor der Palast den Davîd für sich
selbst bauete S. 159 vollendet war [1]); und es war hinreichend
wenn sie vorläufig auch nur in ein so leichtes tragbares Zelt
wieder gestellt wurde wie das Mosaische gewesen war. Dass
das alte Mosaische Zelt ohne die Bundeslade sich daneben
anderswo noch erhielt und daher auch ein großer Theil des
Volkes sich noch immer zu diesem hinwandte, ist II. S. 540 f.
erörtert. Allein nachdem nun die Bundeslade in Jerusalem
einen festen Siz gefunden hatte, lag es nahe dass Davîd
nichtbloss sich selbst in der Hauptstadt seines Reiches einen
Palast bauete S. 159, sondernauch seinem Herrn und Gotte
einen noch viel glänzenderen Palast oder einen sog. Tempel
zu bauen und in diesem die Bundeslade niederzustellen den
Gedanken faßte; ja dass dieses einen Hauptwunsch seines
Lebens enthalten konnte und er sich wahrhaft schämen
mochte selbst in einem herrlicheren Hause zu wohnen als
sein Gott, werden wir schon nach seiner bei Übersiedelung
der Bundeslade gegen Mikhal geäußerten Gesinnung nicht
anders erwarten. Wurde nun der Mosaischen Bundeslade
ein größeres bleibendes Heiligthum gebauet, so konnte dann

---

1) in den Worten 2 Sam. 7, 1 wird dies vorausgesezt.

zugleich der das ganze Volk umfassende allgemeinste Gottesdienst in ihm' vermittelt, alle dazu nöthigen Priester von
dem ältern außerhalb Jerusalems gebliebenen h. Zelte nach
Jerusalem übergesiedelt und so in der strengern Einheit des
Reiches auch die Einheit der Religion völliger hergestellt
werden. Wirklich machte auch David vielen Zeichen zufolge schon mannichfache Anstrengung den Tempel zu bauen
welchen erst Salomo ausführte; und es ist auf den ersten
Anblick auffallend wie er der sonst so vieles große vollendete nicht zur Ausführung dieses Gedankens gekommen.
Dass die vielen schweren Kriege in welche er verwickelt
wurde die Ausführung hinderten [1] oder verzögerten, ist allerdings zumtheile richtig: ganz aber läßt sich die Unterlas-
sung nicht daraus erklären, und ist sie in der Bibel nicht
daraus allein erklärt. Wir haben vielmehr nach bestimmten
Anzeichen noch eine andere Ursache als mitwirkend hier
anzuerkennen, welche bei weiterem Nachdenken auch garnicht dunkel bleibt. Die Religion des Jahvethumes neigt sich
nämlich wie in ihren obersten Wahrheiten so auch in ihren
Gebräuchen weit mehr zur Einfachheit und zum klaren Festhalten alles Wesentlichen als zur Pracht und zum Verdunkeln
des Wesentlichen hinter äußerem Glanze und starrem Geseze. Wie den Urvätern Israels nach II. S. 49 ein einfacher
Altar unter freiem Himmel genügt hatte, so genügte er auch
noch im Jahvethume nach seiner ersten Erscheinung und
Ausbildung [2]; und wenn seit der großen Erhebung und den
neuen Siegen Israels unter Mose und Josúa auch der Got-

---

1) dies wird angedeutet 1 Kön. 5, 17. Dass dagegen David'en
weil er viel Blut vergossen d. i. viele Kriege geführt habe der Tempelbau von Gott verboten sei, ist bloss die spätere priesterliche Darstellung des Chronikers, 1 Chr. 22, 8. 28, 3. Ähnlich sollten einst
nach den Ulemá's die zur Herstellung der Ka'aba nöthigen Ausga-
ben nicht aus den Reichseinkünften genommen werden weil man
meinte sie seien nicht auf ganz reinem Wege erworben (Burckhardt's
trav. in Arab. I. p. 253): allein nach den älteren Quellen lag doch
diese ganze Anschauung der Zeit David's selbst noch ferne.

2) s. die *Alterthümer* S. 123 ff.

tesdienst theils glanzvoller theils fester an ein Gesez gebunden wurde, so blieb doch die höhere Erinnerung an das ur-
sprünglichste einfachste Lebensgesez der wahren Religion stets
wach [1]). Nun aber sollte die alte Freiheit und Einfachheit
des Gottesdienstes noch mehr dádurch beschränkt werden
dass er seinem Hauptbestande nach noch strenger auf éinen
festen Ort angewiesen und dazu noch stärker an äußern
Glanz gewöhnt würde. Inderthat sind, sehen wir auf die Reihe
der folgenden Jahrhunderte, die bedenklichen Folgen nicht
ausgeblieben: der Salomonische Tempel hat, wie unten erläutert wird, den ganzen herrlichsten Glanz der mächtigsten
Zeiten Israels in sich zusammengefaßt, und dann in der folgenden Noth der Zeiten manchen festeren Halt und Schuz
der Gemeinde gebracht, aberauch die alte geistige Religion
immer starrer und sinnlicher zu machen geholfen. Wie nun,
wenn die weltlichen Bedürfnisse einer Zeit eine entsprechende
Neuerung fordern, die Stimme der reinen Wahrheit sich immer zuvor stärker oder schwächer vernehmen läßt; wie einst
unter Mose die erste Beschränkung der reinsten Religion
durch einen Priesterstand und durch ein h. Zelt selbst nicht
ohne Verwahrung blieb II. S. 184 f.: so hat es seinen guten
Grund, dass auch damals, als ein fester glänzender Tempel
gebauet werden sollte, noch zuvor die prophetische Wahrheit darüber sich stärker regte, voraussehend welche tiefere
Gefahren hier verborgen seien und darthuend wie unnöthig
die Neuerung sei wenigstens nach der Strenge der reinen
Sache. Dass große Propheten wie Nathan damals so redeten und damit, sollte auch die Neuerung zulezt unvermeidlich werden, wenigstens für die spätere Zukunft die reine
Wahrheit retteten, ist das Große und Göttliche jener Zeit.
Auch muss diese prophetische Ansicht der Sache die Ausführung lange aufgehalten haben. In den lezten Lebensjahren Davîd's zwar, als die großen Kriege gänzlich ruheten,
traf Davîd allerdings einigen Nachrichten zufolge (s. unten)
nähere Anstalten zur Ausführung des großen Unternehmens;

---

1) s. II. S. 233; die *Alterthümer* S. 329. Vgl. Jes. 66, 1 f.

doch konnte es erst Salomo im vierten Jahre seiner Herrschaft wirklich beginnen, da die Zurüstungen und Vorarbeiten dazu sehr bedeutend seyn mußten: aber in den lezten
Jahren David's war außerdem (wie unten weiter zu erörtern
ist) ein Ereigniss hinzugetreten welches die Sehnsucht nach
dem Ausführen eines solchen Werkes neu erregen mußte,
nämlich das glückliche Überstehen der großen Pest wofür
der entsprechendste Dank gegen Gott in der Aufführung eines niezuvor in Israel gekannten Tempels zu liegen schien.

Als der ältere Erzähler diesen früh gehegten aber erst
von Salomo ausgeführten großen Plan David's und wie der
Prophet Nathan (von dessen Wesen und Größe unten weiter
zu reden ist) sich dazu verhalten beschreiben wollte, war
dieser Tempel längst erbauet; und schon erlebt war ferner
die glückliche Herrschaft Salomo's. · Wie er nun dies alles
im großen überblickte, so entwarf er die Darstellung der
Worte Nathan's und David's hier zugleich zu dém Zwecke
um damit schon hier die prophetische Ausschau in das ganze
später folgende Leben Salomo's zu geben und hiedurch einer künstlerischen Sitte zu genügen welcher er auch sonst
nach I. S. 190. 193 gern überall in seiner Auffassung und
Darstellung der Geschichte folgt. Als Davîd, erzählt er demnach [1]), in seinem stolzen Königsbaue zu Jerusalem saß und
Jahve ihm rings vor allen seinen Feinden Ruhe gegeben [2]),
äußerte er gegen Nathan seine Absicht den Tempel zu bauen,
und dieser hatte zuerst menschlicherweise nichts dagegen
einzuwenden. Aber noch in derselben Nacht durch ein Traum-
gesicht von Jahve anders belehrt, äußerte er nächsten Tages

---

1) 2 Sam. c. 7 vgl. 1 Chr. c. 17.          2) aus lezterem (v. 1
vgl. v. 9) könnte man vermuthen dies Orakel solle in die spätesten
Jahre David's fallen: dem widerspricht aber v. 12 wonach damals
Salomo nochnicht geboren war; auch soll man sich gewiss David's
Haus v. 1 nicht erst in seiner späten Zeit gebauet denken. Zu vergleichen ist also besonders die Redensart 2 Sam. 22, 1 vgl. unten.
Wirklich erzählten Spätere dies habe sich im 12ten Jahre der Herrschaft David's in Jerusalem creignet, s. Gelâl-cldin's Geschichte Jerusalems übers. von Reynolds p. 32.

gegen Davîd, sogut wie Jahve immerdar bisjezt nur in einem
leichten Zelte gewohnt und nie von einem Herrscher etwas
anderes verlangt habe, solle auch Davîd ihn darin weilen
lassen; der welcher ihn aus dem Staube bis zum Herrscher
erhoben habe, auch weiter ihn erheben und nie sein Volk
Israel wieder sowie früher von ungerechten Heiden unter-
drücken lassen werde [1]), der erlaube ihm zwar nicht den
beabsichtigten Tempel zu bauen, kündige ihm aber statt dessen die Bildung eines dauernden und gesegneten Hauses an;
wenn er selbst einst in Grabesruhe liege, werde ein künftiger Sohn von ihm den Tempel bauen, ein stets von Gott
wie von einem Vater geliebter Fürst der zwar wenn er sün-
dige wie alle andere Menschen von Gott gestraft werden
aber nie die göttliche Gnade (sowie Saûl) verlieren werde [2]).
Hierauf ging Davîd in das Heiligthum und sprach ein tief-
gerührtes Dankgebet für eine so gnädige Verheißung die
noch zu allen bisher genossenen göttlichen Wohlthaten hin-
zukomme; Worte des Dankes seien hier zu schwach, wo
alles allein von der freien göttlichen Gnade ausgehe; darin
zeige sich eben die alles unendlich überragende Größe des
wahren Gottes, dass er seine Gemeinde auf ewig sich be-
reite und nie wieder untergehen lasse; möchte auch dieses
über Davîd's Haus gesprochene Orakel ewig gelten! doch
die Wahrhaftigkeit Gottes sei Bürge für die Erfüllung der
Verheißung, und nur weil diese ihm durch die zuvorkom-
mende Gnade zutheil geworden, habe er die Kühnheit zu
diesem Gebete gefunden [3]). — Inderthat müssen Nathan und

---

1) für שבטי v. 7 ist שׁפְטֵי nach v. 11 zu lesen. Die Suffixe
sind in diesem Stücke einigemale verwechselt, und so ist v. 11 לֹ
und אֹיְבָיו zu lesen, wie der Zusammenhang und die Vergleichung
mit v. 1. 9 fordert.          2) in dieser scharfen Gleichstellung
aller Menschen vor Gott, sodass auch der König wie alle für Sunden gestraft wird, tritt noch ganz der alterthümlich strenge Geist
dieser Prophetie hervor, vgl. dies schon abgeschwächt Ps. 89, 33. —
V. 15 f. wäre zweimal nach den LXX besser מלפני für ־ךְ zu lesen, wenn nicht v. 15 die ganze Lesart bei den LXX offenbar verstümmelt wäre und die Lesart v. 16 sich nicht aus dem I. S. 394
bemerkten erklärte.          3) dies ganze Gebet hat allerdings in

andere diesem ähnliche Propheten über den doppelten Gegenstand welcher hier vorliegt zu Davîd'en gesprochen haben: einmal müssen sie über den Tempelbau nach der höhern Wahrheit über seine Nothwendigkeit oder Entbehrlich-
keit gesprochen und Davîd'en davon abgeredet haben; zweitens haben sie ihm gewiss schon während seines Lebens die
gesegnete Fortdauer seines Hauses nach göttlichem Beschlusse
verkündigt, denn dies deutet Davîd selbst in seinem lezten
Liede sicher an [1]), und auch in der Sache liegt keine Schwierigkeit es sich zu denken (s. unten). Insofern gibt der ältere Erzähler hier nur den Inhalt aller dieser Orakel an Davîd in Kürze zusammengedrängt und in einen bestimmtern
Zusammenhang gebracht; und indem er hier die prophetische Höhe des ganzen Lebens Davîd's schildert wo er selbst
das Höchste aus dem Ganzen der göttlichen Rathschlüsse erfährt und vonwo schon in das folgende Leben Salomo's die
entferntere Aussicht wie in einem Spiegel eröffnet wird, ist
auch eine entsprechende Antwort Davîd's am rechten Orte.
Aber die Farbe der Rede Nathan's imeinzelnen und imganzen ist ganz so wie sie sonst diesem ältern Erzähler eigenthümlich ist: wir können also hier nicht unmittelbar in den
Worten und in deren Zusammensezung, sondern nur in den
Gedanken selbst die Wahrheiten wiederfinden welche Nathan
einst verkündigt hatte, ähnlich wie es mit den Reden Jo-
hannes des Täufers und Christi im vierten Evangelium der
Fall ist [2]).

<hr>

seiner Gedehntheit etwas für den ältern Erzähler ungewöhnliches:
daher man hier mitrecht Überbleibsel eines ältern Werkes finden
kann; einzelne Redensarten erinnern aber an die Art jenes, v. 19
ist ganz wie 6, 22 und גלה את אזן v. 27 ist ihm eigen. — V. 19
ist meist nach 1 Chr. 17, 17 zu lesen: וְהִרְאִיתַנִי בְּתוֹר הָאָדָם לְמַעְלָה
»und mich sehen lässest auf die Reihe der Menschen aufwärts« bis
weit in die Zukunft, wie das vorige Glied sagt. — V. 23 ist fur
לעשות לכם (wobei der Zwischensaz von כִּי אֵין an schließt) לַעֲשׂוֹתְךָ
sowie לְגֵרְשָׁךְ fur לארצך und am Ende אלהים zu lesen, zumtheile
nach LXX und Chr.          1) 2 Sam. 23, 5.          . 2) welches
genauere Leser längst einsehen konnten und in neuern Zeiten immer
allgemeiner anerkannt wird.

Dass auch die Leviten von Davîd neugeordnet wurden war theils durch die Errichtung des Hauptheiligthumes zu Jerusalem, theils durch die große Verwirrung nothwendig in welche die Angelegenheiten der Leviten in den lezten Jahrhunderten gerathen waren (II. S. 451 ff. 538 ff.). Inderthat konnte es diesen einstigen Machthabern in der Gemeinde bei ihrer jezigen Schwäche nicht anders als willkommen seyn von einem Manne aus dem Volke, welcher König geworden eine zarte Scheu gegen die Einrichtungen der alten Religion bewahrte, kräftig beschüzt und insoweit neugeordnet zu werden als es die Zeit erforderte. Das erbliche Priesterthum schließt sich überhaupt vonjeztan immer enger an die steigende Macht des Königthumes, von dem es Schuz so erwartet wie empfängt: wiewohl es zu Davîd's Zeit dádurch noch eine größere Selbständigkeit behauptet dass das h. Zelt und also mit ihm ein Haupttheil des Gottesdienstes in Gibeon blieb (S. 160). In diesem Gibeon verwaltete, seitdem 'Eli's Nachkommen bis auf den zu Davîd entflohenen Ebjathar durch Saûl vertilgt waren (S. 117 f.), wieder das andere hohepriesterliche Haus (II. S. 533 f.) die höchsten Geschäfte: und vonda kam zur Zeit als alle Stämme Davîd'en zum Könige wählten, unter andern Leviten auch ein Abkömmling dieses Hauses, Ssadôq, zu Davîd nach Hebron [1]: er war damals ein kräftiger Jüngling, und David fesselte ihn seitdem dádurch an seinen Hof dass er ihn zugleich mit Ebjathar zum Hohepriester ernannte und beide mit einander zu Jerusalem wohnen liess [2], sodass der eine wohl zunächst das neue

---

1) dies folgt aus 1 Chr. 12, 28 vgl. mit 16, 39.

2) so erscheinen beide beständig bei dem ältern Erzähler, 2 Sam. 8, 17. 20, 25 (uber den v. 26 genannten Priester s. unten). 15, 24 ff. 1 Kön. 1, 7 — 2, 27: in der Stelle 2 Sam. 8, 17 sind also die beiden Namen Achimélekh und Ebjathar umzusezen, während 1 Chr. 18, 16 gar Aбimélekh für Achimélekh steht S. 107. Zwar würde nach 1 Chr. 24, 3 ff. Achimélekh als Sohn Ebjathar's schon im lezten Jabre Davîd's Hohepriester gewesen seyn: allein da dies den andern Quellen widerspricht, so ist eher anzunehmen dass die Chronik hier die Zeiten Salomo's und Davîd's vermischt; worüber unten weiter zu reden ist.

Heiligthum in Jerusalem, der andre das in Gibeon unter sich
hatte. Waren nun so die beiden hohepriesterlichen Häuser
sich unter dem Königthume gleichgestellt, so war damit schon
der Anfang zu einer neuen Ordnung des ganzen Leviten-
stammes gegeben: und wie diese wenigstens in der lezten
Zeit David's ausgeführt gewesen wäre, beschreibt die Chronik (I. c. 23—26) näher. Wir sparen jedoch die Erörterung
darüber sowie über die weltlichen Hofämter und andern
Reichseinrichtungen auf einen bequemern Ort unten auf.

Dass in Friedenstagen am Hofe zu Jerusalem die feinern Musenkünste fleißig geübt wurden, ist nach David's
Geiste zu erwarten und wird durch ein beiläufiges Zeugniss
bestätigt [1]). Wir wissen zwar jezt wenig näheres davon:
doch schon die eigne Dichtergröße David's und das alsbal-
dige Folgen der in allen solchen Künsten noch höher sich
entwickelnden herrlichsten Zeiten Salômo's reden hier laut
genug. Dass David alle Musenkünste selbst zusammenfaßte
sahen wir schon S. 78 f.; und die Gittäische Tonart welche
seit ihm in Israel viel gebraucht ward [2]), mag durch seine
einstige engere Verbindung mit dem Philistäischen Gath S.
108. 129 ff. in Israel einheimisch geworden seyn.

3. Doch die lezte Sicherheit empfängt ein neues Herrscherhaus im Innern erst durch seine Stellung gegen die
noch übrigen Glieder eines frühern: und wenn so manches
Herrscherhaus seine Sicherheit nur durch Vertilgung oder
strenge Verbannung aller Glieder des frühern erkaufen zu
können glaubt, so müssen wir auch in dieser Hinsicht die
eigenthümliche Größe David's bewundern. Sobald er in Jerusalem festen Siz genommen, erkundigte er sich ob noch
einer von Saûl's Hause übersei dem er „wegen Jonathan's
eine Gottesgnade erweisen" könne: man brachte ihm darauf
einen alten Hausdiener (Hausmeier) Saûl's Ssîba, welcher
meldete es sei noch im jenseitigen Lande zu Lô-debâr bei
einem reichen Manne Makhîr ein lahmer und schon deswegen nach alten Begriffen des Königthumes nicht recht fähi-

----

1) 2 Sam. 19, 36.        2) s. die *Dichter des A. Bs* I. S. 173 ff.

ger Sohn Jonathan's namens Meribóshet (S. 153 *nt.*). Diesen
liess er kommen und gab ihm die ganze Hausbesizung Saúl's
unter dér Bedingung zurück dass der alte Hausmeier mit
seinen 15 Kindern und 20 Sklaven als Erbpächter oder Hin-
tersasse sie bewirthschaften und ihren Ertrag für immer an
ihn und seine Nachkommen abliefern solle; er selbst sollte
dazu immer am königlichen Tische essen, sooft der König
nicht von Jerusalem abwesend wäre [1]). Wie Meribóshet diese
königliche Gabe später zur Hälfte verscherzte, wird unten
berührt werden.

Allein an einem andern Falle zeigte sich später wiewenig · Davîd beim besten Willen die einmal durch Saúl's
Gewaltthaten gegen sein Haus aufgeregte öffentliche Meinung
besänftigen konnte [2]). Die Kanáanäische Stadt Gibeon im
Stamme Benjamîn war nach Jos. c. 9 einst bei der Eroberung des Landes mit ihrem Gebiete unter der Bedingung gewisser Frohndienste gegen das Heiligthum Israels verschont
worden, und vielleicht stand schon unter Josúa eine Zeitlang
das h. Zelt in ihrem Gebiete. Vielleicht nun als dies h. Zelt
unter Saúl nach II. S. 541 wieder in ihr Gebiet verlegt und
so die alten Frohndienste der Stadt erneuert wurden, entstand darüber ein Streit zwischen ihr und Saúl, welchen dieser nach der rücksichtslosen Art seiner lezten Jahre sogleich
mit furchtbarer Heftigkeit aufgriff und gegen alle Einwohner
einen vollkommnen Vertilgungskrieg eröffnete. Wirklich müssen damals viele Gibeonäer getödtet, andre zur Flucht gebracht seyn; unter lezteren waren gewiss auch die zwei
Hauptleute welche nach S. 152 noch an Ishbóshet eine
schmähliche Rache nahmen. Als nun während Davîd mehre
Jahre geherrscht hatte [3]) eine dreijährige Dürre und Hun-

---

· 1) 2 Sam. 9 aus dem ältern Erzähler, der schon 1 Sam. 20, 14 ff.
alle diese Darstellungen vorbereitet hat.        2) 2 Sam. 21, 1—14
ebenfalls guwiss von diesem ältern Erzähler.  V. 5 ist für נשמרנו
zu lesen בָּשְׁמְדָנוּ; sowie v. 8 מֵרַב für מיכל, obwohl beides schon
die LXX vorfanden. 'V. 5 könnte man nach dem jezigen Texte
höchstens übersezen »welcher von uns dachte wir wären vertilgt«,
welches doch zum Sinne nicht passen würde.        3)' dass näm-

gersnoth ganz Israel erschreckte und Davîd deshalb das Orakel fragen liess, antwortete dies (gewiss weil sich nicht leicht
ein näher liegender Grund finden liess) das Unglück sei von
Gott wegen der von Saûl gegen die Gibeonäer verübten
Grausamkeit gesandt, welche man also im Volke nochnicht
vergessen hatte. , Das Orakel suchte in solchen Fällen gewöhnlich die Schuld in den Thaten der Herrschaft selbst, und
Davîd hatte gewiss bisdahin sehr unsträflich geherrscht, sodass man weiter zurückgreifen mußte um einen Grund zu
finden; und dass man sich auch der Kanáanäischen Gibeonäer aus Rechtsgefühl und Mitleid annahm, ist ein schönes
Zeugniss für den damaligen sittlichen Zustand des Volkes.
Doch die Gibeonäer wollten sich weder mit einem Wehr-
gelde zufrieden geben noch selbst an Israel Rache nehmen,
weil sie lezteres schon als Hörige nicht durften; sie forderten dass der König selbst ihnen 7 Nachkommen Saûl's aus-
liefere um an jenem S. 30 erwähnten heiligen Orte auf der
Höhe von Gibea der Stadt Saûl's gekreuzigt zu werden und
so den göttlichen Zorn zu versöhnen.   Davîd mußte auch
wider Willen hier nachgeben, verschonte jedoch Jonathan's
Nachkommenschaft und liess ihnen 2 Söhne Saûl's von seinem Kebsweibe Rißpa und 5 von seiner Tochter Merab (S. 97)
ausliefern; die Hinrichtung geschah in dér Zeit welche für
`solche Fälle immer in Israel etwas heiliges gehabt hat,' um
Ostern mit dem ersten Anfange der Gerstenernte (s. unten).

---

lich dies Ereigniss *vor* den Absolomischen Krieg fällt, erhellt theils
dáraus dass das Unrecht gegen Gibeon damals noch sehr lebhaft besprochen gewesen seyn muss, wie es in den ersten 6—7 Jahren der
Herrschaft Davîd's in Jerusalem möglich war; theils dáraus dass
Shim'i bei dem Absalomischen Aufstande offenbar auf dies Ereigniss
blickt und Davîd'en falsch des absichtlichen Mordes der Nachkommen Saûl's beschuldigt 16, 7 f. vergl. 19, 29. — Auch wieder ein
neuester Deutscher Schriftsteller will nicht aufhören wegen dieser
Sache Davîd'en mit Shim'i zu verdammen: allein der Unverstand
darin ist einleuchtend. Wie wenig Davîd Saûl's Nachkommen und
Verwandte als solche vertilgen wollte, erhellt auch dáraus dass solche auch in Jerusalem selbst noch bis in späte Zeiten ruhig wohnen
blieben 1 Chr. 9, 35—44.

Als aber das Kebsweib in rührender Kinderliebe sich sogleich mit ihrem Trauertüche auf den Felsen sezte, tags und
nachts Vögel und Wild von den gekreuzigten Gebeinen verscheuchte und so fortfuhr bis ein Regen fiel und damit der
göttliche Zorn vom dürren Lande genommen schien: liess
Davîd der davon gehört die Gebeine dieser Gekreuzigten
zugleich mit den nach S. 142 aus Jabesh geholten Gebeinen
Saûl's und Jonathan's ehrenvoll im Erbbegräbnisse des Hauses Saûl's zu Ssela' im Stamme Benjamîn beisezen.
So gerecht und weise waltete Davîd im Innern.

## 2. Davîd's Kriege gegen die Heiden.

Die Kriege Davîd's gegen die Heiden, so bedeutend sie
in diesen 33 Jahren gewesen seyn müssen, sind uns doch
jezt am wenigsten durch ausführlichere Beschreibungen bekannt. In den ältesten Schriften waren sie sichtbar ausführlich beschrieben, wie wir aus deutlichen Spuren schließen
müssen: in den jezt erhaltenen Werken aber lesen wir nur
dürftige und abgerissene Nachrichten über sie. Wievielen
Stoff seinen Selbstruhm zu verbreiten hätte hier das spätere
Volk gehabt, wenn es wie andere eitle Völker auf solche
Macht über Fremde Werth gelegt hätte! Aber dies Volk
hatte seit Mose überhaupt ein anderes Ziel vor Augen als
das sich weltlicher Siege und Eroberungen zu rühmen; und
je reiner es dies Ziel im Verfolge der Zeit und insbesondere
in den Zeiten nach David und Salômo erkannte, desto weniger vergnügten sich die spätern Geschichtswerke an weiten Schilderungen der großen auswärtigen Siege seiner Helden insbesondere Davîd's, und desto mehr verkürzten sie die
ältern Berichte darüber.

Soviel jedoch erhellt sogleich imallgemeinen, dass man
sehr irren würde meinend David habe diese Kriege aus bloßer Lust am Kriegen und Erobern hervorgerufen: einer solchen Annahme widersprechen sowohl die einzelnen Nachrichten welche sich erhalten haben als der ganze Geist des alten Volkes und seiner Religion. Wiewenig Davîd den spätern Assyrischen Chaldäischen und Persischen Weltstürmern

glich, erhellt hier sogleich vorne am meisten daraus dass er
sich nicht wie diese Landbeherrscher an den Phönikischen
Seestädten vergriff, sondern mit den kleinen Phönikischen
Reichen welche nur auf ihren Handel und gewinnreiche Künste
bedacht Frieden mit ihm suchten stets im besten Einvernehm-
men blieb, ja gern die Vortheile feinerer Lebenseinrichtung
annahm welche sie ihm boten [1]. Sosehr änderte sich jezt
die wechselseitige Stellung zwischen Israel und diesem Theile
der alten Kanáanäer: und es kamen nun völlig die Zeiten
wo dieses einst auch kriegerisch von Israel so schwer gefürchtete Volk ihm nur noch wie eine Zunft friedlicher Kaufleute zu seyn schien, sodass ihm sogar der Name Kanáanäer mit Krämern gleichbedeutend wurde und der Stolz womit es einst auf das kriegerisch besiegte kunstreiche Volk
herabblickte nur noch in einer gewissen Verachtung der nun
unter ihnen leicht herrschend werdenden krämerischen Li-
stigkeit sich äußerte [2]. Aber freilich wirkten jezt zu einer
größeren Annäherung zwischen den ganz auf den nördlichsten Küstensaum zurückgedrängten Kanáanäern und Israel
wohl noch andere Ursachen mit: dass die von ihnen ursprünglich sosehr verschiedenen Philistäer in den lezten Jahrhunderten ihrer großen Übermacht im Lande auch ihnen gefährlich wurden liegt in der Sache selbst, und dasselbe melden dunkle Erinnerungen [3]: und wohl läßt sich denken dass
sie auch deswegen mit David als dem großen Besieger der
Philistäer ein freundliches Verhalten suchten.         ᛁ        ᛁ

Wir müssen also die Ursache zu den Kriegen umgekehrt
vielmehr in den Heiden selbst suchen. Die umliegenden Völker mit denen Israel schon bisjezt viel in Krieg gewesen,
mußten leicht merken dass sie Israel nichtmehr wie bisher

---

1) 2 Sam 5, 11 wonach der Tyrische König nach Jerusalem's
Eroberung selbst Frieden suchte.        2) die uns jezt bekannte
erste Anspielung dieser Art findet sich Hos. 12, 8; dann wird der
Sprachgebrauch stehend Jes. 23, 8. Ssef. 1, 11. Hez. 16, 29. 17, 4.
B. Ijob 40, 30, sodass davon sogar schon aufsneue ein verkürztes
Sachwort für Krám sich bildet Jer. 10, 17.    .    : . 3) Just hist.
18: 3, 5; wüßten wir das hier zu kurz gesagte nur ausführlicher! .

sooft in ihrer Furcht und Unterthänigkeit halten könnten, wenn es unter einem kräftigen Könige Einheit und Macht gewönne: sie wollten sichtbar dem gewaltigen Sichregen größerer Selbständigkeit Israels zuvorkommen und griffen es mit offenen Waffen oder mit Hohn an, während freilich auch Israel seinerseits vieles von den Verlusten einzuholen hatte die es in den lezten Jahrhunderten erleiden mußte, und nach II. S. 305 ff. in eine weit mächtigere Vergangenheit zurückblicken konnte. War aber so einmal ein größerer Krieg entzündet und sahen sich die Fremden in unerwarteter Gefahr, so suchten sie leicht bei entfernteren Völkern Bündnisse; und so verbreitete sich das Kriegsfeuer in wenigen Jahren immer weiter, bis fast alle Völker zwischen dem mittelländischen Meere und dem Eufrât sowie zwischen dem arabischen Meerbusen und dem Orontes von ihm ergriffen wurden, und es für David zur Lebensfrage wurde entweder sie alle zu unterwerfen oder die Macht und Ehre seines Reiches zu opfern. Erhebt sich zwischen Mittelmeere und Eufrat eine bedeutende Macht, so wird die immer alle diese Länder unter ihre Einheit zu bringen auch wider ihre ursprüngliche Absicht gezwungen werden.

Welche äußere Kräfte nun David solchen Angriffen entgegenzustellen hatte, können wir glücklicherweise noch etwas näher bestimmen. Den Grund seiner ganzen Kriegsmacht bildete auch jezt noch immer jene Schaar von 600, die wir schon in den vorigen Zeiträumen der Geschichte David's entstehen sahen S. 115. 131. Diese denke man sich sämmtlich als nichtbloss sorgfältig eingelernte und gut gerüstete sondernauch wegen besonderer Tüchtigkeit und Liebe zum Kriege auserlesene Krieger, eine Art von Mustersoldaten; daher wurden sie *Gibbôrim* d. i. Helden, Gewaltige genannt [1].

---

1) 2 Sam. 10, 7. 16, 6. 20, 7. 1 Kön. 1, 8. 10: woraus erhellt dass sie oft mit dem Zusaze *alle* angeführt werden, offenbar ihrer bedeutenden Zahl wegen. Die Zahl 600 steht in diesen Stellen nie dabei: aber dass die 600 gemeint sind kann keinen Zweifel haben, und wird außerdem durch 2 Sam. 15, 18 bestätigt wenn man hier fur גתים nach einigen der hier zusammengeflossenen Übersezungen

Es versteht sich dass sie, als eigentlich nur die Kriegskunst übend und zu weiter nichts bestimmt, allerlei fortlaufende Unterstüzungen (Sold, freie Wohnungen für sie und ihre Hausgenossen nach S. 159) vom Könige bezogen, und also recht eigentlich das erste stehende Heer bildeten welches wir aus so früher Zeit näher kennen. Waren sie nicht im Felde, so blieben sie zu Jerusalem [1]): zu Besazungen scheinen sie nie angewandt zu seyn. Ihre Eintheilung kann aus gewissen Zeichen näher erkannt werden. Sie bildeten danach drei Theile zu je 200 Mann: man denkt hier unwillkührlich an die drei Haufen worin ein kunstgeübtes Heer den Überfall zu machen pflegte [2]); wir lesen aberauch dass bisweilen 200 Mann von den 600 zur Bedeckung des Gepäckes zurückblieben [3]). Über je 20 Mann muss ein Hauptmann gesezt gewesen seyn, sodass es überhaupt 30 solcher Hauptmänner gab: denn nur so, wenn diese 30 eine Art von Rang und eine Genossenschaft (ein Collegium) bildeten, erklärt sich der Name welchen solche (wie wir sagen würden) Officiere trugen, *Shâlîsh* d. i. ein Dreißiger, einer von den Dreißigen [4]).

---

der LXX und Vulg. גברים liest, wie man allen Zeichen nach muss.
1) wie aus 2 Sam. 15, 18. 16, 6 erhellt. Dass sie verheirathet waren sahen wir schon S. 130: und so hat Uria sein Weib Batséba' in einem Hause zu Jerusalem 2 Sam. 11, 2 ff.    2) vgl. Richt. 7, 16. Ijob 1, 17; auch in David's Geschichte 2 Sam. 18, 2 wo freilich das ganze große Heer zu verstehen ist, wahrscheinlich so dass bei jedem Heerestheile 200 Gibborim waren.    3) 1 Sam. 25, 13 vgl. 30, 10. 24.    4) dass das Wort שָׁלִישׁ wo es etwa soviel als Officier bedeutet aus שְׁלוֹשִׁים *dreißig* entstanden sei ergibt sich aus 2 Sam. 23, 13. 23. 24. 1 Chr. 12, 4. 18 (an lezterer Stelle wechselt danach Q'rî und K'tîb). 27, 6. Die ganze Gesellschaft der Dreißiger heißt הַשְּׁלִישִׁי nach §. 164. 177 gebildet 2 Sam. 23, 8. 18 (K'tîb) oder הַשְּׁלֹשִׁים; ein Oberst ist also רֹאשׁ הַשְּׁלִישִׁי 2 Sam. 23, 8. 18 oder הַשְּׁלֹשִׁים רֹאשׁ v. 13 (im pl.) oder עַל הַשָּׁלִשִׁים 1 Chr. 27, 6. 11, 42 (wo עַל הַ für עליו zu lesen ist) vgl. 2 Sam. 23, 23; die 3 Obersten heißen auch kürzer die 3 Gibborim 2 Sam. 23, 9. 18. 22: zum deutlichen Zeichen dass auch die שָׁלִשִׁים oder שְׁלִישִׁים ihren Namen aus »dreißig Gibborim« verkürzt haben; der General heißt שַׂר הַשְּׁלִשָׁה 2 Sam. 23, 18 f. Wenn in den nachdavidischen Zeiten שָׁלִישׁ am Ende nur noch überhaupt soviel als ei-

Über je 200 Mann mit ihren 10 Hauptmännern war ein Oberst gesezt; und die 3 Obersten hatten wieder einen Vorgesezten den wir den General nennen würden. Das ganze Heer der Gibbôrîm bestand also die Vorgesezten eingerechnet aus 634 Mann, wozu gewiss noch viele Knappen kamen. Wir brauchen nun nicht anzunehmen dass Davîd welcher nur unter den Hebräern zuefst diese ganze Einrichtung traf, sie auch überhaupt zuerst geschaffen habe: sie ist wahrscheinlich schon in noch ältern Reichen dortiger Gegenden eingeführt gewesen, da der Name *Shâlîsh* in einem sehr alten Liede sich erhalten hat [1]) und auch andre Spuren einer ähnlichen Sitte bei dortigen noch älteren Völkern sich nicht zu unklar wiederfinden lassen [2]). Aber unter Davîd verdiente dies Helden-Heer gewiss im vollesten Sinne seinen Namen, und war die Seele aller der großen Siege

---

nen Officier in der Nähe und im unmittelbaren Dienste des Königs bedeutet, so kann das nicht auffallen. — Zwar kann ein so abgekürzter Ausdruck ansich gar vielerlei dem Ursprunge nach sehr verschiedenes bedeuten: nachdem z. B. in neuern Zeiten in den Denkmälern Nineve's oft ein Kriegswagen mit drei Sizern wiedergefunden, auch erkannt ist dass im ältesten Indien 3 Reiter als zu einem Kriegswagen gehörend betrachtet wurden (nach dem Dhanur-Veda vgl. mit Wilson's Bemerkung darüber), könnte man leicht vermuthen der hebr. Shâlîsh solle etwas ähnliches bedeuten. Allein dass dabei nicht entfernt an Kriegswagen gedacht werden kann, zeigt diese ganze Geschichte. Die LXX meinten mit τριστάτης wohl einen Mann dritten Ranges, alsob nur der erste Minister als מִשְׁנֵה des Königs Gen. 41, 43 den nächsten Rang nach ihm gehabt hätte. Das τρίτης μοίρας ἡγεμών bei Jos. arch. 9: 4, 4. 5. 6, 3 könnte einen Befehlshaber des Drittheiles des Heeres bezeichnen (wo dann als etwas ähnliches 1 Kön. 16, 9 zu vergleichen wäre): doch sezt er 9: 11, 1 dafür allgemeiner einen Chiliarchen.     1) Ex. 15, 4 vgl. 14, 7. Man kann die 300 Mann Gideon's II. S. 499 ff. als ein Vorspiel betrachten; und sonst ist merkwürdig wieoft 600 Krieger als Kernsoldaten erwähnt werden, Richt. 3, 31. 18, 16 f. 20, 47 ff. (an lezterer Stelle sogar als Kern eines zu erneuenden Stammes) 1 Sam. 13, 15. 14, 2.

2) Die 600 bei den Ägyptern Ex. 14, 7 und Indern (Nala Mahâ-Bhâr. 26, 2) können nicht so zufällig mit denen bei Israel zusammentreffen wie die 600 in den Sagen von Cid. Vgl. auch Bruce's Reisen III. S. 309.

welche in dieser Zeit errungen wurden. Wir besizen noch
ein sehr altes Verzeichniss der Namen der bedeutendsten
dieser Helden David's und einiger Thaten der ausgezeichnetsten unter ihnen [1]). Zuerst werden die 3 Obersten beschrieben, Jashob'am Sohn Chakmoni's, El'azar Sohn Dôdô's
und Shamma Sohn Age's [2]). Jener schwang einst, wird erzählt, seinen Speer über 300 Erschlagene auf éinmal: welches nur bedeuten kann, er habe auf éinmal, an éinem Tage
und wie in einem Stücke Arbeit 300 Feinde nacheinander
getódtet, in entsezlicher Hast und Wuth vom einen zum andern springend. Von dem zweiten wird erzählt, er habe als
die Philistäer sich bei Pasdammim (vgl. dasselbe S. 89) éinst
versammelt hatten, eine Zeitlang ganz allein sie bestanden
und solange zu Boden geschlagen bis seine ermattete Hand
krampfhaft am Schwerte festhing: aber da war schon der
große Sieg Jahve's erfochten, und als endlich die früher geflohenen Landsleute hinter ihm her aufs Schlachtfeld zurück-
kehrten fanden sie nichts mehr zu thun als den Gefallenen
die Beute abzuziehen [3]). Shamma, heißt es, wurde als die
Philistäer einst sich bei Lechi [4]) versammelten, ähnlich von
seinen fliehenden Landsleuten verlassen, blieb aber dennoch

---

1) 2 Sam. 23, 8—39 wo nach der Unterschrift 37 Helden aufgezählt werden: 16 mehr, aber nach Art des Chronikers zumtheil mit
noch weiter verkürzter Bezeichnung, werden aufgezählt 1 Chr. 11,
10—47 vgl. I. S. 180 f.          2) 2 Sam. 23, 8 sind die Worte
nach v. 18 und nach der Chronik zu verbessern, obwohl in הֵעְצֵלֹוּ
vielleicht ursprünglich ein anderes Wort als חֲנִיתֹו verborgen liegt.
Für 300 hat 2 Sam. 23, 8 sogar 800 Mann: und allerdings soll nach
der ältern Quelle dieser Held mit seinen zwei nächsten Genossen
an rein kriegerischer Tapferkeit noch ungleich mehr geleistet haben
als sein Vorgesezter Abishái v. 18. Ist יֹשֵׁב בַּשֶּׁבֶת vor dem Eigennamen Jashob'am richtig, was sogar wahrscheinlicher, so würde der
erste der Drei noch besonders etwa als μετάϑρονος ausgezeichnet
gewesen seyn.          3) v. 9 sind die unverständlichen Worte
ebenfalls nach 1 Chr. 11, 13 zu verbessern; hinter הָעָם v. 10 ist
wahrscheinlich wie v. 11 אֲשֶׁר נָס zu ergänzen.          4) לְחִיָה
ist v. 11 für לַחַיָּה zu punctiren, weil hier ein Ort genannt seyn
muss: es ist derselbe wo auch Simson die Philistäer bekämpfte II.
S. 528.

ganz allein bei einem eben reifen großen Linsenfelde stehen welches die Feinde zerstören wollten, rettete es vor
ihrer Zerstörungslust und errang zugleich einen großen Sieg
Jahve's. Denken wir uns, wie wir müssen, dass doch ein
solcher einzelner Held immer von seinen einem oder meheren Waffenträgern begleitet stritt, so werden diese Thaten
kaum viel größer beschrieben als die Jonathan's in der Schlacht
von Mikhmâsh S. 46. Von demselben Range als Obersten
waren die drei Helden [1]) welche einst schon als Davîd noch
auf der Bergfeste bei der Höhle 'Adullam seinen Siz hatte
ihm mit Lebensgefahr Wasser aus dem benachbarten Philistäischen Lager holten S. 115. — Über die 3 Obersten gesezt war der ältere Bruder Joab's Abishái, wie diese Auszeichnung von dém zu erwarten ist welcher immer nächst
Joab der größte Heerführer Davíd's genannt wird und der
fast überall mit Joab zusammen handelt, dabei aber freilich
nach S. 146 noch des Vortheiles naher Blutsverwandtschaft
mit Davîd genoss. Von ihm wird fast dasselbe erzählt was
von jenem ersten der 3 Obersten. — Den Rang eines Obersten hatte ferner Benaja Sohn Jojada's, ein ungemein thatkräftiger Mann [2]), welcher den Befehl über die Leibwache
(wovon sogleich) erhielt. Er erschlug die zwei Söhne des
Königs von Moab [3]). Als einst zur Winterszeit da unge-

---

1) da nämlich die Bezeichnung dieser drei v. 13 unbestimmt ist,
so scheint man hier nicht dieselben drei Obersten sich denken zu
können welche vorher genannt sind: obgleich es auffallend ist dass
da wo sonst *alle* genannt sind ja nach der Überschrift genannt seyn
müssen, diese drei allein ohne Namen bleiben sollten. Vielleicht ist
also bei שְׁלֹשָׁה v. 13 der Artikel ausgefallen. Dass übrigens außer
jenen drei genannten Helden noch-andere zu andern Zeiten oder
dem bloßen Range nach dieselbe Würde haben konnten, ergibt sich
aus v. 22. 1 Chr. 27, 6 und 11, 42.        2) das בֶּן welches
v. 20 überflüssig vor אִישׁ steht ist als בְּנֵי hinter שְׁנֵי zu lesen, wie
die LXX und zumtheil 1 Chr. 11, 22 zeigt.        3) *Ariel* scheint
nämlich der Ehrenname eines Königs von Moab gewesen zu seyn,
wie Indische Fürsten sich Daevasinha (Gottlöwe) nennen. Das Ereigniss fiel also in die Geschichte des Krieges mit Moab, von dem
wir sonst sehr wenig wissen.

wöhnlich Schnee gefallen ein Löwe sich in die Nähe der
Menschen geflüchtet und bei einem Hause im Brunnen seinen Siz genommen hatte, stieg er allein hinab in den Brunnen und erschlug ihn. : Ein andermal traf er im Kampfe auf
einen sehr angesehenen Ägypter, welcher einen Speer hielt
so lang und schwer wie das Holzstück einer Brücke [1]): er
selbst hatte zufällig nur einen Gehstock in der Hand, entriss
aber jenen Speer der Hand des Ägypters und tödtete ihn
damit. Und da dieser Ägypter sichtbar von ganz anderer
Art war als jener etwa durch Streifzüge geraubte Ägyptische Sklave S. 135: so ergibt sich hieraus zugleich die merkwürdige Thatsache dass die damalige Ägyptische Herrschaft
nicht theilnahmlos den Kämpfen Davîd's um die Herrschaft
der vielen Länder zusah; vielleicht ward dieser Ägypter in
dem Kriege gegen Edóm getödtet, worüber unten. — Solche
Züge kriegerischen Muthes sind sprechender als alles andere;
sie erinnern ganz an die sonst uns bekannten wenigen Zeiten in der Geschichte wo ein wunderbares Streben nach dem
Besize eines höheren Gutes, der Freiheit z. B. oder der Unsterblichkeit, ein ganzes Volk ergriffen hatte und daher in
einzelnen vorzüglich kräftigen Werkzeugen auch kriegerische
Thaten hervorbrachte welche gewöhnlichen Menschen unglaublich scheinen, die Zeiten der ersten Bekenner des Islâm's,
der alten Schweizer oder der Ditmarschen; wir werden uns
auch die Zeiten Israels unter Josúa II. S. 313 ff. ähnlich denken müssen, nur dass sich daraus nichtmehr soviele bestimmte
Züge in der Schrift erhalten haben wie hier. — Von den
übrigen nennenswerthen welche nicht Obersten oder noch
mehr waren, sind sodann bloss die Namen überliefert: aber
dass auch von ihnen jeder großes gethan, verbürgt schon
diese ihre Genanntheit; und einige kennen wir zufällig aus
andern Quellen noch näher, wie den hier zuerst aufgeführ-

---

1) dies ist nach der LXX einzuschalten; man muss sich wohl
eine ganz einfache Brücke über einen Vâdi denken, bloss aus einem
starken Baumstamme bestehend; 1 Chr. 11, 23 hat dafür einen Weberbaum nach S. 90. Dagegen würde das Mass von 5 Ellen welches
ihm die Chronik gibt, zu den 6½ Ellen Goliath's wenig stimmen.

ten 'Asael den früh gefallenen Bruder Joab's von dem oben
S. 147 die Rede war, und den Chittäer Uria von dessen Bie-
derkeit im Hause und im Felde unten zu reden ist. Wie
also von den vielen Gefährten Muhammed's die Namen und
Thaten lange sehr genau in der Erinnerung blieben und in
besondern Schriften verzeichnet wurden: ebenso lebten David's Helden, die mit ihm an Tapferkeit und Aufopferung für
die Gemeinde Israel und Jahve's Religion gewetteifert hatten, mit dem Andenken an ihn unsterblich fort.

Verschieden von diesem stehenden. Heere waren die
Soldaten der eigentlichen Leibwache David's, welche wie die
römischen Lictoren zugleich zum Hinrichten der Schuldigen
auf königlichen Befehl dienten. Dies waren die von Luther
sogenannten Krethi und Plethi, über welche I. S. 330 ff. gezeigt ist dass sie aus fremden Völkern, besonders Philistäern
aller Art genommen wurden. Sie werden bisweilen mit den
Gibborim zusammengenannt: aber vergleicht man alle Stellen wo sie vorkommen [1]), so sieht man einmal dass sie der
Zahl nach weit geringer waren als diese wie es nicht anders zu erwarten ist, und zweitens dass sie nie wie die
Gibborim für den eigentlichen Krieg angewandt wurden. Bei
Saûl wurden die Leibtrabanten Läufer genannt [2]): erst David scheint während seines Aufenthaltes in Ssîqelag aus Philistäern eine Schaar zu demselben Gebrauche gebildet und
diese dann immer aus gefangenen Philistäern und ähnlichen
Fremden ergänzt zu haben. Ihr Standlager in Jerusalem war
nach S. 159 gewiss nicht weit von der königlichen Burg. —
Von diesen war also nie eine Gefahr für das Reich zu fürchten: mehr von den Gibborim welche sichtbar den Anfang zu
einer Art von *milites praetoriani* oder Janitscharen bildeten
und durch ihre Bedeutung schon bei der Thronbesteigung
Salomo's eine Rolle spielen [3]); wozu kam dass sie auch von

---

1) 2 Sam. 8, 18. 20, 23; 15, 18. 20, 7. 1 Kön. 1, 38. 44.

2) 1 Sam. 22, 17 vgl. v. 18; ebenso heißen sie später wieder bei
den Königen Juda's. Dass es nach alter Sitte jener Höfe gewöhnlich 50 waren die dem Könige vorangingen, kann man aus 2 Sam.
15, 1. 1 Kön. 1, 5 schließen.        3) 1 Kön. 1, 8. 10.

Fremden genommen werden konnten, sobald diese (wie vonselbst deutlich) zur Landesreligion sich bequemten [1]).

Da indess, wie hieraus erhellt, das stehende Heer an Zahl nicht zu bedeutend war, so versteht sich dass zu allen größern Kriegen der Heerbann aus allen waffenfähigen Männern im Volke aufgeboten werden mußte: und Joab der Feldhauptmann David's war ebendeshalb nicht bloss über jene 600 sondern über das ganze kriegsfähige Heer gesezt. Diesen Heerbann bot z. B. Absalom von allen Stämmen diesseit des Jordan's auf, als David mit seinen 600 und seiner Leibwache aus Jerusalem über den Jordan geflohen war [2]); und bei ihm werden immer nur Fürsten d. i. Vorgesezte über Hunderte und über Tausende unterschieden. Dass dieser Heerbann wenn er wirklich zusammenkam sehr zahlreich war „wie Sand am Meere" [3]), ist bei der damaligen starken Bevölkerung des Landes nicht anders zu erwarten: doch ist das genauere darüber schwer anzugeben. Nach dem Berichte über die von David veranstaltete Volkszählung fanden sich in Israel (den zehn Stämmen) 800,000 und in Juda 500,000 waffenfähige Männer [4]): allein wir wissen nicht wel-

---

1) so war Uria ein Chittäer und doch der Religion nach ein guter Israelit, Sséleq ein 'Ammonäer 2 Sam. 23, 37, Jitma ein Moabäer 1 Chr. 11, 46; und Ittai aus Gat welcher in der Schlacht gegen Absalom zum Anführer eines Drittheiles des Heeres gesezt wurde wird ausdrücklich von David als Fremder bezeichnet 2 Sam. 15, 19.

2) 2 Sam. 15, 18. 17, 11.  3) 17, 11.  4) 24, 9.

Ähnliche nach manchen unsrer jezigen Voraussezungen leicht zu gross scheinende Zahlen der Männer und Krieger Israels sahen wir in andern Theilen dieser Geschichte theils schon früher, theils werden wir sie unten sehen. Sind sie nun -auch theilweise rund oder an gewissen Stellen übertrieben, so ist doch im allgemeinen an ihrer Geschichtlichkeit zu zweifeln kein Grund. Denn überall ist hier vom Heerbanne die Rede, zu welchem die ganze Bevölkerung ohne weiteren Unterschied der Religion herbeigezogen wurde. Schäzt man z. B. die Bevölkerung des jezigen Algeriens auf 3 Millionen und darunter auf 3 bis 400,000 streitbare Männer (s. Dawson Borrer's Campaigne in the Kabylie), so konnte das Land Israel in so glücklichen Zeiten wie unter David und in den damaligen weiteren Grenzen gewiss noch mehr Menschen tragen, wie bereits B. II weiter berührt ist.

ches Alter hier bei Männern angenommen ist, und diese
Zahlen sind sichtbar zu rund um sie für genau geschichtlich
zu halten. Näher dagegen scheint eine Angabe der Chronik [1]) zu führen, wonach Davîd die Einrichtung traf dass in
jedem Monate ihm 24,000 Mann unter einem bestimmten Anführer dienten, welches also ein Ganzes von 288,000 Mann
ausmachen würde. Allein es ist dies eine der wenigen Nachrichten welche für uns jezt sehr schwer zu verstehen sind.
Die Namen der 12 Anführer entsprechen, wenn man genauer
zusieht, troz einzelner Abweichungen doch imganzen den
Namen von 12 der ersten Gibborim welche in der S. 180
bemerkten alten Urkunde [2]) aufgezählt sind; und ansich ist
es durchaus glaublich dass die tüchtigsten dieser geübtesten
Mustersoldaten zu Anführern des Heerbannes genommen wurden. Auch die übrigen Einrichtungen des Davîdischen Reiches welche hier in der Chronik [3]) beschrieben werden, sind
offenbar aus alten ausfuhrlichen Quellen geschöpft. Aber es
erhellt aus dieser Beschreibung nicht [4]) wozu denn eigentlich diese mit jedem Monate wechselnden 24,000 Mann dienen sollten; und weder bei Absalom [5]) noch bei Adonija's
Aufruhre [6]) spielen sie eine für uns leicht erkenntliche Rolle.
Wir müssen also bedauern dass die Chronik hier die ältern
Nachrichten zusehr verkürzt hat: vielleicht sollten in jedem
Monate je 24,000 Mann in den Waffen vorzüglich geübt
werden, oder sie bildeten theilweise die Besazungen der
unterjochten Länder. Soviel ist aus einer ältern Nachricht [7])
gewiss dass man in Israel wie unter allen alten Völkern nur

---

1) I. 27, 1—15.  2) 2 Sam. 23, 8 ff.  3) 1 Chr. 27.
4) auch sind die Worte v. 1 ihrer Farbe nach rein vom Chroniker. Dass v. 7 als einer der 12 Anführer auch der nach S. 147
von Abner getödtete 'Asael genannt wird, mag da auch sein Sohn
hinzugesezt ist unbedeutender seyn, vgl. den wahrscheinlich ähnlichen
Fall v. 6. Dass die Namen der 12 etwa bloss aus 2 Sam. 23, 8 f.
entlehnt wären, bestätigt sich bei näherer Ansicht nicht. Vgl. auch
1 Kön. 5, 28.  5) 2 Sam. c. 15.  6) 1 Kön. 1 f.
7) 2 Sam. 1, 11 wo unter *den Königen* alle insgesammt, hebräische und fremde, gemeint sind.

für den Frühling und Sommer ins Feld zog, im Herbste und
Winter zu Hause blieb, und daher jeden nochnicht ganz be-
endigten Krieg mit jedem Jahre zu einer bestimmten Zeit
neu anfangen mußte. Und dazu versteht sich vonselbst dass
Davîd wenigstens späterhin auch außer jenen Kernkriegern
immer eine größere Zahl zur Verfügung hatte [1].

Dárin aber war diese ganze Streitmacht noch völlig alt-
hebräisch dass sie weder Rosse noch Wagen gebrauchte, die
Gemeinen sämmtlich zu Fuße kämpften, höchstens die verschiedenen Anführer Maulthiere und Esel ritten [2]; ja Davîd
liess noch auf altmosaische Weise die gefangenen Rosse fast
sämmtlich unbrauchbar machen [3]. Hier sieht man welcher
höhere Muth damals noch immer dies Volk auch gegen solche Völker waffnete welche sich weit künstlicher mit Rossen
und Wagen im Kriege versahen. Ebenso bestand die Hauptwaffe in Israel damals noch immer in dem Speere, in dessen
Führung viele große Gewandtheit haben mußten; Bogen und
Schleuder [4] kamen seltener vor, und die meisten fremden
Völker waren so wohl auch mit Waffen besser versehen,
wie die Erzählung von Goliáth andeutet [5].

Übersehen wir nun die einzelnen Völker mit denen gestritten würde, so wurden sichtbar

1. die meisten Kriege gegen die Philistäer geführt, und
über sie sind uns auch die meisten einzelnen Erinnerungen
erhalten. Wenn Davîd, während er noch in Hebron bloss
über Juda herrschte, ihnen (wie nach S. 143 wahrscheinlich

---

1) wie dies aus den kurzen Worten 1 Kön. 1, 9 vgl. v. 25 sicher
zu ersehen ist.        2) wie es bisdahin gewesen war, s. II. S. 313 ff.
3) 2 Sam. 8, 4: vgl. II. S. 168. 201. Ähnlich liess Abdelqádir
noch im Dec. 1847 zum Zeichen der Einstellung alles Krieges seinen Pferden die Fußsehnen durchhauen.        4) 2 Sam. 1, 22.
1 Sam. 20, 20 ff.; 17, 40 vgl. II. S. 368 f. In den alten ägyptischen
Bildern sieht man ähnliche einfache Waffen; und über Homer's Zeiten vgl. unter anderm II. 4, 306—9.        5) unter den vielen
Geschichtchen die der Qorân von Davîd erzählt, ist nur die eine
neu dass er der Erfinder des geringelten Harnisches sei Sur. 21, 80
vgl. Tabarî's Annalen I. p. 43 Dub.: allein dies ist nach S. 90 gewiss eine Verwechselung Davîd's mit Goliath.

ist) eine Abgabe entrichtete, so versteht sich wie heftig sie
ihn angreifen mochten als er· in Jerusalem - als König von
ganz Israel sich festgesezt habend nun jedes Zeichen von
Unterwürfigkeit verweigerte und ebenso streng gegen ihre
Einfälle und Forderungen verfuhr wie einst Saûl in den glücklicheren Jahren seiner Herrschaft. ·Wir haben nun besonders
zwei Arten von kurzen Berichten über diese Kriege: einmal
Berichte von der prophetischen Auffassung der Ereignisse
aus [1]. Als die Philistäer (lauten diese Berichte) hörten dass
man Davîd als König über ganz Israel gesalbt habe, zogen
sie alle rachgierig án Davîd'en zu suchen und ums Leben
zu bringen: er hörte es jedoch frühzeitig genug um sich in
der damals schon eroberten Burg Ssion fest einzuschließen [2]
und vor ihrer ersten Wuth sich zu sichern. Als sie sich
nun in dem fruchtbaren Thale Refaîm südwestlich von Jerusalem, wie sie pflegten, plündernd ausgebreitet hatten und,
wie leicht zu erachten, dadurch in Unordnung gerathen waren: griff er, durch ein siegverheißendes Orakel von Jahve
dazu gestärkt, sie plözlich an und schlug sie; dies geschah
bei einem uns sonst unbekannten Orte [3] Bá'al Peráßim (welcher Name den Worten nach „der Gott der Durchbrechun-
gen d. i. Eroberungen" bedeuten kann), als habe dieser Ort
dávon seinen Namen dass Davîd hier von Jahve's Kraft geleitet die Feinde so gewaltig durchbrach wie wenn Fluten
unwiderstehlich durch ihre Dämme brechen. Damals ließen
die Philistäer ihre Gözenbilder im Stich und Davîd nahm sie
mit seinen Soldaten fort [4]; das wahre Gegenstück zu der

---

1) 2 Sam. 5, 17—25. 1 Chr. 14, 8—17 vgl. Bd. I. S. 183 f.

2) wenn עָלָה ·das eigentliche Wort für den Kriegszug und Angriff ist, so kann sein Gegentheil יָרַד 2 Sam. 5, 17 sehr wohl das
sich Niederlassen und Stillsizen in einer Festung bedeuten; vergl.
Richt. 15, 8.         3) der Berg Peráßim Jes. 28, 21 scheint allerdings derselbe Ort zu seyn, und wenn einst auf seinem Gipfel wie
auf dem so vieler andern ein h. Ort war, so erklärt sich dadurch
zugleich der Name Ba'al Peraßim. Aber dass Jesaja dort seine
Schilderung nicht aus unserer Stelle und dass er überhaupt nicht aus
Davîd's Geschichte Beispiele entlehnt, ist schon zu jener Stelle gesagt.

4) offenbar um sie demnächst im Triumphe aufzuführen; welches

einstigen Gefangennahme der Bundeslade durch die Philistäer
II. S. 537 ff. — Ein andermal hatten die Philistäer sich in
demselben Thale ausgebreitet: da widerrieth das Orakel David'en den offenen Angriff (weil jene wahrscheinlich sich fester im Lager hielten), er solle sich so schwenken dass er
sie im Rücken (von Westen her) angreifen könne, hier westwärts von ihnen einigen hohen Baka-Bäumen [1] gegenüber
sich aufstellend; wenn er dann auf den Gipfeln dieser Bäume
ein Keuchen lautwerden höre, dann möge er sich sputen,
denn das sei das Zeichen dass Jahve vor ihm hergezogen
das Lager der Philistäer zu schlagen [2]. Also that Davîd
und schlug die Philistäer von Gibeon bis Gézer [3]. Wir sehen hieraus auch, wie mächtig zu Anfange dieser Zeit noch
immer die bis in das Herz des Landes Israel vordringenden
Philistäer seyn mußten.

Die andere Art von Nachrichten [4] ist eine mehr bloss
volksthümliche, die Thaten einiger in diesen Kriegen ausgezeichneter Helden gegen Philistäische Riesen hervorhebend:
nur sind, wie jene prophetischen Nachrichten wahrscheinlich

---

dem Chroniker nicht passend vorkam, sodass er dafür sézt Davîd
habe sie verbrannt.        1) eine Art von Balsambäumen welche
sehr einzeln stehen.        2) hierin liegt ein deutlicher Beweis
dafür dass die Hebräer in frühen Zeiten ebenso wie andere alte Völker an Vorbedeutungen durch das Rauschen der Blätter heiliger
Bäume glaubten, vgl. unten. צְעָדָה muss wie صَعَد einen schwer-
aufsteigenden, wie keuchenden, aus geheimnißvoller Tiefe erschallenden Laut bezeichnen, vgl. דְּמָמָה als Zeichen der sich offenbarenden Gottheit, 1 Kön. 19, 12. Ijob 4, 16.        3) wenn v. 25
nach 1 Chr. 14, 16 und der LXX גבעון für גבע zu lesen ist, weil
Gibeon nach Robinson westlicher liegt als Gibea oder Géba (denn
an das Gibea im Stamme Juda ist schwerlich zu denken), so bezeichnet Gézer welches nach Jos. 16, 3 westlich von Båthhoron zu
denken ist, eine sehr weit westwärts fortgesezte Verfolgung; vgl. II.
S. 428 ff. Und dass der Berg Peraßim nicht fern von Gibeon lag,
folgt wohl aus Jes. 28, 21. Man würde dann aber das Thal Refaim
sich als das westlich von Jerusalem bis Gibeon gegenüber sich erstreckende zu denken haben.        4) 2 Sam. 21, 15—22. 1 Chr.
20, 4—8.

amendė, so diese sichtbar in den BB. Sam. und nochmehr in
der Chronik vorne abgekürzt. Einst, wird erzählt, ward Davîd in einem Kampfe mit den Philistäern sehr ermüdet: da
gerade dachte ein Philistäer leicht ihn erschlagen zú können¦,
einer von den Riesensöhnen (I. S. 305 ff.) namens Jishbibe-
nób (d. i. wahrscheinlich Höhenbewohner), dessen Lanze 300
Pfund Erz wog und der nochdazu mit einer Streitaxt um-
gürtet war ¹). Wirklich kam Davîd mit ihm schon in einen
heftigen Kampf, als Joab's Bruder der oft erwähnte Abishai
ihm beisprang und den Riesen erschlug; aber rückblickend
auf die überwundene Gefahr schwuren damals David's Ge-
treue, er solle nie wieder mit ihnen ín den Kampf gehen
damit er nicht „den Leuchter Israels auslösche"; ein Wunsch
der sich auch später noch bei anderer Veranlassung wiederholte ²). — Hier ist nichteinmal der Ort des Ereignisses angegeben. Zwei andere male fielen ähnliche Kämpfe bei dem
kurz zuvorerwähnten Gézer ³) vor: der Riese Saf ward von
Sibbekai ⁴), Goliath aus Gath dessen Speer wie ein Weberbaum von Elchanan dem Sohne Ja'ir's ⁵) erschlagen. — Bei
Gath selbst, einer der 5 Hauptstädte der Philistäer, erschlug
ein Neffe David's Jonathan Sohn Shim'a's einen ungeheuern
Riesen der an jeder Hand 6 Finger und an jedem Fuße 6
Zehen hatte ⁶) und stolz auf seine Kraft Schmähworte auf
Israel ausgestoßen hatte.

---

1) חרשת kann hier nicht *neu* bedeuten, weil ein bloss *neues*
Schwert eben nichts neues wäre und gar keine Erwähnung ver-
diente; offenbar soll es eine ungewöhnliche Waffe seyn, und da die
Wurzeln חדד, חרף in den Semitischen Sprachen den Begriff des
Scharfen, Schneidenden geben, so mag das Wort eine Axt bedeuten
LXX κορύνη; wenn man nicht geradezu חרשת verbessern und גַּרְזֶן
Axt vergleichen will; vgl. Ps. 33, 1. 2) 2 Sam. 18, 2 ff.
3) so ist wahrscheinlich beidemale nach 1 Chr. 20, 4 für בֹּג und
גוֹב zu verbessern. 4) dass dieser ein Gibbór war, erhellt
aus 1 Chr. 11, 29. 27, 11 wonach 2 Sam. 23, 27 zu verbessern ist.
5) auch dieser ist wohl, da er aus Bäthléhem stammt, der 2 Sam.
23, 24. 1 Chr. 11, 26 genannte Gibbór, obwohl der Vatersname hier
anders geschrieben wird. Sonst vgl. S. 92. 6) vgl. Journ.
as. 1843 I. p. 264.

Den Erfolg dieser Kämpfe erklärt die wahrscheinlich vom lezten Verfasser abstammende Übersicht der Davîdischen Kriege gegen Heiden [1]) kurz dáhin, dass Davîd die Philistäer schlug und demüthigte, und dass er den Armzaum der Hand der Philistäer entriss, d. i. die Herrschaft womit sie Israel zügelten wie ein Reiter mit dem fest am Arme gehaltenen Zaume das Ross zügelt, ihnen entriss [2]). Lezteres Bild läßt uns die nähere Art ihrer Unschädlichmachung mehr bloss errathen: dass Davîd ihr Land nicht só unterwarf wie Edóm Moab und andere Länder, liegt allerdings dárin deutlich ausgesprochen, und die fernere Geschichte zeigt dass dies tapfere Volk damals seine eigenen Fürsten behielt; dass er ihnen Abgaben auferlegt, liegt eigentlich auch nicht darin, ist jedoch möglich; er scheint also vorzüglich mit dem Frieden sich begnügt zu haben den sie unter für Israel ehrenvollen Bedingungen suchten und in den spätern Jahren seiner Herrschaft immér gehalten zu haben scheinen.

Mit den ʿAmaleqäern im Süden dauerten auch von Jerusalem aus die Kämpfe fort [3]): sie scheinen jedoch alle in die ersten Jahre zu fallen und dieses Volk jezt für lange Zeit fast vernichtet zu haben.

2. In jener Übersicht nimmt den nächsten Plaz Moab ein, welches demnach früh mit Davîd in Krieg verwickelt zu seyn scheint und gewiss schon vor dem Kriege mit ʿAmmon unterworfen war, weil bei dem Kriege mit diesem der etwas ausführlicher beschrieben wird von ihm keine Rede mehr ist. Wie Davîd so früh mit ihm in Krieg kommen konnte, ist auf den ersten Anblick auffallend, da er nach

---

1) 2 Sam. 8, 1. 2) etwas anderes als dies können schwerlich diese Worte aussagen; wenn die Hand, so muss auch der Arm (und zwar zunächst der Vorderarm אַמָּה) etwas nachhaltig festhalten. Wenn 1 Chr. 18, 1. dafür steht David habe Gath und ihre Töchter d. i. ihre Landstädte aus der Hand der Philistäer genommen und damit eines der 5 kleinen Philistäischen Reiche völlig zerstört, so widerspricht dem dass wenigstens zu Anfange des Reiches Salomo's Gath noch seinen eigenen König hat 1 Kön. 2, 39 f.

3) nach 2 Sam. 8, 12.

S. 113 früher seine eigenen Eltern unter die Obhut des Königs Moab's in Sicherheit gebracht hatte und da das uralte
nähere Verhältniss zwischen Israel und seinen drei Bruder-
völkern (II. S. 258 ff.) damals, troz mancher inzwischen vorge-
fallenen Reibungen, gewiss noch in gutem Andenken stand.
Ja wenn man das oben S. 109—129 beschriebene ganze Verhalten David's während seines ersten Auftretens in Juda richtig übersieht, wie er ein Flüchtling vor den Philistäern, je
mehr von Saûl bedrängt, desto weiter nach Osten sich zurückzieht: so muss man vermuthen dass er damals im lezten
Nothfalle eigentlich nur nach Osten oder Südosten zu den
stammverwandten Völkern sich zurückzuziehen in Aussicht
hatte, und dass ihn damals am Ende nur eine unerwartete
Feindseligkeit Moab's daran hinderte. Saûl hatte, nach allen
Spuren seiner Thätigkeit, von früh an gerade nach Osten
jenseit des Jordan's hin die unruhigen Völker stark zurückgedrängt; unter ihm rückten sogar, wie die Chronik nur zu
kurz meldet, viele Glieder vom Stamme Ruben siegreich weit
nach Osten vor und ließen sich in Arabischen Gegenden
nieder (II. S. 423): desto eher konnte Moab anfangs für Davîd günstig gestimmt seyn. Bei der schwankenden Lage
solcher kleineren Reiche ist aber nicht auffallend wenn es
sich doch zulezt wieder Saûl'en mehr genähert hatte. Auch
hatte vielleicht Ishbóshet der in der Nähe 'Ammôn's und
Moab's seinen Siz nahm die Freundschaft mit Moab unter
schimpflichen Bedingungen erhalten welche Davîd nicht eingehen wollte, und die Moabäer hatten dann bittere Rache
geübt oder mit só roher Verachtung gegen den neuen König Israels gehandelt wie es nachher die 'Ammonäer thaten [1]:
gewiss ist wenigstens dass sie die Ehre Israels schwer gereizt haben müssen, da die Strafe welche Davîd nach dem
Siege an ihnen nahm ungewöhnlich hart ist. Er liess die
vielen Gefangenen sich sämmtlich auf den Boden werfen,
theilte sie nach der Meßschnur in 3 Theile, und befahl 2
Theile von diesen zu vernichten und nur éinen Theil am

---

1) 2 Sam. 10, 2 ff.

Leben zu lassen [1]). Solche schwere Strafen kommen allerdings auch sonst vor, und wir sehen aus andern Stellen wie
diese Strafe ihrem eben beschriebenen Anfange entsprechend
ausgeführt wurde, nämlich indem die am Boden liegenden
wie zu dreschendes Getreide von scharfen Dreschwalzen
überfahren und von Rossen zerstampft wurden [2]). Aber da
sie von Davîd unter allen besiegten Völkern nur bei Moab
und ʿAmmon erwähnt werden, so mögen wir daraus schließen dass diese beiden auf ganz besondere Weise damals
Israels Ehre muthwillig befleckt und den Volkszorn gereizt
haben müssen: denn gewiss führte Davîd damit nur aus was
der gereizte Volkszorn gebieterisch forderte, und es wiederholt sich hier nur der bekannte Saz dass die Feindschaft
zwischen stammverwandten Völkern leicht die bitterste wird.
So ward Moab Davîd'en zinspflichtig und für lange Zeit dem
Volke Israel unterthan. — Von andern Ereignissen dieses
Krieges wissen wir nichts als das ganz vereinzelte dass
Benaja die 2 Söhne des Königs erschlug S. 181.

3. Nach Moab kommt die kurze Übersicht der großen
Siege Davîd's sogleich auf den Aramäischen Krieg, dessen
Haup[t]held König Hadadʿézer von Ssôba war [3]). Eine Veranlassung zu diesem Kriege mit weit entferntern Völkern
wird hier nicht angeführt [4]): da aber das Reich Ssôba sonst
nicht als unmittelbar an das Gebiet Israels grenzend angeführt wird, so erhellt schon daraus, dass ein Krieg mit ihm
nur durch einen gleichzeitigen mit einem näher liegenden

---

1) 2 Sam. 8, 2.  ·  2) Spr. 20, 26. Amos 1, 3; vgl. bei den
ʿAmmonäern 2 Sam. 12, 31 und II. S. 505.  3) 2 Sam. 8, 3.

4) die Worte בְּלֶכְתּוֹ לְהָצִיב יָדוֹ בַּנָּהָר (denn so ist nach 1 Chr.
18, 3 für לְהָשִׁיב zu lesen) können diese Veranlassung nicht erklären: sie bedeuten »als er ging seine Hand am Eufrat zu festigen
d. i. sich am Eufrat festzuhalten und zu behaupten«, und gehen
schon ihrer Stellung nach nicht auf Davîd, alsob dieser sich durchaus hätte wohl am Eufrat festsezen und alsob deswegen der Krieg
mit den Syrern entstanden wäre, was übrigens auch ansich ganz
falsch zu denken ist; sondern sie gehen auf Hadadʿezer, bezeichnen
also bloss die Zeit und etwa den Ort wo dieser von David geschlagen wurde; s. unten.

Reiche entzündet werden konnte. Nun wird wirklich in einem andern Theile des jezigen 2ten Buchs Sam. [1] erzählt, dass ein großer Aramäischer Krieg mit Israel sich durch die 'Ammonäer entzündete: wir haben also schon dadurch alle Ursache anzunehmen dass dies eigentlich derselbe Krieg war; und auf denselben Schluss gelangen wir, troz einiger scheinbarer Schwierigkeiten, bei näherer Untersuchung immer sicherer. Der Krieg mit 'Ammon, dessen Entwickelung ohne den Syrischen nicht verstanden werden konnte, ist nach I. S. 197 f. nur aus einem besondern Grunde, nämlich der Geschichte Uria's wegen, ausführlicher erzählt, und wird gewiss eben deswegen in der Übersicht aller großen Kriege nur ganz beiläufig erwähnt [2], da er sonst wenigstens seinem Ausgange nach ebenso ausführlich wie der gegen Moab hätte beschrieben werden müssen. Das Bild nun welches sich über diesen umfassendsten und entscheidendsten aller Davîdischen Kriege aus den uns noch zuständigen Quellen ergibt, ist folgendes.

Nach der Bezwingung Moab's starb der König der 'Ammonäer Nachash mit dem Davîd im besten Frieden gelebt hatte, wahrscheinlich derselbe womit nach S. 33 Saûl Krieg gefuhrt hatte und der deswegen das Emporkommen David's gern sehen mochte; sein Sohn Chanûn folgte ihm in der Herrschaft. Ihn zu beglückwünschen und wegen des Todes des Vaters zu bedauern schickte David Gesandte an den 'Ammonäischen Hof ab: worin allerdings, wenn sie gut aufgenommen wurden, nichts lag als eine feierliche und daher für die Zukunft nicht ohne wechselseitige Verbindlichkeit bleibende Erneuerung des unter dem vorigen Herrscher bestandenen Freundschaftsbundes. Allein der neue Herrscher wurde von seinen Räthen gegen Davîd eingenommen: man fürchtete eine Hinterlist von dessen Seite, alsob er bei dieser Gelegenheit nur die Lage der Hauptstadt 'Ammon's durch seine Getreuen genau auskundschaften wollte, um sie bei der nächsten Gelegenheit besser zerstören zu können; das verwandte Reich Moab war damals schon vor David's Ge-

---

1) c. 10—12.    2) 2 Sam. 8, 12.

walt gefallen, und die Furcht vor einem gleichen Schicksale scheint allerdings stark auf diese Entschließungen des neuen Hofes zu Rabba (d. i. der Hauptstadt 'Ammôns) eingewirkt zu haben. Aber zum Unglücke überstürzte man sich an diesem Hofe bei dem Ergreifen einer ganz veränderten Richtung: man nahm die Gesandten fest, schor ihnen den Bart halb (d. i. auf der einen Seite) und schnitt ihnen die Kleider bis žur untern Hälfte des Leibes ab, und wies sie so fort. In ihnen war nun der König Israels selbst aufs höchste beschimpft: Davîd, selbst erst seit einigen Jahren König über ganz Israel, mußte nothwendig an Krieg gegen 'Ammon' denken, und liess vorläufig die gekränkten Gesandten, welche sich öffentlich nicht sehen lassen konnten, in Jerîcho bleiben bis ihr Bart wieder wachse.

Eine solche That hätten die 'Ammonäer nicht wagen können, wenn sie nicht auf einen mächtigen Beistand von außenher vertrauet hätten: denn obwohl ihre eigene Hauptstadt, wie schon aus dem obigen erhellet, überaus wohlbefestigt und das ganze Volk damals noch weit kräftiger war als das verwandte Moab (II. S. 436. 438), so war doch ihr Land gewiss kaum so gross als das des einzigen Stammes Juda, und gegen das einige Israel waren sie früher immer unterlegen. Aber sie waren auch wegen ihres Beistandes gegen Israel nicht in Verlegenheit: Hadad'ézer [1]), der König von Ssôba, war gewiss längst bereit ihn zu leisten, ein allen Spuren zufolge damals sehr mächtiger und kriegerisch ausgezeichneter Fürst. Desto verdrießlicher ist es für uns dass wir von seinem Lande oder seiner Hauptstadt Ssôba so wenig sicheres wissen. Schon das spätere Alterthum konnte, als es sich mit Davîd's Geschichte wieder eifriger zu beschäftigen anfing, die Lage dieses früher nicht vorkommenden, offenbar nur plözlich und vorübergehend damals mächtig gewordenen Ssôba nicht recht wiederfinden, sodass die

---

1) so, nicht Hadar'ezer wie es 2 Sam. 10, 16—19 und in der Chr. heißt, ist der Name nach 2 Sam. 8, 3—10. 1 Kön. 11, 23 gewiss überall zu lesen, weil Hadád Name eines Syrischen Gözen ist von dem viele Mannesnamen sich ableiteten.

widerstreitendsten Vermuthungen darüber aufgestellt und lange
Zeit in weiter Ausdehnung festgehalten wurden. Weil vom
Könige Ssôba's erzählt wird er habe am Eufrat mit Davîd
gekämpft und Aramäische Krieger von Mesopotamien in den
Streit geführt [1]), so glaubten die christlichen Syrer früh dass
unter Ssôba das etwas ähnlich klingende Neßîbin (Nesibis)
in Mesopotamien gemeint sei, eine Meinung welche noch in
neuern Zeiten J. D. Michaelis ausführlich vertheidigen mochte.
Dagegen gewöhnten sich viele gelehrte Juden im Mittelalter
das bekannte große Haleb (Aleppo) diesseit des Eufrat's geradezu Ssôba zu nennen [2]). Allein wie ein Ort in Mesopotamien zu östlich, so liegt Haleb viel zu nördlich für Ssôba,
soweit wir dessen Lage aus gewissen Zeichen schließen können. Die Städte welche Hadad'ézer besass und aus denen
David bei der Eroberung sehr viel Erz fortführte, Tébach
und Bêrôthai, haben wir Ursache nicht weit von Ssôba selbst
zu suchen [3]). Da wir nun bei Kl. Ptolemäos [4]) dicht bei einander zwei Städte Barathena und Sabe finden welche in gleicher Breite mit Damask aber viel weiter gegen den Eufrat
hin lagen; da ferner das unten zu erwähnende Chalâmath
wo Hadad'ézer schließlich aufs Haupt geschlagen ward nach
demselben Ptolemäos fast in gleicher Länge aber viel weiter
nach Norden lag, welches alles mit den Erzählungen über
den Verlauf dieses Krieges sehr wohl zusammenstimmt: so
können wir über die richtige Lage Ssôba's inderthat nicht
weiter in Zweifel seyn. Die übrigen kleinern Reiche wel-

---

1) 2 Sam. 8, 3. 10, 16. Dass צובה aus נְצוֹבָה verkürzt sei wie
noch neuerdings angenommen wurde, ist völlig unbeweisbar.

2) vgl. Journal asiatique 1842. II. p. 6. Benjamin Tud. von Asher
p. 50. Die Ursache davon war gewiss dass Haleb früher auch Be-
roea hiess und dies mit dem בְּרֹתַי 2 Sam. 8, 8 zusammengehalten
wurde; vgl. auch Catalogus Cdd. Syr. Mus. Brit. (Lond. 1838) p. 61.

3) für בטח 2 Sam. 8, 8 ist nämlich nach 1 Chr. 18, 8 טֶבַח zu
lesen, welches nach Gen. 22, 24 Aramäisch war und nicht zu weit
von Maʿakha gelegen haben kann. Bêrôthai braucht mit Berotha
Hez. 47, 16 welches das phönikische Bérytos seyn kann, nicht einerlei zu seyn. 4) geogr. 5, 19: sie lagen 73, 20ʹ : 33, 0;
Alamatha 73, 40 : 35, 0; Damask 69, 30 : 33, 0.

che zugleich mit Ssôba von 'Ammôn damals um Hülfe angerufen wurden [1]), lagen demnach südwestlich von Ssôba, welches wieder vollkommen zu dem Ganzen stimmt: Bäth-Rechób oder kürzer Rechób ein kleines Reich welches in den lezten Jahrhunderten (wir wissen nicht näher wie) durch Aramäer welche weit südwestlich vordrangen gestiftet seyn muss sogar auf Kosten altIsraelischer Besizungen [2]), Ma'akha nach II. S. 395 und am weitesten südöstlich das Land Tôb [3]). Wenn daher Ssôba als geschichtlich bedeutender Ort bloss in David's und Saûl's [4]) Geschichte erwähnt wird, so kann dies allen Zeichen nach nur dáher kommen weil der Ort ansich wirklich klein war aber gerade in jenen Zeiten durch das seltene Geschick und Glück eines ausgezeichneten Fürsten eine große Macht empfangen hatte [5]). Sein König be-

---

1) 2 Sam. 10, 6. 8.      2) eine gleichnamige Stadt lag nämlich im St. Asher, also weit nach Westen hin, Richt. 1, 31. Jos. 19, 28. 30 und diese ebenso wie das als bedeutsam bemerkte Bäth-Rechób Richt. 18, 28 kann hier gemeint seyn, vgl. II. S. 382 nt. Zwar ist der Name für Aramäische Städte sehr häufig; vielleicht könnte man auch an das ܪܚܒܐ denken welches nach Jâqût (bei Schult. ad Salad.) in spätern Zeiten ein bloßes Dorf im Gebiete von Damask war: doch hätten wir dafür keinen festeren Grund. Die Chronik I. 19, 6 verwechselt damit eine bekanntere gleichnamige Stadt am Eufrat selbst (Gen. 36, 37) und sezt daher sogleich die Mesopotamier statt Rechób's: während nach dem genauern Andenken Mesopotamier erst im folgenden Jahre ins Treffen kommen.

3) während die 3 vorigen Reiche entweder hier oder sonst im A. T. alle bestimmt Aramäische genannt werden, hatte dies wahrscheinlich ebenfalls Aramäische Einwohner; dann war es das südlichste Aramäische Reich, denn es lag nach Ptol. geogr. 5, 19 der es Θαῦβα nennt, weit tiefer südwestlich von Ssôba, also südöstlich vom 'Ammônäerlande in der Wuste; welche Lage auch zu den wenigen Stellen wo es sonst noch vorkommt (im Leben Jiftah's II. S. 511 und 1 Macc. 5, 13. IV. S. 358) vollkommen paßt. Verschieden davon ist طيبة vgl. Corp. I. G. III. p. 234; wiefern Ταβαί Steph. Byz. Ταβηνοί Eckhel D. N. III. p. 352 f. und das jezige كفر طاب Ztsch. der DMG. 1849 S. 366 damit zusammenhangen, ist näher zu untersuchen.      4) 1 Sam. 14, 47: wo aber nichts einzelnes weiter angegeben wird.      5) hienach ist auch das ähnlich lautende Sôphêne bei Jos. arch. 7: 5 mit Ssôba nicht zu vergleichen, weil es

herrschte von ihm aus weit und breit das Land, westlich bis
gen Hamât am Orontes, östlich bis an den Eufrat, ja er hatte
auch in Mesopotamien großes Ansehen; viele kleinere Könige waren ihm unterthan sodass sogar von „Königen Ssôba's" die Rede ist [1]), und das alte große Damask war zwar
von ihm noch unabhängig aber sichtbar von seinen Besizungen eingeschlossen. Ebenso war das Reich Ssôba schon mit
Saûl in Krieg gekommen: aber jezt hatte es freilich einen
ganz andern Helden Israels zu bestehen.

Als Davîd von den vielen Bundesgenossen hörte welche
die 'Ammonäer gedingt hatten, und wie sie sich schon weit
südlich vor Maedebâ im Stamme Ruben lagerten [2]): liess er
mit Joab alle waffenfähige Mannschaft ausrücken; aber während diese eben bis vor Rabba selbst vorgedrungen war und
der vor dessen Thoren aufgestellten 'Ammonäischen Kriegsmacht ein Treffen liefern wollte, langten auch Mädebâ's Belagerung aufgebend die Bundesgenossen 'Ammon's an, 20,000
Mann Fußvolk, 1000 Mann von Ma'akha, 12,000 Mann von
Tôb [3]). Da sah sich also Joab von vorn und von hinten angegriffen: doch schnell entschlossen, wählte er die besten
Krieger aus um mit ihnen gegen die Aramäer zu fechten,
überliess die übrigen dem Befehle seines Bruders Abishái
damit dieser die 'Ammonäer während dessen in Schach hielte,
und befahl ihm zu Hülfe zu kommen wenn der Sieg sich zu

---

nach Ptol. geogr. 5, 13. Plin. nat. h. 5, 13 (12) viel zuweit nordöstlich liegt; etwas näher läge schon Kommagéne, welches Eupolemos
bei Euseb. praep. ev. 9, 30 versteht. Jezt scheint keine Spur mehr
von der Stadt sich zu finden: denn Ssobaiba, welches Abulfidâ (Syr.
ed. Köhler p. 19. 49. 69; in der neuen Pariser Ausgabe von Rei-
naud fehlt die erste Stelle ganz) die einst berühmte alte Burg von
Paneas nennt, liegt zu westlich; höchstens ließe sich fragen obnicht
das Gebirge *Suffa* nördlich vom Hauran einen verwandten Namen
habe: allein die Stadt Ssôba lag doch nach obigem zu weit östlich
um zu diesem zu gehören.      1) 1 Sam. 14, 47 vgl. 2 Sam.
10, 19.      2) dieser Zusaz 1 Chr. 19, 7 ist gewiss ächtge-
schichtlich.      3) dafur hat Chr. überhaupt 32,000, aber Wagenstreiter und Reuter; auffallend ist bei der Angabe in Sam. allerdings, dass die Reuter fehlen.

den Aramäern zu neigen drohe, sowie er ihm selbst zu Hülfe
zu kommen versprach wenn er mit den 'Ammonäern nicht
fertig werden könne. Zum tapfern Kampfe aber müßten sie
sich gegenseitig ermuntern bei dém Andenken dass sie für
ihr Volk (die wahre Gemeinde) und für die Städte ihres Gottes (die vielen einzelnen Städte in denen der wahre Gott
verehrt werde) zu streiten hätten; damit die Heiden nicht
Volk und Religion Israels zerstörten wie sie schon bei Mädebâ nahe daran waren es zu thun; doch Jahve werde schon
thun was ihm gefalle. Unter solchen wechselseitigen Anordnungen und Ermahnungen fingen die beiden Heldenbrüder
mit getheiltem Heere ihre Arbeit an: die Aramäer aber flohen vor Joab's Kriegern; und als dies die 'Ammonäer sahen,
zogen auch sie sich in die Stadt zurück. Diese ihre Hauptstadt (Rabba) war aber sehr fest, und sie rasch zu erobern
gelang den Israeläern nicht; nachdem also die Sieger, wie
vonselbst deutlich, viele Beute aller Art erworben, kehrten
sie nach Jerusalem zurück und der Feldzug war gewiss für
dieses Jahr zu Ende [1]).

Für das nächste Jahr bereitete nun aber der jezt wohl
zum erstenmale in seinem Leben geschlagene König Hadad'ézer
einen viel gewaltigern Feldzug vor. Er brachte eine große
Vereinigung der Aramäischen Reiche zustande, damit sich alle
dem drohenden Anwachse der neuen Israeläischen Macht wi-
dersezten; Damask zwar muss anfangs noch gezögert haben
in dies Bündniss zu treten, dafür aber wußte Hadad'ézer
selbst aus Mesopotamien Hülfsvölker zu ziehen, und die noch
immer bedrohten 'Ammônäer trugen gewiss nicht wenig zur
Schürung des Feuers bei. Doch sobald David davon hörte
wie Hadad'ezer sich mit großen Heeren am Eufrat versamme-
mele und auf diesen Strom sich stüze, entschloss er sich ihm
zuvorzukommen; er rückte diesmal selbst mit seinen Kriegern über den Jordan nordöstlich vor, und bei einem uns
jezt unbekannteren Orte Chaláma [2]) kam es zu dem entschei-

---

1) 2 Sam. 10, 1—14. 1 Chr. 19, 1—15.        2) die LXX
will schon 2 Sam. 10, 16 das חילם als diesen Ortsnamen fassen, dies
ist aber störend; hingegen חלאמה v. 17, welches die in der jezigen

denden Treffen in welchem die Aramäer von diesseit und jenseit des Eufrat's gänzlich geschlagen, ihr Feldhauptmann Shóbak tödtlich verwundet, 1700 Wagenstreiter und Reuter sowie 20,000 Mann Fußvolk gefangen genommen wurden [1]. — Zwar kam nun endlich auch (wahrscheinlich auf die Nachricht des Einfalles der Idumäer hin) Damask noch dem Könige Hadad'ezer zuhülfe, abernur um den Siegeslauf Davîd's als die lezte und werthvollste Eroberung zu krönen: in einer neuen großen Schlacht blieben 22,000 Aramäer auf dem Wahlplaze, die große und reiche Stadt Damask wurde mit allen übrigen besiegten Aramäischen Reichen diesseit des Eufrat's Davîd'en zinspflichtig und statt der früher in ihnen herrschenden Aramäischen Häuser sezte Davîd überall seine Amtleute ein. So war denn die Übermacht der Aramäer im Norden und Osten, welche nach II. S. 394 ff. schon in vergangenen Jahrhunderten den Hebräern und weiter den Kanáanäern so gefährlich geworden war, jezt durch Davîd's Heldenarm noch einmal gebrochen: und wie ein solcher großer Sieg leicht eine Menge anderer in sich schließt, so fühlte der Kanáanäische König Thó'i von Hamât am Orontes, welcher früherhin von Hadad'ezer viel bedrängt und wahrscheinlich schon zu einer Art von Vasallenschaft gebracht war [2]),

LXX zusammengeflossenen alten Übersezer theils durch Χαλαμάχ theils durch Αιλάμ wiedergaben, ist unstreitig Ortsname, obgleich die Chr. I. 19, 17 die Lesart verändert um einen solchen wenig bekannten Ort nicht stehen zu lassen. Hingegen Josephus arch. 7: 6, 3 macht aus ihm den Namen des Königs der Aramäer jenseit des Eufrat's mit Shobak als seinem Feldherrn und 80,000 Mann zu Fuße sowie 10,000 Mann Reuter. Wir können aber sehr wohl die syrische Stadt Alamatha am Eufrat vergleichen, welche Ptol. geogr. 5, 15 anführt; und gewiss ist jenes Χαλαμάχ in einer der Übersezungen der LXX aus Χαλαμάτ verdorben. 1) nach 2 Sam. 8, 3 f., wogegen c. 10, 18 imganzen weniger passend 700 Wagen und 40,000 Reuter genannt werden. Die Zahl 700 ist indess doch beiden Nachrichten gemeinsam, und unstreitig betreffen beide dasselbe Ereigniss. 2) wenn nämlich 1 Chr. 18, 3. 2 Chr. 8, 3 Hamât mit Ssôba als ein Name verbunden wird, so scheint das noch daher zu stammen dass Hadad'ezer sich selbst schon nach beiden Ländern nannte; eine andere Erklärung dieser Zusammensezung ist wenigstens sehr schwer.

sich nun unerwartet von seinem größten Feinde befreiet und
sandte durch seinen Sohn Hadoram dankbar Glückwünsche
mit reichlichen Geschenken an Davîd.' Das ganze Land bis
zum Orontes war mit Ausnahme der von Phöniken bewohnten Meeresküste unterworfen; ein Feldherr Hadad'ezer's Rezón ' Sohn Eljada's riss sich von ihm los und trieb sich in
den Wüsten herum wie einst Davîd [1]).

Allein während noch Davîd so im Norden vollauf, beschäftigt und die äußerst feste Stadt Rabba nochnicht gefallen war, waren im tiefen Süden die Idumäer gegen das wie
sie glauben konnten bei der Abwesenheit Davîd's wehrlos
gewordene Land Juda aufgebrochen, offenbar durch die 'Ammonäer und Aramäer dazu aufgereizt und ermuthigt. Die
Idumäer, unter deren Fittige sich einst Israel unter Mose geflüchtet und welche während der ganzen Zeit der Richter
Israel in Ruhe gelassen 'hätten, 'kämpften' unseres Wissens
zuerst unter Saûl 'gegen Israel [2]), wahrscheinlich also wegen
gewisser Gerechtsame die der néue König sich gegen sie
erlaubte und die sie nicht anerkennen wollten; vielleicht waren sie noch von jenem glücklichen Kriege Saûl's her miß-
gestimmt.' So dehnte sich der bereits schon so ausgebreitete
Krieg auch bis zu dem äußersten Süden aus; hier aber rings
um die Idumäischen Besizungen waren Arabische Völkerschaften mannichfacher Art, die 'Amaleqäer und andre, von
Saûl sowohl als von Davîd in den lezten Zeiten so vielfach
gereizt dass ihr Bündniss 'gegen Israel leicht gefährlich werden konnte. Wäre aber hier den Idumäern was sie beab-

---

1) 1 Kön. 11, 23 f. 1 Chr. 18, 9 f., wo richtiger *Hadoram* für *Joram* steht. Was aus Hadad'ezer selbst geworden, wissen wir nicht.
Wenn aber Nikolaos von Damask in einer von Josephus arch. 7: 5,
2 angeführten Stelle des 4ten Buches seines Geschichtswerkes den
damaligen König von Damask. Hadád nennt (vgl. weiter über ihn
unten) und erzählt dieser habe ganz Syrien beherrscht, sei der tapferste König seiner Zeit gewesen aber zulezt von Davîd am Eufrat
geschlagen: so liegt wenigstens vielen dieser Ausdrücke eine Verwechselung mit Hadad'ezer zugrunde.          2) wir wissen zwar
nichts weiter darüber als die karge Nachricht 1 Sam. 14, 47: doch
ist auch das nach S. 108. 117 beiläufig gemeldete lehrreich.

sichtigten gelungen, so wären zugleich alle Erfolge der Waffen Davîd's im Norden unnüz geworden. Allein schnell entschlossen, theilte sich ähnlich wie im vorigen Jahre das Israeläische Heer: während David selbst im Norden blieb und dort ungestört seine Siege verfolgte, wandte sich Joab mit einem Theile des Heeres gegen Süden um, zog an der Westseite des Todten Meeres hinauf wahrscheinlich die fliehenden Idumäer vor sich hertreibend, und besiegte sie im Salzthale (etwa an der Südspize dieses Meeres) in einer großen Schlacht, wo ihrer 18,000 Mann fielen [1]). Sie leisteten aber, durch die Bergkuppen Höhlen und Schluchten ihres Landes begünstigt, noch ferner hartnäckigen Widerstand, den Joab mit seiner gewohnten Härte zu brechen suchte und daher alle Männlichen (welche nämlich mit den Waffen in der Hand ergriffen wurden) ohne Gnade vertilgte: erst nach 6 Monaten konnte er das ganze Land als unterworfen betrachten, und es wurde nun, nachdem sein Herrscherhaus theils vernichtet theils entflohen war, gleich den übrigen in diesen Zeiten besiegten Ländern Davîd'en zinspflichtig; David sezte überall seine Amtleute hin, und stellte nach I. S. 100 die ältere Eintheilung des Landes nach Stämmen wieder her.

Gewiss war also dieses Jahr mit seinen ebenso mannichfaltigen als glänzenden Siegen die Zeit der höchsten Anstrengung und Kraftentwickelung Davîd's gewesen, eine Zeit einziger Arbeiten und einziger Erfolge, welche in dieser hohen Stufe nie wiederkehrte. Als er diesmal in eigener Erscheinung zu Felde zog, mochte ihm, da er zuvor am heiligen

---

1) alles dies folgt aus der Vergleichung folgender Stellen: 2 Sam. 8, 13 f. wo בְּשֻׁבוֹ auf Joab zu beziehen ist und vor v. 13 viele Worte die in der Urquelle standen ebenso ausgelassen seyn müssen wie vor v. 3 der ganze erste Feldzug gegen die Aramäer. Ferner 1 Kön. 11, 15—17: wo für בִּהְיוֹת v. 15 nothwendig nach der LXX בְּהַכֹּבוֹת zu lesen ist, da David selbst nicht in Edóm sich lange aufhielt. Und Ps. 60, 2 (worüber unten), wo durch einen Schreibfehler 12,000 Mann genannt sind. Dass 2 Sam. c. 10 am Ende weder von Damask noch von Edóm gesprochen wird, kommt bloss daher weil der jezige Erzähler dort vorzüglich nur die Schicksale Rabba's Uria's wegen im Auge hatte.

Orte opferte und betete, ein Prophet wie Gâd oder Nathan
jenes überaus erhebende Orakel zurufen welches einem ähnlich gesinnten Dichter den Anlass zu Ps. 110 gab, und worin
das Königthum Israels ebenso wie die freudige Tapferkeit
des Volkes in einem Lichte widerstrahlt welches nicht heller
und reiner seyn kann. Als er oben im Norden von der unerwarteten Gefahr welche im Süden von Edóm her anziehe
vernahm und manche in seiner Umgebung auf den ersten
Augenblick vielleicht verzweifelten wie es möglich sei von
so weiter Entfernung aus nach Edóm zeitig genug zu ziehen um es zu züchtigen: da strömte er, durch ein ähnliches
Orakel gehoben, seinen unerschütterten höhern Muth. in dém
Gesange auf seinen Herrn und Gott aus von welchem wir
jezt in Ps. 60 noch einige zerstreute Überbleibsel herrlich-
ster Dichtung besizen [1]). Als aber Davîd von Norden Joab
von Süden zurückkehrend mit ihren siegreichen Heeren in
Jerusalem eintrafen, welche seltene Feste müssen damals in
Jerusalem gefeiert seyn! Dass Davîd bei Joab's Rückkunft
ein Siegesdenkmal errichtete, wissen wir noch aus einer obwohl jezt sehr abgerissen dastehenden Nachricht [2]). Wie
glänzend der Siegeszug in Jerusalem war, können wir aus
den bei dem Siege über Hadad'ezer verschonten 100 Kriegswagen mit Rossen [5]) schließen, deren Davîd nach S. 186 sich
gewiss nicht selbst bedienen sondern die er nur im Siegs-
zuge aufführen und dann vernichten wollte. Ebenso wurden
die vergoldeten Rüstungen womit Hadad'ezer's Hauptleute ihre

---

1) s. die *Dichter des A. Bs* Bd. 2 (2te Ausg.) S. 374, wo die
Veranlassung nochnicht so genau wie hier erläutert ist; dass auch
die Philistäer damals mit Abfall droheten, ist denkbar. Das *perf.* im
2ten Gliede v. 11 steht dann nach מ nur so wie Ps. 11, 3. Man
kann so die Überschrift v. 2, welche offenbar sehr alt und aus einer
ältern Liedersammlung entlehnt ist, für rein geschichtlich halten, vgl.
die Dichter des A. Bs Bd. I. S. 220 f. 2) 2 Sam. 8, 13: die
Worte lassen keinen andern Sinn zu (vgl auch oben S. 51 einen ähnlichen Fall), sind aber gewiss ihrer Abgerissenheit wegen ausgelassen unter Veränderung der ganzen Rede 1 Chr. 18, 12, wo auch
gegen die übrigen Quellen Abishái der Überwinder Edóm's genannt
wird. 3) 2 Sam. 8, 4.

Leiber bedeckt hatten [1]) nach Jerusalem gebracht, um mit den
goldenen silbernen und ehernen Geräthen welche der König
Hamât's schenkte sowie mit den kostbarsten Beutestücken
sovieler andern besiegten Völker als Weihgeschenke am h.
Orte aufbewahrt zu werden. Als das große Siegeslied von
Davîd selber, welches er zu jenem Triumphtage sang, kann
endlich sehr wohl Ps. 18 gelten, da später ein Tag so großen Sieges und so ungetrübter hoher Freude wie sie in diesem Liede beschrieben werden, in Davîd's Leben nicht wiederkehrte. Wirklich gibt es kein schöneres Bild des ganzen
bis zu dieser wunderbaren Höhe immer gerade fortgeschrittenen Lebens Davîd's als dieses ebenso großangelegte als
künstlich ausgeführte Lob- und Danklied auf Jahve den Felsen und Erlöser, wo der König, nachdem er seine wunderbare Rettung aus der lezten großen Gefahr geschildert (v. 5
bis 20), dann nach der Doppelseite des wahren Gottes in die
Gründe dieser göttlichen Errettung eingeht und zeigt wie nur
der sittliche Gott den ihm treuen sittlichen (v. 21—31) und
nur der einzig mächtige geistige Gott den ihm vertrauenden
Menschen so erheben konnte, dass ihm nun als dem königlichen Haupte vieler Völker sogar solche Völker schmeicheln
die er zuvor kaum kannte (v. 32—46).

Im nächsten Frühjahre ward Joab mit dem Heere abgesandt um das einzige was noch zu thun übrig war auszuführen, die Eroberung der nun schon einige Jahre der Macht
Davîd's trozenden starken Festung Rabba. Diese Haupt- und
Königsstadt der 'Ammonäer bestand aus einer sog. Wasser-
stadt oder an einem kleinen Flusse gelegenen Unterstadt und
der sehr festen Burg [2]). Nachdem Joab das platte Land verheerend nicht ohne große Mühe jene erobert hatte, sandte
er die Botschaft davon an Davîd mit dem Wunsche er möge
nun selbst kommen und die nichtmehr entfernte schließliche

---

1) 2 Sam. 8, 7 f. 10—12. שֶׁלֶט ist allerdings Jer. 51, 11 wie es
scheint nach Aramäischem Sprachgebrauche soviel als Köcher, scheint
aber sonst allgemeiner Waffen zu bedeuten.  2) die Örtlichkeiten sind durch die neuesten Reisenden wiedergefunden und bestätigen ganz die Biblische Erzählung.

Eroberung leiten, damit er nicht selbst die Ehre und den
Ruhm eines Eroberers dieser überaus festen Stadt davon-
trage. So zog Davîd mit einem ˎneuen Heere dahin und
nahm sie nach einigen lezten Kämpfen ein; die Königskrone,
deren Gold mit den Edelsteinen daran ein ganzes Talent
wog, sezte er auf sein eigenes Haupt, strafte aber die gefangenen Krieger dieser und der übrigen Landesstädte wegen der ersten Ursache des von ihnen so hartnäckig fortgeführten Krieges sehr strenge, indem er sie durch Sägen
eiserne Dreschschlitten (wie S. 192) und eiserne Schneide-
mühlen zermalmte oder in glühenden Öfen dörrete [1]).
    Aus lezterem Ereignisse können wir zugleich die Zeit-
rechnung dieses Krieges und damit einer Menge früherer
Ereignisse ˎwenigstens annäherungsweise bestimmen. Wir
wissen nämlich aus der Geschichte Uria's, dass diese Erohe-
rung Rabba's etwa in dasselbe Jahr fällt in welchem Salomo
geboren wurde: angenommen also dass Salomo im 20sten
Lebensjahre König ward [2]), fällt der Anfang des großen 'Ammonäischen Krieges wenigstens (denn er könnte vielleicht
noch ein oder zwei Jahre länger als drei gedauert haben)
in das 10te Jahr der Herrschaft David's als Königs über
ganz Israel.
    4. Ein so großer Zuwachs äußerer Macht wie Davîd
jezt gewonnen hatte, wirkt leicht niederdrückend auf das
Volk zurück, wenn es seine alten Freiheiten nicht desto kräftiger gegen die königliche Macht schüzt je stärker diese nun
vonaußenher geworden ist. Wie dies Verhältniss sich späterhin unter Salomo gestaltet habe, wird unten erörtert werden: dass unter David die alten Volksfreiheiten nicht litten
auch nachdem er so äußerst mächtig geworden, bezeugt
vorzüglich auch die Erzählung über die Volkszählung (den
Census) unter seiner Herrschaft [3]). Dass die Volkszählung

---

1) 2 Sam. 11, 1. 12, 26—31 und sehr verkürzt 1 Chr. 20, 1—3.
    2) die biblischen Quellen enthalten freilich nichts darüber; nach
Jos. arch. 8: 7, 8 wäre Salomo gar erst 14 Jahre alt König geworden.
    3) 2 Sam. c. 24; was 1 Chr. 21, 1 — 22, 1 zu dieser Erzählung
hinzugesezt erscheint, ist theils aus einer andern und ausführlichern

wirklich vor sich gegangen leidet keinen Zweifel, obwohl die
uns jezt überlieferten Zahlen nach S. 184 sehr rund sind;
ebenso gewiss ist dass sie erst in die spätern Jahre der
Herrschaft Davîd's fiel, theils weil die dabei erwähnte Pest
ausdrücklich als der zweite der zwei großen Landessc' ̇'ge
unter Davîd genannt wird [1]), theils weil eine solche Maßnahme wie die Volkszählung worauf Joab 9 Monate und 20
Tage verwandte, nur in einem vonaußen ganz ruhigen Jahre
angefangen werden konnte. Was Davîd mit ihr wollte, kann
kaum zweifelhaft seyn: die Zahl seiner Krieger zählen um
weitere Eroberungen vorzunehmen wollte er gewiss nicht,
weil der Heerbann ihm überall freudig genug folgte und er
in keinem Reiche lebte wo die Bürger entweder aus reiner
Gleichgültigkeit gegen eine unbeliebte Herrschaft oder aus
Handels- und Kunstfleiss den Kriegsdienst scheuen; eine bloße
kindische Freude an der Größe der Seelenzahl seines Volkes
ihm zuzuschreiben ist noch verkehrter, schon weil eine so
bedeutende und schwer auszuführende Maßnahme mit kin-
discher Neugier nichts zu thun haben kann. Sinn hat vielmehr dieses Unternehmen nur als Anfang zu einer so genau
geordneten und strengen Herrschaft wie damals etwa eine
Ägyptische oder Phönikische war, wo zur möglichsten Her-
beiziehung des Volkes zu allerlei Steuern jede Stadt und jedes Dorf seinen Häusern und Einwohnern nach genau gezählt seyn muss. Der Fortschritt zu einer solchen Vollendung der königlichen Macht lag allerdings in den damaligen
Zeitverhältnissen Israels, so gewiss dass er wenigstens unter
Salomo wirklich ausgeführt wurde: ohne strenggenommen
etwas böses zu wollen, konnte Davîd also an eine solche
Volkszählung denken und sie anfangen. Allein es ist bekannt welchen heftigen Widerwillen und welchen unklaren
Abscheu gewisse alte und neue Völker gegen ein solches
Vorhaben hegen woraus, wie sie dunkel ahnen und wie es
allerdings geschehen kann, leicht eine gefährliche Vermeh-

---

Quelle welche der Chroniker vor sich hatte, theils aberauch reine
Umbildung des Chronikers selbst.       1) 2 Sam. 24, 1 vgl. S. 173 f.

rung der herrschenden Gewalt und ihrer Eingriffe in das Heiligthum des Einzelhauses hervorgeht. In Israel zumal, wo die Beschränkung der königlichen Gewalt von der geltenden Religion selbst gefordert wurde, konnte daraus eine gefährliche Reibung zwischen zwei verschiedenen Bestrebungen und Pflichten entstehen; und bei noch schwebender Ungewißheit ob eine solche Neuerung mit der alten Religion und Volksfreiheit vereinbar sei oder nicht, konnte leicht jedes Landesunglück welches in die entscheidende Zeit fiel, vom Volke von den Propheten und vom Könige selbst in aller Unschuld als eine himmlische Stimme betrachtet werden zur Abmahnung von solchem gefährlichen Beginnen. Es ist nun denkwürdig, stimmt aber ganz zu dem übrigen Wesen des Verhältnisses Davîd's zu seiner Zeit, dass diese Neuerung unter ihm nochnicht durchdrang und mitten in ihrem Verlaufe von ihm selbst wieder aufgegeben wurde: so mächtig war unter ihm noch der alte Volkssinn, und so aufrichtig unterwarf er sich auch im Besize der hohen Macht seiner spätern Jahre noch dem von der zweideutigen Neuerung abrathenden Orakel.

Die Erzählung des ältern Erzählers, welche sich hienach bildete und von einem zweiten nur wenig umgebildet wurde, ist folgende. Davîd, von dem auf Israel zürnenden Jahve zum Gedanken der Volkszählung verführt, trägt Joab'en und den übrigen bei ihm in Jerusalem weilenden Heeresobersten [1] diese Zählung auf. Joab, welcher hier wie sonst das Gefühl des gemeinen Mannes darstellt, erwidert bedenklich: „und mache dein Gott das Volk während du es erlebst noch hundertmal zahlreicher: aber warum hast du an dieser Sache Gefallen?“ Aber Davîd läßt sich dadurch nicht abrathen: so gehen sie denn an's Geschäft, umkreisen als Krieger überall wo man länger verweilen wollte ein Lager bildend das ganze Land der 12 Stämme, südöstlich von dem II. S. 386 genannten 'Arô'er, von der ebenda genannten „Stadt mitten im Flusse“, dem Lande Gâd's und Ja'zer bis nördlich zum

---

1) v. 2 ist nach v. 4 zu verbessern.

Gilead und den untern Gegenden des Hermon [1]), dann nordwestlich von Dân im Libanonwalde an den Phönikischen
Städten herab bis ganz südlich bei Beersaba', und melden
nach 9 Monaten und 20 Tagen nach Jerusalem zurückkehrend die aufgenommene Zahl aller Waffenfähigen des ganzen Volkes [2]) Davîd'en. Diesem aber schlägt gleich nach
der That das Herz [3]), als ahne er ein mögliches Vergehen:
aber es ist zu spät, und am nächsten Morgen kommt der
Prophet Gâd zu ihm mit Ankündigung der göttlichen Strafe
welche ihm nur die Wahl zwischen 3 Übeln lasse, einer
Hungersnoth im Lande von 3 Jahren nacheinander, Flucht
vor seinen Feinden 3 Monate lang oder einer Pest 3 Tage
lang [4]). Er wählt das leztere dieser 3 furchtbaren Übel, da
es doch tröstlicher sei unmittelbar durch Gottes Hand (wofür
die Pest galt) zu fallen als durch Menschenhand im Kriege
oder langsam durch Hunger. So folgt denn sofort von demselben Morgen an bis zur Frist der 3 Tage die Pest, durch
das ganze Land 77,000 Menschen hinraffend: und schon
streckt der Würgengel seine Hand auch nach Jerusalem aus
und steht eben mit der Pest bei der Tenne des Jebusäers
Aravna [5]), als Jahve unter dem ringenden Flehen des reu-

---

1) für das unverständliche הדרשי v. 6 scheint man הָרְמֹן lesen
zu müssen, sowie nachher mit der Vulg. יָעַר fur יען nach Ps. 132, 6.
    2) die Chronik v. 6 vergl. 27, 23 f. fügt hinzu, Joab habe aus
Widerwillen gegen David's Befehl Levi und Benjamin nicht mitgezählt. Bei dem Priesterstamme versteht sich die Ausnahme auch in
der ältern Erzählung: und Benjamin ist wohl bloss als der Stamm
Jerusalems nach Deut. 33, 12 hinzugefügt.        3) dies stimmt
merkwürdig zu 1 Sam. 24, 6 vgl. S. 125 f.        4) das kunst-
volle in dieser Zusammenstellung leuchtet leicht ein: 3 Übel, jedes
3 Zeiten nacheinander dauernd (für טבע v. 13 ist nach LXX und
Chr. שלש zu lesen), nach Jahren oder Monaten oder Tagen zu
rechnen. Noch auffallender aber ist dass diese 3 Übel ganz mit denen übereinstimmen welche uns sonst die Geschichte David's zu Jerusalem zeigt, denn etwa 3 Monate mochte die Flucht David's vor
Abshalom dauern. Man sieht also dass diese 3 Übel als die einzigen aus diesen 33 Jahren David's langst sprichwörtlich geworden
waren, als die Erzählung ihre jezige Gestalt empfing.
    5) diese Lesart des Namens ist unhebraisch, aber vielleicht desto

erfüllten Königs jenem einzuhalten gebietet, damit Jerusalem
verschont werde; es war aber eben die Zeit der Waizen-
ernte und jener Jebusäer war mit dem Dreschen des Wai-
zens unter freiem Himmel auf dem Berge (nordöstlich vom
Ssion) beschäftigt [1]). Da zieht David mit seinen obersten
Dienern auf Gâd's Rath hinaus zu dieser Tenne, erkauft auf
der Stelle vom Jebusäer die Tenne mit den arbeitenden Stie-
ren und dem hölzernen Ackergeräthe, bauet hier schnell einen Altar und opfert die Stiere Jahve'n: so ward die Pest
gehemmt im weitern Fortschritte, und ein überaus heiliger
Ort war in des Ssions Nähe von Menschen erkannt.

Dies lezte wird sichtbar zugleich deswegen so bestimmt
hervorgehoben, weil Salomo später gerade auf diesem Berge
statt des kleinen schnellgeschaffenen Altars einen viel größern
im Tempel selbst errichtete [2]): und dass er den Tempel gerade hier bauele, hängt unstreitig mit diesem Vorgange unter David zusammen, da man im Alterthume wohl nie einen
Tempel an einem noch ungeheiligten Orte bauete. Die Volkszählung aber schildert das B. der Urspp. als unter Mose ohne
ein Zürnen Gottes vorgenommen, sowie sie dann auch unter
Salomo vorgenommen scheint ohne einen solchen traurigen
Ausgang, und wie vonselbst erhellt dass ein solcher Ausgang nicht überall nothwendig sei: aber wie um die höhere
Ansicht von der Unschädlichkeit einer solchen Zählung mit
der zeitlichen von ihrer Schädlichkeit auszusöhnen, fügt dies
B. der Urspp. in seiner gesezgeberischen Weise hinzu, dass
von jedem Gezählten ein halber Sékel als Opfer zu ent-

---

mehr jebusäisch; eine andere Lesart ist *Orna* im Sam. oder *Ornan*
in Chr. Wenn er v. 22 König genannt wird, so wäre es wohl denkbar dass er selbst der einstige König von Jebus vor seiner Eroberung war: aber da der Name sich bloss in v. 22 findet, so müßte
man weiter annehmen dass er nur in der spätern Bearbeitung sonst
weggelassen sei.        1) dieser Zusaz, welcher sich v. 15 in LXX
und v. 20 Chr. findet, gehört nothwendig hieher und hängt mit den
9 Monaten und 20 Tagen v. 8 zusammen, den Anfang des Jahres
vom Herbste an gedacht.        2) auch dieser Zusaz fehlt im
jezigen Sam., findet sich aber v. 25 LXX und 1 Chr. 22, 1.

richten sei, *damit* kein göttlicher Unfall bei der Zählung
entstehe [1]).

## 3. David's königliche Versuchungen.

Denken wir uns jezt in jene Zeit zurück wo Davîd zugleich im hohen Norden wie im tiefen Süden über mächtige
Heidenvölker siegreich und ein glücklicher Wiederhersteller
ja Vermehrer der vollen Macht Israels den glänzenden Triumph
in Jerusalem feierte von dem S. 202 geredet wurde, und ihn
nichtbloss wie gewöhnliche Sieger mit prachtvollen Aufzügen,
sondern mit einem so überaus herrlichen Aufschwunge des
Geistes zu dem wahren Gotte wie ihn das Lied Ps. 18 zeigt
feierte: so sollten wir wohl menschlicher Weise wünschen
er hätte auf dieser erhabenen Stufe ein Leben beschlossen,
welches bisdahin (soweit ein solches vor dem Christenthume
möglich war) fast ganz fleckenlos der Nachwelt ein völlig
ungetrubtes Andenken und das reinste Vorbild des ächten
Herrschers hinterlassen haben würde. Aber der schwindeln-
den Höhe steht immer am nächsten zur Seite die Möglichkeit
des Ausgleitens, und weiter sodann die des tiefsten Sturzes;
was scheint dem Herrscher nicht erlaubt, was dazu dem
überaus glücklichen, dem von Menschen wie von Gott geliebten? und je frischer das Glück des Lebens, desto gewaltiger kommt die Macht der Versuchung. In der Strenge
zwar der Gemeinde Jahve's und dazu in dem Gange eines
Lebens wie das bisherige David's war, eines Lebens welches
nur durch reine Treue gegen die innern und äußern Anforderungen der Religion seine ganze Höhe erreicht hatte, ja
eines gereiften Lebens welches sich in jeder Noth wie in
jedem Glücksfalle der ewigen Wahrheit nur immer sicherer
bewußt geworden war, — scheint solchen Versuchungen
schon zumvoraus ihr Stachel genommen zu seyn: aber eben
wenn alle die gröbern Versuchungen denen z. B. Saûl erlegen war bereits erstorben sind, keimen die feinern desto
leichter in dem verborgenen Grunde des Herzens; und doch

---

1) Ex. 30, 12. 38, 25 f. vgl. die *Alterthümer* S. 319.

'schließt auch die kleinste schon die ganze Hölle in sich.
Als müßte das A. T. uns am hellen Tage der Geschichte
den klarsten Beweis geben dass ihm noch der lezte Schritt
zur Vollendung wahrer Religion fehle, sehen wir jezt auch
dén Helden auf seiner Höhe wanken, welcher bisdahin durch
sein unbefleckt reines königliches Leben diese seine Religion
selbst aufs höchste verherrlicht hatte, und welcher nun, nachdem er einmal gewankt, die äußersten Kräfte aufbieten muss
um die nähern oder entferntern bösen Folgen seines Fehlers
möglichst unschädlich zu machen. Damit kann sich denn die
alte Religion wie in ihrer Größe (denn noch überwindet Davîd zulezt als sittlich kämpfender Held mit ihrer Kraft die
bösen Folgen seines Thuns, soweit solche überhaupt sich
überwinden lassen), so in ihrem Mangel nicht deutlicher offenbaren: und wenn der Chroniker diese ganze Seite des
Lebens Davîd's offenbar absichtlich aus einer damals einreißenden unklaren Scheu ausläßt, so zeigt er damit nur dass
er die volle Lebendigkeit des Alterthums nichtmehr so getreu und einfach auffaßte wie die ältern Erzähler, welche
mitrecht kein Bedenken trugen neben den wahren strahlenden Tugenden des großen Helden auch diese nur durch die
Arbeit des ganzen Geistes allmälig sich wieder erhellende
plözliche Verfinsterung zu zeichnen.

1. Den Glanz und die Macht eines Herrschers auch in
der vergrößerten Zahl seiner Häuser und daher seiner Weiber (denn jedes Eheweib erfordert ein eigenes Haus) [1]) zu
sehén, ist uraltes Herkommen aller jener Gegenden, wovon
sogar Muhammed (allerdings sich darin sehr klein zeigend)
nochnicht abliess. Die Religion Israels stellte nun zwar das
Musterbild der wahren Ehe in allen ihren Schöpfungsgeschich-
ten sowie in dem Vorbilde Isaaq's und Rebeqqa's I. S. 390
auf: aber über das Muster hinaus zur vollen Anwendung zu
führen fehlte ihr die Kraft; und so duldete sie was sie
strenggenommen selbst nicht billigte. Was aber aus einem
solchen halben Wêsen [2]) entstehe, zeigt eben die Geschichte

---

1) wie z. B. aus 2 Sam. 13, 7 ff. 20 erhellt.          2) welches

Davîd's am deutlichsten. Dass er in Jerusalem noch einige Weiber und Kebsweiber mehr nahm [1]), war durchaus nichts unerwartetes: aber wo sollte die Grenze seyn? Als er nach jenen großen Siegen Joab'en mit dem Heere gegen die 'Ammonäische Hauptstadt gesandt hatte, sah er bei dem abendlichen Gange auf dem Dache im Nachbarhause die ihm zuerst unbekannte Bathséba [2]): dass diese, obwohl wie sich bei der Erkundigung zeigte ein Eheweib, zu ihm zu kommen einwilligte, war allerdings zugleich ihre eigene Schuld; denn wie sehr sogar eine Jungfrau innerhalb der alten Gemeinde dem Mächtigsten trozen konnte, lehrt das leuchtende Beispiel der Sulammit im Hohenliede. Aber ebenso wenig unklar ist wo die größere Schuld lag.

2. Es zeigt die höchste Niederträchtigkeit, wenn Christen, und nochdazu Deutsche evangelische, die Unkeuschheit und Schamlosigkeit ihres eigenen Lebens mit einem Berufen auf David zudecken wollen, unddas während auch ihr ganzes übriges Treiben nicht die mindeste Spur des edeln Geistes Davîd's trägt, und obgleich sie die Folgen solcher Schande mit Davîd zu tragen sich sehr bedanken. Was David eben gethan, war freilich nichts als was andere Herrscher jener Zeiten und Gegenden überall leicht thaten [3]): allein er hatte, sobald die Überlegung heimkehrte, wohl zu bedenken dass er durch seine Stellung in der Gemeinde Jahve's ein sehr anderer Fürst sei als die der Heiden; und es ist eben die Furcht vor den möglicherweise entsezlichen Folgen, welche ihn bestimmt nun gegen Urija zu handeln wie er handelte. Aber der Chittäer Urija, einer der 600 Gibbôrim S. 117, kann auch in sittlicher Hinsicht als ein Muster der wunder-

---

ebenso ist wie heutzutage die Römische Kirche gemischte Ehen zwar für erlaubt aber doch für sündlich hält (so 1845 gedruckt).

1) 2 Sam. 5, 13—16 vgl. 15, 16.     2) sie heißt 1 Chr. 3, 5 בַּת־שׁוּעַ, gewiss ursprünglich nur ein Wechsel desselben Namens vermittelt durch בַּת־שֶׁבַע. Dort werden ihr 4 Söhne von Davîd gegeben, darunter einer Namens Nathan; in derselben Reihe aber ohne Angabe der Mutter erscheinen diese 4 2 Sam. 5, 14.     3) wie schon die Sagen über die Weiber der Erzväter beweisen, I. S. 389.

14*

᾿ baren Strenge ᾿ und Selbstbeherrschung gelten welche jene
᾿Schaar damals in ihrer Blüthezeit.᾿auszeichnen. mußte.  So
scheitern die Versuche den aus dem Feldlager᾿herbeigeru-
᾿fenen Gibbôr zum Schlafen bei ᾿seinem Weibe zu bringen
einfach an dem Pflichtgefühle des Braven᾿᾿ welcher ᾿während
᾿die Gefährten mit der h.᾿Lade im Felde weilend rauhe Kriegs-
dienste ᾿thun, ᾿für sich nichts voraushaben ᾿mag: und da᾿ Davîd bisdahin den einmaligen Fehltritt zu vertuschen ᾿gesucht
h᾿atte und offenbar dann nichts weiter ᾿mit dem Weibe zu
thun haben wollte, treibt ihn nun die steigende Scham vor
᾿Entdeckung ᾿dem gewiss nicht schriftbewanderten bei seiner
Rückkehr ᾿an Joab ein Schreiben mitzugeben ᾿dessen᾿Inhalt᾿
ihn vereinzelt in das Vordertreffen ᾿stellen sollte.  Freilich
hatte einst Saûl nach S. 96 f. gegen᾿ ihn ᾿selbst nicht sehr un-
ähnliches᾿᾿sich ᾿erlaubt; und dass bei ᾿Belagerungen ᾿einzelne
mehr ᾿ausgesezt werden als ᾿andre, liegt in᾿der ᾿Nothwendig-
keit ᾿des Dienstes: ᾿aber ᾿alles das᾿᾿kann Davîd's Thun nicht
entschuldigen. ᾿ So scheint der Tapfere durch einen Stein-
᾿wurf von der zu nahen Stadt᾿᾿der Belagerten ᾿gefallen ᾿zu
᾿seyn, ᾿ohne ᾿das Verhältniss des Königs zu ihm wirklich erfahren ᾿zu haben, ᾿nur darin ᾿glücklich dass ᾿er es nicht ᾿er-
fahren.  Aber dass ᾿als Davîd das Weib nach ᾿der Trauerzeit
heirathete und sie ᾿einen Sohn gebar᾿, das Geheimniss ᾿den-
noch ruchbar wurde, kann nicht auffallen.

᾿    ᾿ Damit war ᾿der mächtige Zauber gebrochen ᾿welcher ᾿bis-
᾿her das᾿ganze Volk᾿an Davîd's Namen ᾿gebunden hatte: ᾿denn
dass ein ᾿sittlich ᾿noch sehr unverdorbenes, eben wieder im
᾿Aufschwunge zu ᾿einem kräftigern Leben ᾿begriffenes Volk
wie ᾿damals Israel ᾿war, durch solche ᾿wirkliche Flecken eines
bisdahin rein bewunderten Helden schwer enttäuscht werden
muss, versteht sich leicht.᾿ Jede sittlich verwerfliche That
schließt ᾿eine ᾿unendliche Reihe verderblicher Folgen in sich,
theils ᾿durch ᾿das Erschlaffen der Kraft᾿und Strenge des eigenen ᾿Innern des᾿Sünders, theils durch ᾿den᾿Reiz des bösen
Beispieles᾿für andere, und durch ᾿die Zerstörung᾿des Zaubers ᾿
der alle Unverdorbenen ᾿mit ᾿dem Unverdorbenen ᾿zu einem
starken Bunde verknüpft:᾿ und keine wahre Hülfe ᾿ist hier

außer dass neben aufrichtiger Reue auch der Grund des Anstoßes und Strauchelns gänzlich entfernt werde wenn er auf
einer wirklichen Unvollkommenheit der bisherigen Einrichtungen beruhet. ⚓

Im vorliegenden Falle ist es nun freilich das Zeichen
einer im ganzen Reiche noch sehr lebendigen Kraft der alten strengen Religion, dass David's Fehltritt weder beschö-
nigt noch mit dumpfem Stillschweigen ertragen, und einmal
mit aller Kraft noch zur rechten Zeit ihm vorgehalten dann
auch von ihm selbst nach seiner ganzen Wahrheit erkannt
und tief bereuet wird. Was die alte Religion aus ihrer eigenen Kraft ohne die Gründung einer völlig neuen Einrichtung gutes bewirken konnte, hat sie hier noch mit der wunderbarsten Folgerichtigkeit und dem höchsten Erfolge geleistet. Mit welcher Entschiedenheit aberauch mit welcher Weisheit der nach S. 116 nt. priesterlichem Geschlechte entspros-
sene, damals wohl noch etwas jüngere Prophet Nathan Davîd'en nach der Geburt des Sohnes entgegentritt, versuche
ich hier nicht mit eigenen Worten nachzuerzählen, da die
Erzählung davon 2 Sam. 12 ebenso leichtverständlich als un-
nachahmlich treffend ist. Ist aber Nathan hier gross, so ist
es David nun nicht minder: obgleich eben noch so tief gesunken, reißt ihn die schneidende Wahrheit des prophetischen Wortes aus dem dumpfen Taumel heraus worin er seit
dem Erblicken des Weibes gelebt, und hebt ihn wieder zum
Bewußtseyn seines eigenen bessern Selbst empor; um der
offenbaren Wahrheit, die ihn nun so unerbittlich bedrängt
und gegen welche kein dumpfes Hinbrüten mehr gilt, absichtlich zu widerstreben, ist er doch noch zu sehr von den
bessern Gefühlen seines frühern Lebens erfüllt; und nur des
gewaltigen prophetischen Anstoßes bedarf es um in einem
Geiste wie der David's ist die Einsicht in den Abgrund welcher vor ihm gähnt und die starke Sehnsucht nach Umkehr
von ihm zu erregen. Nicht alsob ihm, nachdem er längere
Zeit hartnäckig den ersten Fehltritt zu verdecken gesucht
hatte und dadurch immer tiefer gesunken war, die Umkehr
zu tiefer wahrer Reue und einem gänzlich neuen Anfange

seines innern Lebens so leicht geworden wäre wie man aus
der nur zu kurzen Geschichtserzählung [1]) schließen könnte:
wir sehen vielmehr aus Ps. 32 sehr deutlich, wie bittere innere Kämpfe er bestand ehe er von der göttlichen Zucht
sich umwandeln liess und seine Sünden vor Gott offen zu
erkennen stark genug wurde. Aber das ist das. Große an
ihm, dass er doch noch zeitig obwohl König wie der geringste Mensch sich vor der höhern Wahrheit demüthigte,
und dass seine Reue dann die tiefste und aufrichtigste war
welche möglich ohne dass er deshalb seine Würde verlor
und seiner Pflichten als König vergass. Als der eben· geborne Sohn erkrankte und darin nicht ohne Grund eine Folge
und göttliche Strafe der Sünde der Eltern erblickt wurde,
betete er einsam fastend um sein Leben zu Gott, ohne dass
die Ältesten seines Hauses (seine Oheime und älteren Brüder) ihn davon abbringen konnten. Als das Kind dann am
siebenten Tage starb und niemand aus Furcht ihm dies zu
sagen wagte, er aber aus dem Zischeln seiner Diener merkte
dass das gefürchtete geschehen sei, kam er gefaßt ihnen
entgegen, ging aus im Heiligthume zu beten und nahm wieder Nahrung zu sich, die darüber sich verwundernden mit
recht darauf hinweisend dass längeres sich Abhärmen jezt
unnüz sei. Dass die Reue aber eine wirkliche volle Besserung in sich schloss und er nie wieder in seinem ganzen
folgenden Leben in ein ähnliches Vergehen zurücksank, bezeugt seine ganze Geschichte; und wer mit solcher Innigkeit
wie in dem wunderbar tiefen Liede Ps. 32 das Grauen der
Sünde und die Wonne völliger Erlösung von ihrer Gewalt
erfahren hat, der ist schwerlich noch fähig die so theuer
erkämpfte und so klar erschauete Wahrheit wieder zu verlieren. 'Als ihm daher später die getröstete Bathséba' einen
neuen Sohn Salômo gebiert, den nun Jahve wie erzählt wird
liebte und nicht wieder tödtete, der beglückte fromme Vater
aber zugleich vom Orakel durch Nathan sich einen höhern
Namen für den ebengebornen erbittet, empfängt der von den

---

1) 2 Sam. 12, 13.

Ältern Salômo genannte durch Nathan den neuen herrlichen Namen Jedîdja d. i. Gottgeliebter [1]); wie traurig jenes Unglückskind war, unter desto glücklicheren Vorbedeutungen tritt dieser Neugeborne an jenes Stelle, und leicht erklärt es sich. dass gerade dieses Kind dem Vater das theuerste wurde.

Hiemit war allerdings die Schuld, soweit der Schuldige selbst die Folgen einer solchen aufzuheben vermag, auf die rechte Art versöhnt; und verständige Männer in Israel werden dem Könige nichts nachgetragen, noch durch seinen Fehltritt sich zu ähnlichen haben verführen lassen. Allein um den weitern Folgen zu begegnen wäre das allein ausreichende Mittel dás gewesen dass die Lebenseinrichtung, wenn : sie einen unvermeidbaren Reiz zu solchen und ähnlichen Vergehen in sich schloss, so weit als möglich zum Bessern verändert wäre: das ist, die Vielweiberei hätte müssen wie sonst im Volke so insbesondere im königlichen Haushalte aufgehoben werden. Denn sie ist eben die unversiegbare Quelle zu solchen Übeln unbemeßbarer Zahl: sie reizt immer leicht den Herrscher zu sündlicher Begehr ohne Grenze; und sollte der Herrscher darüber erhaben seyn, so führt sie unter den sehr verschiedenen Kindern der verschiedenen Weiber leicht ein wüstes Leben ein, indem den Kindern früh

---

1) wir sehen also aus 2 Sam. 12, 25, dass die mit -*ja* gebildeten Eigennamen als solche von einer höhern Art gelten konnten (vgl. LB. S. 501 ff.), daher es heißt »man nannte ihn Jedîdja wegen Jahve's«, um ihn nach Jahve's Sinne zu nennen; denn die Worte »wegen Jahve's« enthalten gewiss eine absichtliche Erklärung des 2ten Bestandtheiles des Namens. Dies ist also wie jeder Muhammedaner neben dem sog. Taufnamen noch einen höhern haben kann welcher sich auf -*eldîn* endigt und den Mann von Seiten der Religion beschreibt. Wirklich ist *Jedîdja* ein neugebildeter, sonst nicht vorkommender Name; während *Salômo* ein alter und gemeiner war (vgl. die ähnlichen Lev. 24, 11. Num. 34, 27. 1 Chr. 26, 25 f.); nichts ist also so falsch als dass Salomo diesen Namen erst von dem »Frieden« seiner Zeit erhalten habe. — Demnach hat dieser Doppelname auch nichts gemein mit der bei späteren Königen Juda's bemerkbaren Namensveränderung beim Beginne der Herrschaft und wie zum guten Anfange dieser: s. darüber unten.

die sinnliche Lust so stark unter die' Augen tritt und sie
auch wohl desto leichter unter' einander 'zu' sündlicher Be-
gierde entzündet je weiter sie doch wieder als Kinder' verschiedener Mütter von einander abstehen; 'oder sollten' endlich die Kinder'verschiedener Mütter durch strenge Aufsicht
immer züchtig von' einander getrennt werden, so drohen die
Übel der Auswahl eines der verschiedenen Söhne zur Nachfolge' in der Herrschaft, da leicht der Sohn eines'beliebteren
Weibes schon dadurch den nächsten Anspruch darauf zu haben glaubt oder ein vorgezogenes Weib für ihren Sohn den
Vorzug 'fordert.    Hier ist ein unentwirrbarer Knäuel der
schlimmsten Übel verborgen, von denen das eine kaum beseitigt ist als schon zwei drei andere emporrecken; und jedes' kann schon die Ruhe eines ganzen Reiches tief erschüttern.    Wäre also damals die königliche Vielweiberei abgeschafft und das ganze kön. Hauswesen nach strenger Zucht
geordnet worden: so wären auf jenen ersten Fehltritt im
Reiche der Könige Israels schwerlich ähnliche gefolgt. Aber
weder David noch Nathan noch ein anderer Weiser jener
Zeit konnte damals leicht an 'die gründliche Heilung eines
Übels denken welches das ganze Alterthum nochnicht 'tief
genug als Übel erkannte; weder in des Königs Hause noch
in dem des geringsten Unterthanen. Blieb nun aber dies
Übel, wennauch für David persönlich ohne weitere Versuchung, doch für andere unvermindert stehen: so blieb ebendamit das Königthum in Israel denselben Erschütterungen ausgesezt welchen es in allen Reichen der Vielweiberei noch
heute ausgesezt ist; und mitten in seiner frischesten Blüthe
in Israel sehen wir schon einen Keim zu seinem, Verderben
entstehen, welcher früher oder später sich mit andern Ursachen der Auflösung vereinigen kann.   Die folgenden Übel
im Hause David's welche Amnôn Abshalôm und Adonija herbeiführen, die einzigen wodurch der heitere Himmel dieses
Gestirnes noch für einige Zeiten getrübt wird, hangen so alle
mit dem einmal angeregten Grundübel zusammen; auch viele
Übel unter seinen Nachfolgern hangen am gleichen Faden.
Und so konnte denn die Erzählung über Nathan's strenges

Wort an Davîd mitrecht sich so bilden wie wir sie haben: weil Davîd Urija'n durch Krieg getödtet, drohet ihm Nathân werde aus seinem Hause nie Krieg weichen; und weil er dessen Weib für sich geheim genommen, sollen seine Wei-ber am offenen Sonnenlichte von einem andern (Abshalôm) geschändet werden. Und als dann Davîd Reue zeigt, nimmt Nathan zwar die über seinem Haupte schwebende augenblickliche Todesschuld zurück, er solle ferner leben: aber weil er den Feinden Jahve's Ärgerniss gegeben habe, solle der ihm eben geborne Sohn sterben, wie dann auch geschieht. Mag auch diese kurze Darstellung schon durch das Erleben vorzüglich der folgenden Geschichte Abshalôm's ihre so ganz bestimmte Farbe angenommen haben, indem der ältere Erzähler seiner Sitte nach so diese ganze folgende Geschichte prophetisch vorbereitet: doch ist gewiss ein innerer Zusammenhang zwischen allen folgenden Übeln des Hauses Davîd's und dem hier zuerst ausbrechenden; und der Darstellung des Ganzen muss es frei stehen ihn wie es eben passend ist stark hervorzuheben.

3. Wir wissen nicht genau wielange nach diesen Ereignissen die ersten Anlässe zu Abshalôm's unseligem Wesen durch seines Bruders Amnôn's Schandthat gelegt wurden: wahrscheinlich verstrich nur wenige Zeit dazwischen [1]. Amnôn, der Erstgeborne Davîd's undzwar von seinem ersten Weibe Achinôam welche nicht vom edelsten Stamme gewe-

---

[1] die Zeitbestimmung der folgenden Geschichten hängt fast ganz von der Zahl 40 2 Sam. 15, 7 ab; allein bei ihr erhebt sich sogleich die Schwierigkeit völliger Unklarheit, weil sie nirgendshin paßt. Wahrscheinlich jedoch ist ארבעים verschrieben für אַרְבַּע, dadurch veranlaßt dass dies Zahlwort unter 10 einmal mit einem folgenden *sg.* verbunden war, welches sehr ungewöhnlich jedoch in der Volkssprache nach §. 287 *i* nicht ganz unmöglich war. Entfernter ist freilich schon diese Verwechselung von 4 und 40 1 Kön. 5, 6 und 2 Chr. 9, 25. — Ist nun diese Zahl so zu lesen, so verstrichen etwa 10 Jahre von Amnôn's Schandthat bis zu Abshalom's Empörung, nach 13, 23. 38. 14, 28. 15, 7: angenommen also dass Abshalom's Empörung etwa 10 Jahre vor Davîd's Tod fällt, muss die That Amnon's nicht lange nach den Ereignissen mit Bathshéba' geschehen seyn.

sen zu seyn scheint, hat wie leicht alle Erstgebornen in
solchen Häusern und wie die Sage es nach I. S. 481 f. sogar von Rûbên als einem Urbilde erzählt, viel gewaltsames
und freches, und wird dazu durch die gemeine Schlauheit
Jonadab's des Sohnes seines väterlichen Oheims Shim'a, welcher ihm als Erstgebornen schmeicheln will, noch mehr verdorben. Er verliebt sich sterblich in seine Halbschwester
Thamar, Tochter des dritten Weibes David's: dass ein altes
Mosaisches Gesez solche Liebe streng verbiete daran denkt
er nicht, da dies Gesez allerdings damals, wenn die Kinder
verschiedener Mütter so wie am Königshofe in verschiedenen Häusern lebten, nicht sehr streng ausgeführt worden
scheint [1]), wiewohl dass Davîd eine solche Ehe erlaubt haben würde ganz unwahrscheinlich ist; nur dass er gar keine
Möglichkeit finden kann der in einem andern Hause sittsam
lebenden Jungfrau beizukommen, drückt ihn täglich mehr sodass er ganz abzehrt [2]). Als ihm endlich Jonadab das Geheimniss entlockt, räth er ihm sich als krank zu Bett zu legen und den zum Besuche kommenden Vater um Herbeisen-
dung Thamar's zu bitten damit diese ihm einige Kranken-
kuchen backe und zu essen gebe. Die List gelingt dem Unmenschen!, ungeachtet die Jungfrau heftig widerstrebt und
den Rasenden an das eigenthümliche Sittengesez Israels erinnert: aber nach gestillter Lust ist auch seine Liebe zu ihr
schon in noch stärkern Hass verwandelt, da er erst jezt fühlt
welche Sünde er begangen und dass es doch nie zur Ge-
genliebe kommen könne; und sofort gewaltsam aus seinem
Hause gestoßen klagt die unglückliche laut als wäre das
höchste Unglück geschehen. So trifft sie ihr leiblicher Bruder Abshalom an: aber er beschwichtigt sie und sie bleibt

---

1) dies ergibt sich deutlich aus der ganzen Art der Erzählung
2 Sam. 13, 1—16; wie diese Ausnahme aber leichter genommen werden konnte, aus dem in den *Alterthümern* S. 179 f. bemerkten. So
schnell wollten die Sitten heidnischer Höfe auch dén in Jerusalem
vergiften.        2) für התחלות v. 2, welches nach v. 5 f. etwas
anderes bedeutet, ist richtiger zu lesen הִתְדַלְּלוֹת nach v. 4 von דַל
nach §. 121 a gebildet. — Der Name Jonathan S. 189 wechselt wohl
mit Jonadab.

verstört doch ruhig in ihrem Hause. Auch David, obwohl heftig erzürnt, mag den Bösewicht nicht strafen weil er ihn als den Erstgebornen schäzte [1]); sowie nach der Stammvätersage auch Ruben bis zum lezten Tage seines Vaters ungestraft blieb.

Diese Schwäche, wohl nicht ohne das wehmüthige Andenken an sein eigenes einstiges Vergehen herbeigeführt, sollte dem Könige sehr übel bekommen. Nach altem Herkommen hatten, wenn die Eltern mangelten oder schwiegen, die Brüder die Pflicht für die Ehre ihrer Schwester alles zu wagen [2]): dass ein Bruder sogar auch gegen des Königs Willen etwas ausführen wollte, war freilich damals etwas noch nie erfahrenes: allein Abshalom, der dritte Sohn David's (von den Schicksalen des zweiten erfahren wir nie etwas, er scheint also unbedeutend gewesen zu seyn) und dazu nicht wie die andern von einer gewöhnlichen Mutter sondern von einer Tochter des Königs von Geshûr (S. 148) geboren, ein verwegener Kopf der vom Vater nichts hat als den Herrscherstolz, ist kein Mann sich sogar seinem königlichen Vater gegenüber so leicht zu beruhigen. Darum beobachtet er zwar gegen Amnon das strengste Stillschweigen: zwei Jahre später aber, als alles vergessen seyn kann, ladet er alle seine Brüder mit David selbst zu einem Schafschur-Feste auf seinem Gute Báal-Chaßor mehere Stunden nördlich von Jerusalem [3]) ein, und ist froh wie David den miteinzu-

---

1) dieser Zusaz zu 13, 21 muss aus der LXX ergänzt werden.

2) vgl. zum HL. 1, 6. 8, 8.     3) der Ort welcher, als in frühern Kanaanäischen Zeiten heilig durch den Zusaz Baal bezeichnet, einst bedeutend gewesen seyn muss, war gewiss damals schon sehr unbedeutend geworden, wird jedoch noch Neh. 11, 33 als Benjaminäischer Ort aber ohne den Zusäz Baal genannt. Nach 2 Sam. 13, 23 scheint er neben der größern noch Joh. 11, 54 genannten Stadt Efráim an der östlichen Wüste gelegen zu haben: ist nun diese wie aus der Schreibart עֶפְרַיִן Q'rî oder עֶפְרֹון K'tîb 2 Chr. 13, 19 zu schließen einerlei mit dem bei Bäthel liegenden עֶפְרָה, so könnte man es allerdings vielleicht mit تَل عَسور bei Robinson II. S. 370 vergleichen und es läge dann nordöstlich von Bäthel. Aber dann müßte die Erzählung 2 Sam. 13 nicht aus dem ältern Erzähler

laden garnicht seine eigentliche Absicht ist, ihm die Brüder
und unter diesen auf besonderes Begehr auch den Amnôn
mitzunehmen erlaubt. Als auf dem Feste alle bei dem Wein-
zechen sind, brechen auf Abshalom's Anordnung seine Sklaven plözlich hervor und tödten Amnôn'en mit Schwertern:
bestürzt fliehen alle Königssöhne auf ihren Maulthieren, aber
schon eilt ihnen das Gerücht sie alle seien von Abshalom
getödtet nach Jerusalem zu Davîd voraus, während nur jener schlaue Jonadab das richtige ahnet und Davîd'en zu beruhigen sucht, auch bald durch die Ankunft des auf dem
Wege von Bäthchoron her in wilder Flucht heransprengen-
den Zuges seine Vermuthung bestätigt sieht.    Dieser Mann,
der sich als Davîd's Neffe wohl sehr wichtig machen wollte,
hatte so überall Klugheit genug das richtige zu erdenken,
nur schade dass sein Gedanke und Rath sich immer nur auf
die Kenntniss des Teufels im Menschen stüzte; jezt weiss er
auf dem Gesichte Abshalom's sei seit der Schändung seiner
Schwester immer ein finsterer Racheblick gewesen [1]).    Während dessen aber war Abshalom nach Geshûr zu seinem
mütterlichen Großvater Thalmai Sohn 'Ammichur's geflohen,
welcher wohl nur ein kleiner und gewiss von Davîd abhängiger König ihn doch leicht schüzen konnte. Davîd aber
trug nach dem ersten heftigen Schmerze noch ein ganzes
Jahr lang die Trauerkleider um seinen Sohn Amnon [2]).

        Nachdem Abshalom drei Jahre lang so in der Fremde
wie in Verbannung gelebt hatte, äußerte sich zwar auch Da-

---

entlehnt seyn, da dieser selbst die Stadt עפרה nennt 1 Sam. 13, 17.
Und was noch mehr dagegen spricht, dann könnte der Zug nicht
nach dem gewiss ächten Zusaze der LXX bei v. 34 westlich her von
Bäthchoron zurückkehren.   Wir müssen daher annehmen dass der
Ort westlich an der Grenze Benjamîn's und Efráim's lag, und dass
dies mit den Worten עם אפרים gesagt werden sollte: gab es keine
Stadt אפרים, so versteht es sich vonselbst so.        1) für שׂימה
13, 32 scheint man nothwendig שִׁמְעָה lesen zu müssen, wenn es
nicht etwa ebenso wie شُوم von שׂמאל verkürzt etwas *linkisches* d. i.
ein Unglückszeichen bedeuten kann.        2) mit v. 27 muss in
der Erzählung ein großer Stillstand gedacht werden.

vîd weil er sich endlich über Amnôn's Tod getröstet nichtmehr zornig über den Verbannten [1]), und empfand wohl im
stillen schon die Sehnsucht ihn wiederzusehen: doch vonda
bis zu einer völligen Aussöhnung lag immernoch ein weiter
Schritt, den allerdings ein König weit mehr zu bedenken hat
als ein einfacher Hausvater. Allein Joab, der bei seiner eigenen Verwegenheit an allen verwegenen Köpfen zumal an
dém eines wahrscheinlichen Reichsnachfolgers wie Absalom
Geschmack hat, bemerkt kaum die im Innern David's vorge-
gangene Veränderung, als er eine List ersinnt das glim-
mende Feuer der Vaterliebe auch im Könige als oberstem
Richter schnell zur hellen Lohe anzufachen. Der Wahrheit
die gelehrt werden soll ihr leicht verständliches Bild voran-
zuschicken und durch dieses jene einzuleiten, ist häufige Sitte
des Alterthumes; und dabei einen Mächtigen der schwerer
gefehlt selbst zum Richter über einen als Beispiel vorgetra-
genen Fall aufzurufen, um in diesem Neze sein Urtheil desto
unentweichlicher auf die eigentliche Sache zu leiten, ist besonders bei Königen als obersten Richtern auch ihrer eignen
Thaten viel beliebt gewesen. Wie also vormals Nathan mit
den Worten „fälle ein Urtheil!" [2]) und einer bloss als Beispiel
dienenden Erzählung zu David gegangen war: so sendet
Joab jezt ein kluges Weib aus Theqóa' an ihn, nachdem er
sich mit ihr über das Mittel besprochen hat. Sie kommt im
Anzuge tiefer Trauer zu Davîd, ruft vor ihm niederfallend
um seine königliche Hülfe, und erklärt dann sie sei eine
Witwe deren zwei Söhne auf dem Felde in Hader mit einander gerathen seien, sodass der eine den andern getödtet;
nun verlange die ganze Verwandtschaft sie solle ihren einzigen noch übrigen Sohn als den Mörder zur Blutrache ausliefern; aber dann werde sie ja gar keinen Erben und Fort-
sezer des Geschlechtes ihres Mannes haben, werde wie eine

---

1) nach רַתְכֹל (wie man dann richtiger spricht) 13, 39 muss ein
Wort wie חַמַת vgl. v. 21 ausgefallen seyn; אֶל wechselt wie sooft
bei diesem Erzähler mit עַל: »der Zorn Davîd's hörte auf sich über
A. zu äußern«. 2) diese Worte sind gewiss 12, 1 aus der
Vulg. aufzunehmen.

Kohle ganz ausgelöscht werden! Als der König ihr auf 'diesen Fall, der allerdings dass es noch etwas höheres als Blutrache und tödliche Bestrafung jedes Mordes geben müsse schlagend lehrt, ziemlich gleichgültig dahin antwortet, sie möge nur nach Haus gehen, er werde schon über ihre Sache Befehle ertheilen: äußert sie mit schlauer Zurückgezogenheit das Bedenken dem Könige vielleicht beschwerlich zu fallen, da doch wenn die gefürchtete Blutrache ausgeführt werde nur sie und ihre Verwandtschaft nicht der König und sein Thron die Schuld trage: aber er verspricht nur desto eifriger den ersten Verwandten der sie auch nur mit Worten weiter quälen werde bestrafen zu wollen. So wird sie denn kühner. und wünscht der König möge wo möglich bei Gott schwören dass, da der Bluträcher soviele seien um Verderben anzurichten, sie ihren Sohn nicht vernichten dürften: und schon schwört er ihrem Sohne solle kein Haar gekrümmt werden. Damit hätte sie, wollte sie vom Könige inderthat nichts als was sie ihm bisjezt vorgetragen, ihren Zweck vollkommen erreicht: er hat, durch ihr ebenso gewandtes als inständiges Bitten bewogen, ihr endlich vollkommenen Schuz für den verfolgten Mörder gelobt und damit die Möglichkeit einer Ausnahme von dem herrschenden Geseze anerkannt. Allein nun muss sie erst zur Anwendung auf des Königs eigenen Fall kommen, welches schwerer ist weil sie nicht so offen und kühn wie ein Prophet reden kann, vielmehr nur leise und wie im Vorübergehen aberdoch vernehmlich auf Abshalom's Fall anspielen muss. So erbittet sie sich denn noch etwas vorzutragen die Erlaubniss, und fährt fort in süßen schmelzenden Worten, aber mit plözlich auf ein anderes und höheres Gebiet gekehrter erhabener Rede: „warum denn habe der König (denn durch jenen seinen Ausspruch erscheine er nun selbst als schuldig) wider Gottes Volk d. i. wider Glieder der wahren Gemeinde, die an deren Wohlthaten theilzunehmen ein Recht hätten, so hartes im Sinne, dass er seinen Verbannten nicht zurückrufe? Seien 'doch die Menschen überhaupt so vergänglich und kehrten wie Wasser das zerronnen sich nicht wieder sammle nie aus der Unter-

welt zurück, einmal dahin versunken: aber die Seele 'eines
solchen der keinen Verbannten von sich verbannt seyn zu
lassen im Sinne habe, raffe Gott nicht dahin vor der Zeit" [1]).
Damit hat sie behutsam doch genügend dás berührt was sie
eigentlich wollte; aber ihrer Stellung dem Könige gegenüber
sich wohlbewußt, kehrt sie schnellgefaßt zum Schlusse auf
den Anfang ihrer Rede zurück: „was sie dem Könige vorzutragen gekommen, sei: die Leute hätten ihr wegen ihres
Sohnes Furcht gemacht, da habe sie des Königs Gnade für
sich und ihn ansprechen wollen, in der Hoffnung er werde
gewiss ihr und ihrem Sohne zugleich helfen; des Königs Wort
habe ihr zur Beruhigung dienen sollen, der im gerechten
Anhören der Klagen wie Gottes Engel sei und dem sie allen 'Segen wünsche". Da nun Davîd nach alle dem wohl
merken muss was sie eigentlich wolle, frägt er sie ob Joab
sie so zu reden angewiesen: und sie gesteht ganz genau
nach dessen Eingebung geredet zu haben, da Joab der Sache
(Abshalom's) eine andere Gestalt zu geben wünsche; doch
sei ja der König wie ein Engel weise alles irdische zu erkennen. Da läßt Davîd Joab'en zu sich kommen und erlaubt
dem über den Auftrag hochbeglückten Freunde Abshalom's
diesen zurückzubringen: und der holt ihn ungesäumt von
Geshûr nach Jerusalem.

Aber ihn völlig zu Gnaden annehmen als hätte er kein
großes Vergehen gegen König und Vater begangen, konnte
Davíd eben als König doch nicht: also läßt er ihn zwar in
seinem früher besessenen Hause zu Jerusalem wieder ruhig
wohnen, erlaubt ihm aber nicht (wie wir sagen würden) bei

---

1) so sind die schweren Worte 14, 13 f. zu verstehen; כֹזֹאת
v. 13 weist auf das folgende לבלתי השיב hin; und für וחשב ist
חוֹשֵׁב in enger Unterordnung zu בְּפֵשׁ zu lesen, sowie auf eine
merkwürdige Weise in dieser Particips-Bildung auch sonst bisweilen
das ו vor dem ersten Wurzellaute geschrieben erscheint, s. zu Ps.
7, 10. Hez. 13, 7.
Die ganze Rede des klugen Weibes kann als geschichtlicher
Beleg zu solchen Sprüchen wie Spr. 25, 15 gelten, und ist auch
deshalb hier so genau erläutert.

Hofe zu erscheinen. Allein eben dies kränkt den stolzen
jungen Mann, welcher gewiss schon durch die Zurückrufung
ins Vaterland einen Sieg gewonnen zu haben meinte: zerrüttet durch die vorangegangenen zweideutigen Schicksale ist
nun einmal das Gemüth eines eiteln Jünglings der sich nach
Amnon's Tode als wahrscheinlich ältester Königssohn schon
zum Herrscher berufen fühlen mußte; und die jezige Mischung
von Glück und Unglück Ehre und Unehre ist am wenigsten
geeignet sein verstörtes Herz gründlich zu bessern. Da
scheint in dem wüsten Sinne des verwegenen Menschen bald
der ruchlose Gedanke aufgestiegen zu seyn für die ver-
meinte Zurücksezung Rache zu nehmen, wäre es auch durch
Vertreibung des Vaters und Raub seiner Krone. Mancherlei
Umstände mochten einem solchen auf den ersten Blick unsinnigen Gedanken dennoch zur geheimen Ermunterung dienen. Dass ihn als wahrscheinlichen Reichsnachfolger bald
allerlei Schmeichler und Unzufriedene umgaben, ist nicht anders zu erwarten: er war, wird erzählt, der schönste Mann
seiner Zeit, von Kopf bis Fuss untadelig, mit wallenden Haupt-
haaren wunderbar geschmückt [1]); ausgezeichnete Schönheit
und Hoheit des Leibes galt aber nach S. 25. 32 als ein erstes Zeichen königlicher Würdigkeit. Mit David's Herrschaft
unzufrieden zu seyn lag zwar für besonnene billige Männer
gewiss nicht der geringste bedeutende Grund vor: geschichtliche Spuren führen uns nicht zur Annahme des Gegentheils,
und nach jener ernsten Reue David's über die ersten Anfänge einer Gewaltherrschaft wird er in keiner Weise in
eine gleiche Bahn eingelenkt haben. Aber hier lerne man
die außerordentlichen Schwierigkeiten würdigen mit denen
das Königthum selbst in jenen Zeiten noch zu kämpfen hatte.
Ein König hatte damals noch unendlich vieles selbst zu thun
und zu arbeiten, auch solches woran man jezt kaum denkt;
so mußte er allen welche bei ihm Recht suchten persönlich

---

1) das nähere Verhältniss der 200 Pfund königlichen Gewichtes
welche sein jährlich geschorenes Haupthaar wog (2 Sam. 14, 26),
können wir solange wir diese Art Gewicht nicht näher kennen, nicht
weiter bestimmen; vgl. jedoch oben S. 90.

Recht sprechen, und dass dies je größer damals das Reich Israels geworden war desto beschwerlicher wurde und mancher rechtsuchende nicht sehr befriedigt abzog, versteht sich leicht. Dazu waltete damals überhaupt der in den lezten Jahrhunderten so stark ausgebildete Sinn ungebändigter Freiheit noch kräftig im Volke vor; und es ist ein Zeichen sehr milder Herrschaft dass Davîd noch gar keinen Versuch macht ihn in strengere Grenzen zu weisen: aber blieb nun noch vieles von der alten Ungebundenheit, warum sollte das Volk nicht leicht einmal von dém Gedanken sich haben hinreißen lassen dass es, wie es durch die neue Herrschaft Davîd's gegenüber dér Saûl's gewonnen habe, so durch eine abermals neue gewinnen könne? Auch dass durch die oben berührten Vergehen Davîd's der erste Zauber seiner Herrschaft zerstört war, mochte nochimmer bei manchen jüngern Zeitgenossen nicht günstig wirken.

Dennoch ist nicht zu läugnen dass alle diese Ursachen, so mächtig sie auch zum Ausbruche einer Empörung und Umwälzung mitwirken konnten, doch ansich nicht hinreichten den ersten Anstoss dazu zu geben. Wir müssen also aus gewissen Spuren noch auf eine tiefere Ursache schließen. Bedenken wir dass díe Männer welche unter Abshalom wichtige Rollen spielen, sein Oberfeldherr 'Amasa der sogar ein naher Verwandter Joab's und Davîd's war, und Achitóphel von Gilo gerade aus Juda waren, dass der Aufruhr von der alten Hauptstadt Juda's Hebron ausgeht: so muss eine Unzufriedenheit des eigenen Stammes Davîd's mit im Spiele gewesen seyn. Ja dieser Stamm grollt sogar noch und hält sich abseit, als Abshalom getödtet ist und die andern Stämme sich schon alle wieder unterwerfen (s. unten). Hier sehen wir die erbliche Stammeseifersucht und den alten Gegensaz zwischen Juda und den übrigen noch immer nicht getilgt. Juda, seit alter Zeit kräftiger und selbständiger sich behauptend, nach S. 140 ff. noch nach Saûl's Tode sich stolz unter Davîd absondernd, mochte sich noch immer gegen die nun immermehr sich befestigende strengere Einheit des Reiches etwas sträuben, und glaubte sich sonst wohl zusehr zurück-

gesezt, während auch die nördlichen Stämme zerstreute Klagen vorbrachten; und wie in solchen Zeiten verworrener
Klage die sonst unvereinbarsten Gegensäze einen Augenblick
sich vertragen können um ein ihnen scheinbar gemeinsames
Gute zu erreichen, wie die sog. Liberalen 1830 in Nieder-
land von den Pfaffen sich fortreißen ließen, so scheinen einzelne Unzufriedene unter den nördlichen Stämmen dem Anstoße gefolgt zu seyn den Juda gab. Der Knäuel löst sich
dem entsprechend so, dass zuerst die 10 Stämme welche aus
alter Erfahrung die Übel der Zerstückelung und Schwäche
besser kannten, dann erst nach Zögern Juda unter Davîd's
Stab zurückkehren. Abshalom aber wäre hienach zugleich
Verführter und Verführer gewesen.

Aber an ein Gelingen seiner heimlichen Pläne mochte
Abshalom nicht denken, solange er nochimmer wie ein halber Verbannter vom Hofe ausgeschlossen war, also sich nicht
frei bewegen konnte. Als er daher etwa 2 Jahre lang diesen Zustand ertragen hatte, liess er Joab bitten ihn dem Könige vorzustellen: dieser durfte jedoch als erster Minister
und Stellvertreter des Königs darauf nicht eingehen. Als er
dasselbe zum zweitenmale vergeblich versucht hatte, griff er
zu seinem beliebten Mittel der Selbstrache und liess durch
seine Diener ein eben reifendes großes Gerstenfeld Joab's
welches an seine eigenen Felder grenzte anzünden [1]). Da
Joab's Diener mit zerrissenen Kleidern ihm diese Trauer-
nachricht meldeten [2]), rannte er zu Abshalom, welcher ihm
nun die Nichterfüllung seiner wiederholten Bitte vorwarf und
ihn wirklich bewog bei dem Könige seine Zulassung nach-
zusuchen. So wurde Abshalom vor David zugelassen, fiel
ihm zu Füßen und empfing seinen Versöhnungskuss.

Aber nun kennt er für seinen Ehrgeiz keine Grenze mehr.
Schon schafft er sich wie ein heidnischer König einen
Wagen mit Rossen und 50 Vorläufer (S. 183) an. Die ein-
zelnen Männer welche aus allen Stämmen nach Jerusalem

---

1) wie Simson gethan hatte, Richt. 15, 4 f.
2) nach dem Zusaze der LXX bei 14, 30.

am Hofe Recht zu suchen kommen, empfängt er schon am
Stadtthore mit großem Eifer, läßt keinen vor sich niederfal-
len wie vor andern Königssöhnen sondern kommt einem solchen Fußfalle mit Händeschütteln und Kuss zuvor, erkundigt
sich sorgsam nach dem Inhalte der Klage, spricht jedem zu
er habe wohl Recht werde aber schwerlich solches erlangen,
läßt sogar wohl Worte fallen wie besser er es machen würde
wenn er König wäre. So vier Jahre lang [1] dem Volke
schmeichelnd und ihm das Herz stehlend, denkt er endlich
an wirkliche Ausführung seiner geschickt angelegten Pläne,
gibt vor in Hebron seiner Geburtsstadt ein Fest feiern zu
müssen eines Gelübdes wegen das er einst im Auslande verbannt für den Fall glücklicher Wiederkehr ins Vaterland ausgesprochen und erlangt die Erlaubniss des Königs dazu, schickt
aber zugleich heimlich Vertraute durch alle Stämme an seine
Freunde mit dem Befehle auf das erste Lärmzeichen mit der
Posaune ihn zum Könige auszurufen. Er selbst zieht dann
mit 200 Mann nach Hebron, scheinbar bloss zum Opfer eingeladenen und daher gewiss meist ärmeren und abhängige-
ren Leuten, die auch in die Verschwörung nicht eingeweihet
waren, leicht aber eben ihrer Abhängigkeit wegen vom süßen Opferdampfe benebelt für ihren Wohlthäter laut aufzu-
treten beredet werden konnten. Die Hauptsache jedoch war
dass sich schon zuvor ein sehr bedeutender Mann mit dem
die Verschwörung verabredet gewesen seyn muss, Achitóphel der wegen seiner Klugheit allgemein gefürchtete oberste
Rath David's, nach seiner Vaterstadt Gilo etwas südlich von
Hebron [2] begeben hatte und auf den Ausbruch der Verschwörung wartete. Wir wissen nicht was ihn von David
entfernte, der von seinem Abfalle nichts wußte; wahrscheinlich war es nur Ehrgeiz eine neue und noch höhere Rolle
zu spielen: aber offenbar war er die Seele des ganzen Un-

---

1) über die Lesart 15, 7 s. S. 217 *nt.*          2) vgl. 15, 12 mit
v. 31. 16, 23; dort scheint man וַיְּשַׁלַּח für וַיִּשְׁלַח lesen zu müssen.
*Gilo* lag nach Jos. 15, 51 südlich von Hebron, obgleich seine genauere
Lage uns noch unbekannt ist. Ein Sohn dieses angesehenen Mannes
war unter den Gibbôrim, 2 Sam. 23, 34: er fehlt aber 1 Chr. 11.

ternehmens durch sein Ansehen und seine Schlauheit. Diesen nun liess Abshalom, sobald die Opferhandlung im Gange war, aus Gilo herbeikommen: und das Auftreten dieses gewichtigen Mannes scheint eine Verschwörung zum Ausbruche gebracht zu haben, welche sorgsam vorbereitet sogleich mit reißender Schnelligkeit wuchs und sich wie ein wilder Bergstrom von der alten Hauptstadt Juda's aus bald über das ganze Land zu ergießen drohete.

4. Dass Davîd von alle dem nichts merkte als bis die Schreckensnachricht die Neigung von ganz Israel habe sich auf Abshalom gewandt zu ihm gelangte, kann ihm nicht zum Nachtheile angerechnet werden, da ein so altes und noch so sehr einfaches Königthum nichts von alle dem hatte was wir jezt zur Reichssicherheitswache (Polizei) rechnen: vielmehr zeugt es von der edeln großartigen Zuversicht in allen seinen Angelegenheiten die wir auch sonst bei ihm kennen, dass er seinen geliebten Sohn, der als Erstgeborner und Nachfolger im Reiche gelten konnte, und dessen rühriges Wesen ihm gewiss selbst sehr gefiel, so frei walten liess. So kam es denn, fürjezt und unmittelbar ohne seine Schuld, zu einem äußersten welches der lezte Prüfstein seiner Herrschaft werden mußte, weil dabei nichtbloss die Treue seiner nähern Umgebungen und der Unterthanen, sondernauch wiefern sein eigner Geist troz der frühern Fehltritte im Kampfe mit Unerhörtem sich in der Kraft des wahren Gottes sammeln und stärken könne, sich zu bewähren hatte.

Dass er sogleich gefaßt zur Flucht aus Jerusalem sich entschloss, aber nicht allein sondern mit allen seinen Dienern und Kriegsleuten sowie mit seinem ganzen königlichen Hause, war das klügste was hier zunächst geschehen konnte: denn leicht wäre die Stadt in Folge der ersten Wuth des Aufruhrs von den heraneilenden Empörern genommen und ein ganz unnöthiges Gemezel in den Straßen entstanden [1]). Einem so heftigen und doch inderthat so völlig grundlosen und unverständigen Aufruhre gegenüber war möglichste Ruhe und Zu-

---

1) wie auch als David's Sinn angedeutet wird 15, 14.

rückziehung sowie das Bestreben Zeit zu gewinnen vorläufig
die beste Waffe; und war hier der erste Schreck glücklich
überstanden, so mußte wohl bald an vielen Orten Besonnenheit zurückkehren. Schon der Auszug aus Jerusalem den
David jezt befahl, diente als treffliches Prüfungsmittel der
wahren Stärke beider Theile. Nur zehn Kebsweiber [1] liess
er zur Behütung des königlichen Palastes in Jerusalem zurück: alle übrigen Glieder seines Hauses mit den dabei An-
gestellten liess er ausziehen. Von allen Beamten weigerte
sich niemand ihm zu folgen, aber außer der Leibwache zogen auch in aller Treue die 600 Gibborim aus und damit
eine bewährte Kriegsmacht welcher Abshalom, zumal wenn
die erste Bestürzung vorüberwar, entfernt nichts gleiches ge-
genüberzustellen hatte. Unter diesen war ein Philistäer aus
Gath namens Ittái, welcher erst kürzlich aus der Fremde mit
andern tapfern Philistäischen Kriegern zu David übergegangen und weil er wahrscheinlich früher schon in seiner Vaterstadt eine ansehnliche Stelle bekleidet hatte auch von Davîd hochgestellt war. Ihm rieth Davîd freundlich in Jerusalem bei dem neuen Könige zu bleiben oderauch in seine
Vaterstadt mit seinen Landsleuten auszuwandern, da es unbillig sei den kaum erst eingewanderten in eine so unge-
wisse Lage zu bringen und auf Irrwege mitzunehmen [2].
Aber der wackere Philistäer betheuerte auf Leben oder Tod
Davîd begleiten zu wollen, und wir werden unten sehen wie
wichtige Dienste er in der Schlacht leistete.

Die Flucht selbst ging östlich nach der Wüste zu welche zur Jordansaue führt. Der König. hielt zuerst am äußersten Hause der Stadt gegen Osten: Leibwache und Gibborim zogen vor ihm vorbei über den Qidronbach und hielten an dem ersten Ölbaume welcher am Fuße des Ölberges
stand. Als der König dann ebenfalls über den Qidron ging,
brach alles Volk in lautes Weinen aus [3]. Zwar huben die

---

1) dass andere außer diesen zehn mitflohen, folgt aus 19, 6.
2) hinter עִמָּךְ 15, 20 ist nach der LXX עָמָּךְ וַיַּעֲשֶׂה וַיהוָה
einzuschalten; ebenso wie הַמֶּלֶךְ v. 22 hinter הַגִּתִּי.
3) diese ganze Örtlichkeit ergibt sich aus v. 17 f. 23. 30: nur ist

Leviten, mit Ssadôq vom Zweige Eleazar an der Spize, auch
die Bundeslade von dem Orte ‑áuf den ihr David nach S. 165
angewiesen hatte [1]), um nach alter Weise Davîd'en im Felde
zum Schuze zu seyn: während der andere Hohepriester Eh-
jathar vom Zweige 'Eli's erst als alle aus der Stadt abgezogen waren sich auf den Weg machte. Allein als sie die h.
Lade da wo Davîd zuerst haltmachte niedergestellt hatten,
rieth Davîd Ssadôq'en sie an ihren Ort zurückzubringen, da
wenn Gott ihn gnädig zur Stadt zurückführen werde, er ihn
auch die h. Lade und ihre Stätte werde wiedersehen lassen,
wenn er aber an ihm kein Wohlgefallen haben werde er
sich ruhig in seinen Willen ergeben müsse. Dagegen bat
er den Hohepriester Ssadôq [2]) mit Ebjathar ruhig in der Stadt
auf die Ereignisse zu achten und ihm dann nach der Jor-
danaue wo er warten werde durch ihre beiderseitigen Söhne
Nachricht zu senden wenn etwas wichtiges zu melden sei:
eine zu allen Zeiten erlaubte Kriegslist, welcherwegen man
Davîd nicht tadeln sollte. — So stieg man den ‑Ölberg hinan,
Davîd und alle übrigen mit ihm weinend und vor Trauer
bedeckten Hauptes, er selbst dazu barfuss wie ein Büßender.
Als ihm Achitóphel's Abfall gemeldet wurde, äußerte er nichts
als Gott möge seinen Rath bethören. Und alswenn dieser
Wunsch sogleich sich zu erfüllen anfangen sollte, eilte ihm
als er eben bis zu der als Betplaz von ihm früher oft benuzten Spize des Berges gekommen war, sein langbewähr-
ter Freund Chushái von Arek im Stamme Efráim im Anzuge
eines Trauernden nach, um ihn zu begleiten: aber Davîd
räth ihm, da er als‿ an Krieg nicht gewöhnt ihm nur Last
machen werde, so möge er zur Stadt zurückgehen und Abshalom'en ‚sagen „seine Brüder und David selbst seien wei-

---

v. 18 hinter הפלתי nach einer der Übersezungen der LXX וַיַּעֲמְדוּ
עַל הַזַּיְת אֶת הַמִּדְבָּר und v. 23 hinter דֶּרֶךְ nach einer in der
Hex. הַזַּיְת einzuschalten.    1) מִבֵּית הָהָר, wie v. 24 hinter
האלהים nach der LXX einzuschalten ist.    2) für הָרוֹאֶה
v. 27 ist zu lesen הָרֹי als Ausruf: »du Seher!« d. i. du Prophet,
da ein Hohepriester allerdings diesen höhern aber zugleich alterthümlichen Namen tragen konnte.

tergezogen während er ihnen den Rücken gewandt [1]), er
wolle nun ihm, nichtmehr aber dem Vater, dienen und er
möge ihm das Leben schenken", dann zu Gnaden von ihm
angenommen Achitóphel's Rathschläge hintertreiben und bedeutende Nachrichten die er etwa erfahre durch die zwei
Söhne der Hohepriester ihm melden. So ging dieser nach
Jerusalem zurück und langte hier kaum an als schon Abshalom kam. — Als Davîd schon etwas vom Gipfel des Berges sich entfernt und also Jerusalem aus den Augen verloren hatte: kam ihm der S. 172 erwähnte Ssîba mit einem
ansehnlichen Geschenke entgegen, in solchen Lagen gezwungener Flucht besonders willkommen: einem paar gesattelter
Esel wenn etwa einige Glieder des königlichen Hauses reiten wollten, auf ihnen 200 Brode, 100 Pfund Rosinen und
100 Pfund Obst mit einem Schlauche Wein. Da er auf Er-
fragen aussagte sein Herr Meribóshet wolle in Jerusalem
bleiben weil er meine das Volk werde ihm in den jezigen
Unruhen das Reich seines Großvaters Saûl wiedergeben,
schenkte ihm David, wie nicht unbillig, das ganze Vermögen
seines Herrn welches er nach S. 173 verwaltete. — Als man
jenseit des Ölberges auf dem geraden Wege nach der Wüste
am Jordan bis zu dem Städtchen Bachurim (S. 149) gekommen war, trat ein Anverwandter des Hauses Saûl's Shim'i
Sohn Gera's der hier wohnte, mit Flüchen und Steinwürfen
hervor, laut ausrufend Jahve selbst habe dies Unglück zur
Strafe für seine vielen Mord- und andere Unthaten gegen
Saûl's Haus über Davîd verhängt; welches mit welchem
Scheine gesagt werden konnte, oben S. 173 f. erläutert ist.
Als er den mitten zwischen seinen Kriegern gehenden König so verhöhnte, erbot sich Abisháí Joab's Bruder ihm sogleich den Kopf abzuschlagen: aber Davîd wies die beiden
heftigen Sserûja-Kinder streng zur Ruhe mit Worten welche
genug zeigen wie unübertrefflich gefaßt und gottergeben er
mitten in diesem tiefsten Elende und wie erhaben er über

---

1) v. 34 ist nach der LXX besonders hinter אבשלום einzuschalten: עֲבָרִי אַחֶיךָ וַיַּעֲבֹר הַמֶּלֶךְ אָבִיךָ אַחֲרַי.

alle niedrige Leidenschaften war: „möge er fluchen! habe
Jahve es ihm eingegeben, so könne doch niemand dawider!"
und dann auch zu allen übrigen Begleitern gewandt: „wenn
sein leiblicher Sohn ihm nach dem Leben trachte, wievielmehr könne man ähnliches dem Benjaminäer verzeihen; möge
er fluchen, da Gott es ihm eingegeben: vielleicht sehe Gott
auf dies sein tiefstes Leiden [1]) und vergelte ihm noch dafür
Gutes!" So gingen sie weiter, während Shim'i noch lange
unter Flüchen Steine und Staub werfend an der Seite des
Berges sie begleitete. Doch langten sie endlich ermüdet in
der Wüste an und erholten sich, wenigstens im nächsten Augenblicke vor einem Überfalle sicher [2]).

Wir werden uns denken müssen dass dieser Auszug
Davîd's aus Jerusalem morgens anfing, sodass er noch desselben Tages, leicht bis in die Nähe des Jordans kommen
konnte. Denn nach den vorliegenden Quellen langte Abshalom noch ziemlich früh desselben Tages, etwa gegen Mittag, in Jerusalem an. Einer der ersten ihm hier glückwün-
schend begegnenden war jener schlaue Chushái; Abshalom
empfing ihn zwar anfangs mit einer gewissen Verwunderung
dass er seinen Freund verlassen habe: aber der gewandte
Hofmann wußte wie Davîd gewünscht hatte sich leicht bei
ihm zu entschuldigen und angenehm zu machen: „müsse er
denn nicht bei dém bleiben den Gott und das Volk zum Könige gewählt? und ferner, diene er denn nicht dem Sohne
seines frühern Herrn und damit keinem Fremden?" Damit
war Abshalom zufrieden, und fragte nun Achitóphel'n was er
ihm nun zunächst zu thun rathe? Dieser rieth ihm sehr
richtig wenigstens für den gemeinen Verstand: er möge die
von seinem Vater zurückgelassenen 10 Kebsweiber (welcher-
lei Weiber allerdings im Gegensaze zu den Eheweibern leicht
auf den Nachfolger übergehen konnten, S. 148) öffentlich wie

---

1) für das K'tîb עוני 16, 12 ist wenigstens dem Sinne nach richtig עָנְיִ zu lesen; das ו ist also nach §. 83 a nt. geschrieben.

2) hinter עיפים v. 14 fehlt ein Wort etwa wie הָעֲרָבוֹת, obgleich es schon die alten Übersezer nichtmehr hatten: denn der Ar.
hat es wohl nur aus Vermuthung am Ende des Verses. -  .

seine eigenen behandeln, woraus das ganze Volk sehen werde
dass er sich mit seinem Vater unversöhnlich verfeindet dessen Haus eingenommen und alle seine Macht ergriffen habe,
sodass seine Anhänger dann entschiedener handeln könnten.
Zu diesem Zwecke wurde dann dem Unmenschen das Fest-
zelt auf dem Dache des Palastes ausgesteckt: und Achitóphel
hatte erreicht dass das Verhältniss des Sohnes zum Vater
nun erst ganz unheilbar zerrüttet war. Aber dass noch ganz
andere Maßnahmen in kürzester Frist ergriffen, dass Davîd
sobald als möglich vernichtet werden müsse, sah der welt-
kluge Mann ebensowohl ein und sagte daher Abshalom'en er
wolle mit 12,000 auserlesenen Kriegern noch in derselben
Nacht Davîd'en nachsezen während sein Heer müde und
muthlos sei, so durch Überraschung seine Begleiter augenblicklich zerstreuen und nur ihn allein tödten: so hoffe er
leicht das ganze Volk von dem Vater ab- und dem Sohne
zuführen zu können, wie eine Braut sich leicht wieder ihrem Manne zuführen lasse; nur éines Mannes Leben müsse
fallen, damit das ganze Volk Frieden erhalte [1]). Aber als
Abshalom nun auch Chushái'n um seine Meinung fragte, obgleich jener Rath von den Verständigsten gebilligt wurde,
verdachtigt dieser mit großer Gewandtheit die Möglichkeit ihn
gut auszuführen: „Abshalom wisse ja selbst wie sein Vater
und dessen Krieger verzweifelt tapfer seien gleich einer verwaisten Bärin im Walde und einem rauhen Eber im Felde [2]),
und als guter Krieger werde David seine Leute nicht ein-
schlafen lassen: sei er also in irgend einer Schlucht oder
sonst wo versteckt und mache gleich anfangs einen (auch
nur halbwegs glücklichen) Angriff auf die wider ihn geschickten, so werde durch das Gerücht leicht eine große
Niederlage der Feinde Davîd's daraus und auch der löwen-
herzigste Krieger werde so verzagen, da man ja sonst schon
Davîd's und seiner Krieger Tapferkeit genug kenne. Viel-

---

1) so sind die Worte 17, 3 deutlich nach der LXX zu verbessern:
כְּשׁוּב הַכַּלָּה אֶל־הָאִישׁ· אַךְ נֶפֶשׁ אִישׁ אֶחָד אַתָּה, und dann וְכֹל.
2) so ist v. 8 nach der LXX hinter שָׁכוּל einzuschalten בְּיַעַר
וְכַחֲזִיר אַכְזָר.

mehr rathe er ganz Israel möge sich zu Abshalom im Heerbanne sammeln und er selbst damit ins Feld ziehen: treffe
man dann auf Davîd irgendwo, so werde man sich auf ihn
werfen wie Thau in zahllosen Tropfen auf die Erde falle,
sein ganzes Heer augenblicklich erdrückend; oder ziehe er
sich in eine feste Stadt zurück, so werde unzähliges Volk
Seile an sie legen und sie dadurch in den Graben schleifen
sodass kein Stein auf dem andern bleibe" [1]). Dieser Vor-
schlag der allerdings für die nächsten Tage dem neuen Könige volle Ruhe und beliebigen Genuss seiner Herrlichkeiten
verhiess, fand bei ihm noch größern Beifall, als hätte Gott
seinen Sinn bethört den Rath Achitóphel's zu verwerfen. Und
als sollte Chushái alles mögliche zu Davîd's Gunsten ausführen, gelingt ihm noch das dritte an demselben Tage. Er
wünscht durch die beiden Hohepriester den Stand der Dinge
Davîd'en melden zu lassen, wie er gutthue sobald als möglich über den Jordan zu gehen, damit es nicht ihm und allen seinen Begleitern an die Kehle gehe [2]). Während nun
die Magd aus dem Priesterhause dies den jungen Priestern
Jonathan und Achima'aß meldet, welche auf einen Boten-
dienst wartend den ganzen Tag südöstlich vor Jerusalem bei
der Walkerquelle weilten, und diese dann sich in Bewegung
sezen um die Botschaft auszurichten: bemerkt sie zwar ein
Knabe und verräth sie Abshalom'en; aber sie gehen schnell
bis zu dem S. 149 bemerkten Städtchen Bachurim und steigen in den Hofbrunnen eines ihnen bekannten Mannes, worüber die Hausfrau dann den Deckel breitet und auf diesem
Hülsenfrüchte zum Trocknen auslegt, sodass man nichts
merkte. Nachdem also die Späher Abshalom's beim Nachfragen von diesem Weibe auf einen falschen Weg einem
kleinen Wasser zu gewiesen sind (vonwo sie dann später vergeblich umkehren), kommen die beiden Getreuen Davîd's
wieder aus dem Brunnen, und erreichen David'en glücklich

---

1) nämlich die Stadt solle erst erobert dann zur Strafe geschleift
werden.    2) eine ähnliche Redensart für: »es wird von mir
verschlungen« d. i. ich muss es (das Unangenehme) leiden, den Tod
hinunterschlucken.

mit ihrer Meldung; und dér sezt wirklich noch ebe der Mórgen tagt mit allen seinen Begleitern über den Jordan. — Achitóphel aber, welcher sich so gegen alle seine Berechnungen von einem andern Rathgeber überflügelt sah, reiste flugs nach seiner Vaterstadt ab, machte dort seinen lezten Willen und erwürgte sich: zum deutlichen Beweise dass ihn nichts als rasender Ehrgeiz getrieben, sodass ihm das Leben zur unerträglichen Last ward als er an der ersehnten Stufe angelangt ihn nicht befriedigen konnte.

Sovieles wissen wir also noch vom ältern Erzähler über den außerordentlichsten Tag im königlichen Leben David's. Über die nun folgenden Tage hingegen bis zur entscheidenden Schlacht wissen wir weniger, da die Worte des ältern Erzählers hier offenbar durch den spätern Bearbeiter sehr verkürzt sind. Dass diese Schlacht nicht sobald geliefert und Abshalom zuvor in Jerusalem feierlich gesalbt [1]) wurde, dass eine Menge Zwischenvorfälle eintrafen, können wir aus vielen Spuren schließen; und nach dem S. 207 bemerkten verflossen wahrscheinlich 3 volle Monate bis zur wirklichen Ruckkehr Davîd's nach Jerusalem. Was wir davon übersehen können, ist folgendes.

David begab sich mit den Seinigen nach Machanáim jenseit des Jordan's, einer bedeutenden Stadt welche nach S. 144 schon einmal vor etwa 20 Jahren eine königliche Stätte gewesen und die gewiss fest genug war um längere Zeit eine Belagerung auszuhalten. Wie nun nach II. S. 420 f. das jenseitige Land seit alten Zeiten sich immer von den Bewegungen des diesseitigen entfernter gehalten hatte: so muss es sich auch jezt bald mit großer Entschiedenheit für Davîd gegen Abshalom erklärt haben; welches um so wichtiger war, da die von Davîd besiegten Länder Moab 'Ammon Ssôba und andere eben dadurch in ihrer Treue gegen Davîd erhalten wurden. Wie Davîd (wird erzählt) nach Machanáim gekommen war, fuhrten ihm Shobi Sohn des Nachash (also nach S.193 wahrscheinlich ein von Davîd begünstigter Anver-

1) vgl. 2 Sam. 19, 11.

wandter des königlichen Hauses 'Ammon's) aus Rabba, der
schon aus S. 172 bekannte Makhîr Sohn 'Ammiel's aus Lo-
debar und der später deshalb von Davîd so hochgeschäzte
ehrwürdige Greis Barzillai aus Rôgelim in Gilead aus reiner
Anhänglichkeit und Güte allerlei für seinen Hof und sein
Heer wünschenswerthe Bedürfnisse zu, 10 feine Matrazen-
Betten, metallenes und irdenes Hausgeräth, Waizen Gerste
Mehl geröstete Körner Bohnen und Linsen, Honig und Sahne,
Kleinvieh und gemästete Rinder [1]). Der Heerbann dieser
Länder wird sich auch allmälig um ihn versammelt haben.
Allerdings war seine Lage anfangs hier mit den größten Ge-
fahren verknüpft. Abshalom brachte den Heerbann aller
Stämme diesseit des Jordan's zusammen und nahm den ge-
achteten 'Amasa, nach S. 114 einen nahen Verwandten Davîd's, zu seinem Feldhauptmanne; mit diesem großen Heere
zog er, als Davîd kaum in Machanáim sich festgesezt, über
den Jordan und besezte Gilead. Damals nun muss es zu
einer Belagerung Machanáim's gekommen seyn: dies liegt im
Fortgange der Dinge selbst, und die beiden Lieder Davîd's
Ps. 3. 4, welche in diese Zeiten fallen und ganz dieselbe
höhere Zuversicht in Gott athmen wie die von der Geschichtschreibung erhaltenen Aussprüche Davîd's am ersten Tage
seines Auszugs, die herrlichsten Denkmäler der Größe des
Helden in diesen Tagen tiefster Prüfung [2]), sezen eine solche
Belagerung voraus. Wurde nun aber, wie der Ausgang zeigt,
Abshalom's Heer diese Belagerung aufzuheben gezwungen:
so lag schon darin ein schlimmer Vorgang welcher wohl geeignet war das wennauch der Zahl nach weit überlegene
Heer des neuen Königs muthlos zu machen.

---

1) 17, 28 ist nach der LXX hinter מִשְׁכָּב einzuschalten מַרְבַּדִּים
עֶשְׂרָה. Dass aber שְׁפוֹת בָּקָר etwa soviel als fette Rinder bedeuten müsse wie die Vulg. übersezt, lehrt der Zusammenhang; man
wird also وَسَفٌ vergleichen müssen, welches mit יסף verwandt die
Auswüchse fett werdender Thiere bezeichnet.        2) dass aber
Ps. 23 nicht in diese Zeit und überhaupt nicht unter David's Lieder
ursprünglich gehöre, ist in den *Dichtern des A. Bs* Bd. 2 S. 67 ff.
der 2ten Ausg. erörtert.

Die entscheidende Schlacht ist sicherlich um viele Stunden weit von Machanáim in einer waldigen Gegend jenseit des Jordans geschlagen [1]. Davîd muss also hier nun selbst angreifend verfahren seyn, wie nach dem Rückzuge seiner Feinde von der Belagerung nicht anders zu erwarten steht. Er stellte das ausziehende Heer, welches etwa 20,000 Mann betragen mochte [2]), zu drei gleichen Theilen unter den Befehl Joab's Abishái's und jenes S. 229 erwähnten Ittái, und wollte demnach selbst als Oberfeldherr mitziehen: aber das Heer wollte ihn nicht in den Krieg mitausziehen lassen: „wenn sie selbst flöhen, so werde niemand darauf achten, ebensowenig als wenn sie zur vollen Hälfte fielen; er aber sei 10,000 Mann von ihnen gleich zu schäzen: was also werden solle wenn er etwa im Kriege falle? vielmehr möge er von der Stadt aus ihnen zu helfen bereit seyn, um sie selbst zu schüzen wenn sie etwa geschlagen zurückkämen". Solchen Vorstellungen konnte der alte Held nicht widerstehen: er nahm am Thore seine Stellung während die Krieger in

---

1) zwar »den Wald Efráim's« 18, 6 jenseit des Jordans anzunehmen scheint wenigstens dem Namen nach unmöglich; und nach 18, 23 scheint ja der Siegesbote vom Schlachtfelde aus gegen die Jordansaue sich zu wenden, um zu David zu gelangen. Aber nach dem Siege kehrt das Heer nach Machanáim zurück, während es, wäre die Schlacht diesseit des Jordans gewonnen, offenbar viel besser gleich hier geblieben wäre und Jerusalem besezt hätte. Auch ist ein weiter wilder Wald mehr in den Ländern jenseit des Jordans zu erwarten. Also muss man דֶּרֶךְ הַכִּכָּר 18, 23 so fassen »er lief *nach Art des Kikkar-Laufes* und überholte dadurch den Kúshi«, sodass כִּכָּר hier eine besondere Art des Schnelllaufes bezeichnet vgl. בְּרַבָּר 2 Sam. 6, 16; und obwohl das einfache דֶּרֶךְ in diesem Zusammenhange schwerer soviel als »Art« bedeutet, so muss man doch sagen dass mit diesen Worten nicht die Richtung des Laufes sondern vielmehr die Art desselben wodurch er den Kúshi überholen konnte bezeichnet werden sollte, wie auch aus 18, 27 erhellt dass dieser Läufer eine ganz besondere Art zu laufen hatte. Man muss sich also doch entschließen irgend einer Waldgegend jenseit des Jordans den Namen »Efráimswald« zu lassen: und wie ein solcher möglich war, erklärt sich wohl aus II. S. 419.     2) dies folgt aus der Fassung der Worte des Heeres v. 3.

Schaaren von Hunderten und Tausenden wohlgeordnet an
ihm vorüberzogen; aber laut vor den Ohren des ganzen
Volkes befahl er den drei Heeresobersten (unter denen nun,
wie sich versteht, Joab wieder der Oberste war) sachte mit
seinem Sohne Abshalom zu verfahren und jedenfalls sein
Leben zu verschonen.  Beim Zusammenstoße der beiden
feindlichen Heere wurde die Niederlage der viel stärkern
Haufen „Israels" d. i. der vielen unter Abshalom vereinigten Stämme bald entschieden, aber ihr Verlust war da sie
nicht untapfer kämpften sehr gross: 20,000 Mann (wie es in
runder Zahl heißt) fielen vor David's Helden in der eigentlichen Schlacht, aber bei der wilden Flucht in welche zulezt
die Schlacht überging, verlor sich eine noch größere Zahl
in den Dickichten und Sümpfen des weiten Waldes in dessen Nähe gekämpft war und verschmachtete hier auch aus
Furcht sich nicht hervorwagend.   Von einem ähnlichen Schicksale ward hier der neue König selbst betroffen: da er mit
seinem Maulthiere bei der größten Terebinthe des Waldes
durch ein Dickicht sezen wollte, klemmte sich sein hochra-
gender Kopf mit den langen Haaren in ein Gewirre von
Zweigen dass das Thier unter ihm davonlief und er wie einer der sich erhenkt hat aussah, gewiss zugleich mehr aus
Furcht und Verzweiflung so ungeschickt sich zeigend.  Als
dies ein Gemeiner sah und Joab'en meldete, tadelte ihn der
dass er ihn nicht sogleich niedergemacht habe, in welchem
Falle er ihm 10 Silberlinge und 1 schönen Kriegsgürtel geschenkt hätte: er aber versezte „auchwenn er 1000 Silberlinge als sein Geschenk zählte, würde er an den Königssohn
seine Hand nicht legen, da der König so laut befohlen habe
dass jeder wer es auch sei des Sohnes schonen solle; wolle
er aberauch eine Lüge sich gegen sein Bewußtseyn erlauben, so würde doch dem Könige nichts verborgen bleiben,
und Joab selbst sich gewiss fern halten um die Lüge nicht
zu unterstüzen".  So grundehrlich war also in ächter Furcht
vor der königlichen Würde damals ein Gemeiner!  Aber der
rohe Joab, welcher freilich dabei klug genug war um einzusehen dass die schnelleste und sicherste Beendigung der

Unruhen durch Abshalom's Tod komme, hatte keine Lust sich bei solchen Vorstellungen aufzuhalten, ergriff 3 Speere und stach diese durch das Herz des noch lebenden Fürsten, worauf seine 10 Waffenträger ihn umringten und vollends tödteten; hierauf gab er das Zeichen zum Aufhören des Kampfes und die geschlagenen zerstreuten sich auf die Nachricht des Todes ihres Königs vollends in ihre Heimathen. Viele der Sieger aber legten ganz ungestört die Leiche Abshalom's in die größte Grube welche sich ihnen im Walde zeigte und warfen dann einen großen Steinhaufen darauf, welches nach alter Sitte das Zeichen großer Erbitterung gegen einen Todten war. Ein so trauriges Grabdenkmal fand die Leiche dessen der schon in seinem Leben, weil er alle seine 3 Söhne verloren hatte [1], sich an einem Orte der wahrscheinlich eben davon das „Königsthal" genannt wurde [2], mit königlichem Glanze ein ganz anderes Denkmal hatte errichten lassen, welches noch lange nachher als „Abshalôm's Denkmal" berühmt und gewiss mit einer prächtigen Inschrift seines Namens geziert war.

Über die Benachrichtigung Davîd's von diesem großen Siege erhob sich ein seltsamer Wettstreit. Jener Priester-

---

1) nach 2 Sam. 14, 27 vergl. mit 18, 18 muss er seine 3 Söhne durch irgend ein uns in den jezigen Erzählungen nicht überliefertes Unglück verloren haben.      2) dies Königsthal wird sonst nur Gen. 14, 17 und zwar in einem bloßen Zusaze des dritten Erzählers erwähnt: es lag aber danach nicht weit von Salem, welches nach 1. S. 410 keineswegs Jerusalem sondern eine nördlichere Stadt am Jordan war, und wovon auch ὁ αὐλὼν Σαλήμ Judith 4, 4 vgl. v. 6 zu verstehen ist. Nach Gen. 14, 17 hiess es früher Shave: der neuere Name ist also wohl erst durch Abshalom's Vorliebe für es aufgekommen. — Zwar zeigte man schon im Mittelalter unter den älteren Denkmälern östlich von Jerusalem eins als »Absalom's Denkmal«, und dasselbe heißt dort noch heute »Absalom's Grab« (s. Carmoly's itineraires p. 441 vgl. p. 472, und besonders die genaue Beschreibung in Tit. Tobler's Siloahquelle und der Ölberg (1852) S. 267 ff.): allein diese Annahme geht nur von dém Mißverständnisse der Worte 2 Sam. 18, 18 und Gen. 14, 17 aus, als müsse der Ort dicht bei Jerusalem gesucht werden; und doch will Williams (the Holy City p. 374 f.) dies Denkmal für das ächte halten!

sohn Achima'aß, welcher nach S. 234 vordem die wichtige Nachricht über die ersten Unternehmungen Abshalôm's in Jerusalem an Davîd gebracht hatte und der ein vor vielen andern fertiger Läufer gewesen seyn muss (Botschaften wurden immernoch zu Fuße ausgerichtet), erbot sich gegen Joab die Freudenbotschaft dass Gott ihn an seinen Feinden gerächt an Davîd zu überbringen: aber Joab der Davîd'en besser kannte und wie erschütternd die Nachricht von des Sohnes Tode auf ihn wirken mußte voraussah, hielt ihn als diesmal für zu gut dazu zurück, und trug einem gewissen Kûshi das Geschäft auf [1]. Dennoch wollte jener unter allen Umständen auch nachdem Kûshi abgegangen seine Kunst bewähren: und nachdem Joab ihm wiederholt vergeblich vorgestellt hatte dass er ja keine zu einem Vortheile für ihn führende Botschaft zu überbringen haben werde, gab er endlich seinem inständigen Bitten nach und der junge Priester trat seinen Lauf an, offenbar nicht aus Absicht auf Lohn den er hienach nicht erwarten durfte als vielmehr aus reiner Liebe zum Könige. Währenddess nun wartete David zu Machanáim im innern Hofplaze des nach der Gegend der Schlacht hingerichteten Thores auf Nachricht; und sobald der auf dem Dache des Thores bei der Mauer stehende Späher einen einzeln kommenden Läufer bemerkte, meldete er es durch den bei ihm befindlichen Thorhüter dem unten sizenden Könige; dieser fand schon dárin dass ein Bote allein komme ein gutes Vorzeichen, weil bei Niederlage und Flucht leicht viele Versprengte heraneilen; als aber der Vorläufer etwas näher kam und jener hinter ihm noch einen andern Läufer erblickte im erstern dagegen nun an der besondern Art und Kunst des Laufens den Achima'aß zu erkennen

---

1) dieser Kushi wird 18, 21 gleich als ein bekannter Mann vorausgesezt, obgleich er im vorigen nirgends genannt ist. Daraus folgt aber bloss dass von dem Werke des ältern Erzählers viele Stücke in der jezigen Bearbeitung ausgelassen sind, was wir auch sonst wissen. Wahrscheinlich war er einer der 10 Waffenträger Joab's 18, 15, von denen ein anderer 23, 37 genannt wird. Der Abstammung nach kann er ein Äthiope gewesen seyn, vgl. S. 184 *nt.*

glaubte, hielt David beides für weitere gute Vorzeichen, da auch.der zweite allein komme und da Achima'aß immer gute Botschaft bringe. Wirklich kam Achima'aß durch seine eigenthümliche Laufkunst begünstigt, obgleich später ausgegangen, dem andern Boten weit zuvor, warf sich anlangend vor dem Könige nieder und verkündigte ihm den mit göttlicher Hülfe errungenen Sieg über die Empörer; als aber der König sogleich nach dem Befinden Abshalom's fragte, und er antwortet er habe bloss Joab'en und Abshalom'en das große Kriegsgetümmel loslassen sehen und wisse nichts näheres [1]), erhält er einfach den Befehl sich ruhig auf die Seite zu stellen.   Da aber darauf Kûshi eintritt und einen ähnlichen Freudengruss bestellt, und dieser auf David's eilige Frage Abshalom's Schicksal nicht verschweigen kann, zittert der unglückliche Vater zum Dachhäuschen des Thores hinauf um hier allein zu seyn und findet kein Mass seines Klagens und Thränens, nur das eine wünschend dass er hätte für Ahshalom sterben müssen.

Die Nachricht der überaus großen wie es schien unheilbaren Betrübniss David's konnte weder Joab'en noch dem ganzen Heere verborgen bleiben: der Siegestag wurde dem siegreichen Heere zum bittern Trauertage; und als es nach Machanáim zurückkehrte, stahl es sich stille in die Stadt hinein, alsob es selbst in der Schlacht überwunden und zur beschämenden Flucht genöthigt gewesen wäre. Da nun der König noch immer sein Gesicht verhüllend laut wehklagte, wagte Joab endlich zu ihm zu gehen und als Dolmetscher der Gefühle des Heeres ihm zu äußern: „er habe auf diese Weise die Freude aller seiner Getreuen welche ihn und sein ganzes zahlreiches Haus zu retten alles gewagt tief getrübt,

---

1) der erste Saz der Rede in 18, 29 ist schon von den alten Übersezern sehr vielfach und doch gänzlich falsch verstanden, wiewohl der Grund des Mißverständnisses nicht in dem offenbar sehr gut erhaltenen Texte sondern im Verkennen einer seltenern Sazverbindung liegt, die sich aus §. 326b und 297b erklärt. Höchstens wäre das Wort אֲבְשָׁלוֹם vielleicht hinter עֲבָדֶיךָ ausgelassen; wenigstens sezt es noch *Pesh.* und *Ar.* hinzu.

da es scheine also er seine Feinde liebe und seine Freunde
hasse; nun habe er gezeigt, dass ihm die für ihn sich auf-
opfernden Feldobersten und andern Getreuen eigentlich nichts
seien, da man sehe dass ihm nichts willkommener wäre als
wenn sie alle gefallen wären und Abshalom allein lebte:
doch er möge sich aufraffen und sich öffentlich zeigend ein
herzliches Trostwort zum Volke reden, da er ihm eidlich
versichere dass, geschähe dies nicht, alle die nächste Nacht
ihn verlassen und ein Übel entstehen würde größer als alle
welche er je von Jugend auf erfahren!« So ernst angeredet, stieg er zulezt wieder hinab aus dem einsamen Dach-
stübchen, sezte sich unten in das offene Thor und liess das
ganze Heer vor sich vorüberziehen.

5. Inderthat war es hohe Zeit dass Davîd an Reichs-
geschäfte dachte: denn so allgemein auch die Flucht des geschlagenen Feindes geworden war, so war doch das ganze
diesseitige Land von ihm nochnicht wieder besezt, und da
Abshalom feierlich zum Könige gesalbt worden war, so konnte
es ihm ja irgend einen beliebigen Nachfolger geben. Zwar
Israel (d. i. die Stämme außer Juda) kehrte diesseit des Jordans nun bald zur Besinnung zurück, da es merkte dass es
doch in dieser ganzen Umwälzung von Juda mehr getäuscht
war als es erwartet hatte; wie in solchen Zeiten die allgemeine Stimmung sich oft rasch ändert, so bildete sich hier
eine allgemeine Bewegung für den alten Heldenkönig an
dessen frühere große Wohlthaten man sich nun erst wieder
inniger erinnerte; und eine feierliche Gesandtschaft lud ihn
von Seiten dieses wichtigsten Theiles des Reiches zur baldig-
sten Rückkehr ein [1]. Aber so willkommen dies Davîd'en
seyn mußte, so stand doch der Stamm Juda noch immer
trozig abseit und hielt unter Abshalom's Oberfeldherrn 'Amasa
sein Heer zusammen. Doch Davîd, umsichtig und versöhn-
lich genug um den Weg der Güte gegen ihn zu versuchen,
sandte die beiden Oberpriester Ssadoq und Ebjathar an die

---

1) der Schluss zu 19, 11 ist im hebr. Texte ausgefallen, findet
sich aber noch in der LXX.

Ältesten dieses Stammes und liess vorstellen „warum denn gerade sie, seine nächsten Anverwandten, die lezten seyn wollten ihn zurückzurufen, da doch alle übrigen Stämme ihn schon eingeladen hätten"; und dem 'Amasa liess er insbesondere eidlich zusagen „er, sein nächster Anverwandter, solle vonjeztan statt Joab's sein Oberfeldherr werden", welches allerdings nichtbloss eine Maßnahme guter Klugheit und Mäßigung war, sondernauch gegen Joab strenggenommen keine Ungerechtigkeit in sich schloss, weil dieser, längst wegen zu großer kriegerischer Rohheit berüchtigt, noch zulezt in Abshalom's Sache solchen Ungehorsam gegen den königlichen Befehl bewiesen hatte, dass ihm ohne das königliche Ansehen zu gefährden nicht wohl gänzlich verziehen werden konnte. Durch solche Weisheit also brachte er auch ganz Juda noch rechtzeitig auf seine Seite, sodass man ihn einlud mit allen seinen Getreuen zurückzukehren, ja ihm bis Gilgal wo er über den Jordan sezen wollte eine feierliche Gesandtschaft entgegenschickte.

Mit dieser Gesandtschaft aus Juda zog auch der Benjaminäer Shim'i welcher nach S. 231 David'en bei seiner Flucht so gröblich beleidigt hatte, und der S. 231 erwähnte Ssîba mit seinen. 15 Söhnen und 20 Sklaven dem Könige zum Jordan entgegen, ja sie überschritten diesen Fluss um ihm noch jenseits zu huldigen; gerade während die Fähre welche die Gesandtschaft zugerüstet hatte mehrmals hinundherfuhr um das königliche Haus herüberzuschaffen und alles was sonst der König befehlen würde zu thun, ergriff Shim'i den günstigen Augenblick jenseits des Ufers einen Fußfall vor dem Könige zu thun und ihn wegen der damaligen, jezt tief bereueten Vergehen um Verzeihung zu bitten, „er sei ja nun als der erste vom Hause Josef (d. i. von allen Stämmen außer Juda) huldigend gekommen, und hoffe auch dies werde des Königs Herz erweichen". Abishái zwar wollte auch hier kurz dreinfahren, „ob er dafür nicht getödtet werden solle dass er Jahve's Gesalbten gefluchet?" Aber David wies nicht weniger heute im Glücke wie damals im Unglücke die Hize der Sserûja-Söhne streng zurück: „was habe er mit ihnen

16*

zu schaffen, dass sie ihm heute zum Versucher werden wollten? solle gerade heute einer fallen in Israel? vielmehr wisse
er wie er jezt wieder König über Israel sei und wolle seinem Vorrechte nach begnadigen, nicht verderben!" So
schenkte er ihm das freilich dem äußern Rechte nach ver-
wirkte Leben, ja schwur ihm Schonung zu. — Auch der
lahme Meribóshet begab sich um zu huldigen zum Jordan
hinab, nachdem sein Höriger Ssîba nach S. 231 am Tage der
Flucht David's von diesem die liegenden Güter Saûl's zum
Geschenk erhalten hatte und soeben ihm wieder zuvorgekommen war. Er erschien jezt wie ein tief trauernder, da
er vom ersten Tage der Flucht David's an seine Füße nicht
gewaschen seine Nägel nicht geschnitten [1]) seinen Bart nicht
gepuzt und seine Kleider nicht gewaschen habe. Als ihn
Davîd fragte warum er damals nicht mit ihm gegangen sei,
entschuldigte er sich „sein Höriger habe ihn betrogen; er
habe wollen als lahm einen Esel besteigen um zu ihm zu
reiten, aber sein Höriger sei ihn zu verläumden heimlich
weggegangen; doch der König, gut wie Gottes Engel, möge
thun was ihm gefalle; alle Glieder des Hauses seines Vaters
seien nur wie Menschen des Todes vor ihm gewesen [er
habe sie seiner großen Macht nach alle vernichten können],
und doch habe er ihn seiner Tischgesellschaft gewürdigt;
weiter könne er sich nicht rechtfertigen noch klagen vor dem
Könige". Wer nun von beiden rechthabe, der Herr oder
der Hörige welcher als hätte er ein sehr gutes Gewissen
jezt wieder Davîd'en entgegengekommen war, konnte nicht
schwer zu entscheiden seyn, da Meribóshet dass er wohl
einmal Saûl's Herrschaft wieder erhalten zu können gewünscht
habe eigentlich nicht geläugnet hatte, während sich seine
Trauer leicht dáher erklärte dass er mit Abshalom's Herrschaft allerdings weniger zufrieden zu seyn Ursache hatte
als mit dér David's. War er indess nicht ganz ohne Schuld,

---

1) hinter רגליו 19, 25 ist nach der LXX einzuschalten וְלֹא עָשָׂה;
v. 26 ist מירושלם zu lesen. — V. 34 für אֹתָךְ ausdrucksvoller
שֶׁיָּבֶתָךְ nach der LXX vgl. 1 Kön. 2, 9. — V. 38 fehlt בְּנִי hinter
כמהם und steht noch in der Pesh. und Ar.

so lag doch jezt einen so thörichten Gedanken an ihm schwer zu strafen kein Grund vor; so kürzte David die Sache ab und sagte er solle seine liegenden Güter mit Ssîba theilen: und höchst zufrieden damit erwidert jener, er wolle sie diesem gern ganz abtreten nachdem er den König glücklich zurückkehren sehe. — Vom jenseitigen Lande her war aber auch der 80jährige Barzillai, der David'en nach S. 236 in der Nothzeit so edel ausgeholfen hatte, an den Jordan gekommen, um mit ihm über den Fluss zu sezen und am diesseitigen Ufer von ihm Abschied zu nehmen. An diesem ehrwürdigen Alten fand Davîd sóviel Wohlgefallen dass er ihn bat mit ihm nach Jerusalem zu gehen und dort am Hofe in seinem Alter sich unterhalten zu lassen. Für solche Wohlthat dankte nun zwar der bescheidene Greis unter Berufung auf sein an Hoffreuden keinen Geschmack mehr findendes Alter, da er nichts wünsche als in seiner Vaterstadt zu sterben und bei seinen Eltern zu ruhen: aber seinen Sohn Kimham möge der König mit sich nach Jerusalem nehmen und ihm wie er beliebe gutes erweisen. Damit war Davîd gern einverstanden, und nachdem die ganze Überfahrt vollendet war entliess er den Alten mit herzlichem Wohlwollen. Diese Geschichte Barzillai's ist aber offenbar deswegen so ausführlich erzählt weil sein Sohn Kimham und dessen Geschlecht in der Folgezeit in Jerusalem sehr berühmt wurde und sich große Verdienste um die Reichswohlfahrt erwarb (s. unten).

Allein als Davîd so mit Hulfe seiner Stammesgenossen, denen sich auch viele Benjaminäer und andere in der Nähe wohnende von andern Stämmen angeschlossen hatten, über den Jordan gesezt hatte und noch zu Gilgal verweilte, langten die Haufen der nördlichen Stämme am Jordan an, sehr verwundert und verlezt dass die Judäer, welche später als sie sich zur neuen Anerkennung Davîd's entschlossen hatten, nun doch im Einholen und Ehren des Königs ihnen zuvorgekommen seien, als hätten sie dadurch die Gnade des Königs für sich in Beschlag nehmen und besondere Vortheile von ihm sich erwerben wollen. Der Mißmuth ging bei dem wilden Zustande in dem sich noch alles diesseit des Jordans

befand, bald in offene Vorwürfe sogar gegen Davîd selbst
über: vergeblich versicherten die Judäer, der König stehe
ihnen ja der Abstammung nach näher, und es liege keine
Ursache zum Unmuthe vor da sie vom Könige keinerlei Vortheile oder Geschenke empfangen hätten; die Israeläer behaupteten nun einmal das Vorrecht gebühre ihnen, weil sie
zehn Zwölftel am Reiche und also am Könige besäßen, auch
das Erstgeburtsrecht voraushätten [1]), warum also habe man
sie von der andern Seite verachtet und ihren doch zuerst
geäußerten Wunsch des Einholens des Königs nicht erfüllt?
So drohete denn hier zuletzt der ganze innere Streit, scheinbar beendigt, heftig wieder auszubrechen: denn allerdings
war dies kein leerer Wortstreit, da die nördlichen Stämme
durch einen solchen Vorgang bei der neuen Reichsordnung
auch wesentlichere Vorrechte zu verlieren fürchten konnten.
Für den vorliegenden Fall freilich konnte Davîd den Judäern
kein Unrecht geben, da es sich fürjezt nicht wirklich um
Verlust oder Ertheilung wesentlicher Vorrechte handelte: allein kaum hatte er erklärt wie er nichts gegen die Judäer
sagen könne, als ein ehrsüchtiger Häuptling der andern Seite,
der Benjaminäer Sheba' Sohn Bikri's, in die Posaune stiess
und zum offenen Abfall einladend den in spätern Zeiten noch
oft wieder erschallenden Spruch ausrief:

> Wir haben keinen Antheil an Davîd,
>     und kein Erbe an Jishái's Sohne!
> Jeder in seine Zelte, Israel!

Und wirklich fand er in der Verwirrung des Augenblicks
Anklang: die Israeläer zogen sich von Davîd's Seite auf die
seinige, die Judäer schlossen sich desto enger an ihn und geleiteten ihn sicher nach Jerusalem.  Hier konnte Davîd kaum
die nöthigsten Anordnungen für sein eignes Haus treffen,
wohin besonders dies gehörte dass er sogleich die von Abshalom mißbrauchten 10 Kebsweiber unter Aufsicht in eine
besonders verwahrte Wohnung brachte, wo sie eingeschlos-

---

1) für בְּדָוִד 19, 44 ist nach einer der Übersezungen der LXX
בְּכוֹר zu lesen, da Josef bei vielen als Erstgeborner galt und wenigstens Juda dafür nicht gelten konnte, I. S. 534 f.

sen für Zeitlebens nicht wieder verheirathbare Witwen bleiben sollten. Seine ganze Sorge mußte sogleich der Abfall
Shéba's in Anspruch nehmen, welcher sich befestigend of-
fenbar noch gefährlicher als dér Abschalom's werden konnte.
So trug er dem nach obigem zum Oberfeldherrn ernannten
'Amasa auf bis zum 3ten Tage den Heerbann Juda's zu sammeln und dann wieder vor ihm zu erscheinen um die nähern Befehle wegen des nothwendig gewordenen Krieges zu
empfangen. Allein dieser, wie der Erfolg zeigte in solchen
Dingen nicht so gewandt und glücklich als sein Vorgänger
Joab, blieb länger als über diese Frist aus: so dachte denn
David zwar nicht im mindesten daran ihn wieder abzusezen,
aber um doch sogleich etwas zu thun, trug er Joab's Bruder Abishái auf mit den in Jerusalem stehenden Kriegskräf-
ten vorläufig auszuziehen, damit Shéba' nicht etwa Festungen für sich einnehme und die Augen des Königs trübe [1]).
So zog denn Abishái mit den 600 Gibborim aus, auch mit
der diesmal aus Noth mitziehenden Leibwache des Königs,
und mit den „Leuten Joab's", unstreitig einer Mannschaft
welche Joab in dieser Noth schnell zu Jerusalem auf eigne
Kosten angeworben hatte und mit denen als Freiwilligen er
selbst als Freiwilliger in diesen Krieg ziehen wollte: denn
dies ihm zu verwehren konnte dem Könige nicht einfallen,
da er sich seit der Zeit wo er am Jordan seine Würde an
'Amasa abgetreten mit diesem der dazu sein naher Vetter
war ganz freundschaftlich benommen hatte. Während nun
die in das Feld rückenden wenig nördlich von Jerusalem zu
Gibeon anlangten welches mit Jerusalem und fast dem ganzen übrigen Stamme Benjamin schon damals zu Juda gerechnet seyn muss, kam ihnen bei dem großen Steine in
jener Stadt 'Amasa entgegen, welcher also nachdem er den
Heerbann überall östlich und südlich von Jerusalem aufgeboten hatte westlich und nördlich gegangen war und jezt
eben nach Vollendung seiner Aufgabe auf der Rückkehr nach

---

1) d. i. ihm Verdruss und Kummer mache, weil dieser die Augen trübe macht und wie einen Schatten über sie wirft, Ps. 6, 8;
also הַצִיל von צַל.

Jerusalem begriffen war, einen großen Haufen von gewor-
benen Kriegern mit sich führend. Joab, mit dem langen
Kriegsmantel angethan und darüber im Gürtel ein an seinen
Hüften befestigtes Schwert in der Scheide tragend, redete
ganz freundschaftlich 'Amasa'n an mit seiner Rechten ihn am
Barte fassend um ihn zu küssen: zufällig aber wie es schien
ging im selben Augenblicke das Schwert bei der Bewegung
des Armes durch die Umdrehung der Scheide heraus und
fiel nieder, und indem nun 'Amasa vor der das Schwert gewandt auffangenden Linken Joabs sich nicht inachtnahm,
rannte ihm dieser dasselbe in den Bauch, sodass er sogleich
an diesem einzigen Stoße verschied. So war also die Freundschaft und Ruhe dieses rohen Kriegers nur Verstellung gewesen um bei der nächsten Gelegenheit Selbstrache zu nehmen; und er mochte sich freuen wohl eher als er vermuthet hatte eines so wichtigen Nebenbuhlers sich entledigt zu
haben, ähnlich wie er einst Abner'n behandelt hatte S. 150 f.
An Eifer für Davîd zu fechten sollte es ihm keiner zuvor-
thun: und inderthat schien er auch dasmal der allein fähige
Mann den Krieg rasch zu beendigen. Ohne sich weiter bei
der Leiche aufzuhalten, sezten die Brüder ihren Zug zur
Verfolgung Shéba's fort, ja die Hinwegräumung 'Amasa's
schien der kürzeste Weg das Ziel zu erreichen: ein Knappe
Joab's rief dicht bei der Leiche laut aus, wer gern mit Joab
diene und für Davîd sei, solle Joab'en folgen! Da nun Joab's
Name gewiss imallgemeinen weit mehr Vertrauen auf Sieg
einflößte als dér 'Amasa's, so hatten sogleich alle Lust zu
ihm überzugehen: anfangs zwar standen die übertretenden
bei der in Blut sich wälzenden Leiche still, als diese aber
von jenem Knappen aus dem Wege geräumt und auf dem
Felde mit einem Tuche bedeckt war, folgten alle Joab's
Fahne.

Rasch ward nun Shéba' verfolgt, und nirgends fand dieser Aufnahme als in der Stadt Abel bei Bäth-Ma'akha welche mit Dân im nördlichsten Winkel des Landes lag und gut
befestigt war, wie es scheint mehr aus Mitleid mit ihm oder
weil man durch ein irriges Gerücht getäuscht war als um

sich ausdrücklich David'en zu widersezen. Da es bekannt
wurde dass es nur gegen Shéba' gehe, versammelten sich
auch alle die freigebornen Männer dieser Stämme um Joab [1]):
so fing dieser die Belagerung an, liess einen Wall um die
Stadt aufwerfen, und schon stand dieser an der Vormauer,
während alle im Heere Gruben aushöhlten um die Mauer zu
stürzen. Da wollte eine weise Frau von der Mauer herab
mit Joab sprechen, und nachdem sie Erlaubniss dazu erhalten redete sie zu ihm: „früher habe man immer sprichwörtlich gesagt: man frage doch nach in Abel und in Dân, ob
da außer Brauch gekommen was die gottergebenen Männer
Israels einst verordnet! In so gutem Rufe sei ihre Stadt mit
dem benachbarten Dân immer gewesen; und noch seien sie die
friedfertigsten und ergebensten Männer Israels, während Joab
eine Stadt und Mutter in Israel zu vernichten suche: warum
er Jahve's Erbe verheere?" [2]) So auf die ewigen göttlichen
Gebote der wahren Gemeinde hingewiesen, verwahrte sich
Joab wie er mußte vor der Absicht einer Vernichtung, und
forderte nur die Auslieferung des Empörers, welche ihm die
Frau zusagte. Wirklich schnitten die Bürger auf die Vorstellung der weisen Frau hin dem Empörer den Kopf ab
und warfen diesen durch die Mauer Joab'en zu, welcher darauf sogleich mit dem ganzen Heere abzog. — Der Ausgang
dieser Geschichte, wie Davîd den siegreich zurückkehrenden
Joab aufgenommen habe, ist in den jezigen Quellen ausgelassen: er mußte wohl auch jezt eines Mannes schonen, der
ihm als Krieger unentbehrlich war und der es bei aller straf-
würdigen Wildheit doch eigentlich immer gut mit seiner Herr-

---

1) 20, 14 scheint man für הברים LXX ἐν Χερρι הַבַּחֻרִים »die
Jünglinge« lesen zu müssen; und das ו vor מַעֲכָה בֵית ist nach
v. 15 zu streichen. Das משחיתם v. 15 muss man (wenn die Lesart sicher ist) von שַׁחַת Grube ableiten.      2) so muss man
Lesart und Sinn bei v. 18 f. zumtheil nach der LXX herstellen:
בְּאָבֵל וּבְדָן הֵתַמּוּ אֲשֶׁר שָׂמוּ אֱמוּנֵי יִשְׂרָאֵל und dann für אָנֹכִי
etwa אֲנַחְנוּ oder vielmehr עֹדְנוּ, mit einem ו vor אַתָּה. Gewiss
war es ein altes Sprichwort über den guten Ruf der Stadt, worauf
sie sich bezieht. — Auch v. 22 ist nach der LXX zu ergänzen.

schaft meinte. Die alten Freiheiten und Vorzüge der Israeläer wurden aber nach dem Siege gewiss nicht angetastet.

### 4.   Schluss des Lebens und Wirkens Davîd's.

So war denn auch diese schwerste Versuchung des königlichen Lebens David's überstanden. Wer wie er gleich im
ersten Brausen des ungeahneten Sturmes solche höhere Fassung und Ergebung offenbaren, und dann mitten in der Ent-
ladung des Ungewitters solche von der reinsten göttlichen
Zuversicht durchhauchte Lieder singen konnte wie Ps. 3. 4,
der ist schon einem großen Theile nach den menschlichen
Zufälligkeiten und Gebrechen enthoben, und kann, wie auch
seine äußern Schicksale sich gestalten, nur als ein Sieger
Gottes aus diesem Leben scheiden. Nun aber da er glücklich dieses Sturmes Wuth überdauerte, hatte er nichtbloss
selbst unter den schweren Leiden seines höhern Alters menschlicher Weise genug für die Fehltritte gebüßt aus welchen
ein großer Theil dieser Wirren hervorgegangen war, und
war also auf alle Weise geprüft wie nur irgend einer zu
seiner Zeit geprüft und bewährt erfunden werden konnte:
sondernauch das Volk hatte durch die strengen Lehren der
Geschichte erfahren wie empfindlich jeder eitle unbesonnene
Versuch ein unklar gedachtes Bessere herbeizuführen sich
selbst strafe, und schloss sich daher aufsneue desto einmüthiger und vorsichtiger der wohlwollenden Herrschaft seines
vielbewährten von reinster Frömmigkeit durchläuterten Hel-
denkönigs an. So war der Ausgang, freilich nicht nach dem
menschlichen Wollen und Jagen, nach beiden Seiten hin heilsam; und manche Übel jener Zeit wurden durch ihn gehoben, soviele davon überhaupt nach den oben gegebenen Er-
örterungen in jenen Jahrhunderten gehoben werden konnten.

Der Rest des Lebens David's, wahrscheinlich etwa ein
Jahrzehend, verfloss daher allen Spuren nach in jener heitern Ruhe und jenem ungestörten Fortschritte alles des einmal angeregten mannichfachen Guten, welche wir selten in
der Geschichte finden und die doch damals einen so festen
Boden sich erwarben dass sie noch unter Salomo auf we-

sentlich gleiche Weise fortdauern konnten. Dass die·jezigen
Geschichtswerke aus diesem Zeitraume sehr weniges berichten, beweist inderthat nur welche glückliche Ruhe vonjeztan
das Reich genoss mitten in seiner großen Erweiterung und
Verherrlichung. Nach der Chronik [1]) hätte sich Davîd in der
lezten Zeit seines Lebens viel mit großartigen Zurüstungen
zu dem Tempelbaue beschäftigt, welches allerdings sowohl
ansich ganz wahrscheinlich ist alsauch dádurch sich bestá-
tigt dass Salomo sofort in den ersten Jahren seiner Herrschaft dieses große Werk ausführt: das nähere jedoch darüber kann erst bei Salômo's Herrschaft erörtert ·werden.
Dass er nach den außerordentlichen Mühen und Kämpfen seines frühern Lebens etwas früh alterte, ist nicht auffallend:
aber auch als sein Leib mit 70 oder vielmehr 70½ Jahren [2])
schon im Sterben war und durch alle Bettdecken nichtmehr
recht warm werden wollte, sann man ängstlich auf Mittel ihn
noch länger am Leben zu erhalten, und befal (weil man
weiter kein Mittel ihm Lebenswärme mitzutheilen fand) einer
eigens dazu erwählten Jungfrau Abishag aus Sunem an seinem Busen zu ruhen um durch ihre jugendliche Lebenswärme
seinen morschen Leib zu erfrischen [3]).

Blicken wir aber von diesen äußern Erlebnissen nocheinmal in das Innere des großen Königs, wie wir es nach
sichern Zeugnissen aus dem lezten Zeitraume seines Lebens
erkennen können: so sehen wir da eine Veränderung sich
vollziehen welche uns mehr als alles andere die wahre Größe
und Erhabenheit seines Geistes sowie die Herrlichkeit der
Vollendung seines irdischen Tagewerkes offenbart. Dér Held
welcher zwar in seiner Jugend einmal das prophetische Leben etwas mehr in der Nähe gesehen und von seinem An-
hauche sich hatte treiben lassen, in seinem männlichen Alter
aber mitten unter den vielen Kriegen und Reichsgeschäften
nichts weniger als ein Prophet hatte seyn und scheinen wol-

---

1) 1 Chr. 28, 2 ff. 29, 1 ff.          2) nach 2 Sam. 5, 4 f.
1 Kön. 2, 11 vgl. II. S. 481.          3) 1 Kön. 1, 1—4: was Bayle
und andere in diesem ganz einfachen Sachverhältnisse schändliches
gefunden haben verdient kaum Erwähnung.

len (darin einem Muhammed ganz unähnlich): dér eben wird
nun in seinem höhern Alter selbst zu einem Propheten, nicht
so dass er es werden wollte sondern unwillkührlich aber
desto reiner und nachdrücklicher, nicht für andere oder um
als Prophet zu herrschen sondern nur weil die Gewalt des
Geistes ihn trieb und daher desto einziger mit allein auf die
Zukunft gerichtetem Blicke. Was als Lebensäußerung das
höchste im Alterthume war, das prophetische Empfinden und
Reden, das bildet sich nun als reife Frucht eines langen vielbewegten Lebens auch in déssen Geiste aus der seiner Stellung im Reiche nach ohne dasselbe hätte sein Leben schließen können, von seiner Kraft aber erfüllt eine Stufe königlicher Herrlichkeit errang über welche hinaus in jenen Zeiten kaum etwas höheres möglich war. Schon durch die
Lieder welche seinem tiefsten Herzensgrunde während der
Abshalomischen Verfolgung entquollen, blizt oft unwillkührlich das Feuer ächtprophetischen Geistes, welches nicht hei-
ßer und doch wieder nicht milder seyn kann: so zerschmet-
ternd erhebt sich sein Wort gegen die ungöttliches erstrebenden Feinde im hellen Bewußtseyn der eigenen Erwählung,
und so ruhig sammelt es sich wieder in heiterer Ergebung
und Bitte für das Wohl aller [1]); ja schon früher in dem wunderbar erhabenen Dankliede wegen wiedererlangter Seelen-
ruhe nach den Verirrungen mit Bathséba' ringt sich die tief-
bewegte Rede hieundda zur prophetischen Höhe empor [2]).
In dém Liede aber welches eine alte Überlieferung mitrecht
„die lezten (dichterischen) Worte Davîd's" nennt, verklärt sich
endlich der dichterische und sittliche Geist des greisen Königs völlig in den prophetischen; noch einmal vor dem Tode
zu dem dichterischen Schwunge sich aufraffend fühlt er sich
in reiner Klarheit als Propheten Jahve's und verkündet im
Rückblicke auf sein nun zu Ende gehendes Leben wie im
freien Schauen in die Zukunft die göttliche Ahnung in ihm,
dass seines Hauses Herrschaft als fest in Gott gegründet seinen Tod überdauern werde [3]). Kein Furst, zumal einer der

---

1) Ps. 4, 3—6. — 3, 9. 4, 7—9.        2) Ps. 32, 6—9.
3) 2 Sam. 23, 1—7 vgl. die *Dichter des A. Bs* Bd. I. S. 99—102.

das Reich nicht durch Erbschaft erlangt, kann sein Leben mit
einer seligeren göttlichen Ruhe und einem heiterern sichern
Blicke in alle Zukunft schließen.

Hier nun liegt erst das Siegel seiner wahren Größe.
Denn fassen wir von diesem Ende aus das Bild seines ganzen Lebens zusammen, so müssen wir sagen dass er die
Spize der ganzen Erhebung bildet zu welcher das Volk Israel seit länger als einem Jahrhunderte immer mächtiger emporstrebte, und deren Ziel es in ihm so erfolgreich erreichte
als jene Jahrhunderte nach den Bedingungen in die sie gestellt waren überhaupt dieses Ziel erreichen konnten. Die
Zeit forderte als den Mann ihres Gipfels keinen einer besondern wennauch höchsten geistigen Thätigkeit angehörigen, auch nicht einen Propheten: denn ihr stärkstes Bedürfniss war endlich dás zu vollenden was seit den lezten Tagen Mose's und denen Josúa's angefangen aber in allen diesen Jahrhunderten nicht erreicht war, den wahren Besiz eines irdischen Vaterlandes und in diesem die feste Einheit
aller Glieder des Volkes; also dém Volke in welchem die
höchste Religion einmal Keim und Wurzel gefunden hatte
eine volle Selbständigkeit und Ruhe zu sichern in welcher
sich mit seiner Volksthümlichkeit auch diese Religion aufs
freieste entwickeln konnte. Nachdem die wahre Religion einmal auf Erden, wie es nicht anders seyn konnte, im Schoße
einer Volksthümlichkeit gegründet war, mußte sie um überhaupt sich feiner entwickeln zu können, dieses ihr Volk sich
erst als Volk unter allen andern Völkern der Erde völliger
ausbilden lassen, um dann mit dem erstarkten einigen und
selbstbewußten Volke ihre höheren und schwereren Arbeiten zu beginnen; ebensogewiss als der einzelne Mensch troz
seiner reichsten geistigen Anlage erst ein Mann werden muss
damit diese mit aller Kraft in ihm wirke. Zum Werkzeuge
der Befriedigung dieser immer stärker an das Volk gerichteten Anforderung männlich stark zu werden, konnte nur ein
Krieger also ein Mann mitten aus dem Volke dienen. Wiederum aber konnte kein Mann aus dem Volke der in dieser
Gemeinde zumal eben nach der lezten geistigen Bewegung

Samûel's laut werdenden Forderung genügen, der nicht zugleich ihr Heiliges ganz in sich aufnahm. Es komme ein Held mitten aus dem Volke der das reine Vertrauen auf den geistigen Gott als seine stärkste Waffe hat und von diesem nie losläßt: so lautete der Ruf jener Zeit, und siehe es kam in Davîd der Kriegsheld welcher den prophetischen und den übrigen höchsten Wahrheiten dieser Gemeinde sich nie entfremdete, vielmehr selbst lebendig an ihnen theilnahm und seinen eigenen wie des ganzen Volkes Geist immer völliger von ihnen durchdringen liess. Nur einem solchen konnte es gelingen die ganze damals so hochgespannte Kraft des Volkes zur Verfolgung und Erreichung des Zieles zu vereinigen, und dás zu vollenden wozu längst von den edelsten Bestrebungen schon ein starker Grund gelegt war. Nicht jene neue Begeisterung und Erhebung der Gemeinde hat Davîd geschaffen; diese kam ihm selbst schon erregend entgegen: aber dass er von ihr sich aufs stärkste ergreifen liess und ihr nie untreu wurde, dass sogar der éine Fehltritt der ihn ihr dauernd zu entfremden drohete mächtig von ihm überwunden zulezt ihn nur noch entschiedener zu ihr hintrieb, das ist die eigenthümliche Größe dieses Helden und der Zauber welcher ohne Aufhören alle die kräftigsten und reinsten Geister seiner Zeit an sein Kämpfen und Siegen fesselte.

Die allgemeinen Erfolge solches Wirkens in solcher Zeit mußten größer seyn als sie irgendein anderer Mann mitten im Verlaufe der ganzen Geschichte dieses Volkes erreichen konnte; und wennauch in rein geistiger Hinsicht Samûel viel höher stand, so mußte doch der ganze Glanz der Zeit auf den machtvollen Vollender ihres Zieles fallen.

Zuerst: Israel ist nun erst ein stärkeres und dauernderes, kurz ein wahres Volk der Erde den andern gegenüber, und hat erreicht was es seit Mose's lezten Tagen nochnicht vollkommen erreichen konnte, ein ihm nicht so leicht wieder zu entreißendes schönes Vaterland. Und wenn es nicht an eine Welteroberung denken wollte, so konnte der Umfang dér Länder und Völker welche es jezt beherrschte ihm ganz, genügend scheinen um auf der Erde mächtig und angesehen zu bleiben.

Zweitens: wie das Volk erst jezt zur stärkern Einheit und Macht gelangt ist, so scheint sein in Davîd verklärtes Königthum als ein ächtes menschliches Königthum nun auch alle verschiedenen Bestrebungen Mächte und Stände des Volkes fest in sich zusammenschließen: Davîd ist Krieger und Sänger; Herrscher und doch des Volkes Rath hörend; Mann des Volkes und zugleich Priester wo es seyn muss (S. 162) und als solcher auch anerkannt [1]); starker König und doch ohne seiner Würde etwas zu vergeben die Stimme großer Propheten immer achtend und gern mit ihnen im Einverständnisse handelnd. In ihm also haben alle Verschiedenheiten des Volkes ihre Einheit: er ist ein wahrer König, und für immer scheinen die innern Zwiste unschädlich werden zu können. Auch ist es dabei sogar noch von besonderm Vortheile dass er weder Prophet noch geborner Priester sondern einfacher Volksmann ist. Denn wenn Israel anfangs nur theils durch die wunderbare geistige Gewalt einzelner großer Propheten theils durch die beständige Aufsicht eines erblichen Priesterstandes getragen zum „Volke Gottes" werden konnte, so hat nun ein einfacher Mann aus seinem Volke ein Lebenswerk in ihm vollbracht welches dem ganzen dauernden Bestande und der Fortentwickelung der Gemeinde wie nichts früheres zum Segen wird [2]) und alle auch die gemeinen Glieder des Volkes aufs engste in das ganze verflicht. In ihm also ward auch der Volksmann Israels geadelt, und jede Scheidung aufgehoben welche die verschiedenen Stände im Volke selbst hätte verfeinden können. Moch-

---

1) wie Ps. 110 unwiderleglich zeigt.          2) daher der Ehrenname des »Dieners 'Jahve's« welchen David allmälig empfängt (schon 1 Kòn. 8, 66 im B. der Uispp.) und den er mit sehr wenigen geschichtlichen Größen des A. Bs theilt. Denn nach einem richtigen Gefuhle schon des A. Bs verdienen nur die wenigen welche ein jeder ein eigenthümliches großes gottliches Lebenswerk wie ächte Diener Gottes in Seiner Gemeinde vollbrachten, geschichtlich diesen einfachen und doch so hohen Namen.

ten nun auch starke Überbleibsel der durch die frühere Geschichte emporgehobenen Stände im Volke sich erhalten, sie
konnten sich nur durch das ihnen inwohnende oder ihnen
mögliche Gute auf die Dauer ferner erhalten und nie wieder
so wie früher einseitig vorherrschend schädlich werden.

Drittens: wie David sich als wahrer König Jahve's, so
fühlt sich das Volk jezt mit noch stolzerem Bewußtseyn als
früher als „Volk Jahve's“, wie es auch in den Erzählungen
über diese Zeiten gern genannt wird [1]); und während es nie
vergißt wer sein lezter und unsterblicher König sei, folgt
es doch auch dem menschlichen gern und willig, empfängt
Herrlichkeit von seiner Herrlichkeit und trägt ihn wieder mit
seiner Liebe und Treue.    So scheint die nothwendig gewordene Veränderung der alten Verfassung glücklich ausgeführt,
und vollendet die Gott- und Königsherrschaft.    Gibt es aber
überall ein doppeltes Königthum unter Menschen, eines der
niederen Anfänge oderauch der unlösbaren Verwirrungen
des Lebens, wo der König nur der kriegerische Häuptling
odergar der finstere Gewaltherrscher des Landes ist, und
ein anderes verklärteres welches seine eignen Mängel zu
überwinden angewiesen ist und daher troz vielfacher Bedenken welche sich gegen sein Bestehen erheben sich dennoch ausbildet und festsezt: so hat Israel, nachdem es durch
die Gottherrschaft das erstere übersprungen, nun sofort das
andere höherer Art errungen, das einzige welches mit der
Gottherrschaft zu verschmelzen den Versuch wagen konnte.
In diesem Könige den es aus eignem Fleische und Blute gehabt, fühlt sich daher nun auch das ganze Volk wie selbst
ein edleres königliches Daseyn fortführend; und wie er durch
alle Leiden und Wechsel des Lebens hindurch stets sich nur
immer stärker in dém gefunden hatte „der ihn aus aller
Noth erlöst“ [2]), so durchdringt von ihm aus nun wie das
ganze Volk so leicht jeden einzelnen ein neuer höherer

---

1) wie 2 Sam. 14, 13. 16; ähnliches erneuerte sich z. B. in den
ersten Zeiten des Islâm's, vgl. die Erzählung in Freyt. chrest. p. 40 l. Z.

2) vgl. die stehenden Redensarten 2 Sam. 4, 9. 1 Kön. 1, 29. 2,
26 und vieles ähnliche.

Geist, und das desto nachhaltiger jemehr er zugleich durch seine körnige Beredsamkeit und die Herrlichkeit seiner unvergänglichen Lieder ihn selbst im Volke heimisch gemacht hatte.

Dies sind die Grundzüge der Bedeutung David's auch für die ganze folgende Geschichte, eines Königs welcher der fur dieses Volk rein unvergeßliche werden mußte, aberauch für die Geschichte aller wahren Religion eine einzige Bedeutung erhielt. Zwar ward sogleich sein Tod zu einer nicht geringen Verherrlichung seines Lebens. Wenige Könige starben allgemein so hoch geachtet und ihr Lebenswerk so unmittelbar in froher Fortsezung erblickend wie er. Seinen geliebten Ssionberg hatte er auch zu seiner Ruhestätte bestimmt, und dort südlich nach alter Königssitte gewiss schon während seines Lebens ein prachtvolles Hausbegräbniss sich errichtet welches auch den meisten seiner Nachfolger zur Bestattung diente (s. weiter unten). Sein Begräbniss ward nun das glänzendste welches je in Israel gewesen, und seine Waffen wurden stets wie Heiligthümer im Tempel bewahrt [1]. Aber je ferner seine Tage, desto höher stieg im Herzen des ganzen Volkes seine Verehrung, bis sie endlich sogar zur glühenden Sehnsucht ihn wieder in der Sichtbarkeit zu erblicken und einen zweiten „David" zu erleben sich steigerte.

Was ist aber dem Volke jezt zunächst nach seinem Tode noch übrig auf dieser Höhe? und warum bleibt es nicht auf ihr? Sogleich die folgende Herrschaft Salômo's wird es lehren. Bevor wir jedoch dahin übergehen, verweilen wir hier noch länger in der wahren ruhigen Mitte und an dem hellen Tage dieser ganzen Geschichte Israels, um die Einrichtungen und Geseze imeinzelnen völliger zu erkennen welche sich vom Anfange an bisjezt in dem Volke ausbildeten und die auch für die Folgezeiten in wesentlichen Stücken wenig verändert sich erhalten [2].

---

1) nach der beiläufigen Bemerkung 2 Kön. 11, 10.
2) der 1848 erschienene Band der *Alterthümer* gehört seiner äußern Einfassung nach an diese Stelle.

# Zweiter Schritt:

## *die hohe Blüthe des Königthumes in Israel;*
## *die Zeiten Salômo's bis zur Spaltung des Reiches.*

Nehmen wir hier aber den fortlaufenden Faden der Geschichte dá wieder auf wo wir ihn oben fallen ließen: so leitet er uns sofort im Leben des großen Königs Salômo [1]) zu einem seiner verschlungensten Knoten, den wir richtig zu erkennen und zu lösen suchen müssen wenn wir über ihn hinaus die bald gänzlich veränderte Richtung der Geschichte dieses zweiten Zeitraumes sicher verfolgen wollen. Wir sahen bis zu welcher Höhe und Herrlichkeit das Volk Israel sich erhoben hatte als sein großer Held Davîd verblich: unter der langen Herrschaft seines obwohl sehr verschieden gebildeten und gestellten doch eigentlich kaum minder großen Sohnes erhält sich das Volk in diesem einmal so stark angeregten Schwunge zu einer immer höheren Stufe, und gewinnt nach neuen Seiten von Thätigkeit und Bildung sich hinwendend noch eine Menge von Lehensgütern die ihm bisdahin fehlten und welche doch erst die schönere Hälfte

---

1) die LXX sprechen (nach den besseren Ausgg. und Hdschrr.) noch in allen Büchern den Namen sehr richtig mit ὁ aus Σαλωμάν, ebenso Sir. 47, 13, 23 (nicht aber in dem Vorworte der Compl.); die durch Verflüchtigung dieses langen Vocales entstandene Aussprache Σολομών findet sich erst im N. T., bei Fl. Josephus, in den spätern griechischen Übersezungen und sonstigen späteren Schriften: während doch sogar bei den Syrern und Arabern der lange Vocal erhalten ist, nur dass sie den Namen des lieblichen Königs in ein Verkleinerungswort umbildeten: *Shelaemûn, Sulaimân.* Dagegen ist in dem weiblichen Namen Σαλωμή noch immer das ὁ erhalten.

der Vollendung eines Volkslebens herbeiführen. Aber während so alles das schönste was unter dem starken Schirme des menschlichen Königthumes in dem alten Volke Gottes möglich war sich aufs rascheste und allseitigste zu seinem Gipfel hindrängt, keimt mitten in dem strahlenden Glanze unvermerkt schon dás Verderben welches wir dann am Schlusse der Herrschaft dieses großen Königs offen hervorbrechen sehen und von dem alle die folgenden Zeiten des Königthumes in Israel sich nie wieder ganz erholen konnten. Es zeigen sich uns also hier die stärksten Gegensäze: die höchste Ausbildung des unter der Königs- und Gottherrschaft möglichen Volksglückes, und ein anfangender Krebsschaden welcher vondaan stets wachsend in den folgenden Jahrhunderten eben dieses Glück mit jener Herrschaft unrettbar zerfrißt; noch hebt sich während der langen Tage Salômo's das mächtig aufstrebende Gestirn Israels höher empor, aber nur um während eben derselben in ein unaufhaltsames Sinken zu gerathen: weshalb auch dieser vierzigjährige Zeitraum recht eigentlich die nach beiden Seiten geneigte, auf- und absteigende hohe Mitte des ganzen zweiten Zeitalters des alten Volkes bezeichnet, und sich sowohl von den frühern ungehemmt aufstrebenden als von den folgenden stets tiefer sinkenden Zeiten scharf genug unterscheidet. Woher also die auf den ersten Blick schwer erklärliche Doppelseite dieser für die folgenden vier Jahrhunderte entscheidenden hohen Zeit komme, ist das hier zur Lösung vorliegende Räthsel; und wenn eine solche Zeit wo eine ganz neue mächtige Richtung im verborgenen keimt schon ansich schwerer zu verstehen ist, so tritt hier noch die Schwierigkeit eines verhältnißmäßig größern Mangels an hinreichenden Geschichtsquellen hinzu.

Dass die jezigen Geschichtsbücher Salômo's Leben weit kürzer beschreiben als das David's, kommt gewiss eben daher weil die Erinnerung an seine gesammte Zeit den Spätern kein so rein erfreuendes Bild gewährte wie die an die Zeit seines Vaters. Ursprünglich war das freilich anders: die Jugend Salômo's fiel ganz anders als die David's sogleich

in das hellesie Tageslicht der Reichsgeschichte; und dass die
damals mächtig sich ausbreitende Schriftstellerei früh alle
Verhältnisse des Lebens und Reiches dieses großen Königs
auf das mannichfachste zu umfassen suchte, können wir aus
einigen größern Bruchstücken solcher Werke noch deutlich
genug erkennen. Solche finden sich nämlich unstreitig bei
näherer Ansicht dem jezigen Berichte über Salômo in den
BB. der Könige eingewebt. Als die frühesten welche, allen
Zeichen nach schon binnen der ersten Halfte der Herrschaft dieses Königs niedergeschrieben wurden, zeigen sich die Bruchstücke des B. der Urspp. über den damals kaum erst vollendeten Tempelbau [1]), Stücke womit dieses Buch wahrscheinlich schloss. Aus den gewiss bald nach Salômo's Tode geschriebenen Tagebüchern seines Reiches ist die wichtige
Übersicht des Haushaltes Salômo's [2]), und vielleicht dem lez-

---

1) nach I. S. 100 f. ist auch die Beschreibung der Arbeiten Hirâm's in Erz zur Ausstattung des Tempels 1 Kön. 7, 13—17 sowie
das Stück 8, 62—66 aus dem B. der Urspp. abzuleiten: einmal wegen ihrer großen Ähnlichkeit mit den ähnlichen Beschreibungen des
B. der Urspp. bei dem Mosaischen Heiligthume, sowohl imallgemeinen als in einzelnen Stellen, wie v. 14 vgl. Ex. 31, 3. Sodann, weil
diese Beschreibung sich in ihrer Art und Farbe zumtheil auch im
Inhalte sehr merklich von den übrigen Schilderungen der Bauten
Salômo's 6, 2—7, 12. 48 - 51 unterscheidet: ein Beispiel davon wird
unten berührt werden. Endlich, weil der jezige Bericht offenbar von
7, 13 an aus einer neuen Quellenschrift die Beschreibung einiger
zum Tempel gehörigen Sachen aufnimmt, nachdem er durch die Beschreibung des Baues des Wohnhauses Salômo's 7, 1—12 den Faden der Rede ganz anderswohin geleitet hatte. Diese Unterbrechung
ist inderthat so stark fühlbar, dass schon die LXX die Beschreibung
des Baues des eignen Hauses Salômo's an das Ende von Cap. 7
geworfen haben: wiewohl sie das Stück dann noch richtiger hinter
Cap. 8 gestellt hätten. Die Beschreibung des Hauses Salômo's 7,
1—12, welche das B. der Urspp. seiner Anlage nach ansich nicht
aufnehmen konnte, mag wie die ähnliche des Tempels c. 6 erst nach
Salômo's Tode verfaßt seyn.          2) nämlich die Stellen 1 Kön.
4, 2—19. 5, 2 f. 6—8: die übrigen Säze von 4, 1 an, welche jezt
in jene verflochten sind, können erst vom lezten Verfasser in diese
Reihe bracht seyn, während jene nach Inhalt und Sprache eng zu
einander gehören und sich scharf genug von diesen absondern.

ten Ursprunge nach die genaue kurze Beschreibung seiner Bauten [1]) geschöpft, wiewohl leztere vielen deutlichen Zeichen zufolge nicht ohne mannichfache Lücken in den jezigen Text gekommen ist. Andere wichtige Bruchstücke haben sich aus dem ältesten Königsbuche erhalten, welches alle die Ereignisse der Geschichte Salômo's bis über seinen Tod hinaus in schöner Umständlichkeit geschildert hatte, so wie ihre Haupttheile ihm schon durch David's Geschichte bedingt schienen [2]). Noch eine andere Lebensbeschreibung Salômo's muss dieser dann schon ziemlich später gefolgt seyn, nichtmehr so ausführlich wie jene, schon mehr von einem eigenthümlichen höhern Standorte aus die drei Hauptwendungen der Geschichte des großen Königs zusammenfassend und kunstvoll ordnend, doch verhältnißmäßig noch in anziehendschöner Umständlichkeit das mannichfach merkwürdige dieser Herrschaft erzählend: von ihr sind ziemlich viele Bruchstücke erhalten [3]), und da sie mit jenen ältern Nachrichten ebenso verwebt sind wie wir ähnliches im Leben der vorigen Herr-

---

1) aber nach dem kurz zuvor bemerkten sind hier nur die Stellen 6, 2—10. 14—7, 12. 48-51 gemeint: wie luckenhaft diese aber auch in sich selbst seien, wird unten weiter gezeigt werden.

2) s. I. S. 199. Nach 2 Sam. 7 vgl. S. 168 f. gehört auch das Stück 1 Kön. 5, 15—25 und daher das andre 9, 10—14 diesem Erzähler an, sowie 9, 25—28. 10, 28 f. und die Worte 11, 11—12 mit Ausnahme des vom lezten Verfasser eingeschalteten Sazes וחקתי אשר צויתי עליך nach Inhalt und Farbe auf dieselbe Quelle zurückweisen.        3) Vornehmlich die nach allen Kennzeichen genau in sich zusammenhangenden zwei Stücke 3, 5 (wo die Erzählung ganz abgerissen erscheint) —28. 9, 1—5. 11, 9; ferner die Stücke 8, 24—26; 10, 1—13. 14—27; vgl. darüber weiter unten. Außerdem mögen noch manche kurzere Stellen aus diesem Werke seyn: nicht dahin gehört hingegen nach Sprache und Art (vgl. I. S. 211 nt.) das Stück 6, 11—13. Lezteres steht jezt só völlig abgerissen und stört den Zusammenhang der Beschreibung des Tempelbaues só stark dass es im Cod. Vat. der LXX ganz ausgelassen ist. Allein da der lezte Verfasser auch sonst in dieser Beschreibung der Bauten Salômo's seine Quellen etwas unzusammenhangend aneinander reihet, so laßt sich nicht behaupten dass diese Verse nicht von ihm hieher gesezt seien.

scher sahen, so kann man sie, da auch sonstige Ähnlichkeiten sich zeigen, demselben Verfasser zuschreiben welcher
I. S. 201 der zweite Haupterzähler der Königsgeschichten
genannt ist. ·

Allein solche alterthümlich umständliche Darstellungen
gefielen den Spätern immer weniger; und wennauch einige
Seiten des Wirkens dieses ungewöhnlichen Königs immer so
merkwürdig blieben dass man sie fortwährend gern mit den
ausführlichen Worten der ältern Quellen oder auch in eignen neuen umständlichen Darstellungen beschrieb, so trat
dagegen vieles andre in den Hintergrund, während zugleich
mancher neue Blick nun in jene ältern Zeiten geworfen wurde.
Nachdem so der ältere deuteronomische Verfasser Salômo's
Leben für seine Zeit umgearbeitet halte, sezte der zweite
als der lezte Verfasser aus den verschiedenen Quellenschrif-
ten welche ihm vorlagen die jezige Lebensbeschreibung hier
mehr dort weniger verkürzend zusammen, vom eigenen nur
weniges hinzufügend (vgl. Bd. I. S. 209 ff.). Bei dieser lezten Abfassung sind die einzelnen kleinern oder größern Stücke
früherer Werke nur lose an einander gereihet; und oft scheint
der lezte Verfasser einen Gegenstand schon schließen zu wollen, während er sodann doch noch das eine oder andre davon nachholt: welche Sitte zwar diesem ausziehenden Erzähler auch sonst eigen ist, nirgends aber so stark wiederkehrt als hier. Sichtbar ist dann die so entstandene sehr
lose Ordnung für den Chroniker [1]) die Veranlassung geworden vieles neu zu ordnen, während er doch auch selbst eine
solche Ordnung nicht streng durchführt [2]); und gewiss sind
auch manche Versezungen ganzer Stellen in den LXX ed.
Vat. nur aus dem Streben eine festere Ordnung in diese
Erzählungsstücke einzuführen hervorgegangen, wiewohl sich
nicht sagen läßt dass die Ordnung dadurch an allen Stellen
richtiger geworden wäre. Viele für die alte Geschichte bedeutende Zusäze hat die Chronik hier nicht.

---

1) ll. c. 1—9.     2) vgl. 2 Chr. 1, 14—17 mit 9, 25—28.
Über einige Nachrichten von Salômo außerhalb der Bibel vgl. unten.

So sind uns jezt zwar nur einige ausführlichere Erzählungsstücke aus jener für die folgenden Jahrhunderte so entscheidenden Geschichte Salômo's geblieben, doch daneben
manche zusammengedrängtere Erinnerung und kürzere Andeutung wichtiger Ereignisse. Die Schwierigkeit hieraus ein
sicheres Bild der ganzen langen Zeit dieser Herrschaft zu
entwerfen ist umso größer, da zugleich in den jezigen Quellen nur wenige nähere Zeitangaben sich finden. Fassen wir
indess alle hier erhaltenen Überbleibsel der Erinnerungen an
jenen hohen Mittag der ganzen Geschichte Israels lebendiger
zusammen, und verbinden damit die in den dichterischen Büchern zerstreuten Spuren der Ereignisse jener Tage (und
dieser leztern sind doch näher besehen noch mehere als man
bei oberflächlicher Ansicht leicht vermuthet): so wird man
wenigstens über die Gründe der Hauptwendung der Geschichte
jener Tage und damit der ganzen Geschichte des alten Volkes nicht gänzlich in Zweifel verharren können. Und dazu
sind uns doch gerade über die Anfänge der Herrschaft dieses Königs, welche bei ihm ebenso wie wohl bei jedem andern Herrscher den ganzen weitern Verlauf seiner Geschichte
bedingen, die ausführlichsten und zuverlässigsten Erinnerungen erhalten.

## 1. Die Anfänge der Herrschaft Salômo's.

Salômo wuchs zwar in den lezten ruhigeren Jahren der
Herrschaft seines Vaters auf, und war als er selbst zur Herrschaft berufen wurde wohl nicht älter als zwanzigjährig [1]):

1) vgl. S. 204. Dass Salômo nicht viel junger seyn konnte, folgt
auch aus 1 Kôn. 14, 21 wonach sein Sohn Rehabeam beim Antritte
seiner Herrschaft 41 Jahre alt war. Wenn dagegen Fl. Josephus
Salômo'nen die Herrschaft so jung als möglich nämlich mit 14 Jahren antreten läßt, so hängt dies sichtbar mit seiner Annahme einer
80jährigen Herrschaft dieses Königs zusammen: diese Verdopplung
aber der Zahl 40 erklärt sich nach Bd. II. S. 483; und nach 1 Kôn.
3, 11—14 betrachtete man im Alterthume keineswegs ein ausgezeichnet langes Leben als ein diesem Könige zugefallenes gottliches Gut. —
Noch weiter meinten manche er sei sogar im 4ten Jahre der Herrschaft d. i. beim Anfange des Tempelbaues erst 13 Jahre alt gewe-

doch den Königssöhnen jener Anfangszeit des Königsthumes
in Israel war, wie uns noch zulezt die Geschichte Abshalom's
bewies, die freie Theilnahme am öffentlichen Leben und die
darin liegende Möglichkeit zur Bildung einer festen und gesunden Gesinnung überhaupt noch nicht beschränkt; und sogleich der erste Schritt zur Herrschaft sollte diese seine Fähigkeit zu ihr vielfach erproben.

Dass die Herrschaft damals überhaupt in David's Hause
fortgeführt werden sollte, konnte nach dem durch Davîd be-
wirkten Umschwunge aller Dinge in der vorherrschenden
Meinung sowohl der Propheten als des ganzen Volkes nicht
ernstlich zweifelhaft seyn: eine Herrschaft welche wie die
Davîd's mit immer höherem äußern Glanze und innern Glücke
schließt, läßt ihre Heiligkeit auch auf das Haus des Herrschers fallen, und gewährt so auch den Segen ihrer eigenen
ungestörteren Fortdauer in demselben Hause.   Aber nähere
gesezliche Bestimmungen über die Erbfolge fehlten damals
noch: und daraus entspann sich gegen das Ende des Lebens Davîd's eine Verwirrung welche leicht sehr unheilvoll
hätte werden können, wäre auf Seiten des einen der zwei
streitenden Theile nicht ungleich mehr Festigkeit gewesen
als auf Seiten des andern.

Nach Abshalôm's Tode war Adonïja [1]) der Sohn der
Chaggith der älteste lebende Sohn Davîd's: derselbe war als
noch in Hebron geboren gegen das Ende der Herrschaft seines Vaters schon über 34 Jahre alt, ein Mann der nach allen bekannten Spuren seines Andenkens mit Abshalôm viel
ähnliches hatte, schöner Gestalt, hochfahrend und herrsch-
süchtig, doch innerlich zum Herrschen kaum geschickt, versteckten Geistes und dazu den offenen Kampf scheuend.  Dass
er für ein Reich wie damals Israel war kein sehr fähiger
Herrscher sei, mußte den Verständigeren einleuchten: diese,
an ihrer Spize Nathan der größte Prophet jener Tage und

---

sen und habe überall nur 53 gelebt, s. Geláleldîn's Gesch. Jerus.
nach Reynolds p. 288.        1) Ὀρνίας welcher Name nach Jos.
hypomnest. c. 63 damit wechseln soll, ist bloss aus irriger Lesung
des Hebràischen.

Ssadôq das verehrte Haupt der Priester vom Hause Eleʿazar, warfen ihr Auge auf Salômo den nach S. 214 f. einst unter seltenen Umständen gebornen Sohn der Bathséba. Davîd selbst neigte sich auf diese Seite; er hatte (so wurde erzählt) der Bathséba versichert, ihr Sohn Salômo solle sein Nachfolger werden [1]. Doch einen Nachfolger zeitig öffentlich zu ernennen lag damals uberhaupt nochnicht im Kreise der Sitten eines Königs von Israel: so hatte Davîd keinerlei Anstalt getroffen um Salômo'nen öffentlich als Nachfolger anerkennen zu lassen; und wie er stets ein nachsichtiger Vater gegen alle seine Söhne gewesen, hatte er dem nunmehr ältesten Sohne Adonija nie ein böses Wort gesagt als dieser sich immer kühner neue äußere Abzeichen königlicher Würde anmaßte, als Rosse und Wagen, 50 Mann Vorläufer. So konnte sich sowohl um Adonija als um Salômo eine Meinung und ein Bestreben bilden: und indem die beiden Nebenbuhler mit ihren Anhängern sich offen gegenüberstanden [2], wäre die Entscheidung über ihre Ansprüche sicher erst nach dem Tode des alten Helden erfolgt, hätte sich nicht Adonija von seinen Gelüsten etwas zu früh hinreißen lassen. Sei es dass er meinte der kranke Davîd sei schon zu unfähig um noch wirklich herrschen oder einem neuen Könige sich entgegensezen zu können, oder sei es dass er seine Leute nicht länger zurückhalten konnte, kurz er lud seine Ergebenen an einen geeigneten wasserreichen Ort südöstlich von Jerusalem [3]

---

1) dies muss vom ältern Erzähler an einer frühern Stelle dargestellt worden seyn, fehlt aber jezt.     2) dies folgt deutlich aus 1 Kön. 1, 12. 21. 2, 22 sowie aus der ganzen Sachlage; und um nicht (wie in neuern Zeiten ·sooft geschehen ist und noch geschieht) unbillig uber Salômo und seinen Anhang zu urtheilen, muss man vor allem festhalten dass Adonija wenn er gesiegt hätte gewiss seinen Bruder und alle dessen Hauptanhänger vernichtet haben würde. Man muss vielmehr sagen Salômo's Benehmen sei später verhältniß‒mäßig milde gewesen; und dass er seine ubrigen Brüder leben liess, folgt aus Luc. 3, 21.     3) »der Kriechstein bei der Wasserquelle« v. 9 kommt sonst nicht vor, diese Quelle selbst aber muss an einer ganz andern Seite der Stadt gelegen haben als der Gichon wo dann Salômo gesalbt werden sollte: wir können nämlich nach

und liess sich hier unter Darbringung feierlicher Opfer zum
Könige ausrufen. Sein Anhang war gross und voll Muthes:
der alte aber nochimmer tollkühne Joab hatte sich seinen
Besprechungen ebenso ergeben wie der Hohepriester Ebjathar (S. 230), Joab wohl deswegen weil er von Adonija das
Versprechen künftiger Ungestraftheit für seine alten Sünden
erhalten hatte; auch alle Königssöhne außer Salômo folgten
dem Rufe des Ältesten; und mit dem Feldhauptmanne Joab
kamen alle die kriegsgeübten Obersten aus Juda [1]) welche in
der Nähe waren; und schon schien ihnen beim rauschenden
Opfermahle alles aufsbeste zu gelingen. Aber die Gibbôre
diese wichtigen alten Kerntruppen Davîd's blieben mit ihrem
tapfern Anführer Benaja sowie mit der königl. Leibwache
und wahrscheinlich den beiden damals allein noch übrigen
Brüdern Davîd's auf Salômo's Seite [2]): und besser noch als
diese Kriegsleute half ihm die Weisheit und der schnelle
Entschluss des großen Propheten. Auf dessen Antrieb ging
zuerst Bathséba in des kranken Königs Gemach, um seine
Hülfe zur Thronbesteigung ihres Sohnes bittend; nach ihr
wurde der Prophet selbst zum Gehör gelassen, welcher kei-

---

allen Spuren nicht zweifeln dass der Gichon im Norden der Stadt
lag (s. unten), der Rogel im tiefen Süden; denn dieser machte einst
die Grenze des Stammes Benjamîn gegen Juda und lag südlich vom
Gâhinnom, Jos. 15, 7. 18, 16, er entspricht also dem später sogen.
Brunnen Ijob's, oder vielmehr Joab's, der hier ja sogutwie sein Ende
fand. Wie man ihn noch im Mittelalter wirklich nach Joab benannte,
sieht man jezt aus Carmoly's itineraires p. 442. — Dass fließendes
Wasser zu einer solchen heiligen Handlung gehörte, ist sicher ebenso
wie man später die Betplätze (Proseuchen) gern bei solchem anlegte;
s. Jahrbb, der B. w. II. s. 56 f.　　　1) der unbestimmtere Ausdruck »die Männer Juda's Davîd's Diener« v. 9 vgl. v. 33; 47 mit
v. 38 wird v. 25 näher erläutert: s. S. 185 f.　　　2) nämlich die
v. 8 als bedeutende Anhänger Salômo's hervorgehobenen zwei Männer Shim'i und Re'i sollen wahrscheinlich die einzigen damals noch
lebenden Brüder Davîd's seyn: seine 6 Brüder werden 1 Chr. 2, 13
—15 aufgezählt; שמעי soll wohl einerlei seyn mit dem 3ten sonst
שמעה 2 Sam. 13, 3. 32. Chr. oder שַׁמָּה 1 Sam. 16, 9. 17, 13 geschriebenen; und רעי scheint mit dem 5ten in der Chronik רַדַּי
geschriebenen zusammenzufallen.

neswegs den König zur Vernichtung Adonija's aufforderte
sondern nur zu wissen wünschte ob er mit Adonija's Plä-
nen einverstanden sei. So zum nothwendigen Handeln und
Entscheiden in dieser Sache getrieben, fühlte der hinfällige
alte Held nocheinmal seine ganze Kraft wiederkehren: schnell
entschlossen liess er zuvor Salômo's Mutter rufen und meldete ihr bei dém schwörend „der seine Seele aus aller Noth
gerettet" seinen festen Beschluss ihren Sohn zu unterstüzen;
dann lud er die drei starken Stüzen Salômo's den Ssadôq
Nathan und Benaja vor sich und befahl ihnen Salômo'nen
auf dem wohlbekannten königlichen Maulthiere, worauf er
selbst stets in öffentlichen Aufzügen geritten, hinab zu dem
wasserreichen Orte Gichon nördlich an der Stadt zu geleiten
uud ihn dann von Ssadôq und Nathan gesalbt und als König
ausgerufen unter Posaunenschalle zurück in den Palast zu
führen und feierlich auf den Königsstuhl zu sezen, damit jedermann sähe dass Sàlômo mit des Königs Willen herrschen
solle. Wirklich schloss sich sofort die große Menge des
Volkes unter lautem Jubel und Freudentanze [1]) diesem Zuge
an; alle die Obersten der Gibbôre und viele sonstige am
Hofe angestellte mächtige Männer drängten sich um Davîd'en
ihren Dank und Glückwunsch darzubringen; und der alte
König sank knieend auf sein Lager um seinem Gotte für das
Glück zu danken noch seinen erwünschten Nachfolger mit
eignen Augen sehen zu können. Den um Adonija versammelten aber eilte Jonathan der Sohn des mitverschwornen
Oberpriesters Ebjathar diese Nachricht zu bringen: ihn als
einen braven Priestersohn hielt Adonija anfangs für einen
Botschafter froher Vorbedeutung, desto herber aber ward die
schnelle Täuschung dieser Hoffnung; und entsezt flohen sogleich alle Theilnehmer des Unternehmens aus einander. -
Diese lezte öffentliche That des sterbenden Königs halle

---

1) für מְחַלְּלִים בחללים v. 40 ist nach den LXX richtiger
מְחֹלְלִים בְּחִילִים zu lesen, weil das künstliche Flötenspielen worauf jene Lesart führt nicht Sache des ersten Augenblickes noch des
ganzen Volkes seyn konnte, welches doch der Zusammenhang voraussezt.

nocheinmal deutlichst gezeigt, wie sehr das ganze Volk ihm
freiwillig zu folgen sich gewöhnt hatte. Ob er in Salômo
auch den zur Herrschaft eines solchen Reiches fähigsten unter seinen Söhnen erkoren habe, mußte die Folgezeit lehren:
und sogleich sollte Salômo seines eignen Geistes Art zu offenbaren genug Aufforderung haben.

Adonija war, verlassen von seinen erschreckten Anhängern, in großer Furcht zu den Stufen des geheiligten Altares im Hause Jahve's geflohen, und wollte krampfhaft von
ihm nicht loslassen wenn ihm der „König" Salômo nicht
Verschonung des Lebens eidlich zusage. Salômo versprach
großmüthig ihm kein Haar zu krümmen wenn er künftig
eine brave Gesinnung bewähre; widrigenfalls müsse er sterben. So verliess er den geweiheten Zufluchtsort, huldigte
dem jungen Könige und empfing von diesem den Befehl sich
ruhig zu Hause zu halten. Aber nach Davîd's Tode ergriff
den bethörten Mann ein neues Gelüste: wohl wissend wieviel eine Königin Mutter nach den Sitten dér Höfe vermöge
an welchen die Vielweiberei herrscht, flehete er zu Bathséba
mit unterwürfigster Rede um die éine Gunst, sie möge ihm
von ihrem Sohne den Besiz des Davîd'en nach S. 251 in seiner lezten Krankheit beigegebenen aber von ihm nicht berührten Kebsweibes Abishag aus Shunem erbitten, angeblich
damit er doch etwelchen Trost habe nachdem sich die Herrschaft von ihm dem älteren Sohne zu dem gottbegünstigten
Salômo hingewandt. Die Königin Mutter, in ihrer Einfalt
darin nichts arges findend, trug dem Sohne die Bitte vor:
doch dieser, augenblicklich besonnener als jene, erkannte
sogleich welche Ansprüche Adonija und sein Anhang auf den
Besiz dieses lezten Weibes des kaum verstorbenen großen
Königs gründen könnten und gewiss gründen würden, da der
Besiz dieses Weibes ansich dem schon bejahrteren Adonija
ganz gleichgültig seyn konnte; denn ein solcher Besiz erregte nun einmal in jenen Zeiten leicht die Meinung alsob
mit ihm ein Recht der Nachfolge im Hause des Verstorbenen
auf den Besizenden übergegangen sei (vgl. S. 148). Aber
ein königliches Haus und zwar das einzige welches David's

und der meisten Edein insbesondere des Propheten Nathan
Zustimmung empfangen, hatte er selbst eben begründet und
konnte nicht erlauben dass neben dem ein zweites in Israel
sich zu gründen suchte [1]): so schwur er bei dem Gotte der
ihm bisdahin gestärkt und sein Haus gegründet, Adonija müsse,
nachdem er. sein voriges Versprechen so arg gebrochen und
seines Herzens Gelüste aufsneue hinreichend geoffenbart, sofort
sterben; und Benaja führte den Todesbefehl aus. Hierin lag
keine zugroße oder unnöthige Strenge: nach den Verhältnissen jener Lage und jener Zeiten mußte jeder scharfsich-
tige und festgesinnte Herrscher so handeln, da die künstlichen Mittel womit man sich jezt in ähnlichen Fällen hilft,
z. B. ewige Einsperrung, damals noch ganz unbekannt waren.

Ob der unglückliche Adonija durch den besondern Rath
seiner mächtigen Freunde Joab und Ebjathar zu seinem lezten Versuche verführt sei, ist uns nicht überliefert: angedeutet wird aber klar [2]) und einleuchtend ist ansich, dass sie
sich von Salômo entfernt gehalten und nur auf die erste
Gelegenheit gewartet hatten sich offen für Adonija zu erklären. So mußte Salômo auch an ihnen jeden weitern Versuch Unruhen im Reiche zu stiften strafen: und dem Oberpriester Ebjathar befahl er sich auf sein Erbgut zu 'Anathoth
nördlich von Jerusalem zurückzuziehen; „dèn Tod habe er
verdient, doch wolle er ihn fürjezt verschonen, weil er in
jüngern Jahren seinem Vater auch im Unglück als Oberpriester stets treu gedient habe (nach S. 118 ff.). — Über die
weitern Schicksale dieses damals wohl schon über sechzig-

---

1) dies ist der Sinn der Worte 1 Kön. 2, 24: »Beim Leben Jahve's der mich bestätigt und auf David's Stuhl hat sizen lassen, und
der *mir ein Haus bereitet hat* wie er versprochen«: dass damit nicht
das Privathaus (Harem) eines Königs gemeint sei, etwa so wie Ex.
1, 21 nach dem Zusammenhange von Privathäusern die Rede ist,
versteht sich hier vonselbst wie in den ähnlichen Fällen 2 Sam. 7,
11. 1 Sam. 2, 35; vgl. auch Ps. 101, 2.. Jes. 7, 2. 13.

2) in den Worten 1 Kön. 2, 22 und v. 28, wo aber nach den .
LXX und Josephus arch. 8: 1, 4 sowie nach der Sache selbst שלמה
אבשלום zu lesen ist.

jährigen Mannes erfahren wir nichts näheres: bedenkt man indess dass der Erzähler klar genug andeutet nur für diesmal sei er verschont worden; und nimmt man dazu wie derselbe Erzähler in einer andern noch deutlichern und ausführlichern Vorbereitungsstelle den Schleier von der kommenden Trauergeschichte des lezten Unterganges des Hauses 'Eli lüftet [1]), so wird offenbar dass der Stoss welcher damals das solange hochgeehrte Glied des Hauses 'Eli traf, nur der Anfang einer langen Reihe großer Unfälle für ihn und sein Haus war. Fürjezt wurde das Hohepriesterthum welches unter David Ssadôq aus dem einen und Ebjathar aus dem andern Hause jedoch dieser mit etwas höherer Würde verwaltet hatte, allein auf jenen übertragen [2]); und alle spätern Hohepriester bis auf die Makkabäer sind aus dessen Hause. Sei es nun dass Ebjathar seine Verbannung aus der Hauptstadt nicht verschmerzen konnte, oder aus welcher Ursache er sonst mißfälliges gethan haben mag, soviel leuchtet ein dass ihn und sein ganzes Haus später noch viel heftiger der königliche Unwillen traf: nichtnur ér fiel durchs Schwert, sondern blickte man später vom Ende der Herrschaft Salômo's oder der seines Nachfolgers zurück, so schien es als lasse ein alter göttlicher Fluch der auf dem Hause 'Eli laste kein Glied desselben im Alter ruhig sterben, rotte den ganzen Überschuss desselben durchs Schwert aus sodass kaum einige sich erhielten, und auch diese nur um bei dem glücklichern Hause Ssadôq's um Almosen oder sonst um ein dürftiges Priesterauskommen zu betteln. Das war späterhin erst der lezte Ausgang des einst so mächtigen Priesterhauses 'Eli.

---

1) 1 Sam. 2, 31—36 vergl. Bd. I. S. 191. Dort ist v. 33 so zu fassen: »Zwar jeden (אִישׁ nach §. 300*b*) will ich dir nicht von meinem Altare entfernen, um nicht deine Augen zu dunkeln und deine Seele zu trüben: aber aller Überschuss deines Hauses wird durch Menschenschwert (LXX) sterben.« Die Worte spielen also auf den alten Volksglauben an dass der Stammvater noch im Tode sich über den völligen Untergang seiner Nachkommen betrübe, vgl. Bd. l. S. 394.

2) 1 Kön. 2, 35 vgl. 4, 2. 1 Chr. 5, 34—41. Nämlich die Bemerkung in v. 36 1 Chr. 5 gehört eigentlich in v. 35.

Auch Joab'en hätte gewiss damals nur Verbannung aus der Hauptstadt getroffen, wäre bei ihm nicht noch etwas anderes und schwereres hinzugekommen. Man erzählte sich Davîd habe auf seinem lezten Lager seinem schon ernannten Nachfolger empfohlen Joabs greises Haar nicht unversehrt in die Unterwelt fahren zu lassen, weil er an den beiden großen Feldherren Abner und ʿAmasa (S. 150. 248) einst unedle Rache genommen, Kriegsblut mitten im Frieden vergossen, und mit dem Blute der Edeln sich uberundüber befleckt habe, „von seiner Lenden Gürtel bis zu seines Fußes Schuhriemen!" Wenn uns aber nach unserer jezigen Gewohnheit schon der Gedanke eines solchen Auftrages auffallend scheint, so müssen wir uns erinnern dass in jener Urzeit des Königthumes der König zwar ebenso wie zuvor das äußere Heiligthum als Zuflucht galt, sodass jeder seines Lebens sicher war dem er Verschonung gelobt hatte, dass dieses Zufluchtsrecht aber ebenso mit des Königs Tode erlosch wie ehemals mit dém des Hohenpriesters, dass also wenn der König einem Missethäter aus irgend einem Grunde verziehen hatte diese persönliche Nachsicht doch nur bis zum Tode dieses einzelnen Königs reichte und den Nachfolger nicht verpflichten konnte. Die wirkliche unläugbare Schuld wurde als troz der zeitlichen Nachsicht eines Königs bleibend betrachtet, sodass ein neuer König nicht an das vom Vorgänger gegebene Versprechen einer Schonung gehalten, vielmehr eher die noch ungetilgte Schuld endlich zu tilgen und seiñ königliches Haus von der Verpflichtung des Strafens zu befreien verbunden geachtet wurde [1]. Da also dies hinzukam, glaubte Salômo jezt keine weitere Milde gegen Joab eintreten lassen zu dürfen: wirklich floh Joab vonselbst auf das erste Gerücht von Adonija's Unfalle zum Altare; an diesen klammerte er sich als Benaja das Todesurtheil zu vollstrecken kam, und ob er den widerstrebenden hier hinrichten solle darüber holte sich

1) vgl. die *Alterthümer* S. 152. 391. Der wahre Sinn dieser Erzählung ist ganz klar, besonders aus 2, 5 f. 31—33. Unnöthige Grausamkeit kann nur ein oberflächlicher Betrachter hier Salômo'nen vorwerfen.

Benaja erst näheren Befehl ein: aber Salômo entschied auchso
für den Tod; so ward er von Benaja getödtet, jedoch auf
seinem im südöstlichen Juda (in der „Wüste") gelegenen Gute
ehrenvoll beerdigt; und Benaja erhielt statt seiner die Feld-
hauptmannschaft. Für Joab's Nachkommen aber ward dieser
Schlag der Anfang anderer Unfälle, wie in jenen Zeiten vom
Unglücke des Hauptes stets das des ganzen Hauses gefürchtet wurde und wirklich sooft kam; und noch Spätere erzählten sich dass unter diesen Nachkommen nur deshalb soviele
ekle Krankheiten blutige Todesfälle und Mangel am Nothwendigsten herrsche, weil ihr Vater Joab einst doppelt so
schwer gefehlt habe [1]).

In Hinsicht auf David's königliche Nachsicht war im gleichen Falle mit Joab der Benjaminäer Shim'i gewesen (nach
S. 243); und über seine Behandlung erzählte man sich ähnliche lezte Aufträge David's an Salômo. Doch da er beim
Wechsel der Herrschaft ruhig geblieben war, befahl ihm Salômo nur sich ganz still in Jerusalem zu halten: „wenn er
über den Qidronbach seze (d. i. über den Stadtbann hinaus-
gehe), habe er das Leben verwirkt", schwur er ihm feierlich. Dieser Forderung unterwarf sich Shim'i: doch als nach
drei Jahren zwei seiner Sklaven (vielleicht philistäische) zum
Könige von Gath [2]) entflohen waren, ging er ihnen nach und
brachte sie von Gath zurück. Er mochte so ohne Absicht und
Nachdenken sein dem Könige gegebenes Versprechen gebrochen
haben; und gewiss hatte ihn Salômo nicht sehr als einen Verwandten Saûl's und als Nebenbuhler zu fürchten, da sich, wie
schwach des Hauses Saûl's Anhang sei, bei Abshalom's Aufruhre
hinreichend bewährt hatte. Aber sicher fand man damals allgemein in diesem verhängnißvollen Vergessen, welches den
alten Hochverräther gegen David befallen hatte, ein göttliches

---

1) folgt aus 2 Sam. 3, 28 f. vgl. S. 151.          2) dieser König
wird 1 Kön. 2, 39 »Sohn Ma'akha's« genannt: Ma'akha ist jedoch als
ein gewöhnlicherer Name wohl nur mit מָעוֹךְ 1 Sam. 27, 2 verwechselt; und entweder lebte dann jener alte Freund David's damals
noch, welches nicht ganz undenkbar, oder es war ein gleichnamiger
Enkel.

Zeichen dass jene alte Schuld noch frisch an ihm hafte und
er gestraft werden müsse, weil er sonst nicht so gottverlassen
und wahnsinnig gehandelt haben würde. So liess Salômo
auch ihn hinrichten, offenbar nicht aus Rachsucht oder anderer Leidenschaft, sondern diesem Glauben folgend der damals allgemein bestand; als hätte durch göttliche Fügung
auch noch der lezte fallen müssen welcher einst sich gegen
Davîd schwer vergangen. Woraus man zugleich sieht, wie
hoch damals Davîd's Andenken geheiligt war.

Só sicherer Entschließung und so fester That hatten sich
wohl wenige den jungen Fürsten zumvoraus gedacht. Wenn
in jenen Zeiten und Reichen unverzügliche Ausübung her-
kömmlicher Gerechtigkeit und strenge Ahnung jeder Verlezung
königlicher Heiligkeit eine Grundbedingung alles gesegneten
königlichen Wirkens war [1]); und wenn jede neue Herrschaft,
je fester und weiser sie ist, desto schärfer in diesem Bestreben verfahren oderauch manches in dieser Beziehung früher
versäumte zur rechten Stunde nachholen muss: so läßt sich
leicht ermessen welchen tiefen Eindruck jene ersten Thaten
des jungen Königs im ganzen Volke machen mußten [2]). Davîd's Stuhl mußte nicht umgestürzt sondern nur verjüngt und
neugekräftigt fortzubestehen scheinen. Und wie der neue
Fürst im Richten und Strafen ganz nach dem Sinne des großen
Vaters fortzuherrschen anfing, dabei das schöne Vorrecht ge-
nießend die schon vom Vater fest gegründete Ehrfurcht der
Unterthanen vor der königlichen Heiligkeit zu erben und doch
an die in der vorigen Herrschaft eingerissenen Unvollkom-
menheiten nicht gebunden zu seyn: ebenso heilig hielt er
sich verpflichtet die Gnadenerweise und Wohlthaten seines
Vaters gegen solche fortzusezen welche diesem einst ausgezeichnete Dienste erwiesen hatten. So hielt er den Kimham
und die andern Nachkommen des Gileadäers Barzillai (S. 245)

---

1) hier dienen zur Erläuterung der Zeit besonders auch so klare
Sprüche aus ihr wie die Spr. 20, 8. 26; 16, 14. 17, 11. 19, 11. 20, 2.

2) daher auch unwillkührlich aber sehr richtig in die Darstellung
jener Ereignisse der Begriff der königlichen Weisheit Salômo's sich
eindrängt, 1 Kön. 2, 5. 9.

fortwährend an seinem Hofe frei und erwies ihnen andere
bedeutende Wohlthaten, sodass sie späterhin lange Zeit ein
berühmtes, auch selbst wieder um die Wohlfahrt des Landes
vielverdientes Geschlecht wurden [1]).

— Soviel erfahren wir über die Anfänge dieser Herr-
schaft aus den glücklich erhaltenen Worten des ersten Er-
zählers: und wir ersehen daraus sicher, wie Salômo sein
Reich voninnen befestigte und welchen Grundsäzen er in
Beziehung auf das Volk Israel selbst folgte. Dass der neue
König sodann durch eine feierliche Handlung auch von allen
Stämmen Israels anerkannt wurde und dass er dabei die
Reichsgeseze ebenso wie sein Vater aufrechtzuerhalten schwur,
ist ansich durchaus wahrscheinlich, obgleich uns jezt eine
bestimmte Nachricht darüber fehlt.

Wie die vielen von Davîd unterworfenen fremden Völker sich gegen den jungen König stellten und wie er gegen
sie, darüber geben die jezigen Geschichtsberichte kaum einige wenige kurze Andeutungen. Dass soviele starke kriegerische Völker, nachdem sie kaum einige Jahrzehente unterworfen waren, dem neuen Könige sogleich ohne alles
Widerstreben gehuldigt haben sollten, ist schon ansich nach
allen Umständen gänzlich unwahrscheinlich; nicht bloss der
nach Ägypten entflohene Königssohn von Edóm wird gedacht
haben dass nun, nachdem der gefürchtete Davîd der unwiderstehliche Joab und soviele andere jener ersten gewaltigen Eroberer gefallen, der rechte Augenblick zum Abwer-
fen des Joches Israels gekommen seyn müsse [2]). Was wir

---

1) dies wird 1 Kön. 2, 7 freilich nur kurz angedeutet, aber der
Erzähler muss das hier vorbereitete an einer spätern uns verlornen
Stelle weiter auszuführen gewillt gewesen seyn. Da der Jer. 41, 17
genannte Kimham bei der Seltenheit dieses Namens derselben zu
seyn scheint, so sieht man daraus dass er sich durch die Anlage
von Karawanserai's um das Land verdient gemacht hatte: und solche
große Unternehmungen für Beförderung des Handels sind gerade als
in Salômo's Zeit entstanden am leichtesten zu denken. Auch aus
Ezra 2, 61 erhellet wie angesehen noch lange Zeiten hindurch dies
Geschlecht blieb.        2) 1 Kön. 11, 21 f.

jezt von den einzelnen Völkern in dieser Hinsicht näher erkennen können, ist folgendes.

Als Edóm nach S. 200 f. von Davîd's Kriegern infolge
eines äußerst blutigen Kampfes unterworfen wurde, war eins
der jüngsten Glieder des Herrscherhauses jenes Landes, Hadád, wahrscheinlich der erstgeborne Enkel des lezten Königs,
glücklich aus dem Lande entkommen. Einige der ergebensten Diener seines Vaters hatten ihn zuerst südöstlich nach
der freien Handelsstadt Midjan am Meerbusen von Aelâth (II.
S. 436) gebracht, waren dann mit ihm über das Meer auf die
Halbinsel des Sinai sezend auf Wüstenwegen nach Phârân
(II. S. 244. 251) gekommen, und waren hier so glücklich gewesen einige sichere Wegführer zu finden die sie nach
Ägypten geleiteten. Da Ägypten damals noch in keinem
Bündnisse mit Israel stand, so hatte der ägyptische König
den jungen Flüchtling wohl aufgenommen, ihm ein eigenes
Haus ein Leibgedinge und liegende Güter gegeben, ja späterhin ihm die Schwester seiner eigenen ersten Gemahlin
Tachphanês vermählt: offenbar zugleich in der Absicht sich
seiner vielleicht bei künftigen Fällen gegen das mächtig aufstrebende Königthum in Israel bedienen zu können, womit
eine andere S. 182 erläuterte geschichtliche Erinnerung sehr
wohl zusammenstimmt. Diese hohe Gemahlin gebar ihm dann
auch einen Sohn Genûbat welcher ganz wie ein Königssohn
am ägyptischen Hofe auferzogen wurde, und der später in
Asien eine nicht unwichtige Rolle gespielt haben muss weil
er sonst garnicht erwähnt wäre. Als nun Hadád von dem
Königswechsel in Israel und dem Tode Joab's hörte, forderte
er von Pharao seine Entlassung, um in sein Vaterland zurückzugehen; da hatte sich aber am ägyptischen Hofe die
Stimmung gegen die Könige Israels schon so wesentlich geändert, dass man dort (wie sogleich erörtert werden wird)
mehr die Freundschaft dieser Könige suchte: so gab man
zwar dem Idumäischen Fürsten eine ausweichende Antwort,
doch dieser liess sich als ein ächter unbändiger Idumäer
dadurch nicht zurückhalten, entfloh heimlich in die Gebirge
seiner Väter, wurde hier von vielen seiner Landsleute als

König anerkannt, und bereitete Salômo'nen, obwohl nie vollkommen siegreich, doch manche Verlegenheiten in dém Lande
welches bei seinen vielen Bergkuppen und Höhlen stets schwer
völlig zu unterjochen war und dessen Einwohner sich damals von den blutigen Niederlagen gegen Joab wieder mehr
erholt haben konnten [1]).

Dieser Aufruhr im tiefen Süden fing demnach sicher bald
nach dem Antritte Salômo's an. Um dieselbe Zeit muss es
sich im äußersten Nordosten stärker geregt haben. Dort
hatte sich schon unter Davîd ein Aramäer namens Rezón [2])
als Häuptling aufgethan, sich von dem durch Davîd bedrängten und besiegten Könige Ssôba's losgerissen und mit einem
Haufen von Kriegsleuten, wie sie nach der Auflösung des
Reiches von Ssôba überall zerstreut waren, als Freibeuter in
den Wüsten sich umhergetrieben. Doch als Salômo die Herrschaft antrat, zog er sich mit seinen schwellenden Heereshaufen nach Damasq selbst, besezte es und liess sich darin
zum Könige ausrufen. Allerdings kann er sich mit seinen
Haufen nicht sehr lange so ungestört behauptet haben, weil

---

1) 1 Kön. 11, 14—22 vgl. v. 25 und was Bd. I. S. 100 f. bemerkt
ist. Jene Stelle ist mit v. 22 sichtbar unvollendet und die LXX haben einige Säze mehr die ganz hieher passen würden, obgleich die
lezten jezt vielmehr in den 25sten Vers des masorethischen Textes
gekommen sind; und wirklich bezieht man auch diese besser auf
Hadád und liest םלא fur םרֲאַ: »was aber das Übel betrifft welches
Hadád anrichtete (LB. S. 555. 570), so befeindete er Israel und
herrschte über Edóm«; dann fehlt im masorethischen Texte hinter
v. 22 bloss dass er heimlich entfloh. Die LXX sprechen 'Aδέρ für
Hadád, da die Abschreiber aus diesem Namen lieber jenes àchthe-
bräische Wort machten: dieselbe Verwechselung findet sich Gen. 36,
39 in den Hdsch.; vgl. auch oben S. 194 nt. Die Königin nennen
die LXX Θεκεμίνα. Wenn aber Fl. Josephus arch. 8: 7, 6 die Ereignisse 1 Kön. 11, 14—25 in die lezten Zeiten Salômo's verlegt, so
thut er das nur weil sie jezt hinter 11, 11—13 erzählt sind: allein
diese Ordnung ist eben nur vom lezten Verfasser.

2) ein àcht aramäischer Name, dem des spätern Damaskischen
Königs Reßîn entsprechend, Jes. 7, 1 ff. Die LXX sprechen 'Εορώμ
aus, wenigstens im Cod. Vat. bei v. 14; Cod. Alex. hat aber 'Ραρώμ:
s. darüber weiter unten.

wir Salômo in der Mitte seiner Herrschaft nochviele weite Länder nördlich und östlich von Damasq besizen sehen (vgl. unten): aber dass er ihm lange Zeit viele Verlegenheiten bereitete, wird ausdrücklich versichert [1]).

Endlich sehen wir noch klar, dass sich auch im Westen bald nach Salômo's Antritte bedenkliche Unruhen erhoben. Das kleine Reich Gazér (oder Geshûr) zwischen den Wohnorten Israels und denen der Philistäer, welches zwar schon lange von seinen mächtigeren Nachbaren abhängig geworden aberdoch noch immer eine gewisse Selbständigkeit bewahrt hatte, war in vollem Aufstande gegen Israel, wahrscheinlich von den Philistäern unterstüzt welche auch damals neben andern Feinden Israels nicht werden ruhig geblieben seyn [2]). Die Phöniken zwar, längst nur dem Meere und dem ruhigen Handel meerwärts zugewandt und von ihren alten Brüdern völlig getrennt, blieben ruhig: aber die übrigen Reste der Kanáanäer, an ihrer Spize das kleine Reich Gazér welches im Süden sich von ihrer alten Macht kümmerlich erhalten hatte und Hamâth im Norden, scheinen sämmtlich um jene Zeit noch einmal eine lezte Anstrengung sich gegen Israel zu behaupten versucht zu haben; woraus sich auch erklärt wie ihnen gerade unter Salômo die lezten Reste alter Selbständigkeit genommen werden und wie sie erst seitdem völlig zur Rechtlosigkeit hinabsinken konnten.

Nach diesen Spuren können wir nicht zweifeln dass die von Davîd unterworfenen Völker gegen den unbewährten neuen König sämmtlich theils sich empörten theils mit Empörung drohten, sobald sie den Tod Davîd's und Joab's erfuhren. Wir brauchen diese geschichtliche Wahrheit nicht bloss aus dem 2ten Psalm zu erschließen, obgleich dieser

---

1) 1 Kön. 11, 23—25 vgl. jedoch mit dem was eben zuvor über v. 25 angemerkt ist. Dann sind die Worte wenigstens ansich verständlich, obgleich wir ihre große Kurze beklagen müssen. Dass Rezón's Empörung gegen Salômo nicht erst in der zweiten Hälfte von dessen Herrschaft anfing, erhellt schon daraus dass er wenigstens 20 bis 30 Jahre älter war als Salômo.    2) 1 Kon. 9, 16 ff. vgl. mit II. S. 427 ff. und was unten weiter bemerkt wird.

Psalm, weil wir ihn von keinem andern Könige als von Salômo ableiten können, schon ansich ein hinreichend klares
Zeugniss darüber ablegen würde: sie steht auch sonst fest.

Damit war denn eine zweite schwere Prüfung dem jungen Könige sogleich an die Schwelle dés erhabenen Stuhles
geworfen den er dauernd besteigen sollte. Aber verjüngte
sich in ihm nur der hohe Sinn worin sich Davîd als wahren
König in der Gemeinde Jahve's gefühlt hatte, so mußte er
in diesem Sinne auch die sicherste innere Hülfe und Kraft
finden. Das Gefühl worin Davîd der starke Besieger sovieler Völker geworden, war nicht dás eines gemeinen Kriegers und Eroberers, der nur für sich und sein Haus oder
höchstens für sein Volk Macht und Ehre sucht: noch regte
sich in ihm mächtig das ächte mosaische Gefühl dass Israel
seinen Zweck nicht in sich selbst habe sondern in allem dem
über ihm stehenden Wahren dienen müsse; und indem er
festhielt dass dieses wieder vor allen andern Einzelnen bei
dem Könige Israels gelten müsse, hatte er darin ein königliches Bewußtseyn gefunden unendlich reiner und stärker als
dás gemeiner Könige: denn dann ist der menschliche König
nur das stärkste Werkzeug eines nothwendigen göttlichen
Zweckes, und er kann in diesem wunderbar erhebenden
Vertrauen stets denken und handeln. In diesem wahrhaft
königlichen Sinne nun großgewachsen, eben erst durch die
feierliche Salbung und den Zuspruch eines so großen Propheten wie Nathan begeistert, und von der hohen Stellung
selbst die damals ein König Israels unter den Völkern der
Erde einnahm im Geiste gehoben, konnte Salômo dem drohenden Sturme der Empörung vieler unterworfener Völker
mit dém göttlichen Muthe und dér von prophetischer Zuversicht getragenen Zurechtweisung begegnen welche der 2te
Psalm ausspricht [1]). Ein sprechenderes Denkmal der Höhe
jener Zeit und der wunderbaren Geistesfestigkeit des neuen
Herrschers ist nicht möglich; und wohl fühlt man dass wenn

---

1) vgl. weiter darüber die *Dichter des A. Bs* Bd. 2 (2te Ausg.)
S. 61—66. Wie dieser Psalm in weit spätern Zeiten habe messia-
nisch verstanden werden können, wird unten erwähnt werden.

der junge König mit solcher rein göttlichen Zuversicht dem
Übel in's Antliz schauete, damit den drohenden Feinden schon
eine Hauptwaffe entrissen war.

Doch auch vonaußen liess sich alles bald viel besser an
als man befürchten konnte. Denn das einzige Reich welches
nach der damaligen Weltlage dem mächtig aufstrebenden
Königthume in Israel im Bunde mit den unzufriedenen Völkern hätte gefährlich werden können, Ägypten, neigte sich
vielmehr zur Freundschaft mit dem Königshause Israels. In
Ägypten herrschte damals die 21ste Dynastie, welche im
nördlichsten Lande zu Tanis ihren Siz hatte und vonda die
Völkerverhältnisse der Länder bis zum Eufrat sorgfältig be-
rücksichtigen mußte. Seit den Tagen Mose's konnte sich die
Stimmung Ägyptens gegen Israel durch die Länge der Zeit
und den Wechsel der Herrscherhäuser stark verändert haben:
während Israel in seiner zulezt errungenen Stellung als Herrscher über viele Völker auch zu den entferntern Völkern in
neue Beziehungen treten mußte. Welche nähere Gründe den
damaligen ägyptischen König Israels Freundschaft zu suchen
bewogen, wissen wir freilich jezt nicht: indess fällt Salômo's
Stuhlbesteigung in die 35jährige Herrschaft des lezten Königs
vom Tanitischen Hause, den Manethon Psusennes nennt [1]:
und leicht mag man sich denken dass jenes Haus schon während der ganzen Herrschaft dieses seines lezten Königs so
schwach geworden, dass es gern die Freundschaft mächtiger
Fremden suchte. Kein Volk aber in Vorderasien konnte damals von Ägypten mehr berücksichtigt werden als Israel,
welches um jene Zeit zu einer wahren Weltherrschaft emporstrebte: und es ist durchaus wahrscheinlich obgleich wir
jezt kein Zeugniss darüber lesen, dass es schon unter David
nach dessen großen Siegen über die umliegenden Völcker
eine engere Verbindung mit Israel anzuknüpfen suchte, von
dessen Herrschaft es sich, nachdem die Philistäer ihre Macht
verloren hatten, unmittelbar begrenzt sah. Denn sogleich

---

1) vgl. *Bunsen's* Ägypten Bd. 3. S. 120 f. mit den Urkunden am
Ende. Leider ist 1 Kon. 11 zwar der Name einer damaligen ägyptischen Königin, nicht aber der des Königs erwähnt.

nach Davîd's Tode verweigert der ägyptische König nach
S. 275 dem Idumäischen Fürsten an seinem Hofe jede Mitwirkung gegen Israel, und will ihn nichteinmal frei ziehen
lassen: welches unmöglich war, hätte er nicht schon für das
Königshaus in Israel sich fest entschieden gehabt. Ja wir
sehen ihn sogleich in voller Thätigkeit Salômo'nen zuhülfe
kommen: er vermählt ihm seine Tochter, und hilft ihm die
Empörer im Südwesten zu bändigen; die feste Stadt Gazér,
wird bestimmt erzählt, liess er mit einem offenbar über das
Meer kommenden und bei Joppe landenden ägyptischen
Heere erobern und in Feuer aufgehen sowie ihre kanáanäischen Einwohner nach dem strengen Kriegsrechte behandeln,
und gab dann das Gebiet dieser Stadt seiner Tochter als Hei-
rathsgut mit [1]). Diese ägyptische Königstochter aber mußte,
bevor Salômo ihr ein würdigeres Haus bauen konnte, in die
alten Gemächer des Palastes der Davîdsstadt auf dem Berge
Ssion einziehen [2]): woraus sowie aus allen übrigen Zeichen
deutlich genug folgt, dass diese neue Erscheinung einer Verschwägerung mit Ägypten in den Anfang der Herrschaft
Salômo's fällt.

Gegen die nördlichen Empörer aber zog Salômo selbst
aus und eroberte Hamâth [3]), jenes ursprünglich Kanáanäische
Reich welches nach S. 199 unter Davîd sich von seinen Aramäischen Feinden zu befreien suchte und durch kluges Verhalten noch eine Art Selbständigkeit zu behaupten wußte,
nun aber in die Empörung der südlichen Kanáanäer und
Rezón's gegen Israel (S. 276) mitfortgerissen zu seyn scheint
und dem Reiche Israel einverleibt wurde. Die Unruhen der
Völker wurden überall gestillt; und obwohl das Feuer der
Empörung unter der Asche fortglimmte um zu gelegenerer

---

1) 1 Kön. 9, 16 f. vgl. oben S. 277: eine abgerissene aber sehr
wichtige Nachricht.        2) 1 Kön. 3, 1. 9, 24. Eine dem Sinne
des Alterthumes fremde Absicht sucht der Chroniker II. 8, 11 in der
spätern Übersiedelung der ägyptischen Furstin in einen andern Palast.
3) 2 Chr. 8, 3 f., eine Nachricht welche sich nur hier erhalten
hat aber durchaus geschichtlich treu seyn muss; sie bestätigt sich
auch durch 2 Kön. 14, 28.

Zeit wieder auszuschlagen, so kehrte doch imallgemeinen das
ganze Davîdische Reich, an einigen Orten noch erweitert,
unter den Gehorsam des großen Sohnes Davîd's zurück. Vom
Eufrât bis zur ägyptischen Grenze, von der Stadt Thapsakus
am nördlichern Eufrat wo starke Handelszüge über den Strom
sezten bis zu der nicht minder durch Handel blühenden Stadt
Gaza bei Ägypten, gehörte alles Land zu Israel [1]). Und gewiss wirkte zu diesem raschen Erfolge außer der Geistesfestigkeit die man an dem neuen Könige bald bemerkte noch
der Schrecken vor dem Namen des kaum verblichenen Helden mit, ·den man in seinem Sohne wieder lebendig geworden glauben konnte.

So war der junge König imkurzen voninnen wie vonaußen aller Schwierigkeiten seiner Lage Meister geworden:
und die Frage entstand in welcher Richtung er nun die ge-
sicherte Herrschaft fortsezen wollte. Denn eine neue Richtung mußte allerdings nun eingeschlagen werden, weil das
nächste Bedürfniss welches die Stiftung eines Königthumes in
Israel hervorgerufen hatte durch Davîd befriedigt war. Davîd nahm dás Werk auf welches Saûl's Königshaus vor seiner Vollendung hatte fallen lassen: die Errettung Israels vor
der Übermacht der Fremden und seine Bildung zur Einheit
und zum Muthe dem wahren volksthümlichen Ziele zu folgen. Aber Davîd vollendete auch diese nächste Aufgabe
alles Königthumes in Israel, wie sich eben jezt an der verhältnißmäßig großen Leichtigkeit bewährt womit Salômo das
Erbe seines Vaters ·troz einiger Gefahren sogleich behauptet.
Darum mußte vonjeztan das Königthum in Israel eine neue
Richtung einschlagen, weil es nach Erreichung seiner ersten
schwer zu lösenden Aufgabe wesentlich schon auf einer höhern Stufe stand und zu einer neuen Bahn alles vorbereitet fand.

Drängte aber alles damals auf eine neue Bahn hin, so
war eben in Salômo der rechte König aufgekommen um diese

---

1) so drückt sich freilich nur der lezte Verfasser des Königsbuches
aus, 1 Kön. 5, 1. 4: die Sache selbst aber ist imallgemeinen verstanden richtig; vgl. auch Stellen wie 8, 65. Gen. 15, 18—21. Ps. 72, 8.

neue Bahn so geschickt und so glücklich als möglich einzu-
schlagen. Aufgewachsen im vollen Sonnenglanze der spätern
Tage Davîd's und dadurch von der ersten Jugend an gewöhnt
an die wahre Höhe und Einzigkeit eines ächt königlichen
Lebens und Wirkens; von Geburt durch hohe Gaben des
Geistes ausgezeichnet, scharfsichtig sowohl als dichterisch,
schneller Fassung und doch voll künstlerischer Sinnigkeit, für
königliche Pracht und alle Friedenskünste empfänglich und
·doch zugleich die Wohlfahrt und Macht des Reiches auf alle
Weise zu mehren bestrebt; voll von Furcht vor dem Heiligen in Israel, obwohl allerdings ohne die tiefern Lebenser-
fahrungen seines Vaters großgeworden: so war er fast in
jeder Hinsicht das rechte Werkzeug das Königthum in eine
neue Bahn zu leiten und dás zu ergänzen was es unter Davîd noch nicht versucht hatte.

Es stand ihm frei die kriegerische Laufbahn weiter zu
verfolgen und die Weltherrschaft zu vollenden zu welcher
Davîd einen ersten festen Grund gelegt hatte. Dies wäre
etwas neues gewesen, weil Davîd eigentlich nur Vertheidi-
gungskriege geführt hatte; und Vorwände zu Angriffskriegen
würden damals in Israel wohl leichter zu finden gewesen
seyn als sie der schlechte Christ Louis XIV auffand. Aber
schon die Bescheidenheit und Mäßigung der ächten Jahve-
Religion, wie diese damals von großen Propheten vertreten
wurde, hätte einem solchen Beginnen sich widersezt (vgl.
S. 204 ff.).

So blieb die weise Benuzung des durch große Siege
errungenen dauerhaften Friedens die bessere Aufgabe der
neuen Herrschaft: und wie allen Zeichen zufolge schon Davîd allein dazu die ruhigeren lezten Jahre seiner Herrschaft
angewandt hatte, so neigte sich Salômo mit voller Entschiedenheit dahin [1]). Hier war noch unendlich vieles nachzuholen was bisdahin in Israel nie versucht oderdoch ganz unvollendet gelassen war; und indem der junge König nach

---

1) dadurch hat aber keineswegs dieser König erst seinen Namen
Salòmo d. i. Friederich empfangen, da die Anspielung 1 Chr. 22, 9
bloss von der freíen Darstellung des Chronikers abhängt; vgl. S. 215.

der ersten Befestigung seiner Herrschaft in dieser Richtung alle seine Thätigkeit und Macht entfaltete, ja durch seine schöpferische Lust und Kraft sowie sein eigenes hohes Beispiel in allen Künsten des Friedens seinem Volke selbst voranging, entfaltete sich damit eine Blüthe sowohl des Königthumes als des ganzen Volkszustandes in Israel, welche weder jemals früher möglich gewesen war nochauch späterhin je wiederkehren konnte.

Allein mitten in dieser sich sosehr verändernden Richtung lag eine neue Gefahr verborgen. Der fortgesezte Krieg, im Streben nach Weltherrschaft zur Lebensbeschäftigung des Volkes geworden, hätte die gährenden Stoffe der Volksmacht stets mehr nachaußen getrieben: der Frieden, zum Grundsaze des mächtigen Reiches erhoben, konnte alle die verschiedensten Bestrebungen desselben reiner ausbilden, sie aberauch eben dadurch schärfer gegen einander drängen, sodass auch die Widersprüche welche noch unversöhnt in diesem Ganzen lagen offener hervortraten ja in einen früher unbekannten Kampf mit einander gerathen konnten. Ein langer glücklicher Frieden nach großen Volkssiegen, eine Zeit wie die römische unter Augustus oder unter den Antoninen, die deutsche seit 1763 und wieder seit 1815, wird so stets zur wahren Versuchung ob ein solches Volk sich auf seiner einmal errungenen Höhe behaupten könne oder nicht: 'und dass damals Israel dies nicht vermochte, zeigte sich an gewissen Merkmalen schon deutlich gegen das Ende der Herrschaft Salômo's. Doch wir betrachten zuvor die eine Seite welche in dieser langen Friedenszeit am ersten und am leuchtendsten hervortrat,

## 2. die Ordnung und Größe der Herrschaft Salômo's.

Als die Zeit der ungestörtesten und kräftigsten Blüthe aller Friedenskünste steht die 40jährige Herrschaft Salômo's einzig da in der langen Geschichte dés Volkes welches als dem Streben aller übrigen Völker der alten Welt entgegengekehrt sonst vielmehr fast ununterbrochen mit ihnen zu kämpfen hatte, und dazu als in sich selbst eine der höchsten

Aufgaben des menschlichen Geistes zu lösen angewiesen meist
auch an heftigen innern Streitigkeiten soviel litt. Die Zeit
der höchsten Macht Israels nachaußen führt nun aber als Frucht
des Wirkens Davîd's auch einmal auf eine längere Frist das
Schweigen fast aller innern Kämpfe und die Möglichkeit rascher
Entwickelung aller Friedenskünste herbei, als wollte uns diese
Geschichte an der ruhigen Höhe ihres sonnigen Mittags auch
die Lehre geben, unter welchen Bedingungen die Friedenskünste sich glücklich entfalten können, und wie sie in Israel
schon früh sich zu einer hohen Stufe erhoben.

Es ist wirklich überraschend zu sehen wie schnell sich
die friedlichen Künste in Israel zu einer Zeit ausbilden wo
in Europa alles noch so weit von ihrer Möglichkeit entfernt
war. Die erste Bedingung eines kräftigen und dauerhaften
Aufblühens der Künste ist freilich überall, wie man nicht genug festhalten kann, eine nachaußen festgegründete Volksmacht, welche erlaubt dass die Thätigkeit der Geister sich
ebenso ungestört wie ungebeugt an solchen Bestrebungen übe
welche über die wirklich oder scheinbar nächsten Lebensbedürfnisse hinausgehen, und dárin einen Stolz und Wetteifer
suche worin der rohe Krieger nur unnöthiges und unehren-
haftes findet. Diese erste Bedingung war damals in Israel
gegeben. Aber damit sie nicht fruchtlos gegeben war, mußte
noch manches hinzukommen: das Walten einer Religion welche den Menschen in jedem Augenblicke an die über ihm
stehende göttliche Forderung erinnert und ihn dadurch mehr
zur innern Sammlung als zur wilden Unruhe treibt; ferner
die Keime von Liebe zum ruhigen Anbaue des fruchtbaren
Landes sowie zur Bildung und Kunstfertigkeit überhaupt,
welche in Israel damals längst gelegt waren und welche soeben durch das Wirken so schöpferischer Geister als Samûel
und Davîd kräftigst gefördert waren [1]); die Nachbarschaft
solcher schon früher in den Friedenskünsten höher gebildeten Völker wie die Ägypter und noch mehr die Phöniken
welche die Bildung und Künste aller Art in Israel zu för-

---

[1]) vgl. II. S. 460 ff. 553 und oben S. 172.

dern durch ihren eigenen Vortheil bewogen wurden und die seit den lezten Jahrhunderten sich bereits immer enger an Israel angeschlossen hatten (denn von einer gleich großen Einwirkung der ägyptischen Bildung auf Israel zeigt sich jezt troz der Verschwägerung Salômo's mit Pharao noch keine starke Spur [1]); endlich das Glück welches dem Volke dádurch zufiel dass auf Davîd ein nicht minder großer und dazu ganz in die wahren Bedürfnisse und in die bessern Strebungen jener Zeit weise eingehender ja durch die Herrlichkeit seines eigenen Geistes sie fördernder König folgte.

Wenn aber ein Volk einmal zu so gelegener Zeit im schönen Bunde mit seinem Könige sich den Künsten des Friedens ergibt, so regen sich nach allen Richtungen hin die längst gegebenen Anfänge von Kunstthätigkeit; während es nur schädlich wirken kann wenn in solchen seltenen Zeiten, wo alle alte Mängel eines Volkslebens sich abstreifen wollen, ein unweiser Zwang und Druck wohl einige Künste fördern andre aber nicht weniger nothwendige zurückhalten will und dadurch amende nur das ganze sich fröhlich entwickelnde höhere Leben zerstört. Unter Salômo, der den Spätern vonjeher als Muster eines weisen Königs galt (s. schon S. 273), sehen wir die höhere Kunst des Lebens frei nach allen ihren möglichen Seiten sich entfalten: sie geht nicht einseitig bloss vom Könige aus, obgleich der seinem Geiste nach wohl der kunstsinnigste ist, auch das ganze Volk nimmt an ihr Theil soweit jene Zeiten es verstatteten; und sie zeigt sich nichtbloss in prachtvollen Bauten, sie sucht auch den Wohlstand des ganzen Volkes zu erweitern, und wird in dén Gebieten wo sie am freiesten seyn muss weil

---

1) was Eupolemos (bei Eus. praep. ev. 9, 30) oder Al. Polyhistor (bei Clem. Al. str. 1, 21) über die Beihülfe eines ägyptischen Königs *Vaphrés* zum Tempelbaue sogar unter Anfuhrung der von beiden Königen gewechselten Briefe sagt, ist offenbare Nachbildung von 1 Kön. 5, 16 ff., die aus einem Apokryphon geflossen seyn mag. Einige Ähnlichkeit der Umrisse der Großbauten Salômo's mit Ägyptischen Tempeln und Palästen hat nicht viel zu bedeuten, da sie auch sonst in jenem höheren Alterthume wiederkehrt.

sie da am meisten fein und geistig wird, nicht unverständig
zurückgehalten. Sehen wir dies, wie es aus den geschichtlichen Erinnerungen sich ergibt, näher imeinzelnen.

### 1. *Die heiligen und die königlichen Bauten.*

1. Wenn wir bei den Ägyptern und andern alten Völkern, wie sie die Götter verehrten und sonst lebten, fast nur
an ihren allen Verwüstungen der Zeit trozenden Bauten erkennen können, so haben freilich die in der Salômonischen
Zeit aufgeführten Bauten keine gleich hohe Bedeutung für
die Geschichte Israels, jenes Volkes welches durch ganz andre
Denkmale sich in der Menschheit verewigen sollte. Dennoch
geben sie nicht nur ein sprechendes Zeugniss von der hohen
Macht zu der sich damals Israel erhoben hatte, sondern haben auch auf den Verlauf dieser Geschichte sóviel Einfluss
dass wir sie hier näher betrachten müssen.

Ein dem neuen Glanze des Reiches entsprechendes Haus
Jahve's als des erhabenen Gottes und eigentlichen Herrn dieses Reiches zu Jerusalem zu bauen, hatte schon Davîd in
seiner lezten Lebenszeit sich fest entschlossen (S. 165—8).
Und wie David zu allen seinen Prachtbauten Tyrische Künstler gebraucht hatte, so wandte sich Salômo bald nach dem
Antritte seiner Herrschaft an den Tyrischen König Hîrâm [1]),
um durch ihn geschickte Sidonische Künstler mannichfacher
Art zur Leitung aller nöthigen Arbeiten zu erhalten [2]). Die-

---

1) dieser Eigenname wurde wohl ursprünglich Hîrôm oder Hû-
rôm gesprochen, wie auch die Schrift noch zeigt 1 Kön. 5, 24. 32.
7, 40; und dass in der ersten Sylbe nach §. 163 c ursprünglich ein
û war, zeigen noch die Schreibarten Χιράμ und Χειράμ der LXX,
Εἱράμος bei Fl. Josephus neben Hûrâm in der Chronik, woraus
Σουρών in Eus. pr. ev. 9, 30 ff. und nochmehr der Name *Hyperon*
in Clem. Al. strom. 1, 21 verdorben ist.     2) die zwischen
beiden Königen gewechselten Briefe werden 1 Kön. 5, 16—23 ganz
in der Sprache des ersten Erzählers gegeben, wie die Geschichtschreiber überall leicht die gehörige Form ergänzen. Fl. Josephus
arch. 8: 2, 8 versichert sehr ernstlich dass diese Briefe zu seiner
Zeit sich noch ganz gleichlautend in den öffentlichen Tyrischen Bü-
chersammlungen fanden: leider aber wissen wir von seinen Bewei-

ser Tyrische König stand damals, wie wenigstens Fl. Josephus angibt [1]), im· elften Jahre seiner Herrschaft: er war also schon mit Davîd befreundet gewesen, und ging jezt gern auf den Wunsch Salômo's ein. Sidonische Künstler mischten sich mit denen aus Israel, da Israel während des lezten kriegerischen Jahrhunderts in den höhern Kunstfertigkeiten weit hinter den Tyriern zurückgeblieben war; zu ihnen aber kamen noch als besonders ausgezeichnet, gleichsam als wissenschaftliche Bauherren, Phöniken aus der ihrer Wissenschaften wegen berühmten Stadt Gebál oder Byblos [2]). Jener Tyrische König fuhrte auch selbst in seiner Vaterstadt mehere berühmt gewordene Bauten aus [3]): und fast scheinen beide Könige wie in Weisheitssprüchen (worüber unten) so in glänzenden Bauten mit. einander gewetteifert zu haben. Dadurch ward dann unstreitig vieles von der eigenthümlich Tyrischen Bauart nach Jerusalem verpflanzt; wie auch die wenigen uns noch bekannten Spuren Phönikischer Baukunst beweisen. Für die Erzarbeiten gelang es einen halb aus Israel stammenden Künstler zu gewinnen, zwar von seinem Phönikischen Vater ächt Phönikisch Hîrâm genannt wie jener Tyrische König, aber seine Mutter war eine Witwe aus dem Stamme Naftali an der Sidonischen Grenze gewesen; so folgte er desto leichter dem Rufe Salômo's [4]).

---

sen dafür nichts näheres; vielmehr sind die Briefe wie er sie gibt nur freier nach dem Hebräischen bearbeitet.   1) arch. 8: 3, 1. Nach 2 Sam. 5, 11 könnte er schon zur Zeit als Davîd sein Haus in Jerusalem bauete (welches doch gewiss bald nach der Eroberung geschah), geherrscht und Davîd'en zu jenem Baue geholfen zu haben scheinen, wie auch inderthat 2 Chr. 2, 2 angenommen wird und wie Jos. arch. 7 ∻ 3, 2 zwei Hirâme nicht bestimmt unterscheidet. Allein wenn jene Nachricht vom ̄ 1ten Jahre der 34jährigen Herrschaft des meist unter Salômo lebenden Hirâm (Jos. arch. 8: 5, 3. gegen Apion 1, 18 nach Menandros und Dios) richtig ist, so muss jener Hiram sein Großvater gewesen sein; den Vater Hirâms nennt Josephus nach den ältesten Quellen Abibal.   2) die *Giblder* müssen offenbar so wie sie 1 Köu. 5, 32 erwähnt werden einen solchen Sinn haben, womit auch Hez. 27, 9 übereinstimmt. 3) nach den genauen phönikischen Nachrichten des Menandros und Dios bei Jos. arch. 8: 5, 3. g. Ap. 1, 18.   4) 1 Kön. 7, 13 ff.

Dass jedoch die Sidonischen Künstler nur sofern die Jahvc-Religion es erlaubte ihrer eigenthümlichen Kunst freien Lauf lassen konnten, versteht sich nach dem Stande dieser Religion in jener Zeit vonselbst, und wird dazu überall im einzelnen bestätigt. Doch es ist alsob die Spätern das Bedürfniss gerade diese Wahrheit am stärksten hervorzuheben gefühlt hätten: denn der Chroniker, hierin eine freiere Darstellung wagend, erzählt Davîd habe unmittelbar vor seinem Tode seinem geliebten aber noch zu jungen Sohne Salômo das von der Hand Gottes selbst gezeichnete Muster des Baues des Tempels mit allen seinen Theilen Geräthen und Priesterordnungen übergeben, mit dem Auftrage diesem göttlichen Urbilde gemäss alles einzurichten [1]). Denn nicht sowohl Salômo sondern allein Davîd galt zur Zeit des Chronikers·schon allgemein als der große und würdige Schöpfer aller heiligen Einrichtungen in Jerusalem, als habe Salômo auch was ér erst ausführte genau nach seines Vaters Vorschrift ausgeführt; und so konnte was nach dem B. der Urspp. zuerst bei dem Mosaischen Heiligthume vorgekommen war (s. I. S. 115), ähnlich bei dem Salômonischen vermittelst Davîd's sich wiederholt zu haben scheinen. Wie es mit allen solchen überirdischen Darstellungen ist, wird damit nur éine

---

aus dem B. der Urspp. Dass die spätern Juden sich an Namen und Abstammung dés Mannes stießen der die Gefäße des Heiligthumes gemacht habe, sehen wir aus Eupolemos in Eus. praep. ev. 9, 34 (vgl. Jos. arch. 8: 3, 4), wo er zum Geschlechte Davîd's gerechnet wird; außerdem ist 2 Chr. 2, 12 der Stamm Dân für Naftali gesezt. Doch heißt er noch bei dem Chroniker (II. 2, 12. 4, 16) *Vater* d. i. Werkmeister des Königs Hirâm wieauch Salômo's. Dagegen läßt ihn, der nach der alten Nachricht nichts als Erzarbeit verstand, die Chronik alle möglichen Kunstarbeiten verstehen. Wenn ihm Neuere den Zunamen *Abiv* odergar *Abif* geben, so ist das Mißverstand von 2 Chr. 4, 16: freilich ist auch der Name Ἐχίας in Jos. hypomn. c. 63 wohl nur aus Ἠβίας verdorben.    1) 1 Chr. 28, 11—19: v. 19 ist zu lesen עָלָיו הִסְגִּיר אֲשֶׁר לוֹ לְמַלְּ ' statt עלי כל הַשְׂכִּיל, wie der Sinn vgl. mit der Lesart der LXX lehrt. Die Ähnlichkeit von הסגיר und השכיל mag die Schreiber verführt haben.

Seite des grossen Ereignisses stark hervorgehoben, welche ihre Wahrheit hat aber, sobald man neben ihr die übrigen geschichtlichen Wahrheiten verkennen will, leicht völlig irreführen kann.

Sehen wir sodann auf die äußern Mittel welche Salômo'nen zur Ausführung seines Unternehmens zugebotestanden, so frägt es sich hier zuvörderst wieviele der Art er etwa schon von seinem Vater empfangen habe. Dass Davîd infolge seiner großen Siege und der Ruhe seiner lezten Jahre sehr viele Schäze gesammelt, und dass er viele von diesen für den schon von ihm beabsichtigten Tempelbau bestimmt habe, ist durchaus glaublich, obwohl die ältern der jezt erhaltenen Nachrichten über seine Herrschaft davon schweigen. Auch bei seinem Begräbnisse wurden gewiss nach alter Sitte ungeheure Reichthümer verschwendet: und doch würden wir davon nichts wissen, hätte sich nicht eine Nachricht darüber bei Fl. Josephus erhalten welche troz ihrer späten Aufzeichnung nichts unwahrscheinliches enthält [1]. Aber die Chronik gibt näheres über die von Davîd für den künftigen Tempelbau bestimmten Schäze an: sofort nach jener großen Pest habe Davîd seinem jungen Sohne Salômo eröffnet wie er für den nach seinem Tode anzufangenden Tempelbau alle Vorbereitungen getroffen, Steinhauer und Künstler aller Art bestellt, 100,000 Talente Goldes [2], 1,000,000 Talente Silbers, sowie eine unzählbare Menge von Erz Ei-

---

1) der Hohepriester Hyɪkanos öffnete das Grabdenkmal Davîd's und nahm aus einer seiner Kammern 3000 Talente; ebenso nahm Herodes später aus einer andern viele Schäze, arch. 7: 15, 3. vgl. 13: 8, 4. 16: 7, 1. Dass man um jene Zeiten das Grabdenkmal Davîd's noch unterscheiden konnte, leidet keinen Zweifel (Ap.Gesch. 2, 29): und gewiss ist kein König Jerusalems, auch Salômo nicht (s. unten), mit solchen Schäzen begraben wie Davîd. Die Grabstätte Davîd's war nach 1 Kön. 2, 10. Neh. 3, 16 auf dem Ssion, vgl. *Williams* the holy City (London 1845) p. 415—20 und weiter darüber unten.        2) ein Talent Silbers ist etwa 2600 Rthlr., wonach das Verhältniss eines von Gold zu denken ist. Der Sekel (Silberling) war etwa soviel als 1 fl. rh., schwankte aber im Werthe zu verschiedenen Zeiten sehr.

sen kostbarem Holze Edel- und Marmorsteinen gesammelt
habe [5]); dann habe er noch kurz vor seinem Tode die Edeln
und Machthaber aller Art aus ganz Israel mit Salômo zu einem feierlichen Reichstage berufen und ihnen eröffnet wie
er, außer jenen königlichen Vorbereitungen und außer dem
himmlischen Muster aller heiligen Bauten und Einrichtungen
welches er jezt Salômo'nen übergebe, aus freiem Antriebe
und Liebe zur Sache noch (sozusagen) ein Privat-Vermö-
gen von 3,000 Talenten besten Goldes und 7,000 Talenten
feinsten Silbers zum Tempelbaue weihe, und wie er alle Versammelten auffordere gleiche Schenkungen zu machen; worauf von diesen noch 5,000 Talente Goldes, 10,000 (Gold-)
Drachmen, 10,000 Talente Silbers, 18,000 Talente Erzes und
100,000 Talente Eisen sowie Edelsteine geweihet seien [2]).
Freilich ist nun nicht zu verkennen dass diese ganze Darstellung mit der schon zuvor erwähnten Grundansicht des
Chronikers zusammenhängt dass nichtsowohl Salômo sondern
David der wahre geistige Gründer aller heiligen Bauten und
Einrichtungen in Jerusalem gewesen, sodass er sogar die
Steinhauer und Künstler aller Art schon bestellt habe (welches den ältern Quellen nach erst Salômo thut). Und wie
sich hier überall die eigenthümliche Sprache des Chronikers
zeigt, so gibt sich die ganze Darstellung dieser lezten Thaten David's als eine Nachbildung mancher Thaten und Worte
Mose's im jezigen Pentateuche: insbesondre übergibt David
hienach alles was er von heiligen Dingen nichtmehr selbst
ausführen kann ebenso seinem Sohne zur Ausführung anheim wie der sterbende Mose sovieles den Nachkommen an-
heimstellt; und wenn eine freiwillige Steuer für das Heiligthum allerdings alterthümlich ist, so erinnert doch die hier
beschriebene stark an die vom B. der Urspp. in die mosaische Zeit verlegte [3]). Dazu kommen die runden Zahlen, so-

---

1) 1 Chr. 22, 2—19 vgl. besonders v. 14 mit der weitern Erklärung 29, 2. Überhaupt beginnt der Chroniker von I. 22, 2 an die
Einrichtungen David's zu beschreiben welche als Muster für die Zukunft gelten sollten.     2) 1 Chr. c. 28 f. besonders 29, 3—9.
3) Ex. 25, 1 ff.

wie die Erwähnung der persischen Drachmen. Dennoch aber
laßt sich nicht zweifeln dass der Chroniker auf diese Art die
alte Überlieferung von großen schon von Davîd für den Tempelbau bestimmten Schäzen nur seiner Sitte nach freier bearbeitet wiedergibt; und ohne solche Schäze vorzufinden hätte
Salômo nichteinmal so wie wir wissen den Tempelbau bald
nach seinem Herrschaftsantritte ernsthaft beginnen können.
So konnte das viele Erz welches Davîd nach S. 195 durch
seine Siege über Ssôba gewonnen hatte jezt seine beste Anwendung finden.

Doch solche Schäze waren vorzüglich nur um die noch
weiter erforderlichen Baustoffe sowie die Tyrischen und andern Künstler zu bezahlen nothwendig: die Handkraft, dieses
wichtige Hülfsmittel zum Bauen, fand Salômo bei diesem wie
bei seinen übrigen Bauten fast ohne alle Geldausgaben vor;
und wenigstens anfangs konnte er sich ebenso wie nach
Ägyptischer Erzählung Sesostris [1] rühmen dieses und die
andern großen Bauwerke in seiner Herrschaft ohne alle saure
Mühe eines seiner Volksgenossen vollenden zu können.  Denn
eben hatte sich Israel kräftigst gegen alle Überbleibsel der
alten Kanáanäer mit Ausnahme der Phöniken erhoben und
sie auch in solchen Gegenden wo sie während der Richterzeit wieder herrschend geworden waren zur Unterwürfigkeit
gebracht: diese erst durch das Königthum völlig unterworfenen Kanáanäer mußten nun, sofern sie nochnicht in die
Religion und Volksthumlichkeit Israels ganz übergehen wollten, königliche Frohndienste leisten, womit schon unter Davîd der Anfang gemacht war [2].  So hob Salômo zu den vor-
läufigen Arbeiten im Libanon und sonst, wo die nöthigen

1) Diodor's von Sicilien Gesch. 1, 56.          2) nach der
kurzen aber wichtigen Nachricht 2 Sam. 40, 24; womit die Nachricht
2 Chr. 2, 16 übereinstimmt.  Vergleicht man damit 2 Sam. 8, 15—18,
so ergibt sich dass die Einrichtung der Frohndienste erst in die
spätern Jahre Davîd's fällt; womit auch zusammenstimmt dass Adonirâm oder verkürzt Adorâm, der die wichtige Stelle der Leitung
aller dieser Frohndienste schon unter Davîd bekleidete, nach 1 Kòn.
12, 18 noch im Anfange der Herrschaft Rehabeam's lebte.

Steine gegraben und Bäume gefällt wurden, 30,000 Mann
für Frohndienste aus, von denen je das Drittel einen Monat
lang beständig arbeitete, während die zwei andern auf zwei
Monate nach Haus entlassen wurden um für ihren und ihrer
Hausgenossen nöthigen Unterhalt zu sorgen. Späterhin, als
die vielerlei Bauten sich mehrten, nahm Salômo freilich un-
verkennbaren Zeugnissen zufolge auch vom Volke Israel selbst
gewisse Frohndienste in Anspruch, und da zählte man im
ganzen 70,000 Lastträger und 80,000 Holz- und Steinhauer
im Libanon und sonst, mit 3,300 Aufsehern darüber welche
nur theilweise von dem herrschenden Volke genommen waren [1]). Jene Vorarbeiten aber für den Tempelbau gingen
nach drei Jahren zu Ende, sodass der Bau selbst im zweiten Monate des vierten Jahres der Herrschaft Salômo's begonnen werden konnte [2]).

---

1) bei der völligen Unmöglichkeit die Worte 1 Kön. 5, 27 f.
theils mit v. 29 f. theils mit 9, 15—23. 2 Chr. 2, 16 f. 8, 7—10
wörtlich zu vereinigen, muss man nämlich 1) annehmen, dass nur
1 Kön. 5, 27 f. 31 als Vorbereitung zur Beschreibung des Tempelbaues ursprünglich zusammengehören, hingegen v. 29 f. ursprünglich
aus einer andern Schrift ist, wahrscheinlich einer solchen allgemeinen Übersicht der Verhältnisse der Herrschaft Salômo's wie das Stück
4, 2—19 sie gibt; und — 2) dass der Ausdruck »ganz Israel« 5, 27
nur das Land und Reich, nicht Israel im Gegensaze zu den Kanáanäern bezeichne. Die LXX haben wenigstens eine ganz andre Ordnung der Sàze 5, 27 — 6, 1 eingeführt. — 3) dass unter den 550
1 Kön. 9, 23 wirkliche Oberaufseher, hingegen unter den 3300 1 Kön.
5, 30 (irrthümlich 3600 2 Chr. 2, 17) vielmehr zugleich Unteraufse-
her zu verstehen sind, von jenen 550 Oberaufsehern aber 300 von
den Kanáanäern selbst genommen, und nur 250 (2 Chr. 8, 9 f.) geborne Hebräer waren. Der Ausdruck dass Salômo nur Kanáanäer
zu Frohndiensten, Israeläer nur zum Herrschen gebraucht habe
1 Kon. 9, 22, ist so klaren Zeugnissen gegenüber wie 1 Kön. 11, 28.
12, 3 ff. zu allgemein, stammt aber auch erst vom lezten Verfasser.
Doch kann ich nicht eine völlige Grundlosigkeit der Behauptung des
lezten Erzählers sehen: auch sonst ist nur etwas zu allgemein auszudrücken Sitte dieses Erzählers bei Salômo, wie 1 Kön. 5, 4.

2) nach dem unstreitig richtigen Zusaze der LXX hinter v. 32:
woran sich dann ebenmäßig das 4te Jahr anschließt 6, 1.

Über den Ort in oder bei Jerusalem wohin der Tempel zu sezen sei, konnte der König nicht zweifelhaft seyn: es war nach S. 207 f. der schon von Davîd nach der großen Pest durch einen Altar geweihete Berg Morija [1]) nordöstlich vom Ssion, ein Ort der vor dieser Weihe durch Davîd bloßes Ackerfeld gewesen. Dass dieser Berg vor jenem denkwürdigen Ereignisse unter David weiter keine Heiligkeit hatte, folgt dáraus dass er nicht enger in die Erinnerungen an die Zeiten der Erzväter verflochten wird (I. S. 407 ff.): nur der vierte und der fünfte Erzähler der Urgeschichte wagen hierin neues, indem sie das höchste Ereigniss in Abraham's Leben, die Darbringung Isaaq's, gerade nach dém Orte verlegen welcher zu ihrer Zeit bereits der heiligste im ganzen h. Lande geworden war, und so zugleich den uralten Namen Morija aus einer Wahrheit der dort gleichsam örtlich gewordenen höheren Religion zu erklären suchen [2]). Dass er aber von jener großen Pest her besonders heilig war und deshalb zum Tempelberge gewählt wurde, folgt auch dáraus dass damals ein gegen den Ölberg und andre Spizen jener Gegend verhältnißmäßig so niedriger Berg gewählt wurde,

---

1) der Name findet sich zwar außer Gen. 22, 2 (wo der Ort absichtlich etwas allgemeiner »die Gegend des Morija« heißt) nur 2 Chr. 3, 1: allein beide Stellen sind vollkommen hinreichend um ihn zu erkennen; auch läßt sich nicht sagen dieser Berg liege nach Gen. 22, 4 nicht genug nördlich von Beershéba, da Abraham den ersten Tag spät abreisen und den dritten schon früh die Gegend des Morija erblicken konnte. Der Name verliert sich später in den »Tempelberg«, ist aber gewiss alt und mit dem kanáanäischen Mannesnamen More Gen. 12, 5 vgl. Richt. 7, 1 verwandt.

2) nach v. 17 wird der Name zweimal vom Sehen jedoch verschieden abgeleitet: 1) »Jahve sieht«, sorgt, eig. Jah's Sehen, von dem Hauptinhalte der Erzählung; 2) passiv eig. Jahve's Erscheinung, mit Rücksicht auf eine ähnliche Redensart in einem (uns freilich sonst verlorenen) damals gewiss viel gesungenen Tempelliede »das ist der Ort wovon es heute heißt: Auf dem Berge wo Jahve erscheint .... (etwa: lasset uns ihm singen!)«, יַהְוֶה רַאָה nach §. 323 b verbunden, jedoch mit vorangestelltem Subjecte wie Ps. 4, 8. Hieraus folgt aufsneue, wie gewiss Jerusalem gemeint sei.

während man sonst zu solchen Zwecken eher die höchsten
Spizen einer Gegend bestimmte [1]), wie z. B. der etwas weiter ostwärts liegende hohe Ölberg schon vor jener Pest von
Davîd als Betort gebraucht war (S. 230). Dazu kommt dass
man einen Berg welcher (wie bald weiter zu erörtern ist)
wegen seines steilen und unebenen Gipfels einen Tempel
ansich nicht leicht fassen konnte, zu diesem Baue nicht ausgewählt haben würde, wenn er nicht aus andern Ursachen
als der allein würdige erschienen wäre. Seine Nähe bei
dem Ssion war übrigens auch ein Grund ihn zu wählen, da
er sich so leicht an die alte Burg anschließen konnte.

    Für diese Örtlichkeit waren nämlich noch besonders
schwierige Vorbereitungen zu treffen, ehe mit dem Baue des
eigentlichen Tempels begonnen werden konnte: der Boden
des Berges mußte zuvor gehörig geebnet und gefestigt werden, je wie es die Schwere und der Umfang des mannichfachen Bauwerkes forderte. Leider berichten die im A. T.
erhaltenen alten Quellen darüber nichts: näheres gibt Fl. Josephus an, wiewohl seine Beschreibung an den verschiedenen
Stellen wo er davon spricht insofern etwas unsicher ist als
nicht genau erhellet was Salômo selbst und was die vielen
folgenden Könige in dieser Sache vollbrachten [2]). Da dem
Vorbilde des mosaischen Heiligthumes zufolge mehre Vorhöfe um das eigentliche heilige Haus gebauet werden mußten, so konnte zwar das Haus auf die eigentliche Spize des
Berges gesezt, die Vorhöfe stufenweise tiefer angebracht
werden [3]): aber für jeden besondern Raum, wie er nach dem
Grundgedanken des Baues sich bestimmte, mußte der Boden
zuvor geebnet, zu hohe Stellen abgetragen und zu niedrige
oder zu unsichere durch Unterbauten erhöhet und gesichert
werden. Zuerst nun, erzählt Fl. Josephus gewiss nach einer

---

    1) wie ein Lied aus David's Zeit selbst aussagt, Ps. 68, 16 f.

    2) die deutlichste Stelle ist die älteste, Jud. Kr. 5: 5, 1; am kür-
zesten und ungenügendsten ist die Beschreibung in Salômo's Leben
selbst, arch. 8: 3, 2. 9: manches bedeutende wird jedoch mit Bezug
auf Salômo nachgeholt bei Heródes' Tempelbaue, arch. 15: 11, 3.

    3) daher Jer. 36, 10 der *obere* soviel ist als der innere Vorhof.

ältern uns jezt unbekannten Quelle, reichte der ebene Plaz auf dem Gipfel des Felsens kaum hin um das Haus und den Altar d. i. da unstreitig der Altar im Priester-Vorhofe gemeint ist [1]), den ersten oder innern Vorhof darauf zu erbauen. Nothwendig aber wurde der Umfang, welchen der zweite oder äußere Vorhof und damit das ganze Heiligthum haben sollte [2]), zwar vonanfangan genau bestimmt, weil ohne einen solchen die Haupttheile bestimmenden Grundriss der Bau nichteinmal hätte angefangen werden können: und wir haben alle Ursache anzunehmen, dass dieser äußere Vorhof in einem großen Vierecke, wovon jede Seite inwendig 500 Schritte mass, den Tempel umgab [3]); so jedoch dass der

---

1) ebenso wie in der Redensart »zwischen dem Vortempel und dem Altare« Joel 2, 17: denn dies muss bedeuten »im Priester-Vorhofe«.    2) denn der ursprüngliche Tempel Salômo's hatte sicher nur zwei Vorhöfe, wie noch Hezeqiel nur diese zwei voraussezt und beschreibt. Ein dritter Vorhof, den der zweite Tempel hatte, könnte auch bei dem Salômonischen gewesen zu seyn scheinen, weil 2 Chr. 20, 5 im Leben Josaphat's der *neue* Vorhof erwähnt wird: wenn nur dieser eben der dritte oder sog. Heiden-Vorhof seyn müßte, und wenn nur die Könige nach Salômo den Grund zu einem solchen gelegt hätten!    3) die Geschichtsbücher des A. T. schweigen zwar davon: allein Hezeqiel 42, 15—21. 45, 2 hat diese Angabe offenbar nicht willkührlich erdichtet, da das Stadium welches nach Fl. Josephus arch. 15: 11, 3 vgl. 8: 3, 9 jede der vier Mauern lang war etwa denselben Raum beschreiben mag, wenn man bedenkt dass Fl. Josephus sich lieber mit allgemeinen Ausdrücken begnügt. Nach den neuern Messungen ist freilich die jezige Oberfläche des alten Tempelberges im Osten 1520, im Suden 940, im Westen 1617, und im Norden 1020 Fuss lang (vgl. die genaue Beschreibung Catherwood's in *Bartlett's* walks about Jerusalem, London 1844, p. 174), welches Robinson II. S. 73 ff. durch die Annahme, die Burg Antonia habe den ganzen Norden der jezigen Oberflache eingenommen, zu erklären sucht; während *G. Williams* (The holy City, London 1845, p. 329 ff.) etwas wahrscheinlicher jedoch ebenfalls nicht hinreichend sicher annimmt, die Oberfläche sei erst durch den vom Kaiser Justinian unternommenen Bau der Marienkirche oder jezigen Moschee elAqßâ im Suden verlängert worden. Allein nach Jos. Jud. Kr. 5: 5, 5 vgl. arch. 8: 3, 9 müssen wir uns wohl den zweiten Vorhof, nicht aber nothwendig den dritten in einem rechtwinklichen Viereck

Tempel mit seinem nächsten Vorhofe weiter nach Westen
zu liegen kam, weil nach Osten als nach der heiligsten
Weltgegend hin der eigentliche Haupteingang in den Tempel seine Stelle fand und daher hier ein weiterer Vorraum
passend war [1]). Allein Salômo selbst bauete nach jener
Nachricht nur erst nach Osten, welche Himmelsgegend ihm
wirklich nach jener Hinsicht die nächste seyn mußte, den
Berg vollkommen aus; während die folgenden Könige auch
nach den übrigen drei Himmelsgegenden den Grundriss des
Baues ausführten [2]). Mit welchen riesigen Mauern nun Salômo und seine Nachfolger den ganzen für die heiligen Bauten bestimmten Raum unterstüzten und einfaßten, dies bezeugen sogar deutlicher als die Beschreibungen des Fl. Josephus die noch heute erhaltenen und fast unverwüstlich
scheinenden Reste derselben, wie einige der neuesten Reisenden sie etwas genauer zu untersuchen und zu beschreiben angefangen haben [3]). Wir sehen daraus klar dass nicht-

---

denken: die Oberfläche·konnte also in den Zeiten nach Salômo für
den dritten Vorhof besonders im Norden und im Suden erweitert
werden; wie wir ja wirklich aus spätern Zeiten wissen dass die
ganze Oberfläche von Suden nach Norden mit Einschluss der im
Nordwesten daran stoßenden Burg Antonia 6 Stadien lang war, Jos.
Jüd. Kr. 5: 5, 2.        1) inderthat findet sich noch jezt ein
kleineres Viereck welches sich auf hartem Felsen wohlverwahrt über
die ganze übrige künstlich geebnete Oberfläche des Berges emporhebt, aber weiter nach Westen als nach Osten hin seine Stelle hat,
vgl. Williams' The holy City, p. 324 ff. Jezt steht auf diesem kleineren Vierecke das nächst der Kaaba heiligste Haus der Muhammedaner, die Moschee zu welcher Omar bei der Einnahme Jerusalems den Grund legte, gewöhnlich die Moschee *elSsachrâ* d. i. des
Felsens genannt: sie steht wahrscheinlich nicht genau auf der Stelle
des Salômonischen Tempels, aber ich zweifle nicht dass dies Viereck selbst den alten Tempel zugleich mit dem Priester-Vorhofe um-
schloss. Vgl. 2 Chr. 29, 4. 31, 14.        2) wie wir wissen dass
König Joâsh viel bauete 2 Chr. 24, 27 und wie Jotham das Nord-
thor dieses zweiten Vorhofes ausbaucte, welches offenbar als ein
sehr schweres Werk erwähnt wird 2 Kön. 15, 35 vgl. darüber weiter
unten.        3) nach dem von Robinson II. S. 61 ff. gesagten ist
hierüber besonders die Beschreibung des bauverständigen Cather-

nur die ältesten Griechen und Kleinasiaten Kyklopische Mauern
aufführten; denn die Salômonischen könnten ebenso gut oder
noch eher so genannt werden [1]. Wiederholt sind jene Gebäude welche auf die geebneten Räume des Morija gesezt
wurden, wie stark und fest sie -auch waren, gewaltsam zerstört: dem Salômonischen Tempel mit seinen Vorhöfen und
Hallen folgte der zweite und der dritte mit noch reicherer
Zubehör; diesem heidnische Tempel und Gebäude; diesen
wieder christliche und islâmische, wie sie nach vielfachen
Wechseln noch jezt stehen: und von allen frühern Bauwerken auf der ebenen Oberfläche ist jezt nicht die kleinste
Spur mehr sichtbar.   Aber unverwüstlich haben sich durch
alle diese großen und vielfachen Zerstörungen und Wieder-
herstellungen der Oberflächen die Grundlagen derselben selbst
mit ihren größtentheils unsichtbaren riesigen Bauten erhalten,
um noch heute zu bezeugen wieviel hier die Kunst der Natur nachhelfen mußte und mit welchen erstaunlichen Mitteln
Salômo seine Zwecke verfolgte.   Ob die unterirdischen Ge-
wölbe deren Eingang sich im Süden findet von Salômo angefangen seien, ist schon der Bauart wegen unwahrscheinlich: desto sicherer aber sind von Salômo und den andern
alten Königen die ungeheuer großen fugen-geränderten Steine,
welche sich aus dem tiefen Boden zu hohen Mauern auf-
thürmen und über welchen man an vielen Stellen Schichte

---

wood nachzulesen, in *Bartlett's* walks about Jerusalem p. 161—178;
in diesem Werke sind überhaupt die schönen und wie es scheint
sehr zuverlässigen Abbildungen auszuzeichnen.   Andere Beobachtun-
gen und Vermuthungen hat Williams zusammengestellt, The holy
City p. 315—362.   Nach Bartlett p. 23 wäre sogar von dem kleinern
Viereck, welches über den übrigen geebneten Raum hervorragt, die
südliche Seite mit solchen Riesenmauern zu stüzen gewesen.

1) ähnliche finden sich bei altphönikischen Bauwerken in Gebâl
oder Byblos, in Kypern, Malta und sonst; ferner in Baalbeck wie
schon Wood und Dawkins bemerkt hatten, vgl. John Wilson's lands
of the Bible II. p. 381 ff. 400.   Auch sonst sind sie in Palästina zerstreut zu finden (Tobler's Denkblätter aus Jerusalem S. 652); und
noch Herodes gebrauchte ähnliche zu seinen großen Bauten in Jerusalem und Càsarea, Jos. arch. 15: 9, 6. 11, 3.

von kleineren und anders behauenen Mauersteinen erblickt
die in einer verhältnißmäßig spätern Zeit daraufgesezt seyn
müssen.

Bei dem Baue dieser riesigen Unterlagen und Mauern
hat man nun zwar gewiss sehr viel Arbeitslärm gehört: ganz
stille dagegen ging es beim Zusammensezen der Steine des
eigentlichen Gotteshauses zu, indem die dem Volke Israel
eigene alte Scheu vor künstlicheren heiligen Bauten damals
noch immer dahin wirkte dass man das heilige Haus an Ort
und Stelle ohne allen Lärm von Hämmern Äxten und andern
Werkzeugen der Art zusammensezte [1]). Die Steine wurden
daher gleich da wo man sie brach so verarbeitet dass sie
auf der Fläche des Morija ohne weiteres zu den Mauern des
heiligen Hauses zusammengesezt werden konnten: und waren sie, wie ansich wahrscheinlich, den ungeheuern Blöcken
der Mauern des Berges ähnlich mit geränderten Fugen bearbeitet, so konnte ihre geräuschlose Zusammensezung keine
Schwierigkeit haben.    Das viele zum Baue nöthige Cedern-
und Cypressenholz wurde mit Hülfe der Tyrier auf dem
nächsten Wege vom Libanon ins Meer geschleift, dann in
Flößen zusammengebunden bis zum Hafen von Joppe westlich von Jerusalem geflößt und vonda nach Jerusalem gebracht [2]); auf diesen Flößen wurden vielleicht auch die Steine
herbeigeschafft, wenn sie im Libanon gebrochen wurden:
allein wir haben über den Ort ihres Bruches jezt keine
Nachricht, und wo hier vom Libanon die Rede ist wird immer nur des köstlichen Holzes gedacht.    Was von Erz zu

---

1) 1 Kön. 6, 7 vgl. mit 5, 32: nach lezterer Stelle fand allerdings
eine Art von Behauen der Steine für das h. Haus statt.    Hingegen
die Worte 5, 31 beziehen sich auf die weiter oben erwähnten Steine
für die Grundlagen, von denen wir sonst aus 1 Kön. 7, 10 f. wissen
dass sie wie bei dem Palastbaue Salômo's achtzehn und noch mehr
Ellen lang waren.    2) 1 Kön. 5, 23 vgl. mit 2 Chr. 2, 15
wo Joppe genannt wird.    Dies Joppe kommt nach II. S. 428 während der frühern Jahrhunderte in der Geschichte Israels nicht vor,
und gehörte aller Wahrscheinlichkeit nach zu dem nach S. 280 erst
zu Anfange von Salômo's Herrschaft unterworfenen Reiche von Gazér.

fertigen war, wurde am mittlern Jordan in der Gegend zwischen Sukkôth östlich und Ssârethan westlich vom Flusse, wo schöner Mergelboden ist, in irdenen Formen gegossen; und dieses Erzes war soviel dass der König es vor wie nach der Arbeit nichteinmal wiegen liess und das Gewicht der gegossenen Werke nicht aufgezeichnet wurde [1]). Alles dies Erz wurde geglättet.

Das h. Haus selbst (der *Naos*) wurde in seiner Länge und Breite gegen die Stiftshütte um die Hälfte vergrößert: es wurde also nur 60 Ellen lang von Ost nach West und 20 breit, blieb demnach noch immer ein Haus mehr für den bloßen Gott als für die Verehrer dieses Gottes, sowie die Tempel aller alten Völker inderthat bloße Behausungen für die Götter oder vielmehr Götterbilder waren und daher sich mit unsern großen Kirchen welche zunächst für die Gemeinde berechnet sind nicht entfernt vergleichen lassen [2]). Aber in zweierlei Hinsicht hob sich der Bau zu größern Verhältnissen. Die Höhe des Hauses zward zu 30 Ellen bestimmt, also um das Zwiefache vergrößert, offenbar wegen der rings an das h. Haus anzubauenden Nebenzimmer von 15 Ellen Höhe, über deren Zweck unten zu reden ist: doch liess man das Allerheiligste auch jezt noch wie früher einen vollkommenen Würfel bleiben, beschränkte also seine Höhe auf 20 Ellen [3]). Und

---

1) nach dem B. der Urspp. 1 Kön. 7, 46 f  Anders handelten freilich die ägyptischen Machthaber welche, wie wir auf den ägyptischen Grab‑Gemälden sehen, lieber alle ihre Herrlichkeiten sehr genau aufschreiben ließen.     2) doch sind die Ellenmaße alle von dem inneren Raume der Mauern zu verstehen, während diese selbst unten am Boden meist sehr breit waren, vgl. 1 Kön. 6, 6 und die näheren Bestimmungen in Hezeqiel's Tempel.     3) weder die Abweichungen der Zahlen bei den LXX 1 Kön. 6, 2 f. vergl. v. 16 f. 20 noch die bei Fl. Josephus können diese einfach wahren Verhältnisse verdunkeln: sodass sich nur fragen würde, woher sie bei jenen und bei diesem entstanden seien. — Über den Tempelbau Salòmo's haben in neuern Zeiten Hirt, Stieglitz, Fr. v. Meyer, Grüneisen und Keil nähere Untersuchungen angestellt, welche von C. Schnaase (Geschichte der bildenden Künste. Bd. I. Dusseldorf 1843. S. 241—286) berücksichtigt sind, während dieser lezte Schriftsteller

zweitens erweiterte sich der einfache Eingang im Osten zu
einer glänzenden Vorhalle, welche in gleicher Breite mit dem
h. Hause doch nur 10 Ellen von Ost nach West mass, aber
einer spätern Angabe zufolge sich zu einer Höhe von 120
Ellen erhob [1]). Mit ihr konnte die Kunst, welche in Hinsicht
des eigentlichen Hauses strenger an die alten heiligen Verhältnisse gebunden war, sich freier zu bewegen anfangen:
darum wurde mit ihr ein wahres Prachtwerk verbunden, welches ihren Eingang und damit den Eingang zum ganzen
Hause zieren sollte. Dies waren zwei riesige Erzsäulen [2]),

---

selbst stark irret wo er neues aufstellt und dazu überhaupt von der
Sache zu geringe Begriffe hat. Unstreitig liegt eine Hauptursache
dass viele wichtige Fragen über diesen Gegenstand noch immer nicht
sicher genug beantwortet wurden, an der Unvollständigkeit und Un-
richtigkeit unserer jezigen Nachrichten im 1 B. der Könige; wovon
ich sogleich ein unterrichtendes Beispiel bei der Frage über die zwei
Säulen vorführen werde. Nirgends hat die Worterklärung noch sowenig ihre Pflicht gethan als hier. — Die neuesten Verhandlungen
darüber s. im *Kunstblatte* 1848 St. 5 f. und *Jahrbb. d. B. w.* I. S. 65 ff.
III. S. 262.         1) diese Höhe von 120 Ellen fehlt 1 Kön. 6, 3
und findet sich nur 2 Chr. 3, 4. Leicht nimmt man an dieser thurm-
artigen Höhe bei ihrem Mißverhältnisse zur Breite und Länge Anstoss: allein da die übrigen Zahlen der Chronik hier mit den ältern
Nachrichten völlig übereinstimmen, so ist eine Vergrößerung bei ihr
allein ansich nicht sehr wahrscheinlich. Auch könnte man meinen
die zwei Säulen am Eingange seien bei keiner großen Höhe auch
deswegen so dick gewesen weil sie viel zu tragen hatten. Der Phönikische Tempel zu Paphos, wie man ihn besonders auf den Kupfer-
münzen der Kaiserin Julia und Caracalla's sieht (vgl. die Schrift von
Fr. Münter über ihn, Kopenh. 1824), scheint ähnlich einen weit höhern Vortempel gehabt zu haben: allein die zwei noch höhern Säulen vor ihm, welche man auf vielen Paphischen Münzen sieht, haben mit denen des Salomonischen Tempels garkeine Ähnlichkeit. Da
jedoch der Tempel Zerubabel's 60 Ellen hoch und breit war Ezr. 6,
3 f., dann dér Herodes' 120 Ellen hoch, so scheint schon der Salomonische wenigstens mit seinen wohl nach vorne zu gebauten Ober-
häusern (s. unten) gegen 120 Ellen hoch gewesen, und daraus die
Angabe der Chronik entstanden zu seyn.         2) die Beschreibung derselben 1 Kön. 7, 15—22 war offenbar ursprünglich höchst
klar und genügend, ist aber im jezigen Texte sehr verstümmelt und

von denen jede einen Umfang von 12 Ellen und woran jeder Hohlstreifen eine Tiefe von vier Fingern hatte. Jede
war 18 Ellen [1]) hoch; über ihrem Schafte aber (welcher unten wie bei andern alten Arten von Säulen glatt gelassen
wurde) erhob sich ein Hauptstück (Capitell) von 5 Ellen Höhe [2])
und sehr zierlich gebildet. Es hatte die schöne Gestalt einer
aufgegangenen Lilie, nachobenhin breiter werdend und mit
überliegenden Blättern; der glatte Kelch davon war aber
bisobenhin mit einem Nezwerke von 7 künstlich verketteten

---

unklar geworden: vergleicht man indess damit die Auszüge daraus
v. 41 f. und bei der Erzählung von der Zerstörung des Tempels Jer.
52, 21—23 (leztere wiederum weiter verkürzt 2 Kön. 25, 17) sowie
den Text der LXX welcher an den meisten Stellen viel vollständiger sonst aber auch mangelhafter war, so kann man über das Ganze
nicht unsicher bleiben. Um die Hauptsachen hier hervorzuheben:
die Lücken in v. 15 ergänzen sich leicht aus den LXX vgl. mit Jer.
52, 21, wo zu lesen ist אַר֜ בְּתָרוֹ וְכֹל בְּעָבְיוֹ oder etwas ähnliches
für בתרׁ ; jedenfalls läßt sich die *Dicke* עָבְי nur von der der ganzen Säule verstehen, da wenn der Dicke der bloßen Wand des Erzes zu 4 Fingern und die Säule selbst dann hohl gedacht werden
sollte (was allerdings schon Josephus meinte), dann *die Dicke ihrer
Wand* oder *des Erzes* hätte gesagt werden müssen. V. 18 ist etwa
zu lesen שֵׁנִי רִמֹּנִים רוּחָה מַעֲשֵׂה וַיַּעַשׂ ; denn »nach dem Winde«
Jer. 52, 23 muss eben soviel bedeuten als dem Winde ausgesezt,
freihangend, ἔργον κρεμαστόν wie es die LXX hier richtig, nicht aber
im Jer. verstanden. Wie v. 19 zu verstehen sei, ergibt sich aus
v. 22 wo »das Lilienwerk« einerlei ist mit den Knäufen; daher kann
v. 20 vom Bauche oder (was dasselbe ist) v. 41 f. vom Kelche derselben die Rede seyn. V. 20, in den LXX übel fehlend, wird nur
deutlich wenn man die ersten Worte als aus v. 19 wiederholt streicht
und dafür liest וְרִמֹּנִים (während v. 18 dies Wort falsch für עַמּוּדִים
steht). — Eine freischwebende Verzierung hatten nach einigen Paphischen Münzen auch die zwei Säulen vor dem Paphischen Tem-
pol, freilich ganz anders querüber von einer zur andern angebracht;
und am Ti des Gautama-Tempels zu Pegu schweben beständig vom
Winde schallende Glöckchen.    1) wofür die Chronik II.
3, 15 und die LXX B. Jer. 52, 21 vielmehr 35 Ellen sezen, vielleicht mit Einschluss der unten erläuterten Aufsäze auf jeder Säule.

2) »4 Ellen« v. 19 und bei den LXX v. 22 sowie »drei« 2 Kön.
25, 17 ist sichtbar nur eine verschiedene Lesart.

Fäden überdeckt und wie festgehalten; und unten wo der
Kelch sich schmäler . erhob sowie oberhalb des Nezwerkes
war je ein Doppelkranz von künstlichen Granatäpfeln angebracht, sodass in jedem zwar vier von ihnen nach den vier
Himmelsgegenden gerichtet ganz fest am Knaufe hingen und
wahrscheinlich gerade aufgerichtet standen, die übrigen 96
aber oder je 24 zwischen zweien jener loser hingen und
vom Spiele des Windes bewegt werden konnten, wie ein
ächter Blumenkranz am Halse des Menschen; alles dies, wie
vonselbst erhellt, aus Erz. Über diesen dreifach gezierten
Knäufen der 2 Säulen breitete sich der beide oben verbin-
dende Balken aus: aber über diesem Balken wiederholte sich
an den beiden Seiten ein neuer Aufsaz, ebenso breit wie der
Balken [1]); bis über dieser ganzen Schmuckschwelle, welche
demnach 30 bis 35 Ellen hoch seyn mochte, der weitere Auf-
bau der Vorhalle sich in die Lüfte emporhob [2]). Dies Werk
war prachtvoll genug um noch durch besondere Namen verewigt zu werden: die rechte Säule wurde bei ihrer Aufstellung und Einweihung Jakhîn, die linke Bóaz genannt, gewiss
nach damals beliebten Männern, vielleicht jungen Söhnen Salômo's [3]); ähnlich wie der erste Herodes zwei von ihm glän-

---

1) dieser wichtige Umstand folgt deutlich aus v. 22 nach dem
vollständigern Texte der LXX: und da v. 21 f. nur die Zusammensezung der Baustücke beschrieben wird, so muss davon fruher in
aller Ausführlichkeit die Rede gewesen.      2) aus dem richtigen
Verständnisse des vollkommenen Textes folgt vonselbst, dass man die
beiden Säulen sich nicht etwa wie Obelisken getrennt vor den Tempel hingestellt denken darf. Was hätte dann der Balke über ihnen
gesollt und die neuen Capitelle? Auch heißt es v. 21 deutlich: »die
Säulen der Vorhalle«, wie die LXX richtig übersezen. Es wäre also
eher die Stellung der zwei Säulen in den Héraklestempeln zu Tyros
und Gades Herod. 2, 44. Strab. EB. 3: 5, 6 zu vergleichen.
3) *Jakhîn* kommt auch sonst als Mannesname, *Bóaz* sogar als ein
solcher unter David's Vorfahren vor. Es ist unbegreiflich wie man
noch immer in diesen Namen der zwei Säulen einen bildlichen Sinn
suchen kann, als bezögen sie sich auf Eigenschaften Gottes. Andere unwahrscheinliche Deutungen s. z. B. bei R. Rochette in den
Mémoires de l'acad. des Inscript. T. 17. 2. p. 54.

zend erbaute Mauerthürme Jerusalems Phasael und Mariamme nannte.

Rings an dieses h. Haus mit Ausnahme der Vorhalle wurde ein dreistockiges Nebenhaus gebauet, nicht viel höher als 15 Ellen; jedes Stockwerk von ihm war 5 Ellen hoch, das unterste war dabei ebenso nur 5 Ellen breit, aber jedes höhere wurde um 1 Elle breiter, indem die unten um viele Ellen breite Wand des eigentlichen Tempels dreimal mit je 5 Ellen Höhe um je 1 Elle verengert war, sodass die Cedernbalken der Decken aller 3 Stockwerke des Nebenhauses zugleich auf der Tempelwand je nach diesen Einbiegungen ruheten. Dies Nebenhaus war in eine Menge Gemächer eingetheilt; der Eingang war am südöstlichsten Gemache des untern Stockes, vonwo eine Windeltreppe zu den beiden höhern Stöcken führte [1]). Wozu diese vielen kleinen Seitengemächer dienen sollten, wird nicht gesagt: gewiss aber dienten sie in keiner Weise den Priestern, da diese ihre Gemächer in ihrem Vorhofe hatten. Bedenkt man dass sie so eng als möglich mit dem innersten Heiligthume zusammenhingen, so muss man annehmen dass sie die Weihgeschenke und die übrigen Schäze des Heiligthumes enthalten sollten, sofern für diese in dem hohen Hause selbst kein Raum war. Daher wird auch erzählt, wie Salômo nach der Vollendung des Tempelbaues sogleich die vielerlei Weihgeschenke seines Vaters in die h. Vorrathsräume gebracht habe [2]). Übrigens ragte nach obigem das eigentliche h. Haus über diesen Anbau noch hoch genug empor.

Heiligstes und Heiliges, innerhalb durch eine Wand ge-

---

1) 1 Kön. 6, 5 f. 8. 10: nur diese Säze gehören zusammen, v. 7 und 9 gehören in einen andern Zusammenhang. V. 8 ist für das erste תיכנה vielmehr תַחְתֹּנָה, v. 10 יָצִיעַ für בית b zu lesen, wie auch die LXX beweisen; oder vor lezterem ist wenigstens jenes einzuschalten; v. 10 handelt dann von der Decke jedes Stockes des Anbaues, was auch zum Zusammenhange mit v. 9 stimmt.

2) 1 Kön. 7, 51 vergl. mit 14, 26 und andern ähnlichen Stellen; dass zu David's Weihgeschenken auch Waffen gehörten, folgt aus 2 Kön. 11, 10.

trennt, machten allen Beschreibungen nach vonaußen doch
nur éin Ganzes aus, von éinem Dache bedeckt [1]). Da aber
jenes nur 20, dieses 30 Ellen Höhe hatte, so frägt sich wie
der Raum von 10 Ellen über jenem verwendet wurde. Wahrscheinlich liess man diesen Raum ganz leer, sodass das Heiligste vom Heiligen aus noch ganz wie ein Haus fürsich erschien. Das Dach über diesem 60 Ellen langen Hause war
dann für das 40 Ellen lange Heilige die einzige Decke; bestand übrigens ähnlich wie bei griechischen Tempeln aus
zierlichen Felderdecken [2]), mit kleinen Stücken Cedernholzes
als Geländer. Ob das Dach flacher oder gesenkter war,
wissen wir aus den alten Büchern nicht; doch spricht die
Chronik [3]) von vergoldeten Oberhäuschen, die ein plattes
Dach voraussezen würden [4]). — Die Fenster wurden wahrscheinlich an den über den Anbau hervorragenden hohen
Seiten des Hauses angebracht, und bestanden aus bloßen
Luftlöchern mit starken Gittern welche nicht viel Licht durch-
ließen [5]): das Schauerliche dunkler Räume liebte das ganze
Alterthum in den Tempeln, und das Heiligste mußte sogar
nach obigem ganz dunkel seyn.

Ob oder wie dies h. Haus vonaußen verziert war, wissen wir nicht mehr näher [6]). Voninnen waren die Wände
des h. Hauses in ihrer ganzen Höhe mit Lagen von Cedernholze überzogen: aber diese Planken wurden weiter mit
Schnizwerke aus Cedernholze verziert, darstellend theils gewöhnlichen Schmuck als Palmenzweige Coloquinthen (eiähn-
liche Früchte) und schöne Blumen, theils Kerûbe als den dem

---

1) dass das Dach des Heiligsten niedriger gewesen und also vonaußen hätte unterschieden werden können, ist gegen den Augenschein aller Beschreibungen.    2) גֵּבִים »Gruben« 1 Kön. 6, 9
gibt deutlich diesen Sinn, der auch in dem κοιλοσταθμεῖν der LXX
liegen muss; lat. *lacunaria*. Von φατνώματα spricht wenigstens bei
dem äußern Vorhofe Jos. arch. 8: 3, 9.    3) II. 3, 9.
4) vgl. auch den Gözenbau Ahaz'es auf ihm 2 Kön. 23, 12.
5) 1 Kön. 6, 4.    6) auffallend bleibt es immer dass vom
Äußern sowenig die Rede ist, und man kann nicht umhin hierin
eine Verstummelung des jezigen Textes zu sehen.

Heiligthume eigenthümlichsten Schmuck [1]); alles dies wieder
mit Streifen feinsten Goldes durchzogen. Die Wand welche
das Heiligste vom Heiligen trennte, sowie der dem Heiligsten gerade gegenüberstehende und wie zu ihm gehörige
Altar [2]) war ebenso verziert. Der Fußboden aber sowohl
des Heiligen als des Heiligsten war mit Cypressenholze ge-
dielt und mit Golde ausgelegt [3]). — Ganz dieselben Verzie-
rungen von Schnizwerk und Gold hatten die beiden Thüren:
die wie vonselbst deutlich kleinere des Heiligsten, aus 2 Flü-
geln bestehend und vom Holze des wilden Ölbaumes gefer-
tigt, fünfeckig, mit vorspringenden Pfosten von demselben
Holze; die größere des Heiligen viereckig mit vorspringenden Pfosten von demselben Holze, während ihre 2 Flügel, jeder aus 2 drehbaren Planken (einer obern und untern)
bestehend, von Cypressenholze waren. Beide Thüren gingen
in goldenen Angeln [4]); die zum Heiligsten war außerdem mit
goldenen Ketten verriegelt welche über die ganze Breite der
Thüre gespannt an der Wand hervorragten [5]).

Über die innere und äußere Verzierung der Vorhalle
erfahren wir nach den jezigen ohne Zweifel sehr abgekürzten

---

1) s. die *Alterthümer* S. 127.          2) das. S. 343.

3) dies scheint der sicherste Sinn der Worte 6, 14—22. 29 f.,
welche jezt durch die nicht dahin gehörende Beschreibung der Kerûbe v. 23—28 ubel unterbrochen sind. Dann beschreiben v. 14—17.
19 die erste Belegung mit Cedernholze vgl. 7, 2 f.; v. 18. 29 die
zweite mit Schnizwerke, v. 20—22. 30 die mit Gold; und die Worte
sind, obwohl schwerlich nach einer ursprünglichen Ordnung gegeben,
doch deutlich. Das לִפְנֵי הַדְּבִיר v. 20 f. ist dann das Vordere d. i.
die Vorderwand des Heiligsten; aber das erste muss dann erst hinter קוֹמָתוֹ stehen. Die Chronik II. 3, 7 sezt noch Edelsteine zu
der Verzierung.          4) 1 Kön. 6, 31—35. 7, 50; vgl. die Jahrbb.
I. S. 66 f. Die Chronik (II. 3, 8 f.) schäzt allein das Gold bei dem
Allerheiligsten auf 600 Talente, und den Werth der goldenen Nägel
zu 50 Sekel.          5) nach den Worten 1 Kön. 6, 21. Nach der
Chronik (II. 3, 14) wäre vor dem Heiligsten (wahrscheinlich außer
jener Thure) noch der altmosaische Vorhang ausgespannt gewesen,
in buntem Byssus mit Kerûbenbildern: allein die Beschreibung erinnert zusehr an Ex. 26, 31. Ähnlich dehnt die Chronik die goldenen
Ketten der Säulen viel weiter aus, v. 5. 16.

Nachrichten fast nichts. Nur gelegentlich hat sich eine Nachricht erhalten [1]) woraus wir schließen müssen dass ihre inneren Wände mit Lilienwerke verziert waren, ebenso wie die
Säulenknäufe der Vorhalle von der Gestalt der Lilien ausgingen (S. 301) und wie wir künstliche Lilienblüthe als Zier
von Tempelgefäßen wiederkehren sehen werden. Lilien und
Lotos galten damals in den Gegenden von Sina bis Kleinasien für unsere Rosen, die man nicht kannte. Die Mauer
selbst war gebauet wie die des inneren Vorhofes. — Dieser hatte eine Mauer von drei Reihen übereinandergelegter
großer Quadersteine, worüber Schulterstücke von Cedernholze [2]); in ihm oderdoch dicht bei ihm bauete Salômo gewiss auch die für die Priester nothwendigen Gebäude [3]). Über
die Einrichtung des großen oder äußern Vorhofes schweigen
unsere alten Nachrichten: wir wissen über ihn nur aus andern Quellen was schon S. 295 f. auseinandergesezt ist. In
ihm aber wurden im Verlaufe der Zeit die vielen schönen
weiten Hallen erbauet wo die Propheten sooft laut zum versammelten Volke redeten, und die Zellen oder Zimmer wo
um einen Lehrer sich Schüler versammelten [4]); und wieviele
zu ihrer Zeit bedeutende Lehrer mögen hier Schulen gestiftet haben, von denen wir jezt nichteinmal die Namen wissen.
So versammelten sich zu Jéremjá's Zeit in einer die Söhne
d. i. Jünger des „Gottesmannes" Chanan [5]), welcher nach
diesem Ehrennamen zu schließen längst vor Jéremjá lebte,
uns aber nach S. 20 jezt völlig unbekannt ist. — Besonders glänzend wurden gewiss die mannichfachen Thore erbauet; und außer dem Hauptthore gegen Osten kennen wir
das Grundthor welches nördlich liegen mußte [6]); das obere,

---

1) 1 Kön. 7, 19 und bei den LXX v. 22, wonach die Beschreibung des Lilienwerkes der Vorhalle schon vorangegangen seyn muss,
obwohl sie jezt fehlt.    2) 1 Kön. 6, 36 und 7, 2. 12 vgl. 8, 64.
2 Chr. 4, 9; בְּרֻתוֹת sind abgeschnittene d. i. hervorragende Stücke,
LXX einmal treffend ὠμίαι.    3) wie man etwa aus Hez. 40,
38—47 des näheren sehen kann.    4) Jer. 26, 2 ff. 36, 10. 20.
2Kön. 23, 11. 1 Chr. 9, 26. 33.    5) Jer. 35, 4.    6) für
סוּר 2 Kön. 11, 6 vgl. v. 11 ist nämlich nach 2 Chr. 23, 5 gewiss

auch das obere Benjaminthor oder, nachdem es von Jotham neugebauet war, das neue Thor genannt [1]), welches ebenfalls gegen Norden lag vielleicht aber am innern Vorhofe; das Thor hinter den Läufern [2]), im Süden wo tiefer unten zwischen Tempel und Palaste das Standlager der Leibwache war; endlich im Westen das am wenigsten ausgezeichnete Thor der Zellen, weil dahinter wie in einer Art von Vorstadt eine Menge kleine Zellen standen, besonders solche wo die Leviten ihre Feierstunden hinbrachten [3]).

Die Ausstattung des Heiligthumes mit den gehörigen Geräthen verband ebenso wie der Tempelbau die Achtung vor dem vom Alterthume überkommenen mit der sittlichen und künstlerischen Freiheit welche überhaupt diese erhabene Zeit auszeichnet. Soviel können wir imallgemeinen noch sicher erkennen: sonst aber müssen wir gerade hier sehr bedauern dass die ausführlichen alten Nachrichten darüber uns nur dem kleinsten Theile nach erhalten sind [4]). Einst

---

יסוד zu lesen.      1) Hez. 9, 2. Jer. 20, 2. 36, 10 vgl. 2 Kön. 15, 35.      2) 2 Kön. 11, 6 vgl. v. 19 wonach das gegenüberliegende Thor des Palastes das der Läufer hiess oder nach 2 Chr. 23, 20 damit wechselnd das *obere* d. i. nördliche; s. über die Lage des Palastes weiter unten. Außen vor diesem Thore lagen daher nach 1 Chr. 26, 15. 17 noch zwei besondre Wachthäuser für die Schließer oder Thürhüter, das eine etwa gegen den Tempel das andere gegen den Palast hin (dass אֲסֻפִּים dies etwa bedeute, erhellt auch aus Neh. 12, 25, vgl. Jahrbb. der B. w. III. s. 123).      3) dies ergibt sich aus einer Vergleichung von 1 Chr. 26, 16—18 mit 9, 26. 33. 2 Kön. 23, 11: danach ist 1 Chr. 26, 16 für שַׁלֶּכֶת auch nach den LXX לִשְׁכוֹת zu lesen; und es zeigt sich dass mit diesem fast einerlei ist der Ausdruck פַּרְוָרִים oder פַּרְבָּר׳, welcher nach Jos. arch. 15: 11, 5 etwa soviel als προάστειον ist und in ähnlicher Bedeutung auch im Talmudischen אַבְרָנָר oder בַּרְוָר wiederkehrt, während ܦܳܪܳ‎ als *Dach* bisjezt nur in Syrischen Wörterbüchern sich findet. Dass der Salomonische Tempel nach Westen hin 4 Thore hatte ebenso wie der Herodische nach Jos. arch. 15: 11, 5, haben Lightfoot u. a. grundlos angenommen.      4) das B. der Urspp. gibt 1 Kön 7, 40—47 von וַיְכַל an zum Schlusse eine Übersicht aller Erzarbeiten Hirâm's: es versteht sich vonselbst dass die einzelnen hier genannten Werke im Vorigen ausführlich beschrieben ge-

galten auch alle diese heiligen Geräthe für wichtig genug
um bald nachdem sie aufgestellt waren in aller Anschaulichkeit beschrieben zu werden: so neu in Israel war damals
die in ihnen entfaltete Kunst, und so gross war die Bewunderung dieser mit so außerordentlichen Mitteln ihre glänzenden Werke schaffenden Kunstthätigkeit.    Aber spätern
Zeiten war vieles davon nichtmehr so neu und so denkwürdig; und während die alten Beschreibungen dieser Geräthe
sowie auch des Tempelbaues selbst schon in den jezigen BB.
der Könige stark verkürzt sind, hat der Chroniker sie noch
weiter zusammengezogen.    Wiederum später gegen die Zeiten des N. T. hin erwachte freilich ein neuer Trieb wie alle
Salômonischen Herrlichkeiten soauch diese genauer sich zu
denken: aber beim Mangel sicherer älterer Nachrichten wagte
nun die bloße Einbildung diese Geräthe so schlechthin wunderbar zu schildern als man sich damals die ganzen Zeiten
Salômo's dachte, während man zugleich die Nachrichten des
A. Ts über die Salômonischen Tempelsachen ängstlich mit
denen über die Mosaische Stiftshütte auszugleichen suchte.
Wir besizen jezt in dem was Fl. Josephus [1]) über die in den

---

wesen seyn müssen: allein die Töpfe (v. 40 ist nach v. 44 סִירוֹת
zu lesen) Schaufeln und Sprengbecken sind v. 40 bloss ebenso wie
v. 44 aufgezählt, während sie hier ausführlich beschrieben seyn sollten.   Dazu hatte dies Buch gewiss auch die übrigen nicht von diesem einen Künstler verfertigten Geräthe ausführlich beschrieben:
aber wir finden jezt nur noch und zwar von einem andern Verfasser eine kurze Aufzählung aller Geräthe, auch der von Hirâm nicht
verfertigten.   Wenn übrigens alle diese Geräthe *golden* genannt werden, so liegt darin kein nothwendiger Widerspruch gegen das B.
der Urspp., welches den Hirâm alles von Erz verfertigen laßt: die
ehernen Werke konnten vor ihrer Aufstellung vergoldet werden.
   1) arch. 8: 3, 7. 8.   Um hier nur einiges davon hervorzuheben:
Salômo liess 1 großen goldenen Tisch (den Mosaischen) machen, aber
neben ihm 10,000 andere ihm ähnliche; Weinkrüge 80,000, Schalen
goldene 100,000, silberne 200,000 (2 Chr. 4. 8 ist doch nur von 100
goldenen Sprengschalen die Rede).   Und so geht es weiter, auch bei
den Schmucksachen der Priester.   Man kann aber als allgemeine
Thatsache annehmen, dass dieser Geschichtschreiber zwar vieles was
er in seinen Quellen kürzer angedeutet fand in seiner Weise ver-

kanonischen Büchern unbestimmt gelassenen Tempelsachen
sagt, ein deutliches Bild solcher spätern Dichtungen: und da
Josephus unstreitig anderes was er über Salômo erzählt aus
Apokryphen schöpfte (s. unten), so können wir sicher annehmen dass er was in seinen Erzählungen über diese Geräthe sowieauch über den Tempelbau die Spur solcher Er-
dichtung an sich trägt, aus solchen Schriften geschöpft habe. —
Was sich nun bei diesem Zustande der Nachrichten über die
Tempelgeräthe noch sicher sagen läßt, ist folgendes.

In das Heiligste kam wie in der Mosaischen Stiftshütte
bloss die Bundeslade: und zwar wagte man dies damals schon
durch sein Alter und seine Schicksale ehrwürdige höchste
Heiligthum eigentlich nicht zu erneuern, sondern liess es
wesentlich unverändert. Doch gab man ihm einen neuen
Deckel, bei welcher Gelegenheit sich zeigte dass die Lade
nichts als die zwei Steinplatten Mose's enthielt. Den Deckel
aber oder vielmehr den prachtvollen Fußschemel [1]) erneuete
man vorzüglich weil ein paar neuer Kerûbe an ihm befestigt werden sollten: und dieser Schmuck war das einzige
was man hinzuzuthun sich erlaubte, da der größere Raum
des Heiligsten die zwei Kerûbe in viel größerer Gestalt zu
bilden verstattete. Sie wurden aus Ölholze gedrechselt und
mit Gold belegt; ihre Häupter wurden wieder wie fruher an
den beiden Enden des Schemels befestigt, nachdem dieser
bis zu 10 Ellen Länge erweitert war: aber ihre Höhe wurde
jezt entsprechend zu 10 Ellen bestimmt; und insbesondere
zeigten die mächtigen zwei Flügel die jedem angesezt wurden, um wieviel höher jezt auch der Flug des ganzen Volksgeistes Israels sich hob. Jeder Flügel war 5 Ellen weit ausgedehnt; und während je ein Flügel beider nach der Mitte
des Schemels gekehrt war und diese zwei sich so in der

deutlicht und weiter umschreibt, nie aber so bestimmte Zahlen und
Ereignisse selbst zu erdichten wagt. — Verschieden davon und eigenthümlich ist die Beschreibung des ganzen Tempels bei Eupolemos
(in Eus. praep. 9, 34), deren Quelle wir jezt nicht kennen und welche doch einiges merkwurdige enthält. 1) s. die *Alterthümer* S. 128.

Mitte berührten, dehnte sich je der andere nach der Wand hin aus; sodass durch diese mächtigen Gestalten der ganze Raum des Heiligsten von 20 Ellen in seiner Länge von Ost nach West bedeckt wurde. Dieses große Prachtstück wurde nun gewiss sofort im Heiligsten selbst aufgerichtet [1]); und wurde wohl 10 Ellen über dem Boden angebracht, sodass man es vom Heiligen aus durch die Thür nicht sah. Die Tragstangen dagegen der darunter zu sezenden Lade, welche dem Schemel gemäss verlängert waren, sah man aus dem Heiligen, wenn man dicht vor das dunkle Heiligste sich stellte, deutlich hervorragen, wiewohl sie als durch die nach S. 305 anfangs unmittelbar vor ihnen hergespannten goldenen Ketten bedeckt weiter nachaußen hin unsichtbar wurden [2]). In diese Stellung ward die altheilige Lade wohl erst bei der Tempeleinweihung in feierlichem Zuge gebracht, wohl unterwegs mit einem entsprechenden Bilde der Kerûbe.

In dem Heiligen stand wieder ein vergoldeter Altar und ein h. Tisch [3]); statt des einen Leuchters aber in der Stiftshütte wurden hier 5 vergoldete Leuchter südlich und 5 gleiche nördlich aufgestellt, wir wissen nichtmehr in welcher Ordnung und warum ihrer gerade 10 waren.

Im Priestervorhofe mass der große eherne Altar, der gewiss in der Mitte stand, 20 Ellen ins Gevierte und 10 Ellen Höhe [4]). Ausführliches wissen wir sonst nur von 2 eher-

---

1) dies ergibt sich aus den Worten 1 Kön. 8, 6 und stimmt sehr gut mit dem in den *Alterthümern* über den Boden der Kerûbe und die Selbständigkeit dieses Werkes bemerkten überein.

2) 1 Kön. 8, 6—9. 6, 23—28. Der dunkle Ausdruck 8, 8 erlaubt schwerlich eine andere Deutung. Nur muss man dann annehmen dass die Beschreibung 8, 6—8 noch bevor die S. 305 beschriebene Thüre des Heiligsten angebracht war verfaßt wurde, was auch denkbar ist da sie aus dem B. der Urspp. stammen kann.

3) statt des éinen Tisches der 1 Kön. 7, 48 deutlich genannt wird, sezt der Chroniker II. 4, 8 zehn Tische, wie die 10 Leuchter geordnet: doch sieht man nicht wozu diese 10 Tische im Heiligen selbst dienen sollten.    4) dies steht zwar nur 2 Chr. 4, 1, stimmt indess ganz mit dem sonstigen Verhältnisse der Salômonischen Geräthe zu den Mosaischen vgl. Ex. 27, 1 überein, und ist

nen Werken welche hieher gehörten [1]). Südöstlich wurde
das große Waschbecken für die dienstthuenden Priester aufgestellt, dessen ungemeiner Umfang allein schon genug zeigt
wiesehr diese Zeiten an Glanz und Menge von Oberpriestern
die Mosaischen hinter sich ließen. Es war ein ungeheurer
runder Kessel, das eherne Meer genannt, 5 Ellen hoch aber
10 Ellen vom einen Rande bis zum andern messend, eine
Handbreit dick; sein Rand war wie der eines Bechers gebildet, mit überhangenden Lilienblüthen; vonaußen liefen rings
um ihn zwei Reihen Coloquinthen, durch den Erzguss selbst
mit ihm verbunden; als Träger dienten ihm 12 eherne Rinder, zu je 3 nach den vier Himmelsgegenden gerichtet [2]).
Zum Waschen der Opferstücke dagegen dienten 10 vier Ellen hohe große Wasserkessel, je 5 südlich und nördlich aufgestellt, aber jeder in einem Gestelle mit 4 anderthalb Ellen
hohen Rädern, um bei der Schwere der ehernen Masse leicht
überallhin gerollt zu werden wo ein Opferthier im Priester-
vorhofe dargebracht werden sollte. Dies Gestelle selbst mass
4 Ellen in's Gevierte und 3 Ellen Höhe; es bestand aus 4
an einander in's Gevierte gelegten starken Stäben, an deren
vier äußern Seiten die Räder befestigt waren, während inwendig an ihnen theils ein gewiss bis fast auf den Boden
herabhangender runder Kessel befestigt war welcher das
Wasser wohl durch künstliche Vorrichtung vom großen aufnehmen sollte, theils viereckige Einfassungen die von den
Stäben an sich $1\frac{1}{2}$ Elle weit emporhoben. Um aber den
4 Ellen hohen großen Kessel vonoben zu fassen, erhoben
sich ebenfalls von den 4 Stäben als der Grundlage des Ge-
stelles aus 4 Füße d. i. Stüzen des Kessels, oben in zierlich gearbeitete Schulterstückchen ausgehend auf welchen der
überhangende Rand des Kessels festsizen sollte; und um

---

daher gewiss aus einer alten Quelle; vgl. Hez. 43, 13—17.
    1) 1 Kön. 7, 23 - 39 vgl. mit 2 Chr. 4, 2—6: wogegen das 2 Chr.
6, 13 beiläufig erwähnte eherne Becken offenbar durch einen Schreibfehler statt der Rednerbühne genannt und genau beschrieben wird
(s. weiter unten).        2) etwa wie in der Alhambra, s. die Bilder bei Murphy pl. 33 f.

oberhalb dieser Füße die Einfassungen eine halbe Elle lang
vielmehr zu einem Kranze abzurunden, erhoben sich von
den Stäben noch innerhalb jener viereckigen Einfassungen
Tafeln als breite Träger dieser obersten Einfassung. Außer
an den Rädern waren überall, wo der Raum sie auf der
Oberfläche sichtbar werden liess, Kerûbe Löwen Stiere und
Palmzweige als Verzierung angebracht; und vonunten waren
überall hangende Blumenkränze hinzugefügt, wo sie sichtbar
werden konnten. Auch die Räder mit allen ihren Theilen
von Erz [1]). So kann man auch an diesen verhältnißmäßig
geringeren Tempelsachen sehen, mit wiegroßer Kunst und
Pracht Salômo alle seine Einrichtungen ausführen liess.

Der ganze Tempelbau, soweit ihn Salômo fürjezt führen
wollte, vollendete sich im achten Monate des elften Jahres
der Herrschaft Salômo's; er hatte also nach S. 292 gerade
achtehalb Jahre gedauert [2]). Da indess in den siebenten
Monat das jährliche große Herbstfest fiel zu dem sich das
Volk in größter Anzahl bei dem Heiligthume zu versammeln
pflegte, so beschloss der König das Fest der eigentlichen
Einweihung des neuen Heiligthumes schon in diesen Monat

---

1) dies ist das wahrscheinlichste Bild dieser Gestelle, welches wir
aus ihrer Beschreibung ziehen können. · Inderthat ist nur v. 31 nach
der jezigen Lesart völlig unverständlich: vor בָּאַמָּה muss das Zahlwort ausgefallen seyn, und theils nach dem Sprachgebrauche theils
nach v. 27 läßt sich keines als שָׁלֹשׁ ergänzen; das folgende Zahlwort aber »anderthalb Ellen« ist hinter ומסגרתיהם zu sezen, wie
der Sinn von v. 35 fordert; dass »der Mund« der Schlund des Ge-
stelles sei in welchen der Kessel hinabgelassen wurde, versteht sich
vonselbst, und über den Sinn von מסגרות und שלבים kann nach
Ex. 26, 17. 25, 25 kein Zweifel herrschen. Hienach versteht man
auch, wie König Ahaz nach 2 Kön. 16, 17 die Einfassungen von den
10 Gestellen abschlagen konnte, um damit die Assyrische Abgabe
zu bezahlen: denn die Einfassungen bildeten den größten Theil des
Erzes der Gestelle, während diese nothdürftiger Weise auch ohne
jene gebraucht werden konnten. Und vielleicht hat der spätere Her-
ausgeber der BB. der Kön. nur deswegen die Schilderungen dieser
Gestelle und des ehernen Meeres nicht verkürzt, damit die folgende
Erzählung über Ahaz deutlicher würde.      2) 1 Kön. 6, 37 f.
vgl. mit v. 1 und 7, 1. 9, 10.

só zu verlegen dass vor der Woche wo sonst das Herbstfest
gefeiert wurde die Tempelweihe gehalten werden und daran
erst in der folgenden Woche sich das gewöhnliche Herbstfest anschließen sollte ¹); daher es auch leicht so scheinen
konnte als habe das eine oder das andere Fest 14 Tage lang
gedauert. Zu der feierlichen Begehung dieser Tempelweihe
traf Salômo großartige Anstalten: alle geborne oder gewählte
Stammes- und Geschlechtshäupter Israels wurden zu ihr nach
Jerusalem entboten; die höhern und niedern Priester versammelten sich ohnehin zu einer Feier welche ohne ihre thätigste Mitwirkung nicht gehalten werden konnte. Den Anfang der Feier machte gewiss die Abholung des nach S. 60
noch immer in Gibeon stehenden altheiligen Zeltes und der
übrigen hier noch befindlichen altheiligen Geräthe: alle diese
mit der schon seit über 40 Jahren in einem von Davîd errichteten h. Zelte zu Jerusalem aufbewahrten Bundeslade wurden in feierlichem Aufzuge von den Priestern zu dem neuen
Heiligthume gebracht, während dann jedoch in diesem nur
die Bundeslade ihre entsprechende Stelle wiederfand, die
übrigen Reste von Heiligthümern aus Mosaischer Zeit an geeigneten Stellen z. B. in den Nebenzimmern des Tempels zum
ewigen Andenken niedergelegt werden mußten. Eine ungeheure Zahl von Opfern ward während der ganzen Feier auf-
gewandt: der König allein liess 22,000 Rinder und 120,000
Stück Kleinvieh bloss als Dankopfer darbringen, wovon alle
Theilnehmer des Festes welche wollten essen konnten; aber
noch viele andere Männer werden solche Opfer freiwillig dargebracht haben: und sógross war die Zahl der Opfer dass
der König, da der große Altar im innern Vorhofe zur Darbringung ihrer aller nicht ausreichte, den gesammten Raum
dieses Vorhofes zu dem gleichen Zwecke weihen mußte.

---

1) so muss man sich allen Umständen zufolge das 1 Kön. 8, 65 f.
vgl. v. 2 angedeutete Verhältniss bestimmter denken; dann versteht
sich auch, wie 2 Chr. 7, 8—10 der 23ste Tag des Monats als dér
genannt seyn kann wo das Volk entlassen sei. Dass das Versöh-
nungsfest dann mitten in das Weihefest fiel, begründet keinen trif-
tigen Einwand.

Welchen Eindruck aber die ganze Feier auf die versammelten Volksmengen machte und mit welchen Empfindungen sie von dem Doppelfeste heimkehrten, sehen wir deutlich aus der Schilderung des B. der Urspp., wie nachdem die Bundeslade an ihren neuen Ort überbracht und damit die Hauptfeier glücklich vollendet war, die glänzende Feuerwolke in der man die Gegenwart Jahve's anschauete sich über das Haus so gewaltig gelagert habe, dass selbst die Priester vor ihr zurückweichen und einen Augenblick das Haus räumen mußten [1]). So tief durchdrang plözlich alle die Ahnung dass sogewiss der helle Rauch der ungeheuer vielen Opfer unter günstigen Anzeichen sich über dem Hause emporhebe, auch Jahve nun wie vom hellen Himmel herabgekommen gnädig in diesem Hause wohnen wolle, nicht weniger als er früher an andern heiligen Stätten geweilt habe.    Aber wenn die Priester bei dem ganzen Feste am thätigsten seyn mußten, so liess sich doch Salômo als ächter König ebensowenig wie einst David S. 162 f. die oberste Leitung der ganzen Feierlichkeit nehmen: er selbst griff auch mit dem Worte thätig ein, dankte nachdem die Priester das Ihrige gethan in feierlicher Versammlung laut Jahve'n für die Gnade einen Bau vollendet zu haben worin Jahve „ewig wohnen zu wollen" unter günstigen Anzeichen versprochen habe, und hielt zum Schlusse eine feierliche Anrede an die Versammlung, worin er an die einst seinem Vater Davîd verkündigten günstigen Gottessprüche (Orakel) erinnerte, hervorhob wie herrlich diese bisjezt in Erfüllung gegangen seien, und für die Zukunft um ihre weitere Erfüllung flehete. — Soweit berichten alte Quellen [2]): die Spätern aber benuzten diese hohe Stelle in der alten Geschichte, um einige andere ihnen bedeutendere Wahrheiten daran zu knüpfen.    Der erste deuteronomische Bearbeiter läßt Salômo'nen in langer Rede flehen dass Jahve, der eigentlich über eine solche irdische Wohnung weit er-

---

1) vgl. II. S. 284 ff. und die *Alterthümer* S. 347 f.

2) 1 Kòn. 8, 1—11 und v. 62—66 im wesentlichen nach dem B. der Urspp.; dagegen v. 12—21 nach dem ältern Erzähler der Konigsgeschichten wie 2 Sam. 7; v. 24—27 nach dem spätern.

haben sei, alle zu ihm von seinen Frommen in und außerhalb des Tempels gerichteten Gebete erhören möge: eine troz ihrer Länge sehr schöne Rede, nur dass sie ihren Gedanken nach in das siebente, nicht in das elfte oder zehnte Jahrhundert gehört [1]). Der Chroniker dagegen vollendet das Bild der günstigen Einweihung durch die Darstellung wie Feuer vom Himmel das Opfer angezündet habe; und schildert außerdem nur die festlichen Aufzüge in seiner Weise ausführlicher und beredter [2]).

Da nun das große Heiligthum jezt Mittelort des ganzen Religionslebens Israels geworden war, wo die heiligen Gebräuche mit einem früher unbekannten Glanze gefeiert wurden und wo die Gaben und Weihgeschenke einer so außerordentlich großen Volksmenge zusammenströmten: so mußte dadurch auch die Stellung der Leviten im Reiche sich neu gestalten und fester ausbilden.  Auf sie zunächst fiel der ganze Glanz dieses neuen Jahvehauses herab; und sie hatten in ihm eine Vereinigung ja eine wahrhafte Burg gefunden welche ihnen seit Josúa's Zeiten gefehlt, ja welche sie mit solcher Macht und Festigkeit nochnie erreicht hatten. Aberauch ihre Pflichten und Geschäfte nahmen só zu dass sie jezt gewiss noch mehr als zuvor von Davîd (S. 171) neugeordnet und theilweise stark umgestaltet werden mußten. Wie diese neue Ordnung der in Jerusalem selbst zu verwendenden Leviten sich gestaltete, wissen wir besonders durch die Chronik noch etwas näher.  Zwar beschreibt der Chroniker alles hiehergehörige eigentlich nur so wie es sich gegen das Ende der ganzen Geschichte des Königthumes zu Jerusalem ausgebildet hatte [3]), weil seine Quellen ihm die

---

1) die Worte 1 Kön. 8, 22 f. 27—61 gehören deutlich ihrem Ursprunge nach in eine weit spätere Schrift, nämlich in die des ersten deuteronomischen Bearbeiters, vgl. I. S. 211.          2) die bedeutendsten Zusäze des Chronikers finden sich II. 5, 11—13. 6, 41 f. (aus Ps. 132, 8—10. 1) 7, 1—3. 6.          3) dies erhellt deutlich z. B. aus 1 Chr. 9, 11 vgl. mit 5, 37—40 nach einer andern Quelle: der dort genannte Azarja war danach einer der lezten Hohenpriester vor Jerusalem's Zerstörung.

Stoffe so vorführten; während er den Ursprung der Ordnung
vielmehr auf Davîd's ja auf Samûel's Befehle zurückführt [1]:
allein wie lezteres nur aus seiner unten zu erläuternden allgemeinen Ansicht über das Wesen Salômo's sich ergab, so
haben wir keine Ursache dáran zu zweifeln dass der Grund
dieser ganzen neuen Priesterordnung schon in der alles
schöpferisch ordnenden Zeit Salômo's gelegt sei. Das we-
sentlichste davon ist folgendes. Für die Verwaltung der
höchsten Tempel - Geschäfte wurden aus den zwei unmittelbar von Ahron abstammenden alten Geschlechtern 24 kleinere Geschlechter (Abtheilungen) gebildet, von denen jedes
eine Woche lang den Dienst versehen sollte [2]. Diesen zur
Hülfe wurden aus dem niedern Priesterstande ebenfalls 24
Geschlechter bestimmt, von denen jedes eine Woche lang
die gehörige Anzahl dienstthuender Männer zur Stelle schaffen mußte [3]. Für die Tempelmusik wurden 24 Geschlechter gebildet, von denen jedes 12 Männer aus seiner Mitte
stellen sollte [4]: alle diese waren zwar sicher Levitischen
Blutes, aber dass die drei Väter auf welche sie sich später
alle zurückführten, Asaf Häman und Aethan oder Jedûthûn,
solches nur im uneigentlichen Sinne waren, wird unten bei
der Betrachtung der Ausbildung der Künste im Salômonischen
Zeitalter gezeigt werden. Andere Leviten wurden zahlreich
zu Hutdiensten an den verschiedenen Thoren und Wachstel-
len des Tempels verpflichtet [5]; wieder andre erhielten das
erbliche Amt die Schäze des Tempels zu hüten [6]; und wei-

---

1) auf Davîd 1 Chr. 23—26 und an andern Orten; mit auf Samûel 1 Chr. 9, 22. Dagegen läßt sich keineswegs aus Ausdrucken
wie 2 Chr. 31, 2 schließen der Chroniker habe die Entstehung dieser Ordnung erst in Hizqia's Zeit gesezt.    2) 1 Chr. 24, 1—19;
wie der wöchentliche Dienst war, läßt sich etwa aus 1 Chr. 9, 25
schließen.    3) 1 Chr. 24, 20—31; hier sind die 24 so zu zählen: Shûbael, Jechdeja, Jishia, Sh'lômîth, Jachat, Amarja, Jachaziel;
Jeqam'am, Mikha, Shamîr, Jishia, Zekharja; Machli, Mûshi, Ja'zija,
Shoham, Zakkur, 'Ibri, El'azar, Ithamar (nach den LYX), Jerachmeel,
Machli, 'Eder, Jerimoth.    4) die Hauptstelle 1 Chr. 25: sonst
vgl. die *Dichter des A. Bs* Bd. I. S. 211 ff.    5) 1 Chr. 26, 1—19.
6) 1 Chr. 26, 20—28. 9, 14—27 vgl. 2 Chr. 25, 24. Ezr. 8, 29.

ter ging es so bis in die einzelnsten niederen Tempeldienste
herab [1]). Der Grund dieser Einrichtungen erhielt sich seitdem beständig bis in die spätesten Zeiten. Dass viele Leviten und Priester jezt entweder beständig oder für die Fri-
sten ihrer Dienste in der größten Nähe des Tempels ihre
Wohnungen empfingen war unvermeidlich: aber ihren Unterhalt erhielten sie noch immer vorzüglich von den Zehnten und den liegenden Gütern die sie nach II. S. 402 seit
alten Zeiten erblich besaßen, und wohin sie sich auch zum
Wohnen begeben konnten [2]). Dazu behielt der Hohepriester
mit seinem ganzen Gefolge die weitläufige Wohnung auf dem
Ssion welche ihm nach S. 165 Davîd hatte anweisen müssen [3]).

2. Nach Beendigung des heiligen Baues soweit es für
die Einweihung desselben nothwendig war, fing Salômo den
Bau eines Hauses an welches der Verherrlichung der zweiten Macht in Israel, des damals auf seinen höchsten Gipfel
gekommenen Königthumes, dienen sollte. Das Haus welches
Davîd bald nach der Eroberung Jerusalems sich hier gebauet
hatte (S. 159), schien bei der seitdem so hoch gestiegenen
Macht Israels und seines Königs schon zu klein für die Würde
und die Schäze des Königs zu seyn. Wohin dies Haus gebauet wurde, wissen wir zwar nicht durch ein ausdrückliches
Zeugnis: wahrscheinlich aber wurde es auf der südlichen
Fortsezung des Tempelberges, gewöhnlich 'Ofel d. i. Hügel
genannt, errichtet [4]). Dies Gebäude, von dem wir nur eine

---

Neh. 10, 38—40.        1) 1 Chr. 9, 28—32.        2) vgl. 1 Kön. 2, 26.
Jer. 32, 7 ff. 37, 12. Luc. 1, 23. 39 f.        3) nach dem damaligen
Hohepriester heißt dieser Palast »Eljashîb's Haus« Neh. 3, 20 f.
4) dass es nicht auf dem eigentlichen Ssion gebauet wurde, folgt
aus den Stellen über die Übersiedelung der ägyptischen Königstochter S. 280; in die Unterstadt aber konnte es schon als Königsburg
nicht verlegt werden. Dass dagegen die königliche Burg südlich vom
Tempel lag, folgt klar aus Neh. 3, 25 (s. unten), sowie mit großer
Wahrscheinlichkeit aus Mikha's Worten über den Messias, 4, 8;
auch die Worte Jes. 32, 14 zeigen dass an diesem Theile der Stadt
Prachtbauten lagen. Andere Beweise dafür gibt die Lage des Roß-
thores in der alten Stadt, worüber unten; die des Thores der königl.
Läufer, worüber oben S. 307; die der Gräber der spätesten Kö-

kürzere Beschreibung besizen, war sowohl nach Umfang als
nach seiner Pracht ein nicht minder erhabenes Denkmal der
Größe jener Zeit als der Tempelbau selbst; und da es für
mehere Zwecke dienen sollte, bestand es eigentlich aus einer
Reihe verschiedener großer Bauten, deren Ausführung 13 Jahre
also weit mehr Zeit forderte als die des Tempelbaues [1]). Das
Hauptgebäude, 100 Ellen lang 50 breit und 30 hoch, bestand
aus drei Stockwerken, von denen jedes auf 15 Säulen ruhete,
nämlich wahrscheinlich nicht so dass diese Säulen mitten in
dem ein ganzes Stockwerk füllenden Zimmer frei standen und
zur Stüze der Decke dienten, sondern so dass sie auf der
Vorderseite 3mal über einander standen, alle die Säulen zuerst mit einfachen Cedernplanken dann mit Felderdecken von
Cedernholze überzogen; und da das Ganze so wie aus hohen
Cedern zu bestehen schien, nannte man dies Haus das des
Libanonwaldes. Jedes Stockwerk davon war weiter nicht getheilt, sodass die ungewöhnlich hohen und hellen Fenster
eines jeden einandergegenüber standen; die Thüren mit ihren Pfosten aus viereckigen Balken. Offenbar diente dies
Haus seiner Bauart nach nur zum Aufstellen und Aufbewah-
ren der königlichen Schäze und Prachtsachen; und wir können noch aus einigen Andeutungen ganz sicher erkennen,
wie große Schäze dort aufgehäuft wurden [5]). Es hatte aber
außer dem selbstverständlichen ersten Vorhofe eine Vorhalle
wahrscheinlich bloss aus Säulengängen bestehend und des-

nige, worüber unten. Ferner stimmt damit überein was wir sonst
von den sorgsamen Wasserleitungen wissen, welche Salômo gerade
an diesem Theile der Stadt bauete (s. unten). In den Zeiten des
Neuen Jerusalems wurden viele Pläze am 'Ofel freilich den Tempel-
dienern und Krämern zugewiesen, Neh. 3, 26. 31. 11, 21.

1) 1 Kòn. 7, 1 vgl. mit 9, 10 und oben S. 312.

2) dort lagen nach 1 Kòn. 10, 16 f. die 200 goldenen Schilde,
reine Prachtstücke; und nach v. 21 noch viele andere kostbare Geräthe. Wir wissen also nun wo die 1 Kòn. 14, 26 erwähnten königl.
Schazkammern waren; ferner wo die Rüstkammer des Wald- d. i.
Libanon-Hauses Jes. 22, 8 lag, welche übrigens von dem Rüsthause
auf dem Ssion als dem ältern Neh. 3, 19 verschieden gewesen seyn
muss.

halb die Säulenvoihalle genannt, 50 Ellen lang und 30 breit, über deren Verwendung wir eben deshalb auch nichts näheres erfahren. Östlich davon, durch einen zweiten Hof getrennt [1]), erhub sich alsdann die Vorhalle zu dem eigentlichen Königshause, mit Säulen welche Laubwerk oben an den Knäufen zierte: diese Vorhalle, vom Boden bis zum Dache mit Cedernholz getäfelt, hiess von ihrer Bestimmung die Thron- oder Gerichtshalle. Hier ohne Zweifel stand der anderswo [2]) als ein Wunderwerk beschriebene große Thron Salômo's, von Elfenbein gebildet und mit lauterm Golde belegt; er stand auf 6 Stufen, zu deren beiden Seiten in altheiliger Zahl 12 Löwen prangten, unstreitig weil der Löwe das Fahnenzeichen Juda's war [3]); auch auf jeder seiner beiden Armlehnen prangte ein Löwe, und oben lief er in eine runde Krone aus. — Dicht an diese Vorhalle stiess also das eigentliche Wohnhaus für den König; hinter ihm endlich ward (wie der Harem stets den hintersten Plaz einnimmt) ein anderes für die ägyptische Königstochter gebauet, beide mit ähnlicher Kunst; und ein großer Hof, dessen Mauer wie die des innern Tempelhofes errichtet wurde (S. 306), umgab diesen ganzen vielfachen Königsbau. Alle Theile des mannichfaltigen Baues wurden von den Grundlagen an bis zu den Dächern mit acht bis zehn Ellen großen Steinen bester Art aufgeführt, die nichtbloss wo sie sichtbar wurden sondern auch wo andere Baustücke sie bedeckten fein gerändert waren und nach den inneren Wänden hin mit Cedernholze ähnlich wie bei dem Tempel überzogen wurden [4]). — Zur Ver-

---

1) dieser innere Hof wird auch bemerkt 2 Kön. 20, 4 nach dem *Q'rî*.        2) 1 Kön. 10, 18—20. Nach 2 Chr. 9, 17—19 stand über den mit Gold eingefaßten Stufen auch ein ebenso eingefaßter Fußschemel; diesen Sinn haben wenigstens die Worte v. 18, wenn man das zweite לַכִּסֵּא vor בַּזָּהָב stellt.        3) welches auch aus dem uralten Bilde Gen. 49, 9 folgt, sowie aus Jes. 29, 1. Hez. 19, 2 ff.        4) dies ist die wahrscheinlichste Ansicht von dem ganzen Königsbaue, welche sich aus den Worten 1 Kön. 7, 4—12 ergibt: wie man überhaupt finden wird, dass solche Beschreibungen wo sie etwas vollständiger erhalten sind einen sehr klaren Sinn ge-

bindung dieses auf etwas niedrigerem Boden gebaueten Königshauses mit dem nahen aber höher liegenden Gotteshause
diente endlich ein Stufengang auf dem der König allein seinen feierlichen Aufzug zum Tempel zu halten pflegte, und
der mit großer Pracht gebauet gewesen seyn muss, obwohl
wir jezt nichts weiter über ihn wissen [1]). Im Tempel selbst
hatte der König einen besondern Stand, zu welchem dieser
„Königseingang“ hinführte: es war ein auf einer starken
Säule angebrachter bedeckter Siz, vonwo der König an Sabbaten die ganze festliche Versammlung übersehen oderauch
anreden konnte, und welcher daher „die Sabbatskanzel“ hiess
im Gegensaze zu der Hofkanzel wo der König Recht sprach [2]).
Dieser erhabene Königsstand war indess wohl im innern,
nicht im äußern Vorhofe angebracht [3]); denn um ihn zogen
sich die Schranken des Heiligen wahrscheinlich im Halbbo-
gen durch ein zierliches Geländer gebildet [4]).

<hr>

ben. V. 2 ist 3 statt 4 zu lesen. V. 6 lese ich רָאשֵׁיהֶם für das
lezte פניהם, und streiche das ו von dem ersten אולם in v. 7, sodass dieses zum zweiten Accusative wird; sonst würden die lezten
6 Worte in v. 6 garkeinen Sinn geben, und die Lage der Halle wäre
durch kein Zeichen angedeutet. V. 7 ist für das lezte קרקע nach
6, 15 f. vielmehr קירות zu lesen, und dieses hier ebenso wie dort
zu verstehen.          1) dies folgt nàmlich aus 1 Kòn. 10, 5, wo
עֹלָה oder vielmehr nach 2 Chr. 9, 4 עֲלִיָּה nach dem Zusammenhange der Worte und dem Sachverhalte durchaus nicht »Opfer« bezeichnen kann. Dieser Zugang wird daher 2 Kön. 16, 18 ähnlich der
»äußere Eingang des Kònigs« genannt.          2) folgt aus 2 Kòn.
16, 18 vgl. mit 11, 14. 23, 3.          3) so fordert es wenigstens
deutlich Hez. 46, 2; und auf dasselbe führen die S. 311 besprochenen Worte 2 Chr. 6, 13.          4) etwa wie bei dem Vorhofe des
Paphischen Tempels nach den oben erwähnten Münzen. Die Schranken hießen שְׂדֵרוֹת eig. Ordnungen, und werden 2 Kön. 11, 8. 15
erwähnt (vgl. weiter unten); der Zusammenhang der Rede spricht zu
deutlich für diese Bedeutung und etwas ähnliches bedeutet מִסְדְּרוֹן;
der Name γείσιον bei Jos. arch. 8: 3, 9 ist nicht hebräisch. Dass
der Kònigsstand bei dem großen Waschbecken war, meldet die S. 309 nt.
erwähnte Beschreibung in Eus. praep. ev. 9, 34 wohl unabhängig von
2 Chr. 6, 13: nach Hezeqiel freilich sollte der »Fürst« nur am Thore
des innern Vorhofes verweilen.

3. Aber diese beiden Bauten, sowohl der königliche als der heilige, erforderten unstreitig noch eine Menge anderer kostbarer Anlagen theils zu ihrer Ergänzung theils zu ihrer entsprechenden Ausschmückung. Zu einer großen Königsburg gehörten weite Gärten, mit den mannichfaltigsten Anlagen und schönen Gängen; und wenn schon diese nicht leicht ohne die kostspieligsten Wasserbauten bleiben konnten, so erforderten die Bedürfnisse des Tempels bei seinen vielen Opferhandlungen und Priesterwaschungen eine künstliche Anstalt zur steten Darreichung des reichlichsten und klarsten Wassers. Von solchen weitern Bauwerken Salômo's welche mit jenen in Verbindung standen, reden nun zwar unsre jezigen Geschichtsbücher nur sehr dürftig und ansich wenigverständlich [1]: allein dass das Alterthum sie einer stehenden Überlieferung nach diesem Könige zuschrieb, folgt sicher aus der kurzen Herzählung der großen Unternehmungen und Besizthümer Salômo's im B. Qohéleth [2]; wir müssen also versuchen wieweit wir nach sonst zerstreuten Spuren diese Seite der Thätigkeit Salômo's wieder näher erkennen können.

Nichts ist für das Verständniss der Geschichte des alten Jerusalems wichtiger zugleich und räthselhafter als das Verhältniss seiner nach allen Überlieferungen [3] stets reichlichen

1) in den Worten »und alle Lust Salômo's (d. i. alle seine Bauwerke) die er auszufuhren Gefallen hatte« 1 Kön. 9, 1 vgl. v. 19 wo es nichtbloss wie v. 1 von Jerusalem gesagt wird. Aber der ursprüngliche hebräische Text nannte, wie die LXX zu 1 Kön. 2, 35 zeigen, deutlich *das Meer* und *die Quelle des Vorhofes* als Werke Salômo's; sowie gewiss auch die hier genannten *Grundlagen und Säulen* Werke am Tempel seyn sollen.     2) »ich pflanzte mir Weinberge, machte mir Gärten und Parke und pflanzte darin allerlei Fruchtbäume, machte mir Wasserteiche um aus ihnen einen üppigen Wald von Bäumen zu tränken« Qoh. 2, 4—6: hierin liegt unstreitig ein geschichtliches Andenken welches der Verfasser auch aus ältern Büchern geschöpft haben kann.     3) der Ausdruck in Tac. hist. 5, 12 »fons perennis aquae, cavati sub terra montes« geht dem Zusammenhange der Worte nach keineswegs bloss auf eine Quelle unter dem Tempel: sehr merkwürdig aber ist die ausfuhrliche Beschreibung des Tempelwassers in dem IV. S. 539 f. beschriebenen *Aristeasbuche;* vgl. auch Philon in Eusebios' praep. ev. 9, 37.

und mannichfaltigen aber in seinem Ursprunge einem großen
Theile nach uns unverständlichen Wasservorrathes. Die neuesten Untersuchungen haben zu dén zwei bedeutenden Wahr-
nehmungen geführt, dass viele der Teiche und Quellen durch
unterirdische Wasserleitungen unter sich zusammenhangen;
und dass noch heute wie in den Zeiten Christus' ein reicher
Quell des besten Wassers unter der Höhe des Tempelberges
verborgen seyn müsse [1]): und es kann keinem Zweifel unterliegen dass schon seit Salômo's Zeit aus diesen unterirdischen Wasservorräthen unerschöpflichen Flusses alle Bedürfnisse des Tempels befriedigt wurden. Die prophetische Einbildung schauet dies freilich höher und freier als es die
Wirklichkeit darbot, wenn sie ahnet und wünscht dass in der
vollendeten Zeit vom Hause Jahve's aus ein starker Wasser-
strom sich weithin ergießen werde um alles öde Land zu
erquicken und alles unreine zu reinigen [2]): aber ohne eine
solche Veranlassung hätte auch der Grund dieser prophetischen
Anschauungen nicht entstehen können. Offene Teiche von
deren Wasser wir nicht sogleich wissen woher es komme,
kennen wir außerdem mehere aus der alten Geschichte der
h. Stadt, und neuere Reisende haben uns solche theils als
noch jezt brauchbare theils als ausgetrocknete beschrieben:
auch von diesen haben wir alle Ursache einige auf Salômo
zurückzuführen. Leider aber fehlt uns jezt eine Schriftstelle
des höheren Alterthumes in welcher von allen diesen Gewässern Jerusalems zusammenhangender und deutlicher geredet würde. Und woher insbesondre der reichliche Was-
serfluss unter dem Tempelberge komme, dies kann sofern

---

1) s. Robinson's Pal. II. S. 159 ff.  Williams' the holy City p. 385 ff.
und aus der neuesten Zeit *W. Krafft's* Topographie Jerusalem's, 1846;
besonders aber *Tit. Tobler* die Siloahquelle und der Ölberg, 1852.

2) die ältesten Worte sind in der Weissagung Joel 4, 18; später ist diese weiter ausgeführt Zach. 13, 1. 14, 8. Hez. 47, 1—12.
Apoc. 22, 1.  Denn unstreitig mischten sich in diese Ahnungen zwar
die Bilder vom Lebens-Wasser im Paradiese: aber ohne eine örtliche Veranlassung hätten sie doch nie so wie wir sie zuerst bei
dem Priester Joel finden entstehen können.

es sich noch heute erkennen läßt sólange nicht genügend
untersucht werden als es einer unseligen Verblendung der
europäischen Hauptmächte wohlgefällt den Türken zu erlauben die Christen und daher auch die Leute der Wissenschaft
wie Hunde zu behandeln. Man könnte versucht werden jenes unterirdische Tempelwasser und den Vorrath anderer
Teiche von Quellen außerhalb des Stadtgebietes abzuleiten:
dann könnte man etwa an die Wasserleitung von den drei
sog. Brunnen Salômo's südwestlich von Bäthléhem denken,
deren Überbleibsel sich noch jezt deutlich verfolgen lassen.
Wirklich sind diese drei großen Teiche bei Bäthléhem ihrer
Bauart nach sehr alt [1]): man sieht ansich nicht warum Salômo sie nicht gebauet haben könnte; und gerne denkt man
sich den großen König wie er ein Vergnügen daran findet
durch großartige Anlagen den Siz seiner Vorältern zu verherrlichen und zu versorgen.    Allein dass jene im 14ten
Jahrh. n. Chr. wiederausgebesserte Wasserleitung schon vor
der Zeit des Pontius Pilatus gebauet gewesen, läßt sich bisjezt nicht beweisen [2]); und wir können demnach nicht behaupten dass Salômo Jerusalem oder den Tempel mit Wasser aus jenen Teichen bei Bäthlehem versehen habe.    Was
wir jezt hier mit einiger Wahrscheinlichkeit ersehen können,
beschränkt sich auf folgendes.    Die Stadt hatte vonjeher in
ihrer Umgebung einige Quellen nieversiegenden Wassers,
während auch der östlich vorbeifließende einst gewiss größere Bach Qidrôn wenigstens jezt in trockener Jahreszeit
stets versiegt.    Insbesondere gehören hieher die zwei Quellen welche auch nach dem was oben S. 265 erörtert ist, an
einander ganz entgegengesezten Orten außerhalb der Stadt
gelegen haben müssen: die Quelle Rôgel im Südosten [3]), und
Gihôn im Norden.    Bedenken wir nun dass der uralte ge-

---

1) s. Robinson's Pal. II. S. 385 f.        2) vgl. Williams' the
holy City p. 411 ff.   Dass Pilatus irgendeine bauete, folgt aus Jos.
jud. Kr. 2: 9, 4. arch. 18: 3, 2: aber die hier angegebenen Maße
der Entfernung würden noch weit über Bethlehem hinausfuhren (s.
darüber weiter unten).        3) ihr Wasser hat einen vom Silôah
verschiedenen Geschmack.

wiss Kanáanäische Name einer Quelle Rogel gerade seit Salômo's Zeiten völlig verschwindet, so liegt es nahe zu meinen dass Salômo sie zu einem Teiche ausbauete welcher
weil der Qidrôn von Norden nach Süden fließt) „der untere"
genannt wurde: von ihm gingen gewiss viele Wasserleitungen aus zur Bewässerung der von Salômo im Süden der
Stadt angelegten Gärten, er selbst aber wurde von Salômo
mit den nördlicheren Gewässern in keine Verbindung gesezt,
sodass erst König Hizqia sein Wasser mit dem Silôah im
Thale verband um es dorthin abzuleiten [1]). Der Gihôn im
Norden [2]) hatte aber seit Salômo's Zeit wahrscheinlich einen
doppelten Ausfluss: einen der der obere genannt wird, welcher also gewiss einerlei war mit dem oberen oder alten
Teiche, und dessen Wasser erst zu Hizqia's Zeit durch eine
künstliche Wasserleitung tiefer westwärts in die Stadt geführt
wurde [3]). Diesen obern Ausfluss liess Salômo sichtbar wie

---

1) dies folgt aus Jes. 22, 9 vergl. mit 2 Chr. 32, 3 f.   Wie die
Gewässer des heutigen Jerusalems nach den bisjezt entdeckten Spuren zusammenhangen, sieht man am kürzesten aus dem Plane der
Stadt welcher von Kiepert und dem Consul Schultz 1845 zu Berlin
veröffentlicht ist.   Das alte Silôah im Thale denkt man sich dann
am besten in die alte Stadtmauer gezogen.        2) den Gihon
westlich im jezigen Teiche Mamilla zu suchen, ist schon deshalb
falsch weil dort die Drachenquelle gelegen haben muss, wie unten
erklärt ist.   Zwar heißt jenes Thal oft Gihon: allein dass dieser Name
nur von den Mönchen des nahen h. Grabes ausging, sieht man auch
daraus dass einst vielmehr das ganze westliche Thal Gâhinnom genannt wurde, vgl. Bahâeldin's Leben Saladin's p. 73 und Kemâleldin
in Freyt. chr. ar. p. 122 f.   Dass der Gihon im Norden der Stadt
westlich vom Qidrônthale lag, folgt auch aus 2 Chr. 33, 14.
3) dies nach Jes. 22, 11 vgl. mit 7, 3. 2 Chr. 32, 30. 2 Kön. 20,
20: hieraus erhellt dass dies ein sehr großes Werk war; und da
man die »Doppelmauer« von der westlichen Ecke verstehen kann wo
die nördliche Mauer der Davidstadt und die spätere Mauer zusammenstießen, so paßt die Lage ganz auf den großen Teich innerhalb
der Stadt, welcher noch jezt nach Hizqia genannt wird.   Als den
alten Teich kann man sich den großen nördlichen Wasserbehälter
denken von welchem der Consul Schultz S. 35 seines »Jerusalem«
Berlin 1845 spricht.   Verschieden von jener »Doppelmauer« war

er ihn fand, wie schon sein Name „der alte Teich" andeutet: er kann aber einen oder einige andre Ausflüsse aus der Quelle abgeleitet haben, und zwar ostwärts zum Tempel hin, sodass vielleicht der Teich Bethesda von ihm gespeist wurde, vielleicht auch das unterirdische Tempelwasser sowie die Quelle der Jungfrau südöstlich vom Tempel und der jezt sog. Quell Siloam am Ausgange der Käsemacherschlucht von dort kamen; denn nach den neuern Untersuchungen stehen diese zwei mit dem Tempelwasser durch unterirdische Gänge in Verbindung [1]). Dagegen mag der alte Quell Silóah am südwestlichen Abhange des Ssion seinen Ursprung genommen und von dort in vielfachen Wasserleitungen offen fließend den Teich Silóah auch Königsteich, sowie einen andern „Kunstteich" genannt gebildet haben [2]), bis er sich östlich

übrigens die »bei dem Königsgarten« im Südosten wo die Mauern vom Ssion und 'Ofel zusammenstießen, 2 Kön. 25, 4.

1) der Farbe nach ist freilich das jezige Wasser des Bethesda verschieden, der Geschmack des Wassers am Tempel aber mit dem der Jungfrauquelle und dem Siloam gleich, wie dies Williams weiter beschreibt. Von der Jungfrauquelle bis zum Siloam haben die neuern Untersucher schon eine unterirdische Wasserleitung entdeckt.

2) der Beweis dafur liegt besonders in der Beschreibung der alten Mauern und Thore Neh. 3, 1—32. Bei näherer Betrachtung zeigt sich dass diese nördlich vom Tempel anfängt und den Kreis gerade von Nordosten aus vollendet. Beachtet man dazu dass in allen solchen Beschreibungen der Ausdruck הַגַּיְא nur das Thal westlich und südlich (Gàhinnom), der הַנַּחַל nur das nördlich und östlich (den Vàdi Qidrón) bezeichnen kann, ferner dass הַמִּקְצֹעַ »der Winkel« Neh. 3, 19. 24 wahrscheinlich die später sog. Käsemacherschlucht bezeichnet, so ist die ganze Stelle doch nicht so unklar als sie scheint. Auf das Schafthor nordöstlich vom Tempel folgte das Fischthor v. 3 weiter nördlich, wo also offenbar ein Teich von der Quelle Gihon sich in der Nähe fand; das alte Thor v. 6 vgl. Zach. 14, 10 lag dann nach Nordwest hin; nach weiten Zwischenräumen folgte das Thalthor v. 13 offenbar etwa an der nördlichen Spize des Gàhinnòm, weiter südlich etwa bis dahin wo die Davídsstadt nördlich anfing, das Koththor v. 14 (wohl einerlei mit dem Scherbenthore Jer. 19, 2); sodann das Quellthor v. 15, wo offenbar der Silóah entsprang, der dann etwas weiter südlich den »Silóahteich des Königsgartens« v. 15 also kürzer gesagt den »Königsteich« (Neh. 2, 14) bildete, wo Stufen von

etwa dem Eingange der Käsemacherschlucht gegenüber hin-
abliess und hier mit dem nördlichen Wasser in dem jezt
„Quell Silóam" genannten Becken sich begegnete. Diese
Leitung des Silóah war gewiss ein vorzügliches Werk Salômo's; und da er der einzige offener fließende Bach an der
alten Stadt war und dazu gerade die Davîdsstadt S. 159 um-
floss, sein Wasser wohl auch mit dem Tempel in irgend einem Zusammenhange stand, so wurde er mit seinem sanften aber nieversiegenden Flusse in den folgenden Zeiten

---

der Davîdsstadt in das Gähinnom hinabführten vgl. auch 2 Chr. 32, 33;
nun erst v. 16 kommt die Stelle »Davîdsgräber« die man jezt hier
südwestlich zeigt (s. oben S. 289), mit dem Kunstteiche, der schon
seinem Namen nach ein neuer Teich war; nach einem längern Zwi-
schenraume, wo die Mauer sich ganz im Süden hinzieht, folgt v. 19
»die Stiege zum Zeughause am Winkel«, offenbar am südlichen Eingange der Käsemacherschlucht; nun aber zieht sich die Mauer am
westlichen Rande dieser Schlucht nördlich bis wo die Schlucht südlich vom Tempel aufhört v. 24, sezt sich an ihrem östlichen Rande
da fort wo der Salômonische Königsbau nördlich an die südlichen
Ausläufe des Tempels stößt v. 25, umgibt den Ophel mit dem östlichen Wasserthore und Roßthore welche in die Käsemacherschlucht
hinabfuhrten v. 26—28, bis sie allmälig zum Ostthore gegen den
Qidrôn kommt und hier nördlich fortschreitend wieder das Schafthor
erreicht v. 29—32. Damit stimmt die kürzere Beschreibung Neh. 2,
13—15 überein, wo das Thalthor zum Ausgange dient; sowie die
etwas längere Neh. 12, 31—40, wo zwei Menschenzüge zuerst vom
Tempel durch die Stadt bis zum Kothhofe gehen, dann der eine
vonda südlich der andere vonda nördlich den Umkreis der Stadt
macht, und beide sich zulezt wieder südlich vom Tempel begegnen.
Hiernach sind die vielen Irrthümer über die Lage von Thoren und
Teichen der Stadt zu verbessern, welche sich nochimmer nichtnur
bei Robinson und Williams sondernauch auf der Charte Kiepeit's
und des Consuls Schultz finden. Wüßten wir freilich den Ort der
»Davîdsgräber« (s. unten) nach näheren Erforschungen bestimmter als
bisjezt, so würden wir über einzelnes noch sicherer urtheilen können. Was aber namentlich den Silóah betrifft, so leuchtet auch aus
Jes. 8, 6 ein dass er ursprünglich ein fließender Bach, nichtbloss ein
Teich war, dass er also mit dem jezigen Siloam wohl in Verbindung
stehen konnte, nicht aber bloss dieser Teich war; vielleicht war der
jezige Sultansteich südwestlich der Stadt ebenfalls einst aus der Quelle
abgeleitet.

leicht zum Sinnbilde der imgrunde so milden sanften Herrschaft dés Gottesreiches und dés Königshauses welche nun
einmal an den Felsen Ssion auf ewig festgeknüpft schienen [1]).
Ob Salômo auch die zwei großen Teiche im westlichen Thale
der Stadt, Gähinnom genannt, ausgehauen habe, können wir
weniger sicher bestimmen [2]). Soviel aber ist einleuchtend
dass die ganze kunstreiche Bewässerung der Stadt und ihrer
Umgegend [3]) sich in den wesentlichsten Stücken auf Salômo
zurückfuhrt, und dass sie so blieb wie er sie geordnet, bis
sie unter König Hizqia durch sehr veränderte Zeitbedürfnisse
einige stärkere Abänderungen erlitt. Des in großen Brunnen aufzufangenden Regenwassers konnte indess die alte Stadt
bei allen diesen Kunstteichen wohl nicht ganz entbehren, obwohl es ihr sicher nicht so nothwendig war wie heute nachdem die künstliche Bewässerung größtentheils zerstört ist.

Von solchen künstlichen Wasserbauten unterstüzt, legte
nun Salômo im breiten Süden der Stadt [4]) Gärten aller Art
an, Weinberge, Baumgärten und diese gewiss wieder in aller Mannichfaltigkeit; ja wir können uns wohl denken dass
er die meisten aller der Pflanzenarten „von der Ceder bis
zum Ysop“, worüber er ein Werk schrieb, selbst in seinen

----

1) Jes. 8, 6. Ps. 46, 5, beide Stellen aus demselben Zeitalter. Der
bei Hellenisten auch in Σιλωάμ umlautende Name הַשִּׁלֹחַ Jes. 8, 6
wird Neh. 3, 15 etwas anders הַשֶּׁלַח ausgesprochen; wenigstens sollen beide Namen gewiss dasselbe Wasser bedeuten. Der Name bedeutet ansich wohl nur Sprudel, Strom: dass er die S. 323 bemerkte
weite Wasserleitung bedeute ist nach allen Spuren ganz unwahrscheinlich.      2) der »Drachenquell« Neh. 2, 13 lag dem Thal-
thore gegenüber, möglicherweise also an derselben Stelle wo jezt der
große Teich Mamilla liegt. Aber dieser Teich, wie er jezt erscheint,
gehört nach Williams' the holy City p. 410 f. nicht in das fruhere
Alterthum.      3) dass die Phöniken ähnliche Bewässerungs-
kunste in hoher Vollendung kannten, zeigen noch jezt die Spuren
in Malta, s. Raumer's hist. Taschenbuch 1844 S. 261 f.

4) dort vorzüglich lagen die Königsgärten 2 Kön. 25, 4 (ein an-
derer 21, 18). Neh. 3, 15 (wo die ganz abweichende Erklärung der
LXX wohl auf einer falschen Lesart beruhet) und die Königskeltern
Zach. 14, 10.

Garten zu ziehen suchte. Wieweit sich diese zum Königsbaue gehörenden Gärten im Süden ausdehnten, wissen wir
nicht näher: aber noch zwei Stunden weit südlich zu Bäthlehem bei den drei Teichen wird er ähnliche gehabt haben;
von herrlichen Parkanlagen und einer Art von Gymnasien zu
Ätham in derselben Gegend, wohin Salômo oft Lustfahrten
veranstaltete, hat sich bis auf Fl. Josephus gewiss aus alten
Schriften ein klares Andenken erhalten [1]; und von ähnlichen
Anlagen hatte wahrscheinlich die Bergstadt nicht weit östlich
davon, deren Stelle die Araber jezt als Fureidîs d. i. Para-
dieschen kennen, den ächthebräischen Namen Bäthkérem d. i.
Weinberghausen empfangen [2].

Dass Salômo ähnliche Königsbauten, wie sie theils dem
fürstlichen Vergnügen theils dem Nuzen dienten, auch an andern Orten seines weiten Reiches unternahm, folgt aus einigen geschichtlichen Erinnerungen sehr deutlich. Insbesondre
scheinen die schnee- und waldbekränzten Höhen des Libanon [3] seinem Geschmacke zugesagt zu haben: und die Eroberungen seines Vaters sowie seine eigenen gaben ihm in
den schönen nördlichen Gegenden Raum genug für solche
Anlagen, ohne dass er seinen Volksgenossen Ländereien ab-
zunehmen nöthiggehabt hätte. Dort im Antilibanos bauete er
wohl die stolz nach Damask schauenden aber zugleich zierlich mit schimmerndem Elfenbein ausgelegten Thürme, von
denen das Hohelied redet; denn solche Thürme unterscheidet dieses Lied deutlich genug von den kriegerisch ausge-
statteten David's-Thürmen [4]. Im Norden, und wohl nicht
weit vom Libanon an dessen Abhängen immer der beste

---

1) arch. 8: 7, 3. Williams berichtet (the holy City p. 413 f.), das
Thal an dessen Eingange die drei berühmten Teiche südwestlich von
Bäthléhem liegen, heiße noch jezt Vâdi Etân: hievon sagt Robinson
nichts.    2) das Jer. 6, 1 genannte Bäthkérem lag nach dieser Stelle sowie nach den KVV. nicht weit nördlich von Theqôa,
es paßt also auf die Lage des Berges der jezt Fureidis heißt und
wo eine Menge von Bauresten vom Daseyn alten Anbaues zeugt.
Er heißt jezt auch nach christlicher Überlieferung der Frankenberg.
3) worauf auch das Geschichtswerk 1 Kön. 9, 19 vorzüglich hindeutet.    4) HL. 7, 5 vgl. mit 4, 4.

Wein wuchs, lag auch das Báal-Hamón wo er einen berühmten Weinberg anlegte: von dessen je 1000 Stöcken
konnte ein Pächter 1000 Silberlinge gewinnen, wovon er
vier Fünftel in den königlichen Schaz liefern sollte [1]. Und
wie der König von Jerusalem aus nach solchen Lieblings-
pläzen lustreiste, oft zu Wagen oder von den geübtesten
Reitern umgeben, oft auch nur auf einer aus den kostbarsten
Stoffen gefertigten zweisizigen Sänfte getragen und von 60 der
jezt wenig mit Krieg beschäftigten einst so furchtbaren Gibbôre Davîd's bewacht, sowie von vielem anderm Gefolge begleitet, das beschreibt das Hohelied nach guter Erinnerung
sehr lebendig [2].

## 2. *Anstalten für Sicherheit Verwaltung und Wohlstand des Reiches.*

Indess wäre Salômo für sein Reich ein gar schlechter
König gewesen, hätte er bloss an solchen königlichen und
heiligen Bauten Vergnügen gefunden. Aber wir sehen ihn
mit gleichem Eifer die großartigsten Anstalten für die Sicherheit und den Wohlstand sowie für die Ordnung der Verwaltung seines großen Reiches treffen. Wir ergänzen daher an
dieser Stelle auch manches was allgemeiner die Zustände der
königlichen Zeiten in Israel betrifft.

1. Für die Sicherheit des Reiches traf Salômo zwar
nicht so ängstliche Anstalten wie in einer spätern gedrückteren Zeit z. B. der König Hizqia, welcher um die Hauptstadt
vor feindlichen Angriffen zu schüzen alles Wasser außerhalb
derselben verstopfte oder ableitete: für so ängstliche Sicher-
heitsmittel fühlte sich die Zeit Salômo's zu stark und zu glück-

---

1) HL. 8, 11 f. vgl. mit der sprichwörtlichen Redensart Jes. 7, 23.
Über Báal Hamón ist mir noch immer wahrscheinlich was ich 1826
darüber bemerkte, dass es mit Chammón im Stamme Asher Jos. 19,
28 einerlei sei, wie Baal-Shalisha 2 Kön. 4, 42 sich in Shalisha 1 Sam.
9, 4 verkürzt: an Báalbek d. i. Héliopolis zu denken liegt garkein
Grund vor; eher könnte man vielleicht den Ort *Βελαμών* im Stamme
Efráim B. Judith 8, 3 hieher ziehen, s. IV. S. 545.    2) HL.
3, 6—10 vgl. mit 6, 12. 1, 9; und Jos. arch. 8: 7, 3.

lich. Dennoch vernachlässigte er in dieser Hinsicht nichts:
ja er versuchte sie durch neue Mittel zu begründen welche
im Reiche Israel früher nie versucht waren, als sollte auch
die größere Sicherheit nachaußen ein nachhaltiger Schuz für
den außerordentlichen Wohlstand im Innern werden, der sich
jezt im Frieden ungestört ausbreitete.

So wurde die Hauptstadt neu befestigt: und wir wissen
noch dass diese Unternehmung erst in die zweite Hälfte der
Herrschaft des Königs fiel [1]). Die Befestigung der Stadt zur
Zeit David's beschränkte sich allen erkennbaren Zeichen nach
auf den breiten Berg Ssion im Süden, welcher der Grund
der ganzen Stadt wurde. Aber gerade in der Mauer dieser
„Davîdsstadt" muss man eine schwächere Stelle bemerkt haben, welche Salômo mit großem Aufwande ausbessern liess [2]):
es war dies wahrscheinlich gegen Nordosten, also westlich
vom Tempel, nicht weit südlich von da oder vielmehr an
derselben Stelle wo die spätere Burg der Stadt lag [3]); hier
scheint der Ssion sowie der Berg nördlich von ihm einst

---

1) erhellt aus 1 Kön. 9, 24 vgl. mit v. 10. 15.

2) dies ergibt sich aus 1 Kön. 11, 27: denn hier sollen die Worte
»er schloss den Riss der Davidsstadt« nach der klaren Wortverbin-
dung nichts seyn als eine Erklärung zu den vorigen »er bauete Millô«.

3) die einzige Stelle nämlich außer der eben angeführten, woraus
man die Lage Millô's etwas näher ersehen kann, ist die 2 Kön. 12, 21
»Bâthmillo welches zur Stiege hinabführt«; da Silla oder Sulla wahrscheinlich aus סִלָּם »Stiege« verkürzt ist, so ergibt sich daraus dass
von diesem Baue eine Treppe in ein tiefes Thal hinabführte. Nun
fuhrte zwar vom Ssion eine solche auch westlich und eine andere
südlich in das Gähinnom hinab Neh. 3, 15. 19 (wo עֲלִית wie v. 31 f.
für עלת zu lesen ist): allein dort war der Ssion vonselbst sehr hoch,
während er im Nordosten noch jezt Spuren eines künstlich aufge-
fuhrten Dammes zeigt (s. des Consuls Schultz Jerusalem S. 28, welcher aber mit Williams sehr irrt wenn er S. 81 die »hohe Straße«
1 Chr. 26, 16. 18 welche auf dem Tempelberge lag mit jenem Silla
im Thale verwechselt); vgl. 1 Macc. 13, 52. Wenn übrigens Millô
schon 2 Sam. 5, 9 erwähnt wird, so ist das offenbar nur um nach
späterer Redeweise die gemeinte Stelle der Stadt kurz zu beschreiben. Dass aber *Millô* etwa soviel als *Akra* ist, zeigt auch die Übersezung der LXX bei 1 Kön. 2, 35 und sonst.

niedriger in die Käsemacherschlucht sich verlaufen zu haben, sodass Salômo da einen Erdwall aufwerfen liess und innerhalb der Schanzen eine Burg bauete welche sowohl dem Ssion als dem Tempel zum starken Schuze dienen konnte. Das Werk, von dem Erdwalle *Millô* oder vollständiger *Bàth-Millô* genannt, war offenbar ein bedeutendes und forderte Jahre zu seiner Vollendung, wird auch in den nächsten Jahrhunderten noch genannt. Noch später scheint Salômo dann auch den nördlichen und östlichen Berg ummauert zu haben [1]), da der östliche durch die heiligen und die Königs-Bauten, der nördliche aber gewiss durch die damals rasch steigende Zahl der Bevölkerung der Hauptstadt mit dem Ssion eine Einheit bildeten und Schuz verlangten. Dass außerdem der Tempel als solcher seine Mauer hatte, versteht sich vonselbst.

Weiter aber suchte Salômo das ganze alte Reich Israels durch eine Reihe neu zu bauender Festungen zu schüzen: und er war offenbar der erste in Israel welcher durch einen solchen Gurtel ausgewählter fester Pläze die alten Landesgrenzen zu schüzen bemühet war; als hätte er geahnet dass künflig von den damals unterworfenen Ländern her neue Gefahren dem alten Gebiete Israels drohen könnten. So befestigte er im äußersten Norden Chaßôr (II. S. 328), weiter südlich in der galiläischen Ebene Megiddo, sodann westlich von Jerusalem die S. 280 erwähnte Stadt Gazér, die beiden bei gefährlichen Engdurchgängen gelegenen Städte Ober- und Unter-Bäthchoron [2]) und das nicht weit von Gazer liegende

---

1) denn die Worte »und die Mauer Jerusalems« 1 Kön. 9, 15 vgl. 3, 1 müssen eine von Millô verschiedene Mauer bezeichnen, und es ist auch ansich zu erwarten dass Salômo die übrige Stadt ummauerte; nach ihm scheint Jerusalem bis zu seiner ersten Zerstörung nicht viel weiter an Umfang zugenommen zu haben. 2) die Oberstadt welche wohl weniger als die Unterstadt fehlen kann, fehlt in dem jezigen Texte 1 Kön. 9, 15—18, steht aber in den LXX statt dieser, und mit dieser zugleich 2 Chr. 8, 5 f. Robinson fand in den beiden Beit-ûr noch Reste uralter Festungen. — Die Lage von Ba'alath bestimmt Fl. Josephus übereinstimmend mit Jos. 19, 44; die Stadt ist ubrigens wohl dieselbe mit dem S. 161 erwähnten Ba'alah.

Ba'aláth. In diesem Gürtel fehlen sichtbar einige Städte im Süden: und wahrscheinlich fand Salômo die Reihe in dieser Richtung zu vollenden keine Zeit mehr, sodass erst sein Nachfolger diesen Plan ausführte. Bedenken wir dazu, dass Gazér nach S. 280 kriegerisch erobert wurde und die genannten Nachbarstädte in seine Empörung verwickelt seyn konnten, ferner dass im Norden Megiddo und Chaßôr längere Zeit von Kanáanäern besezt waren [1]), so scheint Salômo doch zunächst nur solche Städte in neue Festungen umgeschaffen zu haben welche als königliche Eroberungen gelten konnten (vgl. noch weiter unten).

Noch stärker war die Neuerung welche der König in der Gattung der Waffen wagte, indem er gegen alle alt-Israelische Sitte Rosse und Wagen nichtbloss etwa in geringer Zahl und nur zu seinem eigenen Vergnügen, sondern auch in großer Menge zum Kriegsbedarfe einführte. Hierin diente ihm sichtbar das ägyptische Königthum zum Muster; und dass vondort die stolzen Wagen und Rosse eingeführt wurden, zeigt sich sogar in der nun sprichwörtlich werdenden Redensart „Pharao's Wagen an Salômo's Hofe" [2]). Er führte 1,400 Wagen ein, wie sich vonselbst versteht mit den dazu gehörigen Rossen, und 12,000 für Kriegsreuter eingeübte Rosse: in welchem Verhältnisse sich klar offenbart wie damals in Ägypten die Kriegsreuter schon sehr stark anfingen neben den Wagenstreitern gebraucht zu werden; denn in den ältesten Zeiten hatte Ägypten, wie seine Denkmäler zeigen, nur Streitwagen, nicht Streitrosse. Diese neuen ägyptischen Waffengattungen liess Salômo theils in der Hauptstadt bleiben, theils verlegte er sie im Lande umher, mußte dann aber besondere kleine Städte (Casernendörfer) für sie bauen [3]). Seit dieser Zeit bildet nun die Frage ob solche

---

1) vgl. Richt. 1, 27. 4, 2.        2) HL. 1, 9 erscheint die Redensart offenbar so.        3) nach 1 Kön. 9, 19. 10, 26; dagegen ist 5, 6 für 40,000 Wagenpferde nach 2 Chr. 9, 25 vgl. 1, 14 nothwendig 4,000 zu lesen: eigentlicher 4,200, angenommen dass zu einem Wagen außer den 2 ständigen Rossen noch eins als Rückhalt gehörte. Übrigens hatten die Wagenrosse nach 1 Kön. 5, 8. Mikha

Rosse und Wagen gegen die Ursitte der Gemeinde des Volkes Israel einzuführen seien oder nicht, einen Streitgegen-
stand dessen Bedeutung man aus S. 186 und Bd. II. ermessen kann: die großen Propheten hielten dabei freilich immer
nur das für die wahre Religion selbst wesentliche fest.

2. Die einfachste Art ein königliches Reich zu verwalten ist es wenn der König einen oder zwei „Freunde" [1])
annimmt denen er durch öffentliche Zeichen sein ganzes Vertrauen überträgt und die alles im Reiche überwachen und
verwalten, der eine etwa alles bürgerliche der andre alles
kriegerische. Ja am einfachsten wird nur ein einziger solcher höchster Freund und Vertrauter des Königs aufgestellt,
und zwar dann der Heeresoberste, da strengere Ordnung
Einheit und Schuz des Reiches nachinnen und außen eben
der Zweck alles Königthumes ist und insofern alles in ihm
vom Herrn ausgeht: so war es in den kleinen Reichen rings
um Israel seit den Urzeiten [2]), und ebenso galt diese einfachste Ordnung der obersten Verwaltung auch in Israel noch
unter Saûl [3]); leicht aber gewinnt ein solcher Stellvertreter
des Königs nurzu große Gewalt und tritt allein als mächtig
waltend und kriegend hervor [4]). Wird das Reich größer und
und zu verwalten schwieriger, so spalten sich nothwendig
die einzelnen Theile der Verwaltung mehr und neue Ämter

---

1, 13 den besondern Namen רֶכֶשׁ, während das Syrische ܪܟܫܐ und
noch das رَخْش im Shahnâme das eigentliche Streitross bezeichnet;
in der Mitte beider Bedeutungen steht die des Eilrosses im B. Esther
8, 10. 14. — Fl. Josephus arch. 8: 7, 4 macht aus den Städten wo
Wagen aufgestellt waren Handelsstädte mit Wagen auf schönen von
Salômo gebaueten Heerstraßen: hierin wie in andern Einbildungen
und Ausschmückungen folgt er wahrscheinlich einem apokryphischen
Werke über Salômo, von dessen Gebrauche bei ihm sichere Spuren
zeugen.         1) vgl. die Namen Gen. 26, 26. 1 Kôn 4, 5 und die
schöne Schilderung wie ein solcher seyn müsse Spr. 22, 11.
2) Gen. 21, 22. 32 vgl. mit 26, 26; oben S. 133.
3) nach 1 Sam. 14, 50 vgl. mit den bald zu erwähnenden ähnlichen Bemerkungen über David's und Salômo's Reichsämter.
4) wie Abnêr unter Isbbóshet nach S. 143 ff.

von „Freunden" oder Ministern des Königs treten als von
selbständiger Wichtigkeit neben jenes einfachste: dies vollendete sich in Israel schon unter Davîd. Es sind dann zunächst zwei im Gegensaze zu jenem Kriegsministerium wahrhaft bürgerliche Ämter welche als nothwendig geworden hervortreten und die alle übrige Verwaltung gemeiner Sachen
unter sich theilen: der *Mazkîr* d. i. der Erwähner, gleichsam
der Mund des Königs oder der Kanzler, trägt ihm alle wichtigeren Sachen vor, die Klagen die Bitten und Gesuche der
Unterthanen oder der Fremden; der *Sôfer* d. i. der Schreiber, fertigt die Beschlüsse über alle bürgerlichen sowie über
Geldsachen aus; dies scheint wenigstens die sicherste Bedeutung dieser zwei Wörter, von denen besonders das erste
ansich uns jezt etwas dunkel geworden ist. Der Mazkîr
mußte demnach auch alle Verträge mit fremden Völkern gut
kennen [1]) und hatte die Aufsicht über den Urkundenschaz
(das Archiv). Weitläufiger waren sicher die Geschäfte und
Befugnisse des auch weit öfter erwähnten Sôfer: er konnte
die gerichtlichen Entscheidungen unterzeichnen [2]), aber auch
das ganze Rechnungswesen des Reiches ging durch seine
Hände, die Schazungsrollen des Volkes [3]) ebenso wie die damit im engsten Zusammenhange stehenden Geldsachen (Fi-
nanzen) [4]). Daher wir uns nicht wundern dass unter Salômo
zwei Sôfer zugleich angestellt waren [5]), welche dann wohl

---

1) wie man aus seinem Zuziehen zu den Verhandlungen über
Krieg oder Frieden schließen muss 2 Kön. 18, 18 ff. B. Jes. 36, 3 ff.
   2) in den ältesten Zeiten erscheint ein Sôfer daher als Oberrichter selbst Richt. 5, 14.        3) sowie wieder jeder einzelne Stamm
seinen Sôfer für die Geschlechtsrollen und jeder Feldoberster seinen
Sôfer für die Heerrollen haben konnte 1 Chr. 24, 6. 2 Kön. 25, 19.
   4) als Finanz- und Bauminister erscheint er offenbar 2 Kön. 12,
11. 22, 3 ff.; ebenso auch 18, 18 ff. Die γραμματεῖς oder γραμμα-
τισταί bildeten auch an den Ägyptischen und Persischen Hofen hohe
Ämter, vgl. auch IV. S. 360; und הספר auf der Carthag. 3 war
wohl, wie bereits von Andern bemerkt ist, der Karthagische Quästor.
   5) die Worte 1 Kön. 4, 3 können nicht anders verstanden werden,
namentlich nicht so alsoh diese beiden das Amt nach einander verwaltet hätten.

die Geschäfte nach diesen zwei verschiedenen Seiten hin unter sich theilten.

Da das Priesterthum als der erbliche Schuz des bestehenden Jahvethumes unter dem Königthume mit dieser Religion selbst in seiner alterthümlichen Grundeinrichtung übrigens unverändert blieb, so mußte doch das Amt des Hohenpriesters als des Vermittlers des ganzen Priesterthumes nun in eine engere Beziehung zu ihm treten. Sobald das Königthum in Israel ganz fest stand, bestätigte es den Hohenpriester, wie schon unter Davîd S. 160; dieser mußte demnach jezt selbst zusehen wie er wissenschaftlich und sittlich sein Ansehen und seine Macht sowohl gegen Konig als Volk aufrecht erhielte; und da jezt seit David's Zeiten nach S. 171 f. eine Auswahl zwischen den zwei erlauchtesten Hohepriesterlichen Häusern freistand, so vollzog sich die engere Verbindung zwischen Priesterthume und Königthume desto leichter; auch die Doppelheit im Hohepriesterthume selbst welche nach S. 171 noch unter David bestand, hörte nach S. 270 unter Salômo auf. Ssadôq's Geschlecht behielt nun zwar, soviel wir aus späteren Nachrichten schließen können, von Salômo's Zeiten an stets die Hohepriesterwürde in Jerusalem [1]: allein dem Könige stand frei noch neben diesem alterblichen Hohepriester einen ihm besonders zusagenden Hauspriester als seinen „Freund" zu wählen [2], und dieser war es gewiss welcher als sein eigentlicher „Minister der geistlichen Angelegenheiten" arbeitete, während dem Hohepriester beständig seine übrigen uralten Vorrechte blieben.

Da nun das Königthum unter Salômo auch seinen höch-

---

1) 1 Chr. 5, 34–41: leider die einzige Stelle im A. T. wo sich die Reihe dieser Hohepriester aufgezeichnet findet. Danach wären von Ssadôq unter David bis zu dem aus 2 Kon. 22 f. bekannten Chilqia nur 10 Hohepriester gewesen, vielleicht schon eine runde Zahl, s. I. S. 33.     2) so deutlich bei Salômo 1 Kon. 4, 5 vgl. mit v. 2 (der Saz von Ssadôq und Ebjathar v. 4 ist dagegen hier fremd und nur aus 2 Sam. 20, 25 wiederholt); wahrscheinlich aber war auch der 2 Sam. 20, 26 genannte 'Ira bei David ein solcher. Bei den Indischen Königen war es der *Purôhita* nach Manu 7, 78.

sten Glanz erreichte, so vollendete er den Kreis dieser schon
unter Davîd eingeführten höchsten Reichsämter durch die
Stelle eines Obersten des königlichen Hauses oder *Hausmeiers* [1]). Dieser hatte sicher zunächst nur die Aufsicht über
alles den königlichen Palast sowie königliche Sitte betreffende,
und bezeichnet mehr als vieles andre den hohen Werth welchen Salômo nach dem Beispiele der alten hochausgebildeten
Hofsitten in Ägypten und Assyrien auf solche Dinge. legte,
darin von Davîd sosehr verschieden. Aber diese Hofstelle
war ammeisten auf wachsenden Einfluss angelegt: der Hausmeier empfing leicht das Recht der Einführung bei dem Könige, und wurde so leicht der oberste Minister, ja selbst der
Stellvertreter des Königs, mit dem Hâġib [2]) in Arabischen
Reichen zu vergleichen. Und in späteren Zeiten hatte er
sich in Jerusalem allerdings diese Stellung erstritten, woneben dann der frühere *Mazkîr* gewiss mehr nur Minister des
Auswärtigen und Archivmeister blieb [3]).

Unvermeidlich ist freilich dass unter den höchsten Dienern des Königs éiner ihm am nächsten stehe, damit die
Einheit der Verwaltung nicht leide: es kommt nur dárauf an
wér dieser sei; und es ist lehrreich zu sehen wie diese
oberste Stelle in der Geschichte des Königthumes in Israel
wechselte [4]). Unter Davîd steht noch immer wie nach S. 333
in den einfachsten Zeiten und in rechter Kriegsnoth Joab als
Heeresoberster auch an der Spize der übrigen hohen Reichsämter. Unter Salômo füllt der Hohepriester selbst diese Eh-
renstelle aus [5]), gemäss der hohen äußern Ehre welche da-

---

1) צַל הַבָּיִת 1 Kön. 4, 6. 16, 9. 18, 3.    2) الحاجب
3) daher er 2 Kon. 18, 18. B. Jes. 36, 3 unter den drei obersten
Ministern an lezter Stelle steht.    4) wir können dies aber
sehr sicher erkennen vorzüglich aus der Ordnung in den 3 kurzen
Verzeichnissen der obersten Ämter wie sie nach ihren Inhabern in
Davîd's frühern und spätern Jahren und während der längsten Zeit
Salômo's bestanden 2 Sam. 8, 16—18. 20, 23—16. 1 Kön. 4, 2—6
vgl. mit dem kostbaren Bruchstücke eines sehr ausführlichen Ver-
zeichnisses (eines Hofkalenders) aus Davîd's späterer Zeit 1 Chr. 27.
5) 2 Sam. 8, 16. 20, 23. 1 Chr. 37, 34 vgl. mit 1 Kön. 4, 2.

mals nach S. 215 ff. die bestehende alte Religion genoss. In
wieder späteren Zeiten wo die Macht des Reiches tiefer sank
und·alle seine Kräfte strenger zusammenzuhalten waren, erblicken wir jenen Hausmeier an der ersten Stelle [1]): während in Ägypten seit alten Zeiten bei dieser höchsten Würde
immer mehr auf hohe Weisheit gesehen wurde [2]). — Aber
wenn nun ein Reich entweder nochnicht ausgebildet genug
oderaber bereits wieder im Sinken ist, so wird ein solcher
höchster Diener und Stellvertreter des Königs mit seinem
ganzen Hause und Anhange leicht eine für das Wohl des
Reiches nurzu gefährliche Macht; ja ein solcher sucht leicht
seine eigne Hausmacht só zu mehren und zu befestigen dass
man wohl wunschen kann es möge statt seiner wenigstens
ein besserer mit einer weiten Hausmacht und einem kräftigen Anhange emporkommen. Noch David'en wurde Joab
mit seinem Hause und Anhange eine Last die er dennoch
bis zum Tode ertragen mußte; Salômo's Reich hielt sich, soviel wir irgend sehen, auch von diesem Übel frei; aber dass
später unter einem Könige wie Hizqia der aus der Fremde
gekommene Hausmeier Shebnâ mit seinem Anhange entfernt
werde und ein würdigerer an seine Stelle komme, darum
konnte sich sogar Jesaja noch bemühen [3]).

Übrigens bestanden neben diesen eigentlichen Reichsämtern noch bloße Hofämter und Beauftragte mit besondern
wichtigen Geschäften. Der Anfuhrer der S. 183 beschriebenen königlichen Leibwache blieb stets dem unmittelbaren Befehle des Königs untergeben, und wird daher stets in éiner
Reihe mit den Reichsämtern angeführt [4]). Über die nach

---

1) wie aus seiner Stellung 2 Kön. 18, 18. B. Jes. 36, 3 vgl. mit
22, 15 zu schließen ist. Auf die Ernennung eines eigentlichen Stell-
vertreters des Konigs kamen auch schon die gebildetsten Reiche in
Ägypten und Indien zuruck Gen. 41, 40—44. Manu's Geseze 7, 141
vgl. mit çl. 54. 2) Gen. 41, 41—45 vgl. Jes. 19, 11.
3) Jes. 22, 15—25. 4) 2 Sam. 8, 18. ·20, 23; bei Salòmo
fehlt er nur scheinbar, da 1 Kön. 4, 6 nach den LXX vor Adonirâm
einzuschalten ist וְאֵלִיאָב בֶּן־שָׁפָט עַל הַמִּשְׁמָעַת, welches leztere
die LXX nur ebenso wie in der S. 99 nt. angeführten Stelle 1 Chr.

S. 291 so wichtig werdenden Frohnden war seit David's lezten Jahren ein hoher Beamter eingesezt [1]), seit Salômo ein anderer über die reichen Domänen deren 12 Vorsteher allmonatlich den Hof mit allen Lebensmitteln zu versorgen hatten [2]). Ein oberster Aufseher über die Heerden des Königs, diesen einfachsten und festesten Grund des königlichen Haushaltes in jenen Zeiten und Gegenden, war nach S. 108. 117 schon bei Saûl, und erscheint beständig in allen ähnlichen Lagen als eins der Hofämter tragend [3]); unter Davîd mehrten sich solche Aufseher über die liegenden oder beweglichen Königsschäze ungemein, und wir besizen noch einen sprechenden Hofkalender über sie aus jener Zeit [4]).

Alle diese höheren königlichen Beamten tragen nun auch wohl den alten Namen „Fürsten" d. i. Oberste oder Oberbeamten. Der König konnte außerdem „Räthe" nach beliebiger Anzahl annehmen, von denen einer auch wohl besonders als sein „Freund". ausgezeichnet wurde [5]). Nach alter Sitte der königlichen Höfe in Asien und Ägypten ward gewiss auch in Israel jezt ein Hofgeschichtschreiber aufgestellt, welcher alle das königliche Haus und Reich betreffende wichtige Vorfälle aufzuzeichnen hatte und am Ende einer königlichen Herrschaft auch wohl öffentlich eine Übersicht ihrer Geschichte gab: von seiner Thätigkeit haben sich gewiss noch jezt Spuren erhalten [6]), wir wissen aber nichtmehr seinen Namen.

---

11, 25 unrichtig mit משפחת πατριά verwechselten.        1) 2 Sam. 20, 24. 1 Kön. 4, 6.        2) 1 Kön. 4, 5 vgl. v. 7—19: s. darüber weiter unten.        3) der Türkische K'ôpân-Sâlári in den Qirq Vezir p. 128 ff. der Pariser Ausgabe.        4) 1 Chr. 27, 25—31 mit sehr lehrreichen Einzelnheiten auch für das Landschaftliche Palästina's in jener Zeit.        5) s. oben S. 227 ff. vgl. mit 1 Chr. 27, 32—34 und den Lehrsprüchen Spr. 11, 14. 15, 22, auch solchen Aussprüchen wie Jes. 1, 25. 32, 7        6) s. I. S. 180 ff. Man hat ihn oft in jenem *Mazkîr* finden wollen: allein dieser muss wenigstens ursprünglich eine viel höhere Bestimmung in der Verwaltung des Reiches selbst gehabt haben. Die LXX übersezen 2 Sam. und 1 Kön. bloss ὁ ἀναμιμνήσκων oder ἐπὶ τῶν ὑπομνημάτων, Jes. 36, 3 und in der Chronik sezen sie freilich schon ὑπομνηματόγραφος als

Doch das wichtigste bei alle dem war dass der König ursprünglich alle solche Gehülfen bei der Reichsverwaltung nur aus dem eignen Volke selbst erwählte und insofern zwischen Hof und Volke nicht der geringste Grund zu Eifersucht und Zwiespalt obwaltete. So bestand dies Verhältniss noch unter Salômo nach allem was wir jezt wissen können. Erst in weit späteren Zeiten nahm ein von Launen getriebener oder von fremden Reichen abhängiger König wohl auch einen Fremden zu seinem ersten Rathgeber an [1]). Und Verschnittene erst in das königl. Frauengemach, dann durch dieses an den ganzen Hof einzuführen und ihnen die wichtigsten Geschäfte und Ämter neben den Ministern anzuvertrauen, ist eine Unsitte welche sich von den Assyrischen (Syrischen) und Ägyptischen Höfen her zwar auch allmälig in Israel einschlich [2]), aber am ärgsten gegen die bestehende wahre Religion selbst verstiess [3]); auch waren es gewiss zuerst die Könige des Zehnstämmereiches welche hierin sowie in andern Fällen ihre oberkönigliche Herrlichkeit zur Schau tragen wollten [4]): doch folgten ihnen darin allmälig auch die Nachkommen Davîd's, sodass dieser Krebsschaden bis in die lezten Tage des Königthumes in Jerusalem sich erhielt.

Überhaupt versteht sich leicht dass, je höher seit Davîd und Salômo das Königthum in Israel ausgebildet war, destomehr auch die äußern Merkmale seiner Macht von den weit früher ausgebildeten heidnischen Königreichen auf dieses übergehen. Noch Salômo erscheint nach S. 267 anfangs ebenso wie Davîd öffentlich nach altIsraelischer Sitte auf einem blo-

---

wenn nach Stellen wie Ezra 4, 15. Esther 6, 1 der Hofgeschichtschreiber zu verstehen wäre: allein aus alle dem ersieht man nur dass die ältesten Hofwürden Israels dem späteren Volke selbst schon sehr unklar geworden waren.     1) wie Ahaz den Shebnâ, Jes. 22, 15 ff.     2) wenn *Sârîse* (Verschnittene) schon in der oben erklärten Darstellung 1 Sam. 8, 15 ja vom Chroniker I. 28, 1 einmal bei David erwähnt werden, so läßt sich daraus nicht folgern dass sie auchnur unter Salômo schon eingefuhrt waren.     3) s. die *Alterthümer* S. 224.     4) dann hing mit ihrer Einführung auch wohl die neue Bauart von *Armenôth* zusammen, wovon unten weiter.

ßen Maulthiere reitend: aber früh genug regte sich nach
S. 226. 265 auch hierin Nachahmung ausländischer Sitten.
Ebendahin gehört die Annahme eines neuen Königsnamens
am Tage der Stuhlbesteigung, welche in Ägypten und wohl
auch sonst längst eingeführt war: in Israel findet sie sich
nach S. 215 *nt.* erst später, scheint aber dann in Juda beständig zu werden [1]), im Zehnstämmereiche aber nie aufgekommen zu seyn: doch blieb ein solcher neuer Königsname
in diesem Volke immer, wenigstens sehr einfach.   Und eine
so sklavische Verehrung des menschlichen Königs wie sie' in
heidnischen Reichen leicht herkömmlich ward, wollte doch
in diesem nie gelingen.

Einen nachtheiligen Einfluss auf den Gang der Verwaltung und das Wohl des Gemeinwesens konnte in diesem wie
in jedem an demselben Übel leidenden alten und neuen Reiche
die Vielweiberei des Königs haben: und wie schnell sich
hier die übeln Folgen offenbarten ist schon S. 215 ff. gezeigt.
Insbesondre rührt daher die hohe Bedeutung welche unter
allen Königsweibern vorzüglich die Mutter zumal eines jungen Königs auch in diesem Reiche sehr bald erlangte [2]), und
wodurch es einem Weibe hier sogar gegen alles volksthümliche Herkommen einmal gelang selbst die Zügel der Herrschaft zu ergreifen [3]).

Aber wieauch der Könige Israels Sitten und Lebensein-
richtungen von der ersten Einfachheit eines Saûl und Davîd
allmälig abwichen, dennoch konnten sie zumal in Juda wie
im Geiste und Streben so in den Gewohnheiten und der Ehre

---

1) s. die Beispiele unten; und ohne eine solche Sitte hätte Jesaja nicht ahnen können dass dem Messias statt des Kindesnamens
Immanuel beim wirklichen Antritte der Herrschaft noch ein anderer
höherer zutheil werde, Jes. 9, 5.        2) s. schon oben S. 268;
daher nennen auch die Königsbucher noch jezt jede Mutter des einzelnen Königs; und sie empfing sogar den besondern Ehrennamen
הַגְּבִירָה *die Gebieterin.* 1 Kön. 15, 13. 2 Kön. 10, 13. Jer. 13, 18.
29, 2; in Ägypten dagegen hatte nach den Denkmälern sowie nach
1 Kön. 11, 19 die erste Gemahlin des Königs schon ansich diese
hohe Auszeichnung.        3)' die 'Athalja 2 Kön. 11.

des königlichen Daseyns schwer das erhabene Vorbild verlassen welches ihnen einmal in David aufgestellt war. Wie
die Vorgänge seines Lebens und Geistes auf die meisten
seiner Nachfolger in den vielfachsten Beziehungen einwirkten, wird unten an manchen Beispielen erhellen. Wenigstens im Tode und Begräbnisse wollten seine Nachkommen
ihm allein beigesellt seyn; auch Salômo welcher sich einen
glänzenden neuen Palast erbauete, wollte doch nur neben
Davîd's Erbbegräbnisse ruhen [1]), und dort in der „Davîdsstadt" auf demselben geweiheten Plaze des Ssion baueten
sich, wie die Geschichtsbücher als bei jedem wichtig hervorheben, alle Könige Juda's bisauf Hizqia dicht neben einander ihre Todesstätten, sodass man diesen Ort „die Königs-
gräber" nannte [2]). Unstreitig waren dies einst glänzende
Bauten, und vielleicht läßt sich ihre Stelle künftig noch genauer wiederfinden als die heutige Überlieferung nach S. 289 nt.
davon meldet [3]). Warum zuerst König Manasse hierin eine
Änderung eintreten liess und sich an einem ganz andern
Ende der Stadt ein Grabdenkmal errichtete [4]), wissen wir
jezt nicht näher: vielleicht that er es weniger aus seiner

---

1) 1 Kön. 11, 43 vgl. mit 2, 10.        2) doch findet sich dieser
Name erst in den Chronikbüchern, s. außer den S. 326 erwähnten
Stellen 2 Chr. 21, 20. 24, 25. 28, 27. Die Chronik läßt zwar hier
die 3 Könige Joram Joash Achaz als unwurdige zwar in der Davidsstadt aber nicht in den »Königsgräbern« bestattet werden, als
habe dies der Volkswille durchgesezt: allein da sie II. 16, 14 auch
von Asa ein besonderes Grabdenkmal erwähnt welches er sich in
der Davidsstadt errichtet habe, und die Denkmäler auch nach diesem Zeugnisse etwas weit von einander lagen, so beruhet diese Vorstellung wohl nur auf einer späteren Ansicht über die in einzelnen
ruhenden. Hizqia ward nach einer 2 Kön. 20, 21 fehlenden aber
2 Chr. 32, 33 erhaltenen Nachricht schon »an der Stiege« also an
der Grenze des Raumes »der Gräber der Davidssöhne« dicht am
Abhange des Berges bestattet, als wäre hier nun kein guter Raum
weiter gewesen.        3) uhrigens vgl. darüber noch das nächste
*Jahrb. der B. w.*        4) 2 Kön. 21, 18: »der Garten seines
Hauses der Uzzâ-Garten« kann nur der Name eines der vielen königlichen Gärten seyn, der etwa von einem Sohne Salômo's (S. 302)
seinen Namen trug; daher v. 26 kürzer bloss »Uzzâ's Garten«.

bekannten Abneigung gegen die alten· guten Volkssitten als
aus Mangel an Raum an dem alten geweiheten Orte; wenigstens folgten ihm hierin seine Nachfolger [1]). Man wählte
nun aber offenbar absichtlich einen Ort der für einen solchen Zweck übrigens noch viel besser zu seyn schien, in
einem der königlichen Gärten welcher nördlich vom Palaste
Salômo's und daher nach S. 317 f. sehr nahe südlich vom Tempel und dicht an diesen stoßend lag [2]): aber wenn die Könige so fast wie unter demselben Dache und Schuze mit
dem Heiligsten zu ruhen meinten, so schien umgekehrt diese
Nähe menschlicher Gebeine am Heiligthume andern höchst
tadelnswerth, nämlich ‑ nach dem noch immer herrschenden
alten Grauen vor allem Todten als dem leicht verunreini-
genden Gegensaze des Reinen Göttlichen und Heiligen [3]).

3. Außerordentlich waren die Anstrengungen Salômo's
den Handel und Verkehr seines Vaterlandes zu fördern; und
damit machte er gewiss sofort· seit dem sichern Bestande
seiner Herrschaft den Anfang. Zwar hatten diese friedlichen
Beschäftigungen nach II. S. 460 f. schon während der Zeiten
der Richter in Israel angefangen, mußten aber wohl während des lezten kriegerischen Jahrhunderts stark zurückgedrängt werden. Jezt lud ein Zusammentreffen früher nie
erlebter glücklicher Verhältnisse das Volk zur eifrigen Verfolgung dieser Beschäftigungen ein; und wenn der König
dabei selbst die größte Thätigkeit entfaltete, so that er das
sicher nicht um seinen eigenen Unterthanen den Gewinn ab-
zujagen, sondern weil damals ein kräftigerer Aufschwung

---

1) Amôn 2 Kön. 21, 26 und Josia nach dem obwohl nun noch
kürzeren Ausdrucke 23, 30; auch bei Jojaqîm 24, 6 wird dem nicht
widersprochen. Die Chronik redet II. 33, 20. 25 viel unbestimmter.

2) dass nämlich jener Garten wie nach S. 317 zu erwarten wirklich hier lag, ergibt sich aus den merkwürdigen Worten Hez. 43,
7—9 welche zugleich zeigen dass mehere und gerade die jüngsten
Könige dort begraben lagen; und wenn die Frage wegen der Paß-
lichkeit damals viel erörtert wurde, so erklärt sich auch ein Ausspruch wie Jer. 8, 1 f. desto leichter.          3) s. die *Alterthümer*
S. 209 ff.

dieser Friedenskünste in Israel erst zu schaffen war und dieses ohne den ganzen Nachdruck königlicher Macht und königlichen Willens nicht gelingen konnte. Bei der weiten Ausdehnung der damaligen Besizungen Israels stand es dem Könige frei sowohl den Land- als den Seehandel zu fördern: er förderte beide mit Muth und Erfolg.

Zur Hebung des Landhandels liess er an vortheilhaften Stellen kleine Städte bauen in welchen alle Waaren in geeigneten Gemächern stets zu großen Vorräthen bereit lagen, wie ähnliches seit alten Zeiten in Ägypten üblich war (II. S. 16). Solche Handelsörter mußten also ammeisten an den Grenzen des Landes errichtet werden, wo sich leicht ein starker Tauschhandel zwischen weitentfernten Völkern bildete; und wir wissen an Einzelnheiten jezt wenigstens sóviel dass sie besonders auch in den nördlichsten Gebieten Israels gegen die Phönikische Grenze hin sowie in den Ländereien des erst von Salômo selbst eroberten Reiches Hamâth errichtet wurden [1]. — Der Hauptweg für den Landhandel zwischen Ägypten und dem innern Asien mußte aber die große Bahn über Gaza und weiter westlich von Jerusalem nach dem nördlicheren Jordan und Damasq, sowie von den Phönikischen Städten aus bis Thapsakos am Eufrat [2] werden, welche der König vollständig beherrschte und wo sich nun unter der friedlichen Fahne éines großen starken Reiches eine nie gesehene Handelsblüthe entfalten konnte. Offenbar zugunsten dieses Weges der im Norden die syrische Wüste durchschneiden mußte, liess Salômo in einer glücklich gewählten Oase

---

1) nach 1 Kön. 9, 19. 2 Chr. 8, 4. 6. 16, 4: denn die in der lezten Stelle genannten Städte der Art in Naftali können doch wohl nur von Salômo angelegt seyn; und vielleicht bezieht sich darauf auch der Saz »Salômo fing an die δυναστεύματα des Libanon zu öffnen« in den LXX zu 1 Kön. 2, 46, dem jezt im Hebr. nichts entspricht. Die Lesart in jener Stelle 2 Chr. 16, 4 ist freilich erst aus einer andern 1 Kön. 15, 20 geändert, doch wohl nicht ohne den Vorgang einer alten Nachricht von solchen Städten. Übrigens waren solche auch im alten Indien, s. Spence-Hardy's Eastern monachism p. 182.

2) 1 Kön. 5, 1. 4.

dieser Wuste Thammôr oder Thadmor d. i. nach griechischer Übersezung Palmyra bauen, eine Stadt von der sich nicht nachweisen läßt dass sie schon vor Salômo bedeutend gewesen, die aber seitdem länger als ein Jahrtausend blühete [1]). Wie auf diesem Wege der Handel getrieben wurde, können wir wenigstens an éinem Beispiele noch etwas näher erkennen. Die Lust ägyptische Kriegsrosse und Streitwagen zu erhalten war damals auch bei den kleinen Chittäischen (d. i. überhaupt Kanáanäischen) und Aramäischen Königen, mochten sie von Salômo abhängig seyn oder nicht, sehr allgemein verbreitet. Aber den Schlüssel zu diesem Handel mit ägyptischen Waffen hatte allein Salômo in Händen, zumal solange er mit dem Beherrscher jenes Landes befreundet war. So liess er den Handel durch seine eigenen Kaufleute betreiben, welche ihm den eigentlichen Gewinn gegen einen Tageslohn abgeben mußten, etwa ebenso wie wir es S. 329 bei den neuangelegten Weinbergen sahen; und es wird bemerkt, der eigentliche Gewinn mit den Reisekosten habe bei einem Streitrosse 150, bei einem Wagen mit den nach S. 332 dazu gehörigen 3 Rossen 600 Silberlinge betragen [2]). Wieviele Rosse

1) 1 Kön. 9, 18 wo das K'tîb תַּמֹּר zu lesen ist; die später herrschende Aussprache Tadmor 2 Chr. 8, 4 ist wohl nur durch aramäische Verbreitung entstanden; und auf den von dem arabischen Erdbeschreiber Jâqût gemeldeten Glauben ihrer späten Bewohner dass die Stadt schon vor Salômo dagewesen sei, ist kein zugroßes Gewicht zu legen. Über die sonstige richtige Lesart 1 Kön. 9, 18 s. unten.    2) dies der Sinn der Worte 1 Kòn. 10, 28 f. Allerdings sind diese durch das nicht weiter in einem solchen Zusammenhange vorkommende Wort מִקְוֵה etwas dunkel: allein da hier von Reichthume und Gewinne die Rede ist, so kann man sich nicht bedenken das arab. قوى zu vergleichen welches in einigen Ableitungen vom Steigern des Preises oder von dem Überschusse und Gewinne im Handel gebraucht wird. Dann bedeutet die ganze Stelle: »was die Ausfuhr der Rosse betrifft die Salômo aus Ägypten hatte, und den Überschuss der königlichen Händler die einen baaren Überschuss empfingen: so betrug die Reise und Ausfuhr eines Wagens aus Ägypten u. s. w. —; und so führte man sie vermittelst dieser Händler allen u. s. w. aus.« Also das angegebene Geld kostete ein Ross oder Wagen bloss für die Reise und Ausfuhr, abge-

und Wagen der Art mögen so nach dem Norden und über den Eufrat gegangen seyn! — Die Anlage großer Heerstraßen welche in Jerusalem zusammentrafen [1]) und die von bequemen Reisestandörtern (Karavânserâi's) [2]) konnte nicht fehlen: und von beiden besizen wir noch einige Andeutungen.

Für die Schiffahrt aber mußte Salômo, wenn sie weithin gerichtet seyn sollte, nothwendig die Hülfe der Phöniken ansprechen, weil nur diese damals die gehörige Fähigkeit und Lust dazu besaßen. Zwar auf dem Mittelmeere mit den Phöniken wetteifern zu wollen, konnte ihm nicht leicht in den Sinn kommen, da jene auf diesem damals allen Handel längst an sich gezogen hatten und kaum einen solchen Mitbewerber gewünscht oderauch geduldet haben würden [3]): doch war nach dieser Seite hin wenigstens der einzige kleinere Hafen welcher · dem altIsraelischen Gebiete dieser Kuste leicht freisteht, in Joppé jezt geöffnet (S. 280), während Städte wie Caesarea Dôra 'Akkô (Ptolemais) nördlich von Joppe erst viel später durch die besondern Bestrebungen und Bedürfnisse der Griechisch-Römischen Zeiten eine große Bedeutung

---

sehen von dem Preise womit es in Ägypten angekauft war. Der Chroniker wiederholt die Stelle nur mit Umsezung éines Wortes (dergleichen Umsezungen auch sonst bei ihm vorfallen) II. 1, 16 f., gibt aber 9, 28 ihren Sinn verändert so, als seien die Rosse für den König aus Ägypten und allen übrigen Ländern ausgefuhrt. Sonst vgl. Layard's Nineveh II. p. 359—61.      1) nach Jos. arch. 8: 7, 4.      2) nach S. 274 nt.      3) zwar werden die Schiffe 1 Kön. 10, 22 Tharshish-Schiffe genannt: aber wir sehen aus Stellen wie Jes. 2, 16. Ps. 48, 8 dass damit in ältern Zeiten nichts als große und starke Schiffe bezeichnet werden; der Name ist also ebensowenig wörtlich zu nehmen wie dér »Schiffe Hirâm's« 10, 11; nur müssen wir zugeben dass die Säze 10, 11 f. 22 nach ihrem Inhalte und ihrer Redefarbe aus einer andern alten Quelle geschöpft sind als die 9, 26—28. · Bei der Wiederholung dieser Stellen in der Chronik II. 8, 17 f. 9, 10 f. 21 kann die Lesart 450 für 420 Talente zwar richtig seyn: aber wenn aus Tharshish-Schiffen solche gemacht werden die damals nach Tharshish d. i. Spanien gefahren seien, so kann das nur durch ein Mißverständniss des späten Erzählers geschehen seyn; wie dies bereits alle genauern Untersucher seit Th. Ch. Tychsen und Bredow in neuern Zeiten anerkannt haben.

für Palästina erlangen konnten. Aber das Rothe Meer, welches den Königen Israels jezt nach Besiegung der Idumäer
freistand, bot die schönste Gelegenheit zu den fernsten und
gewinnreichsten Unternehmungen dar, deren Ausbeute einem
kaum erst Schiffahrt anfangenden Reiche wie damals Israel
war vollkommen genügen konnte; und ihrerseits mußten auch
die Phöniken aufs willigste ihre Hülfe zur Beförderung von
Unternehmungen reichen welche ihnen ganz abzuschneiden
oderdoch sehr zu erschweren in der Hand des machtvollen
Königs Israels lag. So trafen wechselseitige Wünsche und
Bedürfnisse zweier Völker hier zusammen, ohne dass das
eine oder das andere dabei litt: und nur aus solchem Zusammentreffen entspringen die ersprießlichen und dauerhaften Bündnisse von Völkern. Für das Volk Israel war außer
dem Tempelbaue und dessen Folgen kein äußeres Ereigniss
aus der ganzen Herrschaft Salômo's erfolgreicher als dieser
mit Glück gekrönte Versuch einer Schiffahrt nach weit ent-
legenen Ländern: Phönikische Schiffahrer wurden zwar erst
die Lehrer der Israelischen, baueten und bestiegen mit ihnen die hohen Schiffe welche für weite Fahrten auf unsichern
Meeren bestimmt sehr fest gebaut werden mußten, aber
wieviele neue Anschauungen und Kenntnisse konnte das Volk
auf diesem Wege gewinnen! Die Schiffe wurden in 'Eßjongéber gebauet, wohl dem Hafen der Stadt Äláth (oder
Älôth), wahrscheinlich eben da wo jezt 'Aqaba liegt [1]); und
zurück von der dreijährigen Fahrt brachte man jedesmal 420
Talente Goldes, ferner Silber, Edelsteine, rothes Sandelholz,
Elfenbein, Affen und Pfauen, wahrscheinlich auch Narde und
Aloe [2]); das Sandelholz war noch nie in das Land gekom-

---

1) 'Aqaba d. i. Rücken ist wohl nur ein mundartig verschiedener
und zugleich abgekürzter Name für den hebräischen und alterthümlich mythologischen 'Eßjon-géber d. i. Rücken des Riesen; und der
Name des jezigen Vádi elGhudjan weiter nördlich schon tiefer im
Binnenlande enthält vielleicht noch eine Erinnerung an den einstigen
Ruhm der Seestadt.        ( 2) die Stellen des A. Ts wo diese zwei
vorkommen, sind alle nicht vor Salômo geschrieben, während ihr
indischer Ursprung unzweifelhaft ist; s. *Lassen* Indische Alterth. I.

men, und wurde vom Könige theils zu Geländern vor den
Thüren des Tempels und des Königsbaues theils zur Verzierung von Cithern und Harfen gebraucht, wie es ähnlich in
Indien angewandt wurde. Ofir selbst, das Ziel der weiten
Fahrt, ist allen diesen Spuren nach bis an die fernsten indischen Küsten auszudehnen [1]); und sprichwörtlich wurde seit
der Zeit in Israel das „Gold Ofir's".

Die königlichen Einkünfte mehrten sich ferner durch die
Zölle welche die nichtköniglichen Kaufleute von ihrem Gewinne zu entrichten hatten [2]); sowie durch die Geschenke
der unterworfenen oderdoch schuzsuchenden kleinern Könige
und der Statthalter besiegter Länder; auch bedeutend durch
den Zusammenfluss vieler reicher Wallfahrter nach Jerusalem,
wovon unten weiter. Aber abgesehen von allen solchen mehr
für zufällig gehaltenen Einkünften wurde die gesammte Einnahme des Königs an baarem Gelde, vorzüglich aus den Abgaben der Unterthanen und dem Ertrage der Schiffahrt er-
wachsend, jährlich auf 666 Talente Goldes geschäzt [3]); und

---

S. 285. 288.   1) auchwenn Ofir ursprünglich nach Gen. 10, 29
an der südöstlichen Küste Arabiens lag, konnte es, seitdem man
vonda nach Indien fuhr, dies Land im gemeinen Sprachgebrauche
ebensogut mitumfassen wie der ganz ähnliche Name Chavîla Gen. 10,
7. 29 noch viel mehr östliche Länder bezeichnet. Die lezte genauere
Untersuchung über Ofir ist die von *Lassen*, Indische Alterthümskunde
I. S. 538 f.: nur hat man nicht nöthig dabei bloss an das Indische
*Abhîra* zu denken. Dass Indien in den ältesten Zeiten goldreich war,
s. Journ. as. 1846. I. p. 371. Die Gründe woraus Quatermère in der
Abhandlung über Ofir (Mémoires de l'acad. des Inscriptions 1845
T. 15, 2 p. 349—402) beweisen will dass nicht Indien sondern So-
fala in Africa gemeint sei, sind wenig tief; wir übergehen andere
sonderbare Vorstellungen, wie die in Wellsted's Reise nach der Stadt
der Khalifen S. 278 ff. — Die Insel *Urphé* im Rothen Meere wo nach
Eupolemos und Theophilos (bei Euseb. praep. 9, 30) schon David
Gold graben liess, wird wohl aus dem Namen Ofir entstanden seyn.
2) nachdem oben der Sinn der Worte 1 Kön. 10, 28 f. richtig bestimmt ist, ist auch einleuchtend geworden wie 10, 15. 2 Chr. 9, 14
zwei verschiedene Arten von Kaufleuten neben einander genannt
werden können; und מסחר als verschieden von מקוה scheint demnach die Zölle zu bedeuten.       3) 1 Kön. 10, 14.

wir werden unten etwas näher untersuchen, wiefern die Stämme Israels selbst zu dieser Einnahme beitrugen.

So verbreitete sich denn die Pracht der königlichen Herrschaft Israels bis auf die Waffen und Hausgeräthe des Königs. Wie der reiche Aramäische König Hadad'ézer einst seine Leibkrieger mit goldenen Waffen bedeckt hatte (S. 202 f.), ebenso liess Salômo 200 große Schilde verfertigen von denen jeder mit 600 Pfund (oder vielmehr 6 Minen), und 300 kleinere von denen jeder mit 300 Pfund künstlich verarbeiteten Goldes überzogen war; diese goldenen Schilde mußten dann bei feierlichen Aufzügen, vorzüglich beständig also bei den S. 320 erwähnten Aufzügen des Königs aus dem Palaste in den Tempel, die Trabanten vor ihm hertragen [1]). Alle Trinkgefäße und eine Menge anderer Geräthe waren in seinem Hause ebenso von reinem Golde; und selbst das Silber schien überall bei ihm für nichts zu gelten [2]). Ganz Israel ass damals, wie ein späterer Erzähler sich ausdrückt, unter Freuden sein Brod, jeder friedlich unter seinem Weinstocke und Feigenbaume sizend [3]): aber wir besizen wahrscheinlich auch noch mitten aus jener gesättigten glücklichen Zeit das bedeutende Bruchstück eines Liedes welches im höheren Aufschwunge des Dankes zu Gott mit beredten malerischen Worten den allseitigen Volkswohlstand dieser langen Friedenstage pries [4]). Selbst über die Landbewohner des ganzen Reiches verbreitete sich jene gesättigte Ruhe und Heiterkeit eines in sich befriedigten glücklichen Lebens, von welcher wir sogar aus den Zeiten bald nach Salômo noch ein leuchtendes Zeugniss

---

1) wie sich aus der Erzählung 1 Kön. 14, 27 f. 2 Chr. 12, 10 f. deutlich ergibt.      2) 1 Kön. 10, 16 f. 21. 23 vgl. 2 Chr. 9, 15 f.

3) 1 Kön. 4, 20. 5, 4 f. Die schöne Redensart vom Weinstocke und Feigenbaume ist freilich erst aus der messianischen Schilderung Joels Mikha 4, 4 in diese Erzählung übergegangen; und es ist erst der zweite deuteronomische Erzähler welcher diese Übertragung wagt.

4) nämlich das Stück von in jeder Hinsicht seltener Art Ps. 144, 12—14 gehört nach aller Wahrscheinlichkeit in diese Zeit; auch auf die frisch aufbluhende Baukunst jener Tage wird v. 12 deutlich angespielt.

im Hohenliede uns erhalten sehen. Doch vorzüglich floss in
Jerusalem aller Reichthum und Glanz zusammen; und indem
auch die übrigen Einwohner der Hauptstadt in der Pracht
der Geräthe und Wohnungen mit dem Könige zu wetteifern
suchten, schienen dort die Silberstücke die Steine und die
Cedern-Planken die Baustücke von dem sonst zu Gebäuden
angewandten gemeinen Sykomorenbaume ersezt zu haben [1]).
Ja só tief prägte sich das Andenken an die überaus glückliche lange Ruhe der Tage Salômo's dem Volke ein und só
wenig kehrten in allen folgenden Jahrhunderten je ähnliche
Verhältnisse wieder, dass das Volk je später es lebte desto
sehnsüchtiger in diese Zeit zuruckblickte: wiewohl eben das
hohe Glück dieser Tage in der Erinnerung der Späteren allmälig leicht mit dém der Tage David's zusammengeworfen
wurde (s. unten).

### 3. *Fortschritte in Wissenschaft Dichtung und Schriftthum.*

Solche Zeiten mußten auch jedem reiner auf das geistige Gebiet gerichteten Streben den mächtigsten Schwung
geben. Nur ein Volk welches, wie damals Israel, in der
wirklichen Welt wahre Schwierigkeiten des Lebens überwunden und von Siege zu Siege fortschreitend sein Haupt
unter den Nachbaren aufrechtzutragen gelernt hat, kann seinen Geist auch leicht über die sinnliche Welt erheben und
eine Fulle neuer Erkenntnisse sowie höherer Fähigkeiten erwerben welche eben nur durch eine solche Erhebung dauernder Besiz eines ganzen Volkes werden. Denn wohl ist es
möglich dass in einem gesunkenen oder sinkenden Volke
einzelne Geister noch stärker dem Verderben widerstehen
und wunderbar Neues erfassen, wie wir dies auf der folgenden Stufe der Geschichte Israels sehen werden: aber dass
eines ganzen Volkes Geist neue geistige Fahigkeiten und Güter zu dem Schaze seiner alten erwerbe und glücklich an-
wende, das ist stets durch seine allgemeine Erhebung und
durch seine Beharrlichkeit in dieser bedingt. Israel hatte

---

1) 1 Kön. 10, 27.

sich nun ein Jahrhundert lang kämpfend immer glücklicher erhoben; und gewann es jezt als Preis sovieler beharrlich ausgerungener Kämpfe einen lange dauernden Frieden und früher nie erfahrenen Wohlstand, in diesem aber die Kenntniss sovieler neuer Länder Gegenstände und Verhältnisse und damit den Reiz neuer Untersuchung und Erkenntniss, so blieb es doch wenigstens in der ersten Hälfte der Herrschaft Salômo's troz seiner Macht unverdorben und gemäßigt genug, um mit frischer Lust und Kraft sich in die neuen geistigen Bahnen zu werfen welche diese Zeit eröffnete. So ging dem Volke in dieser hohen Zeit auch für Wissenschaft Dichtung und Schriftthum ein ñeues Zeitalter auf, dessen reiche Früchte auch dannnoch fortwirkten als der sinnliche Reichthum und Überfluss den diese Zeit brachte zugleich mit der Volksmacht längst wieder zerronnen war.

Dies neue Zeitalter mußte aber eine von den frühern Anfängen von Dichtung und Wissenschaft sehr verschiedene Richtung bringen. Die lyrische als die älteste Art von Dichtung war in ihrer geraden Ausbildung durch David damals schon sogutals vollendet, in ihrer künstlicheren Anwendung nach II. S. 464 wenigstens angefangen; und wenn Gesang und Spiel daher leicht auch Dichtung und Vers in den wilderen Zeiten vor David und Samûel nach II. S. 462 mehr bloss deñ Weibern überlassen wurden, so waren sie nun mit aller ihrer Kunst durch Davîd's schöpferische Kraft und erhabenes Beispiel zugleich so männlich und zart ausgebildet und so hoch geadelt dass sie seitdem in Israel als die edelste Beschäftigung auch der Männer ja der Fürsten und Könige galten, und nicht leicht irgendein Volk des Alterthums hierin Israel übertreffen konnte. Auch die Anfänge eines geschichtlichen und gesezgeberischen Schriftthumes waren nach Bd. II. jezt längst gegeben; auch eine Art von Wissenschaft war durch die Gründung der höhern Religion selbst gegründet, wie z. B. die Schöpfungsgeschichte des B. der Urspp. Gen. 1, 1—2, 4 den deutlichsten Spuren nach auf ältere Erkenntnisse und Einsichten auch in das Wesen der Dinge der Welt zurückweist die längst vor dem Zeitalter dieses Buches herrschten. Aber wie das ganze Volk die vorigen Jahrhunderte hindurch den vielen mächtigen Feinden gegenüber mehr nur mit seiner eigenen Selbsterhaltung beschäftigt gewesen war, so hatte auch sein Geist im Dichten Denken und Schaffen sich vorherrschend immer nur in sich selbst vertieft, also nach seiner damaligen Stellung nur die religiösen und die volksthümlichen Angelegenheiten mit aller Innigkeit erfaßt. Nun aber hatte der Geist zum erstenmale für eine längere Zeit in dem dauernden Frieden die Muße, in der glücklichen Erhebung und Macht des Volkes den Muth, in dem Strome sovieler neuer Erscheinungen und Überlieferungen von fremden Ländern her den Reiz und die Aufforderung gefunden auch über die Dinge der Welt schärfer nachzudenken und damit über seine früheren Schranken hinauszugehen. Welcher Art sind die vielen wunderbaren Erscheinungen aus fremden Ländern, womit jezt Israel überschüttet wurde? wie verhalten sich die Religionen Überlieferungen und Sagen fremder Völker, mit denen Israel jezt weit vertrauter als früher werden mußte, zu denen Israels? was ist königliche Herrschaft, die jezt sich aufs höchste verklärte, und was die Herrschaft über viele Völker, zu der jezt Israel, nachdem es eine verhältnißmäßig schon lange wunderbare Entwicklung durchlaufen hatte, berufen war? was ist überhaupt ein edles und ersprießliches Wirken, eine Erhabenheit des menschlichen Lebens, welche jezt Israel zu behaupten und wo möglich weiter auszubilden hatte? Solche Fragen in Menge drängten sich damals hervor: sie alle aber leiteten den Geist in eine nähere Untersuchung der Dinge, namentlich der bisdahin weniger beachteten menschlichen und nichtmenschlichen Welt; und so geht die neue Richtung dieser Zeit mit schöpferischer Kraft und voller Entschiedenheit auf dasselbe hin was wir Philosophie zu nennen uns gewöhnt haben und was wir mit der Bibel und dem einfachen Sachverhalte ebensogut schlechthin Weisheit nennen könnten.

Nun führt zwar schon jede solche neue Anstrengung des Geistes, sobald sie nur auf einen großen Gegenstand gerichtet ist und beharrlich verfolgt wird, zu einer ihr entsprechenden

Kunst: aber in jenen frohen Tagen des Volkes, als die heitere Kunst das ganze niedere Leben zu erheben suchte, ward sie auch in den neuen Versuchen rein geistiger Arbeit desto stärker gesucht und desto glücklicher geübt. Dem neuen mächtigen Aufschwunge des Geistes gelang es also, auch neue Kunstarten zum gefügigen Leibe der tiefer geschöpften Gedanken sich zu schaffen, zu welchen ihn jezt seine Aufgabe sinnend die Welt zu durchdringen hinführen mußte.

Zu alle dem wirkte zwar sichtbar viel der rege Wetteifer mit in welchen Israel jezt mit den an Wissenschaft und Kunst ausgezeichnetsten Völkern jener Zeiten und Länder, den Phöniken, Ägyptern, Sabäern und andern, verflochten wurde, und von dessen geschichtlicher Wahrheit uns noch die sichersten Spuren vorliegen. Unter allen Vortheilen welche einem Volke aus einer edeln Selbständigkeit und Macht erwachsen, ist wohl keiner größer als der, eben durch solche Macht in eine nähere ehrenvolle Berührung mit den gleichzeitigen besten und fähigsten Völkern und dadurch in einen Wetteifer auch mit ihren Wissenschaften und Künsten zu kommen, welcher mehr als alles andere die edelste volksthümliche Anstrengung hervorruft. Zwar fehlt es uns bisjezt an Mitteln um näher einzusehen worin die große „Weisheit aller der Söhne des Ostens und Ägyptens" bestand, welche Salômo übertraf [1]): wir können jedoch aus den unten erklärten wenigen Beispielen einige Schlüsse ziehen; und welche neue Überlieferungen und Anschauungen seitdem von fernen Ländern her in das h. Land einströmten, können wir an einigen Zeichen deutlich wahrnehmen. Wie erweitert und bereichert ist z. B. die Urgeschichte der Erde und Menschheit in der Gestalt welche sie nach dem B. der Urspp. unter solchen Einwirkungen allmälig annahm, verglichen mit der viel einfachern Gestalt in welcher sie noch das B. der Urspp. überliefert [2]); auch das B. der Sprüche bezeugt dass die bestimmteren Vorstellungen vom Paradise, von dem Baume und

---

1) 1 Kön. 5, 10 vgl. 10, 1—9.     2) s. die *Jahrbb. der B. w.*
II. S. 136 ff.

der Quelle des Lebens u. ä. erst jezt eindringen [1]). Dass aber die neu einfließenden Stoffe nichtbloss äußerlich aufgenommen wurden und dass jener Wetteifer in Israel nicht zu schwächlicher Nachahmung führte, verhinderte schon der gesunde und starke Volkssinn welcher. damals noch ungebrochen in Israel herrschte.

Philosophie ist nicht bloss dá wo sie in dem strengen Geseze des Denkens (der Logik) einherschreitet, oder wo sie alle Wahrheiten und Begriffe in ein genau geordnetes Ganzes (ein System) zu bringen sucht: man kann zugeben dass dieses ihre Vollendung sei (wiewohl diese Vollendung wie jede andere unter Menschen aufstrebende sooft eine völlig irrende und irreführende wird), aber weder ihr Anfang ist es noch ihr stets bleibender lebendiger Trieb. Ihr Anfang und ihr Leben selbst ist vielmehr der mächtig erwachte und durch nichts zu dämpfende Trieb zum Untersuchen, undzwar zum Untersuchen aller Gegenstände ohne Ausnahme, der hohen wie der niedrigen, der fernen und der nahen, der menschlichen und der göttlichen. Wo die Räthsel der Dinge dem sinnenden Menschen keine Ruhe mehr lassen und sie zu lösen unter den kräftigsten Geistern eines Volkes oder zugleich meherer Völker ein unermüdlicher Wetteifer entsteht, da ist schon die glückliche Jugendzeit aller Philosophie gegeben. Die edelsten der semitischen Völker standen nun offenbar schon in jener frühen Zeit, als die Griechen beiweitem auch nochnichteinmal sóweit gekommen waren, auf dieser Stufe: und Israel, welches außerdem durch seine höhere Religion noch eine besondre Aufforderung zum Nachdenken über die Verhältnisse aller Dinge hatte, trat jezt auf diesem bessern Felde der Ehre in den ebenbürtigsten Wettkampf mit ihnen. Die Königin Sabäa's kam weither, den König Israels in Räthseln zu versuchen: als sie nach einigen Vorspielen den Gegner ihr zu antworten gerüstet genug fand, schüttete sie ihm im Fragen und Forschen ihr ganzes Herz aus, zog auch das geheimnißvollste hervor was ihr selbst noch völlig dunkel

---

1) vgl. Bd. I. S. 54; die *Dichter des A. Bs* IV. S. 2.

war, und drang immer tiefer in sein Geheimstes ein, schwelgend im gemeinschaftlichen Suchen und wieder Suchen: aber er blieb ihr nicht die geringste Antwort schuldig und löste alle ihre Räthsel [1]). O glückliche Zeit wo mächtige Fürsten mitten in ihren von heiliger Gottesruhe umfriedigten Ländern so zu einander wallfahrten, so in Weisheit und was noch mehr ist im regen Suchen derselben wetteifern können! — Ähnlich erzählte Menandros in der phönikischen Geschichte, ein Phönike, Abdémon's jüngerer Sohn, habe alle die Aufgaben gelöst welche Salômo ihm vorgelegt; und ausführlicher berichtete in derselben Sache Dios, Salômo habe an seinen Mitkönig Hirâm Räthsel gesandt unter der Bitte ihm ähnliche zu senden, sodass wer sie nicht lösen könne um ein Geld gestraft würde; da sei Hirâm nachdem er die Bedingung angenommen gestraft worden, bis er sich mit umgekehrtem Glücke eines Tyriers Abdémon gegen Salômo bedient habe. Und wir haben keine Ursache an der allgemeinen Treue dieser von Fl. Josephus [2]) erhaltenen Erzählungen zu zweifeln.

Als dér Mann nun auf welchen der ganze Ruhm der neuen Weisheit jener Tage in Israel fällt, steht nach der herrschenden Überlieferung allein der außerordentliche König der Zeit selbst da: aber wir müssen uns hüten diese sprichwörtlich gewordene Weisheit Salômo's in geschichtlichem Sinne zu sklavisch zu verstehen. Jene ganze Zeit hatte ja den mächtigsten Antrieb dazu; und schon in den lezten zehn bis zwanzig Jahren der Davîdischen Herrschaft neigte sich alles zur fröhlichen Ausbildung dieses Strebens nach Weisheit. Freilich sind jene Anfänge der Weisheit in Israel vor Salômo schwer zu erkennen: denn sowohl der sie überragende Geist sowie der Glanz des hohen Königs selbst, alsauch die in den Zeiten nach Salômo bald sehr veränderte Richtung des ganzen Volksgeistes haben gemeinsam dahin gewirkt die nähere Erinnerung an die Weisen dieser Zeit zu trüben. Doch können wir wenigstens einiges hier noch sehr sicher erkennen. Die kurze Erzählung sagt selbst, Salômo sei weiser ge-

---

1) dies der Sinn von 1 Kön. 10, 2 f.    2) arch. 8: 5, 3.

wesen als Äthan und Häman, Kalkol und Darda' die Söhne
Machôl's. So wenig genaueres wir über die Weisheit dieser
einst deshalb beruhmten Männer jezt wissen [1]), so müssen
wir uns doch denken dass sie als ältere Zeitgenossen Salômo's
etwa dieselbe Art von Weisheit schon trieben in welcher
dann Salômo selbst noch berühmter wurde: denn nur solche
Männer die der Art nach ähnlich waren und daher auch dem
Alter nach nicht in viel frühere Zeiten gehörten, konnte ein
besonnener Erzähler mit dem weisen Salômo vergleichen.

Und gehen wir über die nächste Art eines Salômonischen
Weisheitsbuches hinaus, hinblickend auf die allgemeine Gestaltung der Schriftstellerei in jener Zeit: so kennen wir
näher wenigstens éinen obwohl dem Namen nach uns jezt
unbekannten Schriftsteller der ein älterer Zeitgenosse Salomo's
war und der mit vollem Rechte im weitern Sinne des Wortes

---

1) sie kommen zwar außer 1 Kön. 5, 11 noch sonst im A. T.
vor, aber leider nicht ganz so deutlich als wir wunschen. Alle viere
erscheinen 1 Chr. 2, 6 in derselben Reihe als Söhne Zérach's des
Sohnes Juda's: denn Dara' an dieser Stelle ist wohl nur verschrieben für Darda'. Allein obwohl Zérach mit Ezrach, von dessen Geschlechte Äthan und Häman sich ableiten (vgl. Ps. 88, 1. 89, 1), gleichbedeutend seyn könnte, so hat doch der Chroniker wahrscheinlich
die 3 andern Namen aus 1 Kon. 5, 11 nur deswegen hieher gezogen,
weil er sie an Äthan (welcher nach v. 8 hier ursprünglich stand)
bequem anschließen konnte. Denn in jenes hohe Alterthum sollten
die viere nach 1 Kön. 5, 11 schwerlich gehören; und Kalkol und
Darda' werden 1 Kön. 5, 11 vielmehr Söhne Machôl's genannt. Vom
Stamme Judu aber mochten sie wohl alle seyn: und insofern kann
der Chroniker sie richtig hier eingeschaltet haben. Von den berühmten Musikern Äthan, einem Enkel des großen Samúel, und Häman
unterscheidet sonach die Chronik selbst die hier genannten der Abstammung nach: doch werden sie offenbar Ps. 88, 1. 89, 1 ihnen
gleichgestellt, und wenn wir bedenken dass sowohl die Musiker als
die Weisen dieses Namens in derselben Zeit gelebt haben müssen,
sowie dass Musik und Weisheit noch zur Zeit des Chronikers nahe
aneinander grenzten, so wird es wahrscheinlich dass die Levitischen
Musikschulen diese zwei Weisen nur deswegen weil sie inderthat
Vater dieser Wissenschaft geworden waren, in ihre Innung und daher in ihr Geschlecht aufnahmen, welches übrigens schon früh geschehen konnte; vgl. die *Dichter des A. Bs* I. S. 212 f.

23*

ein Weiser zu nennen. ist, den Bd. I. weiter beschriebenen
Verfasser des B. der Ursprünge. Er war ein Levit, und
schon als solcher mehr dárauf angewiesen die vergangenen
großen Zeiten Israels mit seiner jezigen Herrlichkeit zu vergleichen und was im Alterthume schon Anfang und Keim
der jezigen Größe Israels war näher nachzuweisen. Aber
welche höhere Weisheit und ächte Herrscherwürde noch
während der ersten Hälfte der Herrschaft Salômo's in Israel
heimisch war, das leuchtet strahlend aus seiner Darstellung
der erhabenen Männer des Alterthumes hervor; und mit welcher überfließend reizenden Kunst und hohen Vollendung,
mit welcher großartigen Zusammenfassung und Ordnung damals auch ein sehr ausführliches Geschichtswerk geschrieben
werden konnte, davon gibt seine Schrift das bewunderns-
werthe Beispiel. Wir können keinen einleuchtenderen Beweis für die hohe Ausbildung der Schriftstellerei bereits zu
Anfange der Herrschaft Salômo's wünschen als ihn das B.
der Urspp. gibt, nach den großen Überbleibseln zu urtheilen
in denen es noch jezt klar zu erkennen vor uns liegt.

· Dem Könige Salômo nun „gab Gott sehr viel Weisheit
und Einsicht, einen Geist unermeßlich wie der Sand am Mee-
resufer", wie der lezte Erzähler sich übersichtlich ausdrückt [1].
Aber doch nur weil dieser reiche Geist mitten in eine solche
Zeit und einen solchen schon aufgegangenen Blüthengarten
vieler ähnlicher Geister fiel und so alles ihn zur stärkern Entwickelung und vollen Reife hintrieb, ward er der große
Weise, welcher seine Vorgänger überragte und welcher zugleich, weil die ganze Richtung des Volkes sich nach seinem
Tode so stark veränderte, für alle Folgezeit das einzige Vorbild von Weisheit in Israel blieb.

Inderthat. ist es uns jezt schwer den ganzen Umfang der
Weisheit Salômo's zu übersehen, soweit sie sich in Schriften
äußerte. Denn eben diese Schriften des weisen Königs,
mochte er sie allein verfaßt oder sich dabei zugleich der
Hulfe anderer bedient haben, sind uns theils völlig theils

---

[1] 1 Kön. 5, 9.

wenigstens in ihrer ursprünglichen Gestalt verloren; und sie
waren wohl schon zur Zeit der Entstehung des A. Ts so verloren, da man sie sonst wahrscheinlich in die Sammlung heil.
Bücher aufgenommen haben würde. Indess hat das Geschichts-
buch welches überhaupt für Salômo's Leben die Hauptquelle
ist [1]), eine kurze Erzählung über den Inhalt der ursprunglichen Schriften Salômo's aufbewahrt, welche alle Kennzeichen
der geschichtlichen Zuverlässigkeit an sich trägt, weil dieser
Inhalt mit den unter Salômo's Namen in das A. T. aufgenommenen Schriften nicht übereinstimmt, während er ansich vollkommen glaublich ist. Folgen wir also dieser alten Überlieferung und vergleichen damit die Reste Salômonischen
Schriftthumes welche sich wirklich im A. T. erhalten haben,
so bildet sich uns folgende Vorstellung über das Ganze.

Die Weisheit der Zeit bestand, wie oben gesagt, in einer Fülle von theils schon ganz klaren theils noch räthsel-
hafteren Erkenntnissen, welche mit aller Macht hervordran-
gen aber eben noch ganz in ihrer frischen Ursprünglichkeit,
also der bloßen Wahrheit nach fürsich ausgesprochen, noch
ohne das Bedürfniss sich künstlich beweisen zu müssen; sowie ohne inneren Zusammenhang unter einander und noch
ohne das Bedürfniss davon zu fuhlen. Wo nun diese Erkenntnisse die schlechthin erhabenen Gegenstände also die
göttlichen und die göttlich-menschlichen betrafen, da forderten sie auch noch die schlechthin erhabene Art der Rede,
also die Würde und den Zauber des Verses. Und so bildete
sich aus dem Schoße der alten damals schon hoch ausgebildeten hebräischen Dichtung heraus 'eine neue besondere Art
derselben, der kurze aber scharfe und vielsagende Spruch-
vers, welcher den Bedürfnissen sowie den Schranken der
Weisheit jener Zeit vollkommen genügte. Ihn zu schaffen
und durch sein Ansehen zu empfehlen, war ein zugleich so
dichterischer und so tief in die Weisheit der Zeit eingetauch-
ter Sinn wie der Salômo's der geeignetste; und wir können

---

1) 1 Kön. 5, 12 f.; die Chronik hat wir wissen nicht warum die
ganze Stelle ausgelassen.

nicht verkennen dass er der wahre Vater einer Kunstdich-
tung ist, welche dann im Volke Israel nie wieder sich verlor und in die mannichfaltigsten Gestalten sich fügte. Es
wird erzählt er habe 3000 Sprüche gedichtet: keine zugroße
Zahl, wenn man bedenkt dass jeder Spruch dieser Art ganz
kurz ist aber immer einen vollen Gedanken im Zauber des
Verses erschöpfen muss. Von diesen, wie sie meist von ihm
selbst gedichtet wurden, einem Theile nach auch wohl von
den Dichtern seines Zeitalters [1]) herrühren, besizen wir nun
noch in dem kanonischen Buche der Sprüche eine nicht unbedeutende Zahl: gerade hier ist ja das eigenthümlichste und
wahrhaft schöpferische Erzeügniss des Geistes des großen
Königs, welches sich daher auch am festesten erhalten mußte.
Doch mag ich hier nicht wiederholen was ich schon im J.
1837 weiter darüber veröffentlichte. Auch der geringe Theil
von jenen 3000 Sprüchen welcher sich erhalten hat, gibt das
sprechendste Zeugniss von der ebenso tiefen als kernhaften
Weisheit sowie von der Kunstsinnigkeit Salômo's und seiner Zeit.

Aber woirgend ein wahres Suchen nach Weisheit sich
thatkräftig regt, da strebt es alle Gebiete des Sinnens und
Wissens zu umfassen. Salômo, wird erzählt, schrieb ferner
„über die Bäume von der Ceder im Libanon bis zu dem an
der Wand sprossenden Ysop, über die großen Thiere, Vögel,
Gewürme und Fische“. Diesen Anfang einer vollständigen
Naturgeschichte [2]) noch jezt zu besizen, wäre für vieles höchst

---

1) die schönen Sprüche über die Würde und den Schrecken des
wahren Königs zwischen Spr. 10, 1 bis 22, 17 sind unstreitig aus
Salômo's Zeit, aber schwerlich unmittelbar von Salômo selbst.

2) die Ansicht des Fl. Josephus (arch. 8: 2, 5), dass Salômo nur
in Vergleichungen d. i. in Sprüchen wie die jezt erhaltenen sind über
alle jene Naturdinge geredet habe, ist ein leichterklärlicher Irrthum. —
Dagegen ist sehr merkwürdig die Sage bei Jos. arch. 8: 6, 6 vgl.
14: 4, 1. ,15: 4, 2 dass die Dattelpalmen bei Jericho von Sabäa's
Königin eingebracht, also zu Salômo's Zeit zuerst angebauet seien;
und wirklich scheint dasselbe Thal welches von Osten her bei Jericho den Eingang in das eigentliche h. Land bildete und welches
früher nach II. S. 323 das »Trübe« hiess, jezt auch »das der Bal-
samstaude« (הַבָּכָא) zu heißen Ps. 84, 6.

lehrreich: aber gewiss hat die bald nach Salômo erfolgte stärkere Abkehr des Volkes von allen solchen tieferen Untersuchungen über die nichtmenschliche Welt den frühen Verlust dieser Schriften Salômo's verursacht, und wir können jezt über ihren näheren Inhalt garnichts bestimmen.  Doch mögen diese Beschreibungen der nichtmenschlichen Welt nicht in Versen sondern in einfacher Rede gegeben seyn, weil diese Rede im Unterschiede vom Verse damals längst schon in Israel gegründet war.  Als unzweideutiges Zeichen aber über den weiten und in den folgenden Jahrhunderten kaum verständlichen Umfang der Weisheit zur Zeit Salômo's ist diese Nachricht immer sehr bedeutsam.

Während so mit dem glücklichsten Erfolge neue Bahnen in Dichtung und Schriftthume geebnet wurden, ward zwar die Urart aller Dichtung, die lyrische, keineswegs vernachlässigt: Salômo dichtete nach jener Erzählung 1005 Lieder. Und allen Spuren zufolge haben wir noch an Ps. 2 ein ächtes Lied von Salômo selbst aus der ersten Zeit seiner Herrschaft, welches sich aus dieser Sammlung gerettet haben kann und welches wie an Höhe und Kraft der Gedanken so an Kunst und Zierlichkeit durchaus seiner würdig ist (vgl. S. 278). Allein nachdem das eigentliche Lied, soweit es ohne Künstlichkeit sich ausbilden konnte, schon von David aufs höchste ausgebildet war, konnte der gewaltige Kunsttrieb der Zeit Salômo's kaum noch viel an der Wiederholung dieser einfachen Art sich vergnügen.  Wo das Lied aus augenblicklicher Erregung frisch hervorquillt, wiederholte es sich zwar auch später immer leicht in seiner schlichtesten Gestalt: aber zu einer Zeit in welcher die Kunstthätigkeit so hoch gespannt war wie in dér Salômo's, konnte auch das alte Lied leicht mehr zu besondern dichterischen Zwecken angewandt werden und dadurch sich in neue Kunstarten kleiden.  Sehen wir nun wie nicht zu lange nach Salômo ein Hebräisches Singspiel und also eine Art von Drama völlig unläugbar [1]) im Hohenliede

---

1) denn dass die Einwände dagegen welche de Wette und andere erhoben haben auf Unkenntniss und Unverstand beruhen, wird hoffe

hervortritt, so ist durchaus nicht unwahrscheinlich dass das
rein lyrische Lied sich am Hofe Salômo's und durch sein Mitwirken zu dem künstlicheren dramatischen Liede umgestaltet
habe. Da sein Inhalt dann wohl meist weniger unmittelbar
das Erhabene betraf, so würde sich so erklären wie diese
Dramen in den folgenden Jahrhunderten dem Geschmacke
minder genügten und verloren gingen.

Auch zur schriftlichen Sammlung der schönsten älteren
nnd neueren Lieder war gewiss damals die Zeit schon völlig reif: der Strom solcher Lieder war in Israel längst über-
voll geworden; und jene lange friedliche Zeit wo alle Schriftstellerei wie nie früher aufblühete und man mit Stolz in das
ganze Alterthum zurückblickte, war auch für solche Unternehmungen ganz geeignet. Wir können wenigstens noch die
sichere Spur einer solchen Sammlung verfolgen welche, da
sie auch Lieder von Davîd und zwar (wie ausdrücklich bei-
gefügt wird) früher bloss dem Gedächtnisse anvertraute enthielt, nicht wohl früher geschrieben seyn kann, der wir aber
auch ein späteres Alter zuzuschreiben keinen Grund haben.
Dies ist das *Buch des Redlichen* [1]), in welchem diesem Namen und den Bruchstücken nach zu urtheilen der Sammler
die verschiedensten Lieder mehr zu einem Lehrzwecke vereinigte und mit kurzen geschichtlichen Bemerkungen begleitete, nämlich um aus ihnen zu zeigen wie der redliche Mann
in Israel, ein Josúa Jonathan Davîd, zu allen Zeiten in der
Gemeinde gelebt und gewirkt habe und wie er also auch
ferner seyn solle. Dass ferner die Lieder Davîd's auch fürsich eifrig gesammelt und schriftlich verbreitet wurden, läßt
sich schon von Salômo's Eifer als Sohnes und kunstsinnigen
Kenners erwarten: und wirklich sind die Spuren solcher ältesten Sammlungen noch im jezigen Psalter nicht zu schwer
wiederzufinden [2]).

ich jeder einsehen der sich die gehörige Sachkenntniss erwirbt. Einiges weitere darüber unten.        1) angeführt Jos. 10, 13. 2 Sam.
1, 18: über jenes vgl. II. S. 325 f.; und da das Konigsbuch bei dem
ersten Liede David's welches es aufnimmt diese Quelle nennt, so
wird es aus ihr auch wohl andere haben.        2) wenn man näm-

Mit der feinern Ausbildung der mannichfaltigen Dich-
tungsarten und dem eifrigen Sammeln der Lieder hing aber
gewiss eine ähnliche höhere Ausbildung des Gesanges und
der Musik zusammen. Auch die neuen Bedürfnisse des großartigen Tempels, wo frühzeitig so schöne Lieder wie Ps. 20
im Wechselgesange zwischen Gemeinde und Priester erschal-
leten, beförderten solche Künste; und eine prachtvolle Tempelmusik bestand nach S. 316 ohne Zweifel seit Salômo's
Einrichtungen in allen folgenden Jahrhunderten, sowie wir
noch bestimmt wissen dass Salômo auf kostbar gearbeitete
Musikwerkzeuge vielhielt [1]). Wir haben alle Ursache anzunehmen dass diese Musik sich im Volke erhielt bis die griechische Bildung sie verdrängte, dass sie also dieselbe ist von
der einige Bezeichnungen in den Beischriften der alttesta-
mentlichen Lieder erscheinen [2]), und welche der Chroniker
in seinen Erzählungen sooft berührt [3]): während ihre genauere Kenntniss seit der griechischen Zeit allmälig verloren
ging und uns gegenwärtig unmöglich geworden ist; denn
sogar die Chronikbücher, aus welchen wir jezt das meiste
Licht zum Verständnisse schöpfen müssen, haben nur noch
schwache Reste von klarer Erinnerung an die alte Musik.
Warum die Tempelmusiker in die S. 316 erwähnten drei
Hauptgeschlechter eingetheilt waren, wissen wir nicht genau
genug [4]): unterschieden werden indess auch in der Sache
selbst drei Arten Musiker, Saitenspieler, Spieler mit Schlag-
und Spieler mit Blas-Werkzeugen; nur die der dritten Art
erscheinen, da sie nicht zugleich Sänger waren, als niedriger stehend [5]).

---

lich bedenkt welche Stellung noch jezt in dem großen Psalter Ps. 3.
4. 7. 8. 11. 18. 19, 2—7. 24 (zwei Lieder). 29. 32. 101 einnehmen
und wie sie auch bienach als ein ältester Grund Davidischer Lieder
hervorleuchten.        1) 1 Kön. 10, 12.        2) s. die *Dichter
des A. Bs* Bd. I. S. 206 ff.        3) s. l. S. 235.        4) denn
aus den einzelnen Worten 1 Chr. 25, 3. 5 darf man, andern Stellen
ähnlichen Inhaltes gegenüber, nicht zuviel schließen.
   5) die deutlichsten Ausdrücke finden sich 1 Chr. 15, 28. 2 Chr. 5,
12 f. Eine andere Vertheilung noch von David's Zeit her Ps. 68, 26.

Den Ruhm indess Salômo's bildete in diesem ganzen Gebiete nie sein Lied wie bei Davîd, sondern seine Weisheit und sein Weisheitsspruch. Zu den übrigen hohen Vorzügen die ihn schon zierten, seiner Weisheit und Festigkeit im Herrschen, seiner Macht und Ordnung in allen königlichen und Reichssachen, seinem außerordentlichen Reichthume und dem Glanze in den heiligen und den königlichen Bauten, gesellte sich noch ein Ruhm der bei Königen zu den seltensten gehört, dér einer freien Liebe zur tiefern Weisheit und einer schöpferischen Thätigkeit in ihr. Eine solché Erscheinung war in Israel noch nie erlebt: und wie der Ruf davon während der langen Herrschaft des Königs sich verbreitete, wurden auch die fremden Völker und unter diesen gerade die Fürsten und Edeln ammeisten [1]) mächtig davon angezogen, und wallfahrteten zahlreich nach dém Orte wo ein Herrscher mit diesem wunderbaren Vereine großer Fähigkeiten und Thaten den Stuhl zierte. Von éinem Beispiele der Art welches sich im spätern Alter Salômo's ereignete, war später immer besonders die Rede. Als die Königin des im entfernten Südosten liegenden Sabäischen Reiches [2]) hörte welchen Ruhm

Flöten jedoch würden bei dem Tempel bloss Ps. 87, 7 vorkommen: allein dort ist an Tänzer zu denken.    1) gerade dies ist der Sinn der Worte 1 Kön. 5, 14, wo »von Seiten aller Könige der Erde« nur eine nähere Bestimmung ist zu dem vorigen »von allen den Völkern«.    2) schon Fl. Josephus macht aus ihr irrthümlich eine Königin der Ägypter und der Äthiopen; sodass die Äthiopischen Christen dann zu entschuldigen waren wenn sie dieselbe sich selbst aneigneten. Nach dem Sinne der Erzählung aber war sie Königin in Südarabien: und wenn 1 Kön. 5, 10 offenbar mit Bezug auf sie die Weisheit der »Kinder des Ostens« gerühmt wird, so können wir nun in der neuesten Zeit aus den Himjarischen Inschriften näher erkennen, welche Bildung und welcher Wohlstand dort in alten Zeiten herrschte und wiewenig die Sagen von einer alten Herrlichkeit dieser Gegend grundlos seien; vgl. den Aufsaz über diese Inschriften in Höfer's Zeitschrift für Sprachwissenschaft Bd. I. H. 2. Berlin 1846. Die Himjarische Königin selbst nennen die Araber *Belqîs* und erzählen von ihr manches: vgl. Hamza's Annalen nach Gottwaldt's Ausg. (1844) S. 125 f. und Nuwairi in Schultens imper. loctan. p. 53: auch Caussin de Perceval's essai sur l'hist. des Arabs I. p. 76 f. und

Salômo durch die Herrlichkeit seines Gottes erworben habe [1]),
kam sie ihn in Räthseln zu versuchen nach Jerusalem, umgeben von einem sehr großen und glänzenden Gefolge, mit
Kamelen reich beladen mit den kostbarsten Erzeugnissen ihres
Landes; und ihr Ehrengeschenk an Salômo bestand in 120 Talenten Goldes, Edelsteinen und soviel des besten Balsams wie
nochnie zuvor nach Jerusalem gekommen war. Salômo be-
friedigte ihre wissenschaftliche Neugier und Lernlust, zeigte
ihr aber auch seinen Königsbau mit allen den Seltenheiten
die dieser enthielt, wie er in den kostbarsten Gefäßen ass
und trank, wie seine Minister und andere Vertrauten in großer Zahl an seinem prachtvollen Tische aßen und selbst seine
schön gekleideten Diener so zierlich und sorgfältig aufwar-
teten, ganz anders als die sonstigen Könige der Zeit ihre
Freunde und Diener zu gewöhnen pflegten; endlich wie er
auf einem herrlich gearbeiteten und ausgeschmückten Stufen-
gange von seinem Palaste in den Tempel hinanstieg (s. S. 320).
Da bekannte sie hocherstaunt in jeder Hinsicht doppelt mehr
gefunden zu haben als sie irgend vermuthet hatte, pries alle
glücklich welche stets um solchen König zu seyn das Glück
hätten und segnete dén Gott der aus Liebe zu seinem Volke
Israel ihm einen solchen König gegeben um es weise zu beherrschen. Salômo aber entliess sie nachdem er ihr nichtbloss feierlich solche von ihm selbst ausgesuchte Gegenge-
schenke gegeben welche er seiner königlichen Würde nach

---

die schwerlich das Rechte treffenden Ausführungen Fresnel's im
Journ. as. 1850 II. p. 279—81. Gewiss aber haben erst die Himjarischen Christen diesen Namen einer alten Königin wiederaufge-
sucht, um darin eine Anknüpfung an die biblische Geschichte zu
finden. — Indess ist das Tel Belkis bei Bire am Eufrat, welches
Ainsworth trav. in Asia Minor I. p. 304 hieher zieht, sicher hier
fremd; und ob Salômo's Freundin vielmehr im nordöstlichen Arabien am persischen Meerbusen herrschte, wie Rawlinson neulich in
Keilschriften gelesen haben will, muss weitere Untersuchung lehren.

1) dies der Sinn der Worte 1 Kon. 10, 1: daher preist sie auch
zuletzt Salômo's Gott v. 9, obgleich sie diesen nicht für den ihrigen
hält und Salômo ihr deshalb auch nichts von dem eigentlichen Tempel oder von dessen Opfern zeigen konnte.

ihr geben mußte, sondernauch alles was sie sonst von ihm zu erhalten wünschte aus bloss menschlichem Wohlwollen und mehr als Freund denn als König ihr geschenkt [1]): eines der vielen Zeichen wiewenig in dem Könige Salômo der Mensch untergegangen war. Ähnliche Wallfahrten aber nach Jerusalem wiederholten sich jährlich: und stets brachten die reichern Wallfahrter goldene und silberne Geräthe und Schmuckkleider, Wohlgerüche und Balsam, Rosse und Maulthiere als freie Huldigungsgaben mit, je wie ein jeder vermochte [2]). Eine solche Zeit kam für Jerusalem nie wieder in ganz gleicher Herrlichkeit: aber só tief hatte sich das Andenken an diese freien Wallfahrten der Fremden nach Jerusalem um nichtbloss dem Könige sondernauch dem hier verehrten Gotte zu huldigen dem Volke eingeprägt, dass ihr Bild noch in späten Tagen den prophetischen Ahnungen der Messianischen Vollendung vorschwebt und die Edeln in Israel nie wieder vergessen konnten zu welcher Herrlichkeit einst Jerusalem durch die Weisheit seiner ersten Könige und die diese leitende wahre Religion sich erhoben hatte.

Für das Volk aber des wahren Gottes war nun auch die Weisheit oder Philosophie ein Bestreben und ein Gut geworden welches, einmal so tief in seinen Geist gepflanzt, auch unter allen Wechseln der kommenden Jahrhunderte nie wieder ganz aus ihm verschwinden konnte. Die Wahrheit als solche eifrig suchen erkennen festhalten und aufs Handeln anwenden, die Erkenntniss also auch als ein Gut fürsich mit solcher Anstrengung suchen und erwerben dass sie

---

1) wenn die Himjarischen und Äthiopischen Christen, wie man in den Chroniken der lezteren ausfuhrlich lesen kann, hieraus die Vorstellung ableiten dass Salômo ihr mit oder gegen ihren Wunsch auch einen Sohn erzeugt habe, so thun sie das nur weil sie ihre alten Königsgeschlechter gern von ihm ableiten wollten, verfuhrt zugleich durch ihren schmuzigen Sinn in Ehesachen, von dem sie sich nie losmachen konnten. Vgl. die Auszüge in *Dillmann's* catalog. cdd. aeth. Oxon. p. 69—72.      2) 1 Kòn. 10, 24 f., wo בֶּשֶׁק auf keine Weise *Rüstung* bedeuten kann, sondern wie im Arabischen eine Art von Wohlgeruchen bezeichnen muss.

zur Lehre und Überlieferung wird und immer allgemeiner das bessere Streben des Volkes durchdringt: dies ist eine Verfassung menschlichen Lebens zu welcher jedes Volk in günstiger Zeit emporstrebt und die, einmal erreicht, sich durch den Reiz ihrer eignen Güte so fest als möglich in ihm erhält. Auch was fruher nur durch schöpferischen Drang und der höheren Nothwendigkeit Zwang wahres und ewiges in ihm emporgekommen ist, will und kann sich nun durch ruhige Untersuchung und Erkenntniss seiner Richtigkeit desto fester behaupten: in Israel aber war nun seit Jahrhunderten eine zuerst durch bloße prophetische Schöpfung gegründete Macht wahrer Religion thätig welche durch ruhige Untersuchung Erkenntniss und allseitige Anwendung nur immer mehr ein festes unverlierbares Gut werden konnte. Wie also –auch von jezt an die äußern Schicksale des Volkes sein einmal so stark angeregtes Streben nach Weisheit erschüttern und beschränken mochten: sie selbst erhielt sich in ihm auch für alle Zukunft beständig, und trug auch ihrerseits dázu bei dass zunächst die großen Wahrheiten welche in Israel seit alten Zeiten gegeben waren von ihrer prophetischen Höhe immer tiefer in das Bewußtseyn des ganzen Volkes herabstiegen und in seinem ganzen Sinnen und Thun immer allseitiger verarbeitet wurden. Bald wurde die Weisheit in Israel wetteifernd in Schulen ausgebildet und von Wißbegierigen sogar für Geld gesucht [1]).

### 3. Die Ausgänge der Herrschaft Salômo's.

**Seine Stellung zum Gelde dem Volke den Propheten und der Gottherrschaft.**

Allein jede geschichtliche Größe eines Gemeinwesens, eines Reiches oder einer Kirche, weist wieder auf eine noch reinere und freiere Größe hin, welche durch den Fortschritt alles so stark in Bewegung gekommenen Guten oder Bösen sich selbst heranbilden will und welche kommen muss wenn

---

1) s. die *Jahrbb.* der *B. w.* I. S. 96 ff. IV. S. 145 f.

die einmal gewonnene Größe nicht wieder sinken und zer-
fallen soll. Gerade in einem länger dauernden glücklichen
Frieden wie der jener Zeiten Salômo's war regen sich die
nochnicht auf die rechte Weise beseitigten alten Übel wieder
mächtiger, und ganz neue Bedürfnisse drängen sich durch
den ebenen Fortschritt der einmal in Fluss gekommenen Güter auf welche auf die Dauer nicht zurückzuweisen sind.
Werden jene Übel nicht beseitigt und diese Bedürfnisse nicht
richtig befriedigt, so steht dicht neben der erstrittenen Größe
der Anfang eines unaufhaltsamen Falles; und dieser geht gerade von dér Macht aus in welcher eben im Reiche alle
Größe sich sammelt.    Alte Übel aber welche sich wieder
regen, können nicht gut beseitigt werden wenn die herrschende
Macht nicht zuvor die neue Fähigkeit erwirbt welche ihr
noch fehlt.

Überblicken wir aber jezt nach dem gesagten alles Große
welches Salômo entweder selbst gründete oder welches bereits in früherer Zeit gegründet doch erst unter ihm zu einer größeren Ausdehnung und Festigkeit oder wie zu seinem
Gipfel kam: so sehen wir leicht dass das alles keinen Stand
in Israel sósehr verherrlichen mußte als eben den königlichen.
Das Königthum hatte, soweit eine einzelne menschliche Macht
dies vermochte, die ganze Herrlichkcit dieser Zeit geschaffen, oderdoch allein durch seine mächtigste Mitwirkung möglich gemacht: so mußte dennauch all ihr Glanz auf dasselbe
Königthum umso einziger zurückfallen, da es gerade damals
als eine neue Macht in Israel mit jugendlicher Kraft emporstrebte und alles versuchte was es mit dieser seiner noch
ungebrochenen Kraft umspannen konnte.    Davîd hatte es fürimmer festgegründet, ja er schien es zugleich schon ebenso
fest an den Zauber seines Hauses gefesselt zu haben: aber
erst unter Salômo entfaltete es sich nach allen Seiten vollkommen, und erst unter ihm gewann es den höchsten Glanz
sowie die stärkste Macht welche es je in Israel gewinnen
konnte.    Undauch wenn etwa ein anderer Stand unter Salômo
zu neuer Macht emporblühete, wie dies z. B. mit dem Priesterstande nach S. 315 f. der Fall war, so blühete er doch

nur indem er sich an die starke Macht anlehnte welche ihn schüzte und stüzte.

Die höchste Macht und Herrlichkeit des Königthumes war das Wesen jener schönen Zeit, und in ihr fand sie auch all ihr seltenes Glück, ihren Stolz und ihre Freude. Dás Volk welches unter allen ihm verwandten oder benachbarten am spätesten ein menschliches Königthum empfangen hatte, konnte sich nun dessen am höchsten freuen: und wenn die Weisen Israels jezt in die ersten Anfänge des Volkes zurückschaueten, so schien ihnen mitrecht kein größerer Segen vonanfangan dem Volke Israel von seinem Gotte selbst bestimmt gewesen zu seyn als dér dass auch Könige aus ihm hervorgehen sollten [1]). Wie das Volk in jenem Jahrhunderte mit nichts mehr gesegnet werden konnte als mit zwei so verschiedenartigen und doch beide so vollendeten Königen wie Davîd und Salômo, von denen jeder zur rechten Zeit erschien und jeder mit dem reinsten Gefühle königlicher Würde herrschte: so ward das ganze Volk von einem ähnlichen Gefuhle der wahren Würde und des hohen Segens des fleckenlosen Königthumes, daher alsoauch von einer ächten Scheu vor ihm und seinem Wirken durchdrungen. Salômo empfand nach S. 278 f. zu Anfange seiner Herrschaft ähnlich wie Davîd mit hoher Innigkeit was ein König Jahve's sei, und waltete stark und glücklich in diesem Glauben; die festgegründete volksthümliche Ansicht von der ebenso erhabenen als segensreichen Wirksamkeit des wahren Königs prägte sich mit schöner Anschaulichkeit in einer Fülle von Weisheitsspruchen fur Lehre und Leben aus [2]); und die Geschichtskundigen der Zeit fanden in ihm einen Haupttheil der göttlichen Bestimmung Israels erfüllt. Ja nichts geringeres verhießen große Propheten jener Zeit als dass „der Name Jahve's" ewig in dem

---

1) wie die klaren Aussprüche des B. der Urspp. zeigen, s. I. S. 98 f. Später ist dies dichterisch nachgebildet Num. 23, 21. 24, 7: denn dass man Num. 23, 21 nicht so wie Dt. 33, 5 den König von Jahve verstehen konne, zeigt eben die entsprechende Stelle Num. 24, 7.

2) vgl. die *Dichter des A. Bs* Bd. IV. S. 18 f.: zu den dort zusammengestellten Sprüchen ist noch Spr. 16, 14 hinzuzufugen.

von ihm erwählten Jerusalem bleiben d. i. ewig hier geoffenbart erkannt und verehrt werden, und Israel nie wieder
unstätt umherirren solle [1]):. so fest schien ihnen jezt sowohl
die wahre Religion als die Volkskraft an den· unter só einzigen Verhältnissen gegründeten prachtvollen Tempel und die
durch Davîd's Geschichte hochbewährte feste Burg Ssion geknüpft zu seyn.

Dies erst ist der wahre Gipfel der Tage Salômo's: daher also auch der ganzen zweiten Hauptwendung der Geschichte Israels. Allein mitten im sonnigen Glanze dieses
Gipfels alles menschlichen Königthumes in Israel hatten sich
ihm unvermerkt ·ganz neue Aufgaben aufgedrängt, deren
schweres Gewicht anfangs kaum bemerkt wurde und die
doch vonjeztan alles entschieden. Das Königthum hatte seine
niederen Aufgaben vollkommen gelöst, das Land mächtig das
Reich stark das Volk friedlich und kunstliebend gemacht: aber
eben dadurch drängten sich ihm nun in dem langen Frieden
desto unwiderstehlicher .die höhern Aufgaben auf, welche jeder feiner ausgebildete Volkszustand in sich birgt. Und wie
es diesen sich neu aufdrängenden höhern Aufgaben gewachsen war, davon hing seine fernere Geschichte ab.

Nun aber war es éin Irrthum der diesem so vollendeten
und herrlichen Königthume noch anklebte; von éinem ihm
ursprünglich anklebenden Überflusse hatte es sich noch zu
befreien, der freilich·in sein tiefstes Fleisch verwachsen war.
Stets soll ihm alle oberste Gewalt im Reiche einwohnen: aber
eben deshalb klebt ihm leicht als ein schädlicher Überfluss
davon Gewaltsamkeit an, ja diese begleitet es von seinem
Ursprunge an wie der Schatten das Licht; und wenn sie im
gröbern Kleide abnimmt, so kehrt sie leicht im feinern Gewande wieder. Die Forderung der Jahve-Religion widerstrebt ihr zwar vonvorne an, und die Propheten hatten·unter

---

1) dies erhellt aus solchen jezt ganz abgerissen angeführten Worten wie 1 Kòn. 8, 29. 9, 3. 11, 36. 2 Kòn. 21, 4. 7 f. 23, 27: sie
gehen alle auf einen berühmten Prophetenspruch zurück den man
noch am ausfuhrlichsten 2 Kön. .21, 7 f. (vgl. 1 Kön.·8, 16) wieder-
findet.

den beiden ersten Königen die gröbern Ausbrüche derselben erfolgreich bekämpft, eben dadurch also die feineren Zeiten Salômo's herbeigeführt. Aber sollte sie nun auch in diesen Zeiten gründlich gehoben werden, so hätte auch das ganze Volk sein Herz gänzlich von ihr abwenden müssen: dies aber sezte eine Vollendung wahrer Religion voraus welche als das Ende dieser ganzen Geschichte damals nochnicht möglich war. Also blieb die Gewaltsamkeit wennauch fürjezt feiner gewendet, doch dem Königthume eigen, während sie in anderer Weise nach II. S. 67. 150 auch dem Prophetenthume nochimmer wiewohl unbewußt und aus einem sehr verschiedenen Antriebe anklebte: aber dem Königthume wurde sie desto bälder gefährlich jemehr es jezt fast übermächtig geworden war und schon durch sein eignes Bestehn zu ihr hinneigt. Dies ist der starre grause Felsen an welchem wie das ganze Alterthum soauch das alte Gottes-Reich Israels zerschellte, da auch in diesem die entgegenstehende Wahrheit dass nur die Liebe nicht die Gewaltsamkeit alles heile zwar angedeutet war [1]) aber im Leben nicht genug erstarkte. Das Königthum konnte so weder eine wahre und vollkommene Einheit im Reiche auf die Dauer erhalten, noch drückende alte Übel leicht entfernen, noch sich vor der Gefahr eigener Überhebungen genug hüten; und alles das zeigte sich im Keime schon während Salômo's langer Herrschaft.

1. Zwar überstrahlte das hochglänzende Licht dieser Herrschaft lange die in ihr schon verborgen liegenden Anfänge von Auflösung: aber eben in diesem dichten Schimmer königlicher Macht und Herrlichkeit und volksthümlichen Wohlstandes wuchs unvermerkt desto rascher und desto allgemeiner im Volke selbst ein Übel heran welches auch für den Geist dieser Herrschaft immer gefährlicher werden konnte. Denn je wohlhabender ein großer Theil des Volkes während dieser langen glücklichen Friedenszeit wurde und je sicherer man sich fühlte, desto leichter riss eine Üppigkeit Weichlich-

---

1) vgl. z. B. von einem Fürsten und Könige Israels selbst ausgesprochen 1 Sam. 2, 9: »nicht durch Gewalt siegt einer«.

keit und Schlaffheit des Lebens cin welche seit langen Zeiten in diesem Volke fast unbekannt gewesen war; daneben eine sittliche Sorglosigkeit ein kecker Übermuth und eine unklare Neuerungssucht welche nur zusehr vergass wodurch und wie theuer alle die Güter erworben waren in deren Genusse man jezt schwelgte. Erst jezt bei der hochgesteigerten Macht und Sicherheit Israels kamen in vollem Maße die Zeiten welche ein gegen 200 Jahre späteres prophetisches Lied [1]) mit malerischer Wahrheit schildert als Tage wo es dem Volke in dem beruhigten fruchtbaren Lande zu wohl ward, sodass es wie ein zu gut gehaltenes übermüthiges Ross mit der Ferse ausschlug gegen seinen Wohlthäter, und dén vergessend der allein es geschaffen und großgezogen fremden Göttern zueilte, nämlich allen den bösen Neigungen Irrthümern und Verkehrtheiten welche den Menschen immer von der wahren Religion abfuhren. Auch der weite Verkehr und Handel selbst und die Herrschaft des Volkes über Fremde konnte ihm nun desto leichter eine nähere Kenntniss heidnischer Sitten und Religionen zuführen deren verführerischem Zauber es in solcher einreißenden Erschlaffung seines bessern Geistes weniger widerstand. Das Gift solcher sittlicher Gefahren verdichtet sich freilich in jeder Zeit eines äußerlich gesicherten glücklichen Volkslebens, wenn dem Streben nach Gewinne und Genusse sinnlicher Güter alle Schranken geöffnet sind: aber zu keiner Zeit in der langen Geschichte Israels war der Reiz só stark und der mögliche Verlust só gross wie in diesen 40 Jahren des mühsam errungenen Gipfels seiner ganzen volksthümlichen Macht. Und es ist unverkennbar dass sich in dieser langen Glanzzeit durch die Schuld des Volkes selbst innerlich eine sittliche Veränderung vollzog deren Übel lange verdeckt endlich desto zerstörender hervortraten. Wiesehr am Ende der Herrschaft Salômo's nichtnur die Heldenschaar Davîdischer Krieger sondernauch die höhere Ruhe und Besonnenheit des Geistes verschwunden war, wird bald der Verlauf dieser Geschichte lehren.

1) Deut. 32, 15—18 vgl. mit solchen in jeder Hinsicht ähnlichen Schilderungen wie Jes. 1, 3 f.

Das Königthum in Israel also hätte damals, so schwer
es ihm -auch wurde, diesem gefährlichen Zuge der Zeit widerstehen sollen: aber freilich läßt sich menschliches Königthum auch leicht von jedem Verderben hinreißen welches
im ganzen Volke herrschend wird, zumal wenn es sich wie
damals unter dem täuschenden Scheine von Glück und Herrlichkeit verbirgt; und wir können nicht sagen dass Salômo
die hier verborgen lauernde große Gefahr früh genug erkannt und stark genug abgewehrt habe. Die hohe Macht
welche der König Israels jezt wie es schien fürimmer gewonnen, sein fortwährend steigender Glanz, die Stellung selbst
welche er unter den übrigen Königen der Erde in seinem
Kreise einnahm, alles dies reizte ihn, je länger seine Herrschaft im wenig gestörten Frieden sich hinzog, desto mehr
seinen Hof und sein Reich den übrigen damals mächtigsten
Reichen der Erde ähnlich auszubilden: und bald zeigten sich
hier Neuerungen welche nur die Gewalt des einmal so mächtigen Zuges dieser ganzen Zeit hätte entschuldigen können.

In der Einrichtung seines Hoflebens gestattete Salômo
Ägyptischen Sitten immermehr Raum. Nach dem Hohenliede
hatte er 60 Fürstinnen, 80 Kebsweiber und zahllose Jungfrauen; nach dem Geschichtsbuche [1]) gar 700 Fürstinnen und
300 Kebsweiber: jenes mag die runde Zahl der zu éiner Zeit
am Hofe anwesenden, dieses die der überhaupt während der
langen Herrschaft an den Hof gekommenen Weiber seyn,
obwohl die Zahl der 700 immerhin in einem Mißverhältnisse
zu dér der 300 steht und vielleicht durch spätere Sage übertrieben ist. Alles das war zwar nur eine solche Nachahmung
alter Sitten an den königlichen Höfen jener Länder wie sie
der Glanz und Wetteifer des neuen in Israel zu fordern
schien. Allein sicher ging Salômo in dieser Ausstattung seines Hofes viel weiter als David, und weiter als die Verständigen im Volke es billigten: denn in solcher Pracht und
Schwelgerei vermochten diese nun einmal dem Ernste der
Religion Jahve's gemäss kein Merkmal königlicher Würde zu

---

1) 1 Kön. 11, 3 vgl. v. 1; HL. 6, 8 vgl. v. 9.

finden [1]). Außer der Tochter Pharao's, welche gewiss immer ihren Ehrenplaz behielt, und vielen Weibern aus den unterworfenen oder befreundeten Völkern zog Salômo zwar auch aus Israel Jungfrauen gern an seinen Hof, fand aber bei diesen auch wohl unerwartet eine siegreiche Festigkeit im Behaupten ihrer Freiheit, wie dies der klare Sinn des im Hohenliede dargestellten Vorfalles beweist.

Noch schlimmer war dass die großen Bauten aller Art von der einen und die prachtvolle Hofhaltung von der andern Seite doch amende nicht durchgeführt werden konnten ohne gewisse Opfer an der Ehre und der Freiheit des Volkes. Bei dem großen Reichthume Salômo's welcher nebst seiner Weisheit sprichwörtlich geworden, ist auffallend wie in seiner Herrschaft überhaupt ein solcher Mangel an Hülfsmitteln entstehen konnte dass er sich deshalb sogar von der Ehre und der Freiheit des Volkes einiges zu opfern gezwungen sah. Allein die Fortsezung und Beendigung so ungeheurer Bauten erforderte sichtbar Geldkräfte die man zumvoraus garnicht recht schäzen konnte; ebenso deutlich ist dass die Pracht und Verschwendung in der Hofhaltung fortwährend zunahm: und je reicher die Einkünfte in den königlichen Schaz flossen, desto gefährlicher konnte bei einem kunst- und prachtliebenden Könige ihre Verschwendung werden. Einmal nun, wissen wir noch sicher, half sich Salômo durch Aufopferung einer kleinen Landschaft aus der Verlegenheit. Als nach Vollendung der zwei größten Bauten in der Hauptstadt die Rechnung mit Hirâm abgeschlossen werden sollte, fand sich dass dieser nichtnur für gelieferte Baustoffe sondernauch für vorgestrecktes Geld außer den 20,000 Mass [2]) Waizen und 20,000 Mass besten Öles, die er vertragsmäßig jährlich erhalten sollte, sóviel an Salômo zu fordern hatte, dass dieser zwanzig kleine Städte an Tyros abtrat, wofür ihm der Tyrische König zugleich noch 120 Talente Goldes auslieferte. Diese 20 kleinen galiläischen Städte

---

1) daher das Deut. 17, 17 dann einem Könige ausdrücklich verbietet viele Weiber zu nehmen.    2) *Kor*, größtes Mass == 10 attischen Metréten.

lagen dicht an der tyrischen Grenze und waren offenbar der auf den schmalen Kustenstreif beschränkten Tyrischen Herrschaft sehr willkommen: wie jedoch der Volkswiz sich bei solchen Gebietsabtretungen immer vielfach übt und keine der verhandelnden Mächte gern zu kurz gekommen seyn will, so erzählte man sich bald in Israel, als König Hîrâm in eigener Person seine neuen Erwerbungen besichtigt habe, seien sie ihm sehr unbedeutend und unter seiner Erwartung stehend vorgekommen, sodass man seitdem dies Gebiet *Kabul* d. i. Wienichts genannt habe [1]. — Allein fur die Dauer kann kein Fürst so aus den Verlegenheiten seines Beutels sich retten.

Wir besizen jezt leider zu wenige Hülfsmittel um die Geldverhältnisse der Herrschaft Salômo's imeinzelnen zu verstehen; noch weniger können wir bei den übrigen Königen Israels die Quellen und die Höhe ihres jahrlichen Einkommens genauer einsehen. Da die erste Einrichtung der Gottherrschaft d. i. der Verfassung Israels auf die Nothwendigkeit und die Bedürfnisse eines königlichen Hauses nicht gerechnet hatte und das Volk darin gross geworden war, so ward es hier dem Kónigtbume schon deswegen schwer sich

---

1) 1 Kön. 9, 10—14 vgl. 5, 24 f. Man fand dann in dem Worte *Kabul* sovielals *ka* d. i. *wie* und *bul* = בֻּל *nichts.* Inderthat aber erhellt leicht dass dies eine der vielen wizigen Namendeutungen ist welche sich im A. T. finden. Der Landstrich hatte gewiss ursprünglich von der Stadt Kabul im Süden des Gebietes des Stammes Ascher Jos. 19, 27 seinen Namen: und man hat jezt wieder angefangen ihre Trümmer mitsammt ihrem Namen aufzufinden, s. Ritter's Erdk. Bd. XVI (1852) S. 677 und die Charte dazu. — Der Chroniker II. 8, 2 stellt das Ganze freilich sehr kurz só dar als habe Hiram diese Städte Salômo'n gegeben und dieser sie dann mit Israeliten bevolkert: allein diese Ansicht entstand vielleicht nur dáher weil man sich zur Zeit des Chronikers überhaupt nichts unwurdiges von Salômo denken mochte (s. unten). Sogar was Jos. arch. 8: 5, 3 aus den Worten Hiram's 1 Kon 9, 13 ableitet, dass er die Städte aus Mißfallen daran an Salômo umsonst zurückgegeben habe, ist wohl ebenso willkührlich von ihm erdacht als dass Χαβαλών im Phönikischen »nicht gefallend« bedeutete: wenn nicht etwa כבול einerlei mit חָבוּל *verdorben* seyn sollte.

ein bedeutendes jährliches Einkommen von den Steuerkräften
des Volkes selbst zu erwerben; es kam hinzu die alte Scheu
aller freien Völker vor gezwungener Besteuerung in Gelde,
und Israel fühlte sich seit seiner Erlösung aus Ägypten als
das freieste Volk der Erde. Man darf nicht übersehen dass
der Stand des Königthums in Israel auch dadurch sehr schwierig wurde und das Gewicht dieser Fragen auf allen Stufen
seiner Entwickelung schwer genug wiederkehrte. Zweierlei
Hülfen konnte indessen das Volk einem anerkannten Könige
vonvornean nicht wohl verweigern: einmal mußte es den
Heerbann ihm bewilligen als das nothwendigste Mittel zur
Landesvertheidigung; und da hiemit eine freie Verfügung
über Menschenkräfte dem Könige einmal zugestanden war,
so ist nicht sehr zu verwundern dass die Könige in die Neigung verfielen diese Vollmacht weiter auszudehnen und auch
zur nothwendigsten Einrichtung und Aufrechterhaltung ihres
eignen Hausstandes die Hand- und Arbeitskraft ihrer Unterthanen aufzubieten; wobei denn jeder einzelne Unterthan zusehen mußte wie und ob er sich wie vom Heerbanne soauch von diesem königlichen Banne befreien könne. Dieser
Zustand [1]) bildete sich sicher im Zehnstämmereiche aus, schwerlich aber schon früher: denn es ist ein Nothstand in welchen,
wie unten erhellen wird, das Königthum erst dort sich versezt finden konnte. Zweitens bestanden ja seit alters die
Zehnten und Erstlinge als eine Abgabe des Landes an seinen Herrn und Beschüzer [2]): und da das bloße Priesterthum
dem diese Abgabe zu seiner und zu des Heiligthumes Erhaltung zuerst zufiel sich jezt als zu schwach zur Beschüzung
des Landes erwiesen hatte, so war es nicht unbillig dass
nun auch der König als der mächtigere Beschüzer und „Ge-

---

1) wie er deutlich beschrieben wird 1 Sam. 8, 11—13; vgl. oben
S. 37. Man versteht das Stuck 1 Sam. 8, 11—17 erst dann richtig
wenn man bedenkt dass v. 11—13 das Recht des königlichen Bannes,
v. 14—17 das der königlichen Zehnten (und Erstlinge), jedes aber in
weitester Ausdehnung beschreibt; von Geldsteuern ist also dort garkeine Rede, was geschichtlich höchst lehrreich ist.    2) s. die
*Alterthümer* S. 314 ff.

salbte Jahve's" an ihr theilnahm. Wirklich ward dies nach
S. 30 als billig vonanfangan erkannt; an diese Art von Abgabe war dazu Israel längst gewöhnt; und es fragte sich
nur wie weit sie auszudehnen sei, ob der König bloss einen
Theil der bestehenden oder die ganze bestehende nocheinmal empfangen odergar sie auf alle ähnlich scheinende Falle
übertragen dürfe. Vor einer Kopf- und überhaupt Geldsteuer
hatte dagegen Israel stets Widerwillen, und blieb in dieser
Hinsicht immer höchst empfindlich. Den ersten Grund aber
aller königlichen Hülfsmittel, von dem er zunächst ausgehen
und auf den er immer zulezt zurückgehen mußte, bildete
sein eigner Hausbesiz [1]): wie er ohne eine ihm ganz ge-
horchende Kriegsmacht [2]) nicht zu denken ist, so hat er
diese und damit in gewissem Sinne sich selbst in den ersten einfachsten Verhältnissen ganz aus seinem Hausvermö-
gen zu erhalten. Behauptet sich der König und herrscht
glücklich, so findet er leicht hundert Mittel diesen seinen
ursprünglichen Hausbesiz zu mehren: die von ihm unterworfenen fremden Völker und eroberten Festungen gelten
dann leicht als Vermehrung seiner eignen und seines Hauses
Macht; die jährlichen Abgaben oder die freien Geschenke
der Fremden fließen in seine Schazhäuser; die Zölle vom
Handel und Verkehr fallen ihm als Lohn seiner schüzenden
Obhut zu: aber dann mischt sich freilich das durch die Kräfte
des Reiches ebensosehr wie durch die Muhe des Königs erhaltene Reichseinkommen só stark mit seinem ursprünglich
viel geringeren Hausbesize (Domanium), dass beides immer
schwerer zu trennen ist und. eln im ganzen Volke und seiner Macht immer tiefer wurzelndes und mit ihm immer en-

---

1) vgl. die ganz zutreffenden Worte Jes. 3, 6 f. ·
2) »die Diener« oder »Knechte David's« können außer dem S. 336
erörterten Sinne, wo der Sinn der Rede darauf führt (wie 2 Sam. 2,
17. 3, 22. 18, 7. 9. 20, 6 vgl. 17, 20. 1 Kon. 1, 33 vgl. v. 38. 2 Sam.
8, 7) auch seine Kriegsknechte bedeuten, als welche durch Eid
Sold und anderes am nächsten zum Gehorsam verpflichtet sind, wie
ܩܛܝܢܐ oft ganz unserm Worte »Landsknechte« entspricht.

ger verschlungenes Königshaus eine solche Trennung auch garnichtmehr wünschen kann. Erst als im Zehnstämmereiche die festesten Grundlagen des Reiches und der Macht Israels wieder zerrüttet waren und éin Königshaus immer das andre verdrängend alle Macht immer vonvorne erst wieder aufzubauen und mühsam zu mehren beflissen seyn mußte, während man doch Salômonische Pracht beibehalten und höchsten Glanz des Reiches ferner entfalten wollte, konnten die Könige beim Verweigern aller Geldsteuer in der weitesten Ausdehnung jener zwei Urhülfsmittel ihr Heil zu suchen lernen: und da wurde nichtbloss jener königliche Bann so gewaltsam weiter ausgedehnt, sondernauch der Begriff von Zehnten und Erstlingen leicht willkührlich auf alles übrige was dem Könige das schönste schien übertragen, auch auf liegende Güter, schöne Menschen, Zugthiere [1]); wie ähnliche Willkührlichkeiten in sovielen andern alten Königreichen herkömmlich waren.

Unter Davîd und Salômo herrschte dagegen, nach allen Spuren zu schließen, auch in den Geldsachen des Reiches ein Zustand só ·geordnet und für das Wohl des Volkes só zuträglich wie er in jenen aufwärts strebenden glücklichen Zeiten sich leicht ausbilden konnte. Für die Unterhaltung seines Hofes und seines stehenden Heeres hatte Salômo eine feste Ordnung eingeführt: 12 Amtleute oder Haupt–Steuereinnehmer hatte er rings in den Gebieten der Stämme Israels außer Juda aufgestellt, welche zunächst die zerstreuten königlichen Güter (Domänen) bewirthschafteten, dann auch andere Gefälle ihres Bezirkes einzogen, · und von denen jeder einen Monat lang. die Bedürfnisse des Königs herbeischaffen mußte. Diese Bedürfnisse waren gross: bloss sein Tisch, zu dem nach Sitte beständig viele dem königlichen Hause befreundete Häuser gezogen wurden [2]) und dessen Glanz S. 363 kurz beschrieben ist, erforderte täglich 30 Mass feines und 60 Mass gewöhnliches Mehl [3]), 10 gemästete und

---

1) vgl. 1 Sam. 8, 14—17. Amos 7, 1 und anderes unten.
2) wie 1 Kön. 5, 7 vgl. 4, 7 ausdrücklich gesagt wird, vgl. den Fall S. 273 f.    3) man hat danach auf verschiedene Weise

20 von der Weide genommene Ochsen, 100 Stücke Kleinvieh und außerdem Wildpret von Hirschen Gazellen und
Dammhirschen sowie gemästete Schwäne. Diese Ordnung
bestand wenigstens so in der spätern Hälfte der Herrschaft
Salômo's [1]): sie war jedoch nach unsern jezigen Begriffen
dárin fehlerhaft dass jeder dieser Beamten mit dem etwaigen
Überschusse seiner Einnahme machen konnte was ihm be-
liebte; und dass die Stellen sehr einträglich waren erhellt
schon dáraus dass zwei dieser Zwölf als Schwiegersöhne

berechnet dass· an Salômo's Tische täglich weit über 10,000 Menschen aßen.     1) weil 2 dieser Amtleute nach 1 Kön. 4,
11. 15 als Schwiegersöhne Salômo's angeführt werden. Diese ganze
wichtige Urkunde 4, 7—19. 5, 2 f. 6—8 hat zwar in einzelnen Ortsnamen welche sonst nicht vorkommen manche Dunkelheit für uns;
und den Ausdruck »ganz Israel« v. 7 sollte man leicht wie v. 1 von
allen 12 Stämmen verstehen. Allein dass die 12 Amtleute nicht nach
der volksthümlichen Heiligkeit dieser Zahl vgl. I. S. 485, auch nicht
nach den Bezirken der 12 Stämme bestellt wurden, erhellt klar theils
aus der Beschreibung selbst theils aus dem ausdrücklichen Beisaze
dass ihre Geschäfte sich nach der Zahl der Monate richteten. Inderthat gelingt es nicht in den 12 Bezirken dieser Amtleute ein Stück
von den weiten Besizungen des Stammes Juda zu finden: die Beschreibung fängt mit einem Theile von Efráim an v. 8, geht v. 9 zum
Gebiete Dán's westlich davon, v. 10—12 zu Gebieten nördlich von
beiden über, springt v. 13 f. zu den nordöstlichen Gebieten jenseits
des Jordans über, kehrt v. 15—17 zu den nördlichsten Ländern diesseits zurück, und holt v. 18 f. Benjamîn mit den südlichen Ländern
jenseits des Jordans nach; indem überall wo einzelne kleinere Städte
genannt werden diese offenbar nur als Domänen, wo die Beamten
zunächst ihren Siz hatten, gedacht werden müssen. Man kann also
in diesem Zusammenhange bei dem Lande Chefer v. 10 nur an das
im Stamme Manasse liegende denken, welches dieser Lage nach ganz
zu den Stellen wo es sonst vorkommt Jos. 12, 17. 19, 13. 2 Kön. 14,
25 paßt; und ein anderes kennen wir sonst nicht. Ist dies nun, so
können die lezten Worte in v. 19 nicht dén Sinn haben, alsob es
etwas so auffallendes gewesen dass in Gilead nur éin Beamter war:
denn dies ist nicht weiter sosehr auffallend; sondern es ist mit den
LXX hinter יְהוּדָה einzuschalten בְּאֶרֶץ, wie 9, 18 אֲרָם hinter
demselben בְּאֶרֶץ. Anzugeben wozu die Einnahme des Amtmannes
von Juda verwandt sei, gehörte nicht in diesen Zusammenhang.

Salômo's beschrieben werden. - Ein anderer Beamter der Art
war über das königliche Stammland Juda gesezt, wir wissen
nur jezt nicht wozu seine Einnahmen verwendet wurden;
über alle 13 Beamte war wieder ein Oberaufseher bestellt [1]).
Einen Haupttheil an jenen Unterhaltungskosten trugen aber
sicher die nach S. 277 erst jezt von Salômo ganz unterworfenen Kanáanäischen Städte: dies liegt theils in der Sache
selbst, theils ist es sogar noch aus dem kurzen Verzeichnisse
der 12 Gebiete jener Amtmänner zu sehen, wo offenbar
solche Städte als die ergiebigsten besonders hervorgehoben
werden [2]). Die abhängigen Völker, wie Moab, ʿAmmôn, Damasq, die Philistäischen Städte, mußten gewiss sovielmöglich
in Geld steuern: aber ihre Steuern flossen in den Reichs-
schaz. Ob die gebornen Männer Israels von ihrem baaren
Vermögen eine Kopfsteuer zu entrichten hatten, wissen wir
durch ein einfaches Zeugniss nicht: allein es ist wenigstens
für die späteren Jahre der Herrschaft Salômo's höchst wahrscheinlich, da das Volk am Ende soviel über schwere Lasten klagt und da das Zehnstämmereich sicher nicht ohne
Grund diese Art von Abgaben vermied; auch die Frohndienste welche dem Volke in der ersten Zeit wohl nur spär-
lich zugemuthet wurden, nahmen offenbar im Verlaufe der
langen Herrschaft immermehr zu (S. 291 f.), und auch darin
wurde das Reich unverkennbar einem Ägyptischen immer
ähnlicher.

2. Wiewenig das Königthum aber bei einer solchen
keimenden Eifersucht vonunten fähig war veraltete Beschrän-
kungen welche als neue Übel aufbrachen heilsam aufzuheben, zeigt am deutlichsten eine große Angelegenheit der damals herrschenden Religion. In ihr that eine größere Freiheit dieser Zeit noth: und es läßt sich zwar keineswegs aus
alten Quellen beweisen dass Salômo jemals auch in seinem
spätern Alter die Religion Jahve's verlassen und mit eigener

---

1) Azarja Sohn Nathan's 1 Kön. 4, 5.        2) vgl. 1 Kön. 4, 9
mit Richt. 1, 33—35; v. 11 f. mit Richt. 1, 27; s. darüber II. S. 428 ff.
Nur hieraus erklärt sich also auch die Fassung jener Urkunde 1 Kön.
4 etwas näher; vgl. auch oben S. 332.

Hand heidnischen Göttern geopfert habe [1]); vielmehr zeugen
alle erkennbare Spuren seiner Zeitgeschichte dagegen; und
ausdrücklich finden wir noch erwähnt er habe auf dem von
ihm erbauten Altare Jahve's stets dreimal jährlich (nach der
Reihe der 3 großen Feste) in aller Feierlichkeit geopfert,
wie es nur einem Könige seiner Art geziemte [2]). Wir müssen aber bedenken dass das Reich Israel unter ihm die
stärkste Neigung hatte ein wahres Weltreich zu werden und
aus seinen alten Schranken gänzlich herauszugehen: in einem blühenden noch dazu vorzüglich auch im Frieden und
im Handel sein Heil suchenden Weltreiche ist Duldung verschiedener Religionen völlig unentbehrlich, weil ein solches
die verschiedenen Volksthümlichkeiten Geistesrichtungen und
Anschauungen nicht plözlich zu ändern odergar gewaltsam
aufzuheben willens seyn kann; und so wurden gewiss damals alle Religionen innerhalb der weiten Reichsgrenzen von
Salômo geduldet. Nur so erklärt es sich wie er in spätern
Zeiten, als diese Richtung seines Reiches immer entschiedener hervortrat, seinen Weibern Sidonischer [3]) Moabäischer
und 'Ammonäischer Abkunft Altäre für ihre Landesgötter, die
Astarte den Kamósh und den Milkom, auf dem Berge süd-

---

1) wie z. B. Klopstock auf diese irrthümliche Ansicht sein Schauspiel »Salomo« gebauet hatte. Doch ist ein biblisches Schauspiel von
Klopstock an Tiefe und Ernst der Gedanken immer noch unendlich
besser als soviele neuere der Art, welche sich begnügen die unver-
standene biblische Geschichte ein bischen zu shakspearen.

2) 1 Kön. 9, 25; vgl. auch die Erzählung von der Sabäischen
Königin S. 363 f. An jener Stelle muss שָׁלֵם soviel seyn als »Lebe-
wohl sagen«, mit einem Segensspruche verlassen, den man sich offenbar nach der sonstigen Art Salômo's, also kunstvoll dichterisch
denken muss. Sein Gottesdienst bestand danach immer aus 3 Handlungen: 1) dem großen Opfer im Vorhofe; 2) dem darauf folgenden
einsamen Gebete und bloßem Weihrauchopfer unmittelbar vor dem
Allerheiligsten (»er räucherte bei sich da wo man ist vor Jahve« d. i.
im Heiligen, אֲשֶׁר als Bezeichnung des Ortes nach LB. §. 323 a);
3) dem lauten Schlußgebete zurück im Vorhofe.       3) daher es
wohl möglich wäre dass Salômo auch eine Tochter des Tyrischen
Königs Hirâm gehabt hätte: doch melden dies nur Spätere, wie nach
Tatianos Euseb. praep. ev. 10, 11.

östlich von Jerusalem unterhalb des Ölberges bauen liess [1]):
weder aus bloßer Baulust führte er diese Neuerung ein, noch
aus bloßer Schwachheit gegen diese fremden Weiber; vielmehr konnte er nach der Stellung seines Reiches insbesondere in der spätern Zeit keinen Grund haben solche Altäre
nicht zu bauen, und dass er seinen Weibern ihren Göttern
zu opfern erlaubte war das beste Zeichen für allgemeine
Religionsduldung in seinem Reiche welches er geben konnte.
Inderthat wollte so schon in jener Urzeit des weisen Salômo
eine gesezliche Duldung verschiedener Religionen aufkom-
men welche die wahre Religion unstreitig gestatten muss sobald sie ihr eigenes Wesen näher erkennt [2]), und gegen
welche in unsern jezigen Ländern diesseit des Niemen nur
Jesuiten zu wirken verurtheilt sind.   Allerdings war nun damals die Religion Jahve's noch etwas zu schwach um ohne
allen äußern Schuz rein auf sich selbst zu bestehen: denn
diese Religion, durch ihren Ursprung auf das éine Volk Israel gewiesen und seit Jahrhunderten mit dessen Leben und
Siegen immer fester zusammengewachsen, hatte damals ihr
eigenes Wesen noch zuwenig erkannt und war ihrer wahren Kraft gegen die Heiden noch zuwenig gewiss, als dass
sie mit ihrer Geistigkeit die verführerische nahe Berührung
mit ihren sinnlicheren Nebenbuhlerinnen schon jezt sehr leicht
hätte ertragen können.   Allein wäre Salômo's Herrschaft nicht

---

1) die Stelle 1 Kön. 11, 7 f. ist die einzige alte in der Erzählung
v. 4—10; nur ist hier für Mólokh nach v. 5. 33. 2 Kön. 23, 13 vgl.
v. 10 Milkom zu lesen, sodass es ungewiss bleibt ob Salômo auch
dem Mólokh einen Altar gebauet habe: bedenkt man vielmehr dass
2 Kön. 23, 9—15 nur jene drei Gözenaltäre auf dem Berge südöstlich von Jerusalem (der davon später Mons scandali genannt ist) auf
Salômo ausdrücklich zurückgeführt werden, so ist es unwahrscheinlich dass er dem Mólokh einen Altar gebauet; denn dass dieser von
Milkom verschieden war, leidet keinen Zweifel.          2) übrigens
versteht sich vonselbst dass deshalb eine herrschende höhere Religion solche Sitten und Gebräuche anderer welche geradezu unsitt-
lich sind, nicht zu dulden hat; wie z. B. jezt kein Christliches Reich
in solchen Ländern wo der Islâm bisher nicht herrschte die Polyga-
mie dulden sollte.

schon aus andern Ursachen dem Volksgefühle allmälig etwas
entfremdet geworden, wer weiss was in diesem Zeitalter
neüer Weisheit für die Dauer hätte glücklich durchgesezt
werden können! Da nun aber die bloße königliche Gewalt
die Neuerung durchsezte, so wurde vielen strenger gesinnten, inniger sich an die Urgeschichte und an die Erinnerung
aller hohen Tage der Vergangenheit anschließenden Männern
die Freiheit des weltweisen Königs allmälig bald destomehr
zum Abscheue, jemehr schon die nach S. 366 allgemeiner
einreißende Schlaffheit des Lebens den Sinn vieler andern
auch gegen das Wesentliche der alten Religion gleichgültig
machte. Sicher entfremdete sich so auch durch diese Neuerung Salômo viele Herzen im Volke: und es bildeten sich
unvermerkt die zwei Theilungen aus welche in der späteren
Geschichte alsdann immer deutlicher und schroffer hervortreten, die der solche Neuerungen und daher auch leicht den
Eindrang loserer heidnischer Sitten in Israel billigenden, und
die der alles das streng verwerfenden. Die Veränderung im
Volksleben konnte sich unter einer so starken und so glänzenden Herrschaft wie die Salômo's freilich nur allmälig fühlbar machen, und die Nachtheile welche die Religion Jahve's
von der einreißenden Freiheit empfing traten erst späterhin
immer stärker hervor. Als sie nach Jahrhunderten sich längst
ganz enthüllt hatten, da faßten die Deuteronomischen Bearbeiter der Geschichte das ganze só auf als hätten die vielen
heidnischen Weiber das Herz des einst so weisen nun altern-
den Königs dem Gözendienste zugeneigt und ihn dem Jahvethume entfremdet [1]).

3. Doch wie damals das Königthum in Israel in seiner
höchsten Stärke blühete, konnte es seiner ursprünglichen
Stellung und Bedeutung nach nur durch einen zwischen ihm
und dem Prophetenthume sich bildenden feindlichen Zusammenstoss den ersten wahrhaft empfindlichen Schlag erleiden
und in seiner ganzen bisherigen hohen Entwickelung bedro-

---

1) 1 Kön. 11, 1—10 vgl. mit dem was darüber schon S. 379 gesagt ist.

het werden. Wie diese beiden Selbstmächte also sich jezt
zu einander verhalten, das wird gerade hier wieder am hohen Mittage der Geschichte des ganzen Volkes zur entscheidenden Frage.

Nun ist nicht zu verkennen dass, wo das Königthum zu
seiner vollen Macht und Entfaltung kommt, es da folgerichtig nach jeder Richtung hin die wahre leitende Einheit des
Reiches zu werden sucht, damit nichts im Reiche als ihm
gleichberechtigt eine zweite völlig unabhängige gegenkönig-
liche Macht bilde und einen immer weiter sich öffnenden Riss
in die geschlossene Einheit und Kraft des Reiches bringe.
In Israel bestand bisdahin neben der Königs- die Gott-Herr-
schaft, vertreten am stärksten durch das Prophetenthum. Diese
beiden Selbstmächte deren Übereinstimmung allein diese ganze
hohe Blüthe der königlichen Zeit geschaffen hatte, wirkten
unter Davîd einmüthig zusammen, jedoch nicht weil sie durch
äußeres Gesez oder feste Einrichtung zu einem solchen Wirken verpflichtet waren, sondern weil Davîd nach seiner eigenthümlichen Persönlichkeit gross genug war ohne an seiner königlichen Würde einzubüßen oder sie gar zu verlieren doch die Stimme wahrer Propheten zu hören. Sie wirkten
nach S. 264 ff. auch noch im Anfange der Herrschaft Salômo's
zusammen: allein bei der höchsten Ausbildung der Königsmacht die sich eben in Salômo vollendet, strebt die Zweiheit
folgerichtig in der Person des Königs selbst ganz in die Einheit überzugehen; wir hören nach Nathan, welcher Davîd'en
wohl nicht sehr lange überlebte, nichts mehr von großen
Propheten die mit Salômo so zusammengewirkt hätten wie
Gâd und Nathan mit Davîd. Nicht alsob Salômo so wie einst
Saûl die prophetische Macht hätte vernichten wollen: vielmehr seine hohe Weisheit selbst schien nun neben seiner
hohen königlichen Würde die zweite Macht im Reiche überflüssig zu machen, und der große König schien in ihm mit
dem ächten Propheten Jahve's eins werden zu können [1]).

---

1) vgl. solche Sprüche wie »Ein Orakel ist auf Königs Lippen;
im Urtheil trüget nicht sein Mund« Spr. 16, 10.

Damit wollte sich also in Salômo vollenden was allerdings nach S. 10 f. im geraden Fortschritte der einmal gegebenen Grundkräfte dieser ganzen großen Wendung der Geschichte Israels lag: der Zwiespalt der beiden Selbstmächte wollte sich dádurch heben dass ein König kam der zugleich das Prophetenthum ersezen konnte. Allein wenn dies hätte wirklich auchnur bei einem so wunderbar begabten Könige wie Salômo vollkommen geschehen können, so müßte die damalige Zeit Erfahrungen durchlaufen und Kräfte besessen haben die ihr beide noch sehr stark fehlten. Das Königthum hätte damals müssen ganz das Prophetenthum in sich aufnehmen und dieses ganz in jenes übergehen, so dass der ächte König auch der ächte Prophet und der vollendete Prophet der rechte König gewesen, damit alsoauch der vollendete Mensch als das lezte unendlich hohe Ziel dieser ganzen Geschichte Israels gekommen wäre. Allein der vollendete Prophet kann erst mit der vollendeten Religion kommen, deren Verkündiger und deren Gründer auf Erden er ist: die Religion Jahve's aber d. i. die sicher angefangene wahre Religion war damals noch viel zuwenig in sich selbst ausgebildet, litt noch zusehr an der Gewaltsamkeit, und hatte noch zuwenig im Kampfe mit fremden Religionen ihr eigenes Wesen erkannt und ihre Kraft bewährt als dass sie schon im Erscheinen eines vollendeten König-Propheten die lezte Stufe zu ihrer eigenen Vollendung hätte ersteigen können. Das Königthum aber als die neue Macht der Zeit war damals zusehr bloss volksthümlicher Bedürfnisse wegen emporgekommen und hatte also noch vorherrschend zusehr einen rein volksthümlichen Zweck, als dass es sich auch deshalb hätte von dem Fehler der Gewaltsamkeit befreien und ein aus diesem Kreise kommender König wirklich hätte ein ächter vollkommner Prophet werden können. Beide Mächten litten also noch an dem gemeinsamen Fehler der Gewaltsamkeit, mußten sich also zulezt abstoßen statt sich zu vereinigen.

Darum kommen denn eben durch den ersten ernstlichen Versuch einer wirklichen Vereinigung und Versöhnung der beiden großen Selbstmächte jenes Zeitalters die tiefern Zeit-

mängel zum Vorscheine welche ihr noch die mächtigsten Hindernisse in den Weg legten, und welche zu heben selbst
Salômo's ganze Weisheit und Macht viel zu ungenügend war.
Das Königthum kann nochnicht das Prophetenthum in sich
aufnehmen, dieses nicht jenes ersezen: die beiden Selbstmächte gehen also, sowie dies näher erkannt ist, sofort wieder auseinander, da sie sich eben ineinander auflösen wollten. Aber ihr Auseinandergehen wird nun ein anderes als
ihr einstiges schönes Zusammentreffen im Anfange dieser
ganzen Wendung der Geschichte. Denn der Zweck welcher
sie damals so heilsam zusammenführte und längere Zeit fest
an einander band, ist jezt erreicht: die bedrohte Volksthümlichkeit Israels und seiner Religion ist jezt gerettet, ja außerordentlich gekräftigt und veredelt. Da will also das Königthum, dem als solchem die volksthümliche Macht und Herrlichkeit genügt, auf seinen großen Siegen und Vortheilen
ausruhen; es schreitet ungehemmt zu seiner höchsten Ausbildung sowie zu seiner schönsten Verherrlichung fort; es
scheint der Mitwirkung des Prophetenthums entbehren zu
können, entbehrt ihrer auch eine Zeitlang indem es einiges
von ihm annimmt und sich selbst aneignet: aber kaum ist
es so recht fortgeschritten auf seiner raschen und einseitigen Ausbildung, als die unausgefüllte Kluft deutlich wird die
es vom Prophetenthume trennt, und plözlich ist dies gegen
es gewandt. Erst gegen die spätere Mitte und das Ende der
Herrschaft Salômo's erfahren wir wieder etwas von der Thätigkeit großer Propheten, aber wir finden diese ihm und seinem Hause entgegengekehrt: Achija von Shilo und Shema'ja,
über welche unten weiter zu reden ist; ferner 'Iddo, von
welchem wir sehr weniges näher wissen [1]). Der Verlauf
seiner Herrschaft zeigt uns insofern eine wahre Umkehr ihrer stärksten Grundlagen. Anfangs das willigste und freu-
digste Zusammenwirken mit dem Prophetenthume, wie es bei

---

1) er lebte bis etwa 20 Jahre nach Salômo, 2 Chr. 12, 15. 13, 22 ·
mit צָדֹו soll aber wohl יֶעְדֹּו oder יַעְדִּי einerlei seyn welcher wie
Achija unter Salômo über das künftige Königthum Jerobeam's redete
2 Chr. 9, 29; hier haben freilich die LXX Ἰωήλ.

der ebenmäßigen Fortsezung der Herrschaft David's seyn
mußte; Nathan der bewährte Freund und Berather des jungen Königs wie des eben verblichenen, seiner Söhne zwei
sogar zu Ministern Salômo's ernannt und lange in dieser hohen Würde sich behauptend [1]); dazu das beste Einvernehmen auch mit der Priesterschaft, zu welcher auch Nathan
nach S. 116 gehörte und zwischen welcher und dem Prophetenthume damals kein ernstlicher Zwiespalt war. Und
nun gegen die Neige hin das jüngere Geschlecht von Propheten ganz gegen ihn gekehrt, aber gewiss nur aus dem
wennauch dunkeln Gefuhle dass das Konigthum in Israel einseitig in eine Übermacht und Gewaltsamkeit ausarte welche
die Gottherrschaft selbst und damit den unantastbaren heiligen Grund alles Bestehens Israels gefährde.

Denn wie nun einmal die rasche Entwickelung in Israel
seit 100 Jahren sich gestaltet und wie Salômo unter dem
Glanze und der Ruhe der Tage den in das große Volk den
Hof das Reich unvermerkt eindringenden Verkehrtheiten nicht
genug das Steuer entgegengekehrt hatte: so fiel das Königthum, dieser nach dem Wesen jener Tage gewaltigste Theil
alles Bestrebens und Thuns des Volkes selbst, in die Gefahr
zurück ein bloss weltliches d. i. ein gemeines Konigthum,
also einem ägyptischen oder anderm heidnischem ähnlich zu
werden. Aber ein ungestörter Fortschritt auf dieser Bahn
mußte bald vieles dem ebenso strengen als freien sittlichen
Volksleben Israels widerstrebendes herbeifuhren: und noch
bestand in Israel auch im tieferen Boden des ganzen Volkes
zuviel unverdorbene Sittlichkeit und ein zu starker Gegensaz
gegen alles Heidnische, als dass das Königthum so wider-
standslos in ein heidnisches hätte entarten können. Zwar
wurde, wie oben gesagt, ein großer Theil des Volkes während der langen glücklichen Friedenszeit immer wohlhabender und üppiger, alsoauch leicht schlaffer und weichlicher
allein der Geist der Unabhängigkeit war doch noch zu weit
im Volke verbreitet; an vielen Orten widerstand man sicht-

---

1) nach 1 Kön. 4, 5.

bar stärker dem einreißenden Hange zur Üppigkeit und Schwelgerei; noch zu nahe standen die Tage wo das Prophetenthum unter Samûel mit wunderbarer neuer Macht sich erhoben, und noch fand das prophetische Wort, wenn es sich
gegen entartende Sitten eifernd erhob, viele willige Hörer.

Es ist daher ein denkwürdiges aber unschwer verständliches Verhängniss, dass gerade hier am hohen Tage der
ganzen Geschichte Israels, wo das menschliche Königthum
Israels einem Ägyptischen gleichzuwerden drohet, und in derselben Frage über die Frohndienste, eine ähnliche Wirkung
erfolgt wie zur Zeit der Pharaonischen Herrschaft über Israel:
nur mit dém großen Unterschiede dass die Empörung Israels
gegen den Frohndienst ägyptischer Könige zum Anfange aller
seiner volksthümlichen Erhebung, die gegen den Frohndienst
des in seiner eigenen Mitte emporgekommenen Königthumes
zum Anfange seiner volksthümlichen Vernichtung wird; eben
weil das höchste dieser ganzen Geschichte sich um etwas
höheres drehet als die bloße Volksthümlichkeit und äußere
Freiheit ist, also selbst das menschliche Königthum in Israel
als der damals einzig mögliche Halt dieser Volksthümlichkeit
und Freiheit nur vorübergehende Bedeutung haben konnte.
Frohndienste, nicht einem fremden und der Volksthümlichkeit
feindlichen sondern dem eigenen volksthümlichen Könige geleistet, sind strenggenommen und abgesehen von der bloßen
Art worin sie geleistet werden, durchaus kein Übel: die aus-
gebildetsten gesezlichsten und glücklichsten Reiche müssen
an die Kräfte ihrer Bürger die stärksten Anforderungen machen, weil sie ihnen soviele wahre Lebensgüter reichen die
sonst unmöglich seyn würden; und unsere jezigen hohen
Steuern Landwehrdienste und Beamtenpflichten sind imgrunde
nur bessere Ersazmittel der Frohndienste.    Hätte Israel zur
Zeit als sein Königthum im höchsten Aufschwunge war sich
den immer schwerer werdenden Lasten willig gefügt welche
es auflegte, wer kann ermessen welche Fortschritte dieses
zur Vollendung einer so kräftig angefangenen Weltherrschaft
gemacht hatte: während das Königthum, dieses einzige Mittel wodurch Israel sein jeziges hohes Glück erlangt hatte,

nur só geschwächt werden konnte dass eben dies irdische
Glück wieder zerrann. Aber wie einst Israel dem ägyptischen Frohndienste widerstrebend vorallem geistige Befreiung
und durch diese auch volksthümliche Geltung gewonnen hatte,
nicht alsob königlichen Forderungen widerstreben ansich etwas göttliches und heilsames sei, sondern weil ihm jenes
billige Widerstreben nur eine Veranlassung zur Erkenntniss
jener höheren Wahrheit wurde welche sich dem Menschen
immer mittheilen möchte und welche zu ergreifen der Anfang alles bessern menschlichen und daher auch volksthümlichen Lebens wird: so liess es jezt, nachdem es im menschlichen Königthume die Spize seines volksthümlichen Gluckes
gefunden, sich zu einem ähnlichen aber zweideutigern Widerstreben gegen stärkere Anforderungen seines eigenen
starken Königthumes verleiten, weil jene höhere Wahrheit
die einmal in ihm ihr verborgenes Werk zu vollenden nicht
wieder aufhören konnte, doch in ihrem tiefsten Grunde immer weit mächtiger blieb als alle äußere Gestaltung des
Volksthümlichen, aber von den irdischen Zwecken des erstarkten menschlichen Königthumes in ihrem Fortwirken er-
drückt worden wäre, hätte dieses alle seine Zwecke erreicht.
So kehrt ein ähnliches Ereigniss wie einst zu Anfange dieser ganzen Geschichte jezt in ihrer hohen Mitte wieder, äußerlich mit ganz verschiedenem Erfolge, als nicht wie jenes
zum kräftigen Aufgange eines gedrückten sondern zum Untergange eines bluhenden Volkes führend, aber zu einem
Untergange der einen unendlichen neuen Aufgang in sich
schloss; und während der Mensch das äußerliche Ereigniss
wiederholend und nachahmend sich ganz verrechnete, fuhrte
der hier verborgen thätige Gott vom menschlichen Irrthume
unverrückt seine eigene unendliche Rechnung weiter.

Als Salômo auf dem Gipfel aller seiner Macht und seines Glanzes stehend eben an der Erbauung des Erdwalles
zwischen dem Ssion und Moria arbeiten liess (S. 330), bemerkte er ohne Zweifel unter den niedern Aufsehern der
Arbeiter einen äußerst kräftigen und rüstigen jungen Mann
der ihm sehr wohlgefiel und den er deshalb bald zum Amte

25 *

eines Oberaufsehers über die vom Stamme Josef zu leisten-
den Frohndienste erhob. Dieser Mann welcher später dem
Davîdischen Hause und Salômo'n selbst soviel Herzeleid zufügen sollte, war Jerobeam der Sohn Nebâts aus Sserêda in
dem seit alter Zeit auf Juda's Macht eifersüchtigen Stamme
Efráim, damals ein gänzlich vereinsamter Jüngling da seine
noch lebende Mutter längst verwitwet war. Was für Empfindungen in ihm lebten als er so unerwartet zum Ober-
zuchtmeister seiner eigenen Stammesgenossen bestellt war,
darüber schweigt die jezige Erzählung [1]): genug, als er Jerusalem im Rücken hatte und allein auf offenem Felde war,
traf ihn der Prophet Achija von der im Stamme Efráim liegenden altheiligen Stadt Shîlô (II. S. 363), welcher schon früher warnend gegen Salômo selbst geredet hatte; und als
hätte dieser im Geiste längst den Unbestand des Davîdischen
Hauses geschauet, ward er beim Anblicke des in dem stolzen neuen Amtskleide dieses Hauses erscheinenden Jerobeam
plözlich von dem Gedanken überwältigt dass dieser junge
schöne und kraftvolle Mann zu würdig sei ein neuer Träger
der bisherigen Gewalt zu werden, zerriss (wie die Erzählung
nurzu wahr meldet) dies neue Kleid als das Zeichen der sich
fortsezen wollenden Macht des Davîdischen Hauses in 12 Stücke,
und verkündigte ihm dass ebenso nach Jahve's Willen das
Reich der 12 Stämme zerrissen, ihm aber 10 Stämme davon

---

1) 1 Kön. 11, 26—40. Diese Erzählung stammt ihrem Grunde
nach von dem prophetischen Erzähler der Königsgeschichten, und
aus v. 11—13 folgt sicher dass Achija schon früher in gleichem Sinne
zu Salômo selbst geredet hatte. Dieser Erzähler hatte nun gewiss,
wie c. 12 zeigt, nur den harten Druck den das Volk von Salômo litt
als die Ursache der göttlichen Bestimmung über den Abfall der Zehnstämme genannt; denn die Religionsneuerungen wirkten zwar auch
nicht günstig für Salômo, waren aber nach dem klaren Sinne der
ältern Erzählungen nicht die nächste Ursache des Abfalles der Zehnstämme. Erst die deuteronomischen Erzähler leiten alles Unglück
von den Religionsneuerungen ab, und danach ist die jezige Darstellung in c. 11 umgeändert, vorzüglich durch die Zusäze v. 1—10. 33,
welche sich schon durch den Zusammenhang der Rede leicht als
solche verrathen.

zur Herrschaft gegeben werden sollten. So erhob sich Jerobeam öffentlich gegen Salômo's Herrschaft: und wiewohl
wir den näheren Verlauf dieses Aufruhres nicht wissen, so ·
erhellt doch aus allen Umständen deutlich, dass Jerobeam in
den nördlicheren Stämmen Anhang und Unterstüzung fand
und der Kampf gegen ihn nicht ganz leicht war. Endlich
besiegt, entkam er doch glücklich nach Ägypten, und fand
hier, wo um dieselbe Zeit ein neues und gegen Salômo ganz
anders gesinntes Herrscherhaus emporgekommen war, bei
dem Könige Ssîshaq willigen Schuz. Aber seine Stammesgenossen vergaßen während der übrigen Lebenszeit Salômo's
den kühnen Jüngling nicht, welcher nach langer Zeit zumerstenmale wieder gegen Juda und Jerusalem gekämpft: und
welche Verbindungen sie troz der Macht Salômo's mit dem
Fluchtlinge in Ägypten unterhielten, wird sich bald im Verlaufe dieser Geschichte näher zeigen.

4. Das menschliche Königthum also in Israel fand schon
unter Salômo die Grenzen seiner Entwickelung und Blüthe
die es überschreiten sollte aber nicht konnte, sodass seitdem
sein früherer oder späterer Verfall sicher kommen mußte.
So mußte es denn ähnlich mit dén Einrichtungen gehen
welche dies Königthum erst schuf.

Insbesondere wurde der neue prachtvolle Tempel im
Herzen des Reiches jezt zwar wie zu einer festen Burg der
höhern Religion, sodass sich um ihn zunächst die vielen Einwohner Jerusalems [1]), dann leicht weiter das übrige Reich
enger zusammenschließen konnte. ˉIn einer Zeit wo höhere
Religion erst mühsam sich unter Menschen Anerkennung ver-
schaffen und Raum sich erstreiten mußte, galten zunächst
immer nur einzelne kleine Orte wo einmal ein Heiligthum
bestand als geweiheter Boden und unantastbare stille Zuflucht
aller sich ihm nähernden; und dies war die Weise und Sitte
des ganzen frühesten Alterthumes: doch hier erhub sich nun
eine große Stadt und der Mittelort eines mächtigen Reiches

---

1) dass man diese immer als an der Sicherheit und Heiterkeit
des Reichsheiligthumes zunächst theilnehmend betrachtete, folgt aus
Beschreibungen wie Ps. 24, 3. 15, 1. 84, 5. Jes. 33, 14—16.

als eine solche h. Stätte. Dazu waren hier alle die höchsten
Priester versammelt, die glänzendsten Opfer wurden hier dar-
·gebracht und die reichsten Weihgeschenke hier· aufgestellt.
Daneben blieben nun zwar zunächst noch immer andere Heiligthümer durch's ganze Land zerstreuet in voller Freiheit
bestehen: dies waren vorzüglich die seitdem sooft genannten
„Höhen", eine damals auch in Israel üblich gewordene alt-
Kanáanäische Art von Heiligthümern, bestehend aus einem
hohen steinernen Kegel als dem Sinnbilde des Heiligen und
der eigentlichen „Höhe", einem Altare, einem heiligen Baume
oder Haine oder auchnoch einem Bilde des einzelnen Gottes [1]); so künstlich war jezt die altKanäanäische Verehrung
heiliger Steine weiter ausgebildet [2]). Allein dem neuen Heiligthume in Jerusalem war an Pracht und Größe beiweitem

---

1) welcher Art diese »Höhen« waren, ersieht man am deutlichsten aus Hez. 16, 16—39, wenn man damit einmal so deutliche Stellen wie Num. 33, 52. 2 Kön. 23, 15 (Deut. 12, 3), sodann die Ab-
bilder phönikischer Tempel z. B. des zu Paphos auf der Münze unter Augustus (vgl. Münter's Schrift über ihn. Kopenh. 1824) vergleicht.
Auf solchen Munzen sieht man deutlich den h. Kegel im Innern aufgestellt; und er war danach das Haupttheiligthum des ganzen Tempels.
Man schmückte ihn gern mit buntgestreiften Kleidern und Bàndern
als Zeichen von Gelübden, Hez. 16, 16 (vgl. eine ähnliche Sitte noch-
jezt in Äthiopien und sonst, s. viele Stellen in Harris' highlands of
Aethiopía; Hildebrand zu Arnobius adv. nat 1, 39; Bodenstedt's
Kaukasus S. 175); und das ihn umgebende Gebäude war von der
mannichfaltigsten Höhe, wie die Buddhisten noch jezt allerlei Klein-
tempel in großer Zahl haben. Dass der h. Baum oder Hain welcher
das Ganze überschatte, *Ashêra* hiess, wie die LXX ubersezen, folgt
aus Stellen wie 2 Kön. 23, 15 vgl. mit Richt. 6, 26—32; auch bei
phönikischen Tempeln fanden sich solche, Tertull. Apolog. c. 9. Wie
aber das jezt dafur eigenthümlich werdende Wort *Bâma* »Hohe«
meist auch das ganze Gebäude worin sie stand bezeichnete, ebenso
konnte dies *Ashêra* vorzüglich die Göttin bezeichnen welcher solche
Hohen in gewissen Zeiten meist geweihet waren, nämlich die Astarte,
wie aus Richt. 3, 7 vgl. mit 2, 13 und 1 Kön. 15, 13 erhellet. Allein dass dies nicht die Urbedeutung seyn kann, zeigen Stellen wie
Deut. 7, 5. 12, 3 und besonders 16, 21 f.     2) s. die *Alterthümer* S. 124. 234 f.

nichts zu vergleichen: es zog den meisten Antheil an sich, aber entzündete eben dadurch auch leicht eine steigende Eifersucht des übrigen Landes gegen sich; sodass während die höhere Religion unter dem königlichen Schuze in ihm ihre bleibende feste Einheit bilden zu wollen schien, gerade umgekehrt durch dasselbe eine Spaltung sich in ihr vorbereitete welche durch kein Bindemittel auszugleichen war.

Und wie Jerusalem jezt als großes Heiligthum und Zufluchtsstätte galt, dazu schon als dér Ort wo Davîd einst sein stehendes Lager aufgeschlagen alle andern Städte weit überragte [1]), so war es ja jezt nach S. 330 f. durch Salômo auch eine äußerst feste Stadt geworden, welche zumal mit dem weiten Festungsgürtel in seinem nähern und entferntern Umkreise den Salômo aufzuführen angefangen hatte, allen Stürmen trozen zu können schien. Inderthat folgte Salômo in diesen Festungsbauten nur dem längst gegebenen Beispiele der ältern großen Königreiche jener Länder, und den Mangel an solchen festeren Pläzen hatte Israel in früheren Jahrhunderten oft bitter empfunden. Allein fehlten dem Königthume noch die tieferen Grundlagen unverwüstlicher Dauer: so konnten ihm auch alle solche Festungen wenig helfen, zumal in einem Volke welches wie Israel von den Zeiten seiner ersten Jugendgröße her noch immer eine gewisse Abneigung vor dem Leben in Festungen hatte [2]) und dessen Religion einen höheren Schuz als dén Festungen gewähren können zu suchen so stark lehrte. ·

Das Königthum selbst stand nun zwar schon zu fest in der Ansicht und dem Bedürfnisse Israels. Nicht so aber das besondere königliche Haus David's: und Salômo war zwar schon von dem Doppelglanze der ererbten Würde umstrahlt, stand aber fursich dem großen Volke etwas ferner und mischte sich gewiss selbst nichtmehr so volksthümlich in alle Erlebnisse Israels als sein Vater, welcher sich nicht schämte zur rechten Stunde noch als mächtiger König unter seinem

---

1) vgl. 1 Kôn. 11, 36. Jes. 29, 1 u. s.        2) dies ist nämlich unverkennbar, aberauch aus dem ältesten Bildungszustande Israels erklärlich; vgl. II. S. 168. 314. 321.

niedrigsten Volke wie einer seinesgleichen zu erscheinen und
mit ihm sich wie ein Kind zu freuen [1]). Auch diese Ursache
wirkte mit den oben erwähnten andern dahin, dass gegen die
Neige des Lebens Salômo's die Zeichen einer anfangenden
Gleichgültigkeit gegen die Herrschaft des Davîdischen Hauses
sich häuften, während sich das Unvermögen des ausgebildeten Königthumes die ihm durch die Religion und Volksthüm-
lichkeit Israels gesezten hemmenden Schranken zu durchbrechen immer deutlicher offenbarte; und dicht neben jenem
hohen Gipfel dieses ganzen zweiten Zeitalters welchen die
Herrschaft Salômo's herbeiführt, steht schon während seines
Lebens der Anfang eines Sinkens und einer Auflösung aller
Größe dieses Zeitalters, welcher durch keine menschliche
Weisheit oder Kunst aufzuhalten war. Was das Ziel alles
Strebens und der lezte Wunsch aller Frommen war, die
Herrschaft eines ganz vollendeten Königs Jahve's, das war
nicht gekommen: und dass neben diesem Mangel alle Schäze
und aller Glanz des Königs, alle äußere Schuzmittel des Reiches, die Rosse und die Festungen, keine wahre Seligkeit
noch Sicherheit geben, das konnten die Propheten jezt schon
voraussehen sowie es sich bald erfüllte, wie es Israel einst
in der Urzeit schon einmal an Ägypten erkannt hatte, und
wie es bei den Propheten nach Salômo in Bezug auf Israel
selbst stets wiederholt wird [2]). Noch hielt zwar, solange der
große Sohn Davîd's lebte, das Äußere der glänzenden Herrschaft zusammen: so mächtig wirkte noch immer der bloße
Name und Ruhm des einst unter den günstigsten Vorbedeutungen zur Herrschaft gelangten mächtigen und weisen Kö-
nigssohnes. Aber sofort nach seinem Tode rissen die gewaltigen Gegensäze offen auseinander, welche zulezt der
Name des großen Herrschers nur mit Muhe zusammengehalten hatte.

---

1) vgl. z. B. das S. 163 erzählte.        2) wie Hos. 14, 4.
Jes. 2, 7. Mikha 5, 9 f.

### Die Spaltung des Davîdischen Reiches;
#### der Anfang zum Untergange.

Jeder Königswechsel regt zwar unermeßliche Befürchtungen oder Hoffnungen auf, zumal wenn die vorige Herrschaft so wie die Salômo's eine ungewöhnlich langwierige
war, und wenn dazu das Königthum wie damals das Israels
wohl im Übergange zur Erblichkeit aber nochnicht durch
ein längstbestehendes äußeres Gesez an diese gebunden ist.
Aber wenn nach Salômo's Tode die unheilbare Spaltung des
Davîdischen Reiches und damit das größte Leid eintrat welches nichtnur dem Königthume Israels sondern noch vielmehr dem ganzen Volke und seinem irdischen Wohle geschlagen werden konnte, so sind wir durch das oben erläuterte schon ziemlich vorbereitet hierin etwas anderes zu sehen als ein Ereigniss herbeigeführt durch den absonderlichen
Willen einiger einzelner Leute in Israel.   Der ältere Verfasser der Königsgeschichten nennt die eingetretene Spaltung
ein göttliches Verhängniss [1]): hierin liegt klar ausgesprochen
wie dunkel sie ihren tiefern Ursachen nach, aberauch wie
menschlich-unvermeidbar sie dénen schien welche noch in den
ersten Zeiten nach ihrem Ausbruche lebten.   Wir müssen
daher dies unendlich wichtige Ereigniss welches in seinen
zunächst traurigen Folgen ebenso entscheidend wurde wie
einst das Emporkommen der Herrschaft Davîd's in seinen
freudigen, näher nach seinen zwar verborgenen doch nicht
ganz unerkennbaren Ursachen und Trieben verfolgen.

Über das Bestehen des Königthumes selbst war damals
von keiner Seite Streit: dieses stand in der Meinung und den
Sitten des Volkes schon zu fest, und hatte dem Volke schon
zuviele wahre Vortheile gebracht.   Aber wie es seyn sollte,
darüber konnte jez der ernstlichste Streit entstehen.   Das
Königthum war damals schon sehr hoch ausgebildet, duldete
also auch die dem Reichswohle gefährliche Willkühr der Ein-

---

1) anders läßt sich das סָבָּה מֵעִם יַהְוֶה 1 Kön. 12, 15 vgl. v. 24
nicht verstehen, obgleich der Ausdruck kein im A. T. gewöhnlicher ist.

zelnen immer weniger, und nahm als selbst höchst thätig
und arbeitsam geworden die Arbeits- und Steuerkräfte des
Volkes immermehr in Anspruch. Und diese Königsmacht war
als die lezte Macht die sich in der Gemeinde Jahve's ausgebildet hatte damals ihrem eigenen Triebe und Streben nach
nochimmer im Wachsen, konnte also leicht für die andern
Mächte ja für den Fortbestand der alten Religion selbst immer gefährlicher zu werden scheinen, wurde dies auch inderthat schon etwas. Sie schien dazu wie durch einen Zauber bloss an das Davîdische Königshaus gebunden, da das
vorhergegangene Saûlische nie bis zu einer so festen und
ausgebreiteten Macht gekommen war; schien aberauch mit
dem Fortbestande des Davîdischen Herrscherhauses nochimmer höher und unwiderstehlicher zu wachsen. Hier nun lag
das wahrhaft gefährliche und Zerstörung drohende jener Zeiten. Denn wurde dieses Davîdischen Hauses Macht und Herrschaft in Frage gestellt odergar zerstört, so kamen auch alle
die nothwendigsten und heilsamsten Güter in Unsicherheit
welche allein durch dieses Herrscherhaus dem Volke gewonnen waren, die feste Einigkeit und dadurch bedingte Stärke
des Volkes, der äußere Wohlstand des Landes welcher seit
einem halben Jahrhunderte so außerordentlich sich. gehoben
hatte, und was noch mehr ist die ganze höhere Bildung wie
des Volkes überhaupt so seiner Religion welche unter David
und Salômo emporgekommen war und nun in Jerusalem einen bleibenderen Mittelort gefunden hatte. Alle diese müh-
samen Errungenschaften der Zeit der beiden großen Könige
mußten folgerichtig ins Schwanken kommen, sobald man dás
Königthum und dás Herrscherhaus in Frage stellte durch dessen Walten allein sie gewonnen worden waren; denn je länger ein Königshaus glücklich herrschend besteht, desto tiefer und unauflöslicher verwächst es auch in das ganze Bestehen Leben und Blühen seines Volkes. Und doch war der
Gegensaz der Bestrebungen und der Zwiespalt der Ansichten in jener entscheidenden Zeit schwer vermeidbar.

     Denn das Königthum, einmal höher ausgebildet und en-
ger mit der Volksthümlichkeit verwachsen, konnte wohl ei-

nige unwesentlichere Zeichen seiner Macht z. B. die große
Zahl der Weiber, durchaus aber nicht mit eigenem Willen
die strengeren Anforderungen an die Frohn- oder Steuerkräfte des Volkes aufgeben. Wiederum aber konnten sehr
viele der besten Männer in Israel eine weitere Kräftigung
und einseitige Ausbildung des Königthumes für höchst verderblich halten, weil sie dadurch die alte Freiheit des Volkes
und zugleich das Jahvethum zu stark gefährdet sahen. Un-
klarheiten über das was als das wahrhaft ersprießlichere jezt
zu thun sei, Übertreibungen und unnöthige Halsstarrigkeiten
konnten dabei allerdings von beiden Seiten umso leichter
hinzukommen, je weniger diese reiche üppige Zeit an Maß-
halten noch gewöhnt war, und je ferner jezt die Zeiten der
Noth lagen aus denen das Volk erst durch das erstarkende
Königthum gerettet war. Allein dass der Widerstreit der
Bestrebungen zu tief lag und gerade die Besten im Volke
von einem weitern Wachsen der königlichen Macht die drin-
gendste Gefährdung der höhern und bleibendern Güter der
Gemeinde, ihrer Freiheit und ihrer Religion, mit klarem Sinne
befürchteten, folgt sicher aus dem mächtigen und erfolgreichen Auftreten solcher Propheten wie Achija und Shema'ja
gegen Salômo und seinen Sohn: denn das Prophetenthum,
so rein und stark wie es noch damals war, verkündigte bei
solchen unmittelbaren Erfolgen nur am frühesten und kräftigsten eine solche höhere Wahrheit welche überhaupt im
Volke schon mächtig wurde. Allerdings hätte es ein Mittel
gegeben die beiderseitigen Ansprüche zu vergleichen und
ohne gewaltsamen Umsturz die gefurchteten Gefahren allmälig abzulenken: dies lag eben in dem beständigen gegenseitigen Einvernehmen und Sichverständigen des Königs mit den
Besten und Verständigsten seines Volkes, kurz in dem was
man jezt ständische Verfassung nennt, welche wohleingerich-
tet ein Heil der besten neuern christlichen Völker ist. Allein Stände gab es im alten Israel allen Zeichen nach zwar
auch [1]), aber diese versammelten sich in jenen Zeiten des

---

[1] s. oben S. 16 f.; die Namen der Stammhäupter aus David's

mit ganz neuer Kraft emporstrebenden Königthumes, dessen
Schuze sie ja vertraut hatten, herkömmlich wohl nur wenn
ein neuer König zu bestätigen war, mit dem sie für sein
ganzes Leben einen Vertrag schlossen: ihre Macht war also
dann desto größer, aber möglicherweise auch desto zerstörender; und wir haben keine Spur dass sie bis zum Tode
Salomo's einmal wieder zusammentraten.

Demnach stand als die Ansicht welche sich allgemeiner
regte, eigentlich nur soviel fest dass die Herrschaft in Israel
so wie sie sich gegen das Ende des Lebens Salômo's hin
entwickelt habe, nicht bleiben könne', dass sie vielmehr auf
solche Grundsäze wie sie etwa zu Samûel's Zeit gegolten
zurückzuführen sei. Hierin stimmten die Propheten jener
Zeit überein, soweit wir von ihnen Kunde haben; und alle
Bessern in Israel mochten dasselbe fühlen. Denken wir uns
aber wie es war als nun imeinzelnen die Frage aufgeworfen
wurde was um diesen Zweck zu erreichen näher zu thun sei?
so ist diese Stelle in der alten Geschichte gerade am geeig-
netsten um neben aller wahren Größe der Prophetie jener
Jahrhunderte doch auch die irdischen Schranken klar zu sehen welche sie nochnicht durchbrechen konnte. Die Prophetie hält eine reine Wahrheit für die Gegenwart fest welche
sie verkennen will, und schauet mit hellem Auge ihren Sieg
in aller Zukunft: aber es ist nicht ihre Sache solche volksthümliche oder andre Wahrheiten zu erfassen und zu verkünden welche die tiefere Erfahrung nochnicht als nothwendig erwiesen hat und welche daher in der Gegenwart noch
garkeine empfindbare Bedeutung haben. Dass im Reiche
Jahve's das menschliche Königthum mitten in seiner völlig-
sten Ausbildung nicht entarten noch die Freiheit des Volkes
verlezen dürfe, war die große Wahrheit welche die Prophetie damals verkündigte; und diese Wahrheit ist damals durch
ihre Wirksamkeit siegreich geworden und für die Zukunft
gerettet. Dass die Religion Jahve's wie sie dermalen war noch

---

lezter Zeit haben sich erhalten 1 Chr. 27, 16—22; und sie sind hier
offenbar als wichtige Glieder des Reiches aufgezeichnet.

keine allgemeine Religionsfreiheit ertragen könne, ist die freilich bloss aus der Schwäche jener Zeit hervorgegangene zweite
Wahrheit, welche die Prophetie damals ebenfalls verkündigte.
Aber dass ein Prophet damals eine bessere Einrichtung der
Reichsstände verlangt hätte, war unmöglich, weil noch niemand darin einen Mangel empfand. Ebenso war damals noch
keine genügende Erfahrung über den Schaden oder Nuzen
eines beständigen Wechsels der Herrscherhäuser gemacht:
während der einzige Wechsel welcher bisjezt vorgekommen
war, der des Davîdischen Hauses mit dem Saûlischen, vielmehr für die Ersprießlichkeit eines solchen Wechsels zu zeugen schien. Wie also die Prophetie seit ihrer Verjüngung
durch Samûel uberhaupt das Königthum in Israel am stärksten gegründet und geleitet, und wie sie das Davîdische Haus
gegen das Saûlische erhoben hatte: so konnte sie durch einen neuen Wechsel der Art dem Übel dieser Zeit abhelfen
zu können meinen; und schon hatte Achija nach S. 388 noch
während Salômo's Leben einen überall lautgewordenen Ausspruch dieses Sinnes gewagt. Ob sie darin ein Mittel dauernd
dem Übel abzuhelfen gefunden, konnte nur die weitere Erfahrung lehren; ob sie damals sogleich mit diesem Rathe
durchdringen konnte, hing von der Stimmung des Volkes
und der Fähigkeit des Sohnes und Nachfolgers Salômo's ab.

Zwar hatten auch das Bestehen des Hauses Davîd's zu
wünschen wenigstens einige Theile des Landes große Ursache: die Hauptstadt Jerusalem welche ihre Blüthe rein diesem Hause zu verdanken hatte, und der Stamm Juda als der
königliche, welcher gewiss nochimmer vom Davîdischen Hause
vorzüglich berücksichtigt wurde; auch konnten ja manche der
besten Judäer sogar ohne alle solche Stammesvorurtheile der
Ansicht seyn, das Königthum könne auch ohne gewaltsame
Änderung allmälig sich zum Bessern ändern. Dagegen hatte
die alte Eifersucht des Stammes Josef auf Juda noch zu David's Zeit sich stark geregt: und dass Salômo sie zu dämpfen sich Muhe gegeben habe wissen wir só wenig dass die
oben S. 377 f. erklärte Einrichtung seiner Amtleute auf das
Gegentheil schließen laßt. Darum konnte dieser Stamm seine

alten Ansprüche als Vorstamm und Leiter aufnehmend an der
Spize der übrigen jezt den stärksten Widerstand erheben, ja
wenn seinen Forderungen nicht nachgegeben würde, entschlossen seyn zu versuchen was ein auf neuen Grundlagen
errichtetes Königthum aus seiner eigenen Mitte zu leisten
vermöge; und schon wartete ein Mann seines eigenen Blutes, jener kuhne Jerobeam, in Ägypten auf eine solche Wendung der Dinge. Dass aber die drohende Zerreißung des
Davidischen Reiches nun wirklich sogleich eintrat ehe die
nördlicheren Stämme auch nur einen Versuch gemacht hatten wie es mit der neuen Herrschaft des Sohnes Salômo's
gehe, davon trug allerdings die Thorheit Rehab'am's [1] den
größten Theil der Schuld. Dieser war nicht ein Sohn der
Ägyptischen Königstochter welche vielleicht Salômo'n keinen
Sohn geboren hatte, sondern der 'Ammonäischen Fürstin Na'-
ama [2]); aber er war zur Zeit des Todes seines Vaters schon
41 Jahre alt [3]) und mochte längst voll Ungeduld auf den Besiz der Macht gehofft haben, obwohl er durch eigene Übung
ihr schlechtgewachsen und seinem großen Ahn Davîd in der
bereits völlig verwandelten Zeit sehr unähnlich geworden war.

Die Stände des Reiches waren diesmal nicht in Jerusalem oder Hebron sondern in Sikhém der alten Hauptstadt
des Stammes Josef zusammengetreten: ein bedeutsamer Wink,
wenn ihn Rehabeam gehörig verstanden hätte. Doch sie
hatten noch die beste Absicht [4]) ihn als König zu bestätigen

---

1) die LXX sprechen den Namen *Ροβοάμ* רְחַבְעָם aus.

2) sie war eine Tochter des lezten 'Ammonäischen Königs Hanûn
2 Sam. 10, 1: wie eine Bemerkung der LXX zu 1 Kôn. 12, 24 angibt.

3) 1 Kôn. 14, 21. 31.    4) hieran müßte man freilich völlig
zweifeln wenn in der Erzählung 1 Kôn. 12, 1—30 der masorethische
Text richtig wäre: denn nach ihm hätten die Stände schon zum voraus eigenmächtig den Jerobeam aus Ägypten nach Sikhém gerufen,
ja ihn zu ihrem Sprecher gegen Rehabeam gemacht. Allein die Un-
verständlichkeit von v. 2 und v. 20 in diesem Texte zeugt schon dawider; und die LXX haben nach dem Cod. Vat. überall, nach dem
Cod. Alex. wenigstens noch bei v. 12 die ursprünglichere und zumtheil vollständigere Lesart, welche obiger Darstellung zugrundegelegt
ist. Inderthat scheint erst der Jüdische Hass gegen Samarien die

wenn er ihre Wünsche erfüllen würde; und ließen ihn mit
seinem Gefolge und den Ständen Juda's ruhig zur Volksversammlung kommen. Dem hier angekommenen erklärten sie
ihre Beschwerde wegen der von Salômo vermehrten Lasten,
und baten ihn um deren Erleichterung: so wollten sie ihm
gerne dienen. Er bestellte sie auf den dritten Tag, um ihnen dann zu antworten: und bald zeigte sich im Rathe der
Krone selbst eine abweichende Ansicht über jenes Begehren.
Die ältern Kronräthe riethen mit Salômonischer Weisheit, man
möge nur heute milde seyn und nachgeben, damit das Volk
sich dann fürimmer ruhig beherrschen lasse: an einiges Nachgeben in unwesentlicheren Sachen mögen diese noch von
einer bessern Zeit abstammenden Räthe wirklich gedacht haben. Aber Rehabeam hörte lieber auf die Weisheit der eben
erst von ihm selbst eingesezten ihm gleichaltrigen und ihm
schmeichelnden Räthe, in deren Geiste sich die ganze sittliche Verschlechterung zeigt in welche man zu Jerusalem in
den lezten Jahren der Herrschaft Salômo's herabgesunken
war: nach ihrem Rathe erklärte er sodann feierlich, wennnicht den Worten doch dem Sinne nach, „sein kleiner Finger sei dicker als seines Vaters Lenden; und wenn sein
Vater neue Lasten auflegend sie mit Peitschen gezüchtigt, so
wolle er diese Lasten noch mehrend sie mit Scorpionen (d. i.
Stachelpeitschen) züchtigen". Nachdem diese Antwort be-
kanntgeworden, erscholl allgemein das furchtbare Wort welches nach S. 246 einst schon einmal unter Davîd selbst sich
vereinzelter erhoben hatte: -

> Was haben wir für Antheil an David,
> was für Erbe an Isai's Sohne? —
> Zu deinen Zelten, Israel!
> Nun sorge für dein Haus, Davîd!

und im Innersten zerrissen war die Einheit der Gemeinde.
Der Stamm Juda erklärte sich für seinen Stammesgenossen

---

Schuld der Zehnstämme vergrößert und danach den Text und zwar
zuerst nur in der Chronik II. 10 umgestaltet zu haben. Übrigens
ist danach sowie nach v. 20 und 2 Chr. 10, 2 v. 2 וַיֵּשֶׁב und מִמִּצְרָיִם
zu lesen.

Rehabeam als König [1]): wie dadurch ermuthigt, aber zugleich auch schon halb wirre geworden, sandte der neue König den alten Ober-Frohnvogt Adonirâm (S. 291 nt.), um mit den Aufständischen zu unterhandeln und ihnen Erleichterungen zu versprechen; aber die einmal erbitterte Menge steinigte ihn zu Tode, und hochbestürzt sputete sich der König seinen Wagen zu besteigen nach Jerusalem fliehend. Die übrigen Stände aber dachten nun erst ernstlich an jenen einst vor dem Davîdischen Hause nach Ägypten geflohenen Jerobeam als einen ihnen wohl besser zusagenden König. Dieser kühne zugleich und schlaue Mann war sofort nachdem er von Salômo's Tode gehört aus Ägypten zurückgekehrt, ohne von dessen neuem Herrscherhause im geringsten daran verhindert worden zu seyn; und hatte sich in seine Vaterstadt Sserêda begeben, konnte dies auch nach der damaligen Stimmung des Landes sehr sicher thun. Da seine Anwesenheit im Gebiete des Stammes Josef allgemein bekannt war, luden die von Rehabeam abfallenden Stände ihn éin in die Volksversammlung zu kommen: er kam und ward ihr König. Zwar rüstete sich der erzürnte stolze Sohn Salômo's in Jerusalem zum Kriege gegen die Zehnstämme, um sie unter seinen Gehorsam zurückzubringen; und brachte wirklich ein Heer von 180,000 kampffähigen Leuten zusammen, deren größte Zahl aus gebornen Judäern bestand. Allein im entscheidenden Augenblicke trat Shema'ja, ein von jenem Achija ganz verschiedener angesehener Prophet wahrscheinlich aus Jerusalem selbst [2]), gegen ihn áuf mit dem göttlichen Rathe kein Bruderblut zu vergießen, weil das jezige Unglück von Gott selbst veranlaßt sei, also kein Mensch eigensinnig sich dem geschehenen widersezen dürfe. Und wirklich fand sein Rath bei den schon gerüsteten Kriegern Anklang: sie gingen aus einander, und keine menschliche Entschließung konnte noch die Spaltung aufhalten welche nichts als den bisdahin verdeckten unversöhnbaren Widerstreit zweier gänzlich von ein-

---

1) nur dies kann nach dem klaren Zusammenhange der Erzählung der Sinn der Worte 1 Kön. 12, 17 seyn; vgl. 2 Chr. 11, 3.

2) vgl. 1 Kön. 12, 21—24. 2 Chr. 11, 1–4 mit 2 Chr. 12, 15 (5).

ander abweichender und doch alles bestimmender Bestrebungen an das volle Licht brachte. ·

Inderthat kann es Zeiten geben wo eine große Volks- und Religionsspaltung, so traurig die Ursachen sind welche sie herbeiführen, und so bedenkliche Folgen sich von ihr ahnen lassen, dennoch zu einer höhern Nothwendigkeit wird; wie z. B. die unheilvolle Spaltung welche die Reformation oder vielmehr ihre Gegner vor 300 Jahren über Deutschland herbeiführten. Jede Spaltung schließt eigentlich ein Übel in sich das sich unendlich weiter entwickelt bis es vielleicht auf die rechte Art wiederaufgehoben wird: aber wenn ein für die Gegenwart völlig unzertheilbares Dunkel eine Zeit bedrängt, indem sie von zwei grundverschiedenen Bestrebungen von denen jede eine unausweichbare Nothwendigkeit für sich hat zertheilt wird ohne dass eine sie versöhnende höhere Ansicht und Bestrebung durchdringt, dann kann die traurige Spaltung doch wenigstens für die nächste Zeit sogar eine Wohlthat werden, weil sie jeder der beiden Bestrebungen ihre Kräft völlig und rein zu entwickeln die Möglichkeit gewährt und so amende die höhere Ansicht und Bestrebung durchdringen kann welche früher zu schwach oder nochgarnicht vorhanden war. So konnten in den lezten Jahren des Lebens Salômo's und unmittelbar nach ihm sogar Propheten Jahve's, welche man zu den falschen zu rechnen kein Recht hat, der Spaltung das Wort reden, weil das höhere Gut der wahren Religion und der dieser entsprechenden menschlichen Herrschaft welches in Israel immer die überwiegend alles bestimmende und entscheidende verborgene Macht war, damals durch eine weitere einseitige Ausbildung des Königthumes verdrängt zu werden Gefahr lief. Aber ein großes Übel blieb deshalb doch jene wie jede Spaltung: und ob dies Übel je wieder während des selbständigen Volkslebens Israels zu heilen war oder ob die Rettung der geistigen Güter des Volkes endlich zum Untergange aller seiner bisherigen irdischen Güter werden mußte, das konnte sich vonjezan nur durch die volle Entwickelung der in der Spaltung liegenden gänzlich verschiedenen Bestrebungen of-

fenbaren. Für den Augenblick waren alle die Güter bedrohet welche das Königthum nun seit über hundert Jahren mit
so großer Anstrengung dem Volke erworben, ein zerfressender Zwiespalt in die Gemeinde Jahve's geworfen wie sie
ihn auch in den unglücklichsten Zeiten der Richter nicht gekannt, und die ebenso erhabene als heitere Salômonische
Zeit mit einem Trauerspiele beschlossen wie kein schlimme-
res von einem schon feiner gebildeten mächtigen Volke erfahren werden kann [1]).

## *Die Vorstellungen der Spätern über Salômo.*

Als nun der Verlauf der nächsten Jahrhunderte hinreichend gezeigt hatte dass die Folgen dieser eigentlich schon
in der leztern Hälfte der Herrschaft Salômo's drohenden Spaltung unheilbar waren, und als die Trauer über die Zerstörung des Davîdischen Reiches immer stärker auch in die
Darstellung der Geschichte eindrang: da trübte sich nach
mancher Seite hin das Andenken an die Thaten und Werke
des großen Sohnes Davîd's, und viele Einzelnheiten seiner
Geschichte wurden sichtbar immer weniger beachtet. Die
Übersicht dagegen über die Hauptwendungen seiner Geschichte
ward im Hinblicke auf das große Leid womit sie geschlossen
hatte und im lebendigen Bewußtseyn der großen Sache um
welche sie sich eigentlich drehte, immer schärfer. Der ältere prophetische Erzähler betrachtete ihn noch sehr einfach
als einen von Gott zwar hoch begnadigten und wie ein Sohn
geliebten aber doch, wenn er es durch Sünden verdiente,
gleich dem gemeinsten Manne von ihm gestraften König; so
gesund betrachtete man damals das ächte Königthum in Israel, sowohl das Erhabene und Einzigartige als das möglicherweise entartende und vor Gott strafwürdige im Leben
und Erscheinen des einzelnen auch des mächtigsten Königs
anerkennend [2]). Viel bestimmter aber gestaltete sich in dem

---

1) dass die großen Propheten bald die Spaltung so betrachten
lernten, erhellt klar aus Aussprüchen wie Hos. 1, 7. 3, 5. Jes. 7, 17.
B. Zach. 11, 7. 14.        2) 2 Sam. 7, 12—15 woraus später Ps.
89, 31—33; das v. 14 in dem Bilde des Sohnes ausgedrückte Erha-

Geiste eines schon etwas spätern Erzählers eine scharfe Zusammenfassung des Höchsten aus den drei Hauptzeiten seiner Herrschaft, welche an Wahrheit der Sache und künstlerischer Schönheit nicht vortrefflicher seyn kann, die man
aber nur von dem eben erklärten Standorte ihres Erzählers
aus richtig schäzen kann.  Sie hat sich jezt zwar nicht ganz
vollständig erhalten [1]): doch können wir das wichtigste davon noch deutlich erkennen.

Dass Salômo zu Anfange seiner Herrschaft, sobald er
etwas ruhiger sich sammeln konnte, nach Gibeon zog, um
dort wo damals nach S. 160 nochimmer die altmosaische
Stiftshütte mit einem vielbesuchten Altare stand, dem Gotte
Israels seine Huldigung darzubringen und dort sich für die
glückliche Vollendung seiner schweren Laufbahn zu stärken,
ist alte Erzählung.  Wir wissen daraus noch [2]), dass in Gibeon ein Altar mit einem hohen künstlichen Kegel stand.
Nachdem er nun dort 1000 Opfer gebracht (sagt der etwas
spätere Erzähler), erschien ihm Gott im nächtlichen Traume,
ihn auffordernd sich von Gott zu erbitten was er wünsche [3]).
Da habe Salômo, im Hinblicke auf seine Jugend und die
schwere Aufgabe ein so zahlreiches Volk richtig zu beherrschen, um nichts von Gott als um Weisheit gebeten; und im
Wohlgefallen daruber dass der junge Sohn Davîd's nur um
göttliche Weisheit nicht aber um solche Güter gebeten habe
welche gemeine Könige sich wünschen, als langes Leben,
Reichthum, Rachenahme an den Feinden, habe Gott nichtnur
die außerordentlichste Weisheit, sondernauch, um was er

bene und Einzigartige des ächten Königs Israels stimmt ganz zu Salômo's eigner Empfindung in seiner schönsten Zeit Ps. 2, 7.

1) aus dem Anfange des Herrscherlebens ist die Darstellung 1 Kön.
3, 4—15 vollständig erhalten, und sie ist für das übrige maßgebend;
aus der Mitte die Darstellung 9, 1—9 welche aber erst vom lezten
Erzähler ihre jezige Gestalt erhalten hat; am kürzesten ist was sich
jezt dieser Darstellung angehörig aus dem Ende erhalten hat 11, 9 f.

2) 1 Kön. 3, 4 ist sogar der Farbe der Rede nach sehr alt.

3) in den Worten 1 Kön. 3, 5 glaubt man Ps. 2, 8 nachklingen
zu hören. — Freier wird die ganze Erzählung wiederholt 2 Chr. 1,
1—13.

nicht gebeten, das höchste Mass von Reichthum und Herrlichkeit ihm zu geben verheißen, langes Leben jedoch nur
dann ihm versprochen wenn er wie Davîd ganz gerecht wandeln werde. Damit ist ein Rahmen schöner Schilderung gegeben, welcher nun alles das unendlich bunte und mannichfache aus Salômo's Herrscherleben vollständig umfassen kann.
Und wie überraschend die Verheißung hoher Weisheit sich
erfüllt habe, das schildert dann derselbe Erzähler sofort sehr
lebendig in der bekannten Geschichte von dem Urtheile über
das todte und das lebendige Kind der beiden Huren, durch
welches der junge König zuerst seinen weiten Ruhm hoher
Weisheit im Erkennen und Richten begründet habe [1]). Dieses Urtheil darf freilich nicht nach dem Sinne so mancher
heutigen Römisch-deutschen Juristen beurtheilt werden, welche alles nur nach geschriebenen Gesezen untersucht und
gerichtet wissen wollen: solange indess für einen ächten
Richter auch Scharfsinn und schnelle Fassung als lobenswerthe Eigenschaften gelten werden, wird man jener Erzählung über Salômo als weisen Richter ihre Ehre lassen müssen. — Wie ihm Reichthum und Herrlichkeit in vollem göttlichen Maße zugefallen, muss dieser Erzähler sodann weiter
geschildert haben. Und als er den Tempel gebauet und das
Heiligthum Gibeon's nach Jerusalem verpflanzt, da sei ihm in
der hohen Mitte seiner Herrschaft ein zweitesmal Gott erschienen und habe ihm verheißen, wenn er wie Davîd aufrichtig alle göttlichen Gebote halten werde, so solle sein Same
ewig über Israel herrschen [2]). Aber wie nun gegen den
Schluss seines Lebens weder jenes Versprechen eines langen

---

1) 1 Kön. 3, 16—28, gewiss von demselben Erzähler.

2) in der Stelle 1 Kön. 9, 1—9 ist die klare Anspielung auf die
schon eingetretene Zerstörung des Tempels v. 6—9 deutlich erst vom
lezten Verfasser des jezigen B. der Könige; auch äußerlich ist der
Übergang auf eine ganz andere Darstellung v. 6 stark und vielfach
fuhlbar. Aber von demselben lezten Verfasser ist gewiss die Verlegung dieser göttlichen Rede an Salômo auf die Zeit nach Vollendung
aller großen Bauten v. 1 vgl. v. 10: denn dies stimmt nicht zu den
Worten v. 3 vgl. c. 8.

Lebens [1]) noch das der Fortdauer der Herrschaft über Israel in seinem Hause in Erfüllung gegangen sei, und wie streng strafend Gott zum dritten – und leztenmale zu ihm geredet, dies finden wir jezt nichtmehr von diesem Erzähler beschrieben.

So getrübt durch den Ausgang seiner Geschichte, glänzte dennauch Salômo's Name in diesen nächsten Jahrhunderten bei weitem nicht so hell als dér Davîd's; ja er wurde sogar viel seltener genannt als dieser.  Und doch hatte Salômo vorzüglich zwei große und bleibende Verdienste, · welche alle die Trauer und Klage dieser Jahrhunderte überdauerten.  Einmal hatte er der alten Religion in dem Tempel zu Jerusalem einen festen Siz und zugleich ihrem Priesterthume eine Würde und eine gesezliche Einrichtung gegeben, welche wenigstens ihrem tiefsten Grunde nach alle die Erschütterungen und Unfälle der nächstfolgenden Jahrhunderte überdauern konnten und deren wichtige Folgen in alle Zeiten fortwirkten.  Zweitens hatte er in dem Volke einen stärkern Trieb zur tiefern Weisheit und höhern Kunst erweckt, welcher auch unter den weit ungünstigeren folgenden Jahrhunderten nie wieder ganz erstarrete, ja in einigen Richtungen sich immer kräftiger und schöner entfaltete.

Eben solche bleibende Nachwirkungen seines großen Geistes, und nächstdem die übrigen nie so wiederkehrenden Wunder seiner erhabenen Zeit sind es, welche in wieder spätern Zeiten, als im neuen Jerusalem die frische Klage über das Unglück des Hauses David's längst verstummt war, seinen Ruhm mit ganz neuer Kraft emportrieben, ja amende einen Strahlenglanz um sein verklärtes Haupt zogen welcher lange Zeiten hindurch stets stärker angefacht wurde aber auch das geschichtliche Andenken an ihn immer dichter überstrahlte. Die Chronik schiebt zwar schon alle Verdienste um eine festere Einrichtung des Priesterthumes und Tempeldienstes auf David zurück (S. 288), vermeidet aber bereits alle die Schat-

---

1) denn 61 Jahre, welche er etwa erreicht haben mag, konnten nochnicht als ein wahrhaft langes Leben gelten, sowie das Davids; vgl. darüber sonst S. 263 *nt.*

tenseiten der Herrschaft Salômo's zu berühren, das meiste
davon ganz auslassend, einiges mit leichter Wendung ins
gute zeichnend. Insbesondere aber war es die Weisheit als
deren. Gründer und großer Meister ' Salômo stets in Israel
verehrt ward; auchwenn jeder andere Ruhm von ihm erblich,
dieser verbreitete sich mit der Ausbildung und den Schicksalen der Weisheit selbst immer weiter. Schon in den nächsten Jahrhunderten nach seinem Tode bildete sich die von
ihm gegründete Spruchdichtung im Volke immer weiter aus,
wie das kanonische B. der Sprüche zeigt; auf ihn und seinen Namen stüzten sich immer gern die Weisheitsuchenden
in Israel, und die Halle im Tempelvorhofe wo sich Schüler
um einen Lehrer der Weisheit versammelten nannte man
gewöhnlich nach Salômo [1]). Auch Weisheitsbücher unter
dem Schuze des Namens oder doch des Ruhmes des großen
weisen Königs zu verfassen, wagte man in den Zeiten des
neuen Jerusalems immer kühner: von welcher Art einige
der schönsten mit der hebräischen oder griechischen Bibel
sich vollständig auf unsere Zeit gerettet haben. Wie man
ihm nun die allgemeinste Kenntniss aller Geheimnisse auch
aller der Welten und Zeiten und Zeitläufe zuschrieb, zeigt
schon im 2ten Jahrh. v. Chr. das unter seinem Namen geschriebene B. der Weisheit [2]). — Allein so mußte sein Name
in den spätesten Zeiten auch von solchen gemißbraucht werden welche die Weisheit in Dämonenbeschwörung und Zauberei sezten, zumal nun die Wunder der Macht und des
Glanzes dieses Königs leicht nur durch Zauberei erklärlich
schienen. Ein Zauberbuch dieser Art hielt schon Fl. Josephus [3]) für ein ächtes Werk Salômo's, und gibt einige Auszüge von ihm welche uns seinen Verlust wenig bedauern
lassen. Aus solchen jüdischen Werken spätester Zeit schöpf-
ten dann auch Christliche Schriftsteller [4]), und wieder mit

---

1) Joh. 10, 23. AG. 3, 11. 5, 12.    2) Weish. Sal. 7,
17—20. 8, 8.    3) arch. 8: 2, 5.    4) Bruchstücke
und Andeutungen ähnlicher Werke s. in Fabricii cod. apocr. V. T. I.
p. 1042 ff.; Rosen's catal. cdd. syr. Mus. Brit. p. 105 uud Dillmann's
cat. cdd. aethiop. p. 56. 60. Herausgegeben ist jezt (Griechisch in

neuem Eifer Muhammed und seine Anhänger ihre luftigen
Einbildungen über die Zauberkräfte Sulaimân's [1]). Insbesondre sollte er nun mit einem Zauberringe dem der geheimnißvolle fünfbuchstäbige Name (nämlich das Hebräische Wort
für Gott *Sabaôth*) aufgedrückt gewesen, allen auch den wunderbarsten Bann der Geister ausgeübt haben; und wie sich
hier überhaupt immermehr Heidnische Bilder Namen und
Mährchen einmischten, so schrieb man dem nach S. 358 einst
auch als Kenner aller Thiere und Gewächse berühmten Könige nun auch die Macht mit allen Vögeln Thieren und Ge-
wächsen in ihren Sprachen zu reden zu, wie von Heidnischen Weisen ähnliches erzählt wurde [2]). — Die Äthiopisch-
christlichen Könige ruhmten sich von ihm abzustammen (S.
362—64); und die Gothischen in Spanien wollten den goldenen Tisch Salômo's (S. 310) besizen [3]).

---

F. F. Fleck's Anecdota, Lips. 1837, p. 113—140 vgl. Illgen's Zeitschr.
f. hist. Theol. 1844 III. S. 9—56) das von einem Gnostischen Christen ziemlich wizig geschriebene *Testament Salomo's*, wonach Salomo
mit Hulfe aller zugleich ihrem Namen und ihrem Wesen nach beschriebenen Dämonen den Tempel bauet; dies Buch ist wohl die
Quelle vieler späteren Sagen, namentlich auch der von Salomo's
Ringe. — Psalmen und Oden Salomo's nennt Nikephoros' Verzeichniss der Apokryphen: über jene s. weiter IV. S. 343 f.
        1) eine aus den Stellen des Qorân's und andern Quellen zusam-
mengesezte Erzählung darüber s. in *Weil's* biblischen Legenden der
Muselmänner S. 225—279; vgl. Tabari's Chronik I. p. 56 Dub., G´e-
lâleldîn's Geschichte Jerusalems (nach Reynold's Übers. Lond. 1846)
p. 32 ff. 44 ff. u. a.            2) wie von Melampus, s. Diodor's
v. Sic. Gesch. 1, 98; von Pythagoras, s. Jamblichos' Leben Pyth. c. 13
(60—63).            3) vgl. die Nachrichten darüber in der Chronik
Tabari's und den Futúch Abdalhakam's, welche beide Werke ich
fruher handschriftlich viel untersucht habe und die an diesen Stellen
auch bisjezt bloss handschriftlich dasind; einiges daraus s. jezt in
*Weil's* Geschichte der Chalifen Bd. I. S. 530 f. Auch das Spanische
Mährchen vom Wundertischchen (z. B. in den Qirq Vezir p. 72 der
Par. Ausg.) hängt wohl damit zusammen; sowie überhaupt viele
Wunder Salomo's nach Spanien versezt wurden, s. Tabari I. p. 43—
47 Dub.: über die Ursache davon s. unten.

# Dritter Schritt:

## *die Zeiten des gespaltenen und des untergehenden Königreiches in Israel.*

---

Das Volk Israel war nun durch eigenen Willen wiewohl nicht ohne höhere Nothwendigkeit in eine neue Lage gekommen wo sich erst entscheiden mußte ob es fortan das von der damaligen Mehrzahl gehoffte größere Glück finden würde oder nicht. Es brachte aus seinem vorigen Zustande mit in die neue unbekannte Zukunft welche vor ihm lag eine reiche Fulle von neuerworbenen Gütern des niedern Lebens, das erhebende Gefühl weiter Macht und hohen Ansehens unter den übrigen Völkern der Erde, den stark erwachten Trieb nach Weisheit auch in allen Dingen der Welt; alle aber welche von einem tieferen und aufrichtigeren Sinne bewegt waren, trugen dazu noch in die neue Zeit das klare Bewußtseyn wie Israel dieses Glück und dieses Ansehen nur durch ein treues und kräftiges Anschließen an die wahre Religion erlangt habe, und entweder das lebendige Streben nach einem noch vollkommeneren Könige als Davîd gewesen, oderdoch die selige Erinnerung wie das Ziel dieser ganzen Entwickelung, der vollendete menschliche König der Gemeinde des wahren Gottes, in David schon einmal näher wennauch nicht vollkommen erreicht war. Dass Salômo in der lezten Hälfte seiner Herrschaft von diesem Ziele immer weiter abgekommen sei, stand bei den Propheten und den andern Bessern in Israel fest: aber wie dies Ziel erreicht werden könne, darüber hatte weder der eine noch der andere jezt getrennte Theil eine klare Ansicht.

1. Das Schwergewicht aber fiel jezt vorläufig in jeder Hinsicht auf das vom Davîdischen Hause getrennte nördliche Reich. Zunächst war das nördliche Reich an Umfang seines Gebietes und an Einwohnerzahl dem südlichen weit überlegen: zehn Stämme, lautet die Erzählung, fielen vom Hause Davîd's ab, nur einer blieb ihm treu. Wie jedoch dieses Zahlenverhältniss der Stämme zu verstehen und wie die Grenze der beiden Reiche da wo sie sich berührten näher bestimmt gewesen sei, ist etwas dunkler. Dass der Stamm Levi hier von keiner der beiden Seiten mitgezählt zu denken sei, versteht sich aus seiner bisherigen Geschichte vonselbst. Aber auch der Stamm Simeon kann in jenen Zahlen nicht mitbegriffen seyn: denn dass auch nur ein Theilchen von seinem Gebiete sich zum Zehnstämmereiche gehalten habe und so vielleicht als ein Zehntheil von diesem angesehen worden wäre, läßt sich mit nichts beweisen [1]). Des Stammes Dân Gebiet war zwar nach II. S. 377 f. infolge früherer Mißgeschicke theilweise von Juda besezt: allein indem die von Juda besezten Gegenden jezt ganz zu diesem geschlagen wurden [2]), blieb der Rest gewiss als voller Stamm bei dem nördlichen Reiche. Ganz neu dagegen mußte sich jezt die Lage des Stammes Benjamîn gestalten. Dieser, durch seine Urgeschichte nicht mit Juda sondern mit Josef näher verbunden, sah sich jezt durch das auf seinem alten Gebiete liegende Jerusalem ebenso stark zu Juda hingezogen: so erfolgte denn eine wahre Theilung des Stammes unter die beiden Reiche, da Jerusalem gerade an seiner südlichsten Grenze lag. Einige Gebiete welche zu nahe an Jerusalem lagen und zusehr von dessen starker Burg aus beherrscht werden konn-

---

1) man könnte etwa denken dass das einsamer im tiefen Süden gelegene Beershéba' sich zum Zehnstämmereiche gehalten habe, weil Amos 5, 5. 8, 14 es mit zwei andern Städten desselben als einen Siz des Gözendienstes anfuhrt wohin die Einwohner aus jenem wallfahrteten. Allein auch unter Juda's Herrschaft konnte hier zu 'Amos' Zeit ein solcher Gözendienst bestehen; und zu Juda wird es ausdrücklich gerechnet 1 Kön. 19, 3.      2) so blieb nach 2 Chr. 11, 10 die Stadt Zsor'ah bei Juda.

ten, blieben mit Jerusalem selbst bei Juda; aber gerade die
nach der alten Geschichte heiligsten oder doch denkwürdigsten Pláze, Bäthel [1]), Gilgal [2]), Jerîcho [3]) wurden mit einigen
andern zum nördlichen Reiche geschlagen: die verschlungene
Grenze welche sich so zwischen den beiden Reichen bildete
erkennen wir jezt nur nach einzelnen sicheren Spuren [4]),
und wir wissen dass über sie bisweilen zwischen beiden
Reichen gestritten wurde [5]). Allein theilte sich der Stamm
nach diesen Verhältnissen, so erhellt auch deutlich dass dér
Theil Benjamîn's welcher nicht zu Juda kam, noch immer als
ein besonderer Stamm dem nördlichen Reiche beitreten konnte.
Während aber zehn Stämme, der zehnte wenigstens nur um
einen Theil verkürzt, zum nördlichen Reiche zusammentraten
und sich hier noch eine gewisse Mannichfaltigkeit der Stämme
regen konnte, bestand das südliche Reich nur aus Juda als
einem selbständigen Stamme, in den sich Ṣimeon schon sogutals völlig aufgelöst hatte und welchem sich die Theilchen
von Benjamîn oder noch andere kleine Gebiete ohne alle eigene Bedeutung anschlossen [6]). — Was aber die bisjezt dem

1) Bäthel wird in Schriften oft als zum nördlichen Reiche gehörend beschrieben; übrigens vgl. über seinen Stamm II. S. 539.

2) erscheint als zu diesem Reiche gehörig Amos 4, 4. 5, 5. Hos.
4, 15. 9, 15. 2 Kön. 2, 1. 4, 38; sonst vgl. II. S. 317 ff.

3) nach 1 Kön. 16, 34. 2 Kön. 2, 4 ff.        4) die einzige
Stelle aus  welcher man die Ausdehnung des Reiches Juda auf der
nördlichen Richtung von Jerusalem etwas bestimmter erkennen kann,
ist Jes. 10, 28—32: so war wenigstens diese Ausdehnung zur Zeit
Jesaja's. Danach war der nördlichste Ort 'Ajjâth nicht weit von
Bâthel, da er gewiss mit 'Ai II. S. 320 ff. einerlei seyn soll.

5) wie über die Stadt Râma in Benjamîn vom Zehnstämmereich
ein langwieriger Krieg angefangen wurde 1 Kön. 15, 17—22; vergl.
2 Chr. 13, 19.        6) die vollständigste Bezeichnung des südlichen
Reiches liegt also in den Worten 1 Kön. 12, 23 vgl. v. 21 »das ganze
Haus Juda mit Benjamîn und dem übrigen Volke«. Zu diesem ührí-
gen Volke gehörte z. B. Simeon', soviel davon noch namhaft war;
ferner das Gebiet der Stadt Ṣṣiqelag nach S. 129 ff. Leztere Stadt
gehörte zwar nach Jos. 19, 5 vgl. 15, 31 in frühester Zeit dem Stamme
Simeon, war aber längst vor Davîd in Philistäischen Besiz gekommen, und erst durch Davîd wieder mit Juda vereinigt. Dass Simeon

Volke Israel unterworfenen fremden Völker betrifft, so fielen
nach der Theilung des Davîdischen Reiches die nördlichen
sowie die östlich vom Todten Meere wohnenden bis zum
Volke Moab vonselbst dem nördlichen Reiche zu [1]), während
die südlicheren insbesondere auch das wegen seines See-
hafens wichtige Edóm nicht ebenso leicht von Juda getrennt
werden konnten. Wirklich konnte Juda nach Suden hin jezt
meist am ungestörtesten herrschen; dort stand ihm seit Davîd's
Eroberungen ein weites Gebiet bis an den westlichen und
östlichen Arm des Rothen Meeres offen, Edóm zu behaupten
war seit Salômo schon der Handelsvortheile wegen sehr räth-
lich; und offenbar richtete sich auch auf die Behauptung gerade dieser Gegenden ein desto stärkeres Bestreben in Juda
jemehr es jezt sonst eingebüßt hatte. Die Philistäischen Gebiete hätten jezt meist Juda'n zufallen sollen; aber nördlich
reichten sie auch an die Grenzen des Zehnstämmereiches:
ein bei der Eifersucht beider Reiche Israels gefährlicher Zusammenstoss, wodurch die noch immer überaus rege Lust
der Philistäer das Joch Israels abzuwerfen desto leichter ihren Zweck erreichen konnte.

Aber noch mehr als auf seine Volkszahl konnte das
Zehnstämmereich auf seine volksthümliche Bedeutung stolz
seyn. Wenn Juda und Jerusalem mehr von einem neueren
Ruhme und Glücke strahlten, so bewahrte das Zehnstämmereich die stolzesten Erinnerungen und Überbleibsel des entfernteren Alterthumes in sich, das Andenken an Jaqob welches gerade in der Mitte des hr. Landes sich an altheilige

---

nicht mit zu Juda gehörte, könnte man nur aus der Erzählung 2 Chr.
15, 9 vgl. 31, 6 ableiten: allein hier stellt der Chroniker etwas nach
seiner eigenen Art freier dar, und erwähnt dazu Simeon nur beiläufig. Über Simeon im B. Judith s. IV S. 546. — Zehntehalb Stamme
fur das nördliche Reich zählt der IV S. 233 beschriebene *Bar. Syr.*
vorne. 1) dass im Südosten der Náchal-'Arabîm, auch Záred genannt, welcher Moab im Suden begrenzte, auch das Zehnstämmereich begrenzt habe, folgt aus 'Amos 6, 14 (vgl. II. S. 259 ff.);
man konnte also auch unbestimmter sagen das Ende des Todten
Meeres sei diese Grenze 2 Kòn. 14, 25.

Orte aufs lebhafteste knüpfte (I. S. 408 f.), den Ruhm des
einst in Ägypten glanzvoll-herrschenden Josef, das Ansehen
des unter Josúa auch in Kanáan zum Vorstamme erhobenen
und seitdem nie auf seine Vorrechte ganz verzichtenden
Stammes Josef, mit alle den heiligen Orten welche unter
Josúa die Freude und das einigende Band des ganzen Volkes geworden waren und deren Heiligkeit auch jezt noch
troz Jerusalems in vielen Herzen ungeschwächt fortdauerte.
Dazu galt der Boden des mittelsten Kanáan's offenbar noch
immer in der Meinung sehr vieler als der heilige, aus welchem die Herrscher hervorgingen und ohne dessen Besiz
kein Mann in Israel voller König seyn könne [1]). Wennauch
Juda sich trennte, konnte dies Reich also doch ganz an die
Stelle des ruhmvollen alten Israel zu treten, sein Königthum
das kriegerisch starkbewegte Saúl's fortzusezen scheinen.
So nahm es ohne Widerspruch den Namen „Israel" an; in
höherer Rede nannten es Propheten z. B. ʿAmos auch wohl
Jaqob, bisweilen Isaaq, oder Josef: aber es in solcher Rede
verächtlich bloss nach dem halben Stamme Josefs Efráim zu
nennen, war erst gegen die Zeit seiner Auflösung hin eine
kühne Neuerung des Propheten Hosea, welcher dann Propheten ähnlichen Geistes folgten [2]).

---

1) wie dies noch die Geschichte der langsamen Salbung und Anerkennung Ishbóshet's bewiesen hatte, S. 140. 144 f.

2) nämlich der Ungenannte B. Zach. 9; ferner Jesaja. Hosea
selbst gebraucht den Namen Efráim erst seit der höhnenden Rede
4, 17. Dagegen nennen es spätere Propheten nach seinem Untergange mitrecht wieder Israel, wie Jer. 3, 6 ff. Wenn aber umgekehrt der Name Israel bisweilen mit Juda wechselt, so ist das nur
in der höhern Rede erlaubt und in einem solchen Zusammenhange
wo jedes Mißverständniss ferne liegt: außerdem läßt sich bemerken
dass der allgemeinere Name Israel desto häufiger für Juda wieder
gebraucht zu werden anfing je tiefer späterhin das Zehnstämmereich
sank, oder als es gar längst zerstört war, wie in der Chronik bisweilen Israel sovielals Juda ist. Unter den Geschichtsbüchern nennt
bloss die Chronik die Angehörigen des nördlichen Reiches oft »Söhne
Efráim's«. — Seltsam scheint Nah. 2, 3 *Jaqob* für Juda sogar in
demselben Saze neben Israel als dem andern Reiche zu stehen.

Das wichtigste jedoch und zugleich das verführerischste war, dass dieses Reich bei seiner Trennung von Juda freie Hand erhielt alle die Fehler zu vermeiden in welche das Davîdische Haus während der lezten Jahre Salômo's gefallen war; ja es war recht eigentlich entstanden um diese Fehler zu vermeiden und ein noch vollkommeneres Königthum zu gewinnen. Alle die besten Hoffnungen des damaligen Volkes gingen auf dies Reich über, indem sogar die damals wirksamsten Propheten den Wechsel des Herrscherhauses gewünscht oderdoch nicht verhindert hatten: und gewiss erwartete man dass, wie vormals das Davîdische als neues Herrscherhaus das Saûlische ubertroffen, so das neue Jerobeamische weit das Davîdische übertreffen werde. Das Mittel aber dazu sollte die strenge Zucht und Ahndung der Propheten seyn, frei über die Könige wie über das Volk ergehend: ein prophetisches Lager neben dem königlichen.

Allein gerade dieser Glaube an die Möglichkeit einer Besserung odergar Vollendung des Königthumes durch den bloßen Wechsel des Herrscherhauses und die strengere Zucht der Propheten war der große Irrthum jener Zeiten, welcher weil er auch vom Prophetenthume also von der geistigsten und tiefsten Macht jener Jahrhunderte getheilt wurde, im Verlaufe der Dinge ebensó stark zur Wiederzerstörung des neuen Reiches mitwirken mußte wie er zu seiner Schöpfung mächtig mitgewirkt hatte. Denn ein neu aus dem Staube zur Herrschaft berufener Mann [1]) konnte zwar wohl, von der Kraft und Wahrheit prophetischer-Rede ergriffen und von der prophetischen Weihe berührt, mit den besten Vorsäzen sein Amt beginnen, wie dies bei Saûl's Erhebung beispielsweise mit wunderbarer Wahrheit dargestellt wird (S. 21 ff.): aber sowie er wirklich die Macht ergriffen hatte, mußte er wenn er ein kräftiger Mann war (und andere als solche wählte man doch nicht), nothwendig die ganze königliche Macht só handhaben wollen wie er sie bereits in Jerusalem

---

1) vgl die Redensart des ältern Verfassers der Königsgeschichten 1 Kön. 14, 7 oder die des Dichters aus derselben Zeit 1 Sam. 2, 8 (s. unten).

sehr vollkommen ausgebildet sah: eben weil es im Wesen
dieser Macht liegt alles im Reiche zu umfassen und auf eine
strengere Einheit zu bringen. Er änderte also wohl manches
einzelne was gerade in Jerusalem galt, fiel aber wesentlich
in dieselbe Art zu herrschen zurück; und indem er sich von
der großen Macht der Propheten zu befreien suchte, gerieth
er da ihm nun keine starke gesezliche Schranke mehr gegenüber stand, leicht in dieselbe Willkührherrschaft welche
vermieden werden, und entfremdete sich der reinern Jahve-
Religion ebensoweit als er sich ihr nähern sollte.  Damit
konnten wieder die Propheten Jahve's nicht zufrieden seyn:
sie erhoben also bald ihre leiseren Ahnungen oder ihre lauteren Drohungen gegen denselben König und sein Haus wel
cher erst durch ihre Worte erhoben war; so ward éin König über den andern und éin Königshaus über das andere
gestürzt, wennauch zumtheil nur mittelbar infolge der durch
den Widerstand der Propheten angeregten Unruhe.  Die ganze
über drittehalbhundertjährige Geschichte dieses Reiches geht
eigentlich in den möglich stärksten und längsten Riesenkampf
dieser zwei Selbstmächte der alten Gemeinde auf, des Prophetenthumes und des Königthumes.  Das Prophetenthum,
durch welches einst unter Samûel des Volkes Wünschen entsprechend das Königthum in Israel gegründet war, hatte nun
auch dás des neuen Reiches gestiftet und konnte sich oder
vielmehr Jahve'n selbst, von dessen Geiste es sich getragen
fuhlte, für den wahren Stifter dieses Reiches halten; es fühlte
also ein unwiderstehliches und inderthat ein edles und rein
sittliches Verlangen dies Königthum zu überwachen [1]: ein
brennendes aber troz des darin noch verborgen liegenden
Irrthumes sehr unschuldiges Verlangen, welches man sich wohl
hüten muss mit dem Beginnen der auf sinnliche Vortheile
sinnenden mittelaltrigen Päpste zu verwechseln.  Aber immer
wollte so nicht der gehoffte und ersehnte vollendete König
kommen, vielmehr fiel jedes neue Königshaus bald wieder in

---

1) man vgl. nur den wahren Sinn solcher großartigen Schilderungen wie die des ungenannten Propheten aus dem 8ten Jahrh. B.
Zach. 11, 4.—17. 13, 7—9; sowie das ganze B. Hosea's.

die Fehler des früheren oder in noch schlimmere zurück. So wurde alles von beiden Seiten desto gespannter schärfer und unversöhnlicher; das Königthum verfolgte das Prophetenthum bald mit tödlichem Hasse, aber dieses erhob sich gerade in der schwersten Verfolgung mit der wunderbarsten Kraft und dem unwiderstehlichsten Siege, indem sein bloßes Wort schneidender und zerstörender oderauch heilender und stärkender ward als alle äußeren Waffen und Mittel der Könige [1]); aber siegreich geworden wollte es doch weder noch konnte es das Königthum ersezen: so kehrten bald die in dem Grunde und Ursprunge dieses Reiches selbst verborgen liegenden großen Verworrenheiten und Umwälzungen wieder; bis es dem Königthume endlich gelang sich des Prophetenthumes gänzlich zu entledigen, aber damit auch das Reich selbst von seiner Grundlage losgerissen unrettbar in seinen raschen Untergang sich sürzen mußte.

Wie aber das Königthum im Zehnstämmereiche mit Überspringung der Davîdischen Entwickelung theils absichtlich theils durch die Folgerichtigkeit der Sache in die Saûlischen Uranfänge zurückging ohne je einen es daraus errettenden Davîd zu finden, so sank es eigentlich mit seinem ganzen Wesen und Leben in die mißlichsten älteren Zustände zurück. Der große Fortschritt von allgemeiner Bildung Kunst und Gesittung, welchen die Herrschaft der beiden lezten großen Könige in Israel gegründet hatte, ward für dies neualte Israel der Zehnstämme gewaltsam, ja sobald sich der Gegensaz vollkommener ausbildete sogar theilweise absichtlich unterbrochen und gehemmt [2]); und während dies Reich auf seine

---

1) am deutlichsten zeugen hier solche Aussprüche und Ausdrücke wie Hos. 6, 5. B. Zach. 11, 9 ff. 1 Kön. 19, 17. 2 Kön. 1, 10—14 von der einen und solche wie 2 Kön. 2, 12. 13, 14. B. Zach. 11, 7 von der andern Seite. Wie die zwei Selbstmächte ganz wie zwei Lager sich gegenüberstehen konnten, sieht man aus Erzählungen wie 2 Kön. 6, 31—33.    2) es hat dies manche Ähnlichkeit mit der Art wie unsere Reformation des 16ten Jahrhunderts in vielen deutschen und nichtdeutschen Ländern gewaltsam vernichtet wurde: auch die Folgen waren in vieler Hinsicht von beiden Seiten gleichartig.

eigene Weise vorwärtsschreiten wollte, ward es eben durch
seinen Gegensaz gegen die anderswo schon gewonnenen
geistigen Güter und deren ruhige Fortentwickelung bis in
das unstäte Wesen die Willkühr und die Schwäche der Zeiten der Richter zurückgeschleudert, ohne je daraus einen
rechten Ausgang zu finden. Allerdings traten alle in diesem
verkehrten Zurückstreben verborgene Übel erst allmälig hervor: aber der Keim des Todes lag in der Entstehung dieses
Reiches selbst und in der Folgerichtigkeit seiner Grundsäze.
Und allerdings bewährte sich auch in diesem immer verworrener
werdenden Reiche die wunderbare Kraft der alten Religion:
es hatte einige der größten Propheten; manche seiner Könige
kamen wie einst die Richter des Volkes von eigener tiefster
Anregung und der stärksten Geisteskraft getragen empor oder
behaupteten sich dadurch; und lange wehrte sich der innerste
edle Kern des Volkes dieses Reiches gegen den drohenden
Untergang, ja es kamen bisweilen auch für dieses Reich bessere Zeiten. Aber keine menschliche Anstrengung vermochte
hier dauernder zu helfen; dreimal hat ein hier emporkom-
mendes Herrscherhaus nur den Gründer als éinen stärkern
König und verliert sogleich wieder die Herrschaft nachdem
dessen Sohn und Nachfolger 2 Jahre geherrscht [1]; auch das
am längsten sich hier behauptende Königshaus bringt es nur
zu 5 Herrschern, welche etwa ein Jahrhundert ausfüllen;
und schon gegen das Ende seines Bestandes hin konnte man
beim Rückblicke auf das Schicksal seiner Könige von ihnen
allen sagen sie seien blutig emporgekommen und blutig gefallen [2].

Und während dies Reich eigentlich für die strengste
Zucht und Wiederherstellung der alten Sitte geschaffen war,
fiel es sehr bald in das gerade Gegentheil davon, und suchte
sich auf die mannichfaltigste Weise von dem unzeitigen finstern Zwange zu befreien, den es sich durch den unklaren
Trieb seines Ursprunges aufgelegt sah. Den Landesgott Jahve

---

1) dies merkwürdige Verhältniss tritt ganz gleichmäßig ein bei
Jerobeam und Nadab 1 Kön. 15, 25; bei Ba'sha und Ela 1 Kön. 16, 8;
bei Menachem und Peqachja 2 Kön. 15, 23.        2) Hos. 1, 4. 7, 7.

liess es sehr bald zu einem Bilde entwürdigen, und heidnische Gottesdienste auch der unzüchtigsten Art drangen nirgends tiefer ein als hier [1]). Die unklare Freiheit aus welcher dies Reich hervorging, strafte sich auch dádurch dass es statt die gewaltsam geforderte strengere Zucht zu gewinnen, vielmehr allmälig in die ärgste Zuchtlosigkeit hinabsank.

Doch das innerste Leben dieses Reiches blieb, wie gesagt, der Gegensaz der königlichen und der prophetischen Gewalt; und der fast dreihundertjährige tödliche Kampf dieser beiden größten Mächte der alten Gemeinde überhaupt wurde endlich zum Todeskampfe für dieses durch seinen Ursprung ihm am stärksten ausgesezte ja recht eigentlich für seine Ausfechtung emporgekommene Reich. Aber zerrieben sich endlich dort in jenem Reiche beide große Gewalten, so streiften sie doch zulezt nur die verderblichsten Irrthümer ab in denen sie sich noch bewegten; auf der Asche dieses Reiches lag ebenso die älteste und starreste Gestalt des Prophetenthumes zerstört wie die Hoffnung dass der .ächte vollendete König der wahren Gemeinde durch den bloßen Wechsel der Herrschaft und des Herrscherhauses oder durch die bloße prophetische Wirksamkeit und Auswahl oder gar durch Gewaltsamkeit und Gesezlosigkeit kommen könne; und da wo die frühere Entwickelung Israels sich am zähesten zu behaupten suchte aber am raschesten sich selbst zerstörte, wo also auch das Samûelische Prophetenthum aufs gewaltigste kämpfte und siegend sich selbst zerstörte, da konnte eine reiche Saat neuer fruchtbarer Wahrheiten für die durch alle solche Kämpfe und Zerstörungen nicht zu zerstörende wahre Gemeinde keimen.

2.  Ganz anders war durch seinen Ursprung sowie in seiner weitern Entwickelung die Stellung des Reiches Juda. Dieses Reich hatte anfangs den schwersten Stand, nichtnur weil es das kleinere war, sondernauch weil in ihm alle die verderblichen Richtungen sich fortsezen wollten gegen welche sich eben das Zehnstämmereich so mächtig erhoben hatte.

---

1) vgl. die klaren Schilderungen bei Hosea, besonders 2, 7 ff. 9, 1 ff.

Aber in ihm erhielt sich ungestörter die ganze Bildung Kunst
und Gesittung welche die zwei großen Könige gegründet
hatten; und schon dadurch besass es éinen großen Vortheil,
der viele Nachtheile weit überwiegen konnte. Auch sein
Königthum war doch wesentlich die Fortsezung des Davîdischen, dadurch aber ein ganz anderes als das des nördlichen
Reiches. Davîd hatte sein Reich zwar allerdings mit der Zustimmung und Unterstüzung großer Propheten aber ebensosehr durch eigene Hoheit und Kraft im langen mühevollen
Kampfe vonuntenauf gegründet; und er herrschte durchaus
im Sinne des Volkes und mit dessen Zustimmung, aber keineswegs bloss äußerlich vom Volke aufs Gerathewohl berufen und beauftragt. Durch Davîd also als einen von Geburt
aus ächt königlichen Herrscher hatte sich ein Reich gebildet
in welchem das Königthum vonanfangan nicht von ihm äußer-
lichen Mächten z. B. dem Prophetenthume oder dem rohen
Volkswillen abhängig war, sondern solchen Mächten gegenüber vonvornan seinen eigenen Beruf sowie seine Würde und
Kraft vollkommen fühlte. Nur dás aber kann ein ächtes und
wahrhaft segensvolles Königthum seyn welches in sich selbst
nicht von fremden Mächten abhängig ist, mitten im ersprießlichen Zusammenwirken mit allen andern Mächten doch nicht
weiter von diesen sich bestimmen zu lassen braucht als es
das Wohl des Reiches d. i. des Ganzen erheischt, und also
andere Mächte wo sie von der Förderung dieses Wohles
abirren auch leicht zügeln und auf den rechten Weg zurückführen kann. Jede gute und nothwendige Macht muss in
sich selbst unabhängig seyn, um ihrem Zwecke gemäss frei
wirken zu können: so auch und ammeisten die königliche
als die alle guten Reichsmächte zu dem éinen Reichszwecke
zusammenschließende und leitende Macht; und sie wird dies
dá am leichtesten wo sie durch ihren Ursprung selbst rein
aus eigener Mühe und eigener Hoheit hervorgegangen ist.
Um den Davîdischen Königsstuhl sammelte sich vonanfangan
eine lichte Wolke ächtfürstlicher Herrlichkeit und Heiligkeit,
welche von keinem Sturme der spätern Zeiten gänzlich wieder verscheucht werden konnte, ja welche als mitten in der

unsterblichen Gemeinde des wahren Gottes entstanden eine
ewige Bedeutung und Wirkung haben mußte. Hier bildete
und befestigte sich also vonselbst wahres königliches Ansehen, Unerschütterlichkeit der Herrschaft mitten im Sturme der
Zeiten und der Leidenschaft der streitenden Gegensäze, un-
angefochtene Erblichkeit d. i. ruhige und gesezliche Fortdauer
der Würde wenigstens in demselben Hause. Welch ein
Wunder dort schon im Alterthume, wo sonst die Herrscherhäuser noch wenig Dauer und Festigkeit hatten, fast fünf
Jahrhunderte hindurch dasselbe Königshaus mitten unter allen Wechseln und Gefahren der Zeit sich fest behaupten zu
sehen, um es das Volk treu geschaart [1]), und es selbst wieder ein kräftiger Hort dieses freien Volkes, noch zulezt nur
mit dem Sturze des ganzen Reiches fallend; ein herrliches
Vorspiel der höhern Festigkeit welche die Königsmacht immermehr im christlichen Deutschen Europa erhalten hat ohne
deswegen nothwendig der Volksfreiheit zu schaden. Ein
solches Königthum konnte wohl vorübergehend in schwerere
Irrthümer verfallen: auf die Dauer aber mußte es eben durch
den klaren Vorgang seines Gründers David und durch den
Reichthum der Erfahrungen welche es in seinem ungestörteren Fortbestande machte immer wieder auf die ewigen
Grundlagen aller wahren Religion und daher alles heilsamen
Lebens mächtig zurückgeführt werden. Und neben ihm konnte
das Prophetenthum nie so ungemein mächtig aberauch nie so
einseitig werden wie im nördlichen Reiche, mußte sich vielmehr, wenn es doch erfolgreich wirken wollte, zu jener innern Vollendung erheben welche wir an ihm so wie es sie
endlich hier erreichte ewig zu bewundern haben. Hier war
ein Fortschritt auf den gegebenen guten Grundlagen, und alle

---

1) zwar vertrieb das Volk bisweilen einen König und wählte sich
selbst einen beliebten Königssohn, 2 Kon. 14, 19—21: aber nie wagte
es an der Erblichkeit der Wurde im Königshause selbst zu zweifeln. — Hiezu war man aber umso leichter berechtigt da schon David durch sein Beispiel gelehrt hatte dass keineswegs der erstgeborne
Königssohn König werden müsse: insofern blieb also die Erbfolge
unvollkommen.

Irrthümer oder verkehrte Bestrebungen welche von diesen abführen wollten wurden wiewohl oft unter schweren oder auch langwierigen Kämpfen doch stets wieder überwunden. Dies Reich blickte frei und heiter in alles zurück was je gross und herrlich in Israel gewesen, gern auch dás alles beschüzend und ehrend was Davîd oder was Salômo ruhmwürdiges ausgeführt. Seinen Königen schwebten so große Vorfahren wie David und theilweise Salômo, seinen Propheten Vorbilder wie die mit Davîd zum großen Heile des Reiches zusammenwirkenden Nathan und Gâd, seinem ganzen Volke das Andenken an die nochnicht sehr entfernten erhabenen Tage Juda's unter Davîd und Salômo vor: so bildete sich hier ein Reich welches kein unwürdiges Muster gibt wie ehrenvoll ja wie segensreich für die ganze Weltgeschichte auch ein kleines Königreich, wenn es der ewigen Wahrheit treuer anhängt, viele Jahrhunderte hindurch fortbestehen könne; denn was unter dem irdischen Schuze dieses kleinen Reiches für das höhere Geistesleben der Menschheit gewonnen ist, wiegt alles auf was viele weit größere Reiche in einer gleichen Reihe von Jahrhunderten für das dauernde Wohl der Menschheit versucht und ausgeführt haben.

Darum kann es nicht auffallen dass das Königthum in Juda, durch den Abfall der Zehnstämme und andere daraus folgende Unfälle gewizigt, ziemlich bald von seinen Irrwegen wieder stärker einlenkte: während man allmälig doch auch im nördlichen Reiche einsehen konnte wie wenig durch den bloßen Abfall vom Davîdischen Hause das ersehnte Glück erreicht sei. In dieser Veränderung also von beiden Seiten welche nicht ausbleiben konnte wäre nun, könnte man meinen, ansich die Möglichkeit einer Wiederversöhnung der getrennten Reiche gelegen gewesen, wenn nur etwa von der einen Seite die Wunderkraft eines zweiten Davîd erschienen wäre und von der andern nicht zuvieler Hochmuth [1]) gegen das kleinere aber stets rührige und auf seine Selbständigkeit eifersüchtige Juda geherrscht hätte: allein inderthat lag der

---

1) dieser Hochmuth nahm sogar in den lezten unglücklichen Zeiten des Reiches nicht ab, Jes. 9, 8 f. 28, 1—4.

Widerstreit zwischen beiden Reichen viel tiefer. Im Zehnstämmereiche glaubte man nun einmal der strengern Herrschaft eines David und Salômo und allen Einrichtungen dieser schöpferischen Könige gegenüber das wahre alte Israel
fortzusezen, fiel aber vielmehr in längst überwundene schwere
Fehler und Verworrenheiten zurück: während Juda alles unter jenen großen Königen angefangene beschüzte und weiter sich ruhig entwickeln liess. Sobald die Nebel der Zeit
sich nur irgend aufklären und was in ihr verwirrt durch
einander lag sich sondern konnte, mußte sich zeigen dass
alles was bisher im Volke zumtheil seit vielen Jahrhunderten
noch vermischter durch einander lag, sich nach den zwei
Reichen hin aus einander schied, alles niedere und trübere
Streben sich im nördlichen, alles bessere und nothwendigere
sich im südlichen sammelte, das Leben des Volkes im einen
rückwärts im andern vorwärts sich bewegte. Das nördliche
wurde der Schauplaz der gewaltsamsten Arbeiten und Zuckungen des Prophetenthumes alter Art, im südlichen mußte es
sich vonvornean anders stellen. Im nördlichen fiel das Königthum zuerst aus Schwäche und Selbstwehr dann immermehr aus Gewohnheit in steigende Gewaltsamkeit und Willkühr, sodass bald die Soldaten und die Feldherrn die Noth
die plözliche Erregung und Erschlaffung Begeisterung und
Erbitterung hier alles entschieden: im südlichen entwickelte
sich alles verhältnißmäßig ruhiger und folgerichtiger. Die
beiden Reiche strebten also ihren innersten Trieben nach aus
einander, während es auch zu gegenseitigen Kriegserklärun-
gen nicht leicht an Veranlassungen fehlen konnte: denn das
südliche hielt das nördliche für von sich abgefallen, dieses
aber als das größere betrachtete jenes als ein eigentlich ihm
angehörendes Land. Hier konnten die Fehden womit die
Bruderreiche sich gegenseitig schwächten, wohl zeitweise
ruhen, entweder weil mächtige Propheten Bruderblut zu vergießen widerriethen, 'oder aus gegenseitiger Erschöpfung,
oder weil einige Könige aus höherer Besonnenheit den Frieden odergar ein wechselseitiges Bündniss gegen die sich
mehrenden Feinde beider Reiche vorzogen: aber auf die

Dauer gingen beide Reiche immer wieder noch entschiedener und feindseliger aus einander, während einige große
Prophetenseelen umsonst über den unheilbaren Bruderzwist
trauerten.

Freilich gab es noch ein thätiges Mittel im Volke welches den Übeln die unvermeidlich aus jeder solchen Spaltung
reichlich hervorsprossen, der einseitigen Ausbildung und Eng-
herzigkeit jedes besondern Reiches, der steigenden gegenseitigen Erbitterung, oderauch dem Mangel an tüchtigen Einsichten und Kräften in einem einzelnen Reiche, mit vielem
Erfolge hätte entgegenwirken können: das Wesen und die
Wirksamkeit des Prophetenthumes. Dieses hatte die Gemeinde Jahve's geschaffen und sollte nach ihrem Wesen immer ihr geistiges Auge bleiben; da also beide Reiche nicht
eigentlich von Jahve noch von den alten Grundgesezen der
Gemeinde Jahve's abfallen wollten, so hätte das rein geistige
Prophetenthum seiner Wirksamkeit nach nicht an das eine
oder das andere gebunden seyn, sondern frei auf beide wirken sollen: ähnlich wie die seit 1806 getrennten deutschen
Länder nie die Gemeinsamkeit der Universitäten aufheben
sollten. Wirklich fehlte es nicht an Propheten welche aus
dem einen Reiche in das andere zu gehen oder sonst auf es
zu wirken sich gedrungen fühlten [1]. Allein die Könige des
Zehnstämmereiches fuhlten sich dadurch bald in ihren Zwecken
zusehr gehemmt, und vertrieben die Propheten aus Juda von
welchen sie eine stärkere Wirkung auf ihr Land befürchteten; wie das Beispiel des Amos am deutlichsten lehrt. Und
nichts ist bezeichnender für dies Reich als dass es jene Freiheit nicht dulden konnte welche eigentlich die Grundlage aller Religion Jahve's war.

Wenn nun weder eine nähere Verständigung odergar
eine Wiedervereinigung beider Reiche noch ein dauernder

---

1) wie der Prophet 1 Kön. 13. 2 Kön. 23, 15—18 und Amos aus
Juda nach Israel ging, und wie ähnlich der Prophet B. Zach. 9—11.
13, 7—9 von Juda aus mit aller Kraft auf Israel zu wirken suchte.
Umgekehrt flüchtete sich Hosea nach Juda und wirkte dann auch
für dieses Reich.

Bestand des nördlichen möglich war, so könnte man erwarten dass wenigstens das südliche welches troz seiner engen Grenzen soviele geistige Vorzuge besass, allen Stürmen der Zeit stets widerstanden oder in günstiger Zeit wohlgar die ganze Macht des alten Davîdischen Reiches wiedererlangt hätte. Und wirklich müssen wir bewundern wie dieses Überbleibsel des Davîdischen Reiches unter allen Erschütterungen der immer bewegter werdenden Zeiten sich vier Jahrhunderte lang aufrechterhielt und den Fall des weit mächtigeren nördlichen fast anderthalb Jahrhunderte überlebte. Die feste Lage seiner Hauptstadt Jerusalem und der etwas unfruchtbarere also Eroberer vielleicht weniger reizende Boden Juda's erklärt diese Erscheinung nicht genügend, da wir wissen dass Jerusalem in diesen Jahrhunderten troz seiner Festigkeit noch vor seinem lezten Falle meheremale erobert wurde [1]) und da das alte Reich Juda mit seiner stolzen Hauptstadt und seinem reichen Tempel für Eroberer genug reizendes hatte. Nur die höhere sittliche Kraft wodurch sich dies Reich vor dem nördlichen auszeichnete und die Fülle großer Propheten Könige und sonstiger Volksfuhrer welche in ihm freier wirken konnten [2]), erklärt genugender diese bewunderungswerthe Erscheinung. Auch läßt sich nicht sagen dieses Reich habe stets nur nothdürftig durch allerlei List und Unterwürfigkeit sein Leben solange gefristet: unter einigen schwächeren Königen konnte es freilich in einem so kleingewordenen Reiche daran nicht leicht fehlen; aber die starken Kämpfe nichtbloss mit den umliegenden Völkern sondernauch mit Ägyptern Assyrern Chaldäern in denen es fast immer soviel Muth und höheres Vertrauen bewährte, zeugen genug für das Gegentheil.

Allein um die Aufgaben zu lösen an denen einst nach S. 368 ff. Salômo's Weisheit und Macht gescheitert, war doch

---

1) unter den Königen Rehabeam, Jorâm, Amaßja, Joachaz, Jojakhin; vgl. unten.    2) wie sich dies so unwillkührlich und so schön ausspricht B. Zach. 10, 3 f. Mikha 5, 4: denn sogar solche prophetische Ahnungen müssen schon eine Anknupfung in der Erfahrung haben; und wie die Geschichte es bestätige, wird unten erhellen.

dieser kleine Rest seines Reiches noch unfähiger, weil er
vornehmlich nur gegen die Übel zu kämpfen hatte welche
emporkamen seitdem sich ergeben hatte dass jene Aufgaben
nochnicht auf die rechte Weise gelöst werden konnten. Das
Glück dieses Reiches war dass es sich nicht von dén Vor-
spiegelungen hatte blenden lassen welche das Zehnstämmereich schufen und zugleich wieder vernichteten, dass es sich
also in einem ruhigern Fortschritte erhielt wo erst recht erkannt werden konnte wieweit man noch von der Lösung jener Aufgaben entfernt war, und wo die rechten Mittel versucht werden konnten um sich ihr zu nähern. Das Prophetenthum konnte sich hier doch richtiger zum Königthume
stellen, und dieses konnte der Gewaltsamkeit und Selbstüber-
hebung zu entsagen versuchen: dies die starken Grundlagen
seines heilsameren Strebens und Lebens. Aber außer seiner
äußern Ohnmacht war seine innere Schwäche und sein Unheil dies dass es dennoch das Bessere welches kommen
wollte und mußte nicht erreichte, dass es also stets zwischen dem schwellenden Andenken an eine frühere herrliche Größe unter Salômo und Davîd und der leicht unklaren oderauch niederdrückenden Sehnsucht nach einer be-
friedigenderen Zukunft wie zwischen Hohem und Niedrigem
schweben blieb. Es war demnach nur eine Folge dieses bis
in sein Herz eingehenden Zwiespaltes der Ansichten und Bestrebungen, dass die leichtsinnigere Partei in ihm welche
nach S. 399 den Zustand des spätern Reiches Salômo's sich
zum Muster nahm, obwohl oft verdrängt, nie ganz sich verlor und zuzeiten wieder schnell zur Macht und Dauer gelangte, ja oft viel weiter ging als Salômo je gegangen war.
Wessen Herz in diesem Reiche nicht mit reiner Liebe an
der Hoffnung einer künftigen Vollendung des ächten Gottesreiches hing, der konnte sich eben der Kleinheit und Schwäche
des Reiches wegen desto leichter der sinnlichern Richtung
und daher dem Streben nach einem bloss bequemen Genusse
des Lebens ergeben: und es waren vorzüglich einige Könige und sonstige Gewaltige welche theils aus Trägheit theils
aus Ängstlichkeit ihre Macht zu mehren sich entschiedener

dem niederen Streben zuwandten. Wir nennen dies die
heidnische Richtung: sie klebte diesem Reiche eigentlich seit
Salômo's lezten Zeiten an, und erhielt sich in ihm unter allen
Wechseln bis zulezt, hatte aber stets aufs ernstlichste mit
der frömmern zu kämpfen und konnte auch in den günstigsten Zeiten diese nie vernichten: während das nördliche Reich
welches sie gewaltsam zu vernichten geschaffen war, ihr
vielmehr bald desto unabwendbarer zufiel.

Aber auch in dem edleren Grunde des Herzens dieses
südlichen Reiches konnte ein neuer Auswuchs sprossen, zwar
von ganz anderem Samen als jener der vonanfangan am Herzen des nördlichen Reiches wucherte, und doch zulezt nicht
minder gefährlich. Denn eben die äußern Schuzmittel der
wahren Religion welche dies Reich sich theils treu bewahrte
theils neu erwarb, insbesondere der Salômonische Tempel
mit der festen Hauptstadt, das darauf sich stüzende ausgebildete und mächtige Priesterthum mit seinen Opfern und andern heiligen Gebräuchen, ein zum Reichsgeseze erhobenes
ausfuhrliches Religions- und Gesezesbuch, konnten je gläubiger sie im Laufe dieser Jahrhunderte immermehr anerkannt
wurden und jemehr Heiligkeit sie gewannen, desto leichter
den Irrwahn erzeugen alsob sie allein schon hinreichten ein
Reich und ein Volk vor dem Verderben zu bewahren; und
jemehr diese Heiligthümer gerade im innersten Herzen dieses
Reiches entstanden und ihm im Gegensaze zum nördlichen
Reiche sowie zu allen andern Ländern eigenthümlich waren,
-ja jemehr dieser kleine Überblieb des Davîdischen Reiches
gerade durch sie aus allen seinen vielen Gefahren seit der
Reichsspaltung gerettet zu seyn glauben konnte, desto blinder und zäher konnte der Aberglauben werden der sich an
sie hing. Es ist erst das Zeichen und die Folge einer langen und tiefwurzelnden Bildung, wenn in einem Volke allmälig solche ihm eigenthümliche äußere Heiligthümer des
Lebens entstehen welche als seine mächtigen Schuzmittel gegen alle Übel gelten; und auch mitten in einer den Aberglauben eigentlich bestreitenden Religion sezen sie sich im
Fortgange der Zeiten leicht um so zäher und verderblicher

fest je größeres ihr lebendiger Inhalt einst wirklich gewirkt
hatte und je größer also ihr Ruf ist: was ist z. B. der Glaube
Römischer Christen an Rom, dér heutiger Evangelischer an
die Symbolbücher ja an den Bibelbuchstaben anders als eben
dieser Aberglauben. In einer·gewissen Enge und Noth des
Lebens, sowie das kleine Davîdische Reich Juda sooft mit
den tiefsten Bedrängnissen zu kämpfen hatte, klammert sich
dazu der Sinn eines Volkes am leichtesten an solche äußere
Schuzmittel: und gewiss war der im damaligen Reiche Juda
unvermerkt aufkommende Aberglauben weit unschuldiger als
heute dér sovieler Frömmler Evangelischer und Römischer
Kirche. Aber dennoch konnte ein solcher im tiefsten Heiligthume der alten Gemeinde selbst sprossender Aberglaube
leicht ein verborgener Anstoss werden, an den das Schiff
dieses Reiches in sonst schon stürmischer Zeit zerschellte:
sowie das Reich wirklich zulezt mit an ihm unterging, als
es auf ihn allein seine Zuversicht und sein Heil bauen wollte.
Und mit dem Reiche mußte auch dies bessere Königthum
äußerlich verschwinden.

    3. Die Reichsspaltung nach Salômo war also der offene
Anfang einer seitdem durch nichts mehr auf die Dauer zu
hemmenden Vernichtung des menschlichen Königthumes in
Israel und der an dieses sich stärker anlehnenden volksthümlichen Bildung; sie war dies durch die Rückschritte in die
sie das größere Reich hinriss und durch den darin vonanfangan
liegenden Todeskeim, durch die Enge und Schwäche in welche sie das kleinere stellte, zulezt auch durch den neuen
Aberglauben den sie allmälig im Gegensaze zum nördlichen
und zu allen heidnischen Reichen in dem kleineren erzeugte.
Dieser ganze vierhundertjährige Zeitraum bringt also die allmälig immer stärker fortschreitende Auflösung alles des Großen und Herrlichen was die beiden vorigen Zeiträume geschaffen hatten, soweit darin überhaupt etwas menschlich zerstörbares lag: doch indem er offen die eben zuvor noch
hochblühende Gestalt der ganzen zweiten Wendung dieser
Geschichte zerstört, schließt er als ein übrigens geistig hoch-
bewegter und um die ewige Vollendung der Gemeinde Got-

tes mit aller Kraft kämpfender Zeitraum verborgen schon die
ganze dritte Hauptwendung als das Ende aller Geschichte
des alten Volkes in sich. Es ist nicht wunder dass diese
Auflösung des zweiten Zeitalters dieser Geschichte sich durch
nicht weniger als vier Jahrhunderte hinzieht: zu gross war
was Samûel Davîd Salômo geschaffen als dass es soleicht
äußerlich zerstört werden konnte; ebenso wie es des ganzen langen Zeitraumes der Richter bedurfte um die erste
urmächtige Gestalt der Gemeinde zu verändern die sie durch
Mose und Josúa empfangen. Als eine Zeit der Auflösung ist
diese lange Zeit auch eine der mit wenigen Unterbrechun-
gen immer weiter fortschreitenden Schwäche und Demüthigung des alten Volkes, über welche daher die Geschichtserzählung selbst schneller hinwegzueilen geneigt werden
konnte. Allerdings hatte dieser lange Zeitraum auch seine
Augenblicke von unerwarteten Erhebungen und Erlösungen,
von Siegen und neuen Kräftigungen des Volksbewußtseyns:
aber vorherrschend ward immer wieder die Schwäche und
Auflösung. Diese brachte daher auch ganz neue Zeiterschei-
nungen hervor: eine Trauer oderauch eine Verzweiflung an
der Kraft und Wahrheit der Religion Jahve's, welche umso
gewaltiger und gefährlicher werden konnte, je stolzer noch
zu David's und Salômo's Zeiten das Vertrauen auf den seinem Volke Sieg und Macht gebenden Jahve gewesen war,
und welche daher die jezt schon alt werdende wahre Religion in ihrem eigenen Innern aufs tiefste zu erschuttern ganz
geeignet war. Zu den früher unter Salômo den Eindrang
heidnischer Religionen begünstigenden Ursachen, welche während der königlichen Herrschaft nicht leicht ganz aufhören
konnten, trat daher jezt infolge solcher Verzweiflung und
Schwäche eine neue: die Geschichte zeigt vonjeztan gerade
oft aufs stärkste ein um sich greifendes Hinneigen zu der
einen oder andern heidnischen Religion, welche eben als
eine dermalen blühende ihren Anhängern mehr Kraft oderauch mehr Leichtigkeit oder Lust und Freude zu gewähren
schien: und troz seiner Stiftung neigte sich das nördliche
Reich bald wieder weit ·mehr dahin als das südliche, eben

weil alle Ursachen die diese Hinneigung beförderten in ihm
weit mächtiger zusammentrafen als in diesem, und schon die
Verehrung Jahve's unter einem Bilde welche es gestaltete (s.
unten) ein mächtiger Schritt zum Verehren ähnlicher Bilder
also zum Heidenthume ist. Indem nun so das Heidenthum
in seinen mancherlei Gestalten unaufhörlich sich immer gefährlicher eindrängte, sogar viele Könige Priester und Propheten ergriff, und das innerste Heiligthum der Jahve-Religion gefährdete, ward der Kampf der Jahve-Propheten und
der übrigen Treuen im Volke immer mannichfacher und bun-
ter sowie schwerer und verzweifelter, ihr Sieg aberauch
desto größer und entscheidender. Zwar verengte sich das
gesammte Leben und Kämpfen des Volkes in der wachsenden Enge und Schwäche dieser Zeiten nach vielen Seiten
hin sehr merklich: eine Davîdische Weltherrschaft oder ein
Salômonischer Welthandel ging unwiederbringlich verloren;
die Weisheit welche unter Salômo die ganze Welt zu umfassen strebte, ward jemehr Israel in diesen Zeiten auf den
Kampf der Religion und auf ihre Untersuchung zurückgedrängt wurde, destomehr zur bloßen Religions-Weisheit; auch
die Kunst und Dichtung drehete sich immer einziger um die
Religion. Aber in dem éinen Gebiete auf welches sich so
alles geistige Streben und Kämpfen des Volkes immermehr
verengte, wurden dennauch hier zulezt desto größere Wahr-
heitén erstritten; und eben dies war ja dás Gebiet von welchem aller Anstoss der Geschichte dieses Volkes ausging,
auf welches es also durch jeden Wechsel immer wieder
desto stärker hingeführt werden mußte.

Der vollendete König aber der Gemeinde Jahve's als
der lezte Trieb und Wunsch dieser ganzen Wendung, welcher nach der allgemeinen Stellung des südlichen Reiches
bald eher in diesem als im nördlichen Reiche kommend erwartet werden konnte, wollte auch im südlichen Reiche nim-
mer kommen, wie heiss -auch oft in der Noth ersehnt und
wie klar -auch vom regen Geiste der größten Propheten dieses Reiches erschaut. Wohl stand in Juda eine seltene
Reihe besserer Könige auf, welche- seinem Bilde wie es in

der Gemeinde Gottes sich gestalten mußte etwas näher kamen: aber immer zeigte bald genug die Geschichte dass er nochnicht dawar. Und doch wurde seine Erwartung im Verlaufe dieser Jahrhunderte umsomehr ein höheres Bedürfniss, je klarer die Bessern die alte Gestaltung der Gemeinde Gottes unrettbar sich auflösen sahen jemehr sie also, wenn sie dennoch an dem ewigen Siege der wahren Religion in dieser Gemeinde nicht verzweifeln wollten, an eine alles umgreifende außerordentliche Macht glauben mußten welche die ersehnte und schon im Geiste erschauete bessere Gestaltung herbeifuhren könne; als eine solche Macht aber, wenn sie näher gedacht werden wollte, schwebte ihrem Geiste nächst der göttlichen umso richtiger die königliche vor, jemehr eigentlich jeder König in dieser Gemeinde der vor allen andern vollendete Mann und dadurch der König des Volkes Gottes seyn sollte. Die Geschichte dieser Jahrhunderte selbst zeigte nun zwar erst ganz deutlich, wie schwer ein solcher König kommen könne: aber seine Forderung und Erwartung lag aufs stärkste in der Religion Jahve's selbst so wie diese sich in der zweiten Hauptwendung ihrer Geschichte gestaltete [1]); wurden also auchnoch soviele zu fruhe oder zu unklare Erwartungen getäuscht, ja zerstörte sich endlich jedes irdische Königthum in Israel, doch blieb die feste Hoffnung auf sein Kommen der beste Trost aller Treuen sowie die größte und tiefste Folge aller Bestrebungen und Kämpfe dieses ganzen zweiten Zeitalters der Geschichte Israels.

---

1) es kann nicht genug festgehalten werden dass die messianischen Hoffnungen zwar ihrem Ursprunge und Wesen nach seit der Einfuhrung des Königthumes möglich waren, aber sich genauer und bestimmter erst sehr allmälig ausbildeten. Umgekehrt sind sie in der ganzen ersten Wendung dieser Geschichte eine Unmöglichkeit ansich, weil zur Zeit der reinen Gottherrschaft sogar an irgend einen menschlichen König Israels zu denken unmöglich war, und können aus keinem Zeugnisse jener Zeit erwiesen werden, da heute kein sachkundiger Mann in Gen. 49, 10 den Messias finden wird. Über ihre einzelne Entwickelung welche gerade hier am denkwürdigsten ist, s. unten.

4. Wollen wir nun das Einzelne der Geschichte der
beiden Reiche als des langwierigen Endes des zweiten Zeitalters näher sehen, so scheint es zwar auf den ersten Blick
etwas schwer die Stufen des Fortschrittes einer solchen Auflösung zugleich nach der Geschichte beider Reiche zu bestimmen, weil die Entwickelung beider ja, wie imallgemeinen
schon gezeigt, sosehr verschieden ist. Aberdoch wirken auch
bei den entgegengeseztesten Richtungen zwei Reiche desto
stärker auf einander, je näher sie nichtnur der Ortslage sondernauch der Verwandtschaft nach einander stehen und je
größere Eifersucht zwischen beiden herrscht. So wirkte näher betrachtet auch hier das eine Bruderreich immer stärker
oder schwächer auf das andere. Der Antrieb aller Bewegung
aber geht hier anfangs rein vom nördlichen aus: dieses sezt
sich zuerst mit solcher Kraft als ein selbständiges getrenntes
Reich fest dass das südliche Mühe hat neben ihm auch nur
zu bestehen, verliert sich aber bald so tief in den Abgrund
seiner eingebornen Fehler dass es nur durch Jehu's fruchtbare Umwälzung sich auf seinen ersten Stand zurückziehen
konnte; eine Umwälzung in welche auch das neuaufkeimende
Glück Juda's mit hineingerissen wurde. Dies ist ein etwa
100jähriger Zeitraum. In den nächsten anderthalb bis zwei
Jahrhunderten erhält sich zwar das größere Reich, so gewaltsam auf seinen Anfang zurückgeworfen, unter dem Hause
Jehu längere Zeit auf seinem schwankenden Zustande, bis
seine eingebornen Grundübel wieder anwuchsen und es rasch
seinem Untergange entgegenführen: während Juda in gleicher Stufe stets höher steigt. Wie aber auch dieses allein
übergebliebene Reich in den nächsten fünfviertel Jahrhunderten der Wucht der innern und äußern Übel erlag, zeigt der
dritte Zeitraum dieser Geschichte.

Die Zeitrechnung aller dieser vier Jahrhunderte war anfangs in den Jahrbüchern beider Reiche genau gegeben: der
lezte Verfasser hat aber daraus nicht viel mehr als die Zahlen der Dauer jeder einzelnen Herrschaft erhalten. Zugleich
bestimmt er je den Anfang einer neuen Herrschaft nach dem
entsprechenden Jahre des gleichzeitig herrschenden Königs

des andern Reiches: wodurch gegenseitige Vergleichung der
Zeiten der beiden Reiche sowie Berichtigung einzelner Fehler in den Zahlen möglich wird. Allein einmal gibt er nur
ganze Jahre, während in den Reichsjahrbüchern die Zeit sicher
immer bis auf Monat und Tag angegeben war. Das Jahr
zählt er also für voll wenn der König mehr als die erste
Hälfte desselben geherrscht hatte (den Jahresanfang etwa mit
Ostern gedacht); und nur wenn ein König überhaupt nichteinmal über ein halbes Jahr lang geherrscht hatte, zahlt er
bloss seine Monate oder Tage [1]. Und zweitens fand man
diese ganze Zusammenberechnung der gleichzeitigen Herrschaften offenbar nicht in den Reichsjahrbuchern (die ja nach
jedem Reiche verschieden waren) vor, sondern Spätere richteten sie erst ein: wobei denn einige Versehen leicht ein-
fließen konnten, zumal wenn eine solche Zusammenberechnung, wie nach einigen Zeichen wahrscheinlich ist, durch
mehere Hände ging ehe sie die uns jezt erhaltene Gestalt
empfing. — Hieraus ergibt sich wie die Jahre der Herrschaften
beider Reiche, zumal wenn man sie nach dem gewöhnlichen
Wortgefüge zusammenrechnet, an gewissen Stellen gegenseitig nicht völlig übereinstimmen können. Glucklicherweise
trifft es sich jedoch so, dass gerade bei den beiden mittlern
Wendungen dieser 400jährigen Geschichte ein für beide Reiche
fast gleichmaßig wichtiges großes Ereigniss eintritt, nach welchem man die einzelnen Zeiten ringsum etwas näher wissen
kann. Am Ende der ersten der drei oben angegebenen
Wendungen fallen unter Jehu's Schwerte gleichzeitig die Könige beider Reiche: man kann also bisdahin die Jahre beider Reiche genauer mit einander vergleichen. Ebenso wissen wir genau dass die Zerstörung Samariens in das 9te
Jahr Hosea's und in das 6te Hizqia's fällt.

Zählen wir die Jahre der Könige des nördlichen Reiches bis Jehu zusammen, so erhalten wir eine Reihe von
102 Jahren: aber die Zahlen der Könige Juda's 'bis zum
gleichen Ende geben zusammen nur 95, wenn wir dem jezi-

---

[1] die höchste Zahl von Monaten welche sich findet ist 6.

gen Wortgefüge folgen. Dass sich hier Fehler eingeschlichen, erhellt schon aus den sonstigen Unverträglichkeiten
von Zahlen welche sich hier zeigen und wovon die wichtigste folgende ist. Wenn nach éiner Stelle [1]) König Achazja
vom Zehnstämmereiche im 2ten Jahre Königs Jôrâm von
Juda stirbt, so kann sein Nachfolger Jôrâm welcher von
Jehu's Hand fiel keine 12 Jahre geherrscht haben [2]), falls
die Gesammtzahl der noch übrigen Jahre der Könige Juda's
bis zu Jehu's Umwälzung nur auf 7 bis 8 kam [3]). Aber
nach einer andern Stelle [4]) wurde Jôrâm im Zehnstämmereiche König während des 18ten Jahres Josaphat's: dies macht
gegen die vorige Angabe über den Anfang der Herrschaft
Jôrâm's einen Unterschied von 7 Jahren, da Josaphat'en 25
Jahre zugeschrieben werden und wir keine Ursache haben
an der Richtigkeit oder Deutlichkeit dieser Zahl zu zweifeln [5]).
Dieser Unterschied von 7 Jahren ist nun aber derselbe den
wir in den Gesammtzahlen der Herrschaften beider Reiche
fanden: also muss auch hiernach entweder in den 102 Jahren der Könige Israels oder in den 95 Jahren der Könige
Juda's derselbe Fehler verborgen liegen. Und wirklich können
nen wir bei näherer Betrachtung den Ursprung dieses Fehlers mit großer Sicherheit erkennen. Nämlich König 'Omri
herrscht, nachdem er schon 4 Jahre lang neben einem andern Könige über die Herrschaft des Zehnstämmereiches gestritten, 12 Jahre lang allein, darunter 6 Jahre lang in dem
von ihm neuerbaueten Samarien. Hier konnte leicht die Verwechselung eintreten, als habe er überhaupt nur 6—8 Jahre
allein geherrscht; sodass man dem gleichzeitigen Könige Juda's
Asa der demnach 47 oder 48 Jahre geherrscht haben muss
6 Jahre abzog, den Anfang der Herrschaft Königs Ahab auf
das 38ste Jahr Asa's bestimmte und so die vergleichende
Berechnung weiter herabführte. Aber andere welche jene

---

1) 2 Kön. 1, 17.　　2) 3, 1. 8, 25.　　3) nach 8, 17. 26.
4) 2 Kön. 3, 1.　　5) 1 Kön. 22, 42; womit 2 Kön. 3, 1 und
8, 16 übereinstimmt: nur muss an lezterer Stelle vor מָלַךְ das Wörtchen מֵת ausgefallen seyn, wiewohl es schon die LXX nichtmehr
lasen.

6 Jahre Asa'n nicht nahmen, mußten wenn sie dennoch 'Omri'n 6 Jahre abzogen, den Anfang der Herrschaft Jôrâm's von Israel in das 2te Jahr Jôrâm's von Juda sezen und so in andere Widersprüche fallen.

Wir halten daher fest dass dieser erste Zeitraum 101 bis 102 Jahre umfaßt. Der zweite umfaßt, wie unten erhellen wird, bis zu Hizqia's Tode 188, der dritte 110 Jahre. Der ganze Zeitraum also von der Spaltung des Davîdischen Reiches bis zur Zerstörung Jerusalems vollendet sich fast genau in 400 Jahren. Wie sich aber diese Jahre in die Gleichzeitigkeiten der übrigen Weltgeschichte einreihen, wird unten bei der Übersicht der Zeitrechnung erläutert werden.

---

# I. Das erste Jahrhundert des gespaltenen Reiches.

## 1. Das Reich Israel unter seinen ersten 5 Königshäusern.

### *König Jerobeam I. und sein Sohn.*

Der erste König des Zehnstämmereiches beherrschte es 22 Jahre lang bis zu seinem Tode, aber sein ganzes Haus ward gestürzt nachdem sein Sohn kaum 2 Jahre geherrscht hatte: dies Geschick des ersten Herrscherhauses ist wie eine Vorbedeutung für das aller folgenden dieses Reiches. Aber auch die innere Einrichtung sowie die äußere Stellung des Zehnstämmereiches gegen Juda und andere Reiche ward von der starken Hand dieses ersten Königs in Hauptsachen so bestimmt wie sie bei den folgenden Königen mehr oder weniger unverändert fortdauert. Wir wissen noch einiges sehr wichtige aus Jerobeams Herrschaft näher, und können anderes nach großer Wahrscheinlichkeit bestimmen: leider aber fehlt uns die einzelne Zeitbestimmung der wichtigsten Ereignisse aus den 22 Jahren seiner Herrschaft.

Es ist leicht zu erwarten dass der König in dem neuen Reiche mit manchen unklaren oderdoch von ihm nicht er-

fullbaren Ansprüchen und vielen innern Unruhen zu kämpfen
hatte. Wir können dies noch deutlich an der Unstätheit des
königlichen Wohnsizes zu seiner Zeit erkennen. Er richtete
zuerst das alte heilige Shikhém, wo er selbst zum Könige
gewählt war, zur Königsstadt ein: und keine Stadt wäre dazu
tauglicher gewesen, da Shikhém sich zu allen Zeiten bis in
unsere Gegenwart herab als eine der bedeutendsten Städte
des h. Landes behauptet hat. Allein irgend ein uns jezt nicht
näher bekannter Grund bewog ihn den Siz seiner Herrschaft
nach Penûel jenseit des Jordans zu verlegen, einer Stadt
welche ähnlich wie Shikhém eine uralte Heiligkeit für das
Volk Israel hatte (I. S. 406). Zulezt aber ward vielmehr wieder diesseit des Jordans das einst von einem kleinen kanáanäischen Könige bewohnte Thirßa sein bleibender Königssiz [1]).
Diese Stadt deren genauere Lage für uns jezt schwerer bestimmbar ist [2]), hatte für Israel garkeine alte Heiligkeit, wurde
aber nun etwa für 40 bis 50 Jahre der feste Siz der Könige
des Reiches, und blühete damals durch glänzende Bauten so
rasch auf dass sie als Bild der Schönheit sogar mit Jerusalem zusammengestellt wurde [3]); den Königsbau darin welchen später König Zimri mit sich selbst verbrannte, hat wahrscheinlich schon Jerobeam errichtet, wie er auch sehr müh-
selige Festungsbauten ausfuhrte und 300 Kriegswagen hielt [4]).

Wie die von Davîd und Salômo unterworfenen Länder
sich gegen Jerobeam stellten, wissen wir aus bestimmteren
Zeugnissen gegenwärtig nicht. Manche dieser Länder hielt
Jerobeams Arm gewiss noch unter Israels Herrschaft, wie

---

1) dies alles folgt aus 1 Kön. 12, 25 vgl. mit der beiläufigen Bemerkung 14, 17 und weiter vgl. mit 15, 21. 33. 16, 6. 8 f. 15—18.
23. — Jos. 12, 24.          2) nach seiner neuesten Reise (Ztschr.
der DMG. 1853 S. 58) meint Robinson sie in einem bisjezt unbekannten Tallûzah etwas nördlich vom Berge 'Aebâl wiedergefunden
zu haben: sie hätte dann sehr nahe dem alten Shikhém gelegen.

3) wie das HL. 6, 4 zeigt, wo auch zu beachten ist wie Thirßa
sogar vor Jerusalem genannt wird.          4) beides nach den freilich etwas verwirrten Zusäzen der LXX c. Vat. hinter 1 Kön. 12, 24;
der χάραξ den er bauete wird hier zu unklar bezeichnet.

Moab welches erst nach Königs Ahab Tode von Israel abfiel [1]). Andere dagegen befreiten sich wahrscheinlich schon
unter Jerobeam von Israels Herrschaft, wie Damasq welches
als ein Hauptsiz der Aramäischen Macht diesseit des Eufrâts
in den nächsten Zeiten sehr wichtig wird und auf das Schicksal des Zehnstammereiches aufs stärkste einwirkt [2]). Es ward
nun sein desto gefährlicherer Feind, jemehr es von der Herrschaft Davîd's und Salômo's gelitten zu haben meinte und
sich hoch anstrengte eine Wiederkehr solcher Übermacht Israels von sich abzuwenden. Bald muss Damasq alle übrigen
Aramäischen Länder diesseit des Eufrats mit sich vereinigt
gehabt haben: so unternahm es im Laufe des nächsten Jahrhunderts einen wahren Vertilgungskrieg gegen Israel, indem
32 Unterkönige seinem Herrscher die Heeresfolge leisteten [3]). —
Der Losreißung der Aramäischen Länder von Israels Herrschaft folgte dann gewiss bald die 'Ammôn's, weil dieses Volk
sich nach S. 194 ff. schon früher mit Damasq enger verbündet hatte; auch seiner örtlichen Lage nach konnte es sich
früher losreißen als Moab.

Solche fremde Völker konnten sich jezt umso leichter
wieder befreien da die Hauptrichtung der auswärtigen Be-

---

1) 2 Kön. 1, 1. 3, 4 ff.          2) wenn nämlich König Asa
nach 1 Kòn. 15, 18 f. den König Benhadad auch dèswegen um Hülfe
gegen das Zehnstämmereich anflehet weil schon zwischen ihren beiderseitigen Vätern ein Bündniss gewesen sei, so kommen wir dadurch bis in den Bestand eines starken Reiches Damasq wenigstens
in den lezten Jahren König Jerobeams.‾ Dasselbe folgt aus der Fortführung des Stammbaumes Benhadad's bis zu seinem Großvater: er
war nach dieser Stelle Sohn Tàbrimmòn's und Enkel Chezjón's, und
folglich muss schon sein Vater der noch in Jerobeams Tagen herrschte,
einen nicht unberühmten Vorfahren gehabt haben. Man kann daher
die Frage aufwerfen obnicht חזיון und רזון vgl. oben S. 276 nur
zwei verschiedene Lesarten für einen ursprünglich gleichen Namen
seien? Alte Leser müssen wohl daran gedacht haben, da die LXX
Cod. Vat. 1 Kön. 11, 14 lesen Ἐσρώμ ἐν Ῥαμά und ähnlich eine
alte griechische Übersezung 1 Kön. 15, 18 υἱὸν Τάβ ἐν Ῥαμάν; obwohl diese hier Ἀζαήλ und die LXX Ἀζίν für חזיון hat. Allein
über eine bloße Anfrage kann man bei dem jezigen Zustande unserer Kenntnisse hier nicht hinausgehen.          3) 1 Kön. 20, 1 ff.

strebungen Jerobeams wie seiner Nachfolger bis ʿOmri und
Ahab allein gegen Juda ging, mit dessen Besize sie erst das
Saûlische Reich wiederhergestellt meinten [1]); ebenso wie Saûls
Sohn Ishbóshet Krieg mit Juda angefangen hatte (S. 145 ff.).
Als aber dieser Krieg gegen Juda sich nicht so leicht beendigen liess, rief Jerobeam wahrscheinlich selbst das damals
neue Ägyptische Herrscherhaus um Hülfe gegen Jerusalem
an: wir können dies zwar nur aus dem Ganzen dieser Verhältnisse schließen, aber der unten zu beschreibende Feldzug der Ägypter ιgegen Jerusalem hat sonst keinen leicht
einleuchtenden Grund; in Gefahren an Ägyptische Hülfe zu
denken blieb auch später immer einer der nächsten Grundsäze dieses Reiches; und mit dem entfernteren Nachbar sich
enger zu verbinden um den nächsten desto leichter zwicken
zu können, war zu allen Zeiten die schlimme Kunst rücksichtsloser Herrscher.  Wiederum konnte nun das schwache
schwerbedrohte Juda, um sich gegen einen Bund solcher
Feinde zu sichern, den Abfall Damasqʾes und anderer Völker von Israel gern sehen und sogar, wie wir wissen dass
dies mit Damasq der Fall war, ein Bündniss mit ihnen gegen Israel suchen; und in ihrem innersten Grunde gebrochen war auf solche Weise eine Davîdische Herrschaft über
die fremden Völker.
    Wirklich mochte wenige Zeit [2]) hinreichen um unter
vielen und sehr angesehenen Bürgern dieses Reiches die
Ansicht zur Herrschaft zu bringen wiesehr man sich in der
Erwartung ein noch besseres Reich als das Davîdische war
durch Jerobeam zu erleben getäuscht habe.  In dem Volke
äußerte sich die veränderte Stimmung dádurch dass es wieder zahlreicher den Tempel zu Jerusalem zu besuchen an-

---

1) nach 1 Kön. 14, 30. 15, 6 f. 16—22. 32.            2) man
könnte nach 2 Chr. 11, 17 vermuthen die 1 Kön. 12, 26—32 genannten Einrichtungen seien drei Jahre nach der Gründung des Zehnstämmereiches getroffen: allein jene Jahresbestimmung hängt in der
Chronik zu genau mit der ältern Erzählung von dem großen Ereignisse des 5ten Jahres nach der Spaltung (s. unten) zusammen.

fing [1]): und bald fürchtete Jerobeam durch diese starken Wallfahrten nach dem Davîdischen Heiligthume werde das Volk zur neuen Liebe des Davîdischen Herrscherhauses und zur Empörung gegen ihn gereizt werden. Wie er hier am besten den Bestand seiner Herrschaft sichere, konnte nach dem Ursprunge dieser Herrschaft und des Zehnstämmereiches selbst nicht lange zweifelhaft seyn: ging dieses Reich seinem ungebundenen Wesen nach in den Geist der vordavîdischen odergar der Richter-Zeiten zurück, so konnte im geraden Gegensaze zu Jerusalem ein solcher Jahve-Dienst hier neu gegründet werden welcher den dies Reich sonst umstrickenden Zwang unklarer und finsterer Ansichten desto offener erleichterte und damit den Sinnen und Leidenschaften des gemeinen Mannes mehr schmeichelte, sobald sich nur das Daseyn eines solchen zur Zeit der Richter noch erinnern liess. Man konnte aber damals noch sehr gut sich erinnern dass ein großer Theil des Volkes in der Richterzeit Jahve'n unter einem Bilde verehrt habe (II. S. 451 f.). Dass dazu jemals in jenen Zeiten das von Jerobeam jezt gewählte Bild eines Stieres oder Kalbes gedient habe, wissen wir freilich sonst aus keinem geschichtlichen Zeugnisse [2]), sodass man gar vermuthen könnte Jerobeam habe eine Art von Thier-

---

1) dies folgt klar aus den Worten des ältern Erzählers 1 Kön. 12, 26 f., auch abgesehen von der spätern Darstellung 2 Chr. 11, 16 f.

2) man könnte nämlich sagen die Erzählung Ex. 32 (vergl. II. S. 235 ff.) beweise nur dass Leviten bisweilen in ältern Zeiten Jahve unter einem Bilde verehrten, das bestimmte Stierbild aber sei vielleicht erst mit Rucksicht auf den durch Jerobeam gegründeten Bilderdienst in die Darstellung des vierten Erzählers der Urgeschichten gekommen, sowie wirklich die Redensart Ex. 32, 4 mit 1 Kön. 12, 28 ubereinstimmt. Wo sonst von einem Jahve-Bilde die Rede ist, Richt. 8, 27. 17, 4 f. 1 Sam. 19, 13—16, da kann man nur an die uralten Penaten folglich an menschlichgestaltete Bilder denken, wie auch die Erzählung 1 Sam. 19 voraussezt; vgl. oben S. 101. Allein hier ist eigentlich nur von dem Gotte einzelner Häuser, nicht von einem Volksgotte die Rede; und wie die Erzählung von dem Schlangenbilde Mose's jezt sehr einzeln dasteht (II. S. 227 f.), ebenso kann es nicht auffallen dass von einem andern in die mosaische Zeit reichenden Bilde wenig geredet wird; vgl. weiter das II. S. 236 gesagte.

dienst wie er ihn bei seinem langen Aufenthalte in Ägypten gesehen, um so lieber nachgeahmt da er mit Ägypten ein Bündniss zu suchen angewiesen war. Allein näher untersucht weist uns alles vielmehr darauf hin dass Jerobeam zufolge der Entstehung und Richtung seines Reiches im Gegensaze zu den Grundsäzen des spätern Salômo und Rehabeam's sich vor eigentlichem Heidenthume [1]) und Einführung neuer Götter streng hüten wollte, während er dem finstern Triebe seines Reiches und zugleich seiner äußere Pracht und Sinnenreiz hochhaltenden Zeit hinreichend dádurch entgegenkam dass er Jahve'n selbst so sinnlich als möglich verehren liess. Es waren also sicher alte Erinnerungen an die Art wie Israel in Ägypten und noch später bisweilen seinen Gott verehrte, welche Jerobeam zur Wahl dieses Bildes bestimmten. Er liess zwei große goldene Bilder dieser Art verfertigen, wählte aber für ihre Aufstellung sorgfältig zwei seit alter Zeit für Israel heilige Orte, das uralte Heiligthum zú Bäthel an der südlichen und das nach II. S. 453 zur Richterzeit heilig gewordene Dân an der nördlichen Grenze des Reiches. Hierauf verbot er seinen Unterthanen noch ferner Jerusalems Tempel zu besuchen: und bald zeigte sich wie wohlberechnet auf die Sinnlichkeit des niedern Volkes diese Einrichtung war; denn sogar nach dem weit nördlich liegenden Dân zog dies Volk als wäre es éin Mann [2]). Die zugleich beschlossene Verlegung des großen Herbstfestes vom 7ten auf den 8ten Monat mochte ebenfalls dem Volke besonders im Norden wohlgefallen, da sie dann mit der Ernte ganz fertig waren [3]). In Bäthel aber als dem ältern

---

1) die Redensart »dies sind deine Götter Israel, die dich aus Ägypten führten!« 1 Kön. 12, 28 enthält in ihrer vielgöttischen Fassung eigentlich nur die Ansicht des Erzählers dass Bilderdienst mit Vielgötterei enge verwandt sei.     2) das לִפְנֵי הָאֶחָד 1 Kön. 12, 30 welches zwar schon die LXX mißverstanden, kann schwerlich etwas anderes bedeuten als כְּאֶחָד, s. zu Ps. 82, 7 in der 2ten Ausg. vergl. auch כְּאִישׁ אֶחָד Num. 14, 15. Ezr. 3, 1. Neh. 8, 1; sollte auch der Artikel deswegen zu streichen seyn als irrig aus v. 29 in v. 30 geflossen. Zu לִפְנֵי vgl. 1 Sam. 1, 16.

3) s. die *Alterthümer* S. 357.

und größern h. Orte liess der König um jenes Jahvebild einen glänzenden Tempel nach kanáanäischer Art (S. 390) genannt „Höhenhaus“ errichten, wo vonjeztan die öffentlichen Reichsopfer dargebracht werden sollten. Dieser Tempelbau dauerte offenbar mehere Jahre und mochte mit dem in Jerusalem wetteifern sollen; auch später erhielt sich dieser Tempel als das große Reichsheiligthum bis über den Untergang des Reiches hinaus [1]). Ähnliche Höhenhäuser wurden überall sonst errichtet [2]).

Der Dienst Jahve's sollte also im Zehnstämmereiche allein. gelten, aber in einer Gestalt welche früherhin nur wie der Schatten das Licht der reinern Religion begleitet hatte und die alles .geistige wodurch diese Religion in der damaligen Welt einzig war, wieder aufhob. Darin lag der Keim eines immer weiter greifenden Verderbens der Religion jenes Reiches: und mitrecht nennt Hosea in scharfem Spotte den Gott dieses Reiches sein Kalb [3]). Von den Leviten hätten wohl in den Zeiten vor Samûel manche ihre Dienste einem solchen für das ganze Reich aufgestellten bildlichen Jahve geweihet: aber nachdem sie seit länger als einem Jahrhunderte sich von früheren Verkehrtheiten zurückgezogen und um die strengere Religion, wie sie im Tempel zu Jerusalem nun ihren großen festen Mittelort gefunden, sich wieder gesammelt hatten, war es ihnen unmöglich diesem Kalbesbilde zu opfern. Sie wanderten daher in Menge nach Jerusalem und Juda aus, sodass Jerobeam Priester aus. gemeinem Volke sogar in Bäthel aufstellen mußte [4]). Dadurch

---

1) 1 Kön. 12, 31. 2 Kön. 23, 15. Amos 9, 1. An ersterer Stelle ist aber את בית במות als *pl.* nach 2 Kön. 17, 29. 32 und §. 270 c zu verstehen, vgl. 2 Kön. 23, 19.        2) dies liegt in 1 Kön. 12, 31 vgl. mit 2 Kön. 17, 29. 32 und vielen Prophetenstellen.

3) Hos. 8, 5. 13, 2. Dagegen ist der Ausdruck Jerobeam habe Priester aufgestellt »für die Höhenaltäre, für die Dämonen (Satyrn) und für die Kälber« 2 Chr. 11, 15 eben nur aus der Farbe der eigenthümlichen Sprache der Chronik zu erklären. Aber noch viel später ist die völlige Verwechselung des Kalbes mit der Astarte ἡ Βαάλ Tob. 1, 5 (anders Rom. 11, 4).        4) 1 Kön. 12, 31. 13, 33 f. vgl. 2 Chr. 11, 13—17. Diese Priester hießen wie die Leviten

ward Juda zwar fast zusehr mit Leviten überfüllt, woraus
einige unten näher zu beschreibende Übelstände für dies
kleinere Reich sich bildeten: aber das größere Reich ward
dadurch an manchen Arten von Wissenschaft sowie von Bildung und Kunst desto ärmer; und in der Religion selbst
ward ihm dadurch der Faden ruhiger höherer Fortentwickelung völlig zerrissen.

Aber wennauch der große Haufen an dem recht absichtlich entgeistigten Jahve und an den übrigen Neuerungen Jerobeams sein Gefallen finden mochte: die Trauer und
Entrüstung der ˙tiefer blickenden mußte desto bedenklicher
steigen, jelänger sie alle die Folgen dieser den meisten von
ihnen unerwarteten Wendung der Dinge im Verlaufe der 22
Jahre dieses Herrschers hervortreten sahen. ˙Ein erschüt-
terndes Beispiel davon˙ welches für alles übrige genügen
kann, erzählt der ältere Verfasser der Königsgeschichte mit
hoher Wahrheit [1]). Der beliebteste und hoffnungsvollste Sohn
Jerobeams Abija erkrankte schwer zu Thirßa: da wußte der
König selbst keinen Rath als seine Zuflucht zu jenem damals
schon ergrauten und erblindeten Propheten Achija aus Shilo
zu nehmen, welcher einst unter Salômo zuerst ihm das Königthum verheißen hatte، und vor dessen Stimme er daher
noch immer im geheimsten Herzen die tiefste Ehrfurcht hegte.
Aber schon hatte dieser sich von aller Berührung mit dem
Könige entfernt und wollte von ihm nichts wissen: so befahl
der König der Mutter [2]) des erkrankten, verkleidet zu ihm
nach Shilo zu gehen und ihn um seinen Rath wie einer solchen Krankheit abzuhelfen sei zu ersuchen. Sie ging zu
ihm, weil sie ihn kannte ganz wie eine arme Frau ihm wei-

---

כֹּהֲנִים Hos. 4, 6—10. 6, 9; bestimmter aber *Höhenpriester* oder mit
einem Aramäischen Namen כָּמֶר, כְּמָרִים.                    1) 1 Kön. 14,
1—18: dies vorne abgerissene Stück lautet in den LXX ed. Vat.
ziemlich verschieden, und der ursprüngliche Text ist hier˳ wie sonst
sooft zwischen beiden Abschriften vertheilt: obwohl der ganz verschiedene Zusammenhang in dem die LXX das Stück haben und der
dort soviele Änderungen veranlaßte, sichtbar unrichtig ist.

2) in den LXX immer Ἀνώ genannt; vgl. darüber unten.

ter keine Geschenke mitnehmend als 10 Brode und ein paar
Küchelchen, Trauben und eine Flasche Honig [1]). Aber als
hätte der wahre Gott ihm dennoch schon zumvoraus klar
mitgetheilt wer kommen werde, so weigerte sich der blinde
Seher ihre Geschenke anzunehmen [2]), machte ihr Vorwürfe
wegen ihrer Verkleidung, und trug ihr áuf dem Könige zu
melden wie Jahve der ihn einst aus dem Staube erhoben
und gegen den er so undankbar gewesen, bald durch einen
andern König sein ganzes Geschlecht vernichten werde; der
erkrankte Sohn aber werde, sobald sie ins Haus wiederein-
trete, schon tödt seyn, und dieser gegen Jahve fromme Sohn
werde unter allen Nachkommen Jerobeams der einzige seyn
welcher allgemein betrauert und ehrenvoll begraben werde [3]).
Wirklich ist kaum etwas bezeichnender für die Geschichte
Jerobeams aberauch für die des ganzen Zehnstämmereiches
sowie für das alte Prophetenthum selbst als die gänzliche
Veränderung weniger der Ansichten als der Ahnungen dieses Achija: und dass diese Veränderung vollkommen treu
geschichtlich ist läßt sich nicht bezweifeln, sosehr übrigens
die besondere Art wie dies sein leztes Orakel dargestellt
wird nach der oben oft erläuterten Kunst des Erzählers nur
auf die Geschichte des nachfolgenden Herrscherhauses vorbereiten soll [4]).

Doch die spätere Nachwelt konnte über Jerobeams Werk
noch viel strenger urtheilen, nachdem der Todeskeim der

---

1) die im Hebr. fehlenden Worte stehen in den LXX sogar zweimal, und sind richtig.              2) richtiger Zusaz der LXX.
3) in den Worten des Orakels v. 6—16 ergeben sich bei näherer
Untersuchung v. 9. 15 f. nach der Farbe der Rede und der Gedanken
ganz deutlich als Zusaz des lezten Verfassers; namentlich ist sogleich
die erste Redensart v. 9 eine diesem Verfasser eigenthümliche, welche
dazu bei spätern Königen mehr als bei Jerobeam paßt; und v. 15 f.
stören sósehr den Zusammenhang der Rede dass schon Fl. Josephus
ihren Gedanken anders ordnet. Wenn sie übrigens in den LXX
fehlen, so beweist dies nicht viel, weil diese auch andere und offenbar alte Verse auslassen.           4) einige andere Züge aus dem
Leben dieses Propheten gibt offenbar aus einer ältern Schrift kurz
an Epiphan. de vit. proph. c. 2.

vonanfangan in dem Zehnstämmereiche lag und den Jerobeam
so sorgfältig gepflegt hatte, durch den ganzen Verlauf der
Geschichte und den endlichen Untergang dieses Reiches vor
aller Welt deutlich genug geworden war. Indem Jerobeam
dás unklare und verworrene Wesen durch welches dieses
Reich entstanden war selbstthätig weiter förderte, den Bilderdienst als Reichsreligion vorschrieb und die Spaltung beider Reiche erweiterte, war er von der einen Seite getrieben
von der andern treibend also selbstsündigend. Die gesezliche
Einführung des Bilderdienstes und die übrigen den freien
Fortgang der höhern Religion hemmenden Einrichtungen
welche durch diesen König Grundgeseze des Reiches wurden, sind die „Sünden Jerobeams des Sohnes Nebât's“, welche der lezte Verfasser des Buches der Könige so stark hervorhebt und von denen nach seiner stehenden Redensart
keiner der folgenden Könige dieses Reiches wieder abging [1]).
Als nun mehr denn drei Jahrhunderte später König Josia jenen von Jerobeam gebaueten großen Altar zu Bäthel zerstörte, ja seine Stelle nach alter Sitte durch auf ihm verbrannte Menschengebeine aufewig verunreinigte, lebte durch
ein merkwürdiges Zusammentreffen die Erinnerung an die
erste Zeit seiner Gründung auf eine ganz neue Weise wieder auf. Denn als man solche Menschenknochen aus den bei
Bäthel liegenden alten Gräbern nahm und ein neues Grab
der Art öffnen wollte, machten die Einwohner dárauf aufmerksam dies Grab enthalte die Gebeine eines Propheten
welcher zu Jerobeams Zeiten aus Juda nach Bäthel gekommen sei um kühn vor des Königes Augen und Ohren den
Zorn Gottes über diesen Altar und seine künftige Zerstörung
zu verkündigen; weshalb König Josia dies Grabdenkmal un-
berührt zu lassen befahl [2]). Dass nun ein Prophet wirklich

---

1) ebenso wie wir mitrecht sagen können, jeder Römische Papst
habe im Mittelalter die Sünden fortgesezt in denen das Papstthum
überhaupt seinem innersten Triebe und Ursprunge gemäss großgeworden war.        2) 2 Kön. 23, 15—18: wo am Ende מיהודה
fur משמרון zu lesen ist, obwohl schon die LXX es falsch verstanden und daher auch 1 Kön. 13, 31 einen unnöthigen ja unpassenden

so unter Jerobeam I. aus Juda nach Bäthel kam, ist nach
S. 422 durchaus glaublich; und je strenger dieser König allmälig sein Reich gegen Juda abzuschließen suchte um seine
bedenklichen Religionsneuerungen durchzusezen, desto eher
konnte ein Prophet aus Juda dem höhern Triebe folgen zu
müssen glauben, wie ähnliches später unter Jerobeam II. von
Amos geschah. Auch dass jenes Grab bei Bäthel diesem
Propheten gehörte, kann alte treue Erinnerung gewesen seyn.
Aber offenbar ist auch dass nun erst die Geschichte jenes
Propheten neu auflebte und zugleich im Lichte dieser um
viertehalb Jahrhunderte spätern Zeit die neue Gestalt erhielt
in welcher sie jezt in die Erzählung über Jerobeams Thaten
aufgenommen ist [1]). Damals war sogar der Name dieses alten Propheten schon völlig unbekannt geworden [2]); und wie
es möglich gewesen dass ein Prophet aus Juda bei Bäthel
dem Altare gegenüber dessen Untergang er verkündigte begraben sei, mochte viel besprochen werden. Wir können
die verschiedenen Wechsel welche die jezige erst viertehalb
Jahrhunderte später niedergeschriebene Erzählung durchlaufen haben mag, nichtmehr näher verfolgen: wie sie aber jezt
lautet, dient sie sichtbar zur großartigen Verknüpfung des

---

Zusaz machten: wenigstens liegt jenes ohne Zweifel in dem ursprünglichen Sinne der Erzählung.        1) 1 Kön. 12, 33 — 13, 32.
Dies Stück weist schon auf das spätere 2 Kön. 23, 15—18 hin; und
dass es vor Josia's Reformation geschrieben sei, läßt sich durch
nichts erweisen, da vielmehr schon die Erwähnung der »Städte Samariens« im Munde des alten Propheten 13, 32 auf einen weit spätern Darsteller und zwar auf denselben hinweist der 2 Kön. 23, 19
schrieb.        2) Fl. Josephus arch. 8: 8 f., welcher die ganze
Erzählung auf eine wahrhaft gräuliche Weise mißversteht, nennt
zwar diesen Propheten ohne weiteres *Jadon* (und ihm folgte man im
Mittelalter, vgl. Josephi hypomn. c. 15 u. 89 ed. Fabr.): aber es erhellt aus S. 384 dass dies nur willkührlich aus 2 Chr. 9, 29 vermuthet ist.   Ähnlich ergänzt er willkührlich den Namen des 1 Kön. 20
nicht genannten Propheten aus 1 Kön. 22; und sogar den Namen
des Aramäischen Kriegers 1 Kön. 22, 34 (Aman, richtiger Naaman)
aus 2 Kön. 5. — Bei Epiphan. de vitis prophet. c. 3 heißt jener
Prophet Joám: aber der Name יועם soll wohl derselbe seyn mit
יעדו vgl. oben S. 384.

Anfanges der Geschichte des Zehnstämmereiches, als dessen
Sinnbild dieser Altar zu Bäthel gelten konnte, mit dem Ende
derselben und der noch spätern Geschichte des großen Re-
formators Josia. Eben als (so lautet sie daher) Jerobeam am
Haupttage des von ihm willkührlich auf den 8ten Monat ver-
legten Festes bei dem Altare zu Bäthel opferte, sei der Mann
Gottes aus Juda gekommen dem Altare laut anzukündigen
dass ein Nachkomme David's Josia die falschen Priester auf
ihm opfern und ihn so entweihen werde; und als Wahrzeichen davon habe er verkündet der Altar werde sich spalten
und seine Asche verschütten [1]). Als Jerobeam darob erzürnt
den Propheten zu fassen befohlen habe, sei seine Hand ver-
dorret, während zugleich das Wahrzeichen in Erfüllung ging.
Da sei zwar diese Hand auf Jerobeams Flehen und des Propheten Fürbitte wiederhergestellt: aber als Jerobeam ihn nun
gebeten eine Erfrischung und ein Geschenk in seinem Palaste anzunehmen, habe der Prophet erklärt er müsse nach
dem göttlichen Willen sogleich ohne sich leiblich zu stärken
und aufzuhalten unerkannt nach Juda zurückkehren [2]); und
wirklich sei er um unerkannt und unaufgehalten zu bleiben
auf einem andern Wege zurückgekehrt. Allein ein alter Prophet in Bäthel welcher durch seine Söhne [3]) diese Wunder
gehört, sei aus Neugier einen solchen Wundermann näher
zu kennen ihm nachgegangen, habe ihn nochnicht weit östlich von Bäthel im Walde [4]) sizend gefunden und durch das

---

1) wie die großen Propheten des 8ten und 9ten Jahrh. immer
Wahrzeichen gaben, wenn sie nöthig scheinen z. B. wenn die ver-
heißene Sache zu weit von der Gegenwart abliegt. Offenbar ist dadurch vieles auch in die Geschichtsdarstellung gedrungen, wie Ex. 3,
12. 4, 1 f. 7, 9.        2) dies rasche Ausführen eines scheinbar
gefährlichen göttlichen Auftrages, dies unerwartete Kommen und Gehen wie das göttliche Wort selbst überraschend erscheint und verschwindet, ist recht eigenthümlich bei den Propheten jener Zeiten,
wie aus dem 9ten Jahrh. die Erzählung 2 Kön. 9, 1—10 beweist. Es
genügt hier daran zu denken.        3) 1 Kön. 13, 11 ist überall
der *pl.* herzustellen.        4) »die Terebinthe« v. 14 soll deutlich
in diesem Zusammenhange einen bestimmten Ort nicht weit von Bäthel bedeuten: man muss also etwa an die Terebinthe Debora's (II.

falsche Vorgeben von einem Engel ihn zurückzurufen beauftragt zu seyn ihn wirklich zurück in sein Haus gebracht.
Doch kaum habe der getäuschte Judäische Prophet sich an
Speise und Trank gelabt, so sei ihm durch den alten Propheten, als sei über diesen noch zur rechten Zeit nun wirklich die reine Kraft der göttlichen Wahrheit herrschend geworden, das Orakel zugekommen, weil er dem klaren göttlichen Worte welches er vernommen widerstrebt habe, werde
sein Leichnam nicht ins Grab seiner Vater kommen; und als
er nun wirklich sich auf die Rückkehr machte, sei er unterwegs von einem Löwen zerrissen worden. Nun freilich habe
der alte Prophet, sobald er von einem zerrissenen Leichname
gehört, sogleich das richtige geahnet, sei zu der Stelle hin-
geeilt und habe den Leichnam wunderbar noch ungefressen
gefunden, so ihn zu sich genommen und ehrenvoll bei Bäthel begraben, auch feierlich befohlen ihn einst an demselben Orte zu begraben wo dér Prophet liege dessen Ausspruch über den Altar zu Bäthel als von Gott kommend noch
zulezt durch seinen wunderbaren Tod selbst bestätigt sei. —
Diese Erzählung läßt deutlich erkennen wie ein erleuchteter
Geist im 7ten Jahrh. zwar auch die möglichen menschlichen
Schwächen der Propheten nicht übersah (denn die Neugierde
des alten Propheten und die Rückkehr des sich durch eine
vorgebliche Offenbarung täuschen lassenden Judäischen Propheten sind solche Schwächen), aberdoch den durch alle
solche Schwächen unverrückbaren Fortgang und Sieg jeder
göttlichen Wahrheit noch stärker festhielt (denn jene Schwächen, wofur der Prophet als Mensch büßt, müssen zulezt nur
die Wahrheit selbst noch stärker offenbaren). Aber es ist
unmöglich zu verkennen dass die Erzählung auch ihrem
Geiste nach nicht vor Josia's Zeit geschrieben seyn kann.

Jerobeam selbst starb, wir wissen nicht näher in welchem Lebensjahre, unter ehrenvollem Begräbnisse [1]). Dass

---

S. 489 und oben S. 29) oder an die Mamre's denken Gen. 12, 8.
13, 3. 14, 13.　　1) ein merkwürdiges Beispiel wie Spätere
diesen König immer niedriger zu stellen suchten, gibt die Umarbei-
tuug seiner Lebensbeschreibung in dér Handschrift welche den LXX

gegen den noch unbewährten Sohn eines länger herrschenden tapfern Vaters und Begründers des Herrscherhauses sogleich die mächtigsten Feinde sich erheben und er ihnen
bald unterliegt, ist eine in dieser Geschichte oft wiederkeh-
rende Erfahrung. So konnte Jerobeams Sohn Nadab kaum
viel länger als éin Jahr sich halten: ein unglücklicher Krieg
gegen die von Südwest andringenden Philistäer scheint die
Veranlassung gegeben zu haben dass einer seiner Kriegs-
männer Ba'sha Sohn Achija's an die Spize von Verschwörern trat und ihn tödtete, während er eben das von den
Philistäern einst bewohnte und jezt wieder eingenommene
Gibbethôn belagerte. Der Mörder hielt es bei der Stuhlbesteigung für sein erstes Geschäft alle noch lebenden Glieder
des Hauses Jerobeam's zu vertilgen; ganz leicht kann ihm
das nicht geworden seyn, da sich der prophetisch eingeklei-
dete Spruch erhalten hat:

Wer von Jerobeam in der Stadt stirbt, wird von Hunden,
 und wer auf dem Felde, von des Himmels Vögeln gefressen! [1]
Doch gelang es ihm vollkommen, und an dem ersten Königshause dieses Reiches war bald genug ein übles Beispiel
fur alle ähnlich nach der Herrschaft strebenden gegeben [2].

### *König Ba'sha und sein Sohn.*

König Ba'sha, ein durch Tapferkeit ausgezeichneter
Mann [3], jedoch nicht wie Jerobeam aus dem Stamme Efráim

---

cod. Vat. vorlag. Hier wird seine Mutter zu einer Hure, aber ihr
Name Sarira ist derselbe mit dém seiner Vaterstadt S. 388 (vgl. II.
S. 503) welche die LXX so aussprechen und die nach ihnen im
Gebirge Efráim lag; und sein Weib die Mutter Abija's wird ihm
vom Ägyptischen Könige Susakim (Ssishaq) noch in Ägypten gege-
ben; sie war die angesehene ältere Sehwester der Ägyptischen Kö-
nigin Thekemina (die nach S. 276 auch ganz anderswo erscheint).
Allein dass der Umarbeiter dies alles wirklich aus reicheren alteu
Quellen geschöpft hätte, bewährt sich nicht.      1) fast derselbe
Spruch kehrt jedoch bei dem Sturze des Hauses Ba'sha 1 Kön. 16, 4
und des Ahab's 21, 23 f. 22, 38. 2 Kön. 9, 36 wieder: und der ältere Erzähler von dem er deutlich abstammt, mag das sprechendste
Bild zu ihm im Untergange des Hauses Ahab's gefunden haben.
    2) 1 Kön. 15, 25—32 vgl. mit 14, 11.          3) vgl. die

sondern aus Jissakhar, ist vielleicht nicht so wie einst Jerobeam durch einen angesehenen Propheten geradezu zum
Aufstande gegen das bestehende Herrscherhaus ermuthigt:
wir haben wenigstens darüber kein Zeugniss [1]), und es reicht
hin anzunehmen dass die allgemeiner werdende Unzufriedenheit der Propheten mit dem Hause Jerobeam und demnach
ihre Ankündigung des nahenden Sturzes desselben nicht ohne
Einfluss auf sein Unternehmen gewesen. Er war wohl geringen Standes gewesen, wie einst Davîd. Doch als nun das
Haus Jerobeam durch ihn gestürzt war und, wie man insofern mitrecht sagen konnte, Jahve ihn aus dem Staube zum
Herrscher über sein Volk Israel erhoben hatte [2]), da erging
vonselbst an ihn die Frage ob er nun besser herrschen
werde als das gestürzte Haus, und wie er dies wolle? Wir
besizen leider über die 24jährige Herrschaft dieses Königs
und seine Grundsäze sehr wenig nähere Nachrichten: allein
sóviel erhellt aus dem gesammten Fortschritte der Geschichte
dieses Reiches und wird auch in der jezigen kurzen Darstellung seines Lebens angedeutet, dass er in dém was in
einem Reiche Jahve's immer die Hauptsache war, in der Religion, nicht immindesten zu andern odergar zu bessern
Grundsäzen kam. Das einzige was wir aus seiner Herrschaft umständlicher wissen, ist sein heftiges Drängen gegen
Juda, das er offenbar gern ganz zu vernichten wünschte.
Hierin liegt deutlich genug der wahre Lebenstrieb seiner
Herrschaft. Denn gerade dass das Haus Jerobeam das Reich
Juda und andere Feinde nicht bewältigen konnte, war sichtbar neben der wachsenden Unzufriedenheit der Propheten
der Hauptstachel des Aufstandes gegen es: hierin glaubte
gewiss Ba'sha als ein tapferer und gewandter Krieger mehr

---

Andeutung 1 Kön. 16, 5.                    1) denn die Ahnung
des sterbenden Achija dass Jahve sich einen andern König erwecken
werde um Jerobeams Haus zu vertilgen 1 Kön. 14, 14 ist zu allgemein gehalten als dass man annehmen könnte er habe persönlich
wie einst zu Jerobeam so später zu Ba'sha geredet.                    2) wie
es in dem prophetischen Worte Jehu's heißt 1 Kön. 16, 2 vgl. 14, 7.
1 Sam. 2, 8.

leisten zu können, und schwang sich in dieser Hoffnung zum Herrscher empor. Allein so regte sich vonanfangan nur das trübe und dumpfe Streben des Zehnstämmereiches Übel zu entfernen die es doch selbst erst geschaffen hatte, in ihm noch stärker als in seinen Vorgängern: und so konnte es nicht fehlen dass er statt auf diese Art dem Reiche aufzuhelfen es zuletzt nur tiefer in Verwirrung und Schwäche stürzte, und statt besser als das Haus Jerobeam zu herrschen nichtnur dessen Fehler theilte sondernauch selbst kein fester stehendes und kräftiger herrschendes Haus gründen konnte.

Er brauchte erst einige Jahre um nur überhaupt sich in der Herrschaft zu befestigen. Im 12ten Jahre seiner Herrschaft [1]) dachte er jedoch einen Hauptstreich gegen Juda und dessen König Asa zu führen: die Stadt Râma welche an dem großen Heerwege von Jerusalem nach Norden lag [2]) und die er dem Reiche Juda schon durch Eroberung entrissen hatte, wollte er in eine Zwingburg gegen Juda verwandeln, um von ihr aus jeden Verkehr zwischen beiden Reichen abzuschneiden und das kleinere Reich welches in Handelssachen vielfach von dem größern abhängig seyn mußte durch eine völlige Verkehrssperre zum äußersten zu bringen. Zu diesem Zwecke liess er zu Râma mit großen Kosten neue Festungsbauten anlegen. Dadurch nun wirklich in große Verlegenheit gebracht, bat König Asa den König Benhadad von Damasq um Hülfe gegen Ba'sha's Übergriffe: dieser fiel mit großer Heeresmacht in Ba'sha's Länder ein und unterwarf den ganzen nördlichsten Vorsprung des Gebietes Israels zu beiden Seiten der Ursprünge des Jordans [3]). Dies ist der

---

1) diese ganze Zeitbestimmung kann freilich nur aus den ansich wieder räthselhaft klingenden Worten 2 Chr. 16, 1 gefolgert werden: vgl. darüber unten. 2) das jezige *elRâm* mag an derselben Stelle liegen, wie es Robinson beschrieben hat. Dass die Stadt eigentlich zum Reiche Juda gehörte, folgt aus den Worten der Erzählung 1 Kön. 15, 17—22 sowie aus Jes. 10, 29. 3) nach 1 Kön. 15, 20 vgl. 2 Kön. 15, 29 unterwarf er 'Ijjôn Dân und Abel von Bäth-Ma'kha, sowie alle die Hügelländer längs dem ganzen Ge-

erste Einfall nordöstlicher Völker in ein Gebiet des Zehnstämmereiches, welches ihnen auf die Dauer nur noch mit
Mühe widerstehen konnte. Damals jedoch scheint der Aramäische König noch seine Eroberungen gegen das Versprechen Ba'sha's von jener Zwingburg gegen Juda abstehen zu
wollen und andere uns unbekannte Leistungen wieder abgetreten zu haben [1]. Râma mußte der König Israels unvollendet wie es war wieder an Juda uberlassen: und kaum
waren Ba'sha's Heere wegen der Noth im Norden des Reiches von Râma abgezogen, als Asa sogleich den Heerbann
seines ganzen Volkes aufbieten liess um die angefangenen
Bauten in Râma zu zerstören und mit den dort aufgehäuften
Mengen von Bausteinen und Bauholz vielmehr die zwei benachbarten Städte Géba' und Mißpah gegen wiederholte Einfälle des Zehnstämmereiches zu befestigen. Damals liess Asa
Mißpah für Belagerungsfälle auch mit hinreichenden Wasservorräthen künstlich versehen und den großen Brunnen darin
bauen welcher in Jéremjá's Zeit so traurig berühmt ward [2].

Ehre und Macht des Reiches sanken so unter dem
neuen Königshause tiefer als unter dem vorigen: während
die Grundfehler des vorigen ungebessert blieben. So leuchtete bald ein wiewenig der Wechsel der Herrschaft geholfen habe: und ein Prophet Jehu Sohn Chanani's, welcher um
jene Zeit ähnlich wie 30 Jahre früher jener Achija unter

---

biete Naftali's. Jene drei Städte waren also gewiss die nächsten von
Damasq her, und über die beiden lezteren davon s. II. S. 378. 395;
Ijjòn könnte in dem weiter nordwestlich von Dàn gelegenen Marg'
'Ajùn wiedergefunden werden wie Robinson III. S. 611 vermuthet,
da die Namensähnlichkeit gross ist: jedoch klingt dieser Ortsname
*Quellenwiese* ganz arabisch, müßte also jedenfalls in neuern Zeiten
umgebildet seyn. Das כְּרוֹת war offenbar ein uralter Eigenname
fur die Hügelländer um das nördlichste Flußgebiet der Jordans, obwohl Jos. 19, 35 auch eine Stadt, etwa die alte Hauptstadt der Gegend, so genannt wird; es mag aus كَنَّرَةٌ zusammengezogen seyn,
sodass auch Γεννησαρέτ ihm ursprünglich gleicht. 1) es folgt
dies auch aus dem Ausdrucke 1 Kön. 10, 32 vgl. weiter unten.
2) Jer. 41, 7—9.

großem Ansehen gewirkt haben muss, verkündigte laut und
wiederholt den Untergang auch dieser Herrschaft, tadelte
auch dabei offen dass Ba'sha Jerobeam's Haus grausam vertilgt habe [1]). Ba'sha selbst behauptete sich jedoch wie Jerobeam bis zu seinem Tode, und ward ehrenvoll in der
Hauptstadt Thirßa begraben. Aber seinem Sohne Ela ging
es, nachdem er nicht viel länger als 1 Jahr geherrscht hatte,
ebenso wie Jerobeam's Sohne nach gleich kurzer Frist; und
es war als sollte dies Haus fast bei derselben Veranlassung
fallen wobei es das vorige gestürzt hatte. Das Heer lag
wieder gegen jene verhängnißvolle Philistäische Stadt Gibbethôn zu Felde: der König aber schwelgte indessen zu
Thirßa und trank übermäßig bei einem Gastmahle im Hause
seines Hausmeiers Arßa. Da erschlug ihn Zimri [2]), der Anführer der Hälfte der Reiterei; warf sich zum Herrscher auf,
und vertilgte alle Angehörigen und Freunde des Hauses Ba'-
sha. Nur die Königin und die übrigen Weiber des Palastes
liess der weibische Mensch leben, da sie sich dem Mörder
ihres Herrn gern ergaben: und die Königin Mutter scheint
ihm mit ihrer Gunst gar entgegengekommen zu seyn [3]).

### Das Haus 'Omri.

Als mit Zimri ein drittes Königshaus im Zehnstämmereiche emporkommen wollte, war in ihm das Königthum, nachdem es kaum ein halbes Jahrhundert bestanden, bereits só
tief gesunken dass es nichtmehr ein Hort und Schuz sondern
eine Last und Verwirrung des Reiches zu seyn schien. Da
raffte sich noch einmal die rein kriegerische Volkskraft auf
und schuf in 'Omri einen König welcher nicht entfernt durch

---

1) ähnlich wie Jehu zwar als von einem Propheten Jahve's zur
Herrschaft berufen 2 Kön. 10 geschildert, aber doch seine Grausamkeit gegen das Haus 'Omri getadelt wird Hos. 1, 4.

2) nach der Aussprache der LXX Ζαμβρί.          3) s. 1 Kön.
15, 32 — 16, 14. Den Umstand mit den Weibern kann man freilich
nur aus dén kurzen Worten schließen welche in einem ganz ähnlichen Falle die Izébel hinwarf 2 Kön. 9, 31: aber der Schluss ist
sicher, und die Todesart Zimri's stimmt damit überein.

prophetische Ansprache berufen noch auf prophetische Hülfe
sich stüzend frei versuchen konnte was durch diese Kraft in
Vereinigung mit der königlichen Macht sich thun liess. So
gründete dieser ein die königliche Macht strenger hervor-
kehrendes Haus welches allerdings durch 4 Könige hindurch
sich ebensolange erhielt als jene beiden ersten Königshäuser
zusammen, und welches doch bald nur die Übel und Schwächen dieses Reiches zu vermehren diente, da es durch seine
Anfänge noch weiter als die beiden ersten Königshäuser von
den Grundlagen der alten Religion abirren mußte. Wir sind
über dieses halbe Jahrhundert etwas vollständiger unterrichtet und können deutlich wahrnehmen in welchen tiefsten Abgrund das Reich durch dieses Haus sank.

Als das Gibbethôn belagernde Heer von Zimri's Aufstande und Mordthaten hörte, war es über ihn só erbittert
dass es sofort im Lager einen ihm der Herrschaft würdiger
scheinenden zum Könige ausrief, den Feldherrn d. i. den
dem Könige zunächst stehenden 'Omri [1]), und die Belagerung
aufgebend mit diesem gegen Thirßa eilte. Der weibische
Zimri schloss sich nun zwar in die Hauptstadt ein, konnte
aber eine baldige Eroberung derselben durch die stürmen-
den nicht verhindern, und tödtete einem Sardanapal ähnlich
sich selbst indem er sich ins Weibergemach als den innersten Raum des großen Palastes begab [2]) und dann den Palast über sich anzünden liess; er hatte nur eine Woche geherrscht. Zwar erhob sich darauf ein Gegenkönig in einem
uns sonst unbekannten Thibni Sohn Gînath's [3]), welcher be-

---

1) nach den LXX *Ἀμβρί;* Fl. Josephus bildet den Namen in
*Ἀμαρῖνος* um, wie er ähnlich viele Eigennamen umbildet.

2) den wahren Sinn des Wortes אַרְמוֹן sieht man am deutlichsten
aus dieser Stelle 1 Kön. 16, 18 sowie aus 2 Kön. 15, 25: es bedeutet
danach etwa sovielals *Harem* und ist vielleicht auch der Wurzel
nach mit ihm verwandt. Wenn noch zu Salômo's Zeit nach S. 319
eine Verbindung des Frauenhauses mit dem Königshause nicht statt-
fand, so muss bald nach ihm etwa von Syrien her die neue Bauart
eingeführt seyn wonach beide in éin größeres Gebäude verbunden
wurden; vgl. S. 339.        3) nach den LXX *Θαμνὶ υἱὸς Γωνάθ.*

sonders von seinem Bruder Jôrâm im Kriege unterstüzt wurde [1]):
und vier Jahre [2]) vergingen über diesem Bürgerkriege.  Endlich fielen diese beiden in einer Schlacht zugleich, und 'Omri
blieb alleiniger König.

'Omri war, den wenigen Erinnerungen aus seinem Leben zufolge, ein ebenso unternehmender als kluger Herrscher, der einzige vielleicht welcher in jenen Zeiten eine
etwas dauerndere Herrschaft gründen konnte.  Die bisherige
Hauptstadt Thirßa, wo Zimri den königlichen Palast verbrannt
hatte und welche einer Belagerung nicht lange widerstehen
konnte, beschloss er zu verlassen: statt ihrer gründete er
sich weiter nördlich von Shikhém eine neue Hauptstadt in
Samarien, einem Orte welcher sich dazu sehr wohl eignete
und welcher seitdem zwei Jahrhunderte lang bis zur Zerstörung des Reiches seine Würde behielt, ja wonach späterhin oft das ganze Reich genannt wurde.  Früher lag an diesem Orte wahrscheinlich garkeine oderdoch eine sehr unbedeutende Menschenwohnung: der Berg worauf Samarien
jezt sich zur Herrscherin des Landes erhob, gehörte bisdahin einem uns sonst unbekannten reichen Manne Shémer,
den ihm 'Omri für 2 Silbertalente abkaufte [3]), sodass die
neue Stadt vonanfang an eine rein königliche wurde.  Der
Berg bildet einen Vorsprung in einer sehr fruchtbaren Ebene,
ist selbst bis zum Gipfel hinauf sehr fruchtbar [4]), und läßt
sich dazu leicht befestigen.  Etwas also hat zur längern
Dauer des Reiches gewiss auch die kluge Wahl dieser Haupt-

---

1) offenbar ächter Zusaz der LXX.        2) diese Zahl ergibt
sich aus 1 Kön. 16, 15 vgl. mit v. 23.        3) nach 1 Kön. 16,
24 wurde die Stadt dann nach Shémer *Shôm'rôn* genannt: einige
Codd. der LXX sprechen die Ableitung angemessener Σεμερών aus,
auch die Aussprache *Samaria* geht auf dasselbe zurück; Shôm'rôn
wechselt also damit wie der Eigenname שֶׁמֶר selbst mit שׁוֹמֵר
1 Chr. 7, 32. 34.  Wenn die späteren Samarier oder richtiger Neu-
Samarier sich ihren Namen ruhmredig só auslegten alsob sie die
ächten *Halter* שׁוֹמְרִים *des Gesezes* seien, so war das eben Spielerei.
4) vgl. die Anspielungen auf Samariens Lage Jes. 28, 4. Mikha
1, 6; weiter ist sie besonders von John Wilson II. p. 81 beschrieben.

stadt beigetragen. Der Hauptsiz der Religion blieb dagegen
für dieses Reich immer Bäthel.

Freilich lebte ʿOmri nur 12 Jahre als alleiniger König,
und nur noch 6 Jahre lang wohnte er in Thirßa [1]). Allein
er benuzte die Zeit auf seine Art sehr weise um dem Reiche
mehr Wohlstand und zugleich seinem Hause eine größere
Ruhe zu sichern. Nachinnen herrschte dieser Lagerkönig
sichtbar sehr kräftig und entschieden, auch die Propheten
nicht verschonend wo sie seinen Absichten hinderlich waren [2]): nachaußen aber suchte er durch die Schicksale der
frühern Könige gewizigt mittelst eines Nachgebens ja vor-
läufigen Aufopferns die nöthige Ruhe um im Innern desto
mehr das königliche Ansehen zu stärken. Mit dem Reiche
Juda schloss er Frieden, und stellte dadurch einen neuen
Grundsaz áuf dem die folgenden Glieder seines Hauses zu
ihrem eigenen Vortheile treu blieben. Ebenso schloss er mit
Damasq, wo noch der S. 448. 435 erwähnte Benhadad herrschte,
einen Frieden, freilich unter zwei etwas harten Bedingungen:
einmal trat er einige Städte ab welche die Damasqischen
Heere seit längerer Zeit besezt gehalten zu haben scheinen,
wir wissen nicht genau welche, wahrscheinlich lagen sie nur
jenseit des Jordans, und es gehörte vielleicht Ramoth in Gilead dazu [3]); zweitens räumte er dem Aramäischen Könige
dás Recht ein „sich ein Standlager in Samarien zu sezen“,
also in Samarien sich eine ständige Gesandtschaft (wie wir
jezt sagen würden) zu halten, mit einem besondern großen
und gutbefestigten Hause, eignen Dienern u. ä., um das verbündete aber halb unterjochte Land vom Mittelorte der Hauptstadt aus desto leichter beobachten und überwachen zu können [4]). Denn das in unsern Reichen eingeführte Gesandt-

---

1) beides, dass erʿ nach jenen 4 Jahren des Bürgerkrieges 12
Jahre herrschte und dass die 6 Jahre in Thirßa zu diesen 12 gehören, liegt klar in den Worten v. 23. Wie aber damit v. 29 und die
ganze Zeitrechnung stimme, ist S. 432 erörtert.
2) vgl. die Redensart 1 Kön. 16, 25 welche bei den drei vorigen
Königen fehlt.        3) wie man wenigstens ziemlich sicher aus
1 Kön. 22, 3 schließen kann.              4) nach 1 Kön. 20, 34.

schaftsrecht war damals nochnicht ausgebildet, und gibt sich
wo es zuerst erscheint nur als einseitiges Recht des Siegers. — Dem entsprechend war 'Omri's Bestreben vorzüglich auf Förderung von Handel und Verkehr gerichtet; die
Verheirathung seines Sohnes und Nachfolgers mit einer Tyrischen Königstochter war nur das deutlichste Zeichen davon, ging auch wohl schon von ihm aus; und in Verbindung
damit wurde der Eindrang aller heidnischen Religionen und
Sitten gnädigst befördert, die Einreden der Propheten aber
aufs strengste geahndet. Dies alles sind etwa die „Sazun-
gen 'Omri's" über deren tiefe Verwerflichkeit noch die Späteren klagen [1]); und so schnell fiel dieses Reich nur noch
viel ärger in den Geist der lezten Jahre der Herrschaft Salômo's zurück!

Wenn nämlich das Wort חצרות als *Straßen*, wofür sonst fast immer
חוצלת geschrieben wird, zu verstehen wäre, so würde doch die
Redensart »sich Straßen in Samarien machen« schwerlich richtig von
der Erlaubniss zu verstehen seyn dass Syrische Kaufleute in der
Stadt Samarien freien Handel treiben und zu dem Zwecke ein eigenes Wohnvierthel innehaben sollten, etwa so wie die Tyrier ein
Vierthel in Memphis bewohnten: denn dieser Sinn läge nicht deutlich genug in den Worten. Eher würde man sie von Kriegsstraßen
verstehen können, welche der Sieger sich zum beliebigen Durchzuge
ausbedingt, wie 1807 ff. die Franzosen durch Preußen (s. darüber
bes. Klose's Hardenberg), und wie schon Josephus arch. 13: 9, 2
aus späteren Zeiten ähnliches erzählt; dann wäre etwa aus derselben
Zeit die Erzählung über den Bau der Stadt Râma S. 448 f. zu vergleichen. Allein das Wort gibt auch so keinen leicht verständlichen
Sinn; auch an eine Vergleichung von حَوْش *Waarenschoppen* (Burckhardt's trav. in Arab. I. p. 84. II. 155) wird man nicht denken können. Da man aber חָצֹרֹת aussprechen kann, so ist entweder خَطّ,
خَطَّة *Niederlassung, Standort, Lager* oder das geschichtlich denkwürdige خَطَّط zu vergleichen; lezteres würde ammeisten passen sofern
חצץ auch sonst dem خَطّ entspricht. Das Wort war wohl ursprünglich mehr Damasqisch, und der Stadtname חֲצֹרֹת קִרְיַת Num.
22, 39 bedeutet wohl ursprünglich *Lagerstadt* und ist ebenso auszusprechen. 1) Mikha 6, 16.

Welche feste Ordnung übrigens 'Omri troz dieser Härte
gegen die Propheten und jener demüthigenden Friedensbe-
dingungen im Innern des Reiches gründete, sieht man deutlich an der Ruhe in welcher ihm sein Sohn Ahab ungeachtet einer geringeren Fähigkeit zu herrschen doch 22 Jahre
lang nicht ohne Ruhm, und diesem wieder zwei Söhne Achazja
und Joram 14 Jahre lang in der Herrschaft folgen. Ahab
(richtiger Achaab), von dem wir wegen der Geschichte seines großen Zeitgenossen Elia etwas mehr wissen, war inderthat mehr ein etwas eitler als ein eigentlich grausamer
und eigensinniger Herrscher. Nicht unkriegerisch noch un-
empfindsam für die Ehre seines Volkes und Hauses, theilweise auch wieder glücklich gegen die Aramäer kämpfend,
liebte er doch mehr den Frieden mit allen seinen Künsten
und Vortheilen, beförderte ihn auch selbst soviel er konnte.
Er vermählte sich (wie oben gesagt) mit einer Sidonischen
oder vielmehr eigentlich Tyrischen Fürstin, Izébel Tochter
des Tyrischen Königs Ethbáal, welcher früher Priester der
Astarte gewesen war aber seinen Bruder Phellês, selbst einen Thronräuber, gewaltsam verdrängt hatte [1]. Schon dieser Phönikischen Heirath wegen war er gewiss den friedlichen Handel zu fördern sehr geneigt: wir wissen aber auch
noch besonders dass er ähnlich wie Salômo gern Städte
bauete [2]. Unter seiner Herrschaft stellte auch ein gewisser
Chiel von Bäthel, offenbar ein unternehmender reicher Mann,
die nach II. S. 324 f. seit Josúa's Eroberung noch immer in
Trümmern liegende Stadt Jerîcho wieder her: freilich verlor
er bei dieser Wiederherstellung zwei Söhne, sodass dadurch
die alte Erinnerung an den Fluch welchen einst Josúa über
diese Stadt nach ihrer Eroberung gesprochen wiederauflebte,
und dass man sagte Chiel habe den Grundstein des neuen
Jerîcho um den Preis seines Erstgebornen Abîrâm legen und
die Thore der fertigen Stadt um den Preis seines jüngsten

---

1) nach 1 Kön. 16, 31 vgl. mit Menandros bei Josephus arch. 8:
13, 2 und gegen Apion 1, 18: denn der hier erwähnte Eithobal paßt
der dort genau angegebenen Zeitrechnung nach ganz hieher.
2) nach 1 Kön. 22, 39.

Sohnes Segûb einsezen müssen [1]); allein die Stadt blieb doch seitdem immer wiederhergestellt, wie sie es des fruchtbaren Bodens wegen in dem sie liegt ganz verdiente [2]). So nun den Frieden und Handel fördernd, fand König Ahab Mittel genug auch nicht ohne Entfaltung von Glanz und Kunst zu herrschen. Er bauete sich einen neuen Palast mit weiten Gartenanlagen zu Jizreél (jezt Zerîn), welches auf einer nach allen Seiten freien reizenden Anhöhe in der großen fruchtbaren Ebene nördlich von Samarien liegt [3]): und entweder hier oder in Samarien stand das elfenbeinerne Haus welches er errichtete und welches als eine besondere Merkwürdigkeit seiner Herrschaft hervorgehoben wird [4]). Zu Salômo's Zeit ward das Elfenbein erst zu einem Prachtsessel benuzt (S. 319): jezt ein ganzes Haus mit ihm verziert [5]).

Allein in einem Reiche welches sonst schon fester Grundlagen entbehrte, konnte eben diese Verbindung mit einer Tyrischen Fürstin leicht sehr gefährlich werden. Zwar waren schon seit Davîd und Salômo zwischen den Phöniken und Israel viele Verträge geschlossen und enge Freundschaftsbande geknüpft; und Tyros suchte schon seiner Sicherheit wegen gern in Verbindung mit dem benachbarten größern Reiche Israel zu bleiben, während es gegen Juda nun leicht desto rücksichtsloser wurde [6]): aber das Zehnstämmereich sollte doch zugleich gerade das alte strenge Volksthum Israels wiederherstellen; eine kanáanäische Fürstin also mußte schon als solche argwöhnisch betrachtet werden. Dazu war Izébel, die Tochter eines sehr gewaltsamen Königshauses, voll Eigensinn Herrschsucht und Hochmuth, mit verkehrtem Stolze auf ein Volk herabsehend dessen innerstes Heiligthum sie weder kannte noch achtete. Von ihr liess sich der Kö-

---

1) 1 Kön. 16, 34 vgl. I. S. 152.      2) wo etwa Jericho früherhin erwähnt wird, wie 2 Sam. 10, 5, da kann man sich immer eine Art neuer offener Stadt neben den Trümmern der alten denken.
3) wie aus den häufigen Anspielungen darauf von 1 Kön. 18, 45 an bis 2 Kön. 10 erhellt.      4) 1 Kön. 22, 39.
5) wieder später werden dann mehere solcher Häuser genannt Amos 3, 15. Ps. 45, 9.      6) beides nach Amos 1, 9. Ps. 45, 13.

nig nur zusehr leiten. Ihr zuwillen liess er in Samarien
einen weitläufigen Tempel des Báal d. i. der Phönikischen
Hauptgottheit aufführen, zu welchem 450 Priester gehörten;
und während in diesem der Sonnengott vielleicht mit seinen
Mitgöttern auf vielen kleinern Säulen abgebildet war, wurde
eine sehr hohe Prachtsäule desselben vor ihm errichtet [1]).
Einen andern prachtvollen Bau der Art, wobei 400 Priester
angestellt wurden, errichtete er für einen Orakelhain der
Astarte (S. 390), und diesen wahrscheinlich bei seinem Lieb-
lingspalaste zu Jizreél [2]). Bei diesen Heiligthümern opferte
nun der König Israels selbst: und viele folgten sicher schon
des königlichen Vorganges wegen diesem Beispiele; andere
wurden von der Neuheit und dem sinnlichen Reize der
fremden Religion wohl um so leichter angezogen, je mehr
sie die heidnischen Reiche damals blühen sahen; dem Könige schien gewiss auch Handel und Verkehr sich zu mehren bei Freilassung der Religionen. Aber so war ja dies
Reich nur noch ärger in dieselben Fehler des Salômonischen
zurückgesunken, die es zu vermeiden geschaffen war: wenn
also schon dies den stärksten Widerspruch der Propheten
hervorrufen mußte, so regten einige bürgerliche Ungerech-
tigkeiten zu denen er sich durch Izébel hinreißen liess, wie
die Behandlung Nabôth's (s. unten), das gerade in dieser
Hinsicht sehr empfindliche Gefühl des Zehnstämmereiches noch
ärger gegen ihn auf. Indem nun so das Reich sowohl in
volksthümlicher als in Religions-Hinsicht in einen noch viel
schlechteren Zustand versank als in dem es unter Salômo
gewesen, während es doch eben um ein ganz anderes zu

---

1) nach 1 Kön. 16, 31 f. 18, 19. 2 Kön. 3, 2. 10, 25—27; vergl.
die *Alterthümer* S. 236. Die Astarte, wie auch Joseph. hypomn.
c. 39 das *ἡ Βαάλ* S. 439 erklärt, ist wohl unter dem *Sterne* Amos 5,
26 nach der Beschreibung bei Sanchuniathon p. 36, 1 Orell. gemeint.

2) nach 1 Kön. 16, 32. 18, 19; dass dieser zweite Bau wahrscheinlich zu Jizreél stand, ist freilich nur dáraus geschlossen dass
er in der ausführlichen alten Erzählung 2 Kön. 10, 25—27 unerwähnt
bleibt. Übrigens sind die 1 Kön. 18 oft genannten »Propheten« beider Tempel von den Priestern noch verschieden.

werden durch die Propheten vom Davîdischen Hause losgerissen war: so bildete sich dadurch ein tödlicher Kampf zwischen Prophetenthum und Königthum, welcher nach mancherlei Wechseln auch 'Omri's Haus wieder stürzt und die alte
Macht des Prophetenthumes noch einmal auf ihre höchste
Spize treibt. Wir werden dies aber besser unten im Zusammenhange bei dem Wirken Elia's als des prophetischen
Helden dieser Zeit und seiner Nachfolger übersehen.

### Zustand des Volkes in diesem Jahrhunderte.

Wie übrigens der Zustand des gesammten Volkes des
Zehnstämmereiches während des ersten Jahrhunderts seines
Bestandes war, können wir wenigstens aus einzelnen Zeichen
etwas näher erkennen. Weder der Rückzug der Leviten aus
diesem Reiche noch die steigende und bald bis zum äußersten fortschreitende Zwietracht zwischen den beiden großen
Reichsmächten, dem Prophetenthume und dem Königthume,
vermochte die Menge des Volkes sobald zu verwildern: immernoch blieb von der vorangegangenen besseren Zeit ein
starker Grund gesunden Volkslebens, wie es in einer Gemeinde zu erwarten ist welche lange durch eine so wahre
Religion gebildet war und dabei zulezt ein solches Jahrhundert durchlebt hatte wie damals Israel [1]).

Das sprechendste Zeugniss über den damaligen Zustand
des Volkes besizen wir im Hohenliede, dieser in sovieler Hinsicht jezt im A. T. seltsam und einzig dastehenden Dichtung
welche uns nur dann wieder verständlicher wird wenn wir
sie in dás Jahrhundert und in dás Vaterland zurückverlegen
in welchen sie allen Merkmalen zufolge entstand [2]). In die-

---

1) man beachte z. B. die Bescheidenheit des Weibes von Shûnem
2 Kön. 4, 12 f.        2) was ich 1826 hierüber ausführte, steht
mir noch jezt in den Hauptsachen fest; und es ist kaum noch der
Mühe werth die unverständigen Einwürfe näher zu betrachten die
damals von solchen welche sich irrthümlich eine nähere Sachkenntniss zuschrieben dagegen vorgebracht wurden. Auf das Zehnstämmereich weist auch der Name der Heldin des Stückes *Sûlammit* d. i.
die von Shunem (S. 133; LB. 1844. S. 301) hin. Nachklänge aus

ser Dichtung sehen wir uns aufs lebendigste in ein Zeitalter
versezt welches alles eigenthümliche der Salômonischen Zeit
noch in ganz geschichtlichem Andenken trug und dem noch
die reichste Fülle ächter Erinnerungen an Salômo und Davîd
aus dem Volke selbst zuströmte: denn dies Singspiel muss
noch bevor Thirßa die mit Jerusalem wetteifernde Hauptstadt
des Zehnstämmereiches zu seyn aufhörte gedichtet seyn. Aber
wir fühlen uns in ihm auch von dér volksthümlichen Stimmung gegen die sittlichen Übergriffe des prachtvollen Salômo
umwehet, welche recht eigentlich die Geburtsstunden und die
ersten Zeiten des Zehnstämmereiches bezeichnet, ja welche
die edelsten Adern des Herzens dieses Reiches bewegte. Das
Singspiel ist nicht gedichtet um zu lehren warum das Zehnstämmereich vom Hause Salômo's abfiel: aber unwillkührlich
lehrt es uns den Sinn kennen in welchem dies geschah und
welcher sich noch ein halbes oder ganzes Jahrhundert nachher sehr lebendig erhalten konnte. Dass dass Gedicht éin
Ganzes ausmacht und der Kunst nach eine Art volksthümlichen
Drama's oder am richtigsten gesagt ein Singspiel gibt, kann
jezt als bewiesen angesehen werden [1]). Es reicht uns so ein
denkwürdiges Zeugniss, wie kräftig sich die Kunst damals ausgebildet hatte und wieviel von der unter Salômo so stark an-

---

HL. 7, 10 finden sich Spr. 23, 31; aus 8, 7 Spr. 6, 30 f.; aus 6, 9
Spr. 31, 28; aus 8, 6 Jer. 22, 24. Hag. 2, 23: woraus man sieht
dass dies *schönste Lied* nach längerem Vergessen wenigstens vom
Ende des 8ten Jahrh. an wieder sehr viel gelesen wurde.

1) die Zweifel an der dramatischen Art des Liedes entspringen
aus Mißverständniss theils des Liedes selbst theils der Geschichte
des Drama's bei allen Völkern. Nichts ist thörichter als zu läugnen
dass die Anfänge des Drama's sich bei jedem etwas gebildeten Volke
finden, und dass sie überall von den großen Volksfesten ausgehen:
nur dárauf kommt es an wieweit es sich bei jedem aus seinen ersten Anfängen herausgebildet hat. Sogar in dem jezigen Islämischen
Persien findet es sich öffentlich gespielt (vgl. Le theatre en Perse,
par *Alex. Chodzko*. Paris 1844. Ausland 1844. S. 891), sowie bei den
Äthiopen (Ausland 1845. S. 1020). Sonst vergl. was ich später bemerkte in den *Dichtern des A. Bs* I. S. 38 ff. und in Zellers theol.
Jahrbb. 1843. S. 752 ff.

geregten Kunstthätigkeit sich sogar unter allmälig ungünstigern Zeitläuften im weiten Volksleben erhielt (s. oben S. 456).
Dem heitern Kunstspiele welches in diesem Werke sich zu
befriedigen sucht, entspricht auch ganz das gesättigte und
fast üppige Leben welches damals nach den klaren Schilderungen desselben im Volke weit und breit geherrscht haben
muss, als durch den lebhaftesten Verkehr mit fremden Ländern Kostbarkeiten und Kunstsachen aller Art in Israels Gebiet einströmten und hier bei einem imganzen noch ungetrübten Wohlstande des Landes den Kunstsinn und die Lust
des Volkes vielfach erregten.   Und doch athmet das Lied
bei sovieler Heiterkeit ja Üppigkeit des Volkslebens zugleich
soviel tiefere Sittlichkeit und nüchterne Unschuld des Herzens,
soviel entschlossenen Muth gegen die Überverfeinerung und
Entartung des Hoflebens, ja einen so treffenden Spott gegen
einreißende Verderbniss des Lebens in großen Städten und
Palästen, dass wir was in jenem Jahrhunderte des Zehnstämmereiches noch durch das ganze Volk hin gesund und kräftig
war nicht deutlicher und schöner erkennen können als in
diesem so kunstvollen und doch wieder so einfachen Liede.

Es ist aber Zeit jezt die Geschichte des andern Reiches
im ersten Jahrhunderte der Spaltung nachzuholen, um zu
sehen wie es sich neben dem mächtigeren gestaltet.

## 2.  Das Reich Juda im ersten Jahrhunderte.

1.  Dieses Reich hatte anfangs, wie S. 417 bemerkt,
den schwersten Stand.  Salômo's Sohn Rehabeam, offenbar
von einer in Jerusalem sehr mächtigen Theilung unterstüzt,
wollte die in der lezten Zeit der Herrschaft seines Vaters
emporgekommene Richtung nicht aufgeben, und blieb ihr
troz des Abfalles der zehn Stämme treu.  Er duldete also
oder beförderte auch wohl nach eigener Vorliebe die Übung
fremder Religionen: ja dies Reich fand anfangs im Gegensaze zum nördlichen eben in dieser größern Freiheit die es
schüzte einen Theil seiner Macht und seiner Hülfsquellen.
Nicht alsob der Tempeldienst Jahve's vom Könige aufgegeben wäre: Jahve blieb vielmehr der eigentliche Reichsgott,

so wie sein Dienst in dem glänzenden Tempel eingeführt
war und wie sich jezt nach S. 439 f. die Leviten auch aus
dem andern Reiche diesem Dienste treu immermehr in das
kleinere Juda zurückzogen. Aber daneben errichtete man
nach Belieben andern Göttern Heiligthümer [1]) und duldete
ihre Verehrer; sogar die schamlosen Verehrer der Liebesgöttin welche sich für Geld preiszugeben geweihet waren,
männliche wie weibliche, fanden jezt Schuz [2]): sosehr ward
man durch die Folgerichtigkeit nun schon über alles was
Salômo geduldet hatte weiter hinausgetrieben.

Blieben sich so beide Reiche damals nach ihrem innersten Bestreben gerade gegenübergestellt, so konnte der Prophet Shema'ja nach S. 400 f. wohl im ersten Augenblicke ihrer
Trennung dem südlichen Reiche Ruhe gegen das Bruderreich
gebieten, aber an Veranlassungen und Reizungen zu wechselseitigen Feindschaften und selbst zu wirklichen Kriegen konnte
es nicht lange fehlen; und wir sahen schon oben dass ein
halbes Jahrhundert unter einem dauernden Kriegszustande beider verlief. Hierin hatte nun Juda sichtbar gerade in den
ersten Jahren am meisten zu befürchten wie zu leiden: der
Eifer des Zehnstämmereiches gegen Salômo's Haus war damals noch frisch; und Jerobeam hatte nach S. 389 seine
Ägyptischen Verbindungen welche dem Sohne Salômo's sehr
gefährlich werden konnten. Denn der lezte König des 21sten
Hauses, Psusennés, mit dem Salômo in sovielen engen Verbindungen lebte, war nach 35jähriger Herrschaft noch bei

---

1) die 1 Kön. 14, 23 erwähnten Säulen waren offenbar solche
Bàalsäulen wie sie nach S. 457 über ein halbes Jahrhundert später
auch im nördlichen Reiche errichtet wurden; denn dass das nördliche Reich diese heidnische Religionen erst unter Ahab duldete, ist
aus den alten Quellen deutlich, obgleich der lezte Erzähler in seiner
Darstellung 1 Kön. 14, 23 vgl. mit 12, 31 diesen geschichtlichen Unterschied etwas verwischt. 2) die Deut. 23, 18 f. *Hunde* und
ganz ähnlich bei Griechen und Römern *κύναιδοι (cinaedi)* genannt
werden; dass unter dem *msc.* Singular קָדֵשׁ welcher 1 Kön. 14, 24.
22, 47 als Gattungsname gebraucht wird und nur 15, 12 mit dem
*pl.* wechselt, auch die an andern Orten genannten weiblichen Personen dieser Art mitverstanden werden, leuchtet vonselbst ein.

Salômo's Lebzeiten gestorben: und das folgende 22ste Haus
Bubastischer Könige nahm sogleich in seinem ersten Herrscher Sesonchis, hebräisch umgebildet Shishaq [1]) genannt,
eine ganz andere Stellung gegen Salômo und sein Haus an.
Wir wissen jezt nicht näher wodurch die Stimmung des neuen
Ägyptischen Königshauses gegen Jerusalem sich erbitterte:
soviel aber ist sicher dass Sesonchis den zu ihm geflohenen
Jerobeam gegen Salômo schüzte (S. 389); und wenn einem
neuen Ägyptischen Herrscherhause überhaupt nichts lieber
seyn konnte als eine unheilbare Spaltung des so mächtig
aufstrebenden Volkes Israel, so ist es nur zu wahrscheinlich
dass Sesonchis Jerobeam'en jede Art von Hülfe und Beistand
gegen Rehabeam versprach.  Wir wissen noch genau [2]) dass
Rehabeam 15 Städte im südlichen. und westlichen Umkreise
von Jerusalem sehr sorgfältig befestigen liess und sie mit
allem irgend wünschenswerthen, guten Befehlshabern, Waffen und sonstigen Vorräthen aller Art, wohl versah.  Dieses
Streben das Reich durch einen Gürtel von Festungsbauten
zu beschüzen war freilich nur eine Fortsezung dessen was
nach S. 331 f. schon Salômo angefangen hatte: aber die weit
größere Menge von Städten welche Rehabeam in seinem
kleinen Reiche befestigen liess weist auf seine größere Furcht,
die Lage aller dieser Städte auf eine Gefahr hin die er von
Ägypten her heranziehend glaubte; und nichts streitet gegen

---

1) auch Shúshaq 1 Kön. 14, 25 im Q'rî, wie die LXX überall
Σουσακίμ haben.  Die Aussprache Sesonchis findet sich bei G. Synkellos, Sesonchôsis, bei Eusebios: jene scheint richtiger; das *n* fiel
im Hebräischen aus wie in כֹּף nach LB. 118 a aus כֹּף d. i. Memphis. — Übrigens bedarf es heute keiner langen Beweise um einzusehen wie willkührlich und unrichtig Fl. Josephus arch. 8: 10 diesen
Shihaq mit dem großen Eroberer Sesostris verwechselt oder vielmehr
Herodot'en (2, 11) dieser Verwechselung beschuldigt.  Dann wurde
freilich der Ägyptische Heereszug gegen Jerusalem ganz anders zu
erklären seyn.          2) nach 2 Chr. 11, 5—12: es ist das erste
was der Chroniker nach der Trennung· des Zehnstämmereiches zu
erzählen hat.  Die sonst nicht erwähnte Stadt Adoráim ist das spätere
Adôra oder Dôra, das. jezige Dúra westlich von Hebron, vgl. zulezt
Robinson III. S. 209.

die Annahme, vielmehr wird sie durch die Ordnung in welcher es in der Chronik erzählt wird sowie durch die ganze
Lage Rehabeams wahrscheinlich, dass er sofort in den ersten Jahren seiner Herrschaft diese Befestigungen anfing.

Allein im fünften Jahre seiner Herrschaft [1]) sah Rehabeam -nun wirklich sein Land von einem Einfalle Ägyptischer
Heere heimgesucht: es waren nach der Chronik Heere von
Ägyptern Libyern Höhlenbewohnern [2]) und Äthiopen, sich
heranwälzend in 1200 Wagen 60,000 Reitern und schwer-
zählbarem Fußvolke. Wenn einem solchen Stoße das damalige Reich Juda nicht mit Ehren widerstehen konnte, so
ist das aus seiner zuvor beschriebenen Lage leicht erklärlich. Der ganze Gürtel von Festungen um Jerusalem hielt
das vorrückende Heer nicht auf, Jerusalem selbst ward erobert, und der Sohn Salômo's konnte nur durch demüthi-
gende Bedingungen einen Frieden erkaufen. Wir wissen

---

1) der Chroniker 11, 13—17. 12, 1 f. stellt das Ganze so dar alsob Rehabeam die 3 ersten Jahre seiner Herrschaft gut gewesen und
durch die in Juda zusammenströmenden Leviten und viele andere
Israeläer (vgl. 2 Chr. 15, 9. 31, 6) unterstüzt worden, dann aber eben
weil er sich nun in der Herrschaft gesichert glaubte von Gott abgefallen und deshalb im 5ten Jahre von der Ägyptischen Strafe heimgesucht worden sei. Doch gibt sich dies nur wie eine erbauliche
Belebung zerstreuter alter Erinnerungen. Ähnliches ist von der dann
folgenden Darstellung 12, 5—8. 12 zu sagen, alsob der Prophet Shema'ja zuerst völligen Untergang gedrohet, dann da Rehabeam und die
übrigen nach Jerusalem geflüchteten Großen Buße gethan die Strenge
der göttlichen Strafe dahin gemildert habe dass sie den Ägyptern
bloss unterthan werden sollten um den Unterschied zwischen den
menschlichen und dem göttlichen Herrn zu erkennen [nämlich wie
man ihn zur Zeit des Chronikers längst mit Wehmuth kennen gelernt
hatte]; eine fast wörtlich nach 1 Kön. 21, 28 f. gebildete Darstellung.
Dagegen enthält 12, 3 sicher Auszüge aus alten Quellen.

2) zurückgekommenen Ureinwohnern Africa's, wie sie unter die-
sem Namen beschrieben werden Pomp. Mela 1, 8. Das Hebräische
Wort *Sukkiim* eigentl. *Huttenbewohner* scheint wenigstens etwas ähn-
liches bedeuten zu können, vgl. Ijob 30, 7: doch wird auch eine
Stadt jener Gegend *Suche* neben Adule genannt Plin. n. h. 6, 34.
Wirklich übersezten schon die LXX *Troglodyten.*

nichtmehr näher · diese Bedingungen, noch den einzelnen
Verlauf jener Ereignisse [1]): nur soviel wird überliefert dass
Jerusalem damals aller Schäze, sowohl der im Tempel als
der im königlichen Schazhause aufbewahrten, vollständig beraubt wurde; aber wir können aus der kaum erst verflos-
nen Geschichte Salômo's ermessen, welche überaus˙ reiche
Beute hier die Ägypter wennnicht sosehr an Gelde doch an
kostbaren Vorräthen und Zierrathen davontrugen. Der eitle
Nachfolger Salômo's tröstete sich indess über sogroßen Verlust an Ehre und Glanz so leicht er konnte: statt der goldenen Schilde Salômo's S. 348 welche von den Ägyptern
weggenommen waren befahl er eherne zu machen, und liess
diese ehernen dennoch so wie früher die goldenen in feierlichen Aufzügen von den Trabanten vor sich hertragen, als
wäre alles noch wie früher! (vgl. S. 320).

Wie die bisdahin dem Reiche Juda unterworfenen Völker, die Philistäer besonders und die Idumäer, von diesem
Ägyptischen Feldzuge berührt wurden, erfahren wir nicht
näher. Die Philistäer, welche wir in spätern Zeiten wieder
freigeworden finden, haben wahrscheinlich damals durch
Ägypten unterstüzt sich der Hoheit Juda's entzogen: doch
die Stadt Gath, welche nach S. 272 noch zu Anfange der
Herrschaft Salômo's einen eigenen Vasallenkönig hatte, war
wohl schon unter Salômo fürimmer mit Juda vereinigt worden, da sie zu den von Rehabeam befestigten Städten gehörte und wahrscheinlich erst unter dem Könige Jôrâm wieder selbständig wurde (s. unten). Außer diesem Gath wurden jezt alle ehemaligen 5 kleinen Reiche der Philistäer wieder frei, auch das nördliche 'Eqrôn welches in den Urzeiten
dem Stamme Dân gehört hatte, von Davîd aber zu Juda gezogen war [2]). Auch die Idumäer wurden wahrscheinlich

---

1) Champollion fand in dem großen Palaste von Karnak eine
Darstellung Königs Shishaq als Siegers über viele Fürsten, darunter
einer mit sogen. Jüdischem Gesichte und der Inschrift »Konig von
Juda«. Nähere Umstände des Ereignisses sind aber dabei nicht gefunden.         2) die nach 2 Kön. 1, 2 ff. vgl. mit Jos. 19, 43
und 15, 45.

durch die Ägyptische Hülfe frei oder errangen sich wenigstens einen König eigenen Blutes: blieben jedoch in dieser Lage nur bis Josaphat sie wieder völlig unterwarf; worüber das nähere unten bei Josaphat zu erörtern ist.

Rehabeam selbst herrschte übrigens 17 Jahre, wurde also nach S. 398 etwa 68 Jahre alt [1]). Er hatte 18 Weiber und 60 [2]) Kebsweiber, 28 Söhne und 60 Töchter; die meisten seiner Söhne sezte er mit kluger Vorsicht zu Statthaltern und zu Befehlshabern der Festungen [3]), forderte daher für jeden derselben anständigen Unterhalt und eine Zahl Weiber von dém Orte wo er seinen Dienst versah. Drei seiner Weiber waren aus dem Königshause Juda selbst, und unter ihnen liebte er besonders die dritte Ma'kha eine Tochter oder vielmehr Enkelin des einst berühmten Absalom [4]). Deren erstgebornen Sohn Abija zeichnete er denn vor allen seinen übrigen Söhnen aus und liess ihn feierlich zum Nachfolger ernennen [5]).

Dieser Abija, welcher nachdem er nur drei Jahre lang geherrscht hatte starb, war beim Antritte seiner Herrschaft

---

1) die LXX legen in dem S. 445 *nt.* besprochenen umgearbeiteten Stucke bei 1 Kön. 12, 24 Rehabeam'en sehr abweichend 11 Jahre bei seiner Stuhlbesteigung und 12 Jahre Herrschaft bei: jenes vielleicht eine Spielerei welche sich auf den Ausdruck »Rehabeam sei bei der Spaltung des Reiches zu jung« (d. i. neu, unerfahren) und kleinmüthig gewesen 2 Chr. 13, 7 gründete. ,    2) Fl. Josephus hat 30.    3) wie etwas ähnliches Ps. 45, 17 von einem andern Könige vorausgesezt wird. Das alte Reich Israel war also auch in dieser Hinsicht noch sehr fern von ̄den schlimmen Sitten einer Türkischen Herrschaft.    4) wenn nämlich dieser Absalom wie wahrscheinlich der bekannte ist, so muss Ma'akha schon wegen der Nachricht 2 Sam. 14, 27 seine Enkelin seyn. Zwar ist ihre Abkunft von jenem nach 2 Sam. 18, 18 etwas unsicher: doch stimmt wenigstens der Hausname Ma'akha gut zu 2 Sam. 3, 3.    5) dies alles 2 Chr. 11, 18—23 vgl. 1 Kön. 15, 2 offenbar zulezt nach den Reichsjahrbüchern; v. 18 ist וְאֵת vor אביחיל einzuschalten. Statt des Namens Abija in der Chronik findet sich 1 Kön. immer *Abijâm,* vielleicht nur durch einen im Hebräischen leichten Schreibfehler: denn auch der Name LXX Ἀβίου stimmt nach der flüchtigeren Aussprache fur Abijáhu zu jenem.

wohl schon etwas bejahrter, da ihm 14 Weiber 22 Söhne
und 16 Töchter zugeschrieben werden [6]). Er trat ganz in
Rehabeam's Fußtapfen: in der Religion theilte er seines Vaters Ansichten und Grundsäze, und jährliche Kriege hatte
auch er gegen das Zehnstämmereich zu bestehen. Doch war
er einigen Spuren nach in diesen Kriegen etwas glücklicher:
von der Bergstadt Ssemaráim aus, welche südlich von Bäthel
gelegen [2]) damals die nördlichste Spize seines Gebietes gewesen zu seyn scheint, eroberte er drei Städte mit ihren
Dörfern, das bekannte Bäthel, Jeshana und 'Efrôn [3]), von
denen freilich das erste ziemlich bald wieder zuruckgegeben
seyn muss. Eine Nachricht über einen solchen Kriegsaus-
gang fand der Chroniker gewiss nach alten Quellen vor, und
wir können nicht umhin insofern hier ächte Überlieferung zu
finden. Aber indem dieser Erzähler in dem heidnischartigen Samarien seiner Zeit das ächte Nachbild des alten Zehnstämmereiches sah, ergreift er diese Gelegenheit dem König
Abija beim Anfange der Schlacht eine lange Straf- und Lehr-
rede an die Feinde als an nichtbloss von Davîd's Hause sondernauch von der wahren Religion abgefallene halten zu
lassen; eine Rede welche in ihrer rein-religiösen Wahrheit
leicht ebensogut für die spätern Samaritaner gelten konnte [4]).
In der Schlacht selbst stritten nach der alles mit neuer Lebendigkeit darstellenden Art dieses Erzählers 400,000 Mann
aus Juda gegen 800,000 aus Israel; und obwohl Jerobeam

---

1) 2 Chr. 13, 21.     2) es wird mit Bäthel näher zusammengestellt Jos. 18, 22.     3) Jeshana oder nach den LXX
Ἰεσυνά kommt nirgends weiter vor; 'Efrôn lag wohl mit dem gleichnamigen Berge Jos. 15, 9 weiter westlich an der südlichen Grenze
des alten Stammes Benjamin, wennnicht mit dem Q'ri 'Efráim zu
lesen und dies mit der Joh. 11, 54 genannten östlichen Stadt zusammenzuhalten ist; alle diese Städte werden dem »Gebirge Efráim«
im weitern Sinne zugeschrieben 2 Chr. 15, 8. Sonst vgl. S. 219 f.
4) jedes Wort und jeder Gedanke in der Rede 2 Chr. 13, 4—13
trägt die eigenthümliche Farbe des Chronikers; und zu der Redensart v. 9 ist deutlich schon die Stelle 1 Kön. 13, 33 das Vorbild.
Übrigens nennt der Chroniker diesen König weder mit 1 Kön. 15,
1—8. 12. böse, noch gut.

die Judäer durch einen klug angelegten Hinterhalt vorn und hinten zugleich angriff, überwanden doch diese, eben in der Noth desto stärker zu Gott flehend, unter den Posaunenstößen der Priester jene und tödteten ihnen 500,000 Mann. Wie frei hier alles in der Darstellung erneuet sei, sieht man schon aus den ganz allgemeinen Zahlangaben.

2. Aber wennauch der zweite König Juda's in einem Kriegszuge einige Vortheile über das Zehnstämmereich davontrug: doch mußte für den Rest des Davîdischen Reiches bald eine Zeit kommen wo es begriff wie unhaltbar seine bisherige Stellung sei. Die Hoffnung die abgefallenen Stämme wieder mit sich vereinigt zu sehen, mußte es immermehr aufgeben je länger sich das nördliche Reich erhielt, vorzüglich seitdem im nördlichen Reiche zwar Jerobeam's Haus gefallen aber statt dessen ein anderes wo möglich noch feindseliger gestimmtes emporgekommen war; und dazu wirkten gewiss in Jerusalem einige große Propheten immer entschiedener und kühner den Einflüssen des Heidenthums entgegen und zeigten wie das Reich nur in einer Rückkehr zu der strengen Aufrechthaltung der reinern Religion im Innern Stärke und Einheit und nachaußen sogar über das Zehnstämmereich eine geistige Überlegenheit gewinnen könne, da dieses von jener sich unvermerkt immer weiter abirren liess. Wir können diese Übergänge zu einer ganz andern Richtung in Juda nicht näher verfolgen: doch erfahren wir von zwei Propheten, 'Azarja Sohn 'Oded's und Chanani, welche damals in Jerusalem erfolgreich in diesem Sinne wirkten [1]. Mehr aber als alles andere bezeugt diese Wendung die Herrschaft des Sohnes des vorigen Königs, Asa's, von welchem die Geschichtswerke einstimmig melden wie er einer dem Wirken der beiden vorigen Könige völlig entgegengesezten Richtung folgte und ganz in Davîd's Wegen zu wandeln sich

---

[1] zwar spricht nur die Chronik davon 15, 1. 8 (wo der vollständige Name Azarja Sohn 'Oded's nach v. 1 herzustellen ist). 16, 7: allein die Chronik hat sicher diese Namen und Personen aus alten Quellen geschöpft, und nur die Farbe der ausführlichern Reden welche ihnen hier in den Mund gelegt werden ist vom Chroniker.

bemühete. Er entfernte möglichst alle Spuren des Heidenthumes aus dem Reiche, welches von seinen drei Vorgängern entweder geduldet odergar befördert war [1]); und damit
scheint es ihm sogleich zu Anfange seiner 41- oder vielmehr (nach S. 432) 47jährigen Herrschaft sehr ernst gewesen zu seyn, da er die Königin Mutter welche für den Hain
der Liebesgöttin einen Phallus gemacht hatte ihrer Würde
entsezte und diesen Phallus zur ewigen Schande zu Asche
gebrannt in die Fluthen des Baches Qidron werfen liess [2]).
Die Weihgeschenke seines vorzeitig sterbenden Vaters, welche die Gözenpriester in ihre Heiligthümer gebracht hatten
oder bringen wollten, liess er zugleich mit seinen in Jahve's
Haus aufnehmen; und stellte den großen Altar im Tempel

---

1) nach 2 Chr. 14, 2—4 entfernte er auch die »Höhen«: allein
15, 17 wird nach den BB. der Könige gesagt dass die »Höhen«
nochnicht abgeschafft wurden. Dasselbe kehrt ebenso bei Josaphat
wieder 2 Chr. 17, 6 vgl. 20, 33. Der Chroniker konnte also etwa
nur denken, diese frühern frommen Könige hätten schon einen Anfang zu ihrer Entfernung aber fast vergeblich gemacht.

2) wie Mose nach Ex. 32, 20 mit dem Ahronischen Gözenbilde
that. Das nirgends sonst vorkommende מפלצת 1 Kön. 15, 13. 2 Chr.
15, 16, welches schon alten Übersezern sehr dunkel war, kann nicht
so allgemein ein Gözenbild, sondern muss etwas diesem Gözendienste
eigenthümliches bezeichnen. Da nun תפלצת Jer. 49, 16 (vgl. ܦܘܚܕ
Ephraemi Opp. T. III. p. 248) Leichtsinn oder Geilheit und Unver-
schämtheit bedeutet, so kann jenes sehr wohl ein heidnischer Name
für den Priapus oder Phallus gewesen seyn, welcher ganz hieher gehört. — Eine schwierige Frage ist dabei wie die Königin Mutter
1 Kön. 15, 10. 13. 2 Chr. 15, 16 [ebenso heißen könne wie die des
vorigen Königs 1 Kön. 15, 2. 2 Chr. 11, 18—22. Denn dass die des
vorigen Königs wirklich Ma'kha Tochter Absalom's hiess, steht besonders durch die lezte ausführliche Stelle sicher: obgleich der Chroniker selbst sie später 13, 2 Mikhaja Tochter Uriel's aus Geba' nennt,
wir wissen jezt nicht durch welche Verwechselung. Durfte man annehmen Asa sei der Bruder des vorigen Königs gewesen, so wäre
die Schwierigkeit gehoben: allein die Überlieferung ist dem entgegen, wieauch die Stelle 2 Chr. 11, 20. Vielleicht also war sie die
Großmutter Asa's, blieb aber in ihrer Würde weil seine eigene Mutter früh gestorben war, ähnlich wie später 'Athalja sich behauptete.

her welcher durch Gözenpriester entheiligt gewesen zu seyn
scheint [1]).

Freilich vermochte Asa durch diese neue Richtung der
Herrschaft des kleinen Reiches Juda nicht sogleich die vielfachen Übel zu entfernen welche es vonaußen drückten.
Nach der Chronik hatte er zweierlei Kriege zu bestehen.
Zuerst zog der Äthiope Zérach mit 1,000,000 Äthiopischen
und Libyischen Streitern zu Fuss und zu Ross und 300 Wagen
gegen Jerusalem heran: Asa war indess nach feststehender
Überlieferung ein sehr tapferer Krieger [2]), und dazu hatte
er nach der Chronik seine Unterthanen vonanfangan zur ächten Religion aufgefordert, aberauch ein wohlversehenes Heer
von 300,000 Mann aus dem Stamme Juda und 280,000 aus
Benjamin in Bereitschaft. So kamen die Feinde zwar bis
Mârêsha auf der südwestlichen Ebene des Landes [3]), aber nicht
weit davon im Thale Ssefáta griff Asa sie an und schlug sie
in die Flucht bis Gerâr am südlichsten Rande Palästina's, eroberte alle die kleinern Städte um diese damals gewiss von
den Philistäern besetzte Stadt, und kehrte mit sehr großer
Beute nach Jerusalem zurück. Hierauf habe (fährt der Chroniker fort) ein Prophet den König und seine Unterthanen sowie die Fremden welche in jenen für Juda so glücklichen
Tagen sich aus andern Stämmen in des Königs Schuz begeben, lebhaft ermahnt allen Gözendienst aufzugeben; und dieser Aufforderung folgend habe das ganze Volk im 3ten Monate des 15ten Jahres der Herrschaft Asa's bei einem feierlichen Feste, wo von der Beute 700 Rinder und 7,000 Stück
Kleinvieh geopfert seien, treue Anhänglichkeit an die ächte
Religion gelobt [4]). Diese ganze Schilderung ist nun zwar,
sofern darin für die Religion Lehren und Muster gegeben
werden, allein dem Chroniker eigenthümlich; wie er auch

1) nach 1 Kön. 15, 15 (zu verbessern nach 2 Chr. 15, 18). 2 Chr.
15, 8.        2) nach dem Auszuge aus den Reichsjahrbüchern
1 Kön. 15, 23.        3) die Stadt lag, wie Robinson II. S. 692 f.
wahrscheinlich macht, etwas östlich von dem spätern Eleutheropolis;
nur ist dann von den Kirchenvätern Moréscheth bei Gath mit ihr
verwechselt.        4) 2 Chr. 14, 1 — 15, 15 vgl. 16, 8.

nach der Sitte seiner Zeit, wo die großen Heere der Perser
bekannt waren, jene hohen Zahlen von beiderseitigen Kriegern erneuet haben mag. Aber desto gewisser ist dass der
Chroniker die Nachricht von jenem Kriegszuge selbst sowie
die Örtlichkeiten des Sieges Asa's aus einer alten Quelle geschöpft haben muss: sodass sich frägt wer der Äthiope Zérach war und was er eigentlich mit diesem Feldzuge gegen
Jerusalem wollte. Man hat nun in neuern Zeiten schon bemerkt dass der Name Zérach eine Ähnlichkeit habe mit Osor-
thôn dem zweiten Könige des 22sten Ägyptischen Herrscherhauses, vorausgesezt dass die Lesart Osorchôn in Manethon's
Listen ursprünglicher ist [1]). Zwar läßt sich dagegen ein-
wenden [2]) dass Zérach in der Chronik nicht wie Shishaq
König Ägyptens noch überhaupt König, sondern schlechthin
„der Äthiope" genannt werde. Doch wissen wir nicht wie
die Erzählung verringert seyn mag ehe sie dem Chroniker
zukam. Und immerhin mag dieser Zug eines Africanischen
Heeres mit jenem ersten Siege Shishaq's über Juda einen
Zusammenhang haben: wenn Juda seit jenem unglücklichen
5ten Jahre Rehabeam's (wie man nicht zweifeln kann) Ägypten' eine Abgabe entrichtete, diese aber von Asa verweigert
wurde, so kann ein Ägyptischer König sehr wohl ein viel-

---

1) der Name Osorkhon ist auf Ägyptischen Königsschilden gefunden, vgl. Rosellini's monumenti storici T. I. P. 2. p. 86 f.

2) besonders Rosellini hat dies eingewandt; und die Stadt Bubast
wovon dies Ägyptische Herrscherhaus genannt wird, lag weitab von
Äthiopien in Niederägypten. Schon vor ihm glaubte *Salt* den Namen Zérach auf den ägyptischen Bauwerken der Halbinsel des Sinai
zu lesen: und wirklich ließe sich fragen ob כּוּשִׁי nicht hier und
2 Chr. 21, 16 mit dem Namen des nordarabischen Volkes Kûshân
(I. S. 417) zusammenhange, also hier etwa bloss einen arabischen
König bezeichne. Allein das Zusammentreffen dieses Namens mit
dem aus der Ägyptischen Geschichte bekannten ist schwerlich zufällig; und ähnlich zählt der Chroniker auch bei Sesonchis' Zuge I. 12,
3 doch vorzüglich nur Äthiopen und andre nicht-Ägyptische Völker
auf, alsob damals wirklich vorzüglich Äthiopische Völker die Stärke
der Ägypter gebildet hätten. Ja imgrunde kommt bei dem unten zu
erwähnenden Tirhaqa zu Hizqia's Zeit ähnliches vor.

leicht besonders aus Äthiopen bestehendes Heer gegen Juda abgesandt haben. Und dies ist auf lange Zeit hin das leztemal dass von einem stärkern Eingreifen Ägyptischer oder Äthiopischer Könige in die Verhältnisse Asiens die Rede ist; Ägypten scheint vonjeztan wieder zuviel mit sich selbst zu thun gehabt zu haben, wiewohl es in Palästina fortwährend gefürchtet blieb [1]).

Ungünstiger wenigstens für die auswärtige Ehre des Reiches verlief der Krieg Asa's mit Ba'sha dem Könige des Zehnstämmereiches, dessen Ausgang oben S. 448 f. gemeldet ist. Asa mußte damals, um sich vor Ba'sha's Drängen zu helfen, alle seit Shishaq's Siege im Schazhause des Tempels sowie des Palastes übriggebliebene oder wiedergesammelte Baarschaften und Kostbarkeiten zusammenraffen um damit die nachdrucksame Hülfe des Damasqischen Königs zu erkaufen. Damals tadelte indess nach der Chronik der Prophet Chanáni dieses Zuhülferufen des Aramäischen Königs, und erregte dadurch in Jerusalem solche Unruhen dass Asa erzürnt den Propheten in's Stockhaus werfen liess und mehere aus dem Volke auf andere Weise bestrafte [2]).

Doch der Wohlstand des Reiches mehrte sich sichtbar während der langen Herrschaft Asa's [3]); und dieser imganzen vortreffliche Fürst erlebte es noch dass das Haus 'Omri im Zehnstämmereiche eine friedfertige Stimmung gegen Juda zu einem seiner ersten Grundsäze erhob. Wir können leider die wichtigeren Ereignisse während der 47jährigen Herrschaft Asa's nicht sicher genug nach ihrer bestimmteren Zeit unterscheiden [4]): aber im allgemeinen ist deutlich dass das Reich

---

1) vgl. 2 Kön. 7, 6. Joel 4, 19.   2) diese Nachricht 2 Chr. 16, 7—10 ist sichtbar aus einer alten Quelle geschöpft: nur die besondere Farbe der Worte des Propheten ist dem Chroniker eigenthümlich und von ihm erneuet. 3) die Städte welche Asa nach dem Auszuge aus den Reichsjahrbüchern 1 Kön. 15, 23 bauete, sollen sicher andere seyn als die dort v. 22 schon genannten zwei von ihm zu Festungen ausgebaueten. Doch scheint der Chroniker 14, 5 f. dabei vorzüglich nur an Festungen gedacht zu haben.

4) der Chroniker gibt zwar mehere Zeitbestimmungen an: zuerst hatte Asa 10 Jahre lang Ruhe 13, 23 vgl. 14, 5 f.; dann kam der

Juda in den spätern Jahren dieser Herrschaft immer ruhiger und glücklicher wurde. Der König Asa selbst litt gegen die Zeit seines höhern Alters viel an Fußkrankheiten. Dass er dabei auch Ärzte um Rath fragte, weist auf eine hohe Bildung hin welche sich damals noch von Salômo's Zeiten her in Juda erhielt: obwohl der Chroniker nach der starreren Ansicht von dem rechten Heilswege welche sich zu seiner Zeit festzusezen suchte, ihm darüber bloss Vorwürfe macht [1]). Er starb in hoher Ehre und wurde sehr feierlich beerdigt.

3. Die lange Herrschaft Asa's bezeichnet also die schöne Mitte dieses Jahrhunderts der Geschichte Juda's, wo dies Reich sich seiner bessern Bestimmung wieder bewußt wurde, wo sich demnach entschied dass eine höhere Kraft zur thätigen

---

Krieg mit dem Äthiopen, und im 5ten Jahre der Herrschaft Asa's ward das große Siegesfest gefeiert 15, 10; nachdem dann Frieden bis zum 35sten Jahre dieser Herrschaft gewesen war, kam im 36sten der Krieg mit Israel 15, 19 f., und im 39sten trat die Krankheit des Königs hinzu 16, 12. Allein wie der Chroniker überhaupt andere Zwecke hat als Zeitbestimmungen nach alten Quellen zu melden, so zeigt sich aus 16, 1 hinreichend dass er an strengere Geschichte dabei nicht dachte: denn im 36sten Jahre der Herrschaft Asa's war Ba'sha nach den ältern Quellen seit meheren Jahren todt. Man könnte versuchen diese Schwierigkeit dadurch zu heben dass man annähme der Chroniker habe hier eine ältere Rechnung nach Jahren des Reiches Juda oder (was dasselbe ist) der Spaltung des Davîdischen Reiches mit den Jahren der Herrschaft dieses einzelnen Königs Asa verwechselt: denn im 36sten Jahre nach der Spaltung konnte das hier erzählte geschehen. Allein noch eine andere Schwierigkeit liegt in den 10 Jahren anfänglicher Ruhe unter Asa, da nach 1 Kön. 15, 16 und 32 (an lezterer Stelle ist wahrscheinlich Nadab fur Ba'sha zu lesen) sowie nach der innern Lage der Dinge der wechselseitige Kriegszustand beider Reiche damals noch fortdauerte, wennauch für gewöhnlich in jedem Jahre nur einige Streifzüge unternommen werden mochten. Von der andern Seite ist es nicht Sache des Chronikers solche Jahresbestimmungen rein zu erdichten, ohne irgend einen Grund dazu zu haben. Das 36ste Jahr 16, 1 scheint also allerdings ursprünglich in jenem verschiedenen Zusammenhange gestanden zu haben; zugleich aberauch scheinen die 10 Jahre 13, 23 (die noch jezt sehr lose stehen) ursprünglich von dem Ende der Herrschaft Asa's gegolten zu haben.                1) 2 Chr. 16, 12.

Förderung der wahren Religion ihm einwohne und eine längere Dauer ihm beschieden sei. Es liegt daher im ebenen Fortschritte der Geschichte dass Asa's Sohn und Nachfolger Josaphat die Herrschaft welche er 35 Jahre alt antrat, 25 Jahre lang bis zu seinem Tode in denselben Grundsäzen fortfuhr. Ein ebenso tapferer Krieger wie sein Vater [1]), dazu unternehmender und kühner als dieser, fuhrte er sogar manches weiter als Asa und wirkte mit gleicher Entschiedenheit sowohl nachaußen wie nachinnen.

Im Innern duldete er wie Asa keinen Gözendienst und suchte alle die Reste desselben zu vertilgen welche sich noch fanden. Es wirkten unter ihm zwei in den Geschichtsbüchern genannte Propheten, Jehu Sohn Chanáni's und Eliézer Sohn Dodajah's [2]): jener, der nach S. 449 fruherhin im Zehnstämmereiche wirkte, mag von dort vertrieben dann in Juda sich festgesezt haben. — Aber Josaphat ging einen wichtigen Schritt weiter, indem er mit großer Sorgfalt lieber die wahren Wohlthaten der bessern Religion dem Volke sóweit zutheilwerden liess als er es als König vermochte. Er bestellte nämlich einmal fähige Männer das Volk überall in der genauern Kenntniss der Religion und Geseze zu unterrichten, fünf der angesehensten Laien, neun Leviten und 2 Priester; diese bereisten jeden auch den kleinsten Ort der Landschaft, um den Segen gehöriger Kenntniss, welchen man freilich zu Jerusalem stets in Überfluss haben konnte, überallhin zu verbreiten. Zweitens sorgte er für gute Richter, stellte den Hohepriester für kirchliche, einen sehr angesehenen Laien für königliche d. i. bürgerliche Rechtsfragen zum Oberrichter auf und gab ihnen Leviten zu Gehülfen, empfahl ihnen aber besonders dringend die strengste Pflege des Rechts [3]). Statt

---

1) 1 Kön. 22, 46 mit andern Zeugnissen.    2) nach 2 Chr. 19, 2. 20, 34. 37.    3) beides nach 2 Chr. 17, 7—9. 19, 5—11. Was in diesen beiden Darstellungen bloss dem Chroniker eigenthümlich sei, leuchtet leicht ein: das Gesezbuch welches die Lehrer hatten 17, 9 war nicht (wie der Chroniker meinen konnte) der jezige Pentateuch, es konnten aber andere alte Gesezeswerke damals gebraucht werden; und die schöne Rede Josaphats über die Rechts-

dass also bisjezt der König allein alle von den Schiedsrichtern nicht geschlichteten Streitsachen entschied, welches nicht ohne viele Übelstände bleiben konnte (S. 224 f.), richtete er jezt ein geordnetes Gerichtswesen ein, und verwandte sein ganzes königliches Ansehen auf ebenso schnelle als gerechte Pflege des Rechtes, welches der eigentliche Zweck der königlichen Aufsicht darüber ist.

Nachaußen war Josaphat angesehen und siegreich. Das ganze Idumäa, welches unter den vorigen drei Königen wahrscheinlich immer eigene Könige wennauch vielleicht zuzeiten in einer gewissen Lehnspflicht gegen Juda gehabt hatte [1]), unterwarf er wieder vollständig bis zum arabischen Meere hin und beherrschte es wie nur irgend früher Davîd und Salômo. Ohne mannichfache Kämpfe war indess dieser Sieg sicher nicht: und von einem der Art hat sich wenigstens in der Chronik ein entfernteres Andenken erhalten. Dies ist die Erzählung von dem wunderbar leichten Siege den Josaphat über die vereinigten Haufen von „Moabäern 'Ammonäern und Völkern vom Berge Se'ir" davongetragen habe [2]). Diese

pflege 19, 6—11 trägt stark des Chronikers Farbe. Dennoch hat der Chroniker den reinen Grund der Erzählung gewiss aus alten Quellen geschöpft; schon die vielen hier angegebenen Namen müssen geschichtlich seyn, der Hohepriester Amarja 19, 11 gehört auch nach 1 Chr. 5, 37 ins fünfte Geschlecht nach Davîd ebenso wie Josaphat der 5te Nachkomme Davîd's ist.     1) allerdings fehlen darüber nähere Zeugnisse, vgl. S. 464 f. Allein die kurze Bemerkung 1 Kön. 22, 48 dass zu Josaphat's Zeit »kein König in Edóm als König (d. i. als wirklicher König) aufgestellt gewesen sei« weist doch darauf hin dass vor ihm in Edóm ein solcher König bestand, wenngleich er bisweilen vielleicht, wie es sogleich wieder unter Jorâm 2 Kön. 3, 12 geschah, in ein gewisses Abhängigkeitsverhältniss zum Könige Juda's trat. Ferner läßt sich sonst nicht absehen warum denn erst Josaphat die Schiffahrt im Arabischen Meere wiederaufzunehmen suchte.     2) 2 Chr. 20, 1—30. Die Einwohner vom Berge Se'ir werden zwar nicht v. 1, aber v. 10. 22 f. genannt, und dass sie hinreichend zahlreich waren erhellt aus v. 23. Demnach ist v. 1 fur das in jeder Hinsicht unverständliche und unrichtige העמונים vielmehr הַמְּעוּנִים zu lesen, vgl. I. S. 322. Zugleich aber ist v. 2 für אֲרָם, da die Aramäer nicht entfernt in den Sinn

Feinde waren schon in die südöstliche Grenze Juda's eingefallen und diesseit des Todten Meeres bis 'Aengedî gekommen, als Josaphat erst von der dringenden Gefahr benachrichtigt wurde und ihr zu begegnen die nöthigen Anstalten
treffen konnte. Doch schnell gefaßt zog er in Jerusalem
sein Heer zusammen, während ihm hier noch vor dem Auf-
bruche ein bei der Feierlichkeit im Tempel plözlich begeisterter Levit Jachaziel [1]) göttlichen Sieg verkündigte. Rings
um 'Aengedî ziehen sich zunächst steile Anhöhen und jäh-
abstürzende Felsen hinauf; dann beginnt westlich davon auf
dem geraden Wege nach Jerusalem eine weite Wüste, welche damals südlich die „Wüste von Jerûel“, dann weiter
nördlich von dér Stadt südöstlich von Jerusalem welche sie
nach dieser Richtung hin begrenzte die „Wüste von Theqôa‘“ genannt wurde [2]). Als nun die Feinde eben an der
Stiege Haßîß hinanstiegen und schon nach deren Überstei-
gen am Ende des Gebirgskammes der Wüste Jerûel gegenüberstanden, während Josaphat durch die Wüste Theqôa's
rasch heranrückte, glaubten sich plözlich die Moabäer und
'Ammonäer von den (auch sonst vonjeztan als hinterlistig
vielgenannten) Idumäern irregeführt, fielen über sie her, und
veranlaßten ein só allgemeines Blutbad dass Josaphat mit

---

und die Worte dieser Erzählung gehören, אָדָם zu lesen; obwohl
schon die LXX jene Lesart hatten.         1) von den v. 14 genannten vier Vorahnen dieses Jachaziel kennen wir aus 1 Chr. 25,
16 noch den ersten, Mattbanja, als zu David's Zeit lebend und zum
Geschlechte Asaf gehörend: alles das stimmt nun (da auch Josaphat
in das vierte und fünfte Geschlecht nach Davíd gehört) richtig zusammen, und wir finden auch darin ein Merkmal der Geschichtlichkeit dieses Ereignisses.         2) dies alles nach v. 2. 16. 20 vgl.
v. 26. So genaue örtliche Beschreibungen muss der Chroniker aus
alten Quellen geschöpft haben; auch die Erklärung des חצצון תמר
durch den Namen 'Aengedî, welche weiter nicht vorkommt, weist
auf eine ältere Quelle hin wo bloss jener Name stand. Vielleicht
hat sich der Name הציץ LXX Ἀσσεις in dem des heutigen Wâdi
Husása erhalten, welchen Robinson II. S. 482 ff. beschreibt als sich
südöstlich von Theqôa' hinziehend; denn dass das ה darin vom Artikel komme ist nicht nothwendig.

seinem Heere bei diesem Orte anlangend fast ohne Mühe
den glänzendsten Sieg errang und mit reicher Beute zurückkehren konnte. Es ist nicht auffallend dass man im Heere
Josaphat's diesen Sieg bösen Geistern zuschrieb welche von
Jahve aufgestellt seien die bunten Heere der Feinde zu verwirren und in das gegenseitige Blutbad zu stürzen [1]); sowie
dass der Chroniker an diesem Beispiele zeigt wie ein frommer doch kriegerischer König wie Josaphat sich zum Kampfe
vorbereiten müsse und wie ihm himmlische Mächte zum
Siege entgegenkommen können [2]). An einem geschichtlichen
Grunde aber der Erzählung zu zweifeln liegt keine Ursache
vor: vielmehr hiess das Thal wo der Sieg errungen war
noch später das „Segensthal" [3]); und wenn gewiss kaum ein
halbes Jahrhundert später Joel das künftige Entscheidungs-
feld „das Thal Josaphat's" nennt, so muss ihm ein großer
Sieg Josaphat's die Veranlassung gegeben haben nach dem
Thale wo jener König gesiegt das des künftigen großen Sieges zu benennen [4]). Auch können wir annehmen dass jener

---

1) die מְאָרְבִים »Nachsteller« welche Gott nach v. 22 gegen die
Feinde richtete, können nach dem Zusammenhange nur eine Art böser Geister seyn, wie ja der Name Satan selbst eine ähnliche Bedeutung hat; v. 23 enthält erst die irdische Ausführung zu der himmlischen Zurüstung v. 22.         2) wiefern die ganze Erzählung die
Farbe des Chronikers trage, ist leicht einzusehen: aber wenn nur
wer sich absichtlich verblenden will verkennen kann dass dér Josaphat welcher hier geschildert wird ein von dem 1 Kön. 22. 2 Kön. 3
geschilderten ziemlich verschiedener ist, so ist es von der andern
Seite ebenso unrecht den geschichtlichen Grund der Erzählung zu
läugnen. Das 2 Kön. 3, 23 f. erzählte Ereigniss läßt sich mit dem
hier erzählten in keiner Weise so zusammenstellen, alsob der Chroniker nach jener Erzählung seine eigene gebildet hätte.
3) 2 Chr. 20, 26. Das Thal lag wohl östlich von der Stadt Ca-
phar Barucha nordöstlich von Hebron (s. Rel. Pal. p. 685), und in
der Nähe haben auch die neuesten Reisenden ein Vâdi Beraikût gefunden.         4) Joel 4, 2. 12. Die Anspielung auf den Sinn des
Namens Josaphat's »Gott richtet« kommt bei Joel erst hinzu; keineswegs aber läßt sich annehmen der Prophet habe den Namen an
sich ohne Ursache wählen können oder ihn gar nur bildlich verstanden. Wenn man übrigens schon zur Zeit der KVV. (s. das Ono-

Sieg in den Anfang der Herrschaft Josaphat's gehöre [1]) und weiter zur völligen Unterwerfung Edóm's geführt habe: denn zwar befreite sich Moab erst nach Ahab's Tode, und es hatte eigentlich nicht gegen Juda sondernnur gegen Israel zu kämpfen, doch können sich Streifheere aus Moab und 'Ammon schon damals mit Edóm vereinigt -haben.

Nachdem Josaphat Edóm völlig unterworfen hatte, lag es ihm nahe von seinem Hafen 'Eßjongéber aus (s. oben S. 346) die unter Salômo so ergiebige Schiffahrt nach Ofír wiederaufzunehmen. Er that dies wirklich gegen die spätern Jahre seiner Herrschaft hin: aber nachdem er gewiss mit vielen Mühen und Kosten (denn die Beihülfe der Phöniken wird nicht erwähnt) eine Flotte großer Schiffe hatte bauen lassen, wurde diese vielleicht mit durch die Unvorsichtigkeit der Schiffer noch im Hafen durch Stürme zertrümmert. Hierauf bot ihm zwar Achazja Ahab's Sohn, welcher wie Ahab mit den Phöniken in engeren Verhältnissen stehen mochte, eine Theilnahme an den Kosten und dem Gewinne der Schiffahrt an: allein er wollte nicht darauf eingehen; und die bald folgende unglückliche Herrschaft seines Sohnes Jôrâm machte außerdem allen solchen Entwürfen ein Ende [2]).

---

mast.) das Thal östlich vom Tempel Josaphat naunte, so war das wohl bloße Folgerung aus Joel 3, 5. 4, 16: wenigstens wissen wir sonst nicht dass dies Thal schon vor Joel nach Josaphat genannt wurde.

1) nach der Stellung dieser Erzählung in der Chronik könnte man freilich vermuthen der Tod Ahab's 2 Chr. 18 müsse vorangegangen seyn: allein der Chroniker stellt offenbar hier nur nach seinen verschiedenen Quellen die einzelnen Erzählungen zusammen, gibt auch keine eigentliche Zeitbestimmung.  2) 1 Kön. 22, 49 f. Der Chroniker 20, 35—37, welcher überall jede Annäherung an das nördliche Reich aufs strengste rügt, stellt die Zetrümmerung der Schiffe als göttliche Strafe für eine wirklich zustande gebrachte Verbindung der beiden Könige wegen der Schiffahrt dar. Allein es liegt kein triftiger Grund vor die bestimmte und geschichtlich leicht erklärliche Aussage des ältern Buches zu verwerfen, da die vom Chroniker v. 37 einem Propheten jener Zeit in den Mund gelegten Worte der Farbe der Rede nach allein auf den Chroniker selbst zurückgehen.

Troz dieses vereitelten Unternehmens blühete der Wohlstand Juda's unter Josaphat mehr als je seit Salômo's Zeiten. Die Philistäer brachten wieder Huldigungsgeschenke, und die seit Edóm's Unterwerfung schuzloser gewordenen Arabischen Stämme an der Grenze entrichteten jährlich Abgaben von ihren Heerden. Der König bauete sogut Handelsstädte wie Festungen, und beförderte überall starken Verkehr [1]). Nach einer aus jener Zeit erhaltenen Bevölkerungsliste lebten unter ihm in runden Zahlen 780,000 Waffenfähige d. i. wohl ursprünglich überhaupt männliche Einwohner von Juda und 380,000 von Benjamîn, und zwar in 5 Landschaften in welche damals das Reich eingetheilt war [2]).

### *Zustand des Volkes und des Schriftthumes in Juda.*

Auch in dem gesammten Zustande des Volkes sowie des Schriftthumes zeigen diese Zeiten des Reiches Juda noch eine schöne Nachblüthe der Davîdischen. Die heidnischen Bestrebungen welche in den lezten Zeiten Salômo's und in den nächsten nach ihm das Licht des Davîdischen Reiches getrübt hatten, wurden während der sehr langen Herrschaft Königs Asa gelähmt, und blieben unter Josaphat machtlos; auch das Beschneiden der stolzen Kräfte selbst, welche unter Salômo die Adern des Reiches aufs üppigste durchströmten, diente es nocheinmal zu der Gesundheit seiner ursprünglichen beschränkten aber kernhaften Zustände zurückzuführen. So ward denn das ganze Volk mit seinen mannhaften Königen Asa und Josaphat nocheinmal von dem reinen Feuer des stärksten Vertrauens auf alle die geistigen Güter der wahren Gemeinde durchglühet; und während die Davîdisch-Salômonische Kunstthätigkeit in dem kleinern Reiche ungestört

---

1) alles nach 2 Chr. 17, 5. 11—13. 18, 1.      2) zwar geht auch in der Stelle 2 Chr. 17, 14—19 die Darstellung unverkennbar allein auf den Chroniker zurück, allein der Grund dieser Angaben selbst ist sichtbar geschichtlich und man kann diese aus den Reichsjahrbüchern ableiten. Solche Angaben älterer Quellen über die männliche Bevölkerung mögen dann den Chroniker auch sonst geleitet haben wo er das Heer des Reiches aufzählt, wie S. 467 und S. 469.

sich herrlich fortentwickelte soweit es die gedrücktere Zeit-
lage erlaubte, scheint auch der Geist einfach kräftiger Religion dauernd in sein Herz zurückzukehren und ihm den
möglich besten Ersaz für die erlittenen Verluste zu geben.

Von einem solchen im Volke herrschenden Geiste zeugen die Schriften welche allen Spuren zufolge in jenem Jahrhunderte entstanden sind. Zwar hat sich nur weniges daraus erhalten, und dieses wenige ist etwas schwer erkennbar
in Büchern versteckt welche erst später gesammelt oderauch
vielfach umgearbeitet sind. Doch leuchtet einiges noch in
genug klarem Glanze.

Erhalten haben sich einige der herrlichsten Lieder welche
in jenen Zeiten entstanden seyn müssen: die zwei Ps. 27 u. 23 [1])
welche von einem durch kriegerische Unruhen von Jerusalem
entfernt gehaltenen, aus der Ferne mit unendlicher Sehnsucht
sich der heiligen Ruhe des Tempels erinnernden Könige gedichtet sind, ganz so wie wir uns den ebenso frommen als
ritterlichen Asa bei seinen vielfachen Kriegsnöthen leidend
kämpfend und dichtend denken können; Ps. 20, welches Lied
bei dem feierlichen Tempelopfer eines in den Krieg ziehen-
den Königs von Gemeinde und Opferpriester gesungen wurde,
während wir noch an einem deutlichen Zeichen wahrnehmen
dass der König nicht wohl ein anderer als Asa seyn konnte [2]);

---

1) nur ergibt sich bei genauester Betrachtung Ps. 27, 7—12 als
ein anderes Lied und zwar eines aus späterer Zeit; der Abstand
zwischen v. 1—6. 13 f. und v. 7—12 in Sprache Kunst Gedanken
und Zeitalter ist sehr gross, indem v. 7—12 mit Ps. 5 und den diesem verwandten Liedern zusammengehört, als der ganze Kampf des
Volkes mehr nachinnen gekehrt war und die Treuen durch ihre eigenen Brüder aufs furchtbarste zu leiden hatten. Läßt man v. 7—12
aus, so zerfällt Ps. 27 ebenso wie das ihm in jeder Hinsicht ähnliche Lied Ps. 23 in 2 Strophen zu je 3 Versen mit einer hier hin-
zukommenden Schlußstrophe: während Ps. 27, 7—12 in 2 Strophen
zu je 3 Versen sich theilt. Sogross nach jeder Seite hin die Ähnlichkeit von Ps. 27, 1—6. 13 f. und Ps. 23 ist, ebenso stark trennt
sich von beiden Ps. 27, 7—12: in welchen Fällen es immer am besten ist keinen gezwungenen Zusammenhang herstellen zu wollen.
Übrigens vgl. *Jahrbb. der B. w.* V. 2) weil Ps. 20 einen

ferner das Lied 1 Sam .2, 1—10 in welchem ein König, etwa
Josaphat, nach einem über stolze Heiden, welche das Reich
Juda leicht zerstören zu können gemeint hatten, erfochtenen
Siege seine Gefühle ergießt, durch den Sieg nicht hochmü-
thig sondern nur auf die göttlichen Wahrheiten aufmerksam
und auf sie stärker hinweisend geworden. Alle diese Lieder athmen noch den ächten Geist der alten Religion, das
ungebrochene starke Vertrauen auf Jahve, unddas vornehmlich in den großen Volksangelegenheiten und Kriegen gegen
die Heiden, auch nichtbloss auflodernd im Feuer außeror-
dentlicher seltener Erhebungen, wie auch später noch ein
solches Feuer sich bisweilen rasch entzündete, sondern mehr
als ebenmäßige Gesinnung des ganzen Lebens. Noch hatte
der Widerstreit der Ansichten und Bestrebungen in Juda sich
weniger gegen sein eigenes Innere gekehrt, und noch blickte
alles auf den eben lebenden Gesalbten Jahve's als den festesten Hort des volksthümlichen Lebens. Dem Inhalte nach
sind diese Lieder die nächsten kräftigen Reiser des Davîdischen Stammes; der Kunst nach stehen sie meist noch höher
als die Davîdischen, und gleichen an Glätte und Zierlichkeit
vielmehr dem S. 359 erwähnten Salômonischen.

Von rein prophetischen Schriften dieses Jahrhunderts hat
sich jezt nichts erhalten, obwohl damals einige große Propheten auch in Juda thätig wirkten und der alsbald nachher
blühende Joel sicher nicht der erste war welcher solche
Schriften verfaßte (s. unten). — Wie herrlich aber damals
die Geschichtschreibung sich weiter entwickelte, und wie sie
immer stärker von dem jene Zeiten so gewaltig bewegenden
prophetischen Geiste durchdrungen wurde, zeigt sich außer
anderen an dém großartig angelegten Werke welches wir
das ältere oder das prophetische Königsbuch nennen und
welches eine Hauptgrundlage der jezigen Königsbücher ist.
Es ist zwar erst einige Zeit später, nachdem Jehu eine so

König ohne Wagen und Rosse zum Kriege voraussezt, die doch Josaphat nach 1 Kön. 22, 4. 2 Kön. 3, 7 hatte. — Auch solche Lieder
wie Ps. 6. 13. 30. 41 sind wohl nicht jünger.

gewaltige Veränderung herbeigeführt, geschrieben [1]); und hat
daher auch dén Zweck zu zeigen wie alle die Königshäuser
des Zehnstämmereiches bis auf Jehu eines nach dem andern
fallen mußten, weil sie alle nachdem sie die Gewalt erlangt
diese mißbrauchten. Aber seinem Sinne nach gehört es noch
ganz in dieses Jahrhundert, und stellt uns aufs lebendigste
theils das starke Gefühl der Würde und Kraft des ächten
Königthumes theils den altprophetischen Geist dar wie er
noch in Elia und Elisha' lebte. Und zugleich strahlt aus
diesem Werke der noch so reine und starke Kunstsinn hervor welcher jene Zeiten auszeichnet und der sein Wirken
in der Art der Erzählung nicht minder als in der Dichtung
offenbart.

### Bildung der Messianischen Hoffnung. — Neue Gefahr Juda's.

Doch die tieferen Gebrechen an denen, das Reich litt,
konnten auch durch solche Könige wie Asa und Josaphat nicht
gehoben werden. Während das Reich unter Asa noch ganz
im Geiste seiner alten Religion die stärksten und geduldigsten
Anstrengungen machte sich zu seiner früheren Größe wieder-
zuerheben, ward es dennoch nicht wieder ein Davidisches;
neben ihm erstarkte vielmehr auch das Zehnstämmereich allmälig unter der Leitung des Hauses 'Omri, von einer Herrschaft über die fremden Völker' ringsum die Berge Juda's
waren kaum wenige Bruchstücke, von einer Davidischen
Weltherrschaft nur die Erinnerung geblieben. Ja das ganze
so zusammengeschmolzene Reich konnte sich sichtbar nur
mit großer Anstrengung und Mühe aufrecht erhalten, rings
umgeben von sovielen feindseligen Völkern denen es nun
nach dem Falle der großen Davidischen Macht eine leichte
Beute schien und die entweder überhaupt alle wahre Religion wie sie in Israel herkömmlich war oderdoch die in diesem Überbleibsel eines Davidischen Reiches sich besonders
ausbildende haßten. Dazu gährte im Inneren des Reiches,
zuzeiten durch weise Herrscher mehr oder weniger gedämpft,

---

1) s. I. S. 188; dass der Verfasser ein Judäer war, folgt aus Anzeichen wie 1 Kön. 12, 19. 2 Kön. 3, 14.

doch seinen tiefsten Ursachen nach unstillbar jener Widerstreit zweier ganz verschiedener Richtungen fort welcher
nach S. 424 f. sein treibendes Leben ebensosehr wie sein töd-
liches Verderben, werden konnte, die Leere aber und Hülfs-
losigkeit, der Gegenwart nur desto offener aufdeckte.

Und doch konnte dieses so tief gesunkene Reich weder
seine einstige Mosaische und Davîdische Herrlichkeit vergessen noch das Bewußtseyn seiner einzigartigen höheren Bestimmung je ganz verlieren; vielmehr mußte dies Bewußtseyn desto tiefer erregt und desto glühender angefacht werden jemehr die Unglücksschläge seit der Spaltung des Davîdischen Reiches seinen menschlichen Stolz gebrochen und
wenigstens die tieferen Geister immer schärfer allein zum Erfassen und Festhalten des Ewigen in ihm hingetrieben hatten.
So sproßte denn in dieser Enge und Schwüle unvermerkt
eine Aussicht und Hoffnung welche weil durchaus richtiges
und nothwendiges in sich schließend einmal klar aufgefaßt
und ausgesprochen nie wieder bis zu ihrer eignen Erfüllung
sich verlieren konnte und immer mehr das verborgene bessere Leben dieser ganzen weiteren Geschichte wird. Dies
ist die Hoffnung dass das Gottesreich, wie es damals schon
längst in Israel bestand und einst unter Mose und Davîd
schon etwas kräftiger auf Erden geherrscht hatte, troz aller
schweren Störungen und Hemmungen die es jezt erfahre,
sich dennoch sicher vollenden werde. Sofern das Gottes-
reich in Israel nur als dás der wahren Religion gedacht werden kann, ist die Hoffnung seiner Vollendung die der Vollendung der wahren Religion, alsoauch die der Vollendung
der Frucht dieser, des göttlichen Heiles durch die volle Herrschaft des Rechtes; und sofern die Hemmungen und Störungen jezt so gewaltig geworden sind, ist es die Hoffnung auf
das sichere Kommen éines großen alles entscheidenden Ge-
richtstages. Diese Hoffnung wie sie jezt zum erstenmale
solchem Boden entsproßt ist noch sehr einfach, nur auf die
große Hauptsache selbst rein gerichtet: sie frägt nochnicht
wie der Mensch und welcher Mensch sie ammeisten verwirklichen solle, ist also nochnicht die bestimmtere *messia-*

*nische* die sie .später wird; sie begreift. nur dass die Menschen wie sie jezt sind sie nicht verwirklichen können, sezt
. also Jahve den ersten Stifter des Gottesreiches auch noch
ganz allein als dessen einstigen sichern Vollender, und eine
neue ,früher noch nie erlebte Belebung des göttlichen Geistes in Israel als das Mittel. Aber von der Erfahrung wirklicher Bedürfnisse und der Leiden der Gegenwart ausgehend
fordert sie dass zunächst das Davîdische Reich wiederhergestellt werde, ahnet dass dieses nicht ohne Krieg werden
könne, sezt aber dem Triebe wahrer Religion gemäss allein
göttlichen Frieden als das lezte und ewig bleibende, und
schauet alle Völker der Erde dann wetteifernd im Frieden
nach Jerusalem wandernd um hier das Walten und den Segen der vollendeten wahren Religion kennen zu lernen; der
unvergängliche Segen des Waltens ächten Königthumes und
dass dieses Segens Trieb in Davîd's Stamme ruhe, die Herrschaft also eben in ihrer Vollendung wieder an David's Haus
kommen müsse, bildet dabei ihren zweiten ebenso tiefen ruhenden Grund. Nur in Juda konnte diese Hoffnung sprossen, weil die gerade Fortbildung alles des Tiefsten und Ewigsten Israels nur in diesem nicht so wie im Zehnstämmereiche
abgebrochen war: denn eben aus der geradesten Forterhaltung des unsterblichsten und besten Lebens Israels sproßte
sie. Aber in Juda mußte sie nothwendig dem zitternden
Boden dieser Zeit entkeimen, sobald durch die Spaltung des
Davîdischen Reiches (wie oben gezeigt) das innerste Leben
Israels als des Volkes der wahren Religion selbst bedroht
war, sodass diese entweder auf der ganzen Erde wieder
vergehen oder mit ganz neuer Kraft und Entschiedenheit sich
zu ihrer eignen Vollendung wennauch vorläufig nur erst hoffend und denkend und sehnend sich erheben mußte. Darum
ist es auch ziemlich gleichgültig wer sie in Juda zuerst bestimmter aussprach: zur Zeit Joels welcher gegen das Ende
dieser Zeit blühete war sie schon längst von großen Propheten verkündigt [1]), und gewiss drang sie gerade im Anfange dieser Zeit am gewaltigsten durch.

1) nach Joel 3, 5 und der ganzen Haltung und Art aller Worte

Doch das wirkliche Leben kann nie von bloßer Hoffnung bestehen, zumal wo diese noch so in ihren ersten Anfängen und Kräften liegt wie damals die Messianische in
Juda. Im lebendigen Gefühle der drängenden Übel der Zeit
faßte König Josaphat jezt vielmehr den Entschluss die un-
nüzen Kriege gegen das Bruderreich durch ein beiden Reichen vortheilhaftes Bündniss zu beendigen und damit eine
Quelle zunächst drückender Übel zu verstopfen. So hielt er
wirklich mit den Königen des Hauses 'Omri die aufrichtigste
und thätigste Freundschaft, und zog oft mit ihnen in den
Krieg. Die alten Feindschaften beider Reiche schienen endlich, da jedes begriff dass es das andere nicht bewältigen
könne, einem weit nüzlicheren Frieden fürimmer zu weichen.
Allein der tiefere Gegensaz beider konnte sich durch den
bloßen Willen der Herrscher nicht heben, selbst wenn alle
Herrscher immer so gut gewesen wären wie Josaphat: was
doch keineswegs der Fall war. Die sehr abweichenden heidnischartigen Richtungen des Zehnstämmereiches fanden durch
das Bündniss unwillkührlich auch in Juda Eingang, wo nach
S. 424 f. stets eine ihnen günstige wennauch in den lezten Zeiten sehr gedrückte Partei sich erhielt. Und indem der gute
Josaphat seinen Sohn und Nachfolger Jôrâm mit Ahab's Hause
weiter gar durch eine Heirath eng verband, ahnete er gewiss
nicht welches Unheil durch diese Ahab's Tochter 'Athalja [1])
über sein Haus gebracht werden solle. So entsteht plözlich
gegen alles menschliche Erwarten eine ganz neue schwere
Gefahr für Juda's Bestand selbst: die Geschichte des Königshauses Juda's verknüpft sich vonjeztan immer enger mit der
des Hauses 'Omri; und jenes wird bald genug nach Josaphat's Tode in den furchtbaren Sturz mitfortgerissen welcher
dieses ereilte. Um aber die große Umwälzung zu verstehen

---

die wir noch von Joel haben (s. unten); außer Joel finden wir jezt
als älteste Messianische Weissagung 1 Kön. 11, 39.

1) oder *Gotholia* nach Hellenistischer Aussprache. Sie heißt 'Omri's
Tochter 2 Kön. 8, 26: dies ist aber nach v. 18. 27 sowie nach der
Sache selbst näher zu beschränken, und insofern ein lehrreiches Bei-
spiel für ähnliche Fälle.

welche den Schluss dieser ganzen ersten Wendung der Geschichte beider Reiche herbeiführt, müssen wir zuvor die
Entwickelung der andern Selbstmacht welche auf das stärkste
zu jener mitwirkte, der prophetischen nämlich, und besonders das Wirken des größten Propheten dieses ganzen Jahrhunderts ja des Zehnstämmereiches überhaupt näher betrachten.

### 3. Das Wirken Elia's und seiner Nachfolger.

Bei Elia's Wirken sowie bei dem seines Nachfolgers
Elîsha' erweitert sich plözlich der sonst so eingeengte Fluss
der jezigen Erzählungen über jene Jahrhunderte, und es steigen in aller Anschaulichkeit die wunderbarsten Gestalten wie
aus einer geheimnißvollen Tiefe vor unsern Blicken empor.
Und dabei tritt uns besonders Elia's Erscheinung desto wunderbarer entgegen, je abgebrochener die ganze Erzählung
vom Wirken dieses Helden in dem jezigen Geschichtsbuche
sich eröffnet: sodass sein erstes Auftreten in der Geschichte
fast ebenso einzig und unerklärlich scheint wie sein leztes
Verschwinden.

Wirklich kann an der Wunderbarkeit des gesammten prophetischen Wirkens Elia's kein Zweifel seyn: der ganze Fortgang der Geschichte zeigt dies schon stark genug, da dieser
Mann allein und durch nichts als seines Geistes und Wortes
Kraft das ungeheure Wunder einer völligen Veränderung der
damaligen Lage des Zehnstämmereiches vollbracht hat. Und
hätte er nicht das außerordentlichste gewirkt und hätten nicht
sogleich die Zeitgenossen in ihm die Thätigkeit einer wunderbaren Kraft erfahren und erkannt, so würden alle die
jezigen Erzählungen über ihn nicht entstanden seyn und die
Erinnerungen von seiner Erscheinung nicht jene durchaus
eigenthümliche Farbe erhalten haben in welcher sie jezt sich
verewigt haben. Wie großes auch jezt von ihm erzählt wird,
doch können alle Erzählungen nur ein schwaches Bild der
ursprünglichen Größe und alles besiegenden Kraft dieses
größten prophetischen Helden des Zehnstämmereiches geben,
eben weil sie uns immer nur einzelnes und weniges vorfüh-

ren woraus wir erst auf das ganze wahre Wirken eines solchen Helden zurückschließen müssen.' Ebenso gewiss war sein Nachfolger Elisha' ein großartig wirkender Prophet: doch erscheint er in allen Erinnerungen wieder niedriger stehend als sein Meister, obgleich sich über ihn noch mehr einzelne Erinnerungen erhalten haben als über jenen. Es kommt also nur darauf an die eigenthümliche Größe und wahre Kraft dieser Prophetenhelden aus allen geschichtlichen Spuren so richtig als möglich wiederzuerkennen.

### Elia und seine Zeit.

1. Elia stammte aus Thisbi, einem uns sonst unbekannten Orte in Gilead [1]: er war also aus einer Gegend welche nach S. 448 f. 453 schon früh die Leiden des Zehnstämmereiches tief erfuhr. Wir sehen ihn überall nur das Zehnstämmereich als das Feld seiner Thätigkeit betrachten: dieses allein ist ihm Israel, und an Juda denkt er sowie er geschildert wird garnicht. Auch darin ist er noch ein alter Prophet und von solchen spätern welche schon alle Hoffnung auf dieses Reich aufgeben mußten wie Hosea, sehr verschieden.

An einer Fülle von Propheten fehlte es seit Samûel's Zeiten im Volke Israel nie; und im Zehnstämmereiche wurden sie vielen Zeichen nach desto zahlreicher jemehr dies Reich durch seine Entstehung selbst auf die stärkste prophetische Mitwirkung angewiesen war und je stärker dann nochdazu die wachsende Willkühr der Könige die Thätigkeit der Propheten reizte und spannte. So kamen bei wichtigeren Veranlassungen z. B. wenn ein Kriegszug beschlossen werden

---

1) nach der jezigen Punctation 1 Kön. 17, 1 würde er ein fremder Insasse Gilead's gewesen seyn: allein wahrscheinlicher ist hier mit den LXX מִתִּשְׁבֵּי »aus Thisbi in Gilead« zu lesen, wie auch Fl. Josephus seine Geburtsstadt dahin verlegt. Denn ein anderes Thisbe lag wahrscheinlich in Galiläa, wenn Tobit 1, 2 so und nicht nach der andern Lesart Θιβή zu lesen ist. — Der volle Name des Propheten ist Elijâhu, daher bei den LXX die nur zu flüchtige Aussprache 'Ηλιου.

sollte, einige hunderte von Propheten in Samarien zusammen, alle bereit ihren Spruch und ihre Ahnung über die dunkle Zukunft zu enthüllen [1]). Sofern diese Propheten in dem nun längst bestehenden Zehnstämmereiche wirkten wo Jahve nach S. 437 ff. unter einem Bilde verehrt wurde, standen sie gewiss größtentheils in keinem starken Gegensaze gegen diesen Bilderdienst, sondern ließen ihn im Volke ebenso fortbestehen wie wir jezt etwa in der Römischen Kirche auch die besser unterrichteten den Bilderdienst ertragen sehen. Es erhellt aus keinem einzigen Merkmale dass Elia und seine Schule gegen diesen Bilderdienst etwa so wie später Hosea mächtig ankämpfte: vielmehr zeigt sich das Gegentheil davon da wo diese Schule ihren lezten Zweck erreicht, nämlich bei der neuen Feststellung der Reichsverfassung durch Jehu [2]). Sonstige Unterschiede bildeten sich unter diesen vielen Jahveprophoten allerdings früh aus: es gab hunderte die man beschuldigte bloss dem herrschenden Könige zu Gefallen zu reden, sehr wenige welche den unbescholtenen Ruf der Wahrhaftigkeit hatten [3]); und was sich im Reiche Juda erst später völlig ausbildete, dass das Prophetenthum nämlich in sich selbst immermehr entartend vorherrschend zu einem bloßen Handwerke herabsank, das ist im Zehnstämmereiche in welchem alles rascher der Entartung und dem Ende zueilte offenbar schon im ersten Jahrhunderte seines Bestehens hervorgetreten.

Nun aber trat in den ersten Jahren der Herrschaft Ahab's wie gewiss früher schon unter 'Omri die königliche Begünstigung des Heidenthumes hinzu; Priester und Prophe-

---

1) vgl. die lehrreiche Schilderung 1 Kön. 22, 5—28: nichts kann für die Kenntniss des gesammten Zustandes jener Zeiten in dieser Hinsicht unterrichtender seyn als diese sichtbar auf eine alte Quelle zurückgehende Erzählung.       2) 2 Kön. 10, 31: wo die Einkleidung vom deuteronomischen Verfasser, die Sache selbst aber um die es sich hier handelt rein geschichtlich ist. Dass Elia fursich dem Bilderdienste günstig gewesen, wird nicht entfernt behauptet: man sieht vielmehr aus 1 Kön. 18, 30—38 wie man sich ihn immer als des Bildes nicht bedurfend dachte. Behauptet wird aber dass man zu seiner Zeit hieruber im Zehnstämmereiche nicht stritt.

3) 1 Kön. 22, 8—14. 19—23.

ten Báal's wurden in Menge angestellt. Dadurch mußten,
wie oben gezeigt, in diesem Reiche weit mehr als in Juda
die heftigsten Zuckungen entstehen; die Jahvepropheten, vorher unter sich gespalten, mußten nun plözlich sich gegen
die Befehle und Absichten des Königthumes vereinigen: und
kaum mögen einige Jahre der Herrschaft dieses Königs verflossen seyn als der Streit so unentwirrbar geworden war
dass er von seinem Weibe Izébel verleitet die gewaltsame
Vernichtung aller Jahvepropheten befahl [1]), welches für den
ganzen Bestand der alten Religion in diesem Reiche desto
gefährlicher war jemehr die Propheten hier nach der Ver-
jagung der Leviten die einzigen festen Stüzen derselben waren; daher auch die Zerstörung der Altäre Jahve's damit verbunden wird. Dieser königliche Befehl mag nun wohl bei
den Frommen auf manchen stilleren oder lauteren Widerstand gestoßen seyn: wie wir von einem sehr angesehenen
Hofbeamten, dem königlichen Hausmeier 'Obadja, lesen er
habe hundert dieser Propheten je zur Hälfte in zwei Erd-
höhlen verborgen und ihnen hier fortwährend Lebensunterhalt zugesandt [2]). Aber nur éiner war es der dem Könige
in dieser tiefsten Noth mit der wunderbarsten Kraft und dem
unerwartetsten Erfolge widerstand, ihm widerstand nicht durch
äußere Waffen aber durch die eine Waffe welche wenn sie
einmal wirkt die unwiderstehlichste ist, den Geist: dieser
éine war der Prophet Elia. Er allein trat in der schärfsten
Verfolgung, während schon alles sich beugte oder sich ver-
steckte, frei und offen zur Vertheidigung der Wahrheit dessen auf „vor dem er stehe" [3]) d. i. dem er diene, der ihm

---

1) welche wichtige Nachricht jezt nur beiläufig erscheint 1 Kön.
18, 4. 13. 22. 19, 10. 14. 2 Kön. 9, 7 vgl. 2 Kön. 3, 13.

2) auch dies nur beiläufig 1 Kön. 18, 4. 13. Die LXX sprechen
diesen Namen überall kürzer aus Ἀβδίας.          3) dies ist die
eigenthümliche Redensart Elia's und Elischa's 1 Kön. 17, 1. 18, 15.
2 Kön. 3, 14. 5, 16: sie ist ihnen ebenso eigen wie Mose'n eine andere (II. S. 212), verliert sich aber wieder nach ihrer Zeit völlig aus
dem Munde der Propheten; und man braucht nur etwas darüber
nachzudenken um zu sehen welches große Bewußtseyn aberauch
welcher ungeheure Anspruch in ihr liege.

also allein zu befehlen habe, dessen Wort und dessen Befehl er gegen alle Menschen ohne Unterschied vertreten müsse; er redete und wirkte so vor allem Volke wie vor dem Hofe und Könige, und wenn man ihn fassen und gefangen nehmen wollte, stets war er unerreichbar, vom Geiste wie von einem starken Winde in eine Höhle oder Schlucht odergar in ein anderes Reich und fernes Land getragen wohin ihm niemand folgen konnte [1]); aber kaum hielt man ihn für verloren, so erschien er wie vom Sturme herangetragen mit seiner Feuerkraft und Feuerzunge überall wieder als derselbe unerschütterliche Vertheidiger des wahren Gottes und stets kühnere Angreifer der Verehrer und Priester der heidnischen Götter [2]). Eine so große Verfolgung, drohend mit der Vernichtung der ganzen alten Religion, war von einem Gliede der alten Gemeinde und nochdazu von dém Gliede welches sie am meisten schüzen sollte, vom Könige, nochnie ausgegangen: aberauch nochnie zeigte ein einzelner Mann rein durch den Geist die ungeheuerste und unbesiegbarste Kraft im Widerstande dagegen; und nannte ihn der König „seinen Feind“ und den „Aufreger Israels“, so hielt er ihm entgegen, vielmehr habe er selbst Israel aufgeregt durch Begünstigung des Heidenthumes [3]). Welches wunderbare auch der einzelne ansich so schwache Mann allein durch die unsichtbare Kraft des Unendlichen vollbringen könne welche ihm Gott gegeben, und wie er allein dadurch dem gewaltigsten Irrthume einer ganzen Zeit mächtig widerstehen und siegreich eine von ihm befreite neue Zeit herbeiführen könne, das zeigt Elia an einem der höchsten Beispiele; und dass

---

1) dieser Zug aus der Erinnerung an Elia's Leben ist einer der feststehendsten und bedeutendsten: und wir sind besonders auf die Beachtung solcher wenigen aber unzerstörbaren Erinnerungszüge aus dem Leben Elia's angewiesen, wenn wir uns ein etwas annäherndes Bild von seinem wahren Wesen entwerfen wollen. 1 Kön. 18, 10—12. 2 Kön. 2, 16—18 vgl. mit Beschreibungen wie 1 Kön. 18, 46. 19, 3. 8. Hingegen bei Elisha' findet sich dieser Zug nicht. 2) dies folgt eigentlich schon aus seinem Gegensaze, und bestätigt sich weiter durch solche Schilderungen wie 1 Kön. 18, 1. 7 ff; 46. 19, 15—18. 3) 1 Kön. 18, 17 f. 21, 20.

Elia gerade zu jener Zeit diesen unerschütterlichen Muth
durch alles siegreich bewährte, das bedingt seine eigenthümliche Stelle in der Geschichte und sein ewiges Verdienst.
Denn dás ist zwar unläugbar dass ein Haupttheil der Hel-
denkraft womit Elia im langen heißen Kampfe bestand sowie die Berechtigung zu diesem Kampfe selbst ihm durch
die alte Religion bereits gegeben war: nur eine solche Religion welche eine so reine und dazu damals schon so alt-
bewährte Wahrheit enthielt, konnte ihrem von allen äußern
Waffen verlassenen Vertheidiger eine so unerreichbare und
also zulezt unendlich siegreiche Kraft einfloßen. Aber ein
solcher innerer Kampf gegen das durch alle königliche Macht
gestüzte Heidenthum war damals etwas zu neues und schweres in der alten Gemeinde als dass das ganze Volk ihm
schon gewachsen gewesen wäre: éiner mit gewaltigster Kraft
mußte hier erst für alle kämpfen, und Elia that zumerstenmale also auch am gewaltigsten das was nach seinem Beispiele auf der durch ihn geebneten Bahn allmälig das ganze
Volk zu thun lernte. Hierin liegt die wahre und zugleich die
ewig hohe Bedeutung Elia's: er reicht an Samûel's hehre
Gestalt, aber nicht wie dieser im Kampfe mit dem erst fester
zu gründenden menschlichen Königthume, sondern ganz anders im Kampfe gegen das durch ein schon entartetes Königthum allein beschüzte Heidenthum; ja er bewährt die Hel-
dengröße Mose's, aber (was einen sehr großen Unterschied
macht) nicht als Gründer von einer neuen Einrichtung (worin
er sich nichteinmal mit Samûel vergleichen läßt) sondern nur
als bloßer Vertheidiger einer alten. Elia gibt so den ersten
großen Beweis für die Wahrheit, dass auch die machtvoll-
sten und zu ihrer Zeit schöpferischsten Geister doch in der
alten Gemeinde nichts wesentlich neues mehr schaffen konnten, dass also der Kreislauf der schöpferischen Kraft der
Religion in dem alten Volke damals, was Angelegenheiten
des Volkes und Reiches betrifft, schon seinen höchsten Gipfel
erreicht hatte und sich nachuntenhin bewegte, eben weil das
große Neue welches als Vollendung des Alten kommen mußte
doch jezt nochnicht kommen konnte.

Eine Folge dieses so neuen und so schweren Kampfes
mit dem ausgebildeten Königthume ist bei Elia die Zurückgezogenheit in die unwegsamsten Wüsten oder die verbor-
gensten Höhen des Landes. Ein Prophet Jahve's ist ursprünglich auf das Wirken in der großen Gemeinde angewiesen.
Aber wenn Elia nicht außer dem Gebiete des Zehnstämmereiches im Sidonischen Ssarepta oder sonstwo in der Fremde
weilt, zieht er sich in die vielen Schluchten und Gipfel des
Karmels am Mittelmeere oder auf andere Höhen oderauch in
Wüsten zurück, wohin des Königs Hand schwerer reichte.
Da ist seine eigentliche Heimath: aber wenn es einmal nothwendig wird, steigt er rasch wie der Bliz vonda in das Men-
schengedränge herab, und überrascht jeden welchen er will [1]).
„Hast du mich gefunden, mein Feind?“ ruft ihm der überraschte Ahab zu; „ich habe dich gefunden!“ erwidert ihm
sichertreffend Elia [2]). Insbesondere aber wurde jener Karmel,
ein entlegener Ort wo sich vielleicht früher nie Propheten
aufhielten, durch ihn ein geweihter Prophetenort und erhielt
sich in dieser Heiligkeit noch ziemlich lange nach ihm. Sein
Äußeres war höchst einfach, aber zu seiner Zeit ihm ganz
eigen: langes Haar deckte sein Haupt, ein Gurt von Thier-
haut seines Leibes Mitte, und einen härenen Mantel zog er
darüber an oder ab. Dieser Mantel, das einzige Werkzeug
das er freier handhaben konnte, galt bald als das sichtbare
Werkzeug seines wunderbaren Geistes und seiner alles schwierige besiegenden Riesenkraft [3]).

Der Sieg Elia's aber innerhalb der ihm nach dem gesagten gesezten Grenzen konnte nach einem langen heißen
Kampfe dieser Art nicht zweifelhaft seyn. Durch die Schrift

---

1) 1 Kön. 18, 19 wird der Karmel genannt wie bei Elisha' 2 Kön.
2, 25. 4, 25; dagegen in der Erzählung 2 Kön. 1, 2—16 unbestimmter ein Berg nur überhaupt angegeben. Von den Wüsten sind Beispiele 1 Kön. 17, 2—6. 19, 3—8.      2) 1 Kön. 21, 20.
3) der Mantel tritt besonders hervor bei dem Erzähler der zu-
sammengehörigen Stücke 1 Kön. 17—19. 2 Kön. 2, 1—18; dagegen
das bloße Haar und der Gurt in dem Stücke welches allen Spuren
nach von einem andern Erzähler ist 2 Kön. 1, 8.

wirkte er soviel wir wissen nicht; sie scheint bei allen diesen Propheten noch ein ungebrauchtes Mittel: aber im unmittelbaren Leben bewirkte er desto schneller das wunderbarste. Er brach in der entscheidenden Zeit die feige Furcht des Volkes vor den falschen Forderungen des Königthumes, und gewöhnte es troz aller Noth wieder der Wahrheit sowie der Kraft Jahve's zu vertrauen: und wieviel war schon gewonnen als er ihm sein zweischneidiges Wort zurufen konnte „wielange wollt ihr noch auf beiden Kniekehlen hinken!" d. i. stets unsicher zwischen Wahrheit und Trug, Jahve und Báal' hinundherschwanken [1]). Das Volk hörte immermehr auf seine Stimme und vertrauete seiner Leitung: ja selbst über die Grenzen des Reiches hinaus verbreitete sich der Ruhm sowie die Thätigkeit seiner Kraft und des Heiles welches er zu schaffen vermochte [2]). So konnte er es wagen obgleich einer der geächteten doch ungehindert, als schützte ihn schon eine höhere Heiligkeit, vor Ahab selbst wieder zu erscheinen und ihm im Namen dessen: „vor dem er stehe" die Wahrheit zu verkündigen: war aber schon dadurch inderthat der Widerstand gegen Ahab innerlich siegreich geworden, so konnte leicht der geringste Anstoss diesen Sieg völlig entscheiden. Diese Entscheidung brachte nach der Haupterzählung vom Leben dieses Propheten ein großes langedauerndes Landesverderben, wie es bisweilen in jenen Ländern wiederkehrt aber immer die Bewohner aufs stärkste aus ihrem gewöhnlichen Treiben aufrütteln und gewisse Entschlüsse die sonst noch schwer fallen würden zeitigen kann, und wie es im höhern Alterthume noch besonders schwer und geheimnißvoll auf dem Menschen lastete [3]). Als das

---

1) dieser Spruch 1 Kön. 18, 21 ist wieder gewiss ein ächter aus Elia's Zeit; über סעפים welches gewöhnlich sehr matt und dazu unsprachlich durch »Theile« übersezt wird, s. LB. S. 334.

2) nach 1 Kön. 18, 10 vgl. mit 19, 15. 2 Kön. 5, 1—19. 8, 7—15.

3) hier ist das ganze B. Joel zu vergleichen, sowie die verhältnißmäßig noch sehr alterthümlichen Aussprüche Amos 4, 6—11. Ganz unabhängig vom A. T. erzählte Menandros bei Jos. arch. 8:

Land von den tiefsten Leiden einer mehrjährigen Dürre gebeugt war, rief Ahab endlich selbst Elia'n zurück, um seiner mächtigen Fürbitte willen: und aufgeben mußte Ahab eben damit sein ganzes bisheriges Verfahren in Religionssachen, seine Verfolgung der Propheten Jahve's und seine Begünstigung der Priester des Heidenthumes. Gewonnen war die Wahrheit dass keine menschliche Herrschaft die Religion willkührlich verändern odergar verschlechtern dürfe.

Damit war denn allerdings ein Sieg errungen wie er zu jener Zeit nicht größer und ersprießlicher seyn konnte. Die wahre Religion hatte sich gegen die stärkste Gefahr behauptet welche ihr von dem längst mitten in der Gemeinde erstarkten menschlichen Königthume drohete: dies ein dauernder Gewinn der beiden Reichen jener Zeit zugutekam. Und dem Zehnstämmereiche, welches eben schon im raschen Sturze zur völligen Auflösung begriffen war, war dadurch eine Möglichkeit eröffnet unter Ausstoßung des Fremdartigen sich nocheinmal stärker und inniger von seinen Grundlagen aus neu aufzuerbauen. Elia ist es welcher durch die nächsten Folgen seiner wunderbaren Thätigkeit den Schluss der ganzen ersten Hälfte der Geschichte dieses Reiches herbeiführt und die andere sehr verschiedenartige anfängt.

Aber wenn nun die nächsten Folgen des Sieges nicht rein erfreulich ja meist weniger erfreulich waren als der Kampf und Sieg selbst: so lag dies an der gesammten Stellung jener Zeiten überhaupt und des Zehnstämmereiches insbesondere. In diesem Reiche waren jezt zwei der ungeheuersten Gegensäze, Jahvethum und Heidenthum, Prophetenthum und Königthum, auf das schärfste an einander gestoßen: aber sie durch eine höhere Wahrheit zu versöhnen wußte damals auch ein Elia kein Mittel, sodass der doppelte große Sieg selbst den dieser große Held errang in sich die Keime nichtbloss zu Gutem sondernauch zu neuem Verderben trug. Das Jahvethum, siegreich geworden, suchte nun das Heiden-

---

13, 2 von einer einjährigen großen Dürre unter dem Tyrischen Könige Ithobal, Ahabs Zeitgenossen.

thum gewaltsam zu vernichten, wie die Erzählung selbst kein
Bedenken trägt Elia'n den Befehl zur Hinrichtung der über-
fuhrten vierhundert Baalspriester geben zu lassen [1]): aber
nicht so konnte das Heidenthum und die Neigung zu ihm
wahrhaft ausgerottet werden. Ähnlich hatte jezt das Königthum zwar nachgegeben, aber ungern: so blieb auch hier
wenigstens das rechte freudige Zusammenwirken umsomehr
unmöglich, jemehr das Haus 'Omri von ganz andern Grundsäzen ausgegangen war. Das innere Wohl aber und das
äußere Ansehen des Reiches mußte unter diesen fortdauernden Unversöhnlichkeiten aller Art immermehr leiden: und
wennauch das Reich noch ziemlich glücklich blieb solange
Ahab und Elia lebten welche sich nun vollkommen gegenseitig kannten, so konnte sich unter ihren beiderseitigen
Nachfolgern alles leicht wieder stärker verwirren und dém
gewaltsamen Trauerende zueilen welches verborgen schon
in allen diesen Verhältnissen angeknüpft lag.

2. Die lezten Jahre Königs Ahab vergingen, nachdem
Elia und die andern Jahvepropheten wieder ungestört wirken
konnten, unter Feldzügen gegen die Aramäer und neuen
Bauten zu Jizreél woran dieser König nach S. 455 f. sein
Vergnügen fand. Mit der Lust an diesen Bauten zu Jizreél
hängt die schwere Ungerechtigkeit gegen Nabôth zusammen,
zu welcher Izébel den König verleitete: und indem der erste
deuteronomische Erzähler diese Ungerechtigkeit als den lezten Wendeort der Geschichte Ahabs und seines Hauses hervorhebt [2]), stellt er diese lezten Jahre Ahabs meist älteren
Quellen folgend folgendermaßen dar.

---

1) 1 Kön. 18, 40. 19, 1 vgl. 2 Kön. 1, 12—14 sowie solche Erzählungen über Elisha' wie 2 Kön. 2, 23—25. c. 9.

2) 1 Kön. 20, 1—22, 18. In diesem Stücke sind ältere schrift-
liche Quellen zumtheile wortlich wiederholt: aber das ganze wie es
jezt ist kann erst vom ältern deuteronomischen Erzähler seine Gestalt haben. Dies erhellt aus der Farbe der Sprache, und aus einigen sehr starken Ähnlichkeiten zwischen ihm und dem Stücke 1 Kön.
13 (worüber S. 445); vgl. besonders 20, 36 mit 13, 24; 20, 35 mit
13, 2. 5. 9. 17 f. Die Worte 20, 25 f. sind Zusaz des lezten Verfassers.

. In Damasq herrschte damals Benhadád, der Sohn jenes Benhadád [1]) unter dem das Aramäische Reich nach S. 448 f. so mächtig geworden war, er selbst noch immer mächtig aber durch die ererbte große Macht schon unbesonnener und wieder infolge davon zulezt immer unglucklicher werdend. Dieser hatte eines Jahres mit einem sehr zahlreichen Heere an der Spize von 32 Vasallenkönigen Samarien so gewaltsam überfallen dass Ahab schon auf seine Forderung einging ihm alles sein persönliches Eigenthum sogar seine Weiber und Kinder abzutreten, wenn er diese als Geißeln fortführen wolle. Allein durch diese Nachgiebigkeit übermüthiger geworden, forderte er dann Ahab solle ihm auch die Plunderung der Häuser aller seiner Hofbeamten zugestehen: doch solchem Hohne wollte der Volksrath der Stadt dem Ahab die Sache vorlegte lieber Troz geboten wissen; undauch als Benhadad weiter drohen liess bald werde der Staub des von ihm zerstörten Samariens nicht hinreichen die Hände seiner unzähligen Krieger zu füllen wenn diese nach der Zerstörung wieder abzögen [2]), wies Ahab vom Volke unterstüzt solche Drohung gebuhrend ab. Wirklich entsandte Ahab, durch einen Jahvepropheten ermuthigt, sofort mitten in des Tages Hize, während Benhadad mit seinen 32 Königen in Lagerhütten zechte und seinem Heere den Befehl zum Angriffe zu geben sich begnügte, 232 Knappen der nach Samarien geflüchteten Statthalter gegen das feindliche Lager, zog dann während diese glücklich só kämpften [3]) dass der übel uber-

---

1) dies ersehen wir freilich nur durch einen wahrscheinlichen Schluss aus v. 34, sonst nicht aus bestimmten Worten, und dazu war es im Alterthume ungewöhnlich dass der Sohn denselben Namen trug wie der Vater. Da jedoch Benhadad mehr ein Aramäischer Königsname (Sohn des Gottes Hadad) überhaupt zu seyn scheint, sowio dann Hazáel's Sohn wieder Benhadad heißt 2 Kön. 13, 3, so hät dieser Einwand kein großes Gewicht. Fl. Josephus verkürzt den Namen in Hadad, und verwechselt ihn nach arch. 9: 4, 6 mit dem noch zu seiner Zeit in Damasq verehrten Gotte Hadad.

2) eine ähnliche Prahlerei wie die 2 Sam. 17, 13 vgl. S. 234.

3) 1 Kön. 20, 20 ist nach den LXX hinter אִישׁו einzuseze‍n וַיַּשְׁנ‍וּ אִישׁ אִישׁ, sodass der ganze Sinn ist »sie schlugen wiederholt ein

raschte Benhadad nur mit Hülfe einiger Reiterei entfliehen
konnte, selbst mit den sonst in Samarien streitfähig stehenden 7000 Kriegern aus und errang über die Rosse und Wagen und übrige Kriegsmacht der Aramäer einen vollkommenen Sieg. Noch kurz zuvor hatte der trunkene Mann auf
die erste Nachricht vom Vorrücken jener kleinen Schaar von
232 Knappen zartesten Alters sie, möchten sie in friedlicher
oder in feindlicher Absicht kommen, lebendig zu fangen und
hinzurichten befohlen: nun war es mit seinem Übermuthe
wie mit seinem Kriege für dieses Jahr vorbei, während jener
Prophet der Ahab'en den Sieg verheißen, ihm empfahl für
das nächste Jahr destomehr auf seiner Hut zu seyn. — Für
dieses nächste Jahr wollte nun Benhadad nach seiner Hofleute Rathe zwar mit einem gleich großen und mit Ross und
Wagen wohlgerüsteten Heere Israel überziehen, aber allein
in der Ebene einen Sieg erfechten, in dem Irrwahne dass
der Gott Israels ein bloßer Berggott sei; zugleich sezte er
statt der 32 Vasallenkönige bloße Statthalter über ihre Heere,
weil solche im Dienste folgsamer seyn mußten als jene [1]).
So schlug er denn sein Lager bei Aphéq [2]) in derselben
Ebene auf wo einst die Philistäer gegen Saûl sich gelagert
hatten (S. 133), während die Israeläer gegenüber hoch auf
den südlichen Bergen sich lagerten, vonunten anzusehen als
wären sie zwei auf hohen Bergen weidende Ziegenheerden [3]).
Sieben Tage lang blieben die Heere sich in dieser Stellung
gegenüber: doch Israel, durch die prophetische Verheißung

---

jeder seinen Mann« und damit etwa dieselbe Kampfes- und Sieges-
art beschrieben wird wie bei Jonathan S. 46. Sonst vgl. 2 Kön. 14, 20.

1) dass dies der Sinn von 20, 24 sei ergibt sich aus 22, 31.

2) dessen Lage wird zwar 1 Kòn. 20, 26 nicht weiter angedeutet,
aber es versteht sich aus dem ganzen Zusammenhange dass es in
einer Ebene lag welche nach allen Umständen die große Galiläische
nördlich von Jizreél war; denn das übrige nördliche Land hatte
Benhadad wie früher leicht zu unterwerfen.          3) das Bild
soll deutlich nur die Höhe des Lagers beschreiben. Aber warum
zwei? etwa weil Josaphat mit den Judàern ein Hulfsheer bildete?
aber davon schweigt diese Erzählung. Wahrscheinlich also erklärt
diese Zahl den Sinn des Duals מִשְׁפְּתָיִם.

ermuthigt da&ss sein Gott nichtbloss ein Berggott seyn werde,
errang beim Zusammentreffen einen vollständigen Sieg;
100,000 Feinde blieben auf der Wahlstatt, und als die übrigen sich hinter die Mauern Apheq's zurückzogen, begruben
die Trümmer der bald eroberten Stadt die übrigen 27,000.
Benhadad flüchtete von einer geringen Zahl Getreuer umgeben aus einem Verstecke in der eroberten Stadt in das andere: und seine Getreuen wußten keinen Rath weiter fur
ihn als die bekannte Güte der Könige Israels anzuflehen.
So baten sie in tiefer Trauer und mit schmeichelnden Worten Ahab'en um sein Leben: dieser fuhlte sich durch die
demüthige Bitte des Königs geschmeichelt, und indem jene
schnell seine günstige Stimmung benuzend sich seines Eh-
renwortes für ihren Herrn bemächtigten [1]), kam Benhadad
aus seinem Verstecke hervor, wurde von Ahab in Ehren
empfangen und schloss mit ihm Frieden durch Verzichtleisten
auf alle Eroberungen seines Vaters (S. 453) und durch das
Zugeständniss eines festen Standlagers für Israel mitten in
der Hauptstadt Damasq. — Aber eine andere Behandlung
Benhadad's, der früher solange die Gemeinde Gottes hart
bedrängt hatte, erwartete damals mancher Prophet welcher
die Strenge der alten Gemeinde gegen besiegte Heiden der
Art noch nicht vergessen konnte; undauch bloss vom gemeinen Verstande aus die Sache betrachtet, konnte mancher
klare Blick sogleich errathen wie ungegründet die Hoffnung
Ahab's auf Treue vonseiten eines solchen Feindes sei: sowie
der Ausgang sodann wirklich zeigte dass Benhadad die Frie-
densbedingungen nicht einhielt, z. B. die Stadt Râmôth in
Gilead nicht herausgeben wollte, worüber sich 3 Jahre später der Krieg entspann in dem Ahab selbst fiel. Und einen
der Propheten jener Zeit, wohl denselben der Ahab'en zu
jenen Siegen ermuthigte, ergriff sogleich aufs stärkste die

---

1) für הַמֲמנו v. 33 ist nach den LXX מ' הַדָּבָר zu lesen: »sie
zogen oder rissen hastig das Wort von ihm an sich, eigneten es sich
an«. Der Sinn kann nicht etwa seyn »sie erforschten oder ließen
sich versichern *ob* es von ihm sei? ob er wirklich so geredet«:
schon der Zusammenhang ist dagegen.

böse Ahnung. Er forderte einen seiner Mitpropheten wie
von Jahve selbst áuf ihn blutrünstig zu schlagen: dér wollte
nicht, ward aber (wird erzählt) dafür dass er obgleich Prophet auf Jahve's Wort zu hören sich weigerte, bald auf der
Reise von Löwen erschlagen [1]). Ein anderer aber that es
ihm willig: und als hätte er dadurch ein Recht wegen einer
blutigen Unbill die er erfahren laut des Königes Hülfe anzurufen, warf er sich Ahab'en auf der Gasse in den Weg,
verstellte sich (er hatte durch ein Tuch das Haupt umhullt)
und erzählte ein Hauptmann [2]) habe ihm einem gemeinen
Krieger einen andern Mann in Gewahrsam gegeben unter
dér Erklärung er müsse mit seinem Leben für ihn stehen
oder ein Talent Silbers Ersaz bezahlen; aber während er
nur ein wenig sich umgesehen [3]), sei ihm der Mann entwichen und da sei er (unvermögend jenes unerschwingliche
Geld zu zahlen) so blutrünstig geschlagen und laufe Gefahr
sein Leben zu verlieren. Als nun der König wie er wußte
ihm nicht helfen zu können erklärte, gab er sich schnell
wieder als Propheten zu erkennen: „so habe nicht er, sondern der König gehandelt, entfliehen lassend den von Jahve
gebannten; und darum werde er mit dem Volke die blutige
Strafe leiden müssen welche eigentlich jenem hätte zufallen
sollen". Und sehr verdrießlich ging Ahab nach Haus.

Noch weit verdrießlicher kehrte er einige Zeit später [4])

---

1) nur ein Zeichen wie tief der Glaube wurzelte dass der Prophet auf keine Weise dem Worte Jahve's widerstreben dürfe; vgl.
oben S. 445 (wo ein Löwe ganz ebenso genannt wird) und die Propheten des A. B. Bd. I. S. 30.        2) dem er also als Gemeiner gehorchen mußte. Das סר steht also in dieser schon den LXX
wie der Masora unverständlichen Stelle ebenso für שׂר wie in der
S. 98 erklärten Stelle. Die Verbindung שׂר איש ist wie איש נביא
Richt. 6, 8.        3) nämlich עשה muss auch soviel als עטה
oder weiter עטף عطف neigen, biegen (dann greifen, nehmen عطى)
bedeutet haben, wie man außer dieser Redensart v. 40 auch aus
1 Sam. 14, 32 und Ijob 23, 9 schließen kann. Das רד v. 42 ebenso
kurz wie 1 Sam. 26, 23.        4) die LXX haben zwar die Erzählung c. 21 vor c. 20; ähnlich Fl. Josephus. Allein die Umstel-
lung erfolgte wohl bloss um die ähnlichen Erzählungen c. 20. 22

nach Haus, als er seine schönen Besizungen in Jizreél durch den neben seinem Palaste liegenden Weinberg Nabôth's eines Bürgers von Jizreél abzurunden wünschte, dieser aber ihn für einen entsprechenden Werth abzutreten durch nichts zu bewegen war. Es war dies wieder einer von den Fällen wo das altmosaische Recht [1]) mit den Strebungen der neuern Zeit in argen Zwist kam: denn nach jenem konnte Nabôth eine innere Verpflichtung fühlen „das Erbe seiner Väter" nicht zu veräußern, während der König indem er vollen Ersaz bot doch auch nichts unbilliges zu begehren schien. So konnte er sich denn menschlicherweise in seinem Verdrusse über den Troz eines einzelnen Bürgers wohl von der stolzen Izébel verleiten lassen der Gemeinde zu Jizreél zu befehlen ihren Mitbürger des Hochverrathes (das ist nach S. 10 der Schmähung Gottes und des Königs) anzuklagen; und die Gemeinde zu Jizreél, von dem jährlich bei ihr wohnenden Hofe zu abhängig, ging auf die Zumuthung ein, liess Nabôth steinigen, liess auch seine Söhne (welche sonst den Weinberg hätten erben müssen) nach alter Sitte mit dem schuldigen Vater sterben [2]). Aber als Ahab nun eben schon das Gut eines so als Hochverräther gefallenen in Besiz nahm, stellte sich ihm der unabweisbare Elia entgegen und kündigte ihm obwohl sehr übel empfangen die göttliche Strafe dafür an, auch der Izébel nicht schonend. Da habe (so schließt der Erzähler dieses Ereigniss welches ihm der Wendeort der Geschicke des ganzen Hauses 'Omri schien) Ahab wirklich eine tiefe Reue gezeigt, sodass dem Propheten eine göttliche Stimme zugerufen, die verdiente göttliche Strafe der Vernichtung des ganzen Hauses Ahab's werde in ihrer vollen Strenge erst unter einem seiner Söhne sich erfüllen [3]).

---

und umgekehrt c. 17—19. 21 enger zu verbinden. Vielmehr weist der Ausdruck 21, 4 als eine Steigerung von 20, 43 fuhlbar auf leztere Stelle zuruck.     1) s. die *Alterthümer* S. 156.

2) dies wird 2 Kön. 9, 26 nachgeholt, versteht sich aber leicht vonselbst.     3) dass die ganze Erzählung abgesehen von ihrer jezigen Darstellung àchtgeschichtlich sei, folgt schon sicher aus der Art wie der ältere Erzähler 2 Kon. 9 überall auf sie zurückweist.

Aber es zeigte sich dass der Aramäische König die Frie-
densbedingungen nicht genug einhielt: und nachdem drei Frie-
densjahre verflossen waren, verabredete Ahab mit dem gerade
zum Besuche bei ihm anwesenden Josaphat einen Feldzug
gegen Râmôth in Gilead [1] welches Benhadad vertragswidrig
nicht herausgeben wollte.  Als die Rüstungen dazu schon
eifrig betrieben wurden und beide Könige eines Tages in
voller Rüstung [2] vor einem Thore Samariens, wo sie die
Heere mustern wollten, auf ihren Stühlen saßen, versammelten sich alle die gewöhnlichen Jahvepropheten, gegen 400,
vor ihnen und verkündigten einen glücklichen Feldzug; am
lautesten machte sich dabei Ssedeqia Sohn Kenaana's.  Josaphat jedoch trauete diesen Propheten nicht recht, und fragte
obnicht noch ein anderer dasei?  Ahab nannte nun zwar den
Mikháihu Sohn Jimla's, wünschte ihn aber nicht gefragt zu
sehen weil er ihm immer böses vorhersage; doch auf Josaphat's Dringen wurde er aus dem Gefängnisse in welches ihn
Ahab hatte sezen lassen herbeigeholt.  Man rieth ihm unterwegs den übrigen Propheten diesmal nicht zu widersprechen:
doch er erklärte, im rechten Augenblicke nur Jahve's Stimme
folgen zu wollen.  So vor Ahab gebracht und von ihm befragt, stimmte er zuerst ganz in die Worte der andern Propheten ein: aber wiederum strenger befragt weil man merkte
dass es ihm damit nicht ernst sei [3], eröffnete er die trübe

---

1) dass diese Stadt mit dem jezigen *elSsalt* einerlei sei wie Neuere
annehmen, ist sehr ungewiss weil der Name Gilead hier in einem
weitern Sinne gebraucht seyn kann.  Eher ließe sich an das jezige
*Reimum* weiter nach Nordosten von elSsalt denken, da der Name
ähnlich ist und die Lage nicht widerspricht.          2) sicher kann
nach dem Zusammenhange das Wort an der Stelle von בגרן 22, 10
nur soviel als Rüstung bedeuten, sollte man dafür auch בְּנֶשֶׁק lesen
müssen; und vielleicht lasen hier die LXX so vergl. 2 Kon. 10, 2;
obwohl schon der Chroniker II. 18, 9 jenes las.  Das כֻּיֹן der Pesh.
welches in der Polyglotte ganz unrichtig gefaßt wird, ist bloss schlechte
Lesart für כֻּיֹן.          3) ähnlich wie Agamemnon II. 2, 110 ff.
zuerst das gerade Gegentheil von dem anräth was er eigentlich wünscht,
nur um seine Leute zu versuchen.

Ahnung seines Geistes über die bevorstehende Niederlage und
Flucht der Heere Israels infolge eines Unglückes der Führer,
und fuhr als Ahab darüber klagen wollte sogleich stärker fort
in einem höhern Vortrage eben den Geist der Irrpropheten
als das göttliche Mittel der Bethörung und Verleitung Ahab's
zu dem bevorstehenden Kriege mit klaren Worten zu bezeichnen [1]). Da erzürnte sich jener Ssedeqia sóweit dass er
ihn auf die Backe schlug: aber er verhiess diesem er werde
die Wahrheit seiner Rede erkennen wenn er (beim Siege der
Aramäer) sich umsonst zu verbergen suchen werde [2]); und
wohl liess Ahab ihn in ein noch härteres Gefängniss zurückbringen: doch er erklärte laut nur dann sich geirrt zu haben wenn der König aus dem Feldzuge zurückkehren werde. —
Als die beiden Könige nun bei Râmôth den Aramäern gegenüber standen, erörterte Ahab Josaphat'en, wie er sich im
Treffen verkleiden müsse weil Benhadad unehrenhaft seinen
32 Unterbefehlshabern befohlen habe auf ihn vor allen andern ihre Waffen zu richten [3]). So traf es sich dass die
Feinde Josaphat'en der sich nicht verkleidet hatte für den
König Israels hielten und ihn só stark bedrängten dass er
schon in Lebensgefahr war und sich durch lautes Rufen zu
erkennen geben mußte um den Irrthum zu zerstreuen und
sein Leben nicht zwecklos zu verlieren: während gerade um
gekehrt Ahab ohne weitere Absicht von einem Bogenschüzen
zwischen Weichen und Brustknochen [4]) getroffen wurde und

---

1) die Ursache der Verleitung Ahab's in dén Krieg zu ziehen
worin er fallen muss, ist zulezt Jahve selbst, gegen den er soviel
gefehlt: aber als bestes Mittel dazu kann Jahve auch den Geist, also
auch den Geist der Irrpropheten gebrauchen. Aus diesen Wahrheiten entspringt die schöne Darstellung 22, 19—23, welche an Anschaulichkeit und Kraft mit dér Ijob 1, 6 ff. wetteifert und doch nur
das Jes. 19, 14 kürzer gesagte weiter ausführt.      2) aber die
Erzählung über das Endschicksal dieses Propheten fehlt jezt: woraus
sicher folgt dass das ältere Werk aus welchem diese Erzählung floss
viel mehr umfaßte als das jezige.      3) dass edel denkende in
jenen Zeiten gern Rücksicht auf Nichttödtung edler Jünglinge oder
Fursten nahmen, zumal dann die Folgen der Blutrache zu furchten
waren, ist schon S. 150 bemerkt.      4) nur dies etwa kann

aus der Schlacht fortgetragen werden mußte. Zwar ward
die Schlacht dennoch bis zum Abende immer eifriger fortgefuhrt, indem Ahab nach dem Verbande seiner Wunde sich
wieder auf dem Streitwagen fahren liess, ausharrend in großer Tapferkeit: aber er starb in diesem an Blutverlust gegen Abend; und indem nun das Heer vonselbst aus einander lief, gingen alle Vortheile des tapfern Kampfes verloren.
Ahab's Leiche ward zwar unversehrt nach Samarien geführt
und dort ehrenvoll begraben: aber indem der mit seinem
Blute befleckte Wagen im Teiche der Hauptstadt geschwemmt
und abgewaschen wurde, demselben worin die Hunde leck-
ten und die Huren badeten, schien sein Blut genug geschändet zu seyn um alle die bösen Ahnungen der Propheten uber
ihn zu bestätigen.

3. Sein Sohn und Nachfolger Achazja [1]) wandte sich
sogleich weit entschiedener als Ahab allen Arten heidnischen
Aberglaubens zn, sodass Elia sich ähnlich ganz aus seiner
Nähe entfernte wie er vor Ahab während der ersten Jahre
von dessen Herrschaft sich zurückgezogen hatte.    Nachaußen
konnte der neue König sein Ansehen nicht befestigen: die
Aramäer verfolgten wahrscheinlich ihren lezten Sieg; sogar
Moab welches seit Davîd nochnie abgefallen war und eben-
noch unter seinem Vasallenkönige Mäsha', einem reichen Hir-
tenfürsten, jährlich eine Abgabe von 100,000 Lämmern und
100,000 Vließen Wolle entrichtete, machte sich ganz unabhängig [2]).    Und bevor Achazja es wiederzuerobern hinläng-
lich gerüstet war, fiel er durch einen unglücklichen Sturz
aus einem Gitterfenster des Dachhäuschens seines Palastes zu
Samarien in eine langwierige Krankheit und starb daran nach
kaum zweijähriger Herrschaft.    Während der Krankheit wandte
er sich mit der Frage ob er gesunden werde an das Orakel
des Baalzebûb im Philistäischen 'Eqrôn [3]): doppelt thöricht,

---

der Sinn von v. 34 seyn: שִׁרְיָן bedeutet also wie ϑώραξ ursprunglich den Brustkasten selbst, uod דְּבָקִים müssen danach die weichen
Theile seyn welche diesen Brustkasten mit dem Gesäße *verbinden*.

1) nach den LXX Ὀχοζίας.              2) 2 Kòn. 1, 1. 3, 4 f.
3) der Baalzebúb d. i. Fliegengott der Philistäer findet sich zwar

wegen des falschen Orakels und wegen der Unheilbarkeit des Übels. Darum sah er sich denn zulezt vielmehr genöthigt Elia's Stimme wieder zu suchen, ebensowohl wie Ahab durch eine ihm unerreichbare geistige Macht gezwungen war Elia'n zurückzurufen. Aber indem diese Wahrheit in der einzigen Erzählung welche uns jezt erhalten ist sogleich rein von dér eigenthümlichen Höhe herab dargestellt wird in welcher die Riesenkraft Elia's den Spätern erschien, erklären wir dies besser unten.

Auf den kinderlosen Achazja folgte im Zehnstämmereiche sein Bruder Jôrâm. Dieser hatte anfangs wirklich einen bessern Sinn, und entfernte, obwohl seine Mutter Izébel noch lebte, vom Báalstempel zu Samarien wenigstens die hohe Säule mit dem Bilde Báals welche nach S. 457 vor ihm stand [1]). Aber um diese Zeit ging auch Elia's irdisches Wirken zuende [2]); und vondaan änderte sich besonders unter seinem Schüler Elîsha' auch die ganze Stellung des Prophetenthumes zum Königthume immer rascher und unheilbarer.

### *Elîsha' und seine Zeit. — Die Rekhabäer.*

1. Eine Persönlichkeit wie die Elía's, so unendlich verschiedenes umfassend, so urkräftig, und für ihre Zeit so neu,

---

nur in der Erzählung 2 Kön. 1, 2—16, worauf auch alles zurückgeht was die spätern Juden schlimmes von Beelzebub sprachen: denn dass dieser Gott noch umsoviele Jahrhunderte später wirklich verehrt worden sei, läßt sich nicht beweisen. Er war gewiss ein bloßer örtlicher Gott, dessen Orakel zufällig damals aus uns unbekannten Gründen berühmt geworden war. Aber wie Philistäer überhaupt dazu kommen konnten einen solchen Gott zur Abwehr der bösen Fliegen und ähnliches Übel anzurufen, ergibt sich aus ihrer sonstigen Religion, vgl. II. S. 541 f. — Als man später dem Satan selbst (jedoch offenbar zunächst nur sofern er Krankheiten sendet) so nannte, ward die kleine Umlautung des Namens in Βεελζεβούλ d. i. *Mistgott* herrschend, gewiss anfangs eine bloss wizige Änderung, wie solche um jene Zeiten auch sonst vorkommen; s. oben S. 452 und IV S. 247 f. 256.

1) über den scheinbaren Widerspruch zwischen 2 Kön. 3, 2 und 10, 27 s. unten. 2) dies ergibt sich aus der Stellung der Erzählung 2 Kön. 2, 1—18 sowie aus allen übrigen Zeichen der Zeit.

wirkt zwar auch nach ihrem irdischen Dahinschwinden unabsehbar fort, aber in ganz anderen Schwingungen und daher
leicht in Bewegungen welche das eigentlich gewünschte Ziel
vorläufig auf eine ganz andere Art herbeiführen als es im
reinen Sinne des ersten machtvollen Bewegers lag und als er
es, könnte er leibhaft noch wirken, herbeifuhren würde.

Elia hatte auf die verschiedenste Weise gewirkt, sich
streng in die Einsamkeit zuruckziehend, und dagegen ganz
öffentlich im Volke und vor Königen die Wahrheit verthei-
digend: aber in allen Arten seines Lebens und Wirkens war
er gross gewesen. Wir sehen nun nach seinem Hingange
diese sehr verschiedenen Arten die wahre Religion zu schüzen
bei verschiedenen Geistern auseinandergehen, und dadurch
neue Kreise von Thätigkeiten für die alte Religion sich bilden von denen doch wieder keine ansich an reiner Kraft der
des einzigen Elia gleichkam. Von der einen Seite sammelte
sich jezt eine Gesellschaft solcher welche die wahre Religion
so streng wie sie sie faßten in der allgemeinen Volksgesell-
schaft ungestört ausüben zu können verzweifelten, die sich
daher in die Wüsten zurückzogen und wie einst ganz Israel
unter Mose das beschwerliche Zeltleben allen Reizen des
Städtelebens vorzogen. Sie konnten sich freilich dabei auch
auf weit ältere Vorbilder berufen, und haben sich sicherlich
nicht ohne Einfluss solcher ausgebildet. Von den Naziräern
(II. S. 517 f.) welche sich bis in diese Jahrhunderte herab namentlich im Zehnstämmereiche erhielten [1]), nahmen sie den
Grundsaz der Enthaltung von Wein und allen mit Wein zusammenhangenden Speisen an; in dem Zeltleben dagegen
waren ihnen die alten Qänäer ein Muster, wie diese seit
Mose's und Josúa's Zeiten damals noch immer zerstreut sich
in Israel erhalten mochten (II. S. 374 f.). Sie wurden deshalb
auch wohl selbst Qänäer genannt [2]), und siedelten sich in der

---

1) Amos 2, 11 f.      2) dies folgt mit großer Wahrscheinlichkeit aus 1 Chr. 2, 55: der hier genannte Channath LXX *Aίμάθ*
war wahrscheinlich der Großvater Jonadab's. Die ganze Stelle ist
ebenso merkwürdig als wegen der Eigennamen schwer zu verstehen.
Soviel man aus den Worten sehen kann, wohnten ihrer viele in Ja'-

Nähe von Juda wahrscheinlich in den Wüsten am südlichen
Jordan und am Todten Meere an, sodass sie späterhin wohl
zu Juda gerechnet wurden; gewöhnlicher aber wurden sie
von ihrem Stifter Jonadab dem Sohne Rekhâb's Rekhabäer
genannt. Ihr Gelübde bildete sich aber fester só aus dass
sie weder Weinberge noch Saatäcker noch Häuser besizen
durften, in der Nahrung also streng auf die Erzeugnisse der
Wüste angewiesen waren: und dieser beschwerlichen Lebens-
art blieben sie ebenso wie der Jahve-Religion bis zum Untergange des Reiches Juda treu. In die große Gesellschaft
kamen sie nur durch außerordentliche Umstände dazu gezwungen[1]): daher wir sowenig von ihnen wissen. Eben ihr
Stifter Jonadab lebte nun in jener entscheidenden Zeit und
nahm an dem großen Siege über den Báaldienst unter Jehu
den thätigsten Antheil: wir haben also alle Ursache den Ursprung dieser Sonderlinge selbst in den durch Elia's großen
Geist angeregten Bestrebungen zu suchen.

Viele aber folgten offenbar dieser neuen Richtung nicht:
und von der andern Seite reizten vielmehr die theilweisen
großen Erfolge welche Elia durch sein öffentliches Auftreten
gewonnen hatte stark genug zur weitern Verfolgung des von
ihm zuerst gezeigten Zieles. Zwar schlossen sich die vielen
welche sich fortwährend zur prophetischen Thätigkeit drängten, wie schon seit Samûel's Zeiten in engere Verbindungen
zusammen, und suchten, da ihrer manche zumal die jüngeren doch kein genug fruchtbares Feld zur öffentlichen Thä-

---

beß, einer Stadt von deren frommen Stifter man auch sonst viel erzählte 1 Chr. 4, 9 f.; diese galten als Gelehrte *(Sôferîm)*, da sie ihre
Muße den späteren Mönchen ähnlich leicht auf Gelehrsamkeit verwenden konnten, und zerfielen selbst wieder in 3 Geschlechter, v. 55
vgl. mit v. 53. Dass Gelehrsamkeit jezt auch nach Geschlechtern
und Örtern sich fester zu behaupten suchte, ist nicht auffallend; vgl.
II. S. 369 f. Die Vulg. will gar die 3 Geschlechter als *Canentes Re-
sonantes in tabernaculis Commorantes* verstehen: aber offenbar gezwungen und bloss gerathen. 1) wie in dém 2 Kön. 10, 15—23
beschriebenen Falle; ferner in dém Jer. 35 beschriebenen, welche
Stelle zugleich für ihre Geschichte uns die deutlichsten Aufschlusse
gibt.

ligkeit fanden, durch gemeinsames Wohnen Lernen und Arbeiten sich das Leben zu erleichtern. Solche „Propheten-
söhne" wie sie vonjeztan meist heißen, wohnten besonders
in Samarien, in den altheiligen Örtern Gilgal und Bäthel, in
Jericho und sonst am Jordan [1]); verschafften sich als meist
sehr arm auch durch Handarbeiten ihre Lebensbedürfnisse [2]);
und hielten sich gern an einen großen Meister und Lehrer [3]),
waren aber sonst durch nichts gebunden, oft verheirathet [4]),
konnten immer leicht unter das Volk zurückkehren und nahmen an dessen Schicksalen stets den regsten Antheil; an
Sabbaten und Neumonden wurden sie besonders viel vom
rathsuchenden Volke befragt [5]). Elia hielt sich wohl erst
gegen das Ende seines irdischen Wirkens etwas mehr unter
ihnen auf [6]), hatte aber offenbar einen großen Eindruck auf
sie gemacht. Und unter ihnen war es besonders einer, der
zugleich als ihr großer Meister und als ein näherer Schüler
Elia's in hohem Ansehen stand: Elîsha' Sohn Shafat's von
Abél-Mechôla am Jordan im Stamme Jissakhar, ein Prophet
welcher über ein halbes Jahrhundert lang im Zehnstämmereiche wirkte und seine Zeit wie nach Elia kein anderer in
diesem Reiche aufs stärkste beherrschte. — Als ihn Elia zu
seinem Begleiter und Diener erkor, hatte er eben seine
zwölf Joch Landes umgepflügt, arbeitend bei dem zwölften
und lezten: nun hätte er für dies Jahr ruhen und gemäch-
lich seiner vielen Äcker Früchte abwarten können: aber
kaum hatte Elia „seinen Mantel auf ihn geworfen" [7]), so
verliess er die Rinder und folgte ihm. Doch bald darauf

---

1) nach 2 Kön. 2, 2—7. 15—22. 4, 38. 6, 1—7.

2) wie man am anschaulichsten 2 Kön. 4, 38—41. 6, 1—7 sieht.

3) dies versteht sich schon aus dem Namen »Prophetenjünger«,
und bestätigt sich durch Redensarten wie 2 Kön. 4, 38. 6, 1.

4) 2 Kön. 4, 1—7.       5) nach 2 Kön. 4, 23.       6) dies
folgt mit großer Wahrscheinlichkeit aus einer Vergleichung des 2 Kön.
2, 1—7 erzählten mit allem was wir sonst von dem Eigenthümlichen
Elia's wissen; auch durch 1 Kön. 19, 16 bestätigt es sich, da Elia
sogar Elisha'n erst spät zum Schüler wählte.       7) diese Redensart 1 Kön. 19, 19—21 erklärt sich aus der alterthümlichen Art
der Kindesannahme, worüber s. die *Alterthümer* S. 191.

erwachte die Lust in ihm nocheinmal seine Ältern zuvor zu
sehen und von ihnen Abschied zu nehmen: wie unwillig über
dies Wiedererwachen der Lust zur Welt gab ihm Elia Erlaubniss ganz zurückzukehren wenn er wolle [1]): aber nachdem er sein Joch Rinder geschlachtet, ihr Fleisch mit dem
Holze seiner Ackergeräthe gekocht und allen die dazu kamen ein Opfermahl davon bereitet hatte, suchte er Elia'n
wieder auf und nichts trennte ihn hinfort von dem.

Nach Elia's Hingange galt er als dér welcher „Wasser
auf Elia's Hände gegossen" [2]). Und wirklich hätte Elia wohl
kaum einen kräftigeren Diener wählen können. Anerkannt
und geehrt als der nächste vertraute Schüler des großen
Propheten, lebte er mit stets steigender Wirksamkeit bis in
den Anfang der Herrschaft des Enkels Jehu's, war also etwa
55 Jahre lang als Prophet thätig, darin einem Jesaja und
Jeremja ähnlich, im Zehnstämmereiche dazu wohl der einzige Prophet welcher sólange só geehrt und erfolgreich wirkte.
Aber obwohl er Elia's Mantel geerbt hatte [3]) und bei vielen
ebenso gross als Elia gelten mochte, doch verlor sich nie díe
Vorstellung über ihn dass er vom Geiste Elia's nur Zwei-
drittel und auch diese kaum empfangen habe [4]). Inderthat
enthält diese scharfe Redensart das richtigste und treffendste
was sich uber ihn in seinem gesammten Werthe sagen läßt.
Gross ist er nur sofern er das von Elia mit einer neuen
wunderbaren Kraft begonnene Werk der Vertheidigung der
alten Religion mit unerschütterlichem Mulhe fortsezt und es

---

1) die Worte שוב לך 1 Kön. 19, 20 haben hier denselben Sinn
wie v. 15; und wie zwischen den Erzählungen über Elia und Elîsha'
und über Christus lm N. T. so manche innere Ähnlichkeit sich findet, so ist auch hier als sehr ähnlich zu vergleichen Matth. 8, 21 f.
2) 2 Kön. 3, 11.   3) vgl. über ähnliches bei Buddhisten
Spence-Hardy's eastern monachism p. 119. 174; und bei den Sûfi's,
Malcolm's history of Persia II. p. 394 ff.   4) vorallem ist festzuhalten dass die Worte 2 Kön. 2, 9 f. wirklich weiter nichts bedeuten können. *Doppelt* soviel Geist als Elia hatte kann Elisha' ansich von ihm nicht fordern, noch weniger kann jener ihn geben;
und פי שנים ist nicht einerlei mit כפלים Ijob 11, 6 sondern nach
LB. (von 1844) S. 487 *nt.* zu verstehen.

kräftiger ausführt als irgend ein anderer in seiner Zeit: aber indem er ebenso wie Elia die alte Wahrheit nur schüzen, den neuen Irrthum nur äußerlich abweisen und vernichten will, entwickeln sich die in solchem Verfahren verborgen liegenden Gefahren der höhern Religion selbst bei ihm, da seine innerste Kraft überhaupt geringer ist, mehr und schneller als bei seinem Meister Elia. Selbst unerschütterlich standhaft für die alte Religion kämpfend, wird er durch den ihm verliehenen immerhin großen Geist zu seiner Zeit ein Hort aller der jener treubleibenden in Israel und noch über die Grenzen Israels hinaus als großer Prophet gesucht, das Haupt der für die Jahvereligion lebenden Propheten, Schuz und Trost sovieler Frommen im Volke, ein Heiler so manchen Elendes und ein lebendiges Werkzeug des mancherlei Segens welchen das Jahvethum damals verbreiten konnte: aber eine rein milde und aufbauende Thätigkeit konnte von ihm noch weniger als von Elia ausgehen, da die ganze alte Religion dazu zu jener Zeit nochnicht fähig war. Ihn nannten sogar die Könige des Zehnstämmereiches zulezt nichtnur „Vater" sondernauch „Wagen Israels und seine Reiter" [1]), weil er allein obwohl ein einzelner Mann mit seinem Geiste Israel ebensoviel oder nochmehr zu schüzen schien als alle Wagen und Reiter, ja es noch machtvoll schüzte als diese fast vernichtet waren: aber so gross und herrlich dies ist, doch war es traurig dass unter ihm das Zehnstämmereich nachaußen so äußerst schwach wurde. Und den völligen Sieg zwar über das damalige Heidenthum, den Elia so mächtig angebahnt hatte und den die fortschreitende Geschichte nun selbst troz alles Widerstandes zeitigte, führte er nach

---

1) nach 2 Kön. 13, 14 vgl. 6, 21. Vollkommenen Sinn hat sein hoher Ehrenname »Wagen Israels und seine Reiter« erst unter den Königen des Hauses Jehu (s. unten); vielleicht aber gab schon unter Jôrâm ein Vorfall wie der 2 Kön. 6, 24—7, 20 erzählte einen Anlass dazu. Wenn 2 Kön. 2, 12 auch Elia von Elisha' im lezten Augenblicke seines irdischen Aufenthaltes mit diesem hohen Namen angerufen wird, so hat wohl erst eine spätere Zeit in dieser Hinsicht beide Propheten vermischt.

etwa zehnjähriger Wirksamkeit durch eine gewaltsame Anstrengung herbei, sodass die ganze Stellung des Reiches und
in ihm seine eigene seitdem eine völlig verschiedene wurde:
aber es konnte nur ein solcher Sieg werden welcher sogleich
wieder viel neues bittere in sich schloss. Darum wird dennauch der Verlauf seines Lebens ein ganz anderer als dér
dés Elia's: das Leben Elia's ging immermehr in einen hohen
heißen Kampf auf, den theilweise große Siege nicht brachen
und vor dessen stärkstem Wüthen nur die Wüsten und Berg-
schluchten schüzten; Elisha's Wirken ist in dem ersten Jahrzehend fast ebenso heftig bewegt und in jener Zeit wan-
derte er noch oft zum Karmel (S. 491), aber er liebt es doch
vonanfangan mehr unter Menschen zu seyn [1]), und wird endlich auch ein äußerlich siegreicher, allgemein und namentlich bei den Königen geehrter Prophet, der in Samarien wohnen bleibt und in Ruhe das höchste Alter erreicht. Die ächte
prophetische Einfachheit und Lauterkeit, die Verachtung aller
weltlichen Vortheile und aller Schäze, blieb ihm zwar troz
aller Verlockungen denen er bei seinem großen Ansehen
genug ausgesezt war zu jeder Zeit eigen [2]): aber wenn Elia's
Nachfolger nochimmer ein so reiner Geist war, so ward Elisha's Schüler ein Gächazî, welcher um ebensoviel tiefer als
Elisha' steht wie dieser Elia'n nachgeht, ja welcher schon
Schäze anzunehmen recht schön versteht, aberauch dafür
(wie die Sage sogleich treffend hinzusezt) nach seines Meisters Fluche den Aussaz davontrug [3]).

Über diesen Elîsha' nun enthält das jezige Königsbuch
eine Menge von Erzählungen welche ihn nicht etwa nur beiläufig in einem größern Zusammenhange nennen [4]) sondern
die sich allein um die Erklärung seiner wunderbaren Er-

---

1) dies zeigt sich klar aus 2 Kön. 3, 11—16.　　2) 2 Kön.
c. 5; auch das glänzende Geschenk Benhadad's 2 Kön. 8, 9 nahm er
danach zu schließen nicht an; vgl. auch 2 Kön. 4, 42—44.
　　3) 2 Kön. 5, 20—27 vgl. 4, 12—15. 25—31. 43. 6, 15—17. 8, 4 f.
Recht absichtlich stellt die Erzählung Gächazi'n bei entscheidenden
Sachen viel niedriger.　　4) wie die Erzählung 2 Kön. 3, 4—27
vgl. v. 11—16.

scheinung drehen. Diese Erzählungen, obwohl sie zulezt aus
mannichfachen älteren und neueren Quellen geflossen sind [1]),
bilden doch sonst in jeder Hinsicht eine unverkennbare Einheit, und müssen in einer besondern Schrift verzeichnet gewesen seyn ehe sie in das jezige Königsbuch aufgenommen
wurden. Sie gleichen sich alle insofern sie nur die schlechthin wunderbaren Erinnerungen aus Elîsha's Wirken hervorheben [2]. Das Gebiet der Religion ist nun zwar ansich immer auch dás des Wunders, weil das des reinen und starken Glaubens an Daseyn und Wirkung himmlischer Kräfte
im Thun sowie im Erfahren: wo also die stärkste Anstrengung wahrer Religion ist, da werden solche Wunder am
stärksten theils wirklich durch die Thätigkeit des gläubigen
Geistes geschehen, theils vom gläubigen Herzen wenigstens
empfunden werden; während von der Gewalt solcher Kräfte
auchnur vonferne lebendig durchzuckt zu werden schon ein
Gewinn ist. Insofern waren denn die Tage Elia's und Elîsha's, wo die wahre Religion sich am gewaltigsten gegen
ihre inneren Feinde behaupten mußte, ebenso wunderreich
wie einst die Tage Mose's und Josúa's oder wie die des
Ausganges der Richterzeit: nur dass diese Wunder jezt nicht
wie zur Zeit Mose's und Josúa's das ganze Volk treffen, oder
wie zur Zeit der lezten Richter gegen die Fremden sich
richten, sondern von einzelnen wenigen Propheten ausgehen
welche desto stärkere Werkzeuge der alten Religion werden
müssen jemehr diese im Volke selbst zu verschwinden dro-

---

1) so haben die Erzählungen über Naamân's Heilung 2 Kön. 5,
über die Befreiung Samariens 6, 24 — 7, 20, über Chazael's Zusam-
menkunft mit Elîsha' 8, 7—15 sichtbar einen viel deutlicheren geschichtlichen Hintergrund als die über die Vereitelung der Absicht
der Aramäer 6, 8—23. Damit stimmt überein dass der Schluss dieser Erzählung 6, 23 wonach die Aramäischen Einfälle aufhörten, mit
dem Anfange der folgenden v. 24 sowenig zusammentrifft dass jene
offenbar ursprünglich anderswo gestanden haben muss. Außerdem
geben sich die kurzen Erzählungen 2, 19—25. 4, 38—43 als sehr alt.
Die Farbe der Sprache und Darstellung ist jedoch überall so gleichartig dass man éinen lezten Verfasser annehmen muss.
2) ganz anders die ältern Erzählungen 2 Kön. 3, 4—29. 9, 1 ff.

het. Mehr als einzelne zerstreute Spuren der Wirkung eines ansich wunderbaren Geistes und des Eindruckes den
dieser unmittelbar hervorgebracht hat, können alle solche
Erzählungen nicht seyn: aber desto gewisser weisen sie
überhaupt auf die Wirksamkeit eines in der Religion gewaltigen Geistes hin. Allein eben wegen dieses Inhaltes solcher
Erzählungen haben sich zumglück meist und namentlich auch
bei Elisha' andere Erinnerungen erhalten welche nicht diese
Besonderheit ihrer Erscheinung vornehmlich odergar allein
hervorheben [1]. Und weiter ist hier nicht zu übersehen dass
gerade solche Erinnerungen an die wunderbaren Spuren der
Wirkung eines solchen Geistes vonanfangán nach der Gabe
der Auffassenden höchst mannichfach seyn, 'und dann im
Laufe der Zeit sehr verschieden sich gestalten können. Die
vorliegende Sammlung aber welche in das Königsbuch aufgenommen ward, ist allen Zeichen nach in ihrer früheren
Gestalt erst gegen hundert Jahre nach Elîsha' geschrieben,
als auch seine Schüler wie Gächazi nichtmehr lebten und die
ganze Erinnerung an seine wunderbare Erscheinung zu verschwinden drohete [2].

Die Erinnerung an das Wesen der Zeiten Elîsha's leuchtet nun zwar imallgemeinen noch sehr hell hindurch: aber
von den einzelnen Umständen der Ereignisse hat sich hier
schon vieles verloren. Manche Örtlichkeiten werden genauer
bezeichnet, die Zeiten aber schon garnichtmehr näher unterschieden; und unter allen Königen wird nur éinmal einer
namentlich angeführt [3]. Ja die Reihe der Erzählungen, sonst
nur lose an einander gebunden, scheint sich sogar mehr nach
dem verwandten Inhalte zu ordnen und in runden Zahlen
abzuschließen. Wir haben nämlich hier folgende: 1) Wie

---

1) wie die 2 Kön. 3. 9.        2) dass die Stücke über Elia
1 Kön. 17—19. 2 Kön. 2, 1—18 später geschrieben sind als diese
über Elisha' wenigstens in ihrer ältesten Sammlung, wird unten weiter gezeigt werden; und wenigstens diese älteren Stücke über Elisha'
konnen noch während des Bestandes des Zehnstämmereiches geschrieben seyn, vgl. die genaue Beschreibung der Örtlichkeit Samariens 2 Kön. 5, 24.        3) Benhadad 2 Kön. 6, 24.

Elisha' auf Bitten der Einwohner Jerîcho's die Wasserquelle
der Stadt gesünder und dadurch auch das Land ärmer an
Fehlgeburten macht: er warf Salz auf einer neuen Schüssel
in die Quelle ¹). Dies war offenbar zunächst eine in Jerîcho
örtliche Sage: die große Fruchtbarkeit um Jerîcho hängt noch
jezt ganz von wenigen aber reichen Quellen ab, worunter
einst auch ein Salzgesundbrunnen seyn konnte; und die Einwohner rühmten sich so des Aufenthalts Elisha's in ihrer
Mitte. Ähnlich ist die 5te Erzählung. — 2) Wie er wegen
seiner Glaze (auch darin war er also von Elia verschieden)
von ungezogenen Knaben auf der Reise nach Bäthel verspot-
tet wird und wie auf seinen bloßen ernsten Rückblick auf
sie 2 Bärinnen aus dem Walde kommen 42 von ihnen zu
verschlingen ²). Ein Gegenstück zum vorigen. — 3) Wie er
der Witwe eines Prophetenjüngers, deren zwei Söhne eben
der Gläubiger als Sklaven wegnehmen will, aus wenigem
Öle vieles macht ³). Dieser Erzählung entspricht die 6te,
ähnliches vom Brode berichtend: und Fülle mitten im un-
verschuldeten Mangel zu schaffen ist das schönste Vorrecht
göttlichen Wirkens. — 4) Wie er einer wohlhabenden Ehe-
frau zu Shûnem, deren gastfreies Haus ihm stets offen stand,
die Geburt eines Sohnes voraussagt, dann diesen Sohn, da
er jung stirbt, von der gläubigen Mutter zuhülfe gerufen
wieder ins Leben bringt ⁴). Von diesem Doppelereignisse
wird hier eine sehr lebendige Schilderung entworfen ⁵): schon
bevor der „Mann Gottes" selbst seinen ganzen Lebenshauch

---

1) 2 Kön. 2, 19 — 22 vgl. John Wilson II. p. 12 ff. Gadow in der
Ztschr. der DMG. 1848 S. 58; auch auf die Gunst Islâmischer Hei-
ligen werden jezt Salzquellen zurückgeführt (Ainsworth's trav. in Asia
Minor I. p. 167. 179), wie man sie bei den Griechen der Gunst der
Déméter oder des Poseidon zuschrieb. Vgl. auch Arndt's Schriften
Bd. 3 S. 537 f.　　　　2) 2, 23 — 25.　　　　3) 4, 1 — 7; vgl. auch
Spence-Hardy's eastern monachism p. 85.　　　　4) 4, 8 — 37.
5) die Schilderung 2 Kön. 4, 14 — 17 ist offenbar erst aus Gn. 18,
9 — 14; die 2 Kön. 6, 18 aus Gn. 19, 11 geschöpft: dadurch bestimmt
sich also auch das Alter dieser Stücke wie sie jezt sind etwas näher,
aber außerdem wird man keine Nachbildungen aus der Urgeschichte
hier finden.

dem Todten mittheilen kann, läßt er durch den in aller Eile abgesandten Gáchazi seinen Stab über sein Haupt halten, wie um zu hindern dass nicht nochmehr Leben aus dem Erstorbenen fliehe [1]). — 5) Wie er in Hungerszeit unter den Prophetenjüngern zu Gilgal eine in den Kochtopf geworfene ungesunde Feldfrucht (wahrscheinlich Coloquinthen) durch hineingeworfenes Mehl unschädlich macht [2]). — 6) Wie er mit 20 Broden von Erstlingsgerste und etwas Korn in frischen Ähren, die ihm ein Mann aus Baal-Shalisha (S. 27) verehrt, 100 Mann sättigte welche eben bei ihm waren, und noch übriges hatte [3]). — 7) Wie er den Aramäischen Feldhauptmann Naamân, der eigens sich von ihm heilen zu lassen aus Damasq gekommen war, durch 7maliges Baden im Jordan vom Aussaze reinigt, seine reichen Geschenke aber abweist, sodass der Heide durch alles aufs höchste überrascht nur den Gott Elisha's künftig verehren zu wollen erklärt; wie er aber eben diesen dem Heiden genommenen Aussaz durch einen prophetischen Fluch auf Gächazi und dessen Nachkommen wirft, weil dieser unwürdige Schüler dem schon abgereiśten reichen Heiden nachgelaufen war um sich ein Geschenk zu erbitten [4]). Eine nach vielen Seiten hin merkwürdige Erzählung, welche uns sehr klar in jene Zeiten blicken läßt. Als Gächazi dem Propheten auf die Frage wohin er gegangen? aus Furcht antwortete er sei nirgendshin gegangen, erwidert jener mit seinem scharfen Blicke sogleich alles ahnend: „nicht war mein Lieber hingegangen als jemand (Naamân nämlich) von seinem Wagen aus sich dir entgegenkehrte? [5]) ist es jezt (wo man in Israel eher allgemein

---

1) vgl. ähnliches aber nachgebildetes in Abdias' Apost.Gesch. 4, 3 a. E.; noch weit mehr dient dazu das Unterkleid, 5, 21.

2) 4, 38—41.            3) v. 42—44.            4) c. 5.

5) die ersten Worte 2 Kòn. 5, 26 sind schon von den alten Übersezern nur durch ein ganz willkuhrliches Rathen ausgelegt. Um sie nach dem Zusammenhange sowie nach der Sprache richtig zu fassen, muss man das éine annehmen dass *mein Herz* soviel seyn kann als *mein Liebster*, womit Elisha' dann hier mehr mit ernstem Spotte seinen Lieblingsschüler meint, der troz dem dass er wie das Herz

trauern sollte) Zeit Schäze zum Wohlleben anzunehmen?“ —
8) Wie er einem an einer neuen Niederlassung arbeitenden
Prophetenjünger das noch dazu bloss geborgte Beil rettet
welches in den Jordan gefallen war: er warf auf die Stelle
ein eigens dazu geschniztes Holz, welches jenes auffing [1]). —
9) Wie er die Einfälle der Aramäer in Israels Gebiet stets
vereitelt und troz ihres heftigen Zornes darüber gegen ihn
zum Aufhören bringt [2]); s. darüber weiter unten. — 10) Wie
er die Eroberung Samariens durch Benhadad verhindert [3]);
s. auch darüber unten. — 11) Wie er jener Frau deren Sohn
er wiederbelebt, bei bevorstehender 7jähriger Hungersnoth
auszuwandern räth, und wie sie nach 7 Jahren aus dem
fruchtbaren Philistäischen Küstenlande zurückkehrend vom
Könige ihre ihm verfallenen Ländereien sogleich zurücker-
hält, weil sie ihn mit ihrer Bitte zu derselben Zeit trifft wo
er sich von Gächazi auch das einst ihr widerfahrene Wunder erzählen läßt [4]). — 12) Wie er dem Aramäischen Feldherrn Chazael seine Zukunft vorhersagt [5]); s. unten.  Dies
sind alle Erzählungen bis auf die von seinem Tode [6]): und
diese ihrem Inhalte nach gleichartigen sind nur durch die
Auszüge aus einer ganz andern Quelle [7]) unterbrochen.  Wir
haben also hier die runde Zahl von 12 Erzählungen: und
wenn statt der 8ten ursprünglich eine andere vom Verhältnisse Elisha‘s zu dem Könige handelnde, z. B. etwa die vom
Tode des Propheten, zu der runden Zahl gehörte, so enthielt
gerade die erste Hälfte dieser 12 Stücke die Erzählungen
vom Verhältnisse Elisha‘s zu den Prophetenjüngern und dem
Volke, die zweite die von seinem Verhältnisse zu den Macht-

---

seines Meisters ist soweit sich gegen ihn vergehen konnte.  Das
Hohelied hat ähnliche Ausdrücke.  Das לא kann ferner hier nur als
Fragwort vor dem Grundworte des Sazes stehen; das *perf.* nach
diesem ist vonselbst *plusqpf.*; und die Rede wird nur umso spizer
wenn sie bloss Andeutungen fallen läßt.　　　　1) 6, 1—7; vgl.
Arndt's Schriften Bd 3 S. 539 f.　　　　2) 6, 8—23.
　　3) 6, 24—7, 20.　　　4) 8, 1—6.　　　5) 7—15.
　　6) 13, 14—21.　　　7) c. 3.

habern der Erde; keine Anordnung aber konnte hier einfacher und treffender seyn als gerade diese.

In unser Königsbuch wurde dieser Kreis von 12 Erzählungen só aufgenommen dass dadurch leicht die Meinung entsteht alsob Elîsha' jene Wunderthaten alle unter der überhaupt nur 12 Jahre dauernden Herrschaft Königs Jôrâm ver-
richtet habe. Allein dies läßt sich näher betrachtet nicht
denken. Die bei weitem längste Zeit der Wirksamkeit Elîsha's fällt ja erst in die 45 Jahre nach Jôrâm: und wir wissen dass sein Einfluss und sein Ansehen immer höher stieg.
Man muss daher annehmen dass diese Stücke Erinnerungen
aus dem ganzen 55jährigen Wirken Elisha's enthalten: und
bei näherem Forschen entdeckt man leicht dass alle die Erzählungen in welchen sein großes Ansehen bei dem Könige
des Zehnstämmereiches berührt wird [1]) erst in die Zeiten des
Hauses Jehu gehören können.

2. König Jôrâm selbst war zwar zu Anfange seiner Herrschaft nach S. 503 gegen die Jahvetreuen etwas rücksichts-
voller. Doch war die erste Zeit seiner Herrschaft vonaußen
só beunruhigt dass er alle Ursache hatte vorsichtig zu verfahren. Den Abfall Moab's zu züchtigen und dadurch die
neueste Unbill welche die Ehre des Zehnstämmereiches erlitten möglichst gutzumachen, mußte eine seiner ersten Bestrebungen seyn: und er erhielt dazu vom damals herrschenden Könige Juda's [2]) das Versprechen williger Hülfeleistung.
Von Juda aber hatte zu jener Zeit Edóm sich bereits inso-

---

1) wie 2 Kön. 4, 13. 6, 8—24. 8, 4—6 vgl. mit 13, 14—18.

2) dieser wird in der Erzählung 2 Kön. 3, 4—27 Josaphat genannt und die Art seiner Schilderung v. 7—12 stimmt sehr mit der
sonst bei Josaphat üblichen überein, vgl. besonders 1 Kön. 22; das
Stück selbst gibt sich als vom älteren Verfasser der Königsgeschichten abstammend. Alles dies spricht sehr dafur dass wirklich Josaphat in jenen Krieg zog: allein das Zeugniss der Reichstagbücher
und die andern S. 188 f. angeführten Grunde sprechen gegen das
Daseyn eines Königs Edóm's zu Josaphat's Zeit. Wir können deshalb die Möglichkeit sezen dass hier ursprünglich Josaphat's Sohn
Jôrâm erwähnt war, jener aber später nur als der bekanntere hier
genannt wurde.

fern wieder freigemacht dass ihm ein Vasallenkönig seines eigenen Blutes zugestanden war. Auch die Hülfe dieses Vasallenkönigs nahmen nun die beiden verbündeten Könige in Anspruch: ja man beschloss gerade im Süden von der Grenze Edóm's her Moab zu überfallen, weil es auf dieser Seite am wenigsten auf den Einfall vorbereitet war. Inderthat schien Moab den Heeren dieser drei Könige kaum widerstehen zu können: allein schon ehe die zahlreichen Heere mit ihren vielen Last- und Schlachtthieren bis gegen die südliche Grenze Moab's, den Bach Záred (II. S. 259) vordrangen, litten sie in den öden Gegenden südlich vom Salzmeere sieben Tage lang an Wassermangel. In dieser Bedrängniss bat man auf des Judäischen Königs Rath den im Heere mitgezogenen Elisha' um Aufschluss und Trost von Jahve: er weigerte sich zuerst einem Könige der die Baalspropheten noch dulde von Jahve Zuspruch und Trost zu geben, liess sich jedoch (wird erzählt) mit Rücksicht auf Juda's König bewegen alle seine prophetische Kraft aufzubieten, forderte einen Saitenspieler um auch durch Hülfe der Musik in die rechte höhere Stimmung zu kommen, und verhiess dann in dem Thale wo das Heer sich lagerte solle eine Menge Lachen entstehen: denn bald werde Jahve auch ohne Wind und Regen das Thal mit Wasser füllen, sodass sie über das heidnische Moab siegen und sein Land verheerend überziehen könnten. Und wirklich füllten sich (heißt es weiter) am nächsten Morgen schon vor Sonnenaufgang um die Zeit wo das tägliche Morgenopfer aufstieg [1]), die Gräben mit Wasser welches südlich von Edóm herzukommen schien und die rothe Farbe des Bodens dieses Landes trug [2]). Und als die Moabäer endlich auf die große

---

1) s. die *Alterthümer* S. 134 vgl. 1 Kön. 18, 19. 36 wo der Zusaz ebenso die bestimmtere Zeit des Abends nämlich nach Sonnenuntergang anzeigen soll.     2) die Gebirge südlich jenes Thales bestehen vorzüglich aus Sandstein (Burckhardt's Syrien S. 675. 718): hieraus könnte sich schon die rothe Farbe des Bodens und des Wassers in den Lachen etwas erklären: auch Edóm selbst hat vielleicht ursprünglich davon den Namen. Aber dazu kommen die schon II. S. 81 berührten außerordentlichen Fälle plozlicher Röthung man-

Gefahr aufmerksam geworden ihr ganzes Aufgebot in dichten Schaaren nach dieser Grenze hinsandten, glaubten sie,
stuzig über den Anblick dieser Wasserlachen und von den
auf sie fallenden Strahlen der Morgensonne geblendet, in
ihnen wirkliches Blut und daher die Spuren einer ausgebro-
chenen innern Zwietracht unter den Heeren der drei Könige
zu sehen, zumal sie auch wohl durch falsche Hoffnungen auf
die Gesinnung des Königs Edóm's getäuscht seyn mochten:
und stürmten so in wilder Beutelust auf das Lager Israels
ein. Aber die drei Könige brachten ihnen eine desto em-
pfindlichere Niederlage bei, drangen siegreich über die Grenze
Moab's ein und durchzogen lange verheerend das ganze Land
nach allen Richtungen hin, die Städte zerstörend, jedes beste
Ackerfeld durch darauf geworfene Steine verwüstend, jede
Wasserquelle verstopfend und jeden Fruchtbaum umwerfend.
Die Hauptstadt (Rabba) war sicher auch schon eingenommen:
nur die schwerbezwingliche Bergfeste Qîr-Charéset südlich
von der Hauptstadt (jezt Kerák d. i. Festung genannt), eine
in früheren Zeiten nicht erwähnte wahrscheinlich erst vor-
kurzem sehr künstlich gebauete Festung, hielt sich noch gegen die übermächtigen Feinde, und alle Trümmer von rüsti-
ger Mannschaft des Landes hatten sich in sie geflüchtet [1]).
Aber auch diese Bergfeste ward von den weittreffenden
Schleuderern [2]) umringt, die ihr nicht wenig schadeten. Da

---

cher Wasser, s. noch Maundrell's trav. p. 34 f. Ausland 1846 Aug.
S. 972. 1847 Mai S. 468. Man sieht so wenigstens einen geschichtlichen Hintergrund aus dieser Erzählung noch sehr deutlich hervorleuchten.       1) schon die alten Übersezer rathen nur bei den
lezten Worten v. 25. Der Zusammenhang fordert aber 1) קיר חרשת
(eig. *Scherbenburg*) für den Eigennamen der aus Jes. 15 f. bekannten
Feste zu halten; 2) אבניה »die Steine Moab's« als die »Klippen
oder die Felsenburg Moab's« zu verstehen: denn die Festung hiess
auch קיר מואב Jes. 15, 1, und sogar ihr späterer Name *Kerák* bedeutet nur *Burg*, eben weil sie in dem ganzen Lande die einzige
schwerzuerobernde Burg war. Wäre es als Verbesserung nicht zu
kuhn, so würde שְׂרִידֶיהָ »Moab's Überbleibsel« eine leichtere Lesart seyn.       2) welche aber wohl keine gewöhnliche
Schleuderer waren, sondern Handhaber künstlicherer Festungsschleu-

ward der eingeschlossene König Moab's endlich zur verzwei-
feltsten Gegenwehr getrieben und gab die denkwürdigsten
Zeichen was ein König für sein Volk welches eben seine
Freiheit errungen wagen könne. Er suchte sich mit 700
seiner bestbewaffneten und kühnsten Krieger zum Könige
Edóm's durchzuschlagen, nochimmer hoffend dieser werde
am leichtesten von dem verbündeten Heere abzubringen seyn:
wurde aber zurückgeschlagen. So ergriff er dann, zum äußersten gebracht, seinen eigenen erstgebornen Sohn und
Nachfolger und brachte ihn, der offenbar auch seinerseits
sich sehr willig dem Tode für das Vaterland weihete, offen
vor den Augen des belagernden Heeres auf der Festungs-
mauer zum Opfer dar, wie um die Feinde durch den Anblick dieser furchtbarsten That zu der sie ihn zwängen zu
verwirren und auf andere Gedanken zu bringen. Und wirklich machte diese altkanáanäische Opferart, von deren Schrecken sich Israel jezt längst entwöhnt haben sollte, nochimmer auf dieses den beabsichtigten Eindruck: als wäre Jahve
selbst voll großer Erbitterung auf Israel dass es den König
zu dieser furchtbarsten kühnen That getrieben, verliess das
Heer von dumpfem Schrecken getrieben die Festung [1]) und
schlug den Rückweg nach der Grenze des Landes ein; welcher Ausgang wohl freilich nicht so gekommen wäre, hätte
damals in Israel noch ein Davîd oder Joab gelebt und hätte
nicht schon ein Wurm innerer Schwäche an seinem Herzen
und seinem Vertrauen auf Jahve genagt. Moab aber blieb
seitdem frei: und umgekehrt zogen nun auf lange Zeiten hin

---

dern, Katapulten; denn dass allerlei künstliche Festungswaffen in
Asien sehr früh bekannt waren, sieht man auch aus Uzzia's Geschichte 2 Chr. 26, 15.          1) keine Erzählung erklärt uns so
deutlich wie diese, aus welchen Gefühlen das altkanáanäische Kin-
desopfer hervorging und warum es sich solange erhalten konnte
man sieht es blieb nicht immer erfolglos. Dass Israel den Moabäischen Gott fürchtete dem dies Opfer fiel, liegt nicht im Sinne der
Erzählung: aber desto mehr, dass Israel einem großen Theile nach
damals noch in Sachen der Opfer innerhalb heidnischer Vorstellungen sich bewegte. Dies betrifft aber eben das ganze Opfergebiet.

in jedem Jahre wo das Zehnstämmereich etwa sonst schon geschwächt war, Streifheere von Moab plündernd über den Jordan [1]).

Vielleicht durch diesen für das Zehnstämmereich so unglücklichen Ausgang ermuthigt unternahm der ·Aramäische König Benhadad in einem folgenden Jahre dén Eroberungszug gegen Samarien, von dem wir aus dem Kreise der Eltsha῾-Erzählungen noch näheres wissen [2]). Er hatte nach S. 495 schon einmal unter Ahab die Bergstadt vergeblich angegriffen: diesmal schloss er sie só eng ein und bedrängte sie durch Abschneiden aller Lebensmittel só hart dass man später beispielsweise erzählte wie damals der Kopf eines zum Essen so verwerflichen Thieres wie ein Esel ist für 80 Silberlinge und das kleinste Maass von Taubenmist für 5 Silberlinge verkauft wurde. Aber Elisha῾ war in der Stadt und hatte mehr als sonst einer den Muth aller zum Widerstande entflammt: sogar der Kónig hörte auf ṣeine Verheißung baldiger Errettung und hatte sich demzufolge den Forderungen des strengen Propheten hinsichtlich der Fasten und Bußkleider unterworfen. Da überraschte ihn desto furchtbarer die Klage eines Weibes welches auf offener Straße in ihn drang [3]) und ihm erzählte wie ein anderes Weib mit dem sie ihren Sohn zum Essen getheilt, nun gegen dié᾿ zuvor getroffene Verabredung ihren eigenen verberge; und voll Entsezen soviel Elend in der Stadt zu ´finden schwur er Elîsha῾n augen-

---

1) wie über 50 Jahre später 2 Kön. 13, 20 f. Die Kürze der Rede am Schlusse 2 Kön. 3, 27 ist beredt genug: und nichts ist unrichtiger als der Zusaz den der, arab. Übersezer in der Polyglotte (wohl Saadia) sogleich einschaltet, dass Israel nicht eher abgezogen sei als nachdem es alles was es gewollt erreicht.  2) 2 Kön. 6, 24—7, 20. Der Ausdruck »Mördersohn« 6, 32 kann in Elisha῾s Munde nur auf Jóram, nicht auf einen Kónig des Hauses Jehu gehen. Übrigens ist der Anfang der Erzählung, wie man aus 6, 30 f. sieht, vom lezten Verfasser der 12 Elisha῾-Erzählungen ṡehr verkürzt.

3) er sagt ihr zuerst v. 27 »hilft dir Gott nicht, woher soll ich dir helfen? von der Tenne oder von der Kelter her?« (da du doch weißt dass ich von da nichts geben kann). Aber sie will etwas anderes. — Wie אל diesen Sinn haben könne, ergibt sich aus §. 344 b.

blicklichen Tod zu, da er ohne ihn längst die Stadt auf Bedingungen ergeben haben würde. Auch schickte er sogleich
einen Boten an Elîsha', an diesem das Todesurtheil zu vollziehen: doch Elisha', in dessen Hause sich eben die Ältesten
der Stadt zu einem Rathe versammelt hatten, ahnete schon
voraus die Absicht des Königs, liess aus Vorsicht dem Boten
noch bevor er recht kommen und den königlichen Befehl
ausrichten konnte die Hausthüre verschließen und ihn bei
ihr aufhalten, und trat dann, da auch der König mit seinem
vertrautesten Officiere bald nachfolgte um zu sehen was aus
seinem Befehle geworden, selbst den verzweifelnden Klagen
dieses mit höherer Zuversicht entgegen, schon für den nächsten Tag eine unerwartete Wohlfeilheit der Lebensmittel ver-
heißend [1]. Wohl rief ihm der Officier mit Hohn das nach-
äffende Spottwort entgegen: „Jahve wird Fenster im Himmel
machen! so könntest du ebensoleicht zu uns sagen: aber
wird das geschehen?" allein er verwies ihn auf die baldige
Erfüllung, sagte ihm jedoch (wird erzählt) voraus er werde
diese erleben aber ihre Frucht nicht genießen. Wirklich
entdeckten bald darauf vier Aussäzige welche aus Hunger
und Lebensüberdruss zum Feinde übergehen wollten, dass
dessen Lager durch eine plözliche Flucht verlassen stand:
und indem ihre Aussage daruber in der Stadt troz einer
noch fortdauernden bösen Ahnung des Königs sich bei weiterem Erforschen vollkommen bestätigte, entschädigte man
sich schnell durch Plünderung des Lagers und Verfolgung
des verwirrt fliehenden Feindes; während jener Officier der
gerade die Wache an dém Thore hatte woraus das Volk
strömte von dessen Andrange zerdrückt wurde. Der Feind
hatte nämlich, durch ein Brausen in der Luft getäuscht, die
nahe Ankunft Kanáanäischer [2] und Ägyptischer Hülfsvölker
gefürchtet: während Israel nach seinem alten Glauben an

---

1) 6, 33 ist für das irrig aus v. 32 wiederholte הַמַּלְאָךְ, obwohl
schon die LXX diese Lesart hatten, dennoch sicher הַמֶּלֶךְ zu lesen,
wie der Zusammenhang fordert und der Ausdruck 7, 17 bestätigt.
Dagegen hatten die LXX bei 7, 2 noch die richtige Lesart.
2) z. B. aus Tyros, aus Hamâth.

wunderbare Himmelserscheinungen als Offenbarungen seines
unsichtbaren Gottes eben darin die besondere Hülfe Jahve's
finden konnte [1]. Aber der König Israels verfolgte allen uns
erkennbaren Spuren nach diesen Sieg gegen die Aramäer
weiter: denn wir sehen in der lezten Zeit seiner Herrschaft
Râmôlh in Gilead, um welches Ahab vergeblich in der Schlacht
gefallen war (S. 500 ff.), wirklich in seiner Gewalt sich befinden [2], und nichts hindert anzunehmen dass er es schon
mehere Jahre vor seinem Tode erobert habe.

Doch ein gutes Einvernehmen wollte sich zwischen König Jôrâm und Elisha' auf die Dauer nicht bilden, so wichtige Dienste -auch Elisha' in entscheidenden Gefahren ihm
und dem Volke leistete, und so deutlich er sich ganz anders
als Elia gern mitten unter den Menschen aufhielt. Dem Heidenthume persönlich nicht zugethan, duldete Jôrâm doch sein
Fortbestehen im Reiche [3]: und seine Mutter Izébel behielt
sicher vielen Einfluss auf die Herrschaft [4]. Eine steigende
Spannung aber zwischen beiden war um so bedenklicher je
größer auf der einen Seite das Ansehen Elisha's unter den
Jahvepropheten sowie im ganzen Volke war, und je schwerer auf der andern nach dem Stande der damaligen Welt
fortwährend die ganze Last des Andenkens an die Vergehen
solcher Ältern wie Ahab und Izébel auf den Sohn niederfiel.

Es war wohl eine der ersten Folgen dieser Spannung
dass Elisha' sich eine Zeitlang freiwillig nach Damasq begab.
In wie hohem Ansehen er auch dort gestanden und wie seine
Seherkraft auch dort sich in den wichtigsten Angelegenhei-

---

1) die ganze Erzählung hat sicher einen ächtgeschichtlichen Grund,
obgleich wir jezt über die Einzelnheiten keine andere Quelle vergleichen können. Ähnlich war der Abzug des Heeres Sancherib's
von Jerusalem, worüber unten; vgl. auch ähnliche Fälle aus dem
Mittelalter, Journal. asiat. 1841 p. 10. 36 f. und Bargès' Histoire des
Beni Zeiyan (Par. 1852) p. 36 f.        2) dies erhellt nämlich aus
2 Kön. 9, 1 f. 14 f. vgl. 8, 28.        3) aus 2 Kön. 10, 27 könnte
man sogar schließen er habe die anfangs entfernte Baalsäule wiederhergestellt: doch ist möglich dass sie immer bei Seite geschoben
blieb und so erst Jehu sie eigentlich zerstörte.        4) wie aus
2 Kön. 10, 13 vgl. 9, 30 folgt.

ten bewährt habe, darüber erzählte man später folgendes [1]).
König Benhadad welcher so manche schimpfliche Niederlage
von den Königen Israels erlitten und die Eroberungen seines Vaters wiederverloren hatte, dessen Ansehen also damals tief gesunken, war eben krank und sandte seinen Feldhauptmann Chazâel [2]) unter den reichsten Geschenken [3]) zum
freundlichen Willkommenheißen an Elisha' ab, um von ihm
zugleich einen Spruch Jahve's über seine Wiedergenesung
zu vernehmen. Der Prophet aus Israel liess ihm melden er
werde genesen, fügte aber zugleich bloss für Chazâel das
andere hinzu, Gott habe ihm ebensogut geoffenbart dass der
König bald sterben werde [4]). Und damit entliess er ihn nochnicht, blickte ihn vielmehr auffallend lange mit unverwandtem
Antlize an und weinte. Endlich fragte Chazâel warum der
Gottesmann weine: und dieser erklärte er wisse voraus wieviel Leid er künftig im Kriege dem Volke Israel zufugen
werde; ja er schloss, als jener aus Bescheidenheit allen künftigen Kriegsruhm von sich wies, geradezu mit dém Worte
Jahve habe ihm geoffenbart Chazâel werde künftig König der
Aramäer werden. Hierauf trennten sich beide, und Chazâel
meldete wie er mußte dem Könige nur die frohe Botschaft
Elisha's. Aber folgenden Tages fand man den König allerdings nicht an seiner Krankheit, sondern gewaltsam gestorben: während er sein Bad nehmen wollte, tauchte sein Die-

---

1) 2 Kön. 8, 7—15.          2) dass Chazâel Benhadad's Feldhauptmann gewesen, ist hier nur aus den allgemeinen Verhältnissen
jener Zeiten erschlossen. Naamân, welcher ihm dann nach c. 5 in
der Würde gleichsteht, gehört wie er und seine Zeit geschildert wird
sicher erst in die Zeiten des Hauses Chazâel in Damasq und des
Hauses Jehu in Israel.          3) sie bestanden in allerlei Kostbarkeiten die man in Damasq haben konnte, 40 Kamellasten schwer:
lezter Ausdruck soll offenbar nur ihren Werth anzeigen, etwa soviel
Korn als ein Kamel trägt als Mass angenommen. Wie reich solche
Geschenke waren, sieht man aus Herod. I, 50—54.
4) anders kann man die Worte 8, 10 vgl. mit v. 14 nicht verstehen; aber dieser Sinn liegt deutlich genug schon in dem Wechsel der Person, da die zweite Person keineswegs ohne bedeutende
Ursache hier in die dritte übergehen kann.

ner dabei (wir wissen jezt nicht näher aus welchem besondern Antriebe) die Badmatraze in das heiße Wasser und zog
diese ehe der König um Hülfe rufen konnte so fest über
seinem Kopfe zusammen dass er erstickte [1].

Sein Nachfolger wurde eben Chazâel: und unter ihm
erhob sich das Aramäische Reich auf das kräftigste zu neuer
Macht [2]. Den nachdrücklicheren Arm Chazâel's fühlte Jôrâm
in Samarien bald genug: er sah sich gezwungen ein Beob-
achtungsheer nach jenem Râmôth in Gilead zu senden, zog
selbst in den unvermeidlich gewordenen Krieg, wurde aber
im offenen Felde geschlagen und verwundet, und begab sich
das Heer in Râmôth zurücklassend nach seinem Palaste in
Jizreél um sich heilen zu lassen [3]. Eine solche Zeit wo
der König unglücklich kriegte oder gar von seinem im Felde
gegen einen gefürchteten Feind liegenden Heere getrennt
im Palaste weilte, war schon den Häusern Jerobeam und
Ba'sha in diesem Reiche verderblich gewesen (S. 446. 450):
und jezt war dazu in Damasq ein glücklicher Wechsel des
Herrscherhauses eingetreten, welcher wie jeder der Art leicht
auch auf die Nachbarländer seinen Reiz ausdehnen konnte.
Für das Haus 'Omri liess sich also alles, die äußere Lage
wie die innere Spannung, zum Verderben an.

---

1) man könnte aus v. 14—15 vielleicht schließen wollen Chazâel
selbst habe seinen Herrn so ermordet: allein der übrige Zusammenhang läßt uns dies kaum glaublich finden. Zu geschweigen dass
Chazâel nicht als ein so heimtückischer Mensch noch vom Propheten als der Mörder seines Königs angedeutet wird, so sieht man
doch nicht wie er bei dem Bade des Königs gegenwärtig seyn konnte:
dass aber der König beim Bade (welches im Orient immer ein hei-
ßes ist) erstickt sei etwa so wie später der lezte Hasmonäer Jos.
arch. 15: 3, 3, liegt deutlich in den Worten. Wenn der Artikel in
המכבר dárauf hinweist dass sogleich die bekannte *Bad*matraze gemeint seyn muss, so hat es den *sg.* des Thatwortes ויקח sogleich
auf den Badediener zu beziehen nach §. 272 b keine Schwierigkeit;
und wenn die ersten Thatwörter v. 15 auf Chazâel gehen sollten, so
wäre dieser Name nachher überflüssig wiederholt.
2) vgl. auch den Zusaz der LXX bei 2 Kön. 9, 16.
3) 2 Kön. 8, 28 f. 9, 14 f.

3. Aber auch das Reich Juda sank um jene Zeit von der Höhe herab auf welche es Asa und Josaphat gehoben hatten. Jôrâm, Josaphat's Erstgeborner, war beim Antritte seiner Herrschaft 32 Jahre alt; aber. wie nur dazu gemacht um alles was sein Vater für das Reich ersprießliches gethan zu vernichten. Er tödtete sogleich seine 6 Brüder, denen der Vater Befehlshaberstellen in Festungen und reiche Abfindungen gegeben hatte: vielleicht nur aus Habgier nach ihren Schäzen [1]. Aber wie durch diese inneren Gräuel empört, fiel bald Edóm von seiner Herrschaft ab: er zog zwar mit seinen Wagen und sonstigen Bewaffneten dem schon bis Ssaʿîr südlich vom Salzmeere vorgedrungenen Feinde entgegen, wurde aber von diesem umzingelt und konnte sich nur durch einen nächtlichen Überfall retten; wiewohl dabei Sieger, mußte er dennoch den neuen König Edóm's anerkennen und begnügte sich mit einer Art Vasallenschaft wozu sich dieser verstand [2]. Denn wahrscheinlich um dieselbe Zeit brachen die Philistäer und die südlich von Judäa wohnenden Arabischen Völkerschaften [3] in das Reich ein, überrumpelten sogar Jerusalem und führten von dort aus dem Palaste viele Schäze sowie mehere _Weiber und Kinder des Königs fort; damals errang sich wahrscheinlich Gath (S. 464) seine Freiheit wieder. Die Verwirrung und Schwäche in Juda war sógross . dass die gegen die Philistäische Grenze

---

1) 2 Chr. 21, 1—4.   ·   2) 2 Kön. 8, 20—22; wiederholt 2 Chr. 21, 8—10; vgl. mit dem S. 515 *nt.* bemerkten. Das in der ersten Stelle genannte Ssaʿîr ist wahrscheinlich mit dem sonst genannten Ssóʿar einerlei vgl. die Aussprache $\Sigma\eta\gamma\acute{\omega}\varrho$ LXX Jes. 15, 5 u. s., I. S. 536.     3) wir wissen diese ganze Begebenheit nur aus den kurzen Worten 2 Chr. 21, 16 f. 22, 1 und hier wird Jerusalem als erobert nicht ausdrücklich genannt: das Ereigniss selbst ist zwar um so geschichtlicher da es den 2 Kön. 8, 22 ganz abgerissen gemeldeten Abfall Libna's erklärt; aber der Name *Araber*, der sich vor Jesaja's Zeiten nicht nachweisen läßt, ist hier und schon bei Josaphat 17, 11 wohl sicher ebenso bloss vom Chroniker gebraucht wie der Zusaz dazu »die neben den Kushäern wohnen«, womit wahrscheinlich die weiten Wohnsize dieser Araber bis nach dem tiefern Süden hin beschrieben werden sollen.

hin liegende Stadt Libna, obgleich vonjehér zu Juda gehörig, sich offen zu den Feinden hielt und längere Zeit in ihrer Unbotmäßigkeit beharrte. Aber troz aller solcher Unfälle
liess dieser Jôrâm sich fortwährend von seinem Weibe 'Athalja
der Tochter Ahab's (S. 484) zur Begünstigung des Heidenthumes verleiten: und der Baalstempel mit den Altären und
Bildern Baal's selbst und seiner Mitgötter, welcher in Jerusalem nach 'Athalja's Sturze zerstört wurde [1]), ist wahrscheinlich schon unter diesem Könige mit den von Josaphat aufgehäuften Schäzen nach dem Muster des zu Samarien ·ge-
bauet. Als er daher in eine sehr schwere zweijährige Krankheit der Eingeweide fiel, sah man darin ein Zeichen göttlicher Strafe und verweigerte ihm, als er nach achtjähriger
Herrschaft starb (wie wenigstens der Chroniker erzählt), die
herkömmliche Ehre eines volksthümlichen Begräbnisses [2]).
Ihm folgte sein einziger überlebender Sohn Joachaz, als König Achazja genannt [3]): dieser war beim Antritte seiner Herrschaft 22 Jahre alt [4]) und liess sich von seiner Mutter 'Athalja
und von andern Freunden des Hauses Ahab so völlig in allen Dingen leiten dass der Geist des Zehnstämmereiches auch
Juda unterjocht zu haben schien.

Hätte also ein so machtvoller Prophet wie Elisha' viel-
leicht auch seine Augen vom nördlichen auf das südliche
Reich geworfen und gesucht ob hier eine Errettung von der
Herrschaft des Heidenthumes zu finden sei (aber wir sahen

---

1) 2 Kön. 11, 18.        2) 2 Chr. 21, 18 f. vgl. aber oben S. 341.
3) so lassen sich die beiden Namen 2 Chr. 21, 17. 22, 1 allerdings vereinigen: aber 'Azarja 21, 6 muss ein Schreibfehler seyn.
4) nach 2 Kön. 8, 26; die Zahl 42 2 Chr. 22, 2 ist offenbarer
Schreibfehler, ebensogut wie 'כִּי רַהַבְ v. 6 für 'מְרַהַבְ. Auffallend
ist ferner 2 Chr. 21, 17. 22, 1 die Nachricht dass Achazja der jüngste Sohn Jôrâm's gewesen sei, da doch dieser nur 40 Jahre alt wurde.
Indessen sind hier wohl nur die Kinder Jôrâm's von der eigentlichen
Königin zu verstehen, wie bei Josaphat wo die 7 Kinder namentlich
angefuhrt werden 2 Chr. 21, 2. Zwar hatte Achazja nach 2 Kön. 10,
13 f. noch 42 Bruder, aber dieser Ausdruck kann unbestimmt alle
männliche Verwandten bezeichnen; 2 Chr. 22, 8 wechselt damit der
Ausdruck »Bruderssöhne«.

oben wie unmöglich es damals überhaupt war an eine Wiedervereinigung der beiden Reiche zu denken): so hätten sie
sich vonhier noch mehr mit Abscheu zurückgeworfen gefühlt.
In beiden Reichen zugleich drohete das Heidenthum vom
Königthume begünstigt die alte Religion zu verdrängen: da
wehrte sich diese nochéinmal auf das stärkste gegen jenes;
freilich auch jezt noch zunächst bloss krampfhaft und bloss
durch dás Werkzeug welches bisdahin wie ihr lebendiger
Quell so ihre gewaltthätigste Kraft gewesen war, das Prophetenthum; und von dém Reiche aus wo solche krampfhafte
Zuckungen und solche tödliche Kämpfe zwischen den beiden
großen Selbstmächten herkömmlich waren. Aber keine Umwälzung des Zehnstämmereiches war bisdahin furchtbarer und
zerstörender gewesen, weil es jezt galt das Heidenthum welches sich schon immer tiefer eingenistet hatte zugleich mit
einem Königshause zu vernichten welches seit einem halben
Jahrhunderte immer festere Wurzeln in diesem Reiche gefaßt hatte. Der tiefste Boden dieses Reiches ward durch die
Umwälzung erschüttert; und weiter schlugen die Wogen des
Sturmes bis an den Grund des damals mit diesem Reiche
engverbündeten Reiches Juda und hätten auch dieses beinahe aus seinen Fugen gehoben.

### Die große Umwälzung.

Über sie haben wir zwar nur éine Erzählung, aber diese
ist aus einer ältern Quelle geflossen und stellt uns das Ereigniss in hoher Anschaulichkeit dar [1]).

Als Jôrâm Ahab's Sohn, nach S. 523 sein Heer zu Râmôth in Gilead zurücklassend, von Wunden bedeckt nach
Jizreél in seinen Palast zurückgekehrt war, trug Elîsha‘ einem Prophetenjünger -auf einen Fürsten d. i. einen Heeresobersten welcher in Râmôth zu Felde lag zum Könige Israels
zu salben als dén Mann welchen Jahve zum Vernichter des
Baaldienstes sowie zum Rächer der von Ahab und Izébel
getödteten Propheten erkoren habe. Dieser Fürst war Jehu

---

1) 2 Kön. 8, 28 — 10, 28 vom ältern Erzähler.

Sohn Josaphat's Sohnes Nimshi's: und gewiss hätte Elisha'
auf keinen zu solchem Zwecke passenderen Kriegsfürsten
sein prophetisches Auge werfen können. Er war einst unter
den jungen Reitern gewesen welche paarweise hinter Ahab
her in glänzendem Zuge ritten, als Elia's Donnerstimme diesem zu Jizreél wegen Nabôth's Ermordung das Kommen des
göttlichen Gerichtes verkündigte [1]): jener Augenblick hatte
offenbar einen unauslöschlichen Eindruck auf ihn gemacht.
Aber ein achter Israelit jener Zeit im Sichverstellen und in
feinangelegter List [2]), hatte er seine königlichen Herren von
dém was in ihm kochen mochte so wenig etwas merken lassen dass ihn noch jezt Jôrâm für einen ganz treuen Kriegsobersten hielt. Jezt mochte er schon gegen vierzig Jahre
zählen, angesehen unter seines gleichen, gewöhnt an strenges Befehlen und an Gehorsam: aber noch gluhete in ihm
alles Feuer der Jugend. Jedermann kannte sein ungestümes
Fahren und Reiten [3]), worin er einzig war im ganzen Heere:
aber während er der unwiderstehlichsten Anstrengung und
stürmendsten Eile fähig war, verstand er ebensowohl mit
kalter List und verwegener Schlauheit seinen Zweck zu verfolgen; und eben die enge Verbindung dieser entgegengeseztesten Kampfesmittel war seine furchtbarste Waffe.

Der Prophetenjünger vollführte seinen Auftrag wie im
Fluge: eben ein solches überraschendes Kommen und Gehen,
das schnelle Anzünden einer Flamme auf dem schon durch-
glüheten Boden, ein geisterhaftes Wirken wie von einer andern Welt aus wurde in jenen Zeiten der Verfolgung sichtbar eine Eigenthümlichkeit der Nachfolger Elia's. Er traf
Jehu'n im Kreise seiner wahrscheinlich einen Kriegsrath haltenden Mitobersten, führte ihn absonders „Kammer in Kammer" d. i. bis ins innerste Gemach des Hauses, erklärte ihm
rasch seinen Auftrag von Elisha', salbte ihn, und verschwand
wie fliehend aus dem Angesichte der Menschen. Als Jehu
wieder hervortrat, befürchteten seine Genossen beinahe der

---

1) nach 2 Kön. 9, 25 f.    2) nach 2 Kön. 9, 15—22. 10,
1—10. 18—25; vgl. mit dem S. 82 f. bemerkten.    3) nach
2 Kön. 9, 20.

„Wahnsinnige" möge ihm etwas leides gethan haben: er
versezte auf ihre Frage deshalb, sie würden den Mann und
seinen Sinn doch gewiss schon kennen: als sie das aber
läugneten, erklärte er ihnen sofort offen was geschehen sei,
und als hätten sie längst keinen rechten Glauben mehr an
Jôrâm's königliche Würdigkeit gehabt und wären nun plözlich von demselben Geiste ergriffen den sie auf seinem Antlize strahlen sahen, begrüßten sie ihn sogleich laut als König und warfen zum Zeichen ihrer Huldigung [1]) ihre Kleider
ohne weiteres auf die Stufen des Hauses aus dem er her-
vorrennen wollte. Nun schnell sich über das zunächst nothwendige entschließend, bat er sie durchaus niemanden aus
der Stadt zu lassen damit die Unglücksbotschaft nicht zu früh
zu Jôrâm komme, bestieg allein mit seinem alten Waffenge-
nossen Bidkar, ihn zu seinem Leibhüter ernennend, seinen
Wagen und fuhr im Sturme gen Jizreél mit dem Bogen bewaffnet.

In Jizreél, wo Jôrâm schon einige Wochen an seinen
Wunden krank liegen mochte, war indessen der junge König Achazja aus Jerusalem zum Besuche des kranken Königs
angelangt [2]). Der Thurmhüter bemerkte hier vonfern das
stürmische Heranwallen Jehu's, erkannte ihn aber selbst nochnicht, sandte daher auf Jôrâm's Befehl einen einzelnen Reiter ihm entgegen zu hören ob er in friedlicher oder in feindlicher Absicht komme. Ihm gebot Jehu drohend sich hinten
zu halten, ebenso einem zweiten der ihm folgte: und fuhr
unaufhaltsam weiter. Der Thurmhüter meldete dem Könige
zum drittenmale was sich zutrage, diesmal hinzufugend nach
dem rasenden Fahren zu urtheilen müsse es Jehu seyn: da

---

1) wie Matth. 21, 7 f.    2) nach 2 Kön. 8, 28 könnte es
scheinen als wäre Achazja mit Jôrâm in den Krieg gezogen: allein
dies ist gegen den Augenschein der übrigen Stellen, v. 29. 9, 14. 16.
Es ist also, obgleich die falsche Lesart schon die Darstellung 2 Chr.
22, 5 bestimmt, das Wörtchen את hinter וילך 8, 28 zu streichen:
der Irrthum wurde dadurch veranlaßt dass man 8, 28 f. mit dem
vorigen enger verband während es eigentlich die ganze folgende Erzählung beginnt.

liess jener, von Jehu nichts böses vermuthend, seinen Wagen anspannen und fuhr ihm selbst mit Achazja entgegen. Die beiden Wagen trafen gerade bei Nabôth's Acker auf einander: Jôrâm merkte nach kurzem Wortwechsel die böse Absicht, wandte seinen Wagen und floh, wurde aber von einem Pfeile Jehu's im Rücken so getroffen dass er sofort im Wagen sterbend umsank: da erinnerte Jehu seinen Begleiter wie sie einst beide in Ahab's Gefolge Elia's Wort über Nabôth vernommen hätten und wie die damalige Drohung sich jezt erfülle, und befahl ihm die Leiche auf eben diesen Acker zu werfen. Achazja floh nun mit demselben Wagen und schlug, um desto leichter zu entkommen, die Seitenrichtung westlich nach Megiddo hin ein: aber mittlerweile war Jehu's Zug schon von einer Menge Menschen angeschwollen welche sich des Sturzes des Hauses Ahab's freueten: ihnen befahl er auch den Judäischen Verwandten dieses Hauses nicht zu verschonen; und so ward Achazja hinter dem Pavillon an der Anhöhe Gûr vor der Stadt Jible'am [1]) verwundet, kam zwar bis Megiddo, starb aber hier und wurde später von seinen Dienern zum Begräbnisse nach Jerusalem geführt [2]). Jehu selbst eilte in seiner Berserkerwuth gerade nach Jizreél und ward in die Stadt eingelassen. Die alte Izébel glaubte nun sie habe es etwa mit einem Zimri zu thun (S. 450), schmückte sich also bevor er zum Palaste kommen konnte mit allen verführerischen Reizen aus, warf sich dann ins Fenster und redete den Rasenden wie er ankam so an als habe sie nicht übel Lust mit ihm den Palast und seine Herrlichkeiten zu theilen. Er aber rief mit seiner Donnerstimme hinauf, wer es mit ihm halte solle am Fenster erscheinen: da erschienen zwei bis drei Verschnittene, er

---

1) wenn Megiddo einerlei mit dem jezigen Legio (Leǵǵun) ist, wie Robinson mit Wahrscheinlichkeit annimmt, so bestimmt sich dann aus unserer Stelle weiter die Lage von Jiblaam, worüber er ganz schweigt. Übrigens ist v. 27 ויכהו hinter הכהו und וְהוּא hinter מרכבה ausgefallen.        2) die Darstellung 2 Chr. 22, 8 f. weicht in Einzelnheiten ab, läßt sich aber der älteren nicht vorziehen.

rief ihnen zu die Izébel herabzuwerfen, und sofort konnte
er ihren blutigen Leichnam mit eigenen Füßen zertreten.
Doch befahl er einige Zeit später, nachdem er im Palaste
gespeist, sie als eine Königstochter zu begraben: aber nur
einige Überbleibsel waren noch von ihrem Leibe zu finden,
und furchtbar schien sich erfüllt zu haben die Drohung Elia's
dass die Hunde ihren Leib auf dem Acker Jizreél's zerflei-
schen würden [1]).

Jezt kam es ihm weiter dárauf an nach dem Beispiele
der vorigen Gründer neuer Königshäuser in diesem Reiche
alle die zahlreichen Glieder des Hauses Ahab's zu vernichten. Alle die jüngern Glieder dieses Hauses, Söhne Jôrâm's
und vielleicht noch anderer Verwandten desselben, in runder
Zahl 70, lebten in Samarien unter der Aufsicht der angesehensten Männer als ihrer Erzieher: so schrieb Jehu spottend
an die obersten Reichsbeamten [2]) die Ältesten der Stadt und
die Erzieher der Königssöhne, sie möchten einen derselben
zum Könige erheben und für ihn streiten, da ihnen ja genug Wagen und Rosse eine starke Festung und das wohl-
versehene Zeughaus zu Gebote stehe. Da sie nun aus Furcht
vor dem Überwältiger zweier Könige, auf dessen Seite wie
sie wußten das Heer war, ihre Unterwerfung erklärten, forderte er sogleich die Köpfe dieser Siebenzig: sie wurden
ihm nach Jizreél geschickt; und in zwei Reihen sie öffentlich aussezend, redete er zu dem sie anstarrenden Volke
was ohne Zweifel ihn selbst in diesem Augenblicke tief bewegte: „jezt sei alle göttliche Schuld von ihren eigenen
Häuptern genommen, da die wirklich Schuldigen auf eine
wunderbare Weise gebüßt hätten, sämmtlich außer dem Kö-

---

1) der Gebrauch des חֵלֶק für Acker, ja sogar überhaupt für
Stadtgebiet, Stadtbann 2 Kòn. 9, 10. 36 f. ist selten und wohl dem
nördlichen Lande eigen: desto gewisser haben wir hier einen ächten
Ausspruch Elia's vor uns; und חֵל welches dafür 1 Kön. 21, 23 steht
kann obwohl es schon die LXX lasen nur durch ein Versehen aus
jenem enstanden seyn: denn dass es der Abstammung nach aus jenem verkürzt und ihm gleich sei, ist schwer anzunehmen.

2) 2 Kòn. 10, 1 ist ישראל fur יזרעאל zu lesen, vgl. v. 5.

nige nicht durch seine eigenen sondern durch Anderer Hände;
so göttlich erfülle sich der einst von Elia verkündigte Untergang des Hauses Ahab“. Durch das Gelingen aller seiner bisherigen Unternehmungen ermuthigt, tödtete er nun
alle vertrauteren Räthe Freunde und Priester Jôrâm's sowie
die Verwandten des Hauses Ahab's in Jizreél, und brach
zum gleichen Zwecke nach Samarien auf. Unterwegs aber
bei Bäth'eqed [1]) stiess er auf 42 Anverwandte Achazja's, die
wahrscheinlich auf das erste Gerücht der großen Unruhen
im Zehnstämmereiche von 'Athalja aus Jerusalem abgesandt
wurden um wo möglich dem bedrängten Hause Ahab's zu
helfen. Aber Jehu liess sie sämmtlich tödten und in den
Brunnen des Ortes werfen. Weiter stiess er dann auf den
S. 504 f. beschriebenen Jonadab, grüßte ihn freundlich und
nahm ihn, da beide sich im Eifern gegen den Báaldienst
schnell verstanden, mit in seinen Wagen.

In Samarien selbst stellte er sich zuerst als wolle er
nur die mit Ahab's Hause näher verwandten ausrotten: nachdem ihm dies gelungen, liess er ein großes Báalfest ankündigen, wozu alle Propheten Priester und Diener Báal's aus
ganz Israel zu erscheinen hätten; und wirklich konnte man
wähnen der neue König wolle, nachdem er das vorige Haus
vertilgt, übrigens wieder wie das vorige Haus der gefälligen
Báalreligion sich ergeben. So kam in den weiten Räumen
des Báaltempels am bestimmten Tage eine sehr große Men-
schenmenge zusammen: Jehu, von jenem Jonadab begleitet,
liess das Fest mit allem Glanze begehen, wienur ein Mächtiger sich bei Mysterien in die er aufgenommen zu werden
wünscht freigebig zeigen kann; allen die keine zu der Feier
ganz passende Kleider hatten [2]), befahl er solche auszuthei-

---

1) ein *Βαιθακάδ*, wie es die LXX aussprachen, kannten noch die
KVV. in dieser Gegend; man könnte dabei an das jezige Dorf Beit-
kád denken, welches Robinson III. S. 388 in die Gegend zwischen
Jizreél und Samarien sezt, aber auf der Charte seiner Lage nach
nur zweifelnd bestimmt: nach dieser Lage wäre es für den geraden
Weg zu weit östlich gewesen.        2) es war wohl das sonst
bekannte heil. Kleid der Phöniken, beschrieben in Hérodian's Gesch.

len; und als die Feier der Mysterien näher heranrückte, rief
er mit dem größten Ernste nach hcidnischer Sitte, alle Jahvediener sollten hinausgeworfen werden [1]); er opferte zulezt
gar mit eigener Hand, als wäre er der eifrigste Báalvereh-
rer: aber auf ein gegebenes Zeichen stürzten 80˙ der tapfers-
sten Krieger herein, machten alles nieder und warfen die Leichen unbeerdigt hin.  Dann drangen sie bis ins Allerheiligste
des Tempels wo der Báal engverschlossen und wohlverzäunt
wie in einer hohen Burg sass [2]), rings um sein Bild die seiner
Mitgötter: alle diese Bildsäulen verbrannten sie, zertrümmer-
ten die große steinerne Bildsäule Báal's welche ursprünglich
vor dem Tempel stand, machten den ganzen Tempel dem
Boden gleich und verunreinigten diesen fürimmer.  Auch die
lezten Überbleibsel des Báaldienstes welche sich sonstwo im
Reiche fanden, suchte der neue König mit gleicher Strenge
überall zu vernichten.

Leider erfahren wir nichtmehr näher, wie Elishaʻ dann
mit dem neuen Könige zusammengetroffen sei und was er
zu ihm geredet.  Aber was er gewünscht hatte, war jezt
wesentlich geschehen: und wir finden ihn späterhin immer
in hohem Ansehen beï dem neuen Königshause stehend.

Auf das Reich Juda aber brachte der Mord seines Königs und des größten Theiles der Erwachsenen seines Kö-

---

5, 5 am Ende und Sil. Ital. 3, 24—27; vgl. auch W. Hupfeld's res
Lydiorum I. p. 58 f., und wie noch jezt in Africa bei Mysterien ähnliches vorkomme s. Ausland 1851 ·S. 248.          1) es ist bekannt
wiesehr man bei den heidnischen Mysterien auf das *procul profani!*
hielt; vgl. bei dem Tyrischen Herkulestempel zu Gades Sil. Ital. 3,
21 ff.          2) offenbar nämlich soll עיר 2 Kön. 10, 25 etwa sovielals das Allerheiligste bedeuten; dies war zwar unstreitig nur bei
dem Báaltempel sprachgebräuchlich: die Möglichkeit aber davon begreift sich wenn man 1) festhält dass עיר ursprünglich »Burg« bedeutet, s. zu ʿMikha 5, 10. Jer. 48, 8; und 2) dass das Bild des heidnischen Gottes oft in einem burgartig festverschlossenen hohen und
dunkeln Orte innerhalb des Tempels stand.  Merkwürdig ist auch die
Redensart עיר של זהב *goldene Krone* Mishna Shabbath 5, 1. —
Für den Dienst der Mitgötter des Báal war auch in dem Báalstempel zu Jerusalem gesorgt 2 Kön. 11, 18.

nigshauses sogleich eine weitere traurige Wirkung hervor. Jene 'Athalja Ahab's Tochter (S. 525), die Mutter des ermordeten Königs, mordete nämlich nun ihrerseits alle die noch übrigen männlichen Glieder des Königshauses; und nur mit Mühe wurde ein nochnicht éinjähriger Sohn des lezten Königs gerettet. Die Ursache dieser unsinnigen That liegt gewiss außer in inneren Streitigkeiten dieses Reiches welche wir jezt nicht näher wissen deren Geist man jedoch aus dém der ganz heidnisch gesinnten 'Athalja ahnen kann, vorzüglich auch in der hohen Macht welche eine Königin-Mutter nach S. 340 genoss und welche die herrschsüchtige 'Athalja nun zu verlieren fürchtete wenn ein entfernterer Anverwandter König würde; denn dass sie weiter keinen Sohn hatte, folgt aus S. 524 f. Aberdoch war eine solche That nur unter den furchtbarsten Erschütterungen leicht möglich in welche Jehu beide Reiche gestürzt hatte.

### *Höhere Auffassung der Erscheinung Elia's.*

Noch éinmal hatte sich also im Zehnstämmereiche der Geist der alten Religion gegen den Eindrang der fremden heidnischen aufs nachdrücklichste erhoben: und was Elia in seinem Leben und Leiden nicht vollkommen erreichen konnte, war jezt ganz erreicht. Das Reich wurde von den starken Mißverstandnissen und Verirrungen in die es sich hatte stürzen lassen, noch éinmal durch eine der gewaltigsten Umwälzungen befreit; noch éinmal auf seinen eigenen Anfang und Grund zurückgetrieben, soweit überhaupt ein irdisches Reich auf seinen eigenen Anfang zurückkehren kann. Und dér dessen Kriegsfaust allein das Werkzeug einer solchen Umwälzung werden konnte, Jehu, war noch éinmal recht eigentlich einer der ebenso unerwarteten als unwiderstehlichen Riesenkämpfer für die Sache Jahve's gewesen wie einst die Richter, nur mit dém großen Unterschiede dass er nicht wie diese gegen äußere, sondern gegen weit gefährlichere innere Feinde dieser Sache zu streiten hatte. Die Gräuel aber durch welche diese Umwälzung bezeichnet ward, waren inderthat schwer vermeidlich, theils wegen des Wesens der

alten Reichs-Religion wie dies noch zulezt oben S. 368 f. geschildert ist, theils wegen der tiefern Wurzeln welche damals
das Heidenthum und die Herrschaft des Hauses 'Omri in beiden Reichen geschlagen hatte; auch waren solche im Zehnstämmereiche nichts neues. Nichts kann daher ferner unrichtiger seyn als zu behaupten Elisha' habe, als er Jehu'n
salben liess, die vielen Schlachtopfer nicht vorhergesehen
noch gebilligt: so unklar im Blicken in die Zukunft konnte
er nicht seyn. Auch dass Elisha' jene Mordgräuel, nachdem
sie vollbracht waren, gemißbilligt habe, läßt sich wie oben
gesagt mit nichts wahrscheinlich machen. Allein die verborgeneren Übel welche wie in jeder gewaltsamen Umwälzung so besonders in den Gräueln jener vorliegen, traten im
Verlaufe der Geschichte, wie wir unten sehen werden, immer stärker hervor und wurden immer wahrer empfunden.

1. Als daher im Fortschritte der Zeit die Vorstellung
einer so außerordentlichen Erscheinung als die Elia's gewesen war sich theils klarer theils auch allmälig stärker und
riesenhafter ausbildete [1]): da waren es zunächst zwei große
Wahrheiten welche sich in ihr festsezten. Einmal verklärte
sich nun erst recht dás Bewußtseyn wie doch die ganze
große Bewegung und Umwälzung welche sich erst unter
Elia's Nachfolgern vollendete, ihrem innersten Triebe sowie
ihrer höhern Nothwendigkeit nach allein von Elia ausgegangen sei: und leicht konnte es demnach scheinen als habe er
selbst mit seinem gewaltigen Geiste das größte von dém
vollbracht was nach der strengeren Geschichte erst seine
Nachfolger thaten. Bedeutende Reiche, Israel und Damasq,

---

1) beides hängt enge genug zusammen. Zuerst muss sich das
Andenken an eine schon durchlebte große Erscheinung nur erst
überhaupt klar werden und die ganze wunderbare Größe wie sie
wirklich gewesen in entsprechenden Bildern anschauen lernen. Ist
dann der Gegenstand, sobald er in seiner ganzen Größe klar vor
den Geist getreten, wirklich ungemein gross, so wächst er, solange
die Vorstellung lebendig sich fortbildet, leicht weiter in's Riesenhafte,
um das höchste auszudrücken was überhaupt in seiner Art möglich
scheint.

waren in dem Zeitraume gefallen und aufgerichtet; Israels
Geschicke lagen ganz in den Händen der Propheten von
Elia's Schule, auch Damasq achtete ehrfurchtsvoll auf ihre
Stimme: aber so mannichfach und bunt, so gross und wunderbar die Ereignisse dieser Zeiten gewesen waren, in dem
Andenken an den Riesengeist Elia's als ihres wahren Urhe-
bers fanden sie danach leicht ihre göttliche Erklärung und
ihre höhere Einheit. Zweitens aber traten in dies Bewußtseyn ebenso stark die großen Übel aller Art womit die ganze
Zeit schloss, während man doch als die Folge des Wirkens
eines so großen Propheten eher Segen erwarten sollte: sodass wenn man fragte woher die große Zeit deren Seele Elia
war mit soviel Jammer schließen konnte, die Ursache davon
an den Menschen zu liegen schien welche ihn, obgleich er ihr
Wohlthäter geworden und noch weiter hätte werden können,
nicht so aufnahmen wie sie sollten. Auf dem Grunde nun
dieser zwei Wahrheiten wird die ganze Geschichte Elia's und
seiner Zeit von einem Erzähler neugebildet, dessen eigener
Geist hinter der reinsten Höhe der großen Erscheinung selbst
nicht zurückblieb und dem eine wunderbar schöpferische Darstellung der erhabensten prophetischen Wahrheiten gegeben
ist [1]). Er benuzte zwar sichtbar ältere Erzählungen und
Schriften über die ganze Zeit [2]): aber indem dieser von ei-

---

1) nämlich der Verfasser der Stücke 1 Kön. 17—19. 2 Kön. 2,
1—18: worüber schon oben S. 485. 491.      2) wir können
dies an einem Beispiele noch deutlich nachweisen, wenn wir die
S. 511 ff. besprochenen 12 Elisha'-Erzählungen näher mit diesen
Stücken vergleichen. Wir müssen hier nur zuerst beachten dass
die Verfasser der beiderseitigen Stücke ganz verschieden sind, troz
einer gewissen Verwandtschaft des Inhaltes. Die Sprache sowohl
imeinzelnen als imganzen zeigt sich hier und dort sehr verschieden,
wenn man dabei auf wahrhaft entscheidendes sieht: denn die Wiederkehr einzelner Redensarten kommt vom Gebrauche gemeinsamer
Quellen. Anflüge zu reinen Versen mitten in der Erzählung wie
1 Kön. 17, 16 ziemen sehr wohl diesem alles in dichterischer Höhe
zusammenfassenden Erzähler, finden sich aber in den Elisba'-Erzäh-
lungen nichteinmal da wo der Gottesspruch eintritt. Ähnlich herrscht
in den Elia-Stücken die runde Zahl 3 vor und 7 ist selten (1 Kòn.

nem ácht dichterischen und zugleich ächt prophetischen An-
hauche getragene Erzähler allein vom Lichte jener höchsten
Wahrheiten aus alles einzelne erleuchtet sowohl als erwärmt,
schafft er ein neues Ganzes welches das Höchste und Ewigste
aus jener Zeit scharf zusammengefaßt in unvergänglichem
Glanze wiederspiegelt. Wie Elia einer der höchsten Propheten des A. T. ist, so hat er erst hier den seiner Erhabenheit ganz entsprechenden Darsteller gefunden, und die
Stücke dieses Erzählers gehören zu dem erhabensten was
das ganze A. T. enthält. Nur die großen Mächte und Gegensäze bedingen die Darstellung, das Jahvethum und das
Báalthum, das ächte und das unächte Prophetenthum, das
Prophetenthum und das Königthum, Himmel und Erde: und
abgestreift ist daneben jede Fessel des niedern geschichtlichen Stoffes.

Wir haben zwar jezt von seinem Werke einziger Art
nur nòch einige Stücke: aber gerade diese schildern theils
die wahre Mitte des Lebens Elia's wo alle Strahlen dieser
Sonne zum hellsten Lichte zusammenlaufen, theils den hei-

---

18, 43): umgekehrt herrscht die Zahl 7 in den andern Stücken ganz.
Sind aber die beiderseitigen Verfasser verschieden, so hat man weiter alle Ursache die Elisha'-Erzählungen wenigstens ihrem oben beschriebenen ersten Verfasser nach für älter zu halten als die Elia-
Erzählung. Denn die 12 Elisha'-Erzählungen stehen noch jede einzeln da, sind also insofern einfacher geblieben: während die Elia-
Erzählung auf dem Grunde älterer Erzählungen künstlich wiedergeboren ist. Jene schildern daher auch die einzelnen Wunderthaten
umständlicher und anschaulicher, deuten überall noch die äußeren
Mittel an deren sich Elisha' bei solchen Thaten bediente, und erheben den Leser nochnicht so in eine oft schwindlige Höhe wie die
Elia-Erzählung. Bei diesen durchgreifenden Verhältnissen nun ist
es unverkennbar dass die Erzählung der 1 Kön. 17, 10—16 in höchster Schärfe zusammengefaßten zwei Wunder auf dem Grunde der
3ten und 6ten Elisha'-Erzählung (S. 512 f.) beruhe; und ähnliches wird
dadurch weiter bei der Erzählung 1 Kön. 17, 17—24 vgl. mit der
4ten Elisha'-Erzählung wahrscheinlich. Ähnliches sahen wir S. 508
bei dem Namen »Wagen Israels und seine Reuter!«; und die Redensart 1 Kön. 18, 29 vgl. v. 26 ist demnach eher Rückerinnerung
von 2 Kön. 4, 31 als umgekehrt.

tern Sonnen-Untergang dieses Lebens der zum geheimnißvollen Aufgange eines neuen wird; und wohl ist es uns erlaubt nach diesen erhaltenen wichtigsten Stücken vieles des
verlorenen zu schäzen, ja die Schönheit der erhaltenen Stücke
selbst reizt uns zum Versuche das ganze Werk soweit als
möglich wiederherzustellen.

Der Anfang wäre demnach etwa so. Ein beispiellos
schweres Verbrechen hat Izébel von Ahab ungehindert begangen: sie hat nichtnur den Báaldienst eingeführt, sondern
auch die Jahve-Altäre zerstört und die schon längere Zeit
verfolgten Jahvepropheten gemordet. Nur éiner von ihnen
ist übriggeblieben, Elia: aber dem eben hat Jahve längst bei
der prophetischen Weihe verheißen dass er von Menschen
unverlezbar seyn solle und vor keinem als vor Jahve sich zu
fürchten habe; und so trat er unter allen jenen Verfolgungen,
während andere sich verbargen, stets öffentlich eifernd für
Jahve auf, unangetastet und wie von Jahve's Winde getragen.
Doch nun ist eben der große Schlag geschehen, alle Jahve-
Altäre sind zerstört, alle Jahvepropheten gemordet: und als
müßte die ganze Schöpfung über solche Gräuel trauern, befiehlt Jahve allem Regen sich viele Jahre lang ganz entfernt
von den Menschen zu halten. Tiefe schauerliche Stille überall: die Báalpropheten können ihrem Gözen nicht die mindeste Linderung der großen Noth entlocken; und Elia hat
schon den Befehl von Jahve empfangen sich ganz zu verbergen, nachdem er nochéinmal den König an die Wahrheit
erinnert habe.

So tritt Elia (und hier hebt die uns erhaltene Erzählung
an) vor Ahab, ihm anzukündigen künftig werde Thau und
Regen nur nach seinem Worte (d. i. nach Jahve's Worte,
dessen einziger Vertreter er nun geworden) über die Erde
kommen: und alleingelassen mit diesem auf eine noch schreck-
lichere Zukunft hinweisenden Drohworte wird nun Ahab mitten in dem Landeselende. — Elia selbst verbirgt sich ganz
vor dem Treiben der Menschen, wird aber durch die göttliche Hülfe in dieser langen schwülen Zeit nichtnur erhalten
sondernauch anderer Leben zu erhalten wunderbar gestärkt.

Der Geist ruft ihn zuerst in die Wüste östlich vom Jordan zum Bache Kerîth [1]), wo ihm die Raben wie auf göttlichen Befehl jeden Morgen und Abend Brod um Brod bringen und wo er vom Wasser des öden Baches trinkt; er ruft ihn, da auch dies Wasser vertrocknet, gerade entgegengesezt in das Sidonische Sarepta, wo ihm eine arme Witwe auf seine Bitte Wasser reicht, ihm auf seine weitere Bitte auch gern Brod reichen würde, fürchtete sie nicht bald mit ihrem Sohne den lezten Rest davon zu verzehren: aber da gerade erfährt sie überraschend dass den wahrhaft Frommen, welche auch vom lezten Reste noch freudig opfern, eben dieser Rest ein unversiegbarer Quell neues Lebens werden kann, dass dás Fäßchen Mehl und dás Krüglein Öl für alle díe sich nicht verringert denen es Gott sich nicht verringern lassen will. Ja sógar den todkranken Sohn dieser Witwe, bei der er wohnen blieb, stellt er wieder her: schon klagt sie in ihrem betrübten irren Sinne, der heilige Mann sei nur in ihre Wohnung gekommen um ihre verborgeneren Sünden zu erspähen und so den Zorn Gottes gegen ihr Haus zu reizen, aber er beweist ihr umgekehrt das Wirken und Beten des Gerechten vermöge Leben zu schaffen und zu erhalten.

Endlich im dritten Jahre [2]) ist Ahab genug gestraft um auf eine neue Versuchung gestellt zu werden. Er hat in der Zwischenzeit, eingedenk des lezten bedeutungsvollen Drohwortes womit Elia von ihm schied, diesen überall aufsuchen lassen, um ihn zur Zurücknahme seiner nur zusehr in Erfüllung gehenden Drohung zu bewegen, hat deshalb in alle

---

1) dass dieser östlich vom Jordan ja wahrscheinlich in einem damals heidnischen Gebiete floss, liegt deutlich im Zusammenhange der Worte und der Erzählung; und es ist schon deswegen unmöglich ihn mit Robinson (II. S. 534) in dem Vâdi *Kelt* bei Jericho zu suchen. Die LXX sprechen den Namen Χαῤῥάϑ. — Dass die Raben aus fernen Gegenden auch von menschlichen Nahrungsdingen manches herbeischleppen, ist ansich eine uralte Vorstellung.

2) nämlich nachdem Elia sich von Ahab getrennt; dass aber die Dürre überhaupt 3½ Jahre dauerte, ist Jac. 5, 17. Luc. 4, 25 wohl ein Rest der ursprünglich vollern Erzählung, vgl. S. 535 f.

Reiche und Länder geschickt und sie eidlich versichern las-
sen dass sie ihn nicht finden könnten: aber vergeblich ist
all sein Bemühen gewesen. Nun endlich, da eine starke
Hungersnoth Samarien heimsucht, soll Elia sich freiwillig
Ahab'en stellen, und ihm zur Versuchung dén himmlischen
Segen gewähren den jezt durch ihn Jahve gewähren will.
Eben hat sich nun Ahab mit seinem ersten Hofbeamten
'Obadja in dás Geschäft getheilt das ganze Land in allen
Thälern und Quellorten zu durchstreifen, ob sich vielleicht
noch für das verschmachtende Vieh irgendwo ein wenig
Futter finde: da stößt Elia auf 'Obadja und fordert ihn -auf
sein Kommen Ahab'en zu melden. Dieser erschrickt zuerst
vor solchem Auftrage, fürchtend Elia werde nach seiner frü-
heren Gewohnheit wieder völlig unsichtbar werden ehe Ahab
ihn aufsuchen könne, und dann werde sich Ahab's ganzer
Zorn auf íhn wenden als habe ér ihn verborgen, da er als
Jahvediener bekannt sei und schon früher einmal 100 Propheten verborgen gehabt habe. Doch auf Elia's bestimmte
Erklärung er werde vor Ahab erscheinen, meldet dies 'Obadja;
und nach der ersten etwas unfreundlichen Begegnung mit
Elia ist Ahab sogleich bereit diesem einen offenen Wettkampf
mit den Báalspropheten zuzugestehen, worin sich zeigen solle
dass Jahve allein die große Landesnoth heben könne. —
Dieser Wettkampf nun am Karmel drehet .sich zunächst nur
um die Macht himmlisches Feuer zum Anzünden des rechten
Opfers der Gottheit zu entlocken; seine ganze Schilderung hängt
also von dem S. 314 f. berührten Glauben des alten Volkes
ab, und gestaltet sich nur dádurch eigenthümlich dass hier
im Gegensaze des großen Jahvestreiters und der Baalspropheten zugleich der Gegensaz des Beginnens der einen und
der andern Religion nicht ohne ernsten Scherz dargestellt
wird. Die welche ihren Sinn und ihre Arbeit nicht zum wahren Gotte hin richten, bauen wohl den Altar und rüsten das
Opfer, rufen *ihren* Gott laut herbei, und mühen sich je ver-
geblicher all ihre Mühe bleibt desto angestrengter und. unsinniger ab, als ließe sich irgend ein Heil vom Himmel er-
trozen: aber sie können mit aller Mühe und aller Wuth den-

noch nicht dás Feuer dem Himmel entlocken welches sie
suchen und welches allein ihrer Mühe Frucht bringen würde.
Anders Elia. Er richtet aus der heiligen Zahl von 12 Steinen den im ganzen Reiche Israel zerstörten Jahve-Altar wieder auf, rüstet das Opfer ruhig, betet inbrünstig, und sieht
das himmlische Feuer sein Opfer verzehren. — So vor allem
Volke Sieger, überwältigt er mit Hülfe dieses nun bekehrten
Volkes selbst alle die Baalspropheten, am Bache Qishon nördlich vom Karmel sie abschlachtend; fordert Ahab'en auf vom
Opfer Jahve's wieder zu essen und dadurch sich zu stärken,
denn bald komme der heißersehnte Regen; sendet in fester
Zuversicht seinen Boten auf die höchste Spize, die immer
sicherer werdende Ankunft des Gewitters vom fernen Westen her zu verkündigen; empfiehlt Ahab'en nach Jizreél zu
fahren, bevor der Regen ihn hindere; eilt dann aber mit
dessen wirklichem Einfalle wie aufsneue von frischester göttlicher Kraft getragen zufuße Ahab'en voran und trifft mit ihm
zugleich in Jizreél ein, um mit ihm im ganzen Reiche dén
Sieg zu vollenden den er soeben am Karmel davongetragen.

Aber sobald Izébel dies alles erfährt, sendet sie ihm die
strenge Botschaft er werde des Todes seyn wenn er bis morgen im Reiche bleibe. Dies wird die große Wendung in
den Geschicken jener ganzen Zeit [1]). Denn auf diese Drohung ist Elia nicht gefaßt, am wenigsten in dém Augenblicke
wo er den Sieg errungen hatte: bisher hatte er in dém Glauben gewirkt dass wenigstens sein Leben als das des lezten
Jahvepropheten unantastbar sei; nun sieht er im Reiche nichts
vor sich als dass auch diese lezte Prophetenseele augenblicklich fallen, der angefangene große Sieg verloren gehen, die
ganze Jahvereligion schließlich zerstört werden solle. Da
wird er menschlich zu tief bewegt, eilt wie verzweifelt nach
Beersheba' im südlichsten Juda und läßt hier seinen Diener

---

1) also nicht der Mord Nabóth's bildete nach diesem Erzähler den
Wendeort in der ganzen Geschichte der Zeit. Andere Erzähler dagegen konnten diesen zweiten leuchtenden Flecken in Ahab's Geschichte so auffassen, wie der freilich keine so erhabene Darstellung
versuchende Erzähler von 1 Kòn. 20—22 vgl. S. 498 f.

zurück, eilt in derselben Richtung eine Tagereise weiter in die Wüste hinein und sinkt hier in Schlaf, allein den Tod sich wünschend. Doch dá gerade rührt ihn ein Engel an, sich durch die ihm vom Himmel gereichte Speise zu stärken, rührt ihn, da er nach einiger Stärkung wieder in den Schlaf fällt, zum zweitenmale an sich weiter zu stärken, weil er weit zu gehen haben werde: und nun endlich sicher wissend was er zu thun habe stärkt er sich zur 40tägigen Reise durch die große Wüste [1] hin zum Sinai selbst, um bei diesem heiligsten Ursize der wahren Religion ihrem ewigem Herrn die schwere Klage vorzutragen welcher seine Seele ganz erliegen will, séin Licht in dieser ihn und diese ganze Zeit umhüllenden Finsterniss zu schauen, und séine Stimme in diesem menschlich unlösbaren Räthsel zu vernehmen. — Und siehe er empfängt was er sucht, jedoch nicht ohne eine große neue Erfahrung und nicht ohne einige Beschämung. Darum wird die Art wie er an diesem ihm bisdahin unbekannten heiligsten Orte gleichsam zum Gehöre des höchsten Weltherrschers und damit zu einem neuen höchsten Aufschlusse gelangt, nach der Ähnlichkeit dés Gehörs geschildert zu dem ein vielleicht vonfernher kommender Unterthan am Hofe eines großen Königs zu jener Zeit gelangen konnte. Hier ist zuvor eine Anmeldung der Klage nöthig, wonach sich ergibt ob der Kläger überhaupt vor den höchsten Herrn selbst vorzulassen sei oder nicht. So wird Elia, als er zuerst in der Höhle [2] am Fuße des Berges übernachtete, im Traume an-

---

1) die ganze Darstellung 1 Kön. 19, 4—8 hat sichtbar schon solche Erzählungen wie Gen. 16. 21, 15—19 und gewisse Erinnerungen aus der Geschichte Mose's zum Vorbilde, ebenso wie 1 Kön. 18, 31 aus Gen. 35, 10 wörtlich wiederholt ist; auch die häufigen Anspielungen auf Traumgesichte 19, 5—7. 9 erinnern an die Erzvätergeschichte. Allerdings reicht die Größe Elia's an die der Erzväter und Mose's: aber dass sie von diesem Erzähler so aufgefaßt und geschildert wird wie wir sehen, war erst möglich nachdem die Urgeschichte in Hauptsachen ihre jezige Gestalt erhalten hatte. Vonselbst versteht sich übrigens dass damit die Wanderung Elia's zum Sinai nicht entfernt bezweifelt wird; vgl. S. 491.          2) dies war, wie sich vonselbst versteht, die Höhle in welcher damals Wanderer

geredet was er. wolle? und empfängt auf das Vorbringen
seiner schweren Klage die Weisung wohin er gehen solle
(nämlich auf die Spize des Berges), und *wie* er dort dén
schauen und dén hören werde den er eigentlich suchte und
den er só nahe und só vollkommen in seiner Herrlichkeit
und Klarheit wie hier früher nochnie gesehen [1]). Und da er
nun dieser Weisung folgsam in tiefer Ehrfurcht dém entgegengeht den er eigentlich sucht und am rechten Orte seine
Klage wiederholt, empfängt er von dem rechten Herrn und
Entscheider eine Antwort, welche ihm selbst überraschend
genug ist. Nicht in dumpfer Verzweiflung und Einsamkeit
soll er sein Leben enden: umgekehrt mitten in der großen
Welt den Willen Jahve's vollziehen. Aber weil sich jezt
völlig gezeigt hat dass diese Zeit für eine wahre Besserung
unfähig und daher eines nahen Heiles unwürdig ist, so soll
er Chazâel'n zum Könige der Aramäer, Jehu'n zum Könige
Israels und Elîsha'n zu seinem Nachfolger salben, jene drei
Männer welche wie verschieden –auch sonst doch dárin sich
gleichen dass sie alle mit unhemmbarer Kraft und schonungsloser Härte Israel züchtigen und zwar ein neues Zeitalter

zum Sinai gewöhnlich ausruheten.          1) die berühmten Worte
1 Kön. 19, 11 f. können zunächst richtig nur só aufgefaßt werden,
dass sie beschreiben wie Jahve hier Elia'n erscheinen und wie er zu
ihm reden werde. Sein Vorüberziehen kündigt sich zuerst am entferntesten durch den stärksten Sturm an: aber *das* ist er *selbst* nochnicht; feiner dann und näher durch Donner und Erdbeben: aber
auch *das* ist er selbst nochnicht; am feinsten dann durch Feuer
(wie im Gewitter, nach Ps. 18, 18. Hab. 3, 4): aberauch *das* ist er
selbst nochnicht: nur in dem dann folgenden leisen Säuseln, in der
feinsten Geisterstimme offenbart er sich, und darauf soll man hören!
(wie Ijob 4, 16. 26, 14 ähnlich). Es versteht sich also dass was
v. 11 f. angekündigt ist, hernach geschehen muss: nur der Kürze
wegen wird hinter v. 14 nicht weiter erzàhlt was sich vonselbst versteht, nämlich dass Elia so Jahve'n schauete und *so* ihn hörte; v. 11 f.
geben ihm also eine bloße Weisung für den Augenblick der Offenbarung selbst. Was man sonst in diese Worte legt, ist mit guten
Mitteln nicht in ihnen zu finden. Allerdings aber enthalten sie zugleich die Wahrheit von der geistigen Offenbarung Jahve's als der
allein richtigen.

für Israel herbeiführen aber unter den furchtbarsten Schlägen verdienter göttlicher Strafe. Das also soll zugleich· zu Elia's Genugthuung dienen: doch sollen (wird zulezt hinzugefügt) 1000 ächter Jahveverehrer übrigbleiben als unverwüstlicher Stamm und Anfang einer neuen bessern Zeit [1]); sowenig hat Elia nöthig zu verzweifeln und von séinem Untergange den des Gottesreiches zu fürchten!

Damit hat Elia's Geschichte ihre Höhe erreicht und eine Aussicht in alle folgenden Zeiten bis in die Tage der Herrschaft des Hauses Jehu ist dadurch eröffnet. Die Wuth der folgenden Unglücksschläge verschiedenster Art, das Wirken eines so rauhen Propheten wie Elisha', die vielen Siege der Aramäer seit ihrem neuen Aufschwunge, der Sturz des Hauses ʿOmri durch Jehu's nichts verschonenden Arm — alles das ist in dieser göttlichen Übersicht aller Geschichte als eine nothwendige Folge der Verschmähung eines so großen und schon so siegreichen Propheten wie Elia zusammengefaßt. Wir müssen deshalb bedauern dass die erhabene Darstellung dieses Erzählers hier abgebrochen wird und wir nichtmehr erfahren wie Elia seine Aufträge in Bezug auf Chazâel und Jehu ausführt. Dass der Verfasser in seiner freiern Art auch dieses dargestellt habe, leidet keinen Zweifel [2]).

Doch hat sich von diesem Erzähler noch die erhabene Darstellung des Hinganges Elia's aus aller irdischen Wirksamkeit erhalten: wiewohl auch diese Darstellung vorne ˙nichtmehr vollständig ist. Ein irdisches Leben so rein wie dás

---

1) ganz wie die großen Propheten des 8ten Jahrh. von einem solchen unverwüstlichen »Rest« reden;˜ und vor dem Ende des 8ten oder der ersten Hälfte des 7ten Jahrh. kann dieser Erzähler allen Spuren nach nicht gelebt haben. Man wird am richtigsten annehmen dass er erst nach dem Dichter des B. Ijob schrieb, weil nichtnur die S. 542 nt. erwähnte Redensart sondernauch die 2 Kön. 2, 11 vgl. Ijob 38, 1. 40, 6 die eigenthümliche Sprache des B. Ijob voraussezt: denn so erhaben unser Erzähler ist, so wird man den Dichter des B. Ijob doch immer noch für schöpferischer halten müssen.

2) sagen die Stücke 2 Kön. 8, 7—15. c. 9 f. gehörten ursprünglich zu 1 Kön. 19, 15—18 und seien eigentlich von demselben Erzähler, heißt das A. T. schlechter machen als es ist.

keines andern Menschen in jener Zeit dem Dienste Jahve's geweihet und zugleich so allgewaltig im Fördern des Reiches Gottes vollbracht, kann nur einen entsprechenden Ausgang haben: in der Sichtbarkeit aufhörend, wird es nur desto ungestörter und kräftiger wirkend in das reingeistige Gebiet also in den Himmel aufgenommen; und der Himmel selbst senkt sich in jenem Augenblicke zur Erde herab um dén Geist von ihr zu sich zu erheben der ihm schon ganz angehört. Also ein feuriger Wagen mit feurigen Rossen fährt vom Himmel und nimmt Elia'n im Sturmwetter auf zum Himmel: in diesem kühnen Ausdrucke sucht sich nur die ewige Wahrheit jenes Gedankens zu erklären. Aber dabei ist doch denkwürdig dass dieser kühne Ausdruck nochnicht in einem frühern Zeitalter vorkommt, alsoauch im Umfange des A. T. nicht von Mose gebraucht wird, weil die Darstellungen seines Lebens die wir im A. T. haben verhältnißmäßig älter sind, sondern erst bei diesem schöpferischen Erzähler sich findet welcher nach S. 541. 543 *nt.* nicht vor der ersten Hälfte des 7ten Jahrh. also wenigstens 2 Jahrhunderte nach Elia lebte [1]). Und weiter ist dabei zu beachten dass dieser kühne Ausdruck hier noch ganz einfach und kurz bleibt, während wieder spätere Schriftsteller das darin liegende geheimnißvolle imeinzelnen weiter auszumalen wagen. Vielmehr erscheint hier als Gegenstand weiterer Schilderung nur das éine, *wie* ein Elia seine Freunde auf Erden verläßt und wie sie ihn: und dies gerade fordert ammeisten nähere Darstellung. Wenn dér Augenblick nahet wo ein Heiliger wie Elia von der Erde genommen werden soll (und die Nähe eines solchen Augenblickes läßt sich ahnen, sowie sie damals bei

1) das Bild selbst von dem Feuerwagen mit Feuerrossen entsprang aus einer Verbindung der uralten Redensart von Henókh Gen. 5, 24 welche eine Ergänzung zu fordern schien, mit der Vorstellung von den Kerûben: nachdem nämlich auch diese vormosaische Vorstellung von den Kerûben sich allmàlig mit den von den Himmelsheeren (צְבָאוֹת י״י) vermischt hatte. Reiner findet sich dieselbe Redensart von den bloßen Himmelsheeren gebraucht 2 Kön 6, 16 f.: aber allmàlig vermischten sich alle solche àltere Bilder mehr.

Elia allen Propheten schon zumvoraus bekannt war), so voll-
zieht sich unter denen die bisher als seine Anhänger und
Freunde galten eine Scheidung: der große Haufe derselben
tritt furchtsam und ungläubig zurück, nur wenige bleiben bis
zum äußersten treu, aber auch nur auf diese fällt zunächst
der Segen und Geist des der Erde zu entrückenden Heiligen. So geht Elia, er ambesten wissend wie nahe sein irdisches Ende sei, mit Elishaʿ von Gilgal nach Báthel; um
diesen altheiligsten Ort von Israel, die geistige Mitte des
Zehnstämmereiches, nochéinmal zu sehen: er befiehlt Elîsha'n
in Gilgal zurückzubleiben; dér aber wohl ahnend was bevorstehe, will ihn um alles nicht verlassen, und ruft den
Prophetenjüngern, als diese ihn in Bäthel mit bedenklicher
Miene an das nahe Scheiden seines Meisters erinnern, ab-
wehrend zú lieber zu schweigen. Weiter will Elia vonda
nach Jerîcho: und zum zweitenmale bewährt sich dieselbe
Treue Elisha's und derselbe Gegensaz zwischen ihm und den
gemeinen Prophetenjüngern. Aber weiter muss Elia über
den Jordan und wieder fordert er Elîsha'n áuf in Jerîcho zu
bleiben: zum drittenmale bewährt dieser seine reine Treue,
während 50 Prophetenjünger nur wie neugierig vonferne zu-
schauen was sich begeben werde. Aber Elia schlägt mit
seinem wie zu einem Stabe zusammengewickelten Mantel den
Jordan wie einst Mose das rothe Meer: und die Fluthen gehorchend theilen sich und lassen beide hinüber [1]). Nun beginnt das lezte: der Meister fordert den allein bewährten
Schüler áuf sich noch eine Gabe von ihm zu erbitten: dieser, kühn zur rechten Zeit, erbittet sich zwei Drittel vom
Geiste des scheidenden Meisters: aber Elia verheißt ihm die
Erfüllung der schweren Bitte nur wenn er ihn klar und
sicher im lezten Augenblicke des Scheidens sehen werde.
Denn nur dér dessen Auge und Sinn noch in der erschüt-
terndsten lezten Entscheidung klar und fest bleibt, kann inderthat dás göttliche Gut erlangen welches ihm schon nahe

---

1) auch diese Darstellung 2 Kön. 2, 8 war erst möglich seitdem
die Erzählungen Ex. 14. Jos. 3 f. ihre jezige Gestalt gewonnen; und
als der Ort des Endes ist wohl wie bei Mose der Nebó gemeint.

kommt. Da wird Elia während sie noch sprechen aufgehoben: Elîshaʿ sieht es mit festem Auge und schauet in eine Herrlichkeit die er nochnie gesehen; so klagt er zwar bitter wie über einen Todten, hebt aber im selben Augenblicke den herabgefallenen Mantel Elia's auf; ja er erfährt sogleich dessen einzige Kraft, über den Jordan zurückgehend wie er herübergekommen war. Dies sehend huldigen ihm zwar die Prophetenjünger bei Jerîcho wie früher Elia'n: aberdoch können sie bisjezt Elia's Himmelfahrt sowenig glauben dass sie umsonst von Elîshaʿ zurückgehalten 50 Mann ausschicken ihn überall auf Bergen oder Thälern zu suchen und endlich nur durch die Vergeblichkeit dieses Suchens vom Wahren überzeugt werden, die ungläubigen!

2. Nachdem die Geschichte Elia's einmal bis zu dieser Höhe gesteigert war, bildete sie sich noch über das bei ihr hier eingehaltene Mass hinaus weiter, sodass die Vorstellung dieses Propheten sich immer riesenartiger aberauch starrer gestaltete und ebendamit immer weniger als Vorbild menschlichen Handelns dienen konnte. Wir haben im A. T. ein Stück der Art [1]) an der Darstellung des Verhaltens Elia's zu dem kranken König Achazja S. 502. Hier ist von der einen Seite die Vorstellung der Unnahbarkeit und völligen Unbezwinglichkeit des Riesenpropheten, von der andern die des himmlischen Feuers welches er dem Himmel entlocken könnte von jener S. 539 f. erklärten viel einfachern Gestalt aus so gesteigert, dass daraus beinahe eine Brahmanisch-Indische Erzählung über die Thaten eines *Jôgin* hervorgegangen ist. Als

---

1) 2 Kön. 1, 2—16. Dass nämlich diese Erzählung von einem andern Verfasser ist als die vorigen, erhellt außer der innern Verschiedenheit auch aus der Verschiedenheit der Sprache über das Herabfallen des Himmelsfeuers 1 Kön. 18, 38 und 2 Kön. 1, 10—14. Dass die Auffassung des Äußern Elia's in beiderlei Stücken, abweiche, ist schon S. 491 *nt.* erörtert. Dagegen mag der *zweite* Verfasser der 12 Elisha'-Erzählungen derselbe seyn mit dem dieses Stuckes, da zwischen ihrer Art und Sprache sich eine nähere Verwandtschaft zeigt. Auch erscheint bei ihm statt des Mantels Elia's vielmehr ein Stab in gleicher Bedeutung 2 Kön. 4, 29 f.

Achazja's Boten an den heidnischen Gott, noch ehe sie diesen fragen konnten, von einem Unbekannten zurückgewiesen wurden mit dem strengen Worte: „wollt ihr etwa weil es garkeinen Gott in Israel mehr gibt den Fliegengott in 'Eqrôn fragen?" und er dem Kranken auch deshalb nahen Tod als göttliche Strafe verkündigt hatte: ergrimmte jener und wollte, da er aus gewissen Zeichen schloss dass es Elia sei, diesen durch einen Hauptmann mit Kriegern holen und dann (wie vonselbst deutlich) hinrichten lassen. Aber sowie der Hauptmann mit seinen Kriegern ihm den Befehl des Königs ausrichtet, befiehlt dieser von der Bergspize herab wo er unerschütterlich sizt dem Himmelsfeuer sie alle zu verzehren, und es geschieht. Einem zweiten ergeht es ebenso. So ist des Propheten Unantastbarkeit genug bewährt: und als nun ein dritter mit tiefer Demuth um Erbarmen flehend den Befehl ausrichtet, befiehlt Elia'n derselbe Engel welcher ihn bisdahin so zu handeln getrieben, sich furchtlos zum Könige zu begeben und diesem nun dasselbe offen zu wiederholen was er früher nur den Boten gesagt. Er thut's und der König stirbt demgemäss.

Auf ein anderes vielleicht noch späteres Werk worin Elia's Wirksamkeit geschildert war, weist ferner die Stelle bei dem Chroniker [1]) hin, wonach ein Brief von Elia an König Jôrâm von Juda kam, ihn wegen seines bösen Lebens zu tadeln und zu bedrohen: denn dass der Chroniker diese ganze Nachricht in irgend einem früheren Buche gefunden haben müsse ist sicher. Man könnte hier sogar an einen himmlischen Brief Elia's denken, da es nach S. 503. 524 unsicher ist ob Elia noch zur Zeit dieses Jôrâm gelebt habe. Allein in den Worten liegt der Sinn eines himmlischen Briefes (dergleichen außerdem im A. T. nirgends vorkommt) nicht; und nach der S. 432 erörterten andern Jahresberechnung konnte er doch noch unter diesem Könige Juda's leben. Sonst indess erscheint Elia oder Elîsha' nirgends als durch die Schrift wirkend: und diese Fremdartigkeit der Erzählung sowie der

---

1) 2 Chr. 21, 12—15.

Mangel eines eigenthümlichen Inhaltes, des Briefes [1] weist
uns eher auf ein sehr spätes Werk hin woraus der Chroniker die Nachricht nahm. Vielleicht war dies dasselbe Werk
über Elia und Elîsha', von dem sich der Eingang bruch-
stücklich erhalten hat [2], nach bekannten ältern Mustern darstellend wie schon bei ihrer Geburt Vorbedeutungen ihrer
ganzen künftigen Größe eintrafen.

3. Am meisten aber knüpften sich in spätern Zeiten an
jene Erzählung über die Himmelfahrt Elia's neue Vorstellungen und Erzählungen. Er galt nun mit Henóch, oder wie
andere wollten mit Mose (II. S. 292), als ein durch keinen
Tod unterbrochenes geheimnißvolles Leben im Himmel fort-
sezend, daher auch als stets bereit vondort auf die Erde
zurückzukehren [3]. Und da ein solches ewiges Leben folgerichtig sich auch nachvorne ausdehnt, so hielten weiter viele
dafür als sei dieser Feuermann einst schon in dem ähnlichen
Enkel Mose's Pînechas erschienen [4]. Darum fiel er nun endlich mit dem Manne des Paradises als dem Urbilde ewiger
Jugend und eifriger Hülfe zusammen, den die Islâmischen
Völker alChidhr nennen [5].

1) die Sprache des kurzen Briefes ist ganz die des Chronikers,
vgl. besonders רתזנה v. 13 mit v. 11.            2) in Epiphanios'
Buche über das Leben der Propheten c. 5. 6. — Über andere Apokryphen unter Elia's Namen vergl. Fabricii cod. apocr. V. T. und
Zunz's gottesdienstl. Vorträge S. 130 f.            3) s. zu Apocal.
11, 3 ff.            4) wegen des Ausspruches Num. 25, 11. Wie
man wirklich mit der Vermischung beider in den Erzählungen Ernst
machte, erhellt z. B. aus Hamza's arab. Annalen p. 89 f. nach Gottw. —
Ein Grab Elia's zeigt man jezt im Dorfe Shobar bei Damasq: doch
ist jene Gegend voll solcher angeblicher Gräber aus den Urzeiten.
    5) von ihm ist oft die Rede, z. B. in Weil's Legenden S. 177–181;
und es gibt im Islâm manche sehr schöne Erzählungen wie er das
Lebenswasser trinkt, ewiger Jüngling bleibt und ewig gern den Menschen hilft, s. Qirq Vezir p. 80—83. 85 f. 165, 8. Gemáleldîn's Gesh.
Jerusalems nach Reynolds p. 129 ff.; er wird nach I. S. 360 treffend
mit Noah zusammengestellt in der Erzählung Ibn-Arabsha's faqîh.
p. 25, 5, aber auch wohl wieder von الياس d. i. Elia unterschieden
Shahrestâni I. p. 131. Der Name الخضر d. i. Grün ist unstreitig ächt-
arabisch, seine Vorstellung also wohl ein Überbleibsel der altarabi-

## II. Die Zeiten des Hauses Jehu und weiter bis zur Zerstörung Samariens und Errettung Jerusalems.

Durch die große Umwälzung Jehu's und deren unmittelbare Folgen waren nun beide Reiche bis auf einen Urzustand zurückgeworfen, aus dem sich jedes einzelne erst wieder zu neuer Ordnung und Festigkeit erheben mußte. Schwere Irrthümer und verkehrte Bestrebungen die im lezten Jahrhunderte emporgekommen, waren zerstört: ein besserer Anfang konnte sowohl in Samarien als in Jerusalem gegründet werden. Aber ammeisten verlezt und geschwächt ging aus den Kämpfen des lezten Jahrhunderts die königliche Macht hervor; die reine sittliche Scheu vor ihr, ihre ursprüngliche Hoheit und alterthümliche Kraft hatten am tiefsten im Zehnstämmereiche die steten Umwälzungen, tief genug auch in Juda die lezten Ereignisse erschüttert; und nirgends war mehr die wunderbare Macht zu fühlen mit welcher bisdahin das menschliche Königthum der stärkste Hort des Volkes gewesen war. Von tiefer Ehrfurcht umfangen, allgewaltig und kaum durch die Heiligkeit prophetischer Worte zu zügeln, darum bisweilen bis zum Übel gewaltthätig, immer aber wie von einem höhern Selbstbewußtseyn so von der heiligen Scheu des Volkes getragen und darum der stärkste Hort der innern Einheit und der äußern Macht des Volkes: so war das ursprüngliche Königthum in Israel gewesen; aber schon jezt waren nur noch Trümmer von ihm geblieben, und nie konnte es sich seitdem wieder ganz zu seiner alten Höhe erheben. Es ist besonders diese Schwächung der alten königlichen Gewalt, welche vonjeztan den Verlauf der Geschichte bestimmt. Nachdem die stärkste Macht jener Zeiten unheilbar geschwächt war, löste sich alles noch viel leichter auf: denn was alles stärker hätte binden können, das wollte und konnte noch nicht kommen. Die königliche Macht, unfähig alles zusam-

schen Göttersage. Aber dass man in Israel sehr früh Elia'n ähnlich betrachtete ist aus Mal. 3, 1. 23 f. vgl. Sir. 18, 1—14 zu schließen, s. IV S. 202. — Die Christen trugen dann vieles davon auf ihren St. Georg über.

menzufassen, wird jezt selbst etwas vereinzelteres im Volke,
nimmt also leicht Partei und ist von Parteien abhängiger; die
prophetische, sofern sie nicht entartete, sieht sich trozdem
dass sie zum Emporkommen des Hauses Jehu so mächtig
mitgewirkt, dennoch im Verlaufe der Zeit wieder immermehr
von der königlichen getrennt; jedes Bestreben im Volke bildet sich in sich selbst freier aus, daher zumtheil noch schöner und vollkommener als früher, zumtheil aber auch loser
und ungezügelter: die Freiheit wächst überall, dient aber
weil eine sie leitende höhere Religion immer weniger das
ganze Volk zusammenhält, zulezt mehr zum Schaden als zum
reinen Heile der Volksthümlichkeit. Wiewohl dies alles, wie
es die ganze Lage der beiden Reiche forderte, weit ärger
und zerstörender bei dem nördlichen als bei dem südlichen
eintreffen mußte.

Zeiten in welchen das alterthümlich strenge Königthum
bereits zusehr seine Mängel und Blößen der Welt gezeigt
und die höheren Güter des Volkes welche es zu erhalten
und zu mehren berufen ist durch seine Kraft auchnur zu
schüzen sich als zu unfähig erwiesen hat, bringen freilich
immer auch leicht dén Vortheil dass alle die in einem Volke
noch verborgeneren Kräfte des Geistes sich desto tiefer regen um zu versuchen was auch von ihnen aus zur Heilung
offenbar gewordener Volksübel und zur guten Einrichtung
alles Lebens und Treibens dienen könne. Man kann insofern solche Zeiten mit großer Theilnahme verfolgen, da sie
das äußerste zeigen was ein schon hochgebildetes Volk auf
dem Grunde früherer Errungenschaften von seinen noch un-
aufgeriebenen tiefsten und mannichfaltigsten Kräften aus nach
ihrer stärksten Entfesselung von bisherigen Hemmungen zu
leisten vermag: und für das alte Israel waren gerade jezt
solche Zeiten in vollem Maße gekommen. Das Streben nach
Weisheit, schon seit Salômo's Tagen so kühn sich regend,
verengerte sich zwar nach S. 428 in den jezigen Zeiten immermehr, entwickelte sich aber in diesen engeren Grenzen
welche ihm durch die ganze damalige Weltstellung Israels
gezogen waren bald desto freier ja in manchen Schulen nur

zü frei: Zeuge davon ist vorzüglich auch die Macht des Zweifels und Spottes und die Thorheit von *Spöttern* d. i. nach Griechischer Art zu reden von Skeptikern welche in den folgenden Jahrhunderten immermehr überhandnehmen und auch das Heiligste nicht verschonen. Aber auch die volksthümliche Freiheit im Gegensaze zur königlichen Macht entfaltet jezt schnell ihre Schwingen: die Macht berathender zu aller Gesezgebung mitwirkender Stände schreitet von den Anfängen aus welche nach S. 16 f. 395 in Israel längst gegeben waren, jezt sichtbar mit großen Erfolgen fort, wennauch nach dem wesentlichen Unterschiede beider Reiche in jedem eigenthümlich sich ausbildend; und die ganze innere Unruhe des Lebens und Treibens mehrt sich in beiden Reichen durch die folgenden Jahrhunderte fast ohne Unterbrechung desto einseitiger und bedrohlicher, jemehr die Herrschaft Israels jezt nachaußen geschwächt war und troz aller noch eintretender Wechselfälle zulezt immer wieder mehr beschränkt wurde. Durch diese Verengerung des ganzen Wirkungsortes der Volksmacht neben der äußersten Anstrengung und stets sich steigernden Unruhe aller noch möglichen Bestrebungen und Fähigkeiten im Volke litt zunächst der gemeine Mann in Israel immermehr, und es kamen die Zeiten wo die „Elenden" und „Dulder" [1]) sich im Volke immer ärger mehrten und wo bald auch jeder dazu gerechnet werden konnte der von den verkehrten Freiheitstrieben sich ferner hielt und in der einfachen Treue gegen die wahre Religion lieber Unrecht leiden als zu ihm mithelfen wollte [2]): diese vor den Begierden und Unbilden der rücksichtsloseren Mitbürger möglichst zu beschüzen wurde dann das schönste Vorrecht und eine der nächsten Pflichten des Königthumes [3]), da dieses wenigstens seinem Berufe nach über den streiten-

---

1) die seit Ps. 12, 6. Amos 2, 6 f. 4, 1. 5, 12. 8, 4 soooft erwähnten אֶבְיוֹנִים und עֲנָוִים; nur Hosea gebraucht diese Wörter nicht, wohl aber das B. Ijob.     2) denn diesen Nebensinn haben die Wörter unstreitig früh angenommen, ähnlich wie noch Matth. 5, 3 ff. oder vielmehr Luc. 6, 20 f.     3) nach Jes. 32, 1—8. 11, 4. Ps. 72, 4. 12 ff.

den Theilungen und zerstörenden Bestrebungen im Reiche
stehen sollte [1]). In alle dem bildete sich also Israel schon
in jenen Zeiten ähnlich aus wie so manche jezige Reiche;
und die ganze pochende Unruhe der Griechischen Freiheit vor
Alexander wollte sich in Israel schon damals entwickeln, nur
dass die Griechen dazu leicht ein Königthum fortwerfen konnten welches sich unter ihnen noch nie so wie das in Israel
fester ausgebildet hatte. Was aber hier zu beachten noch
näher liegt: auch manche der umliegenden Reiche, die Phönikischen, das Ägyptische, befanden sich allen Zeichen nach
damals bereits in ähnlichen Lagen [2]), aus denen nach der
Entfesselung aller früher mehr durch Zwang zurückgehalte-
ner Bestrebungen sich wieder zu fester Einheit und Macht
zu erheben für jedes alte Volk so äußerst schwer war: alle
diese Reiche mit Israel wirkten damals wechselseitig stark
auf einander; und bald mußte sich entscheiden ob solche auf-
lösende Kräfte auch in Israel schon jezt und in beiden Reichen die Übermacht gewinnen würden oder nicht.

: Es kostete daher jezt auch gleich anfangs eine längere
Zeit ehe beiden Reichen gelang sich aus den Übeln und
Gebrechen der lezten Umwälzung zu erholen und kräftiger
den jezt möglichen bessern Anfang zu versuchen. Doch
hatte sich anfangs auch im Zehnstämmereiche noch zuviel
alterthümliche Volkskraft erhalten; noch gelang es beiden
sich zu einem neuen Anfange emporzuringen: ja das Zehnstämmereich erhebt sich während der Herrschaft des Hauses
Jehu, welches mehr als noch einmal solange als das vorige
sich erhielt, zu einer Festigkeit und Macht welche es früher
nie behaupten konnte. Aber da eben erfüllten sich rasch
seine Geschicke, indem die durch seine Gründung selbst in
ihm verborgen liegenden Keime innerer Zerstörung und Auflösung durch das länger ungestörte Glück welches es endlich noch einmal errang nur desto rascher und ungestörter

---

1) s. weiter die Abhandlung »über die Volks- und Geistesfreiheit
Israels zur Zeit der großen Propheten bis zur ersten Zerstörung Jerusalems« in den *Jahrbb. der B. w.* I. S. 95—113.

2) s. ebenda S. 104 ff.

hervorbrachén, und die aufstrebende Weltherrschaft der Assyrer nur desto schneller ein Reich aufrieb welchem' von vornan kein gesunder Lebensathem einwohnte. Während aber das größere Reich so unrettbar seinem lezten Verderben entgegenging, sammelten sich im kleinern die in ihm liegenden bessern Kräfte, nachdem sie im Drucke der Zeiten sich wieder fester zusammengeschlossen und ausgebildet hatten, nochéinmal zu einer so wunderbaren Stärke dass es aufs glücklichste und erfolgreichste denselben Stoss aushielt dem jenes erlag, und sich beinahe schöpferisch zu einem neuen Daseyn erheben konnte. So schließt diese zweite Zeit der beiden Reiche ganz anders als jenes ihr erstes Jahrhundert; und nach allen zufalligeren Schwankungen tritt amende das sehr verschiedene Geschick zu welchem beide'durch ihren Ursprung selbst bestimmt waren, mit den leuchtendsten Zügen in das Licht der Geschichte.

Dieser Zeitraum umfaßt, wenn man die im jezigen Königsbuche genannten Herrschaftsjahre der einzelnen Könige von Juda zusammenrechnet, 165 Jahre bis zum 6ten Jahre der Herrschaft Königs Hizqia in welchem Samarien zerstört wurde; rechnet man aber die genannten Jahre der Könige des Zehnstämmereiches bis zu dieser Zertrümmerung des Reiches zusammen, nur $143^7/_{12}$ Jahre. Nähere Untersuchung zeigt dass hier zwei bedeutendere Fehler [1] im jezigen Königsbuche vorliegen welche ziemlich sicher verbessert werden können. Am leichtesten ist dér Fehler zu entdecken welcher gegen das Ende hin versteckt ist. König Péqach von Israel und König Jothâm von Juda treten ihre Herrschaft fast zu gleicher Zeit an: aber von Jothâm's erstem Jahre bis zu Hizqia's sechstem sind 38, von Péqach's erstem bis zu Hoséa's leztem nur 29 Jahre; nimmt man hier bei Péqach die Lesart 20 für aus 29 irrthümlich entstanden an, so stellt sich alles her, und der übrige Wortzusammenhang bleibt dabei ganz unverändert [2]. — Der andere Fehler hat sich etwas

---

1) unbedeutender ist der Fehler 2 Kön. 13, 10 wo für 37 mit'den LXX ed. Ald. 39 zu lesen ist nach 13, 1. 14, 1.       2) es' ist also 2 Kön. 15, 27 nur ותשע 'hinter עשׂרים ausgefallen zu denken.

tiefer in die jezige Erzählung verflochten. Wenn König
Amaßja von Juda seit dem zweiten Jahre Königs Jôâsh von
Israel eine Herrschaft von 29 Jahren, dann sein Sohn Uzzia
eine von 52 Jahren fortführt, Jôâsh aber von Israel 16 und
sein Sohn Jerobeam II. 41 Jahre herrscht, so kann lezterer
nicht, wie der jezige Text sagt, im 38sten Jahre Uzzia's gestorben seyn und seinen Sohn Zacharja zum Nachfolger gehabt haben [1]). Die Schwierigkeit wächst noch dadurch dass
der Anfang der Herrschaft Uzzia's in das 27ste Jahr Jerobeam's II. verlegt wird [2]), da er nach obigen Voraussezungen
vielmehr in's 15te gehört und dies auch sonst bezeugt wird.
Allein eben hier können wir den Ursprung des Irrthums erkennen der sich dabei eingeschlichen haben muss: während
nämlich hier 12 Jahre zuviel gerechnet sind, muss man sie
vielmehr der ganzen Dauer der Herrschaft Jerobeam's II. hin-
zulegen, sodass dieser nicht 41 sondern 53 Jahre herrschte.
Verbessert man aber diese zwei Fehler, so ist die ganze Zeitrechnung dieser 165 Jahre im Reinen, und man kann die einzelnen Zahlen sämmtlich für ganz zuverlässig halten [3]). Zieht
man die Zeit bis zum Tode Königs Hizqia hinzu, so sind es
zusammen 188 Jahre.

---

Freilich macht dabei noch das 20ste Jahr Königs Jothâm 2 Kön. 15,
30 eine Schwierigkeit: allein diese Angabe widerspricht zusehr der
andern 2 Kön. 17, 1 sowie der ganzen übrigen Zeitrechnung als dass
man sie für etwas anderes als für ein Versehen halten könnte. Die
Pesh. und Ar. Polygl. haben hier noch sonderbarer das 2te Jahr,
wenn dies nicht etwa ein Rest der richtigen Lesart 2 Kön. 17, 1 ist.
  1) 2 Kön. 14, 1 f. 16 f. 23. 29. 15, 8.            2) 2 Kön. 15, 1 f.;
besonders entscheidend ist hier die klare Angabe 2 Kön. 14, 17; auch
vorher und nachher stimmt alles überein.   Die alten Übersezer haben freilich schon überall dieselben Lesarten.            3) neuere
Zeitrechner nahmen gewöhnlich hinter Jerobeam II. und hinter Péqach langjährige Zwischenzeiten an wo das Zehnstämmereich garkeinen König gehabt habe. Allein dies ist in jeder Hinsicht eine irrthümliche Annahme, welche dem Sinne der Erzählung völlig widerspricht und eine ganz unrichtige Anschauung der Geschichte gewährt.
Man muss also die kleinen Fehler richtig finden welche sich unstreitig in den jezigen Text eingeschlichen haben.

## 1. Das Haus Jehu. — Auflösung des alten Prophetenthumes.

1. Dieses Haus behauptete 114½ Jahre lang die Herrschaft eines Reiches in welchem sich sonst auch die über den ersten Augenblick hin bestehenden Herrscherhäuser weit schneller abnuzten; und eine verhältnißmäßig lange Zeit führte es eine Fülle von äußerer Macht und Ehre in das Reich zurück, trozdem dass es anfangs längere Zeit mit den größten Schwierigkeiten zu kämpfen hatte. Die Ursache der längern Dauer und größern Macht dieses Hauses kann aber nicht in der bloßen männlichen Tapferkeit seines Stifters und der Nachfolger desselben gesucht werden, wiewohl es allerdings merkwürdig ist dass diese sich bei allen vier ersten Königen dieses Hauses gleichmäßig erhielt [1]): denn solche Tapferkeit hatte jeder Stifter eines etwas länger bestehenden Hauses und mancher andere König, während doch kein Haus so lange bestand wie dieses. Die wahren Ursachen dieser Erscheinung sind vielmehr folgende. Das Reich war jezt nach gewaltsamer Ausstoßung schädlicher und fremdartiger Stoffe wieder reiner auf seine ursprünglichen Grundlagen zurückgedrängt: ausschließliche Verehrung Jahve's unter dem Bilde eines Stieres, Einverständniss mit den Jahvepropheten, treueres Festhalten aller Volksfreiheiten, Gegensaz gegen Juda; das uralte Bäthel wurde wieder neben Samarien der beliebteste Siz der Könige und ihrer Religion [2]). Diesen Grundlagen mußte das Reich jezt wohl auf längere Zeit viel treuer bleiben als es ihnen früherhin, bevor es so furchtbares erfahren, treu geblieben war: wie es jezt die gewaltsamste Wiedergeburt erlebt hatte, so versuchte es unter aufrichtiger Anstrengung aller Kräfte. alles was ihm von jenen Grundlagen aus möglich war; und die äußere Noth selbst in welche es bald nach seiner Wiedergeburt eben durch das heftige Streben nach dieser auf längere Zeit versank, diente dazu es längere Zeit

---

1) vgl. 2 Kön. 10, 34. 13, 8. 12. 14, 28 mit 15, 11.
2) Amos 7, 13.

in dieser Richtung zu erhalten und es darin erstarken zu
lassen. Und wie das längere Zeit fortdauernde gute Einverständniss der beiden großen Selbstmächte des Reiches immer
schönere Zeiten für die alte Gemeinde herbeiführte, und besonders von größtem Nuzen seyn mußte um die zersplitter-
ten Kräfte eines gesunkenen Reiches zu einigen und zu stärken: so war es damals noch ein besonderes Glück dass der
gewaltige Elisha', der eigentliche Stifter des wiedergebornen
Reiches, noch auf mehr als 45 Jahre hin den neuen Königen berathend und schirmend zur Seite stand und wie vom
ganzen Volke so von den Königen als „Vater" und als fe-
stester „Hort des Reiches" verehrt erst im höchsten Alter
starb.

Die besten prophetischen Ahnungen und Ermunterun-
gen begleiteten Jehu'n noch während der ersten Zeit seiner
Herrschaft. Man erzählte später ihm sei von Jahve verkündigt „Urenkel würden ihm noch in der Herrschaft folgen",
wie es wirklich geschah [1]. Wiewohl wir nun die ursprünglichen Worte womit damals Propheten dem neuen Könige
eine lange Dauer seiner Herrschaft und der seines Geschlechtes verhießen nichtmehr besizen: so steht doch fest dass
solche frohe Ahnungen die ersten Tage des neuen Königshauses umfingen, weil ohnedies nichteinmal solche spätere
Erzählungen hätten entstehen können.

Freilich waren die Schwierigkeiten mit denen das neue
Königshaus zu kämpfen hatte, außerordentlich. Der neue
König Chazâel von Damasq (S. 523) benuzte die Schwäche
in welche das Reich durch die Zuckungen der großen Umwälzung und deren Folgen gefallen war, aufs schonungslo-
seste um die frühere Überlegenheit des Aramäischen Reiches
wiederherzustellen, sodass Jehu troz seiner großen und nie
zu erschöpfenden [2] Mannestapferkeit sich zulezt genöthigt

---

1) 2 Kön. 10, 30. 15, 12. Der Name des Propheten welcher so
zu Jehu gesprochen fehlt, offenbar auch hier aus einer der S. 443
erörterten ähnlichen Ursache. 2) dies folgt aus dem ungewöhnlichen Zusaze des לֹ bei גבורתו 2 Kön. 10, 34, welcher sich
sonst nur 20, 20 bei Hizqia und bei Asa 1 Kön. 15, 23 findet.

sah ihm alle Länder jenseit des Jordans abzutreten [1]). Solche
Verluste bezeichneten im Zehnstämmereiche bisjezt immer
das Emporkommen eines neuen Herrscherhauses, wie wir bei
Jerobeam S. 435 ff., bei Ba'sha S. 449 und bei 'Omri S. 453
sahen; eben weil die innern Bewegungen und Unruhen in
ihm stets só gewaltig waren dass ein neues Königshaus vorläufig nachaußen manches aufgeben mußte um sich nur erst
im Innern recht zu befestigen.   Und als Jehu nach 28jähriger
Herrschaft starb, scheint sein an Tapferkeit ihm nicht nach-
stehender Sohn Joachaz zwar einen Versuch zur Wiedereroberung jener Länder gemacht zu haben, aber mit sehr
unglücklichem Erfolge: nochimmer blieb der bejahrte Chazáel
mit seinen Aramäischen Heerhaufen siegreich, und sein Sohn
Benhadad eroberte sogar diesseit des Jordans viele Städte die
ihm abgetreten werden mußten [2]). Die 'Ammonäer, nach
S. 435 schon immer mit den Aramäern näher verbündet, ergriffen diese Gelegenheit sich in Gilead weiter auszubreiten,
und wetteiferten an Grausamkeit der Kriegsführung mit den
Aramäern [3]).   Auch bis mitten in das diesseitige Land streiften jährlich plündernde Haufen von Aramäern [4]) und Moabäern [5]); und sósehr war die kriegerische Macht während
der 17 Jahre der Herrschaft dieses Königs zusammenge-
schmolzen dass er nur noch 50 Reiter 10 Kriegswagen und
10,000 Mann Fußvolk ins Feld führen konnte [6]).

Unter diesen Drangsalen erwies sich Elisha' als der
treueste Rathgeber und der zuverlässigste Schuz seines Königs und Volkes.   Einmal dádurch dass er die Unternehmungen und Listen der Aramäer mit dem schärfsten Auge verfolgte und nicht selten schon allein durch seine sichere Vor-
ahnung und unermüdete Wachsamkeit vereitelte, Das An-

---

1) 2 Kön. 10, 32 f.                    2) 2 Kön. 13, 3. 22. 25.
3) erhellt aus Amos 1, 13 vgl. mit v. 3 und 2 Kön. 8, 12.
4) vgl. 2 Kön. 5, 2; dass der Aramäische Feldherr Naamán erst
in diese Zeit gehöre, ist S. 522 vgl. S. 513—515 erörtert.
5) 2 Kön. 13, 20: eine Stelle die ich schon in der Gr. von 1827
S. 528 hinreichend erörterte.            6) 2 Kön. 13, 7.

denken daran hat sich in folgender Erzählung [1]) erhalten welche uns die Volksvorstellungen die sich darüber bildeten sehr lebendig vorführt. Es geschah nicht selten dass der König der Aramäer nach Berathung mit seinen vornehmsten Dienern einen Ort bestimmte wo man dem Könige Israels mit seinen Kriegsmannen einen Hinterhalt legen solle [2]), Elîshaʿ aber seinen König noch zur rechten Zeit warnte nicht über diesen Ort zu ziehen weil dort die Aramäer im Hinterhalte lägen. Über die beständige Vereitlung dieser Pläne unwillig, sprach der Aramäische König endlich gegen seine vertrauten Diener den Verdacht eines Verrathes von Seiten eines aus ihrer Mitte aus, mußte aber dafür hören dass vielmehr Elishaʿ dér Wundermann sei welcher was der König in seinem Kämmerchen rede dem Könige Israels zu verkündigen im Stande sei. So wollte er denn Elîshaʿn selbst in Dôthân, einer Stadt an dem großen nordöstlichen Wege nördlich von Samarien (II. S. 566), wo er gerade sich aufhielt, gefangen nehmen, und sandte zu dem Zwecke ein ansehnliches Heer zu Rosse und zu Wagen ab um den Wundermann aufzuheben. Dessen Ankunft auf den nahen Bergen erblickte früh morgens zuerst des Propheten Diener und wollte schon kleinmüthig verzagen, als sein Herr seinen Sinn und seines Geistes Augen auf die viel mächtigeren himmlischen Heerschaaren hinlenkte welche immer den Frommen schüzen. Sobald nun die Krieger herankamen, trat Elishaʿ mit seinem Diener ihnen kühn unter dér Versicherung entgegen, er wolle ihnen zeigen wo der Mann sei den sie suchten; und als wären sie auf des Propheten Gebet von

---

1) 2 Kön. 6, 8—23 vgl. oben S. 515.    2) dass תחנתי v. 8 nicht bedeuten könne »mein Lager« obgleich schon die LXX so übersezen, lehrt ebenso klar der Zusammenhang wie dass נחתים v. 9 von derselben Wurzel abstammen muss und dass es die LXX passend durch κέκρυπται übersezen; in beiden Wörtern muss der Begriff des Hinterhaltes liegen. Angenommen also dass נחת vergl. שׁחת eigentlich vertiefen, dann eine Grube stellen, einen Hinterhalt legen bedeutet, so muss man v. 8 תַּחֲנֹתוּ »sollt ihr Hinterhalt legen« und v. 9 נחֵתִים lesen.

göttlicher Verblendung befallen, folgten sie.ihm bis in die Mitte Samariens. Da freilich hörte ihre .Verblendung .auf: doch als der König in Samarien sie als wären sie seine Kriegsgefangenen niedermachen wollte, bat ihn Elisha' vielmehr sie gut bewirthet ruhig zu entlassen. Und wirklich konnten sie nun ihrem Könige so wunderbares von der Art der Männer Israels erzählen, dass dieser seitdem seine Streifzüge gegen dies Volk ruhen liess.

Zweitens aber war Elîsha' auch der rechte Mann König und Volk in dieser Bedrängniss desto nachdrücklicher auf das wahre Heil und die rechte Stärke hinzuweisen; sodass sich allmälig mitten in der tiefsten Noth ein neues kräftigeres Geschlecht bildete. „König Joachaz flehete zu Jahve, und dér erhörte ihn und schenkte dem Volke einen siegreichen Erretter aus dieser Bedrängniss": — in diesen kurzen Worten faßt der lezte Erzähler die ganze Wendung der Geschichte dieses Jahrhunderts zusammen [1]).

Sogleich freilich sollte dieser große Sieger nochnicht kommen. Aber mit der 16jährigen Herrschaft Königs Jôâsh kehrte sich doch der Sieg schon allmälig wieder auf Israels Seite. Dieser König war noch ganz ebenso wie sein Vater und Großvater ein sehr tapferer Krieger: so gewann er drei Schlachten über Benhadad und nahm ihm alle die Städte wieder ab welche unter dem vorigen Könige diesseit des Jordans verloren gegangen waren. Und wie bei jeder Wendung alles von dem ersten kräftigen Anfange abhängt, so war gleich die erste Schlacht bei Aphéq, demselben Orte wo nach S. 496 einst Ahab die Aramäer besiegt hatte, von entscheidender Wirkung. Die folgenden Siege kamen etwas langsamer, und auffallend schien es zulezt dass dieser König

---

1) vergleicht man 2 Kön. 13, 4 f. genau mit 14, 26 f., so leuchtet ein dass der Erzähler unter diesem Erretter niemanden versteht als Jerobeam II. Da nun aber so die Worte 2 Kön. 13, 6 vgl. v. 2 zu diesem Vorausblick in die Geschichte Jerobeams II. gehoren können, so wird auch der v. 6 erwähnte heidnische Gottesdienst in Samarien erst in die Zeiten Jerobeams II. gehören: auch hätte man einen solchen kaum während Elisha's Leben zu errichten gewagt.

nach einem so kräftigen Anfange nur die diesseitigen Städte
wiedereroberte und damit den Sieg über Damasq nur halb
vollendete. Darum bildete sich die Erzählung der lezten Zu-
sammenkunft Elîsha's mit diesem Könige bestimmter só aus:
Als der greise Prophet im Anfange der Herrschaft Jôâsh'ens
tödlich erkrankte, besuchte ihn der König und weinte an
seinem Bette in desto tieferer Trauer, jemehr das sosehr ge-
schwächte Reich nun auch dieser seiner bisherigen mächtigen Stüze verlustig werden sollte. Da regte sich in dem
schon ersterbenden kriegerischen Propheten nochéinmal der
höhere Geist; und er liess den König Bogen und Pfeil zur
Hand nehmen, legte seine Hände auf die den gerüsteten Bogen haltenden des Königs, hiess ihn dann durch das nach
Osten [also sogutals nach Damasq hin] geöffnete Fenster
schießen, und rief nachdem der Schuss geglückt war, so
werde ihn Jahve den großen Aramäischen Sieg bei Aphéq
gewinnen lassen. Dann hiess er ihn mit dem Pfeilbündel auf
die Erde schlagen: das that der König dreimal und hielt dann
an, aber wie erzürnt über dies Anhalten sagte Elisha', hätte
er 5 oder 6mal auf die Erde geschlagen, so würde er die
Aramäer gänzlich besiegt haben; nun werde er sie nur 3mal
schlagen. — Diese Erzählung gehört ganz in den Kreis der
S. 511 ff. erörterten 12 Elisha'-Erzählungen und stammt gewiss von deren erstem Verfasser. Sie bezeugt sprechend das
große Ansehen in dem dieser Prophet starb, und wie es
doch eigentlich séin Geist war der die nun folgende wenigstens kriegerisch allmälig bessere Wendung der Dinge herbeiführte. Noch kurz nach dem Tode, wird hinzugefügt, that
sein wunderbarer Leib ein Wunder, indem ein Todter, welchen seine durch ein Moabäisches Streifheer plözlich ge-
schreckten Träger in der Eile in Elisha's Grab warfen, von
dessen Gebeinen berührt erwachte [1]).

　　In dem Sohne aber und Nachfolger dieses Königs Jerobeam II. kam endlich der „Retter" des Zehnstämmereiches.
Ihm müssen früh prophetische Ahnungen über seine künftige

---

1) 2 Kön. 13, 14—21.

Größe entgegengekommen seyn: Jona Sohn Amittai's aus der Galiläischen Stadt Gath-Chéfer wurde auch dadurch ein berühmter Prophet, dass er schon früh in ihm den großen Bekämpfer der Heiden vorhersagte.[1] Und wenigstens was die Siege gegen die Heiden betrifft, erfüllte Jerobeam II. alles, was man je von ihm hoffen konnte: Er eroberte gegen Norden und Osten alles zurück was einst David und Salômo besessen hatten, unterwarf Damasq, sogar Hamât (vgl. oben S. 280) gewiss auch Ammôn und Moab; wiewohl er die eingebornen Könige dieser Länder nur zur Zinspflichtigkeit gebracht nicht aufgehoben zu haben scheint[2]. Die Bevöl-

[1] soviel folgt nämlich aus den Worten 2 Kön. 14, 25—27 klar, dass dieser Jona weder längere Zeit vor dem Herrschaftsantritte Jerobeams noch erst längere Zeit später so geweissagt haben kann, zumal der König allen Zeichen nach seine großen Siege ganz früh erfocht; Jona's Weissagung mußte also in die Zeit der Kindheit oder des ersten Anfanges der Herrschaft Jerobeams fallen. — Man kann auch mit hoher Wahrscheinlichkeit annehmen dass diesem Könige in der ersten Zeit seiner jugendlichen Herrschaft das Hochzeitslied Ps. 45 gewidmet wurde: es kommt nur darauf an das was ich schon 1835 über dies Lied sagte noch etwas weiter richtig zu verfolgen. Dass es einem Könige des Zehnstämmereiches gewidmet wurde, bewährt sich durch alles: die Stellung eines solchen liegt klar in den Worten v. 8 ausgedrückt dass Gott ihn vor seinen Genossen zum Könige bestimmt habe, denn in diesem Reiche gab es nicht wie in Juda eine feste Erbfolge, und jeder König schien nur wie vor den andern ihm sonst gleichstehenden Mächtigen des Reiches augenblicklich bevorzugt, ähnlich wie die Stellung der Deutschen Kaiser war; auf das Zehnstämmereich führt ferner dass v. 13 Tyrus als Huldigung bringend erwähnt wird, während dass bloss Tyrus so erwähnt wird ganz richtig auf die erste Zeit nach dem Tode Joash'ens paßt; ebenso weist die seltene Sprache und Art des Liedes nicht auf Juda hin. An einen König aber der wie Jerobeam schon mehere königliche Ahnen hatte, muss man wegen v. 17 denken; und es gab sehr wenige Könige dieses Reiches auf die v. 17 sich anwenden ließe. Endlich stimmt auch die ganze religiöse Auffassung und Hoffnung der Zeit wie sie dies Lied gibt, mit der ersten Zeit der Herrschaft dieses größten Königs des Zehnstämmereiches überein.

[2] dass Moab wieder unterworfen wurde läßt sich theils nicht anders erwarten theils folgt es aus der Bestimmung der Südgrenze

kerung der altisraeläischen Gebiete jenseits des Jordans wurde
nach ihrer Wiedererwerbung neu gezählt[1].

2. Da nun dieser im Kriege so mächtig waltende König nach S. 554 nicht weniger als 53 Jahre lang herrschte,
so sollte man erwarten dass das Reich endlich unter ihm zu
wahrer und dauernder Blüthe gekommen wäre und die schönen Tage David's und Salômo's sich jetzt nach allen Richtungen hin erneuet ja noch höher verklärt hätten. Allein der
Ausgang dieser langen Herrschaft wird zugleich zum Vorzeichen und Anfange der gänzlichen b Zertrümmerung des
Reiches: und es erhebt sich so ein scheinbares Räthsel, welches aber bei näherer Betrachtung aller Verhältnisse, soweit
wir diese nach geschichtlichen Merkmalen klar erkennen können, nicht ohne Lösung bleibt.

Wir müssen hier vorallem beachten, dass die großen
Siege und Eroberungen dieses Königs allen Zeichen zufolge
in die ersten Jahre seiner Herrschaft fallen. Die nächste
Folge davon war nun allerdings dass das Volk nach so langer Zeit vielfacher Drangsal und Zersplitterung wieder einmal ruhig „in seinen Zeiten wohnen konnte, so wie in der
Vorzeit Tagen" und dies ist wirklich die einzige gute Folge

des Reiches Jerobeams Amos 6, 14 welche genauer ist als die 2 Kön.
14, 25. In der nur zu kurzen Beschreibung 2 Kön. 14, 28 ist für
בִּישְׂרָאֵל nothwendig לְיִשְׂרָאֵל zu lesen, לִיהוּדָה aber als völlig unverständlich entweder zu streichen oder höchstens nach 2 Chr. 8, 3
in לְצוֹבָה zu verbessern. — Dass aber Damasq Ammon und Moab
wenigstens zur Zeit Amos besondere, wennauch abhängige Fürsten
hatten, folgt aus Amos 1, 3 — 5. 13 — 2, 3. Dagegen ist »das große
Hamâth« welches Amos 6, 2 als ein Reich neben Israel nennt, schwerlich einerlei mit dem auch bei Amos 6, 14 sonst immer bloss Hamâth genannten Reiche: Hieronymus und Kyrlos in ihren Com-
mentarien z. St. hielten es für das spätere Antiochia am Orontes,
und der Name Ἡμαθία bei Libanios (Oratt. ed. Reiske T. I. p. 297.
300) ward vielleicht nicht erst bloss aus Makedonien geholt vgl. mit
Αἰμάθη bei Malalas p. 200 ed. Bonn.; vielleicht würde auch C. O.
Muller's Urtheil über diese Namen ein anderes geworden seyn, wenn
er jene Überlieferung gekannt hätte (Comment. Soc. Gott. T. VIII.
p. 227. 231).        1) 1 Chr. 5, 17 vgl. darüber noch weiter
unten bei Uzzia.

welche die Geschichtserzählung zu rühmen weiss[1]. Ein hoher Wohlstand des Volkes im allgemeinen, — in prachtvollen
Bauten aller Art sowie in der üppigsten Einrichtung alles
Lebensgenusses sich entfaltend und in stolzer Sicherheit sich
aufbauend, dauerte bis zum Ende der langen Herrschaft Jerobeams II.: wir sehen dies sehr anschaulich und umständlich aus dem prophetischen Buche Amos', welcher noch während der ersten Hälfte dieser Herrschaft wirkte, und aus dem
ersten oder kleinern Theile des Buches Hosea's welcher gegen das Ende dieser Herrschaft seine ersten Weissagungen
verkündigte. Wohl regten sich auch in jenen langen Frie-
densjahren, wo das Volk nach außen ganz unbesorgt leben
konnte, sehr unerwartet manche weltliche Übel; als Dürre,
Mißwachs, Heuschrecken, Pest [2]; auch ein großes Erdbeben
wonach man noch lange die Jahre berechnete [3], ähnlich wie
der jezige 30jährige Frieden Deutschlands jüngsthin durch
manches unverhoffte Naturleiden übel gestört ward [4]: doch
das Volk liess sich durch solche vorübergehende Warnzeichen der todten Schöpfung in seiner stolzen Ruhe und dem
liebgewonnenen üppigen Wohlleben wenig stören; und nochéinmal kamen insofern für das größere Reich wahrhaft Salômonische Tage.

Aber so entwickelten sich denn auch desto ungestörter
und rascher die vielfachen sittlichen Übel mit welchen ein
solcher Zustand schwanger ist. Das behagliche Wohlleben
des Volkes ging in der Hauptstadt Samarien und an vielen
andern Orten des Landes in eine Schwelgerei und Unmäßig-
keit und dann wieder in eine Verweichlichung und Verzär-
telung der Sitten uber, dass das alte strenge Israel kaum
wiederzuerkennen war und sowohl die Propheten ihren göttlichen Zorn [5] als die Sittenlehrer ihren Spott [6] nicht genug

---

1) 2 Kön. 13, 5 vgl. oben S. 348. 2) Amos 4, 6—11
vgl. auch Hos. 2, 7. 7, 14. 3) Amos 1, 1. B. Zach. 14, 5.
4) ich lasse diese Bemerkung von 1846—7 stehen.
5) hier ist eigentlich das ganze Buch Amos unterrichtend, sowie
viele Stellen bei Hosea besonders von c. 4 an. 6) solche
Sprüche wie Spr. 28, 3 f. 15 f. 21. 29, 4. — 29, 19. 21 gehören ganz

darüber ergießen konnten. Das deutlichste Zeichen öffent-
licher Entsittlichung war damals wie zu allen ähnlichen Zeiten die steigende Frechheit der Weiber [1] und das Erschlaffen der häuslichen Zucht [2]. Eine so stark angeregte Sucht
zu Schwelgerei und Prunk, reizte dann ebenso stark zu Habsucht und allen Arten listiger Übervortheilung der schuzloseren Einwohner: Rechtsunterdrückungen aber waren in dem
Reiche um so leichter, je mehr in ihm der König nur wie der
erste unter den vielen ihm gleichartigen Gewalthabern und
Kriegsfürsten galt [3]. Und wie in der Salomonischen Zeit
führte auch jezt die freiere Vermischung des Volkes mit den
entweder unterworfenen oder durch Handel und Kunst ausgezeichneten heidnischen Völkern, sowie die ganze steigende
Fessellosigkeit und Unzucht des Lebens zu einem mächtigen
Eindrange heidnischer Religionen [4]: während man der alten
Landesreligion in der niedrigen Gestalt welche sie hier angenommen hatte durch reiche Opfer und rauschende Feierlichkeiten genugzuthun sich gewöhnte [5], und dadurch nur
noch tiefer in sittliche Gleichgültigkeit versank.

in diese Zeit, und können ebensowohl durch Erfahrungen im Zehnstämmereiche als durch ähnliche in Juda veranlaßt seyn.

1) Amos 4, 1—8 vgl. 8, 13. 2) wovon einige arge Beispiele Amos 2, 7. Hos. 4, 13. 3) Amos 3, 9 f. und sonst;
Hos. 5, 1 f. und sonst in vielen Aussprüchen. 4) viele
Stellen, wo Amos und Hosea vom Gözendienste reden, meinen zwar
nur die Staatsreligion oder den Kälberdienst, den diese Propheten
schon allgemein als einen Gräuel verabscheuen; es kommen aber
sonst genug Zeichen mannichfaltiger heidnischer Religionen vor. In
Samarien selbst stand unter Jerobeam II. ein von ihm beschüzter
Astarten-Tempel 2 Kön. 13, 6 vgl. oben S. 559; viele besonders auch
üppige Weiber verehrten für sich den Aramäischen Gott Rimmon
und dessen Weib Rimmona Amos 4, 3 vgl. 2 Kön. 5, 18; unzüch-
tige Götterfeste ähnlich den S. 468 erwähnten wurden an vielen Orten vom Volke gefeiert, besonders empörend zu Gilgal dem einst so
heiligen Orte des Jahvedienstes, Hos. 4, 13—15. 9, 15. 10, 1. 12, 12.
Daher konnte Hosea von den Baalen d. i. überhaupt Gözen reden
denen Israel anheimgefallen sei 2, 7—15. 19. 11, 2. 5) Amos 4, 4 f. 5, 21—23. Hos. 5, 6. 6, 1—3. 6. 8, 2.

Gegen den Eindrang solcher das innerste Leben des
Volkes und Reiches zerfressender Gifte hätte nun freilich
nach den Grundlagen dieses Reiches das Prophetenthum desto
entschiedener und erfolgreicher wirken müssen. Aber eben
hier kommen wir auf eine andere höchst wichtige Erscheinung jener Zeit: die völlige Auflösung des Prophetenthumes
in seinem alten Sinne und Wirken, eine Auflösung die sich
nichtbloss im Zehnstämmereiche sondern auch ähnlich in Juda
zeigt, und welche im großen Fortgange der Geschichte sowenig zufällig seyn kann dass sie eine Folge aller bisherigen Entwickelung ist, aberauch wegen ihrer entscheidenden
Wichtigkeit den stärksten Einfluss auf die ganze folgende
Geschichte ausübt.

Ein Aufhören des Prophetenthumes in seiner alten Weise,
wie diese sich von Mose an innerhalb der Gemeinde gebildet
hätte, war freilich ansich kein Übel, vielmehr durch sein Bestehen und Wirken in dieser Weise selbst vonanfangan bedingt. Denn das ächte Prophetenthum gründet Wahrheiten
die zulezt nicht ihm eigenbleiben sondern allgemein werden
sollen; es gründet sie als ansich nothwendig für jeden Menschen geltend, folglich in der Weise eines unweigerlichen
göttlichen Befehles an die Menschen, nicht alsob sie den
Menschen bloss ewig als äußere Befehle und zwingende Vorschriften gegenüberstehen sollten, sondern damit sie sich in
Überzeugung und Herz der Einzelnen immer tiefer senken
und lebendig aus diesem wirken (II. S. 63 ff. 166 f.). Wenn
also die Nichtpropheten sich allmälig selbständiger und freier
gegen diese Propheten alter Art erhuben, wenn sie ihren
Befehlen nichtmehr so leicht gehorchen wollten, Zweifel auf-
warfen, ja Spott aussprachen, so war das einem großen Theile
nach ein Zeichen dafür dass das Volk eben durch die Wirksamkeit der Propheten im Fortschritte der Jahrhunderte reifer geworden war und sich der Leitung jener entwachsen
fühlte. Damit geschah eigentlich nur was der höhere Geist
der alten Religion selbst wünschte; ja gerade auch die weite
Verbreitung der altprophetischen Bildung durch die Schulen
der Prophetenjünger hatte seit Samuel's und nochmehr seit

Elia's Zeiten den Übergang dazu gebahnt. Zum Ausbruche
aber scheint diese veränderte Stellung der Nichtpropheten
durch eine mehr zufällige Ursache gekommen zu seyn, wie
sooft was innerlich längst als gewiss vorliegt durch etwas
besonderes und mehr zufälliges zur Entscheidung kommt.
Die Propheten nach Salômo droheten nämlich nach S. 483
immer allgemeiner mit einem nahen großen Entscheidungs-
und Gerichts-*Tage Jahve's* über die Erde [1]: nach dem richtigen Gefühle dass die alte Zeit Israels zu Ende gehe und
eine neue große Entwickelung kommen müsse, welche herbeizuführen doch die lebenden Menschen zu schwach seien;
denn was das innerste Wesen und Treiben dieser ganzen
Zeit nach Salômo sei, ahneten die ächten Propheten garwohl.
Da nun aber dieser gedrohete und gefürchtete „Tag Jahve's"
in jenem Umfange worin er gedrohet war nochimmer nicht
kommen wollte, so lernten viele im Volke überhaupt das
prophetische Wort bezweifeln und bespotten; worüber seit
Amos viel geklagt wird: und erschüttert war vorzüglich dadurch die alte Unantastbarkeit des „Wortes Jahve's" [2].

Zugleich aber sank das alte Prophetenthum auch durch
seine eigene Schwäche jezt immer tiefer, wiewohl es in den
beiden Reichen auf sehr verschiedene Weise seiner Auflösung entgegenging. Aus dem Reiche Juda kennen wir noch
näher einen Propheten der hieher zu ziehen ist, Joel den
Zeitgenossen Elîsha's: doch dieser gehört nur noch wegen
der alterthümlich strengen scharfbefehlenden Sprache hieher;
im Leben und Wirken aber mußten die Propheten Juda's
nach S. 419 immer gemäßigter und ruhiger den Königen zur
Seite stehen, sodass das Prophetenthum hier seine alterthümliche Gewaltsamkeit vonselbst allmälig von sich warf. Nur
im Zehnstämmereiche erhielt sich die alte Art von Propheten
zäher, ja bildete sich im tödlichen Kampfe mit den Königen

---

1) Joel ist zwar der uns bekannte älteste Prophet der so drohet:
aber seine Sprache selbst zeigt dabei dass er nicht überhaupt der
erste war welcher so drohete. 2) vgl. die *Propheten des A.
Bs* Bd. 1. S. 36 f. — Zerstreuter kommen Zweifel und Spott schon
gegen Elîsha vor, 2 Kön. 7, 2. 18.

nach allen den Möglichkeiten, aus welche in ihr lagen: und
hier sahen wir Elia'n als den Riesen welcher noch zulezt
das höchste bewirkte was in dieser Art möglich. Allein sein
großer Schüler Elîsha' steht doch schon niedriger als er;
und wieder viel niedriger steht dessen Schüler Gächazî (S.
509): hierin liegt das deutlichste Zeichen wie völlig diese
ganze Schule entartete und nicht vorwärts sondern rückwärts ging. Der S. 561 erwähnte Jona Sohn Amittái's gehörte zwar gewiss auch zu dieser Schule, und auch sein Wirken war noch sehr ausgebreitet, da es von der Sage gewiss
nicht ohne Grund mit Nineve verknüpft wird; wie Elia und
Elisha' weit über die Grenzen des Zehnstämmereiches hin
wirken: aber wie ihn die spätere Sage [1] darstellt, so war
er doch gerade kein Muster eines Propheten, so ausgebreitet
und auch unter Heiden berühmt übrigens sein Wirken gewesen seyn mag. Woher kommt nun dieses immer tiefere
Sinken der Nachfolger eines Elia und Elisha'? gewiss nur
daher weil das Gewaltthätige und Befehlshaberische welches
der ganzen alten Art von Prophetenthum anklebte aber im
Zehnstämmereiche am stärksten sich ausgebildet hatte, gegen
das Königthum desselben selbst nichtmehr zu behaupten war.
In dem Sturze des Hauses 'Omri hatte dieses gewaltthätige
Prophetenthum seine Kraft erschöpft: aber das Haus Jehu,
mit dem es sich aufs engste verbündete, fiel doch zulezt,
nachdem es größere Macht erlangt hatte, wesentlich in die
Bestrebungen des Hauses 'Omri zurück; und da war dies
Prophetenthum schon zusehr von der allgemeinen Bildung
überflügelt als dass es noch irgend einen wahren Einfluss

---

1) im B. Jona; vgl. die *Propheten des A. Bs* Bd. 2. S. 555 ff.
Diese Jona-Erzählungen sind zwar wie wir sie jezt besizen später als
die oben erörterten über Elisha' und Elia: doch ist merkwürdig dass
das A. T. nur von Propheten aus dem Zehnstämmereiche solche Erzählungen enthält. Die Ursache davon ist eben in dem außerordentlichen Leben und Wirken jener lezten Propheten alter Art zu suchen:
sie waren wie Überbleibsel einer andern Welt unter schon völlig
veränderten Menschen; und eben als solche lezte große Bilder einer
verschwundenen Zeit blieben sie desto fester im Andenken haften.

auf die Geschichte hätte üben können. Es war schon dádurch hinreichend gestraft und gerichtet dass seine keckste
Schöpfung, das Haus Jehu, amende wurde was jedes frühere
Königshaus dieses Reiches gewesen wár. Der Bogen war
zu stark gespannt, er mußte brechen: und so großartig auch
in mancher Hinsicht einzelne wie Elîsha und Jona noch
wirken mochten, die ganze Art und Richtung der alten Prophetie hatte einen Stoss empfangen von dem sie sich nie
wieder erholen konnte. Es waren eben diese Propheten
welche sich vom Volke gern „Väter" nennen ließen; Elia
ist nach allen unsern Kenntnissen der erste dem die Worte
„mein Vater!" und „dein Sohn" vom Fragenden freiwillig
entgegenschallten [1], und was bei ihm unwillkührlich sich gebildet hatte scheint bei seinen Nachfolgern Elîsha und dann
gewiss noch vielen andern zur stehenden Sitte geworden:
aber auch wir wissen was aus den *Päpsten* und *Patres* im
Mittelalter und wiederum in unsrer Zeit geworden ist.

Nun bildete sich zwar um dieselbe Zeit eine neue Art
von Prophetenthum aus, zunächst in Juda wo der Grund dazu
schon seit David's Herrschaft gelegt war, dann auch im Zehnstämmereiche emporzukommen bemühet, wie Hosea's großes
Beispiel beweist. Dies Prophetenthum will keine Selbstmacht
mehr im Reiche seyn, keinen unweigerlichen Befehl üben,
nicht Könige ein- und absetzen; es legt auch in der Sprache
und Darstellung allmälig immermehr das gewaltsame und
augenblicklich überraschende ab: es behält aber aus der vorigen Zeit das mächtige Wirken mitten im Reiche bei; und
indem es mitten im großen öffentlichen Wirken desto reiner
und inniger die ewigen Wahrheiten erfaßt und deren Wirkung desto wachsamer und desto freier um sich blickend för-
dert, gewinnt es nichtnur die wunderbarste innere Stärke und

---

1) dieser Theil der Anrede an Elia 2 Kön. 2, 12 kann nämlich
ganz geschichtlich seyn, vergl. oben S. 508; über »dein Sohn« vgl.
2 Kön. 8, 9 mit 16, 7. — Sonst unterscheiden sich die ältern Propheten von den jezt sich ausbildenden auch dadurch dass sie in gemeiner Sprache *Seher*, diese dagegen erst allgemein *Nabi* d. i. *Propheten* genannt wurden 1 Sam. 9, 9. Amós 7, 12.

Sicherheit," sondern, wirkt auch weit wohltbätiger und nach-
-hältiger auf die Menschen, und weist eben weil es die liefern
Mängel jener ganzen Zeit klar empfindet in ruhiger Begeiste-
-rung auf eine große neue Zeit hin wo das sich vollenden
müsse was jene Zeit zu erreichen zu schwach war (S. 482 f.).
-Dies verjüngte und wahrhaft geistig wiedergeborne Prophetenthum erstarkte allerdings nur sehr allmälig. Denn einmal widersezte sich ihm der größte Theil des damaligen Vol-
-kes, unwillig sich in seinen bisherigen sittlichen Sicherheit
von ihm gestört zu sehen und wohl die Blößen des ältern
Prophetenthumes erkennend und gern verspottend aber ungern in die Forderungen des erneueten und gebesserten ein-
gehend; erst vonjeztan wird Israel oft als ein hartnäckiges
Volk gescholten [1]), und schwer genug war der erste Anfang
-der neuen Religion des in Liebe thätigen Glaubens, zu wel-
-cher die bessern Propheten jezt dies Volk alter Bildung und
alten Stolzes hinleiten wollten. Und zweitens änderte sich
-auch der prophetische Stand selbst nicht so rasch völlig in
diese schönere Gestalt um; Propheten jener alten Art erhielten sich noch längere Zeit neben der neuern, und wurden
nun gewiss theils immermehr bloße Zauberer und Wahrsa-
-ger wie die heidnischen; theils willfährige Schmeichler der
Mächtigen. Auch machte dies Prophetenthum sich nur nachundnach von allen Resten und Folgen der alten Gewaltsamkeit los, da sogar Jesaja, sonst der größte, noch einige
Überbleibsel davon an sich trägt; vollkommen hat sich erst
im lezten Drittel dieses ganzen Zeitraumes Jeremja ganz davon befreiet [2]). Aber das herrlichste und ewigste welches
das Prophetenthum innerhalb der einmal bestehenden Gemeinde des alten Volkes leisten konnte, hat erst diese Art
desselben hervorgebracht; und da das prophetische Wirken
und Schaffen doch nach dem tiefsten Grunde des Lebens und
der Geschichte Israéls immer die höchste aller seiner Bestrebungen war, so ging erst hier recht die feinste und zugleich

---

1) Ex. 32, 9. 33, 3. 5. 34, 9; dann Deut. 9, 6. 13. Hez. 3, 7—9.
B. Jes. 48, 4. 2) vgl. die Propheten des A. Bs Bd. 2. S. 3 ff,

die fruchtbarste Blüthe des gesammten geistigen Ringens des
alten Volkes auf. Als die weltliche Blüthe des alten Volkes
immer unaufhaltsamer dahinzuwelken. drohete, da sammelte
sich das tiefste Ringen und Sehnen seines Geistes desto einziger und stärker zu dieser zarten unverwelklichen Blüthe,
welche schon den mächtigen Trieb. ja den verborgenen Anfang eines ganz neuen und bessern Weltalters in sich schloss.
Und konnte der drohende Untergang der Macht und Freiheit
des alten Volkes noch durch irgend etwas abgewandt oder
auch nur verzögert werden, so mußte es dadurch geschehen
dass man dieses durch die tiefste Kraft der alten Religion
veredelte Prophetenthum frei walten liess.

3. Aber das Königthum des Zehnstämmereiches verstand
dies verjüngte Prophetenthum nicht entfernt, und sträubte sich
blind gegen sein Wirken. Es hatte jezt seinen alten schweren Feind, das alterthümliche Prophetenthum, mit sich verbündet und hinreichend gezähmt; es hatte eben eine eigene
scheinbar große Macht gewonnen, und ruhete stolz auf seinen Lorbeeren aus. Als um das 15te Jahr der Herrschaft
Jerobeams[1]) Amos, einer der ersten Propheten der bessern
Art und in keiner der bisherigen Schulen gebildet, aus Juda
nach Bäthel ging um dort am Mittelorte des Gözendienstes
dieses Reiches gegen alle dessen Gebrechen und Gefahren
zu reden, liess ihn der König durch den Oberpriester zu
Bäthel Amaßja des Landes verweisen: doch nur würdevoll
und furchtlos weichend folgte er dem Befehle [2]). Gegen das

---

1) die alte Überschrift Amos 1, 1 bestimmt das Jahr unter Uzzia
und Jerobeam, wo Amos auftrat nicht näher: nach innern Spuren
aber muss es eins der ersten Jahre oder das erste Jahr selbst der
Herrschaft Uzzia's gewesen seyn. Denn Edóm war damals nach 1,
11. 9, 12 noch ungebändigt wie in den lezten Jahren Amaßja's; während Uzzia bald nach seinem Herrschaftsantritte es völlig unterwarf.
Ähnlich war nach 6, 2 Gath S. 524 nochnicht wiedereröbert, welches Uzzia ebenfalls ziemlich früh ausgefuhrt haben muss. Dazu
kommt dass Amos sichtbar eine geraume Zeit früher redete und
schrieb als Hosea. Das Amos 1, 1. Zach. 14, 5 erwähnte Erdbeben
fiel also in die ersten Jahre Uzzia's. 2) und Amos spricht
über ähnliches so allgemein dass man nothwendig annehmen muss

Ende dieser Herrschaft, trat nun in Hosea ein; eingeborner
Bürger dieses Reiches als ein solcher Prophet in ihm auf,
wahrscheinlich aus Gilead jenseit des Jordans stammend [1]),
dann längere Zeit diesseits z. B. in Samarien Gilgal und Sikhém wohnend: in seinem tiefen Geiste erkannte er ähnlich
wie Amos und andere Propheten Juda's die Grundlagen des
Reiches selbst, seinen Bilderdienst der immer unaufhaltsamer
zum Heidenthume führte und seinen nicht genug begründe-
ten Abfall vom Hause David's, als die an seiner Wurzel stets
unheibarer nagenden Übel an; mit seiner feurigen Zunge
geißelte er alle Verkehrtheiten des Reiches, drohete den nahen Untergang, und verkündigte wie ein wahres Heil der
Zukunft nur von Juda ausgehen, könne; und nachdem er in
seinem früheren Leben und Wirken das verzehrende Feuer
des alten Prophetenthumes in sich selbst tief genug erfahren
halte, sprach er endlich zuerst mit wahrhaft schöpferischer
Kraft das große Wort als umgekehrte Folgerung aus der
ganzen Geschichte dieses Reiches und seines bisherigen Prophetenthumes aus, dass nicht Gewaltthat und Eigensinn (die
lezten Grundlagen dieses Reiches) sondern allein die alles
Böse besiegende Liebe das höchste wie in Gott so im Menschen seyn müsse. Aber er wurde im heißen Kampfe gegen die ungeheuer fortgeschrittenen Verkehrtheiten des Reiches und gegen die boshaften Nachstellungen seiner Feinde
fast wahnsinnig, und mußte nach Juda fliehen. Vergeblich
widmete wieder etwas später ein Prophet aus Juda seine
ganze Mühe und tiefste Anstrengung viele Jahre lang einer
gründlichen Besserung dieses Reiches: auch seine Geduld
ward endlich erschöpft [2]); und völlig unzugänglich blieb das

das Verbot habe nichtbloss ihn getroffen; wahrscheinlich ging er nur
weil Jerobeam allen eingebornen Propheten besserer Art Hindernisse
bereitet hatte, aus Juda dorthin; vgl. »drum schweigt der Weise in
dieser Zeit« 5, 13.          1) merkwürdig zeigt man noch jezt den
*Mezâr 'Osha'* d. i. ein als Wallfahrtsort dienendes Grabmal Hosea's
dicht an einem Orte welcher als das alte *Mißpe* = Gilead gelten
kann, s. Burkhardt's Syr. S. 606.          2) es ist der dem Namen
nach uns unbekannte Prophet von welchem die Stücke B. Zach. 9—

Reich, jeder nähern Wirksamkeit des veredelten Prophetenthumes. Und so war denn in diesem Reiche allen niederen Bestrebungen und Gelüsten der Zaum genommen. Das Königthum
hatte hier allerdings nichtmehr das Prophetenthum zu fürchten: aber damit fiel auch die zweite Macht weg welche nach
der Einrichtung eines Israelitischen Reiches allein imstande
war die Ausartungen der königlichen Macht zu hemmen. So
blieb denn neben dem Königthume nichts stehen als hier ein
Heer siegestrunkener Soldaten [1] ungerechter Richter und
hochmüthiger Nebenbuhler der königlichen Macht, dort eine
Menge reichgewordener Kaufleute die nichts als sicheren Genuss ihrer Schäze und ungestörte Erlaubniss das Volk weiter zu übervortheilen wünschten [2]; die Mengen verkamen
und verarmten, die über die Mengen aus irgend einer Ursache hervorragenden bedeckte meist jede Art von Schmach [3],
und immer ungehemmter verzehrten leichtfertige Bestrebungen und Religionen aller Art die Kraft des Ganzen. Da
weissagten Amos und dann noch bestimmter Hosea den nahen Sturz nichtnur des Hauses Jehu sondern sogar des Königthumes und des Reiches selbst [4]; Hosea aber begründete
die Nothwendigkeit des Unterganges des Hauses Jehu auch
durch die Blutschulden wodurch dieses Haus einst im Thale
Jizreél (S. 528 ff.) die Herrschaft erlangt habe: sodass nun
von dieser Prophetie auch darüber das ewige Urtheil gefällt
wird (S. 450). Inderthat war das innerste Leben dieses Reiches zu Ende nachdem auch das gewaltigste und mit der
äußersten Anstrengung aller Bessern zur Herrschaft gelangte
Haus Jehu wesentlich ebendahin gelangt war, wohin seine
frühern schneller verblüheten Königshäuser kamen: weder
war ihm noch eine Rückkehr zu seinen ersten Grundlagen
möglich, denn eine solche war nun vom Hause Jehu mit der

---

1. 13, 7—9, herrühren, vgl. die *Propheten des A. B* Bd. 1., S. 318, ff.
  1) Amos 2, 14 —16. 6, 13. Hos. 1, 5: 7. 8, 14. 10, 13.
  2) Amos 2, 6 f. 8, 5—7. Hos. 12, 9 f. . 3) Amos 6, 1 ff.
Hos. 4, 18. 5, 1 ff. 7, 5—7. 16. 9, 15. 4) Amos 7, 9. 9, 8.
Hos. 1, 4. 13, 4. 10, 3. 13, 10 f. und sonst.

größten Anstrengung und doch vergeblich versucht, noch eine
Fortbildung, denn diese hätten nur die zurückgewiesenen
Propheten besserer Art bringen können; nichts blieb ihm
übrig als der Untergang. Tiefe Wehmuth ergreift zwar die
edeln Propheten, wenn sie den nahen Untergang eines Reiches ankündigen müssen, welches äußerlich betrachtet eben
noch in seiner ganzen Macht und Größe prangte [1] aber
doch zwingt sie der Geist, diesen Untergang stets als nahe
und als unvermeidlich von Jahve beschlossen zu melden.

Solange indess der in seiner Jugend so siegreiche und
gewiss immer tapfer und vorsichtig bleibende Jerobeam II
herrschte, blieb das Äußere des Reiches aufrecht. Aber
sein Sohn Zacharja konnte nur 6 Monate lang die Herrschaft
behaupten; er fiel mit seinem ganzen Hause durch eine Verschwörung im Heere; und diese Verschwörung wurde nur die
Mutter einer unabsehbaren Menge neuer, welche das Reich
innerhalb eines halben Jahrhunderts längst hätten vernichten
können, wären auch nicht die Assyrer als ein mächtiges Volk
ganz neuer Art auf diesen Kampfplaz getreten. Doch bevor
wir diese lezten Zuckungen des Zehnstämmereiches näher
betrachten, müssen wir die Geschichte des anderen Reiches
bis etwa an dieselbe Zeit verfolgen, wo durch die Assyrer
eine ganz neue Regung in alle die südlicheren Reiche kommt.

## 2. Das Reich Juda bis zum Tode Königs Uzzia.

Durch Jehu's Umwälzung und deren nächste Folgen
war auch das Davidische Haus nach S. 532 f. in die äußerste
Gefahr völliger Vernichtung gerathen; und während das Haus
'Omri in seinem eigentlichen Boden ausgerottet war, schien
es umgekehrt in der stolzen Königin-Mutter 'Athalja (S. 484,
533) zu Jerusalem mit allen seinen Grundsäzen und Bestre-
hungen neu aufzublühen. Die 6jährige Herrschaft dieses
Weibes scheint auf den ersten Blick auffallend, da wir sonst
in der ältern Geschichte Israels kein Weib als Königin finden. Allein das Weib war überhaupt im alten Morgen-

1) Amos 6, 1 f. Hos. 9, 13. 10, 1.

lande nochnicht bis zu der Abhängigkeit und Unbedeutendheit herabgesunken zu welcher es der Islâm herabdrückte [1]:
und die Phönikische Dido, welche dem Zeitalter und dem
Ursprunge nach nicht weit von Athalja abliegt, war nicht
die einzige berühmte Herrscherin des alten Morgenlandes.
Dazu kommt: dass Athalja als Königin-Mutter nach S. 340
leicht ihre große Macht auch um sich und ihre Anhänger
am Ruder zu erhalten mißbrauchen konnte.

Wir wissen sonst über die 6jährige Herrschaft dieses
kecken Weibes nicht viel näheres. Die heidnischgesinnte
Partei welche sich zu Jerusalem während der kurzen Herrschaft der beiden vorigen Könige gebildet hatte, mochte
ebenso ihre Stüze seyn wie die treuen Anhänger des Hauses Omri welche im Zehnstämmereiche verfolgt zu ihr nach
Jerusalem fliehen konnten. Allein im Reiche Juda war doch
seit den Tagen Asa's und Josaphat's die Anhänglichkeit an
die strengere alte Religion zu mächtig geworden, und die
Vorliebe für David's Haus konnte hier nicht zu lange zurückgedrängt werden. Dass aber der nach S. 439 f. in diesem Reiche zusammengeengte alte Priesterstand neben den
ächten Jahve-Propheten den stärksten Widerstand gegen die
Begünstigung des Heidenthums bilden mußte, ist leicht verständlich: und wir sehen nun hier das erste Zeichen der
großen Macht welche dieser Stand in seiner jezigen Stellung
ausüben konnte.

Joâsh, der einzige Sohn des lezten Königs Achazja welcher
chen jenem Blutbade (S. 533) entgangen, war als ein kaum
ein paar Monate altes Kind nebst seiner Amme von einer
Schwester Achazja's Jôshéba; welche wahrscheinlich eine
andere Mutter hatte als Athalja, zuerst in der Bettkammer
des königlichen Palastes unter dem hier aufbewahrten Vorrathe von Matrazen versteckt [2], dann ebenso heimlich in die
Nebengebäude des Tempels geschafft, dessen Oberaufseher
der Hohepriester Jojada, der Gatte seiner Erretterin, war [3].

---

1) vgl. Mirjam, Debora, Abigáil, Sulammith im HL.
2) 2 Kön. 11, 2 ist aus 2 Chr. 22, 11 וַתָּחֶן vor אֹתָה einzuschalten.
3) dass sie die Gattin des Hohenpriesters war steht zwar nur

Nachdem Athalja ohne davon etwas zu erfahren (denn Jôâsh konnte etwa für einen Sohn des Hohepriesters gelten) über 6-Jahre geherrscht hatte, hielt dieser Jojada' die Zeit für reif um ihre Herrschaft zu stürzen und den jungen Königs-sohn öffentlich als wahren Landesherrscher anerkennen zu lassen. So besprach er sich mit den Anführern der königlichen Leibwache [1] im Tempel selbst, zeigte ihnen den jungen Jôâsh, empfing unter heiligen Betheuerungen ihre Huldigung für diesen, und verabredete mit ihnen zu seiner Erhebung auf den Herrscherstuhl folgenden Plan. Ein Drittel der Leibwache pflegte an jedem Sabbáté in ihrem Standorte bei dem königlichen Palaste zu dessen Schuze zurückzubleiben; die zwei andern Drittel zur Aufrechthaltung der Ordnung bei dem Tempel auszuziehen wohin an solchen Tagen sehr viele Menschen strömten; und zwar hatte dann das eine Drittel seinen Stand am nördlichen Eingange des Tempels oder am sog. Grundthore, das andere am südlichen auch Thor, hinter dem Läuferthore genannt (s. oben S. 306 f. 317). Das erste Drittel nun sollte an einem bestimmten Sabbate bei dem königlichen Palaste ganz wie gewöhnlich seinen Dienst thun, um Athalja'n welche den Jahve-Tempel nicht zu besuchen pflegte durch den Schein dass alles in seiner Ordnung sei zu täuschen; aber die beiden andern Drittel sollten diesmal den Tempel für den König bewachen, nämlich von Norden bis Süden um den Priestervorhof einen dichten Kreis schließen, nur auf die Sicherheit des Königs achten und jeden der über die Schranken des Königsstandes

---

2 Chr. 22, 11: ist aber unstreitig eine ächtgeschichtliche Nachricht. — Dass Jojada' Hohepriester war erhellt aus 2 Kön. 12, 11.

[1] »der Kare und die Läufer« 2 Kön. 11, 4. 19; sonst nach dieser Erzählung selbst kürzer bloss »die Läufer«, wohl weil man nicht mehr viele Fremde dazu nahm, vergl. oben S. 183 und I. S. 333. Wahrscheinlich waren im Reiche Juda nach Salômo's Seiten die 600 Gibbôre mit diesen Läufern vereinigt worden: in den vorhandenen Erzählungen wenigstens finden sich Shâlishe (S. 178 ff.) nur bei den Königen des Zehnstämmereiches; wogegen die Läufer nach 2 Kön. 11 aus mehreren Hunderten bestehen mußten.

(S. 320)·dringen ｜wolle sogleich. tödten¹)ᵤ ₙDieser Plan ｜gelang·.
vollkommen.· Als ·die｜ ｜zwei ｜Drittel ｜welche am Tempel ｜ihr｜
Werk｜·völlführen' sollten ｜bei Jojada' anlangten ｜₃ᵢ übergab ｜die ｜d
ser ᵤ ihren ｜Anführern den ｜Speer ｜und ｜die ｜Schilde ²) ｜welche ₁

1) dies ist der wahre Sinn, der Beschreibung '2 Kön. '11, 5—11,'
wie ｜sowohl ｜die Sprache '(denn ｜erst ｜mit' וישמרתם ｜ʋ. 6 ｜kann der 'Be-
fehl· angehen) als ｜die Sache ｜selbst zeigt ｜was ｜aber ｜dabei ｜etwas ｜kurz｜
ausgedrückt ist, ᵤ nämlich ｜dass der Befehl v. 6 sich ｜nur auf ｜das ｜zu,
erst genannte Drittel beziehen ｜soll ｜und ｜dass ｜die zu ｜Jojada' sich ｜be,
gebenden ｜Läufer v. 9 die lezten ｜zwei ｜Drittel waren, ｜ergibt sich alles
klar aus ｜dem Zusammenhange. Das ｜nur hier vorkommende מסח,
v. 6, woraus schon die älten Übersezer ｜nichts machen ｜konnten, mag
»nach ｜Gewohnheit« bedeuten· ｜da נלהʿ ｜سلم ｜auch ｜ein ｜Übergehen ｜
oder ein Überliefern vom ｜einen ｜zum ｜andern ·anzeigt. ｜ ·Wie ｜שידרות ｜
v. 8.｜15 die Schranken ｜des ｜Königsstandes ·bedeuten könne, ist ｜S. ₃320 ｜
gezeigt. ｜

₂｜. Diese ganze Erzählung c. 11, wie die über die Tempelausbesse-
rung c. 12 ｜kann aus den Reichsjahrbüchern, stammen. Der Chroniker aber mochte es eines Hohenpriesters für würdiger ｜achten ｜zu ｜ei-
nem ｜solchen ｜Unternehmen die Leviten ｜und die Ältesten ｜des ｜ganzen ｜
Landes ｜zu Hülfe ｜zu nehmen. ｜) So ｜erzählt· er ｜II. 23 ｜die von ｜Jojada' ｜
aufgerufenen ｜Befehlshaber ·hätten. zuvor ｜eine Rundreise ｜in ｜Juda, ge-ₙᵢ
macht um ｜alle ｜Leviten und, die ｜übrigen ｜Volkshäupter nach ｜Jerusa-ₙ｜
lem zu ziehen, und, dann ｜hätten die Leviten zunächst den ｜König im
Tempel umringt während, die Laien die eigentlich blutige That aus-
fuhrten. Was in dieser ganzen Darstellung dem Chroniker eigen-
thümlich· sei, erkennt man aus seiner sonst gewohnten ｜Weise leicht.·
Die ·in dem alten Geschichtsbuche· unterschiedenen drei ｜Theile ｜derer ｜
welche ｜die Umwälzung machten, ｜nehmen ｜aber ｜ihun bei ｜dem ｜Chro-₁
niker ｜v.｜4 f. ｜eine andere ｜Gestalt an; insbesondere, läßt er Leviten,
aller Art den ersten dieser drei Theile bilden, welche Annahme nur
eine Folge der veränderten Vorstellung über das Ganze ist. Nimmt
man jedoch alles aus was nur die Farbe der ｜Darstellung ｜des ·Chro-,
nikers trägt, ·so ｜zeigen ｜sich nur· die v. ｜1 gegebenen ｜5 Namen der ｜
Befehlshaber· der ·Läufer· als ein ｜wirklich geschichtlicher ·Zusaz· zu
der ｜Erzählung '2 Kön. 11; und diese muss ·er allerdings ·in ｜einer ｜äl-
tern Quellenschrift gefunden haben. ｜

2) der ｜Chroniker ｜v. 9 vermehrt die ﹒Zahl dieser ｜Waffen ｜, ｜unrich-
tig wäre ·es· aber zu denken in ﹒der ｜ursprünglichen ·Erzählung ｜seien ｜
die Leute ｜der Befehlsbaber ｜waffenlos· zum ｜Tempel gekommen ｜und ｜
erst hier habe ｜der Hohepriester· ihnen ｜die ·Waffen ｜David's durch die ｜
Befehlshaber zutheilen lassen. ·Dies ｜liegt weder ｜in den, Worten ｜der ｜

man als Waffen Davîd's und von ihm dem Tempel geweihet
hier aufbewahrte, wie um das vorzunehmende Werk der
Wiedereinsezüng des Davîdischen Hauses mit den heiligen
Waffen des großen Ahnherrn selbst zu beginnen und zu
weihen; er stellte dann den jungen Fürsten dem versammelten Heere vor, liess ihn mit aller herkömmlichen Feierlichkeit zum wirklichen Könige salben, und nach glücklicher Beendigung dieser Feier erhub sich unter Posaunenschalle ringsum zunächst von der Leibwache dann in immer weiterer
Verbreitung vom ganzen Volke lautes Freudengeschrei. Zwar
eilte nun 'Athalja durch den Lärm geweckt kühnen Schrittes
bis mitten in den Tempel: aber sie kam zu spät um das Geschehene zu hindern, wurde jedoch auf Jojada's Befehl ruhig
aus den Schranken des Heiligen hinausgeführt und erst ziemlich weit vom Tempel westlich vom Königspalaste getödtet.

Diesen Sieg benuzte der Hohepriester das Volk aufsneue
auf die treue Haltung des Jahvedienstes zu verpflichten, und
die frohe Feier der Huldigung des jungen Königs ward diesmal zugleich die der erneueten Huldigung Jahve's [1]). Auch
kam ihm der angeregte Eifer des ganzen Volkes stark genug
entgegen, indem es den Báalstempel in Jerusalem (S. 525)
zerstörte und dessen Oberpriester Matthan umbrachte. Die
Herrschaft der alten Religion war wieder für längere Zeit
entschieden, und ausgestoßen war der fremde Stoff welchen
die nähere Verbindung Josaphat's mit dem Hause 'Omri eingeführt hatte. Der Hohepriester wurde der Lehrer und Leiter des 7jährigen Königs: und dieser ging so gelehrig in die
Grundsäze seines Lehrers ein dass er auch mündig geworden
ihnen stets treu blieb [2]). Allein er war von Geburt kein

---

Erzählung doch läßt es sich der Sache selbst nach als möglich denken. — Übrigens wäre die Vermuthung dass Joásh vielleicht ein
untergeschobener Königssproß seyn könne, völlig grundlos.

1) doch mußte man nach 2 Kön. 11, 18. 2 Chr. 23, 18 f. längere
Zeit Wachen in den Tempel sezen, um die Heidnischgesinnten an
Überfallen zu hindern.     2) dies liegt wenigstens deutlich in
den Worten des ältern Geschichtsbuches 2 Kön. 12, 3 vgl. mit 1 Kön.
15, 14. 2 Kön. 15, 18, indem אשר dann *weil* bedeutet. Fällt freilich

unternehmender und tapferer Mann: und dazu war überhaupt
in jener Zeit das königliche Ansehen schon tief erschüttert.
So ist es nicht auffallend dass das Reich dennoch unter ihm
sich von der Schwäche nicht sofort erholen konnte in welche
es seit Josaphat's Tode gefallen war, ja neue Demüthigungen
und Verluste erlitt.

Die Veranlassung zu neuen Kriegen und Verlusten gab
wahrscheinlich die Philistäische Stadt Gath, welche sich mit
ihrem Gebiete nach S. 524 unter Jôrâm befreiet haben mochte.
Ihre Wiedereroberung konnte eine Ehrensache der veränderten Herrschaft in Jerusalem scheinen, und sie muss dieser
auch anfangs gelungen seyn. Allein nun scheinen die übrigen kleinen Philistäischen Reiche den mächtigen Aramäischen
König Chazâel (S. 522 f.) zu Hülfe gerufen zu haben, dem
das damals vor ihm gedemüthigte Zehnstämmereich gewiss
nicht den Durchzug verweigern konnte. Er kam auch mit
einem kleinen aber tapfern Heere, eroberte sie aber schenkte
ihr die Freiheit [1]), und rückte folgerichtig vonda weiter ge-

---

von יְמֵי der lezte Buchstab ab, so kann der sehr verschiedene Sinn
entstehen »solange ihn Jojada' lehrte« oder leitete, als wäre er nachher untreu gegen Jahve geworden. So übersezen allerdings schon
die LXX und der Chroniker 24, 2 hat es so genommen. Allein im
ältern Geschichtsbuche müßte dann erzählt werden wie Jôâsh später
untreu wurde: aber dies geschieht sowenig dass nachher die Frömmigkeit seines Nachfolgers mit seiner verglichen und die beider nur
der David's nachgesezt wird, 14, 3 (die Chronik läßt diese Stelle aus);
ja Uzzia wird ihnen gleichgestellt 2 Kön. 15, 3. 2 Chr. 26, 4. Eine
völlige Veränderung des Herzens des Königs erst nach Jojada's Tode
wäre um so auffallender, da wir aus 2 Kön. 12, 7 wissen dass dieser
noch im 30sten Lebensjahre des Königs lebte. Es entsteht daher die
Frage obnicht der Chroniker die verschiedene Auffassung der Worte
2 Kön. 12, 3 deswegen vorgezogen habe weil er glaubte dass die
mancherlei Unfälle des Königs welche v. 18—22 erzählt werden sich
so leichter verstehen ließen. Etwas ähnliches scheint sich bei ihm
im Leben des folgenden Königs zu wiederholen; und überhaupt sucht
er gern solche geschichtliche Erklärungen.　　　　　1) daher sie
noch Amos 6, 2 als unabhängig genannt wird. Das übrige hier gesagte folgt aus 2 Kön. 12, 18 f. 2 Chr. 24, 23 f. verglichen mit allem
was wir sonst über diese Verhältnisse mit einer gewissen Sicherheit

gen Jerusalem vor, nachdem er viele edle Judäer in einem
Treffen getödtet oder gefangen genommen hatte. In Jerusalem verzweifelte man an einem glücklichen Widerstande
und erkaufte den Abzug des Aramäischen Heeres aus den
Grenzen Juda's mit der Verzichtung auf Gath sowie mit sehr
kostbaren Geschenken, wozu man alles im Tempel wie im
Palaste sich vorfindende Geld nebst allen seit Asa's Tagen
(S. 471) in den Tempel gekommenen königlichen Weihgeschenken zusammenhäufen mußte. Dass alle Philistäischen
Reiche an diesem für Juda so unglücklichen und mit Chazāel's Abzuge eigentlich nicht aufhörenden Kriege theilnah-
men, versteht sich vonselbst: aberauch die Phöniken suchten
längst nichtmehr wie zu den Zeiten Davîd's und Salômo's im
guten Einvernehmen mit Juda ihren Vortheil, unterstüzten
vielmehr die Feinde des gesunkenen Reiches, und gaben sich
besonders gerne mit dem Handel der vielen kriegsgefange-
ñen odergar bloss geraubten Judäer ab [1]). Und sicher blieben in diesen Zeiten auch die Idumäer mit neuen Einfällen
nicht zurück [2]).

Als zu allen diesen Unglücksfällen eine mehrjährige sehr
schwere Dürre und Heuschreckenverwüstung hinzutrat, redete
Joel zwar tiefe Buße fordernd dochauch wieder auf die ewigen Hoffnungen der wahren Gemeinde hinweisend zum verzweifelnden Volke [3]). Dieser Prophet, ein angesehener Prie-

---

wissen. Eine Verbündung der Aramäer und Philistäer gegen Israel
oder Juda sehen wir auch später noch nach Jerobeam II.: vgl. unten. — Die Hellenisten nennen den Damasqischen König Ἀζαήλ,
und in Jos. hypomn. c. 124 ist er gar̄ mit einem Assyrischen verwechselt; sein Name war in Damasq gewiss ebenso wie der Benha-
dâd's uralt und daher altheilig, wie die Sagen über Azelus in Just.
hist. 36, 2 und Jos. arch. 9: 4, 6 zeigen.      1) Joel 4, 1—6.
Amos 1, 6—10. Zu Joel's Zeit verkauften die Phöniken gefangene
Judäer besonders nach Ionien d. i. nach Nordwesten, später mehr
nach Südosten hin an die Idumäer welche sie besonders grausam
behandelten.      2) Amos 1, 11 vgl. Joel 4, 19.

3) es ist hiemit angenommen dass Joel erst nach Chazāel's Zuge
gegen Jerusalem über die aus dem Tempel fortgeführten heil. Gefäße
klagen konnte 4, 5. Dass Joel dabei an ein damals noch in frischem

ster zu Jerusalem, wirkte vielen Spuren zufolge längere Zeit
mit großen öffentlichen Erfolgen; und seine bei dieser Veranlassung gehaltenen Reden, die uns allein vollständig erhalten sind, waren gewiss nicht seine ersten. Er gehört der
Strenge seiner befehlenden Worte nach noch ganz zu den Propheten alter Art, und wirkte gewiss schon während der Un-
mündigkeit Königs Jôâsh: aber indem sein großer Geist mitten in den tiefsten Leiden des damaligen Reiches die ewige
Hoffnung der ächten Gemeinde desto kräftiger festhielt und
sie dem Volke in der feurigsten Glut klarer Anschauung sowie in der bezauberndsten Schönheit vollwallender Rede desto
unauslöschlicher einprägte, ward er einer der Hauptschöpfer
der neuen geistigen Richtung welche seine Zeit bedurfte und
die seitdem immer mächtiger wurde. Die seligen Hoffnungen welche er schöpferisch aussprach, wurden eine himmlische Speise aller folgenden Zeiten: und für jene nächsten
Jahrhunderte gewährten sie die geistige Stärkung und die
frohe Aussicht auf ein besseres Ende deren sie unter dem
unaufhaltsamen Dahinschwinden der alten Größe und Herrlichkeit Israels nicht entbehren konnten.

Verheerende Raubzüge der umwohnenden Völker mögen

Andenken gebliebenes Ereigniss denkt, ist offenbar; an den Einfall
der Philistäer unter Jôrâm S. 524 läßt sich aber deshalb nicht denken weil diese damals nach den Worten der Chronik wohl den königlichen Palast, nicht aber den Tempel eingenommen und geplündert haben können; womit ganz übereinstimmt dass Chazâel'n aus
dem Tempel alle gerade seit Asa's Zeit ihm geschenkte königliche
Kostbarkeiten übergeben wurden 2 Kön. 12, 19 vgl. mit 1 Kön. 15, 18.
Dass aber Joel die Aramäer nicht ausdrücklich unter den Feinden
aufzählt, ist um so weniger auffallend da sie ein bloßes Hülfsheer
den Philistäern zugesandt hatten. Die Zeit des Einfalles Chazâel's
bestimmt der Chroniker 24, 23 freilich auf das lezte Jahr des Königs
Jôâsh: allein wenn es auch nach unserm sonstigen Wissen (S. 556 ff.)
nicht ganz unmöglich ist dass Chazâel (den übrigens die Chronik
hier nicht nennt) damals noch gelebt habe, so hat doch der Chroniker das Ereigniss vielleicht nur deshalb auf dieses Jahr verlegt weil
er so den unglücklichen Tod des Königs leichter verstehen konnte.
Diesen Tod selbst beschreibt er dann wohl infolge davon etwas abweichend vom ältern Werke.

während der 40jährigen Herrschaft Jôâsh'es fast jährlich sich wiederholt haben, mit mehr oder weniger Glück zurückgetrieben. Doch welcher gesunde Sinn und welche Unternehmungslust sich dabei im Innern des Reiches erhielt, sieht man deutlich an einem Beispiele dessen Andenken sich näher erhalten hat. Am Salômonischen Tempel war damals manches zu bessern oder zu ergänzen: die Grundlagen des ungeheuern Werkes selbst scheinen gelitten zu haben [1]), und die kostbarsten Geräthe waren wahrscheinlich infolge des Kriegszuges Chazâel's abhanden gekommen. Man berathschlagte wie hier zu helfen sei: und da das Königthum damals bei weitem nichtmehr wie einst zu Salômo's Zeit alles leisten konnte, so befahl ein königlicher Erlass den Priestern einen Theil der Tempeleinkünfte zur Ausbesserung des Tempelbaues zu verwenden, nämlich das sog. flüssige Geld d. i. nicht was für den Tempel gestiftet wird [2]) sondern was ihm aus zufälligen Gaben zufließt: bestehend theils in dem Einlösungsgelde für Gelübde, theils in freiwilligen Gaben für den Tempel. Allein eine zeitlang wollte aus dieser neuen Einrichtung kein erklecklicher Nuzen kommen: die Priester fanden darin nichtbloss ihre herkömmlichen Rechte geschmälert, sondern sich auch mit neuen Arbeiten überladen, da jeder einzelne das ihm von seinen Kunden übergebene Geld für andere Zwecke verrechnen und verausgaben ja in gewisser Hinsicht sich mit dem Bauwesen befassen sollte; und das Volk selbst konnte nicht wissen ob sein Geld immer richtig abgegeben und verwandt werde, scheint also auch mit den freiwilligen Gaben zurückhaltender gewesen zu seyn. Als daher auf diese Art

---

1) dies folgt aus der nur zu kurzen Andeutung 2 Chr. 24, 27 im Auszuge aus einem älteren Werke.    2) oder das *stehende* Geld und Vermögen eines Heiligthums, im Islâm الوَقْف genannt. Das עוּבָר ist also weder aus der ganz verschiedenen Redensart Gn. 23, 16 noch mit dem Targ. aus Ex. 30, 13 zu erklären, da es keineswegs »der Gemusterte« bedeuten kann, während das alte Kopfgeld dazu jezt sicher nichtmehr dem Tempel sondern dem Könige zufiel. Allerdings gehört auch das Opfergeld zu dem flüssigen: daher wird dies aberauch noch bestimmt ausgenommen v. 17.

das Bauwesen nicht voranschritt, traf der König im 23sten
Jahre seiner Herrschaft unter Zustimmung der Priester eine
bessere Einrichtung: das Geld sollte am Eingange in den
Tempel von den hier die Wache haltenden Priestern in Em-
pfang genommen aber sogleich in einen rechts neben dem
großen ehernen Altare aufgestellten Kasten geworfen, dann
vonzeit zuzeit vom königl. Finanzminister und vom Hohenpriester
herausgenommen gezählt und sachverständigen Oberbauauf-
sehern übergeben werden die es dann ohne weiter Rechenschaft abzulegen an die einzelnen Arbeiter vertheilten. So
konnte man den Oberbaumeistern denen das Geld anvertraut
wurde als ausgewählten Beamten vollkommen trauen [1]): und
offenbar war es eine Folge dieser neuen Einrichtung dass der
Tempelbau seitdem so außerordentliche Fortschritte machte [2]).
Für die Anschaffung der goldenen und silbernen Tempelgeräthe mußte aber anderweitig gesorgt werden [3]).

Im 23sten Jahre dieser Herrschaft sehen wir so den
Hohepriester Jojada' noch in voller Thätigkeit. Nach der

---

1) dieses wird 2 Kön. 12, 16 und wieder 22, 4—7 mit sógroßem
Nachdrucke hervorgehoben, dass man fragen muss von welcher Art
denn diese Männer waren denen man schlechthin vertrauen sollte.
Nach 2 Chr. 34, 12 waren es vier Leviten: und allerdings erwartet
man kaum andere als angesehene Leviten zu diesem Vertrauensamte
bestimmt zu sehen; auch scheint das Priesterthum ein Gewicht darauf gelegt zu haben dass das Königthum sich nicht weiter einmischte.
Im übrigen stellt der Chroniker II. 34, 11—13 dieses sowie sonst
vieles andere wo die Leviten in der Geschichte eine Rolle spielen
sehr frei dar.        2) vgl. bei der Geschichte Jothâm's 2 Chr. 27, 3.
3) die Erzählung ist sichtbar aus den Reichsjahrbüchern. Aber
der Chroniker 24, 4—14 vgl. 34, 9 bildete sie so um wie sie zugleich für die Verhältnisse seines Zeitalters als Vorbild am besten zu
passen schien; und es ist bei der Vergleichung leicht zu sehen was
bloss ihm in der Darstellung eigen ist. Übrigens ist 2 Kön. 12, 11
וַיָּצֻרוּ nach 2 Chr. 24, 11 zu lesen. — Wenn die Söhne 'Athalja's
nach 2 Chr. 24, 7 den Tempel absichtlich verdarben, so müssen dabei nicht die nach S. 533 schon unter Jôrâm gefallenen Brüder
Achazja's gemeint seyn; und dass diese Bastarde alle Weihgeschenke
des Tempels zum Baalsdienste verwandten, widerspricht der in der
Chronik ausgelassenen Nachricht 2 Kön. 12, 19 wenigstens nicht völlig.

Chronik starb er 130 Jahre alt und ward bei den Königen begraben. Das heidnische Wesen suchte, wie die Chronik erzählt, nach seinem Tode wieder einzudringen, sodass mehere Propheten sich dagegen erhoben und unter diesen der Sohn jenes Hohepriesters selbst Zakharja, während er im Tempel zum Volke redete, von diesem mit Vorwissen des Königs gesteinigt wurde [1]. — Allerdings konnte es während der schlaffen Herrschaft dieses Königs nicht leicht an verderblichen innern Unruhen fehlen: und er selbst erlag im 47sten Lebensjahre einer Verschwörung zweier seiner Großen Jozakhar und Jozabad [2]), welche ihn während er in der Burg ein Geschäft hatte (S. 330 f.) ermordeten.

2. Sein Sohn und Nachfolger Amaßja war an Unternehmungslust und Tapferkeit nur zusehr das Gegentheil seines Vaters, sodass er zulezt dennoch ebenso unglücklich endete wie dieser. Er bestrafte sogleich seines Vaters Mörder, schenkte aber ihren Söhnen das Leben, welche Mäßigung ihm der deuteronomische Verfasser der Königsgeschichten besonders hoch anrechnet. Sodann kämpfte er glücklich gegen die Idumäer im Salzthale südlich vom Todten Meere, wo ihrer 10,000 fielen; und nahm ihre Hauptstadt Petra (Séla') in Sturm, die er nach der Eroberung wobei sie viel leiden mochte wiederaufbauete und nach einer altjudäischen Stadt Joqteél nannte. Dass den Idumäern kein eingeborner König gelassen wurde, versteht sich vonselbst. Zufolge der Chro-

---

1) der Mord dieses Propheten ansich kann um so weniger bezweifelt werden da der Chroniker nach 24, 27 in seinem Hauptquellenbuche viele Orakel gegen den König verzeichnet fand; und allerdings mag unter seiner schwachen Herrschaft später das heidnische Wesen wieder mehr Eingang gefunden haben. Übrigens ist es unrichtig dass Matth. 23, 35 dieser Zakharja Sohn Jojada's gemeint sei, s. *die 3 ersten Evv.* S. 329. Über das ihm jezt zugeschriebene Grabmal am Ölberge s. Tit. Tobler's Siloahquelle S. 287 ff. Journ. asiat. 1850 I. p. 310 f.        2) diese zwei Namen 2 Kön. 12, 22 lauten etwas anders und zugleich bestimmter 2 Chr. 24, 25 f., als wäre der eine von einer 'Ammonäischen der andere von einer Moabäischen Mutter gewesen; und sie hätten hienach den Mord Zakharja's am Könige rächen wollen.

nik [1]) stürzte man 10,000 gefangene Idumäer nach der Eroberung der Hauptstadt von ihrer höchsten Felsenspize herab:
und allerdings war die gegenseitige Erbitterung damals so
gross dass eine solche Rachethat nicht unglaublich ist.

Nach der Chronik nahm er vor dem Abgange zu diesem
Kriege außer seinen eigenen 300,000 wohlgerüsteten Kriegern aus Juda noch 100,000 Israeläer für 100 Talente Silbers
in Sold, entliess diese jedoch wieder auf die Vorstellung eines
Propheten dass er eher allein als mit solchen Miethlingen
eines gözendienerischen Reiches siegen werde; unwillig über
ihre Entlassung, fielen diese aber dann während er in Edóm
beschäftigt war plündernd in die nördlichen Städte Juda's ein
und erschlugen 3,000 Menschen. Die Farbe der Darstellung
ist auch hier wieder rein vom Chroniker: doch ist ansich
wahrscheinlich dass viele Israeläer damals beutelustig umher-
zogen; und eine Nachricht dieser Art muss der Chroniker in
einem ältern Quellenbuche vorgefunden haben. — Nach dem
ältern Geschichtswerke hangen die Misshelligkeiten in welche
Amaßja sodann mit dem Könige Jôâsh von Israel gerieth, mit
jenen Händeln nicht zusammen. Aus bloßem Siegesübermuthe
bot er diesem Könige Krieg an: und da zu jener Zeit das
Reich Israel solange von den Aramäern niedergehalten worden
war (S. 556 ff.), so mochte er von dem dortigen Könige Jôâsh,
der damals gewiss seine Aramäischen Siege nochnicht erfochten hatte, nichts bedeutendes erwarten. Allein dieser wies
ihn zuerst mit einem spöttischen Gleichnisse zurück, zog dann
da Amaßja nicht ablassen wollte gegen ihn zu Felde und
schlug ihn bei Bäthshémesh westlich von Jerusalem, ja nahm
ihn auf dem Schlachtfelde selbst gefangen. Jerusalem konnte
nun dem Sieger nicht widerstehen und unterwarf sich unter
schimpflichen Bedingungen: ein großes Stück seiner nördlichen
Mauer mußte geschleift, alle im Tempel sowie im Palaste sich
findenden Schäze übergeben, edle Geißeln für ein künftiges
gutes Verhalten gestellt werden. Seine Freiheit erhielt Amaßja

---

1) 2 Chr. 25, 12. Ebenda v. 8 fehlt וְלֹא vor יַכְשִׁילְךָ, ohne welches der Saz keinen Sinn gibt.

wohl erst nach dem Tode Jôâsh'es wieder; und der neue
König Jerobeam II. mochte dann auch die übrigen drücken-
den Maßnahmen gegen Juda aufhören lassen [1]). Aber das
Ansehen Amaßja's war einmal tief erschüttert; und die Idumäer
mögen bald die Herrschaft Juda's fast ganz wieder abgeschüt-
telt und neue verheerende Streifzüge ausgeführt haben [2]). So
bildete sich endlich in Jerusalem ein Aufstand gegen ihn, den
nicht wie sonst einige ehrgeizige Große sondern das ganze
Volk unterhielt: der König, aus der Stadt getrieben, floh süd-
westwärts nach Lakhîsh, wurde hier eingeholt und getödtet,
seine Leiche jedoch ehrenvoll nach Jerusalem zurückgeführt
und begraben. Er starb im 29sten Jahre seiner Herrschaft,
dem 54sten seines Lebens. Dem Jahvedienste war er imganzen treu gewesen [3]).

Siegreich in diesem Aufstande, sezte nun das Volk seinen 16jährigen Sohn 'Uzzia [4]) zum Könige ein: dieser vom
Volke selbst erhobene junge Fürst war also wahrscheinlich

---

1) gewiss daher wird 2 Kön. 14, 17 ganz ungewöhnlich gemeldet
wieviele Jahre er noch nach dem Tode seines Besiegers gelebt habe,
nämlich 15.        2) daher Uzzia sie sogleich nach seinem Antritte
wieder zu züchtigen suchte; und was Amos 1, 11. 9, 12 über Edóm
sagt lässt sich ebenfalls nur nach dieser Annahme ganz verstehen.
3) nach 2 Kön. 14, 3. Der Chroniker dagegen 25, 14 — 16. 27 leitet sein äußeres und inneres Unglück von dem Dienste der Idumäischen Gözen ab, dem er sich nach seiner Zurückkunft aus Idumäa
troz der Warnungen eines (ungenannten) Propheten überlassen habe.
Doch ist es uns unmöglich zu sagen aus welcher Quelle diese Vorstellung geschöpft sei.        4) dieser Name 'Uzzia findet sich überall in den eigentlich prophetischen Büchern und in der Chronik außer
1. 3, 12; nur 2 Kön. 14, 21 bis 15, 27 findet sich häufig statt dessen
der Name 'Azarja, und doch hat auch dieses Werk daneben jenen
Namen 15, 13. 30. 32. Man könnte also nach diesem Verhältnisse
der Stellen wo sich beide Namen finden, annehmen dass der Name
'Azarja welcher sich in der Hebr. Schrift nur wenig von dem andern
unterscheidet, durch ein Versehen in die Stellen des jezigen Königsbuches gekommen sei in denen er sich jezt findet vgl. S. 465: wahrscheinlicher aber war Azarja der vorkönigliche Name Uzzia's, wie
wir ähnlich zwei Namen bei andern Königen Juda's finden, s. schon
oben S. 340. 525 und andre Fälle unten.

nicht der Erstgeborne Amaßja's, bewährte sich aber in seiner 52jährigen Herrschaft als einer der thätigsten und glück-
lichbsten Herrscher. Gleich gross in den Künsten des Friedens wie in denen des Krieges, stellte er den Wohlstand
Juda's im Innern wie sein Ansehen nachaussen vollkommen
her, ja herrschte weiter als bisdahin irgend ein König Juda's
geherrscht hatte. Eine seiner ersten Unternehmungen war
ein siegreicher Feldzug gegen Edóm: er drang bis zur Hafen-
stadt Aelâth am rothen Meere vor, bauete diese wichtige
Stadt aus und richtete deshalb wahrscheinlich dort die Schiff-
fahrt wieder ein welche etwa 90 Jahre früher Josaphat nach
S. 470 f. ohne glücklichen Erfolg versucht hatte [1]). Die Bän-
digung der übrigen weiter südwärts hin wohnenden Völkerschaften, insbesondere der Ma'ônäer oder Mînäer [2]), folgte
leicht der völligen Unterwerfung der Idumäer als des kühnsten und stärksten der südlichen Völker. Gleich erfolgreich
kämpfte er nach Westen und Südwesten gegen die Philistäischen Reiche, legte die Mauern von Gath Jabne und Ashdôd
zu Boden, sodass wahrscheinlich nur Ghazza und Ashqelôn
uneobert blieben, gründete aberauch hier überall auf den
unterworfenen Gebieten neue Städte in' denen gewiss Philistäer und Hebräer zusammenwohnen sollten [3]). Die Mauern
Jerusalems verstärkte er an den drei schwächsten Stellen, an
der Nordwest- und Nordost-Ecke sowie an der Südspize der
Käsemacherschlucht mit Thürmen, und versah sie mit künstlichen Festungswaffen [4]); ähnlich sorgte er auch für andere

---

1) 2 Kön. 14, 21 f. vgl. 16, 6.          2) über diese s. Bd. I,
S. 321. Die LXX haben sicher Unrecht wenn sie auch 2 Chr. 26, 8
die Minäer statt der 'Ammonäer lasen: denn abgesehen davon dass
die auf den ersten Blick sonderbar scheinende Unterwerfung der
'Ammonäer sich dennoch als ganz geschichtlich ergibt, so ist auch
v. 8 schon nach dem Zusammenhange der Worte von einem ganz
andern Volke die Rede als v. 7. Dunkler ist der Ort *Gûr-Baal* 2 Chr.
26, 7, wennnicht etwa mit dem Targ. für ersteres Wort *Gerâr* zu lesen ist: denn ebenso werden beide Örter verbunden 1 Chr. 4, 39—
41 vgl. I. S. 329.          3) 2 Chr. 26, 6.          4) 2 Chr. 26, 9.
15 vgl. mit dem oben S. 325 f. und S. 330 f. bemerkten.

Festungen im Lande [1]). Sein stets wohlgerüsteter und geordneter Heerbann bestand aus 307,500 Mann [2]). Doch nochmehr als den Krieg liebte er jede Art von Ackerbau und förderte diesen in jeder Weise, legte in den Wüsten hohe Heerdenwarten an, liess in ihnen viele Brunnen graben, und hatte selbst viele Heerden- reiche Weinberge und weite wohlbebauete Getreidefluren [3]). Dem Jahvedienste blieb er stets treu zugethan; ein berühmter Prophet war zu seiner Zeit Zakharja, von dem wir jedoch jezt nichts näheres weiter wissen [4]); und als das beste Zeichen einer guten Herrschaft sehen wir jezt zur Seite dieses tüchtigen Herrschers das ganze Volksbewusstsein sich höher heben und eine Fülle von tüchtigen Männern aller Art hervorkommen [5]).

Je länger nun 'Uzzia in dieser Weise fortherrschte, desto höher mußte das Reich weit und breit in der Achtung der Völker steigen. Mit unendlicher Sehnsucht blickte der tiefsinnige Prophet Hosea, als er zuerst gegen das Ende der Herrschaft Jerobeam's II. im Zehnstämmereiche weissagte, auf Juda hin und erwartete nur vondaaus ein göttliches Heil [6]): und wenn der Grund dazu allerdings nicht allein von dem Wirken des einzelnen Königes Uzzia abhing, so trug dieser doch viel dazu bei dass der in Juda verborgene Schaz echter Religion von den Völkern heller erkannt wurde. Und als bei dem Verfalle des Hauses Jehu die Länder jenseit des Jordans in große Verwirrung geriethen, baten sogar 'Ammôn Moab und die zwischen diesen liegenden Hebräischen Gebiete Uzzia'n um seinen Schuz und entrichteten ihm jährlich Abgaben [7]). Diese auffallende aber geschichtlich unbezweifelbare

---

1) Hos. 8, 14 vgl. überhaupt mit Jes. 2, 7. Mikha 5, 9 f.

2) 2 Chr. 26, 11—14 vgl. oben S. 478.            3) 2 Chr. 26, 10 vgl. mit der Schilderung der Schönheit des Landlebens Spr. 27, 23 —27. welche gerade in Uzzia's Zeit geschrieben seyn kann.

4) nach 2 Chr. 26, 5 könnte dieser Zakharja nur bis in die spätern Tage Uzzia's gelebt haben, müßte also ein anderer seyn als der Jes. 8, 2 genannte Sohn Berechia's.            5) dies zeigen klar solche Aussprüche und Ahnungen wie B. Zach. 10, 4. Mikha 5, 4; um von den grossen Propheten 'Amos Jesaja u. a. zu schweigen.

6) Hos. 1, 7 vgl. 3, 5 u. oben S. 571.            7) dass 'Ammôn

Erscheinung erklärt sich hinreichend aus den Verhältnissen
jener Zeit: 'Ammon und Moab waren wieder auf ein halbes
Jahrhundert dem Zehnstämmreiche unterworfen gewesen,
wennauch unter eigenen Fürsten; Damasq, damals selbst in
Auflösung, konnte ihnen keinen Schuz gewähren; und doch
konnten vonferne die Assyrer, in der Nähe aber die stets
erneuerten Einfälle Arabischer Völker [1) só drohend scheinen
dass sie freiwillig den Schuz des mächtigen und gerechten

---

Abgaben entrichtete lesen wir 2 Chr. 26, 8 vgl. mit 27, 5, das Land
'Ammon aber konnte Uzzia nicht leicht beschüzen wenn er nicht
über den südlichsten Jordan einen Zugang zu ihm hatte. Dass ihm
nun Moab um dieselbe Zeit sich unterwarf, folgt klar aus der Art
wie Jesaja dieses Volk um die Zeit des Todes Achaz' zu Jerusalem's
Herrscher reden lässt Jes. 16, 1—5: denn so konnte Moab in wieder
veränderten Zeiten nur denken und sprechen, wenn es schon einmal
kurz zuvor Jerusalem's Herrschaft unterworfen gewesen war; welches
eben auf die Tage Uzzia's und Jóthâm's hinführt. Das Land Gilead,
wo Hebräer wohnten, musste schon wegen 'Ammon's und Moab's in
diese Bewegung fortgerissen werden; und suchte gewiss gern Uzzia's
Schuz: bestimmt wird aber darauf hingewiesen in der S. 562 besprochenen Nachricht 1 Chr. 5, 17, wo Jóthâm nur als König Juda's vor
Jerobeam II. genannt wird, und in der Erwähnung der weidereichen
großen Ebene (Mishôr) wo Uzzia ebenso wie in der großen Ebene
am Mittelmeere seine Heerden gehabt habe 2 Chr. 26, 10; denn wir
wissen aus Jos. 13, 9—21. 20, 8. Jer. 48, 21 dass diese als eine bekannte Gegend jenseit des Jordans lag. Dass aher diese bedeutende
Veränderung in den jenseitigen Ländern erst mit dem Sturze des
Hauses Jehu begann, folgt aus den oben dargelegten allgemeinen
Verhältnissen des Zehnstämmereiches.        1) dass 'Ammon und
Moab von solchen Einfällen viel zu leiden hatten, ist schon aus der
allgemeinen Lage dieser Völker wie sie seit alten Zeiten (vgl. II.
S. 435 f.) bestand und aus der häufigen Erwähnung von Einfällen
Arabischer Völker in Juda zu schließen. Wir besizen überauch ein
bestimmtes Zeugniss darüber in den Bruchstücken des alten ungenannten Propheten welcher das hei den Spätern so berühmte Moab-
Orakel verfaßte und der sicher bevor Jerobeam II. Moab unterwarf so
redete, Jes. 15. 16, 7—13; vgl. *die Propheten des A. Bds.* Bd. I. S. 229.
Bisweilen mochte sich auch Edóm mit den Wüstenvölkern zu gleichem Zwecke verbünden: wenigstens spielt Amos 2, 1 offenbar auf
eine Rachehandlung an die sich Moab gegen Edóm erlaubte und die
sich so am leichtesten erklärt.

Königs suchten welcher schon das südlich sie begrenzende
Edóm besass und die angrenzenden Araber unterworfen hatte;
wobei sie übrigens ihre eigenen Fürsten beibehielten [1]). Auch
dauerte dies Verhältniss noch unter Uzzia's Sohne Jothám fort,
führte aber unter ihm zu neuen Verwickelungen, wie später
zu erörtern ist.

Uzzia selbst war in der lezten Zeit seines Lebens mit
einem Aussaze behaftet welcher ihn nach alter Sitte zwang
fern von der Gesellschaft im Krankenhause zu leben [2]): länger jedoch als einige Jahre höchstens kann dieser Zustand
nicht wohl gedauert haben, da sein ihm gleichgesinnter Sohn
Jôthâm, welcher während dessen die Herrschaft übernahm,
bei des Vaters Tode erst 25 Jahre alt war. Nach der Chronik hätte er diesen Aussaz wie zur göttlichen Strafe in demselben Augenblicke erhalten wo er in einer Art von Ueber-
muthe in den Priestervorhof des Tempels eingedrungen um
dort eigenhändig zu opfern, jedoch hieran noch zeitig vom
Hohepriester 'Azarja und 80 andern Priestern verhindert worden [3]). Die Farbe der Darstellung davon ist jedoch ganz die
des Chronikers; und es ist zu bedauern dass wir jezt keine
ältere Erzählungen über alle diese Verhältnisse und Schicksale besitzen.

3. Sóviel ist aber aus allen Spuren von Geschichte
ganz deutlich dass das südliche Reich in derselben Zeit zu
neuer Macht und hoher Ehre sich kühn erhob wo das nördliche seiner schließlichen Auflösung entgegenging; und zum
zweitenmale hatte sich seit der Spaltung des Davîdischen
Reiches bewährt, welcher reiche Schaz schwer erschöpflicher
guter Kräfte in diesem kleinen Reiche ruhete. Gewiss aber
wirkte zu dieser neuen Erhebung des ganzen Reiches viel
die Entstehung jenes vergeistigten Prophetenthumes mit, von
dem S. 568 ff. geredet wurde.

Allein die Zerklüftung und Auflösung des alten Volksle-

---

1) vgl. 2 Chr. 27, 5.    2) s. die *Alterthümer* S. 218 ff.
3) Spätere schmückten dies noch weiter aus und verbanden damit
gar das Erdbeben unter Uzzia S. 570, wie man aus Jos. arch. 9: 10,
4 sieht.

bens Israels schritt, wie im allgemeinen schon S. 550 erklärt
ist, in allen diesen Zeiten so mächtg fort dass auch Juda ihr
immer weniger widerstehen konnte. Wiesehr beim Zerfalle
der alten königlichen Macht alle einzelnen Stände und Bestrebungen sich freier regten und jede gern für sich alle
Gewalt und alles Ansehen in Beschlag nahm, erhellet auch
aus der zulezt erwähnten Anmaßung der Priester gegen König Uzzia: denn wenn Uzzia selbst opfern wollte, so strebte
sich damit bei diesem so machtvoll und siegreich gewordenen Könige eigentlich doch nur dieselbe volle königliche
Macht wiederherzustellen welche nach S. 255. 314. 379 David und Salômo ohne Widerspruch ausgeübt hatten; aber da
inzwischen manche Könige auch dem Gözendienste gehuldigt
hatten, so war die Priesterschaft nun zu ängstlich und selbst-
eifrig gegen die königliche Macht geworden, und sezte
ihren Willen sogar gegen Uzzia durch. Zugleich verlor
sich das alte Kriegs- und Lager-Leben des Volkes wie
es noch zu David's Zeit einmal in voller Kraft sich wieder ausgebildet hatte, troz aller in den Zeiten nach Salômo
sich wiederholender Kriege immermehr. Durch nichts rächte
sich so die alte Unterjochung der Kanáanäer mehr als dadurch
dass auch das Volk welches einst sie besiegt hatte und dann
nach S. 176 sie lange als „Krämer" verspotten lernte, jezt
vielmehr selbst an Handels- und Erwerbslust ihnen immer
ähnlicher wurde, nichtbloss mehr wie früher in einzelnen
Gegenden sondern überall, sogar in Juda, und nicht weil
etwa einzelne Könige wie Salômo den Handel begünstigten,
sondern weil die Lust an Handel und Gewinn sowie an ru-
higem Genuße möglichst großer Güter sich übermächtig aller
Stände bemächtigt hatte. Aller Spott der Propheten über
diese Richtung auf raschen Gewinn und all ihr Tadel des
leicht daraus fließenden Hanges zum Betrügen half nichtmehr
die alterthümliche Einfachheit und Genügsamkeit zurückzubringen [1]); und dazu war gerade die verhältnißmäßig sehr
lange und glückliche Herrschaft Uzzia's in Juda der Aus-

---

1) Hos. 12, 8 f. Jes. 2, 7.

breitung dieser Vorliebe für bürgerlichen Gewinn und Genuss äußerst günstig. Der rasche Umschwung des Geldes von unten und die stärkere Bewegung nach Gewinn welche unaufhaltsam das ganze Volk durchdrang, reizte dann in den obern Schichten der Gesellschaft zu ähnlichen Versuchen: und viel wurde auch in Juda über Ungerechtigkeit der Richter und Unterdrückung Hülfsloser geklagt [1]). Der Lust ferner alles zu bezweifeln und zu bestreiten [2]), auch gegen die besten Propheten laut zu reden und ihre richtigsten Ermahnungen schnöde zu verachten [3]), heidnische Religionen kennen zu lernen und ihre Götter einzuführen auchwenn der König selbst ihnen fremd blieb [4]), liess sich bei diesem Geschlechte auch in Juda immer schwerer zurückhalten. So strebte das Leben des Volkes auch in dem ernstern Juda sich in hundert neuen Bahnen freier zu gestalten; und auch hier drohete in diesem erregten Kampfe einer alten und neuen Zeit vielfach arge Unlanterkeit und Zügellosigkeit der Sitten einzureissen. Während die bessern Propheten und manche Könige dieser zu steuern suchten, liess sich z. B. die Landstadt Lakhîsh nicht abhalten zuerst die niedrige Religion des Zehnstämmereiches einzuführen: und bald folgten manche sogar in Jerusalem diesem Beispiele [5]).

Als daher 'Amôs zu Anfange der Herrschaft Uzzia's gegen das Zehnstämmereich redete und dessen nahe Zertrümmerung weissagte, konnte er doch auch über Juda nicht rein erfreuliches ahnen: die gesunkene Hütte Davîd's, ahnete er, werde

---

1) Amos 3, 1 ff. 6, 1 ff. Hos. 5, 10. Man kann auch Ps. 12 hieher ziehen, da dieses Lied die Empfindungen welche die ersten prophetischen Drohungen dieser Art erregen mußten, in aller Frische ausspricht.     2) Amos 6, 3. 9, 10 vgl. Hos. 4, 4.

3) welches man aus allen Reden eines 'Amos Hosea Jesaja leicht herausempfindet.     4) Amos 2, 4. Hos. 4, 15. 6, 11. 12, 1. Jes. 2, 8 ff. Den Königen Uzzia und Jôthâm gibt nichteinmal die Chronik irgend eine Art von Gözendienste schuld: er fand also in ihren Zeiten rein durch Schuld des Volkes Eingang. Der früher in Israel gewöhnliche Gözendienst worauf 'Amos anspielt war wohl nach seiner Meinung der zur Zeit Salômo's und dessen erster Nachfolger.

5) Mikha 1, 5. 13.

wieder aufgerichtet werden, aber erst nachdem ihr die stärksten Risse geschlagen. Auch Hoséa, der zuerst vom Zehnstämmereiche aus mit ungetheilter Hoffnung auf Juda hinblickte,
überzeugte sich später durch eigene Anschauung dass Juda in
ähnliche sittliche Gefahren zu fallen drohe [1]. Und als Jesaja
im Todesjahre Uzzia's in Jerusalem zu wirken anfing, blickte
er nur mit Bekümmerniss in die nächste Zukunft und weissagte dass eine große Läuterung kommen müsse in welcher
vom alten Reiche nichts überbleibe als ein kleiner unzerstörbarer Rest [2]. So bereitete sich denn auch für das südliche
Reich, durch die nahende Uebermacht der Assyrer eine Entscheidung vor in welcher es seine edelsten Kräfte noch ganz
anders bewähren mußte als in allen seinen früheren Lagen.

### 3.  Die Assyrer.

Es kann hier nicht der Ort seyn Ursprung und ältere
Geschichte des großen Assyrischen Reiches zu untersuchen,
zumal da jezt alle die vielbesprochenen Erzählungen Herodot's Ktésias' und anderer griechischer Schriftsteller über die
Assyrer erst nach einer Entzifferung der Assyrischen Keilin-
schriften und nach weiterer Entdeckung der anderen Assyrischen Alterthümer mit Erfolg wiederaufgenommen werden
könnten [3]. Sicher ist dass ein Assyrisches Reich erst seit
der zweiten Hälfte der Herrschaft des Hauses Jehu für das
Volk Israel eine Bedeutung hat. Das B. der Urspp. erwähnt

---

1) s. die Propheten des Alten Bundes Bd. I. S. 119.     2) Jes. c. 6 vgl.
c. 2—5.  3) in dieser Hinsicht ist jezt 1853 kaum mehr zu sagen als 1846:
der Kürze wegen kann ich auf meine Aufsäze in den Gött. G. A.
1850 S. 929 ff. 1851 S. 593 ff. 987 über die Werke von Layard und
Rawlinson verweisen; wie Rawlinson neuestens in diesen Keilinschrif-
ten Skythische Sprache entdeckt haben will, darüber bringt die Lit.
Gazette Lond. 1853 Febr. 26 eine vorläufige Anzeige. — Unstreitig
ist nichts mehr zu wünschen als dass wir die Jahrbücher Assyrischer
Geschichten vergleichen könnten; sie erzählten nach Origenes g. Celsus
1 : 3, 1 auch über die Kriege mit Israel viel: allein den bisherigen
Entzifferungen der Keilschriften gegenüber ziemt dem Geschichts-
forscher vor allem Vorsicht.

zwar die Assyrer als ein wichtiges Semitisches Volk [1]); und
da um Nineve also in der eigentlichen Landschaft Assyrien,
soviel wir jezt wissen, zu allen Zeiten bis auf den heutigen
Tag Aramäisch geredet ist, so scheint dieses Buch Assyrien
nur als ein schon damals bedeutenderes Reich vor den übrigen von Aramäern bevölkerten Reichen hervorgehoben zu
haben. Wir können immerhin die alte Ueberlieferung gelten
lassen dass das Assyrische Reich vor dem Abfalle der Meder
(unter Sanherib) 520 Jahre lang bestanden habe [2]); und vielleicht erneuete es sich schon ziemlich früh, gewiss aber noch
im Laufe dieser Zeitfrist durch einen fremden Kriegerstamm:
denn dass ein solcher dies Reich umbildete und seine nicht
semitische Sprache beibehielt obgleich das Aramäische Volkssprache blieb [3]), zeigen mindestens seit dem 9ten Jahrh. die
im A. T. erhaltenen Namen der Könige und einige andere,
insbesondere die von Würden. Noch zu Davîd's und Salômo's
Zeit reichte Assyrische Macht nicht bis über den Eufrat, ja
umfaßte wahrscheinlich nichteinmal ganz Mesopotamien: es
ist also soviel wir jezt sehen können erst der neue Herr-
scherstamm welcher seit dem 9ten Jahrhunderte v. Chr. die
kriegerische Kraft und Lust dieses Volkes neu anregte [4]).

---

1) Gen. 10, 22 wo die Lydier mit ihm verbunden werden wie in
der Genealogie Herod 1, 7.        2) Herod. 1, 95. Die 526 Jahre
lang über Babel herrschenden 45 Könige welche nach Bérossos (bei
Eus. chron. 1. pag. 40 f.) auf Semiramis folgten, sind hier nicht deutlich als Assyrische bezeichnet, wahrscheinlich aber als solche oder
doch als von den Assyrern abhängige zu verstehen: aber auf sie,
heisst es, folgte der bekannte Phûl. — Vgl. auch das in den *Jahrbb.*
*d. B. w.* III. S. 194 f. bemerkte.        3) nach Jes. 36, 11. Dagegen weisen Beschreibungen wie Jes. 33, 19 auf eine nicht semitische Sprache wenigstens der Herrschenden hin.        4) dass das
Assyrische Reich schon während seiner ältern Zeiten im Innern nicht
ohne mannichfaltige Erschütterungen und Wechsel der Herrscherhäuser blieb, ist schon aus der allgemeinen Lage aller Reiche in jenen
Zeiten zu schließen; doch wissen wir bisjezt nur von dem Sturze der
Derketaden d. i. der Nachkommen der Semiramis durch Belétaras
oder Balatores (nach Bion und Alex. Polyhistor in Agathias' hist. 2,
25. p. 119 ed. Bonn.), welcher vielleicht mit dem von Herodot gemeinten Anfange des Reiches selbst zusammentrifft, da Belétaras etwas

Weite Besizungen nach Norden und Nordwesten hin bis zu
dem in's Kaspische Meer fließenden Qir oder Kur [1]), im Osten
Medien [2]) und im Süden Babel [3]) mit 'Aelam jenseit des Tigris
gehörten zwar allen uns deutlichen Spuren der Geschichte
nach lange vor jenem Zeitraume zum Assyrischen Reiche:
allein eine gewisse Erschlaffung und Auflösung muss dazwi-
schengetreten seyn: denn wir sehen erst jezt die Assyrischen
Könige einen festen Plan zur Gründung einer Weltherrschaft
ergreifen, nahe und ferne Gebiete mit gleicher Härte sich
unterwerfen, und nachdem alles jenseit des Tigris und Eufrat
unterjocht ist ihre Blicke kühn auf alle Länder diesseit des
Eufrat bis zum Nile hin richten. Der erste König dieser Art
von dem wir wissen ist Salmân: er unterwarf nicht weit östlich von Nineve das durch den Zâb von diesem getrennte
Gebiet von Arbéla, welche Hauptstadt Adiabene's sich während
einiger Zeit unabhängig gemacht haben muss, mit solchem
kriegerischen Nachdrucke dass der Ruf davon sich überall
weit verbreitete [4]); etwa um dieselbe Zeit mögen rasch nach
einander Gôzân und Charrân am Chabôras in Mesopotamien,
sowie Karkemish (Kirkésion) am Zusammenflusse des Chabôras mit dem Eufrat, vonwo die Länder diesseit des Eufrat
offen standen, sodann am Tigris die altberühmte Stadt Kalno
(in der Gegend des spätern Ktésiphon) erobert seyn [5]); gewiss

---

über 520 Jahre vor Sardanapel geherrscht haben soll. Sind aber die
Auszüge in Euseb. Chron. aus Berossos zuverläßig, so scheint dieser
doch mit Phul eine neue Entwickelung des Reiches zu sezen.

1) nach Amos 1, 5 vgl. mit 2 Kön. 16, 9. Jes. 22, 6.

2) nach Herod. 1, 95—103 vgl. mit 2 Kön. 17, 6. 18, 11.

3) nach allen griechischen Erzählungen vgl. mit Mikha 4, 10; über
'Aelam s. Jes. 22, 6.          4) wir finden dies zwar bisjezt nur
in der schon von den LXX mißverstandenen Stelle Hos. 10, 14: allein die Worte Hosea's und die Rücksicht auf sein Zeitalter erlauben
keine andere Erklärung; und die Sache ist im Zusammenhange der
uns sonst bekannten Ereignisse sehr wohl denkbar.          5) dass
alle diese und die zwei folgenden Städte in der hier angenommenen
Zeitfolge unterworfen wurden folgt aus Jes. 10, 9—11: denn offenbar soll hier in der Aufzählung vieler von den Assyrern unterworfenen Städten auf die Zeitfolge ihrer Eroberung Rücksicht genommen

schon unter Phûl wurden Gebiete diesseit des Eufrat's [1]), dann
von Tiglath - Piléser noch weiter westlich Hamâth in Besiz
genommen, nachdem schon früher nördlich von diesem Arpad [2])
vor der neuen Macht gefallen war. Die zuletzt genannten
kleinen Syrischen Reiche sowie Damasq suchten sich, ihrer
frühern Macht eingedenk, nach Jerobeam's H. Tode unter
eingebornen Fürsten zu behaupten und erlebten noch eine
kurze Zeit von Selbständigkeit, ohne übrigens je wieder ihre
frühere Macht zu èrreichen.

Dieses Assyrische Reich nun, wie es damals mit verjüng-
ter Kraft mächtig. aufstrebte und ehe es 50 Jahre später unter
Sancherib entartete, hatte wie für alle Völker. diesseit des
Eufrat so für das Volk Israel viel wunderbares. Es führte
Schaaren rauher Krieger aus dem entferntesten Norden und
Osten in die südwestlichen Länder wo man solche seit un-
vordenklichen Zeiten nichtmehr gesehen hatte, sodass schon
der Anblick solcher ungewohnter wilder und doch die beste

---

werden, und zwar noch strenger als in den übrigens entsprechenden
Stellen 2 Kön. 18, 34. 19, 12 f. Kalno war als 'Amos schrieb noch
ein unabhängiges Reich, Amos 6, 2.       1) dies versteht sich
schon deßhalb weil sonst Menachem nicht hàtte den Phul zuhülfe rufen können. Es gehören aber wahrscheinlich dahin die 2 Kön. 19,
12. Jes. 37, 12 von den übrigen unterschiedenen Städte Rêßef und
Telassar: nach dem Zusammenhange erwartet man sicher dass diese
zunächst diesseit des Eufrat liegen, und sie lassen sich hier noch
nachweisen. Ersteres ist die noch von Abulf. géogr. p. 271 genannte
Stadt eine Tagreise weit westlich von Raqqa am Eufrat, *Rhésafa* bei
Ptolem. geogr. 5, 15, Rosafa in der Notitia Dignitatum Orientis (ed.
Böcking p. 87 f.). *Telassar* aber halte ich für einerlei mit Theleda
in der Tab. Peuting. nicht weit von Palmyra, etwa da wo die Charte
von Berghaus (Gotha 1835) Telletherah ansezt; auch Thelsea für The-
lesea oder Theleser in der Notitia Dignitatum Orientis p. 84 f. ist wohl
derselbe Ort; die *Söhne 'Eden's* aber welche hier wohnten waren sicher
ein alter Aramäischer Stamm, da dieser Name 'Eden auch sonst in
Aramäischen Ländern wiederkehrt.        2) diese Stadt ist wahrscheinlich das spätere *Ravend* oder Ravendân, ein sehr fester Ort
nordwestlich von Haleb, Schult. vita Salad. p. 65. Abulf. géogr. p.
267 der Par. Ausg. Ein ähnlicher Lautwechsel zeigt sich bei dem
Namen der Phönikischen Stadt *Ssarfend* für das alte *Ssarefat.*

Mannszucht haltender Krieger allgemeine Furcht erregte [1]);
und wirklich ist unverkennbar dass damals mit den Assyrischen Heeren eine Bewegung der kriegerischeren nördlichen
Völker gegen die südlichen anfing welche sich in den nächsten Jahrhunderten wenig verschieden unter den Namen der
Skythen Chaldäer und Medo-Perser fortsezte. Wie die Krieg-
führung dieser Heere eine ganz andere war als die diesseit
des Eufrat's gewöhnliche, so wich noch vielmehr der Zweck
ihrer Kriege von dem bisher hier befolgten weit ab. Die
Kriege unter den vielen kleinen Reichen diesseit des Eufrat's
hatten in den lezten Jahrhunderten immer mehr die Weise
bloßer Plünderungen angenommen: man begnügte sich einen
schwächern Feind zu berauben und auszusaugen, liess die
besiegten Könige in ihren Stellen wenn sie viele Abgaben
zu entrichten versprachen, alles wie es dem augenblicklichen
Vortheile und der Jagd nach Reichthum und Genuss zusagte;
an ein Vaterland, an ein großes durch höhere Gerechtigkeit
Einheit und Macht dem Unrechte glücklich widerstehendes
Reich dachte man nichtmehr. Aber der „streitbare" König
wie man jezt den Assyrischen vor allen andern Königen
nannte [2]), wollte ein großes einiges und starkes Reich, in
welchem die kleinlichen Volksleidenschaften aufhören sollten;
demnach begnügte er sich nicht mit reicher Beute noch mit
dem Versprechen oder selbst dem Darbringen hoher Abgaben [3]), sondern woirgend eine Widersezlichkeit ihm entgegentrat, griff er sogleich zu den strengsten Mitteln sie fürimmer zu brechen. Ein mildes Mittel war dann die Fortführung aller rüstigeren und mächtigeren Einwohner eines Landes in ein entferntes Reichs-Gebiet, mit dem Befehle die

---

1) man vgl. die malerischen Schilderungen Jes. 5, 26—29. 14, 31.
22, 6. Deut. 28, 49 ff. Die Assyrer sind ferner das Unvolk, das un-
menschliche Volk welches só unerklärlich sonderbar ist dass tausend
Krieger aus Israel vor zehn Mann von ihm fliehen Deut. 32, 21. 30.
Lev. 26, 17.          2) Hos. 5, 13. 10, 16.          3) dies wird einmal in Hizqia's Leben sehr deutlich beschrieben, Jes. 33, 7 vgl. mit
2 Kön. 18, 13—17: es ergibt sich aber auch sonst aus allen geschichtlichen Spuren.

Markung dieses neuen Ortes der ihnen zur Wohnung angewiesen war unter Todesstrafe nicht zu verlassen; ein stärkeres etwa bei wiederholter Empörung die völlige Zerstörung
des unterworfenen Reiches mit Fortführung fast aller Einwohner ohne Ausnahme, und Versezung anderer an ihre Stelle.
Die hohe Bedeutsamkeit dieser Assyrer und die göttliche
Bestimmung zu der sie damals allen vermodernden südwestlichen Reichen gegenüber berufen waren früh erkannt und
klar geweissagt zu haben, ist in Israel das Verdienst der
großen Propheten welche eben damals aufstanden. Als Jerobeam II. gerade im Gipfel seiner Macht stand und die Assyrer nochnicht den Eufrat überschritten halten, weissagte 'Amos
schon ihre Ankunft zur göttlichen Züchtigung˜wie aller diesseitigen Reiche so insbesondere des Zehnstämmereiches, deutlich auf sie hinweisend ohne sie zu nennen [1]. Als sie sodann diesseit des Eufrat's bekannter wurden und viele im Zehnstämmereiche auf sie als auf Helfer und Freunde hinblickten,
sagte Hosea bestimmt voraus sie würden umgekehrt Zerstörer
des Zehnstämmereiches werden [2]. Und Jesaja beschrieb sie
dann am bestimmtesten als die schwere Zuchtruthe in Jahve's
Hand zur Strafe aller der mancherlei Völker diesseit des Eufrat's, namentlich auch Juda's. Inderthat kamen sie nichtbloss
zur Züchtigung der beiden Reiche des Volkes Gottes: ebenso
schwer hatten alle die übrigen größern und kleinern Reiche
bis tief in Arabien und in Aegypten hinein von ihnen zu leiden. Darum sehen die Propheten in ihnen auch die gerechten Züchtiger der mannichfaltigen Thorheiten des Heidenthums
dér Völker von denen Israel zunächst umgeben war; und dem
fünften Erzähler der Urgeschichte, welcher zugleich auf die
Erklärung der Alterthümer der Assyrer mehr Rücksicht
nimmt [3], konnte es beim Ueberblicke aller Zeiten nun sogar

---

1) Amos 1, 5. 15. 6, 14. 7, 17. 9, 7—10.    2) Hos. 5, 13 ff.
8, 1. 10, 5—8. 14. 14, 1 ; vgl. jedoch darüber weiter unten.
3) in der wichtigen Stelle Gn. 10, 8—12, welche ganz von ihm
eingeschaltet ist. Nach ihr empfing Nineve seine ganze früheste Stiftung und Bildung erst von Babel aus: und dies ist unstreitig eine
alte echte Volksüberlieferung aus Nineve selbst.

mitrecht so scheinen als hätten die Nachkommen Jafet's d. i.
die nördlicheren Völker von .der Urzeit an einen weit größern
Segen von Gott empfangen als die des leichtsinnigern Châm
(die Kanáanäer), und als seien sie -bestimmt als Gastfreunde
mit Sem (den Hebräern) zusammenzuwohnen zum Verderben
der Kanáanäer [1]). Wirklich bestimmt vonjeztan die Macht der
nördlichen Völker überwiegend die Geschichte aller südwestlichen Reiche und Völker: und bisweilen schien es alsob die
Völker welche die Hebräer von Châm ableiteten noch mehr
von den nordischen Kriegern zu leiden haben sollten als die
Hebräer. Aber wenigstens des Zehnstämmereiches Untergang
durch die Assyrer war bald nichtmehr aufzuhalten: und wir
müssen nun zunächst ihn weiter verfolgen.

### Untergang des Zehnstämmereiches.

1. Als das Haus Jehu in seinem fünften Könige vernichtet
wurde, warfen sich fast gleichzeitig nicht weniger als drei
Kriegsfürsten zu Königen auf. Einmal Shallûm Sohn Jabesh',
der Mörder Zakharja's, dem es gelang einen Monat lang zu
Samarien als Herrscher anerkannt zu werden. Zweitens ein
gewisser Qobol'am, von dem wir weiter nichts wissen [2]):

---

1) dies zeigt sich bei näherer Untersuchung als der geschichtliche
Sinn der Worte Noah's Gn. 9, 18 – 27: und wenn man bedenkt wie
vonjeztan sich die Weltstellung aller Völker änderte, so lag genug
Veranlassung vor einen solchen Ausspruch auf den Urvater der jezigen
Menschheit zurückzuführen. Zur Erläuterung aber dienen weiter einige Aussprüche über die Assyrer von demselben Erzähler, in das
Stück über Bileam eingeflochten, Num. 24, 22 worüber vgl. unten, und
v. 24 wo Assyrer und Hebräer als gemeinschaftlich von einem andern
Feinde bedrängt dargestellt werden. Dass Assur Gn. 10, 22 vom B.
der Urspp. nicht zu Jafet gezogen ist, begründet keinen Einwand
dagegen dass der 5te Erzähler die vielen Assyrischen Krieger als
nordische Völker von Jafet ableiten konnte.      2) das Wort
קבל־עם 2 Kön. 15, 10 übersezt man gewöhnlich »vor dem Volke«:
allein קבל kommt in Prosa nirgends weiter vor, und עם für העם
wäre ebenfalls in schlichter Rede auffallend; dazu wäre eine solche
Bemerkung an dieser Stelle ganz überflüßig und ist nach den entsprechenden Stellen v. 14. 25. 30 nicht zu erwarten. Das Wort muss

wahrscheinlich warf er sich jenseit des Jordans auf, wurde aber hier von den Einwohnern selbst getödtet indem sich ein großer Theil von diesen nach S. 587 f. lieber an König Uzzia von Juda ergab. Drittens Menachem Sohn Gadi's aus der Stadt Thirßa (S. 434). Dieser zog von seiner Vaterstadt aus mit einem großen Heere gegen Samarien, mußte aber unterwegs das Gebiet der von jener nicht weitab liegenden Stadt Thifsach aufs grausamste verwüsten weil sie ihm ihre Thore verschloss, eroberte jedoch endlich diese Stadt und behandelte sie wie der roheste Feind [1]). Dann Samarien einnehmend und Shallûm tödtend, behauptete er sich in der Herrschaft.

Als König schien Menachem anfangs von bessern Grundsäzen beseelt [2]); und freier aufathmen wollte unter ihm das Land, nachdem binnen eines Monates 3 unfähige Herrscher gefallen waren. Er hielt mit König Uzzia Frieden, trozdem dass dieser nach S. 587 f. bedeutende Gebiete jenseit des Jordans unter seinen Schuz nahm: denn die von Jerobeam II. unterworfenen fremden Völker waren gewiss damals schon völlig wieder abgefallen, und das neue Königshaus hatte genug zu arbeiten um nur im Innern des zerrissenen Reiches einige Ruhe wiederherzustellen. Aber wiewenig dies gelingen konnte, zeigte bald die Erfahrung. Die Mannszucht und

---

also vielmehr Eigenname eines Mannes seyn, wofür es noch die LXX hielten; dann hält man es am richtigsten für einen Namen der zuerst an den Rand des Geschichtswerkes geschrieben wurde um das Andenken an diesen dritten König jenes Monates zu erhalten. Denn hier kommt uns als entscheidend die prophetische Darstellung jener Zeit im B. Zach. 11, 8 vgl. v. 5 zuhülfe; *Proph. des A. Bds.* Bd. I. S. 321 f. Ähnlich finden wir zwei uns sehr unverständliche Namen aus jener Zeit 2 Kön. 15, 25.        1) eine Stadt תפסח kommt zwar sonst nur als das bekannte Thapsakus am Eufrat vor welches Salômo besass (S. 281): allein an diese lässt sich hier 2 Kön. 15, 16 schon wegen des Zusazes »von Thirßa aus« nicht denken; wenn wir sonst von einer Stadt dieses Namens in der Mitte Palästina's nichts wissen, so ist das bei der großen Abkürzung der Nachrichten über die hier wohnenden Stämme Jos. 16 f. nicht auffallend. Semitische Städtenamens *Timpsacum* finden sich auch sonst.        2) wie B. Zach. 11, 4—8 angedeutet wird.

der Landfrieden war zumal in den lezten Bürgerkriegen só
gänzlich aufgelöst dass nochimmer mitten unter der neuen
königlichen Herrschaft wilde Horden Bewaffneter überall fast
ungestraft einbrachen und plünderten, und das ganze Land
von dem wilden Feuer der Gesez- und Zuchtlosigkeit wie
von einem stets furchtbarer auflodernden göttlichen Zorne
durchglühet schien [1]). Sogar Priester rotteten sich zusammen um die Unglücklichen anzufallen welche sich nach dem
als Zufluchtsort geltenden Heiligthume zu Sikhém retten wollten [2]); und vorzüglich war Mißpé die Hauptstadt Gilead's der
Schauplaz der blutigsten Gräuel [3]), wahrscheinlich bevor sich
dies Gebiet 'Uzzia'n unterwarf. Nachaußen hatte das Reich
nichtnur alle Macht sondernauch alle Ehre verloren, sodass
es sich gegen die fremden Völker nur noch mit Mühe wie
ein verwelkter Greis gegen den rasch nahenden Tod aufrechterhielt [4]). Von Damasq aus, wo sich wieder ein neues
Reich gebildet hatte, griffen die Aramäer um sich und eroberten alle die nördlichen Städte jenseit des Jordans, mit
'Arô'er als Hauptstadt; von Südwesten fielen die Philistäer
ins Land, und sowohl diese als jene sezten jahrelang ihre
Verheerungen fort [5]). Die königliche Würde, so voninnen
und vonaußen gelähmt, konnte sich nicht wieder zu höherer
Achtung erheben [6]), obgleich doch das Land die Übel der
Vielherrschaft und der Habsucht der kleinen Häuptlinge so
schmerzlich erfuhr [7]). So dachten denn die welche im Reiche
noch etwas zu verlieren hatten mit dem Könige allen Ern-
stes dáran eine fremde Macht zuhülfe zu rufen, um die Ruhe
im Innern dauernder herzustellen: diese wollten gewiss die
Assyrer als das damals durch eine starke königliche Herr-

---

1) Hos. 4, 1 f. 7, 1. Jes. 9, 18—20. B. Zach. 11, 6.
2) Hos. 6, 9 vgl. oben S. 434.         3) Hos. 6, 8 vgl. 5, 1 f.
4) wie Hosea auf die vielfachste Weise beschreibt, 7, 8 f. 8, 8.
10, 6.         5) dies folgt aus Jes. 9, 10 f. 17, 2 vgl. mit B. Zach.
11. 10. Wenigstens vor Péqach's Zeit müssen diese Kriege geführt
seyn.         6) Hos. 7, 3—7.         7) wie auch die um jene
Zeit entstandenen Weisheitssprüche sehr deutlich zeigen, Spr. 28, 2 f.
12. 15 f. 28. 29, 2. 4. 12. 16.

schaft siegreiche Volk um Vermittlung bitten; die Volkspar-
tei war es dagegen wahrscheinlich welche die damals volksthümliche Freiheit erstrebenden Ägypter vorzog: erstere Ansicht siegte, wie es scheint durch den Beitritt des Königs;
aber während man nun schon einige Jahre lang die reichsten Abgaben an den Assyrischen König sandte um dessen
Freundschaft und Hülfe zu erlangen, schickte man zugleich
nach Ägypten einige Geschenke, wie um es auch mit diesem nicht zu verderben [1]).

Bissoweit kennen wir den Zustand dieser Herrschaft am
genauesten durch Hosea, den lezten großen Bürger und Propheten jenes Reiches, welcher noch einmal in ihm selbst den
tiefsten Versuch zu einer wahren Besserung des ganzen Volkes machte und vor den eitlen Bündnissen mit Ägypten und
Assyrien warnte, aber durch die maßlose Widersezlichkeit
die sein reines Streben fand fast bis zum Wahnsinne getrieben aus ihm fliehen mußte, und dann in Juda durch die Schrift
dás Werk fortsezte welches er am rechten Orte vergeblich
begonnen hatte. Gegen das Ende der 10jährigen Herrschaft
Menachem's, wohl nicht viel früher [2]), kam nun der Assyrische
König Phûl selbst ins Land, um dem Landeskönige in dem
Versuche die innere Ruhe herzustellen kräftig beizustehen:
er zog nachdem er den nächsten Zweck erfüllt wieder ab als
Freund und Beschüzer, aber mit einem Geschenke von 1000
Silbertalenten und, wie sich vonselbst versteht, mit dem Versprechen einer ferneren jährlichen Abgabe; Menachem aber
war so hülflos dass er jenes Geschenk durch eine Umlage auf
die reicheren Bürger decken mußte: welches jedoch in dem
Königsbuche offenbar nur deshalb so ausdrücklich erwähnt
wird weil das Volk im Zehnstämmereiche nach S. 375 nie
solche Abgaben entrichten wollte. Er selbst starb ruhig:

---

1) dies ergibt sich aus einer Vergleichung der Stellen Hos. 5, 13.
7, 9. 11 f. 8, 9 f. 10, 4. 12, 2. Auf einen schon erfolgten Einfall
der Assyrer spielt Hosea nirgends an: und es läßt sich sehr wohl
denken dass Menachem lange vorher deshalb unterhandelte und Geschenke sandte. 2) vor בא 2 Kön. 15, 19 ist nach רמיר
ausgefallen בְּיָמָיו nach v. 29 und zumtheile nach den LXX.

aber sein Sohn Peqachja wurde nach kaum 2jähriger Herrschaft von seinem Leibofficiere Péqach Sohn Remaljahu's entsezt und getödtet, als er eben in seinem Harem war; auch
seine zwei Vertrauten Argob und Arje wurden zugleich mit
ihm erschlagen; und so endete dies Herrscherhaus ähnlich
wie und nur noch etwas früher als eins der beiden ersten
Herrscherhäuser des Reiches, dessen ganzer Kreislauf jezt
mit rascheren Schritten zu Ende geht.

2. Der neue König Péqach war freilich, was kriegerische Tüchtigkeit verbunden mit listiger Unterhandlungskunst
betrifft, wohl der einzige Mann jener Tage um den Sturz
des morschen Reiches noch eine zeitlang aufzuhalten. Er
stammte wahrscheinlich aus Gilead, vonwo sich ihm 50 ver-
wegene Krieger angeschlossen hatten den vorigen König zu
vernichten. Die ersten Jahre seiner Herrschaft hatte er nun
gewiss wieder,- wie die meisten Könige eines neuen Hauses,
vollauf mit der Befestigung seiner Macht im Innern zu thun:
und allerdings scheint er im Niederhalten und Bändigen der
innern Feindseligkeiten eine zeitlang ziemlich glücklich gewesen zu seyn. Aber mit welchen wilden Mitteln er die innere Gährung zu stillen suchte, kann man aus der Beschreibung schließen die ein gleichzeitiger Prophet von diesem
grausamen Herrscher entwirft: er war „ein gottloser Hirt der
die Schafe verräth, der der irrenden und verschmachtenden
nicht achtet aber das Fleisch der fetten verschlingt und ihre
Hufen zerreißt, der an seinem Arme und rechtem Auge (statt
eines sanften Stabes) stets ein Schwert schwingt" [1]. Sobald
er nun aber durch solche Mittel etwas mehr Ruhe und Bot-
mäßigkeit im Innern hergestellt, fing er án listig zu erdenken wie er das durch die Abgaben an die Assyrer und durch
die Verluste gegen die Aramäer und Philistäer sosehr ge-
schwächte Reich auf Kosten seiner Nachbaren wieder vergrößern und bereichern könne. So warf er auf Juda seine
Augen, welches damals unter König Jôthâm mächtig und
wohlhabend genug war um die lüsternen Blicke manches län-

---

1) B. Zach. 11, 16 f. 13, 7 vgl. 10, 3.

dersüchtigen Fürsten auf sich zu ziehen: und wie in der
Vollendung des Kreislaufes dieses Zehnstämmereiches jezt somanches aus seinen ersten Anfängen wiederkehrt, so sehen
wir nun die Feindschaft zwischen den beiden Bruderreichen
sich erneuen welche längere Zeiten hindurch zu nicht ge-
ringem Vortheile beider geruhet hatte; als sollte dies Reich
einen seiner lezten Todesstreiche durch dieselbe muthwillige
Feindschaft empfangen unter deren Antriebe es einst entstanden war. Einen Vorwand aber zum Anrühren von Feindseligkeiten konnten die Gebiete jenseits des Jordans reichen,
welche nach S. 587 f. sich unter den Schuz Juda's begeben
hatten und deren Besiz Péqach nach dem Sturze des vorigen
Herrscherhauses wieder anzusprechen ein scheinbares Recht
hatte. Dabei aber fühlte Péqach sich doch mit eigenen Kräften so unfähig seine Ansprüche zu verfolgen, dass er vater-
landsverrätherisch genug war mit dem Erbfeinde der Zehnstämme, den Aramäern deren Reich soeben unter einem Könige Reßîn auf Kosten Israels sich wieder etwas gehoben und
gekräftigt hatte, ein Schuz- und Truzbündniss gegen Juda zu
schließen. Auch nahmen es die beiden Könige Reßîn und
Péqach sehr ernst mit der Verfolgung des Krieges zu dem
sie sich verbündet; und schon entwarf man in Samarien die
stolzesten Pläne für die Zukunft [1]).

Der Krieg dieser verbündeten Könige zog sich durch
viele Jahre hin: er ward schon während Jôthâm in Jerusalem herrschte vielleicht mebere Jahre lang geführt [2]) und
sezte sich dann unter dessen Nachfolger Achaz fort. Schon
hieraus läßt sich schließen dass er längere Zeit mit unglei-
chem Erfolge geführt wurde. Solange Jôthâm lebte, fielen
die Schaaren der Aramäer und Efrâimäer wohl oft in Judäische Gebiete insbesondere in die neuerworbenen jenseit des
Jordans ein, machten aber gewiss damals keine dauernde
Eroberungen: denn Jôthâm war ein ebenso tapferer als vorsichtiger Krieger [3]), und noch erhielt sich unter ihm soweit

---

1) Jes. 9, 7—9. 30. 17, 3 f. B. Zach. 11, 14. 2) nach
2 Kön. 15, 37. 3) nach 2 Chr. 27, 3—7, wo die im Königsbuche
fehlenden Nachrichten offenbar aus alten guten Quellen fließen.

das überhaupt in diesen Zeiten möglich war der kräftigste
Zustand des Reiches den 'Uzzia gegründet hatte. Die Assy-
rer aber, mit denen Juda bisdahin in garkeinem näheren
Verhältnisse stand, mischten sich nicht vonselbst in die Fehde.
Sobald aber in Jerusalem Achaz König wurde dessen große
Schwäche und Unfähigkeit den Verbündeten nicht lange ein
Geheimniss bleiben konnte, änderte sich der Stand des Krie-
ges wesentlich. Wohl schon im ersten oder zweiten Jahre
nach seinem Herrschaftsantritte beschlossen die Verbündeten
Jerusalem selbst anzugreifen und zu erobern, so mit éinem
Schlage dem Kriege und der Herrschaft des Davîdischen Hau-
ses ein Ende zu machen und einen gewissen Syrer Ben-
Tâbeél (wahrscheinlich den Anführer der Aramäischen Heere)
als ihren Vasallenkönig dort einzusezen. Schon auf die Nachricht dass ein großes Aramäisches Heer sich diesseit des
Jordans befinde und im Stamme Efráim lagere um sich mit
dem Heere Péqach's zu vereinigen, gerieth Achaz mit den
meisten Einwohnern Jerusalems in eine só maßlose Furcht
dass man vielleicht schon damals die Hülfe des Assyrischen
Königs gegen die zwei Könige aufgerufen hätte, wie man es
später that. Allein ein unvorhergesehener Umstand liess die
Verbündeten nichteinmal zur Belagerung Jerusalems kommen:
vielleicht fanden sie Jerusalem infolge der begeisternden An-
sprachen Jesaja's besser vorbereitet und muthiger zum Widerstande als sie vorausgesezt hatten [1]). So auf dieser Seite
in ihrer Hoffnung getäuscht, scheinen sie nun ihre ganze
Kraft vorläufig auf die Eroberung der seit Uzzia jenseit des
Jordans bis zum Meerbusen von Älâth hin erworbenen weiten Besizungen gerichtet zu haben: und hier glückte ihr Unternehmen vollständig. König Reßîn, welcher überall als viel

---

1) alles nach Jes. c. 7 f. 17, 1—11. Dass diese Bedrohung Jerusalems unter Achaz den Eroberungen seiner Länder jenseit des
Jordans und der Empörung der Philistäer voranging, schließe ich
nicht sowohl dáraus dass sie 2 Kön. 16, 5 zuerst erzählt wird (denn
diese Stelle ist bloss wörtlich aus Jes. 7, 1 entlehnt), als dáraus dass
Jes. 7 nicht entfernt auf andere drohende Feinde angespielt, dagegen
die Furcht Achaz' ais völlig grundlos dargestellt wird.

mächtiger denn Péqach erscheint, eroberte jene Besizungen
Juda's sämmtlich bis nach Älâth am rothen Meere hin, vertrieb aus dieser wichtigen Handelsstadt alle Judäer, auch die
welche dort gewiss längst des Handels wegen ansässig waren, und stellte sie den Idumäern zurück welche seitdem
sich hier noch fester ansiedelten als früher [1]). Die Idumäer
selbst, von Juda's Herrschaft erlöst, befestigten nun wieder
aufs stärkste ihre Felsenhauptstadt (Séla', *Petra*), und konnten wieder ihrem alten Hange verheerend in Juda's Städte
einzufallen nach aller Lust fröhnen: doch da sie unter Aramäischem Schuze blieben und besonders in der reichen Handelsstadt Älâth, welche jezt als rein Aramäische Stadt galt, Aramäische Besazung und Obrigkeit dulden mußten, so entstanden
dort bald nachher blutige Händel zwischen ihnen und ihren eignen Freunden und Beschüzern, sodass viele der angesehensten
Idumäer des Landes verwiesen wurden: welches einem damals
lebenden Propheten 'Obadja den Anlass gab gegen den plözlich so angeschwollenen Hochmuth der Idumäer das Gotteswort zu kehren [2]). Währenddessen konnten auch die von
'Uzzia unterworfenen Philistäer im Westen sich ungestört befreien und die drohendsten Fortschritte machen [3]). Nunmehro
lag Juda entblößt da: und die wilden Soldaten Péqach's scheinen eben erst in dieser Zeit Juda só verheert zu haben wie
die Chronik erzählt. Nach dieser hätten sie 120,000 Waffenfähige an éinem Tage getödtet, und 200,000, worunter
Weiber und Kinder, nach Samarien gefangen geführt: doch
hier hätten vier edle Männer auf die Vorstellung des Propheten 'Oded die Befreiung aller Gefangenen bewirkt und
sie mit allem wohl versehen nach Jericho als Grenzstadt zu-

---

1) 2 Kön. 16, 6 wo deutlich für אֲרוֹמִים zu lesen ist אֲרֻמִּים;
während das vorige אֲרָם nach 'Obadja v. 7 richtig ist.

2) ich habe damit den von 'Obadja's Gottesworte gegen Edóm
erhaltenen Theil geschichtlich noch näher als in den *Propheten des
A. Bs* I. S. 399 ff. erklärt; 'Obadja selbst kann sehr wohl der Name
des damals lebenden Propheten gewesen und vom spätern Umarbeiter v. 1 bloss beibehalten seyn.      3) nach 2 Chr. 28, 17 f.
Jes. 14, 29.

rückgesandt [1]): eine Erzählung welche zwar wie wir sie haben in der Schilderung stark die Farbe des Chronikers trägt, aber zuviele ächtgeschichtliche Einzelnheiten enthält als dass sie ihrem lezten Grunde nach nicht aus den Reichsjahrbüchern geschöpft seyn sollte.

So von allen Seiten aufs heftigste bedrängt, sandte der schwache Achaz dringend um Hülfe zum Assyrischen Könige Tiglath-Piléser [2]): und dieser ergriff begierig die Gelegenheit die zwei verbündeten Reiche zu strafen deren jüngste Erhebung den weitern Planen Assyrischer Macht zu fühlbar entgegentrat. Ob er zuvor Unterhandlungen mit den Siegern pflog, wissen wir nicht näher: genug, er zerstörte das Aramäische Reich von Damasq und tödtete dessen König Reßîn [3]), nahm aber auch den Zehnstämmen das ganze nördlichste sowie das jenseitige Land ab [4]); ja die Damasqener wurden sofort nach dem nördlichen Qîr (S. 594), die Israeläer der abgetretenen Gebiete in andere weiter entfernte Assyrische Gebiete verbannt [5]). Übrigens scheint, trozdem dass Damasq näher bei Assyrien liegt, zuerst das Zehnstämmereich, dessen Einfälle in Juda ja auch damals am ersten gehemmt werden mußten, dann Hamâth (S. 595), endlich Damasq vom Assyrer und dieses dann sogleich durch völlige Zerstörung gezüchtigt zu seyn [6]).

---

1) 2 Chr. 28, 5—15: der v. 7 erwähnte Königssohn braucht dem Sprachgebrauche nach nicht gerade ein Sohn Achaz' gewesen zu seyn.

  2) so schreibt überall das Königsbuch; die Chronik dagegen überall *Pilneser:* welche Schreibart richtiger sei, könnten am sichersten die Inschriften entscheiden.        3) Kön. 16, 9.

4) 2 Kön. 15, 29: das hier genannte Gilead war nach 1 Chr. 5, 6. 26 das ganze jenseitige Land.        5) nach 1 Chr. 5, 26 hatte schon Phûl die Wegfuhrung begonnen: doch ist dies wohl nur freiere Darstellung, ebenso wie der Plural 2 Chr. 28, 16 und in einem ähnlichen Falle v. 3 vgl. mit 2 Kön. 16, 3; vgl. 2 Chr. 32, 21 mit 2 Kön. 20, 12 f.        6) der Beweis dafür liegt in dem prophetischen Werke B. Zach. 9—11. 13, 7—9: denn dieses sezt 10, 2. 7—10 die Fortführung unter Tiglath-Piléser deutlich voraus, nennt aber Damasq und Hamâth als noch zu erobernde und zu züchtigende Länder 9, 1 f., ist also gerade in der Zwischenzeit geschrieben, als ein neues

Die großen Propheten welche um jene Zeit in Juda
wirkten, reden mit großer Wehmuth über die Wegführung
dieser Israeläer und hoffen eine künftige Wiederherstellung
ja Verherrlichung der damals verwüsteten Länder nördlich
und östlich, aber freilich nicht unter dem Könige Péqach
noch überhaupt unter dem Bestande des damaligen Reiches [1]).
Péqach selbst herrschte nach diesem Verluste fast seines halben Reiches, den er muthwillig herbeigeführt hatte, weiter
fort wie früher: nur dass er jezt als Assyrischer Vasall Juda
in Ruhe lssen mußte. Endlich nach 29jähriger Herrschaft
und nachdem auch seine Stüze Damasq gefallen war, scheint
die Geduld seiner Unterthanen gerissen zu seyn: die Verschwörung Hosea's Sohnes Ela's gegen ihn gelang, siegte
jedoch nur wie früher in allen ähnlichen Fällen dieses Reiches mit dem Morde des Königs.

3. Es scheint wie ein herber Spott des Schicksals dass
dieser Hosea welcher der lezte König des Reiches werden
sollte, ein besserer König war als alle seine Vorgänger [2]).
Die Worte der ächten Propheten welche in den lezten 50
Jahren so viele und große Wahrheiten über jenes Reich gesprochen hatten, mochten vielleicht mächtiger auf ihn eingewirkt und ihm bessere Grundsäze eingeflößt haben: aber wie
diese Propheten stets den Untergang des Reiches als gewiss
voraussagten, so sollte sich jezt durch die unwiderstehliche
Gewalt der Geschichte zeigen dass ein einzelner Mensch,
wäre er auch König und ein besserer als seine Vorgänger,
zu schwach ist den Sturz des Ganzen aufzuhalten wenn die
rechte Zeit zu seiner Besserung vorüber.

Das stärkste Streben des neuen Königs sowie aller derer welche ihn zur Herrschaft erhoben hatten, ging offenbar

---

Assyrisches Heer von Norden her erwartet werden konnte. Daher
erscheint auch Samarien nicht in die Reihe der Städte welche jenes
Ungewitter treffen sollte 9, 1—8. Dass aber Damasq nothwendig
vorher hätte erobert und zerstört seyn müssen, läßt sich nicht beweisen, da z. B. Sancherib später ebenso gegen Ägypten zog ohne
Jerusalem zuvor zerstört zu haben.            1) B. Zach 10, 7—12.
Jes. 8, 23. Mikha 7, 14.            2) 2 Kön. 17, 2.

auf Freiheit von der Assyrischen Herrschaft: man sah nun
endlich klar ein in welche Fehler man seit Menachem's Zeit
gerathen war, und fürchtete unter der schweren Hand der
Assyrer demselben Schicksale zu verfallen welches bereits
Damasq und soviele andere Reiche diesseit des Eufrat's erreicht hatte. Dass kurz zuvor Tiglath-Piléser gestorben und
man dcm neuen Assyrischen Könige Salmanassar [1]) nochnicht
verpflichtet war, kam diesem Bestreben zuhülfe: denn noch
galten leicht alle Verbindlichkeiten zwischen verschiedenen
Reichen als mit dem Tode eines einzelnen Fürsten erloschen.
Auch sonst schienen vonaußen die Umstände günstig. Es
waren die Zeiten wo die Assyrer in einen langwierigen Krieg
mit den Phöniken geriethen, welcher zum erstenmale den
Strom ihrer Eroberungen nachdrücklicher hemmte. In den
vorigen Jahren hatten die Kittäer, also Phönikische Pflanzer
auf Kypros und andern Inseln, sich von der Herrschaft des
Mutterlandes befreiet und die Syrische Küste in ihrer ganzen
Ausdehnung beunruhigt [2]), waren dabei auch von Griechischen
und andern unruhigen Küstenbewohnern viel unterstüzt [3]), zulezt aber vom Tyrischen Könige Eluläos wieder besiegt worden. Während die Tyrier dieses Sieges Ruhm trugen, wurden sie (wir wissen nichtmehr auf welche nähere Veranlas-

---

1) dieser heißt im griechischen Texte des B. Tobit c. 1 wiederholt durch Verderbung *Enemessar* (vgl. Gött. G. A. 1851 S. 987);
dazu ist dort die Wegführung unter Salmanassar mit dér unter Tiglath-Piléser verwechselt.        2) alles dies nach der Stelle aus
Menandros' Tyrischen Geschichten in Fl. Joseph. arch. 9 : 14, 2 vgl.
mit Num. 24, 24. Der fünfte Erzähler der Urgeschichten schrieb
demnach etwa zehn Jahre vor Achaz'es Tode (vgl. I. S. 147), auf
welche Zeit auch alle übrigen Merkmale passen: damals war z. B.
Edóm von Juda wieder abgefallen. Es ist nur zu beklagen dass Fl.
Josephus aus Menandros' Werke keine ausführlicheren Auszüge gibt
und die Zeitrechnung nicht genauer bestimmt. Den Namen *Eluläos*
sezte er wohl nicht aus Verwechselung mit dem fast gleichzeitigen
Herrscher von Babel, den Ptolemäos' Kanon nennt: dies Zusammentreffen der Namen kann zufallig, oderauch die Lesart *Elysäos* richtiger seyn.        3) wie man aus der Erwähnung der Ioner B.
Zakh. 9, 13 vgl. mit Num. 24, 24 schließen kann.

sung) von Salmanassar angegriffen: mit Tyros als der Hauptstadt kämpften zuerst alle Phönikische Städte gegen die Assyrer, und damals nun versuchte wahrscheinlich im Bunde
mit Phönikien auch Samarien sich gegen die Assyrer zu behaupten. Allein Sidon 'Arqe Alttyros und andere Phönikische
Städte schlossen von der Kriegslast ermüdet ihren Frieden
mit Salmanassar [1]), und Inseltyros schien diesem Vorgange
folgen zu müssen: es versteht sich dass nun auch der neue
König Samariens sich einem anrückenden Assyrischen Heere
unterwarf und Abgabe entrichtete [2]). Aber kaum waren die
Assyrischen Heere weiter zurückgegangen, so erhob Inseltyros wieder freier sein Haupt: und obwohl die Assyrer von
den übrigen Phöniken 60 Schiffe und 800 Ruderer zum Angriffe gegen es empfingen, gewannen dennoch die Tyrier mit
12 Schiffen einen glänzenden Sieg über sie: sodass Salmanassar sich 5 Jahre lang begnügte die Inseltyrier vom
Wasserholen auf dem festen Lande abzuhalten und doch sie
nicht zwingen konnte.

Diese ruhmvolle Wehr der Inseltyrier gegen die Assyrer mag auch in Samarien nicht ohne lebhafte Freude ver-

---

1) um jene Zeit zerstörten die Assyrer auch aller Wahrscheinlichkeit nach die kleinen Reiche Sefarváim Hena' und Avva an der
Phönikischen Grenze. Denn diese werden 2 Kön. 18, 34. 19, 13
deutlich als die zulezt zerstörten Städte erwähnt; und obgleich die
Namen uns etwas undeutlich sind, Hena' auch nirgends weiter erwähnt wird, so ist doch Sefarváim wahrscheinlich einerlei mit dem
daraus verkürzten Namen Sefarám (vgl. zu 'Obadja v. 20), und ein
Avatha in Phönikien verzeichnet noch die Notitia Dignitatum Orientis c. 31 (ed. Böcking p. 84 f.); Sefarváim und Avva erscheinen dazu
mit dem nicht zu entfernten Hamáth wieder verbunden zu Asarhad-
non's Zeit 2 Kön. 17, 30 f. vgl. mit v. 24. Übrigens ist nach lezteren Stellen 2 Kön. 18, 24. 19, 13 עִוָּה für עַוָּה zu lesen. An das
Sepphara im südlichen Babylonien kann hier schon deswegen nicht
gedacht werden weil dies sicher keinen eigenen König hatte, und
weil Unruhen in jenen östlichen Gegenden um diese Zeit sehr unwahrscheinlich sind.        2) 2 Kön. 17, 3. Die hier angegebene
kurze Erzählung erwähnt freilich nicht eines gleichzeitigen Phönikischen Krieges, nichts spricht jedoch gegen den oben vorausgesezten
Zusammenhang der Ereignisse.

nommen seyn: man sah hier die Möglichkeit dass die Assyrer geschlagen werden könnten, und nachdem einige Jahre
verflossen waren, glaubte man eine günstige Zeit gekommen
um mit dem Ägyptischen Könige Séveh [1] ein Schuz- und
Truzbündniss gegen die Assyrer zu schließen, da das damals
in Ägypten herrschende 25ste oder Äthiopische Königshaus
die einzige Macht schien welche einen Landkampf mit den
Assyrern glücklich bestehen könnte [2]. So sollte das der
Urstiftung der Religion und des Reiches des Volkes Israel
schlechthin feindselige Ägypten, derselbe finstere Stoff welcher einst unter Jerobeam I. zur Stiftung des Zehnstämme-
reiches mitgewirkt hatte, nun zulezt nicht wenig zu seiner
völligen Zerstörung dienen; und so kehrte auch in dieser
Rücksicht das Ende zum Anfange zurück. Zwischen Ägypten
und Assyrien schwankte nach S. 600 f. schon seit der ersten
Zeit nach dem Sturze des Hauses Jehu die Aussicht und
Hoffnung des seinen lezten Athemzügen entgegengehenden
Reiches; und wiederholt müssen während der krampfhaften
Zuckungen der lezten Jahrzehende und der gewaltsamen
Fortschleppung einer Menge angesehener Israeläer viele theils
um den innern Unruhen theils um der Gewalt der Assyrer
zu entgehen nach Ägypten geflohen seyn und dort ziemlich
gute Aufnahme gefunden haben [3]. Inderthat konnten viele

---

1) so ist der Name 2 Kön. 17, 4 auszusprechen, welchen die
Masora *Sô* gelesen haben will, da allerdings nach den hebräischen
Lautgesezen jene Laute leicht in diese übergehen (LB. §. 36 *d*). Der
Name *Sabakon* bei Herodot ist auch derselbe, man kann jedoch hier
an den schwachen Sahakon II. oder Sevichos II. denken. Die genauere Zeit des Herrschaftsantrittes eines Ägyptischen Königs dieses
Hauses ist wegen der zwischen ihm und dem folgenden in der Mitte
liegenden Dodekarchie etwas schwer zu bestimmen: wir können jedoch mit Wilkinson annehmen dass dieser Séveh 728, sein Nachfolger Tirháqa 714 v. Chr. zur Herrschaft gelangte.

2) dass auch die Phöniken damals viel von Ägypten hofften, erhellt aus solchen Ausdrücken wie Jes. 23, 5. 20, 6.

3) dies ergibt sich aus solchen prophetischen Worten wie B. Zach.
10. 19 f. Jes. 11, 11; auch Hosea hatte schon auf solche Möglichkeiten deutlich angespielt, 9, 6.

mit vielem Scheine den Ägyptern als einem Volke alter und
fortschreitender Bildung damals auch neuer Freiheitsbestre-
bung den Vorzug geben, wenn einmal in Frage stand ob
man bei ihnen oder bei den Assyrern Schuz und etwa bei
naher Gefahr eines völligen Verderbens Zuflucht suchen solle.
Aber sobald der Assyrische König von den nach Ägypten
gesandten Unterhändlern gehört hatte, rückte er unerwartet
rasch gegen Hosea, forderte ihn vor sich um seine Rechtfertigung zu hören, nahm ihn aber da er kam gefangen und
sezte ihn gefesselt in ein Gefängniss wahrscheinlich an der
Grenze des Landes [1]). Dies Verfahren gegen einen guten
König der damals schon einige Jahre geherrscht hatte, rief
nun freilich statt der gehofften Einschüchterung große Erbitterung im Lande hervor: das ganze Volk, soviel noch in
dem schon so stark verringerten Reiche übrig war, rüstete
sich zur verzweifelten Gegenwehr, und die wildeste Leidenschaft durchwogte so furchtbar das Land dass wer vonfern
diesem doch zulezt nothwendig unglücklichen Kampfe zusah
darin mehr trunkenen Taumel und wahnsinnige Überhebung
erblicken mußte [2]). Doch schien der Sieg eine zeitlang zweifelhaft: und es ist merkwürdig wie der Untergang Samariens
in dem heldenmüthigen Widerstande der Einwohner eine so
große Ähnlichkeit mit der ersten und zweiten Zestörung Jerusalems trägt. Das Assyrische Heer mußte zuvor das ganze
Land durchziehen und alle Festungen erobern; Samarien selbst
fiel erst nach beinahe 3jähriger Belagerung. Aber Salmanéser machte dafür auch dem Reiche ein Ende und verbannte

---

1) anders als so können nämlich die kurzen Worte 2 Kön. 17, 4
vgl. 18, 9—11 nicht gefaßt werden: denn wollte man denken das v. 5
erzählte solle eigentlich vor die Einsperrung des Königs fallen und
werde hier bloss nachgeholt, so erhebt sich der übrige Augenschein
der Geschichte dagegen. Denn hätte sich Hosea noch bis zum äußersten gewehrt, so hätte ihn Salmanéser nachher nicht auffangen
und einsperren lassen (was עצר bedeutet), sondern ihn sogleich getödtet wie es dem Damasqischen Könige gegangen war.
2) vgl. Jes. 28, 1—4. Doch meint Jesaja hier auch wohl schon
den Zustand Samariens als man vor Einsperrung des Königs das
unüberlegte Bündniss mit Ägypten schließen wollte.

die meisten und tüchtigsten Einwohner nach entfernteren Assyrischen Städten.

Bei dieser lezten Fortführung gibt das Königsbuch [1]) etwas näher als die Gegenden in welche die damals verbannten gebracht wurden, Chalach und Chabôr den Fluss Gôzân und die Städte Mediens an. Die beiden ersten dieser Namen bezeichnen Gegenden weiter nördlich von Nineve und südlich vom See Van [2]); der Fluss Gôzân heißt heute eigentlich noch mit demselben Namen Ozen, entspringt weiter südlich vom Urmia-See und bildete etwa die nördliche Grenze von dem gleich darauf genannten Medien [3]). Welche Städte

---

1) 2 Kön. 17, 6. 18, 11. Wenn der Chroniker I. 5, 26 als die 2 Kön. 15, 29 nicht näher bestimmten Gegenden der ersten Verbannung Chalach und Chabôr und Hâra und den Fluss Gôzân nennt, so ist diese Bestimmung wohl nur aus der Stelle 2 Kön. 17, 6 geschöpft; denn Hâra d. i. Gebirge ist bloss der Aramäische Name für Medien, wie man aus dem entsprechenden Arabischen Namen el-Gʼibâl schließen muss.    2) an den bekanntern und größern Fluss Chabôr der bei Kirkésion in den Eufrat fließt kann man deswegen nicht wohl denken weil ihm Chalach vorangestellt ist: denn dieses ist sicher einerlei mit dem alten Kelach Gen. 10, 11 und der Landschaft Kalachéné bei Ptolem. geogr. 6, 1. Strabo geogr. 11, 4, 8. 14, 12. 16, 1. 1; obwohl es Assemâni bibl. or. III. 2. p. 731 mit der südlicher liegenden Stadt Holvân (vgl. auch Maqrîzi in Sacy's chrest. ar. ed. 2. I p. 110 und Masson im Lond. As. Journ. 1850 p. 104) zusammenstellt. Man muss also bei Chabôr an den kleinern Fluss dieses Namens denken, welcher von Osten her nördlich von Nineve in den Tigris fällt und dessen Lauf man am besten auf der Charte bei Grant's Nestorianer (übers. Basel, 1843) übersieht; vgl. auch Ainsworth's trav. II. p. 261 f. 339 f. Badger's Nestorians I. p. 210. Die ganze Umgegend mochte damals von diesem Flusse genannt werden. 3) ist dieser Medien begrenzende Fluss zu verstehen, so versteht sich auch warum ein und in diesem Zusammenhange vor ihm ausgelassen ist: es gehören dann die zwei ersten wie die zwei lezten Namen näher zusammen. Der Fluss Gôzân floss also da wo in alten Zeiten auch eine Stadt Γαυζανία lag Ptolem. geogr. 6, 2; und der Name ist wohl nicht erst Türkisch (s. Rawlinson im Journ. Geogr. Soc. X p. 54 ff. vgl. Azon, Hazem p. 74). Allein die 2 Kön. 19, 12 gemeinte Stadt dieses Namens muss man wegen der übrigen hier zusammengestellten Stadtnamen vielmehr in Mesopotamien suchen (S. 594).

in Medien gemeint seien, wird nicht näher gesagt: eine davon war das aus dem B. Tobith bekannte Rhagae, später in Rai verkürzt, dessen Trümmer sich nicht weit von Teherân zeigen; eine der Städte nördlich von Nineve war Alqôsh die Stadt wo allen sichern Spuren zufolge der Prophet Nahûm lebte und schrieb [1]. Allein überhaupt versteht sich leicht dass die im Königsbuche genannten Gegenden nur die sind in welche der stärkste Zug der gezwungenen Auswanderung ging; viele mochten auch in ganz andere Gegenden des damals so weiten Assyrischen Reiches verbannt werden, da schon die Klugheit möglichste Zerstreuung der Verbannten forderte. So können wir noch mit hoher Wahrscheinlichkeit erkennen dass manche Verbannte damals ihren Siz in Hamâth angewiesen erhielten [2]. Die früher unter Tiglath-Piléser Verbannten wurden wahrscheinlich meist in Babylonien und östlich von diesem in ʽÄlâm zerstreut [3]. Nimmt man dazu dass viele lieber freiwillig nach Ägyptischen oder nach Vorderasiatischen und Europäischen Ländern [4] entflohen, andere als Kriegsgefangene in großer Menge in alle Länder verkauft wurden, so erhellt wie weit zerstreut schon damals die Nachkommen Israels werden mußten.

---

— Wie willkührlich die spätern Juden alle diese Örter im entfernteren Osten wiederzufinden suchten, erhellt z. B. aus der oben angeführten Stelle bei Maqrîzî.

1) dass Nahûm hier gelebt habe, ist erörtert in den *Propheten des A. Bs* Bd. I. S. 349 f.          2) wenn nämlich in der Stelle Jes. 11, 11 f. unter den Landschaften wo zu jener Zeit Israeliten zerstreut waren, Hamâth genannt wird, so versteht sich leicht dass sie in alle die damals von den Assyrern besessenen Länder, wohin auch Hamâth gehörte, nur gezwungen gekommen seyn können. Dass aber Hamâth etwa zu nahe gewesen sei als dass Einwohner Samariens dahin hatten verbannt werden können, läßt sich schon deshalb nicht sagen weil später unter Asarhaddon Einwohner von Hamâth umgekehrt nach Samarien verpflanzt wurden 2 Kön. 17, 24. 30.

3) dies folgt demnach ebenfalls aus Jes. 11, 11.

4) »die Inseln des Meeres« Jes. 11, 11 vgl. mit Jona 1, 3; Mikha 7, 12.

*Rettung und neue Stärkung des Reiches Juda; Jesaja und Hizqia.*

Während das Zehnstämmereich so im lezten halben Jahrhunderte seines Bestandes durch jede Bewegung die es versuchte oder die es erfuhr stets nur desto gewisser seinem
Untergange zueilte, erhielt sich Juda noch eine längere Zeit,
ohne durch die Assyrische Macht auch nur vonferne bedrohet zu seyn, in jenem verhältnißmäßig weit glücklicheren Zustande der S. 586 ff. beschrieben ist. Auf ʿUzzia der kaum
noch die Herrschaft Péqach's im Bruderreiche erlebte, folgte
sein ihm ganz gleichgesinnter tapferer Sohn Jôthâm[1]), welcher die Herrschaft ganz in denselben Grundsäzen fortführte.
Zwar wollte sich nach ʿUzzia's-Tode der Fürst der ʿAmmo-
näer dem Schuzverhältnisse zu Juda entziehen, wurde aber
von Jôthâm besiegt und gezwungen 100 Silbertalente 10,000
Mass Waizen und ebensoviel Gerste als jährliche Abgabe zu
entrichten[2]). Der Handel blühete fort wie unter ʿUzzia. Die
Schäze aber welche unter ihm wie unter ʿUzzia von allen
Seiten sich im königlichen Haushalte sammelten, verwandte
er einem großen Theile nach zu nüzlichen öffentlichen Arbeiten: er bauete das obere d. i. das nördliche Thor des
Tempels sowie die südöstliche Stadtmauer aus, gründete auf
den höhern und öderen Pläzen des Gebirges im südlichern
Juda neue Städte mit urbar gemachten Aeckern, und führte
in den Walddickichten (wahrscheinlich besonders auch jenseit
des Jordans) Burgen und Thürme zur Beobachtung der Feinde
auf[3]). Aber unter solcher immer steigenden Macht und Sicherheit des Reiches und mitten im Überflusse einer durch
Künste und weiten Handel blühenden Zeit schritt freilich
ebenso mächtig fort die Genußsucht und Üppigkeit des Volkes insbesondere auch der Weiber der Hauptstadt, die eitle
Vorliebe für fremde Sitten und fremden Aberglauben aller

---

1) die Aussprache *Ἰωαϑάμ* bei den LXX ist fehlerhaft nach *Ἰωα-*
*χαζ* und ähnlichen solchen Namen gebildet; auch sonst zeigt sich im
Hellenistischen dieser Lautwechsel *oa* für *ó* oder *á*, wie *Μοασαδά* Strabon 16: 2, 44: *Ἰωανοῦ* oder vielmehr *Ἰωανά* für *Ἰωνά* Joh. 21, 15
in alten Hdschrr.     2) 2 Chr. 27, 5 f.     3) nach 2 Kön.
15, 35 und viel ausführlicher 2 Chr. 27, 3 f.

Art, und eine Leichtfertigkeit des Lebens von der sich sogar viele Richter des Volkes nicht freihielten und unter der die schuzloseren Einwohner immer schmerzlicher zu leiden hatten: wie dies alles von Jesaja dem großen Propheten jener Zeit in Jerusalem selbst am schärfsten erkannt und ausgesprochen wurde [1]). In den lezten Jahren seiner Herrschaft hatte Jôthâm zwar dazu die S. 603 erwähnten Angriffe der verbündeten Könige von Damasq und Samarien zu erdulden: während von Norden her die Assyrische Macht für die Unabhängigkeit und freie Entwickelung aller kleinern Reiche stets drohender wurde. Allein die Assyrer selbst scheinen damals vor dem unter Uzzia's langer Herrschaft so blühend und mächtig gewordenem Reiche noch immer eine gewisse Scheu gehabt und sich von seinen Bewegungen und Kriegen fern gehalten zu haben [2]), während sie längst in das Zehnstämmereich sich eingemischt hatten. Der König starb indess nach 16jähriger Herrschaft schon im 42sten Jahre seines Lebens.

1. Sein Tod wurde der Anfang einer schweren und langwierigen Prüfung dieses seit 70 Jahren so glücklichen und doch an manchen fast ungestört fortschreitenden innern Übeln leidenden Reiches. Da die immer dringender werdende Heilung der innern Schäden und die vonaußen sich immer schwieriger gestaltenden Verhältnisse einen sehr kräftigen und weisen Herrscher erforderten, gelangte in Achaz dem 25jährigen Sohne [3]) des vorigen Königs ein Mann zur Herrschaft welcher durch Geistesschwäche und thörichte Laune ganz fähig gewe-

---

1) in einer zu Anfange der Herrschaft Achaz' herausgegebenen Schrift woraus sich jezt noch Jes. 2 — 5. 9, 7 — 10, 4 erhalten hat; alsdann später ward c. 6 — 9, 6. 17, 1 — 11 geschrieben; vergl. *die Propheten des A. Bds.* Bd. I. S. 184 ff.    2) man sehe wie Jesaja 5. 26—30 erst vonferne auf sie hindeutet.    3) man findet zwar 2 Kön. 16, 2 die Zahl 20, aber bei 2 Chr. 28, 1 haben wenigstens die LXX cd. Vat. die Pesh. und 1 hebr. Hdschr. die Zahl 25: und wirklich ist jene Zahl kaum denkbar, da Achaz dann nach 2 Kön. 18, 2 vgl. mit 16, 2 schon im elften Lebensjahre seinen Sohn Hizqia gezeugt haben müßte: welches wennauch ansich nicht ganz unmöglich doch gewiss bei einem Königssohne nie vorkam.

sen wäre innerhalb der 16 Jahre die er herrschte das Reich
aus seinen Fugen zu reißen, wären nicht zur selben Zeit
beßere edle Kräfte thätig gewesen es sogar gegen seinen
mißleiteten Willen zu erhalten. Nach den Verhältnissen jenes Reiches konnte es freilich nur die prophetische Macht
seyn welche der königlichen ein Gleichgewicht entgegenzustellen stark genug war: aber zumglück lebte gerade damals
in Jesaja der größte Prophet welchen das alte Jerusalem
überhaupt gehabt hat. In ihm verklärte sich das diesen Zeiten und insbesondere diesem Reiche Juda eigenthümliche vergeistigte Prophetenthum, was die Macht ebenso nachdrücklicher als schöner Rede die Kraft der Wirksamkeit und den
äußern Erfolg betrifft, bis zu seiner reinsten und vollendet-
sten Gestalt. Noch hat seine Wirksamkeit einiges von dem
alterthümlichen Ungestüme und der starren Forderung welche
allem prophetischen Wirken ursprünglich anklebt: aber daneben ringt der Geist schon die Wahrheit in aller Weise
rein und frei fürsich zu beweisen. Seine Rede trifft mit
gleicher Schärfe die Verkehrtheiten aller Arten von Menschen,
den König und die höchsten Reichsdiener wie das Volk, die
schlechten Propheten wie die bequemen Priester: aber nicht
das menschliche Königthum noch das Davidische Haus will er,
auch wo es schwer irret, zerstören; nur auf die sicher kommende Vollendung alles Menschlichen in dem verklärten Got-
tesreiche und dem echten Könige ist sein begeisterter Blick
gewandt, nur sie lebt schon verborgen in seinem eigenen
Herzen; und wenn er von ihrem klaren Bilde aus erkennen
und verkündigen muss dass alle damaligen Reiche, auch das
Assyrische ebensogut wie Juda, vor ihr keinen Bestand haben, so handelt er doch in jeder Gegenwart so als müsse
wenigstens das ewige Gesez und der Trieb dieser werdenden
Vollendung schon jezt gelten und alle Zustände verbessern.
In solchem Geiste hatte damals der größte unter den großen
Propheten des A. Ts. schon seit dem lezten Jahre Königs
'Uzzia gewirkt; und jezt stand er durch die Gewalt der Sache
selbst getrieben einem seinem ganzen Wesen nach so grund-
verschiedenen Fürsten als Achaz war gegenüber.

Ohne Zweifel liess Achaz sogleich bei seinem Herrschaftsantritte die heidnische Partei zu Jerusalem an's Ruder kommen, weil ihn sein eigenes Wesen zu ihr hinzog, vielleicht
auch weil man in den unruhigen Zeiten denen man entgegen-
sah von ihr die beste Unterstüzung hoffte. Ihr hingen damals die meisten Glieder des Davîdischen Hauses und Hofes
an [1]); ihr neigte sich die allgemeine Stimmung des seit 70
Jahren nur zu üppig und genußsüchtig gewordenen Volkes
zu; und sie ward noch durch fremde Heiden verstärkt die
man in's Land rief um ihnen hohe Würden anzuvertrauen [2]).

Die ganze Zeit begünstigte den mächtigen Eindrang neuer
Kenntnisse Künste und Religionen von Osten her: denn auch
die Assyrischen Waffen hatten diesen nun schon lange einen
Weg gebahnt. Der fünfte Erzähler der Urgeschichten nimmt
in seinem Werke auf die ältere Geschichte der damals berühmten östlichen Länder, Assyriens und Babyloniens, eine
Rücksicht welche früheren Werken der Art fremd war [3]), obwohl die Beschreibung des Paradieses nach Stoffen welche
wennauch mit Kanáanäischen Ursagen vermischt und vom
ächtmosaischen Geiste umgebildet doch ihre Abkunft vom entferntern Osten·her nicht verläugnen können, nach S. 352
ansich schon seit Salômo's spätern Tagen möglich war. Die
Sonnenuhr am Palaste zu Jerusalem welche Achaz einrichten
liess, war allen geschichtlichen Spuren nach aus Babylonien
gekommen [4]). Von Nineve holte gewiss Achaz das Vorbild
zu den lebenden heiligen Sonnenpferden die er mit kunstvollen Sonnenwagen im äußern Vorhofe des Tempels nicht
weit vom westlichen Eingange aufstellte und welche wie bei
den Persern zu einer Art königlichen Orakels gedient zu ha-

---

1) vgl. die Anrede Jes. 7, 13; auch Mikha 6, 16.       2) wie
durch jenen obersten Minister Shebna, gegen dessen Übergriffe Jesaja redete, 22, 15 — 25. Im 14ten Jahre der Herrschaft Hizqia's
war er nach Jes. 36. 3 ff. wenigstens zum zweiten Minister herab-
gesezt und scheint sich nach Jes. 37, 2 erstlich gebessert zu haben.
Vgl. 2, 6. 8, 19.       3) Gen. 10, 8—12. 11, 1—9 vgl. 9. 20—27.
Num. 24, 22—24; auch wohl Gen. 2, 10—14.       4) B. Jes.
38, 8 vgl. mit Herod. 2, 109.

ben scheinen [1]). Aus Babylonien, dem uralten Size der Stern-
kunde und Sterndeuterei, kam ferner gewiss damals die Verehrung „des ganzen Heeres des Himmels", die man künstlich auf den platten Dächern einrichtete, und wofür Achaz
kleine Altäre auf dem Tempeldache in einem „Achaz' Ober-
haus" genannten Aufbaue errichtete [2]); auch von den Bildern
des Zodiacus ist damals zuerst die Rede. — Auch alle übrigen Arten heidnischen Aberglaubens, sogar die Todtenbe-
schwörung und das schauerliche Molochopfer, fanden nun
freie Duldung im Lande; ja der König zog selbst solche
elende Todtenorakel vor [3]) und opferte einen seiner eigenen
Söhne dem Moloch [4]). Launenhafte Neuerungen in Menge
und der Kizel schauerlicher Gefühle bezeichnen die Herrschaft
dieses wie leicht jedes Willkührkönigs; und bald nach dem
Anfange dieser Herrschaft konnte man sagen Kinder und
Weiber seien die Beherrscher des Volkes geworden [5]).

Es is daher nicht zu verwundern dass manche im Volke
an der Herrschaft des Davîdischen Hauses überhaupt irre wurden. Als Achaz durch die Nachricht des Anrückens der beiden verbündeten Könige Damasq'es und Samariens gegen Jerusalem erschreckt alle Fassung verlor und seine Muthlosigkeit
auch das ganze Volk verwirrte, hegten manche Einwohner
der Hauptstadt eine wenig verdeckte Freude an den Fort-
schritten der Feinde und hätten sich leicht in Pläne zum völligen
Umsturze des Davîdischen Hauses eingelassen. Desto eifriger
wirkte Jesaja in jener gefährlichen Zeit. Klar stand ihm vor

---

1) 2 Kön. 23, 11, wo מַבֹּלְא zu lesen ist; vgl. Tac. Ann. 12, 13 und
über die persischen Sonnenwagen auch Abdias' Apost. Gesch. 6, 21. 9, 14.
Die dort nicht näher genannten Könige Juda's welche sie aufstellten waren
gewiss Achaz Manasse und Amôn.    2) das 2 Kön. 23, 12 genannte
Dach kann nach dem dortigen Zusammenhange nur das des Tempels
seyn. Ueber die Wichtigkeit der Erwähnung des *Zodiacus* s. Zeitschr.
f. d. Morgenland Bd. 3. S. 369 ff. 418.    3) dies folgt aus Jes.
8, 19 f.    4) 2 Kön. 16, 3: dagegen fliesst die Beschreibung v. 4
nur aus der dem lezten Erzähler eigenthümlichen Anschauung und
Redeweise. Ueber den Plural 2 Chr. 28, 3 vgl. oben S. 606 *nt*
5) Jes. 3, 12.

der Seele dass wenig von dem Bündnisse dieser zwei längst
innerlich verwelkten Reiche, alles aber von der Assyrischen
Macht zu fürchten sei. So suchte er den König auf alle Weise
zu dem höhern Muthe und Glauben zu erheben welcher ihm
fehlte, auch um ihn zu verhindern nicht unnöthig die Assyrer
um Hülfe anzurufen; das schwankende Volk wies er mit strengen Worten an seine Pflicht gegen das Davîdische Haus,
welches nun seit so langer Zeit der festeste Schuz und die
beste Hoffnung Juda's geworden; mit dem sichersten Gottesworte verhiess er den baldigen Sturz Samariens und Damasq'es
durch die Assyrer, aber wiederholte nun seine Drohung dass
auch Juda durch die Assyrer gezüchtigt werden müsse desto
stärker jemehr sich soeben wieder die Nothwendigkeit davon
in dem schweren Unglauben Achaz' und seines Volkes bewährt
hatte [1]).

Und wirklich zog damals die Gefahr eines Angriffes jener
zwei Könige auf Jerusalem vorüber: bis der Krieg nach S. 604 f.
in den folgenden Jahren auf andern Seiten sehr unglücklich
von Achaz geführt wurde, er alle Eroberungen der beiden
vorigen Könige verlor, ja dazu noch von den Einfällen der
Idumäer und Philistäer só schwer zu leiden hatte dass er sich
nicht anders als durch das Anrufen Assyrischer Hülfe zu rathen
wußte. Da ging nichtbloss die Ahnung Jesaja's über den
nahen Sturz Damasq's und die schwere Demüthigung des
Zehnstämmereiches in Erfüllung, sondernauch was er von einer
Züchtigung Juda's durch die Assyrer gedrohet hatte. Denn
für den Augenblick zwar ward Achaz so von der dringendsten Gefahr befreit, und konnte nachdem Samarien und Damasq
Frieden mit ihm zu halten gezwungen waren sich erfolgreicher der kleinern Feinde etwas entledigen welche sich in
lezter Zeit gegen ihn erhoben hatten. Aber die Assyrische
Hülfe hatte er nichtbloss mit den Schäzen des Tempels wie
des Palastes [2]) sondern vielmehr mit der Selbständigkeit und
Ehre des Reiches selbst erkauft.

---

1) Jes. 7, 1—9, 6 womit c. 6 zusammenhängt.
2) 2 Kön. 16, 7 f.

Aber von Ehre des Reiches hatte dieser launenhafte
König keinen Begriff. Nachdem Tiglath-Piléser Damasq erobert hatte, begab er sich dahin um ihm als seinem Erretter
demüthige Huldigung darzubringen. Mitten aber in dieser
ehrlosen Unterwürfigkeit gegen den Mächtigeren vergass er
nicht gegen seine eigenen Unterthanen seine kleinlichen
Herrschgelüste zu befriedigen. Er sah nämlich zu Damasq
zufällig in dem dortigen Haupttempel einen Altar dessen Gestalt ihm besser gefiel als die des großen ehernen Altares im
Vorhofe des Tempels zu Jerusalem. Und allerdings mochte
die Gestalt dieses gewiss ziemlich neuen Altares in einer
Stadt wo vielen Spuren nach eben die Künste hoch blüheten,
viele Vorzüge vor dér des altMosaischen haben: nur war dieser einmal durch sein Alter ehrwürdig, und Neuerungen der
Art nimmt ein Volk zumal von einem Könige wie Achaz nicht
gern an. Dennoch liess er sofort das Bild davon nach Jerusalem schicken und dem Hohenpriester Uria befehlen einen
ähnlichen zu bauen und an die Stelle des ältern zu sezen.
Uria, den wir sonst als einen ehrenwerthen Mann kennen,
mußte dem willkührlichen Befehle nachgeben [1]: und während
alle Opfer vonjeztan auf diesem Altare gebracht werden sollten, liess Achaz der den neuen eigenhändig mit Opfern ein-
geweiht hatte (S. 589 f.), den ältern an die Nordseite des Vorhofes rücken und dort unnüz stehen. Und doch fühlte er
noch im Laufe der folgenden Jahre die Last der Oberherrschaft der Assyrer só drückend dass er von größern Tem-

---

1) 2 Kön. 16, 10—15 (wo v. 14 für das zweite המזבח wahrscheinlich שַׁעַר הֶחָצֵר zu lesen ist) vergl. Jes. 8, 2. Der Chroniker II.
28, 20—23 sezt voraus: 1) dass der Assyrische König nach Juda gekommen sei um Achaz'en zu bedrängen: dies gegen die ältere genauere Erinnerung; 2) dass Achaz in dieser Bedrängniss noch dazu
so thöricht gewesen sei Damasqischen Göttern zu opfern: es war aber
nach der ältern Erzählung nur ein fremder Altar dessen Gestalt A-
chaz'en unsinniger Weise wohlgefiel; vgl. oben S. 585 ut. Aehnlich
stellt der Chroniker v. 24 f. auf seine Weise dar was 2 Kön. 16, 17 f. 4
anders gesagt war: daher die Ansicht dass Achaz den Tempel zulezt
ganz verschlossen habe nicht strenggeschichtlich ist.

pelgeräthen sogar das Erz abziehen liess und den kostbaren
Königsgang vom Palaste zum Tempel sowie die königliche
Sabbatskanzel alles ihres Schmuckes beraubte, um nur den
gefürchteten Assyrischen König durch stets neue große Geschenke sich geneigt zu erhalten [1]). Alle beweglichen Tempel-
schäze hatte er ja schon fruher an die Assyrer verschleudert.

Unter solchen niederdrückenden Verhältnissen war es
schon viel wenn der Glaube an eine bessere Zukunft und der
feste Wille von allen Verkehrtheiten dieser Zeit sich frei
zu halten vorläufig auch nur in einem kleinern Kreise ächter
Bekenner der ewigen Religion aufrecht blieb. Um Jesaja
schloss sich ein solcher Kreis: er mit seinem Hause und seinen wenigen treuen Schülern hielt sich desto entschiedener
von allen Flecken dieser Zeiten frei und lebte desto stärker
in den ewigen Wahrheiten und Hoffnungen [2]): und ér hatte
damals durch die Länge und Gleichmäßigkeit seines gläubigen
Wirkens schon sóviel höheres Vertrauen sich erworben dass
jüngere Propheten wie Mikha u. a. ganz in seinem Geiste zu
wirken aufstanden, ja auch der Thronerbe und Sohn Achaz'es
als die Blüthe der bessern jüngern Zeitgenossen sich seinem
Sinne und seinem Glauben anschloss.

2. Dieser sein Nachfolger war Hizqia [3]), einer der herrlichsten Fürsten welche David's Stuhl zierten, dessen 29jäh-
rige Herrschaft ein fast ganz ungetrübtes Bild beharrlicher
Kämpfe gegen die verwickeltsten und schwierigsten Verhältnisse und erhebender Siege gewährt. Er war durchaus edel,
nicht unkriegerisch noch untapfer [4]), doch noch lieber den
Friedenskünsten ergeben; gute Wirthschaft im Reiche und

---

1) 2 Kön. 16, 17 f. vgl. oben S. 320 und S. 312. מִיסַךְ ist ein bedeckter Siz oder Stand; und הֵסֵב ist verändern, also hier entstellen,
des Schmuckes berauben; und dass die lezten Worte »aus Furcht vor
(oder kürzer *wegen*) des Assyrischen Königs« nur eine kurze Redensart
sind um anzudeuten was hier jeder leicht fühlt, versteht sich vonselbst.

2) vgl. die schönen Andeutungen Jes. 8, 11—18.     3) Jes. 1, 1.
Hos. 1, 1. Mikha 1, 1 und in der Chronik findet sich die längere und
ursprünglichere Namensbildung Jechizqia; bei den LXX Ἐζεκίας.

4) 2 Kön. 20, 20.

Förderung des Anbaues des Landes lag ihm wie seinem Ur-
großvater 'Uzzia sehr am Herzen, und sogar in ungünstigern
Zeiten war sein Schaz nicht leer [1]). Wie zarter Gesinnung
und wahrhaft dankbaren Herzens er war, sehen wir am deutlichsten aus seinem eigenen Liede welches sich erhalten hat [2]).
Selbst Dichter wie sein großer Ahn Davîd, ehrte er auch
die älteren Schäze von Schriftthum und liess, wie wir noch
bestimmt wissen, Salômonische Sprüche durch fähige Männer
an seinem Hofe sammeln [3]). Der Jahvereligion in jener hehren Gestalt wie sie damals von großen Propheten aufgefaßt
wurde treuergeben, vertrieb er nichtnur die Spuren eigentlich heidnischer Religionen, sondern versuchte -auch zum erstenmale solche Reste der altisraelitischen Religion selbst zu
tilgen an welche sich im Verlaufe der Zeit allerlei Aberglauben zu fest geknüpft hatte und welche der höhern Religion
wie sie sich seit Jahrhunderten in Jerusalem ausgebildet zu
arg widerstrebten [4]); wie noch bestimmt gemeldet wird er
habe den sog. Erzgott entfernt, nämlich die eherne Schlange
welche man jezt als hätte sie Mose zu einem Gözenbilde bestimmt beräucherte und anbetete [5]). Mit dieser Läuterung des
Gottesdienstes fing er sicher alsbald nach seinem Herrschaftsantritte an [6]): allein sie drang dennoch bei den Gözenbildern
der einzelnen Haushaltungen im Volke nicht sofort überall
durch [7]), sodass erst im folgenden Zeitraume König Josia
wiederaufnahm und strenger ausführte was Hizqia angefangen
hatte; dort wird über dies alles weiter zu reden seyn. Und
noch leichter versteht sich dass es dem guten Könige auch
nicht so bald gelang den gesammten sittlichen Zustand des

---

1) 2 Chr. 32, 27—29 vgl. mit 2 Kön. 20, 13 und dies vgl. mit 18, 15.
2) B. Jes. 38, 9—20 vgl. *die Dichter des A. Bs.* Bd. I. S. 116 ff.
3) Spr. 25, 1.      4) 2 Kön. 18, 4.      5) s. II, S. 163. 227 f.
Man sollte erwarten dies Bild sei damals noch immer in der Wüste
wo Mose es aufstellte von Wallfahrtern aufgesucht worden: dennoch
melden Spätere es habe beim Tempel in Jerusalem gestanden (z. B.
bei G'elâleldîn's Gesch. Jerus. nach Reynolds p. 148).      6) dies
erhellt auch aus der Art wie die Assyrer bei der Berennung Jerusalems sich darüber äußern Jes. 10, 10. 36, 7. 2 Kön. 18, 22.
7) wie aus Ausspruchen wie Jes. 1, 29—31. 30, 22 erhellt.

Volkes von seinen damaligen Flecken zu reinigen: doch liess
er Jesaja'n und die andern großen Propheten jener Zeit stets
frei über sie reden und ihn so auf die beste Art bekämpfen.
Welche seltene Erfolge waren hier durch das freie Zusammentreffen Jesaja's des wahrhaft königlichen Propheten mit
einem solchen jüngern Könige möglich!

Ein solcher König mußte sich auch gegen die Assyrer
anders verhalten als Achaz. Zwar standen diese gerade um
jene Zeit während Salmanassar's Herrschaft auf dem Gipfel
ihres stolzen Strebens und bedroheten die Freiheit aller Land-
völker bis nach Ägypten hin, nachdem sich ihr schwellender
Siegesmuth nur erst éinmal an Inseltyros gebrochen hatte
(S. 608 f.). Die richtigblickenden großen Propheten in Juda
sagten daher auch für die Zukunft noch den Fall aller Reiche
im südwestlichen Asien durch die Assyrer voraus; besonders
faßte Jesaja um jene Jahre die Geschicke aller Reiche rings
um Juda schärfer in's Auge und kündigte ihnen allen den
Untergang durch die Assyrer an, jedem wie es ihn durch
sein besonderes Vergehen gegen die ewige Religion zu verdienen schien [1]. Aberdoch bewegte sich schon damals stets
freudiger jedes guten Judäers Herz beim Andenken an das
Davîdische Heiligthum in Jerusalem; und wenn für die Zukunft alles zu wanken und unter des Assyrers zermalmen-
der Macht nichts aufrechtbleiben zu können schien, doch war
es dem gläubigen Sinne fast undenkbar dass auch der Ssion
und damit, wie es den Anschein hatte, der Felsengrund der
wahren Gemeinde und Religion selbst durch Heiden erschüttert und ganz umgestürzt in den Staub sinken könne. Wenn
das Assyrische Ungewitter von Nordosten her alle Reiche der
Erde niederschmettert, wird sich doch um Ssion Jahve selbst
wie ein schüzender Wall lagern: só weissagte ein unge-
nannter Prophet unter Achaz, dessen Worte sich erhalten
haben [2]; und wie gewißauch Jesaja die Assyrer für eine von
Jahve's Hand geschwungene Zuchtruthe hält welche wie über

---

1) die *Propheten des A. Bs* Bd. I. S. 227 ff.
2) B. Zach. 9, 1—8.

alle Völker so über Juda kommen müsse um auch dieses só zu treffen dass kaum ein Rest von ihm bleibe, doch springt sein Herz bebend áuf sich gegen dén Gedanken zu wehren dass auch das Heiligthum zu Ssion fallen und der Stuhl David's völlig umgestürzt werden könne. Allerdings verkündete der einfache Landprophet Mikha unter Hizqia folgerichtiger und kühner in alle Zukunft blickend, dass auch Jerusalem vollkommen zerstört werden werde [1]): aber so unvergessen sein abweichender· kühner Ausspruch blieb, ebenso gewiss ist dass er damals noch wenig Glauben fand. Darum konnte denn auch des neuen Königs Geist auf ein in Israel und in Ssion Unvergängliches fester vertrauen, wenn er es wagte eine größere Selbständigkeit gegen die Assyrer zu behaupten. Ein kühnes Wagniss war dies allerdings zu jener Zeit: aber nur ein eines ächten Königes in dieser Gemeinde würdiges; und nur dadurch konnte die bevorstehende Reibung zwischen den beiden Mächten eine solche Bedeutung für die höhere Religion erhalten wie sie nachher wirklich empfing [2]). Hinzu kam dass die bestehenden Verbindlichkeiten gegen die Assyrer als durch den Tod des vorigen Königs erloschen galten. Kurz, Hizqia suchte nicht wie Achaz des Assyrischen Königs Hülfe und sandte ihm also auch keine Huldigung noch Abgabe.

Hierin lag die Aufgabe sich für mögliche Fälle zu rüsten und auch einen Krieg der sich nun entspinnen konnte nicht völlig zu meiden [3]). Wir wissen auch noch etwas näher welche eifrige Thätigkeit Hizqia vom ganzen Volke unterstüzt entfaltete um die Hauptstadt in den wehrhaftesten Zustand zu sezen. Man fertigte Waffen in Menge und versah damit das in bessern Stand gesezte Zeughaus beim Palaste; man stellte die ältere sehr verfallene Stadtmauer her und festigte sie mit Thürmen, führte auch eine zweite Mauer

---

1) Mikha 3, 12 vgl. Jer. 26, 18 f.     2) dass der Krieg ein wahrer Religionskrieg wurde erhellt deutlich aus Jes. 10, 10 f. 2 Kön. 18, 22 ff. und andern Zeugnissen.     3) mit dem was 2 Kön. 18, 7 in kurzen Worten gesagt wird, stimmen auch alle prophetischen Zeugnisse überein.

mit Gräben rings um jene auf, und riss viele Häuser vor
den Mauern nieder theils um sich von der Stadt aus freier
vertheidigen zu können theils um den Feinden draußen keine
Schuzwehren zu lassen; man suchte endlich alle Gewässer
außerhalb der Stadt zu verstopfen um sie den Belagerern zu
entziehen, und leitete besonders den alten Teich in einen
künstlichen Teich innerhalb der Stadt ab [1]). Mit diesen Arbeiten fing Hizqia sofort beim Antritte seiner Herrschaft an [2])
und sezte sie troz aller Wechsel der äußern Geschicke só
eifrig fort dass Jerusalem nach meheren Jahren auch einer
längern Belagerung ruhiger entgegensehen konnte.

Aber freilich war das Volk durch die 16jährige Herrschaft Achaz'es zu schlaff und unkriegerisch geworden, und
von der andern Seite standen die Assyrer damals zusehr auf
dem Gipfel ihrer Macht, als dass ein solcher kühner Entschluss sogleich in den ersten Jahren alles mögliche Glück
hätte bringen können. Assyrische Heere lagerten damals in
Phönikien und wohl auch sonst in der Nähe Juda's: es konnte
nicht lange anstehen, so sandte Salmanassar ein Streifheer
gegen Juda und reizte dazu wohl schon früher die Heere
benachbarter Völker gegen ès, sodass, während man sich an
die feste Hauptstadt nicht wagte, doch die Landschaft fast
ohne Widerstand weit und breit verheert ward; als aus Jerusalem endlich ein Heer gegen die Assyrischen Horden gesandt wurde, ergriff dieses bei dem Anblicke des ungewohnten Feindes die Flucht; und da die Hauptstadt berannt wurde

---

1) die kürzesten Nachrichten über alles das finden sich 2 Kön.
20, 20. 2 Chr. 32, 30; viel bestimmtere dagegen haben wir theils in
den gelegentlichen Andeutungen Jes. 22, 8—11, theils in der Schilderung 2 Chr. 32, 3—5 welche ihrem Grunde nach auf eine ältere
ausführliche Schrift zurückgehen muss. Angespielt wird aber auf
diese neue gute Befestigung auch Jes. 33, 18. Ps. 48, 13 f. Übrigens ist 2 Chr. 32, 5 (wo die Pesh. und demnach der Ar. sehr sonderbar übersezt) für עַל הַמֵּג zu lesen עָלֶיהָ מֵג.

2) dies liegt deutlich in den Worten Jes. 22, 8—11 sowie in der
Sache selbst; nur nach der freieren Darstellung des Chronikers II.
32, 8 f. könnte es scheinen als wäre die Befestigung erst unter Sanherib angefangen.

und völlig entblößt dalag, eilte man einen Frieden zu schließen, wie sich vonselbst versteht, gegen das Versprechen jähr-
licher Abgabe. Doch als das Volk der Hauptstadt über diesen schimpflichen Frieden gar Freudenfeste feierte, konnte
Jesaja nicht stark genug gegen seinen Leichtsinn donnern [1]).

Damit war denn Jerusalem etwa in dieselbe Stellung
gegen die Assyrer gekommen wie Samarien: und eine zeitlang schien es sogar auch für die Zukunft gleichen Schritt
mit diesem halten und in dieselben tödlichen Gefahren ren-
nen zu wollen. Wie man in Samarien damals eifrig an
Ägyptische Hülfe dachte, so liess man sich auch zu Jerusalem von der Hoffnung hinreißen welche in Samarien und
gewiss noch in manchen andern benachbarten Reichen die
Blicke täuschte; und etwa um dieselbe Zeit wo der lezte
König Samariens seine Unterhändler nach Ägypten sandte,
ging auch von Jerusalem eine Gesandtschaft mit reichen Geschenken nach Ägypten ab. Was man nämlich in den kleinen Reichen des damaligen Palästina's am schmerzlichsten
vermißte und am ehesten durch Ägyptische Hülfe erreichen
zu können meinte, war eine starke und gewandte Reiterei,
um diese der gefürchteten Assyrischen mit Erfolg entgegensezen zu können [2]). Auch lag es ganz im Ägyptischen Vortheile auf ein solches Bündniss einzugehen, weil der Strom
der Eroberung die Assyrer endlich folgerichtig auch nach
Ägypten führen mußte: allein auf der andern Seite fühlte
man sich in Ägypten damals zu entfernt von der Zeit der
Hyksôs als dass man an eine ernstliche Gefahr von Asien
her leicht geglaubt hätte; und so gab man den kleinen Rei-

---

1) diese ersten Schicksale des Reiches unter Hizqia können wir
zwar nur aus einer richtigen Erklärung zweier Reden Jesaja's c. 1
und 22, 1—14 erkennen: allein es wäre thöricht aus der richtigen
Erklärung so klarer Aussprüche nicht alles geschichtliche schöpfen
zu wollen was wirklich darin ist. Zur Zeit wo c. 1 gesprochen ward,
waren vielleicht erst nur Streifhaufen benachbarter Völker eingedrungen: wodurch sich auch die Ausdrücke v. 7 noch leichter erklären.        2) dies erhellt klar aus Stellen wie Jes. 30, 16.
31, 1 vgl. Hos. 14, 4 sowie aus dem Spotte Jes. 36, 8.

chen welche noch zur Vormauer gegen die Assyrer hätten
dienen können, fast nichts als eitle Versprechungen, zumal
damals Ägypten selbst an inneren Spaltungen viel litt und
neben der Äthiopischen Herrschaft im Süden eine andere im
Norden bis über die Mitte hin bestand [1]). In Jerusalem wurde
indess dieses Ägyptische Bündniss gegen die wachsende Macht
und Zerstörungslust der Assyrer von den mächtigsten Männern angerathen: aber weil man wußte dass Jesaja aus
Grundsaz dagegenseyn werde, betrieb man es hinter seinem
Rücken und stüzte sich lieber auf die Beistimmung der
schlechten Propheten welche ihm feindlich gesinnt waren.
König Hizqia selbst mag darum gewußt haben, da die Verbindung zwischen ihm und Jesaja keineswegs só eng war
dass der eine nicht hätte ohne den andern handeln können.
Aber sobald Jesaja davon hörte, erhub er sich laut mit der
ganzen unhemmbaren Macht seines Geistes und dem scharfen Stachel seines durch nichts zu ermüdenden Jahwewortes
gegen ein solches Vorhaben, welches sogar nach bloss
menschlichen Rücksichten ruhig beurtheilt unter den damaligen Verhältnissen sich als höchst schädlich zeigen mußte;
und allein der wunderbaren Widerstandskraft dieses großen
Propheten verdankte man es dass das entworfene Bündniss
in Jerusalem nicht soweit wie in Samarien gedieh, Salmanassar also bald darauf wohl Samarien zerstörte Jerusalem
aber noch zu verschonen beschloss [2]). Etwa um dieselbe
Zeit schrieb auch Mikha sein uns erhaltenes prophetisches
Buch, zwar als ein schlichter Landprophet nicht wie Jesaja
von hohen Staatssachen und Reichsgeheimnissen redend, aber
desto eindringlicher die offenbaren Vergehen der Machthaber
aller Art rügend und desto freier der geheiligten Hauptstadt
selbst den unabwendbaren völligen Untergang drohend wenn
sie sich in der heißen Entscheidung dieser Zeit nicht von
allen zerfressenden innern Schäden losmache und von Grund
aus ein besseres Leben beginne. So wirkte der jüngere

---

1) s. über Jeś. 30, 4 und Herod. 2, 141 bald nachher.
2) Jes. 28—32 vgl. weiter die *Propheten des A. Bs* Bd. 1. S. 255 ff.

Prophet, obwohl in einigen Stücken anders und noch entschiedener redend als Jesaja, doch zu dem ächten prophetischen Zwecke ganz mit diesem zusammen; und während
vonaußen das Ungewitter mit Mühe für eine Frist abgewandt
sich immer schwärzer um den geweiheten leuchtenden Felsen Ssion zusammenzog, lernte das um diesen sich eng zu-
sammenschaarende Volk unter der Zucht großer Propheten
immer reiner den durch die Noth selbst sich stärker aufdrängenden göttlichen Wahrheiten vertrauen und immer kühner die falschen Gefahren verachten.

Der Druck der überschwellenden Assyrischen Macht auf
das kleine Reich Juda ward in den nächsten 7 bis 8 Jahren
nach Samariens Falle immer schwerer und unerträglicher.
Denn der Verdacht gegen Hizqia's Gesinnung war einmal im
Assyrischen Hoflager erregt: und rings um Juda wurden alle
Völkerschaften bis nach Arabien hinein von den gefürchteten
nordischen Heeren rasch unterworfen [1]).   Dazu kam dass im
Rathe des Assyrischen Reiches ein großer Feldzug gegen
Ägypten fest beschlossen war: wozu es weder an Vorwänden noch an Reiz und Verlockungen fehlen konnte. Schon
Salmanéser welcher wenige Jahre nach Samariens Falle starb
konnte an einen solchen Zug denken: sicher aber dachte an
ihn sein Nachfolger Sargon [2]), welcher nur ganz kurze Zeit
herrschte, aber während ihrer seinen Feldherrn Tartân das
Philistäische Ashdôd, den Schlüssel zu Ägypten, zu erobern

---

1) dies ergibt sich aus Orakeln wie Jes. 15 f. 21, 11—17, weil
sich solche nicht leicht schriftlich erhalten hätten wären sie nicht
durch den Erfolg bestätigt worden.   Dazu nennt Herodot 2, 141 Sancherib'en König der Araber und Assyrer: welches auf ziemlich weite
Eroberungen in Arabien hinweist und sich wohl nichtbloss aus Herod. 3, 5 erklärt.   Dagegen gehört das Orakel 'Obadja's nach S. 605
in eine andere Reihe.   Schon um 10 Jahre älter war der ähnliche
Ausspruch Num. 24, 21 f.       2) dieser wird zwar nur Jes. 20,
1 erwähnt, und fehlt in den wenigen fortlaufenden Verzeichnissen
dieser Könige welche wir besizen (s. unten die Zeitübersicht). Allein wenn er bloss ein paar Monate herrschte, so konnte er aus dem
Verzeichnisse ebenso leicht ausfallen wie drei Perserkönige in dem
Verzeichnisse bei Eus. chron. arm. I. p. 104 f. Auch.

sandte; dieser kam jedoch erst innerhalb dreier Jahre mit der
Eroberung dieser Gränzfestung zustande, da wahrscheinlich
die Ägypter selbst sie zu vertheidigen sich bemüheten [1]).
Der Nachfolger Sargon's Sancherib [2]) führte dann wirklich
den Angriff auf das nun fast offenliegende Ägypten aus: und
es läßt sich leicht denken wieviel Juda schon durch den
bloßen Durchzug und die Hauptstadt durch die Nähe sogro-
ßer Heere zu leiden hatte. Die Assyrische Macht artete indess unter diesem Sancherib schon immer zügelloser in Übermuth und wilde Zerstörungslust aus: man forderte nichtnur
die schwersten Abgaben, sondern fügte auch dem guten Hizqia jede Kränkung zu; und wie einst Pharao das Volk Israel
in Ägypten mißhandelt hatte, ebenso fühlte man sich jezt in
Jerusalem vom Assyrer zur schimpflichsten Sclaverei bestimmt [3]). Unter diesen Verhältnissen ändert auch Jesaja
seine Sprache gegen die Assyrer, bis er sie zulezt geradezu
als eigenmächtige Überschreiter ihrer göttlichen Bestimmung
zur Züchtigung der Völker, als Zerstörungslustige, als Räu-
ber bezeichnet [4]), ohne alle Menschenfurcht ihre Vergehen
rügend und mit dem gläubigsten Gottesworte auf die ewigen
Güter Israels und auf die trostreiche Gewißheit der Vollendung des Messianischen Gottesreiches in Israel ja in Jerusalem hinweisend (s. darüber weiter unten): aberdoch ermahnt er stets zur Ruhe und Besonnenheit, zum gläubigen
Warten bis ein göttliches Zeichen den nicht ausbleibenden
sichern Sturz der Assyrer und den Anfang besserer Zeiten
verkünde. Die Lust ein Ägyptisches Bündniss zu schließen
regte sich in Jerusalem während dieser Jahre wiederholt:
desto unermüdlicher bekämpfte er sie auf jede Weise [5]): Der
im südlichen Ägypten mächtige Äthiopische König Tirhaqa
liess in dieser schwülen Zeit durch eine feierliche Gesandtschaft in Jerusalem Freundschaft und Hülfe anbieten: Jesaja

---

1) Jes. c. 20.        2) bei Herodot 2, 141 heißt er Sanacharib,
bei den LXX und Fl. Josephus Sennachérib oder Sennachérim.
    3) Jes. 10, 5—14: 24 vgl. mit Mikha 4, 11. 14: 5, 4 f.
    4) Jes. c. 10; dann nochmehr 17, 14 vgl. 33, 1.
    5) Jes. c. 20.

rieth sie höflich heimzusenden mit dér Meldung die groͤße Entscheidung werde nächstens auf den Bergen des h. Landes erfolgen [1]). Durch besonnenen Rath in jeder neuen verwickelten Frage dieser hochgespannten Zeit wie durch das gläubige Vertrauen auf eine baldige bessere Zukunft welches sein begeistertes Wort zu erregen vermochte, wurde der große Prophet im Vereine mit Hizqia der Schuzgeist des Volkes und Reiches in jenen Jahren wo jeder unvorsichtige Zusammenstoss mit den Assyrern den sichern Untergang, jedes geduldig feste Ausharren dagegen die Möglichkeit einer Zertheilung der schwülen Gewitter bringen mußte.

Und dieser Augenblick kam bald genug. Sancherib mag etwa 6 Jahre nach Samariens Falle in Ägypten eingefallen seyn: und die Lage der dortigen Dinge schien seiner Eroberungslust sehr günstig zu seyn. Denn obwohl Tirhaqa, der damals lebende dritte König des Äthiopischen Hauses, als ein großer Eroberer in Africa gerühmt wird [2]), so war doch das nördliche und mittlere Ägypten um jene Zeit einem besondern Könige unterthan welchen Herodot Sethón Priester Héfästos' nennt und welcher in der nördlichen Stadt Tanis seinen Siz hatte [3]) aber mit der Kriegerkaste in Zwist lebte. Das nördliche also wenigstens und das mittlere Ägypten schien die leichte Beute der Assyrer werden zu können, wenn der Äthiopische König in seiner Feindschaft gegen diesen wohl nur durch einen Volksaufstand emporgekommenen Héfästospriester verharrete. In diesem Vertrauen, wie es scheint, sandte denn Sancherib wirklich seine Heere nach Ägypten auf dem gewöhnlichen Wege über Pélusion. Allein keine der beiden Voraussezungen erfüllte sich. Das nach Ägypten ge-

---

1) Jes. c. 18 vgl. 2 Kön. 19, 9 und die *Propheten des A. Bs* Bd. I. S. 289 ff.    2) Strabon 15, 1, 6 vgl. 1, 3, 16: die Erwähnung nach Megasthenes ist freilich nur beiläufig und überkurz.
3) dies alles erhellt nicht nur aus Herod. 2, 141 (freilich spricht Herodot nirgends über Tirhaqa), sondernauch aus Stellen wie Jes. 30, 4, wo neben Tanis als Hauptstadt Ehnés die südlichste Stadt des damaligen Ägypten genannt wird. Auch erklärt es sich dass Sethón in Manethon's Königsverzeichnissen ganz fehlt: er war nur ein vorübergehender Nebenkönig neben dem Äthiopischen Hause.

sandte Heer wurde, ehe es noch weit vorgedrungen war,
durch irgend ein unvorherzusehendes Ereigniss zu einem so
schimpflichen Rückzuge gezwungen dass die Ägyptische Volkssage von einem wunderbaren Mittel erzählt wodurch die Götter auf Bitten jenes Héfästospriesters ohne alle Hulfe der
Kriegerkaste die Assyrer vertrieben hätten [1]). Und der Älbio-
pische König hatte, wie oben gesagt, schon vonselbst in Jerusalem Hülfe gegen Sancherib anbieten lassen, ja er liess
sich durch die halb ausweichende Antwort die er hier empfangen haben mochte nicht abhalten ein starkes Heer gegen Sancherib in Bewegung zu sezen. So kam Sancherib
noch auf dem Rückzuge von der Ägyptischen Grenze in
große Gefahr: aber schnell entschlossen sich mit seinem
noch übrigen Heere in den Festungen des südlichen Asiens
zu behaupten und rasch alle Hülfsquellen an sich zu ziehen
welche ihm hier offenständen, warf er sich mit Übermacht
auf Juda und fing an es nach strengem Kriegsrechte zu behandeln, ohne dem Könige Hizqia auch nur ein Wort über
seine Absichten mitzutheilen. Die Hülfsmittel des Landes
sollten völlig erschöpft, Jerusalem mit den 'andern Festungen
zu starken Waffenpläzen für das Assyrische Heer umgeschaffen, das Davîdische Haus mit den übrigen besten Einwohnern in die Gefangenschaft fortgeschleppt werden. An Vorwänden gegen Hizqia, sollten sie zur Sprache kommen, konnte
es ihm nicht fehlen: er brauchte nur an 'die frühern Unterhandlungen mit Ägypten und an die Lauheit zu erinnern
womit man ihm beim Hinzuge nach Ägypten begegnet sei.
Aber die wahren Antriebe für ihn lagen sicher in der Kriegsnoth worin er sich verwickelt sah, wohl auch in der Wuth
über die fehlgeschlagene Fahrt gegen Ägypten und über den

---

1) alle Waffen der Assyrer seien in einer Nacht durch Mäuse
zerfressen, Herod. 2, 141. Welch ein verschiedener Geist webet
sogar hier noch in der Volkssage der Ägypter und in der des A.
Ts! — Dass übrigens Sancherib wirklich die wasserlose Wüste im
Süden Palästina's durchzog und in Ägypten war, sagt zwar im A. T.
nicht die kurze Geschichtserzählung, es liegt aber deutlich in Jesaja's
Worten 2 Kön. 19, 24.

Muth eines Völkchens welches allein seinem bildlosen Gotte Jahve vertrauete.

Es war das 14te Jahr der Herrschaft Hizqia's, als Sáncherib seinen Untergang beschlossen hatte [1]). Der Schlag war in Jerusalem unerwartet; und doch die Gefahr noch unendlich größer als der gute Hizqia anfangs wissen konnte. Sobald er hörte dass Sancherib von Südwesten her die festen Städte Juda's einnehme, sandte er ihm die demüthige Bitte zu er möge jede beliebige Geldbuße bestimmen womit man seinen Zorn versöhnen könne. Der König der Könige, damals nicht weniger in Geld- als in Kriegsnoth, empfing die Gesandten bei Lakhish welches er eben belagerte, und bestimmte als Geldbuße 300 Silber- und 30 Goldtalente. Hizqia brachte nun alles Geld im Tempel- und Palast-Schazhause zusammen, mußte aber doch noch die Thüren und Pfosten des Tempels der Goldstreifen berauben womit er sie selbst geschmückt hatte: die Assyrischen Abgeordneten zu Jerusalem waren unersättlich, begehrten alles und untersuchten alles, zählten genau die Festungsthürme welche Hizqia nach S. 624 f. vermehrt hatte; betrachteten das Land schon ganz als ein erobertes [2]); und Sancherib sezte auch nachdem er die geforderte Buße empfangen seinen Eroberungszug von Süden nach Norden fort [3]). Der Schrecken über diese neue Treulosigkeit war in Jerusalem gross: doch mitten aus der sittlichen Empörung darüber und aus der mit jedem Tage furchtbarer anwachsenden Gefahr erhuben sich kräftig die Stimmen ächter

---

1) vondaan beginnt die zusammenhangende Erzählung aus einem ausfuhrlichen Geschichtswerke, welche sowohl in 2 Kön. 18, 13 — c. 20 als in das B. Jes. c. 36 — 39 aufgenommen ist, jedoch in beide jezt erhaltene Werke nur mit Verkürzungen welche bald in diesem bald in jenem stärker sind. Der Chroniker II. 32, 9 — 22 gibt sodann nur eine sehr zusammengedrängte Darstellung daraus mehr in seiner eigenthümlichen Sprachfarbe.    2) 2 Kön. 18, 13 — 16. Jes. 33, 18 f.

3) die Annahme des Fl. Josephus arch. 10: 1, 1. 4 dass Sancherib nun erst seinen Zug gegen Ägypten unternommen habe ist ganz willkührlich und näher betrachtet falsch, weil gegen die bestimmtesten Angaben der Hebräischen Erzählung; während Fl. Josephus nur eine äußere Verbindung zwischen 2 Kön. 18 f. und Herodot herzustellen sucht.

Propheten, hinweisend auf das in der wahren Gemeine Unvergängliche und eine nahe große Entscheidung verkündend deren zermalmendes Gewicht nur die Treulosen treffen könne, seien sie 'unter' den Assyrern oder in Juda [1]).

Nicht lange so entsandte Sancherib gegen Jerusalem selbst ein großes Heer unter seinem bewährten Feldherrn Tartân mit dém Oberverschnittenen und Obermundschenk als Unterhändlern. Dieses Heer lagerte sich bei der nördlichen Mauer der Stadt an einer Stelle welche man auch in spätern Zeiten noch immer als das „Assyrische Lager" bezeichnete [2]); und die Anführer verlangten eine Unterhandlung mit Hizqia selbst. Der König indess sandte seine drei Minister zu ihnen: und vor diesen fuhrte der Obermundschenk laut die verächtlichsten Reden über ihren Herrn und das grundlose Vertrauen welches dieser theils auf Aegypten theils auf Jahve gesezt, jenen Gott dessen Ehre ja Hizqia selbst neulich durch die Verminderung seiner Heiligthümer angetastet habe und der wohl darüber erzürnt nun vielmehr durch die Assyrer Jerusalem zerstören wolle! Als des Königs Minister ihn baten lieber Aramäisch als Judäisch zu reden, damit die auf der Mauer sizenden Unterthanen Hizqia's nicht solche Schmähungen über ihren eigenen König hörten, erklärte er eigentlich garnicht an den König abgesandt zu seyn, stellte sich nun erst recht offen vor die Mauer hin und rief allem Volke zu nur nicht länger auf Hisqia zu vertrauen, vielmehr sich dem Großkönige zu ergeben dessen Macht nie ein Volk und ein Gott widerstanden; so sollten sie ferner ruhig wohnen bis sie durch des Großkönigs Gnade in ein anderes fruchtbares Land versezt würden. Doch das Volk schwieg: und als Hisqia die Trauerbotschaft empfing, sandte er die zwei ersten Minister und die Priesterältesten an Jesaja mit der Anfrage ob er

---

1) erhalten hat sich noch das Stück Jes. c. 33, unstreitig von einem Schüler Jesaja's verfaßt, der deutlichste Spiegel jener hocherreglen Tage. 2) wir können wenigstens annehmen dass dieser Name bei Jos. J. K. 5: 7, 3. 12, 2 vgl 9, 4 jenen geschichtlichen Ursprung hat, obgleich Josephus in der arch. 10: 1 auf ihn keine Rücksicht nimmt.

durch seine Fürbitte (denn zu arg sei der lebendige Gott vom Assyrer gelästert) eine Hülfe schaffen könne in dieser tiefsten Noth. Jesaja nun forderte den König auf troz der verwegenen Drohungen jener Buben standhaft und furchtlos zu seyn [1]): so ward der Obermundschenk beschieden dass man auf seine Forderung nicht eingehen könne. Allein als dieser Sancherib'en zu Libna aufsuchte, einer andern südlichen Festung wohin er jezt zur Eroberung aufgebrochen war, empfing sein Herr die Nachricht vom Ausrücken Tirhaqa's und sandte daher, bevor diese Nachricht sich weiter verbreiten konnte, in Eile ein Schreiben an Hisqia worin er ihn dringend von jedem ferneren Widerstande abrieth. Doch der ging in der Angst mit dem Schreiben, welches von der Macht des Gottes Israels verächtlich redete, in den Tempel, breitete es betend wie um den göttlichen Zorn wider seinen Urheber zu wecken vor dem Altare aus [2]), und alsbald verkündete ihm Jesaja wo möglich noch kräftiger und bestimmter als früher den göttlichen Trost [3]). Eine je drohendere und vermessenere Sprache Sancherib führte, desto festere göttliche Zuversicht gegen alle seine menschlichen Eitelkeiten sprach sich durch Jesaja's gewaltiges Gotteswort aus und ergriff den König mit dem ganzen Volke; er war der unerschütterlichste Hort in diesem Unwetter, und seines Geistes unbeugbare Kraft wuchs mit dem Rasen des Sturmes. Am Faden weniger Augenblicke hing hier das Geschick des ganzen Reiches: denn die Geschichte würde sich ganz anders entwickelt haben, hätte Sancherib sich siegreich in das große feste Jerusalem werfen und hier Tirhaqa's Angriff ruhig erwarten können. So aber wurde er, bevor er sich mit allen seinen Heeren in Jerusalems Mauern werfen konnte, von zwei entscheidenden

---

1) das damals gesprochene Orakel Jesaja's wird 2 Kön. 19, 6 f. kürzer und in gemeinerer Sprache gemeldet als Jesaja sonst redet; es wird also nur seinem allgemeinen Inhalte nach gemeldet, und ist darüber etwa dasselbe zu sagen was S. 217 über einen ähnlichen Fall bemerkt wurde. 2) eine solche lebendige Darlegung im Heiligthume findet sich sogar noch 1 Macc. 3, 48. 3) in dem herrlichen Orakel 2 Kön. 19, 20—34 vgl. die *Propheten* I. S. 299 ff.

Unfällen überrascht: der Schrecken über den Anzug des Ae-
thiopischen Heeres mußte mächtig auf seine schon durch den
Aegyptischen Unfall eingeschüchterten Krieger wirken, und
zugleich brach eine verheerende Pest in seinem Hauptlager
aus. Ein an Sieg und Übermuth gewohntes Heer wird durch
eine Reihe schnell aufeinanderfolgender Unglücksfälle leicht
unheilbar entmuthigt: die wilde Flucht des einst großen Heeres
war nichtmehr zu hemmen, und ein erzürnter Gott schien
Sancherib bis nach Nineve zu jagen, aus dem er sich lange
nicht wieder hervorwagte.

3. Selten ist die Flucht eines aufgelösten Heeres von
só großen Folgen gewesen: denn selten waren die Fäden von
beiden Seiten só gespannt und stand sóviel treues Ausharren
in höherer Religion und reiner Vaterlandsliebe gegen sógroße
Vermessenheit und Unvorsichtigkeit. Dass die befreiten Judäer
nun den fliehenden Assyrern nachsezten, sie überall wo sie
noch in Festungen oder sonst verborgen seyn mochten vertrieben, reiche Beute machten und .viele Siege feierten, versteht sich vonselbst, obgleich das Königsbuch darüber schweigt [1]).
Wir wissen überhaupt nicht viel von den Einzelnheiten welche
nun folgten, auchnicht ob der Aethiopische König wirklich
etwa zu Schiffe über den Meerbusen von Älath nach Asien
kam odernicht: im allgemeinen steht nur sóviel fest dass die
Assyrische Macht damals in den südlicheren Gegenden, auch
in Babylonien (wie wir bald weiter sehen werden) só schwere
Schläge litt dass sie für eine längere Zeit nichteinmal an deren Wiedereroberung denken konnte; ja bis nach Medien,
welches etwa .um dieselbe Zeit sich von der Assyrischen
Herrschaft befreiete [2]), scheint der Widerhall der Schläge in

1) doch leuchtet das Andenken daran noch sehr hell aus den Liedern jener Zeiten welche sich erhalten haben, Ps. 46, 9 f. 76, 4. 6 f.

2) Herod. 1, 95 ff. Fl. Josephus arch. 10: 2, 2. Anders freilich
Ktésias bei Diod. Sic. 2, 32 ff. ,Auch nach Tobit 1, 15 ging Medien
unter Sancherib verloren; und dass Sancherib nach seiner schimpflichen Rückkehr aus Judäa die verbannten Israeliten am Tigris desto
ärger quälte wie Tobit 1, 18 ff. erzählt wird, kann geschichtlich seyn.
Werden doch auch diese damals eine erste Hoffnung auf baldige Befreiung gehegt und sich etwas stärker geregt haben.

Ägypten und Juda gedrungen zu seyn; und vielleicht begannen auch schon damals die innern Zwiste im Assyrischen Königshause selbst, wovon unten weiter zu reden ist. Aber desto stärker treten die großen Folgen jener raschen Wendung der Dinge auf die Gesammtlage des damaligen Reiches zu Jerusalem in das volle Licht der Geschichte. Jerusalem war in der Entwickelung dieser großen Ereignisse der lezte Knoten gewesen um den sich alles drehete, aberauch der starke Felsen an dem der Übermuth der Assyrer sich brach; und wie schon oben bemerkt, war es kein bloßer Raub- oder Eroberungskrieg dessen Feuer zwischen Assyrern und Judäern brannte, sondern das ganze hatte sich zulezt rein zu der Höhe eines Religionskrieges gesteigert. Trat hier also der Sieg auf Jerusalems und des kleinen Reiches Juda Seite: so errang zugleich der Glaube an die Macht des hier verehrten rein geistigen Gottes einen äußern Sieg wie er damals nicht leicht herrlicher seyn konnte, und das starke Vertrauen auf ihn welches Jesaja durch sein gewaltiges Wort wie in seinem ganzen langjährigen Wirken so mit besonderer Glut während der lezten großen Entscheidung gelehrt und König Hizqia durch seine Standhaftigkeit bewährt hatte, war aufs höchste gerechtfertigt. Es war wieder einmal einer der seltenen Tage gekommen wo die nicht mit Händen zu greifende Wahrheit, welche sonst unter Menschen so schwer tiefer eindringt, sich mit überwältigender Gewißheit dem Volke aufdrängte welches sie stärker zu ergreifen nun schon seit Mose's Zeiten immer feiner vorbereitet war; ja in der vorangegangenen langwierigen Noth und harten Versuchung ebenso wie in der überraschenden Errettung und in dem Zusammendrängen von Allem auf den Glauben an die wahre Hülfe hat diese Zeit eine gewisse Verwandtschaft mit der Stiftungszeit der Gemeinde selbst (II. S. 93. 218 ff.): sowie in der langen Reihe der Jahrhunderte dieser Geschichte wenige Geister so nahe an die Höhe Mose's selbst reichen als Jesaja. Darum ist dennauch die Wirkung dieser Zeit auf die Zukunft außerordentlich, und die Geschichte des Reiches Juda steht hier an ihrer dritten Wendung. Die frohen Lieder jener Zeit, theils

in der Gemeinde gesungen theils freier gehalten, welche die
unmittelbarsten Eindrücke der großen Ereignisse wiedergeben, sind voll des reinsten Vertrauens auf dén den Heiden
ebenso unbekannten als furchtbaren Gott, der heitersten Zuversicht über die Zukunft der wahren Gemeinde und der
schwellendsten Messianischen Hoffnungen [1]. Das Andenken
an die wunderbare Rettung Jerusalems und die Verklärung
seines Heiligthumes eben durch sie blieb lange Zeit hindurch
ungeschwächt, ja steigerte sich ins Ungeheure [2]. Und als
man gegen 20 Jahre nach dem großen Ereignisse [3] auf das
ganze wunderbare Erlebniss zurückblickte, schien kein anderes Bild ihm zu genügen als das eines Engels der, in der
Nacht desselben Tages, wo Jesaja seine lezte Rede gegen den
Assyrischen Übermuth gesprochen, vom Himmel gesandt im
Lager des Assyrers 185,000 Mann erschlagen habe, ähnlich
jenem Würgengel der zur Stiftungszeit der Gemeinde die
Erstgebornen der Ägypter schlug [4].

Der Rest des Lebens Hizqia's seit dieser Wendung verstrich nach allem was wir wissen ohne Unterbrechung in
Ehre und Glück [5]. Er lebte nur noch 15 Jahre und starb
im 54sten Lebensjahre. Kurz nach der ungeheuern Spannung
und Anstrengung jener hohen Entscheidungstage seiner Herrschaft erkrankte er an einer in Schwulst übergehenden Er-
hizung, só schwer dass Jesaja ihm schon an seine lezte Wil-
lenserklärung zu denken gerathen hatte, als der treuherzig
fromme König dennoch nochnicht an seinen sofortigen Tod
als das rein trostlose Unglück welches nach der Meinung

---

1) Ps. 46. 48. 75 f. vgl. die *Dichter des A. Bs.* Bd. II. S. 95 ff.
2) vgl. z. B. nur Ps. 59 nach seinem richtigen Sinne.
3) die Stelle 2 Kön. 19, 35 welche Jes. 37, 34 vorn verkürzt ist,
kann mit dem ganzen S. 632 erwähnten Stücke erst nach Hizqia's
Tode geschrieben seyn: wie lange etwa nach ihm wird unten an einem besondern Falle noch deutlicher werden.      4) denn Ex.
12, 29 konnte nach II. S. 282 statt Jahve's leicht ebensowohl sein
Engel genannt werden.      5) dies liegt auch in einem Worte
Hizqia's selbst welches die Erzählung für der Aufzeichnung werth gehalten hat, 2 Kön. 19, 19; ebenso klar liegt es in der Darstellung
der Worte Jesaja's an den kranken Hizqia 19, 6.

noch jener Zeit einen Mann im Mittage seines Lebens treffen
konnte glauben wollte, sondern voll Inbrunst zu Jahve, vor
dem er unschuldig gelebt, um Verlängerung seines Lebens
flehete. Und wirklich ist das Danklied welches er nach seiner Genesung im Tempel sang, das schönste Zeugniss seiner
ungeschminkten Frömmigkeit, wiewohl auch ein bleibendes
Zeugniss über das trostlose Todesgrauen welches noch zu
jener Zeit einen frommen Mann in der Gemeinde Israels beherrschen konnte (II. S. 172 f.). Die unerwartete ·Rettung
eines so geliebten Fürsten aus der Todesgefahr blieb sichtbar lange Zeit ein Gegenstand eifriger Wiedererzählung, besonders hinsichtlich des Antheiles den Jesaja daran genommen. Nach der jezigen Erzählung war Jesaja den König
ohne Lebenshoffnung verlassend kaum über den innern Pa-
lasthof (S. 319 f.) gegangen als er infolge des erhörten Gebetes Hizqia's auf göttlichen Antrieb zu ihm zurückkehrte,
ihm Genesung auf den dritten Tag verhiess und ihm selbst
ein Heilmittel von Feigenteige verordnete, ja ihm zum Un-
terpfande der sichern Genesung noch auf 15 Jahre hin ein
Wunderzeichen gab, nämlich das Zurückgehen des Schattens
an der von Ahaz am Palaste ·angebrachten Sonnenuhr um die
10 Stufen welche er an jenem Tage schon vorangegangen
war. Bei dieser Darstellung ist nicht zu übersehen dass sie
erst 20 oder mehr Jahre nach dem Ereignisse undzwar nach
Hizqia's sowohl als Jesaja's Tode ihre jezige Gestalt empfangen hat [1]). · Die wohlthätige Mitwirkung Jesaja's auch bei diesem häuslichen Elende des guten Fürsten ·steht ·geschichtlich
fest, und sein machtvolles Vertrauens – und Trosteswort hat
sicher den Kranken wunderbar aufgerichtet [2]). ·

---

1) über die Worte Jesaja's 2 Kön. 20, 5 f. gilt dasselbe was S. 634
über einen ähnlichen Fall gesagt ist; und der Schluss ist deutlich dem
einer wirklich von Jesaja gesprochenen Rede 19, 34 nachgebildet.

2) was das Wahrzeichen an der Sonnenuhr betrifft, so ist zu beachten dass Jesaja sonst nur Zeichen gibt welche als künftige Ereignisse eintreten sollen um an ihnen die Erfüllung ähnlicher aber weit
größerer und schwerer zu glaubender Ereignisse zu erkennen (Jes. 7,
14. 37, 30). Die Ähnlichkeit ist hier diese, dass der Schatten an der

Dass Hizqia die ihm gewordene Freiheit sobald als möglich' henuzte um die Würde und Macht des Reiches gegen die umliegenden kleinen Völker wiederherzustellen, läßt sich vonselbst denken und wird was wenigstens die Philisläer betrifft durch ein ausdrückliches Zeugniss in den geschichtlichen Büchern bestätigt [1]); ja vom Süden Juda's breiteten sich jezt Simeonäer vonselbst sehr weit nach Süden aus [2]). Ob er aber den Versuch gemacht habe die Länder des ehemaligen Zehnstämmereiches wiederzuerobern, läßt sich aus Mangel an Nachrichten und Andeutungen nicht entscheiden. Jedenfalls konnte er bald erfahren dass die Assyrische Macht zwar einen harten Stoss erlitten habe aber noch fortdauere; und also wird sie ihre unbestrittenen Gebiete möglichst bald wieder zu schüzen gesucht haben.

---

Uhr zurückgeben soll zum Zeichen dass das Lebensziel Hizqia's ebenso noch um viele Jahre zurückweichen werde; alsob der Gott welcher den Zeitweiser zurückbringen könne, auch die Frist der Jahre Hizqia's rückgängig machen werde: Allein um genau einzusehen was mit jener Uhr geschehen sei, müßten wir eine ältere Erzählung haben und dazu die Beschaffenheit der Uhr, selbst näher kennen. Doch wenn die Vorstellung die war dass das Zurückgehen des Schattens bloss *schwerer* sei als sein Vorwärtsgehen (2 Kön. 20, 10), so muss man zugeben dass nicht sowohl ein plözliches sondern ein allmähliges Zurückgehen des Schattens um 10 Stufen (Grade) gemeint seyn konnte. Allein eben deswegen wird man geneigt zu glauben die Redensart sei anfangs mehr bloss bildlich gesprochen wie die Bd. II. S. 325 f. erläuterte ähnliche, und die jezige Darstellung zeuge nur von der erhabenen Achtung in der Jesaja etwa 20 Jahre nach seinem Tode stand. Übrigens ist die Darstellung Jes. 38, 1—8 sichtbar aus der ursprünglichern verkürzt: sodass ein alter Leser aus der vollständigern dann wieder zur Ergänzung v. 21 f. an den Rand geschrieben haben mag.     1) 2 Kön. 18, 8: dass nämlich diese völlige Unterwerfung der Philisläer bis nach Gaza hin nicht etwa in die Zeiten vor der Assyrischen Niederlage gehören könne, erhellt auch aus solchen Aussprüchen wie Jes. 14, 28—32. 11, 14. Allgemeiner drückt sich nach ihrer Sitte die Chronik aus (32, 22, wo für das ganz unverständliche וינהלם nach einer der Chronik häufigen Redensart mit den LXX zu lesen ist וַיְנַח לָהֶם vgl. I. 22, 18. II. 14, 6. 15, 15. 20, 30).     2) 1 Chr. 4, 39—43 vgl. I. S. 322. 339.

Ebenso versteht sich leicht dass viele gleichzeitige Fürsten ihre Glückwünsche und Huldigungen an Hizqia sandten, wie es die Chronik [1] imallgemeinen beschreibt. Von éinem merkwürdigen Falle der Art wissen wir noch näheres. Der Babylonische König Merodak-Baladân, in Ptolemäos' Kanon Mardokempad genannt [2], sandte bald nach Hizqia's Genesung ihm feierlich Brief und Huldigung, angeblich um ihm zur Genesung zu beglückwünschen, wirklich aber gewiss um durch seine Gesandten den Zustand der Kräfte des Reiches Juda näher zu erforschen. Denn dass Babylonien damals sehr unruhig war und wiederholt an ein Abschütteln der Assyrischen Herrschaft dachte, zeigen sowohl die kurzen Herrschaften seiner Fürsten und die Zwischenreiche in Ptolemäos' Kanon als die wenigen Nachrichten aus Béroßos die sich durch Alex. Polyhistor und Abydénos erhalten haben [3]; und wäre Hizqia ein ehrgeiziger Fürst gewesen, so hätte er vielleicht damals ein Bündniss mit diesem Babylonischen Unterkönige und andern Fürsten zum Umsturze der Assyrischen Macht geschlossen. Allein der gute König freute sich zwar der Ankunft einer so ehrenden Gesandtschaft aus entferntem Lande und zeigte ihnen gutmüthig alle seine Schäze Vorräthe und Rüstungen, welche sich ein volles Jahr nach Erringung der Freiheit schon wieder ziemlich gemehrt haben konnten, schloss aber mit Babylonien kein Bündniss, von Jesaja gewarnt. Dieser durchschaute tiefer die Eitelkeit aller solcher Verhandlungen unter den Reichen jener Zeit. Ein auf einen höhern Zweck gerichtetes Streben führte damals die Reiche der Erde

---

[1] II. 32, 23.    [2] vielleicht aus Mardokempalad verkürzt: denn einige Namen in Ptolemäos' Kanon haben offenbar in den Lauten eingebüßt. Er herrschte danach von 721 bis 709 v. Chr. Dagegen kann der in Eus. chron. arm. I. p. 42 f. aus Alex. Polyhistor erwähnte Merodach Baladan hier nicht gemeint seyn, weil er nur 6 Monate und zwar vor Elib oder Belib also erst gegen das Ende der Herrschaft Sanherib's in Babel sich erhob; er ist wie jeder der kein volles Jahr herrschte im Kanon ausgelassen.    [3] und auch diese scheint Eusebios in der Chronik sehr verstümmelt zu haben, I. 42—44. 53 f.

noch wenig zusammen: und besonders konnte sich Juda von
Babylonien nichts gutes versprechen, weil dieses, obwohl oft
mit Nineve in Zwist lebend, doch durch seine ganze Eigenthümlichkeit (wie unten weiter zu zeigen) mit dem Assyrischen Wesen zu eng verschlungen war und es sich dort eigentlich nur dárum handelte ob die Weltherrschaft in Nineve
oder in Babel ihren Siz haben sollte, Dass außerdem ein
scheinbar freundlich gesinntes odergar verbündetes Reich jener Art leicht zum feindlichen wurde, hatte Juda an der Assyrischen Macht selbst erfahren: so durchfuhr es denn Jesaja's Geist wie ein Bliz, dass Babel durch die Schäze selbst
die Hizqia den Gesandten nicht ohne ein gewisses Wohlgefallen gezeigt hatte angelockt, künftig demselben Juda gefährlich werden werde dem es jezt schmeichle. Doch würde
die Äußerung Jesaja's an Hizqia schwerlich aufgezeichnet
seyn wennnicht die Geschichte unter dem nächsten Nachfolger Hizqia's bald genug seine schlimme Ahnung erfüllt hätte:
und wie dies jezt erzählt wird, hat das Erlebniss dieser Erfüllung selbst schon unmerklich die Farbe der Darstellung
bestimmt [1].

Sanherib selbst hatte fortwährend theils in diesem höchst
unruhigen Babylonien, wo er zulezt seinen Sohn Asarhaddon
zum Unterkönige einsezte, theils in nordwestlichen und nördlichen Gegenden [2] zuviel zu thun, als dass er an ein Wie-
dererobern der südwestlichsten Gebiete denken konnte. Er
starb etwa um dieselbe Zeit mit Hizqia, von seinen beiden

---

1) die Worte 2 Kön. 20, 17 f. können unmöglich auf die Zeiten
Nabokodroßor's gehen: es ist zu deutlich von leiblichen Söhnen Hizqia's die Rede und was von diesen gesagt wird ist etwas zu besonderes als dass es ohne die unter Manasse gemachte Erfahrung hätte
so ausgedrückt werden können. — Übrigens ist die Lesart »er freute
sich über ihn« Jes. 39, 2 als den Sinn der ganzen Erzählung auf-
schließend gewiss besser als die andere 2 Kön. 20, 13. Das Wort
נכת ebenda entspricht dem Aramäischen ܒܕܡܐ Schäze.

2) wo er einen siegreichen Zug nach Kilikien gegen Griechische
Seeräuber unternahm, der im A. T. jedoch nicht erwähnt wird; s.
Eus. chron. arm. I. p. 43. 53.

Söhnen 'Adrammélekh und 'Anammélekh erschlagen während er im Tempel seines Gottes Nisrokh 'seine 'Andacht verrichtete [1]). — 'Auch 'in Ägypten, 'wo 'schon' früher 'der Héfästos-priester und König Sethón mit 'der' Kriegerkaste in 'Zwist lebte (S. 630), schritten während dieser lezten Jahre der Herrschaft Hizqia's· die innern Streitigkeiten · bis zur Auflösung · fast aller Ordnung fort, und veranlaßten den greisen Jesaja zu 'der wunderbar erhabenen Aussicht in den Untergang des Heidenthums und · die künftige Versöhnung aller Völker · durch die höhere Religion, welche uns · das lezte und · zugleich das herrlichste Zeugniss seines königlichen Prophetengeistes gibt [2]). Der größe Prophet · starb wahrscheinlich um dieselbe Zeit mit den beiden Königen auf deren · Leben und Schicksale er so mächtig eingewirkt hatte, Hizqia und Sanherib [3]): und eine ganz neue Zeitentwicklung konnte sich nach dem · gleichzeitigen Tode dieser drei Beherrscher jener Zeiten desto · leichter erheben.

Hizqia nun war der lezte König welcher nichtnur · im Sinne der geistigeren Religion sondernauch bis zu seinem Tode glücklich herrschte. Der Chroniker entwirft daher noch ein besonders · herrliches Bild seiner würdigen und auch deshalb · gottgesegneten Thätigkeit vom Anfange seiner Herrschaft an: · Dass Hizqia sofort zu Anfange seiner Herrschaft die Neuerungen Achaz'es aus dem Tempel · fortschaffte · und ihn só wiederherstellte wie es den alten Gesezen · gemäss war, · leidet nach · S. 622 · keinen Zweifel: · dies · mag in · den Reichsjahrbüchern weiter beschrieben gewesen seyn, und daher kann der Chroniker · die Namen · der Leviten · haben welche er in seine Erzählung einflicht [4]). Ebenso sicher ist

---

1) 2 Kön. 19, 37. 7 vgl. Eus. chron., arm. I. p. 43. Die späteren Rabbinen meinten gar : diese zwei Vatermörder seien Juden, geworden, und im Mittelalter zeigte man in *Galiläa* ihre Grabmäler; s. *Carmoly's itineraires* in meheren Berichten.

2) Jes. c. 19 vgl. die *Propheten des A. Bs* Bd. I. S. 301 ff.

3) ob Jesaja noch unter Manasse gelebt habe und von diesem grausam hingerichtet sei, wie späte Schriftsteller melden, wird unten in Manasse's Leben berührt werden.    4) 2 Chr. 29, 12—14. 31, 12—15.

nach S. 622 dass Hizqia früh eine Verbesserung des Gottesdienstes durchzuführen suchte. Indem nun der Chroniker
diese beiden Thatsachen näher auf die allgemeine Lage des
Volkes, beider Reiche, in der entscheidenden Zeit zu Anfange
der Herrschaft Hizqia's bezog, führte er nichtnur das Bild
der musterhaften Thätigkeit eines solchen Königs der allen
zum Vorbilde dienen kann [1]) bestimmter aus, sondern suchte
auch auf diese Weise die Entwickelung der folgenden großen Geschichte dieser Zeit näher vorzubereiten. Hizqia habe
sogleich nach seiner Einsezung befohlen vom ersten Tage
des neuen Jahres an (im Frühlinge) die von Achaz verschlos-
senen Tempelthüren wiederzuöffnen [2]) und den ganzen Tempel zu reinigen; da dies bis zum 16ten des Monats also bis
über den gesezlichen Anfang des Pascha hinaus gedauert,
so habe man die Haltung dieses Volksreinigungsfestes bis auf
den folgenden Monat verlegt [3]), aber zugleich auch alle Israeliten des nördlichen Reiches dazu eingeladen: doch diese
hätten meist dazu gelacht [4]), nur einige von dort seien gekommen. Nachdem dies Fest in aller Feierlichkeit abgehalten, habe man im ganzen Lande die falschen Heiligthümer
zerstört, und zum Schlusse die Erstlinge Zehnten und übrigen
heiligen Gaben in diesem Jahre mit höchster Sorgfalt
entrichtet [5]). Dies war also gleichsam die lezte Frist zur
Sühnung und Besserung des Volkes: und wie dann das nördliche Reich ohne Rettung vergehen, das südliche aber erlöst
werden könnte, versteht sich nach dem Ausgange jener Vor-
bereitungsfrist im ersten Jahre Hizqia's. Die Beschreibung
der einzelnen Festgebräuche und Religionssitten ist dabei
diesem Erzähler eine Hauptsache: und gerade darin hat das

1) nur bei Gelegenheit seiner Krankheit schreibt der Chroniker
diesem Könige einen jedoch bald vorübergehenden Hochmuth zu 32,
25 f. 2) nach dem ältern Buche schmückte er nur diese
Thüren neu, S. 632. 3) nach den *Alterthümern*. S. 355.
4) wie einst in einer ähnlichen Reinigungsfrist die Sodomäer Gen.
19, 14. Gerade dieser Zug der Darstellung 2 Chr. 30, 10 eröffnet
ihren deutlichsten Sinn im Ganzen; vgl. auch den Übergang 32, 1.
5) 2 Chr. 29—31.

ganze lange Stück auch für die strengere Geschichte eine wichtige Bedeutung.

## Entwickelung von Kunst Weisheit und Schriftthum in diesen Jahrhunderten.

So wehrte sich denn im Laufe dieser Jahrhunderte der bessere Geist im Volke Israel vielfach noch, mit aller Gewalt gegen den Untergang des Reiches und der Volksthümlichkeit, und noch erlangte er mitten in der fortschreitenden und amende unvermeidlichen Zerstörung seiner zeitlichen Lebensstützen manche neue Kräftigung und Verjüngung. Blizte aber in einigen tieferblickenden Seelen die Ahnung des nothwendigen Unterganges dieses ganzen zeitlichen Bestandes des alten Gottesreiches durch, so erheiterte sich doch der getrübte Blick aufsneue in der sich stets wieder aufdrängenden Gewißheit der Unmöglichkeit dass das Ewige in Israel je wirklich untergehen könne. Só vielfach und só tief hatte man nun das vonanfangan in der Gemeinde liegende Unsterbliche erfahren, und sóviele neue Wahrheiten auf diesem Grunde gewonnen, dass die Ahnung der großen geistigen Weltbestimmung Israels in seiner Mitte sich bereits sehr klar regte und troz der drohenden oder zumtheil schon gekommenen Zerstörung die Hoffnung einer ewigen geistigen Dauer in ihm stets stärker wurde.

Das treueste Bild dieses noch lange Zeit mit dem glücklichsten Erfolge gegen den äußern Untergang ankämpfenden erhabenen Geistes der alten Gemeinde spiegelt sich in dem reichen Schriftthume ab welches aus dem Leben jener Jahrhunderte hervorging. Noch drehete sich um ein bestehendes altes obwohl verringertes Reich ruhmwürdigen Andenkens das tiefste Bestreben aller edelsten Geister im Volke, und noch drängten auf dem unzerstörten volksthümlichen Boden der ebenso erhabenen als unvollendeten Religion neue schwere Räthsel des Lebens zu einer Lösung hin. So ist dennauch das Schriftthum jener Zeiten als die schönste oderdoch deutlichste Offenbarung der die Zeit bewegenden Gedanken und

Bestrebungen zwar zumtheile schon voll Jammer und Klage
über das einreißende Verderben, oder voll von Sehnsucht
nach der künftigen Besserung und Vollendung: aber vorherrschend fließt es noch aus dem gesundesten und kräftigsten
Durchleben einer ungebeugten Gegenwart, und ist der herrlichste Dolmetscher wie der ergreifendsten so der wahrsten
und ewigsten Gedanken. Ja das größte was das Schriftthum
des alten Volkes überhaupt hervorbringen konnte, war erst
jezt möglich, während der alte edle Sinn wahrer Religion
welcher in Israel lebte das äußerste versuchte um den zu-
sammensinkenden Bau des altehrwürdigen Hauses zu retten,
und der Geist für die drängenden Bedürfnisse der Gegenwart
höchbeschäftigt doch zugleich eine große Vergangenheit zu
schüzen hatte und frei in eine verhüllte aber sicher noch
größere Zukunft blickte. Weder die verzweifelnden noch
die in sich selbst ganz befriedigten Zeiten sind die schönsten
und zugleich das erhabenste und ewigste erstrebenden des
Schriftthumes: sondern solche welche schon viel zu schüzen
und zu erhalten haben mitten in der Nothwendigkeit und
Freudigkeit noch größeres zu erringen.

Die Bahnen der Schriftstellerei selbst waren in diesen
Jahrhunderten durch die früheren herrlichen Anfänge längst
geebnet, und gewiss wuchs jezt die Menge der Schriften
wo möglich noch rascher als früher ungemein an; soviel können wir aus den erhaltenen äußerst bunten Bächen jenes
Schriftenstromes noch sehr sicher erkennen. Auch die durch
Salômo so stark angeregte höhere Kunst wirkte wennauch
in minder raschen Schwingungen doch erfolgreich fort sich
mit dem Schriftthume zu vermählen und es zu verklären; und
in allen niederen Künsten Gewerben und Geschicklichkeiten
des Lebens sland das Volk jezt schon lange keinem andern
nach: wie z. B. zu den S. 624 f. erwähnten großen Arbeiten
unter Hizqia gewiss nichtmehr wie einst unter Salômo fremde
Kunstverständige gerufen zu werden brauchten. Auch eine
nähere Kenntniss des alten Bergbaues kann dem alten Volke
um diese Zeiten nicht fremd geblieben seyn, obwohl wir
sonst nur vermuthen können dass es damals theils in der

Sinaï-Halbinsel theils am Libanon sich mit ihm beschäftigte [1].

Wiesehr ferner das Bestreben Weisheit zu gewinnen und ihrer Früchte zu genießen dieses ganze Zeitalter immer allgemeiner durchdrang ja schon bis zur Übertreibung und Entartung fortschritt, ist bereits bei der Übersicht S. 550 ff. angedeutet [2]: denn es diente schon mächtig die ganze Gestaltung und Wendung dieses Zeitalters mitzubestimmen. Was wir aber hiebei nicht unbeachtet lassen dürfen, ist dass offenbar auch alle die Israel'n benachbarten Völker damals von einem ähnlichen Streben nach höherer Lebensweisheit ergriffen waren und darin mit Israel in eine Art von Wetteifer treten konnten. Hätten wir jezt noch mehr Zeugnisse vom selbständigen Leben dieser Völker, so würden wir dies freilich im einzelnen deutlicher einsehen: doch kann uns hier ein Beispiel etwas näher belehren. Auf den ersten Blick kann wohl nichts auffallender seyn als dass sogar die Idumäer welche stets als ein seinen Felsen ähnlich hartes kriegerisch rauhes und unbeugsames Volk erscheinen, jezt auch ihrer weisen Männer wegen berühmt werden: doch ist dies so. Überhaupt zeichnet sich dieser nächste „Bruder" Israels noch in allen diesen Jahrhunderten, was Rührigkeit und Kraft des Geistes betrifft, weit mehr aus als die jezt längst fast schon ganz vermodernden Moabäer und Ammônäer: und seine Geschichte, könnten wir sie irgend näher und zusammenhangender verfolgen, müßte sehr lehrreich seyn. Wir sahen schon oben an manchen Stellen wie Edóm seit Davîd's und Salômo's Tagen stets wieder mit unbezähmbarer Freiheitsliebe aus seiner Unterjochung sich erhob: aber vielen Zeichen nach muss sich dies Volk in diesen und nochmehr den folgenden Jahrhunderten auch durch neu vordringende Arabische Völ-

---

1) Die Schilderung Ijob 28, 1 — 11 könnte, nach den allgemeinen Verhältnissen des Verfassers zu urtheilen, auf Bergbau in der Sinai-Halbinsel (vgl. das Aristeasbuch p. 114 f.) oder sonst in südlichen Gegenden sich beziehen; Deut. 8, 9 vgl. 33, 19. 25 scheint auch auf den Libanon hinzuweisen. Bloße Anspielungen auf Dinge des Bergbaues sind häufig·

2) s. besonders die *Jahrbb. der B. w.* I. S. 96 ff.

kerschaften wiederholt verstärkt und die Kunst sich mit ihnen nicht gerade zum Unsegen zu verschmelzen verstanden
haben.  Dass es dabei auch an den Künsten des Handels
und Gewerbes fleißig theilzunehmen lernte, sahen wir S. 605.
Schon hiernach werden wir es also doch nichtmehr so ganz
auffallend finden dass es auch in dem Streben nach Weisheit nicht zurückstand und der Ruhm davon sogar bis nach
Israel drang [1]). Standen aber alle jene Reiche vom Tigris
bis zum Nile damals in den vielfältigsten engsten Beziehungen, und konnte Israel schon weil seine alte Macht gebrochen war sich immer weniger vor dem mächtigen Eindrange
fremder Meinungen Sitten und Künste bewahren, wie wir
dies oben vielfach bemerkten: so mußte auch in der Weisheit und ihrem Bestreben zwischen ihm und den anderen
Völkern destomehr ein immer regerer Wetteifer sich ausbilden,
da er ja nach S. 352 ff. schon seit Salômo entstanden war.

Zwar wie das ganze Leben des Volkes Israel nach Salômo sich immermehr in sich selbst verengte und sich vornehmlich nur noch um die Behauptung und Weiterfortführung
der ächten Religion drehete: so stiegen auch feinere Kunst
und Schriftthum jezt von dér Höhe und weiten Ausdehnung
in der sie zu Salômo's Zeiten sich bewegt hatten, immer tiefer in den engern Kreis dér Bestrebungen herab welche jezt
vorzüglich alle die regsameren Geister im Volke beschäftigten, die wahre Religion in den Wirren und Unfällen der

---

1) Obadja v. 7 f., wo die Worte noch vom ursprünglichen Propheten sind; auch das ganze B. Ijob ist hier zu nennen, da in diesem der größte Weise nämlich Eliphaz gewiss nicht nach der Idumäischen Stadt Thêmân versezt wäre, hätte diese zur Zeit des Dichters nicht längst den Ruhm großer Weisheit besessen. Aus etwas
spätern Zeiten kommen dazu die Zeugnisse Jer. 49, 7. Bar. 3, 22 f.
vgl. *Jahrbb. der B. w.* IV s. 78. Dass in jenen Gegenden gewisse
Weisheitsbestrebungen auch in das gemeine Volk und seine Religion
tief eindrangen, sehen wir aus den in Diodor's Geschichtswerke 19:
94—98 erklärten Gesezen. — Merkwürdig wird in spätern Schriften
ein Assyrischer Weiser حمقٰر zur Zeit Sancherib's Sohnes Sarcha-
dun's (d. i. Asarhaddon's) lebend erwähnt, s. catal. cdd. syr. Mus.
Brit. p. 111 a.

neuern Zeit zu behaupten. Das ganze Schriftthum, sofern es
mit eigenthümlicher Kraft dem Triebe dieser Zeiten entquoll,
wurde schon jezt vorzüglich ein der Religion gewidmetes, indem auch die Dichtung sowie die Geschichtschreibung je weiter sie sich ausbilden desto einziger ihr dienen. Allein in
dieser Beschränkung in welche das Schriftthum sich mehrundmehr geworfen sieht, gestaltet es sich nach dieser einen
Seite desto entschiedener reiner und herrlicher; sodass erst
hier ein Schriftthum sich vollkommen ausbildet welches sonst
nirgends weiter in der alten Welt seinesgleichen hat, nochweniger von dem anderer Völker in Rücksicht auf Religion
auchnur vonfern erreicht wird.

Eine besonders schwierige Frage ist hier im einzelnen
die ob wir aus diesem Zeitalter auch noch aus dem Zehnstämmereiche schriftliches besizen. Dass einiges diesem Reiche entstammend aus dem vorigen sich sicher erhalten habe
sahen wir S. 458: und wir haben keine Ursache zu zweifeln
ob sich auch in diesem das Schriftthum in ihm eifrig fortgesezt habe. Wirklich entstammt ja das S. 588 erwähnte
Orakel welches Jesaja c. 15 f. vermehrt in sein Buch aufnahm nach seinem alten Theile allen Spuren zufolge einem
frühen Propheten des Zehnstämmereiches; und noch Hosea
ist ein schriftstellerischer Prophet welcher in diesem Reiche
geboren ihm seine ganze Kraft widmete: aber in dem oben
erwähnten traurigen Schicksale seines Lebens sehen wir
vorbildlich auch den trüben Ausgang welchen wie alle höheren Bestrebungen soauch das Schriftthum dieses Reiches
jezt immer unerbittlicher nehmen mußte; und die schließliche
Zerstörung des Reiches welches nie wieder eine wahrhafte
Auferstehung erlebte, stürzte sichtbar auch den großen reichen Strom seines Schriftthumes aus diesen anderthalb Jahrhunderten in den Abgrund. Doch haben sich vielleicht noch
einige kleine Schriftstücke gerade aus den lezten Zeiten dieses zu spät bußfertig gewordenen Reiches erhalten [1]): denn

---

1) nämlich Ps. 90 und das prophetische Lied Deut. 32: diese
Stücke haben sehr viel eigenthümliches und nichts weist in ihnen auf
einen Ursprung in Juda hin, während sie beide doch noch verhält-

dass wenigstens einzelne Geister auch außer Hosea; je näher sein Untergang drohete, desto eifriger noch einmal alles 'aufboten dass ganze Volk zur ächten Buße und Kraft in Gott zu erheben, ist umso glaublicher da doch auch dieses Reich -von der alten Jahvereligion - eigentlich nie "lassen wollte und wenigstens gesezlich allein auf ihr berufen blieb.

Jene Beschränkung nun gerade in welche Leben und Schriftthum Israels in beiden Reichen immer entschiedener hingedrängt wird, hat

1. den Vortheil gebracht dass jezt als eine völlig eigenthümliche Gattung von Schriftstellerei die *rein-prophetische* sich aufs 'höchste ausbildet, ja bald unter allen übrigen die wichtigste Stelle behauptet. 'Denn überhaupt zwar zum Niederschreiben z. B. von Gesezen oder' von Geschichten waren gewiss auch die ällern Propheten schon vielfach thätig: aber rein prophetische Reden Gedanken und Hoffnungen niederzuschreiben ist ein ansich sehr entfernter Zweig von Schriftstellerei, welcher erst möglich wird wenn einmal das gesammte Schriftthum schon zu einer hohen Fertigkeit gediehen ist und zweitens ganz eigenthümliche Veranlassungen zu ihm hindrängen. Diese eben waren aber jezt gegeben. In den großen Propheten jener Jahrhunderte sammelte sich ja nicht nur die geistigste sondern auch die gewaltigste Macht der Geschichte; und auch als diese Macht im Kampfe mit der königlichen sowie mit dem Gesammtfortschritte der Entwickelung

nißmäßig früh geschrieben seyn müssen; Ps. 90 ist dabei wieder wohl, etwas älter als Deut 32, vgl. über lezteres I. S. 167. Dass Deut. 32, 1 'später als Jes. 1, 2 und diesem als Vorbilde schon folgt ist einleuchtend: doch wenn das Stück Jes. c. 1 in die S. 626 beschriebene Zeit fällt, so kann das prophetische Lied Deut. 32 sehr wohl in den lezten drei Jahren 'vor Samariens Zerstörung entstanden seyn. — Auch das B. Ijob hat in seiner Sprache viel eigenthümliches, 'und kann leicht noch in das 18te Jahrh. fallen: allein in einer solchen Hauptsache wie in der S. 551 *nt.* berührten schliesst es sich doch an den Sprachgebrauch der großen Schriftsteller Juda's an; und die Worte 14, 11 *a* fließen offenbar erst aus Jes. 19, 5. 'Bald aber nachdem' Jesaja sein Stück c. 19 veröffentlicht hatte, kann dieses große Buch geschrieben seyn; s. darüber noch weiter unten.

der Religion allmälig die Gegenwart immer weniger beherrschen konnte, wandte sich das in so vieler Hinsicht verjüngte
Prophetenthum desto eifriger an die Zukunft und hoffte von
dieser die Bestätigung seiner in der Gegenwart verkannten
Wahrheiten. Es ist von der einen Seite das großartige öffentliche Wirken der Propheten mitten im bestehenden Reiche, von der andern das nothwendig gewordene Sichberufen
auf die ausgedehntere Öffentlichkeit und auf die Entscheidung
der Zukunft, welches nun der stärkste Hebel der rein-pro-
phetischen Schriftstellerei wurde; und kaum kann später das
öffentliche Reichsleben der Griechen und Römer die dortigen
Volksredner zu einer regeren und fruchtbareren Schriftstellerei angereizt haben als der von der Welt getrübte Geist
Jahve's jezt die Propheten auch durch die Schrift und Kunst
seine himmlische Klarheit dennoch in die Welt auszugießen
antrieb. Denn angefangen war die prophetische Schriftstellerei nach S. 480 zwar schon in früheren Zeiten, aber ihre
wahre Verklärung und ewige Bedeutung erreichte sie sicher
erst mit der S. 568 ff. beschriebenen Verjüngung und höchsten Ausbildung des Prophetenthumes selbst.

Diese Schriftstellerei stand demnach durch ihren Ursprung
selbst in der glücklichen Mitte zwischen den Erfahrungen
eines dem öffentlichen Wohle gewidmeten Lebens und den
heißen Bestrebungen um eine bessere Zukunft, aus welcher
allein im Gebiete der Religion ein kräftiges reines Wirken
hervorgehen kann. Ohne schon längere Zeit öffentlich gewirkt und dadurch ein Ansehen sich erworben zu haben, versuchte damals gewiss noch kein einziger Prophet auch als
Schriftsteller zu wirken: das Daseyn eines solchen starken
Hinterhaltes merkt man leicht bei jedem aufmerksamen Lesen
der ebenso gewaltigen als kerngesunden Worte jener Propheten. Aber hatte er schon lange genug mündlich sich bewährt und drängte ihn dann ein Zeitbedürfniss durch die
Schrift auf einen weiteren Raum von Ort und Zeit zu wirken: so stellte er geordneter die bleibendsten Wahrheiten
seiner entflohenen Reden zusammen, sezte aberauch wohl noch
vielerlei neues hinzu was mündlich so bestimmt und ausführ-

lich zu berühren weniger Veranlassung gewesen war und welches doch in einer auf einen weitern Leserkreis und längere Dauer Anspruch machenden Schrift nicht leicht fehlen konnte. So wurde in einer solchen Schrift stets eine bestimmtere Aussicht in alle Zukunft, und in die Art wie die jezigen Finsternisse sich zertheilen würden erwartet: die Schrift lud vonselbst ein solche freiere Aussichten über die bunten Wirren der Gegenwart hinaus weiter zu verfolgen. Ähnlich enthielt wohl fast jede größere Schrift eine Übersicht der allgemeinen Weltlage und der Zukunft auch der vielerlei fremden Völker [1]): denn über Israel hinaus in aller Völker Geschicke zu blicken und über die gesammte Weltstellung sich nicht zu täuschen lag ganz im Wesen der Jahve-Religion; und dazu wurden die angesehenern Propheten wirklich oft von Gesandtschaften fremder Völker oderdoch von den einheimischen Königen über fremde Völker um Rath gefragt [2]), ähnlich wie in spätern Zeiten einige griechische Orakelstätten weitundbreit berühmt wurden. Jede prophetische Schrift wurde so in Anlage und schöner Durchführung ein wahres Kunstwerk im besten Sinne des Wortes; und es ist kaum zu sagen wieviel einfach edler Kunst sich in den reinprophetischen Schriften dieser Zeiten findet, sobald man sie nur richtig erkennt und sinnig betrachtet. Auch fand sich wohl derselbe Prophet durch neue Zeitbedürfnisse bewogen zum zweiten- oder zum drittenmale zur Schrift zu greifen, also auchwohl sein früheres Werk wiederholt umzuarbeiten oder zu vermehren [3]).

1) diese Sitte fängt schon bei Amos c. 1 f. an, und zeigt sich dann als ganz ausgebildet bei Jesaja, sowie später bei Jéremjá und Hezekiel, ja sogar in einem so kleinen Buche wie dem Ssefanja's.

2) hierüber s. schon oben bei Elisha' und Jona S. 513. 522. 567. 588. Anspielungen darauf finden sich Jes. 21, 11 f. 18, 2 ff. 30, 1 ff. und Beispiele Jes. 37, 2 ff. 39, 3 ff. sowie aus späterer Zeit Jer. 27, 2 ff.

3) so zeigt es sich am deutlichsten später bei den vollständiger erhaltenen Büchern Jéremjá's und Hezeqiel's. Ähnliches aber ergibt sich noch aus den Bruchstücken Jesaja's: unter ihnen bildeten 1). c. 2—5. 9, 7—10, 4 Theile einer frühesten Schrift; aus einer folgenden haben sich 2) c. 6—9, 6. 17, 1—11 erhalten; es folgte 3) eine Schrift

Es ist nun sehr denkwürdig dass diese Art von Schriftstellerei mit ihrer zwischen Poesie und Prosa schwebenden Sprache
schon bei Joel in hoher Ausbildung und·Vollendung hervortritt,
obwohl dieser· nach· S. 579 f. gegen anderthalb Jahrhunderte
älter· als Jesaja ist und er nach S. 566 in seiner prophetischen
Stellung noch dem früheren Zeitalter der Prophetie angehört.
Auch war Joel sicher nicht der erste durch solche Schriftstellerei ausgezeichnete Prophet: aber er ward in früher Zeit das
höchste Muster derselben, sodass alle übrigen seitdem im
schönen Ausdrucke schlechthin, in den Gedanken wenigstens
sehr stark seinem erhabenen Vorgange folgten. · Nächst ihm
schrieb 'Amos in schlichter aber kernvoller Sprache sein uns
ganz erhaltenes kleines Buch; es folgte dann der tiefsinnigste
und zugleich 'schöpferischste' aller Propheten, Hosea, in dessen jezigem Buche sich schwerlich alles erhalten hat was er
in seinem vielbewegten Leben schrieb; ferner erst zu Jesaja's
Zeit und von seinem Geiste schon etwas abhängig der uns
jezt seinem Namen nach Unbekannte seltsam helldunkler Rede,
dessen Worte hinter dem jezigen „B. Zacharja zu lesen sind
(S. 571). Alle diese überragt sodann wie an prophetischer
Thätigkeit so an schriftstellerischer Vielseitigkeit Kunst und
Kraft der hehre Jesaja, von dessen Werken sich eine ziemlich große Reihe von Stücken der mannichfaltigsten Art gerettet hat; an ihn reihet sich endlich auch als Schriftsteller
der schlichtere Mikha, dessen kleines Buch vollständig auf
uns gekommen ist. Alle diese Propheten-Schriftsteller waren jedoch wiederum nur wenige aus einer weit größern
Menge ähnlicher, von deren Schriften sich jezt nur noch weit
zerstreuter und schwerer erkennbar einige Überbleibsel erhalten haben [1]).

---

woraus wir 1. 14, 28 — c. 16. 21, 11—17. (c. 23) besizen, und welche
die vorigen Schriften in sich zusammenschließen könnte; 4) ist aus
einer dann folgenden c. 22; 5) aus einer demnächstigen c. 28—32.
c. 20; 6) aus einer weiteren 10, 5—12. 17, 12 — c. 18; 14, 24—27
(c. 33); bis 7) c. 19 wiederum später geschrieben seyn muss.
    1) s. über lezteres z. B. oben S. 588 nt. 605; und weiter über das
Ganze *die Propheten des A. Bds.* Bd. I.

2. Der Strom der Lieder ist in diesen Jahrzehenden noch ebenso mächtig, ihre Kraft und ihre Frische fast noch ebenso unerschöpflich wie im vorigen Jahrhunderte; und noch hielten es selbst Könige wie Hizqia für ihrer würdig gleich Davîd der Dichtung Freude und Ehre zu genießen. Dem wichtigsten Inhalte nach wird jedoch das Lied wie alle Dichtung jezt immer einziger ein freier Dolmetscher der prophetisch erhabenen Gedanken welche in diesen Zeiten alles mächtiger beherrschen. Es gibt keine ergreifendere, keine tiefer aus dem schönsten Herzensgrunde geschöpfte Lieder als die welche dem Geiste der herrlichen Propheten dieser Art mitten in ihren schweren Lebenskämpfen entquillen und in denen ihre vom Widerstreite der Welt gebeugte Seele sich desto reiner in ihrem Gotte sammelt [1]). Von diesem prophetischen Geiste angehaucht lebt auch der Nichtpropheten Lied neu auf[2]): Und auch wo die Freude oder der Siegesjubel des ganzen Volkes während dieser Zeiten sich im Liede verklärt, wird es von den erhabenen Wahrheiten getragen welche vom Munde der großen Propheten aus jezt das ganze Volk mehrundmehr durchdringen wollen [3]).

Daneben schreitet die eigentliche Kunst der Dichtung noch immer fort: und dies zeigt sich auf die mannichfaltigste Weise. Der dichterische Ausdruck selbst wird jezt in manchen Liedern und andern Stücken wie mit künstlerischer Absicht bewegter, malerischer, mehr seltenes und überraschendes versuchend [4]); als merkte man dass dem Geiste dieser Dichter stets schon eine außerordentliche Fülle alter vielbewunderter Gedichte vorschwebte und als legten sie deshalb die Kunst auch dárein auf neue Weise zu schildern und mit dem Spiele ungewöhnlicher Wendungen zu überraschen. Wirklich können wir aus vielen Merkmalen sicher schließen dass damals ein Eifer die alten Erzeugnisse dichterischer Kunst sorgfältig zu sammeln längst angefangen hatte: wenn König Hizqia durch fähige Männer an seinem Hofe Salômonische Sprüche wiederholt

---

1) Ps. 62. 39; sodann ähnlich Ps. 56. 57.   2) vgl. Ps. 12 oben S. 591 f. *nt.*   3) Ps. 46. 48. 65. 75 f. . . . . .

4) deutliche Beispiele gehen das Lied Ps. 45, s. oben S. 561, *nt.*, und das schöne Danklied Hizqia's Jes. 38. . .

sammeln liess (S. 622), so wird man noch früher die schönsten Lieder vielfach zusammengestellt haben, weil das Schriftthum der Lieder überhaupt viel älter ist; und wenn nach S. 360 wohl schon unter Salômo das Séfer Hajjashar gesammelt wurde, auch von andern Sammlungen schon aus Salômo's Zeiten nach S. 359 f. sich deutliche Spuren zeigen, so wird noch weniger jezt Hizqia im Sammeln schöner Lieder zurückgeblieben seyn [1]). Waren nun die jezigen Zeiten von vielgesammelten und vielgelesenen ältern Liedern schon gesättigt, so erklärt sich der neue künstlichere Ausdruck welcher jezt manchem Dichter gefiel. Neu ist ähnlich der Reiz des Wiederhalles in den einzelnen Wendungen (Strophen), welche künstliche Bauart jezt manche Lieder sowieauch einige prophetische Ausführungen zumerstenmale zeigen [2]) und die in spätern Liedern noch beliebter wird.

Der dichterische Sittenspruch, dessen Salômonischer Ursprung S. 357 f. erklärt ist, wird ähnlich jezt im Ausdrucke leicht künstlicher und gesuchter, durchbricht aber sonst immer freier seine alten Fesseln, dehnt seinen Gedanken leicht über eine längere Reihe von Versen aus, und fällt allmälig mehr in eine anziehende Malerei guter oder böser Sitten [3]).

Dass die höchste Dichtungsart, das Drama, nach den S. 459 f. beschriebenen Anfängen nicht ruhete, lehrt am Ausgange dieses oder an der Spize des folgenden Zeitalters das leuchtende Beispiel des B. Ijob, in welchem eine der tiefsten und damals neuesten Wahrheiten sich nach ihrem ganzen vollen Leben also dramatisch darlegt, und welches daher das höchste offenbart was innerhalb der dichterischen Kunst des alten Volkes möglich war. In der wirklichen Darstellung scheint das Drama theils aus der alten Geschichte bei großen Volksfesten theils mehr aus dem niederen Leben seine Stoffe geschöpft zu haben: aber nichts ist schwerer als die reinen Wahrheiten einer erhabenen Religion im Drama d. i. im Le-

---

1) innerhalb der jezigen ersten Psalmensammlung 1—41 können z. B. Ps. 6. 13. 15. 20. 21. 23. 27. 30. 41 aus einer durch Hizqia veranstalteten Sammlung seyn. 2) Ps. 45. 46. Amos 1. 2. Jes. 9, 7—10, 4. 3) vgl. weiter die *Dichter des A. Bs.* Bd. 4. S. 31 ff.

bensspiele würdig darzustellen, und die alte Religion Israels
hatte dazu eine tiefe Scheu vor jeder zu starken Versinnlichung des Göttlichen im sichtbaren Bilde und alsoauch in
der bildlich lebendigen Darstellung. Aber in der bloßen
Rede und Sprache sowie in der Dichtung und sogar in der
prophetischen Schilderung streifte jezt der strebende Geist
immermehr die alten Fesseln ab; und lernte von allem Göttlichen mit der größten Freiheit treffende Bilder entwerfen.
Und so wagt der Dichter des B. Ijob ein göttlich-mensch-
liches Drama nicht zur wirklichen Aufführung und zum sinnlichen Sehen sondern zur bloßen geistigen Anschauung und
zur Versinnlichung im Denken zu entwerfen; und der Geist
der wahren Religion leitet ihn auch dies äußerste was der
menschliche Sinn wagen kann so lebendig und zugleich so
würdig darzustellen dass darin auch für uns ein ewiges Vorbild gegeben ist. Aber wie Platon seine philosophischen Ge-
spräche nicht geschrieben hätte, wäre er nicht früher selbst
dramatischer Dichter gewesen: so hätte nie ein Gedicht Ijob
in Israel entstehen können, wäre das wirkliche Drama nicht
längst früher in seiner Mitte versucht und ausgeführt gewesen.

3. Auch in die Geschichtschreibung dringen jezt mit
voller Kraft die zwei großen Mächte welche nach dem eben
erörterten in Rede und Schrift vorherrschend werden, die
immer freier sich entwickelnde dichterische Kunst und die
Erhabenheit der herrlichsten prophetischen Wahrheiten. Die
Geschichtschreibung spaltet sich zwar jezt immer reiner in
die der Urzeiten und in die der lezten Jahrhunderte, und
fühlt sich dem Geiste des höhern Alterthumes immer fremder.
Aber in der Auffassung und Schilderung beider wird sie immer entschiedener die Dolmetscherin der gleichen prophetischen Wahrheiten, und erneuet dadurch aufs ergreifendste
die Erinnerung an längst entschwundene Zeiten. Die Kunst
aber welche mit dem gesammten Volksleben sich stärker entwickelt, treibt sie auch das Göttliche in der Geschichte mit
einer Freiheit und Beweglichkeit, zugleich aber auch mit einer noch vorherrschenden Zartheit und Mäßigung zu schil-

dern deren Bund in den frühern Geschichtswerken ganz unmöglich war; und gerade in diesem Bunde von Freiheit mit Keuschheit und Erhabenheit kann sie ewig als Vorbild für alle ähnliche freier gehaltene Erzählungen dienen. Doch ist alles hieber gehörige schon weiter in Bd. I. erörtert.

Von Schriften über die Natur findet sich aus diesen Zeiten keine Spur mehr. Denn die Weisheit und Untersuchung, einmal in frühern Zeiten so gewaltig angeregt, wollte freilich jezt immer folgerichtiger alles ergreifen, auch das was mit der Religion nicht enger zusammenhängt. Welche tieferen Fragen sie allmälig über alle Naturdinge aufwarf, zeigt vorzüglich das B. Ijob; sogar die jezt herrschend werdende Vorliebe den Sinn und Ursprung der Eigennamen alter Personen und Örter zu erklären (I. S. 27) zeugt von starken Anfängen wissenschaftlicher Bestrebungen. Aber solche Anfänge selbständig weiterzufördern gestalteten sich die Schicksale des Volkes zu ungünstig: das Schriftthum wie das gesammte Volksleben drehete sich immer einziger um Wesen und Geschichte der wahren Religion. In dieser einen Richtung aber erstrebte und erreichte der in Israel einmal erweckte Geist gerade jezt das Höchste und Ewigste, während seine bisherigen irdischen Stüzen schon immer stärker wankten. Wie später im Zeitalter der dahinschwindenden volksthümlichen Kraft der Griechen der längst angeregte höhere Geist dieses Volkes erst seine unsterblichsten Werke versuchte und vollendete: ebenso rang jezt der göttliche Geist in Israel desto freier und desto kühner seine Arbeit zu vollbringen, jemehr er seine alten irdischen Lebenskräfte unwiderbringlich vergehen fühlte. Denn jeder Sieg den die alte volksthümliche Macht etwa noch erlebte, und auch die lezte große Erhebung des übergebliebenen Reiches Juda, erwies sich doch bald wieder als zu schwach um die übermächtig wuchernden tiefern Gebrechen des Alten auf die Dauer zu heilen.

## III. Das übriggebliebene Reich Juda bis zu seinem Untergange.

Das südliche Reich hatte sich nun zwar durch die hohen Stürme der lezten Zeiten hindurchgerettet; ja es hatte sich, nachdem das nördliche untergegangen, wiederum zu dem Muthe einer wirksameren Erfassung der höhern Religion und zu neuer Macht nachaußen erhoben. Eine wunderbare Erhebung des Geistes in seinem ganzen Hoffen und Streben, wie sie durch die außerordentlichen Erlebnisse unter Hizqia vonselbst gegeben war, athmen alle die dichterischen und prophetischen Worte der lezten Jahrzehende, welche sich über allgemeinere Verhältnisse des Reiches verbreiten; und wiedergekehrt schien in diesen sinkenden Zeiten des Königthumes die frische Kraft und die unbegrenzt heitere Aussicht mit welcher einst die eben gestiftete junge Gemeinde in ihre Zukunft geblickt hatte.

Aber wenn man zur Zeit der jungen Gemeinde mit schwellender Hoffnung nur in die Ewigkeit der reinen Gottherrschaft geblickt hatte, so mußte sich jezt die beste Hoffnung auf das Kommen des rechten menschlichen Königs richten durch welchen die Gottherrschaft vollendet würde, und dadurch die Entwickelung aller Messianischen Hoffnungen um einen mächtigen Schritt fortrücken. Denn es ist zwar folgerichtig zu denken dass, wenn die S. 482 f. beschriebene trostvolle Hoffnung des innersten Herzens der alten Gemeinde auf Vollendung der wahren Religion und ihrer Seligkeit sich näher erfüllen soll, dann erst einer in dieser Vollendung und Seligkeit wirklich vollkommen leben und eben dadurch der Anführer und König des endlich zu vollendenden Gottesreiches werden muss: oder diese Vollendung kann niemals kommen. Und da nun in Juda also in dem Lande wo diese Hoffnungen überhaupt nach S. 483 allein ihren lebendigen Quell hatten, das Davidische Haus jezt nach S. 256 f. 418 ff. längst als mit dem Fortbestande und der ewigen Fortbildung der wahren Gemeinde unzertrennlich verknüpft galt, so konnte dieser vollendete König nur als aus ihm kommend leicht er-

wartet werden. Aber dennoch war es während der lezten
50 Jahre erst der Geist Jesaja's gewesen welcher auch diese
Wahrheit schöpferisch ergriffen, und als selbst königlicher
Art auch zum erstenmale das Wesen und das sichere Kommen des vollendeten ächten Königs erkannt hatte. Das Bild
des vollendeten Königs (Messias) des Gottesreiches, wovon
als von seinem höchsten Inhalte endlich der ganze Kreis
dieser Hoffnungen erst seinen dauernden Namen empfing, hatte
er mit dem ganzen Adel seines königlichen Sinnes aufgefaßt
und mit der ganzen Glut seines klaren Geistes in wunderbarer Wahrheit gestaltet; und seinem schöpferischen Vorgange waren andere ihm ähnliche Propheten gefolgt. Denn
den ganzen Jammer des schlechten Königthumes hatte man
damals auch in der alten Gemeinde Jahve's beider Reiche
längst in allen Gestalten erfahren, und keiner auch der bessern Könige welche dagewesen waren hatte die Vollendung
des Gottesreiches gebracht als das einzige lezte Ziel aller
Bestrebungen und Hoffnungen jener Jahrhunderte: aber nur
desto inniger und wahrer hatte sich nun im Geiste des großen Propheten das Bild des Königs gestaltet wie er seyn
müsse wenn er als Vollender des Gottesreiches alle Hoffnung
erfüllen und alle Sehnsucht stillen solle. Er hielt dies leuchtende Vorbild seliger Hoffnung stets zu allen Zeiten sowohl
den Unterdrückten und Verzweifelnden als den entarteten
Machthabern in Israel entgegen, hielt es aber wo möglich
noch reiner fest und verkündigte es noch begeisterter als
Sanherib nach S. 629 ff. dem Reiche Jahve's den jähen Untergang drohete [1]): da ward die ewige verklärte Hoffnung
des Gottesreiches zum erstenmale auch aller Heidnischen
Gewaltherrschaft gegenüber aufgestellt, und nichts ist wunderbarer als wie unerschrocken Jesaja dem Wüthen des
furchtbaren Königs der Könige mit der Ruhe dieser seligen
Hoffnung entgegentrat.

Wirklich ist so das richtige Bild dieses vollendeten Königs gefaßt und sein nothwendiges Kommen fest geahnet zu

---

1) Jes. c. 11 vgl. mit c. 7—9, 6. c. 32.

haben das größte schöpferische Werk Jesaja's: und dies ist
erst der Gedanke von ihm welcher einmal mit seiner Kraft
und Klarheit ausgesprochen nie wieder sich verlieren konnte,
der vondaan noch mehr als die bisherigen allgemeineren
Hoffnungen zum innersten Triebe der ganzen folgenden Geschichte wurde und wenn zuzeiten erschlaffend immer wieder desto gewaltiger alles belebte, bis er endlich das lezte
vollbrachte was im Kreise der Entwickelung dieser Geschichte
möglich. Die äußere Mitte der ganzen Geschichte Israels,
nämlich der Gipfel seiner volklichen Macht, war mit Salômo
gegeben: ihre innere Mitte aber, oder das Sprossen eines
neuen Gedankens welcher troz des Sinkens äußerer Macht
alle auch die höchste künftige Vollendung schöpferisch hervorlockt, war erst mit Jesaja's Geiste und Worte unvergäng-
lich gegeben. Denn die Nothwendigkeit und Gewißheit einer künftigen Vollendung des Gottesreiches war zwar nach
S. 482 f. schön vor Jesaja von den größten Propheten ausgesprochen; und sie mußte erkannt werden sobald alles das
Große was in der Gemeinde von Mose bis Davîd und Salômo gewonnen war in den spätern Wirren ernstlich in Frage
kam: denn der innerste Geist empörte sich gegen die Möglichkeit dass dies alles wieder verloren gehen solle, drang
also mehr oder weniger klar auf seine Vollendung. Allein
wie die Vollendung kommen könne war dabei noch sehr unbestimmt geblieben, währenddoch das Gefühl einer allgemeinen Nothwendigkeit solange ein ganz unklares und daher
zerstörbares bleibt als nochnicht ein bestimmter Weg wie
die Nothwendigkeit zur Wirklichkeit werde angegeben ist.
Daneben ging zwar auch, wie gesagt, schon früh durch die
Jahrhunderte der Spaltung und des Verfalles des Reiches die
Ahnung dass das Davîdische Haus nicht fürimmer so gebeugt
bleiben, vielmehr sich einst in der Vollendung des Gottesreiches wieder zu höherem Glanze erheben werde [1]: soviel

---

[1] der älteste Schriftsteller welcher diesen Glauben erwähnt ist
der ältere Erzähler der Königsgeschichten 1 Kön. 11, 39 vgl. 2 Sam.
7, 11—16. Es folgen dann Amos 9, 11 f. und Hosea welcher 3, 5
den zu hoffenden Messias selbst zwar kurz Davîd nennt, aber mit

wirkte die Erinnerung an ‚David's. Größe nach. › Aber erst'
Jesaja war es welcher; im Geiste den rechten Weg vorzeich-
nete, wie diese, zerstreuten Ahnungen, erfüllt werden müßten [1]. Es muss; éjner kommen welcher allen den Anfode-
rungen der wahren Religion vollkommen genügt, sodass diese'
in aller Wahrheit und in allen Kraft aus ihm wirkt, diesem
éinen muss eine bisdahin niegesehene wunderbarste innere
Herrlichkeit und göttliche Macht einwohnen, weil er die alte
Religion deren Forderungen noch niemand genügte und zwar
in der geistigen Verklärung welche die großen Propheten
verkündigten vollkommen verwirklichen soll; kommt nicht
éiner erst der dieser Religion in ihrer reinsten Verklärung
genügt; so wird sie nie vollendet werden und ihr Reich nie
kommen können; aber dieser éine wird und muss kommen;
weil sonst die Religion welche ihn fordert falsch wäre; und
ér ist erst der wahre, also auch weil über ihn hinaus nichts
zu denken' ist der ewige unwiderstehlich machtvolle König
der Gemeinde des wahren Gottes, jener menschlich-göttliche
König welcher in dieser Gemeinde eigentlich immer schon
kommen sollte seitdem sie ein menschliches Königthum in
ihrer Mitte hat, aber immer nochnicht gekommen war. Er
ist als der nothwendig kommende zu erwarten, zu begehren,
zu erflehen: und wie selig ist es ihn auch nur gläubig zu
erwarten und sein Bild, wie er im einzelnen seyn wird, näher zu verfolgen! Das Bild seiner innern Herrlichkeit entwerfen, ist die Möglichkeit der Vollendung aller Religion genauer verfolgen; und an sein nothwendiges Kommen glauben, ist nun an die Vollendung alles göttlichen Wirkens auf
Erden glauben. Vor dem Blize dieser Wahrheit wie sie in
Jesaja's Geiste leuchtete tritt jede niedere Ahnung und Hoff-

---

Anspielung auf das fortdauernde Davidische Geschlecht in Juda, wie
aus 1, 7 und 1 Kön. 12, 16 erhellt. [1] dass die Stelle über
Shilo Gen. 49, 10 nicht hieher gehöre, bedarf jezt keines langen
Beweises. Der Ausspruch über den Samen des Weibes Gen. 3; 15
fällt erst kurz vor Jesaja's Zeit, enthält aber nur eine ganz allgemeine Messianische Hoffnung, nicht eine Hinweisung auf einen einzelnen Messias.

nung zurück: *wie* der Messias seyn müsse und *dass* er gewiss komme, wird nun die Hauptsache alles Ahnens und Hoffens; und wennauch Jesaja daneben noch immer nach älterem Herkommen von David's Hause als einem Grunde heiliger Hoffnung spricht [1]), so fullt seinen Geist doch nur das Bild der innern Herrlichkeit des Messias, woneben alles äußere gleichgültiger wird; nur seine Gewißheit und sein klares leuchtendes Bild lebt in ihm aufs stärkste, und nur dahin sucht er mit aller Macht den Glauben seiner Hörer zu richten.

Die Ankunft dieses Messias kann nun zwar nicht gewaltsam herbeigefuhrt werden. Allein man würde sehr irren meinend dass Jesaja sie als erst nach vielen Jahrhunderten möglich sich gedacht hätte: vielmehr liegt es in der Sache und wird durch die bestimmtesten Zeugnisse bestätigt [2]), dass das ebenso gläubige als klare Auffassen einer solchen nothwendigen Vollendung auch schon den stärksten Drang nach ihr in sich schließt. Auf ein zeitliches Vorausberechnen der Zukunft kann es hier zulezt nicht ernstlich ankommen; und zeigt auch die Erfahrung dass die Hoffnung auf die lezte

---

1) Jes. 11, 1 vgl. mit 9, 6. 37, 35 sowie mit 29, 1. Mikha als Landprophet beschränkt dann die Abkunft des Messias sogar wieder noch folgerichtiger auf das kleine Davidische Bäthlehem, 4, 8. 5, 1 ff.: s. darüber weiter die *Propheten des A. Bs* I. S. 336 ff.

2) in Stellen wie Jes. 7, 14 ff. 37, 30—32 versucht sogar der gläubige prophetische Sinn den Verlauf der ganzen Messianischen Entwickelung in den nächsten Jahren sich als erfullt zu denken: ein Versuch der sich später fast bei jedem Propheten wiederholt; und Jeremja der diesen Verlauf am weitesten in die Zukunft ausdehnt, denkt sich ihn doch nicht als uber ein Jahrhundert hinausgehend. Dieses Ringen des Geistes den Verlauf der Zukunft näher zu überschauen fließt nur aus der Innigkeit des Glaubens selbst: daher die reine Wahrheit und der Inhalt dieses Glaubens auch dadurch nicht leidet dass die lezte Erfullung nicht sobald kommt als der gläubige Blick sie sich vorstellte. Allein man würde alles verkennen und verdrehen, wollte man läugnen dass die Propheten sich die Erfüllung nicht als durch eine weite Kluft von Jahrhunderten von ihrer Zeit getrennt dachten. Die strengste Ahnung findet sich jedoch auch in dieser Hinsicht bei Mikha, 7, 11.

Vollendung sich nicht so schnell erfüllen könne, als die begeisterte Sehnsucht wünschte; doch bleibt ihr Inhalt, als ansich wahr, und nothwendig unzerstörlich, erhebt sich auch leicht in jeder günstigeren Zeit zu neuer Kraft: allein ist die Hoffnung wirklich rege, so muss sie wenn sie keine müssige seyn will nichtnur an eine möglichst nahe sichere Erfüllung glauben sondernauch den Geist treiben sogleich wenigstens sóviel von ihr zu erstreben als sich erreichen läßt; ja jener Glaube ist schon dieses starke Streben, weil der Messias nur alles Menschliche vollendend gedacht wird.    Darum sind dennauch die Zeiten seit Jesaja's Wirken schon messianische d. i. christliche wenigstens im Streben oder in der einmal gegebenen ächten Richtung, also in dem Drange dem nun aufgestellten klaren Bilde der Vollendung sich immer stärker zu nähern. Und sofort bei dem ersten Erscheinen dieser durch Jesaja's Geist verklärten Hoffnung trat auch der Drang nach ihrer Erfüllung ein, und, auf das mächtigste erging an die damals lebenden oder heranzubildenden Könige, die Aufforderung dem Messianischen Bilde wenigstens so weit als möglich zu entsprechen, also auch solche wahre Verbesserungen durchzuführen welche ein Bedürfniss der mit der Zeit selbst fortgeschrittenen höhern Religion geworden waren [1]. Inderthat war ja schon die ganze Herrschaft Hizqia's, soweit es in seinen Kräften lag, ein Versuch gewesen der höheren Religion als Richtschnur treu zu folgen und alle von ihr geforderten Verbesserungen im Reiche durchzuführen. Nach dieser Herrschaft mußte in der gleichen Richtung noch höheres erstrebt oder ein ganz anderer Weg rückwärtshin eingeschlagen werden; es mußte sich noch bestimmter als jemals früher zeigen was in Bezug auf die höchste Aufgabe Israels innerhalb der fortlaufenden Kette des Davîdischen Königreiches und der bisherigen Volksentwicklung möglich war oder nicht.

Allein je mächtiger der Drang zur Vollendung des Rei-

---

1) man vgl. z. B. nur wie die Messianische Schilderung Jes. 32, 1—8 mit Blicken in der damaligen Welt Verkehrtheiten schließt; Ps. 72,

ches und zur kräftigen Verbesserung eingeschlichener Mängel
wurde, desto stärker konnte auch der Widerstand dagegen
sich regen. Zwei verschiedene Richtungen hatten längst, ja
nach S. 424 eigentlich seit der Spaltung des Davidischen
Reiches in Juda geherrscht: jezt wo sie durch den innern
Fortschritt der alten Prophetie und Religion und die verklärte
Messianische Hoffnung noch ungleich gespannter geworden,
ist es nicht auffallend dass der alte Gegensaz des bessern
Strebens nocheinmal über 60 Jahre lang mit einer früher unerhörten Gewalt hervorbricht und das äußerste versucht um
eine immer nothwendiger und fühlbarer gewordene große
Reichsverbesserung zu hintertreiben. Hatten sich doch nun
im Laufe der Zeiten auch die heidnischen Religionen in ihren Glaubenssäzen Orakeln und Künsten aufs höchste ausgebildet und einen früher zumal in dem ernsteren zurück-
gezogenern Juda noch weniger bekannten Reiz erlangt: und
je höher jezt auch die reizende heidnische Bildung vieler
Völker stand, desto weniger konnte ihr Streit und Wetteifer
mit dem strengern Jahvethume ausbleiben. Denn die Zeiten
des Verfalles des Heidenthumes fangen in jenen Gegenden
erst später an: damals bluhete es noch und konnte in einen
wahren Wettstreit mit dem Jahvethume auch so wie dieses
in Juda sich ausgebildet hatte treten. Endlich freilich bricht
die Wahrheit des Jahvethumes wieder mit Macht durch: mit
ihr dringt die Reichsverbesserung durch den langen heftigen
Widerstand nur um so heftiger ein. Aber jede Reichsverbesserung der Art fordert, um glücklich durchgefuhrt zu
werden, eine rechte Art ihrer eigenen Durchführung und
dann einen noch gesunden Leib des Volkes welches der Träger des Reiches in allen dessen Gestalten seyn soll: es fragt
sich also, ob dabei jene rechte Art waltete, und ob dieses
Volk da sich noch von übermächtigen Gebrechen frei genug
erhalten hatte oder ob es schon zusehr an tiefgewurzelten
Verkehrtheiten litt als dass es im Sturme der Zeiten die We-
hen einer großen innern Umwandelung zum Bessern noch
überstehen konnte. Die Geschichte zeigt dass lezteres hier
der Fall, und dass das Reich zerriss eben da es eine große

innere Verbesserung über sich genommen hatte.. Doch wir
müssen, jezt, die 3; Entwickelungen, dieses, mitten im unaufhaltsamen „Falle‘ immer lehrreicher werdenden lezten Zeitraumes von 112 Jahren näher betrachten. Dass keiner der
noch „auf David's Stuhle“ folgenden Könige innerhalb dieser
112 Jahre, der, Messias Jesaja's wurde, lehrte freilich der
Augenschein: aberdoch wurden diese lezten Jahre des Davidischen Reiches noch von der wichtigsten Bedeutung für
die Förderung der unendlich großen Aufgabe deren Lösung
dem alten Volke überhaupt oblag.

.. Die Zeitrechnung entbehrt nun, da nur das eine Reich
übergeblieben, des Vortheiles einer Vergleichung mit der des
andern (vgl. S. 431): doch finden wir bisjezt keinen Grund
an der Richtigkeit der den einzelnen Königen beigelegten
Herrschaftsdauer zu zweifeln ¹).

### I. Die Zeiten des gewaltsamen Rückschrittes.

#### König Manasse und sein Sohn.

Manasse gelangte als ein 12jähriger Sohn Hizqia's zur
Herrschaft ²) und behauptete diese 55 Jahre lang bis zu seinem Tode. Troz dieser längsten Herrschaftsdauer welche je
bei einem Könige Juda's vorkommt, erzählen die jezigen Geschichtsbücher von ihm nur weniges; ebenso rasch eilen sie
über die 2 Jahre der Herrschaft seines ihm gleichgesinnten

---

1) nur bei Amôn 2 Kön. 21, 19 haben die LXX nach dem cod.
Alex. 12 Jahre Herrschaft statt 2, und e.c e entsteht 2 aus 12 als
umgekehrt, sodass man diese Lesart vorzuziehen versucht wird: doch
wäre dies soviel wir bisjezt sehen können willkührlich.

2) spätere Gelehrte, wie wir schon aus Jos. arch. 10: 2, 1 sehen,
haben sich eingebildet er sei Hizqia's einziger also spät geborner Sohn
gewesen, und Hizqia fürchte sich in seinem Liede Jes. 38 vorzüglich
auch deswegen vor dem Tode weil er damals noch keinen Sohn erzeugt gehabt habe. Solche Träumereien werden durch Worte wie
Jes. 38, 19 (wonach Hizqia damals schon Söhne hatte) und 39, 7
ausdrücklich widerlegt. Wir finden nach S. 419 auch sonst dass
nicht gerade der erstgeborne Königssohn König in Juda wird.

Sohnes Amôn [1]) hinweg, welcher 22jährig König wurde; ja
.auch über die früheren Herrschaftsjahre des Sohnes von diesem, Josia, welcher mit 8 Lebensjahren unmündig zum Königs-
stuhle gelangte, schweigen sie völlig. Denn wir kommen hier
nocheinmal zu einem längeren Zeitraume wo das helle Licht
der alten Gemeinde sich verfinstert und schwere Verirrungen
jeden Fortschritt des Volkes zum Bessern hindern: uberall
aber gehen die Geschichtsbücher des A. T. über solche un-
heimliche Zeiträume rascher hinweg. Und so würden wir zur
näheren Erkenntniss dieser über 60 Jahre sehr wenige Quellen
haben, wären nicht sonst im A. T. Schriften aus diesen Zeiten zerstreut die man nur alle richtig wiedererkennen muss
um ihre geschichtliche Bedeutsamkeit zu schäzen [2]), und kämen
uns nicht auch außer dem A. T. wichtige Nachrichten über
die allgemeinen Zustände jener Jahre zuhulfe.

Manasse kehrte zu den Sitten und Göttern seines Großvaters Achaz zurück: war doch das Reich bei Hizqia's Tode
wieder mächtig und blühend geworden, wieder zu aller Sicherheit und Üppigkeit des Lebens verlockend; und lagen
doch zwischen der Herrschaft des Enkels und des Großvaters
nicht mehr als 29 Jahre, sodass noch manche leben konnten
welche einst unter Achaz den niederen Richtungen des Israelitischen Lebens gefröhnt hatten. Gerade einige der unter
Achaz mächtigsten Häuptlinge scheinen beim Tode des guten
Hizqia sich des 12jährigen Herrschers bemächtigt und seinen
Geist frühe fürimmer verdorben zu haben. Allein die Zeit

---

1) die LXX haben dafür im Königsbuche aber nicht in der Chronik 'Αμώς; daher Fl. Jos. 'Αμωσός. Der Name klingt allerdings sehr
ägyptisch; vgl. unten. 2) es sind außer dem eigentlichen
Deuteronomium die B. Jes. 52, 13—53, 12. 56, 8—57, 11 und wahrscheinlich auch 40, 1 f. von dem großen Ungenannten seinem Werke
eingewebten Stücke von Propheten welche nur unter Manasse so reden konnten. An diese Stucke schliesst sich dann späterhin Ssefanja
und Jer. c. 2. 3—6. Ferner gehören hieher aller Wahrscheinlichkeit
nach das Ps. 10, 1—11 eingewebte Stuck eines Liedes, Ps. 140—
142 und wohl noch einige andere Lieder ähnlichen Geistes; einige
dieser sind unten noch besonders genannt.

war dennoch schon soweit fortgeschritten dass die jezt zur Herrschaft gekommene Partei theils freiwillig theils gezwungen weit über das was unter Achaz versucht war hinausging.

Manasse stellte alle die verschiedenen Arten heidnischer Opfer und Gebräuche her welche unter Achaz galten. Aber da inzwischen Hizqia eine Vertilgung derselben wenigstens versucht hatte, so richtete Manasse nichtbloss die etwa schon zerstörten Bilder und Opferstätten wieder her, sondern er ging nun auch selbst in dem Gegensaze viel weiter. Er versuchte alle möglichen heidnischen Religionen kennen zu lernen und in Juda einzuführen, sandte deshalb in die entferntesten Länder woirgend ein damals berühmter Gottesdienst herrschte; und liess sich keine Mühe dabei verdrießen.[1]): jede neue noch kräftige und gesuchte Religion brachte ja nichtbloss eine neue Art des Orakels oder des sinnlichen Reizes und der Lust, sondern auch ihre eigenthümliche Weisheit mit; und das Streben nach Weisheit hatte sich nun in Israel seit Salômo längst (S. 550 ff.) so stark weiter entwickelt dass es nicht zu verwundern ist wenn einmal die volle Lust erwachte die Geheimnisse aller Religionen zu besizen und damit einen Reichthum zu erwerben den die so einfache und ernste Jahve-Religion nicht zu geben schien. Dann aber versuchte Manasse auch dem ganzen Volke mehrundmehr die heidnischen Religionen zugänglich und angenehm zu machen. So liess er nichtnur auf dem Tempeldache die von Achaz gebaueten kleinern Altäre für den Babylonischen Sternendienst (S. 618) herstellen, sondern errichtete auch für denselben größere Altäre in beiden Vorhöfen des Tempels[2]), also sichtbar só dass die im größern äußern Vorhofe errichteten zum beliebigen Gebrauche für das ganze Volk freiständen. Und wirklich ist erst von Manasse's Zeit an dieser Babylonische Sternendienst só tief in das Volk eingedrungen dass viele noch bis ein Jahrhundert nachher nicht wieder von ihm ablassen wollten und die spätern Propheten nicht oft genug dagegen reden kön-

---

1) B. Jes. 57, 5—10. Jer. 2, 10—13. 23,—28.
2) 2 Kön. 21, 4 f. 23, 12 vgl. Jer. 7, 30.

nen [1]). ·Für die Phönikische Astarte liess er gar im Tempel
selbst einen Musterdienst einrichten, mit ihrem Bilde und meheren kleinern Häusern wo die unkeuschen Priesterinnen für
ähnliche Astartenbilder im Volke heilige Kleider webten [2]):
so den Tempel·sebst zu entheiligen hatte kein früherer Herrscher gewagt, sosehr auch schon früher der Astartendienst bei
vielen beliebt war (S. 379 f. 468). Und wenn Achaz erst mehr
für sich das Molokh-Opfer eingefuhrt und einen seiner eigenen
Söhne.ihm geweihet hatte: so bauete Manasse ihm eine glänzende Feuerstätte *(Tófet)* im Hinnóm-Thale an der südlichen
Ringmauer Jerusalems, und begünstigte das Überhandnehmen
dieses schauerlich-grausamen Gebrauches [3]). · Ja einigen Spuren nach entfernte Manasse sogar den.Altar Jahve's aus dem
Vorhofe und die Bundeslande aus.dem Heiligsten des Tempels [4]).

   Aberdoch hatte die höhere Religion unter Hizqia's Herrschaft einen zu gewaltigen Aufschwung genommen als dass
Manasse seine ihr völlig entgegengesezte Richtung ohne sich
stets steigernde gewaltsamste.Mittel hätte zur Herrschaft bringen können. Noch nie waren die Gegensäze im Reiche Judá
so scharf aufeinandergestoßen. Ein König der den Jahve-

---

1) Sséf. 1, 5. Jer. 7, 18. 8, 2. 19, 13. 32, 29. B. Jes. 65, 3. Denn
der Dienst der Königin des Himmels welcher zu Jeremja's Zeit schon
alt war Jer. 44, 17, kann doch kaum vor Manasse's Zeit so allgemein
geherrscht haben und so tief ins ganze Volk eingedrungen.seyn.

2) 2 Kön. 21, 3. 7. 23, 7: an lezterer Stelle ist für בְּתִים nach
S. 390 *nt.* vielmehr בְּגָדִים zu lesen. Jer. 7, 30.        3) man muss
mit 2 Kön. 16, 3. 21, 6. 23, 10 die Schilderungen Jer. 7, 31 ff. 19, 5 ff.
Hez. 23, 37 vergleichen, und hinzunehmen dass der Gebrauch des
Wortes *Tófet* in diesem besondern Sinne noch zu Jesaja's Zeit nicht
üblich war, wie aus Jes. 30, 33 erhellt. Allen Spuren nach war es
erst Manasse der Tófet bauete.        4) dass er den Altar entfernte, wie nach S. 620 schon Achaz in gewisser Hinsicht wollte,
folgt aus 2 Chr. 33, 16; dass er die Bundeslade vernichtete, welche
man auch später als andere Zeiten wiederkehrten nicht wiederherzustellen wagte (s. unten), folgt mit Wahrscheinlichkeit aus Jer. 3, 16
wonach man sie zu Jeremja's Zeit schmerzlich vermißte; die Worte
Josia's 2 Chr. 35, 3 (wo übrigens für תנו nach den LXX בָּתְנוּ zu
lesen ist) beruhen auf einer zu freien Darstellung als dass sie das
Gegentheil beweisen könnten.

dienst höchstens so wie jede andere Religion bestehen liess, selbst aber Juda zu einem wahren Sammelplaze heidnischer Religionen machte und seine Unterthanen zu diesen gewaltsam verleitete — in einem Reiche dessen alte Religion gesezlich keine andere neben sich duldete, und in einer Zeit wo diese sich eben wieder kräftiger erhoben hatte und dem Könige das klare Bild des nothwendig zu erwartenden vollendeten Herrschers vorhielt! Dass das Königthum Israels ebenso wie das Priester- und Prophetenthum die wahre und dazu jezt schon durch ihr Alter ehrwürdige Religion aufrechterhielt und nur von ihr aus sich bewegte und athmete, war die von seiner Stiftung an sich selbst verstehende Voraussezung, dass es allmälig andre Religionen im h. Lande zerstreut wenigstens duldete, schien schon gefährlich; als es aber im Zehnstämmereiche durch das Heidenthum gar die wahre Religion verdrängen wollte, da hatte sich diese durch Elia's Feuereifer und Jehu's Schwert aufs gewaltigste dagegen erhoben, und alle Könige sogar des Zehnstämmereichés hatten es seitdem nicht gewagt sie offen zu verdrängen; auch in Juda wollte Achaz troz aller Vorliebe für heidnisches Wesen doch sie äußerlich in Ehren lassen (S. 620). Und nun in diesem Juda dem einzigen noch aufrechtstehenden hohen Reiche dieser Religion, die offenste Feindseligkeit gegen ihr Heiligstes vom Könige selbst, und das in einem Reiche welches ganz anders als das Zehnstämmereich die königliche Gewalt hochzuachten und nie ihr durch wilde Empörung zu begegnen gelernt hatte!

Allerdings beugten sich da sehr viele unter dem eisernen Stabe welchen Manasse schwang: alle Arten von Leitern des Volkes, über deren sittlichen Verfall schon im vorigen Jahrhunderte geklagt wurde, entarteten in der vonobenher verpesteten Luft dieser Zeit noch weiter bis zu einem kaum glaublichen Übermasse: die Propheten welche allezeit im treuesten Dienste der Wahrheit wachen sollten, wurden meist wie stumme feiste Hunde[1]), viele Priester ließen sich zu beidni-

---

1) nach dem Bilde B. Jes. 56, 9—12 vgl. mit ähnlichen Beschreibungen Ssef. 3, 4. Jer. 2, 26 f. 5, 13 f. 31. 6; 13 ff.

schen Opfern verführen [1]), die Richter und Mächtigen kehrten sich .wenig an das ewige Recht [2]); Zweideutigkeit und Heuchelei riss unter solchen ein welche am strengsten der öffentlichen Wahrheit des Lebens dienen sollten [3]), wahrend die Handel und Gewerbe treibenden in die starreste Gleichgültigkeit gegen alles Höhere versinkend . nur an Erwerben und Genießen von Schäzen dachten [4]). Ja eine so furchtbare Entsittlichung kam. unter dieser Herrschaft empor dass . man dérer welche der. alten Religion treuer blieben entweder als Narren schonungslos spottete [5]) oder sie in kalter Verachtung rettungslos untergehen liess [6]), ja sie noch nach ihrem unschuldigen Tode verhöhnte [7]). · Alle die frömmeren und treueren Bekenner Jahve's, sovielenur den gewissenhaftern und bessern Kern des Volkes bildeten, sahen sich von der größern Hälfte ihrer Mitbürger in. einen unaufhörlichen und unauflöslichen Kampf verwickelt, der bald durch heimliche Ränke bald durch offene Gewalt geführt alle Verhältnisse des Lebens vergiftete, durch Stadt und Land sich hinzog und auf die Länge der. Zeit den hülfslosen oft auch lieber . duldenden. als sich rächenden Jahvetreuen stets nachtheiliger werden mußte [8]). Als ein solcher Zustand sich zu befestigen anfing, konnten auch die Besseren leicht gänzlich verzagen und verzweifeln, ja ernstlich an der Gerechtigkeit Jahve's irrewerden [9]): denn noch nie war im Reiche Juda das innerste Herz der alten Religion so schwer getroffen als jezt. Dass die Treue in der wahren Religion Sicherheit und Glück des Lebens bringe noch fur Kind und Kindeskinder, war der seit Mose's und Josua's siegreichen Tagen sich ausbildende Glauben Israels, welcher obwohl allmälig wankend doch immer wieder sich befestigt hatte und noch zulezt unter Hizqia so wunderbar sich bestä-

---

1) Ssef. und Jer. ebenda.    2) Spr. 24, 11. Ssef. 1, 8 f. 3, 1—3. Jer. 5, 26 ff. Ps. 55, 10—16. 35, 11 ff.    3) Ssef. 1, 5: 4) Ssef. 1, 10—13. 18.    5) B. Jes. 57, 4. Ps. 35, 16—25. · 6) B. Jes. 57, 1 f.    7) B. Jes 53, 9.    8) Ps. 10, 1 —11. Ps. 140—142. 55. 17 und manche ähnliche. Spr. 1, 11—19. 2, 12—15. 4, 14—17. 24, 15. 21 f.    9) B. Ijob. Ps. 10, 1. vgl. Ps. 73, 1—14. Ferner Spr. 3, 31. 23, 17. 24, 1. 19. Ps. 37, 1 ff.

tigt ·zu haben ·schien: und nun ˙bald darauf die ·tiefste Er-
schütterung eben dieses˙ Glaubens, ˙unddas im bestehenden
Reiche Jahve's selbst, ·ja ˙ausgehend ·vóm Könige und ˙den
Großen˛ dieses ˙Reiches! ˙˛

Aber˛ wenn ·viele· in dieser·schweren. Versuchung; wie
seit den˛ Ägyptischen ~Zeilen'. keine in· der Gemeinde erhört
gewesen˛·war, übel bestanden, einzelne gingen doch·während
ihrer ganzen ·Dauer. unbefleckt ˛aus· ihr. hervor. und ·wurden
mitten im äußern Untergange: für alle übrigen· leuchtende Beispiele des göttlichen ·Sieges. Manasse, erzählt ·das˙jezige Königsbuch sehr kurz, vergoss sehr viel·unschuldiges˛Blut, so-
dass· er Jerusalem ˙davon erfüllte von· einem Ende zum ·an-
dern [1]); und dass es besonders die. treuen Propheten und
Richter.˙waren ˙deren Blut im Wüthen schonungsloser ·Verfol-
gung˙ wie von. dem Schwerte· eines dunkeln göttlichen Zornes
vergossen wurde, ·liegt·im Wesen der Sache und wird durch
alte Zeugnisse hinreichend bestätigt [2]). . Aber der ·standhafte
Tod éines·:schuldlosen˛ Blutzeugen . gab. bald Hunderten eine
neue wunderbare˙ Kraft. mit Überwindung˛eigener· Furcht seinem. Beispiele zu folgen, wie wir dies˛noch· aus einer erha-
benen˛ Schilderung ·deutlich ersehen können [3]). · Bei allen ge-

---

1) 2 Kön. 21, ·16. 24, 3 f. Nach einer Erzählung der ·spätern Juden hätte Manasse auch Jesaja'n in seinem höchsten·Alter grausam
durch die Säge hinrichten ˛lassen: allein sollte auch schon Hebr. 11,
37 darauf angespielt seyn, wenigstens. Fl. Josephus eszählt davon
noch nichts; und soviel wir jezt sehen können, beruhen alle spätern
Nachrichten darüber auf den zwei Apokryphen über Jesaja's Leiden
und Himmelfahrt welche nach alten Übersezungen neuerdings besonders von Lawrence und Gieseler bekanntgemacht sind. ·

2) Jer. 2, 30. Ps. 141, 6. Nach ·lezterer ˛Stelle scheinen mehere
weltliche Großen von der Partei der Treuen einen Widerstand versucht aber˙ grausam geendet zu haben.        3) es ist ˙die Schilderung welche jezt von einem spätern Propheten zu·einem andern
Zwecke angewandt und umgearbeitet erscheint B. Jes. 53; die sich
aber nach ihrem ursprünglichen Sinne nur als durch den Bluttod
eines Propheten zur Zeit Manasse's und die dadurch bei Überlebenden veranlaßten und bei dem folgenden Umschwunge zum Bessern
lautwerdenden Empfindungen entstanden ˙denken lässt. Die Anwen-

fühlvolleren jüngeren Zeitgenossen ward es bald Gewissens-
sache lieber sich in.den gefahrvollen Dienst des Bekenntnis-
ses:Jahve's zu begeben als in den reizenden der damaligen
Herrschaft, lieber selbst die rauhe Sprache der·Ermahnung
und Züchtigung reiferer Jahve-Bekenner zu.hören·als von
den Leckerbissen der leichtsinnigen Machthaber zu genießen [1].
Und.wenn in meheren jezt erhaltenen Liedern dieser.Zeiten
das argbedrängte und tiefgebeugte Herz der Treuen schwer
zum Himmel aufseufzt und nur erst im Hülfeflehen sich Erleichterung sucht, so erhebt sich in anderen schon desto
freier und kühner die Zuversicht des mitten im Leiden herrlich entfalteten reinern Glaubens; ja im B. Ijoh vermählt sich
mit diesem Glauben auch die seelenvolleste Kunst um die
höhere Wahrheit zu verklären welche hier keimen konnte.
Kein.Schriftstück.aber.kann.die Gefuhle welche das·Herz
der Frömmsten in diesen Zeiten bewegten, tiefer und ·wah-
rer ausgesprochen haben als die Krone.aller jezigen prophetischen, welches.aller Wahrscheinlichkeit nach ursprünglich
nur durch diese lange Leidenszeit..veranlaßt wurde [2].

Darum brachte denn auch diese lange Leidenszeit unter
Manasse ganz andere Früchte.hervor als jene Blutzeit des
Zehnstämmereiches in welcher Elia gegen Ahab kämpfte. Dort
siegten die Propheten im Reiche, aber die neue Wahrheit
welche endlich dort.keimte war ihrem eigenen Sinne fremd
(S. 566 ff). Hier unterlagen sie ohne je wieder ein bedeutenderes Ansehen im Reiche zu gewinnen, aber die Wahrheiten siegten welche ihr Reden wie ihr Schweigen ihr.Le-

---

dung welche der jezige Prophet B. Jes. 52, 13 ff. davon macht, hält
sich dann nur an die Wahrheit der Gedanken: ebenso hat ganz Israel im Exile bis zum Tode gelitten und muss wenn es der Wille
Gottes fordert noch ferner so leiden, soll aber dafür doppelt verherrlicht werden wenn die einzelnen Überlebenden die durch jene Leiden errungene Rechtfertigung ergreifen.       1) Ps. 141, 3—7:
vgl. über die richtige Erklärung dieser schwierigen Worte das in den
*Jahrbb.* V. bemerkte.       2) nämlich jenes schon erwähnte von
einem spätern Propheten etwas umgearbeitete und jezt zufällig ins
B. Jesaja 52, 13 — c. 53 vgl. 40, 1 f. gekommene Stuck.

ben wie ihr Sterben verkündete; und diese Wahrheiten waren von ewiger Bedeutung und unvergänglichem Leben.  Hier
wurde jene ,verklärte Ansicht von dem menschlichen Leiden
und der Gerechtigkeit Gottes gewonnen, welche das B. Ijob
in nie verwelkender Schönheit darlegt und welche seitdem
in der Gemeinde Israels stets mächtiger in alle Herzen eindrang.  Und hier lernte endlich aus innerstem Bedürfnisse
der Geist alle Schrecken des Todes: kühn überwinden und
sich frei zu dem Glauben an seine eigene göttliche Unzer-
störlichkeit erheben [1]): die Unsterblichkeit des reinen Geistes
und seine stets herrlichere Auferstehung troz aller Anschläge
ihn zu vernichten lehrte hier die Geschichte ebenso stark in
den Augen aller Menschen und der Feinde selbst, als der
Glaube an sie allein die wahre Kraft zum standhaften Leiden
dénen reichen konnte welche der Stachel dieser herben Zeit
am unentweichbarsten und schmerzlichsten traf. So traten
Wahrheiten in den Kreis der alten Religion welche sie seit
ihrer Stiftung nicht besass, ja welche einen ihr ursprünglich
anklebenden Mangel [2]) ergänzten.

. . Die vielen Israeliten welche schon damals unter heidnischen Fürsten leben mußten, theils die vom Zehnstämmereiche theils auch zerstreuter viele aus Juda, hatten leicht
ähnliche Leiden und Prüfungen zu bestehen, wenn sie ihrer
Religion treu bleiben wollten; wie wir auch aus einigen Liedern noch deutlich sehen [3]).  Doch konnten sie wenigstens
auf das Reich Juda als ein noch bestehendes hinblicken und
einst am Tempel zu Jerusalem sich nocheinmal laben zu können hoffen; sodass sie troz ihrer gezwungenen Entfernung
vom Vaterlande doch glücklicher waren als die welche dicht
am alten Heiligthume und mitten in der noch bestehenden

---

1) B. Ijob; Ps. 16. 49. 73.  Dass das B. Ijob die Unsterblichkeit
lehre, ist lezthin auch von *Köstlin* (dem Vater) erwiesen in der Schrift:
de immortalitatis spc, quae in libro Iobi apparere dicitur, Tub. 1846;
ich selbst habe weiter darüber geredet in den Tübingischen theol.
Jahrbüchern 1843.          2) nach II. S. 171 ff.
3) vorzüglich deutlich Ps. 16 und Ps. 22; wohl schon etwas früher Ps. 56 f. 61. 63.

Gemeinde solche Gräuel erfahren mußten. Darum ist es als hätten eben noch vor der Auflösung des alten Reiches viele solche bitterste Prüfungen über die treuesten seiner Bürger kommen müssen, damit noch zur rechten Zeit die höchsten Wahrheiten emporkämen welche sich in der alten Gemeinde ausbilden konnten, und ohne welche gewonnen zu haben dieser selbst nicht leicht die schüzende Mauer eines volksthümlichen vaterländischen Reiches eingerissen werden konnte.

### *Neubeginnende Auflösung des Reiches.*

Denn dass bei solchen innern Zerrüttungen das Reich, nachdem es unter Hizqia sich wieder kräftiger erhoben hatte, bald aufsneue sehr geschwächt werden mußte und die beste Kraft ruhigen Wohlstandes im Innern sowie erfolgreichen Widerstandes nachaußen verlor, ist ansich offenbar; und bestätigt sich durch die wenigen Spuren der Zeitgeschichte welche wir noch entdecken können. Jeremjá welcher im nächsten Menschenalter lebte, leitet nicht ohnegrund die Unentwirrbarkeit der Wirren unter deren tückischer Wucht seine Zeit seufzte vorzüglich von Manasse's Fehlern ab [1]). Noch schneller zeigten sich nachaußen die übeln Folgen.

Die Nebenländer welche seit Uzzia oderdoch wenigstens theilweise seit Hizqia zu Júda gehörten, Philistäa, Edóm, Moab, 'Ammôn, finden wir gegen das Ende dieses ganzen 60jährigen Zeitraumes wieder völlig unabhängig von Juda, ja kecker und höhnender als je früher gegen es auftretend [2]); und wir können sehr wohl annehmen dass ihr Abfall von Juda schon in den ersten Jahren der Herrschaft Manasse's gelang. Auch blieben sie, ausgenommen eine kurze Zeit unter Josia, seitdem bis zur Zerstörung Jerusalems vom Reiche unabhängig. — Aber auch die Assyrische Macht regte sich nach Sancherib's Tode allmälig wieder stärker in den südwestlichen Ländern, und versuchte vor ihrem endlichen Falle nocheinmal unter einem etwas kräftigeren Könige möglichst

---

1) Jer. 15, 4 vgl. 2, 30, ebenso der lezte Verfasser des Königsbuches II, 23, 26. 24, 3.  2) nach Ssef. 2, 4—19 vgl. Jer. 47, 1 — 49, 22. 25, 20 f.

nach jeder Richtung hin ihr früheres Ansehen herzustellen.
Aus den äußerst dürftigen Nachrichten über die lezten Assyrischen Könige klingt noch soviel deutlich hindurch, dass
ein König Axerdis Ägypten und mehere Theile vom niedern
d. i. am Meere gelegenen Syrien eroberte [1]. Dieser Axerdis ist gewiss derselbe mit dem Asaridin in Ptolemäos' Kanon und mit dem am besten erhaltenen Namen Asarhaddon
im A. T. [2]; und wenn er zur Zeit der Dodekarchie oder der

---

1) Abydénos bei Eus. chr. arm. I. p. 54.

2) vergleichen wir die höchst dürftigen und abgerissenen Nachrichten welche Eus. chr. arm. I. p. 43 f. 53 f. aus Alex. Polyhistor
und Abydénos mittheilt, mit dem A. T. und mit Ptolemäos' Kanon,
so ergibt sich etwa folgendes. Sancherib wurde, eben als er gegen
Ende seiner Herrschaft wieder mächtiger geworden war, von zweien
seiner Söhne ermordet (Al. Polyhistor nannte bloss éinen, Ardumu-
san): er hatte aber seinen Sohn Asarhaddon (Asordani bei Polyhistor)
bereits etwa ein Jahr vorher gegen den aufrührerischen Statthalter
Babel's Elib (richtiger im Kanon Bilib, er hielt sich 4 Jahre lang)
gesandt und dieser hatte sich Babel's bemächtigt, ja er zog nun gegen seine Brüder als Vatermörder aus, warf sie in die unzügäng-
lichen Schluchten des Ararat, und herrschte in Nineve 15 Jahre lang
(vgl. unten bei der Zeitübersicht); im Kanon heißt er Aparanadi,
vielleicht fehlerhaft für Asaranadi, Asaradani, wie Acherdón oder nach
anderer Lesart Sacherdón B. Tobit 1, 21 f. u. S. 647. Unter ihm herrschten in Babel als Unterkönige Régebel und Mesésimordak, welcher
aber Babel bald in Herrschlosigkeit verfallen liess. Ihn tödtete sein
Sohn Adramel, welcher aber selbst seinem Halbbruder Axerdis weichen mußte: dieser Axerdis ist nun jener Eroberer, und er herrschte
auch über Babel 13 Jahre lang, wie der Name Asaridin im Kanon
zu beweisen scheint. Allerdings stimmt Abydénos Bericht über das
Emporkommen dieses Asarhaddon's sosehr mit dém über das des
Sohnes Sancherib's 2 Kön. 19, 37 überein, dass man eine Verwechselung beider Asarhaddon's in dieser Hinsicht höchst wahrscheinlich
finden muss. Allein beide Asarhaddon's in éine Person zusammen-
zuwerfen, widerstrebt zusehr den éinzelnen überlieferten Nachrichten.
Wohl aber erklärt es sich so, wie in dem Berichte bei Eus. chron.
p. 44 durch ein ähnliches Versehen von dem ersten Asarhaddon sogleich auf die Nachfolger des zweiten übergesprungen werden konnte:
denn Sammuges mit 21 und dessen Bruder mit 21 Jahren Herrschaft
sollen doch wohl dem Saosduchin mit 20 und dem Kiniladan mit
22 Jahren im Kanon wenigstens der Zeit nach entsprechen.

völligen innern Zersplitterung in Ägypten einfiel, so, konnte
er dort leicht etwas längere Zeit sich behaupten.  Wie mächtig er aber im h. Lande herrschte, davon wissen wir wenigstens éinen wichtigen Fall sicher anzuführen.

Dieser Fall betraf das alte Samarien d. i. das Gebiet
des ehemaligen Zehnstämmereiches in dén engeren Grenzen
welche ihm seit der Losreißung der nördlichen und östlichen
Länder unter Tiglath-Piléser geblieben waren; denn in diesem Sinne ist seitdem meist von Samarien und von Samariern
(Samaritanern) die Rede [1]).  Diese Länder blieben, nachdem
ihre meisten und besten Einwohner durch Salmanassar fort-
geführt waren (S. 612), mehere Jahrzehente hindurch in einem so zerrütteten und verödeten Zustande, dass die wilden
Thiere darin überhandnahmen.  Da indessen der Assyrische
König Asarhaddon [2]), dén wir uns als Asarhaddon II. denken,
etwa 20 Jahre nach Sancherib's Tode mebere widerspenstige
Städte neu bezwungen hatte und ihre Einwohnerschaft nach
Art seiner ältern Vorgänger strafen wollte, versezte er große
Haufen der heidnischen Einwohner derselben in diese öden
Länder.  Wir wissen noch die Namen meherer dieser Städte,
und können daraus etwas näher ersehen wieviele Aufstände
in den von ältern Assyrischen Königen unterworfenen Städ-
ten Asarhaddon zu dämpfen hatte.  In der ehemaligen Hauptstadt Samarien scheinen besonders viele Einwohner aus der
Babylonischen Stadt Kútha [3]) angesiedelt zu seyn; sodass

---

1) das älteste Beispiel dieser Redeweise findet sich für uns 2 Kön.
17, 29.        2) 2 Kön. 17, 24 wird der Assyrische König welcher Samarien wieder bevölkerte nicht näher genannt: er wird aber
bestimmt Asarhaddon genannt Ezra 4, 2.  Die Masora spricht diesen
Namen überall Esarhaddon aus; der Name Ἀσβακαφάς im Ezr. Apocr.
5, 69 beruhet sicher auf unrichtiger Lesart des Hebräischen, auch
haben hier einige Hdschr. Nacherdan, welches selbst wieder nach
Tobit 1, 21 aus Sacherdan, sowie dieses aus Asardân (Sardân) verdorben ist.        3) sie lag nach Abulfidá's geogr. p. 305, 2 v. u.
nicht weit von Babel, und es scheint zwei nicht weit von einander
liegende Städte des Namens gegeben zu haben, s. de Sacy's chrest.
ar. I. p. 331 f. 2ter Ausg. Tabari's Annalen I. p. 185 Dub. Rawlinson
Journ. As. Soc. X p. 23 und Journ. Geogr. Soc. XII p. 477. "

viele Juden in spätern Zeiten die Samarier überhaupt danach
spottweise Kuthäer nannten. Andere Ansiedler stammten aus
Babel selbst, welches also damals eine Zeitlang sich von
Nineve unabhängig gemacht hätte und gewiss nur mit großer Mühe wieder unterworfen worden war; das benachbarte
Kûtha hätte sich ihm offenbar in diesem Kampfe angeschlossen und litt nun mit ihm. Aber auch aus weiter entfernten
östlichen Völkerschaften wurden viele in den Städten Samariens gewaltsam angesiedelt [1]): woraus man den das Dunkel
jener Zeiten etwas erhellenden Schluss ziehen muss, dass
der damalige Assyrische König auch die weiter entferntern
östlichen Völker, an deren Spize die Meder sich seit Sancherib gegen Assyrien empört hatten, noch einmal dem Reiche
zu unterwerfen einen nicht ganz vergeblichen Versuch machte.
Noch andere Ansiedler waren aus Städten diesseit des Eufrats, Hamâth, 'Avva und Sefarváim [2]): diese Städte gehörten

---

1) in der ganz verschiedenen Quelle Ezr. 4, 9 f. werden namentlich hervorgehoben 1) Dînäer oder vielmehr nach der Schreibart der
LXX Deinäer, wahrscheinlich von der noch in viel spätern Zeiten
*Deinaver*-heißenden Medischen Stadt, vgl. Abulfidâ geogr. ed. Par.
p. 414; 2) Parastakäer oder wie die Griechen den Namen aussprą-
chen Paràtaker an der Medisch-Persischen Grenze, s. Arrian's Feldz.
Alex. 3, 19, 5. 4, 21 ff. 3) Tarpeläer, vielleicht dieselben welche die
Griechen verkürzter Tapurer nannten, s. Arrian 3, 8, 7. 4) Perser;
5) Arkäer in Babylonien, Babylonier, Susäer (oder 'Alamäer, welche
wohl als mit jenen gleichbedeutend die LXX auslassen); 6) Daher,
bei den Griechen Daer genannt. Dass gerade Abkömmlinge von öst-
licheren Völkern hier mehr hervorgehoben werden, erklärt sich aus
der Abfassung der Stelle, weil hier ein Bittbrief an den Persischen
König gerichtet wurde, in welchem die Samaritaner besonders ihre
Abstammung aus den östlichsten Ländern hervorheben mochten; daher 5, 6 und 6, 6 sogar bloss Persische Abkömmlinge genannt werden. — Auch dass der Konig in dieser ursprünglich verschiedenen
Schrift 4, 10 anders genannt wird, ist nicht auffallend: der Name
Osnappar nach den Masorethen, oder vielmehr zumtheil nach den
LXX Asannapar ist indess wahrscheinlich nur aus Asardanapar zu-
sammengezogen; und der griechische Name Sardanapal ist eben nur
durch dies Endwörtchen vermehrt aus Asarhaddon entstanden.

2) s. über die zwei leztern oben S. 609 *nt.* Es erhellt also hier

also zu den Theilen Syriens welche Asarhaddon nach obiger
Nachricht unterwarf. Aber kaum hatten sich alle diese sehr
verschiedenartigen heidnischen Völkerschaften in den Städten
des verödeten Landes niedergelassen, jede ihren eigenen
Gott verehrend, als unter ihnen mehere von Löwen getödtet
wurden und so die Furcht sich bildete dass der alte Landesgott aus Unwillen über die Vernachlässigung seiner Religion neben den vielen neueingeführten den neuen Einwohnern zürne. So liess Asarhaddon, besorgt um das Emporkommen dieser Anpflanzungen, aus der Mitte der verbannten Samarier einen Priester des Dienstes Jahve's ihnen zu-
kommen, welcher nach S. 438 ganz richtig in Bäthel seinen
Siz nahm und hier ohnezweifel nach dem Herkommen des
Zehnstämmereiches ein Stierbild Jahve's aufstellte. Aber daneben erhielten sich auch die reinheidnischen Religionen der
neuangesiedelten Völkerschaften: und die verlassenen alten
heiligen Stätten, wo von den ältern Zeiten her noch viele
Altäre standen, sahen die Bilder aller möglichen Götter neben sich aufgerichtet. Dieser Zustand dauerte bis gegen das
Ende des Reiches Juda [1]): wie er sich dann allmälig änderte,
wird unten weiter beschrieben werden.

Eben dieser Asarhaddon war hienach sicher der Mann
um auch den sinnlosen Manasse in Juda seine Macht fühlen
zu lassen. Die Chronik erzählt, Jahve habe über den ver-
worfenen Manasse und sein Volk die Kriegsobersten des Assyrischen Königs gesandt, die hätten dann Manasse'n in Fesseln gefangen und ihn in Ketten geschlagen nach Babel fort-

---

wieder dass die Ordnung der 2 Kön. 17, 30 f. vgl. mit v. 24 aufge-
zählten Städte nicht so zufällig ist; und wenn die Samarier späterhin spottweise auch wohl *Sidonier* heißen, so hatte man dabei schwerlich bloss die örtliche und geistige Verwandtschaft im Auge. — Wiesehr diese Namen später verdorben werden, erhellt aus Epiph. Opp.
I. p. 22 Petav. 1) der Verfasser der Beschreibung 2 Kon.
17, 24 - 41 ist der vorlezte Verfasser des Königsbuches, schrieb also
so gegen das Ende der Herrschaft Josia's. Sehr merkwürdig sind
die genauen Namen der verschiedenen Gözen v. 30 f.: nur sind diese
uns bisjezt meist sehr dunkel geworden.

geführt: erst in dieser Noth sei dann der verstockte König
zur Erkenntniss seiner Sünden gekommen, habe sich mit auf-
richtigem Gebete zu Jahve hingewandt und sei infolge der
Erhörung seines Gebetes in sein Reich nach Jerusalem zurückgekehrt. Wer nun die ganze Art des Chronikers näher
kennt, wird hierin nur die eigenthümliche strafgehaltene halb-
dichterische Darstellungsweise finden in welcher dieser Erzähler auch sonst sooft was er in seinem Quellenbuche ausführlicher beschrieben fand in ein paar gewürzige Worte
zusammendrängt. Das Ereigniss selbst aber kann seinem
reinen Grunde nach garnicht bezweifelt werden. An Veranlassungen oderdoch an Vorwänden zum Kriege gegen einen so unsinnigen König konnte es den Assyrern nicht fehlen; und die Assyrischen Heerführer konnten ihn ebenso in
ihre Falle locken wie einst den lezten König Samariens (S. 611).
Wir wissen noch anderswoher dass die Assyrer damals nichtnur die königlichen Schäze sondernauch mehere leibliche Söhne
Hizqia's nach Babel führten und diese dort zu Hofbedienten
machten [1]). Auch können wir sehr wohl annehmen dass dies
erst gegen die Mitte der langen Herrschaft Manasse's geschah: und bei dem Unbestande aller Bestrebungen in denen
sich das seinem Ende zueilende Assyrische Reich bewegte,
ist es nicht auffallend dass Manasse bald oder doch wenigstens beim Tode Asarhaddon's seine Freiheit und sein Königreich wiedererlangte. Auch dass die arge Noth des Lebens auf seine Anschauung der Dinge Eindruck machte und
ihn zu einer Art Reue bestimmte, kann geschichtlich seyn:
wenigstens von der wüthenden blutigen Verfolgung der Treuen
finden wir nachher bis zu Josia's Reichsverbesserung keine
Spuren mehr; und der Chroniker fand die Nachricht über
Manasse's Reue schon in seinen Quellenwerken vor [2]). Von

---

1) aus 2 Kön. 20, 17 f. vgl. oben S. 641 *nt.*

2) nach 2 Chr. 33, 18 f. vgl. mit v. 12 f. Hieraus erhellt dass
der Chroniker eine ausführlichere Erzählung über dies alles sowohl
iu dem größern Königsbuche als in einem Werke über den Propheten Chozai vorfand; und da das leztere wohl in nicht viel ältere Zeiten zurückging, so könnte man annehmen dass das in den **LXX** er-

andern bedeutendern Folgen für das ganze Reich war jedoch
diese Reue Manasse's nicht: er stellte den nach S.
667 zer-
störten Altar Jahve's im Tempelvorhofe wieder her und opferte
für sich auf ihm, liess aber soviel wir jezt sehen können die
heidnischen Altäre ungestört fortbestehen [1]). Daher konnte
auch das jezige Königsbuch diesen Zwischenvorfall aus dem
langen Leben Manasse's ganz übergehen. Das heidnische
Wesen welches sich so tief ins Reich eingedrängt hatte wurde
bis in die Herrschaft Josia's hinein nicht unterdrückt: nur die
blutige Verfolgung der Treuen wurde offenbar milder.

Vorsichtiger aber auch in Angelegenheiten des Reiches
scheint Manasse in seiner spätern Zeit allerdings geworden
zu seyn. Er versah nun alle Landesfestungen mit guten
Besazungen und liess die zweite Mauer rings um Jerusalem
wiederherstellen [2]), da die frühere Vormauer welche nach
S. 624 f. von Hizqia aufgefuhrt war, nicht ganz vollendet
oder vielleicht wieder verfallen war. Und da während die
Assyrische Macht ihrem Ende zuwankte die Ägyptische sich
unter Psammétichos kräftig wieder erhob, so schloss er sich

haltene und jezt unter die Apokryphen geworfene Gebet Manasse's
sich aus ihm erhalten habe: jedoch die Auszüge aus einem Apokryphon welche sich im Targ. zu der Chronikstelle im Suidas unter
Μανασσή und in G. Synkellos' chronogr. I. p. 404 erhalten haben,
würden ihrem Geiste und ihrem Inhalte nach in spätere Zeiten als
die Chronik ist hinabführen, auch wenn das Targum etwa willkührlich die Erwähnung des Logos einschaltete. — Auch das Lied Deut.
32 könnte erst in diese lezte Assyrische Zeit zu fallen scheinen, weil
es mehr ein Nachhall der Worte Jesaja's ist und die Assyrer darin
mehr als ein eigentlich schon ganz verdorbenes und schwaches Volk
beschrieben werden, dessen Übermacht zu ertragen Israel sich schämen müsse: doch ist sein oben S. 648 vermutheter Ursprung wahrscheinlicher. 1) zwar sagt der Chroniker v. 15, er habe
alle heidnischen Altäre die er früher gebaut aus Tempel und Stadt
entfernt: allein dieser Ansicht über die Folgen seiner Reue widerspricht die ältere Erzählung 2 Kön. 23, 12; leztere Stelle fehlt wirklich in der Chronik. Freilich bliebe noch die Annahme dass Manasse diese Altäre bloss bei Seite gestellt, Amón sie wiederhergestellt habe: doch läßt sich diese Annahme weiter nicht erhärten.
2) nach 2 Chr. 33, 14 vgl. oben S. 324 f.

sehr eng an, diese an. Dies können wir wenigstens noch
aus einigen Spuren ganz sicher schließen. Der 29jährige
Krieg den Psammétichos gegen das Philistäische Ashdôd führte
bis er es endlich eroberte[1]), wird in Jerusalem gern gesehen worden seyn. Wir ersehen ferner aus Jeremja dass
ein Bündniss mit Ägypten bis in die ersten Jahre der Herrschaft Josia's bestand, und zwar wie Jeremja ausdrücklich
andeutet statt des früher mit Assyrien geschlossenen, dessen
man nun überdrüssig geworden[2]): diese Neigung für Ägypten begann aber gewiss schon unter Manasse. Ja wir können noch etwas näher erkennen worin dieses Bündniss etwa
bestand. Der König Psammétichos, welcher überhaupt fremde
Söldner an sich zog[3]) und in jüngern Jahren während der
großen inneren Unruhen Ägyptens selbst als Flüchtling in
Syrien sich aufgehalten hatte[4]), empfing Judäische Fußvöl-
ker, die er sich auf Schiffen also über Joppe nach Ägypten
kommen liess, während er Manasse'n dafür Kriegsrosse zu-
führte[5]). Die beiden Reiche tauschten also gegenseitig die
Waffenart ein in welcher jedes fürsich am stärksten war:
und ähnlich bildete sich gewiss damals auch in vielen andern Dingen ein starker Verkehr zwischen ihnen. Die Nei-

---

1) nach Herod. 2, 157; daher »der Rest Ashdôd's« Jer. 25, 20
vgl. 47, 4 f.          2) Jer. 2, 18. 36. Die Worte lauten ganz so
als habe ein Assyrisches Bundniss nichtbloss zu Achaz, sondernauch
noch jüngst zu Manasse's Zeit bestanden, aber vor dem Ägyptischen.
   3) nach Herod. 2, 152. waren es nur Ionier und Karen: aber Diod.
Sic. 1, 66 nennt auch Araber, zu denen nach damaligem Sprachgebrauche südliche Palästiner gehören konnten.          4) Herod. 2, 152.
   5) es folgt dies nämlich aus Deut. 28, 68 vgl. mit 17, 16. Nur
eine eben gemachte ganz eigenthümliche Erfahrung konnte den Deuteronomiker bestimmen 1) als das allerschlimmste Unglück, welches
Israeliten treffen könne, sich eine gewaltsame Ausfuhr nach Ägypten
auf Schiffen zu denken, um dort gleich Sklaven verhandelt zu werden; und — 2) dem Könige Israels zu befehlen sein Volk nicht nach
Ägypten zu führen, um dafür viele Rosse zu gewinnen. Ganz unabhängig davon ist das von mir erst später aufgefundene kurze aber
sehr bestimmt lautende Zeugniss im Aristeasbuche p. 104 (hinter Ha-
verkamp's Jos.), welches da es sicher nicht dem Deuteronomium entlehnt ist auf einem ältern Erzählungsstücke beruhen muss.

gung zu Ägypten bedingte aber weiter eine Schonung der,
Idumäer, deren sich Ägypten offenbar seit Salômo's Zeiten
immer gern annahm; und wir wissen noch aus einer Schrift
jener Zeit dass das Gesez wirklich hierauf drang [1], trozdem
dass die Idumäer nun solange volksthümliche Feinde geworden waren.

Unter dem Schuze dieses Friedens konnten im Spätalter
Manasse's noch Jahre eines verhältnißmäßigen Glückes und
Wohlstandes kommen, welche wie wir aus dem prophetischen
Buche Ssefanja's und den frühesten Reden Jeremja's sehen
bis in die Zeiten der Herrschaft Josia's fortdauerten. Um
jene Zeit wurde das jezige Buch der Salômonischen Sprüche
mit mehreren neuern Sprüchen und besonders der großartigen Einleitung neu herausgegeben welche an seiner Spize
glänzt [2]. Sie ist ein denkwürdiges Zeugniss wie kühn auch
jeztnoch der seit Jahrhunderten so stark angeregte Geist des
Volkes im Denken und Streben voranschritt, sobald ihm irgend eine günstige Zeit ruhiger Entwickelung erschien. Denn
der erhabene Begriff der Weisheit welchen zuerst das B. Ijob
aufgestellt hatte, wird hier nichtbloss in der dort angeregten
Weise weiter fortgefuhrt und ausgebildet, sondern es wird
auch versucht ihn mit der gewöhnlichen und althergebrach-
ten Lebensweisheit zu vermählen, ja die Freudigkeit im Ausüben der alten Religion durch ihn neu zu erwecken und zu
steigern. Hier ist noch wirklicher gerader Fortschritt im
geistigen Streben, obwohl die schlaffere Art der Rede und
die Zerflossenheit des Versbaues schon stärker an die Zeiten der allmäligen Auflösung der Volkskraft mahnt. Zwar
die Propheten der Zeit, soviele ihrer noch reiner aus der
ewigen Wahrheit redeten, sprachen schon aus, was sie nothwendig ahnen mußten, die göttliche Gewißheit des baldigen
Unterganges des Reiches, und zwar ohne die Ausnahme welche noch Jesaja gemacht hatte (S. 623 f.). Die Schnur und

---

1) dies ergibt sich ebenfalls aus Deut. 23, 8 vgl. mit dem ganz
entgegengesezten harten Gebote über die Moabäer und 'Ammonäer
v. 4—7.      2) c. 1—9 vgl. weiter die *Dichter des A. Bs* Bd. IV.
S. 36 ff.

das Senkblei der Zerstörung müsse nicht weniger über Jerusalem gezogen werden wie früher über Samarien und Ahab's
Haus; auch der noch übrige Rest des Volkes müsse aus dem
h. Lande getrieben, und Jerusalem vongrundaus umgekehrt
werden wiewenn ein Hungriger die Schüssel leer wische und
sie dann umsturze [1]): so weissagten damals die wahren Propheten, Chozai und andere deren Namen uns jezt verloren
gegangen. Aber dennoch erklärt es sich leicht wie trozdem
mancher edle Geist alles versuchen konnte um, wenn die
Wirklichkeit weit hinter dem was sie seyn sollte zurückblieb, wenigstens durch Lehre und Schrift eine mögliche
Verbesserung des noch bestehenden Reiches herbeizuführen.
Das Herz glaubt zumglück nicht unbedingt an das was die
tiefere Einsicht vorherschaut; und jenes Reich ruhete auf so
alten und festen Wahrheiten dass der bessere Geist ehe er
unbedingt an dessen Ende glauben konnte, noch alles zu
versuchen getrieben wurde was auf diesem Gebiete ihm möglich war.

### Der Deuteronomiker.

Den erfolgreichsten Versuch dieser Art machte der Deuteronomiker, dessen Werk nur aus den dieser Zeit eigenthümlichen Bestrebungen und Hinderungen hervorgehen konnte.
Die Fülle sovieler Wahrheiten welche von den großen Propheten verkündet troz aller Verfolgungen unter Manasse an
Lebendigkeit nur gewonnen hatten, drang aufs stärkste auf
Verwirklichung und Darstellung, wennnicht sogleich im Leben,
sodoch in Wort und Schrift: aber der gerade Weg der prophetischen Wirksamkeit war damals in Juda gehemmt, die
besten Propheten waren gewaltsam getödtet oder sonst zerstreut, und kein allgemein anerkannter Prophet wirkte noch
wohlthätig im Reiche; ja mit der ganzen alten Volkskraft war
nun auch schon die prophetische Macht gebrochen, und schon

---

1) diese Säze eigenthümlicher Sprache sind in dem Stücke 2 Kön.
21, 12—15 gewiss aus gleichzeitigen Propheten erhalten, während die
übrigen die Sprache des lezten Verfassers des Königsbuches tragen.
Vgl. 2 Chr. 33, 18 f.

durchlief immer stärker ein niederdrückendes Gefühl die Zeit
dass sie sich mit ihren eigenen Kräften nicht zu helfen vermöge. So flüchtete der Geist des noch immer großen Propheten aus dessen Werke das gut so zu nennende Deuteronomium in die Bücher der Urgeschichte wie wir sie jezt haben
aufgenommen ist [1]), mit aller Innigkeit in die anerkannte Heiligkeit und unantastbare Größe des Stifters der Gemeinde, und
liess ihn wie einen schon verklärten Irdischen in den lezten
Tagen seines Lebens dás Gesez dringend empfehlen und neu
erklären welches ihm fur die neue auf dem alten Grunde
fortgeschrittene Zeit ein dringendes Bedürfniss schien. Er
war nicht der erste welcher so den heiligen Mund des Ur-
propheten der Gemeinde für seine Zeit neu lautwerden liess
und sich selbst als den schwächeren hinter diesem verbarg [2]):
åber er redete unter dieser Hülle am nachdrücklichsten und
fuhrte was das erneuete Gesez forderte am vollkommensten
aus. Die Lage selbst in welcher er dieses Mittel zu wirken
ergriff war die außerordentlichste. Denn allem Augenscheine
nach schrieb er in Ägypten, selbst einer der vor der damals
in Juda herrschenden verkehrten Richtung flüchtenden, und
dazu im Angesichte der unglücklichen Landsleute welche Manasse nach Ägypten verkauft hatte [3]). Die ganze Geschichte
und Bestimmung Israels schien ihm also sich umgekehrt zu
haben: Israel gezwungen nach Ägypten zurückgebracht, und
das um hier oder in andern fremden Ländern den heidnischen
Landesobrigkeiten und Landesgöttern zu dienen! Hier mußte

---

1) s. darüber weiter I. S. 156 ff.        2) nach I. S. 154 ff.
– 3) es folgt dies alles aus den S. 680 f. erwähnten Zeichen. Man
bedenke nur das éine, wie es möglich war dass der Verfasser Deut.
c. 28 die lange Aufzählung aller der vielfachsten Übel v. 68 mit dem
Übel einer Zurückfuhrung des Volkes nach Ägypten *auf Schiffen* schließen konnte! Allerdings erscheint dies Übel hier nur als ein gedro-
hetes, aber das Bild zu einer so vollkommen vereinzelten Vorstellung
konnte nur die Erfahrung reichen; und es war sichtbar die lezte und
schlimmste Erfahrung gewesen welche dem Geise des Verfassers vorschwebte. Dass auch das Bild eines vom Feinde fortgeführten Königs des Volkes, eines Hosea oder Manasse, dem Verfasser bereits
ganz geläufig war, folgt aus v. 36 desselben Stückes.

der Geist am gewaltigsten angestachelt werden darüber nachzudenken, wie dieses möglich, am tiefsten sich gedrungen
fühlen, alles zu versuchen wie dem noch bestehenden Reiche
zu Jerusalem durch Wiederbelebung der alten Religion zu
helfen sei; und auf dem Schauplaze wo einst der Urprophet
selbst gewirkt und zuerst die Gemeinde in der Furcht Jahve's
vereinigt hatte, erfaßte sein Geist einen seiner späten Nachfolger für diese ganz veränderte späte Zeit so zu reden wie
er etwa selbst reden würde wenn er noch jezt in seiner irdischen Hülle wäre, und von Ägypten aus wenigstens schriftlich auf das tief gesunkene Volk im h. Lande zu wirken, solange noch irgend eine Möglichkeit dem bestehenden Reiche
zu rathen, und zu helfen übrigzuseyn schien.

... Und gewiss konnte das alte Gesez in dieser Zeit nicht
herrlicher, im Geiste der großen Propheten wiedergeboren
werden als in diesem Werke. Das erhabenste und ewigste
was diese Propheten seit zwei bis drei Jahrhunderten gelehrt,
sucht sich mit dem wesentlichsten Inhalte des alten Gesezes
auszugleichen, und so ein neues Gesez zu schaffen wie es
für das noch bestehende Reich zuträglich schien: wobei aber
sehr merkwürdig und ganz mit dem Wesen dieses Jahrhunderts übereinstimmend ist dass der Verfasser ein so großes
Gewicht auf einen scheinbaren Nebenumstand legt, nämlich darauf dass das heilige Gesez Israels zugleich das weiseste und
das Volk welches ihm folge, von allen andern für das weiseste zu halten sei.[1], denn hierin merkt man sehr deutlich
die Macht welche nach dem oben gesagten die Philosophie in
diesen Jahrhunderten sich erstritten hatte; sowie Israel jezt mit
dem äußersten Nachdruck ermahnt wird nicht ebenso unrühm-
lich unterzugehen wie einst die Völker selbst die von ihm
besiegt wurden [2], denn dass dies leicht geschehen könne
war eben die gerechte Furcht aller Einsichtigen jener Zeit,
und gelehrte Rücksicht auf die alte Geschichte zeichnet überall diesen Verfasser aus. Nun ist es zwar eigentlich das

---

1) Deut. 4, 6 vgl. 1, 13. 15, 34, 9. .     2) Deut. 8, 19 f.,
wo der Ausdruck viel stärker ist als in den alten Stellen Lev. 18, 24
28. 20, 22. .

alte Gesez selbst welches dieser Gesezredner wiedereinschärft
und auf alle Weise empfiehlt, dessen Segnungen er mit be-
geistertem Munde preist; aber vor dessen Vernachlässigung
er auch mit den entsezlichsten Drohworten warnt, alles das
unendliche Unglück vor der Vorstellung entfaltend welches
über das untreu und schlaff werdende Volk kommen müsse
und welches eben zur Zeit des Verfassers schon insoweit ein
erlebtes war dass er aus ihm die klaren Bilder der Rede
leicht entlehnen konnte: sowie auch jene Propheten immer
nur auf das alte Gesez imgroßen hingewiesen und vor seiner
Vernachlässigung gewarnt hatten. Aber einmal sucht er doch
alles das unabsehbar mannichfache des Gesezes unter eine
höchste Wahrheit zu bringen: und diese Wahrheit ist eine
neue, welche in dem alten Geseze nochnicht so stark und
als so herrschend hervorgehoben war, die aber seit Hosea
(S. 571) eine bleibende Wahrheit der alten Gemeinde wurde.
Es ist die von der Liebe als dem Höchsten in Gott, sodass
der Mensch Gott lieben und aus Liebe zu ihm alle einzelnen
Gebote halten soll weil Gott ihn zuerst geliebt [1]); woraus der
Schluss leicht folgt dass der Mensch ebenso den Mitmenschen
lieben müsse [2]): wiewohl diese ganze Wahrheit hier nochimmer so beschränkt erscheint; dass da Israel der nächste
Gegenstand der göttlichen Liebe ist, auch dessen menschliche
Liebe sich wohl auf Volksgenossen und nochmehr auf Hulfs-
lose und Schüzlinge aller Art, nicht aber auf die Duldung
von Kanáanäern (d. i. Phöniken) Moabäern und Ammonäern
in der Gemeinde erstrecken soll. Ist so die Liebe in Gott
als das höchste und alle ächte Gesezesübung des Menschen
als Äußerung auch seiner Liebe zu ihm erkannt, so drängt
sich das unendlich mannichfache vonvorn und wieder zulezt
in einige wenige große Anforderungen und durchgreifende
Pflichten zusammen: und gerade diese werden nur dem freien
Willen weil der Liebe des Menschen vorgelegt [3]); ja der An-
fordernde selbst, der göttliche Geist im Propheten, lässt sich

---

1) die Hauptstellen Deut. 6, 4—9. 7, 6—11; weiter 11, 1; 10, 15.
23, 6 mit 10, 12 f. 19, 9 und zum Schlusse 30, 6—20. Vgl. II. S. 143 ff.
2) Deut. 10, 18 f.      3) Deut. 11, 26—32. 30, 15—20.

nun menschlicher in reiner Liebe zu ihm herab um ihn zu
sich zu erheben. Es schwindet also das alte strenge und
starre „Ich" Gottes dem Menschen gegenüber: Mose selbst
redet in seinem Namen zum Volke, alle menschlichen Gründe
aufsuchend die das Volk auch nach seinem eigenen Bewußtseyn zur Haltung dieses Gesezes treiben müssen, und von
warmer Liebe bewegt zum Herzen redend weil nur dieses
aus Liebe handeln kann [1]). So lässt sich die prophetische
Rede von ihrer Höhe sogar schon zum bloßen Ermahnen und
Lehren herab.

. Und dann erlaubt eine solche Vergeistigung des alten
Gesezes dochauch nichtbloss eine Sichtung und Vereinfachung
der alten Gebote, sondernauch Zusäze und weitere Bestimmungen wo sie nöthig. Diese betreffen nun vornehmlich die
Verhältnisse der beiden Selbstmächte des Reiches, die des Königs und die der Propheten, welche hier zumerstenmale in
den Kreis der Gesezgebung gezogen werden: die königliche
Macht wird gesezlich so beschränkt wie die vielen zumtheil
sehr bittern Erfahrungen es jezt dringend anriethen [2]); die
prophetische wird als nothwendig anerkannt, aber schon mit
Bestimmung der verdienten härtesten Strafe gegen falsche
Propheten und mit der Aufforderung an die ganze Gemeinde
jedes Propheten Aussprüche wohl zu prüfen [3]). Neu sind

---

. 1) es ist wirklich merkwürdig zu sehen wie das reingöttliche *Ich*,
welches der Deuteronomiker zumerstenmale in ein menschliches verwandelt, doch noch an einigen Stellen bei ihm unvermerkt wieder
zum reingöttlichen wird, indem die altprophetische Sprachart den
Redner überrascht, 17, 3. 28, 20. 29, 4. So schwer war es also doch
hier eine andere Darstellungsart einzuführen! · 2) Deut. 17, 14—20.
3) Deut. 13, 2—6. 18, 9—22. Der 18, 15—19 genannte Prophet
wie Mose, den Gott aus Israel und für Israel auferwecken werde,
kann nur der ächte Prophet überhaupt seyn, eben weil die ganze
alte Verfassung auf dem Glauben ruhete dass Gott zur rechten Zeit
immer einen großen Propheten senden werde. Und ein solcher, wenn
er nur zu jeder Zeit daist, ist hinreichend: daher hier nicht von *meheren* die Rede ist; wiedenn allerdings die überaus große Menge von
Propheten die nun längst in Israel oft sich gegenseitig auch bekämpfend und zumtheile auch aus sehr entarteten bestehend aufgekom-

außerdem besonders die Kriegsgeseze, bei welchen recht der
das ganze tragende Geist der Liebe und Milde eingreift, um
die bei allen Völkern altherkömmlichen Härten zu mildern[1]).
Unter den Landesbewohnern aber waren es besonders zwei
Arten denen das neue Gesez der Liebe zugute kommen sollte.
Einmal wird eine zarte Rücksicht und Billigkeit gegen die
Schüzlinge oder Halbbürger *(Gärim)* empfohlen[2]): dies waren
theils die Überbleibsel der alten Landeseinwohner theils fremde
Einwanderer, welche in der Gemeinde nur bedingte Rechte
hatten und oft ganz rechtlos behandelt wurden. Das Schicksal der von Hebräischen Völkern unterworfenen alten Landeseinwohner ist sehr denkwürdig: unter den Idumäern und andern Hebräern außer Israel waren sie damals längst zur völ-
ligsten Rechtlosigkeit und zum tiefsten Elende herabgesunken,
kaum noch ein dürftiges Leben fristend.[3]); in Israel dagegen
als einem Volke steigender Bildung und milderer Religion
waren ihrer viele ebenfalls in traurige Lebenslagen gekommen,
andere aber hatten sich desto mehr Macht und Ansehen zu
erwerben gewußt[4]), sodass es in jeder Hinsicht Zeit schien
alle in den Rechten Israel'n möglichst gleichzustellen: wie das
Deuteronomium räth. Zweitens empfiehlt es die Leviten nach-
drücklichst der Theilnahme und Liebe des Volkes.[5]): diese
waren nach S. 439 f. seit der Reichsspaltung in dem kleinern
Juda zusammengedrängt, hatten also von ihren alten Rechten
und Einkünften sehr viel verloren, und mochten allmälig
desto größern Mangel leiden je stärker sie sich dennoch als

---

men war, die Sehnsucht nach dem Kommen éines großén wahren
Propheten wie Mose endlich' desto stärker erregen mußte. Eben
dies ist die große geschichtliche Bedeutung dieser Worte, wie sie
sich in den folgenden Zeiten immer mehr entwickelte. Allein zur
Zeit wo dies geschrieben wurde, erhob sich eben unser unbekannte
Verfasser als ein solcher Prophet der Mose's Werk fortzusezen nicht
eitel sich vermass. — Die Erklärung dieser Worte vom Messias ist
aber nur eine Anwendung, und zwar eine die erst im N. T. möglich
war. 1) Deut. c. 20. . 2) Deut. 1, 16. 10, 18 f. 14, 21
vgl. 28, 43. , 3) s. zu Ijob 30, 1—10. . 4) wie der
Ausdruck Deut. 28, 42 lehrt. 5) Deut. 12, 12.c 14, 26—29.
18, 1—8. 26, 12—15 vgl. 10, 8 f.

ein bevorzugtes erbliches Geschlecht' vermehrt hatten. Dass
das Deuteronomium die vielen armen und doch in mancher
Hinsicht bevorrechteten Glieder ihres Standes der allgemeinen
Liebe empfahl, war billig: aber wenn sie nach S. 574 ff. schon
früher in dem kleinen Reiche viel vermochten, so empfingen
sie durch die deuteronomischen Empfehlungen und Geseze
ein für das kleine Reich fast zu starkes Übergewicht, welches
sich gewiss schon damals offener gezeigt hätte wäre das
Reich nicht überhaupt bald zerstört worden.

Doch zeigt sich auch hier in einigen Spuren schon der
beginnende Verfall des gesammten geistigen Lebens. Dies
verjüngte Gesez welches sonst alles zu vergeistigen und zu
vereinfachen strebt, hält doch die von frühern Gesezen nicht
berücksichtigte Volkssitte der Schwagerehe für wichtig genug
in seinen Kreis gezogen zu werden [1]). Und die wiederholte
Ermahnung dem göttlichen Gebote weder etwas hinzuzusezen
noch etwas zu nehmen [2]) erinnert schon an eine gewisse
Ängstlichkeit welche seitdem in den folgenden Jahrhunderten
immer herrschender wurde. Das wichtigste unmittelbar für
jene Zeiten ist aber in dieser Hinsicht die ängstliche Strenge
wegen der Einheit des h. Ortes. Die mancherlei Gözendienste von denen das Land seit Salômo und besonders seit
Manasse überschwemmt wurde, sowie die Entartung des Jahvethumes selbst an manchen Orten wo es von alten Zeiten her
Heiligthümer hätte, und die bunte Verwirrung womit in den
lezten Zeiten willkürlich „unter jedem grünen Baume" [3]) ein
Altar der Unsittlichkeit errichtet werden konnte: alle diese
Umstände ließen allerdings längst eine größere Ordnung und
Einfachheit in der Wahl des h. Ortes wünschen, und empfah-
len den Gebrauch éines Ortes wo man leicht die Aufsicht
führen und wo doch alle die höchsten und vielfachsten Opfer

---

1): Deut. 25, 5—10 vgl. die Alterthümer S. 189 ff.

2) Deut. 4, 2. 13, 1 vgl. ähnliches zur Erklärung 5, 29 f.

3) diese Redensart erscheint bei dem S. 665 nt. erwähnten Propheten B. Jes. 57, 5 in ihrer ursprünglichsten Frische, wird dann aber
Deut. 12, 2 sowie bei Jeremja Hezeqiel und im jezigen Königsbuche
sehr oft wiederholt.

ebenso leicht gebracht werden konnten. So sucht denn das
Deuteronomium den ganzen Gottesdienst streng auf den éinen
Tempel in Jerusalem zu begrenzen, deutet diesen (da es ihn
nicht wohl noch näher benennen konnte) mit dém Orte an
„den Jahve sich erwählen werde“, und befiehlt alle andern
Heiligthümer, jezt schlechthin Höhen (S. 390) genannt, gewaltsam zu vertilgen. Wie sehr darin die Grundzüge zu
einer neuen Gestaltung alles Gottesdienstes gegeben sind,
wird unten weiter erhellen: man sieht aber leicht dass dies
éine Heiligthum nur fur die Opfer einzig seyn, bloße Versammlungen aber zum Beten und sich erbauen überall erlaubt seyn sollten.

Die Sprache dieses erneuten Gesezes ist ungemein herzlich, aber zugleich etwas zerfließend, ohne die alterthümliche
Gedrungenheit und feste Haltung.

## 2. Die gewaltsame Neugestaltung unter Josia.

### *Die Skythen.*

Ein Schriftwerk dieser Art, so schöpferisch das alte Gesez umgestaltend, so nachdrücklich alle Verächter desselben
mit den starksten göttlichen Strafen bedrohend und wiederum
so herzlich und menschlich über seine Beobachtung redend,
war ganz geeignet einen tieferen Eindruck bei den Lesern
zu machen und die Wirkung hervorzubringen welche es be-
absichtigte. Allein in Ägypten von einem Versprengten geschrieben, bedurfte es gewiss längere Zeit um sich bis nach
Juda und Jerusalem hin zu verbreiten. Währenddess aber
fielen bald in der großen Welt ernste Ereignisse neuer Art
vor welche wohl geeignet waren Juda aus jener innern Verwirrung zu reißen in welche es sich seit dem Anfange der
Herrschaft Manasse's verloren hatte, und es auf das was ihm
fehlte mit Gewalt hinzuweisen.

Das Assyrische Reich konnte die neue große Macht welche
es unter Asarhaddon II. gewonnen, nicht lange behaupten;
und wahrscheinlich schon unter dessen nächstem Nachfolger
gingen die neuen Eroberungen wieder verloren welche jener

mühsam erworben hatte. Wir sehen wie König Josia wenigstens nach dem Skythenkriege seine Herrschaft von Jerusalem
aus über Samarien ausgedehnt hat [1]): vielleicht nahm er diese
nördlicheren Länder erst nach Vertreibung der Skythen ein,
vielleicht auch schon vorher; sicher ist dass die Assyrische
Macht diesseit des Eufrat zu schwach wurde um das Reich Juda
an weiterer Ausbreitung seiner Herrschaft zu hindern. Doch
wenn Asarhaddon nach S. 675 f. die östlichen Völker, an ihrer
Spize die Meder, noch einmal hart bedrängt und theilweise
schwer gezüchtigt hatte, so waren es jezt gerade diese Völker
welche nichtnur ihre Freiheit schnell wiedererrangen sondern
auch unter König Phraortes vielmehr selbst einen Vertilgungs-
zug gegen Nineve unternahmen [2]). Es ist dies der merkwürdige Kriegszug welchen Nahum mit eigenen Augen sah als er
das nahe Ende Nineve's weissagend sein jezt erhaltenes Orakel niederschrieb [3]); er lebte in Alqûsh (oder Alqôsh) etwas
weiter östlich vom Tigris, konnte also hier das ganze gegen
Nineve heranziehende Heer sehen, und schildert alles mit so
lebhaften frischen Farben wie nur einer der mitten in dem
Kriege selbst war es vermochte. Die Stadt war damals schon
von allen Bundesgenossen verlassen und auf ihre eigene Vertheidigung beschränkt, nachdem sogar die östlichen Grenz-

---

1) es folgt dies aus den Andeutungen 2 Kön. 23, 4: 15—20; vgl. 2 Chr.
34, 6. 9. Ein solcher Zustand schwebt daher auch, seitdem er nach Josia's Tode wieder verschwunden war, als wünschenswerth dem Geiste Jeremja's vor, 31, 5 f. Weiter beweist es Galiläa's spätere Geschichte.
2) Herod. 1, 102: bisjezt außer Nahum's Weissagung das einzige
Zeugniss über diesen Feldzug.        3) s. die *Propheten des A. Bs.*
Bd. I. S. 351; womit auch *Tuch* in der Comment. de Nino urbe (Lips,
1845) übereinstimmt. Dass Alqûsh nicht ausdrücklich unter den 2 Kön.
17, 6 genannten Städten sich findet, begründet nach S. 613 keinen
Einwand. Spätere, wie wir aus Epiphanios' Buch über das Leben
der Propheten und andern KVV. sehen, suchten die Vaterstadt Nahum's zwar im h. Lande selbst: allein eben jenes Buch des Epiphanios zeigt dass man in so späten Zeiten im Suchen des Geburts-
und Begräbnißortes jedes Propheten ebenso eifrig als ungenau und
unglucklich war. Ein Grabmal Nahum's wird von Juden eifrig bewacht noch jezt in Alqôsh gezeigt, s. Badgers's Nestorians I. p. 104.

festungen ihres eigenen Gebietes vom Feinde leicht besezt worden waren [1]): so überdrüssig waren sogar die nächsten Umgebungen der Oberherrschaft der stolzen Stadt. Allein diese hatte seit Jahrhunderten durch blühenden Handel und weite Herrschaft in ihren eigenen wohlvertheidigten Mauern eine solche Macht und Festigkeit erlangt, dass die Belagerung der damals in Kriegskünsten noch weniger geübten östlichen Völker unglücklich auslief und auf dem Rückzuge der Medische König Phraortes selbst mit dem größten Theile seiner Krieger das Leben einbüßte.

Zwar rüstete sich nun sein Sohn und Nachfolger Kyaxares [2]) desto eifriger und vorsichtiger zu einem neuen Zuge gegen die große Weltstadt, besiegte mit seinen besser geordneten Schaaren die Assyrer in einer Feldschlacht und schritt zur zweiten Belagerung Nineve's. Allein während er die Stadt umlagert hielt, überfielen ihn unerwartet von Nordosten herkommend Skythische Horden und zwangen ihn nichtnur die Belagerung aufzuheben sondern unterwarfen sich auch fast ganz Medien, sodass Kyaxares sich viele Jahre lang nur mitmühe vor ihnen behauptete. Diese wandernden Skythen waren von Norden her durch die Kaukasische Landenge langsam nach Asien vorgerückt und hatten schon früher die Kimmerier vor sich her getrieben: aber während diese sich nun westlich nach Kleinasien alles verheerend hinwandten, zogen sie sich östlicher nach Medien hin; und das ganze gebildetere Asien zitterte vor diesen Kimmerischen und Skythischen Horden [3]). Unstreitig haben wir hier ein Vorspiel der spätern großen Völkerwanderungen in Europa und Asien; und wenn diese große Wanderung nordischer Völker nicht so bedeutende und so nachhaltige Folgen nach sich zog wie die spätern, so müssen wir uns doch hüten etwa wegen der

---

1) auch hier stimmt Nah. 3, 12 f. ganz mit Herod. 1, 102 überein.

2) kürzer Ἀσσύηρος genannt Tobit 14, 15 vgl. IV S. 81.

3) Herod. 1, 103 f. vergl. mit 1, 6. 15. 4. 11 — 13. Außerdem Strabo 1: 3, 16. Justin. hist. 2, 3; vgl. auch die Lesungen Rawlinson's auf der großen Inschrift von Bisutun, Journ. As. Soc. X p. 259. 264. 294.

geringen Nachrichten die wir jezt über sie in Geschichtsbüchern finden ihre Wirkungen zu unterschäzen. Die Kimmerischen Verheerungen fanden an der damals neu aufstrebenden Macht des Lydischen Reiches ihr Ziel: aber die Skythischen wirkten viel stärker auf eine Umgestaltung aller der
Reiche jenseit des Taurus. Ihnen allen war die noch ungebrochene Kraft dieser jungen Völker höchst gefährlich: und
kaum konnte man anfangs durch offenen Kampf das geringste
gegen ihren Angriff ausrichten. Sie überschwemmten mit
schnellen Rossen die Länder welche sie sich zur Beute aus-
gesucht, verheerten zwar zunächst nur das platte Land weil
sie an die Künste langsamer Belagerung noch wenig gewöhnt
waren, eroberten aberauch durch Überfall manche feste Stadt
und bezeichneten überall durch so furchtbare Verwüstungen
ihre Anwesenheit dass eine allgemeine Flucht der seßhaften
Einwohner ihrem Anzuge voranging [1]). Ja so tief prägte
sich ihr Andenken den Völkern zwischen dem Mittelmeere
und Persien ein, dass noch Hezeqiel's Geist einen neuen
Einfall solcher wilden Nordländer in die südlichen Reiche
weissagt [2]); denn mit den Namen Magog Móshek Tubal womit
Hezeqiel diese nordischen Kriegsvölker benennt, mögen die
Hebräer auch vordem dieselben Völker bezeichnet haben
welche die Griechen Skythen nannten [3]). Und sogar die späteren Kriegszüge der Persischen Großkönige Kyros und Da-
reios gegen die Skythen erklären sich zulezt nur als Gegen-
wirkungen der früheren Einfälle derselben in die südlicheren
Länder.

Am denkwürdigsten ist nun weiter zunächst das Verhalten Nineve's bei dieser ganzen Erscheinung. Wir finden es
sowenig von den Verwüstungen der Skythen leidend dass es
vielmehr einen augenscheinlichen Nuzen von ihrer Asiatischen

---

1) diese Beschreibung stüzt sich besonders auf die lebendigen Bilder welche Jeremja c. 4—6 von diesen nordischen Feinden entwirft. Dass
sie Festungen eroberten, zeigt das Beispiel Asqalon's Herod. 1, 105.

2) Hez. c. 38 f. vgl. die *Propheten des A. Bs.* Bd. II. S. 348 f.

3) Hez. c. 38 f. vgl. mit 32, 26. Der Name Magog mag mit dem
griechischen Massageten verwandt seyn, vgl. Herod. 4, 11.

Herrschaft zieht und seine Fortdauer gerade sólange fristet als diese dauert; sie dauerte aber nach Herodot imganzen 28 Jahre. Es ist also höchst wahrscheinlich dass es durch seine Schäze ebensowohl wie durch seine alte Schlauheit im Beherrschen der Völker die Skythen für seine Zwecke benuzte, ihrer viele in seinen Sold nahm und ihnen den Weg theils nach Osten gegen Medien theils nach Südwesten.wies, um auch dort durch sie die von ihm abgefallenen Völker zurückzuhalten. Wir wissen noch bestimmt dass sie ohne ihre unter den Médischen Völkern errungene Macht aufzugeben bis nach Ägypten vordrangen, und hier von Psammétichos nur mitmühe durch Geschenke und Bitten.zum Rückzuge bewogen'wurden, während sie noch auf.dem Rückzuge lange in dem Philistaischen 'Aśqalon hausten [1]).

Es erhellt, hieraus dass nur ' ein Theil der Skythen gegen Ägypten.zog, wohl die meisten in den nordöstlichern Gegenden blieben. Aber ebenso sicher erhellt dass die Skythen auf diesem Zuge die Gegenden durchzogen und verwüsteten welche der Rest Israels noch im h. Lande bewohnte. Die jezigen Geschichtsbücher im A. T. schweigen zwar davon, aber gewiss nur weil diese Wandervölker bald wieder vertrieben wurden und kaum einigé Jahre als Herren in Kanáan bleiben.mochten. Allein wir haben sonst über ihr Daseyn im h. Lande deutliche Zeugnisse. Die ganze Erde rings um das h: Land schien durch den verheerenden Anzug dieser niegesehenen Wandervölker só tief erschüttert: zu werden, und alle benachbarten Reiche mit Juda selbst wankten und zitterten vor ihnen só arg, dass die Propheten welche damals in Juda wirkten mit einem seit langer Zeit unerhörten Erfolge ihre zur Buße und Besserung auffordernde Stimme erheben konnten. Erhalten haben sich jezt zwei wichtige und beide ziemlich ausführliche Weissagungen der Art: die eine von Ssefanja [2]), wahrscheinlich einem Nachkommen Königs Hizqia im 4ten Gliede [3]), von dem wir nur das eine kleine Buch

---

1) Herod. 1, 105.        2) bei den LXX Σοφονίας.

3) ähnlich rühmte sich später ein anderes Geschlecht der Abkunft von dem geachteten Könige Ezr. 2, 16. Neh. 7, 21.

besizen welches durch diese Zeitläufte veranlasst wurde; die
andere von dem damals noch sehr jungen Jéremjá, welche
späterhin nur als Glied eines weiteren Ganzen in sein großes
Buch verarbeitet wurde aber eben deshalb diese einzelne
Zeiterscheinung desto ausführlicher berührt [1]). Es war damals nicht lange nach dem 13ten Jahre der Herrschaft Königs
Josia, dem 21sten seines Lebens [2]): und noch war kein gründ-
licher Anfang gemacht das Reich aus dem tiefen sittlichen
Verderben zu reißen in welches es während der Herrschaft
Manásse's Amôn's und des minderjährigen Josia gesunken war.
Dass dieser König Josia selbst von den Skythen eine Zeitlang
wahrscheinlich während ihres verheerenden Rückzuges von
der Ägyptischen Grenze [3]) in Jerusalem belagert wurde, können wir aus einem Psalme schließen welcher mit hoher Wahrscheinlichkeit auf ihn als Dichter zurückgeht und uns ein
lebhaftes Bild von dem Wesen dieser sonderbaren Krieger
entwirft [4]). Sie mögen sich dann nach einigen Jahren aus
Kanáan wieder verloren haben, obwohl noch in spätern Jahrhunderten der Name der Stadt Skythopolis an der rechten
Seite des mittlern Jordan's, welche auf dem großen Heer-
und Handelswege von Nineve nach Ägypten lag, an ihr einstiges Daseyn im Lande erinnerte [5]). Aber sie verschwanden
sicher nicht ohne das Reich Juda aus seinem sittlichen Schlafe

---

1) Jer. c. 3—6. 2) das 13te nennt bestimmt Eusebios im
chron. can. T. II. p. 187. Freilich wissen wir jezt nicht woher Eusebios diese Angabe schöpfte: doch scheint sie zulezt nur auf Jer. 1, 2
zurückzugehen. 3) eine verwirrte Nachricht dass die Skythen rück-
kehrend nach Skythopolis durch die später Tricomis genannte Stadt (westlich von Hebron) zogen, hat sich in Cedreni hist. Byz. p. 237 Bonn. erhalten.
4) Ps. 59, vgl. die *Dichter des A. Bs.* Bd. II. S. 164 f. 2te Ausg.
5) nach griechischen Schriftstellern das alte Bäth-sheán, wofur
Nysa bei Plin. h. n. 5, 16 mit umgesezten Lauten mehr Griechisch
klingend. Dass die Skythen die Stadt baueten, sagt Plinius 5, 16
und G. Synkellos chronogr. 1. pag. 405 ed. Bonn. Und wirklich
sieht man nicht warum die Überbleibsel derselben sich nicht in dieser Stadt festgesezt haben sollten; denn dass der Name mit der alten
Stadt Sukkôth jenseits des Jordans (II. S. 504) nichts gemein habe,
versteht sich von selbst.

stark aufgerüttelt zu haben: und zu keiner Zeit konnte dies
von wichtigeren Folgen werden als in dieser, wo außerdem
schon sovieles zu · einer Reichsverbesserung hindrängte und
der rechte König da war um sie durchzuführen.

### Der Anstoss zur Reichsverbesserung.

Denn es leidet bei näherer Betrachtung keinen Zweifel
dass, schon länger vor dieser gewaltigen Aufforderung zur
Umkehr des Lebens eine Menge Antriebe im Reiche Juda auf
dasselbe Ziel hinwirkten. Die schlimmste Zeit der heidnischen
Richtung fiel doch, wie oben bemerkt, eigentlich nur in den
Anfang der Herrschaft Manasse's: und die damals von vielen
Blutzeugen bewährte Treue in der wahren Religion ·mußte
mitten im Wuthen der heidnischen Richtung umgekehrt dem
Gegensaze eine neue mächtige Bahn eröffnen. · Wie mächtig
sich troz aller Verfolgungen· die Stimme der Wahrheit wieder in einzelnen herrlichen Propheten regte, zeigen hinreichend die Beispiele Ssefanja's Jeremja's und anderer von denen
wir nur nichtmehr soviel wissen wie von jenen beiden. Und
auch außer dem Prophetenthume· war ein großer und gewiss
der kräftigste und schönste Theil· des volksthümlichen Schriftthumes seit Manasse von den Wahrheiten der bessern Religion
immer stärker ergriffen und drang auf eine ·Besserung des
ganzen ‚Lebens; das B. Ijob und die große Einleitung zum
jezigen B. der Sprüche (c. 1—9) aus verhältnißmäßig frühe-
·rer, das Deuteronomium aus späterer Zeit ragen für uns nur
als die deutlichsten Beispiele aus einer großen Reihe ähnlicher Schriften hervor, welche einst im Volke verbreitet gewesen seyn müssen.

Zwar konnte, so wie damals die königliche Macht in Juda
längst ausgebildet war, ohne den Vorgang eines Königs keine
durchgreifende Reichsverbesserung versucht werden. Und Manasse's Sohn Amôn (S. 665) folgte sogleich wieder derselben
heidnischen Richtung von welcher sich sein Vater nie hatte
ganz lossagen können. Allein schon nach zwei Jahren fiel er
durch eine Verschwörung seiner eigenen Hofleute, wir wissen
nicht näher auf welche besondere Veranlassung; ein ähnliches

Schicksal hatte nach S. 583 sein Vorgänger Jôâsh, jedoch nicht
nach so kurzer Herrschaft. Indess nahm das ganze Volk sofort Rache an den Verschwörern, und erhub Josia den 8jäh-
rigen Sohn des gefallenen Königs zur Herrschaft. Dieser
nun, unter ähnlichen ernsten Umständen nur noch viel jünger
zur Herrschaft berufen wie einst Uzzia (S. 585), ward diesem
seinem herrlichen Ahn auch in der Liebe zur reinern Religion ähnlich, ja er ward wie das jezige Königsbuch sagt [1]) in
der Liebe Jahve's größer als alle seine Vorgänger. Wir
können die Bildungsstufen welche er seit seiner minderjährigen Herrschaft durchlief, jezt nichtmehr deutlich erkennen [2]):
aber die große Festigkeit und Sicherheit in der Auffassung
und Vertheidigung der strengern Religion, welche er nach
dem Königsbuche seit dem Anfange der Reichsverbesserung
im 18ten Jahre seiner Herrschaft und dem 26ten seines Lebens offenbart, beweist genug dass sein Geist schon früh eine
entschiedene Richtung auf Erhabenheit und Männlichkeit des
Lebens nahm. Stammt außerdem, wie höchst wahrscheinlich
(S. 694), Ps. 59 von ihm als Dichter ab [3]), so haben wir auch
daran einen klaren Beweis wie fest schon während der Skythischen Verheerungen, also einige Jahre vor jenem entscheiden-

---

1) 2 Kön. 23, 25.        2) nach dem Chroniker II. 34, 3—8 fing
Josia im 8ten Jahre seiner Herrschaft (d. i. im 16ten Lebensjahre,
in welchem vielen Spuren nach die Königssöhne volljährig wurden)
Jahve zu suchen an; und im 12ten Jahre derselben begann er schon
soviel er konnte alle Spuren des Heidenthumes im Lande zu zerstören: wonach also darin das 18te Jahr hiefur eigentlich nichts neues
bringt, sondern vielmehr nur zur Erneuerung der rechten Paschafeier
und ähnlicher gesezlicher Vorschriften diente. Allein was nach v. 4
—7 schon in das 12te Jahr verlegt wird, ist nur ein wörtlicher Auszug von dem was nach 2 Kön. 23, 4 ff. erst im 18ten Jahre anfing.
Zwar wird 2 Kön. 22 f. so vieles in das 18te Jahr verlegt: Auffin-
dung des Gesezbuches, Abschaffung alles Heidnischen, Pascha, dass
man leicht merkt, wie wenigstens die Abschaffung des Heidnischen
im ganzen Lande nicht so schnell geschehen konnte. Aber sie konnte
nach 2 Kön. 22 f. doch auch nicht vor dem 18ten Jahre nachdrücklich geschehen. 3) außerdem könnte etwa auch Ps. 28 von ihm
seyn, vgl. *die Psalmen* 2te Ausg. S. 171.

den 18ten Jahre seiner Herrschaft, sein Glauben einzig auf
Jahve's Heil und Hülfe gerichtet war. Die erhabene alte Geschichte Israels mit ihren Grundwahrheiten sowie die Erinnerung an die Größe Davîd's, an die wunderbare Errettung
Jerusalems vor Sancherib worauf sich in Ps. 59 eine deutliche
Anspielung findet, und an alles was sonst in der Geschichte
seiner Ahnen herrlich gewesen, mochte früh seinem Geiste
tief sich eingeprägt haben: endlich fand in ihm die Sehnsucht
und Hoffnung der treuern Jahveverehrer einen solchen Fürsten wie sie ihn gewünscht hatte.

: Darum gab denn, wie es bei allen innerlich längst vorbereiteten Veränderungen im Reiche geht, zulezt etwas mehr
zufälliges den Anstoss zu der wichtigen Reichsverbesserung
welche Josia nachdem sie einmal als nothwendig anerkannt
war mit großer Entschiedenheit durchführte, und durch welche
das 18te Jahr der Herrschaft dieses Königs so ausserordent-
lich wichtig und berühmt geworden ist. Als in jenem Jahre
Josia seinen Finanzminister Shafan an den Hohepriester Chilqia [1]) absandte, damit er mit diesem gemeinschaftlich das seit
einer Zeit gesammelte Tempelgeld in der nach S. 582 seit
Jôâsh'es Zeit gesezlichen Weise an die Oberbaumeister ab-
gäbe, sprach der Hohepriester mit ihm auch über ein Gesezbuch [2]) das er im Tempel gefunden habe, und gab es als

---

1) dieser muss nach 1 Chr. 5, 39—41 vgl. 2 Kön. 25, 18 damals
schon sehr bejahrt gewesen seyn; wird aber von Spätern sehr übel
mit dem Jer. 1, 1 genannten Vater Jéremja's verwechselt, welcher
allen Zeichen nach ein gemeiner Levit war.          2) die Worte
ספר התורה in dém Zusammenhange worin sie 2 Kön. 22, 8 stehen
(vgl. das bloße ספר v. 10) können unstreitig nach LB. §. 290a diesen unbestimmten Sinn geben troz des Artikels beim zweiten: und
zum Zusammenhange paßt eben auch allein dieser unbestimmte Sinn.
Von einem alten früher bekannten jezt nur wiedergefundenen Gesezesbuche ist hier nicht entfernt die Rede. Die Erzählung selbst
stammt ihrer Quelle nach gewiss vom ersten deuteronomischen Bearbeiter des Königsbuches, welcher bald nach Josia geschrieben haben
kann; erst von c. 23, 24 an merkt man eine andere Hand, die des
lezten Bearbeiters, und erst hier v. 25 wird das Gesezbuch ohne
weiteres auf Mose zurückgeführt, wie ähnlich 2 Chr. 34, 14.

ein höchst merkwürdiges Buch ihm zu lesen. Dieser las es,
fand es wichtig genug um es dem Könige vorzulegen, und
las es sodann bei seiner Rückkehr zum Könige demselben
vor. Dér wurde von dem Inhalte dieses Buches, namentlich
von seinen über die Übertreter der Geseze gesprochenen
göttlichen Drohungen, só gewaltig ergriffen, dass er sogleich
eine feierliche Gesandtschaft aus Shafan dem Hohepriester
und drei andern Großen bestehend an das damals geehrteste
Orakel in Jerusalem absandte, um zu hören wie es sich mit
der Wahrheit jener Drohungen verhalte. Es war dies das
Orakel Chulda's, des Weibes eines in der Unterstadt wohnenden königlichen Zeugmeisters, von der wir sonst nichts
wissen; Jéremjá war damals noch etwas jung, trat dazu auch
anfangs mehr in seiner Vaterstadt 'Anathoth nicht weit von
Jerusalem als in Jerusalem selbst auf. Sie bestätigte ganz
den Drohungen des Buches gemäss, dass Jerusalem mit seinen Bewohnern wegen der vielen Sünden des Volkes einem
nahen göttlichen Verderben entgegengehe; fügte jedoch hinzu
dass Josia selbst, weil er auf die gehörten Drohungen des
Buches so tiefe Buße zeige, noch vor dem Eintritte jenes
lezten Verderbens ruhig sterben werde. So durch die prophetische Wahrheit in seiner Entschließung bestärkt, veranstaltete der König eine große Volksversammlung bei dem
Tempel, erklärte ihr seinen Willen diesem Gesezesbuche gemäss im Reiche zu herrschen und was nöthig umzugestalten,
und empfing die Beistimmung des Volkes nachdem es den
Inhalt des Buches vernommen hatte und von ihm gleich dem
Könige tief ergriffen worden war.

Es kann uns aber bei einigem Nachdenken nicht zweifelhaft seyn dass dies Gesezbuch dasselbe war welches seit
dem hier kurz beschriebenen entscheidenden Ereignisse immer in Israel als das einzig gültige und heilige angesehen
wurde, zumal nachdem es bald darauf mit dem jezigen Pentateuche in der Bd. I. näher erörterten Weise verschmolzen
worden war. Die ganze Geschichte Israels bezeugt, je näher man sie erkennt, desto sicherer den Doppelsaz: dass
der jezige Pentateuch (um nun kurz so zu reden) seit Josia's

Reichsverbesserung stets ebenso hoch geehrt ja bald gebeiligt wurde als er vor ihr noch kein öffentliches Ansehen hatte. Nur war allen Zeichen nach das damals im Tempel gefundene Gesezbuch bloss das Werk des Deuteronomikers in dem Bd. I. erläuterten ursprünglichen Sinne: inderthat weist das einzelne was in jener Erzählung aus dem Inhalte des Gesezbuches angeführt wird nicht über das Deuteronomium hinaus. Die erschütternden Drohungen des göttlichen Zornes, insbesondere die Drohung dass das h. Land mit seinen Einwohnern zum Entsezen und zum Fluche werden werde [1], weisen auf nichts so stark hin als auf die lezten Reden im Deuteronomium; undauch der Name eines Bundesbuches welcher hier mit dem eines Gesezbuches wechselt [2], kann auf das Deuteronomium passen. Wie aber der Deuteronomiker die frühere Mosaische Geschichte só dargestellt batte dass doch das erneuete Gesez welches er gegen das Ende hin erklärte und die gewaltigen Worte womit er es empfahl den Leser am stärksten fesseln und rühren sollten: so konnten auch alle welche damals in Jerusalem an die Reichsverbesserung die Hand legten, gerade von diesem Theile des größern Werkes am meisten bewegt werden; und es geschah damit nur was der Deuteronomiker bei der Anlage des ganzen großen Gesezes- und Bundesbuches selbst bezweckt hatte. Und wäre der König mit vielen Großen und einem großen Theile des gesammten Volkes nicht schon längst im Herzen für eine aufrichtige und vollständige Umkehr zu der alten strengen Religion gestimmt gewesen, so hätte dies im Tempel gefundene Buch nie eine sogroße Wirkung hervorbringen können. Aber der geistigen Stimmung der Zeit kam dieses Buch mit seinem ebenso herzlichen alsauch wieder erschütternd drohenden Worte aufs hülfsreichste entgegen: und so entstand ein Ereigniss wel-

---

1) die Worte 2 Kön. 22, 19 weisen nichtsowohl auf Lev. 26, wo dazu vom Fluche keine Rede ist, als vielmehr auf verschiedene Stellen des Deuteronomium zurück.　　2) 2 Kön. 23, 2 f. 21 vgl. mit Deut. 28, 69.

ches zu den folgenreichsten im Laufe dieser ganzen Geschichte gehört.

Darum kann nur noch gefragt werden wie das Buch in
den Tempel und wie in die Hände des Hohenpriesters Chilqia
gekommen sei.  Allein die richtigste Antwort welche wir auf
diese Frage geben können, liegt schon in der S. 682 ff. erörterten Entstehung des Werkes selbst [1]). War das Werk
vor etwa 30 bis 40 Jahren in Ägypten geschrieben, sodass
sein Verfasser jezt längst gestorben seyn konnte, und verbreitete es sich demnach nur langsam und wie zufällig nach
Palästina hin: so konnte eine Abschrift davon zufällig durch
irgend einen Priester in den Tempel kommen und dort vom
Hohenpriester vorgefunden werden.  Was man eigentlich als
das nothwendigste wollte, eine kräftige Erneuerung des Lebens im alten strengen Geseze, das war freilich viel mächtiger und treibender als alle die Wege und Mittel, in denen
man es zu erreichen suchte und endlich erreichte: und gelehrte Untersuchungen über Alter und Verfasser einer Schrift
anzustellen lag überhaupt nochnicht in den Bedürfnissen jener Zeit.  Aber dennoch muss man sich hüten das Andenken an das damalige Ereigniss durch so völlig unrichtige
Vorstellungen wie dass der Hohenpriester etwa selbst dies
Buch verfaßt aber seine Urheberschaft verläugnet babe, muthwillig zu trüben: denn die geschichtliche Gewissenlosigkeit
kann nicht ärger sich offenbaren als in solchen nach jeder
Hinsicht grundlosen und dazu sehr ungerechten Vermuthungen.

### *Art der Reichsverbesserung. Josia's Tod.*

So sollte denn endlich eine Verbesserung nichtnur der
öffentlichen Religion sondernauch, da diese vom Volksleben
noch unzertrennbar war, zugleich des ganzen Reiches erfolgen, welche ältere Propheten längst verlangt, welche vor

---

1) wir brauchen also auch nicht anzunehmen dass es mit diesem
Werke damals só zuging wie die Griechen erzählten Herakleitos
habe seine philosophische Schrift im Artemistempel zu Ephesos versteckt μυστηριωδῶς ὅπως ὕστερον ἡ ταύτης ἔκδοσις γένηται, Tatianos'
Rede an die Hellenen c. 4.

nochnicht einem Jahrhunderte König Hizqia schon einmal
ernstlicher versucht hatte (S. 622). Irrthümer und Mißbräuche
welche sich im Verlaufe der Zeit immer einschleichen und
immer wachsen, sollten einmal kräftiger getilgt, das ganze
Reich einmal wieder mit aufrichtiger Entschiedenheit auf seine
bessern Grundlagen zurückgeführt werden. Der größere Theil
des gesammten Volkes kam vonunten mit freudiger Geneigt-
heit dieser Neugestaltung entgegen: und ein frommer König
war bereit diesem großen Werke alle seine noch jungen
Kräfte zu weihen. Einen herrlicheren Sieg, scheint es, konnte
das Streben aller Bessern im Reiche nicht feiern.

Und wirklich dürfen wir das Große und Ersprießliche
nicht verkennen welches in dieser Wendung der Dinge lag.
Einmal noch während des Bestandes des menschlichen Königthumes in der Gottherrschaft raffte sich diese mit Hülfe
jenes kräftiger aus dém Verderben auf, welchem sie seit
Jahrhunderten immer unrettbarer anheimzufallen schien; und
eben da alles sich schon zu einer unabwendbaren Auflösung
hinneigt und der bessere Grund des Davîdischen Jahverei-
ches von dem Unkraute falscher Bestrebungen völlig über-
wuchert werden zu müssen scheint, strengt sich jener nocheinmal an sich dieses mit éinem kräftigen Schlage zu entledigen. Ein solcher so entschieden und so aufrichtig gemein-
ter Versuch muss, welchen unmittelbaren Erfolg er auch habe,
fur den ganzen Verlauf immer irgendwie heilsam wirken.
Was in der bisherigen Entwickelung gutes und innerlich
tuchtiges ist, kann durch einen solchen Versuch es zur Herrschaft zu bringen wenigstens sich strenger sammeln, sich
neu entwickeln; und sollte es auch unter der Wucht der
übrigen ungünstigen Verhältnisse nicht auf die Dauer der
einreißenden Auflösung des dermalen bestehenden Ganzen
glücklich entgegenwirken können, so zeigt sich dann wenigstens klarer welche tiefere Mängel diesem Ganzen noch ankleben ehe es zu einem dauerhaft bessern Anfange sich zu
erheben stark genug sei.

Die damalige Reichsverbesserung nun konnte troz ihrer
Nothwendigkeit und trozdem dass sie viel gutes hervorbrachte,

doch nach den deuteronomischen Grundlagen von denen sie
ausging die tieferen Mängel der Zeit nicht gründlich. heben
noch das Reich dauerhaft vor seinem nahenden Verderben
retten. Denn das Deuteronomium ist eben wie die ganze
Zeit aus..der es hervorging noch in dém starken Zwiespalte
befangen dass es das Bessere was der alten Religion fehlte
zwar ahnet und erkennt, aber nicht fest genug durch alles
durchführt. Es erkennt die Liebe als ein höchstes in der
Religion an und ist im Begriffe das Gewaltsame welches der
alten Religion wie jeder bloss prophetischen anklebt ahzu-
streifen, bleibt aber dennoch bei diesem wieder besonders
in Bezug auf die unendlich mannichfaltigen Arten des heidnischen Aberglaubens und auf einige von der Gemeinde rücksichtslos auszuschließende fremde Völker (S. 685) stehen, kann
also in dieser wichtigen Beziehung seine Gläubigen von den
nächsten Schranken nicht befreien in denen die wahre Religion einst geboren und großgewachsen war. Freilich waren
diese bloss geschichtlichen Schranken der alten Religion im
ganzen Verlaufe der Zeit desto starrer und desto schwerer
zu durchbrechen geworden, je gefährlicher alles heidnische
Wesen wieder einzudringen drohete; und namentlich in dem
lezten Jahrhunderte seit Manasse hatte sich ja in Juda ein
wahrhaft tödlicher Kampf zwischen der heidnischen und der
strengern Richtung entsponnen, sodass diese die größte Anstrengung sich jener zu entledigen nicht scheuen durfte. Allein nur desto mehr mußte hier die aus den Urzeiten der
Gemeinde wiedererweckte Gewaltsamkeit schaden, welche die
empfundenen Übel zwar augenblicklich aus den Augen entfernen aber ihre Quellen nicht verstopfen konnte; und die
Ordnung des bestehenden Reiches mußte dadurch bald nur
desto verwirrter werden. So gewaltsam waren allerdings
auch Manasse und Amôn in ihren Versuchen das Heidenthum
zu fördern gewesen: aber die wahre Religion konnte nur
ihrem eigenen Fortschritte schaden wenn sie in diesen späten und sonst schon so stark veränderten Zeiten noch an
der ersten Beschränktheit ihrer Jugend festhielt.

Das Zeichen der Gewaltsamkeit trägt nun aber diese

königliche Reichsverbesserung in allem was wir von ihr wissen. Sie war ernst gemeint, durchgreifend, allesumfassend, aber vorallem gewaltsam. Der Hohepriester Chilqia mit den ubrigen am Tempel beschäftigten Priestern mußte zuerst alle die Geräthe der im Tempel selbst getriebenen heidnischen Religionen fortschaffen, nördlich Jerusalems auf den an den Qidrôn stoßenden Feldfluren verbrennen und die Asche nach Bäthel als dem alten Size niederer Religionen außerhalb Juda's schaffen [1]): so hörten diese Arten von Gottesdienst wenigstens im Tempel sofort auf. Sodann schaffte man aus dem Tempel das daselbst nach S. 667 erst durch Manasse aufgestellte Bild der Astarte mit den dazu gehörigen kleinen Häusern, verbrannte jenes ebenso am Qidrôn und warf seinen Staub auf die Gräber der niedrigsten Menschen [2]). Die zwei Höhenaltäre welche vor zwei Thoren Jerusalems errichtet waren [3]), verunreinigte man ebenso wie die im ganzen Lande Juda zerstreuten durch darauf geworfene Menschengebeine: es waren dies nach S. 390 zumtheil sehr alte Heiligthümer, in denen Jahve selbst verehrt wurde, an welche sich aber jezt im Gegensaze zu dem großen Tempel allerlei Aberglauben geknüpft hatte. Die von Achaz Manasse und Amôn nach S. 617 f. eingeführten künstlicheren Arten von heidnischem Aberglauben, deren Zeichen bei dem Tempel und in der Nähe Jerusalems aufgerichtet waren, vernichtete man ähnlich durch Verbrennen der dazu gebrauchten Stoffe und durch Verunreinigung der Örter; bis die Reihe endlich auch die nach S. 379 f. von Salômo erbaueten Heiligthümer heidnischer Götter traf. Ja auch die einst von den Königen des Zehnstämmereiches in Bäthel und andern Orten erbaueten Hochaltäre behandelte Josia ebenso, weil diese Ge-

---

1) 2 Kön. 23, 4.]     2) 2 Kön. 23, 6 f.

3) v. 8: der eine lag vor dem nach dem Stadthauptmanne Josúa genannten Thore, der andere links von dem sogenannten Stadt- oder Burgthore. So sind unstreitig die Worte zu verstehen, obgleich wir diese beiden damals gewöhnlichen Thornamen sonst nicht finden. Höchstens wäre ein ו *und* vor dem lezten את ausgefallen; jedoch ist auch dies nach 2 Kön. 12, 5 nicht nöthig.

biete nach S. 690 gerade damals zum Reiche Juda gehörten;
wobei denn in Bäthel sich mit den Gebeinen eines alten Grabes das unerwartete ereignete welches oben S. 442 ff. erwähnt wurde. Andere Arten alten oder neuen Aberglaubens traf gleicher Bann. Was aber abgesehen von diesen
ansich todten Sachen die Menschen anlangt, so traf alle die
Priester dieser heidnischen oder heidnischartigen Religionen
sowohl in Jerusalem und Juda als in dem frühern Samarien
die Todesstrafe, als mußten wenigstens diese falschen Priester für alle die vom Volke als Opfer fallen welche ihnen
gefolgt waren; nur die gebornen Opfer-Leviten welche sich
zu solchem Priesterthume hatten mißbrauchen lassen, wurden zwar aus Scheu vor Ahron's Stamme nicht hingerichtet,
durften aber nie wieder den Altar Jahve's berühren, wurden
daher wie nach alter Sitte die ohne eigene Schuld unreinen
zu Jerusalem vom Brode des Heiligthumes nothdürftig unterhalten [1]). — Bei solcher Gewaltsamkeit im Entfernen des
Heidnischen mußte dennauch die Neugestaltung des Eigenthümlichen der alten Religion vonselbst in einem ähnlichen
Geiste vollbracht werden. Als Zeichen wie streng man vonjeztan die Gebräuche der Jahvereligion halten wollte, diente
die erste Paschafeier umsomehr, da sie auch nach ihrer ursprünglichen Bedeutung eine Sühne und Reinigung beim Eintritte in ein neues Daseyn geben sollte: und es wird ausdrücklich bemerkt dass seit den Zeiten der Richter das Pascha
nie so gefeiert worden sei, nämlich so streng nach allen den
Vorschriften eines heiligen Buches, wie man es jezt feierte [2]).

Wie zufolge dieser großen Veränderung alles übrige sich
im Reiche neugestaltet habe, können wir jezt aus Mangel an
Nachrichten nicht viel näher verfolgen. Josia selbst lebte dem
neuen Reichsgeseze ganz gemäss, linderte durch sorgsame

---

1) dies alles ist der Sinn von 2 Kön. 23, 5. 20; 8 f.; vgl. 2 Chr.
34, 4 f.          2) 2 Kön. 23, 21—23. Der Chroniker II. 35, 1—18
ergreift diese Gelegenheit um alle die zu seiner Zeit geltenden Gebräuche am Pascha, welche im Pentateuche nicht weiter berührt
sind, ausführlich darzustellen; er stellt sie hier nämlich noch ausführlicher dar als im Leben Hizqia's nach S. 642 f.

Rechtspflege die Noth der hülfsloseren Unterthanen, und erwarb sich die allgemeinste Achtung durch sein ruhig sanftes und doch so thätiges Wirken [1]). Gewiss aber fing nun bald troz des guten Willens dieses frommen Königs eine Reihe neuer Übel im Reiche und Volke sich zu entwickeln an, voran solche welche überall leicht emporkommen wo ein heiliges Buch die Grundlage alles öffentlichen Lebens wird: die aufgeblasene Bücherweisheit und das heuchelnde Schriftgelehrtenthum. In frühern Zeiten waren solche Übel dem Volke völlig fremd, wie die ganze bisherige Geschichte gezeigt hat: denn damals hatten außer dem Orakel sofern es durchdrang und dem Königsbefehle nur solche einzelne kurze Geseze wie der Dekalog öffentliche Geltung; aber sogar an die Worte des Dekalogs hielt man sich nicht immer und überall streng, wie das Beispiel Jerobeam's I. S. 437 f. zeigt, und wie der große Prophet Hosea über allgemeine Nichtbeobachtung der geschriebenen göttlichen Worte klagte [2]); ausführliche Gesezesbücher ähnlich dem jezigen Pentateuche gab es zwar schon lange vor Josia, sie hatten aber keine zwingende Geltung, noch weniger waren sie heilig. Sobald aber ein Buch zumal ein so umfassendes Geschichts- und Rechtsbuch wie der Pentateuch zum Reichsgrundgeseze erhoben wurde, bildete sich zum erstenmale in Israel Büchergelehrsamkeit als eine nothwendige Macht im Reiche aus. Diese traf nun nach S. 644 ff. mit einem sonst schon sehr ausgebreiteten und ohne Zwang mächtig wirkenden Schriftthume und mit einem regen Streben nach Weisheit zusammen welches schon längst seine erste Jugend hinter sich hatte. So konnte sie mit dem gesammten schon so weit vorgeschrittenen geistigen Leben des Volkes schneller sich entwickeln und rascher ausarten, hier eine neue Art von Hochmuth und Einbildung welche durch den Besiz des Buchstabens die ächte Weisheit zu besizen wähnt, dort eine Heuchelei erzeugen welche in ihm die Frömmigkeit besizen will und sich so stellt als besäße sie diese; ja auch die Gewaltsamkeit der Reichsverbesserung selbst mußte

---

1) dies besonders nach Jer. 22, 15 f.    2) Hos. 8, 12.

zur raschern Ausbildung solcher Übel mitwirken. Dass sich
aber diese Übel früh ausbildeten, zeigt einmal das prophetische
sche Lied Ps. 50, welches noch unter Josia entstanden seyn
kann, wahrscheinlich als gegen Ende seiner Herrschaft sich
am fernen Himmel neue Stürme erhoben und daher neue
Verzweiflung im Volke ausbrach; und zweitens beweisen es
manche Aussprüche Jeremja's [1], welcher als Prophet diese
ganze Veränderung erlebte und über die falsche Gelehrsamkeit
keit sogleich bei ihrem ersten Keimen die ewige Wahrheit
ausspricht.

Indessen verwirrten sich die Verhältnisse der Völker rings
um Juda jährlich mehr; und die Vertreibung der Skythen
hatte diesem keine dauernde Hülfe gebracht. Nineve stand
noch immer wie eine feile Beute für den besten Kämpfer da;
und in den westasiatischen Ländern welche es einst beherrscht
hatte, wollte sich noch immer kein só kräftiges Reich neubilden
bilden dass die benachbarten stärkern Reiche es hätten fürchten
ten können. Ägypten also welches früher von der Assyrischen
schen Übermacht gelitten und nun in seinem 29ten Königshause ein Geschlecht thatkräftiger Herrscher besass, konnte
jezt seine Stunde gekommen glauben um nichtnur an seinem
alten Feinde sich zu rächen sondernauch einen guten Theil
der scheinbar herrenlos gewordenen Assyrischen Länder zu
erobern. Schon der bedachtsame Psammétichos hatte nach
S. 680 sich in die Palästinischen Angelegenheiten erobernd
und unterhandelnd soweit eingemischt als es ihm gefahrlos
schien. Sein Sohn Nekhao (oder Nekó, Nékhó), stolzer und
kühner als der Vater, traf nun große Anstalten um vom Erbe
des Assyrischen Reiches soviel als möglich an sich zu bringen: wobei ihm die neue Chaldäische Herrschaft, wie unten
erhellen wird, anfangs willig die Hand bot. Er liess mächtige Kriegsflotten sowohl im mittelländischen als im rothen

---

1) besonders Jer. 8, 8 f.; wieweit stehen davon selbst Aussprüche
wie Jes. 29, 13 ab, und wiesehr war demnach Israel in diesem éinen
Jahrhunderte verändert! — Wie das »Gesez« vonjeztan allmälig das
Nachdenken und das Leben des Volkes immermehr beschäftigte, zeigen auch deutlich Stellen wie Ps. 1, 2. Hab. 1, 4.

Meere erbauen [1]), offenbar um seine Heere schnell nach jeder Gegend des frühern Assyrischen Gebietes hinzuschaffen.
Mit der im Mittelmeere erbaueten zog er zuerst gegen die
Phönikische Küste hin, sezte sein Heer etwa bei 'Akko ans
Land und fing Eroberungen an, berührte demnach zunächst
ohne weitere Rücksicht Theile des ehemaligen Zehnstämmereiches welches die Assyrer früher gänzlich sich unterworfen
fen hatten.   Allein diese Gebiete des alten Erbes Israels hatte
damals nach S. 690 das Reich Juda in Besiz genommen, obwohl soviel wir wissen ohne deshalb mit dem nochimmer in
Nineve wohnenden Assyrischen Könige einen Vergleich geschlossen zu haben.   Ja wenn wir die Wuth bedenken mit
welcher, sobald die Chaldäer gegen Juda auftreten, die Edo-
mäer 'Ammonäer Moabäer und andere Nachbaren gegen es
kämpfen, so wird es höchst wahrscheinlich dass Josia die
ganze alte Herrschaft des Davîdischen Hauses über die umliegenden Völker herzustellen suchte und in dieser Stellung
nicht ohne Erfolg thätig war; ganz wie es sich in dieser
Zeit der verdorrenden Assyrischen Macht für einen König
ziemte der inallem ein ächter Nachfolger David's seyn wollte.
So konnte Josia in den Eroberungen welche der Ägyptische
König im nördlichen Lande versuchte sich in seinen Rechten gekränkt, und doch sich zugleich mächtig genug fühlen
um nöthigenfalls auch allein einen Krieg mit ihm zu wagen;
dass es um die Selbständigkeit auch Juda's geschehen sei
wenn die Ägypter sich im Norden festsezten, sagte außerdem eine geringe Überlegung: und die niederen Bedenken
welche etwa noch einem Kriege gegen Ägypten widerstanden, wurden gewiss vollends durch günstige Orakel und die
mächtig wiedererwachenden Messianischen Hoffnungen entfernt.   Denn zu allen Zeiten wo Israel sich voninnen zu einem regern Leben in seiner Religion erhob, steigerte sich
auch sein alter wunderbarer Muth gegen die äußeren Feinde:
Orakel dieses Geistes wurden sicher damals laut, obgleich sich

---

1) Herod. 2, 159 vgl. mit 2 Kön. 24, 7.   Späterer Jüdischer Aber-
wiz erklärte den Ägyptischen Namen *Nekhô* nach dem Hebr. só als
bedeute er *der Lahme.*

das Andenken daran jezt verloren hat. Kurz, Josia zog kühnen Muthes mit seinem Heere dem Ägyptischen entgegen:
die beiden feindlichen Könige trafen westlich nicht sehr weit
vom Meere auf der großen Galiläischen Ebene wo das Schicksal Palästina's sooft entschieden wurde, zwischen Magdol und
Hadadrimmôn nicht weit von der größern Stadt Megiddo [1])
auf einander, aber Josia ward in der Schlacht tödlich verwundet und schon sterbend von der Wahlstatt getragen; doch
brachten seine Getreuen die Leiche sicher nach Jerusalem,
wo sie in aller Ehre bestattet ward [2]). Die Schlacht selbst
war für das Reich Juda verloren, und ungehindert konnte
der Ägyptische König seine weitern Pläne verfolgen. Die
Trauer des Volkes um den mit 39 Lebensjahren gefallenen
tapfern und frommen König war außerordentlich: es war als
wollte eine dumpfe Unglücksahnung durchdringen dass mit
ihm eigentlich das Reich selbst gefallen sei, dessen lezter
großer Träger er gewesen. Noch lange Zeiten später erhielten sich die auf ihn im Volke gesungenen, von Jéremjá

---

1) *Mendé* bei Fl. Josephus mag ein bloßer Schreibfehler seyn.
Magdol welches Herod. 2, 159 dafur sezt, könnte nur aus der Aussprache Magedôn für Megiddo hervorgegangen zu seyn scheinen, da
*n* und *l* am Ende von Eigennamen im Übergange zu fremden Sprachen oft wechseln: allein diese Annahme ist unnöthig, da der Ort
*Megdel* nicht weit von 'Akkô nördlich von einem Zuflusse des Qishon,
welcher sich auf Robinson's Charte findet, ganz hieher paßt. Wenn
hier das Ägyptische Lager stand, so stand das Israels wahrscheinlich
östlicher davon bei dem noch jezt Rummâne genannten Orte, dem
Hadad-Rimmon im Thale von Megiddo; dass die Stadt Hadadrimm-
môn wenigstens die Todesstadt Josia's war, ist aus den kurzen Worten Zach. 12, 11 zu erschließen. An Megdel bei Asqalon mit Ritter
(Erdkunde XVI S. 69) zu denken widerstreitet den sicheren Spuren
von Geschichte. — Die Worte 2 Chr. 35, 23 erinnern stark an 1 Kön.
22, 34; und die ganze Rede Nekho's v. 21 f. fließt rein aus der freieren Darstellung des Königs, insbesondere hat das hier v. 21 f. erwähnte Gotteswort an ihn mit dem Orakel Herod. 2, 158 nichts gemein.          2) daher der Ausspruch »er werde in Frieden zu
seinen Vätern kommen« 2 Kön. 22, 20 dennoch seine Wahrheit behielt; vgl. Jer. 34, 5 und unten das umgekehrte Beispiel bei Jojaqîm

verfaßten Traüerlieder [1]), die man gern an bestimmten Ge-
dächtnißtagen wiederholte.

### 3. ˙ Der Untergang des Reiches.

König Josia hatte sein großes Unternehmen einer Reichsverbesserung nur 13 Jahre überlebt: eine schon ansich vielzu
kurze Zeit um alte tiefgewurzelte Übel völlig zu beseitigen
und ein ganzes Volk an eine neue Lebensrichtung dauernd zu
gewöhnen. Konnte nun bei seinem zu frühen Falle sein Werk
von der kräftigen Hand des ganzen Volkes getragen in gleichem Geiste fortgeführt werden, so hätte das alternde Reich
sich vielleicht nocheinmal auf längere Zeit verjüngen können:
das schwere Unglück welches durch Josia's Fall über das
Reich kam und sein Werk zu zerstören drohete, wäre dann
der erste und zugleich der beste Prüfstein für die Güte und
Festigkeit dieses Werkes geworden, und der längst drohende
Untergang des Reiches wäre noch auf eine unabsehbare Zeit-
weite verschoben. Aber schon die herbe Gewaltsamkeit womit Josia die Reichsverbesserung eingeführt hatte, mußte dem
Gedeihen seines Werkes schaden: offenbar sammelte die heidnische Partei im Reiche nach dem ersten Schrecken ihre
Kräfte aufsneue, und der unglückliche Ausgang der Herrschaft
dés Königs welcher für den gewaltsamen Schuz der bessern
Religion˙ sein Leben verpfändet hatte, war nun desto weniger
geeignet der von ihm vertheidigten Sache einen dauerhaften
Bestand zu sichern.

Wohl war Josia nicht der erste Machthaber gewesen
welcher in Sáchen der Religion mit Gewaltsamkeit verfuhr.
Noch weit gewaltsamer hatte ja vor ihm Manasse die An-

---

1) dies folgt nichtbloss aus 2 Chr. 35, 25 f., sondernauch aus
Jer. 22, 10. 18. Zach. 12, 11. Dass der Chroniker nicht die jezt in
den Kanon des A. Ts aufgenommenen Klaglieder Jeremja's sondern
eine größere Sammlung von Klagliedern worin auch die von Jeremja
auf Josia gedichteten standen vor Augen hat, ist einleuchtend; und
dass Jeremja solche verfertigt haben konnte obgleich er später selbst
22, 10 gegen die zu heftigen Klagen über Josia sich ausspricht, ist
unläugbar.

hänger der geistigen Religion verfolgt und dadurch Übel geschaffen deren bittere Folgen man jezt nochimmer schwer
erfuhr : wie Jéremjá und andere in diesen Zeiten beständig
darüber klagen (S. 673). Ja fast die ganze bisherige Geschichte trug diesen Trieb nach gewaltsamem Handeln noch
ungebrochen in sich; und selbst das Prophetenthum war seinem Ursprunge nach wesentlich des gleichen Geistes gewesen,
und hatte erst in den lezten Zeiten die Möglichkeit sowie die
Nothwendigkeit einer ganz andern Art zu handeln erkannt.
Aber das eigenthümliche dieser Zeit war eben dies, dass in
ihr die schlimmen Folgen solches gewaltsamen Handelns in
Staats- und Religionssachen endlich einmal alle gehäuft zusammentrafen und so eine unauflösliche Verwirrung stifteten.
Das gewaltsame Handeln, Jahrhunderte lang unter den verschiedensten Verhältnissen fortgesezt, trennt und verfeindet
die in einem Ganzen möglichen Theilungen nur immer mehr :
so waren im Reiche Juda die Theilungen seit Salômo immer
weiter aus einander gegangen, seit Manasse's unsinnigen
Verfolgungen aber und seit Josia's gewaltsamer Reichsverbesserung so scharf geschieden und gegen einander so un-
versöhnbar erbittert, dass auch die offenbarsten Gefahren
des Reiches sie nichtmehr zu einem gemeinsamen Zusammenwirken bestimmen konnten. Und das Unselige der Zeit
war dass auch die Theilung welche durch Josia's Reichsverbesserung zum offenen Siege kam und welche die geistigere
Religion schüzen wollte, sich nicht von dém alten Irrthume
loszumachen vermochte welcher durch die bitteren Lehren
der Jahrhunderte eigentlich schon völlig deutlich seyn konnte,
ja gegen welchen nach S. 568 ff. schon seit längerer Zeit
eine neue Wahrheit wenigstens in der Ahnung und zerstreut
in der Lehre sich erhoben hatte.

Die Stellung der Theilungen war näher betrachtet folgende.
Die (um sie kurz so zu nennen) deuteronomische oder ängst-
lichere Theilung forderte gegen die heidnischen Religionen
rücksichtslose Strenge und Vertilgung: sie kehrte damit zu
den Forderungen der Urzeit der Jahve-Religion zurück, übersah aber dass die andere Richtung welche seit Salômo sich

immer stärker herangebildet hatte, dochauch ein gewisses Recht für sich hatte sofern der dunkle Trieb die alte Religion ihrer zeitlichen und jezt mehr schädlich als nüzlich gewordenen Fesseln zu entledigen in ihr lebte. Die freiere oder heidnischgesinnte Partei dagegen wollte zwar keineswegs den alten Landesgott Jahve aufgeben: soweit war man jezt über die trüben Zeiten Ahab's und Manasse's hinaus; aber sie erlaubte nichtnur die Verehrung aller heidnischen Götter troz des unter Josia feierlich geleisteten Versprechens alles heidnische zu verwerfen [1]), sondern gefiel sich auch in der ganzen niedriggearteten Sittlichkeit welche dem Heidenthume anklebt [2]). Während also die strengere Theilung etwas forderte und mit Gewalt durchsezen wollte was inderthat für das Reich in dieser Zeit nichtmehr paßte, also nur durch die Macht und frische Begeisterung eines Königs wie Josia auf eine Zeitlang herrschen konnte, blieb die freiere auch im rein sittlichen Gebiete hinter den gerechtesten Forderungen jener zurück; aber während diese nicht weniger als jene sich auf die bloße Gewalt stüzte, hatte sie die ganze Gegenwart mit ihrem Streben nach freierer Entwickelung für sich. Darum gewann sie zwar alsbald nach Josia's unglücklichem Falle wieder die Oberhand, unddas mit solcher Unwiderstehlichkeit dass alle die vier Könige welche noch auf David's Stuhle folgten troz ihrer großen Verschiedenheit an Alter und an Geist ihr folgen mußten [3]); zumal da auch heidnische Völker vonjeztan die Oberherren des Reiches wurden. Aber da sie dennoch die gesezlich gewordene Reichsverbesserung Jósia's nicht wieder gesezlich umstürzen konnte noch mochte, so gerieth das

---

1) dies erhellt nichtnur aus B. Zach. 13, 2. Jer. 7, 18. 30 f. 8, 2 sondernauch aus Jer. 11, 10. 12 f. 13, 10. 27. 17, 1 f. 18, 15. 19, 4 ff. 13. 22, 9. 25, 6. 32, 29. 34 f. Hez. 6, 4. 8, 3 ff. 23, 38 ff. Man sieht hieraus dass fast alle die frühern heidnischen Gottesdienste wiederhergestellt wurden, während noch neue hinzukamen.

2) dafür genügt zum Belege als Beispiel die Art wie man die eben beschworne Freilassung der Sclaven leichtsinnig zurücknahm, Jer. 34, 8—22.    3) nach dem kurzen aber entscheidenden Ausdrucke dass sie alle »Böses vor Jahve gethan« 2 Kön. 23, 32. 37. 24, 9. 19.

ganze Reich in einen Knäuel von Verwirrung, den nur eine
noch stärkere Gewaltsamkeit, als die eine oder die andere
Theilung ausübte auflösen oder zerreißen konnte. Jéremjá,
der größte Prophet dieser Zeiten, klagte beständig im Namen
Jahve's über die Untreue des Volkes Jahve's gegen seinen
Herrn [1], nicht bloss das äußerlich Gesezliche sondern den
gesammten Zustand des Volkes im Auge habend; und bei
Hezeqiel weicht der Name „Haus Israel" dem neuen sehr
bitter klingenden „Haus Ungehorsam" [2]: aber auch die heißes-
ten Klagen und die beissendsten Spottnamen vermochten
nichtmehr das Reich zur Besinnung zn bringen. Das äußerste was die strengere Theilung erreichen konnte und wonach
sie solange getrachtet hatte, eine Reichsverbesserung in ihrem
Sinne, hatte sich als unfähig gezeigt ein dauerndes wahres
Heil zu bringen: nun so war das lezte Mittel diesem Reiche
zu helfen erschöpft, das vergeblich angewandte lezte stärkste
Mittel zur Besserung diente nur die alte Verwirrung zu mehren, und eben auch an diesem Reiche mußte sich offenbaren
dass Gewaltsamkeit endlich ihr eigenes Haus zerstöre, auch
wenn es anfangs das dauerhafteste schien. Am stärksten
aber stießen die beiden unversöhnlich gewordenen Theilung-
en in der Hauptstadt selbst auf einander: und wenn hier
seit Jahrhunderten die schärfsten geistigen sowohl als sinnlichen Kämpfe geführt waren, so arteten diese jezt bis zu einem Übermaße aus welches nur zum lezten Verderben führen konnte. „Jerusalem ist eine Rabenmutter ihrer Kinder",
lautet jezt das Urtheil der bessern Propheten [3]; oder „es ist
noch schlimmer geworden als einst Samarien war" [4]: denn
die Wahrheit war in ihm viel stärker verkündigt als früher
in Samarien, und doch fiel es in dieselben Zustände, mußte

---

1) Jer. 7, 28. 8, 5 ff. 11, 9 ff. 22, 21 und sonst; ganz besonders
handelt davon das Stück c. 11—13.       2) s. die *Propheten des A.*
*Bs.* Bd. II. S. 204 vgl. Hez. 3, 7 f., der Name ist aus so beiläufigen
Worten wie Jes. 30, 9 entlehnt.         3) Hez. 36, 13—15 vergl.
22, 3 ff.; ja Jéremjá 7, 11 nannte den Tempel selbst mit seinen weiten Räumen eine Mördergrube.         4) Jer. c. 3, 23, 13 f. 31,
15 ff.; dasselbe führt dann weiter aus Hez. c. 23.

also von ·seiner größern Höhe noch tiefer hinabsinken als jenes.

Das Königthum, welches vielen Zeichen nach schon vor Josia von der Gewalt der Theilungen sich nicht frei genug erhalten konnte, fiel nach ihm ganz der Willkür der wieder zur Oberhand gelangten heidnischen Partei anheim: wir sehen dies am deutlichsten bei der ·Geschichte des lezten Königs von der wir das meiste einzelne wissen [1]). Aberauch die zweite Selbstmacht welche gesezlich des Reiches Stüze und Stärke seyn sollte, das Prophetenthum, war jezt unwiederbringlich in ihrer innersten Kraft gebrochen. Dies nun war zwar nach dem ganzen Bildungsgange des Reiches Juda ansich kein·reiner Verlust, vielmehr ein ebensogroßer·Gewinn: denn so wie in diesem Reiche die großen Propheten durch Wort That und Schrift gewirkt hatten, mußten ihre Wahrheiten immer mächtiger in das große Volk übergeben, wie schon oben S. 565 weiter erörtert wurde und wie wir es in dieser Zeit nochmehr als ein Jahrhundert früher verwirklicht sehen; damit aber hatte eine Hauptbestimmung des bessern Prophetenthums selbst schon ihr Ziel gefunden, und die gewaltsame Art des Hervorkommens von Wahrheit, welche ursprünglich das Eigenthümliche der Prophetie ist, mußte sich demnach vonselbst allmählig schwächen und verlieren. Allein doch bildete das Prophetenthum gesezlich nochimmer eine Grundfeste des bestehenden Reiches, und niemand konnte noch dürfte· es für abgeschafft erklären. Ja die vielen Jahve-Propheten als Glieder des Reiches hatten manches von dem hohen Ansehen geerbt welches einige wenige frühere Prophetenhelden ihrem Wirkungskreise errungen hatten; sie bildeten nochimmer einen ebenso zahlreichen als hervorragenden Stand [2]), und die äußerst bewegten unglücklichen Zeiten nach Josia's Falle forderten die prophetische Thätigkeit nocheinmal auf das stärkste hervor. Zwar wie die Prophetie sowohl in

---

1) vgl. besonders Jer. 38, 5. 14—27.    2) so erscheinen sie ausdrücklich 2 Kön. 23, 2 (obwohl diese Stelle 2 Chr. 34, 30 geändert ist); dasselbe erhellt aus B. Zach. 13, 2—6. Jer. 23, 9 ff. Hez. 13, 1 ff. und andern Zeichen.

ihrer Erscheinung als in ihrem innern Wesen sei, wußte man jezt allgemein sehr genau: und es ist wunderbar zu sehen wie das Verständniss der Prophetie jezt in alle Schriftstellerei eindringt und wie wahr das tiefste Leben und Streben der erhabenen Jahve-Propheten, ihre innersten Herzenstriebe, ihre Schwäche und ihre göttliche Stärke jezt geschichtlich geschildert wird [1]. Aber es war alswenn dieses allgemeine Bewußtseyn vom ächten Wesen und den Wirkungen der Prophetie sich nur so verbreitete weil man ihr einstiges großes Wirken jezt schon im Leben vermißte, also sich desto eifriger daran zurückerinnerte; und übel genug entsprach jenem ererbten Ansehen sowie dem schweren Ernste der Zeiten die wahre Wirksamkeit und Bedeutung der einzelnen Propheten. Die große Mehrzahl scheuete den hier noch möglichen Fortschritt, begnügte sich mit der äußern Ehre, wiederholte mit gläubiger Miene die heiliggewordenen Schlagworte der frühern Propheten [2], nahm auch wohl nochimmer einige Zauberkünste zuhülfe [3]; liess aber die reine göttliche Wahrheit erschlaffen, und fristete demnach ein erbärmliches Leben durch Schmeicheleien gegen die herrschende Partei welcher sie mitten in ihren groben Sünden Frieden und Glück verhießen [4]. Ihnen entgegen und mit ihnen im steten schweren Kampfe begriffen erkannten und verkündigten zwar einige wenige vom ächten Geiste getriebene Männer nochimmer die reinsten Wahrheiten, die sichersten Ahnungen: in ihnen hatte die prophetische Kraft dem gesammten Fortschritte der geistigen Triebe dieser Zeiten gemäss die lezten Spuren der alten Gewaltsamkeit welche sich noch bei Jesaja finden abge-

---

1) man vergl. solche außerordentlich lehrreiche sowohl als malerische Darstellungen wie 1 Kön. 19. 2 Kön. 2 (S. 545 f.); 1 Kön. 13 (S. 442); das B. Jona und ähnliches.        2) s. hierüber sowie über vieles ähnliche die Hauptstelle Jer. 23, 9—40.      3) besonders die weiblichen Vertreter des Standes scheueten sich davor nicht, Hez. 13, 17—23.        4) Jer. 8, 11. 14, 13—15. 23, 17. Hez. 13, 5. 10. 16. ϑϱ. 2, 14. 4, 13. Am stärksten geißelt das tiefentartete Wesen der meisten Propheten jener Zeit der ungenannte Prophet aus der Landschaft B. Zach. 13, 2—6.

streift, und sich zu der geistigsten Wirksamkeit erhoben: nur
die nothwendige Wahrheit verkündigen, nur warnen wollten
sie in Jahve's Namen; keinen auchnicht den geringsten Zwang
durch ihr Wort auszuüben, Glauben auch nicht einmal für
die prophetischen Zeichen zu fordern war ihr Grundsaz [1]).
Allein mitten in dieser höchsten Vollendung alles prophetischen Wirkens welche in Israel möglich war, da das Prophetenthum, wäre es nicht in Israel durch die Reichsverfassung selbst zu mächtig gewesen, leicht hätte können theils
in die einfache Weisheit und Lehre theils in einen allen bessern Menschen möglichen prophetischen Sinn übergehen, fanden die Worte dieser wenigen stets taube Ohren und stör-
rische Herzen. Die Gewaltsamkeit wollte also auch in der
prophetischen Wirksamkeit längst kein Heil mehr schaffen:
so verlor das beste Prophetenthum eben indem es sie völlig
abstreifte seine Kraft; und auch die zweite Selbstmacht auf
welcher das Reich ruhete war bereits innerlich zerstört.

Aber das Erschlaffen der lebendigen Wirksamkeit wahrer
Prophetie hatte in Israel eine ganz andere Bedeutung als in
jedem sonstigen alten Volke. Die Thätigkeit der Prophetie
in der höchsten Reinheit und Kraft welche das Alterthum er-
trug, war wie der erste Anfang so der feste Grund der Gemeinde Jahve's geworden; auch das im zweiten Zeitalter hinzugekommene menschliche Königthum sollte diesen tiefsten
und festesten Grund nicht erschüttern nochweniger umkehren,
und in allen schwierigen Lagen dieses zweiten wie des ersten
Zeitalters war es doch immer die prophetische Thätigkeit gewesen welche am tiefsten auf den Gang der Ereignisse eingewirkt und oft das Reich vor den dringendsten Gefahren
gerettet hatte. Wenn also jezt das Prophetenthum sofern es
noch der Wahrheit diente garkeinen tiefern Einfluss mehr
auf die Gemeinde üben konnte und troz seiner reinsten Anstrengung nur entweder lähmende Gleichgültigkeit oder hart-
näckige Widersezlichkeit erfuhr, so war dadurch noch mehr
als durch die Schwächung des Königthumes die innerste Kraft

---

1) s. *Propheten des A. Bs.* Bd. II. S. 3– 5. 205 f.

des bisherigen Bestandes dieser Gemeinde gebrochen, und das
Volk dieser Gemeinde obwohl es noch ein Reich der Erde
bildete doch schon ein ganz anderes geworden als es seit Mose
gewesen. Die heilige Stimme welche bisher stets in den entscheidendsten Augenblicken des Volkslebens nichtnur lautge-
worden war sondernauch alles kräftig durchlautet und zum
Wirken nach ihrem Sinne fortgerissen hatte, erscholl jezt im
Getümmel des volksthümlichen Lebens fast ungehört und unbeachtet: wie konnte also der bisherige Leib noch bestehen,
nachdem das stärkste Werkzeug seines bisherigen Lebensathems
gelähmt war, ohne dass sich dafür etwas noch besseres und
stärkenderes gebildet hatte? Denn nichts anderes vermochte
dies unfähig gewordene Lebenswerkzeug sogleich zu ersezen: das Priesterthum hatte sich im bestehenden Reiche von
dem Verderben der ganzen Zeit nicht frei genug erhalten [1],
obgleich es imeinzelnen nochimmer manche sehr ehrenwer-
the Glieder zählte und aus seiner Mitte solche Propheten wie
Jéremjá Hábaquq und Hezeqiel hervorgingen; die Schulweis-
heit aber und Lehre war zwar damals schon sehr entwickelt;
jedoch keineswegs in sich schon so selbstbewußt und erstarkt um das Volksleben zu erneuen und zu schüzen, während die kaum im Entstehen begriffene Schriftgelehrsamkeit
durch die ihr nach S. 705 f. bald anklebende Heuchelei ihrerseits die Übelstände der Zeit eher vermehrte als vermin-
derte; die ganze Religion war mitten im Aufstreben zum
Höchsten noch unvollendet geblieben, die jezt schon lange
hochentwickelte Volksfreiheit konnte ihre rechte Schranke
nicht finden, und der ersehnte vollkommene König dieses Reiches war nicht gekommen.
Darum ist denn Jéremjá als der größte Prophet dieser
Zeiten in seiner ganzen Erscheinung zugleich das wahrste
Sinnbild der unabwendbaren Auflösung des damaligen Reiches.
Wie er obwohl innerlich der vollendetste und geistigste Pro-

---

1) Jéremjá faßt die Priester oft tadelnd mit den Fürsten und den
Propheten zusammen, wie 1, 18. 2, 26. 4, 9. 13, 13. 26, 11; ebenso
Hez. 22, 25—30. ϑϱ. 4, 13—16.

phet, von keinem Flecken irgend einer verkehrten Richtung
berührt, dennoch stets vergeblich das Beste redete und rieth,
umsonst das Schlimmste abriete und drohete; troz aller Wi-
derwärtigkeiten und furchtbaren Schicksale nie ermüdend stets
sich wieder zum reinen Arbeiten am Werke Jahve's sammelnd, dennoch zuzeiten von der übergewaltigen Last der
Zeiten und der herben Ahnung des nothwendigen Endes alles bisherigen Bestandes Israels niedergebeugt in die Macht
der Verzweiflung ja des Fluches dahinsank, kaum noch einem alten Propheten eiserner Kraft und · sicherer Fassung
ähnlich; und wie er ein halbes Jahrhundert lang wirkend obwohl persönlich die Ehre des Prophetenthumes wahrend ja
mehrend dennoch immer weniger erfolgreich wirkte und immer unglücklicher wurde, das wahre Gegentheil des Lebens
und Wirkens Jesaja's (S. 616 ff.) in sich darstellend [1]): so
sank das ganze damalige Reich, obwohl etwas geheimnißvoll
besseres unentreißbar in sich bergend und mehrend, dennoch
stets unrettbarer in den gähnenden Abgrund, ohne durch alle
menschlichen Wechsel und Mühen sich wieder so wie noch
vor etwa hundert Jahren zur Zeit Jesaja's aus ihm erheben
zu können. In Jeremja ging der menschlichste Prophet unter,
den das Reich je hatte; seine schweren Leiden und Ver-
zweiflungen, sein edles doch vergebliches Ringen und Kämpfen, sein Untergang war der des ganzen bisherigen Prophetenthumes, und sofern dieses das innerste Leben des alten
Reiches war dér des Reiches selbst. Konnte irgendeine reine
Seele noch das Reich retten, so war es die Jéremjá's, dessen kräftigste Lebensjahre eben in diese 23jährige Sterbezeit
des Reiches fielen: aber auch des herrlichsten Propheten Zeit
war jezt in diesem Reiche vorüber, und éin Verderben ver-
schlang den lezten großen Propheten und den ganzen Rest
des alten Reiches Israels welcher sich unter den Stürmen der
Jahrhunderte noch erhalten hatte.

Zerrieben sich nun so die beiden Selbstmächte deren
Wirken das bisherige Reich allein tragen und erhalten konnte,

---

1) vgl. dies weiter *Propheten des A. Bs.* Bd. II. S. 1—11.

und ging das Reich schon deswegen weil es weder den rechten König finden konnte noch einen rettenden Propheten
mehr hatte seinem Untergange entgegen: so wurden ihm nun
erst die übrigen Übel recht gefährlich an denen es entweder
seit längeren Zeiten oder vorübergehender eben damals litt.
Die alte Volkskraft Juda's war allerdings seit der Spaltung des
Davîdischen Reiches, dann noch weiter und tiefer seit Manasse's unsinniger Herrschaft allmälig gebrochen; das alte Geschlecht kriegerischer Helden war immermehr einem durch
Lust an Handel Gewerbe und Besiz sowie durch höhere Bildung Weisheit und Schriftthum sehr veränderten Volke gewichen; und den alten großen Verlust an Volksmacht ausrei-
chend zu ersezen, den unaustilgbaren Schmerz welcher seit
der Reichsspaltung das Herz des Volkes durchbohrte zu heben,
waren doch die seitdem erworbenen geistigen Güter des Volkes wie sie S. 644 ff. beschrieben wurden nicht fähig genug
gewesen; sogar an der immermehr zerfließenden, nur noch
künstlich straffgehaltenen, ältere Muster nachahmenden Sprache des 7ten Jahrh. merkt man den innern Verfall des Selbst-
bewußtseyns und der Macht des Volkes. Jede neue Erhebung hätte diese Anfänge alternder Volkskraft getilgt: jezt
aber wo die Hauptstüzen des Reiches morsch zusammenbra-
chen, förderten auch sie das nahe Verderben. Die Heuchelei ferner welche nach S. 705 f. seit Josia freier ihr Haupt erheben konnte, war ebensowenig eine Beförderin der Kraft
und Sicherheit des Reiches, wie das schwärmerische Vertrauen auf die Unmöglichkeit einer Zerstörung des h. Ortes,
welches sich nach S. 637 besonders seit Jesaja's lezten Zeiten bei vielen festgesezt hatte und erst jezt recht verderblich
wurde [1]). Die Oberherrschaft fremder mächtiger Völker der
das Reich seit Josia's Unfalle anheimfiel, wurde nun erst
recht tödlich. Und weil in solchen Zeiten auch längst veraltete Übel neu werden, so regten sich nun zum Schlusse
auch die einst durch Davîd gewaltsam unterworfenen Nach-

---

1) laut reden dagegen Jer. 7, 4 vgl. c. 26 und Hez. 11, 3 ff.; doch
theilt diesen Glauben mehr der Prophet B. Zach. 12—13, 6. c. 14.

barvölker recht empfindlich, um ihrer alten Rache gegen Israel zu fröhnen: als sollte das Volk die göttliche Strafe auch
für die lezten menschlichen Fehler noch büssen die es in
frühern Zeiten begangen und nochnicht auf die rechte Weise
gesühnt hatte; denn sogar der Deuteronomiker hatte doch
nur ein paar einzelne fremde Völker dem Billigkeitsgefühle
Israel's empfohlen (S. 685). So wirkte das verschiedenste zu
dem Schlusse des Trauerspieles zusammen, und doch nichts
welches hier fremd gewesen wäre. Aber die treibende Macht
der Geschichte geht jezt schon ganz von den fernen Ober-
herrschern aus; und das Schicksal Juda's gestaltet sich je
nach seinem Verhalten zu diesen.

### *Die Ägyptische Vasallenschaft.*

Als Pharao Nekhó jenen Sieg über Josia errungen hatte,
scheint er zufrieden von dieser Seite her gesichert zu seyn
sich weiter nach Nordosten gewandt zu haben, um die nach
dem Verfalle der Assyrischen Macht dort wiedererstandenen
kleinen Reiche Hamât Damasq u. a. zu unterwerfen und so
gegen den Eufrat vorzurücken. Wir treffen ihn wenigstens
drei Monate später mit seinem Hoflager zu Ribla nördlich vom
h. Lande sich aufhaltend [1]). In Jerusalem dachte man daher
anfangs, auch als man Josia's Tod erfuhr, an eine Fortsezung
der von Josia befolgten Richtung: dies läßt sich wenigstens
dáraus schließen dass das Volk auf eigenen Antrieb einen
jüngern Sohn Josia's Shallûm zur Herrschaft erhob, welcher
auch als König unter dem neuen Namen Joahaz [2]) der Ägyptischen Herrschaft abgeneigt blieb. Man verwarf also in Jerusalem offenbar absichtlich den ältern Bruder Eljaqîm [3]) als
einen der heidnischen Richtung verdächtigen Herrn, wie er

---

1) 2 Kön. 23, 31—33; über die Lage Ribla's s. II. S. 384 *nt.*
2) dieser Name findet sich 2 Kön. 23, 30—34, jener Jer. 22, 11
und 1 Chr. 3, 15.     3) 2 Kön. 23, 34: dagegen heißt er sogleich Jojaqîm Jer. 22, 18 und 1 Chr. 3, 15. Aus lezterer Stelle erhellet dass Josia noch einen älteren Sohn Jochanan hatte der aber
nirgends eine öffentliche Rolle spielt, auch wohl als von einer andern Mutter geboren nicht viel älter war als Jojaqîm.

sich wirklich später als König so bewährte; und wir haben auch hier ein denkwürdiges Zeichen der hohen Achtung. des gesammten Volkes vor dem Streben des eben verblichenen frommen Königs. Allein Joahaz erfüllte als König .wenig die von ihm gehegten Hoffnungen des Volkes: er liess sich zur Begünstigung der heidnischgesinnten Theilung verleiten, und widersezte sich zwar unwürdigen Zumuthungen des Ägyptischen Königs, liess sich aber dennoch von diesem verlocken in das Ägyptische Hauptlager zu Ribla zu gehen, wo er hinterlistig gefesselt und bald als Gefangener nach Ägypten abgeführt wurde; ähnlich wie früher nach S. 611. der lezte König des Zehnstämmereiches gefallen war. Er hatte nur 3 Monate geherrscht, lebte aber allen Zeichen nach in Ägypten noch lange fort, während die Besten in Israel sein Schicksal als noch schlimmer denn dás seines Vaters beklagten [1]).

Schon früher mag Nekhó einen Theil seines Heeres gegen Juda abgesandt haben, um es zu schrecken. Jezt beschloss er das herrenlose Land wie ein erobertes zu behandeln, legte ihm eine Buße von 100 Talenten Silbers und 1 Talente Goldes [2]) auf, und sezte als seinen Vasallen jenen Eljaqîm mit dem Königsnamen Jojaqîm ein [3]). Dieser Joja-

---

1) Jer. 22, 10 f. Er wird auch gemeint Hez. 19, 2—4 in dem Trauerliede auf Israels Fürsten. 2) schon alte Leser stießen sich am Mißverhältnisse des Goldes zum Silber; daher Tanchûm zu 1 Sam. 13, 1 meinte man müsse sich das *hundert* wiederholt denken: doch findet sich dieselbe Lesart auch 2 Chr. 35, 3 und Ezr. Apocr. 1, 36; und der Ägypter hatte wohl seine Gründe gegen Juda nicht zu streng zu verfahren, zumal wenn er alle Nebenländer von ihm abriss. 3) damals mag Nekhó selbst in Jerusalem zugegen gewesen seyn um seinen Vasallen einzusezen: dies deuten die kurzen Worte 2 Kön. 23, 33 f. an (2 Chr. 36, 3 ist מִמְּלֹךְ vor בירושלם ausgefallen), und nichts läßt sich aus andern geschichtlichen Spuren dagegen sagen. Daher erklärt es sich dass frühere Gelehrte in der großen Stadt Kadytis, welche Nekhó wie Herodot 2, 159 erzählt nach der Schlacht einnahm, Jerusalem sehen wollten. Allein die Beschreibung der Lage dieser Stadt welche Herodot 3, 5 gibt, paßt deutlich nicht auf Jerusalem sondern eher auf Gaza, wie dies *Hitzig* schon 1829 in der Hauptsache richtig behauptete (vergl. seine Urgeschichte und Mythologie der Philistäer S. 95 ff.). Da erhebt sich freilich die

qîm, scheint, unter so schmachvollen Bedingungen, doch nicht ungerne seinem Halbbruder gefolgt zu seyn, da er mit voller Seele sich der heidnischgesinnten Theilung hingab, alle früher von Josia vertilgten Götterdienste nach Belieben wiedereinführte, ja ihre Anzahl mit Ägyptischen vermehren liess [1]), dergleichen seit den Urzeiten nichtmehr neu eingeführt waren und welche eine Partei jezt offenbar mehr nur weil sie von Ägypten Schuz und Hülfe erwartete in ihrem Sclavensinne einführte. Außerdem hatte er, die Leidenschaft schöne kostbare Häuser zu bauen und seine Stellung, unter dem Schuze eines Oberkönigs für sicher haltend, machte er sich kein Gewissen die hülfsloseren Unterthanen schwer zu bedrücken und soviel Geld als möglich von ihnen zu erzwingen. Gleich anfangs gab er sich willig dazu her, jene Geldbuße, die Nekhô dem Lande auferlegt hatte, durch eine außerordentliche Schazung oder eine Art Kopfgeld von jedem auch dem bedürftigsten Landesbewohner einzutreiben; und ähnlich wird es unter diesem eiteln um Gerechtigkeitspflege unbekümmerten Fürsten weiter gegangen seyn. Wie unähnlich er seinem Vater sei, merkte man überall voll Trauer [2]). Als zu Anfange seiner Herrschaft Jérêmjá bei einer Tempelfeier ernste Worte zum versammelten Volke gesprochen und eine nahe Zerstörung sogar des Tempels geweissagt hatte, kam er durch die Anklage vieler Propheten-Priester und Fürsten in Todesgefahr und verdankte fortwährend nur dem mächtigen Schuze Achiqâm's eines sohnes des S. 697 f. erwähnten Shafan seine Lebenserhaltung; einen andern Propheten dagegen der ähnlich geredet hatte, Uria aus Qirjath-

---

große Schwierigkeit, dass Gaza allem unserem Wissen nach nirgends einen andern Namen führte als eben diesen. Vielleicht also hiess der Hafen der Stadt, welcher in spätern Zeiten vielmehr Ägyptisch Maiumás oder Maimás (s. Wáqidi de Mesop. expugn. p. V) genannt wurde, zu Hérodot's Zeit Kádytis und er benannte danach auch die Stadt. Übrigens nannte nach Steph. Byz. der Milesische Hekatáos auch Κάνυτις und Κάϱδυτος eine große Syrische Stadt:

1) dies ergibt sich aus der Schilderung Hez. 8, 7—13.
2) alles dies nach Jer. 22, 13—19 vgl. mit 2 Kön. 23, 33. 35.

je arim,' liess der König sogar aus Ägypten, wohin er allerdings aus tadelnswerther Menschenfurcht geflohen war, einholen und schimpflich hinrichten [1]. Aber bald trafen genug
unerwartete trübe Ereignisse ein, dieses Königs träge Be-
haglichkeit zu stören.

Denn während der Ägyptische König diesseit des Eufrât's Juda und andere meist noch schwächere Reiche der
Art sich unterwarf, vollendete sich jenseits die schon zweimal (S. 690 f.) vergeblich versuchte Eroberung Nineve's. Es
waren zwar die Meder, dieselben welche früher schon zweimal diesen Sturz des lezten Restes Assyrischer Herrschaft
betrieben hatten, welche auch jezt sehr thätig dazu waren,
nachdem es ihrem Könige Kyaxares gelungen war die in seinem Lande noch vorhandenen Skythen völlig unschädlich zu
machen indem er ihre Häuptlinge vertilgte: und leicht erklärt es sich so dass sie auch gern sich allein die endlich
gelungene Eroberung Nineve's und Zerstörung des Assyrischen Reiches zuschrieben [2]. Allein wir wissen aus andern
Quellen dass auch die Babylonier oder vielmehr Chaldäer
dabei sehr thätig waren, und dass diese sich mit den Me-
dern in das Erbe der einstigen Assyrischen Besizungen so
theilten dass sie die Herrschaft über alle Länder diesseit des
Eufrât's und Tigris empfingen, während die Trümmer des am
jenseitigen Ufer des Tigris liegenden Nineve in den Händen
der Meder blieben; eine Theilung welche Herodot kaum beiläufig mit einem kurzen Worte andeutet [3].

Das rasche Emporkommen der Chaldäisch-Babylonischen
Macht welche vonjeztan fast ein Jahrhundert lange die äußern
Schicksale Israels am mächtigsten bestimmt, ist uns bei dem
Mangel hinreichender Quellen nochimmer ein halbes Räthsel.
Babel und Nineve waren, soweit wir ihr Andenken hinauf
verfolgen können, vonjeher zwei unter einander wetteifernde
Weltstädte, welche sich schon ihrem alten Ursprunge nach
für verwandt hielten und deren Geschichte stets sich aufs

---

1) Jer. c. 26 vgl. c. 7—10.
2) wie bei Herod. 1, 106, 185.      3) »die Meder unterwarfen sich die Assyrer πλὴν τῆς Βαβυλωνίης μοίρης« Herod. 1, 106.

engste in einander schlang. Babel rühmte sich der Gründer
des Assyrischen Nineve sei einst von ihm ausgegangen [1]; aber
dieses herrschte Jahrhunderte lang über jenes. Semitischen
Stammes waren gewiss anfangs beide; aber dass schon in Zeiten, welche wir jezt nicht genauer angeben können die aber
wahrscheinlich mit dem S. 593 f. erwähnten Anfänge der Assyrischen Übermacht zusammenfallen, ein fremder kriegerischer Stamm, zunächst Nineve dann auch Babel sich unterwarf,
erhellt außer den S. 593 f. aufgezeichneten Spuren aus dem
Vorkommen des in so mancher Hinsicht uns seltsam erscheinenden Volkes der Chaldäer. Kein Zweifel dass diese ursprünglich als ein ganz verschiedenes Volk nördlich von Assyrien wohnten, wo sich noch später viele ihrer Nachkommen zerstreut finden [2]; ferner, dass sie von da als ein mächtiger Stamm südwärts nach Nineve und Babel kamen, die
uns bekannten Namen sowohl der Assyrischen Könige seit
Phul als der Babylonischen seit Nabonassar tragen offenbare
Verwandtschaft und weisen nicht auf einen ursprünglich Aramäischen Stamm hin; dass aber dann der Name der Chaldäer vorzüglich nur an Babel nicht an Nineve haften blieb,
erklärt sich aus der verschiedenen Geschichte dieser beiden
Städte, vorzüglich in eben den Zeiten wo das Assyrische Reich
tiefer sank. Allein diese Ansiedelung eines Chaldäischen
Stammes in Nineve und Babel muss um viele Jahrhunderte
älter seyn als die uns bekannte Geschichte der beiden
Städte: denn diese, wie gesagt, weiss nichts davon [3]. Vielmehr waren die Chaldäer zu Babel, wo sie ein eigenes Stadt-
viertel bewohnten, in diesen späten Zeiten so hoch gebildet dass sie, nachdem ihr Reich zerstört war, doch als Weise
namentlich als Astrologen und Priester hochimmer das höchste
Ansehen genossen, sosehr dass man die gesammten Einwoh-

lassen im Ansehen und Abricht und Absichten zu jeher

1) Gen. 10, 8—12 nach der richtigen Erklärung.

2) s. außer den bekannten Beweisstellen the history of Vartan
translated by Neumann (Lond. 1832) p. 47. 62. 101 u. 105.

3) aus Jes. 23, 13 wird man nun wohl endlich aufhören eine Ein-
wanderung der Chaldäer in Babel etwa zur Zeit Nabonassar's abzuleiten. doch

ner Babylonier, die Weisen und Priester Chaldäer nannte [1]);
und ganz Babel war eine theils gelehrte theils ganz in Han-
delslust und Gewinnsucht versunkene [2], in beiden Fällen also
ansich eine sehr unkriegerische Stadt geworden. Versuche
zwar die Assyrische Oberherrschaft abzuwerfen hatte Babel
nach S. 640 ff. schon seit einem Jahrhunderte wiederholt
gemacht, aber diese waren nie auf längere Zeit gelungen.
Es muss also noch ein neuer Anstoss hinzugekommen seyn,
welcher die Chaldäische Macht in Babel plözlich so glücklich
emporhob dass sie für die Länder diesseit des Tigris ganz
an die Stelle der Assyrer treten und zur Zerstörung Nineve's
mitwirken könnte. Dieser ist den vorhandenen Zeichen der
Geschichte nach folgender;

– Der Einfall der Skythen sezte, wie oben gezeigt, das
ganze südlichere Asien anfangs in die heftigste Bewegung:
und der lezte König Nineve's Sarak (den manche spätere
Griechen mit Sardanapall verwechseln) sandte sogleich bei
der ersten Nachricht vom Anziehen der Barbaren gegen Babel einen äußerst tapfern Feldherrn den Chaldäer Nabopolassar nach Babel, um diese reiche Stadt zu schüzen [5]. Dies
geschah im J. 625 v. Chr. nach dem Ptolemäischen Kanon:
und Nabopolassar wurde bald der eigentliche Gründer einer
neuen Chaldäischen Macht. Kriegerische Wandervölker in
ihren Nuzen zu ziehen haben sicher weder die Assyrer
(S. 692 f.) noch die in Babel ansässigen Chaldäer je aufgehört,
solange sie eine Herrschaft zu vertheidigen hatten: so sind
die Chaldäer im B. Ijob [4] offenbar bloss ein räuberischer
Stamm, welcher sich den Chaldäern in Babel angeschlossen
hatte, und unter ihrem Namen Streifzüge ausführte, wie dies
um den Anfang des 7ten Jahrh. als das B. Ijob geschrieben
wurde, häufig geschehen konnte. So scheint nun Nabopolassar im Ansichziehen und Abrichten der um jene Zeit her-

---

1) so bei Herod. 1, 181. 183; vgl. jedoch 7, 123.
    2) »die Krämerstadt« nennt es Hez. 16, 29.; 17, 4; beides hebt
das Spottlied auf Babel B. Jes. c. 47 hervor.
    3) Abydénos in Eusebii chron. arm! I. p. 56, wo der Name Bu-
salossor aus Nabupolassar verdorben ist.     4) Ijob 1, 17.

umstreifenden Skythen, und wohlauch! anderer Wandervölker
bald noch glücklicher, gewesen zu seyn, als die damaligen
Herren, Ninive's: wir, können dies, wenigstens aus einigen
Erscheinungen jener. Zeiten mit hohen Wahrscheinlichkeit
schließen. Die prophetischen Stimmen bei Habaqûq mischen
in der Beschreibung der im h. Lande damals zuerst näher
bekanntgewordenen Chaldäer die Farben zweier ganz verschiedener Völker zusammen; die eines so wildkriegerischen
Volkes wie sonst um jene Zeit nur die Skythen beschrieben
werden [1]), und die eines in den Künsten des Lebens als im
Aufführen kostbarer Gebäude und im geschickten Belagern
von Festungen só gewandten Volkes wie nur solche längst
hochgebildete Völker seyn können wie damals die in Babel
ansässigen Chaldäer waren [2]). Ähnlich gehen bei Jeremja,
wie er in die Zeiten der Entstehung der Chaldäisch-Babylonischen Macht kommt, die Farben womit er früher die Skythen geschildert hatte unmerklich in die Darstellung der Chaldäischen Krieger über [3]). Und Hezeqiel unterscheidet ausdrücklich „alle Chaldäer" mit ihrem bunten Heere mannichfaltiger Kriegsvölker von den Babyloniern [4]); ja er hätte nicht
Magôg und die übrigen nördlichsten Völker mit absichtlicher
Umschreibung für die Chaldäer sezen können, wenn diese
als eroberndes Volk sich nicht durch Skythische Wandervölker verstärkt hätten (S. 693).

Sobald Nabopolassar aber sich in der Herrschaft Babels
befestigt und etwa auf solche Weise sich in eine gefürchtete
kriegerische Stellung geworfen hatte, richtete er sein Auge
auf die völlige Zerstörung der morschen Herrschaft in Ninive

1) s. oben S. 692; *die schlimmsten Völker* nennt die Chaldäer ähnlich Hez. 7, 24. 2) s. die *Propheten des A. Bs.* Bd. I. S. 373.
Die Belagerungskunst der Babylonier hebt Hezeqiel oft hervor, 4, 2.
17, 17. 21, 27. 26, 8 f. Die großen Bauten aber aus Nabokodroßor's
Zeit sind bekannt aus Herod. 1, 185 ff. und Beroßos in den unten
anzuführenden Stellen. 3) Jer. 8, 14—17. 9, 20, 10, 17, 22.
12, 7—12. 13, 20, 15, 8 und besonders 25, 9; vgl. mit den S. 692
erwähnten Stellen. 4) Hez. 23, 23 vgl. 17, 3, 30, 11;
ebenso Beroßos bei Jos. geg. Apion 1, 19.

selbst, und verband sich zu dem Zwecke enger mit dem Medischen Könige Kyaxares, indem er dessen Großtöchter für
seinen Sohn und Kronerben Nebukadneßar [1] oder vielmehr
richtiger Nabokodroßor zur Ehe empfing. Beide verbündete
Könige scheinen dabei zum voraus sich dahin verständigt zu
haben, dass alles Land diesseit des Tigris mit dem südlichen
Gebirgslande Älam jenseits desselben an Babel fallen solle;
und um recht sicher zu gehen, erlaubte man sichtbar auch
dem Ägyptischen Könige anfangs an der Beute des alten Reiches theilzunehmen [2]. So erlag denn Ninive endlich den
vereinten Angriffen der Meder und Babylonischen Chaldäer;
und zwar aller Wahrscheinlichkeit nach um dieselbe Zeit da
Nekhó seine Eroberungen in Palästina und Syrien machte [3];

1) diese Aussprache des Namens ist in neuern Zeiten durch die
Masorethische Punctation sehr herrschend geworden; näher aber der
ursprünglichen steht schon die aus den LXX in fast alle griechischen Bücher gekommene Ναβουχοδονοσορ; am richtigsten ist aber
gewiss die im hebräischen Texte durch das B. Jeremja und Hëze-
qiel sowie in den Auszügen älterer Berichte bei Eus. chron. arm. II.
p. 44 f. 55 ff. G. Synkellos I. p. 416 ed. Bonn. erhaltene Nabukod-
roßor, deren vorleztes r leicht in m übergehen konnte. — Der
Name der Medischen Gemahlin trägt dagegen bei den Erzählern
höchst verschiedene Namen, vgl. Herod. 1, 185—188 mit Alex. Polyhistor und Abydenos bei Eus. chr. arm. I. p. 44. 54. G. Synkellos
chronogr. I. p. 396. Dass Herodot den berühmtesten König Babels
nicht kennt, ist auffallend; er scheint seine Werke und Thaten zumtheil der Nitokris, zumtheil einem von ihm Labynetos I. genannten
Könige 1, 188, vgl. 1, 73 f. 103 zuzuschreiben. 2) dass Nekhó anfangs nicht gegen Chaldäer und Meder sondern
gegen Assyrer als die alten Feinde Ägyptens ziehen wollte, liegt in
den Worten 2 Kön. 23, 29 und stimmt ganz zu dem allgemeinen
Laufe der Geschichte. Die jüngere Darstellung 2 Chr. 35, 20—23 ist
hier wie sonst oft viel freier; ja sie beurtheilt das Unglück des guten
Josia mehr nach dem Erfolge und läßt sogar den Ägyptischen König
eine richtige göttliche Warnung Josia'n geben: vergl. darüber oben
S. 708. 3) das genaue Jahr des Falles Ninive's wissen wir
bisjezt aus keiner alten Quelle; aus Herod. 1, 106 ist weiter nichts
zu schließen als dass die 18 Jahre der Skythenherrschaft in Asien
(welcher Zeitraum aber, wie vonselbst klar, zunächst nur auf Medien
sich beziehen kann) worauf die Zerstörung Ninive's folgte, einige

wobei er wohl schon damals bis Karkemîsh am Eufrat vor-
rückte und diese ihrer Lage wegen wichtige Stadt einnahm.[1],
Allein keine sich stark fühlende Herrschaft zwischen Eufrât
und Tigris kann ohne eigene Gefahr die Ägyptische Macht
sich in Syrien festsezen lassen: und bald genug nach Nineve's
Falle fühlte sich die neue Chaldäische Macht hinreichend stark
um den Ägyptern was sie kaum erst erobert hatten, streitig
zu machen; denn von Karkemîsh aus stand diesen der Weg
in das Innere des Zweiflüsselandes offen, während die Chaldäer leicht viele Vorwände hatten sich selbst für die rechtmäßigen Erben des Assyrischen Reiches wenigstens für alle
Länder diesseit des Tigris, den Ägyptischen König aber nur
für einen von ihnen, über Ägypten Syrien und Phönikien
gesezten Satrapen zu halten.[2] „So kam es zwischen beiden
Mächten, nachdem Nekhó etwa 4 Jahre lang in Syrien geherrscht hatte, zum entscheidenden Kampfe eben bei jenem
Karkemîsh: „Nekhó war mit seinen bestgerüsteten Heeren,
aus den weiten Ländern die er in Africa besass gesammelt,
stolzen Sinnes nach dieser Festung hingezogen [3] aber der
junge Held Nabokodroßor, welchen sein alternder Vater in's
Feld gesandt, schlug ihn aufs Haupt und rückte sofort erobernd in Syrien ein! Hier konnten ihm die Ägypter im
Felde zwar nirgends die Stirne bieten, und mit allen übri-

---

Zeit, nach dem Anfange und ebenso, einige Zeit vor dem Ende der
Herrschaft des Medischen Kyaxarés angesezt werden müssen. Allein
wie die Eroberung Nineve's, wobei nach Abydénos in Eus. chr. arm.
J. p. 54 Sarak sich im Palaste verbrannte, nicht vor den oben angegebenen Zeitraum, ebenso kann sie auch nicht wohl später fallen.
Hiemit stimmt am meisten Alex. Polyhistor überein, bei Eus. praep.
ev. 9, 39: wiewohl er sichtbar dabei ein Apocryphum Jeremiae benuzt hat. 1) Karkemish wird sogleich erwähnt 2 Chr. 35,
20 und der Eufrat als diesem gleichbedeutend 2 Kön. 23, 29. 
2) so gerade äußert sich Béroßos in dem längern Berichte bei
Jos. arch. 10, 11; 1, und gegen Apion 1, 19; als Chaldäischer Erzähler hatte er die dortige Gewohnheit so zu reden für sich. 
3) man sieht dies aus der Schilderung Jer. 46, 1—12; Jeremjá
hatte den Fall der Ägyptischen Macht vorausgesagt, schrieb aber
diese Rede in ihrer jezigen Gestalt sichtbar erst nach dem Falle auf.

gen' südwestlichen Ländern Asiens wäre demnach schon damals auch das Reich Juda den Schuz der so plözlich und so
mächtig emporgekommenen Chaldäischen Macht zu suchen
gezwungen gewesen, hätte nicht einmal Nekhô noch rechtzeitig die wichtige Philistäische Grenzfestung Gaza im Sturm
genommen und dadurch den Weg nach Ägypten versperrt [1],
und hätte nicht zweitens der Tod Nabopolassar's im J. 605
den mit Beute und Geißeln schwerbeladenen Sieger vorläufig nach Babel zurückgerufen.

   Darum blieb damals zwar, nach allem was wir wissen [2],
das Reich Juda vorläufig noch von der Chaldäischen Herrschaft befreiet, zumal da die Ägypter von der starken Festung
Gaza aus leicht in die Grenzen des Reiches Juda einfallen
konnten. Aber Jérémjâ, welcher überall seinen geraden
scharfen Blick in die Zukunft herrlich bewahrt und welcher
schon vor der Schlacht bei Karkemish den Sturz der Ägyptischen und das Emporkommen der Chaldäischen Macht vorausgesagt hatte, verkündete jezt laut dass bald Juda mit allen andern Völkern bis nach Ägypten und bis tief in Arabien hinein Nabokodroßor'n unterwürfig seyn und eine ganz

---

1) Jer. c. 47: damals ging durch Nekhô ein großer Theil des
Unglückes in Erfüllung welches Jérémjâ schon vor dieser blutigen
Einnahme Gaza's den Philistäern angedrohet hatte; woraus sich die
Fassung der Überschrift v. 1 erklärt. Wenn nun nach S. 720 nt. auch
bei Heród. 2, 159 diese Eroberung Gaza's zu verstehen ist, so findet
sich bei ihm statt aller andern Erlebnisse gerade nur die erste und
die lezte ruhmvolle That Nekhô's in Syrien dicht zusammengedrängt,
welches in einer überhaupt so kurzen volksthümlichen Erzählung
nicht auffallen kann. 2) 2 Kön. 24, 1 wird das Jahr wo
Jojaqim sich den Chaldäern unterwerfen mußte, nicht bestimmt genug angegeben; weil wir die Zeitdauer des Aufstandes nach den 3
Jahren dieser Unterwerfung nicht wissen. Indessen sollen diese 3
Jahre nach dem Zusammenhange der Erzählung doch wahrscheinlich
die lezten seiner 11jährigen Herrschaft seyn, wie Fl. Jos. arch. 10:
6; 1 annimmt; und wenigstens im 5ten Jahre dieser Herrschaft waren die Chaldäer nach Jer. 36, 9 noch nicht Herren des Landes. Bérossos hat alles offenbar zusehr zusammengezogen, und auf die Darstellung des G. Synkellos chron. I. p. 418 ist garkein Gewicht zu
legen.

neue Weltordnung beginnen werde; ja er liess nun mit Absicht den Inhalt seiner bisherigen Reden mit dieser neuesten Verkündigung und den in ihr liegenden ernsten Ermahnung durch seinen Gehülfen Barûkh zusammenschreiben, und befahl diesem, das so erwachsene Buch bei der nächsten Volksversammlung im Tempel vorzulesen; denn er selbst durfte damals, wahrscheinlich weil sein Beschützer Achiqâm (S. 721) ihm das öffentliche Erscheinen verbot, nicht daran denken es vorzulesen.[1]). Die Abfassung dieses Buches zog sich vom 4ten bis in das 5te Jahr Königs Jojaqîm. Als im 9ten Monate dieses auf königlichen Befehl das ganze Volk zu einem großen Fasttage im Tempel zusammenkam, offenbar weil Jojaqîm für die nächste Zukunft als ein, vielleicht noch abwendbares Landesunglück, die Ankunft der Chaldäer besorgte: las Barûkh wirklich das Buch Jeremja's im Tempel vor, wurde aber sofort, als ein Ruhestörer welcher den Leuten Furcht vor den Chaldäern als sicher kommenden Feinden einjagen wolle, bei Hofe verklagt; sodass der König als er davon hörte nichtbloss das Buch verbrennen liess sondern auch Jeremjá'n mit Barûkh festzunehmen befahl [2]). So gewaltsam wollte dieser Ägyptische Vasall damals noch immer die Furcht des Volkes vor einer demnächstigen großen Änderung der Dinge dämpfen. Allein sobald Nabokodroßor sich zu Babel in seiner neuen Würde befestigt, hatte, fiel er aufsneue erobernd in Syrien ein; bald flüchteten gar solche Wüstenbewohner und Einsiedler, die sonst nicht leicht nach Jerusalem kamen, vor dem Andrange der Chaldäischen Heere in diese große feste Stadt [3]); und spätestens im 8ten Jahre seiner Herrschaft mußte Jojaqîm, von den Ägyptern in Stich gelassen, sich der Oberherrschaft des Chaldäischen Königs unterwerfen. Damals führte dieser, nachdem er Damasq und die andern Aramäischen Reiche diesseit des Eufrat unterjocht, auch schon Aramäer in seinen Heeren [4]).

1) vgl. Jer. 46, 2; 25, 1; 36, 1; 45, 1; wo überall das 4te Jahr Jojaqîm's genannt wird; 2) Jer. c. 36; 3) Jer. 35, 1—11 vgl. oben S. 504 f.

4) nach Jer. 35, 11 vgl. mit 49, 23—27; auch Hez. 16, 57.

*A. 1 Die Chaldäische Vasallenschaft. Der erste Aufstand.*

Das Reich Juda hatte nun eine fremde Oberherrschaft mit einer andern gewechselt welche seiner Selbständigkeit noch viel gefährlicher war. Jedes neuaufkommende Großreich wie damals das Chaldäische wird, um sich erst ganz zu befestigen, gegen unterworfene Völker leicht weit rücksichtsloser seyn als ein so altes Reich wie Ägypten, welches auch ohne Eroberungen noch in sich selbst genug Ehre und Glanz finden kann. Nabokodroßor war dabei sicher der größte Feldherr und Eroberer seiner Zeit, von dessen kriegerischer Tapferkeit noch zu den spätern Griechen so außerordentliche Berichte kamen dass Megasthenes ihn mit dem griechischen Herakles verglich [1]; gleichzeitige Schriftsteller aber von solcher Besonnenheit wie Jeremja ihn den Löwen nennen welcher von Jahve selbst gekräftigt alles unwiderstehlich niederwerfe, oder den Adler welcher im raschen Fluge seine Beute unentfliehbar erhasche [2]. Und während dieser „König der Könige" damals in seiner ersten Jugendkraft herrschte, waren seine wilden Krieger bald der Schrecken aller schwächeren Völker, sodass man sprichwörtlich ein paar Verwundete von ihnen mehr fürchtete als sonst ganze Heere [3], ja den die ganze Erde zerschlagenden Hammer nannte man nun leicht das Babel dieses alles ihm feindliche rücksichtslos vernichtenden Herrschers [4].

Darum konnte dennauch kein ächter Prophet anders als mit traurigen Ahnungen über das Israel'n von den Chaldäern bevorstehende Schicksal in die Zukunft blicken, noch weniger konnte er eine nahe Befreiung von ihrer Herrschaft verheißen oder gar unter solchen Talschen Verheißungen zur Empörung gegen sie ermuntern. Als sie einige Zeit lang Juda besezt gehalten und das außerdem schon unter der gewissenlosen

1) bei Strabo 15, 1, 6 und in Jos. arch. 10, 11, 1 (wonach die lat. Übersezung in G. Synkellos chronogr. 1. p. 419 Bonn. falsch ist). 2) Jer. 49, 19. 25, 38; 48, 40. 49; 32 vgl. Hez. 17, 3. 7. Noch andere starke Bilder Jer. 46, 18. Hez. 31, 11 und 3) Jer. 37, 10.

4) so mit andern stärksten Bildern bei dem Unbekannten B. Jer. 50, 23 vgl. v. 17. 51, 34; auch 51, 24 of. 49. 11

Herrschaft Jojaqîm's schwer leidende Land mißhandelt hatten,
erscholl zwar nein allgemeiner Schrei des Entsezens über dies
immer steigende Unglück des geliebten Volkes Gottes zum
Himmel; und Habaquq, ein wie es scheint jüngerer Prophet
jener Tage und zugleich vorzüglich als Rechtgelehrter gebil-
deter Priester höheren Standes [1]), tiefen Gefühles, lebendigster
Einbildung und glühender Vaterlandsliebe, fühlte sich berufen in dieser Beklemmung nach Art und Geist der älteren
Propheten zu wirken. So entstand sein uns erhaltenes kleines Buch, in welchem ein tiefprophetischer Geist im Bunde
mit der schönsten Kunst des Wortes, den besten Trost, welcher in der Trübniss jener Tage dem ganzen Volke gesprochen werden konnte, so darzulegen sucht wie er, ihn zuvor
im eigenen von den verschiedensten Empfindungen bewegten
Innern erkämpft hatte. Aber er kann mitten in der ringenden Klage über das Unrecht den Zeit und die damals noch

<hr />

1) dass er dem Tempeldienste sehr nahe stand und vorzüglich
um die Rechtspflege sich bekümmerte, hört man aus allen seinen
Worten leicht heraus. Gleich vorne 1, 2—4 klagt er im Sinne des
ganzen Volkes über die schon so lange und so tief empfindliche grau-
same Unterbrechung der Rechtspflege, wie sich verlierend in dieser
traurigen Betrachtung: dann aber v. 5—10 wie plözlich aus der bloßen dumpfen Klage sich aufraffend und prophetisch weiter um sich
blickend wollend um die Ursache des erwähnten Elendes zu finden,
weist er auf die Ankunft der Chaldäer hin, wie sie schon ein früherer Prophet vorhergesagt habe (auch der schroffe Übergang v. 5
erklärt sich am leichtesten, wenn der Prophet hier im wesentlichen
die Worte eines früheren Propheten anführt, als wolle er zugleich
ihre nun offenbar gewordene Erfüllung zeigen); bis er wieder selbst
mit dem Hinweise auf die jezt doch ebenso offenbar gewordene Aus-
schreitung der Chaldäer über den ihnen gewordenen göttlichen Auftrag v. 11—17 in die Klage zurückfällt, daher er auch erst alsdann
2,1 zu erklären beginnt was er selbst als Prophet eigenthümlich erkannt. Das schwierige 9,1 erklärt sich nur so vollkommen; und v.
v. 11 ist wie auch sonst bisweilen sovielals *doch*, lat. *at*. Und da
der Prophet welcher früherhin zuerst die Worte v. 5—10 ausgesprochen sicher damals jedermann leicht bekannt war, so liegt auch in
der ganzen Zusammenstellung der drei Hauptsäze 9,1 keine Dunkelheit.

ziemlich neue Erscheinung der grausamen Chaldäer keine
baldige Errettung dem Volke Jahve's verheißen; vielmehr je
kühner er fragend und suchend in das Geheimniss des ver-
hüllten wahren Göttes jener Zeiten dringt, desto sicherer erkennt er wie in einem himmlischen Gesichte, dass das Chaldäische Reich zwar schon in seinen Anfängen und ersten
Trieben den Keim unausbleiblichen Todes in sich trage, wie
auch Jeremja einige Jahre früher eine nicht garzu ferne Befreiung aller Völker von dieser damals erst recht beginnenden
Heidenherrschaft geweissagt hätte [1]; aber dass das Volk Jahve's
fürjezt nichts dagegen unternehmen noch gewinnen könne,
dass also nur fester Glauben und treues Ausharren in der
Gerechtigkeit d. i. in dem rechten göttlichen Leben alle die
erhalten könne welche sich dieser Gerechtigkeit nicht entfremden. — Da Habaquq auf diese Weise eine klare Ausein-
andersezung der verschiedensten Bestrebungen Befürchtungen
und Hoffnungen geben will, so gestaltet sich seine ganze
Darstellung ächt dramatisch, wie in kleinerem Umfange schon
ältere Propheten solche dramatische Darstellungen gegeben
hatten [2]; und nocheinmal regt sich so bei ihm die ganze
höhere Kunst der Schriftstellerei des alten Volkes.

So wie Habaquq lehrte damals sicher auch Jeremja, wenn
auch mit gedämpfterer Hoffnung. Aber zu diesem reinen Glauben und Leben konnte sich Jojaqîm mit den meisten Großen
seines Reiches nicht erheben. Nachdem er 3 Jahre lang Vasall
der Chaldäer zu seyn vorgezogen hatte, empörte er sich offen
gegen sie, gewiss von den Ägyptern welche nochimmer Gazza
besaßen und eben damals mit frischen Heeren gegen die Chaldäer ausrückten [3] dazu angestachelt, und offenbar auch von
dem bedeutendsten Theile seiner Großen und Unterthanen
kräftig dabei unterstüzt. Mit dieser Empörung beginnt nun die
erste gewaltsame Lösung des Knotens des Trauerspieles: das
Volk sah zu spät den Abgrund in den es sich stürzen sollte; es

---

1) Jer. c. 25 mit den verwandten Aussprüchen Jeremja's; auch 12, 15.
2) wie Hos. 14, 2—10. Mikha c. 6 f. · · : · . · 3) dies folgt klar
aus dem kurzen Worte. womit das Ende dieser Empörung und des
Lebens Jojaqîm's beschrieben wird 2 Kön. 24, 7.

wollte sich noch vor ihm retten, aber inderthat mußte bei diesem unüberlegten Abfalle von der Chaldäischen Macht alles gegen es seyn. „Wegen des alten Zornes Jahve's kam es so auf Juda", drückt sich deshalb die alte Erzählung aus [1]: und wirklich läßt sich kein kürzeres Urtheil darüber fällen. Nabokodroßor beschloss nun nichtbloss die Ägypter welche einige Vortheile errungen haben mochten ganz aus Asien hinauszuwerfen, sondern auch an dem abtrünnigen Iojaqîm und seinem Volke strenge Strafe zu üben. Und weil er schon das nördliche Syrien ganz unterworfen hatte, so reizte er auch die Damasqener und andere Syrer, daher denn leicht weiter die Ammonäer und Moabäer, welche von Damasq abhängiger zugleich die bekannten Erbfeinde Israel's waren, mit ihren beutelustigen Heeren an diesem Kriege theilzunehmen. Auch von jenseit des Tigris führte Nabokodroßer diesmal die noch von der Assyrischen Zeit her gefürchteten Aelamäischen Bogenschüzen ins Feld, deren wilde Kriegswuth sich auch jezt wieder ein Andenken stiftete [2]. Wie konnte da Juda auf die Dauer glücklich widerstehen, in einem Kriege von dem die wennauch wenigen ächten Propheten abgerathen hatten, und dazu unter einem Könige wie Iojaqîm! Das trübselige Ende dieses Königes welches Jeremjá längst vorausgesagt hatte ging im Verlaufe des Krieges bald in Erfüllung. Wahrscheinlich als die Chaldäischen Heere schon an die Thore der Hauptstadt reichten und er (wie vor 11 Jahren sein Bruder) einer listigen Aufforderung des Feindes sich zur Unterhandlung in sein Lager zu begeben Gehör lieh, ward er im Angesichte seiner Hauptstadt gefangengenommen, jedoch weil er sich wüthend widersezte in einem Handgemenge, fortgeschleift und erbärmlich niedergemacht; indem man sogar seiner Leiche ein Ehrenbegräbniss um welches sicher sein Haus anhielt schnöde verweigerte [3]. Solche Hinterlist und Härte scheint dann um-

---

1) so sind die Worte 2 Kön. 24, 3 zu verstehen: hier ist aber nach v. 20, 23, 26 für ‫כי‬ vielmehr ‫אך‬ zu lesen. 2) nach Jer. 49, 34—39. 3) die einzelnen Umstände des Todes Iojaqîm's sind uns sehr dunkel: Die stehende Redensart er

gekehrt · die ·Widersezlichkeit des Volkes, in Jerusalem nur
-stärker aufgereizt zu haben: noch fühlte sich dieses nicht zu
schlecht um alle Demüthigung schweigend zu dulden, noch
trozten außer Jerusalem manche andere Landesfestungen den
Angriffen eines so wilden Feindes, auch von Ägypten hoffte
man wohl noch thätige Hülfe. ja nun ........... ............

Unter solcher Stimmung rief man in Jerusalem den 18jäh-
rigen Sohn des so schändlich gefallenen Königs Konjáhu unter
dem Namen Jojakhîn[1]) zum Könige aus, welcher nun von sei-
her, aus Jerusalem gebürtigen Mutter sowie von den meisten
Großen des Reiches und mehr noch durch den angeregten Eifer des Volkes kräftig unterstuzt, den Widerstand fortsezte.
-Dieser junge Fürst mußte zwar in der Religion dem herrschenden Unwesen sich fügen, war indess sonst nicht ohne
gute Eigenschaften an welche sich manche bessere Hoffnung
knüpfte[2]); man fühlte sich zu Jerusalem unter ihm wohler
......................................................

Bogen-schuzen ins F.h., deren wild Krie..... .............
ruhete bei seinen Vätern« 2 Kön. 24, 5 bedeutet eben nur den Tod;
dass er gefangengenommen sei wird, indess 2, Chr. 36, 6 gemeldet.
Man kann jedoch aus den von Jeremjá 22, 18 f. 36, 30 gewählten
Worten den Hergang mit einer gewissen Wahrscheinlichkeit schließen, da der Prophet zwar sicher das üble Ende des Königs längst
vorausgesagt hatte aber diese Worte in ihrer jezigen Fassung doch
erst nach dem Erfolge schrieb. Dass er etwa ehrenvoll in Jerusalem
begraben, und erst nach dessen Eroberung 3, Monate später auf Chäl-
däischen Befehl aus seinem Grabe hinausgeworfen sei, wie J. D. Michaelis vermuthete, widerspricht den Worten Jer. 22, 19 und ist auch
deswegen unwahrscheinlich, weil dieses Jer. 8, 1 f. von den Gebeinen
aller Könige geweissagt wird; also garnichts besonderes über Iojaqîm aussagen würde. Sonst vgl. noch weiter unten. ..............

-[t.] 1) dass nämlich jener Name der frühere, dieser der königliche
war, ergibt sich wie in dem ähnlichen Falle Königs Joachaz (S. 749)
aus dem ähnlichen Verhältnisse der zwei Hauptzeugen, Jer. 22, 24.
28. 24, 1. 37, 1. und 2 Kön. 24, 8—15; doch herrscht der königliche
Name nichtnur sonst überall, sondern ist auch in Jer. c. 26--29 ebenso
wie die Aussprache נבוכדנאצר durch die gerade in diesen Capiteln
thätige Hand eines verschiedenen Abschreibers gekommen (vgl. die
*Propheten des A. Bs.* Bd. 2. S. 24). ......... 2) dieses doppelte ergibt
sich als beiderseitig wahr aus 2 Kön. 24, 9 und Jer. 22, 20—30; vg.
4, 20. vgl. 2, 19 unwahrscheinlich sind auch von ihm die tiefgefühlten

als unter seinem Vater, bedauerte ihn also destomehr dass er
nach kurzer Zeit noch so jung in die Verbannung fortgeführt
wurde. [2] Während der drei Monaten seiner Herrschaft versuchte auch Jéremjá, jezt von dem durch Iojáqîm über ihn
verhängten Verfolgungen erlöst, in freierer Sprache dem
Volke die wahre Ursache seiner verhärteten Leiden darzulegen, und wiewohl für die Gegenwart fast an aller Rettung
verzagend doch nocheinmal dringend zur ächten Treue gegen
den Bund Jahve's zu ermahnen [4]. Aber die Trauerahnung
welche Jéremjá über den jungen König und seine an der
Herrschaft thätig theilnehmende Mutter hegte [2], ging bald in
Erfüllung. Die Ägypter wurden gleich zu Anfange der neuen
Herrschaft in Juda vollends aus Asien vertrieben [3]; die Festungen Juda's südlich von Jerusalem kamen demnach in
strenge Einschließung; und schon wurden starke Haufen Judäer vom plätten Lande als Gefangene fortgeschleppt [4]; auch
Jérusalem wurde immer enger belagert; und endlich langte
Nabokodroßor selbst, im Süden Sieger über die Ägypter, bei
der Judäischen Hauptstadt an um ihre Eroberung zu betreiben [5]. Da beschloss der Hof sich auf Gnade und Ungnade
zu ergeben: Nabokodroßor aber übte wenig Gnade. Der
junge König mit seiner Mutter sowie mit allen seinen höchsten Beamten und Hofleuten wurde zur Verbannung nach

Lieder Ps. 42 f. 84. [10] Die Schilderung welche Hez. 19, 5—9 von ihm
entwirft ohne seinen Namen zu nennen, scheint ihn als einen sehr
gewaltsamen und zerstörerischen Herrscher zu treffen: allein es ist
zu beachten dass Hezeqiel die beiden Könige Joachaz und Jojakhin
aus rein künstlerischen Rücksichten wählte weil jener nach Westen
dieser nach Osten gefangengeführt wurde, beide also ein verschiedenes und doch wesentlich gleiches Schicksal traf; sie galten ihm aber
statt aller andern, sodass ihre Schilderung sich freier bewegen konnte.
Wäre freilich nicht v. 5 bestimmt und gegen 17, 13 gesagt dieser König sei von Juda selbst gewählt, so würde man das Ganze eher auf
Ssedeqia beziehen können; welches dann als Weissagung noch besser
zu 12, 12. 17; 16—21 stimmen würde. 1) Jer. 3. 11—13.
Dan. 1. 2) Jer. 13, 18; vgl. 22, 26. 29. 2. 2 Kön. 24, 8. 12. 15. 3) folgt aus 2 Kön. 24, 7. 4) Jer. 13, 19. 5) 2 Kön. 24, 10 f.

Babel bestimmt; alle im Jerusalem vorgefundene [1] gelernte Kriegsmannen, 7000 an der Zahl mit 1000 zu ihnen gehörenden Belagerungs– und Kriegskünstlern, aller Art [2], ferner die Ersten aller Stände und edlen Geschlechter im ganzen Lande, des Priesterstandes, wie der andern, wurden gleichfalls zur Verbannung bestimmt und theils nach Babel selbst theils nach andern sichern Gebieten des Chaldäischen Reiches verwiesen [3]. Man rechnete die Anzahl aller allein durch diesen Vertrag aus Jerusalem und Juda fortgeführten auf 10;000 [4]); unter ihnen war auch der, später als Prophet so berühmt gewordene Hezeqiel, damals gewiss noch Jungling, aber als Sohn eines Priesters, ersten Ranges, früh hochstrebend. Dazu leerte der Sieger das königliche Schazhaus und entführte dem Tempel seine Schäze, und kostbarsten Geräthe, so dass man gar von den größern die Goldstreifen abschlug, womit sie einst Salômo hatte überziehen lassen; und gerade die Tempelgeräthe entbehrte man in den folgenden Jahren zu Jerusalem sehr ungern [5]. Doch beschloss Nabokodrossor das Reich noch bis

<hr/>

1) Jerusalem ist allein hervorgehoben, 2 Kön. 24, 14. D
2) da der Ausdruck החרש והמסגר nach dem Zusammenhange der Worte 2 Kön. 24, 16 vgl. v. 14 in engster Verbindung mit den gelernten Kriegern steht, so muss man darunter entweder (wie ich 1840 meinte) die *fabri* und *frumentatores* verstehen, welche beiderseitig auch zu jeder Römischen Legion gehörten, oder was ich jezt vorziehe die Kriegshandwerker und Belagerungsverständigen (von המסגר einschl. eßen vgl. Jer. 13, 19), welche leztere, wie von selbst verständlich, auch zur Vertheidigung einer Stadt, thätig seyn mußten. So erklärt sich ihre große Zahl und das von Nabokodroßor auf sie gelegte Gewicht noch leichter. 3) wie Hezeqiel nach Tel-abib am Kebâr geführt wurde; unter lezterem kann, nicht etwa ein Fluss, jenseit des Tigris (denn alles nördliche Land, jenseit war damals nach S. 726 f. Medisch), sondern es muss der bekannte Chaboras in Mesopotamien gemeint seyn. — »Babel« steht also 2 Kön. 24, 15 f. im weitern Sinne für alles Land zwischen Eufrat und Tigris. 4) nach Fl. Jos. 10,832; wohl weil man die 832. B. Jer. 52, 29 irrthümlich hinzuzählte. 5) vgl. 2 Kön. 24, 13 mit Jer. 27, 16, 18—22. 28, 3—6; Bar. 1, 8. Dan. 1, 2. 5, 2 ff. Wenn der Chroniker in seiner überhaupt sehr verkürzten Darstellung II, 36, 7 (vgl. v. 10) schon bei Jojaqim's Falle solche Tempelgeräthe nach Babel schleppen läßt, so liegt darin eine

noch weiteres bestehen. zu lassen, wahrscheinlich weil er durch
irgend ein Versprechen bei der Übergabe der Stadt gebunden war; so überließ er die Herrschaft über die. Trümmer
des Reiches dem ·damals 21jährigen jüngsten Sohne Josia's
Mattanja, sodass nun der dritte und letzte.Sohn Josia's [1]. seinem Vater folgte. Der neue König nahm den Namen Ssid-
qia (nach den LXX Sedekia) an.

### Zweiter Aufstand.   Zerstörung des Reiches.

Nach einem so bittern·Ausgange des Aufstandes gegen
die Chaldäer hätte man erwarten sollen, der Schatten des alten Reiches welchen Nabokodroßor fürjezt noch übrigzulas-
sen für gut fand, würde sich nun nicht weiter geregt haben.
Hatten doch die Chaldäer bereits fast alles mögliche gethan
um einem neuen Aufstande des sonderbaren Volkes zuvorzukommen.   „Nur die untern Schichten des Volkes ließen die
Chaldäer im Lande" erzählt das Königsbuch [2], welches·zwar

offenbare Verwechselung und zugleich Verdoppelung.   Noch weiter
ist die Verwechselung beider Könige im B. Dan. 1, 1 f. gekommen,
wo Iojaqim sogar im 3ten Jahre seiner Herrschaft mit den Edeln des
Volkes und den Tempelgeräthen nach Babel fortgeführt wird· dies
3te Jahr aber sollte nach S.728 nt. ursprünglich wohl nur das 3te seiner Chaldäischen Vasallenschaft seyn.   Auch Jos. arch. 10 : 6, 3. 7, 1
verwirrt die Geschichte, indem er den Chaldäischen König noch unter Iojaqim in Jerusalem eindringen und vonda gegen 3000 Edle, unter ihnen Hezeqiel, nach Babel abführen läßt; vgl. nur Hez. 1, 2.
Überhaupt konnten die Namen Joakim und Ioakhin leicht verwechselt werden, zumal nachdem so ein Fehler in die Stelle Matth. 1, 11
eingedrungen war; man sehe z. B. Epiphanios' Opp. I. p. 21 Petav.
1) in der Aufzählung 1 Chr. 3, 15 steht er zwar bestimmt als der
3te Sohn vor dem S.719 erwähnten Shallûm als dem 4ten, da er doch
nach den im Königsbuche angegebenen Altersjahren gegen 13 bis 15
Jahre jünger war.   Allein die Altersjahre des Königsbuches sind offenbar zuverlässig· und mussen entscheiden.   Eine verkehrte·Nachricht
aus der Chronik gibt gewiss G. Synkellos I. p. 412. — Er war nach
dem Königsbuche ein leiblicher Bruder Iojaqim's: der Chroniker II.
36, 10 .nennt ihn dagegen einen Bruder des vorigen Königs, verwechselt ihn also mit einem gleichnamigen I. 3, 16.   ' · 2) 2 Kön.
24, 14 vgl. den Plural Jer. 52, 15.

nicht zu buchstäblich zu verstehen ist, da manche Glieder der
obern Stände ausnahmsweise entweder aus besonderer Gnade
der Chaldäer oder um dem neuen Könige seinen Beamten-
und Hofstaat zu bilden zurückbleiben durften: allein wiesehr
die Chaldäer den Kern der obern Stände bereits über den
Eufrat geschickt hatten, zeigt nichts so deutlich als dass sie
in allen den Jahren des zweiten und wenn man will des dritten Aufstandes zusammen nur noch 4600 Männer zu verpflan-
zen fur der Mühe werth hielten [1]). Dazu waren bereits viele
der angesehensten und trozigsten Judäer aus Abneigung gegen die Chaldäische Oberherrschaft nach Ägypten geflohen [2]):
denn war einmal nichts als die Wahl zwischen beiden Ober-
herrlichkeiten gelassen, so konnte Ägypten als das Land einer bekannten alten hohen Bildung dem neuen und furchtbar
strengen Chaldäischen Reiche weit vorziehbar erscheinen. Und
forderte schon das so vielfach erschöpfte Land nichts sosehr
als Ruhe, so war endlich auch der neue König vonvornan in
einer ganz andern Stellung gegen die Chaldäer als seine beiden Vorgänger: denn nur durch Nabokodroßor auf den Herrscherstuhl gehoben, hatte er ihm den feierlichsten Vasalleneid
geschworen, sodass eine Verlezung desselben von seiner Seite
durch nichts zu entschuldigen war und sogleich den Untergang
des Reiches herbeiführen mußte wenn die Chaldäer gegen ihn
Sieger blieben [3]).

Aber gerade die tiefste Entwürdigung und Entkräftung
zu welcher jezt das Reich durch Fremde verurtheilt war
wurde für viele Gemüther der schärfste Stachel zur Unzufriedenheit und zu neuen Empörungsversuchen. Und wenn schon

---

1) nach B. Jer. 52, 28 – 30. Hier ist aber v. 28 hinter שבע
ebenso gewiss עשרה ausgefallen wie hinter שמונה im Leben Iojakhîn's
2 Chr. 36, 9; denn von der ersten Wegfuhrung unter Iojakhîn kann
hier weder nach der zugerigen Zahl der Weggefuhrten noch nach
dem Zusammenhange der Erzählung die Rede seyn.

2) nach Jer. 24, 8.        3) daher auch Hezeqiel mitrecht soviel
auf den Treubruch hinweist welchen Ssedeqia zu begehen im Begriffe
sei und wodurch allein er schon die ärgste Abnung Gottes verdiene,
c. 17. 14, 12. 15, 8. 21, 30.

überall die härteste Strafe welche über ein Volk verhängt wird leicht die gerade entgegengesezte Wirkung erzeugt, umwievielmehr konnte dieses Volk zum äußersten getrieben werden zu einer Zeit wo sein alter Glaube an einen äußern Schuz seines einzigen Gottes und an eine unantastbare Heiligkeit Jerusalems und des Tempels obwohl schon stark erschüttert doch nochnie durch die unerbittliche Erfahrung selbst vollkommen widerlegt worden war! Und wirklich ist dies die stärkste Ursache welche das Volk je zerschmetterter es sich fühlte desto mehr zum Schwindel hintrieb. Die wenigen ächten Propheten warnten und ahneten das schlimmste vergeblich: falsche Hoffnungen zu verkündigen und Taumel zu erregen fanden sich immer genug andere Propheten. Jéremjá veröffentlichte wahrscheinlich in der ersten Zeit der Herrschaft Ssedeqia's zum zweitenmale sein erweitertes Buch [1]), worin er die Eitelkeit der Hoffnung auf eine baldige Rückkehr der Fortgeführten scharf darlegt und von Jojakhîn dessen Rückkehr vielersehnt war vielmehr weissagt dass weder er noch seiner Söhne einer je David's Stuhl besteigen werde [2]). Und aufsneue stets, wo sich nur irgend eine Veranlassung darbot, wie bei der damals einige Jahre anhaltenden schweren Dürre, redete Jeremja öffentlich in diesem Sinne, mit unermüdlicher Treue gegen die höhere Wahrheit [3]): wofür er freilich auf Befehl eines Tempel-Oberaufsehers einen Tag lang ins Folterhaus kam [4]). Aber anders redeten die falschen Propheten, deren Zahl im Sumpfe dieser Zeiten unglaublich üppig aufwucherte [5]). Und der König meinte es zwar nicht übel, war aber etwas lässig in seinen Pflichten [6]) und wenig scharfsinnig in die Zukunft blickend, der Willkür der Großen und der

---

1) eine solche 2te Bearbeitung des Buches ist nämlich wahrscheinlich zwischen die *Propheten des A. Bs.* Bd. 2. S. 15 erwähnten einzuschieben Solche Stücke wie c. 11 — 13. 22, 10 — c. 23. 35. c. 36 mögen ganz aus jener Bearbeitung beibehalten worden seyn.
2) Jer. 22, 30.    3) vgl. Jer. c. 14—17, 18 mit 12, 4; ferner 17, 19 — c. 20.    4) Jer. 20, 2 — 6.
5) vgl. nur B. Zach. 13, 2 — 6. Jer. 37, 19.
6) vgl. Jeremja's Worte, 21, 11 f. 22, 1 — 9.

Parteien preißgegeben, der ganzen Last solcher Zeiten wenig
gewachsen.

Auch fehlte es nicht an hinzutretenden Verlockungen zum
Abfalle von der Chaldäischen Herrschaft. Um das dritte und
vierte Jahr Königs Ssedeqia mag Nabokodroßor irgendwo sonst,
vielleicht bei den 'Ammonäern, mit scheinbar großen Gefahren zu kämpfen gehabt haben: genug, damals waren in Jerusalem Gesandte der meisten umliegenden kleinen Reiche
von Edóm im Südosten bis Tyrus und Sidon versammelt, um
Ssedeqia'n zu' einem von ihnen beabsichtigten allgemeinen
Kriege gegen die Chaldäer zu bewegen: so schwer drückten
diese auf alle in ihr Nez gerathene Reiche, dass sogar 'Ammonäer und Moabäer welche im lezten Kriege gegen Juda
gefochten jezt von diesem Verstärkung gegen sie suchten.
Aber aufs strengste rieth damals Jéremjá vor dem Könige
und den Großen wie vor dem ganzen Volke und den fremden
den Gesandten von jeder Widersezlichkeit ab, und trat mit
dieser Ansicht einem Propheten Chananja, welcher den Sturz
der Chaldäer binnen zweier Jahren weissagte, só kühn und
só unablässig entgegen dass viele in dem nach 2 Monaten
erfolgenden Tode dieses falschen Propheten ein göttliches Zeichen der entdeckten Falschheit seiner Weissagung fanden [1]).
Fast um dieselbe Zeit wurde unter den Fortgeführten jenseit
des Eufrât's Hezeqiel vom prophetischen Geiste ergriffen: aber
wie er überhaupt als jüngerer Zeitgenosse Jeremja's ganz in
dessen prophetischem Sinne wirkte, so überwältigten jezt
nichts als starke Bilder der nahen Zerstörung Jerusalems wegen der unverbesserlichen Sitten des Volkes im h. Lande
seinen Geist [2]). Doch die Gefahr ging damals noch vorüber:
König Ssedeqia sandte wahrscheinlich zur Begütigung Nabokodroßor's Unterhändler nach Babel [3]), und reiste dann selbst
auch dorthin [4]), offenbar um etwa gegen ihn ausgestreuete
Verdächtigungen zurückzuweisen und aufsneue seine Huldi-

---

1) Jer. c. 27 f. Ein sehr ähnliches Beispiel erzählt Barhebraeus
von seinem eigenen Gegner, in Assemani bibl. or. T. II. p. 249 f.

2) Hez. 3, 22 -- c. 7.          3) Jer. 29, 3.

4) B. Jer. 51, 59.

gung darzubringen. Auch fällt wohl in diese Zeit die Einführung neuer Zarathustrischer Religionen aus Ostasien in den Tempel zu Jerusalem, womit man seine Unterwürfigkeit gegen den Geist von Osten her zeigen wollte, und worüber Hezeqiel bitter klagt [1]).

Einige Zeit nachher aber trat von Ägypten aus eine neue Reizung ein. Auf Psammis, Nekho's Sohn, unter dem die Ägyptischen Eroberungen in Asien sogleich gänzlich verloren gegangen waren, folgte dort aufs neue ein sehr unternehmender König Hofra' (bei Herodot Apries): dieser dachte wieder im Sinne seines Großvaters Nekhó an Eroberungen in Asien, und unterstüzte gern die Versuche eines Asiatischen Volkes sich von der Chaldäischen Herrschaft zu befreien; auf Jerusalem zumal welches sich stets mehr zu Ägypten als zu Babel hingezogen fühlte, hatte er mit besonderer Aufmerksamkeit sein Auge hingerichtet. Wir können jezt nicht näher verfolgen welche Mittel er anwandte sich in Jerusalem Einfluss und Vertrauen zu schaffen: aber von dem Könige Ssedeqia selbst hiess es im 7ten Jahre seiner Herrschaft sogar unter den Verbannten, er gehe im Vertrauen auf Ägyptische Rosse und andere Hülfsvölker mit dem Plane eines Abfalles von der Chaldäischen Herrschaft um [2]); und Hezeqiel konnte damals nicht stark genug die falschen Hoffnungen auf eine demnächstige glückliche Empörung Ssedeqia's bekämpfen [3]. Doch bedachte sich Sedeqia noch: seine Hand mochte die Wage des ihm bevorstehenden Schicksals furchtbar schwanken fühlen. Und ähnlich schwankte offenbar um diese Zeit auch die Gesinnung des Volkes noch von éinem Übermaße zum andern. Während viele vom glühendsten Hasse gegen die Chaldäer gestachelt kaum den Augenblick des Ausbruchs offener Empörung abwarten konnten, waren andere in die tiefste Verzweiflung an Israels Gott und an die Wahrheit al-

---

1) Hez. 8, 14—17. 16, 29. 23, 14—18; auch nach der Reihe c. 8 sind sie die zulezt eingeführten, neuesten Arten Aberglaubens. Dass die Chaldàer damals *Magier* hatteu, erhellt aus Jer. 39, 3.

2) Hez. c. 12—20.     3) Hez. 12, 1—20. 14, 12 — c. 15. 17. 19; besonders 17, 15.

ler Weissagungen versunken und sahen starren Blickes in die Zukunft [2]).

Ein solcher Sturm der verschiedensten Stimmungen und Bestrebungen welcher im h. Lande selbst König und Volk stets stärker durchtobte, ergriff ähnlich auch die zehntausend Verbannten jenseit des Eufrats. Diese, schon ansich Auserwählte ihres Volkes, dazu durch die Versuchung der schweren Leiden gezwungener Auswanderung und Ansiedelung gegangen, waren imallgemeinen sehr tugendhafte Männer, ja auf ihnen ruhete Jéremjá's Hoffnung für die fernere Zukunft im Gegensaze zu den in Jerusalem zurückgelassenen oder nach Ägypten geflohenen [2]): obgleich Hezeqiel der immer in ihrer Mitte lebte zu seinem großen Leidwesen bemerkte dass fremde Religionen sich allmälig auch unter sie einschlichen [3]). Manche der schönsten Psalmen, welche die im Alterthume so einzig schmerzlichen Empfindungen der gezwungenen Trennung vom h. Orte und Lande, die Leiden des von Heiden zu duldenden Hohnes und die Schwierigkeit in solchen Lagen der höhern Religion treu zu bleiben mit frischer Lebendigkeit schildern, gehören gewiss solchen Verbannten während ihrer ersten Unglückszeiten an [4]). Aber gerade die quälende Sehnsucht welche die Verbannten in den ersten Zeiten so gespannt erhielt dass sie in steter Unruhe lebten, benuzten einige unter ihnen aufgestandene Propheten um eitle Hoffnungen auf baldige Befreiung und Mißtrauen gegen die Chaldäische Herrschaft zu erregen; die Unzufriedenen diesseit und jenseit des Eufrât's standen sichtbar im Zusammenhange, und erschwerten dadurch die Gefahren der Zeit nur noch weiter. Jéremjá richtete daher wohl schon im 3ten Jahre der Verbannung ein prophetisches Sendschreiben an sie, um sie ernstlich zur ruhigen Ansiedelung zu ermahnen: mußte aber erleben dass die Schwindler zu Babel ihn deshalb bei hochgestellten

---

1) Jer. 12, 4 vgl. Hez. 8, 12. 9, 9. 12, 22. 27; Jer. 31, 29 f. vgl. Hez. 18, 2.     2) Jer. c. 24.     3) vgl. Hez. 14, 3 ff. 20, 20 ff.
4) s. die *Dichter des A. Bs.* Bd. 2. S. 183 ff.; besonders merkwürdig ist darunter Ps. 42 f. 83 als wahrscheinlich vom Könige Iojakhín gedichtet.

Schwindlern in Jerusalem schwer verklagten [1]). Als die Auf-
wiegler in Jerusalem freilich sahen dass dennoch die Verbannten sich nicht imgroßen regten noch ihnen beizustehen
waglen,, zumal nachdem Nabokodroßor die falschen Propheten unter ihnen blutig gestraft hatte [2]), verspotteten sie diese
ihre Bruder lieber als Unglückliche und arme Vertriebene,
und priesen nur sich selbst als. die Erben des· h. Landes denen eben deshalb alles gelingen müsse [3]).

So durch die Schwindler im eigenen Lande weitergetrie-
ben und durch Ägyptische Versprechungen verlockt, liess sich
der schwache König doch endlich zur offenen Empörung·ver-
leiten. Um dieselbe Zeit trübten sich auch die Chaldäisch-
Tyrischen Verhältnisse; und bald fing. die lange Belagerung
Tyros' durch Nabokodroßor an [4]). Auch verliess sich Ssedeqia wohl auf Nachrichten über ;Gährungen in andern nochnicht ganz unterworfenen Reichen, z. B. unter den ʻAmmo-
näern, durch deren Gebiet wenn es den Chaldäern feindlich
war Juda nicht unbeträchtlich gedeckt schien. Aber wie tru-
gerisch waren solche Hoffnungen gerade für ihn! Als Hezeqiel die erste Nachricht von der wirklichen Empörung Ssedeqia's und von Rustungen Nabokodroßor's empfing und sein
Geist dadurch in die bewegteste Stimmung kam, war es ihm
alsob das göttliche Racheschwert welches nun in des Chal-
däers Hand gegeben werde zwar einen Augenblick schwanken könne ob es gegen die ʻAmmonäer oder gegen Jerusalem losfahren solle, aber alsob es doch höherer Entscheidung
nach gerade gegen Jerusalem losfahren werde indem die
ʻAmmonäer wohl eher Lust mit gegen Jerusalem ihr Schwert
zu ziehen fuhlen wurden; welche Lust ihnen jedoch übel be-

---

1) Jer. c. 29 vgl. Bar. 1, 2 ff. (IV. S. 231). 2) dass nämlich
die Jer. 29, 21 f. den schlechten Propheten Achab und Ssedeqia ge-
drohte Strafe wirklich etwa ebenso sich erfüllte, kann man sicher annehmen, da Jeremjá sonst spaterhin nicht so bestimmt darüber in
seinem Werke geredet·hätte. 3) Hez. 11, 15 vgl. 33, 24.
4) s. darüber unten bei den Bemerkungen über die Zeitübersicht.
Auch Hezeqiel's Geist. ward nach 26, 1 um jene Zeit von dem ·Ge-
danken an Tyros' Schicksal am stärksten ergriffen.

kommen werde [1]). Und wirklich verhielten sich 'Ammonäer
und Moabäer, wie die Chaldäer anrückten, plözlich ruhig, ja
spotteten nun über die schweren Kriegsschläge welche auf
Juda fielen; Idumäer dagegen und Philistäer nahmen, sobald
das Glück sich gegen Juda neigte, sogar sehr thätig am
Kriege Theil, um ihrem alten Hasse gegen es zu fröhnen [2]).
Aber in Jerusalem und Juda nahm man den Kampf mit
dem tiefsten Ernste auf, als Nabokodroßor im 10ten Monate
des 9ten Jahres Ssedeqia's vor Jerusalem erschien und sogleich
rings um die Stadt Schanzen anzulegen begann; die Stadt obwohl durch wenig mehr als ihre Mauern geschüzt, wehrte
sich tapfer, wohl wissend was ihr bei der Eroberung durch
solch einen Feind bevorstehe. Um die willigen Streitkräfte
zu mehren, faßte man den Entschluss allen gebornen Hebräern
welche aus irgend welcher Ursache z. B. wegen Schulden in
Sclaverei gerathen waren, in Freiheit zu sezen und damit
ein lange vernachlässigtes Gesez der alten Religion jezt verbessert wieder ins Leben zu rufen [3]): welches auch durch
einen zwischen König und Volk feierlich abgeschlossenen Vertrag ausgefuhrt wurde. Ein lezter Hoffnungsstrahl erschim-
merte damals noch einzelnen Besseren: auch übrigens gute
Propheten konnten von der Unmöglichkeit einer gewaltsamen
Eroberung oderdoch einer völligen Zerstörung der h. Stadt
träumen, sobald sie noch im Sinne Jesaja's fortwirkten ohne
sich zu der wolkenloseren Höhe und der auf dieser neuer-

---

1) dies der kurze Sinn des schweren Stückes Hez. c. 21. Hier
geht die Anrede an das Schwert der 'Ammonäer v. 33 in v. 34 fort,
wo man אוֹתָךְ לָתֵת besser so faßt: »da man dir falsch weissagt
dass man dich sezen wolle d. i. du gesezt werden sollest auf die
Nacken der Judäer«, um diese zu vernichten; dann wird geschlossen: »beilegen (will ich es) in seine Scheide!« dass es nicht wie es
will gegen Juda ausfahre. Zu lesen ist also הָשֵׁב mit derselben
Verbindung wie v. 31; und der Vers ist hier zn schließen. Im folgenden wird 'Ammon angeredet und das Suffix besser in das msc. gesezt.
2) diese Verhältnisse folgen aus Hez. c. 25; über die Idumäer
vgl. noch Hez. 32, 29. c. 35. 36, 5. B. 'Obadja nach seiner jezigen
Umarbeitung und Ps. 137, 7.          3) s. die Alterthümer S. 194 ff.

rungenen Grundansicht Jéremjá's zu erheben; auch durch sie
konnte also in einer außerdem schon so stark entzundlichen
Zeit plözlich eine hohe Begeisterung zum Kampfe im ganzen
Volke angefacht werden. Ein denkwürdiges Zeugniss davon
geben die zwei Stücke eines uns jezt dem Namen nach unbekannten Propheten, welche allen Zeichen nach um diese
Zeitläufte veröffentlicht wurden [1]). Damals zwangen die Chaldäer sogar die Einwohner der Landschaft Juda mit ihnen
gegen Jerusalem Waffendienste zu thun: die Landschaft hatte
schon früher mancherlei über den Hochmuth der Hauptstadt
zu klagen, wo seit der Fortfuhrung der Edeln unter Jojakhîn
eine neuemporgekommene Partei das Ruder fuhrte; und wohl-
verdient schien diesem in der Landschaft lebenden Propheten
eine kleine Züchtigung der stolzen Hauptstadt: aber desto
unerträglicher ist seinem von Messianischen Hoffnungen fast
trunkenen Geiste der Gedanke einer völligen Zertrümmerung
der h. Stadt und besonders des Tempels. Wie diese Zeiten
uberhaupt hocherregt waren, so treten die Messianischen
Hoffnungen nirgends glühender und gewaltsamer hervor als
bei einem Propheten der in dieser Hinsicht das gerade Gegentheil seines Zeitgenossen Jéremjá darstellt.

---

1) B. Zach. c. 12—13, 6; c. 24. Ich habe schon in den *Propheten des A. Bs.* B. l. *S.* 389 f. die Zeit dieses Krieges als die hier richtige bezeichnet. Man könnte bei den zwei Stücken auf den ersten
Blick auch an die Zeit des ersten Chaldäischen Aufstandes denken,
zumal da sie kein Andenken an die bereits Fortgeführten oder an
die erste Chaldäische Eroberung zu enthalten scheinen. Und als Verfasser könnte man sich dann etwa den aus Jer. 27 f. bekannten Chananja von Gibeon denken, welcher bevor Jeremja ihm nachdrücklich
entgegentrat viel Ansehen beim Volke genossen haben muss: wiewohl eine solche Vermuthung bei der großen Menge der damaligen
Propheten schon ansich unsicher bleiben ·müßte. Allein die Aufregung war erst zur Zeit des zweiten Aufstandes so außerordentlich
und so anhaltend und allgemein wie sie diese Stücke voraussezen;
den Hochmuth der herrschenden Neulinge in Jerusalem sehen wir
nach S. 743 auch sonst um jene Zeit hervorgehoben; und die Möglichkeit einer Fortfuhrung der halben Einwohnerschaft Jerusalems
schwebt 14, 2 diesem Propheten so vor wie sie sich unter Jojakhin
ereignet hatte. ·

Eine Zeitlang nun wollte es den Belagerern wirklich
nicht gelingen die Stadt eng einzuschließen; noch machten
die Belagerten einige glückliche Ausfälle; ja bald langte die
Nachricht án ein Ägyptisches Heer rücke zum Entsaze heran,
worauf die Chaldäer diesem entgegenzogen und Jerusalems
Belagerung aufhoben. Doch in die schlimmsten Ahnungen
verfiel Jéremjá's tiefverlezter Geist, als man diese augenblickliche Wendung zum Glücke benuzte um die kurz zuvor abge-
schaffte Sclaverei wiedereinzuführen [1]. Und als Ssedeqia
um diese Zeit Jéremjá'n durch eine Gesandtschaft fragen liess
ob nach seiner prophetischen Voraussicht der Abzug der Chaldäer von Dauer seyn werde, antwortete er verneinend und
behauptete nur wer zu den Chaldäern übergehe könne seines Lebens sicher seyn [2]. Lezteres behauptete der greise
Prophet keineswegs weil er etwa selbst überzugehen beab-
sichtigte: doch als er nachdem der Weg nach seiner Vaterstadt Anathôth freigeworden war aus Haushaltungs-Gründen
dorthin gehen wollte, ward er am Thore troz der Betheue-
rung seiner Unschuld auf Befehl vieler ihm mißgünstiger
Großen festgenommen und in ein ungesundes Gefängniss
gesezt, bis ihm späterhin der König der wieder einmal seinen mündlichen Rath hören wollte ein erträglicheres im Wacht-
hause des Palastes anwies. Hier verhandelte er mit seinem
Vetter Chananel über ein Hauserbgut so alsob er troz der
höhern Nothwendigkeit der jezt bevorstehenden Zerstörung
des Reiches doch an der künftigen Wiederherstellung desselben nicht entfernt zweifle, und bewies so mitten im stei-
gendsten Elende den musterhaftesten Muth [3].

Indessen war das Ägyptische Hülfsheer nach Africa zurückgeschlagen, und die enge Einschließung Jerusalems begann aufsneue; bald waren auch die übrigen Landesfestungen bis auf die westwärts gelegenen Lakhish und 'Azeqa in
des Feindes Händen [4], obwohl gerade die Landschaft sich
diesmal sehr tapfer vertheidigte, sodass im 10ten Jahre Sse-

---

1) Jer. 34, 8—22.          2) Jer. 21, 1—10. 37, 1—10.
3) Jer. 37, 11—21. c. 32 f.          4) Jer. 34, 7 vgl. v. 1.

deqia's aus ihr 3023 angesehene Männer verbannt werden
mußten [1]). In Jerusalem selbst riss man in der Nähe der
den feindlichen Angriffen ammeisten ausgesezten Mauerseiten
viele bürgerliche und königliche Häuser nieder, wie man
nach S. 625 schon bei früheren Belagerungen dies gethan
hatte [2]). Da nun Jéremjá mitten in seinem freiern Gefängnisse nochimmer allen Menschen die seinen Rath suchten lieber den Chaldäern sich zu ergeben anrieth und zugleich die
Lebensvorräthe der Belagerten sehr schmal wurden, ward er
auf Betrieb der heftigsten Gegner der Chaldäer in einen nahen Brunnen voll Schlammes gesteckt, wo er bald verhun-
gert wäre hätte nicht ein ihm wohlwollender Hofbeamter einen Befehl des Königs ihn wieder in's Wachthaus zu bringen ausgewirkt und eifrig vollzogen: doch den rathsuchenden König strebte der Prophet wiederholt umsonst zur Ergebung und dadurch zur Rettung der Stadt zu bewegen, wiewohl er ihm verhiess dass jedenfalls sein Leben gesichert
seyn werde [3]). Viele hatten sich im Mißtrauen gegen die
Fähigkeiten eines so schwachen Königs wirklich schon den
Chaldäern ergeben [4]): doch die große Menge der Belagerten
hielt sich bis in den 4ten Monat des 11ten Jahres Ssedeqia's,
wo die Hungersnoth in der Stadt schon überaus drückend
geworden. Als der Feind die Mauern nordwärts durchbrach
und nach Besezung der ganzen Unterstadt an dem sog. Mit-
telthore nordöstlich vom Ssion bei der Burg sich festsezte,
von welchem Mittelorte der ganzen Stadt aus er sowohl den
Tempel als den Ssion leicht beherrschen konnte [5]): floh Ssedeqia zwar nachts mit seinen Kriegsleuten durch die südöstlichen Stadtmauern, und war schon ostwärts bis gegen
den Jordan gekommen, als die überall auflauernden Chaldäer
ihn ergriffen und zu Nabokodroßor nach Ribla nördlich vom
h. Lande brachten. Hier hielt dieser strenges Gericht mit

---

1) Jer. 52, 28 vgl S. 738 *nt*.      2) Jer. 33, 4 vgl. Jes. 22, 10
und ähnliches aus späteren Zeiten Jos. arch. 14: 4, 2. J. K. 5: 3, 2;
Raumer's historisches Taschenbuch 1847 S. 207 f.
3) Jer. 34, 1—7. c. 38.      4) Jer. 38, 19.
5) diese wichtige Nachricht hat sich nur B. Jer. 39, 3 erhalten.

jhm, liess vor seinen Augen: seine Söhne und alle die gefangenen Großen hinrichten, ihn jedoch selbst geblendet und
gefesselt nach Babel fortführen, wo er bis an seinen Tod
unter Aufsicht blieb ¹). Um diese Zeit reizten besonders die
Idumäer die Chaldäer zu den strengsten Maßnahmen gegen
die eroberte Stadt an, sowie sie auch die Flüchtlinge sehr
übel behandelten und von dem Untergange Juda's selbst den
größten Gewinn zu ziehen suchten.²): und ihr Aufhezen blieb
nicht ohne Frucht. Denn am 10ten Tage des 5ten Monates
traf in Jerusalem mit neuen Befehlen von Nabokodroßor sein
Leibwachenoberster Nabozar'adân ein, um die über die Stadt
verhängte Strafe auszuführen. Er liess die im Tempel noch
übrigen Geräthe sammt den zwei herrlichen Säulen (S. 301 f.)
fortführen, verbrannte sodann den Tempel den Palast und
jedes prächtigere Haus, zerstörte alle die Mauern, und sandte
den ersten und zweiten Hohepriester mit den 3 Hütern der
Tempelschwellen, den Kriegsminister und Feldhauptmanns-
schreiber, 7 Hofleute und 60 Stadtbürger nach Ribla zur Hinrichtung vor dem Könige. Die andern etwas angeseheneren
und kriegerischen Männer aus Jerusalem, auch die eingerechnet welche übergegangen waren, zusammen 832, wurden
verbannt; und mit seinem guten Willen liess der Chaldäische
Bevollmächtigte nichts als niedriges Volk im Lande zurück,
um dessen Äcker und Weinberge nothdürftig zu bebauen ³).

---

1) dass er in Mühlen arbeiten mußte wie in spätern Chroniken
erzählt wird (s. *Ang. Mai* Scriptorum veterum nova collectio T. I.
P. 2. p. 6 vgl. Chron. sam. c. 45), ist wahrscheinlich nur aus ϑϱ. 5,
13 geschlossen.　　　2) Obadja v. 11—14. Hez. 25, 12. Ps. 137, 7;
vgl. über dies alles weiter Bd. IV.

3) Jer. c. 52. 2 Kön. 25. Jer. 39, 1 f. 4—13, alles aus derselben
Quelle, dem Königsbuche. Von den diesmal fortgefuhrten wird ganz
anders als 2 Kön. 24, 14—16 nicht bestimmt gesagt dass sie alle nach
Babel fortgeführt wurden: wir können also aus Obadja v. 19 f. er-
gänzen wohin einige von ihnen abgeführt wurden; unmittelbar nach
Zerstorung Jerusalems wurden jedoch viele nach Babel geschleppt
Jer. 40, 1—4. Andere Angaben von wenig bekannten Örtlichkeiten
wo Verbannte zu wohnen kamen, s. Ezr. 2, 59 und Neh. 7, 61; über
Bar. 1, 4 s. *Jahrbb. der B. w.* IV. s. 77.

Das furchtbarste was das Alterthum denken konnte war
eben geschehen: das Reichs-Heiligthum ebenso zerstört wie
das Reich. Doch hätte sich noch wenigstens ein guter Rest
des Volkes unmittelbar unter Chaldäischer Herrschaft im Lande
zu einer größern Gemeinschaft zusammenschließen können.
Denn unter den wenigen welche in den lezten Jahren sich
besonnen verhalten hatten, zeichnete sich besonders ein Edler
Gedalja aus, Enkel des S. 697 erwähnten Shafan und Sohn
Achîqâm's des frühern Beschüzers Jéremjá's: er empfing die
Erlaubniss zu Mißpah in ziemlicher Nähe von Jerusalem ruhig zu wohnen und soviele seiner Landsleute als er in Ruhe
erhalten konnte unter seinen Schuz zu nehmen; zu welchem
Zwecke ihm einige der vielgefürchteten Chaldäischen Krieger
beigegeben wurden. Ihm nun gesellte sich freiwillig Jéremjá
zu, welcher zwar zuerst mit andern Verbannten bis nach
Râma nicht weit nördlich von Jerusalem geschleppt war, hier
aber von Nabozar'adân auf königlichen Befehl sehr gnädig
behandelt wurde und die Erlaubniss überall wo er wolle im
Lande zu bleiben empfing; unstreitig weil die Chaldäer erst
mittlerweile von dem eigenthümlichen Verhältnisse unterrichtet waren in dem er zu seinem Volke während der Belagerung gestanden. Mit diesen beiden Männern hätte nun wieder ein guter Grund zu einer neuen Gemeinde gelegt seyn
können, und bald sammelten sich von allen Seiten her viele
um sie welche bisher aus Furcht sich verborgen gehalten
hatten oder in Grenzländer geflohen waren; theils einzelne
Männer, theils Häuptlinge mit ihren Schüzlingen. Allein es
war alsob fürjezt auf diesem zu tiefunterwühlten Boden auch
nicht das geringste Heil mehr für Israel sprossen könne.
Der König der 'Ammonäer Ba'lis, welcher sich nach S. 740
743 f. bisdahin durch Schlauheit eine etwas selbständigere Stellung zu erhalten gewußt hatte, verleitete zwei Monate nach
Jerusalems Zerstörung einen Ismael Sohn Nethanja's von Davîdischer Abstammung, welcher sich schon Gedalja'n angeschlossen hatte, diesen mit seinen paar Chaldäern zu meu-
cheln und mit allen Leuten die er auftreiben konnte zu ihm
uberzutreten: offenbar weil er ihm imfalle einer künftigen

Empörung gegen die Chaldäer, welche wenn diesseit des
Jordan's ein Chaldäisches Israel entstanden wäre weniger
leicht glücken konnte, Anerbietungen gemacht hatte. Zwar
gelang dieser Plan des Unmenschen nicht völlig, da er noch
bevor, er mit seiner Menschenbeute den Jordan überschritt
besiegt wurde und mit wenigen fliehen mußte: allein die
ubriggebliebenen, an deren Spize jezt kein glaubensstarker
Gedalja mehr stand, hatten vor der Ankunft Chaldäischer
Krieger solche Furcht, dass sie Jeremja'n gegen seinen Willen und seinen prophetischen Rath mit ihnen nach Ägypten
zu fliehen zwangen. Hier in Ägypten sammelten sich so
immer mehr Judäer, wurden von der Herrschaft begünstigt,
und breiteten sich im ganzen Lande aus: da hatte Jeremja
denn wieder sovieles theils gegen den in diesem üppigen
Boden erneueten Gözendienst vorzüglich der Weiber, theils
gegen die eitlen Hoffnungen auf einen Ägyptischen Sieg uber
die Chaldäer zu reden [1]). Doch den greisen Propheten wollte
die Mehrzahl wohl wie ein Heiligthum aus besserer Zeit
nicht aus ihrer Mitte lassen, aberauch auf seine Stimme
nicht hören [2]).

Begreiflich waren jedoch die damals nach Ägypten geflohenen nur aus einigen Gegenden des Landes: andere Einwohner blieben nochimmer zuruck, und viele konnten sich
troz aller dieser furchtbaren Schläge nochimmer nicht uber-
zeugen dass das h. Land ihnen nicht rechtmäßig gehören
solle [3]). So entbrannte denn 5 Jahre nach der Zerstörung
der Hauptstadt irgendwo in der Landschaft ein neuer Kampf,
welcher mit der Verbannung von 745 Männern endete [4]): die
den Chaldäern sehr beschwerliche Belagerung Tyros' dauerte
damals noch an; auch war zur selben Zeit endlich offener

---

1) Jer. 39, 1. 3. 14. c. 40—44. 46, 13—26. 2 Kön. 25, 25 f.

2) die Sage dass er endlich zu Taphnä in Ägypten (einer in seinem Buche oft genannten Stadt) von seinen eigenen Landsleuten gesteinigt sei, ist daher so unwahrscheinlich nicht: nur wissen wir jezt
ihre ältere Quelle nicht, da wir sie erst in Epiphanios' Buche uber
die Propheten c. 8 und in noch späteren Büchern finden.

3) Hez. 33, 24 f.         4) B. Jer. 52, 30.

Krieg der Chaldäer gegen die 'Ammonäer und Moabäer .ausgebrochen [1]), in welchen gewiss diese Judäer sich hineinziehen ließen; und vielleicht empfing jener Ismael damals seinen verdienten Lohn. So loderte das Feuer des Hasses gegen die Chaldäer nach jeder Dämpfung auf diesem Boden stets. neu auf; bis er ganz ausgebrannt war und jenes Bild der allgemeinsten und gräuelvollsten Zerstörung sich vollendete welches . uns das Buch der Klaglieder in aller Lebendigkeit vorführt.

### Die Art des Schriftthumes in den lezten Zeiten des Reiches.

Wie die äußere Geschichte des Reiches Juda zeigt dass seit den Tagen der langwierigen Herrschaft Manasse's die wichtigsten seiner Unternehmungen nur zu seiner weitern Verwirrung, und alle Wechsel seines Schicksales nur zu seinem rascheren Sturze hinführten: so erhellt nicht minder aus der Art des Schriftthumes dieser lezten Zeiten, wie schwer oder gar unheilbar der alte starke Geist des Volkes auch in diesem Reste seines einst so mächtigen Reiches gebrochen war. Ja man kann an diesem rein geistigen Zeichen der Geschichte, dem Schriftthume jener Zeiten, eigentlich noch viel deutlicher als an den Wechseln der äußern Geschichte die tiefe Wunde wahrnehmen welche dem Bewußtseyn und der innersten Kraft des Volkes geschlagen war und von der es sich eben als Volk nie wieder vollkommen erholen konnte. Das alte machtvolle Reich Israels wankte seit seiner Spaltung langsam seiner Auflösung entgegen: aber das reine und starke Bewußtseyn seines innersten Lebens und Strebens war auch in Juda als dem lezten und kernhaftesten Überbleibsel des alten Reiches erst seit Manasse's Zeiten von dem unheilbaren Schlage getroffen: umsóviel länger widerstand der reine Geist des Volkes den verzehrenden Übeln der Zeit! Jene 50 Jahre der gewaltsamen Rückbewegung und der schwersten innern Verwirrung,

---

1) dies kurz in Jos. arch. 10: 9, 7 erzählte ist um so glaublicher da es ganz mit Jer. 52, 30 sowie mit Hez. 21 (S. 743 f.) zusammentrifft.

wo alle die unklaren Mächte der Zeit in der Hand des Königthumes selbst aufs schärfste wütheten das kühne Ringen
eines besseren Geistes im Volke zu erdrücken, wo auch das
verklärte Prophetenthum und damit die tiefste Macht des alten Volkes zerrüttet wurde und höchstens einige vereinzelte
stärkere Geister aus der Bluttaufe tödlicher Verfolgung zu
einem Leben neuer Bestrebung und Hoffnung emportauchten
— sie haben nicht nur das äußere Reich und die sichtbare
Macht sondernauch den Geist des Volkes selbst innerlich gebrochen verwirrt gelähmt, und erst das Verderben vollendet
welches allerdings schon seit Salômo's spätern Tagen im Entstehen war.  Was für die Griechen der Peloponnesische Krieg,
für die Römer die Bürgerkriege der königlichen Consuln und
Dictatoren, das war für Israel jenes halbe Jahrhundert unter
Manasse's finsterer Herrschaft.

Nicht alsob in der alten Gemeinde nicht fortwährend
durch einzelne große Geister edle Gedanken und große
Wahrheiten hätten keimen und sich auch in der Schrift entsprechend hätten darlegen können: die Kraft des Einzelnen
beugt kein Leiden und kein Volksunglück unentweichbar,
vielmehr kann sie sich beim Einsinken des Ganzen desto
ungehemmter in neuen Bahnen entwickeln.  Aber das hohe
starke Bewußtseyn der ganzen Volksthümlichkeit war mit der
aus diesem entsprungenen Bildung in seinen tiefsten Grundlagen erschüttert: damit verlor der Einzelne den festen Halt
sowie den ebenen Fortschritt, und das Schriftthum, schon seit
der Reichsspaltung seinem Inhalte nach in engere Grenzen
gedrängt, konnte auch innerhalb dieser keine neue höhere
Entwickelung erreichen.  Die Gestalten und Kunstarten in
welchen es sich bisdahin ausgebildet hatte, waren nicht anders als zugleich mit der fortschreitenden Gesammtbildung
des ganzen Volkes so fugsam zur Aufnahme höherer Gedanken und so eigenthümlich vollendet geworden: sie standen
still, sowie das Leben dieser Gesammtbildung gehemmt ward
und sich dauernd verwirrte.

Auchnicht alsob die Spuren dieses Sinkens im Schriftthume sich sofort und überall gleichmäßig zeigten.  Oben an

der Grenzscheide dieses lezten Zeitraumes steht noch das B. Ijob mit seiner hohen Vollendung, das schönste und zugleich erhabenste was das gesammte Schriftthum Israels erzeugt hat (S. 654 f.); kaum lassen einige Längen in den ausführlichern Reden [1] erkennen dass dieses Kunstwerk wirklich erst auf der Grenzscheide der beiden Zeiträume entstand. Auch die der Zeit nach demnächst folgende große Einleitung zu dem jezigen Spruchbuche (S. 681) beweist zwar deutlich wie sogar die dichterische Rede allmälig in eine rein rednerische Dehnung und leichte Durchsichtigkeit übergeht, läßt aber sonst noch wenig Abnahme an eigentlicher Kraft und Schönheit der Darstellung merken. Allein nach einigen solchen unmerkbareren Anfängen sinkender Kraft erscheint bald genug eine ganz neue Art von Schriftthum mit allen Merkmalen fortschreitender Auflösung; ja der Verfall ist dann reißend, sowie die Sprache und Darstellung Jeremja's sogar während seines stets unglücklicher werdenden Lebens immer weniger straffgehalten und immer weniger anmuthig wird [2]. Es ist dies schon wesentlich derselbe Verfall welchen wir dann im lezten Drittel dieser ganzen Geschichte weiter sich entwickeln sehen werden; auch die Hauptseiten desselben treten schon jezt sichtbar genug hervor.

1. Sehen wir zunächst auf die bloße Sprache als den Ausdruck der Gedanken, so ist unverkennbar dass die alterthümlich strenge gedrungene und stämmige Rede jezt schon völlig dem loseren weichern und gedehnteren Ausdrucke gewichen ist. Der Gedanke, in der gedrückteren Zeit schon ansich oft nichtmehr so frei und kräftig hervorspringend, erschöpft sich schwerer in seiner ganzen Tiefe und Wahrheit. Wieder aber nimmt die Rede, als wollte sie sich mitgewalt vor solcher Zerflossenheit wehren, oft plözlich einen ganz andern Anlauf, wird absichtlich straffgedehnt und kurzzugespizt, und kaum sollte man in dieser ihrer höchsten Spannung noch denselben Redner wiedererkennen: aber bald genug fällt sie

---

1) besonders in c. 15. 21. 24.
2) vgl. die *Propheten des A. Bs* Bd. II. S. 6.

in ihrer Grundfarbe zurück. Allerdings erscheint diese Art der Rede bei den einzelnen Schriftstellern und Dichtern sehr verschieden. Der Redner des Deuteronomium hat einen weich-zerfließenden, jedoch nin dieser Haltung sehr gleichmäßigen und einfachen Vortrag. Umgekehrt hat Hezeqiel, welcher in seinem ganzen Wesen den Übergang zum folgenden lezten Drittel der Geschichte Israel bezeichnet, zwar auch eine ziemlich gleichmäßige aber zugleich eine alles mit größerer Künstlichkeit schildernde malerische Rede. Die Propheten aber in denen sich jene eigenthümliche Sprache der Zeit am reinsten darlegt, sind Ssefanja, Jéremjá, auch der S. 745 erwähnte Prophet uns unbekannten Namens aus den lezten Jahren Jerusalems. Unter den Liedern zeigen solche wie Ps. 59. 22. 35. 38. 69 am deutlichsten die weich zerfließende, solche wie Ps. 141. 56. 57. 58. 82. 16. 73 am deutlichsten die straffer gehaltene künstlich gespannte Rede.

Hiezu kommt, dass den Schriftstellern und Dichtern dieser Zeiten schon die ältern Muster auch für die Sprache und einzelne Schilderung stark vorleuchteten, manche also sich strenger an sie hielten und emsiger ihre erhabenere Sprache wiederbelebten, wie wir dies an Nahûm und Habaqûq sehen. Aber auch solche Schriftsteller welche nicht die kräftigblühende Sprache der Alten anstrebten, fühlten sich in Bildern und Vorstellungen schon mächtig abhängig von dem Vorgange der ältern: Geschichtschreiber schlossen sich in der Darstellung etwas erhabener Gegenstände gern fast wörtlich an die älteren Muster [1]); Propheten wie Jéremjá und Hezeqiel folgten in ihren höheren Schilderungen dem Beispiele Jesaja's und anderer älteren Propheten; ja in die Orakel über fremde Völker, über welche man sich an stehendere Vorstellungen halten konnte, flechten Jéremjá und 'Obadja sogar schon wörtlich längere Stellen altberühmter Werke ein. So offenbart sich auch hierin überall wiesehr es diesen Zeiten schon an eigener Kraft fehlte.

Vermehrt wurde die so entstehende sehr bunte Sprach-

---

1) s. oben S. 512. 541 ff. und Bd. I. S. 219.

farbe der verschiedenen Schriftsteller dieser lezten Zeiten endlich noch durch den allmäligen Eindrang Aramäischer Sprachstoffe in's Hebräische: Das Aramäische war die herrschende Sprache der östlichen Völker unter denen soviele Hebräer als Verbannte lebten und deren Macht auch die noch im h. Lande lebenden Israeliten immer schwerer fuhlten. Aramäische Sprachstoffe drangen daher nachundnach unwillkührlich in's Hebräische ein: doch widerstanden einige Schriftsteller diesem Eindrange weit stärker als andere; unter den Propheten gab Jeremjá's Sprache, je älter er wurde und je später seine Werke von seinen Schülern wiederholt herausgegeben wurden, destomehr dieser fremden Macht nach; manche Geschichtschreiber hielten sich noch in den lezten Zeiten frei davon [1]; am meisten schüzten wie billig die Dichter die Reinheit der Sprache [2].

Sieht man aber weiter auf die eigentliche Kunst der Dichtung und der sonstigen Darstellung: so bemerkt man hier gerade am fühlbarsten den Stillstand welcher allmälig die höhern Thätigkeiten des volksthümlichen Geistes fesselt. Zwar sezen sich die in den vorigen Jahrhunderten so hoch gesteigerten Kunstfertigkeiten aller Art noch jezt sehr eifrig fort, und noch manches kleinere Dichtungs- oder Erzählungs-Stück tritt in schöner Kunst und Vollendung geboren an's Licht. Allein etwas über jene einmal geschaffenen Kunstarten im großen und wesentlichen hinausgehendes, etwas so schöperisches und großartiges wie z. B. das B. Ijob, erscheint nirgends mehr; vielmehr zeigen, um sogleich bei diesem Beispiele stehen zu bleiben, die späteren Zusäze zum B. Ijob [3] klar genug wie sehr man allmälig verlernte auf der Höhe großartiger Kunstwerke zu bleiben und in gleicher Höhe fortzubilden.

---

1) vgl. Bd. 1. S. 225.        2) denn Ps. 69 fällt schon hinter die Zerstörung Jerusalems.        3) vgl. die Dichter des A. Bs Bd. III. S. 269 ff. und die Ergänzungen dazu in den Tübingischen theol. Jahrbüchern 1843. S. 740—57: doch sind sie wohl erst nach der Zerstörung Jerusalems von Einem in Ägypten lebenden geschrieben.

Doch wo die Kunst in ihren höchsten Strebungen nicht mehr fortschreitet und dennoch sich fortdauernd regt, wendet sie ihre Kräfte allmälig mehr den Äußerlichkeiten zu und sucht neue Reize in der Steigerung des äußern Schmuckes und Zwanges. So bildet sich in diesen Zeiten die nach S. 654 im vorigen Jahrhunderte angefangene Zierlichkeit des Baues von Liederstrophen mit Wiederhalle noch weiter aus[1]. Und wie der Ausdruck überhaupt bei vielen Dichtern und Schriftstellern jezt gern noch zierlicher wird als im vorigen Jahrhunderte: so dringt der Reiz des Wortspieles nun sogar in das ernste Lied ein. Das Wortspiel mit seinem kurzen schlagenden Wize findet sich zwar mitrecht schon bei den ältern Propheten, sofern diese am rechten Orte ganz aus dem Leben und für das Leben sprechen[2]. Aber solche Wortspiele wie Ps. 56, 9 in Anrede an Gott:

wieviel ich *wein'* hast du *gezählt;*
gelegt in deinen *Schrein,* ja in dein *Zahlenbuch* sind meine Thränen.

oder wie Ps. 84, 7:

die ziehend durch das Balsam-Thal zu einem Quell es machen
(d. i. das dürreste Thal mit ihren Thränen überströmen, weil das hebr. Wort für Balsam ähnlich klingt wie das für Weinen) — solche würden zumal in ernsteren Liedern früher unmöglich gewesen seyn.

Ganz neu aber bildet sich jezt die Kunst, die Verse eines Liedes nach dem Alphabete zu ordnen, eine Kunst welche in sich wieder sehr mannichfach gestaltet. seitdem unter allen Zweigen des alten Israels, auch unter den späteren Samariern, sehr zähe sich erhielt und allmälig nicht wenig zum Vertrocknen der alten vollen Quelle wahrhaft dichterischer Kunst half[3]. — Damit tritt nun zumerstenmale eigentliche Gelehrsamkeit in den Kreis der Dichtung: und vielen Spuren nach war diese damals schon eine große Macht geworden (S. 705 f.), ja sie wurde durch die allmälige Verbreitung

---

1) wie Ps. 59, 42 f. 56; 57. 49. 2) s. die *Propheten des A.* Bs. Bd. J. S. 48. 3) s. die *Dichter des A.* Bs. Bd. I. S. 139 ff. Die ältesten dieser Lieder, wie Ps. 25. 34 können schon aus unserem Zeitalter seyn.

Israels unter andere Völker. stets umfassender, weil sie nun
von den verschiedensten Seiten her eindrang. Wir können
daher schon jezt begreifen wie sie auch im Schriftthume eine
desto größere Macht werden konnte, jemehr dieses jezt äußere
Mittel sich zu beleben suchte: doch ist es erst Hezeqiel mitten in der Verbannung und im Übergange zum folgenden
Zeitraume, bei dem sie bedeutend in die Darstellung der Gedanken eingreift und vieles von dém ersezen muss was die
nun vollendete Zerstörung des öffentlichen Reichslebens ver-
missen. liess [1].

Allein wiewenig alle diese äußeren Mittel ausreichen,
empfinden manche andere Geister genug: und eine tiefe Sehnsucht kann sie fesseln noch durch ein weit mächtigeres Mittel die weite Kluft möglichst auszufüllen welche sie zwischen
sich mit ihren Zeitgenossen und dem erhabeneren Alterthume
fühlen. So ergreifen sie denn wohl das lezte und wenn erfolgreich angewandt stärkste Mittel welches zu solcher Zeit
hier möglich: sie versuchen im Sinne und Munde der erhabenen Häupter einer mächtigeren Vorzeit selbst zu reden,
und begeistern so nichtnur sich selbst an dem mächtigeren
Feuer jener Helden, sondern regen auch ihre Zeitgenossen
án solche Wahrheiten zu vernehmen die sie bereits nur von
jenen Helden einer bessern Zeit und kaum von einem Zeitgenossen gern hören würden. Inderthat drückt sich so nur
die Abhängigkeit in welcher sich diese Späteren von ihren
großen Vorfahren fühlen am stärksten aus: aber es ist eine
eigenthümliche Erscheinung dass diese Kunstart von Schriftstellerei gerade in Israel, seitdem sie in ihm einmal entstanden war, soviel ausgeübt wurde. Ohne dass von der einen
Seite das Alterthum dieses Volkes wirklich außerordentlich
gross, von der andern die Neigung der Späteren von jenem
zu lernen ebenso außerordentlich gross war, hätte das Schriftthum diese Wendung nicht nehmen können: aber jenes bedingt schon dieses, und wie herrlich auch in Dichtung und
Schriftthum der Tag des Alterthumes Israels war können wir

---

1) s. die *Propheten des A. Bs* II. S. 208 ff.

so nocheinmal an seinem mattern Widerscheine in dieser
künstlichen Luftspiegelung deutlich erkennen. Es ist in diesem Jahrhunderte erst Mose dessen machtvoller heiliger Mund
so wiedererweckt wird [1]): wieviel weiter aber diese Kunst in
den spätern Zeiten fortschreite, wird unten zu erläutern seyn.
2. Betrachten wir nun das Schriftthum jener Zeit nach
den drei Hauptzweigen in welche es schon in den zuletzt vorangegangenen Jahrhunderten zerfiel, dem prophetischen, geschichtlichen und eigentlich dichterischen Zweige: so erblicken
wir hier sofort als eine neue Erscheinung die starke Vermischung des dichterischen und prophetischen welche jezt
herrschend wird. Wir meinen damit nicht das plözliche Hin-
durchbrechen prophetischer Gedanken im Liede: dieses ist in
der Zeit der Wirksamkeit großer Propheten nicht auffallend.
Allein wir finden jezt ganze große Lieder die sowohl an Anlage als an Inhalt und Ausführung rein prophetisch sind, wo
sich also das an sich Prophetische nur in das Gewand des
Liedes hüllt [2]). Und umgekehrt gehen jezt rein prophetisch
gehaltene Stücke leicht in vollkommene Gedichte über [3]).
Eine solche Vermischung der Hauptarten der Rede bezeichnet überhaupt eine sinkende Zeit, und war hier noch besonders durch die Schicksale des Prophetenthums bedingt. Seitdem dies unter Manasse tödlich getroffen und die beste Kraft
seiner öffentlichen Wirksamkeit gebrochen war, flüchtete es
sich theils in das unschuldigere Gewand des Liedes, theils
wurde es allmälig mehr bloss schriftstellernd und dichtend,
verlor also damit immermehr die alte kernhafte Rede welche
nur das edlere Abbild der öffentlichen Rede gewesen war.
Bei einfacheren Propheten wie Jéremjá löst sich die Rede
nun hieundda schon fast in Prosa auf; bei andern welche

---

1) und zwar dreimal; s. oben S. 683 und Bd. I. S. 171 f. Allerdings bildete schon in weit früherer Zeit der Segen Jaqob's (I. S. 91 f.)
einen Vorgang: allein welcher Abstand ist zugleich in dieser Hinsicht
zwischen Jaqob und Mose!    2) so, schon Deut. c. 32 vgl. oben
S. 648 und Ps. 50 vgl. S. 706    3) wie Hab. 2, 6—19. 3, 3—15.
Hez. 17. 19. 31. 32. Was bei ältern Propheten ähnliches vorkommt
(*Propheten des A. Bs* I. S. 32), ist von ganz anderer Art.

mehr Kunst. und Erhabenheit erstreben; wie bei Habaqûq und Hezeqiel, geht sie mehr in die mannichfachen Gestalten der Dichtung über, entweder in die niedere Spruchdichtung, oder in das Trauerlied; oder in das erhabene Dank– und Loblied; je wie jedes an seinem Orte passend scheint. Und Jéremjá welcher sich von diesem dichterischen Farbenwechsel am fernsten hält, mischt doch viel rein persönliche Ergüsse ein, fällt bisweilen schon in die Weise des bloßen Lehrers, und verändert dadurch fast ebenso stark die strengere Weise der alten Propheten.

Übrigens ist die prophetische Schriftstellerei jezt noch immer ebenso fruchtbar wie in frühern Tagen. Wie eifrig sie sich sogar noch unter den Verbannten des Zehnstämmereiches in Assyrischen Gebieten regte, darüber besizen wir in dem Orakel Nahûm's (S. 690) ein denkwürdiges Zeugniss.

Das eigentliche Lied bewährt sich auch jezt als der stets frischeste Erguss. aller Dichtung; und manches der an Empfindung tiefsten an einfacher Kunst schönsten Lieder entquoll den sehr neuen Erfahrungen und Versuchungen dieser Zeiten. Auch mitten in der Verbannung oder sonst in schwerster Trübsal verstummte es nicht, und erhob sich nicht selten noch zu einer fast Davîdischen Höhe [1]): wiewohl man auch ihm anmerkt wiesehr jezt der Einzelne vorherrschend auf seine eigenen Empfindungen angewiesen war. Wo es aber einmal auf allgemeinere Reichsverhältnisse angewandt wird, zeigt es offen den Nachlass der alten Kraft und Ursprünglichkeit [2]). — Sammlungen von Liedern ernsteren Inhaltes gab es jezt schon mehere und bedeutende, zumtheil auf älterem Grunde (S. 654); und mancher Sammler dieser Art war sicher zugleich ein fruchtbarer Dichter [3]).

---

1) wie Ps. 56. 57. 42 f. 84.          2) wie das Beispiel Ps 72 deutlich lehrt; auch Ps. 21, obwohl dieses Lied verhältnißmäßig weit älter ist als jenes, und etwa auf Uzzia gehen kann.

3) eine Sammlung bestehend aus Ps. 1 als Einleitung, 5. 16. 17. 21. 22. 26. 27, 7—14. 28. 31. 35 f. 38 als Liedern dieser Zeiten sowie mit vielen ältern (S. 654 *nt.*) vermehrt, konnte schon um diese Zeiten vorhanden seyn. Den Grund einer ändern Sammlung aus

ꞏ.ꞏ ꞏDie Spruchdichtung artet jezt ꞏvon 'der 'einen Seite völlig
in eine rednerisch ausführliche Schilderung und höchst belebte
Empfehlung großerꞏsittlicher Wahrheiten: sodass auch in sie
manches übergeht ꞏwas ꞏfrüher in'prophetischem Gewande erschienen wäre. ꞏSoꞏ spinnt' sich ꞏderꞏꞏSittenspruch sogar zú
großartig ,angelegten ꞏhöchst kunstvoll durchgeführten Werken aus ꞏ von welcher Art die 'Einleitung' zu dem jezigen
Spruchbuche ist (S. 681)ꞏ ꞏ—ꞏꞏVon ꞏder andern' Seite geht sie
in ꞏkleine' zierliche ꞏoft räthselhaft überraschendeꞏ Schilderungen mit spizen Gedanken undꞏerdichteten Namenꞏ übèr, wird
also ꞏeiner Art epigrammatischer Dichtung ähnlich, wo ꞏmehr
die Einkleidung als ꞏderꞏ Inhalt ꞏden Werth bestimmt. ꞏVon
dieser Gattung besizen wirꞏ die seltsamen ꞏ„Sprüche Agûr's
Sohnes Jaqe'sꞏ", unstreitig eines wirklichen Spruchdichters' aus
den lezten Zeiten des Reiches und des ꞏeinzigen außer Salômo den wir jezt dem Namen nach ꞏkennen [1]); ꞏer ist uns
zugleich als Bekämpferꞏ der ꞏzu seiner Zeit schon unglaublich
weit fortgeschrittenen Irrweisheit sehr denkwürdig [2]). —ꞏSonst
aber, benuzten ꞏdie Spruchdichterꞏ dieser Zeiten auch den Reiz
des ꞏLiedes selbst sehrꞏ gern', sodass diese Urgattung ꞏ aller
Dichtung ꞏjezt sowohl prophetische alsꞏreine Lehrstoffe in sich
aufnimmt [3]). ꞏꞏ ꞏ ꞏ ꞏ

ꞏ ꞏ Wie die Spruchdichtung' jezt auch ꞏan 'Inhalt und Geist
in die verschiedensten Gattungen zerfällt, ꞏebenso gehen die
Zweige ꞏder Geschichtschreibung nun ꞏdem Geiste ꞏselbst nach
weiter auseinander. Zwischen den Schilderungen des erhabenen Leben Elia's welche ꞏzu ꞏgleicher Erhabenheit empor-
streben, und den Bildern ꞏdes ruhig heitern Stilllebens aus der
alten Heldenzeit welche das ꞏB. Ruth mit einer gewissen ge-
schichtswissenschaftlichen ꞏGelehrsamkeit entwirft; ꞏliegt eine
weite Kluft: das gesammte Leben des Volkes war eben jezt
bereits in die verschiedensten geistigen Richtungen auseinander gegangen, und das Schriftthum gibt ꞏnur den Widerschein

dieser Zeit bildeten sicher sehr viele der jezt in Ps. 42—89., 140—
142 zusammengestellten Lieder. ꞏ ꞏ 1) ꞏ. die *Dichter des ꞏA. Bꞏ*
IV. S. 43. 166—74. ꞏ ꞏ 2) s. *Jahrbb.* der *B. w.* I. s. 108 ff. II.
s. 71 f. ꞏ ꞏ 3) wie Ps. 49. Ps. t. 25. 34. 73. ꞏ ꞏ

davon. —— Ein beliebter Gegenstand geschichtlicher Schilderung und Belehrung waren jezt besonders die Erinnerungen an das wunderbare Leben und Wirken jener Propheten welche noch das ungebrochene alterthümliche Prophetenthum aufrechterhalten hatten. Je weniger man in der Gegenwart solche gewaltige Gestalten noch wirken fühlte, destomehr erbauete man sich an dem Andenken an sie und desto eifriger beschäftigte sich die Geschichtschreibung mit der entsprechenden Darstellung der zerstreuten Erinnerungen an sie [1]). Dadurch ist uns wirklich somanches erhalten was theils von den Thaten jener Propheten selbst theils von dem Sinne zeugt in welchem diese früher oder später aufgefaßt wurden: und jedes Körnlein von dieser Tenne gibt uns seinen Beitrag zur richtigen Wiedererkennung der gesammten Geschichte. Allein bei dem allgemeinen Sinken und der heftigen Zerrissenheit in welche sich jezt der alte Volksgeist Israels verlor, fing auch die geschichtliche Betrachtung der Dinge des Alterthumes nach einigen Seiten sich zu trüben an. Das B. Ruth kann uns zeigen wohin sich jezt die geschichtliche Wissenschaft mit ihrer keimenden Untersuchungslust wandte: aber der Darstellung höherer Gegenstände wurde in dieser sinkenden Zeit allmälig die große Freiheit der Darstellung selbst gefährlich, welche nach S. 655 schon im vorigen Zeitraume durchgedrungen war. So bringt diese Art freierer Erzählung in solchen Stücken wie in denen über Elia (S. 535 ff.) oder über Simson (H. S. 523) noch das erhabenste hervor was in ihr möglich: aber solche Darstellungen wie die über den ungenannten Propheten aus Juda welcher am Gözenaltare zu Bäthel sein Ende fand (s. oben S. 442 ff.) würden zur Zeit des B. der Ursprünge oder der ältern Königsgeschichten unmöglich gewesen seyn.

3. Wenden wir schließlich noch einen Blick auf die Außenseite des Schriftthumes, deren Gestaltung zu beachten auch seine Vortheile haben kann. Dass Israel seit Davîd's und Salômo's Tagen auch in allen Künsten der Hand höchst lern-

---

1). vgl. oben S. 511 ff. 535 ff. u. 567 ff.

begierig und geschickt wurde, ergibt ᴵ sich · (wie schon oben
gezeigt)ᴵ aus . allen · geschichtlichen Spuren; und .ᴵwasnur das
Alterthum·ᴵvon; feinern Künsteri der· Hand und der Handwerk-
zeuge verstand, das fand. sicher·auch ᴵin Israel sehr früh·Ver-
ständniss und .Übung. ·ᴵBei· der großen Ausbildung und Macht
welche das Schriftthum früh in Israelᴵsich errang, ist es' also
nicht anders zu· erwarten .als dass auch ᴵdic mit ihm zusammenhangenden Handfertigkeiten, z. B. die Kunst gute Hand-
schriften zu verfertigen und fortwährend fehlerfreie Texte zu
erhalten, zu· hoher ᴵVollendung gelangten. Untersuchen wir
die Schriften des A.·ᴵBs.· wie sie uns ·überliefert sind in die·-
ser Hinsicht näher, ᴵso finden, wir noch jezt troz der unge-
meinen Wechsel ᴵwelche ᴵsie in; spätern :Zeiten · durchliefen,
viele Schriften .aus' den schönsten· Zeiten des :Schriftthumes,
als·ᴵdas B. der ·Urspp.; die ältern Lieder und .Prophetien,·ᴵdas
B. Ijobi nach'ᴵseinen Urbestandtheilen, in ᴵeinem - verhältnißmäßig .sehr reinen Wortgefüge. erhalten; ᴵwährend· bei den
meisten spätern schon seit den .lezten ·Zeiten des alten Reiches die gerade. entgegengesezte Beobachtung. sich uns auf-
drängt·und besonders einige dieser Stücke wie· Ps. 49ᴵ in ·ei-
nem stark verwahrlosten·Zustande' auf ·uns ·gekommen · sind.
Auch ·die Unordnung· welche im, eigentlichen Deuteronomium
herrscht [1]), · rührt ᴵschwerlich ᴵvon spätern· Abschreibern her.
Wir sehen dass auch in· dieser Hinsicht die Zeit in einem
Sinken· begriffen ist, welches eben weil ᴵes vom .innersten
Leben des Volkes ausging allmälig alle Gebiete· seiner Thätigkeit zu ergreifen drohet.ᴵ ·· ᴵ

· Das .ganze Schriftthum dieser lezten· Zeiten ᴵbeweist also
wie . tief· der . innere Schaden des ᴵalten Volkes und Reiches
war' und ·wie unaufhaltsam jezt' alles troz der·edelsten Gegen-
bestrebungen und troz einiger. herrlicher Neugewinne · einem
lezten Sturze entgegenging: obwohl man an dem unversiegba-
ren Liederstrome'der· mitten' in ᴵdieser .Zeit tiefsten'·Nöthen
desto schwellender wird, ᴵsowie án dem durch ᴵalle Trübnisse
nicht zu beugenden Eifer 'des' gesammten Schriftthumes' leicht

---

1) einiges davon ist schon·ᴵ I. S. 162 f. nt. II. S. 260 berührt.ᴵ

merkt; dass tróz dieses Sturzes noch eine unerschöpfte unsterbliche Macht in diesem Volke fortleben will.

---

## Schlußergebniss der ganzen königlichen Zeit.

Manches menschliche Reich ist gefallen weil es die nothwendigen innern Verbesserungen entweder nie oder zu spät
ausführte; Polen hat zu spät an sie gedacht, und fast scheint
es eben jezt manchem romanischen und manchem deutschen
Lande ähnlich zu gehen. So fiel das Zehnstämmereich weil
es die Quelle der sich stets anhäufenden inneren Gebrechen
hie verstopfte, das Reich Juda weil es ihrem Fortschritte zu
spät und auch da zu ungründlich und unvollständig widerstand,
während es zulezt neue zerstörende Irrthümer in sich wu-
chern liess.

Aber indem beide Reiche endlich völlig in den Staub
sanken, erfüllte sich nur das vonanfangan dem menschlichen
Königthume Israels bestimmte göttliche Geschick. Viele Ursachen wirkten zu diesem Sturze mit; zulezt auch schon das
keimende falsche Vertrauen auf den h. Ort. Aber die erste
und die entscheidende Ursache des Sturzes dieses Reiches lag
anderswo. Wir sahen dass die Auflösung des starken Davîdischen Reiches schon unter Salômo beginnt: aber diese Auflösung, mochte sie etwas früher oder etwas später beginnen,
war ihm durch seinen Ursprung selbst vorherbestimmt, und
lag in einer göttlichen Nothwendigkeit bevor irgendein Mensch
oderauch ein Prophet sie ahnen konnte. Denn nach dem innersten Wesen der alten Gemeinde Israels sollte der menschliche König in ihr nichts geringeres seyn als der vollendete
Mensch, d. i. der welcher das für alle Glieder der Gemeinde
geltende göttliche Leben am vollkommensten in sich verwirklicht und eben dadurch mit göttlicher Kraft über alles herrscht.
Wie wenig aber ein solcher König in jenen Jahrhunderten
kommen könne und wiesehr sogar Davîd hinter seinem Vorbilde zurückgeblieben war, zeigte allmälig der Erfolg: ein
solcher König konnte nochnicht kommen; weil die wahre

Religion selbst deren vollkommenes Leben in ihm wirken
sollte die ihr bisdahin anhaftenden Mängel nochnicht stark
genug erkannt und erfahren hatte. Darum erfüllte das Königthum in Israel im Laufe dieser Jahrhunderte nur den nächsten Zweck zu dem es nothwendig geworden war: es gab der
Gemeinde Jahve's alle volksthümliche Größe und Macht, die
sie einmal gewinnen mußte, sollte sie überhaupt auf Erden
ihr volles Wesen entfalten ; aber sobald es diesen seinen
nächsten Zweck erfüllt hatte, und nun die höhern Aufgaben
sich ihm aufdrängten, zeigte es sich als zu schwach diese zu
lösen, und indem es nun seinem niedern Wesen nachgehend
am stärksten in den Fehler der Gewaltsamkeit verfiel welcher
noch der ganzen Religion anklebte, trug es sogar wieder selbst
zur Zerstörung der volksthümlichen Einheit und Macht bei
welche es zuerst geschaffen hatte.
Die erste Hauptwendung der Geschichte Israels hatte die
Lehre hinterlassen wie verderblich das absichtliche Vermeiden
des menschlichen Königthumes sei : so ward dessen Gründung
und Fortdauer die Seele dieser zweiten Hauptwendung. Das
menschliche Königthum, mit der Gottherrschaft als dem un-
umstößlichen Grunde wahrer Religion sich vermählend, brachte
dieser viele der gehofften und nothwendig gewordenen Stüzen: aber auch diese lernte sich nun unter jeder Art der königlichen als der stärksten und damit unter jeder menschlichen Herrschaft in Israel erhalten, unter der günstigen wie
unter der ungünstigen, der kräftigern wie der schwächern.
Es waren nur die Nachwehen der Beschränkung jenes ersten
Drittels dieser ganzen Geschichte, wenn das alterthümliche
Prophetenthum nocheinmal unter Salômo und Rehabeam durch
gewaltsame Einführung eines neuen Königshauses sich wieder zum Herrn über das menschliche Königthum selbst machen wollte: das Zehnstämmereich, die Geburt dieser prophetischen Allgewalt welche dass ihre Zeit vorüber sei nochnicht
begreifen wollte, büßte mit seinem Untergange für diesen
verspäteten Irrthum; aber in seinen Trümmern lag auch dieser Irrthum zerstört, und in Juda lernte die Gottherrschaft
sofern sie der Grund wahrer Religion ist sich unter jede

menschliche Herrschaft in Israël beugen, nicht um das Böse darin zu befördern oder zu thun sondern um es auf die rechte Weise zu bekämpfen. Allein während die wahre Religion diesen ihren ersten Mangel vollends glücklich ergänzte, trat durch das Königthum ein anderer an ihr erst recht hervor, die Gewaltsamkeit. Dieser Mangel klebte auch dem ursprünglichen Prophetenthume sowie der alten Religion überhaupt an: aber erst durch die Macht welcher Gewalt am stärksten zukommt, die königliche, entwickelte er sich in allen seinen Folgen. Das Königthum wird eben durch die ihm einwohnende stärkste Gewalt zum Segen des Reiches, aber auch desto stärker zu seinem Verderben sobald es die Gewalt in Gewaltsamkeit entarten läßt. Und vor der Gefahr in diese Gewaltsamkeit zu verfallen konnte die wahre Religion damals das Königthum nochnicht genug bewahren, weil sie selbst noch an ihr litt. So konnte der vollendete König nicht kommen, den doch die Religion jezt forderte; eben das ausgebildetste Königthum fiel also der Gewaltsamkeit anheim; und schon seit Salômo's lezten Tagen wirkte dasselbe Königthum welches so stark zum Schuze und zur Erhebung des Reiches gedient hatte, vielmehr zu seiner allmäligen Zerstörung. Bis endlich, nachdem durch Bestand und Wirken des Königthumes dieser Mangel am empfindlichsten geworden, zwar die reine Wahrheit auch in dieser Richtung auftauchte und die Liebe als ein höchstes der wahren Religion klar erkannt wurde (S. 568—71): aber zu spät um noch das innerste Wesen des bestehenden Reiches und Königthumes zu ändern. Denn ist das Ahnen und Erkennen überhaupt leichter als das ihm entsprechende vollkommene Thun: so ist die rechte Liebe aufs reinste bewähren ja sie zu einer höchsten Macht aller Religion erheben unendlich schwerer als ihre Nothwendigkeit erkennen und ersehnen.

Sobald daher das Königthum in Israel bis zu dem Gipfel gekommen war wo es seinem Ursprunge zufolge nicht weiter fortschreiten konnte, bereitet sich gerade in der Mitte dieser zweiten Hauptwendung und damit, am rechten hohen Mittage der ganzen Geschichte des Volkes eine von aller frü-

hern Zeit völlig abweichende Richtung, seines ganzen Lebens
und Wirkens. Bisdahin war diese Richtung vorzüglich nur
nachaußen hingekehrt: eine Stellung und Geltung unter den
Völkern und Gemeinschaften der Erde zu gewinnen, war das
erste und nothwendigste Streben des Volkes, welches in der
ersten Hauptwendung seiner Geschichte nochnicht in die rechte
Bahn gebracht endlich durch das neue menschliche Königthum vollkommen sein, Ziel erreicht. Kampf und kräftige
Macht nachaußen, Krieg und Sieg über Heiden ist bisdahin
ein Haupttheil des Lebens und Strebens, der Freude und des
Stolzes Israels. Aber sowie nun auf dieses Zieles Erreichung
ganz neue und weit schwerere Aufgaben sich als neue Ziele
erheben, indem die tieferen Gebrechen der ganzen alten Religion nun erst in der Ruhe des volksthümlich befriedigten
Lebens recht hervortreten können und hervortretend sich
schmerzlich fühlbar machen: so wendet sich das stärkste Streben und Ringen des Volkes vonaußen immermehr nachinnen;
der Geist der alten Religion und daher auch des ganzen Volkes auf diese Mängel aufmerksam gemacht und dadurch zunächst in sich selbst gestört und getrübt, kehrt allmälig immer
gewaltiger und entschiedener in seine eigene Tiefe heim, um
sich der wahren Mängel welche ihm noch ankleben womög-
lich zu entledigen. Eine erste große Folge davon ist die
Spaltung des Davîdischen Reiches und der in ihr schon liegende Anfang einer Auflösung alles menschlichen Königsthumes also weiter auch aller volksthümlichen Macht in Israel;
aber immer weiter greift der innere Kampf, immer stärker
wird der Verlust an Macht und Ehre nachaußen; wie zuerst
das größere Zehnstämmereich, so wird endlich auch Juda
von den unversöhnlichsten innern Spaltungen immer unheilbarer zerrissen; und der schärfste Zwiespalt dringt zuletzt
bis in das Heiligthum jeden Hauses [1]). Ja noch über diese
zweite Hauptwendung geht der geistige daher der innerste
und stärkste Zwiespalt hinaus, wie wir später sehen werden;

---

1) vgl. schon aus dem Ende des 8ten Jahrh. solche Stimmen aus
Juda wie Mikha 7, 1 – 6; dasselbe wiederholt dann Jeremjá, 9, 3 12, 6.

und bis zum Ende seiner ganzen Geschichte konnte Israel
nie seine volksthümliche Macht wieder erringen: ein so gewaltiges alle Kräfte aufs stärkste nachinnen kehrendes Le-
bensräthsel, lag seit David's und Salômo's hohen Tagen auf
diesem Volke, von dem es doch nie sich loszuringen vermochte, weil es in der Tiefe seiner alten Religion selbst
eingeschlossen lag und nur mit deren Vollendung sich lösen
konnte. Fürjezt führte die stetig fortschreitende innere Zer-
reibung und Auflösung zur Zersörung der seit dem Anfange
dieser Geschichte gewonnenen äufsern Güter, des volksthümlichen Reiches, des Vaterlandes, des Königthumes; und wie
das h. Land unter dem Stachel einer noch dem Geseze der
Gewaltthätigkeit folgenden Religion einst erobert und besezt
war, so ging es unter der weitern Entwickelung des in dieser Religion noch liegenden Gewaltthätigen wieder verloren;
Israel war am Schlusse dieser zweiten Wendung wieder so
arm und unstät wie einst in der Wüste, ja noch elender und
hülfsloser zerspaltener und verzweifelter als damals; und es
erfüllte sich auch insofern was die vergeistigte Prophetie
längst gedrohet hatte [1].

Allein die Wahrheit der Religion, soweit sie gewonnen
und gesichert wár, konnte durch alle äufseren Verluste und
Zerstörungen nicht wieder vergehen; und zeigte die große
Macht dieser zweiten Wendung, das Königthum, sich zu
schwach den vollendeten König dieser Gemeinde hervorzubringen, und verging es mit der Zerstörung des Reiches und der
Zerstreuung des Volkes zulezt selbst: doch mußte der vollendete König mit der Vollendung der wahren Religion und
ihres Reiches fortundfort gehofft und erstrebt werden. Seine
Forderung lag im Bestehen und Leben der Gemeinde selbst,
seitdem diese auch des menschlichen Königthumes Herrlichkeit
und einziges Wesen erkannt und sich angeeignet hatte; sein
Bild trat immer unabweislicher, immer klarer und leuchtender
vor der großen Propheten ahnungsreichen Geist; seine Hoffnung ward aller Treuen und Guten bester Trost. Der wahre

---

1) s. II. S. 307 ff. 564 f. Am treffendsten aus der Wahrheit der
alten Religion erklären dies Amos 9, 7 f. Hosea 2, 4—17.

König der Gemeinde ward immernoch erst gesucht: und alle
die wirklichen Könige der Zeiten zeigten nun bloss, wie der
zu erwartende wahre König der Gemeinde nicht seyn müsse;
kaum dass die Erinnerung an David und wenige andere ähnliche Könige deren Herrlichkeit die Gemeinde erlebt hatte, der
Vorstellung des großen Zukünftigen einige festere Anhalte
reichten. Ja es war eben keine der geringsten Lasten jener
Könige, dass ihnen allen das Bild des vollkommenen Königs
als eine göttliche Forderung mehr oder weniger streng vorgehalten wurde, und doch noch keiner ganz sicher in dies
Bild schauen und ein klar gegebenes Vollkommenes in sich
aufnehmen konnte. O wieviel leichter kann in dieser Hinsicht
das Leben eines jezigen, eines christlichen Königes seyn!

Wohl konnte nun noch Jesaja hoffen dass mit der baldigen Ankunft des Messias sogleich alles sich zum Bessern
wenden werde. Aber nachdem wieder ein Jahrhundert diese
Hoffnung nicht erfüllend dahingegangen, und selbst der fromme
Josia wirkend und sterbend nur die Wirren und Leiden der
Zeit vermehrt hatte: da mußte der klare prophetische Blick
wohl einsehen dass es nichtbloss auf die Ankunft eines Messias ankomme, dass vielmehr der Grund der schweren Übel
des Volkes und Reiches viel tiefer liege. Hatte sich endlich
wenigstens vor diesem klaren Blicke deutlich gezeigt dass die
Gewaltsamkeit welche bisher sowohl am stärksten dem Königs-
thume alsauch dem Prophetenthume ja der ganzen alten Religion anhaftete nur unendliche Übel stifte und völlig unver-
einbar mit wahrer Religion sei: so mußte die Mangelhaftig-
keit der alten Religion überhaupt einleuchten und zumerstenmale das Bedürfniss einer vongrundaus erneueten wahren
Religion empfunden werden. Dass ein dem alten in dieser
Beziehung gerade entgegengesezter neuer Bund zwischen
der Gemeinde und Jahve kommen müsse, rein geschlossen
von den Banden der Liebe und Versöhnung, dass das Gesez
also künftig nicht in Holz oder Stein sondern im Herzen geschrieben wirken müsse, das ist die große Wahrheit welche
zuerst Jeremjá verkündigte und zu welcher ihn alle Erfahrungen der bisherigen Geschichte Israels, zulezt auch die des

verkehrten Vertrauens auf den h. Ort und des fälschen Schrift-
gelehrtenthums (S. 705) hindrängten [1]. „Wie also das Ende
der ersten großen Wendung dieser Geschichte die Mangel-
haftigkeit der alten Religion im Begriffe des Reiches übermächtig empfunden und zu einer neuen Gestaltung hingedrängt
hatte, ebenso tritt gegen den Schluss dieser zweiten Hauptwendung eine andere noch weit tiefer eingreifende Lücke
der alten Religion ins klare Bewußtseyn; und die ganze königliche Zeit hat im höchsten Sinne nur dazu gedient dieses
unendlich folgenschwere Bewußtseyn zu erregen und zu erhellen. Die Hoffnung auf den Messias hört deshalb bei Jéremjá und den übrigen Propheten seiner Zeit nicht auf, aber
sie wird gedämpfter und ruhiger [2] Dass noch ein ganz anderes neues Gesez als das Deuteronomium war kommen, dass
ein neuer Bund zwischen der wahren Gemeinde und dem
wahren Gotte geschlossen werden müsse: das wird jezt der
Hauptgedanke im innersten Geiste der alten Gemeinde; und
wie dieser sich erfüllen könne, das ist die große Frage der
nun folgenden lezten Hauptwendung dieser Geschichte.

Und doch läßt sich schon jezt sicher ahnen dass die seit
Jahrhunderten anfangende und zulezt vollendete Zerstörung
eines volksthümlichen Reiches Israels für die höhere Bestimmung dieses Volkes kein bloßes Übel werde, dass vielmehr
auch in dieser irdischen Bitterkeit rauhen Schale die Frucht
einer künftigen Kraft reife welche obwohl ihm zukommend doch
bisdahin in ihm nochnicht sich rein genug entwickeln konnte.
Denn das unendlich hohe und stolze Vertrauen welches seit
Mose's und Josúa's und dann wieder seit Samúel's und Dávîd's
Tagen jeden tapfern Mann in Israel beseelte, war doch nur
in den sehr wenigen stärksten Geistern und in den seltensten
Augenblicken erhabener Geschichte ein selbständiges und freies,
in den gewöhnlichen Geistern und Zeiten ein sich auf die

---

1) Jer. 3, 16 f. 31, 31—34. 32, 39 f.; wiederholt Hez. 11, 19 f.
18, 31. 36, 25—28.

2) Jer. 23, 5 f. 33, 14—16 vgl. Hez. 34, 20—30.

einmal' geltende Religion 'und 'auf das mit ihr enger verknüpfte volksthümliche Bewußtseyn _stüzendes.' ' Der' Einzelne. fühlte sich also damals vom 'Ganzen getragen, Jahve war; nur als Gott Israels 'sein 'Gott. : Löste i sich nun' dies Ganze nachdem es durch David' und Salômo zu der. ihm möglichen Bluthe gekommen allmälig só auf wie wir oben sahen, und schwand mit der äußern Macht der alten Religion auch jenes Vertrauen welches bisdahin den Einzelnen' am stärksten getragen hatte: so muße diese selbe Religion entweder auch ihrem tiefern Wesen .nach untergehen, oder sie muße 'den Einzelnen gewöhnen abgesehen von jedem frühern Scheine rein auf ihre tiefern Kräfte zu vertrauen und solche neue Wahrheiten in ihr festzuhalten welche früher. nochnicht hell genug in ihr hervorgetreten waren. Es begann so ein Kampf der unendlichen Einzelnen mit den feindseligen Umständen, welche die alte Religion zerstören zu wollen schienen. Aber indem die verborgenere nachhaltige Kraft dieser Religion, von Tausenden in tausend Nöthen befragt und gequält, nun erst ihre Schäze recht suchen und hervorlocken, ja auf ihrem festen Grunde neue ihr verwandte Wahrheiten fröhlich hervorsprießen liess, welche bisdahin nochnicht 'klar genug ans Licht getreten: senkte sie sich mit ihrer eigensten' Kraft und Sicherheit immer tiefer in Sinn und Herz der Einzelnen, und lehrte sie troz des Dahinschwindens des volksthümlichen Reiches ja mitten unter siegreichen Heiden und heidnischgesinnten Machthabern Israels, dennoch nur desto reiner an ihren ewigen Wahrheiten festhalten. Während also die alte Macht und das alte Vertrauen Israels als Volkes unwiederbringlich sich zerstört,' lernen die Einzelnen der Wahrheit der alten Religion desto reiner und daher desto fester vertrauen; und während das Ganze so fällt wie es bisher sichtbar in der Welt sich ausgebildet, hat sich unvermerkt sein Geist in den Einzelnen bereits tausendfach verjüngt und will so in tausend neuen Welten verstärkt wiederauferstehen. Diese denkwürdige Verwandlung zeigen näher betrachtet alle geschichtlichen Spuren: doch am deutlichsten können wir sie in dém Buche des A. Bs. verfolgen, welches die geheimsten Regungen des Herzens

aller jener Jahrhunderte am offensten darlegt, dem Psalter.[1]).
Der Kampf war allerdings schwer und langwierig: noch im
ersten Drittel der Zeiten nach Salômo herrschte das alterthümliche Volksvertrauen wenig gebrochen, (S. 479 f.); leicht
das stolzeste und zäheste Vertrauen ist das auf die volksthümliche Religion, zumal eine so erhabene und wahre als
die altisraelitische war: und dieses ganze Vertrauen mußte
nun dem Ringen und Suchen dem Zweifeln und dem neuen
Glauben des Einzelnen weichen. Doch im lezten Drittel dieser, nachsalômonischen Zeit, sehen wir schon den neuen Sieg
der sich so gewaltig ändernden alten Religion keimen: und
wir können ahnen dass diese Religion auch in der dunkeln
schmerzlichen Zukunft welcher sie nach völliger Zertrümmerung ihres volksthümlichen Reiches jezt entgegengeht, nicht
auch selbst ihre Zertrümmerung erfahren werde.

Und wie soviele Treue mitten unter den wachsenden
Übeln der Auflösung des alten Reiches doch nie den Kern
seiner Religion verriethen, so war doch auch das menschliche Königthum, wie es in Juda nun seit sovielen Jahrhunderten in Davîd's Hause seinen festen Bestand gefunden hatte,
nicht durch die Schuld des Volkes selbst etwa durch Empörung oder Verrath sondern rein durch eine fremde Macht
vernichtet und nur mit dem äußern Falle des Reiches selbst
gefallen. Längst hatte sich jezt der frohe Glaube ausgebildet
Davîd habe nach göttlichem Willen stets einen jungen Sprossen und Nachfolger am h. Orte, nicht sowohl weil seine oft
unwürdigen Nachfolger es verdienten sondern bloss aus be-
sondrer göttlicher Gnade für den großen Ahn[2]): so unzer-

---

1) nach der genauern geschichtlichen Betrachtung nämlich, wie sie
jezt versucht ist. Im kleinern kann man in dieser Hinsicht den weiten Abstand zwischen dem ersten und dem lezten Drittel der nachsalômonischen Zeit schon an den beiden Liedern erkennen welche
jezt (nach S. 479) in Ps. 27 zusammengewoifen sind.

1) die stehende Redensart 1 Kön. 11, 36. 15, 4. 2 Kön. 8, 19 muss
wie die S. 368 erläuterte ähnliche auf ein berühmtes Orakel zurückgehen; נִיר ist, obwohl es schon Ezr. Apocr. 8, 79 als φωστήρ gefaßt
wird und die LXX sich dabei nicht zu rathen wissen, soviel als

trennlich hatte sich der 'Begriff' und die 'Hoffnung' ewiger Fortdauer wahrer Religion in 'Israel' mit den 'Andenken' an den großen König sein 'Geschlecht' und seine h! Stadt' verknüpft. War also dies mit den heiligsten Erinnerungen und Hoffnungen Israels schon só 'fest verflochtene Davidische Königthum 'nicht durch des Volkes Schuld selbst gefallen'; so schien über die 'noch' übrigen Glieder dieses Hauses zwar jezt ebenso wie über das ganze Volk ein schwerstes Leiden eingebrochen zu seyn, aber an' der Fortdauer dieses einzigartigen Geschlechtes selbst blieb wie an dem sichtbarsten und stärksten Faden ein großer Theil aller der unsterblichen Messianischen Hoffnungen haften welche nun längst den tiefsten Grund der höhern 'Seele dieses Volkes bildeten. Und so wissen wir auch noch bestimmt dass der S. 734 f. erwähnte Iojakhîn als der rechtmäßige König troz seiner Gefangenschaft stets ein Gegenstand der tiefsten Liebe und Sehnsucht aller Treuen blieb [1]): als könnte dennoch das Königthum Israels mitten in seiner gewaltsamsten Zerstörung nochnicht wahrhaft vertilgt seyn, weil es ebenso wie das Volk seine eigne höchste und lezte Bestimmung 'nochnicht erfüllt hatte.

*Spross* eig. Licht, nach der bekannten Verwandtschaft dieser Begriffe, wie אוֹרָה 2 Kön. 4, 39. Jes. 26, 19 junge Sprossen eig. Lichterchen. Auch die Bedeutung *Neubruch* knüpft sich dann weiter an die des jungen Sprossens.

2) nach ϑϱ. 4, 20 vgl. 2, 9 ; s. über dies alles weiter Bd. IV.

# Anhang.

## Zeitübersicht der zwei ersten Drittel der Geschichte Israels.

Wir haben nach den allgemeinen Bemerkungen I. S. 274 ff. nun im einzelnen gesehen in welchen Zeitdauern sich diese Geschichte bis zum Untergange des alten Reiches entwickeln und wieviel von sicherer Zeitbestimmung sich hier überall noch auffinden lasse. Sahen wir dass die Zeitbestimmung der einzelnen Ereignisse, je später die Zeiten werden und je näher die Quellen für ihre Wiedererkennung fließen, desto vollständiger wird: so fanden wir doch auch für die früheren Zeiträume festere Bestimmungen als sich auf den ersten Blick erwarten läßt; die lezten 400 Jahre gestatten aber dazu eine etwas fortlaufendere Ineinanderrechnung der Jahre dieser Geschichte mit denen der fremder Völker [1]).

Will man nämlich diese 400 Jahre seit der Spaltung des Davîdischen Reiches und damit auch was wir von den noch frühern Zeiten wissen in die Gleichzeitigkeiten der übri-

---

1) schon früh hat man die Jahre der beiden Reiche seit der Spaltung sowohl nach den einzelnen Königen als im ganzen nach den Angaben des A. Ts zusammenzurechnen und die dabei vorkommenden Schwierigkeiten (die wir oben einzeln abhandelten) zu entfernen gesucht: s. Clem. Alex. strom. 1 p. 337 f.; nach Hamza's arab. Annalen p. 92 f. hätte das Reich Juda 394 Jahre (wobei die 8 Jahre Jôrâm's in die Josaphat's eingerechnet werden), nach einer Berechnung bei Maqrîzi (in Sacy's chrest. I. p. 110) das Zehnstämmereich 251 Jahre gedauert. Einige neuere Versuche diese Jahre sämmtlich im einzelnen näher zu bestimmen s. in Clinton's f. h. I. p. 314—29 und im Journ. of Sacred Literature 1851 Oct. p. 217 ff.

gen Weltgeschichte einreihen, so muss man sich vorallem
nach Stellen umsehen wo die Zeitrechnung der Geschichte
Israels ganz sicher mit der sonst feststehenden eines andern
Volkes sich verknüpft. Eine solche Stelle findet sich nun
innerhalb des A. Ts selbst nur einmal gegen den Schluss
des ganzen Zeitraumes. Denn nachdem das Reich Israels
ganz zerstört war, fingen die Schriftsteller unter Chaldäischer
Herrschaft an die Jahre entweder allein oder zugleich mit
der vaterländischen Rechnung nach der Chaldäischen zu zählen; und so wissen wir aus mehéren Stellen [1]) dass Jerusalem im 19ten Jahre der Herrschaft Nabokodroßor's zerstört
wurde. – Nun aber kennen wir gerade die Zeitrechnung dieser Babylonischen Könige sehr genau theils durch den Ptolemäischen Königskanon, theils durch die von Cl. Ptolemäus
überlieferten auch durch neuere Berechnung bestätigten Beschreibungen in Babel beobachteter Finsternisse [2]). Ange-

---

1) die Stellen aus dem Königsbuche 2 Kön. 24, 12. 25, 8. B. Jer.,
52, 12 stimmen überein mit Jer. 25, 1. 32, 1: sie geben hier also
einen sichern Halt. Zwar erhellt aus einer B. Jer. 52, 28—30 (s.
oben S. 738 nt.) eingeschalteten Stelle, dass andere den Anfang der
Herrschaft Nabokodroßor's um 1 Jahr tiefer ansezten, daher Fl. Josephus gegen Apion 1, 21 das 18te Jahr statt jenes 19ten sezt: dies,
konnte etwa geschehen wenn der Jahresanfang in Babylonien auf
den Herbst, nicht wie in Israel auf den Frühling fiel. Und wurde
das Jahr der Fortführung Jojakhin's (S. 735 f.) nicht als das 11te
sondern, wie man es mitrecht erwartet und wie es sich durch Hez.
33, 21 bestätigt, als das 12te Jahr vor der Zerstörung Jerusalems
gezählt, so erklärt sich sodann weiter wie das 37te Jahr dieser Zeitrechnung 2 Kön. 25, 27. B. Jer. 52, 31, dem 43ten als dem lezten
Jahre der Herrschaft Nabokodroßor's entsprechen kann.

2) vgl. Ideler Handbuch der Chronologie Bd. 1. S. 109 ff. 222;
und in den Berliner Akad. Abhandlungen vom J. 1816. Aus den
astronomischen Berechnungen ergibt sich auch dass Nabopolassar nicht
29 Jahre herrschte, wie bei Fl. Jos. gegen Apion 1, 19 steht, sondern 21 Jahre, wie es bei Fl. Jos. arch. 10, 11, 1 nach Bérossos
und im Ptolemäischen Königskanon heißt. Die Berechnung der
Jahre der Babylonischen Könige bei einem spätern Zeitbeschreiber
in *Maji* Nova coll. scriptorum veterum T. I. P. 2. p. 31 weicht in

nommen also dass, das Babylonische Reich durch Kyros' Eroberung im J. 538 v. Chr. aufhörte, fällt das 19te Jahr der Herrschaft Nabokodroßor's und damit die Zerstörung Jerusalems durch ihn in das J. 586 v. Chr. [1]): und danach sind dann, die Jahre weiter hinauf zu bestimmen.

Dagegen könnte man nur die eine Schwierigkeit vorbringen welche die Zeitrechnung im B. Hezeqiel's erregt. In diesem Buche nämlich werden die Jahre zwar sonst nach der Wegführung Königs Jojakhîn (S. 735 f.) bestimmt, welche wie wir aus allen Kennzeichen schließen müssen 12 Jahre vor der Zerstörung Jerusalems angesezt wurde; aber einmal gleich zu Anfange wird, wie um diese bloss den nach Babylonien fortgeführten Israeliten geläufige Zeitrechnung nach der in jenen Gegenden bekanntern zu verdeutlichen, das 30ste Jahr als dem 5ten dieser entsprechend angegeben; und es leidet keinen Zweifel dass dies das 30ste Jahr der damals in ganz Babylonien gebräuchlichen Zeitrechnung war, Allein welche Zeitrechnung diese war, ist uns aus andern Quellen jezt nicht bekannt: wäre aber, was man leicht vermuthen könnte, als ihr Anfang das 1ste Jahr Nabopolassar's als des ersten mächtigen Babylonischen Königs, folglich das J. 625 v. Chr., gemeint, so hätten wir statt des Jahres 594 v. Chr., welches wir nach obigem erwarten, vielmehr das Jahr 596, also 2 Jahre weniger. Indessen wissen wir garnicht welches Ereigniss als Anfang jener Babylonischen Aera angenommen wurde; und warum es gerade das erste Jahr Nabopolassar's seyn solle, erhellt nicht. Eher könnte man annehmen es sei die Aera der Babylonischen Freiheit gewesen, nachdem man das Assyrische Joch abgeworfen hatte; und dass dieses Ereigniss in das 2te oder 3te Jahr Nabopolassar's fallen konnte, ist aus S. 724 f. zu schließen.

Wir haben also in der gleichzeitigen Geschichte der mächtigen Chaldäischen Könige einen sichern Halt für die

den Zeiten vor Nabopolassar vom Ptolemäischen Kanon stark ab, scheint aber keineswegs zuverlässiger zu seyn. · · 1) *Clinton* in den Fasti hell. I. p. 319 zieht wegen einer besondern Berechnung der Monate das J. 587 vor.

Einreihung der ganzen Zeitrechnung Israels in die Völker-
geschichte. Sonst werden zwar im A. T. während dieser
400 Jahre auch gleichzeitige Assyrische Tyrische und Ägyptische Könige genannt: allein früher hätte es jeder Schriftsteller im Volke Israel für unter seiner und seines Volkes
Würde gehalten, die Zeit zugleich nach den Herrschaften
fremder Könige zu berechnen; oder schrieben vielleicht Abkömmlinge des Zehnstämmereiches unter den Assyrern solche Werke, so sind sie verloren gegangen. Was wir jedoch von der Zeitrechnung jener fremden Reiche aus andern
Quellen wissen, stimmt zwar näher untersucht mit jenem
einmal gewonnenen festen Grunde der Zeitrechnung von Israels Reichen überein, steht aber ansich bisjezt nochnicht auf
so reinen festen Grundlagen wie was wir über jene Chaldäische Zeitrechnung wissen.

Von den im A. T. erwähnten Assyrischen Königen seit
Phûl wissen wir zwar ziemlich zuverlässig wielange jeder
herrschte [1]), aber nicht wissen wir das Jahr des Anfanges
oder des Endes einer der Herrschaften dieser Könige, kön-

---

1) bei der Aufzählung dieser Könige in Eusebios' arm. Chronik
II. S. 23 fehlen alle Jahreszahlen; Samuel von Ani in seiner aus alten Quellen geschöpften Chronik (hinter der Mailänder Ausgabe des
Armenischen Eusebios) zählt 16 Jahre für Phul, 27 für Tiglath-Pileser, 16 für Salmanassar, 18 für Sancherib; und leztere Zahl findet
sich auch in Eusebios' arm Chronik I. S. 43 nach Al. Polyhistor;
noch ungedruckt sind die Zahlen in Elia's Syrischem Zeitrechnungs-
buche (s. catal. codd. Syr. Mus. Brit. p. 87); und Mose's Choron.
Arm. Gesch. 1, 22 wiederholt nur Eusebios' Irrthum dass zwischen
Sanherib und Nabokodroßor bloss 88 Jahre verflossen seien. Etwas
verkürzt sind die Zahlen in dem Verzeichnisse der in *Ang. Maji* nova
Collectio Scriptorum veterum T. I. P. 2. p. 24 gedruckten Chrono-
graphie: Phul 14, Tiglath-Pileser 23, Salmanassar 15, Sancherib 16,
Assorom (d. i. Asarhaddon) 15 Jahre. — Über einige neuere Schriften welche den Zusammenhang der Assyrischen und Israelitischen
Geschichte von Seiten der Zeitbestimmungen aus behandeln, habe
ich in den G. G. A. 1853 St. 134—36 geredet; vorzüglich ist dort
auch untersucht ob man den ganzen Zeitranm dieser etwa 400 Jahre
erheblich verkürzen müsse.

nen sie daher ,bisjezt nicht sicher genug einreihen. ,Von
'Sancherib ' sieht man. jedoch dass er erst einige 'Zeit. nach
·der 'Zerstörung Samariens 719 und vor der Belagerung Jerusalems 711 König geworden seyn kann:. wir nehmen daher an dass das. J. 713, sein erstes war; vgl. weiter oben
S.· 629 ff.    . . . .

Etwas : anders verhält es sich. mit der Zeitbestimmung
der Tyrischen Könige.. : Während Fl. Josephus über die Geschichte jener Assyrischen Könige kein besonderes Werk benuzen konnte, hatte er über die der Tyrischen sehr zuverlässige Quellen vor sich, ·welche wenigstens bis in die' Zeiten Davîd's hinaufreichten [1]). Allein es ist zu bedauern dass
er. daraus zwar einige sehr· bedeutende;, doch imganzen nur
unzusammenhangende .Bruchstücke ' mittheilt, aus denen sich
keine ganz .fortlaufende Zeitrechnung ,herstellen läßt.· Am
merkwürdigsten ,ist uns hier · die ·Berechnung der Jahre der
Tyrischen..Könige aus· den Zeiten der Zerstörung Jerusalems.
Während · Ithóbal (wir erfahren nicht seit welchem Jahre)
herrschte, : belagerte Nabokodroßor Tyros 13 Jahre; dann
herrschte Baal 10 :Jahre; darauf verschiedene Richter $7\frac{1}{4}$
Jahre; ': dann Balator 1, Merbal 4, Hirom 20 Jahre; in des
leztern· 14tem Jahre ward Kyros König (nämlich .wie Fl. Jo-
sephus· immer meint, über Babel). - Dies··seien zusammen
$54\frac{1}{4}$ [2]) oder vielmehr. $55\frac{1}{4}$ Jahre:, zieht ,man .'nun, von Hirom's .20 Jahren die ·ebenerwähnten 6 ab, so· bleiben $49\frac{1}{4}$
oder 'rund .49 Jahre; und fing die Belagerung .Tyros' im 7ten
oder· vielmehr.: im 17ten [3]) Jahre Nabokodroßor's · an, also

---

1)' arch.·8: 3, · 1. 5, 3; 9: · 14, 2; 10: 11, 1.· 2; ·gegen Apion 1;
18—21! · Vgl. 'Theoph.' an Autolykos 3, 21. f.        2) aber· jene
Zahlen geben vielmehr $55\frac{1}{4}$ Jahre: es scheint also diese Zahl die
richtigere zu seyn.        3) dass das im Texte stehende 7te Jahr
irrthümlich sei, ergibt sich einmal aus der ganzen 'Berechnung welche · Fl. Josephus · hier anstellt; und zweitens ebensosehr aus dem
Hez. 2°,—18 ·erwähnten· 27ten Jahre Jojakhîn's, wo Nabokodroßor
von Tyros abgezogen war.· Von .die. n 27 oder vielmehr 26 Jahren
jene 13 abgezogen, · hätte zwar die Belagerung Tyros' erst etwas später begonnen; allein als Hezeqiel im Anfange jenes ·27ten· Jahres so

nach S. 744 im J. 588 v. Chr., so verstrichen vonda bis zur
Herrschaft Kyros' in Babel 50 Jahre: woraus weiter folgt
dass nach Fl. Josephus der Tempel, wenn seine Wiederher-
-stellung im 2ten Jahre Königs Kyros begann, gerade 50
Jahre lang zerstört lag [1]; vorausgesezt einmal dass Jerusalem wie oben angenommen im J. 586 zerstört wurde und
zweitens dass man das Jahr seiner Zerstörung miteinrechne.
Auf diese Weise stimmt das von Fl. Josephus mitgetheilte
Bruchstück aus der Geschichte Tyros' vollkommen mit der
oben aus einer ganz andern Quelle gezogenen Berechnung
des Jahres der Zerstörung Jerusalems überein. Und gerade
dies ist für das Ganze von der größten Bedeutung.

Von den Ägyptischen Königen würden wir eine fortlaufende Zeitrechnung besizen, wenn die Manethonischen Zahlen der Herrschaften der einzelnen Könige und Königshäuser, wie wir sie jezt in verschiedenen spätern Werken überliefert besizen, ganz zuverlässig wären. Aber man weiss
wiewenig diese Manethonischen Angaben sowohl unter sich
als mit andern alten Überlieferungen übereinstimmen; und
auch dem großen Fleiße womit Neuere in diese Finsternisse
Licht zu bringen versuchten, ist es nochnicht gelungen überall einen sichern Anfang dazu gemacht zu haben. So würde
die obige Annahme dass die Spaltung des Davîdischen Reiches 400 Jahre vor 586 fällt unrichtig seyn, wenn Ssishaq
erst nach Rosellini im J. 972, nach Bunsen im J. 982, nach
Böckh [2] gar im J. 934 oder höchstens im J. 957 zur Herrschaft gekommen wäre. Allein dabei ist überall vorausgesezt dass Bocchoris, der einzige König des 24sten Hauses,
nur 6 Jahre herrschte, wie G. Synkellos nach Jul. Africanus
meldet: während er doch nach den andern Quellen 44 Jahre

---

redete, konnte die Belagerung längst schon seit 1 oder 2 Jahren
aufgegeben seyn.    1) wie gewisse Zeitrechner nur 48 Jahre
als Dauer der Gefangenschaft Israels ansezen konnten„ z. B. der in
*Maji* Nova coll. scriptorum veterum T. I. P. 2. p. 31, erhellt aus
obigem.    2) Manetho und die Hundssternperiode (Berlin
1845) S. 315—320.

lang herrschte, und auch ansich: wahrscheinlich ist dass ein König von dessen weisen Einrichtungen die Spätern soviel zu erzählen wußten und der endlich einem Kampfe mit Äthiopischen Herrschern erlag, keine so kurze Zeit herrschte. Und so wird wohl in diesem Gebiete künftig noch vieles genauerer Bestimmung unterliegen.

# Zeitübersicht der zwei ersten Drittel der

| Ägypten. | Kanáanäer. | Edóm. | Israel. |
|---|---|---|---|
| Das 17te u. 18te Königshaus. | | | um 1932 Israel in Aegypten. |
| | | | — 1502 Mose. |
| | | | — 1460 Josúa. |
| | | | — 1420 'Othniel. |
| | | | — 1385 Ehùd. |
| | | | — 1345 Jaîr; dann Samgar. |
| | | K. Béla'. | |
| | K. Jabin; Sisera. | K. Jobab. | — 1305 Debóra und Baraq. |
| | Tyros. | K. Chusham. | — 1265 Gideon; dann |
| | | K. Hadád. | K. Abimélekh. |
| | | K. Salma. | — 1185 Jiftach; Simson. |
| 21stes, Tanitisches Haus. | | K. Saûl. | — 1145 'Eli. |
| | | K. Baalchanan. | — 1105 Samúel. |
| | | | — 1085 K. Saúl. |
| | Hiràm I. | K. Hadád. | 1066 — 65 K. David; K. Ishbóshet. |
| | | | 1058 David K. von ganz Israel. |
| | Abibal. | | 1057 Jerusalem Hauptstadt. |
| um 1030 Psusennés. | 1033 Hiràm II. | Hadád. | 1025 K. Salômo. |
| | | | 1022—1015 Tempelbau. |
| um 994 | 999 Baleazar. | | 1015—1003 Palastbau. |
| 22stes, Bubastisches Haus. Ssishaq. | 992 Abdastart. | | 986 Tod Salômo's; Reichsspaltung. |

| | | | Juda. | Israel. |
|---|---|---|---|---|
| | 983...... | Genubat. | 985 K. Rehabeam. | K. Jerobeam |
| um 974 Osorkhon, herrscht 15 Jahre. | 971 Astart. | | 981 Ssishaq's Eroberung Jerusalems. | |
| | | | 968 K. Abia. | |
| | 959 Aserymos. | | 965 K. Asa. | 963 K. Nadab. |
| | 950 Phelés. | | | 961 K. Ba'sha. |

| Moab. | 'Ammôn. | Aramäer. | Assyrien. | Babel. | Medien. |
|---|---|---|---|---|---|
| K. Balaq. | | | | | |
| K. 'Eglôn. | | um 1420 Kûshan K. des Zweiflüsselandes. | | | |
| | K. Nachas. | K. Hadad-'ezer von Ssoba (K. Thô'i von Hamât). | | | |
| | K. Chanûn, Großvater Rehabeams. | Damasq. Rezôn. | | | |
| | | K. Chezjon oder Chezron. | | | |
| | | K. Tâbrimmon. | | | |
| | | Benhadâd I. | | | |

| Ägypten. | Kanáanäer. | Edóm. | Israel. |  |
|---|---|---|---|---|
|  |  |  | Juda. | Israel. |
|  | 949 Ithóbal I, Vater der Izébel. |  |  | 937 K. Ela. |
|  |  |  |  | 935 KK. Zimri, Thibni, 'Omri. |
|  |  |  |  | 931 K. Omri allein. |
|  | 917 Badezor. |  | 917 K. Josaphat. | 919 K. Ahab. — |
|  | 911 Matgen. |  |  | Elia. |
|  | 902 Pygmalion bis |  |  | 897 K. Achazja. |
|  |  | NeueErhebung. | 893 K. Jorâm. | 895 K. Jorâm. — |
|  |  |  |  | Elisha'. |
|  |  |  | 885 König Achazja. |  |
|  |  |  | 883 Königin 'Athalja. | K. Jehu. |
|  |  |  | 877 K. Jôâsh. — Joel. |  |
|  | 855. |  | 854 Tempelausbau. | 855 K. Joachaz. |
|  |  |  | 837 König Amaßja. | 839 K. Jôâsh. — Tod Elisha's. |
|  |  |  | 808 K. Uzzia. — 'Amos. | 823 K. Jerobeam II. |
|  |  |  |  | etwa von 780 an Hosea der Prophet. |
|  |  |  |  | 770 K. Zakharja, 1/2 Jahr; KK. Shallúm, Qobol-'ám.1 Monat, und |
|  |  |  |  | 769 K. Menachem. |
|  |  |  |  | 759 K. Peqachja. |
|  |  |  | 757 Tod Uzzia's. Auftritt Jesaja's. | 757 K. Péqach. |
| 25stes, Aethiopisches Haus. |  |  | 756 K. Jotham. |  |
| 728 Sévehll. |  |  | 740 K.Achaz. | 728 K. Hosea. |
|  | Eluläos, herrscht 36 Jahre lang. |  | 724 K. Hizqia. Mikha. | 721 Belagerung Samariens. |
| 714 Tirháqa; Sethón in Niederägypten. |  |  |  | 719 Zerstörung Samariens. |
|  |  |  | 711 Assyrische Belagerung Jerusalems. |  |

| Moab. | 'Ammôn. | Ara-mäer. | Assyrien. | Babel. | Me-dien. |
|---|---|---|---|---|---|
| | | | · | | |
| | | Benha-dád II. | | | |
| K. Mäsba'. | | *Chazâel.* | | | |
| | | Benha-dád III. | | | |
| | | | Salman. | | |
| | | | um 772 Phul. | | |
| | | K. Reßîn. | | 747   Nabo-nassar. | |
| | | | | 733 Nadi. | |
| | | | | 731 Chinzer. | |
| | | | 756  Tiglath-Pilesar. | 726 Ilulä. | |
| | | um 730 Damasq zerstört. | 729   Salma-nassar. | 721 Mardo-kempad (Me-rodak-Bala-dan). | |
| | | | Sargon. | 709 Arkean. | Befrei-ung Me-diens. |
| | | | 713 Sancherib. | 704   Zwi-schenreich. | |
| | | | 711 s. Zug ge-gen Ägypten. | 702 Bilib. | |

| Ägypten. | Kanáanäer. | Edóm. | Isràel. |
|---|---|---|---|
| | | | Juda. |
| | | | 695 K. Manasse. — Tod Jesaja's. |
| 26stes, Saïtisches Haus. | | | |
| 671 Psammétich. | | | |
| | | | 640 K. Amôn. |
| | | | 638 K. Josia. |
| | | | 626 Ssefanja; Auftritt Jéremjá's. |
| | | | um 625 die Skythen in Palästina. |
| 617 Nehkó. | | | 621 Deuteronomische Reichsverbesserung. |
| | | | 608 Schlacht bei Megiddo; Tod Josia's. Fortfuhrung K. Joachaz nach Ägypten. |
| | | | 607 K. Jojaqîm Ägypt. Vasall. |
| | | | 605 Schlacht bei Karkemîsh; Zug der Chaldaer über den Eufrat. |
| 601 Psammis. | | | 600 Juda den Chaldäern unterworfen. Habaqûq. |
| | | | 597 Erster Aufstand gegen die Chaldaer ; Tod K. Jojaqîm's. Wegfuhrung K. Jojakhîn's. |
| 595 Hofra' (Apries) bis | | | 596 K. Ssedeqia Chaldäischer Vasall. |
| | | | 593 Reise Ssedeqia's nach Babel. |
| | 588 Ithobal II. Chaldaische Belagerung Tyros bis | | 589 Zweiter Chaldäischer Aufstand. |
| | | Größere Macht. | 588 Anfang der Belagerung Jerusalems. |
| 570. | 576. · · · | | 586 Zerstórung Jerusalems. |

| Moab. | 'Ammôn. | Assyrien. | Babel. | Medien. |
|---|---|---|---|---|
| | | | 699 Aparanadi. | |
| | | 695 Asarhaddon I. | | |
| | | | 693 Régebel. | |
| | | א,  ;  ּ  ,  i  il | 692 ,Mesési-Mor- | |
| | | 680 Asarhad- | dak. | |
| | | don II. .... | (Asaridin). | |
| | | 667, Sammuges. | 667 ,Saosduchin. | 657 Phra- |
| | | 646 dessen Bru- | 647 Kiniladan. | ortes. |
| | | der. | | |
| | | 636 erste Belage- | | 635 Kya- |
| | | rung Nineve's; | | xarés. |
| | | Nahûm. | | |
| | | 630, zweite Belagerung Nineve's; die | | |
| | | Skythen brechen in Asien ein. | | |
| | | 625 Sarak (Sar- | 625 Nabopolas- | |
| | | danapal). | or sar. | |
| | | | 623 Babel unab- | |
| | | | hängig. | |
| | | um 606 Erobe- | 604 Naboko- | |
| | | rung Nineve's. | dróßor bis | |
| | | | | 595 Asty- |
| | | | | ages. |
| | | 593 Auftritt Hezeqiel's. | | |
| | K. Ba'alis. | | | |
| 581, Chaldäischer | | | | |
| Krieg gegen Moab | | | | |
| und 'Ammôn. | | | | |
| | | 562. | | |

# Nachträge.

S. 31 *nt.* 5 und 449. Dies in der Geschichte der späteren Richter als so bedeutsam hervortretende *Mißpah*, welches die Hellenisten eher $M\alpha\sigma\sigma\eta\varphi\dot\alpha$, aussprachen, lag (wie ich aus mancherlei Spuren schließe) eher *westlich* als nördlich von Jerusalem und Râma. Es muss in jenen Zeiten aus besonderen Veranlassungen eine solche Heiligkeit erlangt haben dass man noch in viel späteren Zeiten sich ihrer sehr gut erinnerte. Vgl. noch II. S. 471. 557.

Zu S. 101 *nt.* vgl. noch Journ. asiat. 1853 I. p. 529.

Zu S. 125. Solche Erzählungen wie dass der künftige Sieger und Gründer eines neuen Königshauses zuerst wie absichtlos oder wie spielend von seinem Nebenbuhler ein Zeichen der königlichen Würde empfängt, sind auch sonst häufig. So nimmt Alexander zuerst wie spielend dem Dârâ den königlichen Zauberbecher, eine Erzählung die schon im Shahnâme nicht recht ursprünglich mehr hervortritt; und nirgends war der Glaube an Vorbedeutungen só geschäftig wie in diesen so unendlich wichtigen Reichsangelegenheiten.

S. 311 *nt.* l. Z. seze hinzu: oder wie neuerlichst ähnliche Kunstgebilde der alten Assyrer entdeckt sind, s. *Layard's* discoveries (1853) p. 180.

Zu S. 331 Z. 15 füge hinzu: Der nördlichste Stadttheil welcher damals hinzukam, trug seitdem den Namen: *Mishneh* d. i. zweite, später hinzugekommene Stadt, wofür wir auch *Neustadt* sagen könnten (vgl. S. 160); wenigstens ist dieser Name Ssef. 1, 10. 2 Kön. 22, 14 wahrscheinlich so zu verstehen.

S. 406 Z. 3. Doch läßt der Chroniker in beiläufiger Rede (II. 35, 4) ihn noch immer auch der ältern geschichtlichen Erinnerung gemäss mit David an der Levitischen Einrichtung des Tempeldienstes durch gesezliche Bestimmungen daruber theilnehmen.

S. 410 *nt.* 4) seze am Ende hinzu: oft aber galt auch das Jes. 10, 28 genannte wahrscheinlich auf dem geraden großen Wege nach Norden liegende Géba' als nördlichste Stadt wie Rimmôn oder Beersaba' immer als südlichste, B. Zach. 14, 10. 2 Kön. 23, 8 vgl. 1 Kön. 15, 22.

S. 455 Z. 17 seze bei *Izébel* hinzu; nach den LXX 'Ιεζαβέλ.

S. 641 *nt.* l. Z. füge hinzu: und vgl. oben S. 608.

S. 704 *nt.* Die Perser-Araber bildeten daher endlich seinen Namen wizig um in بخت النصر als bedeute er *Siegesglück.*

Auf das Licht welches Rawlinson Hincks u. a. durch ihre Lesungen der Assyrischen Keilschriften für die Biblische Geschichte angezündet zu haben meinen und wonach sie schon bei Jehu einen großen Assyrischen Sieg über Israel sehen, ist hier absichtlich noch keine Rücksicht genommen, weil es sich erst näher bewähren muss und übergroße Eile in diesen Dingen nicht noththut. Sollten künftig die Verhältnisse des alten Israels zu andern Völkern oder gewisse Stücke der Zeitrechnung wie sie am Ende dieses Bandes zusammengefaßt ist, durch neueröffnete Quellen näher bestimmt werden, wie wir hoffen und wünschen, so würden dadurch doch nicht im geringsten die großen Wahrheiten leiden welche den wichtigsten und schönsten Theil dieser ganzen Geschichte bilden.

---

## Druckfehler.

S. 119 *nt.* Z. 6 lies *an* für *ao*
» 142 ist die Seitenzahl zu berichtigen.
» 153 Z. 21 lies *Herrn*
» 313 » 12 » 160 fur 60
» 645 » 7 v. u. lies *stand*
» 649 *nt.* Z. 8 lies *8te* fur *18te*

**Göttingen,**
Druck der Dieterichschen Univ.-Buchdruckerei.
(W. Fr. Kästner.)

315

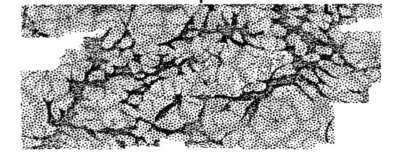

Lightning Source UK Ltd.
Milton Keynes UK
UKHW02f0752190918
329155UK00013B/1750/P